中共湖北省委宣传部与华中科技大学共建新闻学院资助项目成果

中国新闻传播教育年鉴

（2023）

中国新闻史学会新闻传播教育史专业委员会
《中国新闻传播教育年鉴》编撰委员会 编

武汉大学出版社
WUHAN UNIVERSITY PRESS

图书在版编目(CIP)数据

中国新闻传播教育年鉴.2023/中国新闻史学会新闻传播教育史专业委员会,《中国新闻传播教育年鉴》编撰委员会编 .—武汉:武汉大学出版社,2023.11

ISBN 978-7-307-24062-9

Ⅰ.中…　Ⅱ.①中…　②中…　Ⅲ. 新闻学—传播学—教育研究—中国—2023—年鉴　Ⅳ.G210-54

中国国家版本馆 CIP 数据核字(2023)第 193826 号

责任编辑:胡国民　　责任校对:汪欣怡　　版式设计:马　佳

出版发行:**武汉大学出版社**　(430072　武昌　珞珈山)

(电子邮箱:cbs22@ whu.edu.cn 网址:www.wdp.com.cn)

印刷:湖北金海印务有限公司

开本:787×1092　1/16　印张:65.25　字数:1267 千字　插页:25

版次:2023 年 11 月第 1 版　2023 年 11 月第 1 次印刷

ISBN 978-7-307-24062-9　定价:296. 00 元

《中国新闻传播教育年鉴（2023）》编撰委员会

《中国新闻传播教育年鉴（2023）》编辑部

编辑部信箱　ahjcec@126.com

2022 年 1 月，广西民族大学传媒学院与广西国际博览集团共建实践教育基地

2022 年 1 月 8 日，由中传文化法治研究中心和北京市律协主办的“2021 年度中国十大传媒法与文娱法事例发布会暨研讨会”成功举办

2022 年 4 月 16 日上午，清华大学新闻与传播学院成立 20 周年大会在清华大学大礼堂举行

2022 年 5 月 15 日，湖南大学新闻与传播学院举办首届“做马克思主义新闻观的践行者”征文颁奖仪式

2022 年 5 月 24 日，西南政法大学新闻传播学院党委常务副书记、副院长李韧一行赴中国新闻社重庆分社走访调研

2022 年 5 月 27 日，广东省委网信办与广东财经大学举行共建网络传播学院揭牌仪式

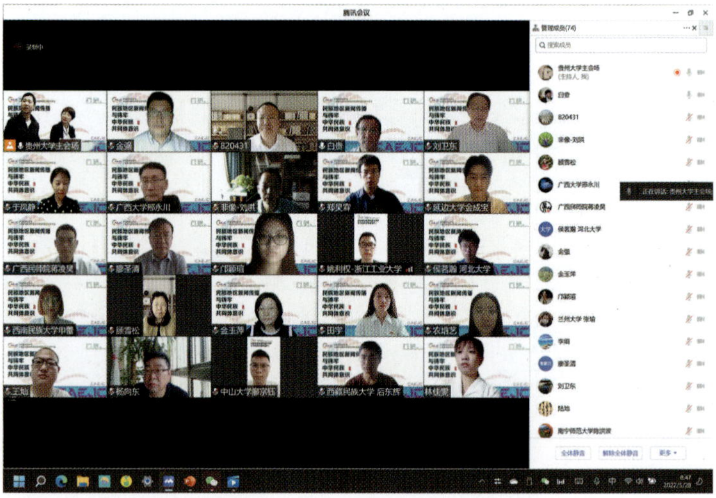

2022 年 5 月 28 日，中国新闻史学会少数民族新闻传播史专业委员会 2022 年会在贵州大学举行

2022 年 5 月 29 日，中国传媒大学广告学院隆重举行成立 20 周年庆典

2022 年 6 月 5 日，厦门大学新闻传播学院举办纪念厦门大学新闻学部创建 100 周年大会

2022 年 6 月 18 日，“时尚传播与创意审美”学术研讨会暨湖北省高等教育学会新闻与传播教育专业委员会常务理事会在武汉纺织大学召开，来自全省高校的 40 余名专家和学者与会

2022 年 6 月 18 日，首届高校全媒体人才培养工作高峰论坛在北京举行

2022 年 6 月 25 日，浙江工商大学举办第三届“融媒体钱江论坛”

2022 年 6 月 30 日，“万众瞩目清凉山——记延安时期的新闻出版事业”专题展览，在陕西师范大学新闻与传播学院开展

2022 年 7 月 2 日，由中国传播学会、中国社会科学院新闻与传播研究所、苏州大学传媒学院、中国社会科学院新闻与传播研究所世界传媒研究中心主办的第十五届中国传播学大会暨中国传播学 40 周年纪念大会顺利召开

2022 年 7 月 2—7 日，暨南大学举办第十五期传媒讲习班

2022 年 7 月 9 日，北师大新闻传播学院举办“迈向数字文明新时代”首届青少年互联网大会

2022 年 7 月 9 日，在湖南吉首大学举办的首届中国新闻传播教育年鉴奖颁奖典礼上，黄升民教授荣获杰出院长奖

2022年7月9日，中国新闻传播教育年鉴奖编撰贡献奖在湖南吉首大学颁奖

2022年7月9日，中国新闻史学会新闻传播教育史专业委员会、《中国新闻传播教育年鉴》编委会第十一次会议暨首届中国新闻传播教育年鉴奖颁奖典礼在湖南吉首大学举行

2022 年 7 月 11 日，国际媒介与传播研究学会北京 2022 年会开幕式于清华大学举办

2022 年 7 月 15—16 日，由南京大学、南京师大、苏州大学等高校和新华日报社、江苏省广电总台等媒体机构联合发起成立的江苏省新闻传播学学会成立大会在南京大学召开，“马克思主义新闻观高端论坛”“第二届紫金传媒论坛”同期举办

2022 年 7 月 22 日，第二届全国新闻传播学院院长研修班在井冈山合影

2022 年 7 月 24 日，第二届全国新闻传播学院院长研修班期间，组织者和院长参加传统学习

2022 年 7 月 27 日，第二届全国新闻传播学院院长研修班 221 班合影

2022 年 7 月 27 日，第二届全国新闻传播学院院长研修班 222 班合影

2022 年 7 月 27 日，第二届全国新闻传播学院院长研修班 223 班合影

2022 年 8 月，北师大新闻传播学院师生远赴凉山，开展了凉山国际传播短视频大赛、凉山州舆情应对及新闻发布专题培训、短视频与融媒体中心建设专题培训等活动

2022 年 8 月，中国人民大学新闻学院师生开展“中华人民共和国脱贫攻坚史”系列调研访谈项目

2022 年 8 月 1—5 日，中国人民大学新闻学院与河北大学新闻播学院联合举办研究阐释习近平关于新闻舆论工作重要论述高级研修班

2022 年 8 月 14 日，暨南大学新闻与传播学院井冈山马克思主义新闻观主题社会实践研修班在全国青少年井冈山革命传统教育基地顺利开班

2022 年 8 月 15 日，第二届“传薪 · 新闻传播学学科建设论坛”在陕西师范大学新闻与传播学院召开

2022 年 8 月 20 日，在首届上海科技传播大会上，由科技部指导、上海市科委主办，上海交通大学、上海市科技馆承办的长三角科技传播院(所、馆)长研讨会顺利召开，会议主题为“传播科技、协同创新”

2022 年 8 月 23 日，中央民族大学举行特聘教授聘任仪式暨学科建设座谈会。程曼丽教授担任国际新闻传播项目首席专家，校党委副书记、校长郭广生向程曼丽教授颁发特聘教授聘书

2022 年 8 月 24 日，由大数据与国家传播战略教育部哲学社会科学实验室、华中科技大学新闻与信息传播学院等机构主办的“第九届国家传播战略高峰论坛”在北京召开

2022 年 8 月 25—26 日，第八届中国新闻史青年学者论坛在北京中央民族大学新闻与传播学院召开

2022 年 8 月 29 日，天津大学新媒体与传播学院协办中国网络文明大会，图为圆桌对话

2022 年 9 月 24 日，中共上海市委宣传部与华东师范大学共同主办上海出版论坛暨华东师范大学出版学院首届开学典礼

2022 年 9 月 24 日，由西安交通大学新闻与新媒体学院主办、新闻与传播研究所等协办的“第三届媒介与社会思潮传播论坛暨 2021 年中国社会思潮新媒体传播与影响报告发布会”在西安召开

2022 年 9 月，西南政法大学新闻传播学院党委班子成员以及辅导员团体亮明党员身份，成立“新生引导员”小组，疫情期间在 2022 级迎新现场为学生答疑解

2022 年 10 月 5 日，中国人民大学新闻学院举办方汉奇先生向学院捐赠图书仪式暨学科史讲座。著名新闻史学家、中国人民大学荣誉一级教授方汉奇将所藏 3045 本新闻传播学科相关图书捐赠给中国人民大学新闻学院，以支持新闻史学研究，推动新闻传播学科发展

2022 年 10 月 22 日，上海交通大学媒体与传播学院与国际传播学会(ICA)共同主办的“新媒体国际论坛”在线开幕

2022 年 10 月 22 日，由中国认知传播学会主办、四川大学新闻学院承办的主题论坛"探源与创新：中国认知传播学研究对话"在线举行

2022 年 10 月 28 日，北京大学新闻与传播学院举办程曼丽教授荣休仪式

2022 年 10 月 29 日，教育部大数据与国家传播战略实验室首届学术委员会会议暨国家社科基金重大项目开题论证会召开，实验室学术委员会主任、中国工程院院士、华中科技大学原校长丁烈云主持会议

2022 年 10 月 29 日，中国新闻史学会第六届常务理事会第五次会议通过线上线下结合的形式在湖南大学举行

2022 年 10 月 30 日，湖南大学举行第四届岳麓传媒与文化发展论坛

2022 年 10 月 31 日，中国人民大学新闻学院和中国国际新闻交流中心共同举办 2022“中国发展与媒体交流”外国记者培训项目结业仪式，40 名来自中非新闻交流中心、亚太新闻交流中心的外国记者参加仪式

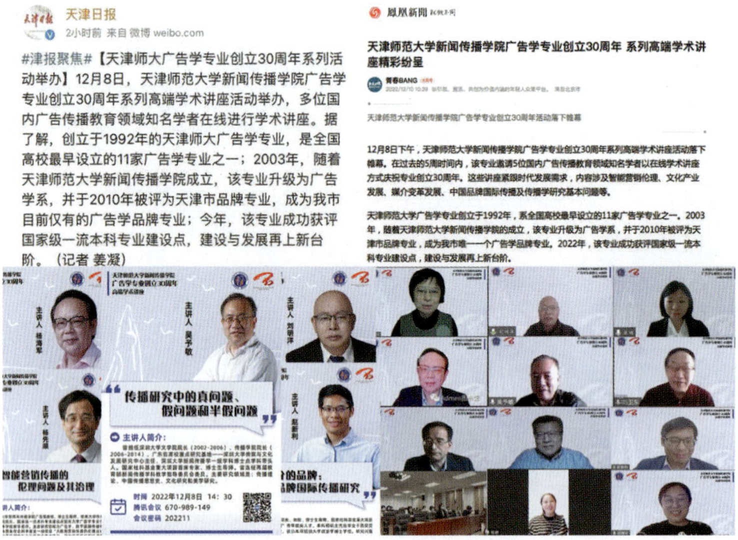

2022 年 11 月，天津师范大学新闻传播学院成功举办广告学专业创立 30 周年系列庆祝活动

2022 年 11 月 5—6 日，由中国新闻史学会等主办、南京大学新闻传播学院承办的“返本开新：华夏文明的历史传承与国际传播”第十二届世界华文传媒与华夏文明国际学术研讨会顺利举办，100 多位学者参加了会议

2022 年 11 月 5 日，中国传播学会理事会暨第五届中国智能媒体传播高峰论坛在上海大学举办

2022 年 11 月 8 日，以“新时代 新征程：记者的使命与担当”为主题的 2022 年“中国新闻传播大讲堂”在京启动

2022 年 11 月 12 日，厦门大学中国式现代化研究院与新闻传播学院联合主办的“中国式现代化与国际传播能力建设”论坛举办

2022 年 11 月 12 日，中国新闻史学会新闻传播教育史专业委员会、《中国新闻传播教育年鉴》编委会 2022 年学术年会在线上举行

2022 年 11 月 12 日，“书文雅墨——纪念上海大学建校 100 周年主题书法展”及“国学传播与中国高等教育发展座谈会”在上海大学举行

2022 年 11 月 13 日，由俞凡教授担任首席专家的研究阐释党的十九届六中全会精神国家社科基金重大项目“新民主主义革命时期中国共产党宣传动员工作史研究”开题论证会以线上线下相结合的形式顺利举行

2022 年 11 月 17 日，中国新闻技术工作者联合会 2022 年学术年会暨“王选新闻科学技术奖”颁奖大会在贵阳召开

2022 年 11 月 18 日，由戴元初教授担任首席专家的国家社科基金重大项目“文明交流互鉴视域下的全球传播新格局建构研究”开题论证会以线上会议形式顺利举行

2022 年 11 月 19—20 日，首届艺术与传播学术论坛在广西艺术学院顺利召开

2022 年 11 月 19 日，2022 年中国传媒法治建设高峰论坛暨第六届“何微新闻奖”学术论坛在西北政法大学长安校区举行

2022年11月20日，由苏州大学主办、苏州大学传媒学院承办的第六届国际大学生新媒体节暨新媒体原创作品大赛颁奖典礼在苏州拉开帷幕

2022年11月24日，河北大学新闻传播学科发展研讨会顺利举行

2022 年 11 月 25 日，中国出版创新发展·首届全国出版学院论坛在四川大学举行

2022 年 11 月 26 日，北京大学新闻与传播学院以网络视频方式主办“数字文明与全球传播新秩序”国际研讨会

2022 年 11 月 26 日，福建师范大学传播学院举办第四届"青年与影像 · 电影与新媒体"研究生学术论坛

2022 年 11 月 26 日，由中国人民大学、河北财经大学、河北省社会科学院联合举办的县级融媒体建设与基层治理现代化学术研讨会在线上成功举办

2022 年 11 月 26 日，中国新闻史学会地方新闻史专业委员会第四届年会暨“本体之思：新闻传播史研究的视域、问题与范式”学术研讨会在线上召开

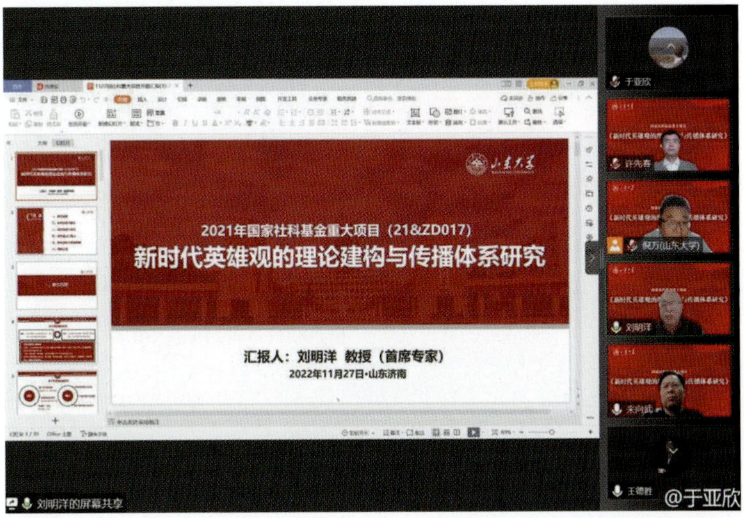

2022 年 11 月 27 日，由刘明洋教授担任首席专家的国家社科基金重大项目“新时代英雄观的理论建构与传播体系研究”开题论证会以线上会议形式顺利举行

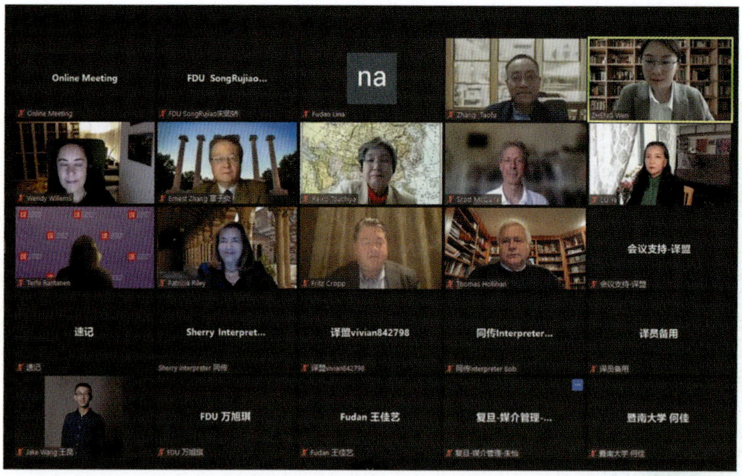

2022 年 12 月 2 日，中国复旦大学新闻学院与英国伦敦政经学院媒介与传播系合作举办首届“变局中的全球媒介与传播：在教学和科研中寻求合作——国际双学位合作与全球新闻传播人才培养八校论坛”

2022 年 12 月 3 日，以“数字中国与传播创新”为主题的第七届传播与国家治理论坛暨复旦发展研究院传播与国家治理研究中心成立十周年会议在复旦大学举行

2022 年 12 月 10—11 日，由华中科技大学新闻与信息传播学院主办的“2022 智能传播与健康治理国际学术研讨会”在线上举办，来自中国、美国、英国、新加坡等地的近 1400 名专家学者与会

2022 年 12 月 10 日，由厦门大学新闻传播学院与西安交通大学新闻与新媒体学院共同主办的第二届“一带一路”国际传播能力建设论坛在厦门大学新闻传播学院举行

2022 年 12 月 10 日，复旦大学国家文化创新研究中心与复旦大学新闻学院联合举办“人类文明新形态与文化数字化战略国际研讨会”

2022 年 12 月 10 日，复旦大学新闻学院、复旦大学义乌研究院、复旦大学望道研究院共同举办“追望大道 勇毅前行——第三届全国马克思主义新闻观论坛”

2022 年 12 月 17 日，第四届粤港澳传媒高峰论坛在澳门举行

2022 年 12 月 17 日，中国人民大学新闻学院举办 2022 年“中外新闻传播学院院长论坛”，以共享真知灼见，重彰文明对话价值

2022 年 12 月 18 日，由上海交通大学媒体与传播学院主办的“传播学基础课程教学研讨会”线上线下同步召开

郑州大学新闻与传播学院

郑州大学的新闻学教育开始于 1976 年在中文系开办新闻学专业。1984 年郑州大学成立新闻系，1993 年获批新闻学硕士点，2000 年获批传播学硕士点。2004 年 6 月，郑州大学新闻系改制为新闻与传播学院。2014 年 6 月，新华通讯社与郑州大学签约共建穆青研究中心。2014 年 12 月，河南省委宣传部与郑州大学签约共建新闻与传播学院。2016 年学院获批“公共传播”二级学科博士点，2018 年获批新闻传播学一级学科博士点，2019 年获批设立新闻传播学博士后科研流动站。

郑州大学新闻与传播学院领导班子合影

2022 年 9 月 27 日，郑州大学新闻与传播学院开展的“重走穆青路——走进延安”教学实践活动图片亮相“奋进新时代”主题成就展

2017 年，穆青班学生“重走穆青路——走进兰考‘照片入选’伟大的变革——庆祝改革开放 40 周年大型展览”

学院开设有新闻学、广告学、广播电视学、网络与新媒体 4 个本科专业，一个卓越新闻班——穆青新闻实验班。新闻学专业入选教育部第一批特色专业建设点；新闻学、广告学分别入选第一批、第二批国家一流本科专业建设点。现有新华通讯社-郑州大学穆青研究中心、中原传媒研究院、郑州大学传媒发展研究中心、郑州大学文化产业研究中心、新媒体传播研究院、郑州大学影视创作与研究中心等 6 个学术机构，承担国家社科基金项目 32 项，其中重大招标项目 3 项、重点项目 6 项。

中国新闻史学会 2017 年学术年会开幕式

湖北大学新闻与传播学院

1987年，湖北大学创办新闻学专业。2013年9月，新闻传播学院正式成立。湖北省委宣传部与湖北大学共建新闻传播学院。现有新闻学、广告学、网络与新媒体、视听传播和播音与主持艺术五个本科方向。新闻学、广告学为国家级一流本科专业建设点。现拥有文化与传播二级学科博士授权点、新闻传播学一级学科硕士授权点、新闻与传播专硕学位授权点，博士生导师6人，硕士生导师32人。在校本科生近1000人，研究生400余人。

学院注重人文底蕴，将专业教育与思政教育融合，获批教育部首批高校“百个研究生样板党支部”；加强学科协同创新，聚焦新闻专门史和媒介思想史研究、荆楚文化品牌传播、智媒体与信息治理等领域；强化卓越人才培养，曾获国家教学成果奖二等奖、湖北省第七届、第八届、第九届教学成果奖。毕业生成为人民日报、新华社、湖北广播电视台等主流媒体的骨干力量。

学院注重人文底蕴，将专业教育与思政教育融合，获批教育部首批高校“百个研究生样板党支部”；加强学科协同创新，聚焦新闻专门史和媒介思想史研究、荆楚文化品牌传播、智媒体与信息治理等领域；强化卓越人才培养，曾获国家教学成果奖二等奖、湖北省第七届、第八届、第九届教学成果奖。毕业生成为人民日报、新华社、湖北广播电视台等主流媒体的骨干力量。

西南政法大学新闻传播学院

新闻与传播专业研究生联合培养基地揭牌仪式

西南政法大学于 1994 年 7 月开设了全国法科大学里第一个新闻学专业。2003 年 6 月成立新闻传播学院，同年获批新闻学二级学科硕士学位授权点。2010 年获批新闻传播学一级学科硕士学位授权点和新闻与传播专业硕士学位授权点。同年，学院对外更名为“全球新闻与传播学院”，提出了“以全球视角打造国内一流新闻学科”的发展定位。

2018 年，学院获批新闻传播学一级学科博士学位授权点，实现了重庆市新闻传播学科博士点零的突破。同年，学院成为教育部首批全国高校“三全育人”综合改革试点院系。2019—2021 年，学院新闻学、广播电视学、传播学三个专业分别成为国家级首批(2019 年度)、第二批(2020 年度)、第三批(2021 年度)一流本科专业建设点，网络与新媒体专业获评 2021 年度重庆市一流本科专业建设点。2022 年，新闻传播学学科在教育部第五轮学科评估中提档升级。

新闻传播学院“非遗”特色团队迎接新生

2023 级本科新生开学第一课合影

30 年的励精图治，学院秉承“中国立场、全球视野、法律正义、社会责任”的办学理念，已经形成新闻、广电、传播、网络与新媒体多专业协调发展，从本科到硕士、博士研究生教育及留学生教育的多层次、多类型人才培养格局。

邀请巴基斯坦南亚与国际研究中心哈希玛特教授来学院讲学

西南政法大学—柬埔寨王国皇家法律经济大学合作谅解备忘录签约仪式

序　言

张　昆

根据中国传统立法，2023 年是兔年。在十二生肖中，兔子是个骄傲的动物，它聪明伶俐，身轻如燕，疾跑如风，这种体质确实够它骄傲的，所以每逢兔年，人们都有快速发展、更上层楼的期待。事实上，2023 年确实不是一个普通的年份，新年伊始，我们终于摆脱了新冠疫情的困扰，从惶恐不安中走出来，恢复了心灵的平静。持续三年的经济萎缩，也因为疫情刹车，显示出旺盛的活力；五一长假期间汹涌的客流，证实了疫后报复性增长预期。第一季度国民经济统计结果刚刚出炉，其靓丽的数据使得国人对于兔年的经济成长信心大增。在教育领域，“双万工程”正式收官，第二批国家级一流课程正式公布，借第五轮全国一级学科评估结果下达的东风，高等教育新一轮质量建设跃然欲出，一个新的历史阶段即将开启。

一个好的时期，一个好的心情，加上一个好的环境，预示着兔年将会有难得的好机遇。兔年我们将出版《中国新闻传播教育年鉴(2023)》，这是第八部新闻传播教育年鉴。阿拉伯数字 8，是个位数中最大的偶数，横过来 8 就是∞，表示无穷大。从字形上看，它圆满而没有出口，能够顺利地循环发展。在西方，8 被视为再生数、复活数、永恒的数。这似乎也在提醒中国新闻传播教育年鉴及围绕在年鉴周围的学界同仁，我们来到了充满想象力的可以大展身手的好时代。

自第一本《中国新闻传播教育年鉴(2016)》在沈阳正式发行以来，迄今一共出版了八部，总计 1000 万余字。以年鉴为基础，我们建立了覆盖全国各层次、不同类型大学新闻传播院系的信息采集网络，团结在年鉴编辑部周围的作者、通讯员 200 余人。为了回应新闻教育界的需要，中国新闻传播教育年鉴编委会创立了全国新闻传播学院院长研修班，每年暑假举办为期一周的培训；为了给改革中的新闻教育界树立标杆，提供参照，中国新闻传播教育年鉴编委会还在业界的支持下，设立了中国新闻传播教育年鉴奖，对于卓有成就的院长及学科创新发展成绩显著的新闻学院予以表彰；年鉴编委会还应会员单位的需求，与相关新闻学院联合举办了不少学术活动和学术竞赛、工作坊；以年鉴编辑部为核心精心制作的微信公众号“镜鉴工作室”的粉丝早已超过一万，是新闻教育界影响力最大的专业公众号之一。八年的努力，我们的年鉴已经不再是一本年度出版的工具书而已，而是形成了以中国新闻传播教育年鉴为核心，包括全国新闻传播学院院长研修班、镜鉴工作室、中国新闻传播教育年鉴奖等在内的年鉴家族，成为服务新闻传播教育、服务新闻传播学人的公共产品矩阵。

近年来鉴于《中国新闻传播教育年鉴》对新闻教育界、学术界的服务，赢得了学界同仁的高度评价。2022 年 12 月 31 日，在《中国新闻传播教育年鉴(2022)》首发式暨首届中国新闻传播教育年鉴编撰理论与实践研讨会上，20 多位著名的新闻传播学者、新闻学院院长，就《中国新闻传播教育年鉴》的编撰理念与实践展开了深入的讨论。中国人民大学副校长、国务院学位委员会新闻传播学科评议组成员胡百精教授说：“我们新闻教育领域需要《中国新闻传播教育年鉴》这样一本动态的历史书，写我们自己的历史书。新闻教育和我们所对应的新闻行业，更习惯记录别人，记录大时代，包括大时代当中的大事件、大时代当中具体人的命运、大时代具体而微的社会历史进展。我们在这方面做了很多努力，但是事实上我们对自己的关怀、对自己的记录，特别是以史家的眼光来描述历史记录当中的我们自己的路径，确实做得不多。”

教育部新闻传播学科教学指导委员会副主任、暨南大学党委书记林如鹏教授认为：“《中国新闻传播教育年鉴》已经成为新闻传播教育界一道靓丽的风景，拥有无可取代的时代价值。……已经成为我们教学科研重要的工具书。”他赞赏年鉴“兼顾指导性、学术性和权威性，是一项富有开创性的工程”；“是一座记录新闻传播教育发展历史和现状的丰碑，体现了新闻人对‘史家精神’的坚持”。

北京大学新闻学研究会会长程曼丽教授赞赏中国新闻传播教育年鉴对新闻教育界活历史的抢救性发掘，高度评价年鉴对“已故和在世的新闻教育家的生平业绩和教育思想进行阐述和追述”和对何梓华、赵玉明、刘树田、吴文虎等著名新闻院系老院长、老主任的口述史研究，认为“这些抢救出来的资料在这些前辈教授去世后尤显珍贵，也体现了编辑部‘秉持史家精神、打造教育信史’的学术追求”。

北京外国语大学副校长孙有中教授盛赞：“《中国新闻传播教育年鉴》为新闻传播教育立心，为新闻传播教育立命，为新闻传播教育立传，为新闻传播教育开未来。”“《中国新闻传播教育年鉴》相当于我们新闻传播教育事业的现代版《史记》。如果没有《史记》，从三皇五帝到汉武帝这段辉煌的中国历史将是多么苍白。在这个意义上，张昆教授团队不忘初心地坚守《中国新闻传播教育年鉴》工作是一件功在千秋的大事。”

知名出版学者范军教授从出版的角度指出：《中国新闻传播教育年鉴》作为学术性、工具性、政策性兼具的权威大书，“对于我们当下新闻传播学科体系、学术体系、话语体系、知识体系的建构具有重要作用。作为一项开拓性工作，年鉴的意义主要体现在现实功用、场域呈现和历史书写几个方面。它以时间为经，以人、事、物为纬，较为精准地定位中国新闻传播教育领域的每一刻度，将历史、现实与未来有机结合起来，有助于存史鉴今，启迪后人，推动中国新闻传播教育事业的持续、健康发展。年鉴记录当下，面向未来，而它本身也将成为明天的历史，成为未来重要的历史基石和构件”。

当然，年鉴不会凭空出现，完善的事务必然产生于完善的时代。中国新闻传播教育年鉴编撰出版与新闻传播学科发展水平有着直接而密切的关系。中国社会科学院新闻与传播研究所原所长、原《中国新闻年鉴》《中国新闻传播学年鉴》主编唐绪军教授说：“年鉴是一个学科成长发展的记录。一个学科如果没有一定的积累，没有一定的影响力，不到一定的时候，是没有条件做出一本内容扎实的年鉴的。就此而言，可以说，《中国新闻传播教育年鉴》的出版是我们整个学科发展的一个缩影，是我们中国新闻传播教育蓬勃发展的一个体现。”

《中国新闻传播教育年鉴》的出版是新闻教育界同仁集体智慧的结晶。正如复旦大学新闻学院院长张涛甫教授所指出的，《中国新闻传播教育年鉴》的编撰“需要非常强大的担当，除了学科担当之外，还要有能力付诸实践，并且做得好，这对整个学科是功能无量的。为新闻传播教育立传，为新闻传播教育做‘史记’，是非常了不起的，我们的学科现在不断地扩张，甚至扩张到其他学科地盘了，我们这个学科在一路向前的时候，需要把我们的知识轨迹和教育轨迹记录下来，为新闻传播学界贡献不可或缺的公共产品”。没有遍及全国各地、各类型大学新闻院系的年鉴网络，没有 200 多位作者及新闻院系同仁的支持，《中国新闻传播教育年鉴》的持续出版是难以想象的。

客观而言，经过近十年的努力，我们以《中国新闻传播教育年鉴》为核心，建设起了强大的学术团队，推出了以服务新闻传播教育、服务新闻学人为宗旨公共产品矩阵，包括《中国新闻传播教育年鉴》、中国新闻传播教育年鉴奖、全国新闻传播学院院长研修班、镜鉴工作室等，在中国学界、业界的存在感跃然纸上，备受新闻传播教育界同仁的好评，我们可以欣慰，但绝不能骄傲自满。

在今天这个信息化时代，媒介技术的急剧变革、传播生态的蝶变和整个社会大系统的转型，高等教育尤其是新闻传播教育既面临着空前的机遇，也免不了严峻的挑战。如何克服转型带来的难题，怎样才能回应社会的紧迫需求，如何寻觅脱困的路径，凝聚学界共同体集体的力量，在考验着新闻传播教育界每位同仁。身为教育工作者，我们深知要走出困境通过大考，不仅需要强大的意志力，需要超越学科专业的团队协作，更需要洞穿时空的历史智慧。《中国新闻传播教育年鉴》编委会作为新闻教育界公共平台和学术同道的精神家园，肩负着不可推卸的历史使命。所以在《中国新闻传播教育年鉴

(2023)》出版之际，我们尤其需要谦虚谨慎，戒骄戒躁，保持好努力进取心态，全力贯彻精益求精、服务至上的理念，稳扎稳打，将我们的年鉴事业继续推向前进。这本身就是一项系统工程，涉及千头万绪、诸多要素，然举其荦荦大端者，不外乎以下几点。

第一，长效机制的建构。我们要致力于建设一个长效的机制，确保《中国新闻传播教育年鉴》编撰出版的物质基础，使之成为一项富有生命力的恒久的公益事业。迄今为止，从第一部到第八部年鉴的编撰出版，《中国新闻传播教育年鉴》编委会的运行是相当有效的，基本上是靠众筹的机制，吃百家饭，靠学界、教育界的资助。虽然资金链不曾断裂，但是物质上的不确定性确实存在，挥之不去。一旦资金筹措不及，资金链断裂，年鉴及以年鉴为核心的公共产品矩阵就会面临夭折的可能。那么如何建设、完善长效机制呢，暨南大学党委书记林如鹏教授在首届中国新闻传播教育年鉴编撰理论与实践研讨会上提出，设立"中国新闻传播教育年鉴基金会"，以解决困扰年鉴编撰出版的资金瓶颈，使编委会、编辑部能够将精力集中在年鉴的编撰业务上。事实上我过去也有这个想法，但是由于多种原因，主要是由于地域经济环境的限制，一直没有付诸实施。在首届《中国新闻传播教育年鉴》编撰理论与实践研讨会上，林如鹏教授的提议得到热烈的响应，中国新闻传播教育界的一些头部高校、一流院系的院长们，对设立的"中国新闻传播教育年鉴基金会"持肯定和支持态度。这是一个很好的契机，在今后一段时间，《中国新闻传播教育年鉴》编委会将重点关注，寻找热心公益的业界领袖，策划可行的选择方案，择机启动"中国新闻传播教育年鉴基金会"的建设工作。

第二，延伸、拓展《中国新闻传播教育年鉴》事业的发展空间，延伸年鉴事业链、数据链，完善以年鉴为核心的公共产品矩阵。目前我们的《中国新闻传播教育年鉴》，还只有纸质版，产品比较单一。网络上有 PDF 版《中国新闻传播教育年鉴》流行，但那是非法的，未经我们的许可。经过可行性分析，我们已初步计划安排，依托教育部哲学社会科学实验室华中科技大学大数据与国家传播战略实验室，建设《中国新闻传播教育年鉴》数据库。在首届中国新闻传播教育年鉴编撰理论与实践研讨会上，好几位专家提出了这个建议，中国新闻史学会王润泽会长甚至建议，建设开放式的数据库，类似百度的模式，开放读者用户直接上传数据信息，编辑部只要加强审核把关即可。我们还要继续建设好《中国新闻传播教育年鉴》编委会编辑部的公众号"镜鉴工作室"，这个微信公众号已经拥有了超过 1 万的粉丝，成为新闻教育界、新闻学界影响最大的公众号之一。在年鉴网络基础上开办的全国新闻传播学院院长研修班，在教育界已经有了很好的口碑，每届有 120 名左右学员线下研修，第二届研修班因为疫情防控的需要开通了线上直播，高峰时线上收视者高达 1.6 万人，其影响溢出了新闻教育界，受到社会上的普遍好评。基于教育界的强烈需求，这个研修班将继续办下去。最近，中国新闻史学会外国新闻传播史专业委员会会长姜飞教授提议，与《中国新闻传播教育年鉴》编委会合作创办“暑期中外新闻传播史教学研讨班”。这是一个很好的创意。不出意外，这个研讨班很快将要正式启动。出于服务教育的宗旨，《中国新闻传播教育年鉴》编委会在今后若干年内，在不影响年鉴编撰质量的前提下，将致力于事业链、数据链的延伸，努力完善产品矩阵，努力为中国新闻教育的发展作出更大的贡献。

第三，加强年鉴的学术团队建设。现在《中国新闻传播教育年鉴》编辑部周围有200多人的学术团队，遍布于国内不同层次的高校、不同类型高校的新闻学院，甚至港澳台地区，以及北美及欧洲地区，也有学者参与我们年鉴的编撰活动，这是我们一切工作的基础。但从事业发展的角度来看，这样规模的编撰团队还不够，还需要向更深更广的领域拓展。因为现在新文科的建设，涉及学科专业的交叉、融合，远远超越了传统的新闻传播学科，涉及相邻的相关学科，甚至大跨度地与理工农医等大学科远距离交叉，可是我们的团队成员主要来自新闻传播学科；目前我们年鉴的学术团队成员主要集中在教师层面，今后还需要向学生(研究生、博士生)层面拓展，因为年鉴刊发的内容，有不少涉及学生本身，学生也是新闻教育的主体，而最了解学生的自然是学生；学术团队的建设，还需要面向新闻传播业界，新闻业界能够为新闻教育界提供人才市场和办学资源，同时它也需要学界的智力支持。新闻传播业界与新闻教育界是相辅相成、互利双赢的关系。传媒茶话会作为《中国新闻传播教育年鉴》编委会的战略合作伙伴，为年鉴事业的发展作出了重大的贡献。为年鉴事业的长远打算，我们的学术团队也需要业界同仁、传媒机构更高程度的参与。

第四，《中国新闻传播教育年鉴》内容体系的拓展与完善。作为中国新闻传播教育年鉴的主编，从比较的视野出发，我认为年鉴承载的内容还有进一步拓展的空间。在首届中国新闻传播教育年鉴编撰理论与实践研讨会上，原中国传媒大学校长胡正荣教授建议年鉴的内容体系需要进一步拓展，从教育到非教育、从新闻教育到非新闻教育两个维度延伸，从而使得《中国新闻传播教育年鉴》的视野更加开阔、更加深邃、更加丰厚。年鉴的内容结构，也需要更加完备且体系化，以臻于至善。《中国新闻传播教育年鉴》的编撰是以年为时间单位的，应该置身于历史的动态过程中，每一期年鉴的内容都要切合这个年度的时代主题。所以，不同年份的年鉴主题也应该有所变化。中国人民大学胡百精副校长提出年鉴编撰的主题化问题，希望“年鉴能够进一步在目前资料审核的基础上，能够进行主题思考，将会更加凸显年鉴本身的思想厚度，当后来者向历史发问的时候，年鉴所展现的问题，年鉴可能提供的这个答案的纵深也会更鲜明更强烈一些”。他进而期待，“《中国新闻传播教育年鉴》既呈现我们的新闻教育，同时也表达新闻教育的思想，用教育本身的主题来统摄凝结我们新闻传播教育在每年的思想和行动上的进展”。

胡百精教授的建议，对我们今后的工作具有很好的启示意义。

第五，精益求精，努力提高编校质量，提升年鉴产品矩阵的服务品质。《中国新闻传播教育年鉴》的编撰出版是功德无量的善举，但是按照时下高校的学术评价标准，其价值完全得不到应有的肯定。所以年鉴的编撰出版耗时费力，而且吃力不讨好。由于年鉴的编撰是以年为时间单位，实效性较强，必须在规定的节点完成相应的编写任务。因而不能以十年磨一剑的做法，这与一般的理论、历史研究是完全不同的。在通常情况下，年鉴是10月下旬必须出版，11月中旬举办当年年鉴的首发式。由此倒推年鉴编撰工作的进度节点安排。总的来讲，编辑出版时间比较仓促，稍不注意，就会滋生一系列的问题，包括编校、装帧质量的问题。我们要在完善体制机制的基础上，优化流程，充分地利用有限的时间，消除一切可能的错误，以保证《中国新闻传播教育年鉴》的学术水平和编校质量。与此同时，年鉴产品矩阵的其他产品，包括全国新闻传播学院院长研修班、镜鉴工作室公众号等，也需要在总结经验的基础上，精益求精，臻于至善。

面对《中国新闻传播教育年鉴(2023)》(系列第8部)厚厚的书稿，心中波澜起伏，难以平静。回溯既往，8年的历程，虽无大的曲折，但是难题还是遇见了不少，但我们还是以团队的力量、集体的智慧圆满地解决了。一步一个脚印，坚定而深刻，蕴含了创造的艰辛，也洋溢着成功的喜悦。翻阅一部部年鉴，篇幅大致相同，但是体系结构、事实选择、人物臧否、数据解读等，却存在着较大的差异，总的来说，是一年比一年好，一部比一部完善。这既体现了《中国新闻传播教育年鉴》与时俱进的自然成长，也反映了我们年鉴同仁对于至善境界的向往和不懈的追求。来日方长，百年难期，但是10年、20年的趋势是确定的。我可以负责任地断言，《中国新闻传播教育年鉴》将会继续出版下去，我们年鉴同仁也将不舍昼夜，在追求至善的道路上继续跋涉前行。这是时代的呼唤、历史的使命，我们责无旁贷。

目　录

1. 总 论 篇

1.1 2022年度中国新闻传播教育发展综述

1.1.1 新一轮“双一流”建设为新闻传播学科注入新活力

“双一流”指世界一流大学和一流学科，是中共中央、国务院作出的重大战略决策，也是中国高等教育领域继“211工程”“985工程”之后的又一国家战略。这一战略的实施有利于提升中国高等教育综合实力和国际竞争力，能够为实现“两个一百年”奋斗目标和实现中华民族伟大复兴的中国梦提供有力支撑。2017年9月，教育部发布《关于公布世界一流大学和一流学科建设高校及建设学科名单的通知》，第一批世界一流大学和一流学科建设高校及建设学科名单正式公布。同年年底，中国人民大学、中国传媒大学将新闻传播学正式列为“双一流”建设学科，复旦大学、武汉大学、上海交通大学等高校通过学科整合方式也将新闻传播学列为“双一流”建设范畴。

2021年12月17日，习近平总书记主持召开中央全面深化改革委员会第二十三次会议，审议通过了《关于深入推进世界一流大学和一流学科建设的若干意见》，强调要突出培养一流人才、服务国家战略需求、争创世界一流的导向，深化体制机制改革，统筹推进、分类建设一流大学和一流学科。这标志着新一轮“双一流”建设实质性启动。习近平总书记的指示为新一轮“双一流”建设指明前进方向，意义非同一般，作用非同寻常，是新一轮“双一流”建设的基本指导。①

2022年2月9日，教育部、财政部、国家发展改革委公布《第二轮“双一流”建设高校及建设学科名单》的通知。其中，中国人民大学、中国传媒大学的新闻传播学在《第

---

① 中国传媒大学：稳中求进，锐意创新，深入推动“双一流”高质量建设 .［EB/OL］.［2022-02-24］. https：//xkfzc. cuc. edu. cn/2022/0224/c76a191164/page. htm.

二轮“双一流”建设高校及建设学科名单》之列。

与首轮“双一流”建设名单相比，新一轮“双一流”建设有两点新看点：一是新一轮“双一流”建设不区分一流大学建设高校和一流学科建设高校，淡化建设单位的身份色彩，不再有“一流大学建设高校”的 A 类与 B 类之分；新看点之二在于，《第二轮“双一流”建设高校及建设学科名单》还专门公布了《给予公开警示(含撤销)的首轮建设学科名单》，其中共有 15 所高校的 16 个建设学科被给予公开警示。

而作为第二轮“双一流”建设的新闻传播学科“双一流”建设单位的中国人民大学，也以新闻传播学科“双一流”建设为基础，并基于习近平总书记关于“加快构建中国特色哲学社会科学，归根结底是建构中国自主的知识体系”的重要论述，着力全面推进中国特色新闻传播学“三大体系”建设。

首先，在史的领域，重点加强中国共产党百年新闻传播史的体系化研究，特别是改革开放以来 40 多年波澜壮阔的当代新闻传播史的研究。只有将这部分历史与中国古代、近现代新闻传播史纵向衔接，与世界范围内人类新闻传播活动的历史做横向串联，才能真正把中国特色新闻传播事业发展的内在逻辑进行梳理贯通，为学科的长期可持续发展提供扎实的知识基础。

其次，在论的领域，将马克思列宁关于新闻传播的经典论述与中国共产党领导下的百年新闻事业实践中不断总结提炼的新闻理论相结合，建构逻辑贯通的中国特色新闻传播学理论体系：一方面，加强对马列原典的研究，以更好地正本清源；另一方面，立足当下、放眼百年甚至拓展到中国古代舆论思想的历史纵深，加强对中国共产党新闻宣传理论的系统研究，特别是习近平总书记关于新闻舆论工作重要论述的理论阐释。

最后，在业务领域，着力解决马克思主义新闻观悬空化的问题，将其置于中国新闻传播事业和国家社会整体发展的实践中，回应、解释、解决当前新闻传播的重大现实问题。

基于上述考虑，中国人民大学新闻学院执行院长周勇指出，中国人民大学新闻传播学科在“双一流”建设和“十四五”规划中，以学科自身可持续发展为内在逻辑、以新时代国家社会发展需求为外在导向，确立了学术研究的三大主攻方向：舆论与国家治理、国际传播与中国话语构建、全媒体与融合新闻生产。并且以此为重心，中国人民大学新闻传播学科努力推进在中国新闻学的理论体系构建、传播学的基础理论与学术话语创新、以舆论学重大基本问题为创新突破的中国舆论学学术体系建设以及互联网新媒体、人工智能等新兴交叉学科领域夯实基础、创新突破，以期产生具备中国特色新闻传播学重大原创性理论成果。同时，加强服务全国新闻传播学科发展的学术基础资源建设：建设五大新闻传播史工程，即中国共产党新闻事业史、中国新闻传播史新编、中国舆论思想史、新媒体技术史、中国新闻传播学科史；建立新闻传播学科基础史料库，主要包括马克思主义新闻观研究基础资源库、中国共产党百年新闻事业与红色新闻文化数字记忆库、近现代中国新闻史料库。①

1.1.2 新面孔加入，新闻传播院校与新闻传播学科迎来新建设

1.1.2.1 新闻传播学家族不断壮大，网络与新媒体专业成主要增长点

2022年2月22日，教育部公布《2021年度普通高等学校本科专业备案和审批结果》，要求相关教育部门及高等学校加强对新设专业的建设和管理，不断提高人才培养质量。

在此轮专业调整中，新闻传播学新增备案本科专业名单涉及7个专业41所高校。其中涉及传播学的高校2所：北京语言大学、广西职业师范学院；涉及新闻学的高校3所：中南民族大学、中国劳动关系学院、湖州师范学院；涉及国际新闻与传播的高校5所：厦门大学、大连外国语大学、广东外语外贸大学南国商学院、四川外国语大学、重庆外语外事学院；涉及时尚传播的高校3所：北京工商大学嘉华学院、沈阳城市建设学院、武汉设计工程学院；涉及广告学的高校3所：中南民族大学、天津传媒学院、福建技术师范学院；涉及数字出版的高校1所：中国传媒大学；涉及网络与新媒体的高校24所：华北电力大学、天津科技大学、呼和浩特民族学院、华东政法大学、上海政法学院、台州学院、宁波工程学院、湖州学院、安徽艺术学院、福建师范大学、福建商学院、莆田学院、青岛理工大学、泰山学院、南阳理工学院、黄河科技学院、湖北师范大学、湖北恩施学院、湘潭理工学院、云南艺术学院文华学院、西安翻译学院、甘肃政法大学、伊犁师范大学、新疆财经大学。

同时，新闻传播学撤销专业名单涉及6个专业35所高校。其中涉及传播学的高校1所：佛山科学技术学院；涉及新闻学的高校4所：辽宁理工学院、周口师范学院、广西大学(二年制，此校该专业尚有四年布点)、西北大学现代学院；涉及广告学的高校13所：渤海大学、吉林建筑大学、长春科技学院、江苏理工学院、浙江理工大学科技与艺术学院、淮北理工学院、景德镇陶瓷大学、山东艺术学院、湖南工程学院应用技术学院、重庆城市科技学院、西安工业大学、西安培华学院、西北大学现代学院；涉及广播电视学的高校11所：北京工商大学、渤海大学、吉林艺术学院、上饶师范学院、江西

---

① 周勇：以知识体系为本，加快构建中国特色新闻传播学“三大体系”[EB/OL]．[2022-05-06]．https：//m. gmw. cn/baijia/2022-05/06/35713778. html.

财经大学、南昌理工学院、齐鲁师范学院、黄淮学院、湖北师范大学文理学院、湖南师范大学、西北大学现代学院；涉及编辑出版学的高校4所：吉林艺术学院、湘潭理工学院、广西民族大学相思湖学院、昆明文理学院；涉及网络与新媒体的高校2所：上海戏剧学院、淮北理工学院。

此外，《普通高等学校本科专业目录新专业名单》中没有新闻传播学相关专业。

而网络与新媒体专业作为新兴专业，近年来为何成为新闻传播学专业设置中的主要增长点？这主要是基于背景：近年来随着计算机技术和通信技术的发展，互联网经济和新媒体产业的迅猛发展，社会和市场对互联网与新媒体相关专业人才的需求急速增长，这种增长要求高等教育的人才培养需求为新媒体行业发展提供人才保障和智力支撑，高等教育机构因此大力建设顺应当前社会的需求开设网络与新媒体专业培养全能型、应用型的网络与新媒体人才。各教育单位及相关高校应基于教育部相关政策导向及社会与行业的现实需求，在课程建设、教学方法、师资定位等方面积极探寻网络与新媒体专业的人才培养模式。

1.1.2.2 新闻传播教育质量在中国特色理论及高校思想政治工作指导下提升

(1)兰州大学新闻与传播学院获批教育部2022年高校思想政治工作精品项目

2022年3月7日，教育部思想政治工作司公布了2022年高校思想政治工作有关培育建设项目入选名单。兰州大学新闻与传播学院申报的“新闻学子‘重走中国西北角’接力采访”入选高校思想政治工作精品项目。

“新闻学子‘重走中国西北角’接力采访”活动是兰州大学新闻与传播学院的一项品牌实践教学活动。该项活动始于2010年，通过红色文化之旅、乡村振兴观察之旅、文化传承之旅、兰大精神之旅、职业体验之旅、抗疫宣传之旅等专题活动，以新闻学子为主体，联合新闻媒体，用新闻采风、媒体训练营、大篷车课堂等方式，沿着范长江当年深入西北地区采访报道的足迹，深入基层，深入群众，深入生活，深入爱国主义教育基地，去采访记录，去体察感悟，认识西部、记录西部。该项活动已举办11届，活动覆盖陕、甘、宁、青、川和内蒙古六个省区，6~8条线路同步展开，10余所高校、1400余名学生、100余人次教师参与，已有1600多件实践教学作品先后发表于人民网、新华网、中国甘肃网、香港《大公报》等媒体平台，出版优秀作品集5部。2018年，第七届新闻学子“重走中国西北角”接力采访活动入选第三届“五个一百”网络正能量专题活动。这项“知行合一、学以致用”的实践教学活动，是新闻传播教育跨学界业界平台协同育人的典型案例，是新闻传播专业产学研结合的典范。新闻学子在活动中感知新时代中国发生的伟大变革，体验“准新闻人”所担负的时代使命和精神风范，从而培养新闻学子的家国情怀和历史担当。

据悉，兰州大学新闻与传播学院将以此为契机，紧密围绕以立德树人为根本任务，不断深化实践育人机制，全面提高大学生思想政治工作质量。

(2)中国特色理论与实践成果在新闻传播学科及相关领域展现

由教育部学位与研究生教育发展中心和中国专业学位案例中心组织的面向有关高校的主题案例征集工作于2021年11月启动，主题案例征集设立“乡村振兴”“生态文明”“数字中国”和“共同富裕”四个主题，挖掘上述主题在理念、制度、实践等方面的高质量案例资源，充分展现中国特色理论与实践成果。

立项结果于2022年3月16日公布，共55所高校的246个申报项目通过评审。其中新闻传播学科领域中国人民大学1项“乡村振兴”主题案例(周勇：“乡村振兴中的基层公共传播实践机制”)，2项“数字中国”主题案例(王强：“数据驱动的新型消费引领新创造、智慧农业全产业链升级案例研究”；程华：“农产品流通价值链重构与农业数字化转型”)，2项“生态文明”主题案例(竺效：“公共参与生态文明建设典型案例研究”；崔军：“高质量发展中的生态价值引领——基于浙江丽水生态产品价值实现机制试点的案例”)，1项“共同富裕”主题案例(周立：“以共建共治共享促进共同富裕的袁家村经验”)，共计6项主题案例通过评审，主题案例立项数量与其他学科并列全国第一。

据悉，中国人民大学将进一步加强案例教学和案例库建设。在教育部学位中心、中国专业学位案例中心等相关机构的指导和支持下，中国人民大学完善学校、学院案例中心两级管理体制，建立健全教学案例建设激励机制，建成凸显中国人民大学特色的专业学位研究生案例教学新模式。①

1.1.2.3 学界业界师资融合，新闻传播教育师资力量更为强劲

(1)三位在职央媒社长、总编“扎堆”任教南开大学新闻与传播学院②

南开大学新闻与传播学院成立于2021年10月17日，是南开大学迈入新百年之后成立的首个专业学院。2019年，《科技日报》总编辑、范长江新闻奖获得者刘亚东调任南开大学，担任尚在筹建的新闻与传播学院院长。2022年3月，全国政协委员、工人

---

① 中国人民大学研究生院：中国人民大学6项案例获教育部学位中心2021年主题案例立项并列全国高校第一[EB/OL]. [2022-03-22]. https：//mp. weixin. qq. com/s/-4n21CWCTJzV0rwvJM85sw.

② 李磊：三位在职央媒社长、总编为何扎堆去这儿任教？[EB/OL]. [2022-03-12]. 传媒茶话会. https：//mp. weixin. qq. com/s？_biz = Mzl1MDU4OTA0Mg = = &mid = 2247618571&idx = 1&sn = f7529b4ff459b39285a7ca59eb93ab26&chksm = e9fcaa16de8b230034ab326ee33555d4624a8ddceafab193d5f4d46e9b4be83b1c339b71e57b&scene = 27.

日报社原社长(同时曾任总编辑)孙德宏，中新社原总编辑王晓晖先后赴南开大学新闻与传播学院任教授。如今，孙德宏、王晓晖的“加盟”，意味着南开大学新闻与传播学院汇集了有三位总编辑任职经历的教授。

媒体领导赴高校新闻传播学院任职早有先例，并不是新现象。范敬宜、米博华、范以锦，分别曾在或正在清华大学、复旦大学、暨南大学所属新闻学院担任院长。这样的例子还有很多。中央民族大学新闻与传播学院特聘院长张昆评价这种现象谈到，业界人士在退休后或快要退休时转战学界，可以将此前的从业经历、知识进行理论化、系统化整理，转化为教学的生产力，这也是自身生命力的延续。

而谈到当年为何选择到南开大学新闻与传播学院任教，并担任院长一职，刘亚东表示主要有三个原因：一是，基于对从事新闻教育工作的兴趣和热爱；二是，作为老牌知名学府，近些年南开大学在推进双一流建设、国际交流方面做出了积极探索与努力，呈现出发展的新气象，展现出较强的人才吸引力；三是，因为个人的西南联合大学“情结”。

那么媒体人的到来，能给新闻学界带来什么？

一是可以弥补学界与业界融合短板。一直以来，传媒学界与业界不仅相互隔绝，“各弹各的调”，甚至彼此瞧不上。业界重实践，轻理论指导，学界重理论，轻实践；业界诟病学界学术研究不接地气、课程开设滞后于新闻实践，培养的学生无法满足工作需求；学界认为业界过度崇尚技术，唯流量论，野蛮生长，产生诸多失范问题。“新闻是实践性很强的理论，也是理论性很强的实践。虽然，目前很多院校和媒体开展了交流合作，但互动还不够，缺乏系统化、常态化、制度化。”刘亚东谈道，南开大学新闻与传播学院此次引进孙德宏、王晓晖两位资深媒体人，目的就是促进学界与业界的融合、交流。

二是用自身原有的资源、影响力赋能新闻教育。媒体人尤其是媒体高管有着广泛的媒体资源、社会资源、人脉关系，以及社会影响力。到学界后，可为相关新闻传播院系发展争取资源、引进资金、延揽人才。

三是优化师资结构。著名时评人曹林曾在《中国青年报》撰文指出：“没写过评论的却教评论，没有媒体采访经历的却教新闻采访，实在是笑话。”①张昆认为，新闻教育是实践性、应用性极强的学科，但目前，很多新传院校的师资机构以学术研究背景为主体，缺乏业界经历师资，因此在学生实操能力培养方面存在短板。资深媒体人尤其是媒体领军人物，实践经验丰富，加入学界能有效弥补新闻学界存在的短板，从而优化师资

---

① 曹林．当新闻学院院长是需要资格的[N]．中国青年报，2014-07-15.

结构。据刘亚东介绍，目前南开新闻院确立了向新媒体靠拢、向做好国际传播研究挺进的学科发展方向，并力争将先进的传播技术、理念融入教学和科研中。王晓晖、孙德宏两人的经历与特长契合南开新闻院的办学方针和学科发展重点。公开履历显示，王晓晖一直在中新社工作，曾担任过中新社美国分社社长，在国际传播、讲好中国故事方面极具经验；孙德宏在新媒体时代新闻美学研究方面深有造诣，且有显著成果。孙德宏透露，到南开大学新闻与传播学院后，按照学院安排，结合自身实际，他将开设理论新闻学的新闻美学、文化经典的国际传播、中外新闻经典批评等课程。

(2)胡正荣受聘中国社会科学院大学新闻传播学院院长、唐绪军受聘特聘教授

2022 年 4 月 8 日，中国社会科学院大学新闻传播学院院长、特聘教授聘任暨师生座谈会在中国社会科学院大学良乡校区举行。中国社会科学院大学党委常委、副校长张树辉，受中国社会科学院副院长、中国社会科学院大学党委书记高培勇、中国社会科学院大学校长张政文的委托，为胡正荣颁发了中国社会科学院大学新闻传播学院院长聘书，同时为唐绪军颁发了中国社会科学院大学特聘教授聘书。

唐绪军以“三有”——“有愧、有为、有盼”为主题发表了自己担任新闻传播学院首任院长的感言。他对学院事业的各项发展进行了总结，包括改善学院治理结构、制定“十四五”规划、更改学院名称、设计学院标识、建立一系列议事制度以及成功评选国家级一流本科专业和国家级思政示范课程等一系列创举。他对新闻学院的未来发展表达了期盼。他表示，胡正荣是知名学者，同时也有丰富的高等教育管理经验，相信在他的带领下，新闻传播学院未来发展的前途光明，能够创造辉煌。未来他将继续以特聘教授的身份为新闻传播学院的发展助力。

胡正荣结合自身经历表示，接任新闻传播学院院长压力很大。尽管自己做了 40 年的新闻传播教育，并且从普通老师做到大学校长，在任期间把中国传媒大学打造成为世界一流学科建设高校，但面对建设科教融合学院的新要求，还需要重新适应。他对新闻传播学院的未来发展寄予厚望。他认为，科教融合是新起点、新机遇和新方向，未来新闻传播学院要在高等教育的四大使命上进一步拓展。中国社会科学院新闻与传播研究所在中国新闻传播学科体系里面占据独特而重要的位置，所院融合将给中国新闻传播的研究和教育，特别是“三大体系”的建设带来一阵春风。他表示，唐绪军院长和班子成员把学院带到了一个历史高度，在打好的基础上，会有一些新作为。

1.1.2.4 国际传播院校添新面孔，开创部校共建国际传播人才培养新局面

2022 年 7 月 28 日，由重庆市委宣传部和四川外国语大学共建的重庆国际传播学院正式揭牌，这是全国首家部校共建的国际传播人才培养学院。

该校将对标国家战略和服务重庆国际传播能力建设的实际需要，充分发挥四川外国语大学学科专业集成优势，大力培养通晓国情又善于运用语言优势讲好中国故事的高端国际传播人才，建设一流的国际传播人才培养基地。此外，通过重庆国际传播学院，双方将进一步集结整合科研平台，发挥四川外国语大学多语种优势，在国际传播和跨文化传播等领域形成合力，建设重要的国际传播新型智库；开展区域传播研究，深入总结、研究地方性国际传播经验和规律，助力重庆城市形象国际传播。

同时揭牌的还有当代中国与世界研究院——西南政法大学悦来城市发展与国际传播研究院、中国外文局翻译院中西部分院、重庆陆海国际传播公益基金会。同时举办“2022 悦来城市国际传播论坛”，该论坛以“城市与国际传播”为主题。大会上，四川外国语大学校长董洪川围绕“大力推动学科专业融合，培养复合型高端国际传播人才”发表演讲。董洪川认为，重庆是西部地区唯一的直辖市，对西部地区的对外开放和国际化建设起着引领作用，助力国际传播国家战略和重庆乃至西部地区的国际化建设也是川外义不容辞的责任。目前重庆在城市国际传播方面已经有非常好的基础，对优秀的国际传播人才有较大的需求。面对这样的机遇，四川外国语大学以建设重庆国际传播学院为契机，大力推动国际传播与外语专业人才的融合培养，培养高端国际传播人才和学生的国际传播素养。这并不仅是新闻传播学科与外语学科的融合，涉及外语学科和非外语学科专业的多重交叉和深度融合，还要注意人才培养过程中国际视野与中国情怀的价值定位，外语能力与国际传播能力的复合培养。

做好国际传播不仅需要国际视野，更需要有对中华传统文化和当今社会的深切理解。中华优秀传统文化是我们最深切的文化软实力，是中国特色社会主义根植的沃土，也是我们在世界文明互鉴和文化激荡中站稳脚跟的基石。对外文化输出人才，需要拥有基础外语能力，同时具备国际政治、国际关系的理解以及新媒体应用的能力，才能处理好跨文化传播，做到精准传播。①

1.1.3 庆祝清华大学新闻与传播学院成立 20 周年

2002 年 4 月 21 日，清华大学新闻与传播学院成立，是清华大学建设世界一流大学进程中的又一个里程碑。2022 年 4 月 16 日，清华大学新闻与传播学院成立 20 周年“新闻传播学科论坛”系列活动在清华大学主楼举办，来自北京大学、中国人民大学、中国传媒大学、中国政法大学、复旦大学、厦门大学等高校的领导、新闻与传播学学科建设

① 四川外国语大学：重庆国际传播学院揭牌成立[EB/OL]．[2022-07-29]．http：//www. sisu. edu. cn/info/1033/6806. htm.

领域的专家以及国内主流媒体的负责人出席论坛。

清华大学党委常委、副校长彭刚表示，1985 年清华大学开启了新闻学科的教育，在历经申请学位、整合专业、全国招生等举措后奠定了新闻学科教育的基础。2002 年，新闻与传播学院的建立标志着清华正式加入了全国高校建设新闻与传播学的热潮中。20 年来，新闻与传播学院秉持“素质为本，实践为用，面向主流，培养高手”的育人理念和教学传统，在学科建设、人才培养等方面都取得了很好的成绩。清华大学新闻与传播学院的国内国外的影响力不断扩大，为深化改革、全面提升学科实力和服务国家提供了良好的基础。

清华大学新闻与传播学院成立 20 周年“新闻传播学科论坛”系列活动包含多场分论坛，主题包括“面向国家重大战略需求的新闻传播学科建设”“新闻传播业界学界共同建设与实践前沿”“新闻传播学术出版共同建设与研究前沿”“新闻传播师资队伍引进与建设”“新闻传播交叉学科融合与合作”“新闻传播人才培养模式与创新”等。来自学界与业界的近 60 位专家进行专题讨论，为推动新闻传播学可持续发展建言献策，共享学科经验与智慧。

中国新闻史学会名誉会长方汉奇授致辞视频，祝贺清华大学新闻与传播学院建院 20 周年。方汉奇表示，清华大学在新闻传播领域做出过重要贡献。清华大学的国学四大导师之一梁启超是新闻传播学的一个高峰人物，他对新闻传播学的理论实践领域一直到现在都有很大的影响。而如今，清华的新闻传播教育始终有一支强大的教学科研团队，同时在新闻传播学科建设方面做了很多开拓性工作，把中国新闻史学会这一学术共同体做到了极致。方汉奇表示，清华大学新闻传播学的研究是早在几十年前就已开始的。清华大学当年拥有四大导师——赵元任、陈寅恪、王国维以及梁启超。其中的梁启超就是新闻与传播学院的高档次的人物。他在新闻传播学的理论实践是远远超越前人的，直至今天都还有很大的影响力。而清华的新闻传播教育严格意义上来说是从新闻传播学院成立以后开始的。这个学院先后有范敬宜、柳斌杰、胡显章、李希光、尹鸿、陈昌凤等优秀领导者。这个领导团队有一个突出的特点：始终拥有一支强大的教学科研队伍，学科带头人亦在上面说的几个领导当中。第二个特点是在新闻传播学科的建设方面做了不少开拓性的工作。“特别是陈昌凤当院长这个时间段，她既是清华团队的领军人物，又是中国新闻史学会的会长，为中国新闻史学会这么一个作为全国最大的新闻学术团体做了诸多开拓性的发展工作，发挥到了极致。这里面有她个人的投入，也离不开清华新闻与传播学院的支持。总之是充分发挥了新闻与传播学院这方面的作用。”

1.1.4 以北京印刷学院为代表的中国出版高等教育迎来新发展

北京印刷学院创办于1958年，以“传承弘扬印刷文明，创新发展出版文化”为办学使命，开启中国出版印刷高等教育的先河。学校隶属北京市，由北京市人民政府和国家新闻出版总署共建。经过60余年的建设和发展，学校现已成为在出版与传播、印刷与包装、设计与艺术三个领域具有明显优势和特色，工、文、艺、管协调发展，国内唯一专门为出版传媒全产业链培养人才的全日制高水平特色型高等院校。

2022年，北京印刷学院正式拆分新闻出版学院，由原新闻出版学院拆分组建出版学院与新闻传播学院，学院出版教育与新闻传播教育朝着更加细分、更加专业的方向发展。同月，国家新闻出版总署公布“出版智库高质量建设计划2022年度入选机构”，北京印刷学院作为首批入选机构之一，着力依托相关资源搭建新时代出版专业人才的孵化地。此外，在首届全国出版学科共建工作会议上，北京印刷学院入选全国首批共建出版学院，由北京印刷学院与中国出版协会共建出版学院。以北京印刷学院为代表的中国出版印刷高等教育迎来新发展。

1.1.4.1 北京印刷学院拆分组建新闻传播学院及出版学院①

据悉，北京印刷学院新闻出版学院于2022年6月撤销，拆分组建出版学院、新闻传播学院，原新闻出版学院院长陈丹任出版学院执行院长，中国出版协会副理事长李朋义任出版学院院长；魏超担任新闻传播学院院长。

2022年9月16日，北京印刷学院出版学院挂牌仪式正式举行。中国出版协会理事长邬书林、中宣部出版局副局长李一昕、北京市委教育工委分管日常工作副书记张革、北京印刷学院党委书记高锦宏共同为出版学院挂牌。

北京印刷学院出版学院是2022年7月举办的首届全国出版学科共建工作会明确的首批五家共建出版学院之一，由北京印刷学院和中国出版协会合作共建。邬书林表示，出版学科共建工作是构建中国特色学科体系的重要举措，是推进出版高质量发展的重要抓手。北京印刷学院出版学院的挂牌成立，标志着两家单位学科共建工作迈出新的步伐。他对出版学院的建设提出三点要求：一是要充分利用好双方资源优势，创新体制机制，在人才培养、科学研究、智库建设、社会服务及国内外合作交流等方面着力打造特色鲜明的出版学科高地；二是要发挥专业院校长期扎根出版、深耕出版全产业链办

① 北京印刷学院出版学院挂牌仪式举行[EB/OL].[2022-09-17]. https://mp.weixin.qq.com/s/6H4Swr3NlCYAm2Op0jsTTQ.

学的优势，在学科引领、人才培养和科研创新上做出特色；三是要开阔思路、拓宽视野，认真学习研究国内外出版先进经验成果，加强国际学术交流，推动中国出版高质量发展。

在北京印刷学院出版学院院长聘任仪式上，新任院长李朋义、新任执行院长陈丹就如何建设好出版学院，开展出版学科的教育教学工作发表了各自的独特见解：李朋义表示，就任北京印刷学院出版学院院长，深感责任重大、使命光荣。未来，将在中国出版协会和北京印刷学院的领导下，从学术性、国际性和实践性三个方面，进一步推动出版学院的学科建设，加强国际交流与合作，加强与全产业链各类机构的合作，努力把出版学院办出特色、办出水平。陈丹表示，将从五个层面统筹设计学院的建设发展模式，打造"以马克思主义出版观为统领"的思想育人模式、"本、硕、博一体化"的贯通培养模式、"出版学科+"的交叉融合模式、"出版国际化"的外向拓展模式、"政产学研用"的协同发展模式。

1.1.4.2 北京印刷学院入选首批出版智库高质量建设计划，着力孵化新时代专业出版人才①

为深入贯彻落实《关于加强中国特色新型智库建设的意见》精神，国家新闻出版署自 2022 年 1 月起组织实施出版智库高质量建设计划。2022 年 6 月 6 日，国家新闻出版署公布《出版智库高质量建设计划 2022 年度入选机构的通知》，共 16 家机构入选 2022 年度出版智库高质量建设计划。

入选的 16 家机构包括：中国人民大学出版研究中心、北京师范大学数字出版与数字人文研究中心、华东师范大学上海出版研究院、南京大学出版研究院、浙江大学数字出版研究中心、武汉大学信息管理学院出版科学系、四川大学文学与新闻学院(新闻学院)、安徽大学新闻传播学院编辑出版学系、北京印刷学院新闻出版学院、杭州电子科技大学融媒体与主题出版研究院、中国新闻出版研究院国民阅读研究与促进中心、北京华闻创新传媒文化研究院有限责任公司、中南出版传媒集团股份有限公司产业研究院、江苏凤凰融合发展智库、人民邮电出版社有限公司童趣研究院、北京开卷信息技术有限公司研究咨询部。北京印刷学院出版学院是首批入选的机构之一。

该通知表示，16 家入选机构主要来自出版专业研究机构、高等院校和出版单位，长期致力于出版理论、政策和实践研究，在咨政建言、理论创新、舆论引导、社会服

① 学校出版学院入选首批出版智库高质量建设计划副院长王关义代表学校参加授牌仪式[EB/OL]. [2022-08-26]. https://mp.weixin.qq.com/s/83MrDhXQfQ6HEorDr-TkrA.

务、国际交流等方面发挥了积极作用，具备建设高质量出版智库的良好基础。出版智库遴选培育工作重在加强建设和发挥作用，入选机构要进一步提高站位，增强责任感紧迫感使命感，以打造高质量出版智库为己任，强化人才队伍和组织机构建设，加强管理创新和基础保障，多出高水平研究成果，聚焦特色优势开展出版政策研究和决策咨询服务，为推动出版业高质量发展、建设出版强国作出更大贡献。入选机构的主管部门要加大支持力度，强化资源保障、资金投入、考核激励，为入选机构开展高质量出版智库建设提供坚实支撑。

此外，为搭建出版智库遴选激励、研讨交流、宣传推介平台，推进出版行业智库建设，促进出版业高质量发展，中宣部出版局于 2022 年 8 月 24 日举办“2022 年度出版智库高质量建设计划入选机构授牌仪式”。王关义表示，北京印刷学院智库研究将聚焦五个重点：聚焦出版理论和马克思主义出版观研究，成为“思想”生产和政策参考的策源地；聚焦出版强国重大战略需求，成为“策略”生产和行业资讯的聚集地；聚焦出版业高质量发展需求，成为“信息”生产和重要课题的诞生地；聚焦出版融合发展，成为“路径”和趋势探索的创新地；聚焦人才培养学术学科建设优势，成为“模式”生产和新时代出版专业人才的孵化地。

1.1.4.3 首开全国出版学科共建工作会议，北京印刷学院入选首批共建出版学院①

2022 年 7 月 24 日，在中宣部指导和教育部支持下，由国家新闻出版署主办、北京大学承办的以“共创一流新学科，同圆出版强国梦”为主题的首届全国出版学科共建工作会在北京大学召开，上海、广东、四川设置分会场线上同步进行。5 所高校新设的出版学院、出版研究院集中亮相，共同以共建工作为抓手，进一步建强中国特色出版学科，为文化强国、出版强国建设贡献智慧力量。

此次全国出版学科共建工作会议确定了全国首批五家共建单位：北京印刷学院与中国出版协会共建出版学院，北京大学与中国出版集团共建出版研究院，北京师范大学与广东省委宣传部共建数字出版研究院，四川大学与四川省委宣传部共建出版学院，华东师范大学与上海市委宣传部共建出版学院。

会上，中宣部副部长张建春强调要坚持以习近平新时代中国特色社会主义思想为指导，深刻认识建强中国特色出版学科的重要意义，坚持马克思主义出版观，贯通政产学研用，高起点谋划部署出版学科共建工作。要完善出版专业设置，打造雄厚师资队伍，

---

① 首届全国出版学科共建工作会议召开学校入选全国首批共建出版学院[EB/OL].[2022-07-27].https://mp.weixin.qq.com/s/J41feMq2Hv_805qN0fYoFw.

健全人才培养体系，扎实推进共建工作重点任务。各共建参与方要强化责任担当，加大支持力度，深化试点探索，形成工作合力，共同推动出版学科建设迈上新台阶。张建春表示：“希望北京印刷学院出版学院发挥专业院校长期扎根出版、深耕出版全产业链办学的优势，整合出版领域优秀校友资源，进一步贴近行业需求，做强优势学科，在出版专业型、应用型人才培养上再上新台阶，创造出版院校学科发展新气象。”高锦宏表示，要提高站位，夯实新时代出版学科建设的思想根基；要强化特色，为新时代出版学科建设贡献智慧方案；要着眼未来，为新时代出版学科建设培育优秀人才。以成立出版学院为契机，强化出版学科“贯通培养、交叉融合、拓展传播、协同发展”四大特色创新，努力将学校和中国出版协会共建打造成谋划出版学科发展的智库平台、破解出版领域重要问题的攻关平台和引领多学科交叉融合的创新平台，为出版强国建设作出更多更好的贡献。

田忠利代表北京印刷学院与中国出版协会秘书长王利明现场签署了共建北京印刷学院出版学院合作协议。根据协议内容，双方将在人才培养、师资队伍、实践基地、科学研究、智库建设等方面开展共建，推动形成出版高等教育与出版业产教融合、协同创新、共同发展的新局面，力争在不长时间里把北京印刷学院出版学院建设成为国内一流、世界领先的出版人才培养和出版科学研究重镇。

1.1.5 新版学科专业目录发布为新闻传播教育界带来重要信息

2022 年 9 月 13 日，国务院学位委员会、教育部发布新版《研究生教育学科专业目录》，国务院学位办负责人解读了新版专业目录的最新变化。对于新闻传播教育界而言，以下几点重要信息值得重视。此外，新版学科专业目录自 2023 年起实施。

1.1.5.1 新阶段、新要求、新实际下的新版目录修订

国务院学位办负责人表示，学科专业是高等教育的核心支柱，是立德树人的重要载体，在高等教育中具有战略性、基础性、先导性影响。学科专业目录作为学科专业的制度性呈现，为规模化培养人才、学科专业建设、培养质量评价、学位授予和学位授权审核等工作提供了基本依据。研究生教育的学科专业目录先后经过了 1983 年版、1990 年版、1997 年版、2011 年版 4 个版本。这些学科专业目录为不同阶段经济社会发展的新闻传播研究生人才培养作出了重要贡献。随着我国进入新发展阶段，已施行 10 年的 2011 年版目录及目录管理机制已不能完全适应新的形势要求，主要问题有：一是修订周期过长，对知识创新和经济社会发展需求回应不够及时；二是专业学位在目录中的地位还不够凸显，类别、层次还需完善，交叉学科还需稳步发展；三是学科专业设置存在

固化、细化等倾向，不利于学科交叉融合和复合型人才培养；四是现有学科专业内涵需要更新。

2020 年 7 月，习近平总书记在全国研究生教育会议上对研究生教育工作作出重要批示，要求深入推进学科专业调整，完善人才培养体系。2021 年 1 月，国务院对深化新时代高等教育学科专业体系改革作出系统部署。同时，按照 2009 年印发的《学位授予和人才培养学科目录设置与管理办法》，目录 10 年修订一次。研究生教育需要根据经济社会、科学技术的发展实际，修订形成新版目录。

1.1.5.2 从“四个方面”看新版目录修订的重要意义

国务院学位办负责人表示，此次目录修订工作有以下四个方面的重要意义：

一是服务世界重要人才中心和创新高地建设的重要举措。全面建设社会主义现代化国家，实现中华民族伟大复兴的中国梦，归根到底要靠人才、靠教育。研究生教育是国家高层次人才自主培养的主渠道，研究生教育的学科专业直接关系到高层次人才供给的基本结构和类型。修订研究生教育学科专业目录，完善学科专业体系，是提升高层次人才自主培养能力、支撑高水平科技自立自强的关键一招。

二是支撑行业产业转型升级的迫切需要。当今世界新一轮科技革命和产业变革方兴未艾，行业产业人才需求发生深刻变化，新生学科专业需求不断涌现，对完善学科专业设置提出了现实需求。修订研究生教育学科专业目录，有针对性地调整、新增一批学科专业，完善学科专业体系，是集聚人才培养资源并推动关键领域技术突破、经济社会高质量发展的重要抓手。

三是构建中国特色、世界标准学科专业体系的内在需要。学科专业本质上是知识体系的划分组合结果，具有普遍性规律。修订研究生教育学科专业目录，更新学科专业内涵，完善学科专业体系，是扎根中国大地，构建中国特色学科体系、学术体系、话语体系，促进国际交流与合作的必然要求。

四是坚持以人民为中心的重要体现。学科专业是人才培养的基础平台和基本单元，是培养单位、学生与用人单位之间联系的重要桥梁。修订研究生教育学科专业目录，完善学科专业体系，为人民群众提供内涵更新、选择更适合、成长成才机会更多、就业去向更准的多样化学科专业选择，是提升教育获得感的具体举措。

1.1.5.3 新版目录修订以服务国家、尊重规律、面向未来、稳中求进为总体思路

国务院学位办负责人表示，此次目录修订工作的总体思路为以下四点：一是强化服务国家重大需求，围绕党中央国务院决策部署、国际科技竞争的“卡脖子”关键领域、

国家发展和治理的薄弱点，瞄准科技前沿和关键领域，与产业链、创新链、人才链紧密衔接，针对性设置调整一批学科专业。二是尊重学科专业设置的基本规律，核心考察在培养目标、师资、课程、教材、评价等规模化规范化人才培养实践中的科学性和操作性。三是构建面向未来的学科专业建设管理机制，核心是创新学科专业的组织与建设方式，提升研究生教育对经济社会发展的快速响应能力，为打造需求牵引的战略科技力量、建设世界重要人才中心和创新高地提供更有力的学科专业支撑。四是坚持稳中求进的工作主基调，坚持以稳字当头，按照先立后破、不立不破、循序渐进、重点突破的办法推进工作。

1.1.5.4 新版目录修订的“三并”举措

国务院学位办负责人表示，此次新版目录修订工作的改革举措主要是实现“三并”：一是目录与清单并行，构建“目录+清单”(研究生教育学科专业目录+急需学科专业引导发展清单)的学科专业建设管理新模式。二是学术学位与专业学位并重，改变过去专业学位类别目录是学科目录附表的呈现方式，把两个单子“并表”，将主要知识基础相近的一级学科和专业学位类别统筹归入相应学科门类，凸显两种类型人才培养同等重要，进一步强化了两类人才的培养均须把创新能力摆在突出位置的要求。三是放权与规范并进，进一步放权学位授予单位自主设置学科专业，同时明确各单位自主设置学科专业的规范程序，加强对自主设置学科专业监管，不能保证建设质量的坚决予以退出。

其中，值得重点关注的是，急需学科专业引导发展清单是想国家之所想、急国家之所急、应国家之所需，是加强国家急需学科专业建设的重要举措。急需学科专业引导发展清单旨在通过学科专业建设模式的创新，引导推动学位授予单位改革人才培养模式，促进学科交叉融合，加快培养国家急需领域的高层次复合型人才。清单围绕国家重大战略、服务国家重大需求，以问题导向型的目录外学科专业为主，重在快速响应需求，每年动态调整。

1.1.5.5 新版目录取得“五大进展”

国务院学位办负责人指出，新版目录有 14 个门类，共有一级学科 117 个，博士专业学位类别 36 个，硕士专业学位类别 31 个。主要变化体现为以下几个方面：一是体现了优化发展专业学位、支撑行业产业高质量发展。所有门类下均设置了专业学位，将法律、应用心理、出版、风景园林、公共卫生、会计、审计等一批专业学位类别调整到博士层次。值得注意的是，出版增列进入新版学科专业目录，可授予博士学位。在新版学科专业目录中，“出版”目录代码为0553，意味着出版专业人才培养由原先可授予出版硕士专业学位，提升到同时可授予出版博士专业学位。此举将有力促进出版高层次人才培养，出版学学科建设迎来重要契机。“新闻与传播”在新版学科专业目录中用“*”表示，代表其仅可授予硕士专业学位。二是加强了对科技前沿和关键领域的学科支撑。三是更好地服务国家治理体系与治理能力现代化的需要。四是加强对弘扬中华优秀传统文化的学科专业支撑。五是进一步推进分类培养。此次修订在统筹一级学科和专业学位类别设置方面迈出了重要步伐，强化了对学术型和应用型两类高层次人才培养的基础支撑，也是夯实分类培养、分类发展基础的重要举措。

1.1.6 党的二十大报告为如何发展新时代中国特色新闻传播学、如何培养新时代卓越新闻传播人才提供新思路

2022年10月16日，中国共产党第二十次全国代表大会在北京人民大会堂隆重开幕，习近平总书记代表十九届中央委员会向大会作报告。

党的二十大报告提出，加强全媒体传播体系建设。中国特色新闻学发展应紧紧围绕这一重大课题、重要论述、重点部署展开深入研讨，多视角分析加强全媒体传播体系建设的理论逻辑、历史逻辑、现实逻辑、技术逻辑、业务逻辑，为新时代中国特色新闻传播学的发展，以及为培养新时代卓越新闻传播人才提供新思路。

对于如何加强全媒体传播体系建设，塑造教育主流舆论新格局，围绕党的二十大报告，新闻传播教育应从以下四点出发①：

一是坚守“加强党对教育新闻舆论工作的全面领导，确保正确方向”的灵魂。

习近平总书记在党的二十大报告中指出，“意识形态工作是为国家立心、为民族立魂的工作”。牢牢掌握党对意识形态工作领导权，全面落实意识形态工作责任制，确保正确政治方向，是建设具有强大凝聚力和引领力的社会主义意识形态的关键，也是推进全媒体传播体系建设的灵魂。加强和改善党对新闻舆论工作的领导，要牢牢坚持党管媒体原则不动摇，强化党委的政治责任和领导责任，自觉用习近平总书记关于新闻舆论工作的重要论述指导教育新闻舆论工作实践，增强党性意识，站稳政治立场，把政治家办报、办刊、办网、办新媒体的原则落实到舆情研判、选题策划、采写组稿、编辑排版、传播推广等全过程全环节，确保党媒姓党。

二是抓住“加大内容供给侧结构性改革力度，助力办好人民满意的教育”的根本。

---

① 张文斌．加强全媒体传播体系建设塑造教育主流舆论新格局[N]．中国教育报，2023-01-03(1)．

习近平总书记在党的二十大报告中强调："一切脱离人民的理论都是苍白无力的，一切不为人民造福的理论都是没有生命力的。"加强全媒体传播体系建设，坚持以人民为中心推进内容供给侧结构性改革是根本，主要包括以下几个方面：第一是贴近群众，提升媒体吸引力感染力。以师生喜闻乐见的方式，及时准确宣传阐释好党的二十大精神，有效推动习近平新时代中国特色社会主义思想入脑入心。围绕党的二十大对教育工作的重要部署，做活做透教育新谋划新政策新举措的宣传报道。紧扣党中央关注、群众关心、社会关切的教育热点难点焦点，深入田间地头捕捉新闻"活鱼"，走进校园课堂挖掘典型经验，围绕师生身边讲好教育故事，让教育好声音打动人心。第二是协同高效，提升媒体生产传播效能。近年来，报刊社全力构建全介质、全渠道、全天候的深度融合传播体系，形成了由两报四刊三网两端及社会化平台号构成的全媒体矩阵。在此基础上，要研究各类媒体形式的特点和规律，综合运用文字、图片、视频、音频、H5 等全媒体传播介质，进一步转变生产方式，将介质、手段、渠道优势转化为内容优势，将内容优势转化为传播优势，让更多思想深刻、见解独到、能为教育系统用户提供独特价值的优质内容喷薄而出、广泛传播。第三是优化布局，拓展内容供给格局。进一步明确报刊社所属各媒体定位，既要消除媒体平台之间的壁垒，融通融汇融合，又要各展所长、各具特色，面对教育领域不同学段、不同类别、不同层次的需求，积极拓展全媒体服务功能，形成新闻宣传、智库产品和专业服务三足鼎立的立体差异化内容供给格局。

三是加强"探索利用好媒体融合技术，助力形成良好网络舆论生态"的支撑。

习近平总书记在党的二十大报告中指出，要紧跟时代步伐，顺应实践发展，以满腔热忱对待一切新生事物。在教育领域，面对年轻一代的网络原住民，只有以科学的态度拥抱新技术、把握新趋势，才能牢牢掌握舆论阵地，做大做强主流教育新闻宣传，为教育高质量发展和人才培养营造良好的网络舆论生态。要主动吸收利用最新技术成果，以智能化为重点提升媒体"四力"。探索 AI 语音、虚拟主播、元宇宙等在教育新闻宣传领域的应用，增强媒体的体验性、互动性、吸引力。要自觉融入国家教育数字化战略行动，以数字技术重构媒体角色。按照教育部党组要求，进一步建设好"树人课堂"，助力国家中小学智慧教育平台资源扩展和质量提升。同时，以数字化转型为突破口，激活数据要素价值，系统构建立体多样、深度融合、数智驱动、胜任未来的现代新闻生产传播和传媒智库业务体系。要主动担当创新引领，以新发展理念构建开放共享的"行媒云"生态。

四是夯实"坚持问题导向健全运行管理机制和建设人才队伍，助力教育主流意识形态昂扬奋进"的保障。

习近平总书记在党的二十大报告中强调，要增强问题意识，聚焦实践遇到的新问题、改革发展稳定存在的深层次问题等，不断提出真正解决问题的新理念新思路新办法。要推进“关键基础”建设。厘清新媒体与纸媒的关系，开辟新媒体发展的独特路径、空间，扩大教育主流舆论“版图”。坚持问题导向，寻找和破解媒体融合中的“堵点”，完善与媒体深度融合相匹配的运行机制，优化业务流程和资源配置，最大化地提高媒体新闻生产力。要坚持“人才是第一资源”。功以才成，业由才广。厚植理想信念，牢记使命担当，努力使每一位教育媒体人都锻炼成为全媒型、专家型人才。夯实“基层”，突出媒体人的“全能”培养；强健“中层”，向管理要效益；建设梯队，有目标、有计划、有实效地培养后备人才；多维发力，完善在职培训、岗位锻炼体系和测评考核标准等。要涵养“四态四风”精神文化。

1.1.7 揭牌文化元宇宙：新文科背景下的新闻传播教育新路径赋能

元宇宙的概念和实践自 2020 年起在我国和世界范围内快速发展起来，其主要背景有：受当时疫情的影响，社会虚拟化加速；线上生活在当时的社会背景下逐渐成为常态，虚拟世界由现实世界的补充，变成了与现实世界同等重要的平行世界，人类现实生活开始大规模向虚拟世界迁移。2021 年是我国进入元宇宙发展阶段的元年，“社交元宇宙”“企业元宇宙”“智造元宇宙平台”“元宇宙工作委员会”等在实务界及学界层出不穷。而针对“元宇宙”的定义，不同的学者有不同的定义。2022 年 9 月 13 日，全国科学技术名词审定委员会举行元宇宙及核心术语概念研讨会，与会专家学者经过深入研讨，对“元宇宙”等 3 个核心概念的名称、释义形成共识——“元宇宙”英文对照名“metaverse”，释义为“人类运用数字技术构建的，由现实世界映射或超越现实世界，可与现实世界交互的虚拟世界”。

元宇宙的快速发展对于新闻传播业的发展带来了一定程度的影响。同时在“新文科”建设背景下，元宇宙作为一种新兴交叉思维，又对包括新闻传播、艺术、文化产业等在内的相关专业提出了新的变革要求。在此背景下，新闻传播学的研究范式和发展逻辑也迎来了新的转型，新闻传播人才的培养也将基于并围绕此转型背景开展。

针对元宇宙时代下的新闻传播教育，不少院校的新闻传播学院也开始探索“元宇宙+新闻传播”的人才培养模式。如，河北大学新闻传播学院积极实践“元宇宙+新闻传播”人才培养模式，从专题讲座、教学应用、师生互动等方面探索新文科教学建设的创新路径。

值得我们特别关注的是，第七部《中国新闻传播教育年鉴》的首发式也成功搭载上了元宇宙这艘“飞船”。2022 年 12 月 31 日，《中国新闻传播教育年鉴(2022)》通过虚拟数字人技术和虚拟空间场景技术进行线上首发。在虚拟视频中，中国新闻史学会会长王润泽教授、暨南大学党委书记林如鹏教授、中国社会科学院新闻与传播研究所唐绪军教授、北京外国语大学副校长孙有中教授、湖北大学副校长钱建国教授与《中国新闻传播教育年鉴》编委会主任张昆教授一起按下了年鉴首发的按钮。据悉，此次湖北大学“清元宇宙《中国新闻传播教育年鉴(2022)》首发式”在“清元宇宙——无尽之塔”举办。超越现实的想象变现、身临其境的沉浸体验、丰富多样的交互环节，赋予《中国新闻传播教育年鉴(2022)》首发式活动更强的仪式感、沉浸感与参与感。清华大学元宇宙文化实验室主任沈阳表示：“《中国新闻传播教育年鉴(2022)》首发式在我们清元宇宙——无尽之塔成功举办，嘉宾化身虚拟人，以沉浸式体验开启学术会议新模式，助力新闻传播教育与新闻学术研究。”

1.1.8 国际传播教育在文明多样性背景下坚守共创

2022 年，习近平总书记在党的二十大报告中指出，“中国式现代化的本质要求是：坚持中国共产党领导，坚持中国特色社会主义，实现高质量发展，发展全过程人民民主，丰富人民精神世界，实现全体人民共同富裕，促进人与自然和谐共生，推动构建人类命运共同体，创造人类文明新形态”。贯彻落实好党的二十大精神，走好中国式现代化新道路，需要讲好中国故事，促进多样文明交流互鉴，全面提升国际传播效能，以中国式现代化展现人类文明新形态。同时为响应增强中华文明传播力影响力的重大战略需求，需要提炼展示中华文明的精神标识和文化精髓，加快构建中国话语和中国叙事体系，推动国际传播能力建设。2022 年 12 月 17 日，中国人民大学新闻学院、中国高等教育学会新闻学与传播学专业委员会和中国人民大学新闻与社会发展研究中心举办 2022 年“中外新闻传播学院院长论坛”。百余名国内外新闻传播学院院长、学术期刊主编云端相聚，围绕“人类文明新形态与新闻传播学学科创新发展”“互鉴共创国际传播理论体系”“面向中国式现代化的拔尖创新人才培养”等议题进行主旨发言。

40 余位国内外院长围绕“面向中国式现代化的新闻传播学科创新”这一主论坛主题，进行主题发言。其中不少发言针对国际传播教育开展及国际传播人才培养等方面展开。复旦大学新闻学院院长张涛甫表示，随着世界重构的加速以及世界传播格局的重塑，传播被推至世界前台。要解决系统性不足、学科主体性不足等问题。新闻传播学科需要从自主知识创造能力、创新人才培养能力、专业行动能力、战略输出能力等方面推动系统升级。中央民族大学新闻与传播学院特聘院长张昆认为，新闻传播学的创新，需要在人才培养创新、科学研究、社会服务三大方向进行落地，发挥团队引领作用、建立健全体制机制。清华大学新闻与传播学院院长周庆安认为以“中国式现代化作为自觉”，新闻传播学科建设的核心关键词有中国式、数字化、自主性；人才培养体系的核心关键词有高层次、实践型和专业化。要与中国式现代化同频共振，新闻传播学要做到思想先进、守住专业、构建耗散、知识自洽和抵抗倒退。上海外国语大学新闻传播学院院长郭可探讨了国际新闻传播教育的新趋势，认为国际新闻人才培养不仅要关注外语能力的提升，更要和不同学科领域有效融合，在教学中注重实践，培养出适应社会需求的人才。中山大学新闻传播学院院长钟智锦以中山大学新闻传播学院学生参与冬奥会宣传报道为例，提出促进国际传播人才培养需要将理论与实践相结合，从师资、教材、实践平台等多方面做出努力。

美国雪城大学 Newhouse 学院院长 Mark J. Lodato 介绍了雪城大学 Newhouse 学院的培养模式。作为美国乃至世界顶尖的传播学院之一，Newhouse 学院与业界合作培养学生的创新性和前瞻性思维，课程设置培养学生的批判性思维和适应能力。南洋理工大学黄金辉新闻传播学院院长 May O. Lwin 表示，通过创新教育教学方法、设置合理的跨学科课程，跨学科教育可将孤立的学科组织起来，培养出训练有素的传播学专业人才、具有全球化视野的公民。安纳多卢大学信息科学学院院长 BülendAydınERTEKiN 认为新闻业应当关注消除敌对和恐惧，架起国家、民族、人民之间的沟通桥梁，应注重传递理性的新闻内容，塑造良好的国际形象。

1.1.9 追思台湾地区新闻学泰斗、新闻传播教育前辈李瞻先生

2022 年 9 月 3 日，我国台湾地区新闻学术的拓荒者和新闻教育的开创者、台湾新闻学泰斗李瞻先生的追思会，在中国新闻史学会、中国高等教育学会新闻学与传播学专业委员会的倡导与主办下于线上举行。8 月 28 日李瞻先生于台北逝世，享年 98 岁。

作为两岸新闻学交流的破冰者、推动者，早在 1982 年，李瞻就向台湾当局建议开放大陆探亲，举行两岸政治谈判，以示追求和平之决心，后被逐步采纳实行。与此同时，李瞻开始与大陆新闻学者进行书信往还，为两岸新闻学界的进一步交流提供了可能。在 1989 年两岸新闻学术交流与中国人民大学的“破冰”会议后，李瞻先生便积极促成大陆学者首次访台事宜，在 1990 年与“中国新闻学会”共同向大陆学界发出邀请。终于在 1993 年 6 月 25 日，台湾政治大学传播学院召开“中文传播暨教学国际研讨会”，大陆学者首次大规模访台最终成行。方汉奇在追忆李瞻先生时感叹道：“他是很难得的、很正派的学者。少了这么一个人，是一种损失。和他同时代的人，没有像他这样做过这么多有利于两岸新闻学交流的事情。像他这样的人越多越好。”

李瞻先生对两岸新闻传播教育的贡献是深厚且值得浓墨重彩地进行书写的。作为台湾地区新闻学术的拓荒者和新闻教育的开创者，李瞻先生毕生致力于新闻学术和新闻教育，著有《世界新闻史》《英美电视制度之分析》《太空传播的发展及其影响》《比较新闻

学》《中国新闻史》等几十部专著。为推动大陆新闻传播教育的发展，自20世纪70年代起至2003年，李瞻先生向大陆新闻院系共计捐赠图书9120册，这不仅对当时正处于改革开放初期的大陆新闻传播教育产生了深远影响，同时对打开大陆新闻专业学生的学术视野帮助很大。吴廷俊教授在谈到李瞻先生为大陆新闻学院赠书的事迹的时候说道，“李瞻先生根据各个学院实际所需亲自集资、亲自挑选、亲自打包邮寄给我们捐赠图书。我们现在可能想象不到，当时台湾的书运到大陆是很难的，中间遇到很多困难，为了顺利把书送到我们手中，李先生为此专门来到大陆，通过多方协调最终帮助我们把书送到大家手中”。

程曼丽教授在讲述李瞻先生为两岸新闻教育做出的积极贡献时提道，“先生30年来一直热心于两岸新闻教育的交流，一方面邀请大陆学者到台湾访问，一方面自己多次来到大陆讲学、赠书、设立奖学金……促进了大陆新闻传播教育的发展”。据悉，作为祖籍山东的学者，李瞻先生多次回大陆讲学，尤其是2009年前后，李瞻先生在山东省内的山东大学、潍坊科技学院、山东科技职业学院多次设坛开讲。

桃李芬芳斯人去，春风化雨知何年。新闻教育界的后辈要努力让李瞻先生的精神风范在两岸新闻教育界赓续与传扬，继续为完成李瞻先生未竟的事业而奋斗。斯人已去，风范长存。

（上海大学新闻传播学院　李建新、姚惟怡）

1.2 省市区新闻传播教育年度综述

1.2.1 河北省2022年新闻传播教育发展综述

1.2.1.1 学科和专业建设

河北大学新闻传播学院编辑出版学专业、河北师范大学新闻传播学院广告学专业、广播电视编导专业被认定为2021年度(2022年6月公布)国家级一流专业。石家庄学院2022年新增新闻学本科专业。石家庄学院文学与传媒学院2022年6月更名为新闻与传媒学院。廊坊师范学院传媒系2021年12月更名为传媒学院。河北传媒学院网络与新媒体专业、河北传媒学院广播电视学专业、保定学院网络与新媒体专业2022年6月获批河北省一流本科专业。河北科技大学文法学院新闻学专业停招。河北民族师范学院文学与传媒学院的网络与新媒体专业2022年度未招生。河北省艺术职业学院影视系播音与主持、影视多媒体技术、摄影摄像技术 3 个专业 2022 年度停招，录音技术与艺术为 2022 年度新增招生专业。

2022 年，河北省高等职业教育创新发展行动计划(2022—2025 年)项目遴选结果公布。保定职业技术学院广播影视节目制作专业群入选省域高水平专业群。河北对外经贸职业学院广播影视节目制作专业教学资源库入选职业教育专业教学资源库。河北软件职业技术学院影视后期编辑、保定职业技术学院字体设计两门课程入选职业教育精品在线开放课程。河北对外经贸职业学院“数字新媒体”入选高水平专业化产教融合实训基地。保定职业技术学院光影助农大师工作室入选省级技术技能大师工作室。

1.2.1.2 师资分布

2022 年度，河北师范大学新闻传播学院引进应届博士 1 人，输出讲师 1 人。石家庄学院新闻与传媒学院 2022 年引进应届博士 1 人、副教授 1 人。廊坊师范学院传媒学院新闻系引进应届博士 1 人，输出讲师 1 人。河北传媒学院新闻传播学院引进讲师 1 人，输出教授 2 人、副教授 1 人、讲师 4 人。2022 年度沧州师范学院齐越传媒系高晓天老师作为访问学者到马来西亚访学。燕京理工学院传媒学院 2022 年引进 2 名教授，调出 1 名硕士学位教师。

2022 年 9 月，河北大学新闻学教学团队获批为 2022 年度河北省普通本科院校优秀教学团队；河北传媒学院朱良志副教授被评为 2022 年度河北省普通本科院校教学名师。2022 年 12 月，河北师范大学新闻传播学院郭学军教授负责的艺术史专论教学团队获批 2022 年省级研究生课程思政教学团队。2022 年 11 月，中国高等教育学会广告教育专业委员会第二届理事会换届大会暨 2022 年学术年会召开，河北师范大学新闻传播学院院长张清芳被选举为中国高等教育学会广告教育专业委员会第二届理事会常务理事，燕山大学艺术与设计学院副院长刘维尚、唐山学院时尚设计系(学院)副主任(副院长)王志国、河北地质大学艺术学院广告学教研室主任韩文举、防灾科技学院文化与传播学院广告系主任彭麦福等人当选为理事。石家庄学院新闻与传媒学院赵冰、张炳杰获评校级“双师双能型教师”。河北传媒学院新闻传播学院朱良志、杨东伶被评为 2021 年度省级课程思政教学名师，冯婷婷、张孟军获得河北传媒学院 2022 年校级双十佳教师。

1.2.1.3 招生及毕业人数

河北省新闻传播类各层次专业招生、毕业情况如表 1-1 所示。

表 1-1　　河北省部分新闻传播类专业招生和就业情况

学校代码及学校名称	院系名称	专业类型及层次	专业名称	2022 年招生人数	2022 年毕业人数
10075 河北大学	新闻传播学院	博士	新闻传播学	9	2
		学术硕士	新闻学	22	19
			传播学	19	18
		专业硕士	新闻与传播	85	89
			出版	20	15
		本科	新闻传播学类	160	—
			新闻学	—	127
			编辑出版学	—	38
			广播电视学	—	51
			广告学	45	52
			播音与主持艺术	50	39
	中央兰开夏传媒与创意学院	本科	广播电视学	40	37
			广告学	40	36
10077 河北地质大学	艺术学院	本科	广告学	60	81
10082 河北科技大学	文法学院新闻系	本科	新闻学	0	69
			网络与新媒体	118	37
10085 河北水利电力学院	计算机系	本科	网络与新媒体	70	—
10094 河北师范大学	新闻传播学院	硕士	新闻与传播	29	—
			艺术学理论	12	13
			广播电视	18	9
		本科	新闻学	52	54
			广告学	33	22
			广播电视编导	80	81
			播音与主持艺术	32	28

续表

学校代码及学校名称	院系名称	专业类型及层次	专业名称	2022年招生人数	2022年毕业人数
10096 保定学院	信息工程学院	本科	网络与新媒体	93	83
		专接本	网络与新媒体	48	50
10098 河北民族师范学院	文学与传媒学院	本科	新闻学	49	77
			网络与新媒体	—	77
10099 唐山师范学院	中文系	本科	广播电视学	—	60
10100 廊坊师范学院	传媒学院	本科	新闻学	80	88
		专接本	新闻学	40	54
10101 衡水学院	文学与传播学院	本科	广播电视学	60	60
			网络与新媒体	40	—
			广告学	50	60
		专接本	广告学	0	48
			广播电视学	45	48
10102 石家庄学院	新闻与传媒学院	本科	新闻学	—	43
			广告学	50	46
			广播电视学	45	—
10105 沧州师范学院	齐越传媒系	本科	网络与新媒体	39	48
			广告学	?	?
11033 唐山学院	数字传媒系	本科	广告学	80	89
11775 防灾科技学院	文化与传播学院	本科	广告学	110	85
			网络与新媒体	90	102
11918 河北经贸大学	文化与传播学院	硕士	新闻传播学	32	23
		本科	新闻传播学类	120	—
			新闻学	—	75
			广播电视学	—	39
			广告学	—	50
			编辑出版学	—	21

续表

学校代码及学校名称	院系名称	专业类型及层次	专业名称	2022 年招生人数	2022 年毕业人数
2543 保定职业技术学院	传媒艺术系	高职专科	广播影视节目制作	58	57
			融媒体技术与运营	29	—
			影视编导	59	20
			新闻采编与制作	56	42
			影视多媒体技术	55	13
12784 河北传媒学院	新闻传播学院	硕士	新闻与传播	120	58
		本科	新闻传播学类	409	—
			新闻学	—	17
			广播电视学	—	32
			广告学	—	32
			编辑出版学	—	20
			网络与新媒体	—	51
			传播学	—	36
			数字出版	—	—
		专接本	广播电视学	—	91
			新闻学	—	91
			广告学	—	87
12796 河北工程技术学院	艺术与传媒学院	本科	网络与新媒体	160	187
12885 河北省艺术职业学院	影视系	高职专科	广播影视节目制作	52	56
			影视编导	34	25
			录音技术与艺术	17	—
13074 河北对外经贸职业学院	传媒系	高职专科	广播影视节目制作	102	67
			播音与主持	39	35
			融媒体技术与运营	48	—
13411 河北师范大学汇华学院	传媒学部	本科	新闻学	85	80
			广告学	85	78

续表

学校代码及学校名称	院系名称	专业类型及层次	专业名称	2022年招生人数	2022年毕业人数
13594 河北地质大学华信学院	文法系	本科	广告学	50	42
13895 燕京理工学院	传媒学院	本科	网络与新媒体	53	0
14225 河北东方学院	文物与艺术学院	本科	网络与新媒体	250	180
		专接本	网络与新媒体	100	—
		高职专科	广播影视节目制作	150	300
14471 河北工艺美术职业学院	新媒体艺术系	高职专科	影视多媒体	80	—
16203 河北科技工程职业技术大学	艺术与传媒系	高职专科	全媒体广告策划与营销	90	89
51721 河北环境工程学院	人文与社会科学系	本科	新闻学	115	—

1.2.1.4 学生培养及技能大赛获奖

(1)学生培养

河北大学新闻传播学院将2022年确立为“博士授权点学术特色建设年”，形成了新闻史论、新闻传播实务、文化传播、编辑出版4个学术方向，确立了中国共产党新闻史研究，在特色培育中的核心地位。形成“梯形结构”学术团队，产出了一批代表性成果(见表1-2)。

表1-2 **河北大学新闻传播学院2022年获取博士学位学生简况表**

博士专业名称	博士生姓名	博士论文题目	导师	培养单位
新闻传播学	张金凤	全面抗战时期《晋察冀日报》社论研究(1937—1945)	田建平	河北大学新闻传播学院
新闻传播学	刘念念	“饭圈”身份认同建构研究	彭焕萍	河北大学新闻传播学院

河北大学与英国中央兰开夏大学合作共建河北大学—中央兰开夏传媒与创意学院，

招收广播电视学、广告学两个专业本科层次学生，学制 4 年，拥有授课教师 50 人，其中外教 15 人。2021 年 4 月获批 3 个硕士层次中外合作办学项目，2022 年音乐与舞蹈学、艺术设计首次招生，分别拟招 5 人、7 人，广播电视学暂未招生。

(2) 大赛获奖

2022 年，河北省高校师生在全国大学生广告艺术大赛全国赛区获得了 46 项等级奖，其中一等奖 2 项，二等奖 12 项，三等奖 32 项。涉及平面类、策划案类、文案类、动画类、广播类、食品类、互动类等。

河北省高校在学院奖 2022 年春季征集活动、秋季征集活动中共获得金奖 3 项、银奖 9 项、铜奖 16 项。河北大学中央兰开夏传媒与创意学院、唐山学院传播与动画系、石家庄铁道大学四方学院艺术系三个院系斩获金奖。

在 2022 河北省公益广告大赛中，河北省高校也有斩获，共获得一等奖 4 项、二等奖 2 项、三等奖 12 项。

1.2.1.5 科学研究情况

(1) 论文

河北大学、河北经贸大学、河北师范大学、河北传媒学院等高校在 2022 年度共在 C 刊发表或被人大复印资料转载新闻传播类发表新闻传播类论文 32 篇。河北大学新闻传播学院、河北传媒学院表现比较突出。与外校合作发表是一个比较显著的特点(见表 1-3)。

表 1-3 **河北省各高校 2022 年新闻传播学类高端论文发表统计表**

作者	论文题目	发表时间	发表期刊	作者单位
韩立新	传播十要素论	2022 年 1 月	现代传播(中国传媒大学学报)	河北大学新闻传播学院
韩立新、杨润东	新文科文献考察及新闻传播学的两个维度	2022 年 12 月	人大复印资料转载	河北大学新闻传播学院
韩立新、袁婷婷	技术知识如何融合：基于媒介实验室的考察	2022 年 9 月	中国出版	河北大学新闻传播学院
彭焕萍、刘念念	出离乱象后的“饭圈”画像——从粉丝追星实践的心理作用机制出发	2022 年 5 月	河北学刊	河北大学新闻传播学院

续表

作者	论文题目	发表时间	发表期刊	作者单位
魏海岩、彭翠、宋伟龙	唐代进奏院状报读者构成特点及影响	2022年7月	国际新闻界	河北大学新闻传播学院
李开渝、曹茹	唤醒、共享与认同：社交媒体用户红色记忆呈现研究	2022年2月	中国出版	河北大学新闻传播学院
何苑、张洪忠、苏世兰	基于算法推动的文化传播“破圈”机制研究——以B站“法国音乐剧”的传播为例	2022年5月	福建师范大学学报(哲学社会科学版)	河北大学新闻传播学院、北京师范大学新闻传播学院、陕西理工大学数学与计算机科学学院
孙欣欣	明嘉靖《全唐诗选》的诗学理念	2022年1月	济南大学学报(社会科学版)	河北大学新闻传播学院
赵树旺、付佳	日本图书定价制度的嬗变、运行逻辑与启示	2022年9月	科技与出版	河北大学新闻传播学院
赵树旺、付佳	社交媒体环境下网络传播叙事中的身份焦虑问题研究	2022年6月	编辑之友	河北大学新闻传播学院
付佳、赵树旺	从文本盗猎到文本围猎：参与式文化空间的建构	2022年5月	中州学刊	河北大学新闻传播学院
张京京、刘同山、钟真	网络营销提升了乡村旅游经营效益吗？——来自第三次全国农业普查北京市调查的证据	2022年3月	中国农村经济	河北大学新闻传播学院、南京林业大学农村政策研究中心、中国人民大学农业与农村发展学院
王亚莘	在断点相遇：“数字盲道”中视障阅读的技术协商	2022年5月	出版发行研究	河北大学新闻传播学院
彭翠、齐乃萱	传播矩阵：中华优秀典籍传播的新理念与新形式——以《典籍里的中国》为例	2022年3月	电视研究	河北大学新闻传播学院、河北大学燕赵文化高等研究院

续表

作者	论文题目	发表时间	发表期刊	作者单位
彭翠、李敏、韩立新	批判、反思与情怀：责任伦理视域下中国图书出版的问题与出路——以《中国图书出版责任伦理研究》为中心	2022 年 4 月	出版发行研究	河北大学新闻传播学院
王玉蓉、杨智柔	意见领袖在民国书业广告运营中的营销价值及实现路径	2022 年 3 月	出版发行研究	河北大学新闻传播学院
杨金花	《唐诗七言律选》编撰特点与价值再发掘	2022 年 2 月	甘肃社会科学	河北大学新闻传播学院
金强、郭朝阳	规制嬗变与产业进路：有关游戏出版核心问题之思考	2022 年 12 月	出版发行研究	河北大学新闻传播学院
高晓瑜、李开渝	媒介化时空：县级融媒体重构乡村共同体研究	2022 年 12 月	编辑之友	西安外国语大学新闻与传播学院、河北大学新闻传播学院
张红光、金强	因应、律动与共振：需求导向下图书出版节奏把控分析	2022 年 7 月	编辑之友	河北大学新闻传播学院、河北大学跨文化传播研究中心
张恪忞、王梦园	主流媒体健康类短视频内容生产与融合传播研究——以央视网《够科普》栏目为例	2022 年 7 月	电视研究	中央广播电视总台央视网网络媒体事业群新闻中心、河北大学新闻传播学院
操慧、宋巧丽	近代媒介视野中的“珠穆朗玛”：作为边疆镜像的想象与竞争——基于藏文典籍、《泰晤士报》与我国近代报刊的对照审思	2022 年 6 月	民族学刊	四川大学文学与新闻学院、河北大学新闻传播学院

续表

作者	论文题目	发表时间	发表期刊	作者单位
王亚莘、单琪、潘文建	在断点相遇："数字盲道"中视障阅读的技术协商	2022年6月	出版发行研究	河北大学新闻传播学院
陈力丹、张月、马嘉悦、邓元宏、孙曌闻	马克思主编《新莱茵报》第12-13号	2022年1月	山东师范大学学报(社会科学版)	四川大学文学与新闻学院、四川外国语大学德语学院、河北大学新闻传播学院、中国人民大学新闻学院
白贵、邸敬存	国际战略传播：如何超越"地方性"话语局限	2022年11月	现代传播(中国传媒大学学报)	河北大学跨文化传播研究中心、河北经贸大学文化与传播学院
沈静、景义新	《山水间的家》：谱写中国乡村十年巨变的壮美赞歌	2022年11月	电视研究	河北经贸大学文化与传播学院
李安、刘冬璐	元宇宙品牌营销生态系统的重构逻辑与策略	2022年12月	现代传播(中国传媒大学学报)	中国传媒大学互联网信息研究院、中国传媒大学戏剧影视学院、河北经贸大学文化与传播学院
崔会娇、程慕华	基于虚拟现实技术的数字媒体艺术教学策略	2022年10月	山西财经大学学报	河北传媒学院
任悦、高川云	面向新文科的艺术教育："影像发声法"在摄影专业毕业设计中的使用	2022年9月	装饰	中国人民大学新闻学院、河北传媒学院影视艺术学院
陈少峰、李微、宋菲	新一代信息技术条件下文化与科技融合及其产业形态研究	2022年9月	山东大学学报(哲学社会科学版)	北京大学哲学系、河北传媒学院信息技术与文化管理学院
张林、刘文炯	观演转化的"结构过程"——关于后电影当代性的一种诠释	2022年9月	当代电影	中国传媒大学戏剧影视学院、河北传媒学院美术与设计学院
张玮、张燕、郑海燕	互动传播视域下手机虚假广告成因及治理	2022年5月	当代传播	河北传媒学院、河北传媒学院新闻与传播学院

(2)著作

据不完全统计，河北省各高校2022年出版著作10余部，其中河北大学新闻传播学院和河北传媒学院新闻传播学院出版的著作较多(见表1-4)。

表1-4　　河北省各高校2022年新闻传播学类部分著作出版统计表

著作名称	著作者	出版社	出版时间	工作单位
《北洋官报》研究	都海虹	人民出版社	2022年5月	河北大学新闻传播学院
翻越喀喇昆仑：中巴学者摄影对话集	金　强	巴中环球出版社	2022年1月	河北大学新闻传播学院
中华传统文化在新时代的传播与传承	彭　翠	中国传媒大学出版社	2022年6月	河北大学新闻传播学院
河北大运河文化带发展策略研究	杜　浩 王宝超	武汉大学出版社	2022年6月	河北大学新闻传播学院
河北大运河物质文化遗产保护性开发研究	张浩然 杜　浩	武汉大学出版社	2022年11月	河北大学新闻传播学院
2021年河北省网络舆情发展特征与趋势分析	窦玉英	社会科学文献出版社	2022年5月	河北传媒学院新闻传播学院
媒介导论	杨　茜 陈淑娟 冯　帆	北京师范大学出版社	2022年1月	河北传媒学院新闻传播学院
传播学研究方法与实践	韩　敏 姚　琦 王贺新	西南大学出版社	2022年6月	河北传媒学院新闻传播学院
数据分析与挖掘基础	陈淑娟	中国传媒大学出版社	2022年12月	河北传媒学院新闻传播学院
中国传媒的发展与文化研究	朱竞娅	中国国际广播出版社	2021年9月	燕京理工学院传媒学院

(3)社科成果奖

2022年河北省开展了第十八届社会科学优秀成果奖评选，新闻传播类成果获得一等奖2项，二等奖4项，三等奖7项，合计13项。其中河北大学新闻传播学院、燕山大学经济管理学院、河北经贸大学文化与传播学院表现比较突出(见表1-5)。

表1-5　　2022年第十八届河北省社会科学优秀成果奖新闻传播学类获奖情况

著作名称	著作者	成果形式	获奖等级	工作单位
媒体跨界融合的理论、路径与策略	韩立新	专著	一等奖	河北大学新闻传播学院
非传统安全事件网络群体集聚舆情传播与治理研究	张亚明	专著	一等奖	燕山大学经济管理学院
明代唐诗选本与诗歌批评	孙欣欣	专著	二等奖	河北大学新闻传播学院
中国互联网广告行业自我规制研究	张　艳	专著	二等奖	河北大学新闻传播学院
网络舆情中的热点话题研究	吴树芳	专著	二等奖	河北大学管理学院
中国学术期刊话语权评价研究	王　旭	专著	二等奖	燕山大学经济管理学院
关于移动互联网条件下媒体、受众与国家监管应对策略的研究报告	景义新	研究报告(课题结项成果)	三等奖	河北经贸大学文化与传播学院
吴融诗歌及其传播研究	金　强	专著	三等奖	河北大学新闻传播学院
中国图书出版责任伦理研究	甄巍然	专著	三等奖	河北大学新闻传播学院
①文化·审美·消费:文化类电视节目受众本位与价值建构; ②百年大党行稳致远—红色文献纪录片《山河岁月》的传播特色与时代价值	彭　翠	系列论文	三等奖	河北传媒学院新闻传播学院
新媒体视域下的政府审计与媒体监督的关联性研究	王明好	论文	三等奖	河北师范大学新闻传播学院
媒体融合视域下学术期刊全媒体出版传播体系的构建	艾　岚	论文	三等奖	河北经贸大学文化与传播学院
广告设计项目实战	李　征	编著	三等奖	石家庄职业技术学院艺术设计系

(4)学术会议

2022年度河北省各新闻传播院系结合自己的研究特长积极打造学术会议,比较典型的学术会议如下:河北大学新闻传播学院协办第十九届"人民共和国党报论坛"等全国性学术研讨活动。河北经贸大学文化与传播学院联合中国人民大学新闻学院、河北省社会科学院新闻与传播学研究所主办2022年“县级融媒体建设与基层治理现代化”学术研讨会。河北师范大学新闻传播学院与河北师范大学中国共产党革命精神和文化资源研究中心共同主办“中国现代文化海外传播”学术研讨会。燕京理工学院与中国高校影视学会微电影专业委员会联合举办“新视野、新标准、新起点”国际赛事背景下的影视专业人才培养和产教融合主题论坛。

2022年度，河北省各高校积极举办各类学术讲座。例如，河北大学新闻传播学院积极创设学术交流与训练平台，拓展学术交流。2022年举办各类学术讲座近20场，该学位点专任老师固定组织的读书会、学术沙龙等有3个，营造了浓厚的学术氛围，拓展了学生学术交流。河北传媒学院新闻传播学院举办实践中的马克思主义新闻观——典型人物篇、“内容+技术”驱动下的媒体融合转型、新闻宣传与崇高精神、弘扬范长江精神做新时代优秀新闻人等多场学术讲座。燕京理工学院传媒学院开展了全媒体语境下的灾害信息传播、做一个会讲故事的人、有声语言艺术表达中的基本功等学术讲座。

(5)科研课题

2022年河北省有4项新闻传播学类课题获得国家社科基金年度项目立项，1项新闻传播学类课题获得国家社科基金后期资助项目立项(见表1-6)。

表1-6　**河北省2022年度国家社科基金项目立项情况表**

项目编号	项目类别	学科分类	项目题目	立项时间	项目负责人	工作单位
22BXW013	年度项目·一般项目	新闻学与传播学	晋察冀边区中国共产党媒体的社会动员研究	2022年9月30日	张金凤	河北大学
22BXW038	年度项目·一般项目	新闻学与传播学	涉华“信息疫情”跨域形成机理及国际舆论应对策略研究	2022年9月30日	张亚明	燕山大学
22BXW076	年度项目·一般项目	新闻学与传播学	电视媒体虚拟现实媒介叙事手段建设与创新研究	2022年9月30日	杨状振	河北大学
22BXW109	年度项目·一般项目	新闻学与传播学	晚清官报改革宣传研究	2022年9月30日	魏海岩	河北大学
838	后期资助项目·一般项目	新闻学与传播学	中国特色新闻学的理论与实践：记者郭超人的新闻社会史考察	2023年2月6日	彭　翠	河北大学

1.2.1.6 产学合作与社会服务

河北大学新闻传播学院本学位授权点重视专业学位人才培养中的实践教学工作，广泛开展校企、校地合作教育，产教协同、科教协同育人，与新华网、人民网、中新社(河北分社)、河北电视台、长城新媒体等多家国家级、省市级媒体签订实习实践协议，也自建了“新传微讯”“连线传媒界”“正声工作坊”等平台，为学生提供校内外实习实践基地等，平台利用率高，在人才培养过程中发挥显著作用。

河北师范大学新闻传播学院多名教师扎根营销广告市场环境，依托广告学专业为社会提供专业的企业咨询、品牌营销、广告策划服务，形成了专业特色，取得了良好的经济效益和社会效益。河北经贸大学文化与传播学院、河北传媒学院新闻传播学院努力将科研和社会服务聚焦于县级融媒体中心的建设和发展。

1.2.1.7 问题及讨论

(1)院校特色定位与专业持续发展之辩

河北省各高校按要求开始精简专业，新闻传播学专业受到影响较为明显，多个院校停招或注销了新闻传播学专业。出现这一现象的原因是院校要凝练自己的特色定位，将资源向优势学科专业倾斜，同时压缩甚至是缩减和院校定位距离较远的专业，这一做法的优点是有利于院校打造特色，缺点也是存在的。院校打造一个专业需要在师资、资源等方面进行多年的准备和沉淀，而突然的取消会打断专业甚至院系发展的延续性，甚至出现一个专业多位老师失去自己的教学、科研依托，进行转岗甚至调离本单位。从长期来看，这一做法是有利于教育资源配置的；从短期来看，会带给教师和学生阵痛。

(2)各院校积极追求“把论文写在祖国的大地上”

新闻传播学类专业的实践性比较强，近年来河北省各新闻传播类院系逐步调整自己的科研和社会服务方向，瞄准地方经济社会发展。河北大学新闻传播学院将中国共产党新闻史作为自己的主要科研方向；河北师范大学也在积极探索自己的科研方向，致力于服务国家战略；河北经贸大学文化与传播学院、河北传媒学院新闻传播学院两个院系不约而同将科研和社会服务方向聚焦于县级融媒体的发展。各市属院校普遍将网络与新媒体专业作为主攻方向，而河北大学、河北师范大学、河北经贸大学三校都没有开设网络与新媒体这一本科专业。

(3)河北省新闻传播学类专业中外合作办学取得新成绩

河北大学中央兰开夏传媒与创意学院于 2013 年经教育部批准开办中外联合办学本科项目，2021 年 4 月获批 3 个中外合作办学硕士项目，经过十年的沉淀与发展，已经逐步形成了具有示范意义的教学成果，显现出中英语言学习环境、中外文化融合、校企紧密合作三大特色。河北大学中央兰开夏传媒与创意学院获评河北省 2022 年度唯一一家中外合作办学示范项目。

（河北大学新闻传播学院　薄立伟、商建辉）

1.2.2　2022 年度河南省新闻传播教育发展综述

2022 年河南省新闻教育界以习近平新时代中国特色社会主义思想为指导，认真学习贯彻党的二十大精神，全面加强党的领导。在教育强国背景下，新闻传播院校着眼国家重大需求和人才培养需要，围绕“思想引领”“创新驱动”“产教协同”等重要工作内容，引导新闻传播学科进一步提升办学水平和竞争力。这一年，河南新闻传播院校依托地域优势，持续推进一流专业建设和教学改革，落实立德树人使命，建设新闻传播特色领域，在多个方面取得了良好的成效。

1.2.2.1　加强课程建设，深入推进思政教学工作

一是以品牌为抓手，开展实践育人工作。郑州大学继续开展“重走穆青路”活动，2018 级穆青新闻实验班“重走穆青路——走进延安”活动图片入选国家“奋进新时代”主题成就展；成功举办第七季两期“新传青年说”；举办“聆听新语”经典诵读活动；继续完善新闻传播专业 2+X 实践育人平台，获学校暑期社会实践优秀组织单位；积极打造学院团学干部工作交流沟通平台——圆桌会，获 2022 年度河南省高校活力杯基础工作大赛一等奖；举办记者节专题座谈会，组织学生参观“勿忘人民”穆青事迹纪念展，举办最后一堂新闻课等活动，强化学生的思想引领。河南财经政法大学把“争做新时代好青年”教育融入日常思政教育工作中，通过“小播微讲堂”“财大文播院”“小播周聊”，深入开展学生思政工作。此外，河南新闻传播学界还建立课程思政教学研究示范中心，推动思政引领工作。如中原工学院开展黄河文化+传媒类专业课程思政教学研究示范中心，通过实践教育来推动课程思政教学，达到潜移默化、润物无声的效果。

二是以研助教，加大教学改革力度。鼓励和支持教师进行教学科研，就教学新技能、新理念、新方法进行探索和研究。专设院级教学改革科研项目，给予参与教师经费资助，提升教研积极性。设立院级精品课程，鼓励建设更高级别精品课程，对教学改革的成就及时进行总结，资助出版高水平专业教材。

三是以项目为重点，持续推进课程思政项目建设。“广告规范与数据伦理”获郑州大学课程思政重点项目立项，“新闻传播实务课程群”课程思政教学团队获河南省教育

厅立项。郑州大学新闻与传播学院立项 9 门课程作为院级课程思政培育项目予以支持。河南工业大学张恒玺主持的“高校摄影课程思政结构体系建构研究”获批 2022 年度中国高等教育科学研究规划项目立项；李晓云主持的“多元协同、四点聚力，培养全媒化新闻传播人才”获批河南省本科高校创新型人才培养典型案例立项。河南财经政法大学获批省教学改革研究与实践项目 2 项，沈云霞老师的“中原传统文化融入高校‘课程思政’的价值及路径研究”获省重点立项。

四是以学生发展为中心，树立课程建设新理念。推进课程改革创新，着力打造具有高阶性、创新性和挑战度的“金课”，为推进高水平新闻传播教育建设打下坚实基础。郑州大学张淑华老师的“趣说新媒体”，河南大学文玮玮的“现场报道”、韩道军的“网络应用编辑”，河南工业大学的“中国传统文化”“节目主持艺术”“网络播音主持”，中原工学院“现代礼仪修养”“播音主持语音发声”“视听节目策划与创意”、新乡学院“战略管理”“编导基础”等课程被认定为第三批一流本科课程。平顶山学院与项目合作单位河南日报传媒有限公司获批省级研究生联合培养基地项目，河南财经政法大学蒋洛丹主持的“数字媒体营销与运营”获批省级研究生教育优质课程项目，郑州大学宗俊伟主持的“视频策划与制作”，中原工学院刘洪涛主持的“新媒体研究与应用”获批省级专业学位研究生精品教学案例项目，河南工业大学张合斌主持的“新媒体研究”获批省级研究生精品在线课程项目。

1.2.2.2　创新人才培养模式，推进复合型人才培养

各高校通过共建人才培养基地、开展系列专题活动、提升高校师资队伍建设等方式，积极探索人才培养新模式，也提升了学生的科研创新能力。其中郑州大学研究生发表核心期刊以上论文 50 多篇，本科生发表学术论文 30 余篇。

一是共建人才培养基地，探索人才培养新形式。河南新闻传播高校依托区域资源和自身专业特色，不断寻求与社会各行业的合作，进一步提高人才培养质量与服务地方的能力。郑州大学建立“郑州大学—河南日报社”研究生联合培养基地，并获准河南省研究生联合培养基地项目立项；继续大力推进研究生“双硕士”项目，4 名同学申请香港城市大学的入校资格。河南工业大学围绕学校“双一流”创建，成立河南工业大学粮食文化传播研究中心，并与大象融媒、焦裕禄干部学院共建人才培养基地。中原工学院建立新密市融媒体中心实践教育基地、黄河文化创新传播实践基地。南阳师范学院建设全媒体产教融合基地等。

二是继续发挥实验室在实践教学中的服务与带动作用，推动校媒融合，协同培养优秀传媒人才。各个新闻传播院校利用实验室资源在承担各个学科专业基础实验教学

课程的实践环节之外，积极推动实验教学设计水平稳步提高，并在国内外各种学科竞赛、专业评比中取得好成绩。郑州大学还利用实验室开展“新传青年说”、郑州大学暑期行走大思政实践活动视频制作、导演郑州大学“‘乡’约有我高校智赋乡村”视频等活动。

三是持续开展系列专题教育教学活动。各新闻传播院校重视开展学术交流活动，拓展新闻传播人才的培养视野。郑州大学、河南财经政法大学等多所高校邀请传媒专家参与“传媒专家进课堂”教学活动，走进本科生课堂，传授业界实践经验。郑州大学持续推进科研机构学术工作坊活动。中原传媒研究院举办“人机协作视域下的智能传播”全国性学术论坛；传媒发展研究中心举办“算法向善与数字文明工作坊暨国家一流本科专业建设特邀报告会”。组织开展“眉湖 · 传媒大讲堂”学术讲座活动。举办第六届“新媒体公共传播”学术年会。开展形式多样的研究生学术交流活动。举办“研究生人才培养的国际视野与国际合作”专题论坛；举行 2022 届硕士研究生专硕培养交流会；举办“中国共产党的百年经验与国家治理现代化”研究生学术论坛。完成 2021 年研究生自主创新计划项目结项工作，14 个项目获准结项，其中 5 个项目被评为优秀。

四是提升高校师资队伍建设，为人才培养提供保障。首先，引育结合，组建高水平师资团队。郑州大学设立骨干教师专项培养计划，两年一个周期，每一周期遴选两个梯队共 10 名优秀教师进行培养；鼓励和支持青年教师提升学历，攻读博士学位或进行博士后研究，赴国外访学研修和学术交流。郑州大学张淑华教授、河南财经政法大学方雪琴教授荣获中原英才计划——中原领军人才（中原文化名家）称号。商丘师范学院周立春获得中原青年拔尖人才计划和教育厅学术技术带头人荣誉称号。其次，产学交流，提升师资队伍业务技能。践行开放办学理念，与媒体单位、企业合作，以双向挂职锻炼等形式，提升师资团队的实践业务技能；由业界老师和专业教师“共建课程”，切实提高课程质量。再次，设立专项经费，强化基层教学组织建设。河南大学新闻传播学院划拨专项经费，支持以教学系为单位，开展各类教学研讨活动。组织教师集体赴专业名校进行调研，鼓励教师外出参加高级别教学研讨活动。

1.2.2.3 重视研教协同，科研与实践育人同步发展

河南省新闻传播高校重视科研工作，取得一系列成果。郑州大学组织完成各类项目申报工作：共立项国家级项目 5 项，其中国家社科基金重点项目 1 项、一般项目 2 项、思政专项项目 1 项、后期资助项目 1 项；立项河南省高等学校哲学社会科学基础研究重大项目 1 项；河南省哲学社会科学规划项目 1 项；河南省兴文化工程文化研究专项 1 项；河南省社科联调研课题 1 项等；获得河南省高等学校哲学社会科学创新团队支持计

划资助项目 1 项。在科研获奖方面，获得省社科优秀成果奖 3 项，其中一等奖 1 项，二等奖 2 项；共获得河南省高校哲学社会科学优秀成果奖 4 项，其中一等奖 1 项、二等奖 2 项、三等奖 1 项。

河南大学大力开展科学研究，积极参与各类课题申报。王鹏飞获批国家社科后期资助项目“沈知方年谱”；赵佳鹏主持国家社会科学基金项目“社会生活史视野下中共党报党刊的群众生活观建构研究(1927—1949)”，王雪桦主持河南兴文化工程文化研究专项项目；赵红勋、张珂、董世斌获批河南省社会科学规划项目。河南工业大学的于建华主持的“新媒体治理的生态系统解构及运行机理研究”获批河南省高等学校哲学社会科学基础研究重大项目立项，于建华、王婉波、高俊聪、张馨、朵天林 5 位老师分获河南省哲学社会科学规划年度项目立项。中原工学院蔡爱芳、李建波获批河南省兴文化工程项目，王欢、王春枝、陈燕侠、靳珂、邵全红 5 位老师分获河南省哲学社会科学规划年度项目立项。河南财经政法大学的方雪琴、王萌获批河南省兴文化工程项目，王望、周红莉获批河南省哲学社会科学规划年度项目立项。

除此之外，河南省新闻传播高校教师也出版了各类著作，并在《现代传播》《新闻大学》《编辑之友》《中国出版》等期刊上发表了系列论文。郑州大学 2022 年度学院师生发表学术论文 110 篇，其中发表在北大核心检索期刊 31 篇，发表在 CSSCI 核心检索期刊 14 篇，发表在 SSCI 期刊 2 篇，SCI 期刊 1 篇。河南工业大学王婉波、刘搦辰发表中文权威 B 类论文 2 篇；高俊聪老师在权威出版社出版著作《鸦片战争后传教士中文报刊与中英关系的传媒镜像》。河南大学老师在《现代传播》《新闻大学》《编辑之友》《中国出版》等重要学术期刊上发表 CSSCI 高质量论文 17 篇，出版了 4 部著作。河南财经政法大学蒋洛丹、尹晓楠、任丙超在校定国家级权威出版社出版专著 3 部。

教师们以习近平新时代中国特色社会主义思想为指引，将研究融入国家治理体系和治理能力现代化的发展大局，针对国家政治、经济、文化、社会等关键领域和重大需求做研究，发挥了“战略研究、政策建言”的高校智库功能。河南财经政法大学周红莉的《我国对外文化传播项目的发展困境与破局之路》被中央网信办采纳，方雪琴的河南省高校重点科研项目成果被河南省文化和旅游厅采纳。

从实践教育角度出发，河南各新闻传播高校重视引导学生参加专业赛事，引导和激励新闻传播学子将所学知识与经济社会发展紧密结合，培养创新意识、创造精神、创业能力和就业竞争力，提升学生的综合竞争力，也取得了一系列丰硕成果。郑州大学学生在全国广告大赛学院奖、大学生英语竞赛、河南省大学生科技文化艺术节等比赛中获省级以上奖励 160 多项。在大学生创新创业大赛中，获国家级立项 1 项、省级立项 1 项和校级立项 9 项。河南财经政法大学在 2022 全国大学生艺术节学院奖春季赛、秋季赛及第 14 届全国大学生广告艺术大赛中，共获 126 个奖项，其中获国家赛银奖 1 项，省赛一等奖 2 项；在第九届大学生新媒体创意大赛中，获 7 个奖项，其中一等奖 2 项；在中国大学生计算机设计大赛中获全国二等奖 1 项；在全国大学生英语竞赛中，获 12 个奖项；研究生获国家级优秀奖 1 项，河南省新闻奖一等奖 1 项、二等奖 2 项，河南省广播电视新闻奖一等奖 1 项。河南工业大学新闻与传播学院钱金玟同学的参赛作品《老人树榜样青年要实干》荣获第十一届中国大学生电视节“点赞青春”主题演讲全国优秀作品奖。新闻传播高校在做好人才培养、科学研究的同时，也鼓励新闻传播学子积极参与创新创业与学科竞赛，将知识融入社会实践，积极开展社会服务活动。

（河南财经政法大学文化传播学院　方雪琴）

1.2.3　2022 年度陕西省新闻传播教育发展综述

根据陕西省教育厅官网统计数据，截至 2023 年 5 月，陕西省高等教育学校(机构)共计 111 所。其中普通高校 97 所，成人高等院校 14 所。普通本科院校 57 所，与上年持平。高职(专科)院校 40 所，比上年新增加 1 所。全省共有研究生培养机构 50 个。陕西共有 38 所普通高等院校有新闻传播学科专业教育(见图 1-1)。

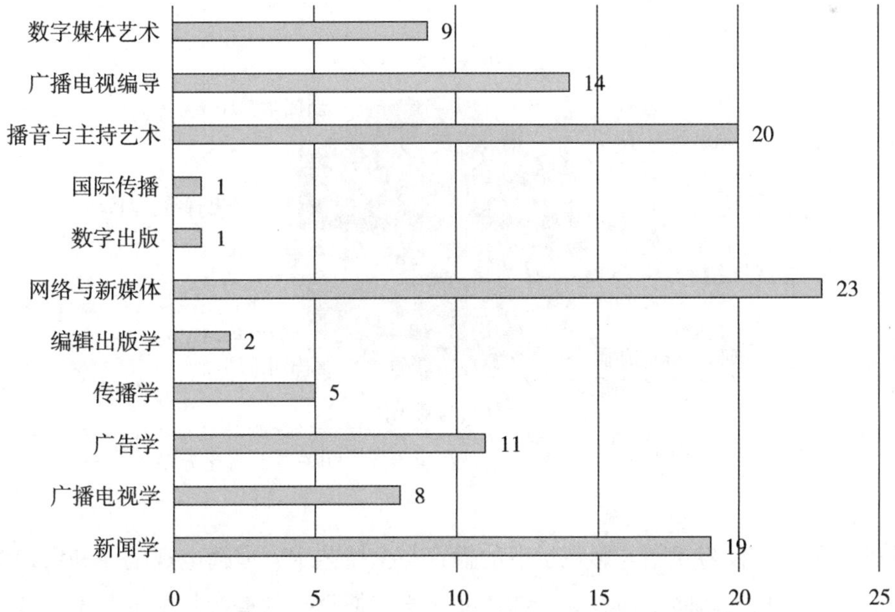

图 1-1　陕西 38 所高校主要新闻传播学相关专业数量分布

1.2.3.1 新闻传播教育教学概况

(1)学院及专业设置

陕西9所高校开设有独立的新闻传播学院：西安交通大学新闻与新媒体学院、西北大学新闻传播学院、陕西师范大学新闻与传播学院、西北政法大学新闻传播学院、西安外国语大学新闻与传播学院、西安培华学院传媒学院、西京学院传媒学院、西安欧亚学院文化传媒学院和西安体育学院体育新闻与传媒学院。

没有单独开设新闻传播学院的高校，多将其新闻传播专业划分到文学院或艺术学院，如西安工业大学的文学院、长安大学的人文学院、西安邮电大学的数字艺术学院等。此外，还存在学院名称呈现“交叉并列”的情况，如延安大学的文学与新闻传播学院、宝鸡文理学院的文学与新闻传播学院等。

2022年，西北政法大学新增广播电视专业硕士学位招生；西安邮电大学新增广播电视专业硕士学位招生；西安石油大学新增新闻与传播专业硕士学位招生；西安明德理工学院获批本科专业“影视摄影与制作”。

截至2022年，陕西共有38所高校开展新闻传播教育。在2023年教育部公布的《普通高等学校本科专业目录》中，新闻传播学类本科专业共有10个，目前，陕西高校新闻传播类本科专业设置包含其中7个，暂未增设传播学、时尚传播和会展专业(见图1-2)。

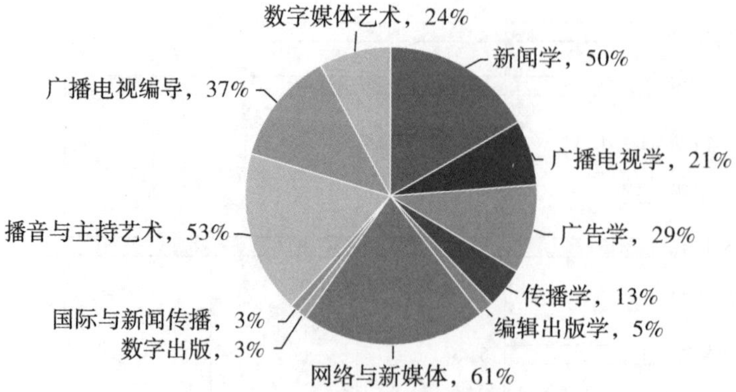

图1-2 陕西38所高校主要新闻传播学相关专业占比分布

此外，很多院校将戏剧与影视学下的播音与主持艺术、广播电视编导和设计学下的数字媒体艺术囊括进新闻传播教育，如西北大学传播学院的播音与主持艺术专业、陕西师范大学新闻与传播学院的广播电视编导专业和西安财经大学文学院的数字媒体艺术专业。这三类专业与新闻传播相结合，构成了新文科背景下新闻传播教育的创新发展。

(2)师资队伍

近年来，陕西积极改善师资结构，聚集了一批实力雄厚、学缘丰富、年龄结构合理、在新闻学界业界具有一定影响力的教学科研队伍。

西安交通大学新闻与新媒体学院陈强教授入选爱思唯尔2022中国高被引学者(新闻传播学)，全国共6人，为中西部地区唯一入选者。陕西师范大学新闻与传播学院1名教师荣获陕西省教学名师，多名青年教师入选"国家艺术基金艺术人才培养资助项目"和省级、市级文艺人才计划。西北大学新闻传播学院2022年从外校引进教授1人，选聘优秀博士2人。西安外国语大学新闻与传播学院2022年引进3位博士，1人入选陕西高校第五批"青年杰出人才支持计划"。西北政法大学新闻传播学院2022年度学院1名教师取得国家留学基金委"青年骨干项目"资助，赴美国康奈尔大学进修，1名教师取得国家留学基金委西部项目资助，将赴英国进修。

(3)教学改革

第一，学科建设。

溯源至陕北公学时期的新闻课程及此后由陕北公学等八校合并的延安大学在1947年开设的新闻班，发展至今，陕西地区的新闻传播教育已走过70多个年头。在此历程中，陕西不断探究新闻传播人才培养的方向性，深化知识与技能在实践中的创新应用。2022年，各院校在人才培养目标、专业课程设置、培养模式体系等方面不断进行尝试与完善，努力提升办学水平、教学质量和科研实力。

西北大学新闻传播学院以学科方向建设为导向，课程质量显著提高，学位点建设稳步推进，获批5项"本科人才培养建设项目"，1门课程获研究生课程思政示范项目立项，1门课程获西北大学研究生校企联合课程建设立项。此外，学院还邀请澳大利亚科廷大学学者开设短期课程，拓宽学生国际化视野。

西安外国语大学新闻与传播学院学科建设取得突破性进展。新闻学专业获批国家级一流专业建设点，于2021年通过教育部备案的"国际传播"博士点首次招生(学术型硕士研究生)。赵战花副教授"百年中国新闻传播史著作整理及书写创新研究"获批国家社会科学基金重大项目。

西安交通大学新闻与新媒体学院在学科建设上取得了良好发展。"网络与新媒体"本科专业获批国家级一流专业建设点。组织教师编写"新闻传播学·学以实用"系列丛书，李明德教授、蒙胜军副教授《传播学引论》(修订版)获2022年陕西省优秀教材特等奖。

陕西师范大学扎实推进"双一流"建设。截至2022年6月，陕西师范大学新闻与传播学院共有 4 个专业入选国家级一流本科专业建设点，分别是：新闻学、播音与主持艺术、编辑出版学、广播电视编导。陕西师范大学新闻与传播学院成为西北地区首家自主招收和培养博士研究生，且硕士学位点最多的大学二级学院。

西北政法大学新闻传播学院法新闻学专业先后获批国家级特色专业、国家专业综合改革试点项目，新闻学、编辑出版学和广播电视编导三个专业先后获批陕西省一流专业建设单位。2021 年下半年完成了艺术专业硕士的申报工作，成功获批艺术学(广播电视领域)专业硕士学位授权点，于 2022 年纳入招生目录。

延安大学一流专业建设成绩突出。将新闻学作为重点建设专业，着力推进人才培养模式改革。2020 年新闻学专业获批陕西省一流专业建设点，2022 年新闻学专业获批国家级一流专业建设点。

在民办院校中，西安欧亚学院文化传媒学院在 2022 年完成了《文化传媒学院专业建设规划(2022 版)》和《2021—2025 年课程建设规划》，全面实施校企合作课程共建，新增校企共建课程 9 门。2022 年 5 月，西京学院传媒学院成立了乡村振兴直播产业学院，获批教育部产学合作协同育人项目、就业基地建设项目 11 项，以及陕西省 2022 年度“双百工程”产学研一体化示范基地。

第二，教学特色。

近年来，陕西高校新闻传播学科建设注重跨学科交叉融合中的守正创新。围绕新文科建设，各学院与时俱进，建立起相应的新闻传播融合教育机制，形成了独具特色的人才培养模式。

西北大学新闻传播学院强化学科方向优势，新兴学科增长点成果突出。强化“延安时期新闻传播文化”学科方向的优势，完成 6 卷本《延安时期新闻出版档案》编写；“传播与西部社会发展”学科方向进一步凝练为传播与乡村振兴；学科新的增长点如“计算传播学术团队”“传播法规与网络治理团队”等方向新增 1 项国家课题和 1 篇顶级期刊论文。

西安交通大学新闻与新媒体学院结合学校“工字牌”的优势，在学生培养方案上突出交叉特色。学院拥有交叉学科背景、兼具国际化视野的师资队伍，注重科学研究型、交叉融合型和创新创业型人才的培育，开设视频制作类、计算传播类、数据网络分析类等前沿课程。

陕西师范大学新闻与传播学院以延安红色新闻史论为特色亮点，构建学科建设新机制，筹划推进实施“学术领军人才计划”“‘青年英才’支持计划”“硕博青苗计划”“‘红色新闻史论’学科特色登峰计划”。

延安大学文学与新闻传播学院紧抓红色文化与地域文化资源的优势，把延安精神的精髓有机融入课堂教学之中。教师郭小良的“陕甘宁边区新闻史——走进红色新闻历史现场”紧紧依托当地红色新闻资源，把课堂迁移到新闻历史的现场，成为国家级课程思政示范课程。

第三，人才培养。

陕西各高校新闻传播本科教育培养目标明确，培养特色较突出，重视实践教学。各高校新闻传播专业学位教育发展迅速，新闻传播学学术硕士点有：西安交通大学、西北大学、陕西师范大学、西北政法大学、西安外国语大学。新闻与传播专业硕士点有：西安交通大学、西北大学、陕西师范大学、西北政法大学、西安外国语大学，西安工业大学、西安工程大学、西安财经大学、长安大学、西安石油大学。设有博士学位授予点的有：陕西师范大学新闻传播学一级学科博士点、西北大学“文艺与文化传播”二级学科博士点、西安交通大学“新闻传播理论与实践”博士点与“新媒体与社会治理”二级交叉学科博士点、西安外国语大学“国际传播”自设二级学科博士点。

长安大学人文学院新闻传播系强化“知行合一”的人才培养理念，硕士生的培养采取课程学习和科学研究相结合、指导教师负责与指导小组集体培养相结合的方式，探索了具有特色的专业学位培养模式。

陕西师范大学新闻与传播学院确立了“以学生为本，文理艺多学科融合，培养复合型现代传媒人才”的培养理念。全面落实“三全育人”的理念，将知识传授、价值观塑造和能力培养三者融为一体，着力建设具有西部特色、时代底色和需求本色的学科体系。

西北政法大学构建“新闻专业教育+人文素养教育+法治新闻特色教育”的人才培养体系，以及“新闻传播学+法学”“专业基础性+综合性+创新性”的实践能力培养模式。

西京学院深度推进校政地企多主体协同育人，实施乡村振兴全媒体人才赋能计划，实施探索“1234”人才培养模式，进行校政地企创新应用型人才培养模式创新。

第四，校企合作。

西安交通大学新闻与新媒体学院获批首期教育部供需对接就业育人项目，与北京字节跳动科技有限公司达成3项供需对接就业育人合作协议，与西安博达软件股份有限公司签署战略合作协议，共建“教育融媒体联合创新中心”。

西北大学新闻传播学院与上市企业果麦文化传媒有限公司、科大讯飞股份有限公司、易点天下网络科技股份有限公司以及海南开宸实业有限公司、西安璞真酒店管理有限公司等企业建立了紧密合作关系，与上市企业北京笔中文化科技集团有限公司探索建立广告学专业研学基地建设合作关系，建设了省内高校第一家支持多主题策展轮展的共享数字展厅，建成了省内第一家“中华经典语言文化体验中心”，并策展了“信仰的力量——迎接党的二十大短视频特别展”“全国大学生广告艺术大赛陕西赛区优秀作品展”

等主题展览。

西安外国语大学新闻与传播学院与陕西网、秦创原路演中心、华商报社签订“校企联合协同育人”大学生校外实习实训基地协议。学院李鹏教授主持的“基于前沿数字媒介技术平台驱动的国际新闻传播专业‘创新实践能力’培养课程体系改革研究”获批2022年第一批项目产学合作协同育人项目。2022年8月16日，学院与起点新闻客户端共建的“陕西形象国际传播产学研基地”正式揭牌。

西京学院传媒学院与腾讯大秦网、陕西电视台、新浪网等10多家媒体深化校企合作。2022年5月，在陕西省商务厅、教育厅的支持下，和陕西华谷天合文化传媒有限公司共建了乡村振兴直播产业学院，实现了教育链、人才链和产业链、创新链的有机融合。

第五，学生专业实践与专业竞赛。

2022年，陕西省各高校新闻传播类院系师生在全国多领域竞赛中捷报频传。

在第十四届全国大学生广告艺术大赛中，陕西赛区共44所高校参与，收到作品10214组，创历年新高，陕西共有国家级一等奖5项、二等奖16项、三等奖33项、优秀奖133项。由西安交通大学新闻与新媒体学院主办的第七届中国数据新闻大赛报名共吸引了上百所高校、数十家媒体机构共1000余支队伍、5000余人报名参赛，陕西有14支队伍入围决赛，共有一等奖2项、二等奖5项、三等奖4项、优秀奖3项。

(4)实验室及实践平台

西安交通大学新闻与新媒体学院联合校党委宣传部、校招生办于2022年共同成立了集媒体实践、新闻宣传与思政教育于一体的视听新媒体创意中心。

西安外国语大学新闻与传播学院与省政府合作创建陕西对外传播实践基地等高层次实践平台，依托“‘一带一路’跨语言大数据协同编译平台”“环球网新闻编译中心”等校内资源，与陕西省政府政务公开办公室共建“陕西对外传播实践基地”，与环球网、陕西广播电视台等媒体合作搭建各类实践平台。

陕西师范大学新闻传播学院数字传媒技术国家级实验教学示范中心是西北地区唯一一家传媒类国家级实验教学示范中心。此外，还搭建了中国西部电影电视研究中心、知识媒体研究所、中小学教育信息化研究所、3个教育信息化研究室等科研平台。

西北政法大学新闻传播学院“现代传播实验中心”是陕西省唯一同时获批“省级实验教学示范中心”与“省级虚拟仿真实验教学中心”的高校传媒类实验室。实验中心与中广上洋科技有限公司等单位共建实验室5个，与西安广播电视台、四川广播电视台等4家媒体合办“青春直播间”“970说法”等栏目。目前，学院成立了“跨媒体协同创作实践基地”“3D与新媒体影视创作基地”和“大学生文化创意基地”等教学实践平台。

在民办院校中，西京学院建有大型校外教学实习实训基地 9 个，与华谷天和、优酷等公私合作共建校内实验、实训室 6 间，“项目化”教学工作室 7 间。学院下的乡村振兴直播产业学院搭建了产学研平台，目前拥有网络与新媒体中心、交互与文化创意中心、无人机影像工作室、电视直播车、创意传播工作室、混录调色实验室、摄录直播棚、影视后期与剪辑室等专业的实验实训场所，激发和助力学生从“技术实践”到“专业探究”。

1.2.3.2 部校共建

西北大学新闻传播学院近年来统筹媒体资源和教学科研资源，倾力打造合作平台。学院与《经济参考报》共建实践教学基地，与长安区融媒体中心合作建设的“西北大学新闻与传播专业学位研究生实践基地”获批校级专业学位研究生示范性实践基地建设项目。学院组织策划的“经典润乡土”1+3 助力乡村教育振兴计划于 8 月经教育厅评审上报教育部获得立项支持。韩隽教授团队专著《从融合到融通——县级融媒体陕西创新案例研究》为陕西省县级媒体融合提供了新视野，获得广泛好评。此外，学院作为全国 21 家中国新闻奖试点报送高校之一(陕西省内唯一)，2022 年推荐报送的作品《“双碳”目标，探寻企业新发展之路》获得第三十二届中国新闻奖三等奖。

2022 年，陕西师范大学新闻与传播学院依托陕西省委宣传部与学校“部校共建”新闻学院平台优势，加强与同类型高校学院的联系合作，联合西北大学新闻传播学院、延安大学文学与新闻传播学院，推进陕西红色新闻资源服务于新时代新闻传媒人才培养，举办“万众瞩目清凉山”专题展览；学院党委牵头，主动联系陕西党建网、人民日报社陕西分社、陕西广电融媒体集团创新中心等业界媒体单位，对接人才培养、产教融合、实习就业基地建设等，完善政、产、学、研协同发展机制。

西安交通大学 2022 年学院上报(中宣部、国家民委、省委宣传部、省委网信办)各类智库成果(舆情信息、专报日报、决策建言等)300 余篇，获采纳与批示 100 余篇，其中中共中央政治局委员批示 1 篇，省委常委批示 2 篇、民委采纳 9 篇、中宣部采纳 2 篇。

1.2.3.3 思政教育教学

2022 年，陕西各高校新闻传播教育围绕学习党的二十大精神，从跨学科、多元协同的视角出发，聚焦全媒体传播体系建设与中国式现代化、全媒体传播体系建设与特色人才培养。

2022 年，陕西师范大学新闻与传播学院党建思政项目“赓续红色血脉记录时代风云——走进红色新闻历史现场”社会实践活动获评教育部“第六届全国高校‘礼敬中华优秀传统文化'特色展示项目”；师生网络思政作品“青年薪声代”系列原创广播剧被“学习强国”平台转载。

西安交通大学新闻与新媒体学院吴锋教授“中国新闻史”获西安交通大学百名教师“课程思政大练兵”一等奖；吴锋教授、陈强教授、张立副教授获批2021年度思想政治工作专项研究课题和实践项目。

西北大学新闻传播学院教师获陕西省课堂创新大赛二等奖和三等奖以及陕西省思政大练兵“思政育人教学能手”称号，组织开展“青春献礼二十大，强国有我新征程”公益广告创意大赛、“铸牢中华民族共同体意识教育实践”系列活动。

1.2.3.4 学术与科研大事记(会议和获奖)

(1)科研团队

西安交通大学新闻与新媒体学院在科研上追求交叉融合，特色突出，2022年度凝练出以7位教授为核心的特色研究团队：新闻传播与信息风控团队、新媒体传播与社会发展团队、中国共产党新闻舆论观团队、文化软实力与国际传播团队、智能信息传播与社会治理团队、新媒体与国家治理团队、数据智能与传播社会团队，聚集学院力量，发挥科研优势，定向培养研究人才队伍。

西安外国语大学新闻与传播学院依托1个省级哲学社会科学重点研究基地“国际舆情与国际传播研究院”、2个校级科研机构“国际传播研究所”和“媒体伦理与法规研究所”、3个校级科研创新团队“新媒体与国际传播”“品牌国际化传播研究”和“影视创意生产与跨文化传播”，形成了多层次和跨领域的学术咨询平台。

(2)科研项目

2022年陕西省新闻传播类科研项目中，获得6项国家社会科学基金项目资助；2项教育部人文社会科学研究项目资助；有23个项目入选陕西省社会科学基金项目(见表1-7)。

表1-7　**2022年度陕西高校新闻传播类各级科研项目**

国家社会科学基金项目

序号	课题名称	课题负责人	所在单位	项目类别
1	百年中国新闻传播史著作整理及书写创新研究	赵战花	西安外国语大学	重大项目
2	新时代中国特色新闻传播理论创新的符号学进路研究	李　玮	西北大学	一般项目

续表

序号	课题名称	课题负责人	所在单位	项目类别
3	新冠肺炎疫情中“信息疫情”的形成机理与治理模式创新研究	黄建友	西安外国语大学	一般项目
4	智能媒体对涉华舆论传播秩序的影响研究	党明辉	西北大学	一般项目
5	“数字弱势群体”社会融入的媒介支持研究	王敏芝	陕西师范大学	一般项目
6	数字公共媒介促进村民治理参与的机制和效果研究	张　立	西安交通大学	一般项目

教育部人文社会科学研究项目

序号	课题名称	课题负责人	所在单位	项目类别
1	平台经济视域下粉丝劳动职业化的传播政治经济学批判与治理研究	杨　馨	陕西师范大学	青年基金项目
2	移动社交媒体使用对大学生社交焦虑的影响及引导对策研究	王亚宁	西北大学	青年基金项目

陕西省社会科学基金年度项目立项

序号	课题名称	课题负责人	所在单位
1	传播学视野中驻村干部的动员式治理与嵌入式沟通研究	马　锋	西北大学
2	大数据背景下陕西网络舆情态势研判与风险防控策略研究	李明德	西安交通大学
3	元宇宙视听传播中的文化症候与陕西的政策应对研究	郭　栋	陕西师范大学
4	社交媒体知识传播的“新可见性”控制与风险治理研究	张秀丽	西安外国语大学
5	基于高阶社会网络的重大危机事件舆情传播及干预机制研究	张　岚	西安财经大学
6	西北少数民族铸牢中华民族共同体意识的共情传播机制及路径研究	张铁云	西安交通大学
7	基于元宇宙的陕西非遗虚拟价值放大与产业化传承模式研究	范丽亚	西安交通大学城市学院

续表

序号	课题名称	课题负责人	所在单位
8	社交媒体平台中的涉陕舆论框架模式及应对策略	党明辉	西北大学
9	智媒时代推进陕西公共文化机构数字服务研究	廖政贸	西安交通大学
10	面向突发公共卫生事件的陕西媒体建设性新闻生成路径研究	方　亭	西安石油大学
11	陕西乡村文化的县级融媒体话语平台构建研究	吴　胜	陕西师范大学
12	民国报人新闻精神的建构与重塑研究	滕文莉	榆林学院
13	陕西遗址博物馆"云展览"模式优化研究	王梦蝶	陕西学前师范大学
14	游戏叙事中身份认同问题研究	唐树生	西北农林科技大学
15	数字参与模式下陕西地区残障人士社会融入路径重构研究	常嘉玲	西安邮电大学
16	美国媒体涉华报道的虚假性研究	苏　蕾	长安大学
17	陕西对外形象国际传播效果研究	李　鹏	西安外国语大学
18	智众时代陕西省县级融媒体服务升级路径研究	任红梅	西安财经大学
19	数字技术条件下陕西对外形象的公众协作式建构研究	党　洁	西北大学现代学院
20	大学生身份气泡卷入度对其心理健康作用机制研究	吴一波	陕西国际商贸学院
21	基于凝视理论的陕西国际旅游形象传播策略研究	张　珍	西安航空学院
22	新冠肺炎疫情常态化防控下陕西城市居民数字化生存能力研究	王宏昌	宝鸡文理学院
23	媒介融合视域下陕西故事的数字叙事创新研究	胡　凯	西北政法大学

(3)学术交流

2022年，陕西多所高校在社会思潮、乡村振兴、国际传播、科学传播、传媒法治等领域发生学术碰撞与争鸣。西安外国语大学新闻与传播学院举办"科学传播与构建人类文明新形态"研讨会和第二届"当代传媒法治高峰论坛"。西北大学新闻传播学院成功举办"学缘—学派—学人：区域传播与社会治理"学术论坛、第十届中国西部传媒与社会发展高层论坛等高水平学术会议，邀请社科院新闻与传播研究所所长胡正荣教授、新华社高级记者万武义、中国传媒大学教授潘可武等专家作学术报告。西安交通大学新闻与新媒体学院成功举办第三届传播学国际发表高端论坛、第三届媒介与社会思潮传播论坛、第二届"一带一路"国际传播能力建设高峰论坛、"学习党的二十大精神"推进全媒体传播体系建设高端论坛，各院校坚持国际化视野，助力新闻传播学科思想交融，成果交汇。

（西北大学新闻传播学院　韩隽、郭晓燕、张雅欣）

1.2.4　2022年度山西省新闻传播教育发展综述

2022年，山西省各高校紧跟媒体发展新趋势，着眼教学创新新要求，适应社会发展需求，在学科建设、课程建设、科学研究、学术交流、人才培养等方面持续发力，不断提升新闻传播教育质量。

1.2.4.1　山西新闻传播教育整体概况

2022年，山西大学入选第二轮“双一流”建设高校。新闻学院广告学专业获批第三轮国家一流本科专业建设点，实现全部本科专业步入国家一流本科专业行列；在科技史一级学科博士点下设立“科技传播史”博士招生方向。

2022年5月26日，山西大同大学的新闻传播类专业进行了调整，隶属于文学院的新闻学专业、网络与新媒体专业和隶属于教育科学与技术学院的数字媒体技术专业从原学院剥离，正式合并组建为新闻与传媒学院，学院下设新闻系、数媒系两个系，及新闻学、网络与新媒体、数字媒体技术三个专业。

总体来看，山西新闻传播类专业本科招生情况较为稳定，部分院校招生人数略有调整。2022年新闻传播类专业本科招生及毕业人数如表1-8所示：

表1-8　**2002年山西各高校新闻传播类专业本科招生及毕业人数**

学校代码	学　校	院/系名称	专业设置	招生人数（2022）	毕业人数（2022）
10108	山西大学	新闻学院	新闻学、广告学	143	119
10110	中北大学	人文社会科学学院	广播电视学	103	146
10117	长治医学院	人文艺术传媒系	传播学	79	40
10118	山西师范大学	文学院	编辑出版学	45	42
10119	太原师范学院	文学院	广播电视学	80	80
10120	山西大同大学	新闻与传媒学院	新闻学	100	88
			网络与新媒体	94	46
			数字媒体技术	100	/

续表

学校代码	学　　校	院/系名称	专业设置	招生人数（2022）	毕业人数（2022）
10121	晋中学院	中文系	新闻学	80	97
			网络与新媒体	80	50
10122	长治学院	中文系	新闻学	52	103
			网络与新媒体	52	/
10124	忻州师范学院	中文系	网络与新媒体	50	/
10125	山西财经大学	新闻与艺术学院	新闻学	48	50
			网络与新媒体	51	/
10812	吕梁学院	中文系	新闻学	99	168
14434	山西传媒学院	新闻传播学院	新闻学	100	100
			网络与新媒体	180	150
			广播电视学	140	98
			数字出版	100	/

1.2.4.2 建设一流课程，强化课程思政

山西省持续深入地开展课程建设与改革，进一步激发广大教师投身教学改革的积极性和创造性，促进教学质量稳步提升，实现教学资源共享，着力打造具有高阶性、创造性和挑战度的“金课”。2022年，被认定为“山西省高校新闻传播学类一流课程”的如表1-9所示：

表1-9　　**2022年山西省高校新闻传播学类一流课程**

申报高校	课程名称	负责人	课程类型	类型
山西大学	广播电视概论	弓慧敏	线下一流课程	认定
山西大学	跨文化传播	梁红艳	线下一流课程	认定
山西大学	非遗文化传承场景直播与全媒体报道虚拟仿真实验	赵　莹	虚拟仿真实验教学课程	认定
山西财经大学	新闻评论	平　凡	线上线下混合式一流课程	认定
太原师范学院	新闻采访与写作	张　原	线下一流课程	认定

续表

申报高校	课程名称	负责人	课程类型	类型
山西传媒学院	广告心理学	李海芳	线下一流课程	认定
山西传媒学院	纪录片创作	文　红	线上线下混合式一流课程	认定

各高校进一步加强课程思政理论研究和教学实践工作，构建全面覆盖、类型丰富、层次递进、相互支撑的课程思政体系，打造具有山西特色的“课程思政品牌”，讲好“山西故事”，构建全员全程全方位育人大格局。中北大学人文社会科学学院杜鹃副教授负责的“大美三晋”课程、山西传媒学院张向东负责的“广告法规”课程被评为“新文科”课程，列入省级思政示范培育建设课程。

1.2.4.3　科研工作取得新突破，不断增强社会服务能力

山西各高校在新闻传播科研工作中创新突破，通过课题立项、发表学术论文、校外合作等，不断提升科研水平，增强社会服务能力。

①科研工作新突破。2022 年，山西大学新闻学院院长庞慧敏教授担任首席专家的课题“全面抗战时期中国共产党国际抗日宣传方略及成效研究”获批 2022 年度国家社科基金重大项目。新闻学院发表学术论文 17 篇，其中 SSCI&SCI 双检期刊 1 篇，JCR 分区中位列公共卫生、环境卫生与职业健康类一区；CSSCI 期刊论文 6 篇，核心论文 2 篇，本学科国际顶级会议论文 1 篇，其他论文 8 篇。出版著作 5 部、教材 3 部。获山西省第十二次社会科学研究成果优秀奖二等奖 1 项、三等奖 1 项。

②加强学术交流，开展专题讲座

山西省各高校新闻传播教育高度重视学术交流，以学术论坛、学术研讨会、专题讲座等方式开阔学术视野，推动学术发展。

第一，举办学术论坛和学术研讨会。2022 年 11 月 20 日，新闻传播学类专业标准化、规范化、特色化研讨会在线召开。会议由山西省高等学校中国语言文学与新闻传播类专业教学指导委员会主办，山西传媒学院新闻传播学院承办，山西大学新闻学院、太原师范学院文学院协办，《视听理论与实践》编辑部提供学术支持。来自全省 11 所高校的 13 位专家学者分享了新闻传播类专业建设经验，并结合新文科建设、数字时代、“健康中国”等时代背景，对新闻传播教育、人才培养等问题，提出真知灼见，为省内新闻传播教育发展指明方向。2022 年 12 月 10 日，由山西大学新闻学院主办的健康传播前沿与创新论坛成功举办。来自深圳大学、复旦大学、北京大学、中山大学、武汉大学、浙

江大学的专家学者进行线上分享，深入探讨健康传播领域的全局性、战略性、前沿性议题，为健康传播领域的研究提供了全新的视角、发现问题的方式和解决问题的路径。

第二，开设专题讲座。2022年11月起，山西大学新闻学院开设“文瀛·新传讲堂”120年校庆系列讲座，先后邀请中国人民大学彭兰教授，深圳大学常江教授等作讲座，为师生们提供了接触和捕捉学术前沿的机会。2022年，长治学院开设的“博识论坛”系列讲座，先后邀请中央广播电视总台创新发展研究中心新媒体研究部副主任高铁军、原深圳广播电台总编办主任廉铁华为师生作讲座，分享前沿学术理论，指引学生实践方向，探索理论与实践的深度融合。

1.2.4.4 创新实践教学，育人实效显著

2022年，山西省各高校依托专业实践基地和融媒平台，培养多元化全媒体人才。山西大学新闻学院聘请两名行业专家开设新闻实务课程，完善课程改革，在原有融媒体课程群的基础上，实行项目制运作，建立“实践课程教学+课程思政建设+学生工作+作业作品展示”多维一体的教学模式；与太原广播电视台和中国电信集团有限公司太原分公司共同举行5G融媒实验室共建合作签约仪式，携手推进5G智能媒体应用、传播产业发展；以微信公众号为学生实践的平台，开设《太行“新”声》《“新”视界》《“新”画廊》《“新”青年说》《“新”锐评》等栏目，坚持将马克思主义新闻观融入人才培养全过程。

各高校积极开展校外合作。2022年5月25日，山西师范大学文学院与交城县教育科技局签订战略合作协议。2022年7月27日，山西大同大学新闻与传媒学院行政负责人郝春涛前往学院部校共建单位山西新闻网和黄河新闻网，就学生就业、合作共建等方面事宜进行商谈。2022年8月9日，为深化校企合作、产教融合，推动人才培养更好地服务于山西经济高质量发展，山西财经大学与山西经济日报社就新闻人才培养、媒体创新与发展、文化旅游产业开发等开展工作交流，并签署校企合作协议；2022年9月29日，山西财经大学文化旅游和新闻艺术学院与山西辰涵数字科技股份有限公司举行“产学研合作基地”授牌签约仪式。

山西传媒学院与晋中市太谷区融媒体中心举行共建教学实践基地，在人才培养、实习实训、技术合作、节目制作、影视创作、培训等方面相互支持与合作，建立合作伙伴关系。

目前，各高校育人实效明显提升，培养创新型、全媒体、有情怀的新时代新闻人才有了阶段性成果。山西大学在疫情期间，一个月内学生制作完成各类报道40余篇，以共享文档创新报道的《SXUer丨请你参与我的春天》，先后被人民日报社、新华社等中央媒体报道，《抗“疫”碎片》《人世间》等作品被各类媒体转载，平台总点击量突破

700万。《青春在战“疫”中成长——山西大学新闻学子战“疫”录》一文在《山西日报》教育版刊发，《山西日报》要文版《奋斗者正青春》专栏刊发《山西大学新闻学院：立德育人培养新闻后备军》一文，聚焦学院学子在疫情期间的突出表现，肯定了学院的新闻人才培养工作。此外，在第十七届“挑战杯”全国大学生课外学术科技作品竞赛中，作品《破壁之旅：非物质文化遗产的现代化转型——以晋剧的转型发展为例》获国家级三等奖。

大同大学微知闻实训中心在“红色传承短视频征集活动暨第七届中国梦·青年影像盛典”中共有四部作品获奖，其中获得一等奖的作品有两部(《光荣啊共青团》《我们走在大路上》)、二等奖一部(《乡村振兴，大同在行动》)、三等奖一部(《乡村振兴，大同答案》)。在第十五届中国大学生计算机设计大赛全国总决赛中，新闻与传媒学院学生的作品《气韵》获得全国一等奖。在第十届未来设计师·全国高校数字艺术设计大赛(NCDA)全国总决赛中，新闻与传媒学院选送的作品荣获二等奖1项、三等奖1项。

(山西大学新闻学院　常媛媛、林佳雯、张丁文、张袖至、周彦妮)

1.2.5　2022年度山东省新闻传播教育发展综述

1.2.5.1　2022年山东省新闻传播教育发展大事记

2022年，山东省新闻传播学科建设取得新的成就，山东大学新闻传播学在教育部第五轮学科评估中取得突破，山东省新闻传播学首次达到B+层次。山东此次44所高校的128个新增本科专业中，新增备案专业121个，涉及44所高校；新增审批专业7个，涉及7所高校。年度新增潍坊科技学院、青岛恒星科技学院、泰山科技学院、齐鲁理工学院的4个网络与新媒体专业。山东省内目前共有15所学校设有网络与新媒体专业学士学位点。截至2022年，网络与新媒体专业成为仅次于新闻学的发展最快的专业。

2021年山东省审核增列新闻与传播专业硕士学位点两个，分别是山东财经大学和青岛理工大学，2023年均招收10人。至此，山东省新闻与传播专业硕士学位点达到9所，按获批时间先后分别为山东大学、山东师范大学、烟台大学、青岛大学、中国海洋大学、鲁东大学、济南大学、山东财经大学和青岛理工大学。

2022年，山东省新闻传播学本科教育教学指导委员会筹划年度工作并开始启动首批马克思主义新闻观系列教材编纂工作，目前首批“马新观”系列教材共9部已由山东大学出版社出版发行。

1.2.5.2 主要院系与专业设置情况

(1)院系设置情况

目前，设置新闻传播专业本科院系的高校增加至40所，其中教育部直属2所、省属公办26所、民办12所。近年来山东民办本科院校日益活跃起来，相继开设新闻传播类新兴专业，其中尤以网络与新媒体、数字出版为最，仅网络与新媒体专业就有9个，超过全省该专业的半壁江山。

(2)专业设置情况

各新闻传播院系开设本科生专业的时间多集中在2000年前后。除新闻学、广播电视学、广告学、传播学、编辑出版学、网络与新媒体、数字出版7个在设专业外(见表1-10)，部分高校还自设有播音与主持艺术、广播电视编导、数字新媒体、新媒体艺术、影视、戏剧、动画、艺术设计、时尚等相关本科专业。

表1-10　山东设置新闻传播本科专业高校及专业情况

	学院院系(以学校代码为序)	新闻学	广播电视学	广告学	传播学	编辑出版学	网络与新媒体	数字出版
1	山东大学新闻传播学院	✓						
2	中国海洋大学文学与新闻传播学院	✓					✓	
3	山东科技大学文法学院			✓				
4	青岛科技大学传播与动漫学院			✓		✓		
5	济南大学文学院		✓	✓		✓		
6	青岛理工大学人文与社会科学学院						✓	
7	山东建筑大学艺术学院			✓				
8	齐鲁工业大学文法学院			✓				
9	山东理工大学文学与新闻传播学院			✓				
10	青岛农业大学动漫与传媒学院			✓	✓			
11	山东师范大学新闻与传播学院	✓					✓	
12	曲阜师范大学传媒学院	✓	✓	✓				✓

续表

	学院院系(以学校代码为序)	新闻学	广播电视学	广告学	传播学	编辑出版学	网络与新媒体	数字出版
13	聊城大学文学院		✓					
14	德州学院文学与新闻传播学院	✓						
15	鲁东大学文学与新闻传播学院			✓	✓			
16	临沂大学传媒学院	✓		✓				
17	菏泽学院人文与新闻传播学院		✓	✓				
18	山东财经大学文学与新闻传播学院	✓						✓
19	山东体育学院体育传媒信息与技术学院	✓						
20	枣庄学院文学院						✓	
21	青岛大学文学与新闻传播学院	✓		✓				
22	烟台大学文学与新闻传播学院	✓						
23	潍坊学院文字与新闻传播学院		✓					
24	泰山学院						✓	
25	山东工商学院人文与传播学院			✓		✓		
26	山东女子学院文化传播学院		✓					
27	山东政法学院传媒学院	✓				✓	✓	✓
28	山东青年政治学院文化传播学院		✓					
29	潍坊科技学院(民办学院)						✓	
30	泰山科技学院(民办学院)						✓	
31	山东师范大学历山学院(民办学院)	✓						
32	潍坊理工学院(民办学院)						✓	
33	齐鲁理工学院(独立学院)	✓					✓	
34	山东财经大学东方学院(独立学院)	✓					✓	
35	烟台理工学院(民办学院)	✓					✓	

续表

	学院院系(以学校代码为序)	新闻学	广播电视学	广告学	传播学	编辑出版学	网络与新媒体	数字出版
36	山东英才学院(民办学院)						✓	
37	济南大学泉城学院(民办学院)	✓	✓					
38	聊城大学东昌学院(民办学院)				✓		✓	
39	青岛恒星科技学院(民办学院)						✓	
40	烟台科技学院(民办学院)	✓	✓	✓				

具体到各分专业方面，目前40所开展本科教育的高校共开设新闻传播学专业65个，平均每所高校开设1.6个专业。其中17所高校开设了新闻学本科专业，占专业总数的26.15%；10所高校开设广播电视学本科专业，占专业总数的15.38%；14所高校开设广告学本科专业，占专业总数的21.54%；3所高校开设传播学本科专业，占专业总数的4.67%；4所高校开设编辑出版学本科专业，占专业总数的6.62%；15所高校开设网络与新媒体本科专业，占专业总数的23.08%。除了老牌专业新闻学和广告学外，近年来山东省网络与新媒体专业可以说是崛起迅速。

(3)研究生教育学位点设置

在研究生教育方面，目前山东省有新闻传播学一级学科博士点1个，二级博士点1个。新闻传播学一级学科硕士点2个，新闻与传播专业学位点9个，出版专业学位点1个，自设学术硕士学位点1个(见表1-11)。

表1-11　　**山东省2021年主要新闻传播院系研究生学位点招生情况**

学院院系(以学校代码为序)	新闻传播学一级学科博士招生人数	新闻传播学一级学科硕士招生人数	新闻与传播专业学位招生人数	出版专业学位招生人数	自设学术博士硕士学位招生人数	研究生招生总人数
山东大学新闻传播学院	11	24	59			84
山东师范大学新闻与传媒学院		9	39			48
中国海洋大学文学与新闻传播学院			28		1	29

续表

学院院系(以学校代码为序)	新闻传播学一级学科博士招生人数	新闻传播学一级学科硕士招生人数	新闻与传播专业学位招生人数	出版专业学位招生人数	自设学术博士硕士学位招生人数	研究生招生总人数
济南大学文学院			13	12		25
鲁东大学文学院			33			33
青岛大学新闻与传播学院			10			10
烟台大学人文学院			36			36
山东财经大学			10			10
青岛理工大学			10			10

其中中国海洋大学 2020 年在中国语言文学一级博士点下设文艺学(传媒文化)方向，2022 年招收博士生 1 人。

山东省研究生学位点设置存在着不均衡的问题，具体来说专业硕士发展迅速，最近两批次教育部在山东省新批了 6 个专业硕士学位点，占到总硕士学位点的半数以上，2022 年招生总数达到 298 人，较 2021 年增长了近一半。招收学术硕士研究生 33 人，仅占招收研究生总人数的 8.29%。另外招收新闻传播博士 12 人，占招收研究生总人数的 3.02%，两个方向招生占比均有下降，表明 2022 年山东省新闻传播学增加招生名额主要集中在新闻与传播专业硕士学位方向上。

1.2.5.3 新闻传播学校部共建情况

2022 年山东省新闻传播学校部共建取得长足发展。共建高校包括山东大学、中国海洋大学、济南大学、鲁东大学、山东师范大学与菏泽学院。其中，除山东大学与山东省委宣传部共建外，其他学校均与高校驻在城市市委宣传部共建新闻传播学院。

1.2.5.4 一流本科专业和一流本科课程建设

(1)2022 年新增国家级一流本科专业情况

2022 年山东省新增七个国家级一流本科专业，分别是中国海洋大学、青岛大学、曲阜师范大学、临沂大学、齐鲁理工学院的新闻学专业和鲁东大学的传播学专业。经过三轮申报，目前山东省共立项新闻传播学国家一流专业 9 个，包括 2020 年立项的山东大学新闻学专业，2021 年立项的山东师范大学的新闻学专业和山东青年政治学院的广播电视学专业。

(2)2022 年新增国家级一流本科课程情况

2022 年山东省新增国家一流本科课程 6 门，包括线下课程 2 门、线上线下混合式课程 3 门，社会实践课程 1 门(见表 1-12)。

表 1-12　**2022 年国家一流本科课程建设名单(山东省)**

序号	项目类别	课程名称	课程负责人	主要建设单位
1	线下一流课程	电视节目导播	李　磊	山东艺术学院
2	线下一流课程	中国电视剧史	宋法刚	山东艺术学院
3	线上线下混合一流课程	中国新闻事业史	俞　凡	山东大学
4	线上线下混合一流课程	传播学	陈晓洁	济南大学
5	线上线下混合一流课程	影视特效与包装	陈　珊	临沂大学
6	社会实践一流课程	纪录片创作	张成良	鲁东大学

1.2.5.5　科研项目和科研出版情况

2022 年山东省新闻传播学专业教师在科研立项上取得丰收。山东大学俞凡教授立项研究阐释党的十九届六中全会精神国家社科基金重大项目。同时立项国家社会科学基金资助一般项目 4 项、青年项目 1 项(见表 1-13)。

表 1-13　**2022 年国家社科基金年度项目立项名单(山东省)**

	项目批准号	项目类别	项目名称	项目负责人	工作单位
1	22	研究阐释党的十九届六中全会精神国家社科基金重大项目	新民主主义革命时期中国共产党宣传动员工作史研究	俞　凡	山东大学
2	2851	一般项目	移动优先战略下新媒体平台创新的动力机制及实践路径研究	李秋华	曲阜师范大学
3	2852	一般项目	中国数据新闻生产现代化的策略研究	卢长春	曲阜师范大学

续表

	项目批准号	项目类别	项目名称	项目负责人	工作单位
4	2899	一般项目	模因论视域下红色文化的互联网群体传播研究	张 亮	青岛大学
5	2943	一般项目	社区新媒介推动城市社区治理的机制与路径研究	于 淼	青岛理工大学
6	985	青年项目	健康传播视域下青年女性“两癌”防治传播建模与干预研究	肖喜珠	青岛大学

2022 年，山东省高校新闻传播学获得教育部人文社科研究课题 2 项。此外，山东省社科基金立项资助新闻传播学类项目 14 项。教学指导委员会参与申报 2022 年山东省本科高校教学改革研究项目“新文科背景下山东省卓越新闻传播人才教育生态建设研究”(主持人：常庆)，获批为省级重点教学改革项目。

同时，山东省新闻传播学教学指导委员会积极组织全省新闻传播学科专业教学工作，组织完成了马克思主义新闻观系列教材的编纂工作，由省内 6 所高校领衔，14 所高校共同参与完成。9 部首批教材目前已在山东大学出版社出版，截至 2023 年 3 月发行系列教材 6500 余册。

1.2.5.6 小结

山东省新闻传播教育近年来在不断的调适中得到发展，以山东大学一级博士学位授权点获批为契机，近年来在国家社科项目立项中不断取得突破，2022 年山东新闻传播发展情况主要表现如下：

一是国家一流本科专业建设立项取得新突破。2022 年 6 所高校的新闻学、传播学专业立项国家一流本科专业，也使得全省国家一流专业达到 9 个。

二是网络与新媒体专业成为新的发展热点。目前山东省新闻学与传播学专业设置非均衡发展，网络与新媒体专业迅速崛起达到 15 个，成为仅次于新闻学(17 个)的存在。民营院校特别热衷于这一专业的设置，新兴专业带动了新闻传播学的整体发展。

三是研究生教育发展并不平衡。2021 年山东省重点推动专业学位点建设，全年新增两个专业硕士学位点，未有一级硕士学位点获批。从学位点分布和未来发展态势来看，博士学位点和一级硕士学位点均分布在济南(自设除外)，这种布局缺乏地域上的关照和平衡。相比于新闻与传播专业硕士研究生招生规模，学术硕士研究生与博士研究生占比下降，需要取得新的突破。

四是缺乏在全国范围内具有代表性和影响力的领军人和学术带头人。尽管2022年曲阜师范大学引育了1名泰山学者青年专家，与其他学科相比，学科发展的弱势使得人才也存在着匮乏的现状，新闻传播学科发展急需高层次领军人才的引育和发展。

（鲁东大学文学院　张成良、刘远、石中钰）

1.2.6　2022年度甘肃省新闻传播教育发展综述

2022年是党和国家历史上具有里程碑意义的一年。党的二十大顺利召开，实现了我国向第二个百年奋斗目标的迈进。这一年，甘肃省新闻传播教育事业也积极响应党和国家“实施科教兴国战略，强化现代化建设人才支撑”的号召，在新闻传播教育的学科建设、人才培养和学术研究等方面不断探索和创新，坚持以马克思主义新闻观、习近平新时代中国特色社会主义思想为指导，致力于在西部地区培养一批有家国情怀、有社会担当、有开阔视野的高质量复合型新闻传播人才。

1.2.6.1　部校共建情况

2022年，甘肃省新闻传播学院部校共建工作在省委宣传部的指导下，从共建一流专业课程、共建骨干教师队伍、共建校内外双导师团队、共建校外实习实训基地、共建在职培训基地、共建研究智库六个方面平稳推进、稳步实施。此前，甘肃省委宣传部就已陆续与兰州大学、西北师范大学、兰州文理学院、兰州城市学院4所高校实现部校共建。2022年9月，甘肃省委宣传部与兰州财经大学签署共建协议，共建新闻学院(商务传媒学院)，此为推动甘肃省部校共建深入发展的又一次努力。

1.2.6.2　专业建设情况

专业建设是影响高校教育事业发展的基本因素之一，是高校长期、根本性的战略任务。甘肃省各高校在新闻传播类专业设置与专业建设上各有特色、各有侧重、各有成就。

(1)专业设置与专业改革

兰州大学近年来在新媒体教育领域的探索呈现出了鲜明的特色。不仅拥有传统的新闻学、广告学、广播电视学等传统专业，还积极探索和发展符合媒体融合与数字化需求的新专业。网络与新媒体(方向)采用“2+2”培养模式，面向全校其他学院招生，迄今为止已经开办了22年。数字媒体技术专业是学校乃至教育部首批新工科专业之一，该专业已经有首届毕业生于2022年6月毕业，并被授予工科学位。该专业毕业生深受用人单位喜爱，就业率与深造率对比其他专业方向均呈现出明显优势。

西北师范大学传媒学院在文化与传播、戏剧影视人才培养方面较有特色，现设有新闻学、广播电视编导、播音与主持艺术、动画4个本科专业。

西北民族大学新闻传播学院是国家民委直属院校中第一所独立的新闻院系。现设有新闻学、广播电视学、广告学、广播电视编导4个本科专业，其中，新闻学专业为国家级一流专业建设点，广播电视编导专业为甘肃省级一流专业建设点。

甘肃政法大学文学与新闻传播学院更加突出法学特色，设有汉语言文学(法务文秘方向)、新闻学(法治新闻方向)和网络与新媒体3个本科专业。其中，学院新增教育部备案本科专业网络与新媒体专业，并于2022年开始招生。

(2)专业建设

2022年，兰州大学新闻与传播学院启动了2023版人才培养方案修订工作，并为此召开了多轮校内外的调查、座谈和研讨。12月，学院召开了专业建设暨培养方案修订研讨会。研讨会邀请了中国人民大学、复旦大学、中国传媒大学、华中科技大学、暨南大学、厦门大学、重庆大学、华南理工大学8所高校的新闻传播院系的负责人及专业教师，就本科人才培养专业建设以及教育教学创新进行了积极而卓有成效的研讨。

兰州文理学院新闻学专业获批2022年国家级一流专业建设点，学院数字出版专业被认定为校级一流专业；学院与中国传媒大学共建“网络与新媒体”虚拟教研室；组织开展了“提升线上教学质量”主题教研活动；开展“我与院长面对面：齐携手、共努力、渡难关——聊专业、说学业”活动。

1.2.6.3 教学改革

2022年，甘肃省新闻与传播教育继续坚持以习近平新时代中国特色社会主义思想为指导，全面贯彻党的二十大和历次全会精神，落实立德树人的根本任务，坚持“以本为本、四个回归”，通过落实“部校共建”和“双一流”建设规划，全面推进“卓越新闻传播人才培养计划2.0方案”。

(1)教学研究与人才培养交流

尽管疫情给这一年的学术交流、教学研究带来了巨大的影响，但是各高校的新闻院系仍然克服种种困难，开展多样化的学术交流活动。

兰州大学“群策大讲堂”“学术周”“我回母校讲一课”等教学交流活动，邀请国内著名学者、知名媒体人与业界精英，举办线上线下“群策大讲堂”共19讲。西北师范大学开展了研究生学术月活动，举行了7场讲座、4场学术沙龙、3场学术论文竞赛，并邀请国内外专家学者参与线上学术报告30余场。天水师范学院文学与文化传播学院于2022年与浙江绍兴上虞e游小镇管委会签订了实习协议。兰州财经大学商务传媒学院与甘肃省委宣传部于2022年达成部校共建，并成功举办“网络素养与西部传媒发展”主题论坛。该学院教师参加省教学创新大赛并获得三等奖。5月，该院举办了“铸牢民族共同体意识，喜迎党的二十大胜利召开”民族趣味运动会”。

(2)课程建设

西北民族大学新闻传播学院朱杰教授担任带头人的“新闻学专业虚拟教研室”获批教育部第二批虚拟教研室建设试点。2022年7月至10月，新闻传播学院新闻学专业虚拟教研室先后与四川大学、兰州大学、西安外国语大学、北方民族大学等院校开展集体备课、教学研讨和教学实践项目，为共享优质教学资源、创新基层教学组织、开展教师培训开拓了更为广阔的平台。11月，“新闻学专业虚拟教研室”召开工作研讨会，就虚拟教研室建设的意义、价值和如何建设好虚拟教研室等开展研讨。学院另有“新闻伦理与法规”“新闻英语”等4门课程获批省级一流本科课程。

兰州文理学院“纪录片创作与实践”“播音主持艺术”“融媒体传播实务”等课程被认定为省级一流本科课程；“编辑出版实务课程”思政案例入选教育部课程思政指南；“纪录片创作与实践”“播音主持艺术”“融媒体传播实务”三门慕课通过学校验收并上线，数字出版专业认定为校级一流专业。

兰州大学新闻与传播学院本科教学课程建设取得新成果。2门专业核心课程“新媒体概论”和“网络社会学”分别完成MOOC+SPOC线上化建设，学院首门跨学科贯通课程“计算广告”和通识教育核心课“对话的智慧：公共关系视角的写作与沟通”获批立项，并面向全校学生开放选课。

兰州大学新闻与传播学院教师指导的创新创业及其他各项大赛获得佳绩。有两名学生分别获得大广赛学院奖和金犊奖一等奖，一名学生获得全国公关大赛一等奖。

2022年西北师范大学传媒学院产出应用成果95项，其中获奖5项，包括中国高校影视学会单元奖、“第五届甘肃文艺评论奖”等。

兰州财经大学商务传媒学院：“网页设计与制作”专业课程与“创新创业教育融合的研究与实践”获批为甘肃省高等学校创新创业教育改革项目。

兰州文理学院项目化课程获甘肃省高校教师教学创新大赛文科副高组二等奖，作品《模拟游戏——追溯马家窑彩陶的前世今生》获得第五届全国大学生网络文化节“其他网络创新作品”类三等奖。

总体来看，2022年甘肃省新闻传播学院锚定新时代学校转型发展的机遇，以铸牢中华民族共同体意识为主线，整合校内外资源，大力推动专业建设与教学改革工作，取得了丰硕成果。

1.2.6.4 师资队伍建设

西北各高校一直面临着人才流失、引进困难和梯队不全的发展困境。2022年，甘肃省各新闻传播院校一直积极应对这些问题，不断加强教师队伍的建设，大力引进青年教师，深化绩效分配体系，为完善师资人才队伍做努力，在扭转人才流失方面已经初见成效。

兰州大学新闻与传播学院拥有一支基础过硬、结构合理、学缘丰富的教学科研队伍。学院现有教职工54人，其中专任教师40人，专任教师中教授12人、副教授12人、讲师及实验人员16人，生师比为约为16∶1。2022年，学院引进应届博士3人、引进副高以上人才2人，聘请刘灿国、刘涛、朱国圣、张国涛4位学者为兼职教授，聘任王成中为新闻与传播学院战略发展咨询委员会副主任委员。通过多措并举的方式，整合业界学界力量，为学院发展建言献策，聚合资源，进一步加强现有师资队伍建设。

西北师范大学传媒学院现有9名教授、2名博士生导师，博士学位教师人数达到50%以上。其中1人入选教育部“新世纪优秀人才支持计划”，1人入选甘肃省领军人才，2人入选甘肃省宣传文化系统“四个一批”文艺界人才，2人入选甘肃省宣传文化系统青年文化人才。为满足学生需求，学院还先后聘请30多位国内业界知名人士和专家学者作为学生校外实践导师，来完善学院的师资建设。

西北民族大学新闻传播学院也在推动高校师资队伍建设方面取得突破。西北民族大学新闻传播学院与专家白贵教授达成了合作，定期邀请白老师来校为学院的学科建设、人才队伍培养把脉问诊，建言献策。

1.2.6.5 科研组织与社会服务

甘肃省各院校均积极探讨如何大力推进科研组织的改革，改进实践教学，加强培养学生的动手实践和创新能力，并在此过程中提升社会服务效能。

兰州大学新闻与传播学院目前设有省级新型智库社会舆论调查与舆情研判中心，还有公共关系与战略传播研究中心、出版传媒研究中心、马克思主义新闻观与媒介文化研究中心、国际传播与跨文化传播研究中心四个非实体性研究机构。

西北师范大学传媒学院2022年努力推进实验平台建设，目前共设有甘肃文化传播研究中心、华夏文明传播与研究中心、西部戏剧与影视文化研究所和新媒体研究所等多所科研机构，影视策划与制作中心等应用研发机构，甘肃省教育网络舆情监测中心等3个省级科研平台，还有甘肃省人力资源和社会保障厅批准设立的影像信息技术职业培训学校 1 个培训机构。

甘肃省各高校通过多种形式加强与地方各部门或机构合作，通过多种方式服务地方社会治理及经济文化发展。兰州大学社会舆论调查与舆情研判中心有十余篇研究报告获得省部级及以上领导批示，西北民族大学新闻传播学院共有 5 项咨政报告或研究报告获得省部级或地厅级领导批示。兰州财经大学商务传媒学院获批 2023 年度甘肃省非遗传承人研修培训计划参与院校。

1.2.6.6 国际、校际交流和办学成果

习近平总书记在党的二十大报告中首次提出“教育、科技、人才”三大战略一体规划，提出“加快建设世界重要人才中心和创新高地，促进人才区域合理布局和协调发展，着力形成人才国际竞争的比较优势”，为我国人才培养与发展指明了方向。

教育教学国际化是当下建设双一流大学的重要举措。2022 年，兰州大学新闻与传播学院通过与美国密苏里新闻学院的“2+2 合作项目”输送了 2 名优秀本科生前往密苏里新闻学院深造。秋季，密苏里大学章于炎博士到访兰州大学新闻与传播学院，与学院党政领导班子、教师代表等就双方如何进一步开展国际合作事宜进行了洽谈。

2022 年甘肃省新闻院校在面对疫情的艰难时刻，努力与国内外高校争取交流与合作，为学生打开走向国际的窗口，为我国西部新闻人才的培养建设作出了很大贡献。

（兰州大学新闻与传播学院　王君玲）

1.2.7 2022 年度辽宁省新闻传播教育发展综述

近年来，我国媒介技术变革不断深化，传统大众传播媒体的转型升级与互联网新媒体的更新迭代，深刻影响着新闻传播教育实践的发展。2022 年，辽宁省新闻传播教育教学克服新冠疫情影响，采用“线上+线下”相结合的模式，仍然围绕着“改革”与“创新”切实开展，在党的二十大胜利召开之年、中国式现代化步入新征程的重要时期，呈现出具有辽宁特色的新特点和新趋势。

1.2.7.1 新增学位点及专业设置情况

《教育部关于公布 2021 年度普通高等学校本科专业备案和审批结果的通知》(教高函〔2021〕14 号)发布后，2022 年 3 月大连外国语大学新闻与传播学院获准新增国际新闻与传播本科专业。该专业致力于培养有深厚文化底蕴、国际化视野和跨文化传播能力，适应全媒体时代新闻媒介发展和文化传播需要，能在国际新闻媒体、相关政府机构等领

域从事科学研究、国际新闻传播、国际文化传播、国际公关广告传播、国际传媒教育等工作的“国际化、复合型、应用型”的高层次专门人才。

2022年沈阳城市建设学院艺术与传媒学院增设时尚传播专业。实行校企合作教学，与企业建立“订单班”。具有教、学、做一体的开放共享型实验、实训、实习工作室，依托68家校外实训基地和7个专业实验室支持，由行业专家和专业教师共同承担教学任务，利用校内外真实项目培养学生实践能力。专业教学从课上向课下延伸，由教师的单一讲授转变为师生“教与学”的互动转变。

1.2.7.2 学生培养情况

为进一步提高人才培养质量，辽宁省各大高校新闻传播类专业对学生培养质量和本科教学的重视程度明显提升，并进一步探索创新学生培养的模式与方法。这主要体现在教学改革与创新、课程思政、业界专家讲学、实践调研与校企合作、专业类比赛、师资流动共享等方面。

(1)教学改革与创新

2022年，辽宁大学新闻与传播学院根据《辽宁省教育厅办公室关于做好2022年度辽宁省普通高等教育本科教学改革研究项目立项工作的通知》(辽教办〔2022〕160号)要求，进一步深化本科教学改革，创新人才培养机制，提升人才培养质量。“基于智慧平台的混合式教学模式多元评价与高质量发展路径”“‘首席营销官(CMO)特训营’产教融合、协同育人应用型人才培养模式创新研究与实践”“互联网3.0背景下‘融合新闻学’课程应用实践教学改革”等教改项目落地。“媒介深度融合背景下传媒管理人才培养模式研究与实践”“‘文化政治’视域下‘中国故事’讲法探析——以‘艺术学概论’等三门课程为试点”“基于OBE理念的新闻专业实践教学研究”“文科实验教学示范中心智能信息化开放管理系统研究”“新闻传播类学科创新创业教育的研究与实践”等教改项目通过验收。

东北财经大学人文与传播学院“媒体融合趋势下新闻学专业校媒协同、部校共建应用型人才培养模式研究”项目获批2022年度辽宁省普通高等教育本科教学改革研究项目立项。辽宁师范大学文法学院新闻学“基于优质资源的混合式课程高阶性建设策略研究”获批辽宁省本科教改立项优质教学资源建设与共享项目。

1月11日，大连外国语大学新闻与传播学院举行首期卓越新闻传播人才培养实验班暨新闻与传播学院与滕泰科技发展(大连)有限责任公司校企合作特训课开班仪式。实验班集中开设DFABE与媒体关系、短视频构思与脚本、摄影摄像器材与技术、抖音玩法与算法、导演思维等系列课程。课程结束后在校企双方导师指导下分组完成实训和实战项目，并进行模拟路演和答辩。卓越新闻传播人才培养实验班作为创新型拔尖人才培养的新模式，有力补充了常规理论教学，围绕学院“人文、创意、国际、数字”四大特色，按照市场就业需求确定培养标准和培养目标，全力助推复合型、应用型新闻传播人才的发掘和培育。

2022年11月19日至20日，第二十一届教育技术国际论坛(IFET2022)在沈阳师范大学新闻与传播学院(教育技术学院)召开。此届论坛由教育部高等学校教育技术专业教学指导分委员会主办，沈阳师范大学教育技术学院承办，《电化教育研究》《中国电化教育》《现代教育技术》等专业学术期刊共同协办。论坛的主题是“转型与创新：面向未来的教育、技术与学习”，聚焦智慧教育、“人工智能+教育”、教育数字化形态等教育发展趋势。

2022年沈阳城市学院传播学专业在综合分析目前中国经济发展的阶段现状和用人单位的人才需求情况之后，有针对性地对人才培养目标做了调整，专注于为企事业单位培养“品牌传播”方面的人才，确定了品牌运营官这一人才培养目标，学生在掌握了文案撰写和短视频拍摄等传播能力的同时，也具备了一定水平的品牌运营能力。2022年沈阳工学院艺术与传媒学院设计了以赛代练，以项目贯穿教学的“UI设计1”课程。课程讲解了可用性的5E描述模型、UCD的全流程与用户研究、用户建模的基本设计过程。整个学期授课内容以项目贯穿，要求同学们赛课合一，以UXDA大赛的标准展开将要在课堂上进行的实际项目研究，锻炼了学生的专业能力，培养了同学的专业思维，增强了同学的实践能力。

(2)课程思政

为贯彻落实教育部《高等学校课程思政建设指导纲要》精神，深入推进高等教育课程思政建设，辽宁省内各大高校积极开展与课程思政相关的主题研讨、比赛评选等系列活动。

2022年度辽宁大学新闻与传播学院，在“课程思政”中积极探索，其中“国际版权贸易”“媒介经营与管理”“品牌学”“古典文献学”等思政课程先后被评为辽宁大学“课程思政”示范课程。

2022年，沈阳城市学院新闻与传播学院开展了马克思主义新闻观系列培训学习，邀请到沈阳工业大学新闻传播系主任田宇副教授等作为主讲人，为学生进行线上授课，围绕新媒体平台特性及其对机构与个人言论的影响展开。通过此次培训会的学习，学院师生对新媒体平台与各机构、各相关工作者之间的联系有了更深刻的理解，使他们在未来学习实践中应对网络舆情能更加得心应手。

2022年11月2日，沈阳解放纪念日当天，辽宁传媒学院新闻学院与秀水河子歼灭战纪念馆和秀水辽宁省爱国主义教育基地，建立“党建和思政教育实践基地”，旨在加强大学生思想政治教育建设，引导辽传师生铭记光辉历史、传承红色基因、厚植爱国主义情怀。

(3)业界专家讲学

邀请业界专家到校传授经验、指导业务学习是新闻传播类专业提升学生实践能力、扩展学生专业视野的重要途径。在过去的一年里，辽宁省多所高校在学生培养过程中引入业界专家开展课程教学与讲座论坛，有效开阔了学生的专业视野，提升了实操能力。

2022 年 9 月 30 日，辽宁大学新闻与传播学院邀请到知名学术期刊《新闻记者》主编、上海报业集团高级编辑、南京大学新闻与传播学院刘鹏教授，以“从写作到发表：走进新闻传播学刊编辑后台”为题进行了一场精彩讲座。刘鹏教授从“初审编辑看什么、如何给匿名评审留下好印象、细节可能决定成败”三个环节，细致讲解了新闻传播学科学术论文写作的方法与路径。

2022 年 9 月 19 日上午，大连理工大学人文与社会科学学部“高级新闻写作”课程组邀请江苏省广播电视台融媒体中心记者、2002 级广播电视学毕业生周会峰，以“电视调查报道采访与写作”为主题，详细介绍了电视调查报道的采访流程以及写作与制作的技巧，与同学们分享其多年的调查性报道采写实践经验。

2022 年 4 月 17 日，大连民族大学文法学院邀请人民网舆情数据中心咨询部主任、《网络舆情》杂志副总编辑、2012 届新闻学校友刘聪作经验交流分享。从互联网信息监测、舆情态势分析、舆论环境研究、网络危机处置以及相关软件和分析工具等方面介绍了网络舆情理论及工作体系。此次交流活动是建立健全社会支持学院发展机制的一次生动实践，为新闻学子提供了宝贵的舆情行业实务经验，让同学们对如何快速入门“舆情”有了更多了解，参会师生在互动中围绕行业趋势、就业前景等问题进行了积极沟通。

2022 年 4 月 13 日，沈阳体育学院管理与新闻传播学院邀请腾讯大辽网用户中心总监付宁宁以“互联网和社会生活”为主题线上开展了“行业专家进校园”系列讲座的第一期讲座活动。此系列讲座在加强管理与新闻传播学院专业建设，提升人才培养质量，切实培养学生专业素养，提升就业竞争力，实现校企深度融合，拓宽学生行业视野，加深学生对行业认知，提升学生行业服务能力等方面发挥了切实有效的作用。

2022 年 9 月 27 日上午，渤海大学新闻与传播学院邀请电影《一点就到家》《妖铃铃》、电视剧《我们这十年》等作品的编剧周运海，带来了题为“创作不需要灵感，如何成为一个职业化编剧”的精彩讲座，使广播电视编导学生深化对编剧这一职业的认识，了解职业编剧的创作方法与创作经验，帮助其树立更加清晰的职业理想和职业规划。

2022 年 4 月 22 日，完美世界教育科技(北京)有限公司项目总监汪洋老师，为沈阳工学院艺术与传媒学院动画专业的2019级学生带来了精彩、生动的主题为“游戏全解析——行业分析与研发制作”的学术讲座。帮助学生在全面提升专业素养和实践技能的同时，更深切接触到了“职业标准”与“行业体验”，更进一步明确职业定位和岗位规划。

(4)实践调研与校企合作

为贯彻落实党中央、国务院关于高校毕业生就业工作的决策部署，拓展毕业生就业渠道，提高就业质量，为更好地发挥校、企双方优势，2022年辽宁各高校围绕辽宁区域经济发展，不断探索校企合作、融合发展新模式，加强资源共享，切实培育应用型创新人才。

2022年5月20日，大连外国语大学新闻与传播学院与校友企业后视镜影像(大连)有限公司签署了实践教学基地协议。后视镜影像(大连)有限公司长年专注高品质影视作品、纪实作品的策划、拍摄和制作，具有良好的市场口碑和社会影响力。双方在培养具有全媒体综合业务能力的应用型、复合型新闻传播人才方面表达了深度合作意向，并构思了今后在影视作品编导、制片、摄影、制作、平面设计等方面联合培养的思路。

2022年1月14日，辽宁传媒学院新闻学院与网易辽宁正式签订战略合作协议。未来双方将汇聚资源、搭建平台，组建特色鲜明、与产业紧密联系、共建共管共享的辽宁传媒学院——数字新媒体现代产业学院。2022年7月8日上午，辽宁传媒学院新闻学院与沈阳市广告行业协会多家会员单位在辽宁传媒学院北校区签署多项合作协议。此次会议拉开了辽宁传媒学院新闻学院与沈阳市广告行业协会共建人才培养协同创新基地的序幕，标志着新闻学院人才培养体系的进一步完善升级。沈阳天一智合传媒广告有限公司、沈阳北方联创传媒有限公司、沈阳分众传媒广告有限公司，辽宁龙邦慧智传播事业有限公司、辽宁鑫彩峰广告有限公司、沈阳友好会展有限公司6家企业与辽宁传媒学院新闻学院进行了校企合作签约。2022年7月5日，辽宁理工学院文化传媒学院与锦州新闻传媒产业(集团)有限公司开展“访企拓岗”交流，双方就人才供需对接、人才培养、产学研合作等方面进行座谈，在教学实践、实习实训、就业对接等方面达成进一步合作共识。2021年末辽宁理工学院网络与新媒体专业教研室杨晓杰老师与腾泰科技发展(大连)有限责任公司合作主持的“基于创新创业能力培养的高校实践基地建设研究”实践条件和实践基地建设项目成功获批。2022年，学院依托校企合作单位的硬件与软件资源，在课程建设、实训实习等层面延续良好合作，扎实打造了产学研深度融合的项目。

(5)以赛促学

辽宁省教育厅、辽宁省财政厅主办，大连外国语大学、辽宁省高等学校新闻传播学类教学指导委员会承办，大连外国语大学新闻与传播学院具体实施举办“2022年辽宁省普通高等学校大学生数字影像大赛”，以“新时代·新生活·新气象”为主题，面向辽宁省普通高等学校大学生征集影像作品，以增强校园文化气息，促进校园文化建设，丰富学生的课外生活，引导正确的视听理念，助力各高校培养创意影像人才。

1.2.7.3 科研情况

(1)科研项目(国社科、省社科)获批情况

2022年辽宁省共获批新闻学与传播学国家社会科学基金资助项目3项，其中辽宁大学1项、沈阳体育学院1项，大连理工大学1项。

辽宁大学刘洋主持的“清前期(1616—1644)新闻传播史研究”荣获国家社科基金一般项目，沈阳体育学院刘斌主持的“清代流言史料整理与研究”荣获国家社科基金一般项目，大连理工大学王芳菲主持的“县级融媒体中心对基层社区治理智能化的促进路径研究”荣获国家社科基金青年项目(见表1-14)。

表1-14　**2022年国家社科基金年度项目立项名单(新闻学与传播学、辽宁省)**

项目批准号	项目类别	项目名称	立项时间	项目负责人	工作单位
22BXW106	一般项目	社清前期(1616—1644)新闻传播史研究	2022.09.24	刘　洋	辽宁大学
22BXW108	一般项目	清代流言史料整理与研究	2021.09.24	刘　斌	沈阳体育学院
21CXW015	青年项目	县级融媒体中心对基层社区治理智能化的促进路径研究	2021.09.24	王芳菲	大连理工大学

2022年辽宁省新闻学与传播学学科规划基金项目立项34项，其中重大委托项目1项，重点项目7项，一般项目19项，青年项目7项(见表1-15)。

表1-15　**2022年辽宁省社会科学规划基金项目立项名单(新闻学与传播学)**

项目类别	项目名称	项目负责人	工作单位
重大委托项目	红山文化对外传播的多模态翻译研究	王盈秋	沈阳师范大学
重点项目	出版业深度融合发展的路径选择研究	石姝莉	辽宁大学
重点项目	新时代网络公共修辞的发展理性研究	邢兆梅	大连理工大学
重点项目	融媒体环境下高校社科学报助力文化软实力建设研究	许伟丽	辽宁工业大学

续表

项目类别	项目名称	项目负责人	工作单位
重点项目	短视频平台上辽宁城市形象建构与品牌传播策略研究	何　明	辽宁师范大学
重点项目	我国学术不端的系统治理与联合预防	郭晓亮	沈阳工业大学
重点项目	东北全面振兴背景下辽宁形象的媒介建构研究	郑　敏	大连外国语大学
重点项目	传播学视域下辽宁品牌视觉形象设计与传播研究	张世卓	鲁迅美术学院
一般项目	东北早期电影活动及其当代价值研究	贺庆玲	辽宁大学
一般项目	粉圈数据劳动对网络舆论的影响研究	白玫佳黛	辽宁大学
一般项目	“媒介化”时代网络消极情感的治理路径研究	许鸿艳	渤海大学
一般项目	“辽宁长城”IP 文化创意构建与品牌传播研究	王义兵	渤海大学
一般项目	当前中国语境下“新闻公正”的内涵及实现研究	杜　辉	渤海大学
一般项目	基于 CiteSpace 可视化视角下学术期刊出版中的科研诚信问题研究	张益嘉	渤海大学
一般项目	语言智能视阈下“一带一路”中文国际传播策略创新研究	李一飞	渤海大学
一般项目	新媒体环境下中华优秀海洋文化继承创新研究	段尊雷	大连海事大学
一般项目	新媒体环境下中华优秀传统文化的创造性转化与创新性发展研究——以文创产品设计为例	李　季	大连交通大学
一般项目	移动短视频对辽宁区域形象的建构及传播策略研究	齐永光	大连理工大学
一般项目	网络流行语中青年消极情绪的话语分析与对策研究	吴　茜	大连民族大学
一般项目	短视频传播中的舆论风险扩散及其治理研究	马雅虹	辽宁工程技术大学
一般项目	舆论研究的文化转向：网络仪式的认同效能及其强度研究	宋琳琳	辽宁工业大学
一般项目	基于乡村振兴视角的辽宁省县级融媒体中心“四力”提升机制研究	袁　媛	辽宁工业大学
一般项目	短视频平台下中华优秀传统文化的创造性转化与创新性发展研究	赵　艳	辽宁科技大学
一般项目	社交媒体情境下健康信息传播的第三人效应及其心理机制	高　雯	辽宁师范大学

续表

项目类别	项目名称	项目负责人	工作单位
一般项目	新时代雷锋精神符号化设计研究	郜红合	辽宁石油化工大学
一般项目	网络圈群对互联网舆论的影响及干预机制研究	乔 睿	沈阳城市学院
一般项目	突发公共卫生事件中的网络舆情治理研究	田 宇	沈阳工业大学
青年项目	社交媒体平台中健康类虚假信息的协同治理研究	宋 雪	辽宁大学
青年项目	数字人文视域下中华优秀传统文化继承创新路径研究	张 馨	大连东软信息学院
青年项目	新媒体环境下辽宁省音乐类非物质文化遗产继承创新研究	时静思	东北财经大学
青年项目	融媒体环境下锡伯族优秀传统文化继承创新研究	李 新	辽宁传媒学院
青年项目	基于媒介维度演化趋势中华优秀传统文化转化与创新研究	李冠华	辽宁师范大学
青年项目	当代中国动画国际传播的文化认同研究	张 路	大连外国语大学
青年项目	认知—叙事视角下新闻媒体对外传播中的中国话语和中国叙事体系建构研究	郭宇佳	大连科技学院

(2)CSSCI 期刊发表论文情况

2022 年，辽宁省高校、科研院所等单位在新闻传播学类 CSSCI 期刊上共发表或合作发表论文 21 篇。其中，辽宁大学、东北大学、大连理工大学、大连外国语大学以及渤海大学在 CSSCI 期刊上发文量相对较高。此外，在辽宁省 2022 年发表的 CSSCI 期刊论文中，基本由省内高等院校教学科研人员所贡献，呈现出多种专业学科融合发表的特点。这些论文的议题集中于国际传播、媒体融合、马克思主义新闻观及传媒业等领域，既有对实践的关照也有对理论的探索。未来，辽宁省内的新闻传播学者仍需进一步提升自身科研水平，以产出更多的高水平论文(见图 1-3)。

(3)学术交流与活动

2022 年，辽宁省高校克服新冠疫情带来的影响，采用“线上+线下”的方式开展了众多讲座、讲学，学术交流会、研讨会等活动。

2022 年新学期伊始，辽宁大学新闻与传播学院接续开展了线上“辽大新传 · 名家讲座”“辽大新传青年学者成长沙龙”等系列学术活动，先后邀请了中国编辑学会会长郝振省教授、中国社会科学院工业经济研究所副所长季为民教授、欧洲科学院院士刘建德教授、中国人民大学新闻学院执行院长周勇教授、教育部青年长江学者朱鸿军教授、暨南

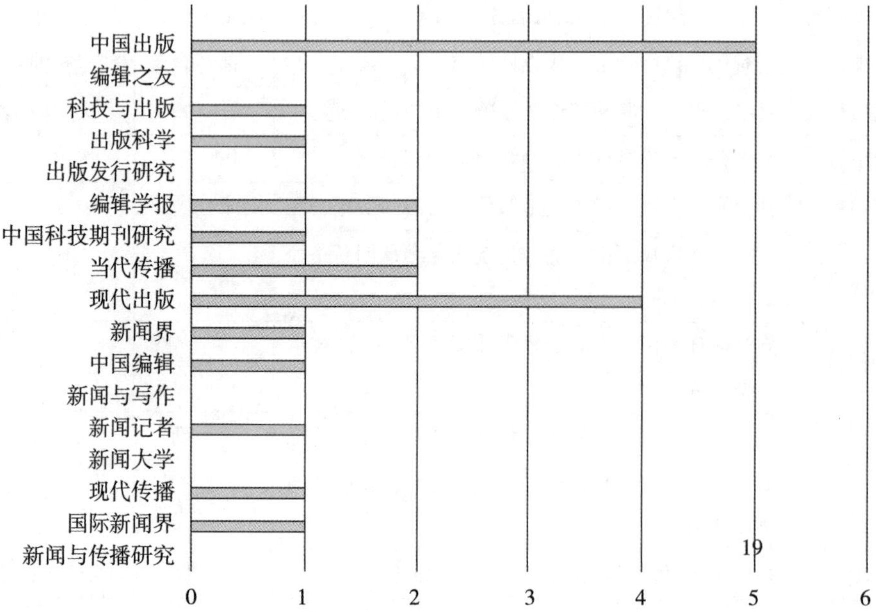

图 1-3　2022 年辽宁省高校、科研院所新闻传播类 CSSCI 期刊论文发表情况分布图

大学新闻与传播学院博士生导师曾一果教授等权威专家为学院全体师生讲授经验。

2022 年 1 月 10 日下午，沈阳师范大学新闻与传播学院举办 2022 年第一期梵玲学术论坛，邀请中国人民大学荣誉一级教授陈力丹进行"新闻传播学学术研究"的学术分享，拉开了沈阳师范大学新闻与传播学院 2022 年度"梵玲学术论坛""梵玲学术沙龙""梵玲读书会"系列学术活动的序幕。

2022 年 5 月 29 日，由大连外国语大学、中国新闻史学会全球传播与公共外交专业委员会主办的 2022 第六届中华文化海外传播大连论坛聚首云端。来自海内外从事中华文化研究的 300 余位专家、学者和 3000 多名社会各界人士集聚云端，围绕"数字媒介与国际传播：新特征新理念新方略"这一时代课题进行了深入交流和探讨。

7 月 29 日，"融合 · 守正 · 创新——推进地市级媒体加快深度融合发展论坛"在沈阳举行。此次论坛由中共沈阳市委宣传部主办，沈阳市新闻工作者协会、沈阳城市学院承办，由沈阳日报社、沈阳广播电视台协办。来自成都、大连、郑州、长沙等副省级及省会城市宣传部门负责人、新闻单位负责人以及中国社会科学院专家齐聚一堂，共同探索地市级城市媒体深融发展之路。与会嘉宾围绕"推动媒体深度融合发展，建设新型智媒体集团""构建大宣传，打造大平台，强化大支撑，实施大保障"等重点内容，进行了战略研讨和主旨演讲。

为贯彻落实习近平总书记加强国际传播能力建设的要求，更好地发挥辽宁在东北亚区域开展国际传播活动的作用，汇聚各方力量，探讨国际传播新动向，共商国际传播新议题，2022年11月19日，辽宁大学新闻与传播学院和辽宁大学省级国家通用语言文字推广基地联合主办“融通与互鉴：全球视野与面向东北亚区域的国际传播”学术研讨会。来自20余所知名高校的专家学者相聚云端，深入探讨百年未有之大变局背景下中国国际传播能力建设的重要问题，探索中国特色大国外交的话语体系与传播机制，以期更好地助力传播中国故事、弘扬中国精神、展现中国智慧。

2022年11月19日，由大连外国语大学、多语种国际传播教育联盟主办，大连外国语大学新闻与传播学院、北京外国语大学国际新闻与传播学院承办的第四届国际新闻与传播教育论坛在大连云端召开，会议主旨为“建构新闻传播学自主知识体系：反思与探索”。来自全国高校、科研机构和对外传播管理机构的200余位代表与会，着重探讨新闻传播学自主知识体系的内涵和构建，以及国际新闻与传播教育的改革和创新，力求为推动新闻传播学及国际新闻传播教育的知识创新、理论创新、方法创新作出应有贡献。

2022年12月14日，东北大学文法学院举办第十三届萃升研究生学术论坛，

论坛以“融合·创新·赋能：数智时代的公共管理”为主题，收到来自复旦大学、东南大学、山东大学、东北大学、中国海洋大学等全国多所高校研究生来稿，共计106篇，为搏击数智时代、探索治理转型贡献了东北大学学子的力量。

2022年12月15日，大连理工大学新闻学系邀请复旦大学新闻学教授、中国新闻史学会全球传播与公共外交分会常务理事沈国麟带来了题为“表达共同体：国际传播的全球民族性”的讲座。此次讲座是广播电视学一流专业建设系列活动之一，也是中国新闻史学会全球传播与公共外交分会系列讲座的第一讲。随后新闻传播学系还将陆续举办一流课程建设沙龙、双师专家讲座、学科建设规划、国家级课题申报等系列活动。

2022年，渤海大学新闻与传播学院举办“2022年研究生学术活动月——中国新闻名家讲坛”系列讲座活动，邀请中国传媒大学本科生院院长王晓红教授、中国人民大学新闻学院副院长王润泽教授、复旦大学特聘教授蒋建国教授等专家学者带来精彩讲座。

2022年11月11日，沈阳工学院科技处、艺术与传媒学院共同主办的学术讲座《无问东西——谈绘画艺术的专业学习》举行，国家重大题材美术创业艺术委员会委员、鲁迅美术学院晏阳教授以学院艺术类专业教学思考为切入点，结合自身多年教学经验和创作实践和大家共同分享艺术类专业学习实践的感受。2022年艺术与传媒学院举办了系列学术讲座，为全院师生提供了丰富的学习交流资源。

2022年10月24日至28日，沈阳工学院艺术与传媒学院网络与新媒体专业联合

UXPA 东北分会进行了以设计思维与创新和全链路设计为主题的“1+X 数字媒体交互设计系列”工作坊活动主题。

1.2.7.4 校部共建与社会服务

2022 年 9 月 12 日至 17 日，为贯彻落实国家及辽宁省语言文字应用中心关于开展第 25 届推广普通话宣传周活动的指示精神，辽宁大学省级国家通用语言文字推广基地、辽宁大学新闻与传播学院以“推广普通话，喜迎二十大”为主题，联合举办了《中国读者心中的外国经典(第一讲)——卡夫卡的线团》《唐诗经典的魅力与传播》《上世纪 80 年代的辽宁连环画与文学创作》3 场讲座活动，线上参与人数累计 800 余人，宣传周活动取得圆满成功。

为进一步加强外宣接待工作人员讲好中国故事，提升辽宁省外宣接待工作人员业务能力，2022 年 5 月 13 日，辽宁省委宣传部依托大连外国语大学新闻与传播学院，举办“2022 年辽宁省外宣接待工作人员国际传播能力专题培训”，参训学员主要为党史纪念场所讲解词撰稿人、党史纪念场所中英文讲解人员、省文旅厅评选五好讲解员、接待外国团组的政府外办翻译人员、接待外国团组陪同人员等。这一活动的开展对提升辽宁省一线外宣接待工作人员的政治素质、职业精神、业务能力、综合素质等方面将起到积极的推动作用。

(辽宁大学新闻与传播学院　马弋飞、蒋佳林)

1.2.8　2022 年度吉林省新闻传播教育发展综述

2022 年是一个极为特殊的年份，危机与希望并存。吉林省新闻教育在这一年经受住了重重考验，并稳步前进。在正常的教学科研活动受到疫情阻隔的同时，也看到了令人欣喜的进步。

1.2.8.1 学科建设

一流专业建设，是新闻传播教育人才培养质量和教学水平的综合体现。2022 年 6 月，教育部公布了 2021 年度国家级和省级一流本科专业建设点名单。吉林大学播音与主持艺术、东北师范大学广告学、数字媒体技术、延边大学新闻学入选国家级一流本科专业，吉林大学广告学等入选省级一流本科专业建设点。这是吉林高校新闻传播院系贯彻落实新时代全国高校本科教育工作精神，推动新文科建设，做强一流本科、建设一流专业、培养一流人才，全面振兴本科教育，提高高校人才培养能力，实现高等教育内涵式发展的重要成果。

吉林大学新闻与传播学院紧跟新媒体时代的人才需求，新增“网络与新媒体”学术型硕士点，并获批新闻与传播学+研究生学科交叉融合学术中心。2022 年 6 月，吉林大学广告文化研究中心成立，深入研究当代广告传播规律、聚焦媒介变革与创意传播、服务国家文化创意战略需求，以理论结合实践，以科研成果促进转化决策咨询。

除了吉林大学、东北师范大学、吉林师范大学三所省内老牌新闻传播教育强校之外，吉林省内其他高校近年来也奋起直追，呈现出迅猛的发展势头。吉林工程技术师范学院把第一批国家级一流本科专业编辑出版打造成名牌专业，“印刷业务流程”这一课程获得了 2022 年度虚拟仿真实验教学省级一流本科课程认定。该专业采用“实训+顶岗实习+创业”三位一体的创业教育实训模式，此模式应用于编辑出版学专业实践，效果显著，该专业全国同类专业排名第 13 位。

1. 2. 8. 2　部校共建

部校共建新闻学院，是党和国家实施的一项重要战略任务和基础工程，是加快实施卓越新闻传播人才教育培养计划，推动加强马克思主义新闻观教育，提高新闻传播人才培养质量的一项重要举措。截至 2018 年 12 月，吉林省部校共建新闻学院只有吉林大学、东北师范大学、吉林师范大学三所学校。而截至 2022 年 12 月，吉林省部校共建新闻学院已经增加到 5 所，新增了长春工业大学和吉林工程技术师范学院两所高校。不断壮大的部校共建队伍体现了吉林省委宣传部与省内各高校新闻学院共同培养新闻宣传人才的决心，在政府和高校的双重借力下共同打造一支政治坚定、业务精湛、作风优良、党和人民放心的新闻舆论工作队伍。

1. 2. 8. 3　新闻传播教育理念与教学实践

(1)探索符合时代需求的新闻传播教育理念

第一，培养复合型人才。

吉林师范大学新闻与传播学院深入推进“有尖有棱有底”的金刚石型传媒人才培养研究。“尖”以实践创造力为终极目标，“棱”以核心知识、核心技能、核心思维为三项专业素质，“底”以马克思主义新闻观文化观和专业精神、文化驾驭力、生活经验与认知为三项支撑素质。

吉林动画学院电视与新媒体学院“精准对位电视与新媒体行业发展的需求，融入最前沿的媒介传播技术，建立产业型、教学型两级平台，依托各类实训室、工作室、演播室，通过节目生产实践培养学生的创新力与专业能力，使学生成为复合应用型专业人才”。

东北师范大学则根据学校建设“研究型综合性师范大学”的发展定位，旨在培养有较高新闻专业素质，又具有丰富实践经验的新闻从业人员，使学生具有复合型人才的优势。此外，东北师范大学传媒科学学院注重对学生的美育培养，开办“东师传媒美育工作室”，通过系列经典阅读导读等活动培养学生“爱读书”的阅读习惯，丰富学生精神世界，开阔学生视野眼界，构建具有传媒特色的书香学院文化，提高师生的审美情趣和人文修养，在学院弘扬尊重知识、崇尚文明的阅读理念。

第二，全程育人。

吉林省高校贯彻全程育人的理念，从学生入学到毕业，在不同阶段为学生提供针对性的教育。长春电子科技学院文化传媒学院以“大学生生涯教育第一课”为主题为2022级新生开展线上学习活动，为新生解答从高中过渡到大学的迷茫与困惑。2022年上半年，在疫情防控形势严峻的条件下，吉林省高校在保证正常的教学活动秩序的同时，也竭力为学生就业提供保障，如吉林动画学院电影学院于2022年8月24—30日期间开展访企拓岗专项行动。采用实地考察与线上线下相结合的形式开展，先后与10家优质企业建立联系。吉林动画学院电影学院秉承“学研产一体化”办学理念，持续输出高水平影视作品，对标影视产业链人才需求，为学生就业拓宽途径。从入学到就业，吉林省各个新闻教育单位贯彻全程育人理念，培育新闻人才，为学子全程护航，体现了作为社会科学学科的新闻专业浓烈的人文关怀意识。

第三，紧跟时代。

新闻专业作为与时代紧密联结的专业，吉林省新闻教育也时刻跟随时事热点。吉林省一直以来是冰雪运动大省，2022年上半年冬奥会期间，吉林省各高校分别开设冰雪运动相应课程及讲座，为学生进行体育新闻报道的专业讲授与训练。

同时，各高校也应用先进技术进行实践操作。依据《吉林省教育厅关于公布2022年虚拟仿真实验教学省级一流本科课程认定结果的通知》，东北师范大学传媒科学学院“无人机航拍新闻现场直播虚拟仿真实验”和“水下特种纪实摄影虚拟仿真实验”两个教学项目首次获批虚拟仿真教学省级一流本科课程。

吉林大学新闻传播学院根据业界传感器新闻的强需求，适时打造新媒体融合与情感计算实验室，该实验室为东北地区首家将生物传感技术应用于新闻传播与影视戏剧等传媒艺术领域的教学、科研单位。多次邀请新华网融媒体未来研究院的老师为学生进行培训，在引进设备的同时，也让学生能把这些先进技术与机器真正利用起来。

2022年吉林省新闻教育工作稳步前进，一方面受到省内疫情影响，另一方面也拓展了种类与形式多样的线上教学方式并形成固定的可持续的模式。在教育理念层面，立于东北而放眼世界，全方位全程培育学子，紧跟时代议题。当然，也存在一些问题，如办学层次差异较大、实践实习基地不够丰富，吉林省新闻教育工作在稳步推进的同时仍有较大进步空间。

(2)以赛促学，以奖促学

除了日常教学与学术交流活动，吉林省各高校也在着力提升学生知识转化能力，以新闻与传播专业相关比赛促进知识转化。如全国大学生广告艺术大赛、学院奖、《中国日报》(*China Daily*)“大学新闻奖”、全国大学生新媒体创意大赛等专业竞赛等，通过比赛将课堂知识转换成可应用的技能。来自吉林艺术学院、吉林大学等高校的多位新闻专业学子获得国家级奖项。北华大学新闻与传播学院学子还在第三届冰雪创意设计大赛中获得国家一、二等奖。

除了国家级竞赛外，吉林省高校也在利用自身资源，开办新闻专业比赛。2022 年 12 月，由东北师范大学传媒科学学院(新闻学院)主办，东视电视台承办的第五届“东狮奖”作品评选圆满完成。“东狮奖”是东北师范大学传媒科学学院设立的教师实践教学和学生学习实践的最高奖项，对实践方面表现优秀的学生和优秀实践活动指导教师进行奖励。

1.2.8.4 学术交流与合作

(1)以国际交流拓宽视野

吉林省各高校在 2022 年积极推进国际化办学，加强国际交流与合作，开展国际化课程设置、师资引进、学生交流等工作，借助地理区位优势积极发展同外国尤其是东亚各国的国际交往与合作，提高办学水平和国际影响力。2022 年是中日邦交正常化 50 周年，也是中韩建交 30 周年。吉林大学举办“中日韩青年论坛”，旨在推动构建契合新时代要求的高校合作模式，助推中日韩青年师生的往来与对话，培养未来青年领导者。东北师范大学传媒科学学院(新闻学院)和校社会科学处联合主办“第二届(2022)东北亚传媒国际学术研讨会”，汇聚学界智慧，力求在多元观点的碰撞与融合中，寻求东北亚传媒发展与文化传播力提升，为区域繁荣发展贡献传媒智慧。

(2)拓展云上教育资源

在疫情阻隔了线下交往的同时，各大高校充分发挥主观能动性，积极拓展各种线上资源，探索出丰富多样的线上教学与交流途径，保证教学科研工作的顺利开展。

吉林省各高校发动手头资源，彼此联动，跨越空间距离，为学子带来云上学习盛会。东北师范大学传媒战“疫”云行动涵盖一线课堂和实践工作坊两个部分，在教授基础课程外，还举办了 12 个主题讲座，分别邀请了新华社吉林分社副总编郎秋红、《经济日报》财经新闻部于泳、索贝数码科技股份有限公司彭一骢等学者、行业专家和本校教师同心协力共同完成“云上课题”，5期海外名师大讲堂暑期系列讲座邀请了美国哥伦比亚大学电影与媒介系简·盖恩斯教授、宾夕法尼亚大学安纳伯格传播学院教授杨国斌为师生们做“数字文化的叙事形态”等主题的精彩报告，东北师范大学哲学社会科学高水平交流系列讲座中复旦大学新闻学院汤景泰“社交媒体中的计算宣传与舆论操纵”、中国人民大学新闻学院刘海龙“向身体敞开：传播研究中的身体议题”、香港城市大学祝建华“计算传播学在学术研究与传媒实务中的应用”等讲座获得师生高度赞誉。

吉林师范大学新闻与传播学院同南方兄弟院校一道开启线上学术活动，将以前的活动加以系统化，相继创办“咸云讲坛”“咸云工作坊”“月旦读书会”，克服疫情带来的空间阻隔，聚焦元宇宙等学界、业界最新热点话题，邀请学界、业界知名教授为广大学子带来知识盛宴。

(3)聚焦本土东北地域话题

吉林省新闻教育在侧重于与时代接壤的同时，身处东北，也始终注重保持自身的独特性。除了日常教学工作中对东北地域文化的渗透以外，各高校联合兄弟院校打造特色教育与交流活动。东北师范大学社会科学处与东北师范大学传媒科学学院(新闻学院)联合主办“东北文艺研究工作坊”高水平学术交流系列讲座，邀请来自吉林省社会科学院民族所、鲁迅美术学院等科研院所的知名教授进行东北传统文艺与民俗相关内容的讲授。

吉林大学广告文化研究中心邀请吉林大学校友、华东师范大学黄平教授做《出东北记：东北的文学、想象与尊严》主题报告。以自身的生活经历切入，回忆和探讨东北城市和人群的生活面貌变化，就双雪涛等作家的小说作品探讨了新东北作家群的美学原则、寓言结构，以及“子一代”视角与“父亲”的回归等，认为这种文学的力量是打破外界对于东北的霸权想象的关键。了解外部世界的基础是读懂自身，对东北特色的挖掘，对东北话题的讨论，让学子们得以更好地认识自己所身处的区域，进一步理解更为广阔的世界。

(吉林大学新闻传播学院　于锐)

1.2.9　2022年度黑龙江省新闻传播教育发展综述

2022年经过黑龙江省内高校新闻传播院系同仁的集体努力，高校新闻教育事业在本科人才培养、学科建设、科学研究、服务社会等多方面取得了一些进步，并为未来高质量发展奠定了良好基础。

第一，发挥新闻传播类专业课育人优势，全力探索课程思政教学，强化新闻传播教育知识传授、能力培养和价值塑造三位一体。

黑龙江省高校新闻教育界一直强调马克思主义新闻观教育，努力为中国特色新闻事业以及媒介融合实践培养又红又专的全媒体人才。黑龙江大学新闻传播学院的"马克思主义新闻观"课程首批入选了省级课程思政示范课程。2022 年新闻教育在课程思政建设方面，继续大力推进，并取得了一些成绩。黑龙江大学新闻学院采取多种措施引导教师发掘课程育人的元素，不断推动课程思政走深走实，鼓励教师全面参与课程思政教学大赛、课程思政示范课程申报、课程思政案例评选等系列建设活动。2022 年该院群体传播课程思政、播音的正确创作道路、H5 广告实训等三项教学案例获评黑龙江大学首届课程思政案例奖；教师获黑龙江大学第三届课程思政教学专项奖二等奖一次；省级课程思政示范课程顺利通过考核验收。该学院新闻伦理与法规教师团队还加入黑龙江大学应用伦理虚拟教研室，强化伦理类课程思政建设。该院还举办"二十大精神融入新传课堂"教学展示专题活动，推动重要专题内容融入专业课程教学。黑龙江大学新闻学院教师举办了庆祝党的二十大主题诗会，专业教师录制"学习二十大、永远跟党走、奋进新征程"情景诗朗诵视频作品。该院还组织师生开展"聚焦二十大踔厉奋发云课堂"活动，举办"二十大精神融入新传课堂"教学展示专题活动，推动重要专题内容融入专业课程教学。

东北林业大学广告学系强调本科教学的知识和价值引领同步进行，注重课程中的思政元素。围绕政治认同、家国情怀、文化素养、宪法法治意识、道德修养、国家安全意识、奋斗精神、弘扬核心价值观和生态文明意识等重点制定广告学教学大纲。优化课程思政内容供给，提升教师开展课程思政建设的意识和能力，把课程思政融入课堂教育教学全过程。2022 年东北林业大学广告系深入学习宣传党的二十大精神，落实立德树人的根本任务，全面贯彻党的教育方针，扎实推进习近平新时代中国特色社会主义思想和党的二十大精神进教材、进课堂、进头脑工作。在教学过程中，结合广告学专业知识，将习近平新时代中国特色社会主义思想和党的二十大精神有机融入广告学专业课教育教学。2022 年 4 月起，东北林业大学广告学系承办了中共黑龙江省委宣传部等八个部门主办的"永远跟党走"公益广告大赛和宣传展示活动，同时受黑龙江省文明办委托，创作设计"欢庆二十大龙江志愿者对党说"公益海报 168 幅，在学习强国、东北网、文明龙江等平台展播，有力营造了庆祝二十大召开的气氛。

黑龙江工程学院人文与社会科学学院网络新媒体专业以"身在最北方，心向党中央"为主题组织班会，专题学习党的二十大精神。

哈尔滨师范大学传媒学院以"喜迎二十大、奋进新征程"为主题，推动学科内涵建设。哈尔滨学院网络与新媒体专业于2021年开始招收第一届本科生。2022年，该专业老师负责的“国学精粹”“经典阅读与应用写作”两门课程的校级思政建设项目顺利通过了结项验收。

第二，探索校企协作协同育人机制，强化学生实践能力，加强“双创”人才培养。

黑龙江大学新闻传播学院多年来致力于学生实践能力培养，2022年专门成立了创新创业教育指导委员会。所属四个专业在2022年修订人才培养方案时，均设置两至三门“课赛”“专创”课程。2022年该院举办本科生科研与实践创新立项、“荟闻杯”社会调查大赛立项工作，搭建“双创”平台。经过多年的引导和孵化，该院学生在中国大学生计算机设计大赛、全国大学生广告艺术大赛、全国大学生英语竞赛等学校认定的高水平赛事中，获得各类奖项54项。2022届有8名本科毕业生用创新创业成果申请替代毕业论文答辩，获得通过。

黑龙江大学新闻传播学学院还构建了校企协同育人新机制。将与媒体共建的腾讯视频号内容创作与运营、头条学院数字新媒体实务、抖音账号直播运营等课程纳入新版培养方案中，打造校企协作育人新机制。2022年该院与黑龙江省文化和旅游厅、腾讯区域发展部黑龙江分部合作开展第二届“‘北国好风光·尽在黑龙江’微信视频号文旅创造营”。

在实践之余，黑龙江大学新闻学院教师还联合该校外语学科教师，共同申请了教育部产学协同育人项目“新时代国际传播人才‘三融合’培养模式研究与实践(2021—2022)”。

东北林业大学广告学系围绕二十大精神宣传和服务地方精神文明建设需要，开展社会实践和创意设计活动，2022年成绩喜人。全年获批创新创业训练项目国家级1项、省级2项、校级2项。广告学专业学生学科竞赛获奖总量突破200项，其中代表性奖项如下：全国保密公益宣传片一等奖、二等奖各1项；国家广播电视总局公益广告扶持计划三类项目1项；第三十一届金犊奖大赛一等奖1项；高教学会目录赛“挑战杯”省级金奖2项；高教学会目录赛全国电子商务“三创赛”省级一等奖2项；高教学会目录赛大学生广告艺术大赛省级一等奖2项、二等奖14项、三等奖12项；黑龙江省广电公益广告扶持计划一等扶持1项、二等扶持2项；黑龙江省“永远跟党走”公益广告大赛金银铜奖各1项；黑龙江省“新时代爱国强军谱新篇”公益广告大奖金奖1项；荣获黑龙江省级优秀组织奖2项、十佳公益广告创作单位奖。

第三，贯彻新文科思维，发力一流学科建设，普遍开展人才培养方案修订工作。

黑龙江大学新闻传播学院先后获评新闻学和传播学两个国家一流本科专业建设点。2022年该学院克服疫情造成的不利影响，大力推动一流专业建设。当年5月新闻学专业和传播学专业邀请中国传媒大学新闻学院、华南理工大学新闻与传播学院、吉林大学新闻学院、辽宁大学新闻学院和四川外国语大学国际传播学院等十余家单位的院长、教授，举办两场学术交流活动，在线上分享一流专业建设经验，以及马克思主义新闻观教学的经验，黑龙江省内设有新闻传播专业办学点的院校代表悉数参会聆听交流。

培养方案是一流专业建设的切入点，黑龙江大学新闻学院加大力度修订人才培养方案，坚持新文科理念，坚持“产出导向和持续改进”的认证思路，历时一年多时间，完成了新版方案的修订工作。新版培养方案扩展基础课中的跨学科课程，更新专业必修课，设置专业方向课程群，增设产教融合专创课程，全面融入了学科交叉、媒体融合、专业认证、产教融合等新文科理念。

东北林业大学广告学专业2022年入选省级一流本科专业建设点，成为黑龙江省唯一的广告学一流本科建设专业，其一流专业建设方案已通过学校审核。该专业也完成了2022级人才培养方案修订工作，新培养方案重视培养学生的思想道德素质和敬业精神；要求掌握现代传播技术，具有一定的专业设备操作能力；熟悉广告法规和政策的有关内容，并具有传播沟通、新闻采写的能力；掌握媒介经营与管理的基本理论与实践，适应新媒体的传播环境。

黑龙江工程学院网络与新媒体专业作为教育部2012年首批“特设专业”，是黑龙江省最早开设的网络新媒体专业，现在是该校校级一流专业建设点。该校的网络与新媒体专业致力于培养能够较好地把握网络与新媒体的传播战略、变革趋势及其业态多样性，熟悉新媒体内容产品生产与传播方式，掌握新媒体内容产品策划、制作与营销知识，毕业后能在大中型媒体传播集团、企事业单位，教科研机构，政府机构，电子商务企业和媒介传播公司，从事新媒体策划与传播、数字化出版、电子商务、信息采集与分析、新媒体内容管理与策略分析等工作的应用型高级专门人才。新版方案力图打造两个方面的特色：

一是注重整合知识体系，构建综合性教学平台；二是注重对新媒体应用能力的培养。该校网络与新媒体专业还依托新媒体制播实训中心，校外实训基地，增强实践教学体系，实现全项目实践教学。

第四，社会服务方面助力2022年北京冬奥会成功举办，并以冬奥报道为契机，强化国际传播人才实践能力培养。

2022年春节过后，北京冬奥会顺利召开。黑龙江省是冬季体育赛事强省，新闻传播院系也为冬奥赛事成功举办贡献了力量和知识。哈尔滨体育学院新闻学专业带头人王爱莎副教授和于黎冰老师，分别出任北京冬奥会短道速滑项目裁判员，以及越野滑雪和北欧两项裁判员，她们以优异的工作成绩，为黑龙江新闻教育界争得了“冬奥荣誉”。

除了直接参与赛事活动，北京冬奥会前夕，黑龙江大学新闻学院传播学系主任姜德锋副教授，还应黑龙江省外事办的邀请，为该办全体干部开展了一场以“外事干部国际传播能力建构与提升”为主题的现场讲座，讲座围绕习近平总书记关于加强国际传播能力建设重要讲话精神、全球信息流通格局以及北京冬奥会期间国际传播途径三个方面展开，重点分析了国际社会信息传播新形势新特点，对外事干部如何做好北京冬奥会期间国际传播工作进行细致讲解。听取讲座后，黑龙江省外事办的干部表示，高校教师的讲座对做好地方外事外宣工作具有很强的实践指导意义，将在实际工作中不断提升能力和水平，为黑龙江全面振兴营造良好国际舆论环境。

黑龙江省高校新闻专业教师不仅亲身参与北京冬奥赛事，也将这些经历变成了国际传播人才培养的宝贵资源。2022 年 6 月，王爱莎和于黎冰两位冬奥会冰上和雪上项目裁判，又作客母校黑龙江大学新闻传播学院的“荟闻讲堂”，分享了冬奥一线的国际传播经验：王艾莎副教授演讲主题是“北京冬奥赛事传播中的国际观察”，首先从国际体育赛事的组织化与规模化进行分析，详细介绍了 OBS、持权转播商(RHB)、电视直播、注册记者等方面的专业知识，并指出赛事的顺利进行体现了规范化和人文化；其次，介绍了国际赛事中记者应具备的素养，围绕政治素养，专业素养和职业道德素养，引导同学们处理好体育与政治的关系，鼓励学好专业知识，遵守职业道德，成为合格的国际传播者；通过短道速滑和奥运冠军谷爱凌的例子，生动、具体地讲解了要用规则说话，更要用外国受众听得懂的方式，对外讲好中国故事。于黎冰老师以“北京冬奥会雪上项目的国际传播与人文交流”为主题，从越野滑雪项目介绍、越野滑雪转播现场报道和雪上项目报道注意事项三个方面展开详细讲解。她诠释了新闻媒体恪尽职守的工作态度与一丝不苟的工作作风。于黎冰着重提出了四条雪上项目报道的注意事项，其中包括：时刻保持正确的采访方式、不得违规采访；时刻保持新闻敏感；时刻保持政治敏感性；时刻保持与国外媒体的正确距离和沟通。同时，对雪上项目记者采访提出了三点要求：源于热爱，源于专业，源于责任。

在国际传播人才培养方面，黑龙江大学新闻学院在省内率先破冰。起初是出于优化学科专业人才培养的目的，新闻学科与该校的外语强势学科联手，跨学科培养国际传播与跨文化传播人才，现在已经成功完成了自主设立的国际传播与跨文化传播二级学科硕士点。2021 年习近平总书记关于国际传播能力建设的讲话发表后，该校新闻、外语学科再发力。2022 年首批国际传播方向的专业硕士已经毕业。新闻学院还配合俄语学院和东语学院开设了“外语+国际新闻微专业”，新闻学院内部则开设了两年制“国际传播人才培养卓越班”。

(黑龙江大学新闻传播学院　姜德锋)

1.2.10　2022年度云南省新闻传播教育发展综述

2022年，在教育部“双一流”建设和新文科建设推动下，在云南省专业综合评价促进下，云南省新闻传播教育在学科建设、专业建设、平台建设等方面都取得了可喜进步。

1.2.10.1　人才培养

(1)人才培养总体情况

2022年度，云南省新闻传播学类专业共有32个办学点，其中新闻学专业有10个教学点，广播电视有7个教学点，广告学有7个办学点，传播学有1个办学点、编辑出版有1个办学点，网络与新媒体有6个办学点，与上一年度相同。

2022年云南省新闻传播类专业本科在校总人数为6382人，其中新闻学2741人，广播电视1125人，广告学1021人，传播学250人，编辑出版135人，网络与新媒体专业1110人。

2022年度，云南省新闻传播学硕士点共有5个，2022年招收硕士研究生共计223人，其中专业硕士177人、博士2名。大理大学新增1个新闻与传播专业硕士点，2022年还未招生。

(2)学科竞赛

各个学校积极组织学生参加各类学科竞赛，其中“大广赛”是大家最为重视的奖项。

2022年7月，昆明理工大学艺术与传媒学院承办，云南工商学院协办了第14届“大广赛云南赛区”的比赛，此届大广赛保持连续7年迅猛增长纪录，48所在滇高校参赛作品数量达到15242件，比上年增加近5000件作品，参赛院校增加2所。

此届“大广赛”依据平面类、视频类、动画类、互动类、广播类、策划案类、文案类、公益类八大命题，实际收到平面类作品6103件，视频类影视广告作品994件，微电影类作品802件，短视频类作品1421件，动画类作品753件，互动类作品110件，广播类作品556件，策划类作品271件，文案351件，文案(广告语)作品3414件，长文案作品868件，共计15242件，达到云南赛区参赛作品历年数量之最，在评委会专业筛选下，最终评出2099件获奖作品，其中一等奖42件、二等奖127件、三等奖357件、优秀奖1573件。

上述所有获奖作品均报送“大广赛”全国组委会参加国家级比赛。2022年11月大广赛云南赛区国家级比赛共获得151件，其中一等奖4件、二等奖5件、三等奖26件、优秀奖116件。比赛成绩为历年之最，云南赛区获得“全国优秀赛区”荣誉称号。

1.2.10.2 专业建设与学科建设

专业建设是实现人才培养的主要依托，在教育部“以本为本”“回归本位”的思想指导下，2022 年度，云南省教育厅第五轮本科专业综合评价工作扎实开展，云南省各新闻传播办学点在这项工作的促进下，在课程、师资、教材、考核和就业等方面不断规范、提升，各个专业的综合实力都或多或少得到了提高，云南大学新闻学专业、云南大学广播电视学专业、云南民族大学广告学专业、云南民族大学网络与新媒体专业、云南民族大学编辑出版专业、昆明理工大学传播学专业分别居于各专业综合评价全省排名第一。同时，在教育部的组织领导下，各个专业积极申报一流专业和课程，2022 年新增 2 个国家“一流专业”建设单位，为云南大学广播电视学专业和云南师范大学新闻学专业。

2022 年，云南省新闻传播学科建设方面也取得了一定进步。

在科研项目申报方面，2022 年云南省新闻传播院系在申报国家社科基金项目和省社科基金项目工作中取得了较好成绩。其中，云南师范大学传媒学院由于学校高度重视，学院扎实工作，当年获批 4 项国家社科基金项目立项，其中 3 项为新闻传播学科的项目，取得了全省新闻传播类国家社科基金项目立项的最好成绩。另外昆明理工大学、红河学院、滇西科技师范大学等高校也分别获批立项，后两所地处云南地州的高校获批国家社科基金项目立项，也改变了原先仅有昆明高校获批国家社科基金项目的状况。这些立项也一如既往地延续和彰显了云南高校在研究中抓住少数民族文化、西南边疆新闻传播议题的科研特色，体现出关注民族共同体意识培养、国际传播、媒体融合等前沿议题。

在学术会议方面，由浙江大学传媒与国际文化学院、浙大城市学院传媒与人文学院、浙大宁波理工学院传媒与法学院、云南师范大学传媒学院于 2022 年 7 月 13—15 日联合举办“第四届公共传播学术论坛”，论坛的主题为“公共传播：全球愿景与共识再造”。2022 年 8 月 13 日，由云南大学新闻学院(南亚东南亚国际传播学院)、中国传媒大学新闻传播学部和南亚东南亚大学联盟新闻与传播学分委员会联合主办的(南亚东南亚)国际传播理论前沿与研究方法研究生暑期学校在云南大学举行。暑期学校主要由“名家教授前沿分享”“学术期刊编辑交流会”两大板块组成，将围绕国际传播的前沿理论及实践议题和主流及前沿方法进行讲授与交流，并就国际传播研究的主流及前沿方法予以讲授与培训，此次暑期学校历时 10 天，共筛选出 70 余名线下学员参与线下学习。

1.2.10.3 实验室平台和项目建设

2022 年，云南省新闻传播院系、专业的实验平台建设又有了新的进展。滇池学院投资三百余万元，为文学院新闻专业、广播电视学专业和广告学专业建设了电视演播室等实验室，极大改善和提升了该校新闻传播人才培养的硬件条件。同时，红河学院新闻与传媒学院也获批了国家财政的支持，在原先融媒体实验条件的基础上，进一步提升技术水平、扩大规模、改善教学应用的适应性。

2022 年，云南大学的国家级新闻传播实验教学示范中心及其“全媒体联合实验室”继续推广应用该校获批的首批国家级一流课程虚拟仿真实验项目，先后在 5 个学校的新闻传播院系免费开展该实验项目的资源共享。

1.2.10.4 教指委工作

2022 年，云南新闻传播教指委完成了教育部教指委的相关工作，继续对“新闻传播大讲堂”进高校进行了扎实的推广和对接工作，将“大讲堂”的优质教学资源实际运用到课堂。

教指委还支持大广赛云南赛区的工作，作为承办单位之一，从组织比赛到派出评委教师等，都认真组织、积极参与每年的大广赛。

2022 年云南新闻传播教育呈现非常大的改变，在昆高校不断进步的同时，地州院校、民办院校展现出很强的发展势头，在专业建设、教学改革、教师能力建设等方面都有亮眼成绩。目前全省高校在教育厅专业综合评价的推动下，以评促建，优化结构，大力建设师资队伍，扎实推进课程建设、教材实用、测试改革和就业等项工作，在专业办学点上虽有减少，但在办学实力上实现了平稳增进。

（云南大学新闻学院　单晓红）

1.2.11　2022 年度贵州省新闻传播教育发展综述

2022 年，回顾贵州省新闻传播教育的发展历程，主要有以下几点值得一提：首先是新闻传播学类专业建设取得阶段性成果，其次是围绕“铸牢中华民族共同体意识”这一主题开展教学科研活动，最后是以新闻传播学教学科研活动助力乡村振兴。这些教学科研活动实践既有紧跟全国新闻传播教育界的人才培养潮流，也有基于贵州地域文化特色的自主探索。

1.2.11.1 新闻传播学类专业建设取得阶段性成果

专业建设是高校教育的重要组成部分之一，它主要涉及课程体系、教学资源和师资队伍等方面。教育部“双一流专业”计划的最后一年，贵州省内各大传媒院系抢抓机遇争上末班车，贵州民族大学传媒学院新闻学、播音与主持艺术专业入选2021年度国家一流本科专业建设点，其中新闻学为全省唯一的国家一流本科专业建设点；贵州师范大学传媒学院广播电视学专业获批2021年度国家一流本科专业建设点；贵州大学文学与传媒学院新闻学专业获批2021年度省级一流本科专业建设点。至此，省内各高校新闻传播学类专业建设均取得阶段性成果。

一流专业离不开一流课程的支撑。2022年贵州省省级“金课”认定名单有新闻传播类课程18门，涵盖线上一流课程、线下一流课程、线上线下混合式一流课程、虚拟仿真实验教学一流课程、社会实践一流课程五大类别，体现出了该省在一流课程打造方面所做的努力(见表1-16)。

表1-16 **2022年贵州省新闻传播学类省级“金课”统计表**

1	危机传播管理	娄立原	汪家琪、桑丽娟	贵州师范学院	线上一流课程
2	传播学概论	吴进友	胡永彩	黔南民族师范学院	线上一流课程
3	虚拟三维影像场景搭建与应用	潘健强	梁娥、姜明涛、陈非帆、叶波	贵州师范学院	虚拟仿真实验教学一流课程
4	基于NDI协议的G-Set场景演播系统虚拟仿真实验	沈　磊	史若楠、王磊、彭瑾、侯砚卿	贵州师范大学	虚拟仿真实验教学一流课程
5	普通话语音与播音发声	钟　华	贺先林、陈丹丹、郑智泉	贵州民族大学	线下一流课程
6	主持节目创作与研究	孙劲松	金竹、张晶、陈英华	贵州大学	线下一流课程
7	电视摄像	伍顺比	韦玮、黄立群、普天行	贵州民族大学	线下一流课程
8	广告策划案	张　啸	史贤琴、金靖	安顺学院	线下一流课程
9	广播电视新闻采访与写作	贤　娟	杨洁、涂雨秋、张琛赟、骆雪	贵州师范学院	线上线下混合一流课程
10	电视画面编辑	周婷婷	王万鹏、石金、林雨馨、王怡丹	贵阳学院	线上线下混合一流课程
11	播音主持创作基础	蔡　莉	陈燚	黔南民族师范学院	线上线下混合一流课程
12	影视人类学	林　华	杨兰、吴妍、田鑫、毛燕妮、贵州大学	线上线下混合一流课程	

续表

13	新闻采访与写作	李 娟	旷芳、呙亚屏、吕俊筱	贵州师范大学	线上线下混合一流课程
14	新闻采访与写作	余 索	吴向华、朱艳、胡家琼	六盘水师范学院	线上线下混合一流课程
15	广告学概论	吕 菁	潘源、黄华	贵州师范学院	线上线下混合一流课程
16	出镜记者与现场报道	韩洪雷	胥宇虹、王橙澄、陈雪君、潘黎	贵州民族大学	社会实践一流课程
17	微电影创作	赵室玉	唐黎、李远兰、李娟、周凌玉	贵阳人文科技学院	社会实践一流课程
18	传播学原理	张多朋	杨逐原、吴妍、彭兰燕、陆妍	贵州黔南科技学院	社会实践一流课程

一流专业也离不开一流教师的支撑。“金师”是推动高等教育改革和发展的重要力量，“金师”可以深入挖掘课程知识的内涵与外延，可以积极开拓和创新课堂教学方法，可以提高学生综合素养与职业能力，同时也能带动其他教师不断改进和创新教育教学方式。2022 年贵州省认定了 102 名普通本科高校“金师”(教学名师)，其中 2 名是新闻传播学类，分别是贵州民族大学钟华教授，所依托课程为“普通话语音与播音发声”，以及贵州财经大学罗健教授，所依托课程为“广告学概论”。

2022 年，贵州高等教育界迎来了一次人才培养成果的系统检阅。在第十届贵州省高等教育教学成果奖评选中，贵州财经大学顾雪松教授团队领衔的“基于混合式教学的‘H’型品牌传播综合能力培养教学改革研究与实践”(顾雪松、杨枫、李中林、钟羽、张远义)，贵州民族大学和贵州多彩新视线文化传媒有限公司联合申报并由钟华教授领衔的“思政引领、特色导向、校企协同——融媒体环境下播音主持专业实践课改革与创新”(钟华、陈丹丹、管倩、姚静、韩洪雷、郑智泉、贺先林、李娟)分别获得了二等奖。这些代表性优秀教学成果的脱颖而出，对全省范围内的新闻传播教育起到了示范和引领作用，鼓励了各传媒院系加强教育教学理念和实践的探索与创新，推动高等教育事业不断向前发展。

1.2.11.2 围绕“铸牢中华民族共同体意识”这一主题开展教学科研活动

民族地区高校因其特殊的地域性和民族性，往往处于中华民族复兴和现代化建设的前沿阵地，围绕“铸牢中华民族共同体意识”这一主题开展教学科研活动在民族地区高校具有重要的现实意义和深远的历史意义。贵州省高校的各传媒院系积极落实习近平总书记关于加强中华民族共同体建设和民族工作的重要指示，围绕“铸牢中华民族共同体意识”这一主题开展教学科研活动，推进了学术理论的深入探讨和应用实践的创新贯彻。

2022年5月28日，中国新闻史学会少数民族新闻传播史研究委员会2022年会在贵州大学举行。此次会议由贵州大学文学与传媒学院承办，围绕“民族地区新闻传播与铸牢中华民族共同体意识”这一主题展开学术探讨，河北大学白贵教授在大会致辞中表示，少数民族新闻传播研究者应着眼于现实问题的理论思考和民族新闻传播理论的实际应用，推动中国少数民族新闻与传播研究的深入。这次会议，来自北京大学、清华大学、西安交通大学、兰州大学、中央民族大学等50余所高校的百余名专家学者和研究生相聚云端，就少数民族新闻传播与历史叙事、少数民族影视传播与符号表征、媒介融合与少数民族文化传播等相关议题，在八个分论坛进行线上交流与分享。

2022年7月22日，第十三届中国少数民族地区信息传播与社会发展论坛以线上会议方式在贵州师范大学传媒学院举行。来自中国人民大学、中央民族大学、清华大学、四川大学、暨南大学等全国20余所高校新闻传播院系的140多位知名专家、学者应邀参会。论坛主题为“铸牢中华民族共同体意识与少数民族地区信息传播”。郑保卫教授、王润泽教授、陈昌凤教授等知名专家学者分别做了主题发言。在分论坛上，专家学者围绕中华民族共同体意识与少数民族地区信息传播、少数民族地区信息传播与民族文化、少数民族地区新闻教育的改革与发展、少数民族地区信息传播与民族文化研究等议题进行了深入交流与研讨。

除了学术会议，一些传媒院系也从教学活动层面出发，把“铸牢中华民族共同体意识”作为主题，有针对性地调整和完善相关专业的课程设置，使得学生在具备专业技能的同时，也能拥有全面的文化观念和责任担当精神。2022年6月30日，贵州民族大学传媒学院与安顺市经济技术开发区幺铺镇牛蹄关村签约合作共建实践教学基地。随后，2020级新闻实验班于7月前往安顺市牛蹄关村进行新闻采写课程实训营活动，他们以文字、图片、视频等全媒体报道形式讲好“牛蹄关的文化、产业、生态的故事”。不到一周时间，该班30位学生以小组合作的方式，累计完成了80余条全媒体新闻稿件，人均完成2.6条稿件的内容生产，其中34条稿件还得到了省级主流媒体新闻客户端“众望”以专题形式强力推送。这些新闻传播教学活动为讲好民族地区的团结故事和发展故事做出了有力的舆论支持。

1.2.11.3 持续推动新闻传播学教学科研活动助力乡村振兴

2022年初，国务院出台了《关于支持贵州在新时代西部大开发上闯新路的意见》。在新国发2号文件中，党和国家赋予了贵州“巩固拓展脱贫攻坚成果样板区”的战略定位，并提出要“加快农业农村现代化，走具有贵州特色的乡村振兴之路”。围绕这一主目标，贵州省各大传媒院系积极作为，持续推动新闻传播学教学科研活动助力乡村振兴，并通过人才培养、科学研究、社会服务有力地服务了贵州省新时代经济社会发展的战略任务。

贵州民族大学传媒学院以语言文字能力提升和直播带货教学为切入口，将理论与实践相结合，用实际行动谱写了“乡村振兴，传媒助力”的精彩篇章。2022年8月24日，播音与主持艺术专业团队教师前往镇远县开展了为期3天的语言文字能力提升培训，并在贵州省语言文字工作办公室的支持下，为镇远县全县中小学、幼儿园老师、导游共600余名学员进行了普通话水平测试。11月7日，该院播音与主持艺术专业团队“助力乡村振兴，直播带货主播团队孵化启动仪式”在思雅图书馆报告厅举行。该项目的实施将推动播音与主持艺术专业人才培养与行业需求进行有效衔接，为培养高素质直播带货人才提供良好的实践平台。

贵州师范大学传媒学院也在直播电商教学上面做出了有益的尝试。2022年5月26日，该院在思雅智媒综合实训中心举办了贵州省直播电商人才实操培训及教学观摩活动。全省商务系统的相关工作干部、省内电商重点企业参训学员、传媒学院相关教师以及部分播音主持与艺术专业学生等60余人参加了此次教学观摩活动。活动分为电商从业人员分享从业经验、直播实践、直播实践反思三个板块。在业界培训师的精心指导及专业的直播环境下，在场的学员和观摩的学生对直播电商有了具体而详尽的认识和收获。此次活动也是贵州师范大学为推动贵州省直播人才的培养，助力全省乡村振兴做出的一次先行探索。

贵州财经大学文学院则依托生态农业品牌研究院，在品牌传播服务乡村振兴方面持续发力。该院新闻传播学教师为贵州联合润农畜禽产业发展有限公司、石阡中坝阳光养殖专业户、石阡高原茶厂等农业企业提供决策咨询服务进行项目帮扶，为如何推进“黔货出山”出谋划策；此外，顾雪松教授、秦福贵副教授承担了民进贵州省委2022年一类课题“贵州省品牌强农战略实施研究”，其提交的《“多彩贵州宝藏黔货”贵州省品牌强农战略实施研究》报告获得李炳军省长肯定性批示。未来该院还将继续通过一系列品牌传播服务，为乡村振兴提供智力支持。

2022年贵州省的新闻传播教育除了围绕着上述三条主线做出了一番探索，还有很多亮点工作值得一提。比如贵州大学文学与传媒学院和延安大学文学与新闻传播学院联合开展“重返历史现场，探寻红色记忆”主题社会实践活动，该实践队由20余名师生组成，在贵州遵义、陕西延安两地开展为期十天的调研和采访，深入探访和挖掘了遵义、延安两地红色文化资源，是贵州高校马克思主义新闻观教育的一次创新探索。贵州财经大学文学院传播系在2022年的创新创业教育方面可圈可点，获得“大创”计划13项国家级项目和38项省级项目立项，立项数创历年新高，有力地提升了学术型人才培养质量。贵州师范学院文学与传媒学院广播电视编导学生则在国内学科类竞赛中再创佳绩，分别在第十四届全国大学生广告艺术大赛和第十届未来设计师·全国高校数字艺术设计大赛中喜获全国一等奖，在“大广赛”上面，该院还斩获一个三等奖和四个优秀奖，该项成绩是贵州师范学院参与“大广赛”以来获得的最佳成绩，也是贵州省内高校历年以来参与“大广赛”获得的最好成绩。

尽管在过去一年中，省内各传媒院系取得了一系列成绩，但贵州省新闻传播教育水平在全国来看仍有很大提升空间，特别是省内各地州的新闻传播教育，在加快融入全省和全国新闻传播教育圈方面做得不够。未来贵州省新闻传播教育应进一步加强省内院校间的合作，并基于自身地域特征努力提高特色化办学水平，同时努力学习外省先进新闻传播院系的人才培养经验以促进自身更好地发展。

(贵州大学文学与传媒学院　张波)

1.2.12　2022年度福建省新闻传播教育发展综述

2022年，福建省新闻传播教育规模发展稳定，但增速放缓。新增设的专业与国家经济、社会和文化发展相吻合，体现了学科紧跟时代需求的办学取向。在教学改革方面，相关院校在专业建设、课程建设、产学合作和教学机制上积极探索和创新，取得了新的成绩。在思政教育方面，福建省新闻传播类院校继续积极推动思想政治工作，把思政融入课堂内外与科研。

1.2.12.1　学科建设

截至2022年年底，福建省共有61所院校开展新闻传播教育，其中31所院校开展本科层次及以上的新闻传播教育，32所院校开展高职(专科)类新闻传播教育，3所院校(泉州职业技术大学、阳光学院、福州大学至诚学院)兼有本科与高职(专科)教育。

从目前的新闻传播教育的办学情况来看，2022年福建省新闻传播教育的教学队伍稳步发展，主要表现为本科层次教育规模的扩大。2022年，厦门大学新闻传播学院新增国际新闻与传播专业，福建商学院传媒与会展学院增设网络与新媒体专业，阳光学院新媒体学院新设广告学(直播方向)专业，成为全国首个开设直播专业的本科高校，福建师范大学传播学院的网络与新媒体专业于2022年开始招生。3所院校新增设的本科专业对标国家经济、社会和文化发展的需要，体现了福建省新闻传播教育紧跟时代发展的办学取向。

在博士、硕士学位点建设方面，厦门大学新闻传播学院设有新闻传播学一级学科博士学位授权点，并设立了博士后科研流动站。福建省共有8所院校设有硕士学位授权点，分别为厦门大学、华侨大学、福建工程学院、福建师范大学、泉州师范学院、闽南师范大学、厦门理工学院和莆田学院，其中华侨大学在2022年增设新闻传播学一级学科硕士点。

相较往年，2022年福建省新闻传播教育的教学规模发展增速有所放缓，尤其是高层次新闻传播教育的规模仍较为薄弱。

1.2.12.2 教学改革

2022年，福建省新闻传播教育相关院校继续深化教学改革，在专业建设、课程建设、产学合作以及教学机制上积极深入探索，收获了丰富的教学成绩，展现了一些新的面貌。

首先，积极推动专业建设。2022年福建省新闻传播教育响应“做强一流本科，建设一流专业，培养一流人才，全面振兴本科教育，提高高校人才培养能力，实现高等教育内涵式发展”的号召，积极推动本科专业建设，取得了新的建设成果。根据2022年6月7日发布的《教育部办公厅关于公布2021年度国家级和省级一流本科专业建设点名单的通知》(教高厅函[2022]14号)，厦门大学新闻传播学院新闻学专业、华侨大学新闻与传播学院广播电视学专业、闽江学院新闻传播学院广告学专业入选国家级一流本科专业。与此同时，厦门大学新闻传播学院传播学专业、福建师范大学传播学院播音与主持艺术专业以及三明学院文化传播学院传播学专业等专业入选省级一流本科专业。这些成果的取得展示了福建省新闻传播教育持续加强专业建设，不断提高人才培养质量，培养一流人才的决心。

其次，持续深化课程建设与改革。课程是人才培养的核心要素，课程质量直接决定人才培养质量。2022年福建省新闻传播教育继续深化教育教学改革，把教学改革成果落实到课程建设之上，收获了亮眼的“成绩单”。根据中华人民共和国教育部《关于第二批国家级一流本科课程认定结果的公示》，福建师范大学传播学院莫莉负责的“广告作品赏析”课程入选“线上线下混合式一流课程”类别的国家级一流本科课程，厦门大学新闻传播学院曾秀芹负责的“广告心理学”课程以及闽南师范大学新闻传播学院胡鸿影负责的“广告策划”课程入选“线下一流课程”类别的国家级一流本科课程。此外，根据福建省教育厅公布的第三届福建省高校教师教学创新大赛获奖名单，福建师范大学传播学院欧阳丹娜主讲的“广播节目播音主持”课程荣获三等奖。

再次，推进和探索产学合作新模式。新闻传播因其突出的实践性和应用性的学科属性，各院校对学生的培养尤其需要与业界保持紧密联系，产学合作对于新闻传播教育而言意义深远。2022 年，福建省开设新闻传播教育的各院校继续积极推进产学合作模式，与全国不同区域、不同企业达成了合作，推动高校与企业深入实施产学合作协同育人项目。据教育部发布的第一批及第二批的产学合作协同育人项目立项名单，福建省新闻传播类教育共有 3 所院校的 4 个项目入选，包括厦门大学的“‘华夏传播概论’课程教学内容与资源的数字化建设”、武夷学院的“‘互联网+’视野下新媒体艺术传播研究和双创实践环境建设”、福建农林大学金山学院的“新文科背景下广告学专业教育教学改革探索——以‘品牌管理’课程为例”及福建农林大学金山学院的“数智化时代应用型高校广告学专业‘产教赛研’实训项目”获得立项。

在产学合作上，福建省新闻传播类教育各高校积极探索“访企拓岗”新模式。“访企拓岗”是指各高校响应贯彻党中央、国务院关于高校毕业生就业工作的决策部署，旨在进一步建立高校与企业之间日常联系互访机制，开拓岗位资源，不断拓展就业新空间的新举措，有助于促进长于理论的学界和长于实践的业界优势互补、形成合力，共同培养社会需要的高素质人才，是学校强化校企衔接、深化校企合作的重要途径。厦门大学新闻传播学院、闽江学院新闻传播学院、华侨大学新闻与传播学院、福建师范大学传播学院、泉州师范学院文学与传播学院和厦门大学嘉庚学院人文与传播学院等院校走访了厦门日报社、厦门广播电视台、福州日报社、凤凰卫视、厦门市广告协会、四三九九网络股份有限公司、喜马拉雅福州服务中心、福茶网、安踏集团和华人头条等企业，深入了解产业发展现状和人才培养需求，并进一步深化校企合作、产教融合。还有的院校与企业签订战略合作协议，推动深度合作，更有院校安排青年教师进入业界实习，进一步促进业界与学界的深化合作和人才互动。

此外，丰富教学模式。随着新冠疫情影响的逐步降低，福建省提供新闻传播教育的各院校逐渐重启线下讲座，以线上线下结合开展讲座的方式丰富了学生的课堂外学习。各院校积极举办讲座，邀请学界和业界的知名人士展开不同主题的讲座，涉及了“网络舆情”“国际传播”“媒体发展”“学科建设”等多个主题，帮助学生拓宽知识视野、了解业界的发展现状、聆听时代发展的需求。例如，闽江学院新闻传播学院邀请新华社资深记者李慧颖作“中国新闻在海外社交媒体上的传播”讲座；泉州师范学院文学与传播学院邀请阿里文娱优酷泛文娱内容中心首席内容官张伟作“引领纪实+打造国民纪录片”专题讲座。

1.2.12.3 思政建设

高校的思想政治工作关涉高校要培养什么样的人、如何培养人以及为谁培养人的根本问题。2022 年，福建省新闻传播教育工作一如既往地高度重视课程思政建设，努力推动专业教育与思政教育有机融合，全面推进课程思政的高质量建设。

首先，把思政紧密融合至课堂教学之中，推动思政课程示范项目和优秀案例建设。根据福建省教育厅公布的 2022 年省级思政课程示范项目名单，华侨大学新闻与传播学院由王祎、袁媛、曾峰、朱丹红、马溧、孙祎妮、李莎、侯斌等教师组成的团队所负责的“国际传播”课程成为省级课程思政示范项目“普通本科和研究生课程”类别的示范课程。此外，根据福建省高校课程思政教育联盟发布的《福建省高校课程思政教育联盟关于公布课程思政专家库建设及优秀教学案例征集入选名单的通知》，《纪录电影创作：人物题材纪录片的内容设计与实践应用》《国家形象的跨文化传播》（福州大学）、《泥土的味道，伟大的思想》（厦门大学）、《国家形象的跨文化传播》（华侨大学）、《乡村振兴背景下的农文旅全媒体传播》（福建师范大学）等教学案例被评为福建省高校课程思政优秀教学案例。

其次，思政与科研紧密结合。根据福建省教育厅发布的《关于 2022 年度福建省高校以马克思主义为指导的哲学社会科学学科基础理论研究项目立项结果的公布》，由莆田学院文化与传播学院的张丽娟负责的“莆仙戏剧种交流史研究”（重点项目）和由华侨大学新闻与传播学院曹霞负责的“转文化视域下华侨华人提升中华文化国际传播能力研究：‘二十四节令鼓’的案例”（重点项目）获得立项。

再次，开展课堂外思政。课堂之外、科研之外，福建省各院校也在积极开展思想政治工作，力求以更多元、丰富的形式实施贯彻对学生的思想政治工作。例如，厦门大学新闻传播学院党委在 2022 年创设的双周政治理论学习品牌“大榕树下”新传讲坛，就意图以讲座的方式促进理论学习和新闻传播学科的深度融合，至今已经举办了 5 期讲坛，向学生传播了丰富的理论知识，同时提升了学生的政治素养和政治站位。

总体而言，2022 年福建省新闻传播教育的教学队伍稳步发展，但增速较去年放缓。此前一直存在的教育结构失衡问题依旧没有得到明显的改进，如新闻传播院系硕士、博士等高层次人才培养规模较小，福建省内其他地区与厦门、福州的教育水平之间存在较大差距等。此外，尽管在专业建设、课程建设、产学合作和教学机制上，福建省新闻传播教育在 2022 年获得了一些新的成果，但新增数量与往年相比也有了一定幅度的减少。

这些都表明了未来福建省的新闻传播教育仍需在学科建设和教学改革上继续努力，开拓创新。

(厦门大学新闻传播学院　吴淑冰、殷琦)

1.2.13　2022年度广东省新闻传播教育发展综述

2022年，虽然受防疫政策优化调整的影响，广东省新闻传播教育依然保持稳步发展的态势。其中暨南大学新闻与传播学院、深圳大学传播学院、中山大学新闻传播学院、华南理工大学新闻与传播学院、广东外语外贸大学新闻与传播学院和广州大学新闻与传播学院等多个广东省新闻传播教育的主要阵地，展示出强劲的发展势头，并在多方面取得佳绩。

1.2.13.1　在疫情优化调整政策背景下推进教学科研各项工作

为贯彻落实国务院联防联控机制综合组《新型冠状病毒肺炎防控方案(第九版)》和进一步优化疫情防控的“二十条”措施要求，根据广东省政府相关通知，各学院高度重视疫情优化调整工作，根据疫情形势和属地要求动态调整，以“线上+线下”的形式组织教学工作，深耕教学研究，完成教学科研任务。以暨南大学新闻与传播学院为例，自2022年以来，入选教育部首批教研室建设试点1个，新增省级质量工程与教学改革项目立项3个，新增省级一流课程7门。同时学院结合云端会议和线下参与的形式，举办新闻传播实务前沿讲坛19场，传媒名家思享荟1场，青年教师分享会7期，博士分享会19期，先后邀请复旦大学教授白红义、中国人民大学彭兰、新华社原副社长严文斌、凤凰网副总裁兼执行总编辑吴晨光等学界、业界专家学者来开办讲座。

此外，暨南大学新闻与传播学院，成功举办暨南大学第十五期传媒讲习班，共邀请17位海内外知名专家学者、业界精英前来授课，吸引传媒高校师生及媒体机构从业者450余名学员参加。同时，该院在云端顺利承办第六届广东省新闻与传播研究生学术论坛、智汇创新·2022年暨南大学研究生创新论坛——新闻与传播学院分论坛，覆盖1000余人，直播累计观看人数1700余人次。可以说，云端教学科研在2022年持续稳定进展。

1.2.13.2　“部校共建”工作稳步推进

围绕“部校建设”，瞄准国家发展战略，暨南大学新闻与传播学院成立数字创新与公共传播研究中心、中华戏曲文化传承传播研究中心及中国式现代化与国家形象传播研究中心，围绕重大议题开展深入研究。此外，该院深耕资政报告，通过中宣部舆情直报系统，上报舆情报告、专题研究报告等共240份，其中80份报告被中宣部综合采纳，1份被中宣部单独采纳。

同样在“部校共建”工作中取得较好成绩的教学单位，是广东外语外贸大学新闻与传播学院、广州大学新闻与传播学院和深圳大学传播学院。广东外语外贸大学新闻与传播学院组织10支学生队伍到10个县级融媒体实习，在学习强国平台上发表许多较高水平作品，受省委宣传部人事变动和疫情影响，原定“部校共建”项目——第三期人才基地培养工作未能正常进行，但完成第二期学员论文集的修改编撰工作，预计于2023年年底出版。广州大学新闻与传播学院创建“思政+”课堂教学，开设“马克思主义新闻理论基础”省级开放课程；组织师生赴毕节、梅州、广州开展社会实践，其撰写的新闻稿被人民日报社、新华社客户端、学习强国等主流媒体采纳；受市委宣传部委托，承担广州市正式出版和内部连续出版物的审读工作。深圳大学传播学院紧密围绕深圳打造“五个典范”的战略目标，在城市营销、公共文化建设、国际传播、新型主流媒体建设等四大方向筹划，积极推进部校共建，服务深圳和粤港澳大湾区城市传播。

1.2.13.3 学科建设再上台阶

在本科学科建设方面，暨南大学新闻与传播学院所有本科专业均入选国家一级专业建设点。网络与新媒体专业在2022软科中国大学专业排名中获评A+专业，位列全国第2。新闻学、广告学、广播电视学获评A类专业，分别位列全国第10、全国第7、全国第7。由于成绩优异，暨南大学新闻传播学赢得社会广泛赞誉：在2022软科中国最好学科排名中位居全国第4；在泰晤士高等教育(THE)第二届中国学科评级中获评A-。

其他广东新闻传播教育基地，在本科学科建设方面，也投入很多心血和努力，取得显著进步。比如广州大学新闻与传播学院的播音与主持艺术、网络与新媒体两个专业获批国家一流专业建设点，实现全院4个专业100%为国家一流专业建设点的目标。广东外语外贸大学新闻与传播学院则成功申报广州市教育局重点学科——新闻传播学。在2022软科中国大学专业排名中，该院的新闻学、网络与新媒体专业和播音主持专业分别位列全国第31、第7、第12。

在研究生学科建设方面，暨南大学深化研究生教育综合改革，推动研究生教育的内涵式发展，获得广东省研究生教育创新计划立项3项。在博士点申报方面，该院于2022年6月完成“国际传播”二级学科博士点的论证和申报，并经由国务院学位办通过，将于2024年启动招生。在应用型研究生培养方面，该院经新闻与传播硕士专业学位全国教指委同意，将新闻与传播硕士专业学位的学制由两年调整为三年，从2023年开始执行。

同时，该院与听她说 FM、千核科技公司等企业共同开办 4 个专硕实训工作坊，完善培养计划。

此外，广东外语外贸大学新闻与传播学院与中文学院、马列学院等其他教学单位共建中华文化国际传播研究院，成功申报二级博士点。中山大学新闻传播学院的新闻传播学一级学科博士点设立后，制定《博士生中期考核办法实施细则》《博士研究生招生计划分配实施办法》，规范博士生培养过程，首届博士生已报到入学。

1.2.13.4　注重实践教学

广东各新闻院系高度重视实践教学，将思政与专业深度融合，开展丰富的社会实践活动。暨南大学新闻与传播学院依托社会大场景，融合技术思维，设置“我行我动”全媒体实践育人项目，包括“县级融媒体专业实践”“声海音频创新实践”“传播中国新疆调研实践”特色品牌实践活动，并获评 2022 年教育部高校思想政治工作精品项目。在暑期实践中，该学院开展马克思社会主义新闻观实践、“粤港澳青年吉林行”文化之旅及“传播中国 · 重走张骞路”活动，通过场景学习、文化考察、实地调研等形式，在红色文化资源传播过程中，引导学生学习党史，为中华传统文化创新传承注入新的活力。此外，该院在 2022 年度启动第五期县级融媒体专业实践项目，组织 30 余名学生前往新会区、东源县、清新区开展实践调研。由于组织有力、指导恰当，暨南大学新闻与传播学院的学生实践参赛成绩较为优异，荣获“互联网+”全国赛金奖 1 项、银奖 1 项，省赛金奖 2 项、铜奖 4 项；“挑战杯”全国大学生课外学术科技作品竞赛国家级二等奖 1 项，广东省赛金奖 2 项、银奖 1 项；第 14 届全国大学生广告艺术大赛二等奖 1 项、三等奖 3 项、优秀奖 3 项；中国大学生广告艺术节学院奖共获得 130 项奖项，其中金奖、铜奖、企业奖类银奖、企业奖类二等奖、企业奖类三等奖各 1 项；“正大杯”第 12 届全国大学生市场调查与分析大赛本科组总决赛一等奖；广东省 2022 年“立志 · 修身 · 博学 · 报国”主题教育系列一等奖 1 项、二等奖 5 项、三等奖 1 项。

在实践教学和学生参赛方面，华南理工大学、广州大学、惠州学院、深圳大学成绩比较突出。其中，华南理工大学新闻与传播学院在 2022 年第 14 届全国大学生广告艺术大赛中，获国家奖 8 项；在第七届中国数据新闻大赛中，获一等奖 1 项，二等奖 1 项，优秀奖 2 项。广州大学新闻与传播学院获全国“挑战杯”红色专项国赛二等奖 1 项，全国大学生广告大赛国赛一等奖 2 项，广东省大学生讲党史公开课一等奖。惠州学院传媒系学生，获国家级学科竞赛三等奖 1 项，省级学科竞赛二等奖 2 项、三等奖 5 项。深圳大学传播学院研究生在各类比赛中收获颇丰，获国家级以上奖项 15 项，省级以上奖项 19 项。该院重视专业硕士研究生的实践能力培养，21 级健康传播方向与深圳市慢性病防治中心联合举办“百闻不如一健”创意科普展，获得学校师生和社会的广泛关注，被深圳多家本地媒体报道。

1.2.13.5 科研工作和人才队伍建设

在过去一年中，广东各高校新闻传播学院在科研方面，收获可观：广东外语外贸大学首次获批国家社科项目 4 项、省部级项目 2 项；惠州学院获批省部级项目 2 项；深圳大学新增省部级及以上课题 8 项，其中国家社科基金项目 3 项、教育部人文社会科学研究项目 3 项、省社科项目 1 项、市社科项目 4 项；中山大学 2022 年度共计立项各类项目 19 项，其中国家社科基金重点项目 1 项，国家自科基金面上项目 1 项。

不过，暨南大学新闻与传播学院再次保持领头羊的姿态，高度重视高水平科研项目申报。该学院 2022 年度新增国家社科一般项目 2 项、青年项目 2 项、后期资助重点项目 1 项、一般项目 2 项、教育部项目 4 项、广东省社科项目 6 项、中国博士后科学研究项目 1 项、广电总局项目 1 项、广州市社科项目 5 项。此外，该院强化人才队伍建设，新增“万人计划：哲学社会科学领军人才”2 人，“中宣部宣传思想青年英才”1 人，共推荐 2 人参评国家级人才计划遴选，推荐 6 人参评广东省特支计划。该院教师在第二届全国高校教师教学创新大赛国赛、广东省青年教师教学大赛中均取得优良成绩。

1.2.13.6 学术会议

虽然受疫情影响较大，但广东各新闻传播学院在学术交流方面，依旧相当努力。其中，暨南大学新闻传播学院举办了联合国人权理事会第 49 届会议“新疆经济社会发展与人权保障”边会、“新疆的劳动就业情况”线上主题研讨会、第二届粤港澳大湾区中国文化传播论坛、2022 年中国新闻史学会视听传播研究年会、“广州新观察”学术圆桌会议 3 期、2022“读懂中国”国际会议、2022“粤港澳大湾区青年创意设计人才(创意 100)培训计划”、腾讯公益数字人才开放计划等重要会议及学术活动，获主流媒体关注报道。华南理工大学新闻与传播学院举办了“计算赋能，融合创新”2022 年智慧传播与计算广告发展论坛、粤港澳大湾区网络视听与国际传播前沿对话学术会议。中山大学传播学院举办 5 场谷河学术沙龙讲座，组织智能媒体与公共传播学术论坛、新时代新闻传播学教育高峰论坛、中国数字新闻业研究论坛等多场高水平学术会议，有力提升了学院的学术影响力和知名度。深圳大学传播学院采用线下和线上结合的方式举办了高端化、高层次、专业化的学术会议 5 场，包括第五届中国品牌传播青年学者论坛、粤港澳大湾区国际传播高峰论坛、中国第二届翁贝托·艾柯学术研讨会、“传播与中国”学术工作坊(第四期)、“双三角”新闻传播学 2022 年博士生论坛，有助提升学院教师科研水平，推动学院学科建设。

最受关注的是广东外语外贸大学新闻与传播学院举办了全国性学术论坛——中华文化国际传播论坛。此次论坛围绕新时代中华文化国际传播理论与实践、中华优秀传统文化继承与发展、粤港澳大湾区国际传播能力建设等相关议题，探讨加强国际传播能力建设、增强中华文明传播力影响力的战略布局与创新策略。论坛吸引了来自海内外知名高校师生、业界同行的高度关注，共设1个主论坛和2个平行论坛，主论坛荟萃中国人民大学、中国传媒大学、复旦大学、暨南大学、清华大学、北京大学等30多所高校，以及南方报业传媒集团对外传播中心、羊城晚报报业集团、广东广播电视台对外传播中心等主流媒体的160余位专家学者和业界精英。会议取得圆满成功，较好展现了广东新闻教育界的风貌，广东省内11家媒体平台热情推送，社会反响热烈。

（暨南大学新闻与传播学院　赵建国）

1.2.14　2022年度海南省新闻传播教育发展综述

海南省共有六所高校开展新闻传播教育，分别是海南师范大学、海南大学、琼台师范学院、三亚学院和海口经济学院、海南热带海洋学院。2022年，在自由贸易港建设大背景下，海南各高校的新闻传播院系以马克思主义新闻观为指导，紧紧围绕立德树人的根本任务，规范教育管理，深化教育改革，提升教学质量，培养具有国际视野、顺应时代发展的高层次、应用型传媒类人才。

1.2.14.1　重视人才培养质量，加强保障体系

海南各高校新闻传播院系坚持马克思主义新闻观的指导，加强思政教育，重视人才培养模式创新，推动教学改革，强化学生专业技能、文化理论修养和道德修养的培养，培育具有国际开放视野的复合型人才。

(1)强化马克思主义新闻观教育

各新闻传播院系将马克思主义新闻观贯穿于新闻传播人才培养的全过程，坚持为党育人，为国育才。

海南师范大学新闻传播与影视学院实施思想政治教育引领等工程，形成“一‘引领’，三‘结合’”的工作模式特色，建设健康、规范、有序、特色的工作体系，促进学生全面发展。在具体措施上，组织学生参加各类马克思主义新闻观教育的培训班和文化活动，强化政治思想教育，提高学生的政治素养。2022年10月8日，海南师范大学新闻传播与影视学院受邀参加2022年“中国新闻传播大讲堂”启动仪式，此次启动仪式作

为学院“中国新闻传播大讲堂”的第一课，让同学们对马克思主义新闻观有了更加深刻的理解。

三亚学院传媒与文化产业学院通过开展喜迎党的二十大之“寻找祖国的成长痕迹”照片展、爱我中华朗诵活动、见证奇迹之书画征集活动和我为中国共产党“打 call”等活动来引领思想，做好学生爱国主义教育工作。

海口经济学院中广天择传媒学院扎实落实“三全育人”的要求，在育人工作上做到“管理思政、课堂思政、活动思政”，并在下半年开展思政类主题班会活动 220 场次。

琼台师范学院文学院网络与新媒体系学习党中央会议精神，开展线上专题学习、集中系部常规会议、2022 年中国新闻传播大讲堂、专业课程思政项目、“读懂中国”活动。

(2)注重实践技能培养

海南师范大学新闻传播与影视学院继续深入推进人文素养培育、写作能力提升、专业技能培训以及新闻卓越人才培养的“3+1”工程，其中新闻卓越人才培养工程通过开设工作坊的形式让学生进行实训操作，带动学生理论学习和实践技能相互融通。新闻阅评工作坊、一条广告工作坊、戏剧影视编剧工作坊等均是为鼓励学生深入社会、提升实践能力所开设的特色实践工作坊，实现课堂理论学习与社会实践的零距离，2022 年 12 月 8 日，海南师范大学新闻传播与影视学院开展“自贸港巡礼”主题采访采风系列活动，新传学子走进东方市乐妹村，实地调研闲置羊舍如何“蝶变”为时尚兰花产业园研学基地，同时参观了东方市融媒体中心，深入了解融媒体中心的发展情况及人才需求。此外，海南师范大学将专业社团建设与多媒体宣传平台建设相结合，提高学生的媒介素养。将职业生涯规划教育与心理健康教育有效结合，服务学生成长。鼓励学生结合自身专业，建立并运营公众号、自媒体平台。目前学生自己建立的公众号平台主要有学者联盟、羊村传媒、News 等，这些平台在专业教师的指导下，逐渐向规范化、专业化发展。

三亚学院传媒与文化产业学院与人才集团、继续教育学院联合培养直播营销人才，开展多场讲座。同时，以学风建设为主线，以培养学生学习兴趣和实践动手能力为指导思想，立足自身特色，依靠“技术优势”和“实践特长”，开展具有传媒特色的活动，广告专业依托专业优势开展了“广告狂欢节”之广告提案大赛，播音专业成功举办了“汇报演出”系列活动，动画专业举办了“线上画展”活动。

海口经济学院中广天择传媒学院深入推进产教融合，启动第五期“融媒体优才计划”、首届卓越计划。校企协同育人成果突出，充分利用合作企业的行业资源与实践机会，实现教学与人才培养的跨越式发展。推进“课程教学项目化、实践项目设计化、实践训练实战化”，构建起融通资源、优势互补的传媒实践教学体系，助力应用型人才培养。实践教学落实到位，专业竞赛获奖屡创新高。积极举办和参加相关专业赛事。学院各专业在2022年“第十四届全国大学生广告艺术大赛”海南赛区比赛中，共有47件参赛作品获奖，数量创下历史新高。其中一等奖6项、二等奖11项、三等奖30项；广播电视编导专业的剧情片《摇摇欲坠》《皆大欢喜》获得德国新浪潮、意大利罗马短片节、美国纽约国际电影奖在内的十个电影节的提名奖。

海南热带海洋学院人文学院新闻学专业鼓励学生将毕业论文与毕业实习相结合，另外，此届学生的论文(设计)选题，侧重实践性研究，且整体水平有所上升。

琼台师范学院网络与新媒体系开展线上+线下见习、实习模式，结合数据新闻发展，与武汉镝次元数据科技有限公司合作开展线上见习，并邀请海南记协专家做实习岗前培训。

(3)加强实践基地建设

为了实现教学与人才培养跨越式发展，各新闻传播院系积极开拓教学资源，探索教学改革方式，引入行业优质资源，大力建设实践基地，以培养适合时代发展的复合型人才。

海南师范大学新闻传播与影视学院在海南广播电视总台、海南日报集团、海口电视台等12家媒体建立了实习基地，鼓励学生在校期间参与基地的实习。创新教育教学理念，积极探求与行业单位的合作，建立学生专业实践教学基地。2022年5月，学院与海南省红十字会合作建立了人道传播实践基地、“卓越新闻传播人才”就业实践基地，并围绕红十字会的国际视野，培养具备全球青年领导力的学生，从而进一步拓展学生的就业机会。

海南大学校长骆清铭于5月17日带领人文学院院长、书记及传播学系相关负责人，与中国旅游集团海南分公司相关领导就深入校企合作、开拓就业渠道等问题进行了深入交流。

三亚学院传媒与文化产业学院与三亚鹿云传媒网络科技有限公司、三亚天广传媒有限公司达成良好合作，目前合作协议已签署完毕。还与两家企业达成实习基地建设。

海口经济学院中广天择传媒学院拓宽行业资源，深度融合校企合作平台。2022年度校外实践教学基地增加12个，包括7个省内实践教学基地和5个省外实践教学基地，并分别与多家产业公司签订深度合作协议，做到校企合作、实践教学基地建设的纵深发展。

琼台师范学院文学院网络与新媒体系依据人才培育就业岗位需求，与海南省融媒体中心、此时科技有限公司、海南中旗网络有限公司三家基地正式挂牌为实习基地。

总体来看，虽然2022年受到疫情形势变化不定的影响，但是海南省内各个高校的新闻传播院系都能够充分利用海南自贸港建设人才吸引、文化产业发展和对外开放的政策，在师资队伍建设、人才培养、学科发展、服务海南区域经济社会发展等方面取得了比较明显的成绩，为海南自贸港建设发展作出了各自的贡献。

1.2.14.2 优化专业布局，扩大办学规模

海南师范大学新闻传播与影视学院本科专业为4个和1个中俄合作办学项目，即俄罗斯圣彼得堡国立电影电视大学合作开办的影视编导专业。有新闻与传播、戏剧与影视2个专业学位硕士点，2021年获批了新闻传播学一级学科硕士点。上半年研究生复试工作顺利进行，一志愿上线生源比之往年有大幅度增加。艺术硕士(广播电视领域)一志愿生源录取17人，新闻与传播专业硕士录取25人。目前在校学生规模增至1000人。

琼台师范学院文学院网络与新媒体专业(本科)有四个年级，在校生共计216人。

1.2.14.3 加大科研力度和学术交流，升级平台建设

2022年1月，海南师范大学名誉院长李丛军带领团队申报的科研项目“海南自由贸易港背景下的国际传播研究”被批准为国家社会科学基金重大特别委托项目。

海南师范大学新闻传播与影视学院教师另外还获批国家社科项目1项，国家部委项目2项，省级项目3项，发表论文31篇，其中CSSCI论文10篇，中文核心期刊论文1篇。2022年12月3日，学院举办了主题为“海洋强国战略背景下的中国特色国际传播理论建设”的南海“海上丝路”与海洋文化国际传播论坛。共有100人参加会议，包括学院全体教职工以及研究生，以及来自上海交通大学、华中科技大学、中国传媒大学等其他高校的学者。为提高专业教师科研能力与学术水平，推动高水平科研项目申报和高水平论文发表，营造良好的交流氛围，2022年12月3日，举办科研能力提升工作坊活动，为全院教师讲解期刊论文写作与发表以及国社科申报书的选题与写作。

海南师范大学新闻传播与影视学院持续关注学科内涵建设提升，多名教师参与海南新闻奖申报作品的审核、评奖工作，还参与中宣部以及省委宣传部的新闻阅评、报刊审读、影视作品的评审工作，提高了学科服务社会的影响力，为海南区域经济社会发展作出了学科贡献。海南省社会舆情与治理研究中心、海南省意识形态与舆论研究基地两大省部级科研平台完成了多项课题调研，并将成果报送至省委宣传部，基地每两月印发内参《海南社会舆情与治理参考》，为海南发展提供智力支持。2022年4月，省委宣传部意识形态处来学院调研，将学院列为中宣部的舆情直报点。

海南大学人文学院传播学系2022年省社科立项3项，出版专著1部，发表各类论文5篇，课题申报3项，同时邀请著名学者胡翼青，于2022年1月4—8日来到海南大学“冬季小学期”，为海南大学传播学系师生讲授“传播学的第三范式”，受到师

生的欢迎。

三亚学院传媒与文化产业学院共有1项省教育厅重点项目立项，1项省级项目结项，1项校级项目结项；在研项目包括：省社科联项目4项，校级重点项目1项、校级一般项目2项。2个校级项目立项，2个横向委托课题立项；举办学术沙龙7场，学术讲座1场。

海口经济学院中广天泽传媒学院总有省级项目立项3项、市厅级项目立项3项，具体包括：省社科联项目1项、省教育厅教改项目2项；省教育厅科研项目1项、市级科研项目2项。共计公开发表论文48篇(含2021年度补遗2篇)，其中核心期刊论文1篇、SCI收录论文1篇；出版著作类作品5部，其中著作2部、教材2部、作品集1部；艺术类作品获奖5件，学院结合办学特色，利用校企合作资源，组建两个院级科研平台，“数智融媒”研究与传播中心已获评校级科研平台，“纪实影像”研究与传播中心获评校级重点培育科研平台(培育期一年)。

海南热带海洋学院人文学院新闻系获得国家社科项目1项，实现了历史性突破。

琼台师范学院文学院网络与新媒体系一方面教研科研项目增多，教学团队教师成功申报获批省社科联项目1个、校级一流本科课程建设项目1个、文学院培育项目4个。2020年校级思政项目——“新闻学概论课程”项目结题，被评为优秀。另一方面，师生同创优质作品，其中，作品《星途星海》荣获第十届全国大学生新媒体大赛互动新闻报道三等奖。

1.2.14.4 打造高质量教师队伍

海南各高校的新闻传播院系做好师资队伍建设，通过引入高层次人才、优化教师结构、提升教学质量等举措打造理论深厚、实践能力强的师资队伍。

(1)教师队伍基本情况

海南师范大学新闻传播与影视学院目前有教职员工45人，专任教师35人，其中教授3人，副教授12人，有博士学位教师16人。为加强师资队伍建设，学院重视引进专业基础扎实学历层次高的国内外著名高校毕业的人才，同时还积极引进行业内优秀的双师型教师，促进理论研究与行业实践的融合，形成了一支结构合理、实力强劲的教师队伍。

2022年，省内其他高校新闻传播院系在引进人才方面均有进展，三亚传媒学院引进人才8名，热带海洋学院引进人才1名，琼台师范学院引进人才2名，教师队伍打造稳步推进。

(2)教师队伍建设

海南师范大学新闻传播与影视学院以课堂教学改革为抓手，促进教学质量提升，常态化开展教师教学能力研讨会，营造浓郁的学术氛围。学院高度重视青年教师培训工作，2022 年 5 月，开展齐心协力共研“磨课”青教赛听评课活动，让教师借鉴学习优秀课堂。并对新引进的青年教师建立传、帮、带制度，通过听评课等多种方式，不断提升青年教师的课堂教学水平。

海口经济学院深入校企合作，实行“双导师制”，经过三年的运行，已形成较为成熟的教学机制，实现了四个专业无盲点覆盖。延请 22 名行业大咖，持续打造精品“大咖讲堂”，反响热烈。

三亚学院引入人才 8 名，联合教学质量与评估中心和教务处开展新教师试讲活动，各专业教师队伍教学水平提高卓有成效。

琼台师范学院一方面强化团队师资队伍，另一方面丰富团队专业活动，定期开展教学研讨，如专业课程“磨课”活动；组织教师参加专业培训，与行业专家交流学习，同时还前往海南省记协、海南日报集团、自媒体公司等开展行业调研等。

（海南师范大学新闻传播与影视学院　林一秀、祝炜婷）

1.2.15　2022 年度四川省新闻传播教育发展综述

2022 年，四川省 24 家新闻传播教育院系克服疫情带来的各类困难，积极进取，持续在教学、科研、交流、实验室建设四个主要方面精耕细作，开展了形式多样的线上线下教学、研讨工作与学术活动。

1.2.15.1　教学

(1)学科建设

四川大学新闻学院网络与新媒体专业入选 2022 年国家级一流本科专业。在 2022 年 7 月中宣部召开的全国出版学科共建工作会上，四川大学入选全国首批五所出版学科共建单位，与四川省委宣传部共建出版学院。

成都大学文学与新闻传播学院在 2022 软科中国大学专业排名中，网络与新媒体专业进入 B+，位列全国第 60 名，广播电视学专业进入 B，位列全国第 80 名。两个本科专业经过多年建设，均获批列为成都大学一流专业。

西南民族大学新闻传播学院新闻学专业 2022 年获批为国家一流专业建设点。学院以文理渗透为方向，正申报将“广播电视学”改造为文理结合的“网络与新媒体”专业。

西华师范大学新闻传播学院新增 2 门省级一流课程。开展各类教研活动 20 余次，成功立项省、校级质量工程项目各1项。

成都体育学院新闻与传播学院新闻学专业入选国家一流专业建设点；“体育广告”入选四川省一流课程建设；新闻学专业入选学校课程思政示范专业建设，广播电视编导专业、播音与主持艺术专业入选学校一流本科专业建设。

内江师范学院范长江新闻学院上半年完成网络与新媒体、新闻学2个新增学士学位授权专业评审，下半年完成2022版播音与主持艺术、网络与新媒体、新闻学三个专业人才培养方案修订。

(2)教学改革

四川大学新闻学院获四川省第九届教学成果奖二等奖2项，获四川省2021—2023年高等教育人才培养质量和教学改革项目重点项目1项、一般项目2项。四川大学讲席教授陈力丹与张玉川副教授主编修订的“十二五”普通高等教育本科国家级规划教材《外国新闻传播史纲要》(第3版)出版，操慧教授主编的教育部首批特色专业建设教材《新闻采写教程(第二版)》于2022年11月出版。

成都大学文学与新闻传播学院获批立项四川省教育厅四川省高等教育人才培养质量和教学改革项目1项；教育部产学合作协同育人项目1项；“社会学概论”立项四川省教育厅“课程思政示范课程”。

西南民族大学新闻传播学院开设混合式教学课程5门、校级教改课题5项、课程思政示范项目1项、校级一流课程2项。

成都理工大学传播科学与艺术学院2022年全系新增校级课程教学改革试点课程6门，省级一流课程1门。公开发表教改论文5篇。全系教师30余人次积极参加教学培训。

西南科技大学文学与艺术学院新闻系“新闻伦理学”课程参加校级课程评估并获评“优秀”，该系教师教改项目获得西南科技大学一般教育教学改革与研究项目成功立项；“传播学理论”获得校级在线开放课程立项。

内江师范学院范长江新闻学院4名教师获得校级教改立项，2名教师获得省级教改立项。

(3)特色教学

西南民族大学新闻传播学院以铸牢中华民族共同体意识为抓手，实施“中国新闻传播大讲堂”，强化马克思主义新闻观实践教学。

成都理工大学传播科学与艺术学院持续开展“密苏里大学—成都理工大学新闻传播教学周暨海外教授讲学周”。该教学周作为新闻传播系的品牌活动已举办5届。

成都锦城学院文学与传媒学院传媒系网络与新媒体专业的“新媒体新锐创新实验

班”继续开设“头条学院新媒体定向班”。

(4)产学研合作

四川大学文学与新闻学院分别与新华文轩、四川大学出版社签署合作协议，围绕专项课题研究、实验室建设等展开深度合作。

成都大学文学与新闻传播学院在教育部“供需对接就业育人项目”框架下，与北京字节跳动科技有限公司签署了就业实习基地协议。

西南民族大学新闻传播学院与四川日报报业集团、成都传媒集团、四川广播电视台、成都市广播电视台、《中国民族报》《新京报》、南风窗、新浪网、喜马拉雅等大型主流媒体和新媒体机构共建实习基地，从中聘请一大批传媒精英担任行业导师、外聘教师。

西华师范大学新闻传播学院和中央电视总台国际在线、中华网共建实习就业基地。与遂宁传媒集团、武胜融媒体中心、高坪融媒体中心、四川德懋农业发展有限公司等单位签订实习就业基地协议。

成都锦城学院文学与传媒学院传媒系与封面传媒、潍坊千百滋食品有限公司术语通(重庆)数据科学研究院有限公司签订合作协议，推进产学研互动与人才培养。

成都体育学院新闻与传播学院分别与成都市龙泉驿区融媒体中心、成都思达普科技有限公司签订实习基地合作协议。

内江师范学院范长江新闻学院新签基地(内江市公安局融媒体中心、《四川日报》内江办事处)2个，学院的实习基地达到11个。

(5)学生活动

西南民族大学新闻传播学院2022年下半年疫情防控期间成立了新传学院战“疫”临时学生党支部，学院通过“长短镜”报社、微电影协会和“马新观”理论研习社，开展专业实践相关的竞赛活动、读书活动。学院“格桑花”暑期社会实践团获评该校2022年暑期社会实践十佳团队。

西南科技大学文学与艺术学院新闻系学生参加由长虹公司发起的“遇见青春”长虹草莓台高校大学生创新创业直播大赛并获得二等奖和“最佳风采展示奖”。

(6)获奖情况

四川大学新闻学院4个学生团队分获第七届中国数据新闻大赛二等奖、三等奖、最具传播力奖及优秀奖，5位教师获优秀指导教师奖。2项成果获四川省第九届高等教育教学成果奖二等奖(1项牵头、1项参与)。学院报送的2篇作品分别荣获第32届中国新闻奖国际传播类和典型报道类三等奖。教育部发布社区教育“能者为师”典型案例推介名单，操慧教授的《“以学促谐”：“四力”联动推进社区教育实践的路径与成效》入选社区治理与应急管理类案例。

成都大学文学与新闻传播学院在2022年学生有累计20项作品获国家级、省部级学科竞赛奖励，其中《让爱无“碍”——我们离一个信息无障碍的世界还有多远?》获第七届中国数据新闻大赛一等奖。

成都理工大学传播科学与艺术学院在高级别学科竞赛中，全系斩获全国一等奖2项，全国二等奖11项、全国三等奖10项，省级一等奖30项、二等奖47项、三等奖60项；教师参加教学竞赛，获得国奖2项。

成都体育学院新闻与传播学院1名学生获得第九届“未来金话筒”主持人大赛大学组全国总决赛的全国百强荣誉；2个影视作品分别获得大广赛全国三等奖和全国优秀奖。本科学生在2022四川省大学生新媒体创意大赛中，在短视频赛项中共获得三等奖2项，在新媒体写作赛项中共获得一等奖1项、二等奖4项、三等奖4项。

西南民族大学新闻传播学院在2022年期间学生获得省级奖项12项，其中省级一等奖2项、二等奖4项、三等奖8项，中国好创意大赛暨全国大学生数字艺术大赛国家级二等奖1项，中国国际“互联网+”大学生创新创业大赛校级奖14项。学院老师获得四川省广播电视学会论文类二等奖。

西华师范大学新闻传播学院2名学生获“中国大学生自强之星”，1名学生被团中央评为“优秀通讯员”。

西南科技大学文学与艺术学院新闻系2022年有1名学生获得中国好创意暨全国数字艺术设计大赛三等奖、3名学生获得中国大学生计算机设计大赛三等奖、4名学生分别斩获全国大学生广告艺术大赛二等奖、三等奖和优秀奖等。新闻系调研报告获绵阳市第十八次社会科学优秀科研成果评奖三等奖；教师专著获绵阳市第十八次社会科学优秀科研成果评奖三等奖。

成都锦城学院文学与传媒学院传媒系老师积极指导学生参加各项比赛，获得各级奖项共计30余项。

内江师范学院范长江新闻学院2名教师分别在学校教师创新大赛中获得一等奖、二等奖；1名教师在学校青年教师大赛中获得二等奖；2名教师在学校“第二届课程思政比赛”中获得三等奖2项。在学生方面，获得四川省大学生主持人大赛三等奖6项；四川省大学生乡村振兴网络主播大赛获得专业组二等奖1项、三等奖3项、非专业组二等奖1项、三等奖1项。

(7)立德树人举措与典型

四川大学新闻学院党委创新工作思路与方法，注重在老师群体中发现和培育师德楷模，利用学院官微特别推出“文新人物榜”系列报道7期，“文新团队课巡览”4期，“文新读书会”5 期，对立德树人优秀典型、先进事迹进行宣传，用真人真事诠释师德内涵。学院党委获评四川大学 2022 年先进基层党组织称号与表彰，胡易容教授、饶广祥副教授等被评为“四川大学先进个人”。

1.2.15.2 科研成果

四川大学新闻学院获批 2022 年度国家社科基金重大项目 1 项，一般项目 1 项，青年项目 1 项，优博出版项目 1 项。

四川省社会科学院新闻传播研究所新立项课题 12 项，其中省级课题 7 项，院级课题 5 项。

成都大学文学与新闻传播学院立项“情感传播视野下天府文化跨文化传播机制研究立项”“成都城市形象国际传播力建设与提升路径研究”等课题多项；出版专著《电视民生新闻的文化研究》和《中国广播电视国际传播能力建设研究》。此外，立项“成都报纸新闻质量考评”“成都市级广播新闻阅评”等课题多项，3 项研究报告获得省委领导批示。

西南民族大学新闻传播学院获得 1 项国家社科项目、1 项国家艺术基金项目、2 项省部级项目、6 项校级项目获批准立项。

成都理工大学传播科学与艺术学院新增研究报告获得肯定性批示 1 项，新增省级人文社科类科研成果奖申报 2 项，厅级人文社科成果申报 2 项；新增公开出版著作 1 项，在国际性学术会议、全国性学术会议上做主旨报告或特邀报告 6 人次，新增人文社科项目立项省级项目 1 项，厅级项目 6 项。

西华师范大学新闻传播学院获批省级项目 1 项，厅级项目 4 项，横向项目到账 16 万元，出版教材 1 部。

西南科技大学文学与艺术学院新闻系出版专著 1 部，获校级高教研究项目立项 1 项，获得 2022 年度四川网络文学发展研究中心一般项目立项 1 项。

成都锦城学院文学与传媒学院传媒系 2022 年度出版《视频号博主实操攻略》专著和《计算机网络原理》教材；发表论文 50 余篇；课题 4 项，其中包括两项教育部协同育人项目；申请专利 2 项。

成都体育学院新闻与传播学院 2022 年度获得省部级社科基金立项 4 项；《体育组织与传播》教材初步完成了编写工作，拟于 2023 年出版。

内江师范学院范长江新闻学院获四川省 2022 年度社科规划项目(普及项目)立项 1 项，校级科研项目立项 5 项。

1.2.15.3 交流合作

(1)会议论坛

四川大学新闻学院7月15日协办“融合出版与数字人文传承学术研讨会”，8月20至21日主办第二届全国出版学博士生学术论坛，10月22日承办“探源与创新：中国认知传播学研究对话”论坛，11月12日承办中国新闻史学会新闻传播教育史专业委员会、中国新闻传播教育年鉴编委会2022年学术年会，11月25日联合承办首届全国出版学院论坛。

四川省社会科学院新闻传播研究所于6月12日联合主办2022年新闻传播学科建设与研究生培养院长论坛。

西南民族大学新闻传播学院2022年召开了2场学科建设推进学会议。

成都大学文学与新闻传播学院于9月以腾讯会议方式在线举行“讲好中国故事，推动中国纪录片高质量发展”主题高端论坛。

西华师范大学新闻传播学院举办第七届四川省大学生主持人大赛，川渝两地27所高校1300多名学生参赛。

成都体育学院新闻与传播学院于6月12日主办“2022年新闻传播学科建设与研究生培养院长论坛”，8月29日与中国人民大学新闻学院党政领导班子举行云端见面会，9月24日承办第四届中国体育传播青年学者论坛，11月27日主办“新闻传播一流专业建设高端论坛”，12月18日承办“体育强国与全媒体传播体系建设高端论坛”线上会议。

(2)调研实践与交流

四川大学新闻学院以部校共建新闻学院为抓手，加强产学研协同育人机制。学院师生代表多次赴成都传媒集团“红星新闻”、四川日报报业集团传媒研究中心、新华文轩等开展调研，就深化协同育人机制、推进学界和业界深度合作等工作进行座谈交流。

西南民族大学新闻传播学院开展民族地区融媒体发展调研，分头赴四川省甘孜、阿坝、凉山三州，以及马边县、峨边县、北川县的报社、电视台、融媒体中心进行调研。

西南科技大学文学与艺术学院新闻系1位教师获得国家公派访问学者项目资助，前往挪威卑尔根大学开展了为期一年的访学。

内江师范学院范长江新闻学院参与市级调研2次，组织学术专题讲座5场，参与协办范长江手迹作品展开幕式1次，组织“范长江研究与新时代人才培养”专题学术研讨会1场。

1.2.15.4 实验室建设

四川大学新闻学院“中华文化传承与全球传播数字融合实验室”获批四川省首批哲学社会科学重点实验室，同时还入选国家新闻出版署2022年度出版智库高质量建设计划。

成都大学文学与新闻传播学院实验室建设扎实推进，2022年投入100万元，对数字媒体创作实验室的设备进行更新和添置，并在数字媒体创作实验室中增设了摄影棚。

成都体育学院新闻与传播学院“体育文化与宣传战略研究中心”入选国家体育总局体育高端智库，“全民健身智慧化协同创新实验室”入选四川省社科重点实验室。

西南科技大学文学与艺术学院新闻系的“新媒体互动传播实验室”于2022年投入使用。

综上，四川省新闻传播教育在2022年进一步聚焦人才培养系列工作，立足学科发展传统，凝练各自特色，顺利完成学科建设及相关评估工作，尤其在疫情形势下不放松对外交流与基础建设，切实推进了省内不同院校定位的持续发展。

（四川大学新闻学院　骆世查、曾元祥）

1.2.16 2022年度湖北省新闻传播教育发展综述

1.2.16.1 2022年湖北省新闻传播教育的宏观态势

2022年，湖北地区高校新闻传播专业继续以“双一流”本科专业建设为抓手，在专业建设、教学创新、科学研究、人才培养等方面锐意进取，真抓实干，取得较大进展。

2022年6月，教育部公布2021年国家一流专业建设点名单，湖北省又有一批共15所高校的新闻传播类和相关类专业入选国家级或省级一流本科专业建设点，其中，10所高校的新闻传播类和相关类专业入选国家级一流本科专业建设点(见表1-17)。

表1-17　**湖北省新闻传播类和相关类专业入选国家级和省级一流本科专业建设点(2021)**

序号	学校名称	国家级一流本科专业建设点		省级一流本科专业建设点	
		新闻传播类专业	新闻传播相关类专业	新闻传播类专业	新闻传播相关类专业
1	武汉大学	传播学			
2	华中科技大学	传播学		广告学	播音与主持艺术
3	华中师范大学			广播电视学	

续表

序号	学校名称	国家级一流本科专业建设点		省级一流本科专业建设点	
		新闻传播类专业	新闻传播相关类专业	新闻传播类专业	新闻传播相关类专业
4	中南财经政法大学	新闻学		广播电视学	
5	华中农业大学			广告学	
6	中南民族大学	广告学		广播电视学	
7	中国地质大学(武汉)	广播电视学			
8	湖北大学	广告学			
9	黄冈师范学院		广播电视编导		
10	荆楚理工学院		广播电视编导		
11	武汉东湖学院	新闻学			
12	武汉工商学院	广告学			
13	武昌首义学院			新闻学	
14	武汉传媒学院			网络与新媒体	
15	武汉学院			网络与新媒体	

湖北省高等教育学会新闻传播教育专业委员会十分重视一流专业建设，多次召开会议进行专题研讨。6月18日，由湖北省高等教育学会新闻与传播教育专业委员会主办、武汉纺织大学传媒学院承办的2022年“时尚传播与创意审美”学术研讨会暨2022年湖北省高等教育学会新闻与传播教育专业委员会第一次常务理事会，会议专题研讨2022年湖北省新闻传播一流专业建设，多位专家作了专题发言。

6月22日下午，“教与学的革命”珞珈论坛新闻与传播学院分论坛——教材建设研讨会在武汉大学新闻与传播学院新闻传播学国家级实验教学示范中心融媒体实验室举行。此次研讨会旨在推动一流本科专业建设，全面提升教材建设的质量。研讨会邀请的主讲嘉宾是中国人民大学出版社人文分社副社长翟江虹副编审。她结合新闻与传播学院教材建设的具体问题，聚焦《优秀教材三问》这一主题进行了分享讨论。武汉大学一流本科专业建设项目·规划教材建设项目组成员、新闻与传播学院网络传播系和广告系部分教师、融媒体实验室教师等参与了交流。

7月9日，由湖北省高等教育学会新闻与传播教育专业委员会主办、湖北经济学院新闻与传播学院承办的“新文科背景下新闻传播学类一流专业建设研讨会”在湖北经济学院笃行楼召开。来自全省各地的 30 多位教授、专家学者及湖北省新闻传播相关专业负责人参加了会议。

7 月 11 日下午，武汉东湖学院新闻学国家一流专业建设暨实验室建设方案专家论证会在行政楼 B 座 4 楼会议室召开。武汉大学新闻与传播学院院长强月新教授、副院长洪杰文教授，华中科技大学新闻与信息传播学院院长张明新教授、副院长郭小平教授，湖北省广播电视总台编办主任曹曦晴应邀出席会议。武汉东湖学院校长李冬生，副校长卢波涛、许承光，教务处处长李德庆，实验管理办公室主任文毅，文法学院领导及相关教研室主任参加了会议。

12 月 15 日上午，湖北第二师范学院新闻与传播学院举行新闻学国家级一流本科专业建设研讨会(线上线下)，华中师范大学副校长彭南生、北京大学新闻与传播学院院长陆绍阳、武汉大学新闻与传播学院院长强月新、江西师范大学副校长项国雄、中国传媒大学本科生院院长王晓红、中华女子学院院长刘利群、华中科技大学新闻与信息传播学院院长张明新、中国政法大学光明新闻传播学院常务副院长姚泽金、北京交通大学语言与传播学院教授闻学、西北大学新闻与传播学院教授韩隽等 10 位教授发表主题演讲及深度报告，结合时代背景分享他们的研究成果以及对一流专业建设的思考。

为适应融媒体发展环境，开展教学改革创新，湖北高校开展积极探索。8 月 21 日，新文科背景下新闻传播学课程思政建设研讨会暨湖北省大学生新闻传播教育创新实践技能竞赛评审会在湖北师范大学举行，会议地点设在黄石广播电视台会议厅。此次会议由湖北省高等教育学会新闻与传播教育专业委员会主办，湖北师范大学承办。开幕式后，来自武汉大学、华中科技大学、湖北大学等 7 所省内高校的新闻传播学专业负责人，分别介绍了各自高校新闻传播学和课程思政融合建设的经验，涵盖新闻传播学专业课程设计方案、学生社会实践案例、教学质量水平等方面。

许多高校走出校门，积极与社会、与媒体企业合作，探索人才培养新路径，搭建人才培养新平台。2022 新年伊始，武汉华夏理工学院网媒系教研组应武汉四季风传媒有限公司邀请，前往公司所在地武汉服饰抖音直播基地参访调研，就校企合作方案进行了务实性的探讨。四季风与抖音基地的政府助农项目极好地契合高校互联网+、挑战杯等创新创业比赛，为学生创新创业、讲好湖北故事、家乡故事创造机会。三方负责人表示，坚持在产学研合作上持续发力，会培养和输送出更多创新型、应用型人才。2022 年 4 月 27 日上午，由三峡大学和湖北日报传媒集团三峡分社共建的三峡大学融媒体中心揭牌成立。三峡大学党委书记何伟军，宜昌市委常委、宣传部部长周正英共同为三峡大学融媒体中心揭牌。三峡大学党委常委、宣传部部长张锐，湖北日报传媒集团三峡分社社长唐晓安签订共建三峡大学融媒体中心协议。

2022年5月24日上午，中国地质大学艺术与传媒学院与湖南地大文化传媒有限公司签订产学研全面战略合作协议。6月23—27日，中南民族大学民族文化影像传播实验教学中心与福建省广播影视集团、厦门广播电视集团签订合作协议。根据协议，双方将在加强人才供需信息交流、人才供需精准对接、促进就业实习和见习、开展人才跟踪评价等方面进行深入合作。2022年7月5日，黄冈师范学院与华视传媒集团达成校企合作。黄冈师范学院党委常委、纪委书记、监察专员胡娟一行参访华视传媒，为黄冈师范学院与华视传媒校企合作专业实习基地进行授牌，并就校企合作事宜举行座谈会。8月武汉纺织大学传媒学院与恩施州广电传媒商讨校台校企合作、就业实习基地建设等事宜，学院希望通过交流，进一步加强双方在人才培养、学科建设、科学研究和社会服务等方面的合作，建立校台校企长效合作机制，共同推进融媒体人才培养理论与实践融合共进。9月29日上午，湖北文理学院文传学院一行赴黄冈日报社考察交流，并与黄冈日报社签订共建研究生联合培养基地协议。双方就研究生专业实践、研究生培养的产教融合工作如校外兼职导师聘用、媒体专家进课堂、合作科研项目等事宜进行了深入交流。9月30日，中南财经政法大学校党委副书记陈明带队，新闻与文化传播学院院长罗晓静、党委书记黄俊雄等一行赴湖北今古传奇传媒集团开展“访企拓岗促就业”专项活动，同时举行了“就业育人”项目基地揭牌仪式。

12月30日“新时代新征程记者的使命与担当·2022中国新闻传播大讲堂”湖北高校新闻传播学院集体学习会顺利举行。该集体学习会由教育部高等学校新闻传播学类专业教学指导委员会副主任委员、湖北省高等教育学会新闻与传播教育专业委员会会长、武汉大学新闻与传播学院院长强月新教授主持。武汉大学、华中科技大学等湖北22所高校新闻传播学院2000余名师生通过腾讯会议室共同在线参加了学习会。“中国新闻传播大讲堂”中国传媒大学编创团队负责人、教育部高等学校新闻传播学类专业教学指导委员会主任委员高晓虹教授作导学致辞，中国传媒大学编创团队成员翁旭东、曲伸、卢肖依、李超鹏分别作主题分享。

1.2.16.2 部校共建新闻学院情况

2022年湖北地区高校参与部校共建新闻学院的仍然为6所，即武汉大学、华中科技大学、华中师范大学、中南财经政法大学、湖北大学、武汉体育学院。

2022年1月13日，中南财经政法大学新闻与文化传播学院根据关于“部校共建”新闻与文化传播学院项目管理工作的统一部署，发布了两项通知：一是公布开展2021年部校共建科研创新团队项目的结项工作的具体事宜，主要包括结项对象、结项要求及结项时间等，其中结项对象共有14项；二是公布对2021年部校共建科研重点团队项目及精品智库共建项目实施中期考核的具体事宜，主要包括考核对象、考核内容及考核流程等，其中考核对象中科研重点团队项目5项，精品智库共建项目1项。3月17日，中南财经政法大学新闻与文化传播学院根据部校共建新闻与文化传播学院项目管理工作的要求，组织评审专家对15项部校共建新闻学院创新团队项目进行了结项评审。

6月22日下午，武汉大学“教与学的革命”珞珈论坛新闻与传播学院分论坛——教材建设研讨会在新闻传播学国家级实验教学示范中心融媒体实验室举行。近10年来，在部校共建新闻与传播学院的过程中，武汉大学新闻与传播学院专门出台政策、拨出经费大力支持教材立项与出版，此次研讨会分享了优秀教材的建设经验，旨在促进教材建设质量和水平的提高。

华中科技大学新闻与信息传播学院青年教师王昀和硕士研究生杨寒情长期对乡村视频博主进行研究，写成《制造“乡愁”：乡村视频博主的内容生产与职业身份生成》一文在2023年1月1日出版的《社会学研究》发表，该成果系中共湖北省委宣传部与华中科技大学部校共建新闻学院项目(2020E08)的阶段性成果之一。

1.2.16.3 新闻传播教学与研究动态

2022年，武汉大学成功举办了一系列专业性学术会议，如“文明互鉴视域下的跨文化传播论坛”“第六届中国传播创新论坛”等，全国各地众多专家学者参加会议，就新闻传播领域的现状和发展方向等问题进行深度交流。2022年6月22日，“教与学的革命”珞珈论坛新闻与传播学院分论坛——教材建设研讨会在武汉大学新闻传播学国家级实验教学示范中心举行。11月12—13日，由宁夏大学新闻传播学院、武汉大学媒体发展研究中心(教育部人文社会科学重点研究基地)联合主办的“文明互鉴视域下的跨文化传播论坛”在云端以腾讯会议形式成功举行。来自清华大学、中国人民大学、浙江大学、暨南大学、武汉大学、宁夏大学的六校学者就当前中国跨文化传播自主知识体系建构中的理论和方法问题展开对话。11月19日，“2022年武汉大学全国广告与媒介经济博士生论坛暨第十三届华中地区研究生新闻传播学术论坛”在武汉大学新闻与传播学院举办。此届论坛由武汉大学党委研究生工作部、武汉大学研究生院主办，武汉大学新闻与传播学院承办。论坛由上午场嘉宾论坛和下午场学生论坛两部分组成，与会嘉宾和学生围绕“大数据与数字广告的未来发展”主题进行了深入讨论。12月3日，由武汉大学新闻与传播学院及其所属的研究机构主办的智能媒体与智能营销传播发展高端论坛暨第四届智能营销传播学术工作坊线上会议成功举办。会议聚焦人工智能背景下媒体和营销传播领域的变革、机遇和挑战，由上午场高端论坛主旨演讲和下午场学术工作坊专题讨论两部分组成。来自清华大学、北京师范大学、中国人民大学、中国传媒大学、复旦大学、美国密歇根州立大学、华南理工大学、武汉大学等国内外知名高校的专家学者分享了智能媒体与智能营销传播前沿研究成果。2022 年 12 月 13 日，武汉大学媒体发展研究中心、武汉大学新闻与传播学院、宁夏大学新闻传播学院联合主办“第六届中国传播创新论坛(2022)暨宁夏大学新闻传播学科发展与新闻教育研讨会”会议同时举办“第五届中国传播创新研究工作坊(2022)”。来自 15 所高校和机构的 54 位学者及全国人大代表参会，共发表 7 场主旨演讲和 19 篇最新研究作品，对全球社会结构转型背景下中国传播发展的新议题和新方向进行讨论。与会专家学者就中国阿拉伯国家合作新契机、脱贫攻坚背景下的移民文化、媒介界面理论、国际传播、跨文化传播、宁夏历史和地区形象、新闻传播学科发展等议题分享了最新思考。

2022 年 5 月 14—15 日，中国故事国际传播高峰论坛在华中科技大学召开。论坛由中国故事创意传播研究院联合中国外文局当代中国与世界研究院、中国社会科学院新闻与传播研究所、华中科技大学新闻与信息传播学院和深圳大学媒体融合与国际传播研究中心主办。主旨论坛环节由深圳大学媒体融合与国际传播研究中心常江教授主持，中国人民大学新闻学院副院长、中国新闻史学会会长王润泽教授担任评议人。暨南大学党委书记林如鹏教授、中国社会科学院新闻与传播研究所所长胡正荣教授、华中科技大学党委常委、副校长许晓东教授、中国人民大学党委副书记、副校长胡百精教授、北京电影学院党委副书记、副校长胡智锋教授、中国外文局当代中国与世界研究院院长于运全以及清华大学新闻与传播学院常务副院长陈昌凤教授等参加此次论坛。鉴于国内疫情防控需要，论坛以线上与线下结合的形式召开。来自中国外文局、清华大学、中国人民大学、浙江大学、香港城市大学、武汉大学、华中科技大学等 53 家高校、政府机构、智库的领导、专家、学者、研究生围绕主题“大变局下的中国故事讲述之道”，聚焦中国故事国际传播的时代背景、价值意义、知识体系、公共实践等议题展开了深入热烈的研讨。6 月 25—26 日，华中科技大学新闻与信息传播学院、浙江大学传媒与人文学院与中国新闻史学会公共关系专业委员会(PRSC)联合主办了第六届中国公共关系学术年会。年会主题为“战略传播与中国之治”，大会邀请了 2022 年北京冬奥会、杭州亚运会、成都大运会战略传播团队与相关领域的海内外专家学者、业界精英，共同商讨了国家重大公关活动的品牌传播、大型国际赛事的国际舆论引导、如何通过国家重大公关活动讲好中国故事等内容。2022 年 8 月 24 日，“第九届国家传播战略高峰论坛”在北京召开。此次论坛由大数据与国家传播战略教育部哲学社会科学实验室、中央民族大学新闻与传播学院、华中科技大学国家传播战略研究院、华中科技大学新闻与信息传播学院共同主办。会议围绕“智能新媒体与国际传播能力建设”“寰球民意与国际政治”“新型国际关系与国家形象传播”三个议题展开，来自学界、业界的 50 余位专家学者和媒体从业者参与会议分享观点，共同探讨国际传播的新格局、新战略与新路径。12 月 10—11 日，由华中科技大学新闻与信息传播学院主办的“2022 智能传播与健康治理国际学术研讨会”在线上成功举办。来自美国、英国、新加坡、白俄罗斯，以及中国内地、香港、澳门、台湾等国家和地区的近 1400 名专家学者齐聚云端，以“反思与超越：疫情、媒体与公共健康”为主题，就数字技术赋能环境下全球健康传播的经验与教训，以及人类卫生健康共同体构建的理念与策略，展开学术研讨与对话。

2022 年 6 月 18 日，湖北大学新闻传播学院、国家社科基金重大项目“中国近现代新闻团体资料搜集、整理与研究”课题组举办“中国近现代新闻团体研究学术研讨会”。来自 10 多所高校新闻史研究领域的学者 50 余人相聚湖北大学新闻传播学院，以线上线下结合的方式研讨交流。中国社会科学院新闻与传播研究所原所长、湖南师范大学新闻传播学院院长尹韵公，国务院学位委员会新闻传播学科联席召集人唐绪军，中国新闻史学会会长、中国人民大学新闻学院副院长王润泽，中新闻史学会秘书长、中国人民大学新闻学院教授邓绍根，中国传媒大学新闻学院教授艾红红，安徽大学中国报刊与社会历史研究所所长、新闻传播学院教授王天根，重庆大学新闻传播学院教授、抗战新闻传播史研究中心主任齐辉，暨南大学新闻传播学院教授赵建国，《现代传播》副主编张国涛，《新闻记者》主编刘鹏，《新华文摘》编审刘永红，课题组成员等出席会议。

2022 年 4 月 11 日，中南财经政法大学新闻与文化传播学院(以下简称“新闻学院”)在文波楼五楼会议室召开《长江新闻号》开播十周年特别节目策划会。湖北广电融媒体新闻中心副主任王强、《长江新闻号》主编解炜、技术部主任乔虎、视觉创意部主任马培、《长江新闻号》副制片人张六超等 9 名资深媒体专家来到学院就相关情况进行讨论交流。新闻学院副院长张雯、新闻系教授石永军等参加会议。

1.2.16.4 科研项目情况

根据 2022 年度国家社科基金项目立项公告，湖北地区新闻院系年度内承担新闻传播学相关的国家社科基金项目共 14 项。其中，国家社科基金重大项目 2 项，分别是武汉大学吴永贵的民国时期出版管理档案资料整理与研究、华中科技大学徐明华的基于人工智能的精准国际传播研究；重点项目 1 项：华中科技大学袁艳的抗疫动员中社交媒体与邻里空间的互动机制研究。湖北地区一般项目共 7 项，分别是：华中科技大学何志武的“县级融媒体参与乡村治理的模式与效果研究”、中南财经政法大学张承德的“基于短视频跨媒体多模态融合的重大突发事件国际舆论引导机制研究”、华中科技大学刘锐的“短视频内容生态的人机协同治理模式研究”、武汉大学杨嫚的“乡村振兴背景下返乡青年的数字影像实践及乡村生活方式重建研究”、武汉大学方卿的“出版业高质量发展的目标与考核体系研究”、湖北大学刘宝珍的“邹韬奋抗日救国言论研究”、湖北大学刘晗的“国际传播视野下中国文化元典数字记忆建构研究”。青年项目2项，分别是：武汉理工大学唐伶俐的“数据驱动短视频版权生态链构建的机理与路径研究”、中南财经政法大学张思怡的“媒介融合环境下党媒传播实践与社会整合机制研究”。

另有2项国家社科基金后期资助项目：武汉大学王敏的“国际传播视阈下文化形象建构研究”与湖北大学聂远征的“城市社区媒体的融合发展与协同治理”。

1.2.16.5　相关重要信息

2022年4月，华中科技大学新闻学院徐明华教授所著的《情感传播：理论溯源与中国实践》由社会科学文献出版社出版发行。该书是国内第一本以“情感传播”为理论核心的研究专著，其以一种具有理论体系的情感逻辑去解释纷繁复杂的社会现象和人类传播行为，以此探寻情感研究与当代中国社会发展之紧密关系。该书从多学科视角出发对情感研究做出全面系统的梳理，为当下情感研究领域提供了系统的理论参考。

同月，中南民族大学李锦云副教授撰写的《中华文化对外传播研究》由中国社会科学出版社出版，该书回顾了中华文化对外传播的历史，分析了中华文化对外传播的特点，聚焦新时代中华文化对外传播格局，探讨了中华文化对外传播的路径。

9月，华中师范大学媒介伦理与媒介管理研究中心主任、新闻传播学院教授张勇军出版了学术专著《传媒退出——移动互联网时代媒体的涅槃之道》，该书为传媒经营管理提供了一个新的研究领域，也为构建有中国特色的传媒退出机制，完善传媒管理制度提供理论支撑和决策参考，同时，还对传媒业有序退出提供可操作性的措施建议。

2022年9月中旬，第十三届湖北省社会科学优秀成果奖公布。华中科技大学张昆教授的文章《中美两国的世界观念与国家印象》获论文类一等奖。何志武教授的文章《在线的民间智库：网络民意与公共政策的互动》获著作类二等奖。陈先红教授的文章《“讲好中国故事系列”系列学术论文》(6篇)获论文类三等奖。武汉大学吴世文教授的文章《多维视野下的中国互联网历史研究系列论文》获论文类二等奖。强月新教授的文章《线性思维、互联网思维和与生态思维——新时期我国新闻发展思维的嬗变路径》获论文类三等奖。湖北大学郑忠明副教授的文章《思想的缺席：罗伯特·E. 帕克与“李普曼-杜威争论”——打捞传播的知识社会学思想》获论文类三等奖。华中师范大学段然博士的文章《“舆论/publicopinion?”一个概念的历史溯源》获论文类三等奖。中南财经政法大学王继周博士的文章《民族志与新闻传播学知识生产的全球图景——基于45份SSCI的期刊文献的知识计量学研究》获论文类三等奖。中南民族大学陶喜红教授的文章《中国传媒产业生态系统健康评价研究》获著作类二等奖。武汉体育学院万晓红教授的文章《基于

GIS 理论的我国体育国际形象传播路径研究》获著作类三等奖。张德胜教授的文章《大型赛事媒体运行研究》获著作类三等奖。

2022 年 10 月，第九届湖北省高等学校教学成果奖公布。武汉大学《五位一体，融合创新：基于跨学科的新闻传播人才培养模式探索与实践》荣获特等奖。华中科技大学《媒体融合背景下新闻传播基础理论课程群综合改革探索与实践》、湖北大学《基于政产学“三螺旋”模型的融媒体课程体系创建与实践》、中南民族大学《“四链”互嵌，“四能”互融：数字人文传播人才培养的创新与实践》、武汉体育学院、上海体育学院、广州体育学院《新媒体时代体育解说评论人才“四协同四育人”培养模式的探索与实践》荣获一等奖。中国地质大学(武汉)《科普传播特色人才培养体系的构建与实践》、湖北第二师范学院《新闻传播类课程思政“5331”教学体系构建与实施》、荆楚理工学院、淮阳师范学院、荆门广播电视台《“四力”导向的基层全媒体人才培养“133”模式建构与实践》荣获二等奖。湖北师范大学、湖北大学、黄石市广播电视台《卓越新闻人才“三重培养、三线产出”协同育人模式探索与实践》、湖北民族大学《“一体两育三跨越”——民族院校卓越传媒人才培养模式创新与实践》、黄冈师范学院、湖北经济学院《能力产出导向的传播与艺术类专业人才培养创新实践》、武汉信息传播职业技术学院、武汉软件工程职业学院、湖北知音传媒股份有限公司《高职院校融媒体应用类专业“一网四微，两阶三步”实践教学体系创新与实践》荣获三等奖。

(湖北大学新闻传播学院　廖声武、柯江、毛正豪、刘玉茹、刘灿灿、李思祎、尹启林、吴筝)

1.2.17　湖南省新闻传播教育 2022 年度发展综述

2022 年是新时代新征程中具有里程碑意义的一年。党的二十大将教育作为全面建设社会主义现代化国家的基础性、战略性支撑进行系统谋划，极具战略意义和深远影响。这一年，湖南省新闻传播院校持续推进一流专业建设和教学改革，打造高水平课程和教材，深化部校共建与校企合作，推进实验实践教学基地提质升级，全面夯实教育教学基础，在教学科研等领域取得了可喜进展。

1.2.17.1　新闻教育与教学改革

(1)专业建设与招生规模

2022 年湖南省新闻传播院校进一步深化一流学科建设，强化专业内涵。全省新增国家级一流专业建设点 7 个；省级一流专业建设点 3 个(见表 1-18)。衡阳师范学院新闻与传播学院新媒体传播创新创业教育中心入选湖南省普通高校创新创业教育中心。

表 1-18　　　　**湖南省 2022 年新增一流专业建设点一览表**

专业 层级	新闻学	广告学	编辑出版学	网络与新媒体	数字出版	广播电视编导	播音与主持艺术
国家级一流专业	长沙理工大学	湖南大学 湘潭大学	湖南师范大学		中南大学	湖南大学	湖南师范大学
省级一流专业		湖南科技学院		怀化学院			湖南大学

2022 年，湖南大学新闻与传播学院招收博士研究生 5 人、硕士研究生 113 人、本科生 223 人。湖南师范大学新闻与传播学院招收博士研究生 8 人、硕士研究 123 人、本科生 375 人。中南大学广播电视学专业停招，数字出版专业招生 260 人。湘潭大学文学与新闻学院招收硕士研究生 81 人、本科生 202 人。长沙理工大学招收硕士研究生 43 人，新闻学专业招收本科生 80 人(其中新闻卓越班招生 45 人)，网络与新媒体专业招收本科生 55 人。吉首大学新闻学专业招生 80 人，网络与新媒体专业招生 109 人。湖南工业大学新闻传播学专业大类招生 159 人。湖南科技大学 2022 年招收硕士研究生 45 人，本科生 209 人(其中新闻学 135 人、广告学 74 人)。湖南工商大学新闻传播学大类招收 80 人。湖南文理学院新闻学专业招收 59 人。湖南女子学院网络与新媒体专业招收 120 人，播音与主持艺术专业招收 60 人。长沙学院马栏山新媒体学院新闻专业招收 123 人。

(2)课程与教材建设

2022 年的课程与教材建设中，湖南女子学院文学院“电视节目主持”被评为省级一流本科课程；湖南大学新闻与传播学院 2022 年新增校级高水平通识课程“媒介与社会”；湖南工业大学文学与新闻传播学院新增校级一流本科课程“广告文案智能创作”“明清小说研究”“影视剧本创作”；衡阳师范学院新闻与传播学院提质 6 门省级课程的建设，同时进一步培育和强化优质课程。

教材建设方面，湖南师范大学新闻与传播学院、湖南工业大学文学与新闻传播学院各入选湖南省研究生优秀教材 1 部。吉首大学文学院新增省级重点教材《网络舆情教程》。

(3)课程思政建设

2022 年，湖南省新闻传播院校高扬马克思主义新闻观旗帜，持续推进课程思政建设。湖南师范大学新闻与传播学院陈淼老师在 2022 年湖南省课程思政教学竞赛中获得省级一等奖。湖南文理学院文史与法学学院、湖南科技学院传媒学院(教师教育学院)在校级课程思政教学比赛中各获一等奖 1 项。

吉首大学文学与新闻传播学院新增省级重点课程思政建设1项。湖南大学“新闻编辑”立项为校级课程思政示范课程。中南大学文学与新闻传播学院开展课程思政建设项目1项。湖南工业大学文学与新闻传播学院的“广告法规”“纪录片创作”获校级课程思政建设研究项目立项，持续建设“新闻编辑”“影视编剧与导演”及师德师风培训课程“教育情怀”等校级课程思政示范课程。湖南女子学院文学院“播音创作基础(实践)”获评校级课程思政示范课程。湖南文理学院文史与法学学院“新闻学概论”获评校级课程思政示范课程。湖南大众传媒职业技术学院新闻与传播学院建设课程思政示范课5门。

湘潭大学文学与新闻学院主办“传承红色基因 坚持立德树人 培养卓越新闻传播人才”马克思主义新闻观教育暨课程思政建设座谈会，从课程设计、教材遴选、学术研究、论文指导、活动赛事等方面交流了各门课程开展马克思主义新闻观教育暨课程思政建设的经验。

(4)教育教学改革

2022年，湖南大学新闻与传播学院、湖南师范大学新闻与传播学院各获第十三届湖南省高等教育教学成果奖一等奖1项。湘潭大学文学与新闻学院获省高等教育教学成果奖二等奖2项；湖南女子学院文学院获省高等教育教学成果奖二等奖1项。湖南科技学院传媒学院(教师教育学院)获校级教学成果奖一等奖1项，二等奖1项，三等奖4项。

湖南师范大学新闻与传播学院获湖南省教改重点项目3项，一般项目1项，研究生教改项目1项。中南大学文学与新闻传播学院开展教学改革项目3项，新建教学改革平台1个。湘潭大学文学与新闻学院4项教学改革研究项目获准立项。湖南工业大学文学与新闻传播学院获湖南省高校教改项目1项，校级教改项目1项。湖南女子学院文学院获省级教改项目1项、省“十四五”规划教育科学课题1项。吉首大学文学与新闻传播学院立项教学改革项目3个，其中校级重点1个。湖南大众传媒职业技术学院新闻与传播学院立项教学改革项目6项。

1.1.17.2 科学研究与学术交流

(1)科学研究

2022年湖南省新闻传播院校在国际高水平期刊论文发表、国家级科研项目立项等方面取得进一步突破。

湖南大学新闻与传播学院新增国家社科基金一般项目2项，国家重点研发计划1项，教育部重大攻关项目1项，国家广电总局项目1项，省社科重点项目1项，青年项目1项，其他重要项目4项。新增本领域权威期刊论文1篇，出版高水平学术专著1

部，产出A类资政研究成果1件。本年度学院教师共发表学术论文30篇，其中*Journalism & Mass Communication Quarterly*等A1期刊2篇，*Management Communication Quarterly* A2期刊1篇。SSCI收录论文4篇，SCI收录论文2篇，CSSCI收录论文3篇。

中南大学文学与新闻传播学院新增国家级科研项目1项，省级科研项目4项，其他重要项目2项；新增重点刊物文章7篇，出版著作2本，新增其他成果14项。

湖南师范大学新闻与传播学院新增国家社科基金立项3项，其中重大项目1项、重点项目1项、一般项目1项；湖南省社科成果评审委项目1项，教育厅项目1项。湖南师范大学新闻与传播学院教师出版专著3部，发表学术论文85篇，其中在《新闻与传播研究》等一类期刊发表论文6篇；在《现代传播》等二类刊物发表论文13篇；在其他CSSCI来源期刊发表论文20篇。

湘潭大学文学与新闻学院获2项国家社科基金后期资助项目。湖南工业大学文学与新闻传播学院2022年新增国家级项目1项，省级项目18项，其他重要项目26项；新增重点刊物文章3篇，出版著作3本，获湖南省第十五届社科科学优秀成果奖三等奖2项。长沙理工大学文学与新闻传播学院立项国家社科基金1项，省级社科项目1项，其他省部级课题4项，省教育厅青年课题2项，智库成果1项。发表CSSCI论文4篇，其他论文4篇。吉首大学文学与新闻传播学院新增国家级科研项目1项，省级项目3项；新增省级科研奖项3项；新增重点刊物文章17篇。衡阳师范学院新闻与传播学院立项省教育厅重点、青年和一般项目各1项；省社科成果评审委员会重点项目1项，一般项目1项；发表CSSCI论文1篇，出版专著1部；教研论文3篇(含《光明日报》1篇)。湖南女子学院文学院新增省级科研项目2项，新增其他成果2项，湖南文理学院文史与法学学院新增省级科研项目1项；新增其他成果8项。长沙学院马栏山新媒体学院新增省级项目2项，出版著作1本。湖南大众传媒职业技术学院新闻与传播学院新增省级科研项目8项；新增省级科研奖项2项；新增重点刊物文章4篇，出版著作3本，其他成果2项。

(2)学术交流

2022年，湖南省新闻传播院校持续推进学术交流，在国内外产生良好反响。

湖南大学新闻与传播学院举办中国新闻史学会第六届常务理事会第五次会议暨第四届岳麓传媒与文化发展论坛，来自全国50余所高校和研究院所的新闻传播学者围绕“中国共产党新闻舆论思想与实践”的论坛主题，就“中国共产党新闻舆论工作历史经验”“中国共产党新闻舆论思想”“突发事件舆论引导”“新时代的国际传播”“新媒体新发展”“新文科建设背景下的新闻传播教育改革与一流专业建设”等议题开展学术研讨。

湖南师范大学新闻与传播学院先后举办“新华社之新锐青年说”“以一流专业建设促

进一流学科发展”研讨会、“共建一流出版学科，培养卓越拔尖人才”高峰论坛等多场交流活动；开展“名家精英书山论坛”“一线编辑进课堂”等系列学术讲座。

1.1.17.3 队伍建设

湖南省新闻传播院校始终重视优秀人才的引进与培养，不断优化师资队伍。

2022 年度，湖南师范大学新闻与传播学院共引进专任教师 3 名，其中一名为全国三八红旗手、行业领军人才，两名为应届博士生，2 名教师获评二级教授。湖南工商大学数字传媒与人文学院专任教师新增博士 2 人。衡阳师范学院新闻与传播学院引进博士 1 人，新晋升教授 1 人。

湘潭大学文学与新闻学院雷磊教授入选 2021 年度湖南省“芙蓉学者奖励计划”特聘教授。怀化学院姚劲松教授在湖南省广告协会主办的 2021—2022 年度广告湘军总评榜中，被评为“2021—2022 年度广告湘军十大名师”。衡阳师范学院新闻与传播学院谢诗敏副教授参加高校与新闻单位从业人员互聘“千人计划”，在衡阳日报社广告中心挂职。湖南大众传媒学院新闻与传播学院教师李想入选省教育厅、人社厅等组织评选的骨干教师。湖南文理学院文史与法学学院教师户松芳获评湖南文理学院教学能手、湖南文理学院课程思政教学名师。

湖南大学结合“学科建设年”活动，组织召开青年教师科研方向凝练计划报告与点评会，指导青年教师针对学科建设重点、前期成果积累、个人研究兴趣对科研方向进行总结凝练，引导青年教师紧盯研究前沿，处理好新闻传播研究中“热点与冷门”“传统与现代”“大和小”三种关系，努力争取更加丰硕的研究成果。同时积极组织青年教师参加教学基本功大赛、全国第三届高校教师教学创新大赛。

1.1.17.4 部校共建与校企合作

湖南省各院校在 2022 年持续推进部校共建与校企合作，以特色教学活动、实践教学基地、特色研究机构、精品课程建设等为标志，大力探索和创新人才培养模式和机制。

湖南大学新闻与传播学院、湖南大学马克思主义新闻观研究中心召开“做马克思主义新闻观的践行者”征文颁奖仪式，在湖南红网开办“做马克思主义新闻观的践行者”专栏，引导全院师生持续深入、系统学习马克思主义新闻观，全面践行马克思主义新闻观。同时，积极引导学生走出书斋，赴湘西桑植县、龙山县和河北西柏坡开展三下乡活动，到湖南日报社、醴陵融媒体中心等地开展专业见习，引导学生在乡村振兴和实地考察中加深对中国社会和传媒行业的理解，增强使命感和行动力。《三项学习教育通讯》

刊文详细介绍了湖南大学马克思主义新闻观研究和教育的创新实践。

湖南师范大学新闻与传播学院形成了由人民网湖南频道、湖南日报报业集团、湖南广播电视台、红网、湖南出版投资控股集团有限公司、新湘评论杂志社组成的“六大媒体”实践基地，与中南出版传媒集团、新浪湖南、上海喜马拉雅有限公司、湖南康遍科技有限公司等分别签署相关协议书，共建“产学研合作基地”；与湖南省国资委湘江研究院合作，组织专业老师、研究生编辑出版《国资研究》内刊，获得一致好评。

湘潭大学文学与新闻学院与央广网、中国应急管理报、中人社传媒等单位签订了校企合作协议，媒体为在校学生提供实习岗位、实习培训，学院需为媒体提供智力和人才支撑，描绘了协同培养“新时代新闻人”的发展蓝图。长沙理工大学文学与新闻传播学院初步构建起政府、学校、媒体、企业“四位一体”协同育人机制，先后建成了湖南广播电视台、湖南日报报业集团、湖南红网等为代表的多个协同育人平台，进一步拓展合作领域。新闻学专业、网络与新媒体专业分别与专业媒体和媒体企业各选派专家与新闻学专业教师共同开设课程，与草根文化、星火丰城等企业合作，采取项目制的形式指导学生开展实践。

湖南科技学院传媒学院(教师教育学院)2022 年新增永州柳子中学作为教育技术学教育实习基地，新增中广天择传媒股份有限公司、湖南启智飞思信息科技有限公司为传媒类专业实习实训合作单位，并与永州印象传媒有限公司达成共建协议。公司向学院捐赠了价值 20 万元的融媒体实验室，数字媒体技术专业 120 余名同学在校企合作单位湖南拓晟信息科技有限公司完成了为期 4 天的课程集中实践。湖南文理学院文史与法学学院新增教学改革校媒合作平台 2 个。

1.1.17.5　实践教学与创新创业

(1)实验室建设

长沙理工大学文学与新闻传播学院新完工的全媒体实验中心具有小型演播室、网络直播、学术报告、课程录制等功能，便利了学生校内的日常实践锻炼。湖南工商大学数字传媒与人文学院推进建设数据智能与智慧社会国家重点实验室(培育)、湖南省大数据技术与管理国际科技创新合作基地、长沙人工智能社会实验室、融媒体采编播实验室、元宇宙实验室五大实验室。湖南科技学院传媒学院(教师教育学院)融媒体中心建成。湖南女子学院文学院推动建设湖南省文化传播创新创业教育中心、湖南省校企合作创新创业教育基地。湖南文理学院文史与法学学院成功申报 40 多万元贷款用于实验室建设。

(2)创新创业与学科竞赛

2022年，湖南省各院校积极引导学生参与专业赛事，在创新创业与学科竞赛中取得良好成绩。

湖南大学新闻与传播学院在第八届互联网+大学生创新创业大赛中，获国赛银奖1项，校赛铜奖1项。在第十届挑战杯中国大学生创业计划竞赛中，获校级银奖6项。在第十四届大学生广告艺术大赛中获国家级一等奖1项，国家级二等奖4项。湖南省一等奖4项、二等奖4项，三等奖11项。在第六届网络文化节中，获各项奖项50项。大学生创新创业训练计划项目结题12项，新立项13项。

湖南师范大学新闻与传播学院在"互联网+"大学生创新创业大赛中获省级二等奖与三等奖；在湖南省"挑战杯"创新创业大赛中，2人获铜奖。在第十四届大学生广告艺术大赛中获国家级二等奖7项、三等奖12项、优秀奖16项；省一等奖4项、二等奖4项、三等奖1项。大学生创新创业训练计划项目立项19项，其中国家级3项，省级12项。

湘潭大学文学与新闻学院学生在第十四届大学生广告艺术大赛中，获全国一等奖1项、二等奖1项、三等奖4项。怀化学院文学与新闻传播学院获第十届"挑战杯"湖南省大学生创业计划银奖1项；国家级大学生创新创业训练计划项目立项1项。在第十四届全国大学生广告艺术大赛中获全国一等奖2项、二等奖4项、三等奖3项、优秀奖7项。衡阳师范大学新闻与传播学院获得第十届"挑战杯"湖南省大学生创业计划竞赛铜奖1项；获全国大学生广告艺术大赛二等奖1项，省级一等奖2项，二等奖2项，三等奖9项。湖南科技学院传媒学院获第八届中国国际"互联网+"大学生创新创业大赛总决赛银奖；获第八届中国国际"互联网+"大学生创新创业大赛总决赛高教主赛道本科生初创组铜奖。吴舒康同学入选全国第五届"闪亮的日子——青春该有的模样"大学生就业创业人物。国家级创新创业项目立项2项。

（湖南大学新闻与传播学院　徐琼、钟红琼、王紫玥）

1.2.18　2022年度江西省新闻传播教育发展综述

2022年，江西新闻教育界以习近平新时代中国特色社会主义思想为指导，以学习贯彻党的二十大精神为主线，坚持和加强党对学院工作的全面领导，认真落实立德树人的根本任务，各项工作均取得良好成效。

1.2.18.1　党建引领办学方向

南昌大学新闻与传播学院落实学校"五个创一流"工作要求，突出学院"引育提升年”“改革深化年”“党建引领年”的工作定位，坚持和加强党对学院工作的全面领导，加强党的政治建设更有力。采取多种形式和手段加强师生教育和提醒，邀请省委宣传部、网信办领导给学生做“马克思主义新闻观”专题讲座和网络舆论安全教育；邀请公安国保人员和兄弟院校专家给师生做了“文明用网”和“网络舆论聚集研究”的专题报告。党的基层组织建设更规范，按照党建“三化”标准，持续深入推进高校党组织“对标争先”建设计划和“党建双领双同”计划标杆院系培育。各党支部凝练“一支部一特色”，支部活动丰富多彩，与学校宣传部共同举办了“喜庆二十大，奋进新征程”第二届卓越杯朗诵大赛，开展红的底色话剧展演、参与全省教育系统“喜迎二十大 · 永远跟党走”暨第七届党的基本知识竞答赛等，彰显了组织“三力”。同时在教学育人方面，强化专业课程的思政教育，要求教师把专业教学与思政教育相结合，就社会热点敏感话题与学生直面讲解作为新闻学子应该怎么做，院领导亲自讲授“牢牢把握意识形态主动权”及依法用网的专题党课；以案为鉴，全面梳理了师生中出现的涉网络舆情、意识形态等方面的典型案例对学生进行专题教育，以身边的人教育身边的人。通过部校共建精品课程“当代中国新闻理论与实践”，强化课程思政的现实针对性；加强专业课程的课程思政教学，进一步做好“深度报道”等思政课程、共享育人计划课程建设；做好课程视频拍摄录制工作；积极采用现有全部的“马工程”相关教材。全面加强学生就业创业工作，院校领导亲自带领大家“访企拓岗”，在疫情形势非常严峻的情况下，学生就业率稳中有升。

江西师范大学新闻与传播学院以专业助推党建提升，做到业务反哺党建，使党建更具活力、更加喜闻乐见。将红色基因传承融入人才培养全过程，组织师生赴大江网舆情中心、青山湖融媒体中心开展实践教学，实地感受新时代党媒工作实践。筹备成立马克思主义新闻观学习实践小组，在学生中开展“我们这十年(新时代十年)”短视频竞赛和“学习党的二十大精神主题征文比赛”等形式多样的学习竞赛活动，营造浓厚学习氛围。学院学生社团传播人通讯社党小组立足校史校情，推出《寻找林宗南》《一个外教和她的演讲班，以及留下来的一切》等系列校本长篇新闻通讯，取得了良好的反响。

1.2.18.2 学科建设成绩喜人

南昌大学新闻与传播学院持续加强一流学科建设，在第五轮学科评估中获得“B-”的成绩，新闻与传播专业硕士评估获得“B”的成绩。

持续推进江西省一流学科“红色基因传承与新闻传播学”的工作，细化工作方案、制定学科建设进度安排和具体措施，及时追踪跟进学科发展，成为红色基因传承学科群的主导学科和高峰优势学科，在红色基因传承学科群中扮演关键学科角色。有序推进并圆满完成新闻与传播、广播电视艺术学、广播电视、出版等学位点的专项评估工作。提前做好一级学科博士点周期性合格评估的方案设计和数据填写工作；按照教育部学科目录调整的要求，完成“广播电视艺术学”学硕点调整为“戏剧与影视”专业学位点的申请论证工作。积极推进部校共建工作，精品课程“中国当代新闻理论与实践”获批为江西省高校共享育人计划课程。9 月开始，江西省委宣传部多位副部长和省内各主要新闻媒体负责人等来校开课，获得良好反响；派出 1 名骨干教师前往江西省融媒体发展中心挂职，促进实践教学能力和水平的提升。立项江西省社会经济发展(智库专项)项目，双方共同进行科研攻关。其中 2 个项目获省委宣传部领导批示。在研究生人才培养方面，学院研究生会的“南蕴”读书会常态化运行，丰富学生学习生活；师生关系融洽，管理沟通成效显著；未出现疫情防控或意识形态安全等安全事故，各项工作有序开展。研究生在顶级权威期刊、CSSCI 发表高水平学术论文 10 余篇，作为主持人获批江西省青年马克思主义者理论创新工程项目 3 项、“江西省研究生创新专项资金项目”6 项。

江西师范大学新闻传播学科建设成效显著，在第五轮学科评估和专业硕士评估获得较好成绩，被评为“C”，较上轮学科评估结果有较大进步。7 月 21—28 日，与中国新闻教育年鉴编委会、华中科技大学新闻与信息传播学院联合主办“第二届全国新闻学院院长培训班”，来自全国 30 多所高校新闻院系 50 名教师参与培训。人民日报社、人民网、新华网、光明网、《大公报》《江西日报》等十余家主流媒体进行了及时报道。研究生科研成果成绩喜人，刘丹等 2 位同学获 2022 年度校优秀硕士论文。获批 6 项省级研究生创新基金课题，获江西省青年马克思主义者理论研究创新工程资助 1 项，4 位同学和导师合作发表 CSSCI 期刊，8 位同学发表北大核心期刊论文。学院与江西省传播学会、《传媒论坛》杂志社联合举办第五届长江中下游新闻传播学学科研究生学术论坛，来自国内各大高校 360 余名研究生参会，社会影响力得到提升。

1. 2. 18. 3　专业建设与人才培养成效显著

南昌大学新闻与传播学院高度重视一流本科专业建设。广告学、播音与主持艺术新获批国家级一流本科专业建设点，实现了学院全部 4 个专业的国家一流全覆盖。根据学院制定的《卓越计划 2. 0 新闻学专业建设计划》，进一步推进江西省卓越新闻传播人才教育培养计划项目进展。2022 年在软科中国大学专业排名中，新闻学全国排名第 28、广播电视学排名第 15、广告学排名第 24、播音与主持艺术排名第 35。在全省本科专业综合评价排名中，有 3 个排名第一。在课程建设方面，积极做好现有江西省一流课程的建设和管理，配合学校开展课程建设招标工作，立项 17 门校级“一流本科课程”。现有 6 门省级一流课程、10 余门校级立项课程。现代传媒中心获得 2022 年度“青年文明号”称号。在创新性融媒人才培养方面，加强融媒菁英人才培养。学院与学校党委宣传部联合建设了融媒体中心，开设了“融媒菁英班”，首批选拔51名学生，其中初级班20名、中级班20名、研究生班11名(含2名博士)。“融媒菁英班”采取校内外双重导师培养模式，人民日报社江西分社社长郑少忠等一批融媒业界菁英与校内优秀老师担任导师，学校党委书记喻晓社教授亲自担任首届“融媒菁英班”班导。有序开展“融媒讲坛”系列讲座及模块化教学活动，并取得很好成效，“微笑婆婆的幸福密码”等相关稿件，反响良好。同时，在大学生实践创新方面，全院大学生创新创业训练计划立项：国家级2项，省级2项，校级9项，科研训练项目10项。

江西师范大学新闻与传播学院本科和研究生教学亮点纷呈。一是本科专业综合评价业绩表现突出。在江西省第二轮本科专业综合评估中，广告学、广播电视编导、教育技术学3个专业获评五星级，新闻学、广播电视学获评四星级，五星级专业数在全校位列前茅，充分彰显了学院专业建设水平和核心竞争力，为学校、学院赢得了声誉。教育技术学专业顺利通过师范类专业二级认证。二是多措并举扎实推进课程思政，以“马克思主义新闻观”统领课程思政改革，进一步落实《新闻与传播学院落实“立德树人”实施办法》；教研室活动举办“课程思政”系列研讨，教学中将“战疫”“二十大”等素材有机融入课程教学，积极谋划学院课程思政教学改革优秀案例集，2位老师的课程思政示范课程顺利通过结项，广告学专业被认定为学校第四批课程思政示范专业，“纪录片理论与实践”“中外电影史”两门课程入选学校第三批课程思政示范项目。三是课程建设取得系列成效。注重课程建设新理念，持续推进课程改革创新，打造一流本科课程。4门课程被认定为省级一流课程。2门课程获批校级一流课程。2门课程立项江西师范大学创新创业教育精品课程。四是教学成果奖申报获较好成绩，同时课堂教学得到学生认同。三项成果入围第十八批校级教学成果奖，教学质量获持续好评。两位老师入选学校课程教学“百优”；在学校第三届教师创新大赛中，2位老师获二等奖，1位老师获三等奖。本科生毕业论文《人-技关系：智能传播视域下的关系迭代与技术边界》被评为学校“十佳”毕业论文。学校本科教学核心指标体系监测显示，学院教师课堂教学授课整体评价进入学校前30%。为进一步提升育人水平，学院注重发挥课堂育人主渠道作用，着力强化课程建设，提升育人水平。同时充分发挥好第二课堂的协同育人作用，搭建各类实践平台，增强学生综合素质。全年学生在学科竞赛、科研成果、升学等方面取得可喜成绩。五是研究生教学业绩突出。3位老师组成的导师团队获评校优秀研究生导师团队。2023年学院各专业研究生报考人数达416人，同比增长29.19%。研究生教改成果显著。《江西日报》半版报道学院“新闻与传播硕士思政与专业融合模式”创新，重点推介学院办学模式。六是搭建实践平台创新学生实践，增强综合素质。推进学生社团品牌化建设，“传播人”通讯社分获中青校媒(江西)2021—2022年度十佳系列评选“十佳校园媒体”“十佳校园新媒体”“十佳校园媒体人”三大奖项。在由河南大学、河南日报报业集团主办的铁塔记者节中获第十届通讯类特等奖1项、一等奖1项，新媒体类一等奖，并代表江西师范大学获得最佳组织奖，也是江西高校唯一获奖校媒。在第三届大学生校园媒体大赛中，学院学生获深度报道类新闻二等奖2项、三等奖8项。打造“百千万”品牌工程。做好“三寻三访”品牌创建活动，以大学生志愿者暑期文化科技卫生“三下乡”社会实践活动、社会调研活动、青年志愿者服务等活动为载体，推动社会实践、专业学习与思想建设相结合，发挥专业特点，在基层中寻访优秀校友、感动人物并做好宣传报道。学院组建了2支队伍分别赴新余市、婺源市等开展暑期社会实践活动。实践活动得到了新华社、中国青年网、中国江西网、江西教育电视台、江南都市报等媒体的报道。其中，1支队伍获省级优秀服务队，4位同学获志愿服务先进个人。结合专业特点开展实践活动，开展了记者节系列活动，邀请知名记者进校园、举办新闻稿写作大赛、新闻辩论赛，开展模拟记者招待会，学校招生小视频宣传，举办青春告白祖国主题团日等活动，提高学生专业素养和采编写能力，效果良好。组织开展了学习二十大征文比赛、微团课比赛，校园“十佳歌手”、篮球赛、趣味运动会等文体比赛，“文明寝室创建”系列评比活动，读书月系列等活动，丰富了学生的校园文化生活，提升学生整体素质，其中“师·说、悦·读、乐·享”读书日活动让学生把读书与实践结合起来，把集中推荐与自主阅读结合起来，是以书化人、以书育人的典型示范，获得了新华社客户端的报道，学院获得第22届本科大学生辩论赛季军。这系列的教学育人创新活动，使得学生培养质量提升，学生成绩喜人。本科生学科竞赛成果颇丰，学科竞赛取得丰硕成果。学院获全国大学生广告艺术大赛、米兰设计周中国高校设计学科师生优秀作品展、中国好创意暨全国数字艺术设计大赛等A类竞赛国家级一等奖1个，二等奖5个，三等奖4个；省级一等奖4个，二等奖4个；B类竞赛二等奖3个，三等奖8个。在校硕士生攻读国外博士取得突破。2022届毕业生陈婷获国家留学基金委公派留学资格，攻读国外博士，成为学院首个获得公派资格攻读博士学位的在校硕士生，另有一位同学考取华南师范大学博士。2022届学生共考取硕士研究生69人，占总人数的24.38%，考研率创近年来新高，其中考取浙江大学、南京大学、四川大学、厦门大学、中央民族大学等“985工程”“211工程”高校的学生40余名，考取香港中文大学等世界著名大学7名。

江西财经大学的新闻学专业获批国家级一流本科专业建设点，新闻学专业获批江西省四星级本科专业。新闻学专业修订本科人才培养方案，优化课程设置，加强新文科建设。在第二届江西省高校教师教学创新大赛中，1位教师荣获二等奖与教学活动创新单项奖。“写作与沟通”获批2021年江西省一流线下本科课程，《新闻写作》获批2021年江西省线上一流本科课程；获批2022年江西省高等学校教学改革研究课题项目重点项目和一般项目各一项；“一核多维、产教融合：卓越新闻传播人才创意创作能力培养模式创新与实践”获江西财经大学第十七批校级教学成果奖(研究生层次)；1门课程入选校级“课程思政”示范课程建设项目。学生获得第八届中国国际互联网+大学生创新创业大赛获省级奖励。在第十四届全国大学生广告艺术大赛中，获国家级二等奖1项(《亲密无间尚且自在》)、国家级三等奖2项(《三“潮”元老》《忽如急雨来，幸得及时伞》)、优秀奖三项(《“圆”气满满，好“汁”为之》《十全九美》《发哥的秘密》)。

1.2.18.4 师资队伍建设有力

南昌大学新闻与传播学院持续加大人才引进力度。学院制定《南昌大学新闻与传播学院人才工作方案》，细化具体阶段性目标和总体目标，设计了具体工作措施和方案，取得初步成效。全年共举办3场人才面试会，共计10余人次参加。经过广泛宣传和精准引才，与获得海外博士学位的1名高层次人才达成引进协议，与2位拟2023年毕业的优秀博士达成初步引进意向。同时加强青年教师培养，通过岗前培训和“传帮带”工作，为新进博士专门安排了有教学经验、副教授以上的指导教师；为1名后进教师确定了1名帮扶人，开展帮扶工作。在第五届江西省本科院校青年教师教学竞赛中，1名教师获得文科组一等奖，是全校文科同类竞赛的最好成绩。获得学校教学成果奖一等奖1项、二等奖2项。多位教师获得年度“授课质量优秀奖”或提名奖，青年教师教学水平整体提升。

江西师大新闻与传播学院通过外引内培强化队伍。按照学院《人才引进操作细则》规定，加强对人才引进的牵头抓总力度。积极延揽人才，师资队伍建设卓有成效。2022年积极联系全国各新闻传播学博士点高校延揽人才，全年参加线上招聘会4次线下招聘会1次，完成名誉院长续聘工作，年度召开人才专题工作会8次，组织高层次人才试讲9人次，成功引进1名博士1类人才和2名博士2类人才，其中引进的一名海外博士是学院继2010年首次引进海外博士后再次引进海外人才。加强交流“走出去”，积极落实学院教职工能力提升计划，多次选派教师参加国内高水平学术会议。同时邀请学科评议组成员、教指委专家、知名期刊编辑以及国家社科基金会评专家、业界专家来学院讲学，组织多次小规模座谈，加强学习交流，提升了教师教学科研能力。

1.2.18.5 科学研究成果丰硕

南昌大学新闻与传播学院重点基地建设取得新进展，新获批省哲学社会科学重点基地“中央苏区红色文化传播研究中心”，目前学院省级重点基地(含重点智库)已达3个，在全省新闻传播学科雄踞第一，也有力促进了教研融合。加强高水平学术研究，教师在顶级权威期刊《新闻与传播研究》发表论文1篇，在《光明日报》理论版发表长篇论文1篇，发表31篇CSSCI源刊论文，出版专著9部。主持完成国家社会科学基金后期资助项目，教师撰写的智库报告《江西政务新媒体建设、管理和使用对策研究》《婺源融媒体聚力形塑“中国最美乡村”形象》获省委常委、省委宣传部庄兆林部长肯定性批示。立项国家社科基金项目3项，在国内本学科排名并列第二；教师受中宣部直接委托，参与编写中国共产党人精神谱系丛书，主持完成《苏区精神》的撰写任务。作为全省高校新闻传播学科联盟牵头单位，举办江西省研究生“传承拓新”学术创新论坛活动，通过开展论文竞赛的方式加以展开。该活动被省学位办评定为首届江西省研究生学术创新论坛项目。邀请国务院学科评议组召集人唐绪军教授，评议组成员陈昌凤、张明新教授，以及教育部新闻与传播专业教指委秘书长王晓红、教育部戏剧与影视学专业教指委秘书长张燕教授、教育部新世纪优秀人才董天策教授等人，面向全院师生开展线上学术讲座，以学术交流的方式开阔师生的知识视野。

江西师范大学新闻与传播学院科学研究成果丰硕。学院获批国家社科基金项目2项、省社科重点课题2项，省教育科学规划重点项目1项、一般项目1项，省艺术规划1项，省高校人文项目1项，共计8项。超额完成学校下达的各类科研项目指标，项目总金额50.65万元。2022年，教师共发表B刊以上论文18篇(含特聘教授1篇)，其中1篇权威，5篇为A刊(含2篇省领导批示，1篇SSCI期刊论文)，另有两篇论文获中国人民大学复印报刊资料全文转载转等级为B刊，达到学校高水平学术成果发表数量要求。

江西财经大学新闻传播学系张品良教授主持国家社科“百年马克思主义新闻思想中国化研究(1921—2021)”提前结项；周立华主持“中国共产党百年通讯社史研究”获批2022年江西省社会学科基金项目。学院教师在《马克思主义与现实》《江西师范大学学报(哲学社会科学版)》《中国广播电视学刊》《青年记者》《新闻爱好者》《江西日报(理论版)》上发表文章十多篇。

1.2.18.6 社会服务稳步前行

南昌大学新闻与传播学院致力于发挥智库功能，提升服务社会能力。广告学系为南昌大学附属康复医院及康复一流学科做整体的学科规划、品牌建设和品牌推广服务工作。广告系教师承担主持《江西省广告产业“十四五”发展规划》助力江西广告产业高质量发展。广告系教师承担南昌大学文创产品服务咨询，目前南昌大学文创从无到有，从弱小到在师生校友中产生广泛影响力，迎新生直播活动观看人数达10万人次。

江西师范大学新闻与传播学院社会服务能力得到提升。学院教师参与省记协活动，担任“新时代重大主题报道创新与实践论文”评委；参与省委宣传部、中国外文局联合主办的“首届战略传播论坛”，作为分论坛三位主题发言的嘉宾，作了《江西国际传播能力建设：应为与可为》的报告，受到相关媒体采访和跟踪。应南昌市广告协会之邀，教师给全市广协会员宣讲二十大报告精神，并作《广告产业高质量发展的机遇与挑战》的学术报告。应省委宣传部安排，给2022年全省马克思主义新闻观专题培训班学院授课；2位教师撰写的调查报告先后获得省委常委、省委宣传部长庄兆林肯定性批示、省长叶建春和省政协主席姚增科肯定性批示；学院与继续教育学院联合中标省网信办“2022年全省互联网新闻信息服务单位内容管理从业人员培训暨测试项目”，标的金额77万元。教师中标省统计局第七次全国人口普查研究项目“江西人类生育水平与生育政策配套支持措施研究”，标的金额4万元，社会服务进一步延伸至地方经济社会发展的各个层面。

（南昌大学新闻与传播学院　陈世华）

1.2.19　2022年度安徽省新闻传播教育发展综述

1.2.19.1　专业分布涵盖全省，本硕博一体化贯通培养

安徽省内的新闻传播教育发端于1960年。目前，安徽省内的高校中，有30所本科院校开设新闻传播学相关专业，涵盖了新闻学、编辑出版学、网络与新媒体、广播电视学、广告学5个专业(见表1-19)。开设新闻传播教育的高校，既有部属重点高校(中国科学技术大学，合肥工业大学)，又有省属综合性重点大学(安徽大学、安徽师范大学等)，也包括部分民办和独立院校(安徽新华学院、安徽师范大学皖江学院等)。安徽省高校目前仅安徽大学和安徽师范大学成立了专门的新闻传播学院，大部分高校的新闻传播学类专业都归属文学院或相关学院(见表1-20)。2022年安徽省本科高校新获批一个新闻传播本科专业(安徽艺术学院网络与新媒体专业)，撤销了两个新闻传播本科专业(淮北理工学院广告学和网络与新媒体专业)。

表1-19　**2022年安徽省普通本科高校新闻传播学类本科专业布点**

专业名称	布点院校	小计
新闻学	安徽大学、安徽师范大学、安庆师范大学、安徽财经大学、皖西学院、黄山学院、滁州学院、淮南师范学院、淮北师范大学、宿州学院、阜阳师范大学、安徽新华学院、合肥学院、安徽大学江淮学院、安徽师范大学皖江学院、阜阳师范大学信息工程学院、安徽艺术学院	17个

续表

专业名称	布点院校	小计
编辑出版学	安徽大学、合肥师范学院	2 个
网络与新媒体	安徽大学、中国科学技术大学、合肥工业大学、安徽理工大学、安徽师范大学、阜阳师范大学、安庆师范大学、淮北师范大学、皖西学院、滁州学院、安徽财经大学、宿州学院、巢湖学院、铜陵学院、合肥学院、池州学院、亳州学院、安徽艺术学院、安徽外国语学院、合肥经济学院、安徽师范大学皖江学院、阜阳师范大学信息工程学院、合肥师范学院	23 个
广播电视学	安徽大学、安庆师范大学、巢湖学院	3 个
广告学	合肥工业大学、安徽师范大学、安徽财经大学、安徽工程大学、淮北师范大学、皖西学院、蚌埠学院、池州学院、巢湖学院、淮南师范学院、铜陵学院、安徽新华学院、安徽外国语学院、蚌埠工商学院、安徽师范大学皖江学院	15 个

表 1-20 **安徽省高校新闻传播学类专业所在院系**

高校名称	专业名称	所在院系
中国科学技术大学	网络与新媒体	人文与社会科学学院
安徽大学	新闻学、编辑出版学、网络与新媒体、广播电视学	新闻传播学院
安徽师范大学	新闻学、网络与新媒体、广告学	新闻与传播学院
合肥工业大学	网络与新媒体、广告学	文法学院
安徽财经大学	新闻学、广告学	文学院
安徽理工大学	网络与新媒体	人文社会科学学院
安徽工程大学	广告学	设计学院
安庆师范大学	新闻学、网络与新媒体、广播电视学	传媒学院
阜阳师范大学	新闻学、网络与新媒体	文学院
合肥学院	新闻学、网络与新媒体	语言文化与传媒学院
淮北师范大学	新闻学、网络与新媒体、广告学	文学院
合肥师范学院	编辑出版学、网络与新媒体	文学院

续表

高校名称	专业名称	所在院系
安徽艺术学院	新闻学、网络与新媒体	传媒学院
池州学院	网络与新媒体、广告学	文学与传媒学院
巢湖学院	网络与新媒体、广播电视学、广告学	文学与传媒学院
宿州学院	新闻学、网络与新媒体	文学与传媒学院
淮南师范学院	新闻学、广告学	文学与传播学院
滁州学院	新闻学、网络与新媒体	文学与传媒学院
黄山学院	新闻学	文化与传播学院
皖西学院	新闻学、网络与新媒体、广告学	文化与传媒学院
蚌埠学院	广告学	文学与教育学院
铜陵学院	网络与新媒体、广告学	文学与艺术传媒学院
亳州学院	网络与新媒体	中文与传媒系
安徽新华学院	新闻学、广告学	文化与传媒学院
安徽大学江淮学院	新闻学	文法系
安徽师范大学皖江学院	新闻学、网络新媒体、广告学	人文与传播系
阜阳师范大学信息工程学院	新闻学、网络与新媒体	新闻传媒系
安徽外国语学院	网络新媒体、广告学	文学艺术与传媒学院
合肥经济学院	网络与新媒体	文法学院
蚌埠工商学院	广告学	人文与艺术学院

安徽省新闻传播教育的教育体系相对完备，包括本科教育、硕士研究生教育、博士研究生教育等多个层次(见表1-21)。现有国家级一流本科专业建设点8个，省级一流本科专业建设点6个，其中2个省级一流本科专业建设点获批国家级一流本科专业建设点(见表1-22)。国家级一流本科课程4门：线上一流课程“3D动画与特效”(中国科学技术大学张燕翔)，线上线下混合式一流课程“广播电视新闻基础”(安徽师范大学马梅)，线下一流课程“当代媒介素养”“新闻采访”(安徽大学姜红、刘勇)。

表 1-21　　截至 2022 年 12 月 31 日安徽省新闻传播学博士和硕士学位点

博　　士*	硕　　士		
	新闻传播学	新闻与传播	出　　版
安徽大学	安徽大学 安徽师范大学	中国科学技术大学 安徽大学 安徽师范大学 合肥工业大学 安徽财经大学 淮北师范大学 安庆师范大学 阜阳师范大学 合肥学院	安徽大学

* 中国科学技术大学和安徽师范大学新闻传播学科依托其他学科招生博士生。

表 1-22　　安徽省高校新闻传播学类一流本科专业建设点名单

高校名称	专业名称	级别	时间
安徽大学	新闻学	国家级	2019 年度
安徽师范大学	新闻学	国家级	2019 年度
合肥学院	新闻学	省级	2019 年度
铜陵学院	广告学	省级	2019 年度
安徽大学	广播电视学	国家级	2020 年度
安徽师范大学	广告学	省级	2020 年度
安徽大学	编辑出版学	国家级	2021 年度
安徽师范大学	广告学	国家级	2021 年度
安徽财经大学	广告学	国家级	2021 年度
铜陵学院	广告学	国家级	2021 年度
合肥学院	新闻学	国家级	2021 年度
安徽大学	网络与新媒体	省级	2021 年度
安庆师范大学	广播电视学	省级	2021 年度
安徽财经大学	新闻学	省级	2021 年度

教育部 2012 年版《普通高等学校本科专业目录》中批准设立的专业中，安徽省目前

还没有设立“数字出版 050307T”，而最新的 2020 年版《普通高等学校本科专业目录》中新增的新闻传播学本科专业中，安徽省尚无布点。中国科学技术大学原有的传播学(050304)现已取消招生，以传播学专业为基础新增网络与新媒体专业(见表 1-23)。

表 1-23　　**安徽省高校新闻传播学类师生数据**

学校	教师数	学生数	
		本科生	研究生
中国科学技术大学	27	80	173
安徽大学	50	951	404
安徽师范大学	80	599(不含大类)	203
合肥工业大学	25	332	22
安徽财经大学	17	541	82
安庆师范大学	57	1125	77
阜阳师范大学	15	593	10
合肥学院	28	378	30
淮北师范大学	23	677	32
安徽理工大学	20	477	
安徽工程大学	10	168	
合肥师范学院	30	577	
安徽艺术学院	9	457	
池州学院	25	617	
宿州学院	16	296	
淮南师范学院	16	528	
滁州学院	24	466	
黄山学院	6	348	
皖西学院	20	651	
蚌埠学院	8	213	
巢湖学院	22	618	
铜陵学院	12	509	
亳州学院	12	233	

续表

学校	教师数	学 生 数	
		本科生	研究生
安徽新华学院	16	686	
安徽大学江淮学院	12	323	
安徽师范大学皖江学院	37	299	
阜阳师范大学信息工程学院	7	439	
安徽外国语学院	16	566	
合肥经济学院	23	407	
蚌埠工商学院	15	420	

*合肥工业大学、阜阳师范大学、合肥学院为2022年新增硕士点单位，表中研究生数据为2023年研究生招生人数。

1.2.19.2 高峰学科建设成果丰硕

安徽大学新闻传播学作为安徽省目前仅有的新闻传播类高峰学科，在过去的2022年里，继续聚焦新文科建设目标，积极应对现代传媒业变革实践，以马克思主义新闻观教育为统领，进一步强化学科专业内涵建设，统筹做好人才引进与教师培养工作，着力提升人才培养质量、科学研究、学科建设以及服务社会水平，取得了较好成效。

继新闻学专业、广播电视学专业之后，学院编辑出版学专业也成功入选2022年国家级一流专业，网络与新媒体专业入选安徽省一流专业；“当代媒介素养”入选第二批国家级一流课程；“数字新闻学理论与实践研究创新团队”入选安徽省高校优秀科研创新团队。学院教师在《新闻与传播研究》《国际新闻界》及SSCI等期刊上，发表论文50余篇。学院主动担当、推动科研咨政高质量发展，共为有关部门提供专题报告百余篇，多篇咨政报告获省部级以上领导批示。编辑出版学系入选国家新闻出版署2022年“出版智库”高质量建设计划(全国共16家)。学院成功申报首批安徽省哲学社会科学重点实验室——全域认知与国际传播实验室。学院成功举办线上线下学术会议十余场，学术讲座近百场。牵头组织召开中国式现代化视野下新闻传播学科发展暨一流专业建设高峰论坛，共同探讨新闻传播学中国话语和中国叙事体系的建构与突破议题，进一步提升了本学科美誉度和影响力。

2023年学院将继续对标国内高水平大学新闻传播学院建设标准，深化改革，锐意进取，不断提升学院人才培养质量、师资队伍、学科建设和科研水平。

1.2.19.3 全省新闻传播教育“新文科”建设持续推动

近年来，在新技术的不断驱动下，智能媒体方兴未艾，传媒生态已经发生了重大改变。随着“新文科”建设的提出，对新闻传播学科也提出了新的要求，加快全媒化复合型新闻传播人才培养成为当务之急。为适应“新文科”的发展需要，安徽省高校在人才培养目标转变、知识体系调整、教育教学模式创新、融合实践教学等方面，不断推动新文科建设的建设，着力培养全媒化复合型人才。

(1)结合自身高校特色，创新学科发展模式

《新文科建设宣言》提到要夯实课程体系，持续推动教育教学内容更新，鼓励支持高校开设跨学科跨专业新兴交叉课程、实践教学课程，培养学生的跨领域知识融通能力和实践能力。因此，新闻传播类专业应结合自身高校优势，创新学科发展新模式。例如，借助学校深厚的工业文化底蕴，合肥工业大学在网络与新媒体、广告学等专业的人才培养过程中凸显工业文化传播特色，利用大数据、人工智能和新型媒介技术，培养具备文理融合、文工交叉的新媒体人才，开设“工业文化传播”系列课程，打造“斛兵传媒学术讲坛”“斛兵传媒学术前沿讲坛”等系列课程，培育具有中华文化底蕴、全球视野、顺应时代的全媒体创新人才。安徽理工大学基于学校理工科为主的学科特色，深入开展新型网络与新媒体人才培养探索和实践，将网络与新媒体专业建设成为“科技+传媒”“艺术+传媒”“文化+传媒”融合发展的“新文科”示范专业。中国科学技术大学的网络与新媒体专业具有鲜明的科技人文交融特色，秉承“传播科技，人文关怀，产学结合，应用为先”的办学理念，已成为独具特色的“文理交叉、管理引领、技术驱动”的人文社会学科，在国内引领潮流，独树一帜，培养学生既能从事内容方面的信息策划创意类工作，同时也具备设计、制作、网络技术等方面的传播技术类工作的能力。安徽工程大学广告学专业围绕新闻传播学一级学科属性，依托艺术学院的设计资源优势和芜湖国家级广告产业园的产业资源，紧扣广告内容化的产业发展趋势，将艺术与人文、创作与传播交叉融合，聚焦学生的内容生产与创意传播能力，提炼出通传播、懂设计、精内容的专业定位，初步形成了以新闻传播为底色、以艺术修养为主色、以广告内容创作为亮色的复合型广告创意人才培养特色。

(2)融合实践教学改革不断深化

全省高校新闻教育不断加强理论与实践的融合，鼓励学生参与社会实践、实习、创新实验等活动，以提高学生的综合素质和实践能力。其中，安徽大学新闻传播学院开设“媒介融合田野实践”课程，要求全体同学在三年级时赴各实践教育基地开展丰富多样

的实践教学活动。通过“基地点题—教师解题—学生答题”，师生共同深入基层，访谈一线干群，加深学生对国情省情的了解，取得良好的社会效果。

安徽师范大学新闻与传播学院自2016年起，把以增强学生脚力、眼力、脑力、笔力为目标的专业采风实践课开进学院的各个专业，让学生走到田间地头，让学生们在真实的新闻探索中提升专业技能。

安庆师范大学传媒学院始终把加强校内、校外实践教育平台建设放在重要位置，在校内，学院建有《守望报》、新心传媒等多个专业实践平台，满足不同专业学生实践能力培养的要求。在校外，与多家媒体建立校媒合作实践教育基地。通过校内外实践平台的建设，保证全体学生能够开展专业的实习、实训。学生可以用社会调查、深度报道、图片作品、视频作品等毕业设计替代毕业论文。安徽财经大学文学院举办安徽省新文科背景下新闻传播实验室建设专家交流会，探索人才培养新路径，全面推进新闻传播实验室建设，打牢融合实践教学基础。安徽新华学院文化与传媒学院提出了“融合多学科，发展新文科”的理念，坚持“平台对接，校企合作，专家引领，培养融媒体需要的运营、营销、服务人才”。学校已建成六个网络直播间，与企业合作开办网红人才班、短视频人才班等多场交流活动。目前，已建设外聘学业导师工作坊26个，300多名学生参与学业导师的学习、交流。

（安徽大学新闻传播学院　饶伟、崔明伍）

1.2.20　江苏省2022年度新闻传播教育发展综述

2022年，江苏新闻传播教育与时代同频共振，深入学习贯彻党的二十大精神，展现新闻传播教育新作为，在教学改革、人才培养、协同育人、服务社会等方面取得新成效。

1.2.20.1　回应时代关切，江苏省新闻传播学学会成立

2022年7月15日，江苏省新闻传播学学会在南京大学成立。南京大学党委常务副书记杨忠，中国新闻史学会会长、中国人民大学新闻学院副院长王润泽，湖南省新闻传播学会会长、湖南大学新闻与传播学院院长彭祝斌到会致贺。江苏省委宣传部副部长、省政府新闻办主任卜宇，江苏省民政厅党组成员、副厅长周恒新，江苏省社科联党组书记、常务副主席张新科等领导出席会议并讲话。

江苏省新闻传播学学会第一次会员代表大会暨第一届理事会第一次会议7月15日在南京大学新闻传播学院举行，会议选举产生了江苏省新闻传播学学会第一届理事会理事、监事。南京大学新闻传播学院执行院长张红军当选为会长，苏州大学传媒学院执行

院长陈龙、南京师范大学新闻与传播学院院长张晓锋、南京林业大学人文社科处副处长陈相雨等9位同志当选为副会长，南京大学新闻传播学院教授胡翼青当选为学会秘书长。

卜宇在祝贺讲话中指出，江苏省新闻传播学会要坚持思想引领、紧扣时代脉搏、培养人才队伍、着眼服务管理，也期望江苏省新闻传播学学会不断强化学界、业界和党委政府的联系，书写出江苏乃至全国新闻传播事业新的、更加精彩的篇章。王润泽教授希望学会未来在学界和业界形成更有机、有效的互动，让学界走出概念和理论的象牙塔，走出不断“内卷”的学术话语，用生动具体的实践来创新和引领未来的新闻传播研究；也让业界不断总结和提炼新经验，创新问题和路径，从理论中获得发展新闻实践的动力，真正焕发出主流媒体应有的气度和力量。

彭祝斌教授代表湖南省新闻传播学会向江苏省新闻传播学会的成立表示祝贺。他表示，湖南省新闻传播学会愿与江苏省新闻传播学学会真诚携手，通力合作，积极推进学术共同体建设，共同为繁荣学术、发展学科、培育英才、服务社会，推动新闻传播教育和新闻传播事业的发展做出应有的贡献。张新科认为，江苏作为文化大省和传媒大省，成立一个专门从事新闻传播学研究与交流的全省性学术社团，有助于进一步整合全省新闻传播学界和业界的资源，不断探索和总结新闻传播规律和经验，研究解决新闻传播实践中出现的新情况、新问题，对于促进江苏新闻传播学学科发展，推动江苏文化走出去、讲好江苏故事具有重要意义，并将为新时代江苏高质量发展提供精神动力和思想支撑。

作为地方性学术团体，江苏省新闻传播学学会将进一步整合省内优质资源，促进学界与业界的沟通、联动，助力专家学者个人发展的同时，推动江苏省新闻传播学研究向国内领先、世界知名的方向前进。当选会长张红军教授在致辞中提出了对于学会未来工作的三点展望：一是重视新闻传播学的方向引领，二是加快学界业界的互动融合，三是积极开展各项学术交流活动。张红军表示：“未来，我将恪尽职守、务实开拓，努力和全体会员一起，做好学会的各项工作，为江苏省新闻传播事业做出我们这代人的贡献。”

1.2.20.2　注重教学改革，完善人才培养新举措

2022年，江苏各新闻传播高校紧跟日新月异的全媒体产业变化，主动适应网络新媒体语境下的数字化与智能化变革，及时动态调整修订培养方案与课程教材，通过教学模式与课程建设的改革，跟踪学科前沿、适应用人需求、凸显融媒特色，为新媒体人才培养提供全方位支持。南京艺术学院传媒学院“数字艺术与技术策略”“数字技术类型艺术应用”等课程将中国传统文化、党的百年光辉历史等思政元素与专业教学内容结合，

并以作业展的形式举办《百年党史的动态图形可视化系列短视频制作》项目成果展。南京师范大学新闻与传播学院“媒体融合工作坊”在新文科建设背景下，以课程思政引领课程教学与实践，将价值观引领与专业知识传授相结合，着力开展育人模式改革，不断提升育人价值，为培养新时代全媒体人才提供坚实保障。“数字文本编辑”课程以优秀融媒体作品创作为指引，以练代教，将思想观念、价值取向等思政元素融入作品选题操作的各个环节，鼓励学生在“做中学”，引导学生关注思考社会现实，厚植家国情怀，塑造正确的价值判断与价值选择。该校思政课程系列相关经验做法被《新华日报》刊文报道。

南京师范大学新闻与传播学院、淮阴师范学院等高校分别召开全媒体时代新闻与传播学院“新文科建设研讨会”“新文科背景下的教学改革与创新”教学沙龙，围绕“以怎样的方式来培养人”“依靠什么来培养人”“培养怎样的人”等问题，提出了新文科背景下“理念重铸、资源重组、生态重建、主题重塑”等人才培养模型，并从“转”“改”“融”“创”四大层面发力，与时俱进地优化资源配置，探索建立新型教育生态，实现新闻传播教育的差异化培养。研讨活动聚焦新文科建设发展理念，针对新文科背景下的教学改革与创新，与会专家学者、一线教师从自身教学实践出发，分享教学经验心得，回应新文科建设要求，对教师改善课堂教学质量起到促进作用。

南京大学新闻传播学院等院校，还以校企合作课程、工作坊、全英文课程等形式开展课程创新建设。南京大学新闻传播学院与斯坦福大学社交媒体实验室合作开设的“人机传播”课程，是南京大学新闻传播学院在智能传播方向开设的系列课程之一，也是全国新闻传播学院中首个面向本科生开设的人机方向专业必修课程。校企合作新模式课程“数字人与虚拟制片”通过学界和业界老师联合授课，探索产学研深度合作，将前沿媒体科技探索引入教学和科研。淮阴师范学院传媒学院与台湾世新大学相关专家开设“数据新闻课程工作坊”，通过线上直播互动的形式对数据新闻最新的学术问题展开了集中探讨。南京师范大学新闻与传播学院深化国际传播学科规划，与奥地利萨尔斯堡、英国斯特林、美国雪城等大学达成长期合作，并开设全英文课程，“传播与社会”“跨文化传播”等课程先后入选省级、校级外文授课精品课程。学院通过开展高水平科学研究、打造品牌国际传播调研项目、开展立体化的国际传播实践探索，实现跨学科、跨学校、跨行业、跨社会资源的交叉式人才培养。

1.2.20.3　拓展学岗对接，践行协同育人新理念

2022 年，江苏各新闻传播院校不断创新教育机制，打造“协同育人”的人才培养体系(见表 1-24)，一是加强与政府部门、社会组织的校地合作，强化校际合作，形成“校

内外专家互通，校内外资源共享”的共创模式；二是深化与制作机构、互联网企业等业界联动，深化教学与岗位对接，创新实践交流方法与媒体产品开发；三是主动拓展就业市场，完善就业服务，优化人才培养与社会用人需求之间的密切联系。

表 1-24　　**江苏省 2022 年新闻传播教育高校各类合作共建项目信息一览表**

<table>
<tr><th>牵头单位</th><th>合作单位</th><th>合作建立的中心、基地、项目名称</th></tr>
<tr><td rowspan="5">南京师范大学
新闻与传播学院</td><td>江苏省委网信办</td><td>江苏省网络文明研究中心</td></tr>
<tr><td>/</td><td>江苏省新的社会阶层人士统战工作理论分众研究基地(江苏省网络人士与新的社会阶层人士研究中心)</td></tr>
<tr><td>江苏广电总台、江苏有线技术研究院等 12 家单位</td><td>中国(江苏)广播电视媒体融合发展创新中心</td></tr>
<tr><td>南京市侨联</td><td>媒体融合与国际创新协作研究中心</td></tr>
<tr><td>江阴、江宁、溧阳、邳州、通州、盐都、如皋等县级融媒体中心</td><td>媒体融合创新研究中心</td></tr>
<tr><td>苏州大学传媒学院</td><td>/</td><td>苏州大学融媒体发展研究院</td></tr>
<tr><td>南京晓庄学院</td><td>南京市陶行知学校</td><td>“高参小”美育教育合作项目“美育协同育人中心”</td></tr>
<tr><td rowspan="2">南京艺术学院</td><td>南京理工大学</td><td>数字文创发展中心</td></tr>
<tr><td>南京邮电大学</td><td>元宇宙艺术与设计研究院</td></tr>
<tr><td>南京艺术学院传媒学院</td><td>南京万生华态 EcoPlants 科技有限公司</td><td>元宇宙未来艺术研究所</td></tr>
<tr><td rowspan="4">南京晓庄学院
新闻传播学院</td><td>中兴通讯</td><td>“5G 新媒体 AR 技术与创意”联合暑期学校</td></tr>
<tr><td>中兴通讯</td><td>5G 新媒体联合研究院</td></tr>
<tr><td>网易数字产业基地</td><td>产教融合合作项目</td></tr>
<tr><td>南京石湫影视基地</td><td>校外实习实训共建基地</td></tr>
<tr><td>淮阴师范学院传媒学院</td><td>钛铂新媒体(深圳)</td><td>校外实习实训共建基地</td></tr>
<tr><td>江苏师范大学
传媒与影视学院</td><td>盐城市天隽映画文化传媒有限公司</td><td>就业实习实训基地</td></tr>
</table>

资料来源：笔者根据各学院网上资料整理。

苏州大学传媒学院整合研究力量成立苏州大学融媒体发展研究院，并派出专家配合江苏省委宣传部全程参与江苏省县级融媒体中心建设的验收工作。学院专家团队在对县融实地调研的基础上，参与《江苏省县级融媒体中心高质量发展综合评估办法(试行)》的起草工作，为江苏省县级融媒体高质量发展贡献了“苏大智慧”。南京师范大学新闻与传播学院参与共建中国(江苏)广播电视媒体融合发展创新中心，与南京市侨联合作成立媒体融合与国际创新协作研究中心，积极探索助力全省县级融媒体中心发展的有效路径。该学院广泛开展县级融媒体中心业务合作，出版发行《江苏广播电视媒体融合发展研究报告》，撰写《江苏“十四五”时期全媒体传播体系建设方向、路径与机制研究》《融媒体报道的创新力与传播力调研报告》《县级融媒体中心建设一周年观察》等调研报告，发挥了高校助力产业发展优势，让理论更好地支持媒体融合创新与发展。

南京艺术学院与南京理工大学两校发挥艺术与科技的学科优势，联合产业集群将教学成果转化为社会应用的产教融合平台，共建数字文创发展中心。南京艺术学院与南京邮电大学就元宇宙理念的创新与实践等相关内容联合共建“元宇宙艺术与设计研究院”，在元宇宙“虚实共生”的科学研究、实践探索、人才培养与社会产业服务等全方位进行深度合作。南京艺术学院传媒学院与南京万生华态 EcoPlants 科技有限公司就合作共建“元宇宙未来艺术研究所”等相关事项，达成了长期共同致力于知识创新和人才培养的战略合作关系，双方通过产学研深度合作，共同探索未来艺术的理论建构和数字艺术的实践途径，赋能艺术服务于人民大众的数字社会全面升级。

南京晓庄学院与南京市陶行知学校“高参小”美育教育合作签约，推进美育协同育人中心基地建设，探索出能够为协同发展注入强劲动力的创新之路。该校还与中兴通讯进行产学研合作交流，深入探讨校企战略合作、产教融合专业建设、产业学院联合申报等，双方就已开展的“5G 新媒体 AR 技术与创意”联合暑期学校相关课程以及 5G 新媒体联合研究院建设、融合人才培养、产业学院申报等方面进行讨论。

为积极响应开展访企拓岗促就业专项行动，有力促进毕业生就业工作，江苏省各新闻传播院校积极拓展就业基地，通过调研走访企业、“面对面”洽谈等形式，进一步推动学生实习就业。苏州大学传媒学院向多家县级融媒体中心选派优秀学生进行实习，将课堂教学和实践操作对接，在毕业季举办“苏锡常融媒体中心面对面”招聘宣讲活动，更好地服务于苏锡常地区各融媒体中心的人才发展战略，为学院学生实践教学和实习就业夯就更坚实的基础。南京晓庄学院与网易数字产业基地、石湫影视基地、小灿灿新媒体公司、南京逐日千里科技有限公司开展产教融合合作交流，进一步加强校企合作协同育人，深入探讨校企战略合作、人才培养和产业学院合作。淮阴师范学院也积极推进“校企合作、校际合作、协同育人”，与钛铂新媒体(深圳)建立产学研合作关系，并在科学研究、人才培养等方面联系紧密，有力推动学院应用型人才培养。江苏师范大学传媒与影视学院与盐城市天隽映画文化传媒有限公司、睢宁融媒体中心等单位开展“访企拓岗促就业”活动，建立就业实习实训基地，并签署就业实习协议。

1.2.20.4 注重高端引领，新闻传播教育取得新成效

2022年，江苏各新闻传播院校举办了一系列主题学术论坛与国际交流项目，不断扩大在新闻传播教育与研究等领域的高度影响力。苏州大学传媒学院积极推进新文科建设，先后承办江苏省社科联“江苏新文科建设发展大会”，主办“第十五届传播学大会”“数字文化传播研讨会”“平台、技术、文化工作坊”“第六届国际大学生新媒体节”等重要活动。第十五届中国传播学大会暨中国传播学40周年纪念大会以“中国传播学40年再出发：新时代与人类共同价值”为主题，来自北京大学、清华大学、复旦大学、宾夕法尼亚大学、爱丁堡大学、威斯康星大学等海内外各大高校的百余名专家学者以线上线下混合方式参会，就传播学的未来发展、媒体大变局下的智能传播、中国国际传播研究等方面的话题展开深入研讨，就传播学的学科重构、知识体系建设、人才培养等方面提出宝贵建议。南京大学新闻传播学院举办“返本开新：华夏文明的历史传承与国际传播”第十二届世界华文传媒与华夏文明国际学术研讨会，来自全国30多所高校的100多位学者及多家学术期刊负责人共同相聚云端，就华夏文明的历史传承与国际传播的学术话题展开跨学科深入研讨。南京大学与中国高等院校影视学会共同主办了中国高等院校影视学会第二十二届年会暨第十五届中国影视高层论坛，来自北京电影学院、北京师范大学、中国传媒大学等400余所高校超千名影视学者相聚云端，围绕“中国影视学科知识体系与人才培养：新路径与新模式”的主题，并就如何“加快构建中国特色哲学社会科学学科体系、学术体系、话语体系”展开深入研讨与交流。南京师范大学新闻与传播学院承办了“加强关键信息基础设施保护国际合作”暨“网络传播与数字治理”国际研讨会，邀请来自美国、澳大利亚、印度尼西亚、中国等地高校的多位学者共同探讨技术转型背景下传播与社会互动的新动态、新特征和新路径。南京艺术学院传媒学院承办第五届“在前端”数字媒体国际高峰论坛暨国际元宇宙与智慧教育大会，就虚拟空间、虚拟现实和增强现实艺术教育、虚拟数据图像分析和处理等方面的新应用、新理论、新服务和新技术展开全方位交流。淮阴师范学院传媒学院承办“对话与交流：中韩影视教育学术论坛”，探讨影视创作和影视人才培养实践的问题与对策，为当下影视教育的发展提供了重要的借鉴。

江苏各新闻传播高校还根据专业建设和人才培养特色，在专业建设、创作实践、学科竞赛等方面亮点纷呈。苏州大学传媒学院广告学专业、南京师范大学新闻与传播学院

的网络与新媒体专业入选国家级一流本科专业建设点。南京大学学生团队在第十七届“挑战杯”全国大学生课外学术科技作品竞赛、第14届全国大学生广告艺术大赛等全国性学科竞赛中获得等级奖项3项，学生获国家级奖项21项，省级奖项8项。该院的媒体融合课程建设方案还获得全国高校网络教育优秀作品推选展示活动工作案例二等奖，依托课程生产的学生作品获得江苏省庆祝建党百年融媒体精品案例征集评选“十佳案例”、全国大学生网络文化节优秀作品等奖项。南京艺术学院传媒学院学生创作的《百年党史图鉴》图文作品入选“2021年度江苏省网络传播精品生产扶持作品”，创作活动受到《人民日报》《新华日报》等数十家主流媒体的报道。苏州大学传媒学院多维引导学生积极参与专业赛事，以赛促学，培养更多新时代卓越新闻人才，该院师生在2022“筑梦向未来”中华经典诵读比赛、“未来金话筒”全国主持人大赛等重要赛事中荣获一等奖3项、二等奖14项、三等奖8项。

2022年，江苏省新闻传播教育院校持续强化科研战略布局、加强科研制度建设、优化科研组织管理模式，大力推进重大科研项目、基础交叉科研平台、产学研结合和团队建设等工作，科学研究取得了丰硕成果。从国家社科基金项目的立项名录就可以看出，2022年江苏新闻传播教育高校共有12个项目榜上有名，其中青年项目3项(见表1-25)，依然保持积极稳定的发展态势。

表1-25　　**江苏省2022年新闻学与传播学国家社科基金立项项目一览表**

高校名称	项目名称	项目类别	负责人
南京师范大学	抗日战争的影像记忆史研究(1931—2021)	国家社科基金年度项目	刘永昶
南京大学	数字媒体时代中国故事和中国声音的计算叙事研究	国家社科基金年度项目	王成军
南京师范大学	乡村治理视域下县级融媒体中心建设效能评估及模式创新研究	国家社科基金年度项目	高山冰
南京大学	新时代我国老年人陪伴机器人使用与智慧养老路径研究	国家社科基金年度项目	申　琦
南京林业大学	网络直播中的越轨行为及伦理引导研究	国家社科基金年度项目	卫　欣
徐州工程学院	自媒体广告乱象的生成逻辑、负面效应与治理机制研究	国家社科基金年度项目	袁　建
南京财经大学	社会主义意识形态短视频公益广告价值认同研究	国家社科基金年度项目	姚　杰

续表

高校名称	项目名称	项目类别	负责人
南京晓庄学院	中国抗战新闻摄影文献整理与研究(1931—1945)	国家社科基金年度项目	周海娟
苏州大学	网络社群共意动员与社会共识培育路径研究	国家社科基金年度项目	曹　洵
南京财经大学	中国共产党群众路线工作报刊宣传史料整理与研究(1921—1949)	国家社科基金青年项目	张勇丽
南京大学	移动性视角下视障者的无障碍传播现状及其对策研究	国家社科基金青年项目	谢卓潇
苏州大学	气候变化议题国际传播中"反制框架"策略及效果研究	国家社科基金青年项目	潘野蘅

资料来源：笔者根据各学院网上资料整理。

苏州大学传媒学院 2022 年获国家社科基金项目、国家自然科学基金项目共 8 项，创历史新高。其中国家社科基金面上项目 4 项，后期资助项目 2 项，国家自然科学基金项目 2 项。成果奖有省社科奖 4 项(一等奖 1 项、二等奖 2 项、三等奖 1 项)，其他各类获奖 16 项。高水平决策咨询成果再创新高，2022 年度共获得决策咨询类成果 15 篇，其中省部级以上领导批示 12 篇，决策咨询主要围绕新媒体传播、社会舆情、文化产业、公共关系、科学教育、智能广告营销等交叉领域高度关注的议题，为促进科研伦理与文化、科技政策提供了富有启示和国际化视野的创新研究内容。

(苏州大学传媒学院　张健、曹云龙)

1.2.21　浙江省 2022 年度新闻传播教育发展综述

2022 年，浙江省高校以立德树人为中心环节，积极优化新闻传播学专业设置，创建一流学科，深化教学改革和课程思政建设，着力打造部校、校媒、产学多层次合作模式，稳步推进新闻传播教育向前发展。

2022 年 1 月 9 日，2021—2025 年浙江省高等学校新闻传播学类专业教学指导委员会第一次全体会议在杭州金溪山庄召开，会议主题为"新理念 · 新思想 · 新格局新文科视域下新闻传播教育创新发展"，来自浙江大学、浙江传媒学院、浙江财经大学、宁波大学等高校的与会委员深入研究了新文科背景下新闻传播人才的培养模式，并讨论了浙江省新闻传播学科专业建设、教材建设、教师培训、教学实验室建设和教学改革等议题。

1.2.21.1 优化本科专业设置，加强课程思政育人

2022年，浙江省新闻传播学科的本科专业设置变动不大。除了国际传播之外，其他专业均有教学点。其中，广告学是2022年度招生学校最多的专业，时尚传播仅有浙江越秀外国语学院设置；新专业开办最多的是网络与新媒体专业，台州学院、宁波工程学院、湖州学院同时申报并获批，且在夏季顺利完成招生。

根据学校的特点和办学特色，浙江省新闻传播学科招生方式分为两种。一种是按新闻传播学类统一招生，大学学习半年或一年之后再专业分流。浙江大学、浙江工业大学、浙江财经大学、浙江万里学院等学校，新闻传播学类的所有专业按大类招生，学生通过半年或一年的学习，对各大类各专业有了更多的了解之后，再选择一个最感兴趣的专业。一般情况下，专业分流能够完全尊重学生的主观意愿。另外一种是直接按具体专业招生，如浙江传媒学院、杭州电子科技大学、宁波大学、温州大学、湖州师范学院等学校。总体来看，浙江省高校按照传媒业发展趋势，不断优化本科专业设置和招生人数，努力为社会培养新型传播人才(见表1-26)。

表1-26 浙江省本科院校新闻传播学专业设置一览表

招生方式	院校名称	招生专业
按大类招生	浙江大学	新闻学、传播学
	浙江工业大学	广告学、广播电视学
	浙江财经大学	广告学、网络与新媒体
	浙江工商大学	新闻学、广告学、网络与新媒体
	浙江理工大学	传播学、汉语言文学
	浙大城市学院	新闻学、广告学、广播电视学
	浙江万里学院	新闻学、广告学、网络与新媒体
按专业招生	浙江师范大学	广告学
	浙江传媒学院	新闻学、传播学、广告学、广播电视学、编辑出版学、网络与新媒体
	杭州电子科技大学	传播学
	宁波大学	传播学

续表

招生方式	院校名称	招生专业
按专业招生	浙大宁波理工学院	新闻学、网络与新媒体
	温州大学	广告学
	湖州师范学院	新闻学
	湖州学院	广告学、网络与新媒体(2022年新增)
	宁波工程学院	广告学、网络与新媒体(2022年新增)
	宁波财经学院	广播电视学、广告学、编辑出版学
	台州学院	网络新媒体(2022年新增)
	浙江越秀外国语学院	新闻学、传播学、编辑出版学、网络与新媒体、时尚传播

2022年6月，教育部公布了2021年度国家级和省级一流本科专业建设点名单。浙江省新增4个新闻传播学科国家级一流本科专业，3个省级一流本科专业，反映浙江省高校强化专业内涵建设，不断加强一流学科建设，专业建设取得了喜人的进展(见表1-27)。

表1-27　**新闻传播学科2022年新增一流本科专业建设名单**

院校名称	新增一流本科专业	建设级别
浙江工业大学	广告学	国家级
浙江工商大学	新闻学	国家级
浙江传媒学院	传播学	国家级
浙江万里学院	网络与新媒体	国家级
浙江传媒学院	新闻学	省级
浙江传媒学院	广告学	省级
浙江万里学院	新闻学	省级

为了强化课程育人功能，发挥专业的价值引领作用，浙江省高校把专业课作为课程思政建设的重点，推进新闻传播教育的课程思政建设。浙江工业大学人文学院举办教学思政系列讲座，讨论从不同专业提炼各具特色的思政元素，将思政融入教学创新，推动课程教学模式转型，采用“请进来”“走出去”的双向螺旋进阶式结构，构建“主导+主体”

课程思政教学结构，实现学生把正确的思政教育知识内化于心、外化于行。浙江财经大学人文与传播学院举办课程思政专题研讨，强调高校课程思政建设应注重学科统筹和系统规划，构建“学科—专业—课程”的课程思政内容体系，注重全程教育，在多元课堂中传播育人理念，深挖专业知识体系中蕴含的思想价值和精神内涵。学院还建立了思想政治教育实践基地，将“党史教育、团史教育、思政教育、实践活动”融为一体，帮助青年在党史教育学习中，厚植爱国情怀。浙江万里学院文化与传播学院在“新闻评论”等课程中加入社会主义核心价值观的内容，引导学生把握正确的思考方向，增强“四个意识”，坚定“四个自信”，在学习理论知识的同时塑造正直的人格。浙大宁波理工学院传媒与法学院融合新闻实践教育和思政教育，学生在“新闻编辑”的课程作业中提炼“共富”“浙江精神”等立足于浙江生活的价值元素，彰显出浙江特色的课程思政体系。

1.2.21.2 深化教学改革，打造一流课程和强化实践教学

建设一流本科课程是贯彻落实习近平总书记关于教育的重要论述，深化教育教学改革的重要举措。近年来，浙江省高校高度重视课程育人的功能，持续完善课程教学设计，提升课程内涵建设，推动课程教学改革，进一步加强线上、线上线下混合式、社会实践及虚拟仿真实验教学一流课程建设，充分发挥课程示范引领作用。

2022 年 11 月，浙江省教育厅公布了 2022 年省级一流本科课程认定名单。据不完全统计，浙江省高校新闻传播类学科获得认定的省级线上一流课程 8 门、省级线下一流课程 3 门，省级线上线下混合式一流课程 13 门，省级社会实践一流课程 5 门，共 29 门。获认定的课程既有“新闻学”“传播学概论”“广告创意”等基础性课程，也有“数据新闻报道”等适应新媒体环境、培养新时代新闻传播人才的课程，这充分体现了浙江省新闻传播教育在打好专业人才基本功的同时，持续探索新的课程方向，深化教学改革，着力加强新文科建设背景下应用型复合型人才培育工作(见表 1-28)。

表 1-28 **2022 年浙江省新增新闻传播学类省级一流本科课程(部分)**

学校名称	课程名称	课程类别
浙江工业大学	广播电视栏目策划	线下一流课程
浙江财经大学	广告策划	社会实践一流课程
中国计量大学	广告创意	线上一流课程
宁波大学	广告策划与创意	社会实践一流课程

续表

学校名称	课程名称	课程类别
浙江传媒学院	新闻发布与新闻发言	线上一流课程
	互联网市场营销：基础与实战	线上一流课程
	新闻网页设计与制作	线上线下混合式一流课程
	数据新闻报道	社会实践一流课程
杭州电子科技大学	新闻学	线上线下混合式一流课程
浙大宁波理工学院	媒介经营管理	线下一流课程
浙大城市学院	广告策划与创意	线上线下混合式一流课程
	广告学概论	线上线下混合式一流课程
宁波工程学院	平面广告设计 I	线上线下混合式一流课程
台州学院	新闻理论与实践	线上一流课程
温州理工学院	电视节目制作	线上一流课程
	广告创意学	线上一流课程
浙江万里学院	新闻评论	线上线下混合式一流课程
	传媒心理学	线上线下混合式一流课程
	新媒体概论	线上线下混合式一流课程
	新闻发布与政务信息传播	社会实践一流课程
	广告媒体与广告营销	社会实践一流课程
宁波财经学院	视频音频剪辑技术	线上线下混合式一流课程
温州商学院	广告学概论	线上线下混合式一流课程
	传播学概论	线上线下混合式一流课程
浙江工商大学杭州商学院	新闻编辑理论与实务	线上一流课程
浙江农林大学暨阳学院	广告设计	线上一流课程
浙江越秀外国语学院	传播学研究方法	线下一流课程

实践教学是新闻传播学科教学的重要组成部分，也是培养新闻传播学高水平人才的重要基础。2022 年，浙江省高校持续以社会实践充实新闻传播教学内容，增强理论知识在实践中的应用，引导学生走向社会、观察社会，拓展学生学习和实践能力。浙江大学传媒与国际文化学院教师带领本科生赴杭州市临安区天目山镇一都村开展自然美课程实践活动，了解一都村丰富的历史文化资源和发展情况，使理论服务于实践，推动当代

马克思主义美学研究与乡村建设、共同富裕相结合。浙大城市学院新闻与传播学院组织"数据挖掘与可视化设计"课程的学生，前往杭州良渚博物院进行以"数字博物馆可视化设计"为主题的采访调研活动。课程同学分成不同的项目小组，搜集现场资料，拍摄陈列展品，用实地体验去感受数字人文，探索数字传播之道，让枯燥的数据知识变得生动有趣。浙大宁波理工学院传媒与法学院自 2007 年起推出"行走的新闻"实践教学改革，结合实践教学与思政育人，近 5 年来的"家"系列田野调查，找准家庭叙事这一视角，引导青年学生讲好身边故事、家庭故事、中国故事。5 年来正式出版作品集 5 部，收录田野调查作品 346 篇，总字数达 255 万字。

1.2.21.3 部校共建稳步推进，校企合作成果丰硕

2022 年，中共浙江省委宣传部扎实推进高校与新闻单位从业人员互聘交流工作，确定 19 名资深编辑记者及杭州文广集团"为盲人讲电影"公益团队、宁波日报报业集团新闻"领军人才"团队到浙江大学等 11 所高校兼职或挂职任教，17 名高校教师到浙江日报报业集团、浙江广电集团等 8 家新闻单位兼职或挂职交流。互聘交流为 2022 年春季学期开学至 2022 年秋季学期末。

各新闻单位和高校高度重视双向互聘交流工作。各新闻单位为参与挂职交流的高校教师提供了相关支持，高校也为新闻单位的从业人员安排了课程，以系列讲座、合作开学、合作教学、课堂授课、独立开课等方式进行，确保互聘交流人员有时间精力完成交流任务。同时，根据疫情形势变化，各新闻单位和高校也积极做好疫情防控和互聘交流工作，建立工作机制和应急预案，在必要时通过网络授课、远程办公等方式开展工作。2022 年度的互聘交流工作取得了良好的成效。

此外，浙江省各新闻传播院校还不断寻求与社会企业、媒体机构的合作，促进产学研协同发展，进一步提高传播人才的质量，增强服务地方的能力。浙江工业大学人文学院与浙江广电集团交通之声共建大学生实践教育基地，借助交通之声的媒体资源，提升学生媒体实践能力，共同打造融媒品牌，为新时代融媒体发展培养更多优秀人才。浙江工商大学人文与传播学院与杭州钱塘区、杭报集团共建钱塘融媒文化产业研究中心，加强与传播集团的战略合作，建构新时代的主旋律传播模式。浙大城市学院积极推动校媒共建，产学研基地建设，与杭州日报报业集团、温州日报报业集团、嘉兴市广播电视集团、台州市广播电视集团签订合作协议，在学生实习就业、学科建设、师资队伍建设等领域开展合作，创新人才培养模式，开拓业界与学界活跃联动的新局面。

1.2.21.4 促进中外学术交流，积极传递中国声音

新闻传播学科的发展离不开彼此交流、取长补短。2022年，虽然受到疫情的影响，浙江省高校新闻传播院系仍然坚持学术交流不中断，以线上、线上线下混合的方式举办新闻传播学研讨会，推动中国新闻传播学的对外传播，努力讲好传播学的中国故事。2022年7月1日，浙江大学传媒与国际文化学院在线上举办了“重访数字化转型的媒介政治与社会想象”国际学术研讨会，来自浙江大学、中国社会科学院、香港城市大学、皇家墨尔本理工大学、阿姆斯特丹大学、伯恩茅斯大学、新加坡国立大学等高校的学者，针对媒体和媒体政治概念化、数字与历史和地域以及社会的联系、未来的研究话题等问题进行了圆桌讨论。2022年11月13日，“数字化交往与跨文化传播”国际会议在浙江传媒学院桐乡校区举行，来自清华大学、香港中文大学、澳大利亚昆士兰科技大学、美国密苏里大学、英国斯特灵大学等高校的师生参加会议。会议采用线上线下结合的举办形式，希望通过讨论数字图景、跨文化国际交流等主题，深化文明交流互鉴，弘扬和平、发展、公平、正义、民主、自由的全人类共同价值，共同应对各种全球性挑战。2022年12月3日，“对抗不确定：全球传播的认知、沟通与挑战”高峰论坛暨2022年浙江省传播学会年会在浙江财经大学举行。来自全国各高校、研究机构的专家学者通过线上线下相结合的方式，共同讨论传播学科的不确定性问题，成功推进了浙江省国际传播战略体系的建设进程。2022年12月17日，“擦亮传播学的中国底色”学术研讨会在浙大宁波理工学院传媒与法学院举办，来自浙江省内多个高校的专家学者讨论了构建新闻传播学中国话语体系的重要性和紧迫性，认为新闻传播学应加强与其他学科跨领域的交叉融合，服务地方。

此外，浙江省高校还以工作坊、研修班等形式促进不同年龄层学者、学生相互交流、切磋的机会，针对新闻传播学的重要与前沿议题，进行深入的研讨。2022年9月24—25日，“数字记忆：共同体想象与再造”工作坊于杭州成功举行。工作坊由浙江大学数字沟通研究中心、浙江大学传媒与国际文化学院主办，浙江大学国际文化与社会思想研究所承办，围绕“平台化记忆共同体与共同体记忆”“技术记忆与个体/公共危机”“空间、地方与记忆装置”三个子主题，意在探讨数字技术与文化如何重塑公共记忆，重构社会与文化共同体的面貌。工作坊师生在两天时间里就12篇论文进行了认真探讨，达成了深度互动的目的。

（浙江万里学院文化与传播学院　金麟）

1.2.22 青海省 2022 年度新闻传播教育发展综述

2022 年是党的二十大召开之年，是实施“十四五”规划、全面建设社会主义现代化国家的重要一年。党的二十大胜利召开，为我们进一步指明了党和国家事业的前进方向。在这一伟大时代背景下，2022 年青海省新闻传播教育事业稳中求进，不断改革和创新，实现了质的稳步提升和量的有效增长。青海省首个新闻传播学类省级一流课程在青海师范大学获批，为青海新闻传播教育的进一步发展奠定了新基础。青海省新闻传播院校本硕毕业生总数达到新高。同时，青海省首批网络与新媒体专业本科生顺利从青海师范大学毕业。

1.2.22.1 教学与科研：青海新闻事业学科建设迎来新起点

青海新闻传播的教育的建设要立足于青海本地特色，服务于西部地区，面向全国。青海省新闻传播教育院校不断提升人才培养规模和培养质量。青海省新闻传播院校本硕毕业生总数达到新高，本科生和研究生在校生数量稳步增长。同时，青海省首批网络与新媒体专业本科生顺利从青海师范大学毕业。

(1)本硕教育

2022 年青海师范大学新闻学院网络与新媒体专业 80 人毕业，这是青海省首批网络与新媒体专业本科毕业生，新闻学专业 40 人毕业，播音与主持艺术专业 40 人毕业。2022 年 6 月，15 名 2022 届毕业生顺利完成答辩，并实现 100%就业(升学)率。

2021 年经过国务院学位委员会确认，青海民族大学成为继青海师范大学之后第二个获得国家正式批准的青海省新闻与传播专业硕士生培养授权点，青海省新闻传播专业的发展再添新力量，初步建成具有鲜明特色与区域优势的教学研究型学院。

新闻与传播专业研究生的培养一直是青海省新闻传播教育发展的重要任务，也是青海师范大学、青海民族大学近年来努力建设的领域。青海师范大学新闻学院为了满足专业学位硕士研究生的课程培养需要，已经与多家行业媒体共同搭建了六个实践基地。进入实践基地学习的学生，产出了良好的新闻作品，得到了宝贵的行业经验，部分同学将实践经验和毕业论文相结合，将以作品的形式完成毕业设计。

青海新闻传播的教育的建设要立足于青海本地特色，服务于西部地区，面向全国。“培养具备马克思主义新闻观和良好的职业、道德素养，具有现代新闻传播理念与国际化视野，具备扎实的新闻传播理论基础，具有全媒体业务操作能力与管理、研究能力的跨媒体、跨文化的高层次、应用型新闻传播专门人才”一直是青海新闻传播教育专业硕士生的培养目标。

(2)科研教学

2022年11月26日，由青海民族大学文学与新闻传播学院、藏学院、民族学与社会学学院联合主办的“文明交流与互鉴：口头传统与《格萨(斯)尔》”国际学术研讨会以线上形式举行，来自中国、俄罗斯、捷克、蒙古国等国内外70余名专家学者参加了会议。《格萨(斯)尔》史诗是国务院第一批列入国家级非物质文化遗产名录的中国特色文化，青海作为《格萨(斯)尔》史诗文化的富集地，专家学者利用此次大会共同研讨，对贯彻落实党的二十大提出的“深化文明交流互鉴，推动中华文化更好走向世界”号召，为推进与“一带一路”沿线国家和地区的交流合作，具有特殊重要的意义。在主旨发言阶段，来自俄罗斯联邦科学院西伯利亚分院蒙古语、佛教和藏学研究所的L. S. 丹皮洛娃和巴达玛罕达·齐比科娃，蒙古国科学院语言文学研究所巴图尔扎布·孟和巴亚尔教授，捷克查理大学哲学院中南亚系斯尔巴·温德尔博士，中国社会科学院全国《格萨尔》工作领导小组办公室副主任甲央齐珍副研究员，原青海省文联副主席、青海省“格萨尔”研究所所长角巴东主研究员，中国社会科学院民族文学研究所李连荣研究员，《内蒙古民族大学学报》编辑部主任秋喜教授以及青海民族大学9位专家学者，围绕“文明互鉴视野下《格萨(斯)尔》海外传播及影响研究”“口头传统理论与口头诗学”“口头传统保护、传承与创新”“语言与口头传统关系研究”“《格萨尔》与各民族口头传统交流交融研究”和“《格萨(斯)尔》翻译与数字化研究”等主题作了发言，并就相关主题进行了深入交流和探讨。

2022年11月16日青海民族大学文学与新闻传播学院举行了“在中国与世界间的丝路学研究”学术讲座。此次讲座特邀上海外国语大学丝路战略研究所硕士生导师闵捷博士主讲，深入讲解了丝绸之路的概念、文化线路概念的出现、国内外对丝路学的研究状况及丝绸之路的精神价值，对师生进一步认识到在“一带一路”倡议越来越受欢迎的大背景下增强民族自信和文化自信的重要现实意义。

2022年3月4日青海师范大学新闻学院新闻与传播专业研究生通过腾讯会议实时共享了中国传媒大学新闻学院副教授倪桓主讲的“传播心理学”一课，该课程课堂教学、线下资源、课后活动等各个环节都将实现与中国传媒大学同共享。实时共享课程，是青海师范大学新闻学院教学模式改革的新尝试、新探索，既为学生提供了优质的教学资源，又为今后网络教学、混合式教学等的推进积累了经验。

2022年青海师范大学新闻学院获批国家级一般项目一个，青海省社科青年项目一个。青海省首个新闻传播学类省级一流课程在青海师范大学获批，为青海新闻传播教育界奠定了新基础。

1.2.22.2 融通与对接：慕课西行为青海新闻事业赋予新动力

西部发展事关国家发展的整体水平，事关我国社会主义现代化总体进程。西部高等教育是中西部发展的战略内生力量，相当程度上影响着西部全面振兴大局，影响着我国高质量发展全局。青海省作为西部地区的重要连接枢纽，承担着“融通与对接”的重要责任。新闻传播教育作为宣传人才的主力军，是展示高等教育改革发展成就的重要窗口。近年来，党中央高度重视西部高等教育发展，积极调整优化西部地区高等教育战略布局，实施“慕课西行”计划。

青海省两所新闻传播教育院校积极参与此项计划，力求在接受“输血”过程中，提高自身“造血”能力。“慕课西行”计划是指充分利用东部师资与技术优势，赋能教育、连接东西，促进东西部高校优质教育资源共享。教育部先后组织东西部高校课程共享联盟、地方高校优课联盟等联盟组织和单位，向西部高校开放课程资源和实验教学资源，并提供技术支撑服务。慕课西部行计划 1.0 版主要是送课，也就是把好课送到西部去。2.0 版主要是从原先的课堂教学，更多地拓展到实验教学方面。同时，除了课程以外，还要保障图书情报资源。把图书文献资料、虚拟仿真资源、先进的实验教学理念等引入到西部高校。

青海新闻传播教育两所高校积极响应教育部“慕课西行”号召，组织学生多次通过云端直播的方式参与前沿教学课堂。2022 年 4 月 28 日青海师范大学新闻学院及青海民族大学文学与新闻传播学院参与了由浙江传媒学院电视编辑与导播国家级实验教学示范中心、中国高校影视学会实验教学专业委员会、浙江省高等学校戏剧与影视学类专业教学指导委员会、浙江省影视摄制技术与艺术创研虚拟教研室联合超星尔雅集团联合举办的“影视传媒系列公开课暨慕课西行活动”。这次课程满足了高并发、重技能、多场景实验教学的需要，带来了最前沿、最顶层、最鲜活的专业知识，凸显了跨时空、跨地域、跨学校的云端融合授课形式优势，建立起青海新闻传播教育共建共享的教学新形态，有力提升了青海新闻传播教育高校的课程建设与改革“自我造血”的功能。

1.2.22.3 创新与革新：数字虚拟教研为青海新闻传播事业提供新方法

随着中国社会加速向数字时代转型，数字技术正以新理念、新业态、新模式全面融入人类生活各领域和全过程，给人类生产生活带来了广泛而深刻的影响。新闻传播教育在发展的过程中不断顺应数字化发展潮流，推动新闻教育事业的数字化优化升级。青海新闻教育事业在数字化转型中不断探索，2022 年青海师范大学新闻学院参与申报的网络与新媒体专业虚拟教研室成为首批 439 个虚拟教研室建设试点之一。

虚拟教研室是信息化时代新型基层教学组织建设的重要探索，是提高人才培养能力、建强基层教学组织的有力支撑。教育部高等教育司在2021年7月启动了试点建设推荐工作，于2022年2月发布《关于公布首批虚拟教研室建设试点名单的通知》。青海师范大学新闻学院根据学校部署积极与北京师范大学、陕西师范大学、深圳大学等高校联系协商参与申报事宜，同时对接中国传媒大学新闻传播学部电视学院，积极参与申报。青海师范大学新闻学院参与建设的国家首批网络与新媒体专业虚拟教研室由中国传媒大学牵头，共建高校还有内蒙古师范大学、西藏民族大学、兰州文理学院、宁夏大学、新疆大学。

2022年4月4日青海师范大学新闻学院参与建设的网络与新媒体专业虚拟教研室七所高校齐发力，通过中国传媒大学与《人民日报》新媒体联合推出“鲜花献英烈”融媒体交互产品，带动全国高等院校新闻传播学子，以云上献花的形式祭奠革命英烈，共上一堂网络思政大课。4月4日晚七点半，“鲜花献英烈”上线《人民日报》新媒体后，网络与新媒体专业虚拟教研室七所院校迅速行动起来，推动和倡议全国高校新闻学子共同参与献花，共上一堂网络思政课。30分钟后阅读量突破10万，献花量超过15万；4月5日9时，献花量突破100万，14时献花量超过200万。在网友的积极响应下，截至4月6日22时，献花量突破288万。此次活动，青海师范大学新闻学院网络与新媒体专业虚拟教研室充分彰显网络新媒体特色，以虚拟共建共享方式探索青海新闻传播教育课程思政教育新方法，实践爱国主义教育新方式。

2022年4月23日，青海师范大学新闻学院网络与新媒体专业虚拟教研室策划并组织了“携手筑梦向网而行”新媒体作品创作交流活动。来自虚拟教研室的七所高校师生通过“网络与新媒体虚拟教研室”这一交流平台，在展示各自新媒体创作作品的同时，也与其他院校师生进行了深入交流，充分体现了虚拟教研的“交流、互助、共建、共享”。

网络与新媒体专业虚拟教研室七所院校之间架起了学习和交流的桥梁，也为青海新闻传播教育实践教学搭起了更高层次的平台。虚拟教研室充分运用信息技术，探索突破时空限制、高效便捷、形式多样、“线上+线下”结合的教师教研模式，形成了青海新闻传播教育的新思路、新方法、新范式。

1.2.22.4 交流与共建：多方协同为青海新闻事业注入新希望

2022年青海省两所新闻传播教育院校通过校媒合作、校企合作、地方支援等方式，不断提高自身教育发展水平，主动适应媒介深度融合和行业创新发展的需求，积极与各方积极交流，为打造有地区特色的新闻学科建设注入新的希望。

实施校媒合作。青海师范大学新闻学院和青海民族大学文学与新闻传播学院都不断与本地媒体加深合作，帮助提升学生的实践操作技能。例如，2022 年青海师范大学新闻学院正式入驻《西海都市报》西海号。青海师范大学新闻学院借助“西海号”讲好青师大故事，展示未来“新闻人”风采、提高学院地区的影响力。通过图文、音视频等形式，培养新时代新闻舆论工作后备人才，全方位展现在人才培养、科学研究、服务社会、文化传承创新和国际交流合作等方面取得的最新进展和成就。在疫情期间，青海师范大学新闻学院组织了疫情防控特别报道，围绕志愿服务、学生组织工作、教职工工作、校园生活等方面展开报道，体现了学校团结一心、共同攻坚克难的决心，新闻学子用实际行动书写了作为“准新闻工作者”的使命和担当。

青海师范大学新闻学院已经与青海广播电视台、新华网股份有限公司青海分公司、青海新闻网、西宁晚报社、西海都市报社、海东市电视台等十余家新闻机构签订实习基地合作协议，每年选派高年级本科生、研究生前往上述新闻机构实习，帮助其明确自身职业规划，提升实践技能。同时，2022 年青海师范大学新闻学院为拓宽学生就业和实习渠道，缓解疫情防控常态化期间的就业压力，联合青海广播电视台、西宁市广播电视台开展就业促进活动，开展专场招聘会，为青海新闻学子“学有所就”奠定了坚实的基础。

提炼地方特色。2022 年青海新闻传播教育工作立足高起点发展的思路，以青海省高等教育定位和特点为参考框架，结合实际并与民族师范学院沟通，积极建设新闻学(汉藏双语)特色专业，重点开展了本科专业培养方案修订工作，通过修订方案，使专业的培养方向科学服务国家战略、助力西部大开发，更符合新闻传播事业发展的现实需要和未来前景。

践行校企合作。2022 年 5 月 31 日，青海师范大学新闻学院、美术学院联合凤凰数媒教育集团在线召开了校企合作——网络与新媒体、数字媒体艺术专业专场招聘会及专项就业指导活动。为了确保疫情防控状态下的就业工作，青海师范大学新闻学院、美术学院多次与凤凰数媒教育集团驻校教师沟通，推进校企合作专业的就业工作。由凤凰数媒教育集团面向应届毕业生开展培训工作，主要围绕在实习就业过程中必要的注意事项，从学习生活、日常生活、工作生活等多个维度详细剖析了学生步入职场环境后在生活与心态上的变化，为网络与新媒体专业、数字媒体技术专业 200 多名学生带来了生动的“踏入社会第一课”。

目前，青海新闻传播教育工作在韧性强、潜力大、活力足，但是仍然面临新的机遇的挑战，存在的问题和挑战也很多，主要集中在以下几个方面：首先是如何办好有地方特色的青海省新闻传播教育；其次怎样坚实中国西部新闻传播教育的人才力量；最后在理论水平和实践创新能力上，如何让青海新闻传播教育工作“稳”的基础更加牢固、“进”的态势更加显著。

（青海师范大学新闻学院　杨向东）

1.2.23　西藏自治区2022年度新闻传播教育发展综述

目前，西藏自治区仅有西藏民族大学新闻传播学院、西藏大学文学院大众传播系设立有新闻传播教育。

1.2.23.1　西藏大学大众传播系

西藏大学大众传播系依托西藏大学文学院传统藏学学科背景，以培养藏汉双语新闻人才为目标，现有“新闻学”“播音主持”两个专业方向。其前身为西藏大学语文系新闻专科班，1994年并入西藏大学藏文系，2004年文学院成立后，开始招收新闻专业本科班，2009年新增播音主持专业方向，2014年开始招收藏语言文学方向下藏语新闻学硕士研究生。

2018年首届硕士研究生毕业，2021年成功申报新闻与传播学专业硕士点授权。旨在培养立足西藏、面向西藏，德、智、体、美全面发展，具备扎实的藏汉双语表达能力，具备系统的新闻传播学理论知识与技能、广博的文化与科学知识，熟悉我国新闻宣传政策法规，能在西藏地区广播电视、报刊等新闻媒体、宣传部门以及广告部门从事新闻传播工作的“靠得住、用得上、留得下”的复合型、应用型人才。

(1)人才培养

本科人才培养。大众传播系坚持以培养藏语新闻人才为学科特色，在全国高等院校中独树一帜。目前开设新闻学1个本科专业，是西藏自治区藏语新闻人才培养的重要基地。2017年新闻学(藏语播音与主持艺术方向)专业只面向西藏自治区内招生，计划25人，层次为本科，其中招收男生12人、女生13人；2018年按照教育部公布的专业目录暂停招生；目前实行隔年招生。

研究生人才培养。培养研究生共计30余名，均为学术型硕士。

(2)学科专业建设

本科专业构架持续优化，现有新闻学1个本科专业，播音主持专业方向隔年招生。

藏语版专业教材建设特色突出。《新闻理论》(藏语版)、《新闻采访与写作教程》(藏语版)等民族语言专业教材已由民族出版社正式出版；《藏语播音主持基础知识》(藏语版)已由西藏人民出版社正式出版，并全部投入本科教学。

教学改革向纵深发展。2017—2022 年，校级教改立项 2 项，结项 2 项。校级科研项目立项 4 项，结项 2 项。在教学大练兵、赛教等活动中屡有收获。

研究生教育持续推进。2014 年开始在藏语言文学方向下招收藏语新闻学方向专业硕士生，2017 年首届硕士生毕业；2021 年成功申报新闻与传播学专业硕士点，2022 年首批新闻与传播学专业硕士入学。

(3)科学研究

建设以教育部长江学者复旦大学新闻学院张涛甫教授教授为首席专家的科研团队。该系自 2016 年以来获得科研立项 6 项，其中省部级项目 2 项，自治区教育厅项目 1 项，校级项目 7 项，1 项横向委托项目；发表 26 篇学术论文，出版专著 1 部。2022 年，发表学术论文 3 篇。

(4)对外合作与交流

积极与媒体单位开展教学互动与合作交流。长期以西藏广播电视台、西藏日报社、《拉萨晚报》、拉萨电视台作为学生实践教学基地，锻炼了学生的新闻实操能力。

(5)实验室建设

该系拥有区部共建重点实验室——藏语新闻实验室，共投入建设经费 100 万元，主要包括非线采编室与演播室。

(6)毕业生就业

学院开展了大量的就业指导教育工作，通过各类公招考试、企业应聘、升学、创新创业、社会自主择业等方式，毕业学生基本实现全就业。

1. 2. 23. 2 西藏民族大学新闻传播学院

西藏民族学院 1996 年新闻学专业专科招生，2000 级首次本科招生，2005 年创建新闻传播学院。现设有新闻学、广播电视学、广告学、播音与主持艺术 4 个本科专业，新闻传播硕士一级学科、新闻与传播专业硕士学位点，专业教师 36 人(含银龄教师 1 人)，其中教授 7 人(含银龄教师 1 人)，博士 12 人(其中 7 人在读)。在校学生 788 人，其中本科生 723 人，研究生 65 人。2015 年，自治区党委宣传部与西藏民族大学签署协议，共建新闻与传播学院。2019 年，“新闻学”跻身国家一流专业建设点，2021 年，“播音与主持艺术”专业获批西藏自治区一流专业建设点。

(1)本科教学

一是落实和拓展专业建设、人才培养项目。邀请校内外 10 余名专家咨询、评审，再次全面修订完善 4 个本科专业(新闻学、广播电视学、广告学、播音与主持艺术)培养方案；先后召开院内教师研讨会、校内专家咨询会、校外专家咨询会和用人单位调研会，研讨制定完成新增专业“国际新闻与传播专业”人才培养方案。

2022届151名毕业生中共有105人撰写毕业论文，46人制作毕业设计，均已通过答辩且全部顺利毕业并获得学士学位。

22名学生在中国人民大学、中国传媒大学进行交流学习。其中，2021年9月至2022年7月，7名本科生在中国人民大学交流学习1学年，5名本科生在中国传媒大学交流学习1学年；2022年9月至2023年7月，5名本科生在中国人民大学交流学习1学年，5名本科生在中国传媒大学交流学习1学年。

二是强化实习实践实验工作。2022年度西藏民族大学新闻传播学院新建实习基地12个。2022年5月，与西藏日报社、西藏广播电视台、人民网西藏频道、中国新闻社西藏分社、中国西藏网西藏记者站、拉萨市融媒体中心、西藏自治区消防救援总队、水电基础局西藏分公司等单位签订实习实训基地协议暨揭牌仪式；7月，与西藏自然科学博物馆、西藏直播传媒有限公司、江苏科兴项目管理有限公司签订实习实训基地协议并授牌；与重庆万州瀼渡镇天王溪景区就学生实践教学、实习就业与创新创业等达成初步合作意向。

2022年学院申报大学生创新创业训练计划项目24项，申报大学生创业训练计划项目2项，创业实践计划项目1项；2021年大创项目结项30项。

学院鼓励教师通过带学生参加学科竞赛，在实践中检验教学成果。2022年学院教师申请学科竞赛3项，分别是“全国大学生广告艺术大赛”“第十届中国大学生新媒体创意大赛”“第五届‘国青杯’艺术设计大赛”；袁爱中教授荣获第十七届“挑战杯”全国大学生课外学术科技作品竞赛优秀指导教师称号。学院学生积极参加第七届“中国梦·青年影像盛典暨红色传承短视频征集活动”“大学生新媒体创意大赛”“第九届全国高校数字艺术设计大赛”“互联网+”等学科竞赛，共获奖59项。

学院教师积极参加学科竞赛活动并获佳绩。化睿云获得2022年“中国大学生创意设计大赛优秀指导教师奖”(国家级)；刘新利教授参加“西藏自治区第二届高校教师教学创新大赛”获正高组二等奖；

三是扎实推进教学改革。2022年各教研室结合专业开展暑期进藏专业调研、特色实践、组织或参加学科竞赛、探索创新课程实践环节、线上教学新方法等特色活动。

新闻学教研室积极主动开展对外交流合作；广播电视学教研室在拉萨举办西藏融媒体人才培养专家咨询会；广告学教研室组织指导学生参加学科竞赛获奖成果丰硕，首次获得国家级奖励(大广赛三等奖)；播音与主持教研室开展“教师专业能力与素养拓展专训”“专业教学精品案例与示范作品集录制”“教师教学标准课录制”等工作。

2022年度，该院获自治区教改项目立项1项、自治区实践实战能力提高计划项目立项 2 项、获批校级教学团队 1 个，课程思政示范课建设项目立项 5 项、申请结项 9 项，校级教改项目 4 项(其中重点项目 1 项)，学校研究生金课建设申报项目 2 项，校级教改结项 1 项，参与自编教材 1 部。1 名教师获学校第十八届优秀教学成果三等奖。

“马克思主义新闻观在西藏的理论与实践研究科研团队”获批校级团队；陈航行老师的“融媒体实务教学团队”获校级教学团队立项。

四是提升科研工作水平。周德仓教授、袁爱中教授分别作为分论坛主持人和点评人参加中国新闻史学会少数民族新闻传播史研究委员会 2022 年学术年会，袁爱中教授、刘新利教授参加中国新闻史学会地方新闻史专业委员会第四届年会，6 名新闻与传播专业硕士、少数民族文化传播学术硕士研究生参加会议并分享研究成果。

2021 年 10 月 1 日以来，学院教师共发表学术论文 24 篇，参加大型学术研讨会并发言 10 余人次，出版专著 1 部(郭琳《新媒体运营设计理论与实践》)。获批 2022 年国家社科基金项目 1 项、西藏自治区哲学社会科学专项资金项目 1 项、2011 西藏文化传承发展协同创新中心 2022 年度招标课题项目 4 项、2011 中心关于开展“贯彻党的二十大精神研究”专项招标课题 3 项、2011 中心 2022 年委托课题 1 项。获批校级马克思主义新闻观在西藏的理论与实践研究科研团队 1 个。5 部著作获学校出版资助。申报 2022 年教育部人文社科项目 1 项、2023 年陕西省科技发展计划项目 1 项、中国藏学研究中心青年项目 1 项、校内中国共产党第二十次全国代表大会专题科研项目 2 项、国家民委民族研究项目 2022 年度公开招标课题 1 项、2022 年度国家社科基金高校思想政治理论课研究专项 1 项、2022 年度西藏自治区哲学社会科学专项资金项目 5 项、西藏教育科学 2022 年课题 1 项、2023 年度校内科研项目 6 项、校内中国共产党第二十次全国代表大会专题科研项目 2 项、国家民委全国民族工作优秀调研报告评选 2 份、西藏自治区哲学社会科学优秀成果奖 4 份、2021 年民委优秀调研报告 2 份、第五届“中国藏学研究珠峰奖”2 份。陈航行团队“西藏网络舆情研判引导与社会治理问题究”结项报告荣获“西藏民族大学第十七届人文社科优秀成果奖三等奖”。袁爱中教授“清代邸报在西藏的传播与边疆治理研究”课题获得国家社科基金立项。

(2)学科建设和研究生教育

西藏民族大学新闻传播学院播音与主持艺术专业获批 2021 年省级一流本科专业建设点；成功申报“国际新闻与传播专业”(050309T)；持续开展新闻学国家一流专业建设和“五卓越一拔尖”计划 2.0 工作；完成新闻学国家一流专业点建设中期检查汇报。2022 年 6 月，学院通过线上线下联动方式在秦汉校区召开关于科研、学科、专业协同发展经验交流暨外宣人才培养专家咨询会议，张树庭副校长(中组部第九批援藏干部)及校内外 20 余名专家参加会议、发言并提出建设性建议；8 月在拉萨举办西藏媒体单位关于国际新闻与传播本科专业设置咨询会和西藏融媒体人才培养专家咨询会。

新闻传播学一级硕士点开始招生，提高培养层次与范围。新遴选5名硕士研究生导师。开展研究生培养方案修订工作；组织2020级学生为期2周的进藏调研活动；2门课程获研究生金课立项(脱慧洁“民族影像传播”、刘新利“中外新闻传播史”)，1门研究生金课提交结项材料(袁爱中“马克思主义新闻观”)。申报学校2022年研究生科研创新与实践项目16项；组织2020级学生为期2周的进藏调研活动；28名研究生参加珠峰杯论文比赛，学院报送5人，其中3人进入校赛；完成2022级58名研究生(学硕18人，专硕40人)招生入学工作、2020级研究生中期检查及学位论文开题工作，2020级学硕8人，专硕15人全部通过中期检查及开题工作，并于12月进行预答辩工作；暑期由4名老师、13名研究生及9名本科生组成调研团，在西藏自治区各级媒体开展为期1周的调研暨“学与做”对话活动，与媒体编辑、记者在学科研究和专业学习上进行全面深入交流；组织《马克思主义新闻观在西藏的实践》案例评比活动。

研究生张傲、田宇、丛瑞涵的作品《“红色丰碑一重走十八军进藏路”公益网站》在第八届中国国际“互联网+”大学生创新创业大赛西藏自治区复赛荣获“青年红色筑梦之旅”赛道银奖，指导教师为李陈俊桥、袁爱中。陈航行、袁爱中、卞丽敏指导学生参与学校重要的学术活动、学术讲座的新闻稿件的撰写工作，多篇新闻稿在西藏日报社、珠峰云等媒体发表。

(3)师资团队

2022年获聘副高职称1名，中级职称1名。

学历提升情况。毕业博士2名(厦门大学、北京外国语大学)，在读博士4名(瑞士巴塞尔大学、中国人民大学、中国传媒大学)；国内高校访学1名(西安交通大学)。

西藏自治区高等学校与新闻单位从业人员互聘交流“千人计划”情况。该院郭琳老师前往西藏自治区党委宣传部新闻协调处挂职，西藏日报社中国西藏新闻网副总编辑李继来该院挂职并承担相应教学任务。

教师参加培训情况。1人参加少数民族特培项目一年(化睿云，中国传媒大学，2022年9月至2023年7月)。

(4)对外合作交流

中国人民大学许颖副教授、中国传媒大学魏峰副教授作为援藏教师于2022年8月加入学院，发挥援藏干部在学院教学、科研和学科专业建设等方面作用，推动学院高质量发展。

充分发挥银铃教师在学院教学、科研和学科专业建设等方面作用。原郑州大学新闻传播学院董广安教授作为教育部2021—2022学年高校银铃教师支援西部计划成员，在学院期间进行“中外名记者研究”“媒介文化与媒介批评”等课程讲授。

对口支援高校中国人民大学、中国传媒大学，以及陕西师范大学、中央民族大学8位专家对学院本科培养方案提出修改意见和建议；该院作为教育部高等学校新闻传播学类专业教学指导委员会主办的2022年“中国新闻传播大讲堂”分会场，持续开展32集视频课程推广学习活动；加入中国传媒大学与内蒙古师范大学、西藏民族大学、兰州文理学院、青海师范大学、宁夏大学、新疆大学西部六省西部六所高校成立的网络与新媒体专业虚拟教研室并多次参加该教研室组织举办的讲座、培训、课程交流等活动，李炜教授受邀参加“同上一门专业课”活动，作《场景时代媒体与受众关系的构建与传播理念变革》课程交流报告。

(5)实验室建设

学院在前期已经投入使用的影视作品赏析实验室、虚拟演播室、多媒体教学实验室3间新实验室的基础上，2022年度又建成摄影实验室、摄像实验室、音频实验室并已投入使用并承担相应的教学、实践任务；天光画室项目建成并通过验收；西藏融媒体实训中心进入建设阶段。

(6)学生就业

学院主动联系中国新闻社西藏分社、人民网西藏频道、西藏日报社、西藏广播电视台、拉萨融媒体中心、西藏隆达文化传播有限公司、西藏航空有限公司、朗县电视台、噶尔县电视台等单位签订实习实训基地协议，利用暑假走访调研波密融媒体中心、察隅融媒体中心、墨脱融媒体中心等用人单位并推介毕业生，为学生实习实训及毕业生就业拓展新的平台。2022届毕业生共151人，截至2022年12月，已经实现就业125人，就业去向率82.78%。考研录取16人，其中“985工程”院校1人，“211工程”院校7人，其他8人。

（西藏民族大学新闻传播学院　金石、周晓艳、向华娟、刘畅）

1.2.24　宁夏回族自治区2022年度新闻传播教育发展综述

宁夏回族自治区新闻学教育始于1983年，是年，宁夏大学创办新闻学本科专业，隶属于中文系，后发展成为新闻系、新闻传播学院。学院目前设有新闻学、广告学、播音与主持三个本科专业，其中新闻学是自治区“十三五”重点建设专业，下设新闻学和新闻学(网络新媒体方向)。截至2021年，培养毕业生1500余名，成为当前宁夏新闻媒体的中坚力量，其中1人荣获“长江新闻奖”，20余人次获得中国新闻奖，12人次被评为宁夏名记者、名编辑。

2003 年 9 月，宁夏大学新华学院创办新闻专业，这是宁夏民办独立院校开设的唯一一个新闻学专业，2015 年，宁夏大学新华学院在现有新闻学专业基础上增设播音与主持人方向本科试点班，采用“1+3”的人才培养模式，在大学一年级第二学期，面向新华学院同年级各专业学生招生，选拔有志于从事广播电视播音与主持人工作的学生重新组成新闻学播音与主持人方向本科班，为宁夏新闻单位培养播音与主持人才。截至 2017 年 6 月已毕业 12 届学生，总计 927 人。

2004 年，经教育部批准，北方民族大学文史学院(前身为西北第二民族学院中文系)正式创办新闻学专业，之后于 2006 年，创办广告学专业，在师资力量不断发展壮大前提下，2008 年创办传播学专业。一共 3 个专业，每届招收本科生 180 人左右。人才培养目标定位为：坚持立德树人，培养掌握新闻传播历史和基本理论以及新闻传播专业技能，具备利用多种传播媒介从事新闻传播活动的能力，具有民族团结意识、社会责任感和人文关怀意识，能在民族地区从事全媒体新闻策划及采编、广告策划创意、广告文案、图形图像广告设计制作以及在党政机关、企事业单位从事宣传、公关等信息传播工作。

1.2.24.1　专业建设

(1)宁夏大学新闻传播学院

宁夏大学新闻传播学院是宁夏回族自治区党委宣传部与宁夏大学“部校共建”学院，也是宁夏高校中唯一的专业新闻学院，现设有新闻学、广告学、播音主持艺术三个本科专业。新闻学专业目前是自治区重点建设本科专业，2020 年设立卓越新闻班。2018 年 1 月，新闻传播学专业学位硕士点获批，填补了宁夏新闻传播学学科发展的空白，目前已连续招收三届研究生。

2014 年 12 月至今，在部校共建机制及经费支持下，学院在师资力量、实训基地、课程建设、服务地方等方面取得了快速发展。目前，学院现有专职教师 30 人，其中教授 6 人，副教授 7 人，博士 7 人，有海外留学经历的 4 人。学院师资队伍有两个特点：一是以“宁夏大学兼职教授”岗位长期聘请 10 名区内外传媒业领军人物和知名高校教授为兼职教授，他们定期到学院授课或开设专题讲座；二是有新闻媒体从业经历的“双师型教师”8 人。以上特点，在西部地区高校的同类专业中是较少见的。

根据专业发展实际情况，学院深化新闻学专业教育教学改革，突出实践导向。主要做法有：降低理论性课程比重，增加实践性课程比重；允许学生以毕业设计进入毕业答辩环节；以“大学生新闻实践训练营”、兴趣小组等多种形式，拓展学生的“第二课堂”，以上措施有效提高了学生的实践创新能力和人才培养质量。

(2)北方民族大学文传学院新闻传播系

北方民族大学文史学院新闻传播系的人才培养定位为：为少数民族地区培养“采写实践型+新媒体技能型+社会责任关怀型”的复合型新闻人才。通过加强数字媒体实验室建设、数字校园媒体建设和校外实践教学力度，实现以实践教学改革促进新闻专业课程设置、课业评价机制以及人才培养模式的改革。

针对数字化传播的未来发展趋势，北方民族大学新闻传播系在国家民委及校方的大力支持下，一是创办了新闻媒介门类齐全的实验室，通过真实的实验设备与实验环境，开设大量新媒体实验课，让师生彻底告别“黑板新闻学”时代，使实验室转变为全能记者和全能编辑的培养摇篮；二是创办了新型校园媒体，新闻系建立了校内新闻实训基地，包括校园全媒体报社、校园电视台、校园广播电台、校园手机报等，通过校内新闻实训平台，让新闻系学生在实践教学中更好地消化课堂的理论知识，实现就业“零对接”；三是开展了富有成效的校外新闻实践教学活动，使新闻专业学生在社会实践活动中极大地锻炼了新闻业务水平；四是在以上实践平台建设基础上，加大了实践教学的学分设置比例，制定出了系统合理的学生学业的评价机制。为保证新闻实践教学活动的有效开展，新闻系将原来只占17%的实践教学课时加大到了34%，将实践教学活动贯穿到四年本科教学的全过程。

民族院校的新闻教育，主要是为民族地区培养少数民族新闻工作者，所以人才培养区别于研究性大学。北方民族大学新闻系少数民族学生的比例占80%以上，在教学过程中，他们注重强调学生的人文素质、文字功底、思维方法及为民族地区服务的意识。课程设置除新闻院系开设的主干课程外，还增设了有民族特色的课程，如少数民族文化传播、党的民族政策、民族地区新闻传播史、少数民族语言等，使民族院校新闻教学领域逐步拓宽，课程设置更具民族化。

1.2.24.2 本科生教育

(1)宁夏大学新闻传播学院

学院找准新闻人才培养的支撑点，提升人才培养质量。根据部校共建的需要完成了人才培养方案的修订，明确了马克思主义新闻观和实践教学在新闻传播人才培养中的支撑作用，全面加强了马克思主义新闻观课程教学和实践性教学工作。在实践教学工作中，坚持一体两翼的实践教学理念，即以课程教学为核心，以校内实践和校外实践为支撑，切实提升学生的实践能力。

①以部校共建为契机，探索新闻人才培养新模式。

探索部校共建工作中新型传媒人才培养机制，初步建立了产学研协同育人体系。新闻传播学院与马克思主义学院教学实验楼年底验收交付，学院积极筹备申报媒体实验教学中心第一期建设规划，为今后学院共享全区媒体融合资源，培养卓越新闻传播人才奠定了坚实基础。以新闻实训营、个性化培养、卓越新闻人才培养等为载体的实战化新闻人才培养项目为依托，摸索出了特色鲜明、效果明显的新型新闻传播人才培养模式。自治区党委宣传部超前谋划，为新闻传播学院的融媒体实验室预留接口，将新闻传播学院融媒实验室接入全区融媒体平台，打通学院人才培养与媒体生产传播的壁垒。

②以专业建设为抓手，努力推动学院建设与发展。

一是新闻学专业获批第二批国家级一流本科专业建设点，实现了学院专业建设新的突破。二是制定完善各项教学管理制度，加强对教学活动和教学流程规范性的管理。定期召开本科教学工作会议，集中解决教学中出现的问题。三是根据自治区人才需求，宁夏大学播音与主持艺术专业于2021年获教育部批准，并于2022年招收首届本科生。四是“宁夏大学新闻传播学教学实践平台建设——以新媒体产品生产为主体”推荐自治区级产学合作协同育人项目。五是积极展开同“新”战疫系列线上活动，特邀区外专家学者、高校名师通过精彩的线上学术讲座予师生以精神食粮。六是将卓越班培养模式在全院推广，改革成效明显。

③以学科建设为引领，建设提质升格的高水平学院。

一是搭建高水平教学科研平台。“新闻传播理论教研室”获批全区高校自治区级一流基层教学组织。二是加强课程建设，以课程建设带动学科建设。“以提升学生实践能力为导向的卓越新闻传播人才培养模式改革与创新”获宁夏大学2021年校级教学成果奖三等奖；“新闻学概论”课程获批宁夏大学“课程思政”示范课程建设项目，“数字摄像与编辑”“网络舆情监测与研判”获批院级“课程思政”示范课程建设项目，“新闻评论学”拟推荐自治区一流本科课程建设项目。三是制定《新闻传播学院“新文科”建设计划》，以新文科建设为契机，提升学院学科建设水平。四是文旅学院等兄弟学院筹建贺兰山传媒智库，吸纳国内外一流人才与知识资源，打造个性鲜明、国内一流的高端思想库，为宁夏建设黄河流域生态保护和高质量发展先行区提供有效解决方案。

④加强人才引进，全面提升教师职业技能和综合素质。

一是积极开展基层教学组织建设年活动，制定《新闻传播学院基层教学组织活动方案》，设立六个基层教学组织，根据专业或实验教学发展的实际需求设置若干课程群和教学、实践教研组。二是人才引进工作成效显著，已引进正高职称 1 人、博士 1 人、备案人员 1 人、聘任校外专家 1 人。三是组织多次青年教师科研讨论会，邀请贺兰山学者杜骏飞做线上辅导。

⑤加强教学科研，探索“教赛创”模式。

教学科研成果日益丰硕，其中，教师发表论文 4 篇，C 刊来源刊论文 2 篇；教师指导学生发表论文 2 篇；出版学术专著 1 部；申报国家社科基金项目 3 项、国家社科基金高校思政理论课专项课题 1 项；获宁夏新闻奖(论文奖)一等奖 1 项、三等奖 1 项，宁夏哲学社科优秀成果奖 1 项，获批宁夏哲学社科规划年度项目 3 项，宁夏教育科学"十四五"规划"互联网+教育"示范区建设专项课题 2 项；推荐全国艺术科学专家库成员 1 人；向自治区党委宣传部提交舆情分析报告 5 篇。

⑥不断拓展社会服务功能，强化社会服务能力。

一是顺利完成了 2022 年全区马克思主义新闻观培训任务，成功举办了"智能时代新闻传播实验室建设研讨会""宁夏好新闻奖定评会"以及"第五届中国舆论学论坛暨新闻传播学院院长论坛"，扩大学院影响力。

二是与宁夏和谐传统文化交流中心等相关企事业单位签约《共建"产学研"协同育人基地》合作协议，通过整合资源、增强合力，迈入深度合作新境界，推动学院学科建设及服务社会的能力提升。

三是主动出击，与北京字节跳动公司、上海睿亚训公司、宁夏移动公司共建产学研实践实训基地项目，目前各项工作正在有序推进。

(2)北方民族大学文学与新闻传播学学院

北方民族大学文学与新闻传播学院目前有新闻学、传播学、广告学、汉语言文学 4 个本科专业，2021 年新闻与传播专业硕士学位点获批，次年正式开始招生。新传系专任教师 17 人，正高级职称 1 人，副高级 7 人，博士 7 人。

自 2019 年 6 月开始组织新版人才培养方案的撰写，新闻传播系新闻学、传播学专业历经调研、讨论、撰写、专家论证等多个环节，初步形成科学完善、专业突显、特色鲜明的人才培养方案。疫情期间，有序组织在线教学。通过在线教学，引领教师积极转变教育教学观念，大力推进教学改革。2020 年度，学院获批各级教学研究项目共 8 项，其中省级"课程思政"项目 2 项，省级精品实践项目 1 项，省级教研项目 1 项，校级教研项目 4 项；获得 2020 年宁夏首届民族教育教学成果奖 1 项；"全媒体新闻传播实验中心"顺利通过宁夏教育厅 2018 年"本科教学工程"的项目验收，被评为优秀项目。2019 年文传学院"北方民族大学文学与新闻传播学院全媒体新闻传播实验中心"项目获批教育部高等教育司 2019 年第二批产学合作协同与人项目。

另外，加强实践教学需要新闻、传播、广告专业教师们从教学观念上意识到实践教学的重要性，为此新传系提出从侧重理论教学逐步向理论教学与实践教学"双翼起飞"过渡，同时要不断完善人才培养方案、系统优化实践教学课程体系内容、推动教师们编写实践教学教材、加强本学院所属的五大校园媒体实践教学平台的建设、多出实践教学精品成果，从而深化实践教学改革，全面推动和提高本学院的实践教学水平。

该院新闻媒体实验室目前属于北方民族大学文科综合实验中心。该中心成立于2016年6月。中心整合了商学院、经济学院、管理学院、文传学院、设计艺术学院原有实验室，建立了经济管理类实验分中心、艺术传媒实验分中心两个实验平台。文传学院新闻媒体实验室隶属艺术传媒分中心。文科综合实验中心现有技术人员在册6人，其他2人。新闻媒体实验室现有1100多万元的全媒体实训中心，拥有校园报社、电视台、电台、手机客户端等多家校园媒体。相关的课程主要有：影视后期制作、新媒体编辑、新媒体运营、新媒体用户分析、纪录片创作研究、数字媒体技术、视频节目制作、传播效果与测量、田野调查与定性分析、广告创意与策划、平面设计、广告摄影基础、影视后期特效、新闻编辑、视听广告创意、纪录片创作研究、新媒体运营、融合新闻、音频录制技术、电视摄像、网页设计与制作、广告摄影实训、影视广告制作、数字化影视制作实训、媒体工作坊等。

该院认真组织申报各类科研项目，2022年度获批国家社科一般项目1项；获批宁夏社科规划项目2项，获批宁夏引才专项基金项目1项。其中新传系获批宁夏社科规划项目1项。在疫情期间，学院邀请专家线上为学生做学术讲座近10场；举办文学研讨会4场；举办专业建设研讨会2场；举办国家社科申报论证会3场；举办学院第二届学术年会，并积极联系、申请承办学术会议。

2020年引进汉语言文学专业的博士2名、新闻学业界教授1名，在一定程度上补充了师资，加强了人才队伍建设。同时有3名教师在外读博。

新闻传播系新闻学专业积极申报专硕点并通过宁夏教育厅审核后，目前到教育部备案阶段。新传系着力在特色方向上组建学术团队，聘请相关专家在学术理念、学术方法、科研能力提升上进行有效交流和指导，从而形成学科凝聚力与向心力。通过学科与学位点的积极申报，学院不断拓展学科格局，争取学科建设不断上台阶、上层次。

(3)宁夏大学新华学院新闻专业

2012年，新闻学专业被自治区教育厅立项为优势特色专业，已基本形成系统化的教育教学理论实践教学体系；2016年与宁夏广播电视台共建新闻传播实践教育基地，建成集广播电视采、编、播、录实践实验教学所需的新闻演播室、虚拟演播室、非线性编辑制作室、广播语录室、广播直播间、直播观摩室、直播候播室等500余平方米。截至目前，专职教师队伍共立项建设自治区级教育教学改革项目2项，厅级以上科研项目2项、宁夏高校创新创业教育教学改革项目1项，宁夏大学新华学院教育教学改革项目2项，宁夏大学新华学院科学研究项目2项，指导各级大学生创新创业项目多余项。教师指导学生参加宁夏高校大学生原创微电影大赛、新闻传播类原创作品大赛等，均有优异表现。

目前，新闻学专业人才培养转型发展后的人才培养标准为：通过比较系统的专业学习和训练，努力实现每个学生在专业综合素质方面能够做到，“开口能讲，提笔能写，拿上设备能拍摄，进入非编室又会编”的“能文能武型”新闻人才。这也是媒体融合发展的全媒体时代对未来新闻传播人才素质的必然要求。

围绕这一转型目标，新华学院新闻学专业在未来的规划中，将以转变人才培养的理念和思路；重构课程体系，改革教学模式、教学方式和方法；深化实践教学体系的改革；进一步加强师资队伍的建设这四个方面工作为核心，进行教育教学改革探索。在继承新华学院 14 年来新闻人才培养成功经验和做法的基础上，进一步强化学生的专业应用技术能力培养，走“校媒合作建基地，校媒联手共育人”的开门办学之路，牢固树立“错位竞争特色发展，有所为、有所不为”的理念，一切从实际出发，不贪大求全，不照抄照搬，不降低标准，最终实现培养行业与地方需要的合格应用技能型高级新闻传播人才的目标。

新华学院新闻学专业毕业生 90%以上在区内就业和创业，其中大部分毕业生在全区地、市、县、乡等基层部门和单位工作，部分学生考研继续深造。目前全区 23 个县市区，基本上都有新闻专业的毕业生。据统计，新闻专业学生一次性就业率在 50%左右，毕业半年后，就业率能达到 100%。考研率逐年提高，2017 届应届毕业生考研率为 12.9%，基本符合学院新闻学专业的人才培养目标和方向定位。

新华学院先后与英国普兹茅斯大学、中国台湾铭传大学、中国台湾朝阳科技大学、美国纽约电影学院、澳大利亚堪培拉大学等高校和交流中心实现合作办学。2008 年至今，每年选派学生到宁夏大学各相关专业交流学习。2012 年与中国澳门科技大学、2013 年与中国澳门城市大学签署免试推荐硕士研究生协议，每年推荐毕业生攻读硕士学位。新闻专业学生均可享受学院创造的各种外出交流、学习的优势资源。

1.2.24.3 学术研究及其特色

2017 年 6 月 3 日挂牌成立了宁夏大学新闻传播学院民族地区传播与社会发展研究中心。该中心由教育部重点研究基地武汉大学媒体发展研究中心与宁夏大学新闻传播学院联合组建，整合了武汉大学与宁夏大学的学术资源，主要任务是开展重大课题研究，凝练宁夏大学新闻传播学科特色，以扎实有力的成果服务于自治区党委和政府的决策、服务于宁夏大学“双一流”建设。宁夏大学新闻传播学院还与中国人民大学新闻学院、宁夏银川市新闻传媒集团达成协议，联合成立西部融媒研究院，共同在新媒体发展、媒体融合发展理论研究与人才培养方面进行探索。

学院以凝练特色学科为导向，提升学科建设的内涵。学院本着立足宁夏，面向西部，服务民族地区的基本理念，积极探索和凝练学术研究方向，初步确立了民族地区传播与社会发展、西部地区融合媒体研究、区域形象与舆情研究三个科研方向，采取外引内联、整合力量、联合攻关的方式，提升学术研究实力。2017 年以来，学院成立研究机构 1 个，组建民族地区新闻传播学术团队 1 个。

学院与武汉大学媒体发展研究中心、中国人民大学新闻学院联合主办的“第一届互联网与西部社会治理”“第七届传媒与西部社会发展论坛”在银川成功举行，与厦门大学新闻传播学院建立战略合作伙伴关系，在人才培养、智库建设、科研项目申报等方面深化合作。与厦门思所品牌策划公司签订了校企合作协议，与石嘴山市网信办签订了校地合作协议。

（宁夏大学新闻传播学院　顾广欣）

1.2.25　新疆维吾尔自治区新闻传播教育发展综述

新疆维吾尔自治区包含自治区和新疆生产建设兵团(简称“兵团”)两个省级单位，共有八所院校开办新闻传播教育，分别为自治区所属的新疆大学、新疆财经大学、喀什大学、伊犁师范大学、新疆艺术学院、昌吉学院和兵团所属的石河子大学、塔里木大学。其中，新疆大学是教育部与新疆维吾尔自治区人民政府“部区合建”的综合性全国重点大学、国家“双一流”建设高校、国家“211 工程”建设高校；石河子大学是教育部和新疆生产建设兵团共建的综合性全国重点大学，国家“双一流”建设高校、国家“211 工程”重点建设高校，两所高校分别是自治区与兵团所属高校的代表，也是新疆地区新闻传播学教育发展的标杆。

1.2.25.1　专业建设

(1)专业招生规模调整

2022 年，各高校在专业招生规模上整体有较大变化，个别学校调整较大。本科生招生方面：新疆大学新闻传播学类本科招生 120 人。石河子大学新闻学专业在 2022 年招收一个新闻学专业的标准班(39 人)，较之 2019 年、2020 年招收两个标准班缩减了近一半规模。新疆财经大学新闻学专业招生 130 人。塔里木大学广播电视学专业招生 80 人，网络与新媒体专业招生 80 人。喀什大学广播电视学专业招生 199 人。伊犁师范大学新闻学专业未招生，广播电视学专业招生 90 人。新疆艺术学院播音与主持艺术专业招生 25 人，广播电视编导专业招生 55 人，影视摄影与制作招生 25 人。昌吉学院网络与新媒体专业招生 38 人。

(2)“新”人才培养方案的修订

2021 年 4 月，习近平总书记在清华大学考察时强调，“推进新工科、新医科、新农科、新文科建设”。这一重要讲话精神将推进“四新”建设放在构建一流大学体系、用好学科交叉融合的“催化剂”、对现有学科专业体系调整升级、瞄准科技前沿和关键领域、加快培养紧缺人才的语境下，表明“四新”建设与学科专业优化、创新能力提高、产学研用融合、时代新人培养有着紧密的联系。之后，“四新”建设开始以前期模式探索为基础走向范式变革，成为引领中国高等教育改革创新的标志性举措。在新疆，“四新”建设也在各高校中有序开展，其中制定、调整本科培养方案成为其中的重要工作，2022 版的培养方案也以“新”作为制定理念。

2022 年，以石河子大学为代表，新疆各高校的新闻传播学类专业开始制定或调整本科专业培养方案，使新文科建设落实到专业中。2022 版本科人才培养方案注重“交叉”“融合”。一方面，使专业紧跟时代，通过扩大专业选修课程的数量提供给学生更多提升能力的机会。例如，在石河子大学 2022 版新闻学本科人才培养方案中，扩充了“数据新闻与可视化”等课程；在广播电视学本科人才培养方案中扩充了“特殊摄影”等课程。另一方面，改变原先由新闻传播学专业学生选修工科所开课程的情况，尝试将计算机等工科课程与新闻专业研究内容相结合，例如课程“大数据技术应用”，就是新闻专业与计算机专业的教师共同承担课程大纲的设计和授课。此外，新培养方案的培养目标强调“发展”和“学习”，要求新闻学能够放眼五年的行业发展，要求引导和培养学生终身学习的能力。

(3)疫情下的教学

2022 年是疫情三年来影响最严重的一年，所有新疆院校 2022—2023 年第一学期的课程均无法在线下进行教学。这对新闻传播学教育影响尤为重要，一方面，新闻学专业的实践课程教学、集中实践训练等涉及实践、需要面授指导的教学环节都无法正常开展；另一方面，部分院校的专业实习无法正常开展，在实习时长和实习效果上都受到了很大的影响。

针对疫情的影响，新疆各高校也都积极改革教学思路与方法，以应对疫情带来的严重影响，起到了一定的作用，所做的教学改革主要集中在两个方面。第一，通过增加教育教学改革项目的类型、数量来研究疫情常态化下教学方式的改革，以石河子大学为例，在 2022 年增加了教育教学改革专项项目，扩大了过程性考核示范课程、思政示范课程等教育教学改革项目的获批数量，并将疫情期间教学改革与教学质量的保障作为这些项目选题指南中的重要方向。第二，加强教学资源的网络化建设进程，通过与雨课堂、智慧树等网络平台合作，使课程教学、实验演示、试题考核等教学、考核内容通过微课、试题库等方式逐步、有序地上线，尽最大努力弥补学生疫情期间线上教学所带来的空缺。

1.2.25.2 学科建设

(1)学位点建设

经过多年的建设，新疆大学、石河子大学、新疆财经大学、塔里木大学等疆内主要高校基本都完成了硕士学位点的第一轮布局，其中，新疆大学和新疆财经大学的硕士学位点布局基本完成。自2022年新一轮学位点申请中，新疆大学将继续申请新闻学博士点，石河子大学将集中力量申请新闻学学硕点。

(2)硕士招生情况

硕士研究生招生方面，2022年新疆大学学术型硕士招生26人，专业型硕士招生108人；新疆财经大学新闻学与传播学学术型硕士招生19人，专业型硕士招生42人；塔里木大学专业型硕士招生19人。

(3)部校共建

自2017年，石河子大学新闻专业、塔里木大学新闻专业与新疆生产建设兵团党委宣传部建立共建协议，部校共建项目正式展开。在2022年，新疆生产建设兵团党委宣传部继续与石河子大学和塔里木大学实施共建，但在共建的方式和思路上存在差异。塔里木大学地处南疆，在招生、人才引进、资源获取等方面条件受限，因此，兵团党委宣传部与塔里木大学的共建方式是通过资金支持提升其新闻专业的办学条件、提升教师的教学能力上；而与石河子大学的共建方式主要是提高其学科的内涵式发展水平，推动科研、博士化率提升等方面。

1.2.25.3 师资人才引进状况

受地域、经济发展的影响，人才引进一直是新疆高校人才工作的难点，对于新闻传播学专业来说，受限于博士点较少的状况，人才引进的难度更大，但新疆各高校一直以来从未在人才引进工作上有所松懈。2022年，新疆各高校的新闻传播学院扩大了人才引进的力度，一方面，2020年至今，各级政府不同程度地扩大了人才引进的力度，通过各种人才称号和人才政策来扩大人才的引进力度，各高校的新闻传播学院抓住这一契机借助政府的人才政策吸引博士或专家。另一方面，各高校也制定了符合自身发展的人才战略，通过提高人才待遇引进人才，新疆各高校的新闻学院也顺应所在院校的人才发展战略，大力引进人才。

新疆大学和石河子大学作为自治区和兵团的领军高校，人才引进的力度最大，也最具有代表性。在人才引进中，两所高校虽然所推出的政策不同，但总体的人才引进思路较为相似。第一，注重“新文科”背景下新闻传播学的学科发展，推进现代信息技术与传统新闻传播学专业的深度交叉融合，注重现代科技特别是人工智能技术的融入，深化高校新闻传播学专业教学改革，培养新型新闻传播学人才。新疆大学在人才引进中扩大了对专业的要求，一级学科要求新闻传播学、计算机类、艺术学等；二级学科要求新闻学、传播学、广告学、计算机科学与技术、软件工程、网络工程、信息安全、播音与主持艺术、电影与电视艺术、数字媒体艺术、美术学、设计学等专业。石河子大学也将社会学、艺术学、计算机类作为人才引进的一级学科要求，在二级学科加大力度引进大数据、人工智能和数据分析等专业。第二，扩大了人才引进的类型，将以往以领军人才和青年博士为主扩大为包含学科带头人、团队带头人和业界专家等不同类型的人才。新疆大学引进人才包括高层次领军人才、学科带头人、学术骨干、青年优秀人才、团队英才和银铃教师六种类型。石河子大学将业界专家纳入人才引进类型，将媒体专家的引进条件做出了适度调整，将实践能力与成绩作为最主要的评判标准，对学历的要求适当放低。

（石河子大学文学艺术学院　马晓亮）

1.2.26　内蒙古自治区 2022 年度新闻传播教育发展综述

2022 年，内蒙古自治区各高校深入贯彻落实习近平总书记系列重要讲话和考察内蒙古重要讲话精神，按照“四个全面”战略布局和党中央、国务院相关决策部署，全面贯彻党的教育方针，落实立德树人根本任务，持续深化教育教学改革，加快建设高质量教育体系，立足服务国家和自治区经济社会发展，为实现教育现代化、打造祖国北疆亮丽风景线提供有力支撑。

1.2.26.1　部校共建与校级合作

依托于部校共建机制，内蒙古自治区各高校遵循新闻教育和新闻人才成长规律，加强校际合作、联动学界业界，本着协作发展、共同提高的原则，实现资源的优势互补，推动新闻教育与新闻实践相互贯通，着力培养有正确立场、人民情怀、责任担当的一流新闻人才，从源头上抓好新闻队伍建设。

在校媒合作方面，自治区各高校打通与媒体的合作通道，深度参与媒体活动。2022 年 5 月，内蒙古大学文学与新闻传播学院跟国际在线内蒙古频道开展合作研究、交流分享和共创共建，全面推进国际传播能力建设，深化校媒合作模式，加强媒体和高校间资源优势互补，培养国际传播人才，进一步加强内蒙古国际传播能力建设，讲好内蒙古故事，讲好中国故事，让内蒙古文化走出去。

在校际合作方面，自治区各高校加强互联互通，实现协作发展。内蒙古师范大学新闻传播学院举办了复旦大学国际新闻传播硕士项目研究生国情调研暨暑期社会实践活动启动仪式，拉开两校新传学子深入内蒙古访历史、知国情、叙国事的实践序幕。此外，内蒙古师范大学新闻传播学院还主办了“内蒙古师范大学70周年校庆系列学术讲座——中蒙俄国际传播与学科建设研讨会”，以线上线下相结合的方式与复旦大学、中国传媒大学、四川外国语大学、吉林大学、东北师范大学等高校专家共同举办学术会议。

同时，自治区各高校结合“马克思主义新闻观”课程，将马克思主义新闻观教育纳入更大空间和平台。内蒙古各高校积极参与西部地区、民族地区高校“共上一堂马新观课”暨“新闻传播大讲堂”学习报告评比交流活动，引导师生培养深厚情怀和使命担当，加快推进新文科建设，培养卓越新闻传播后备人才，加强西部地区、民族地区高校新闻传播院系协同育人机制建设，推动优质教育资源共建共享共用。在此次活动中，内蒙古大学4名学生获奖，呼和浩特民族学院有1名学生获奖。

1.2.26.2 专业建设与实践教学

2022年，自治区各高校新闻传播院系继续组织教师开展线上教学活动，保证线上教学秩序，实现了疫情防控期间“停课不停教，停课不停学”目标，取得良好教学效果。

内蒙古大学编辑出版学专业、内蒙古师范大学新闻学专业获批2021年度国家级一流本科专业建设点。呼和浩特民族学院新设网络与新闻媒体专业，顺利通过新增学士学位授权专业专家论证会。呼和浩特民族学院新闻传媒学院基于学院品牌与特色，进一步对现有专业进行优化，重新修订完善了3个专业的人才培养方案，并邀请相关高校和行业专家进行了论证。开展了全院教师新闻数字可视化技术专题培训，强化教师教学技能。此外，呼和浩特民族学院讲师萨仁高娃的“新文科建设背景下新闻学专业实践教学改革与创新模式研究”成功立项，该项目属于内蒙古自治区本科教育教学改革研究自筹项目。

在实践教学方面，各高校充分发挥校外实践基地的作用，开展丰富多样的实践教学活动，带领学生走出校门、深入社会，开展调研采访，实践融合传播。

包头师范学院进行了2019级学生的毕业实习工作安排，学生实习地点多元，包括电视台、报社、市网信办、青山区教育局、青山融媒体中心、昆区宣传部、内蒙古广播电视台驻包记者站等单位。实习内容丰富，包括传统媒体的采、写、编、评，也有政府宣传部门的宣传和文秘工作内容。学生实习期间工作认真，得到了实习单位的认可。呼和浩特民族学院先后与内蒙古画报社、酷熊网络科技公司等8家新闻媒体和传媒公司签订实践基地。集宁师范学院在全区县级融媒体中心建立了10个校外实习基地，获批校级融媒产业学院；获批融媒体实验室建设项目1项，建设校级课程思政课程1门。

1.2.26.3 课程及实验室建设

2022年，自治区各高校加强马克思主义新闻观课程建设，提升学生的政治站位和价值认同，在教学内容中融入“马新观”元素，将习近平新闻舆论工作系列讲话精神贯穿到课堂教学中，积极推进课程思政改革，加强课程思政的育人作用。内蒙古大学成立课程思政工作领导小组，积极组织导师申报课程思政改革试点示范课，选派教师参加校内外各类课程思政集中培训，及时落实习近平新时代中国特色社会主义思想进课堂工作，同时做好意识形态网络阵地建设，成立融媒体中心和网络思政工作室，依托院校官网、官微平台，讲好师生励志故事，提高网络思政育人成效。集宁师范学院开展课程思政教学比赛，从教学目标的设定、教学内容与教学方法的选取、课程思政的融入、教学效果、教师素养与创新特色的表现等多个方面进行评定，推动教师深度挖掘专业知识体系中蕴含的思想价值和精神内涵，拓展教师对课程思政与专业内容契合点寻找的思路以及深广度。

在课程建设方面，内蒙古大学立项建设的线上课程“网络传播与全媒体技术”得到中国大学MOOC平台首页推荐。中国大学MOOC平台有来自超过800多所高校10000多门的优质课程，仅新闻传播学类课程就有90多门。“网络传播与全媒体技术”是内蒙古大学2018年立项建设的校级线上课程，课程由文学与新闻传播学院马强副教授精心打造，采用主讲教师和数字助理“小兔同学”合作互动教学的方式开展教学。课程专注于云计算、AR、VR、传统媒体与新媒体、精确化新闻等内容的讲解，探索以新方法引导学生建立专业化思维模式，通过媒介事件现场实景拍摄，助力学生理解信息网络交叉融合的发展方向和业态的多样性，掌握新媒体的数据化、精确化创新生产模式，不断开拓专业学习视野。2022年11月，课程凭借其新颖的内容和严密的训练体系在众多课程中脱颖而出，被成功列入中国大学MOOC平台首页推荐课程。

内蒙古大学文学与新闻传播学院张丽萍主持的“新闻学专业虚拟教研室”成功入选教育部首批虚拟教研室建设试点名单。“新闻学专业虚拟教研室”成员来自中国人民大学等3所区外高校、内蒙古师范大学等5所区内高校和内蒙古日报社、内蒙古广播电视台等合作单位，旨在解决内蒙古地区高校新闻学专业发展面临的共性问题，突破常规边界，在师资培养、课程建设、科学研究、资源共享等方面优势互补、互通有无。集宁师范学院获批融媒体实验室建设项目，为本科教育高质量发展提供有力支撑。

1. 2. 26. 4 科学研究与学科建设

2022 年，自治区各高校将科研和学科建设紧密结合起来，重视科研成果与教学内容的衔接，以培养创新应用型传媒人才为根本，开展多种学术活动，培养师生科研能力，不断创新科研成果并加强研究课题与学科建设的有机联系。

内蒙古师范大学新增新闻传播学一级学科硕士学位授权点。呼和浩特民族学院与内蒙古师范大学签署学科建设合作协议，学科建设和硕士点建设工作得到内蒙古师范大学的全力支持。

内蒙古大学蒙古学学院新闻传播学教师乌日吉木斯的“内蒙古地区党媒面向蒙古国的传播策略”获批 2022 年国家社科基金年度项目。内蒙古大学教师王书斌的“内蒙古网络微名人的媒介实践与文化功能研究”获批 2022 年度内蒙古自治区社科规划项目。

包头师范学院 2022 年新闻专业教师共获得科研立项 2 项，其中内蒙古社科联项目 1 项，校级科研项目 1 项；发表论文 4 篇，其中核心期刊 1 篇；出版著作 1 部。

内蒙古师范大学教师吉雅图的“晚清民国西方记录内蒙古地区影像史料整理研究”、江鸿的“内蒙古自治区政务类新媒体传播效果提升及创新发展策略研究”获批 2022 年度内蒙古自治区社科规划项目。内蒙古师范大学教师曹国东、姜淑萍、苏也菲、江鸿分别获批 2022 年度国家社科基金项目。

呼和浩特民族学院新闻传媒学院教师萨仁高娃获批 2022 年度内蒙古自治区社科规划项目“新媒体助推内蒙古乡村振兴政策研究”；获批校级项目 3 项；撰写发表 9 篇专业科研论文。

集宁师范学院获批自治区级课题 1 项，校级课题 5 项：陈琳的“新时代文化自信下的少数民族文学创作价值研究”，王旸的“融媒体视域中铸牢中华民族共同体意识的传播路径及对策研究”，马小林的“中西文化交流视域下的契丹形象研究”，刘丰的“新媒体时代网络舆情研究”。

在学术交流方面，2022 年 5 月，内蒙古大学邀请浙江传媒学院的刘兴宇教授进行一场题为《走近人工智能主播》的线上讲座，邀请四川大学赵毅衡教授作了题为《什么是符号？什么是符号学?》、胡易容教授题为《解析文化传播的“空符号”智慧》的线上讲座。

2022 年 5 月，内蒙古民族大学传媒学院举办了陶格图教授主讲的题为《蒙古族传统信息传播方式研究》的讲座，内蒙古民族大学传媒学院举办题为《浅谈蒙古族新闻史研究领域重要问题》的讲座。

2022 年 11 月，内蒙古师范大学新闻传播学院举行第三届蒙古国媒体骨干人员与高校新闻专业教师专题培训会议，邀请了清华大学新闻与传播学院新闻研究中心主任陈昌凤教授、上海外国语大学新闻学院院长郭可教授、内蒙古自治区人大教科委员会副主任委员吴海龙等专业人士。此次专题培训会议对两国新闻传播教育改革研究、学术合作和人才交流等方面具有重要的学术意义和现实价值。

（内蒙古大学文学与新闻传播学院　张丽萍）

1. 2. 27　北京市 2022 年度新闻传播教育发展综述

2022 年北京市新闻传播院系在新闻传播理论创新、人才培养与学科建设、马克思主义新闻观教学研究、国际交流与合作、实践平台建设、社会服务等方面取得了重大进展。

1. 2. 27. 1　科学研究

北京高校在加强新闻传播理论基础研究与转化应用方面取得了显著成绩，成立了多个科研机构，承担了多项国家级及省部级科研项目，科研成果数量和质量都较 2021 年有显著提升。

在基础理论研究方面，中国传媒大学隋岩教授的《互联网群聚传播》与清华大学胡钰教授的《当代中国新闻观念研究》入选 2022 年度《国家哲学社会科学成果文库》，充分展示了我国新闻传播学界的学术创造力。借中国人民大学校庆之机，中国人民大学新闻学院主办“建构中国特色新闻传播学自主知识体系”分论坛，倡导新闻传播学科直接介入民族复兴、国家现代化、人类命运共同体构建这些基本和重大的战略性议题之中，将学术研究同国家需要、人类文明的未来紧密契合。

在科研机构建设方面，中国传媒大学成立了“中共中央党史和文献研究院马克思主义传播研究基地”，该基地致力于将科学研究和国际传播人才培养结合起来，共同发展新时代马克思主义理论创新。中国传媒大学与智利大学共建“人类命运共同体智利研究中心”，与秘鲁国立圣马尔科斯大学亚洲问题研究中心共建“人类命运共同体与一带一路秘鲁研究中心”。清华大学成立“全球发展与健康传播研究中心”，致力于整合各方资源，开展引领性的研究与实践。北京外国语大学成立艺术教育与传播中心，致力于推进中华优秀传统文化的传播。

在科研项目立项方面，2022 年北京市高校取得突破性进展，就省部级以上新闻传播类重大项目来看，共获批国家社科重大招标项目 5 项；获批国家社科基金年度项目 14 项，青年项目 8 项，国家社科基金冷门绝学专项项目 1 项；教育部人文社会科学项目 5

项；北京市社科基金项目重大项目2项，重点项目11项，一般项目和青年项目28项。这些项目显示着北京高校坚持以重大理论和现实问题为主攻方向，坚持基础研究和应用研究并重，为党的理论创新服务、为繁荣发展哲学社会科学服务的努力。从获批立项的选题数量来看，中国人民大学、中国传媒大学等高校展现出更高的科研积极性。

在学术成果及转化方面，中国社会科学院新闻与传播研究所发布了《新媒体蓝皮书：中国新媒体发展报告(2022)》，全面概括了2021年以来百年变局与世纪疫情带来的深刻而宏阔的时代之变，并持续影响着中国新媒体发展。中国传媒大学媒体融合与传播国家重点实验室新媒体研究院发布了《中国智能媒体发展报告(2021—2022)》和《2022元宇宙研究报告：多元视角》，为媒体发展前沿趋势提供研究思路。北京师范大学的喻国明教授出版了《元宇宙与未来媒介》，对元宇宙以及相应的社会深度媒介化问题进行了范式变革及其实践行动路线图的探讨。

1.2.27.2　人才培养与学科建设

2022年北京高校新闻传播学科建设与人才培养整体呈现出稳步发展态势。教育部于7月12日发布的《国务院学位委员会关于下达2021年动态调整撤销和增列的学位授权点名单的通知》显示，中国社会科学院大学新增新闻与传播硕士专业学位授权点。北京市目前共有36所高校开展全日制新闻传播教育，其中有7所高校设立了新闻传播学一级学科博士点，3所高校设立了二级学科博士点，20所高校设立了新闻传播学一级学科硕士点，28所高校设立了新闻与传播专业硕士点。

中国传媒大学为探索建设“中国特色世界一流传媒大学”之路，在国内率先成立本科生院，整合本科教育资源，创新本科管理机制，提升本科育人效能，以加快建设一流本科教育，构建一流育人体系，贯彻“系统治理，创新图强”发展理念。自2018年以来，中国人民大学围绕“双一流”建设规划、新闻传播学术话语体系创新主办了系列深研会，邀请学界和业界专家就当前的热点事件展开对谈。2022年人大新闻学院共举办8期深研会，主题涉及平台、算法、智能传播、讲好中国故事、提升国际传播效能等多个议题。中央民族大学新闻与传播学院聚焦“十四五”期间学院学科建设的思路和方向举行了新闻传播学科建设指导会，就师资队伍建设、学科方向凝练、课程思政、实践育人模式等问题进行了深入的交流。

多所高校通过召开学科建设座谈会、联合培养等方式以提升学科建设与人才培养的质量。中国人民大学新闻学院举办“中国特色、世界一流”新闻传播拔尖创新人才培养高端论坛，探讨新闻传播拔尖创新人才的培养规律、创新模式、教育共同体建设、评价体系建设等话题。中国社会科学院新闻与传播研究所与中国人民大学召开了学科建设交流座谈会。为适应国家发展战略对综合型、复合型人才的需要，中国人民大学新闻学院携手北京外国语大学，合作创办了“国际新闻与传播—西班牙语”联合学士学位培养项目。北京师范大学新闻传播学院联合牛津布鲁克斯国际出版中心开办了“出版传媒国际硕士创培班”。

北京外国语大学举办了“中国国际传播学科建设研讨会暨国际传播分会”“中华文化国际传播论坛”等学术论坛和研讨会，对我国国际传播能力建设、国际传播学科发展与人才等重大议题展开深入研讨，并发布了“国际传播能力指数方阵”，为我国媒体提升国际传播效能及重大问题对外发声能力提供了参考和研究支持。中国传媒大学组织召开了“人类命运共同体理念的国际传播”“奥林匹克文化与全球文明传播”等多场学术会议，从多个维度对加强我国国际传播能力等重大议题展开了研讨。中国人民大学新闻学院与外文局联合培养国际传播博士举行了师生交流会，双方导师围绕各自优势联合培养复合型国际传播人才、国际传播工作实践、双方合作资源共享进行了深入探讨。

1.2.27.3 课程思政与马克思主义新闻观教学研究

马克思主义新闻观教学研究始终与中国共产党紧密联系在一起，恰逢党的二十大隆重召开，北京高校主动将马新观教学研究与党的二十大精神贯彻学习结合。北京大学、清华大学、中国人民大学、北京外国语大学、中国传媒大学 5 所高校联合举办了喜迎二十大主题党日活动。北京师范大学新闻传播学院举办了“中国式现代化与新闻传播学科创新”线上研讨会，以党的二十大报告为基准校对学科发展方向，凝练学科发展定位，深入开展有组织的科研学术活动。

2022 年北京市多所高校的新闻与传播院系开展了形式多样的马克思主义新闻观教学实践活动。中国人民大学新闻学院举办了“赓续红色血脉培养时代新人：中国共产党创办新型正规高等教育的历史经验”高端论坛——红色新闻人才培养研讨会。会议聚焦红色新闻人才培养的多维度、全体系建设，围绕红色新闻人才培养的发展与创新开展了交流。此外，为深入理解习近平总书记关于新闻舆论工作的重要论述，更好地将其融入教学、科研之中，中国人民大学新闻学院与河北大学新闻传播学院联合举办研究阐释习近平关于新闻舆论工作重要论述高级研修班。

1.2.27.4 实践平台和基地建设

清华大学设立了国内首个元宇宙文化实验室，该实验室将以产学研相结合的方式，在未来媒体技术发展、元宇宙文创、元宇宙指数、数字虚拟人指数等元宇宙领域展开研究，力图将实验室打造成国内行业前瞻性、理论开拓性、研发创新性兼具的元宇宙科研机构。北京师范大学启动了传播创新与未来媒体实验平台，该平台作为互联互通的研究平台及服务国家战略需要的高端智慧平台，将成为未来传播研究体系中的新学科增长点和学术高地。

中国传媒大学与新京报社共建“就业育人基地”，开启“协同育人”合作的新篇章。中国传媒大学与央视频签署战略合作协议，致力于培养党和国家所需的优秀传媒人才。中国社会科学院新闻传播学院与安州区融媒体中心共建“产学研协同创新育人基地”，为深化校地合作，促进高校与地方经济社会发展互利共赢，发挥了积极作用。

1.2.27.5 国际交流与合作

“双一流”建设目标的实现，需要高校积极开展国际交流与合作，在开放中实现高校的跨越式发展。清华大学承办了国际媒介与传播研究学会(IMACR)北京2022年会，年会以“新全球化时代的传播研究：再定位、挑战与变化的语境”为主题，来自100多个国家和地区的近2000位学者深入探讨了新闻传播学科的前沿议题。作为国际性传播学会首次在中国大陆举办的年会，此次年会是中国新闻与传播学术共同体的发展与壮大、迈向国际化的一项重要标志与历史性突破。

中国社会科学院大学院积极承办“全球视野·名师大论坛”国际交流系列活动，并与哈佛大学、密苏里新闻学院等30多所世界知名高校或研究机构建立了合作关系。北京师范大学积极举办“期刊主编面对面”系列讲座和2022“未来传播的新范式·新方法”暑期工作坊，为促进学术交流提供了良好的平台。北京外国语大学积极主办“北外为公讲堂”，邀请来自学界和业界的专家对新闻传播学科的前沿议题，进行了丰富的交流讨论。中国传媒大学携手北京外国语大学联合举办了第十三届新闻与传播心理研讨会，与会专家学者围绕新闻与传播心理议题开展学术讨论。中国人民大学携手中山大学逻辑与认知研究所共同发起和主办第三届“论证、新闻与传播”跨学科学术研讨会，与会专家学者深入地探讨了逻辑学和传播学交叉领域的重要问题。北京大学主办“数字文明与全球传播秩序”国际研讨会，海内外学者围绕数字文明与全球传播新秩序这一主题进行对话与交流。

(北京外国语大学国际新闻与传播学院　王喆、高金萍)

1.2.28 上海市2022年度新闻传播教育发展综述

1.2.28.1 上海地区新闻传播专业2022年发展特点

2022年，上海地区各高校新闻传播专业持续发力，深入贯彻二十大会议精神，将理论学习成果积极转化为推动新传教育全方位育人的实际成效；依托各高校扎实基础教育和前沿科研资源，促进国际教育组织和机构间的合作交流及合作办学，搭建国际化新传人才培养平台；充分运用前沿智能技术助力教学发展，持续推进与政府单位、机构的教学实践合作，加快产学研一体化融合。2022 年度上海各高校新闻传播学注重教育高质量发展，产出一批原创科研成果，作出一流决策咨询贡献，切实提升本地区新传教育育人水平以及在全国乃至世界的示范作用。

第一，学习二十大会议精神，指领新闻传播全域性育人发展。二十大会议召开后，各大高校积极开展报告会和红色实践项目，学习贯彻党的二十大会议精神，深化新时代课堂教学改革，助力党的新闻事业人才培养。复旦大学新闻学院承办“新时代的中国”国情教育系列讲座，紧扣二十大报告精神，引导学生准确理解国情与社情，增强自觉与自信，努力成为党的新闻舆论工作的优秀后备人才。华东师范大学传播学院参与举办“学习党的二十大精神宣讲报告会”，邀请全国著名党史党建专家、上海市学习贯彻党的二十大精神专家宣讲团成员齐卫平教授作专题报告。中共上海市委宣传部与上海外国语大学签署共建新闻传播学院协议，开展部校共建合作。上海大学新闻传播学院本科生党支部入选教育部第三批“全国党建工作样板支部”，积极传承上海大学红色基因，强化“四力”实践讲好中国故事，以实际行动迎接党的二十大胜利召开。

第二，促进国际合作交流，搭建国际化新闻传播人才培养平台。2022 年，上海各大高校媒传学院借助数字媒体持续推动国内外学术经验交流，搭建青年学子对话平台，同时开展传媒实践，探索讲好中国故事的新路径。上海交通大学媒体与传播学院姚君喜教授出版专著《他者的镜像：外籍留学生媒介使用与中国文化》，以来华外籍留学生为研究对象，探讨了外籍留学生媒介使用与中国文化的影响关系。上海外国语大学新闻传播学院协办对话亚洲“Z 世代”系列活动，中国、泰国和印尼的学生代表就国际问题展开讨论，为世界发展贡献东方智慧。华东政法大学邀请美国耶鲁大学东亚系专家、北卡罗来纳大学新闻与媒体学院专家，开设 2 门重点引智项目——“东亚文化研究与创意写作”和“美国大众传播法”课程，推动学院教学国际化。

第三，推进产学研一体化融合，实现教学资源最大化。上海交通大学媒体与传播学院携手各大高校新传学院以及上海市科学研究所、上海科技馆、浙江自然博物院、合肥市科技馆等机构成立“长三角科技传播联盟”，联盟成员将发挥各自师资、课程、资源优势，建立产学研协同机制，共同培养卓越科技传播人才，落实深化长三角一体化战略。华东师范大学传播学院举办“元宇宙基建：科技影像跨媒介传播创新研究论坛”，邀请学界和业界专家就“沉浸式全息影像的内容生产与应用拓展”展开讨论。上海大学全球人工智能媒体传播研究院与武汉理工数字传播工程有限公司、深圳雷鸟网络科技有限公司等4家中国智能媒体行业头部企业宣布战略合作，共同打造产学研一体化的新闻传播学科发展模式，推动智能媒体研究高端平台建设。上海外国语大学携手中国电影英译导演王东共同建立王东动作室，依托上海电影译制片厂的雄厚译制经验、上海广播电视台纪录片中心的优秀影视剧资源，以及喜马拉雅丰富的音频内容生态，开展英语译制配音实战培训，带领学生共同制作优秀中文影视作品。

1.2.28.2 上海地区部分新闻传播院系重大事件

2022年复旦大学新闻学院获批国家社科基金项目4项。学院广播电视学专业与广告学专业入选国家级一流本科专业建设点。二十大顺利召开后，学院组织了5场国情教育讲座，邀请专家学者围绕"中美战略博弈""百年变局、世纪疫情下我国经济发展""上海城市建设"等议题进行了汇报，激发学生对于国家发展和新闻使命新思考。学院王迪老师指导的参赛团队作品《斗癌奇谈之宫颈癌篇》荣获全国大学生健康科普大赛一等奖，尚嵘峥荣获第十届范敬宜新闻学子奖、新闻学院教师沈玢荣获第二届上海市高校教师教学创新大赛一等奖。学院参与主办"全球化转型与国际传播：全媒体全球传播·复旦论坛(2022)"、2022年国际传播学会(ICA)年会上海分会场、"回归媒介本质：生成型媒介与关系重建"学术研讨会、2022年度"新时代的中国"国情教育系列讲座、国际传播实践创新与人才培养座谈会。

2022年上海交通大学媒体与传播学院获批2项国家社科基金项目，4项上海哲社项目。姚君喜教授国家社科重大项目系列成果《他者的镜像：外籍留学生媒介使用与中国文化》出版。上海交通大学"望媒止惑"融媒体网络育人洱源工作站正式启动，由学院发起的"长三角科技传播联盟"正式成立，12家单位携手打造区域科技传播新平台，推动科技传播的区域合作发展。学院参与主办"智能传播与真实世界"2022年新媒体国际论坛，"中华文化数字精准传播"专题研讨会，承办"长三角科技传播院(所)长研讨会"。2022年间学院开展《元宇宙报告3.0》《元宇宙将我们带向何方》等14场院内讲座带领学院师生了解前沿学科资讯。学院学子参与的项目"从'流量至上'到'价值引领'——算法推荐的社会责任调查及治理对策研究"获"挑战杯"管理组一等奖，"新城新活力"实践团荣获上海市"知行杯"一等奖，学院本科生迪力亚尔同学剧本《弹布尔圆舞曲》入围上海文化基金会"青年编剧"项目，杨思忆同学获评2022年度上海市高校团干部示范典型，马姣姣获评上海高校"百名学生党员标兵"。

华东师范大学传播学院2022年度获批国家社科基金2项，上海哲社项目2项。学院广播电视编导专业和编辑出版学专业获批国家级一流本科专业建设点，本科专业已全部入选国家级一流本科专业建设行列。2022年9月24日，学院迎来出版学院首届学生。

这一年，学院成功举办“元宇宙基建：科技影像跨媒介传播创新研究论坛”、第五届战略传播学术研讨会、“有声的中国：口语传播与国家叙事”口语传播学术论坛、首届上海出版论坛·青年论坛、青年学者跨学科论坛第十一期暨全国科技名词委科研项目“互联网百科平台中的术语传播机制及规范化研究”沙龙——“新文科建设视域下的百科术语研究”。学院广告系教师谢盂颐，为建院 15 周年所作的视觉形象识别设计“Stories of Communication”(传播的故事)斩获 2021—2022 年意大利 A'Design Award & Competition 设计奖铜奖及 2022 年德国红点设计奖。学院与章明导演联合制作的院线电影《热汤》历经四年的创作与打磨，于 2022 年 9 月 16 日登上大银幕。

2022 年同济大学艺术与传媒学院成为中国新闻史学会应用新闻传播学专业委员会的常务理事单位，获评“中国文化艺术政府奖第四届动漫奖”最佳动漫教育机构。学院以马新观、媒介融合、智能、大数据、城市传播等为科研重点，依托部校共建投入经费支持创新科研团队 A 类 6 个，B 类 6 个，C 类 8 个，独立项目 4 个以及虚拟仿真和精品课程培育项目 13 项。动画专业获评 2022 年软科评级 A+学科，入选国家一流专业，广播电视编导专业入选国家一流专业，《媒介批评》入选为 CSSCI 收录集刊。学院自主研发的“数字皮影动画虚拟实验系统”，获批上海市高等学校一流本科课程虚拟仿真项目。学院承办世界城市日全球主场专题论坛之一——2022 年同济“城市传播”高端论坛(第四届)：都市乡村：数字传播与城市治理，举办 2022 中国应用新闻传播论坛暨应用新闻传播十大创新案例发布大会、2022 艺术疗愈国际研讨会和 2022《媒介批评》期刊建设研讨会暨第五届媒介文化研究论坛。

上海外国语大学新闻传播学院 2022 年度获批国家社科项目 2 项。学院网络与新媒体、广播电视学专业入选国家级、省级一流本科专业建设点。中共上海市委宣传部与上海外国语大学签署共建新闻传播学院协议。英语译制配音工作坊正式成立，积极促进跨文化对话，创新国际传播教育模式。学院协办对话亚洲“Z 时代”系列活动，中国与泰国、印尼等国青年代表就“全球卫生治理”“数字化转型”“亚洲共同繁衍”等话题展开深入讨论。2022 年在上海市“中华文化走出去”专项扶持资金项目评审中，学院获得“在上海为全球”全球传播企业案例·开放篇和“在上海，为全球”全球传播企业案例·文化篇获得“银鸽奖”最佳活动/案例奖。“在上海为全球”全球传播企业案例·创新篇、“在上海为全球”全球传播企业案例·幸福篇、“在上海为全球”全球传播企业案例·开放篇获得活动/案例类优胜奖。

2022 年上海大学新闻传播学院获批教育部哲学社会科学重大攻关项目 1 项，国家社科项目 15 项(这个数据肯定有问题，请作者核实)，其中 3 项为重大项目。学院建设智能广告与会展实验室、智能传播心理效果实验室、消费者智能调研与画像实验室，持续支撑智能媒体研究发展。学院召开“上海疫情防控新阶段的新闻传播对策”专题智库沙龙并编写《2022上海新冠肺炎疫情的新闻传播与应对策略》，召开“上海红色文化传播与中国国际传播能力提升”圆桌论坛。学院相关研究中心参与制定全国首家数字广告标准4项，承接商务部委托两大国家项目，并开发数据库、案例库、项目评估三个软件系统。学院广告系主任邬盛根副教授开讲“宏大主题公益广告的叙事表达”慕课，上线“学习强国”平台慕课频道。学院留学生原创短视频《新中国之歌》被中宣部指定全网推广，传播至121个国家，取得现象级传播效果。学院本科生党支部入选教育部第三批“全国党建工作样板支部”培育创建单位。

2022年华东政法大学传播学院文化产业管理专业获批国家级一流本科专业建设点。学院省部级以上课题立项8项，国家社科1项，上海市哲社7项，上海市哲社新闻学类立项数在上海市排名第一。成功举办学院2022年度“课程思政”教师教学竞赛，学院9门课程获2022年校级课程思政示范教学案例。由范玉吉、胡慧源、欧阳红玉等教师担任主要负责人的“法治新闻人才培养的产教融合协同育人创新方式”项目在2022年上海市级教学成果奖评选工作中荣获二等奖。高尔雅老师作为“创意写作”课程主讲教师，带领团队荣获上海市第二届高校教师教学创新大赛二等奖。“传播法概论”课程获2022年校级课程知识图谱及课程思政知识体系立项，“传播学院语言学经典名著读书会建设”“红色文化资源调研及影像呈现”2个校级一流本科建设引领计划项目顺利结项。“专业核心课程提升我校学生学术能力的路径研究——以马克思主义新闻观探索为例”等3个教改项目获校级立项。“化产业管理专业虚拟教研室”“中华文化‘双创’存续传播教研室”获首批校级虚拟教研室建设培育项目。“国际传播与对外报道”“电视摄像实务”获批2022年“云间精品超师网课”计划建设课程立项。学院举办媒介化时代的马克思主义新闻观研讨会暨首届技术、文化与媒介实践前沿论坛；融媒传播时代的新闻传播实践教研交流会；第六届“东方传播法”学术论坛；首届数字传媒与文化产业前沿论坛。

2022年，东华大学人文学院获批纵向项目1项，横向项目4项，共组织20余次各类学术讲座，覆盖师生听众1000人次以上。教工支部将党建与教学、科研紧密结合，邀请院领导、支委成员围绕二十大开设微党课：“习近平的上海足迹”“领学‘二十大精神，二十人讲’”“党的二十大关于国家总体安全观的思考”“增强文化自信，传播中华优秀传统文化”“人才强国战略与我们的人才培养”“新时代基层治理体系探索”等。学院聚焦时尚传播、产教协调育人、注重国际化合作的传播学专业获批国家级一流本科专业建设点。学院新闻传播学科依托“一带一路”研究中心、东华大学时尚文化与传播研究中心、城市创意经济与创新服务研究基地等科研平台，产出时尚传播的智库项目研究与特色学术成果，相关专报获市委宣传部批示。学院承办“公共危机与社会治理”云端智库专家圆桌论坛，邀请美国密苏里大学新闻学院专家为全校学生开设暑期国际课程“微电影/微纪录片艺术和技术”。

2022年6月29日，上海对外经贸大学党委常委会通过将国际商务外语学院新闻学本科专业、新闻与传播硕士专业学位和马克思主义学院人文教研室整体划转会展与旅游学院，原会展与旅游学院更名为“会展与传播学院”。同年学院承办首届会展·文旅体·传播融合发展论坛，举办智库研究专题交流会和会展与传播学院发展战略专家咨询会。

（上海交通大学媒体与传播学院　薛可）

1.2.29　天津市2022年度新闻传播教育综述

2022年，站在新的发展高度和历史起点，天津新闻传播教育界以崭新的面貌开启新征程，在学科建设、师资进修、课程建设、教学改革、实践教学、人才培科研成果等方面均积累了一定成果，简述概况如下。

1.2.29.1　学科建设、学术交流与社会服务稳步推进

天津师范大学新闻传播学院52名在职专任教师中，高级职称比例达42.6%。2022年，学院积极落实《天津师范大学新时代研究生教育改革行动计划》，全面实施研究生教育综合改革，制订新闻与传播专业硕士实习管理办法，修订完成研究生指导教师岗位遴选、新闻传播学一级学科博士、硕士以及专硕学位授予质量标准等多个规定，同时完成了一个博士一级学科、两个硕士一级学科、一个专业学位的培养方案修订工作。研究生“青享”读书会有序开展。研究生实践教学质量全面提升，学院持续深入与掌上天津App、南开融媒中心、河西融媒中心、北辰融媒中心、东丽融媒体中心、和平团区委、南开区网格中心的合作共建，推动专业课程的实践转化。

南开大学新闻与传播学院坚持引育并举，努力打造人才汇聚的良好生态。2022年，有3位高端人才、1位教授、4位讲师和1位其他专业技术人员正式入职，聘任2位南开大学兼职教授，1人入选南开大学青年学科带头人培养计划，师资队伍规模进一步扩大、梯队结构更加合理。为创新合作机制，探索合作育人新模式，学院先后与市委网信办等政府机关、滨海新区融媒体中心等企事业单位签订合作协议，初步实现了“办校共建”模式，并积极推进与市委宣传部的“部校共建”模式，将对外合作工作做大做强，突出新闻传播学学科的“应用”属性，力争实现学院与外部的良性互动，实现共赢。

天津大学新媒体与传播学院获批新闻传播学一级学科硕士点，新闻与传播硕士专业

学位授权点已通过学校自主审核。天津大学入选第二批网络空间国际治理研究基地。该基地由中央网信办国际合作局遴选，旨在为网信国际交流合作提供及时有力工作支撑，支持网络强国建设。学院协办2022年中国网络文明大会“网络素养教育论坛”；承办天津市社科联学术年会，吸引全国学者投稿170余篇；承办天津市新闻界庆祝第23个记者节活动；主办中国比利时新媒体与传播论坛、智能传播-内容科技新发展研讨会。天津大学新闻媒体与传播学院院长陆小华2022年受邀为《互联网信息服务算法推荐管理规定》撰写专家解读，微信公众号“网信中国”及多家央级媒体登载；受邀参加中央网信办专家座谈会并作主题发言。多次为中宣部媒体主编、天津市领导干部培训班授课。学院累计向中办、教育部、天津市政府报送咨政报告7篇；多篇舆情报告受到市委相关领导批示、圈示。学院始终聚焦天津大学需要，持续将学术科研成果应用于服务学校建设发展与对外传播。聚焦国际传播能力与国际学术声誉提升，助力学校加强和改进国际传播工作，提升学校国际影响力，更好适应中国特色世界一流大学建设需要。

天津体育学院新闻学专业2022年度在岗教师10人。新晋1名博士生导师，1人参加部校共建“千人计划”进入行业挂职锻炼。全体教师在2022年天津市新冠疫情防控工作中主动下沉社区，参加核酸筛查志愿服务工作，展示了天津体育学院教师的精神风貌。新闻学专业本科学生共有23人次参加了各种类型的社会实践活动，分别利用假期、线上等方式参与活动，包括专业实践活动17人次、“云支教”活动2人次、社区、青年志愿服务活动2人次、三下乡等项目2人次。

天津外国语大学国际传媒学院新闻传播系现有教师20人，其中教授2人，副教授8人，讲师10人。学历结构上，博士14人，博士在读1人，硕士5人，博士后1人。有外语专业背景的7人，有国外学习经历的7人，14人有在媒体全职或挂职的工作经历。教师平均年龄41岁。目前开设4个本科专业：新闻学、传播学、广告学、网络与新媒体。其中，新闻学专业是国家级一流本科专业。2022年招生规模为40人/专业，4个本科专业共招生160人。高等教育专业评价机构软科发布2022“软科中国大学专业排名”的新闻传播学专业排名中，学院新闻学位列第69名，传播学位列第32名，广告学位列第88名，等级均为B；网络与新媒体位列第63名，等级为B+。

天津工业大学人文学院传媒艺术系于2022年起停招广告学专业学生，2023年起停招广播电视学专业学生。同时，申请网络与新媒体专业，并于2023年正式获批，同年开始招收网络与新媒体专业本科生，计划每届60人。2022年引进赵鑫教授作为新闻传播专业学科带头人，赵鑫教授系国家社科基金结题评审专家、中国高等院校影视学会第六届理事会理事、中国高等院校影视学会纪录片专委会理事。近年来出版专著4部，发表CSSCI期刊十余篇。

天津财经大学新闻与文化传播学院完成了第一轮学位点招生的人才培养方案以及招生简章。制定了每一门课程的教学大纲、教材选定。围绕《习近平总书记关于舆论、新闻、网络等工作的重要论述》，推进课程建设，编写课程讲义。组织学习《中国新闻传播大讲堂》经验被收录在高校教指委编选的《回响》一书中出版。广播电视学专业2022年学科建设处于上升期，2022年新闻传播硕士学位点首次获批，2023年招收第一届学生。软科2021年中国大学专业评级和排名中，天津财经大学新闻与文化系广播电视学专业获评级别为B级。在学科优势与特色方面，凝练具有核心竞争力的课程模块，突出马克思主义新闻观教育的地位、突出课程思政、传统文化的内容。在国内交流方面，选送骨干教师秦莹参加“全国新闻传播学骨干教师培训班”，促进师资教学科研水平提升。建成海量大数据搜集分析工作台，有力对接媒体发展新业态，满足新媒体时代的教学革新需求，促进专业教师教学科研能力提升。校企合作方面有新进展，与快客集团签署产教研融合基地。与企业共同打造“数据驱动的新媒体运营”课程，丰富课程体系，拓展专业的社会接合面。邀请大广赛优秀指导教师丁太岩来校讲座，交流业界前沿信息，开阔师生专业视野。与网易天津、字节跳动、天下秀（天津）文化有限公司等企业深化合作，在舆情监测与治理、数字平台审核与数据分析、产品研创、新媒体营销等方面开展交流合作。

天津中医药大学传播学专业传播学专业于2018年首次招生，首届毕业生2022年毕业，就业率达90%。目前共有在校生171人。学术交流方面，邀请华中科技大学新闻与信息传播学院院长、健康传播领域知名专家张明新教授，复旦大学新闻学院教授、博士生导师、健康传播领域专家孙少晶教授等等开展健康传播主题讲座，开阔师生学术视野。2022年12月，主办2022智能传播与健康治理国际学术研讨会天津中医药大学“中医药文化与健康传播”工作坊，来自全国多位专家学者进行了学术分享。

1.2.29.2 课程建设和教改立项成果丰硕

天津师范大学新闻传播学院1门课程获批第二批天津市一流本科建设课程，1门专业课程入选天津市课程思政示范课程，2名授课教师入选天津市课程思政教学名师和教学团队，获得2022年天津市高等院校劳动教育课程“优秀课程”1项，2022年天津市大中小学“故事思政”微课大赛普通本科课程思政组三等奖1项，天津师范大学2022年教学成果奖二等奖4项，2项校级教改项目立项，42项天津师范大学第三批“课程思政”系列优质课程立项。

南开大学新闻与传播学院2022年本科教育教学改革项目4项，其中智慧书院探索项目1项、一流课程建设1项、通识选修课建设2项。获批本科生创新训练项目7项，其中“国家级大学生创新创业训练计划”创新训练项目 1 项、“天津市大学生创新训练计划”创新训练项目 3 项、南开大学本科生创新科研“百项工程”项目 3 项。

天津大学新媒体与传播学院落实立德树人根本任务，锚定主流媒体、主导行业、监管部门在新媒体领域的关键问题，培养善用传播规律、数据算法的新媒体传播人才，熟悉传播规律与需求的信息科技人才，懂得数据与算法治理的管理人才。构建协同育人网络，构筑新媒体特色学生思政教育体系。主动融入“大思政”和“三全育人”“五育并举”格局，聚焦价值引领，不断丰富完善育人体系，组织“青春迎盛会、新传天大人”系列师生活动迎庆党的二十大，将具有新媒体特色的思政教育像盐一样融入学生培养过程中。

天津体育学院新闻学专业进一步修订培养方案。根据国家对高等学校人才培养要求和体育事业的发展需求，根据市教委开设习近平新时代中国特色社会主义思想专业必修课的要求，新闻学专业在 2022 年 6—8 月进行修订专业培养方案过程中，开设了“习近平总书记关于舆论、新闻、网络等工作的重要论述”必修课。明确牢固树立马克思主义新闻观，以服务国家、地方经济和行业发展为己任，依托大数据和新媒体技术，围绕行业和企业需求调整课程设置方案。通过培训，帮助青年骨干教师更新教学理念，进一步提升教学能力。7 月 20 日—8 月 31 日，全体教师在线参加了教育部组织的 2022 年暑期教师研修活动，对国家智慧教育公共服务平台“2022 年暑期教师研修”专题进行了研修。通过支部活动加强全体党员教师政治思想教育。重点开展了“迎盛会、铸忠诚、强担当、创业绩”主题学习宣传教育实践活动、学习宣传贯彻党的二十大精神系列活动。其中将专业建设和党建工作结合，组织了两项特色活动：“学习宣传贯彻党的二十大精神，落实‘迎盛会、铸忠诚、强担当、创业绩’专题四整改情况交流会”和“二十大精神进课堂，新闻与传播教研室课程思政教研”。

天津外国语大学国际传媒学院“新闻采访”“马克思主义新闻思想”“媒介融合概论”“网络媒体制作与传播”为天津市一流本科课程。新闻传播教育重视马克思主义新闻观教育，教师提升自身的理论水平。新闻传播广告动画系教工党支部于 2020 年获批成为全国第二批党建工作样板支部培育创建单位，2022 年顺利通过验收。李文健副教授领衔的“马克思主义新闻观统领下的新闻传播学协同育人教学团队”获批 2022 年校级教学团队。李文健副教授团队的“马克思主义新闻观统领新闻传播高层次人才融合培养模式探索与实践”获天津市教学成果奖(2022)二等奖。刘淑霞副教授团队的“双导师背景下教育硕士‘三习一训’综合创新实践教学体系构建与实施”获校级教学成果奖(2022)二等奖。

天津工业大学人文学院传媒艺术系 2022 年开展“一流课程”建设，“新媒体导论”课程获批天津市创新创业示范课；教学教改取得丰硕成果，先后获批教育部协同育人项目4项，省部级教改项目2项。

天津财经大学新闻与文化传播学院(筹)以“专业群”“课程组”的方式进行专业建设和人才培养，高红樱教授申报的“教育为本”，秦莹老师申报的“用电影讲好中国故事”获得天津市大中小学“红光影视资源融入课程思政教学优秀案例”，对深化专业课程思政起到了示范作用。

天津中医药大学传播学专业完成了新一轮传播学专业人才培养方案修订工作。严格按照《新闻传播学类教学质量国家标准》要求，立足中医药高校特色，突出健康传播和文化传播，进一步压缩学分，将实践课提前，为适应新媒体发展增设数据新闻等课程，适当提高实践课比例和毕业实习时长，丰富毕业考核形式，以满足社会对健康传播类人才的需求。积极开展混合式教学改革，“演讲与修辞”被评为校级一流线下课程。完成所有核心课和非核心课的课程思政教学大纲和教学设计的完善修订任务。发表教学论文3篇。“媒介素养”和“中外新闻传播史”入选天津中医药大学课程思政示范培育课程名单。为提升人才培养质量，先后召开涉医类课程专题研讨会、“新文科”建设推动会、传播学专业建设发展报告论证会等会议，邀请国内外知名学者为该校传播学专业发展建言献策。

1.2.29.3 实践教学与人才培养成果捷报频传

天津师范大学在2022年共有13项大学生创新创业项目获批立项，其中国家级1项、市级5项、校级7项。在第13届大广赛全国竞赛中，共有11项作品获奖，其中二等奖1项、三等奖2项、优秀奖8项。另有68项作品在天津赛区分获各类等级奖。在第八届中国国际“互联网+”大学生创新创业大赛高教赛道校赛中，学院参赛作品获得1项一等奖、5项二等奖、9项三等奖。在2022大学生创新创业训练计划项目立项中，学生共立项25项，包括国家级1项、市级7项、校级17项(含校级培育7项)。在第十届天津市大学生校园微视频大赛中，新闻传播学院选送的作品获得最佳摄像奖1项、一等奖3项、二等奖9项、三等奖10项。在第八届中国大学生公共关系策划创业大赛中，学院36支团队共36项大奖；播音系3项作品在第三届中华经典诵写讲大赛活动“诵读中国”经典诵读大赛天津赛区分别获得大学生组一等奖。此外，多名教师和在校生的各类专业实践作品在全国性和天津市的各大专业赛事中取得佳绩。

南开大学新闻与传播学院自2022年春季学期始，独立开展本科生教育。开设“互联网时代的新闻素养与传播策略”等名师引领通识选修课。南开大学致知书院正式成立并招生。在第三届全国高校教师教学创新大赛南开大学校赛中，学院统筹规划、精心组织，并举办首届学院教学创新大赛作为预备赛，最终，在校级比赛中，石小溪获一等奖，刘忠波、马瑞洁获二等奖，周培源获三等奖，学院获评优秀组织奖。学院于2022年成立新闻传播学学位评定分委员会。38名本科生按期毕业取得学位，23名硕士研究生毕业并取得学位。顺利完成2022年研究生招生复试工作，优质生源率进一步提升；有序推进2023年研究生招生考试工作。顺利完成预计2023年毕业的33名硕士研究生开题、中期考核等程序。另外，本科生陈秋萦、段韬、张靖雨在2022年教育系统国家安全宣传教育活动三微作品征集活动中获二等奖。本科生李姿璇、李紫琦分别获2022钓鱼城·全国大学生影评大赛三等奖、入围奖。

天津大学新媒体与传播学院探索一流人才培养道路，建设新型交叉学科人才培养模式。2022年，学生在SSCI一区、SCI一区、CCF-A类期刊、会议累计发表高水平学术论文10余篇，学生团队入围CCF&ATEC首届大学生区块链安全隐私技术与创新应用竞赛决赛。

天津体育学院新闻学专业2022年度新闻与传播教研室顺利完成了第十一届天津市大学生校园微视频大赛组织工作，共收到参赛作品447部作品，按照剧情、纪实、广告、微课、超短视频、音乐电视共六个类型评选出一等奖10个、二等奖31个、三等奖54个，单项奖4个。新闻与传播教研室范久红、孟滢、徐宇浩、张未靖、刘思佳、王瑜指导的学生微视频作品在此次大赛上获得一等奖2个、二等奖6个、三等奖5个。

天津外国语大学新闻传播学科所属的国际传媒学院拥有两个天津市级实验教学中心："中国语言文化创意与传播实验教学示范中心"和"传统文化虚拟仿真实验教学中心"。此外，"非物质文化遗产传播实验室"获得天津市首批社科实验室认定。该实验室下设移动媒体实验室、影视编导实验室、媒介融合实验室、大数据与海外舆情实验室等17个专业实验室，总投资超过2000万元。在中国大学生广告艺术节学院奖2022春季荣誉颁发盛典中，学院参赛学生获得全国铜奖1人，优秀奖2人。在大学创新创业训练计划项目中，学生获11项国家级立项，20项市级立项；学生申报第八届互联网+大赛校内选拔赛，获金奖3项，银奖2项，铜奖3项，优秀奖10项；在第八届中国国际"互联网+"大学生创新创业大赛天津赛区比赛高教主赛道大陆地区项目评选中，获得市级银奖2项、铜奖4项。

天津财经大学新闻与文化传播学院（筹）获批成为中国剪辑学会短片短视频艺委会理事单位。李然副教授指导的大广赛25名同学获奖，分别为国家级二等、天津市一等等奖项。学院支持学生教学实践活动，举办了新闻与文化传播系首届学生作品摄影展。指导广播电视学专业学生参加第14届全国大学生广告艺术大赛，参赛学生人数达139人，作品创作做到与思政育人、专业教学相结合。

天津工业大学人文学院传媒艺术系确立“为新媒体培养人才，用新媒体培养人才”的教学理念，以市级示范实验教学中心为平台，依托广播电视学专业应用型专业建设、广播电视编导一流专业建设，推动广播电视学、广告学、广播电视编导等专业的融合建设。不断拓展实习实践教学平台，与天津市南开区融媒体中心、河东区融媒体中心共建实习实践基地，与新闻传播类院系、区级融体中心、新媒体企业合作发起“城市融媒体联合实验室”。

天津中医药大学传播学专业在实践教学方面进一步优化人才培养方案，提升实践教学的比例，并邀请新闻传播领域专家学者开展相关讲座，以提升学生的视野。不断拓展实际基地，包括十余家包括融媒体中心、影视制作公司、文化传媒公司、企事业单位宣传部门等，并邀请业界人士与老师同上一门课，实现专业与企业的良好互动。人才培养质量获社会认可，首届毕业生就业率90%。以提升学科建设质量为目的，参与或承办了多项竞赛，如全国冰雪创意设计大赛、全国大学生广告设计大赛、献礼百年荣光益展时代担当”公益广告设计大赛等，20 余人次获得国家级、市级奖项；1 人获得优秀指导老师；学院奖秋季征集，营销策划案 3 个优秀奖(前 5%)，2 个入围奖(前 10%)，1 名同学获等级奖(2‰左右的比例)。

1.2.29.4 科研立项及论著成果扎实积累

2022 年，天津师范大学新闻传播学院教师全年共获批科研项目 8 项，其中省部级纵向课题 4 项，经费总额 12.5 万元。横向项目 2 项，经费总额 70 万。发表学术论文共 31 篇，其中 C 刊论文 8 篇；共出版著作 4 部，其中专著 3 部；在校研究生发表论文 55 篇。

南开大学新闻与传播学院教师于孟利获批 2022 年度教育部人文社会科学研究青年项目，周培源获批 2022 年度天津市社会科学规划青年项目，戚德祥转入国家社科基金一般项目 1 项，纵向项目经费共计 29 万元。刘亚东、陈鹏、王晓晖、钟沈军 4 位教师获得横向项目资助，合同经费共计 170 余万元。刘亚东牵头“张伯苓思想与南开发展”项目，陈宁、刘忠波、石小溪 3 位教师获批 2022 年度南开大学文科发展基金项目，学院共获校级经费 65 万元。刘忠波、石小溪分别与学生合作的论文获第 14 届中国金鹰电视艺术节优秀论文奖。陈鹏主编报告、石小溪合作论文、田亦洲论文分别获中国高校影视学会 2021—2022 年度“学会奖”调研报告组一等奖、影视评论组一等奖、影视评论组二等奖。

天津大学新媒体与传播学院院长陆小华教授的文章分别被《中国社会科学文摘》《新华文摘》转载。学院教师年内累计获批国家自然科学基金 2 项，其他国家级项目 5 项；发表 SSCI 一区、SCI 一区、CCF-A 类期刊高水平论文 20 余篇；出版学术专著 1 部。院长陆小华教授获评中国新闻奖三等奖、CTTI2022年度智库优秀成果一等奖，受聘担任天津市人民政府第一届重大行政决策咨询论证专家库专家。学院教师获评天津新闻奖2项。

天津体育学院新闻学专业在国内期刊发表论文共2篇，分别是教师范久红发表《新文科建设背景下〈新闻摄像〉课程教学创新——以天津体育学院为例》、学生王梓城《基于健康中国背景下老年人健康教育研究热点可视化分析》，教师张晓丹获天津体育学院高等教育(本科)教学成果奖三等奖。

天津外国语大学国际传媒学院2022年李文健副教授主持的“中国共产党妇女解放运动媒介动员研究(1919—1949)”获批国家社科基金年度项目(批准号22BDJ075)，学院同时获得天津市教委项目1项，教育部中外语言交流与合作中心项目2项，参与国家社科基金项目1项，获批校级项目3项；出版专著1部，发表论文15篇。两名教师共计三次在中国大学生广告艺术节“学院奖”评选中被授予优秀指导教师。

天津中医药大学传播学专业成功申报3项省部级课题。突出中医药定位和特色，在核心期刊发表论文多篇、其他期刊数十篇，其中一篇论文被评为天津市社会科学界学术年会(2022)优秀论文。此外，依托文化与健康传播学院成立的天津市中医药文化研究与传播中心，立足中医药文化的研究与传播实践，有多位传播学专业老师参与编写的图书获多项大奖。其中，由传播学专业负责人毛国强教授主编的“中医药文化传播丛书”第二辑获得“中华中医药学会科学技术二等奖”；《中医名家谈节气防病与文化》《中医名家谈节气养生与文化》等书获得“中华中医药学会2022年度科普图书”称号。

(天津师范大学新闻传播学院　陈娜、张驰)

1.2.30　重庆市2022年度新闻传播教育综述

根据教育部的统计数据，截至2022年12月，重庆市普通、职业高校共计69所，其中本科院校25所，本科层次职业学校1所，高职(专科)院校43所。全市共有12所高校设有独立的新闻传播学院进行专业化的新闻传播教育工作，或设有相关专业开展新闻传播教育工作，有“本—硕—博”完整的新闻传播人才培养体系，通过产学研结合的方式培养具有深厚文化素养、宽广国际视野、神圣职业良知、独立分析能力和精湛专业技能的复合型新闻传播专业人才。

1.2.30.1　发展现状

(1)专业设置

目前重庆市有11所高校设有独立的新闻传播学院进行专门的新闻传播教育，其余院校均设立新闻传播系开展新闻传播教育(见表1-29)。

表1-29 **重庆市高校新闻传播学专业设置**

序号	高校名称	学　院	专业设置
1	重庆大学	新闻学院	本科：新闻学、广播电视学 学术硕士：新闻传播学 专业硕士：新闻与传播 博士：新闻传播学
2	西南大学	新闻传媒学院	本科：新闻学、广播电视编导、播音与主持艺术 学术硕士：新闻传播学、戏剧与影视学 专业硕士：新闻与传播、电视 博士：艺术美学(电影美学)、新媒体与未来教育方向
3	西南政法大学	新闻传播学院	本科：新闻学、广播电视学、传播学、网络与新媒体 学术硕士：新闻传播学 专业硕士：新闻与传播 博士：新闻传播学
4	四川外国语大学	新闻传播学院	本科：新闻学、广告学、广播电视学、传播学、网络与新媒体、播音与主持艺术、广播电视编导、国际新闻与传播 学术硕士：新闻传播学 专业硕士：新闻与传播 博士：跨文化传播、国际传播
5	重庆工商大学	文学与新闻学院	本科：新闻学、广告学、广播电视学、传播学、网络与新媒体 学术硕士：新闻传播学 专业硕士：新闻与传播
6	重庆师范大学	重庆新闻学院(新闻与传媒学院、新媒体选用)	本科、新闻学、网络与新媒体、广播电视编导、数字媒体艺术、摄影、影视摄影与制作
7	重庆交通大学	旅游与传媒学院	本科：广播电视新闻学、广告学 专业硕士：新闻与传播

续表

序号	高校名称	学　　院	专业设置
8	重庆第二师范学院	文学与传媒学院	本科：网络与新媒体、广告学、时尚传播
9	长江师范学院	传媒学院	本科：广播电视学、播音与主持艺术、网络与新媒体
10	重庆理工大学	管理学院	本科：广告学 专业硕士：新闻与传播
11	重庆文理学院	文化与传媒学院	本科：广播电视编导、广播电视学 专业硕士：新闻与传播(2022 年新增)

(2)对外合作交流

随着社会的发展和教育的进步，重庆高校注重国际及地区交流合作，开展国际学术交流与合作也越来越为普遍。目前，重庆大学、西南大学、西南政法大学、重庆工商大学、四川外国语大学、重庆师范大学、重庆交通大学等高校坚持“开放办学、国际化发展”，对外交流与合作日益频繁(见表 1-30)。

表 1-30　**重庆高校对外合作交流情况表**

序号	高校名称	合作单位
1	重庆大学	加拿大威尔弗里德·劳里埃大学、美国雪城大学、台湾铭传大学、澳大利亚斯威本科技大学、加州州立大学(富尔顿校区)、澳大利亚科廷大学、香港浸会大学、香港城市大学
2	西南大学	美国密苏里州立大学、英国罗伯特戈登大学、美国密苏里州立大学、英国罗伯特戈登大学
3	四川外国语大学	北京外国语大学、暨南大学、香港浸会大学、美国肯特州立大学、美国德雷克大学、英国普利茅斯大学
4	重庆工商大学	泰国皇家理工大学
5	西南政法大学	英国威斯敏斯特大学、美国哥伦比亚大学
6	重庆师范大学	美国纽约电视学院
7	重庆交通大学	英国南安普敦大学

(3)人才培养理念

重庆各大高校新闻传播教育在依托本校办学特色的基础上，注重培养学生的综合素养，重视培养学生的实践能力和人文素养，课程设置门类齐全、专业特色也较为鲜明，在办学水平上，从一本重点院校到二本院校再到三本独立院校和专科院校呈现递减之势。

由于各高校层次及办学特色的差异，对人才培养的定位也有不同。有的是以培养理论与实践相结合的合格人才，有的除了注重学生实践能力的培养，也突出传媒技能实战特色。重庆大学新闻学院注重人才培养模式创新，积极布局新文科建设，着手硕士研究生专业化培养改革，启动本科专业建设的改革研讨，推进1门研究生研讨式教学模式改革，启动1门本科无学时有学分课程探索；西南大学新闻传媒学院坚持“高理论性+强实践性”的人才培养模式，秉承“开中外视野、立时代精神、办特色教育、育传媒人才”的办学理念，学生在《人民日报》《中国青年报》《大公报》、美国《侨报》以及新华网、凤凰网等报刊与网站上发表各类作品10000余篇，不少毕业生已经成长为新华社、中新社、中央电视台、湖南卫视、《重庆日报》《安徽日报》等传媒机构的中坚力量；西南政法大学新闻与传播学院首次提出以全球新闻视角打造国内一流新闻学科、培养具有全球视野的法治新闻传播人才的办学理念，稳步推进国际传播后备人才培养，在本科、硕士阶段设立国际传播人才试点班，并于2022年9月招收第一批学生；重庆工商大学文学与新闻学院坚持“厚基础、宽口径、高素质、重能力”的人才培养方针，注重产学研合作，建有华龙新媒体学院、重庆传媒与文化发展研究中心、重庆传媒发展中心，先后与九龙产业平台、大渡口区融媒体中心、巴南区融媒体中心展开调研合作交流，与长寿区融媒体中心、观塘中学、仙女山街道、猪游科技、重庆辰高传媒有限公司等单位共建实习实践基地；重庆师范大学新闻与传媒学院人才培养注重与行业接轨，聘请了众多业界专家作为兼职教师，坚持举办“重庆新闻学院大讲堂”，坚持以媒介技术为支撑，以融合新闻和影视艺术为特色，为市内外用人单位培养和输送了大批人文素养深厚、技艺并重，运用互联网思维进行高品质影像创作和创意传播的应用型人才；重庆理工大学着力培养服务于重庆地方特色经济和乡村振兴战略的高层次、应用型传播专业人才；重庆文理学院文化与传媒学院坚持“特色培养，多元培养，卓越培养、跨界融合协同培养”的新文科人才培养理念，植根地方，推动校地、校企、校校合作，推进“产教研创”联盟建设，探索教改与卓越人才、特色人才培养的紧密关联。

(4)科研与学术交流

目前，为了适应时代的发展需要，培养新时期服务社会的综合型人才，重庆市各大本科院校均设立了相关的研究中心，并在专业研究的基础上，取得了显著的研究性成果。其中，重庆大学新闻学院建有技术设备先进、综合功能齐全的全媒体传播实验中心，由一个综合平台和6个专业实验室组成，包括媒介融合实验室、电视演播室、数字高清视频编辑实验室、摄像实验室、摄影实验室、数字音频实验室、传媒与舆情调查实验室，实验中心场地面积700多平方米；西南大学新闻传媒学院建有新闻传播研究中心、文化传播研究中心、大后方电影研究中心、影视传播与道德教育研究中心4个研究机构；四川外国语大学新闻传播学院建成了总值1300多万元的传播技能综合实验中心，并获批为重庆市市级实验示范中心，实验中心包括新闻摄影实验室、电视摄像实验室、非编实验室、演播实验室、艺术设计实验室、融媒体实验室、MAC传播与艺术人才实训中心、舆情监测中心等，中心实验设备优良，管理制度完善，实验效果突出，已成为重庆市乃至西部地区有影响的新闻传播学科专业重要的实验、实训基地；重庆师范大学新闻与传媒学院建有拥有2000多平方米的市级实验教学示范中心——数字影视制作实验教学中心，中心设备先进，总值逾2000万元，建有市级文化传媒众创空间1个，全国领导干部媒介素养培训基地重庆中心1个，微电影研发中心、协同创新中心、媒介素养研究院等各类平台5个；重庆工商大学文学与新闻学院建有市级科研平台重庆传媒与文化发展研究中心、重庆传媒发展中心，建有传媒技术实验教学中心，能够支撑以高级视听产品生产为核心的融合媒体运用试验、实验，是功能较为完备的融合媒体应用性研究实验中心；重庆文理学院文化与传媒学院传媒实训中心建设完成4机位、6讯道高清演播室系统，实训用房1700平方米，功能性实训室15个，设备台(套)数为1380，设备总值近2000万元。

重庆市各高校坚持“以科研带教学，以教学促科研”，科研成果较为丰硕。2022年新增国家社科基金13项，其中重大项1项，出版专著12部，发表高水平论文110余篇。

1.2.30.2　改革举措

新形势下，紧密结合国家和重庆区域经济社会发展需要，充分利用学校资源和社会资源，立足媒介融合学科融合，着力培养新闻传播类学生的“四力”，建立与学界业界政界协同的教育教学体系。

(1)创新学界业界政界合作培养人才机制，促进人才培养高素质全媒化复合型

利用好各类合作平台，创新新闻传播课程建设协作机制。采取校地合作、校企合作等模式，与重庆报业集团、华龙网等共建新闻学院；与地方传媒企业联合设立课程开发平台，共同建设数据挖掘、数据可视化、网络新闻实务、融合传播实务、新媒体技术等课程；鼓励教师到媒体从业挂职或媒体一线管理人员、记者到学校任课等。成立课程协同创新中心，实现校校合作、校媒合作等，促进人才聚集、资源共享、信息互动等。

(2)促进人文素养与科学素养融合，创新马克思主义新闻观实践教育模式和课程思政模式

从内在关联性与整体性出发合理设置通识课程和专业课程，建构科学与人文融合的课程体系。设置文化、经济、管理、社会、文学等学科通识课程，增加与前沿技术对接的传播科技类课程，与国家战略市场需求对接的新课程，与全球化国际化适应的国际课程，根据新闻传播学科人才核心素养要求，夯实旨在提高学生新闻信息分辨、择取、生产和传播能力的专业核心和专业选修课程。

家国情怀社会责任教育与专业教育结合，创新马克思主义新闻观实践教育模式。坚持用马克思主义新闻观指导新闻传播专业教学。“新闻学概论”“传播学概论”等必修课程，通过研读经典著作，系统讲解马克思主义经典作家和党的领导人关于新闻传播的基本观点。其他选修课程，将立德树人目标贯通到教学体系，将知识传授与价值引领相结合，把专业教育与思政教育有机结合，建设课程思政和马克思主义新闻观实践案例库。充分发挥重庆红色资源聚集的优势和大城市大农村的特色，组织和引导学生到基层到一线调查研究和进行新闻采访，把各项赛事活动与“四力”培养结合，把专业教育与家国情怀社会责任教育结合。

(3)聚焦“四力”培养，创新新闻传播实习实践实训体系

利用好各类实践平台和组织好校内外各种赛事，探索实习实践实训的长效机制。利用好校外实习实践基地，创新移动课堂实践教学模式。到传统媒体、新媒体一线实习实践，到扶贫攻坚一线、社会主义新农村建设一线、工厂企业一线等采访，打通理论与实践衔接的渠道。

1.2.30.3 主要活动及成绩

重庆市各大高校在对学生进行认真教学专业培养的同时也注重对有关教育实践平台的搭建，并以此为基础组织开展多项学生活动，来达到丰富学生生活、培养学生专业素养和实践能力的目的。

2022年“软科中国大学专业排名”显示重庆大学新闻学院新闻学、广播电视学两个专业均保持A等级，分别名列第18位和第14位，上榜百分位分别为前11%和前14%，广播电视学专业获批教育部国家级一流本科专业建设点；西南大学新闻传媒传媒学院“西大快点”网络文化工作坊在2022年推出“最美寻访·我们这十年”“追光逐梦，砥砺前行”系列深度报道45期，联合上游新闻、西大官微、离退休干部处推出专题20余期，阅读量近百万；西南政法大学新闻传播学院媒介素养科普基地举办重庆市非物质文化遗产剪纸、面塑等直播活动，并获批首批成渝地区科普研学基地；重庆工商大学文学与新

闻学院重庆市首批研究生导师团队“新媒体传播”团队验收等次获评“优秀”，“万物皆媒·第二届融媒体新闻作品展”被重庆日报社、华龙网、上游新闻、今日头条、网易、澎湃新闻、新浪新闻等近10家媒体报道；四川外国语大学新闻传播学院设立了传播与社会发展研究中心、文化创意产业研究中心等校级科研平台，成立了传播话语研究、马克思主义新闻观研究和国际传播研究等校级科研创新团队，在国际传播和跨文化传播、媒介和传播话语、传播理论与方法、影视艺术和影视传播、传媒文化产业等领域形成了鲜明的研究特色；重庆交通大学旅游与传媒学院联合马克思主义学院等单位共同申报省部级科研平台1个——重庆市第四批人文社会科学重点研究基地“交通文化研究中心”，新获批校级科研平台1个——成渝旅游产业发展研究院。

（重庆工商大学文学与新闻学院　魏静）

1.2.31　香港特别行政区新闻传播教育发展综述①

香港新闻教育的发展萌芽于中国动荡变革的时期，当地最早的新闻教育机构于1927年成立，然而直到20世纪60年代，香港新闻传播教育才进入规范化和建制化阶段。香港在“二战”后经济起飞，大量移民流入，社会发展迅速，资讯流动自如，加上其优越的地理位置，逐渐发展为世界领先的国际金融中心和亚洲地区的资讯枢纽。随着各大院校成立传播学院及新闻传播科系，建立起多层次的新闻传播人才培养体系，香港新闻传播教育在20世纪末迎来全面蓬勃发展。

踏入21世纪，数字化浪潮为传媒业带来巨变，随后以深度神经网络为基础，结合大数据、云计算及移动互联网技术而成的人工智能快速崛起，再次为媒体业带来颠覆性变化，香港新闻传播教育在新科技的冲击下，面临平衡改革创新和坚守传统的问题。

1.2.31.1　早期的香港新闻传播教育

20世纪60年代前的香港早期新闻传播教育，实施学徒制(apprenticeship)，主要为学生提供新闻职业培训课程。这一时期的新闻教育机构几乎都是“夜校”，学生只在夜间上课，招生人数亦有限。其办学理念是培育从事新闻行业的实用人才，包括在战时培训学生报道军事新闻的能力等。从师资、课程设置来看，多以实践为主导，其中老师为资深的报业从业者，课程注重培养学生写、访、编、译等在报馆工作需要的实务能力，并有校内通讯社或校外新闻机构可以供参与实习。新闻教育机构培养的毕业生数量尽管

① 此处首次收入香港特别行政区新闻传播教育概况，收入年份追溯至1927年。

不多，但基本能满足当时香港新闻业的需求。

(1)香港新闻学社

根据学者的考证(俞旭、朱立、朵志群，1998)，香港最早的新闻教育机构是1927年创办的“香港新闻学社”。著名报人、小说家黄天石任社长，《工商日报》的关楚璞和《循环日报》的何雅选任副社长，路透社香港分社社长黄宪昭任教务长。

该校仅于夜间上课，主要招收两类学生，一类为已经是新闻工作从业者的半工读学生，另一类为有志从事新闻工作的学生。另外，还设有函授部，学生人数达一百多人。该校由多位资深老报人担任老师，包括劳纬孟、郑天健、梁谦武、莫冰子、古爱公、谭荔琬、龙宝秀、邓稚援等(邓善熙，2009)。

“香港新闻学社”的课程设置包括：中国新闻史、欧美新闻史、新闻学理、新闻学概论、报业管理、出版法、采访术、编辑学、社论写作、政治逻辑、中国现代史、中国文学史、文学概论等(杨国雄，2010)。

除上课之外，学校还创立了“南中国电讯社”供学生实习。“南中国电讯社”是香港通讯社的鼻祖，自设电台，接受电讯，通讯范围涵盖日本、美国、英国等。通讯社由中文部、英文部及日文部组成，学生的实习成果，通过《东京日日新闻》驻港特派员向日本各大通讯社供稿。

“香港新闻学社”只有两届毕业生，第三届开办仅三个月，就因财政困难于1931年停办。尽管如此，学社仍培养出许多报业及文化界人才，例如作家黄谷柳、报人麦思源、《星岛晚报》总编辑唐碧川、《经济商报》总经理叶飞絮、《华侨日报》文化版主编黄啬名等(刘书峰，2017)。

(2)生活新闻学院

1937年，香港第二家新闻教育机构“生活新闻学院”在港成立。“香港新闻学社”的副社长关楚璞为创办人之一，其创办人还包括《循环晚报》总编辑黄育根、导演侯曜、作家黎伯挺等。“生活新闻学院”与“香港新闻学社”类似，也是夜校性质的学校，由资深新闻工作者执教(刘书峰，2017)。

在开办初期，该校学生有30余人，三个月后剩下15人，半年过后仅得7人。虽然人数不多，但学校还是开设了自己的通讯社“阳秋通讯社”，学生就在社内实习，校方还安排学生去《循环日报》练习写稿、编辑和校对。此外，学生也会向香港各大报社提供本地新闻消息(李家园，1989)。

由于经费短缺，连校舍房租都难以维持，“生活新闻学院”在创立不到一年就被迫关闭。“阳秋通讯社”在学校关闭后仍运作了一段时间，继续发稿给本地报社，直至1939年改组为“香港文化事业社”，主要业务为创办艺文杂志和举办书画展，便没有再涉及新闻教育(陈正茂,2008)。

(3)中国新闻学院

香港第三家新闻教育机构,是中国青年记者学会香港分会于1939年创办的“中国新闻学院”。该校自创办到1941年12月香港沦陷前,共办了三届,后于1946年5月复办,又开办了两届,其学制为三个月至六个月不等。此外,该校于1946年9月和1948年10月开办两次函授课程,最终在1949年前夕停办。

“中国新闻学院”创立时正值战时,因此当时的办学宗旨是:“养成健全之新闻工作人员适应战时新闻事业上之需要。”该校由时任全国赈务委员会委员会副主任的许世英任董事长,教育家陶行知任副董事长,香港《申报》总编辑郭步陶任院长,《星岛日报》总编辑金仲华任副院长,《珠江报》编辑谭思文任教务主任。后其办学宗旨改为:“造就实际的新闻专业人才”。

在课程方面,除一般的新闻采访、新闻编辑、新闻史等科目,“中国新闻学院”还设有军事新闻、近代国际问题研究、译电研究等科目,应对当时“战时新闻事业上之需要”。

与之前的“香港新闻学社”和“生活新闻学院”不同,“中国新闻学院”对于入学的学生有一定的门槛要求,规定要具有高中毕业或同等学力并必须通过考试。其学生规模亦大于之前的两家新闻学院,五届的学生人数分别为78人、73人、58人、57人、48人,函授班招生30人,函授学院招生100人(钟华,1991)。学生在星期一至星期五的晚上上课,白天则被分派到《大公报》《星岛日报》《珠江日报》《华商报》实习,每周还会分组出版一份油印报。第一届毕业生曾组成粤北战地记者团,北上广东随军采访。

(4)高级汉文夜学院(官立文商专科学校)

到了1951年,香港教育司开办“高级汉文夜学院”,设有新闻科。这是香港第一家官办新闻教育机构,该学院后改名为“官立文商专科学校”。

该校采取三年制,招收高中毕业生,上课时间为夜间。新闻科的课程较为丰富,设有新闻采访、新闻图片、电讯翻译、报业法规、报业管理、广告学、编辑学、特稿写作、评论写作、世界报业、新闻资讯、逻辑学、现代世界史、经济学、政治学、民刑学、政治地理等(李家园,1989)。

创办以来,该校接收了许多因战乱从内地来港的失学青年,但在五年后,即1956年因生源不足而停办。同年,由从广东迁港的文化大学接手该校,与华侨、新侨、平正三间院校组成联合书院,开设新闻学系(王彦,2017),由广东的资深报人担任老师,联合书院在1963年加入新开办的香港中文大学时,原来名下的新闻学系被取消(苏钥机,2021)。

1.2.31.2 香港新闻传播教育的正规化发展历程

香港的经济发展步伐在20世纪60年代开始加快。因有大量内地移民来港，加上本地出生率上升，为社会提供了充足的劳动力。人口增长伴随教育、医疗、工业等迅速发展，香港发展为一个以制造业为主的现代化工业城市。

香港经济的繁荣以及其优越的地理位置，吸引许多外国通讯社在港设立分支，本地的报章、电视及电台等媒体行业蓬勃发展，香港逐步成为区域通信中心及广播枢纽。因此，当时对于新闻传媒行业人才的需求庞大，尽快发展新闻传播教育事不宜迟。

香港中文大学在1965年首设新闻系，之后香港浸会书院(现名香港浸会大学)于1968年创立传理学系，同年珠海书院(现名香港珠海学院)开办新闻课程，树仁书院(香港树仁大学)于1971年正式成立新闻系。

自1960年中起，香港大专院校级别的高校开始设立新闻系，香港新闻传播教育逐步走上正轨，开办报纸、广播、电视及公共关系等传播文凭课程，同时不断增设专业，授予本科、硕士及博士等不同级别的学位，并扩展院系级别和规模，师生人数不断增加。教学之外，新闻传播院系亦开始发展学术研究，促进国际交流，并配合社会和行业发展对课程进行改革和创新。

下文将按照现拥有新闻传播院系的香港公立大专院校和私立大专院校来分类，介绍香港新闻传播教育院系的正规化发展历程。目前开设有新闻传播院系的公立的院校有香港中文大学、香港浸会大学、香港城市大学及香港大学，私立的院校有香港珠海学院、香港树仁大学及香港恒生大学。

(1)公立大专院校

①香港中文大学。

1965年，香港中文大学(中大)在创校两年后，创办新闻系，张丕介兼任系主任。在四年课程的第三和第四年，为完成了其他学系两年课程的学生，提供两年制的报刊新闻专业课程。这个设置的想法，来自从美国哥伦比亚大学来港协助创系的喻德基教授。他认为，新闻学系需要适当辅助提高大众传播事业的水准，并减少对新闻技巧训练的倚重，推动研究的工作，所以可以不需要设置一、二年级(苏钥机，2021)。这个时期的香港中文大学新闻系的目标为既注重教学和研究，同时要兼顾为社会及新闻界服务(香港中文大学新亚书院，1969)。

刚刚创立的中大新闻系的师资不多，包括美国哥伦比亚大学的喻德基教授、从美国密苏里大学毕业的克雷顿(Charles C. Clayton)及魏大公等。1967年魏大公成为系主任，喻德基在1968—1969年担任访问教授。创系阶段的学者皆为美国背景，因此美国新闻传播教育的模式，奠定了中大新闻系的发展方向。

1974年，中大新闻学系更名为新闻与传播学系，由两年制拓展为四年制，香港开始有正规的大学新闻与传播学社会科学文学士荣誉学位课程。同时，增加了广播专业，并成立传播研究中心。同年，余也鲁教授从浸会书院转到香港中文大学新闻与传播学系，任讲座教授兼系主任。

其后，学系聘请多位来自我国台湾并曾在美国留学的学者，包括朱立、皇甫河旺、李金铨等。传播学大师施拉姆(Wilbur Schramm)在余也鲁的邀请下来港，担任胡文虎讲座教授，协助在1977年创立研究式传播哲学硕士课程，开始培养本地的研究人才，第一届研究生仅四人。

1981年，学系增设广告及公共关系专业，本科教育分为广播新闻学、印刷新闻学、广告及公共关系三大专业范畴。

在这个阶段，中大新闻与传播学系和美国及我国台湾的学术界保持紧密的联系。任教的老师大多为取得美国高校博士学位的学者。学系的首个学生实习刊物是社区报《沙田新闻》，1977年由《新沙田》取代。

中大新闻与传播学系在1982年至1986年经历了多次系主任的变更，在1982年余也鲁退休后，由朱谦、郑惠和、关信基等担任过系主任，直到1986年朱立上任才进入稳定阶段(苏钥机，2021)。朱立推行课程改革，增加学生选修科目时的弹性，并邀请多位外地教授来港短期任教(朱立，2015)。香港本地背景的学者李少南、陈韬文、苏钥机在朱立掌系期间，于美国学成之后回归中大，学系教师开始出现本地化的趋势。

1991年，美国著名教授康士达(George A. Comstock)被邀请担任系主任，学系由他带领于1993年创办了传播哲学博士课程，1994年开始由第一位博士生入学。

由于香港中文大学更改学制，从四年制改三年制，允许中七入学新生，于三年内修毕课程。新生入学人数急增，由每年30~40人，增至60~70人。由于招生人数激增，学系聘用了更多新闻传播业界人士担任兼职讲师。

中大新闻与传播学系系主任一职在1993年开始由香港新生代接手，梁伟贤于1993年任系主任，一年后由陈韬文接任。著名国际传播学者李金铨继于70年代末在中大任教后，又于1994年重返该校，担任讲座教授至1998年(苏钥机，2021)。1998年，李少南接任系主任。

由于原来的学生实习刊物《新沙田》是社区报的形式，题材受到限制，1995年新的学生实习刊物《大学线》诞生，取代《新沙田》，一年后英文的学生实习刊物*Varsity*创刊。

1996年，中大新闻与传播学系创办修课式传播硕士课程，后发展并更名为企业传播社会科学硕士课程，专注公共关系及企业传讯的专业训练。

中大新闻与传播学系于 1999 年正式改名为新闻与传播学院。同年，增设多媒体与电讯及传播研究两大专业范畴，本科课程变得更多元化。

在本科课程方面，学院在 2004 年增设“创意媒体”专业范畴，本科课程共分为广播、新闻、广告及公关、多媒体与电讯、创意媒体及传播研究六大范畴。而在硕士课程方面，学院也开拓出多项新课程。例如于 1999 年开设新闻学文学硕士课程，为非新闻主修及现职新闻工作者提供专业新闻训练，一年后开办新媒体科学硕士课程，并于 2004 年开办社会科学硕士(广告)课程以及于 2005 年开办全球传播文学硕士课程。

2005 年，李少南教授升任社会科学院院长，苏钥机教授接任中大新闻与传播学院院长。学院加强学生的对外学习交换计划，进一步发展与新闻界的关系，并设立《传播与社会学刊》(与香港浸会大学传理学院合办)和 *Chinese Journal of Communication* 两本学术期刊。

进入 21 世纪初，学院进一步扩大规模，课程方面新设“点子创作”(Pinpoint)和“创意媒体实验室”(CM Lab)两个校内实习课程，成立中华传媒与比较传播研究中心(C 研中心)，向国际化发展。在 2017 年，学院和英国的萨塞克斯大学(University of Sussex)合作，成立全球传播本科生课程。2011 年由冯应谦出任院长，2017 年由李立峰接任至今。

香港中文大学新闻与传播学院现时有新闻传播与全球传播两个本科项目。新闻传播本科项目旨在培养学生成为具有全球视野，擅长实践技能，具有分析和创新思维，能够生产高质量内容的专业人才，分为新闻、广告与公关、创意媒体与新媒体三个专业方向。全球传播本科课程是结合新闻与传播研究培训及海外学术交流的课程，学生将得到本地资深传媒工作者的专业培训，及世界领先传播学者的理论训练，并在亚洲、欧洲和北美的合作伙伴大学进行海外交流。

研究院分为有研究式和修课式两种教育方式，前者包括传播学哲学博士、传播学哲学博士-计算社会科学专业、传播学哲学硕士，后者则有全球传播文学硕士、新闻学文学硕士、广告社会科学硕士、企业传播社会科学硕士及新媒体理学硕士。

②香港浸会大学。

香港浸会大学(浸大)的前身是 1956 年成立的香港浸会书院，当时属于私立院校。毕业于美国斯坦福大学的余也鲁教授在 1968 年创立了一个新学系——传理学系，在香港率先开设四年制传播文凭课程，提供新闻、广播及公共关系三科专业。

不同于其他院校沿用“新闻传媒”的说法，香港浸会书院以“传理”为名开辟了新闻传播教育的道路。“传理”是英文“Communication”当时的中文翻译。据创系主任余也鲁教授解释：因为 Communication 一词当时刚刚传入中文世界，并无统一翻译。随着时代和科技的发展，“Communication”的内涵早已超出传统新闻学的范畴，应以具前瞻性的译名来表达这门新兴的学科，并可凸显这学科重视理念和理论的研究。他认为，物有物理，心有心理，传也应该有传理，故将之命名为“传理系”。

1973 年，传理学系课程修订为新闻、电台及电视广播、公关广告和媒体教育四个专科。学系在 1987 年开办首个学位课程——传理学社会科学学士(荣誉)学位，跟随英国大学模式从四年改为三年制本科，转向以职业化、专业化、实务化为主的英式体系的课程设置。

当时的传理系以教学培训为主，授业为先，重视为学生提供实践操作机会。传理系在 1971 年开创香港传统大专院校新猷，由学生筹办出版英文 *The Young Reporter* 及中文《新报人》两份实体报刊，是现存从未间断出版的大学生中历史最悠久的报纸，也一直是传理学生新闻实践的平台。这两份实体报纸定位不是校园学生报，而是报道社会事态的报纸，包含新闻、特写、专题和社论，人手编制和工序和正式报章无异。传理系的学生包办编采摄排，学系自设印刷机，印刷工由学生兼任。

余也鲁之后，香港电视新闻的重要奠基者黄应士在 1974 年接任传理学系第二任系主任。黄应士毕业于美国密苏里大学新闻学院，在多家美国地方报社担任过记者、编辑，参与过越南战争的采访，是一名理论与实战经验兼备的媒体从业者。黄应士任职阶段时逢浸会书院于 1972 年更名为浸会学院后不久，学院夯实理论学识氛围日渐浓厚，黄应士也重视对学生论文写作能力的培养，逐字修缮学生论文。他将现代新闻学理论与实务完整带入浸会传理，主张学习与实践并行的教育方式。

资深媒体人张国兴在 1978—1985 年担任传理学系第三任系主任。张国兴同样具备丰富的新闻从业经验，执教新闻、政治和中国报道，而整个学系教学课程与教学亦以实务为主。他常勉励学生：Truthisvirtue(唯真为善)。这句隽语强调传播者肩负求真和道德上的责任，后来成为(系)院训(Motto)。香港浸会学院于 1982 年开设三年制荣誉文凭课程，并于 1987 年开设传理学社会科学学士学位(荣誉)课程。

传媒是一种专业。自 1968 年创系到 1990 年，香港浸会大学传理系以专业技能训练为重点，培养出的大批毕业生投身香港传媒、公关机构，为香港新闻传媒行业的起飞备足动力。

1980 年代香港浸会学院开始得到政府资助后，逐渐转向教学与研究并重的教育模式，传理学系也开始转型，在教育文化中融汇西方新闻传播教育的方法和成果，逐步建立适合香港社会的传媒教育制度(俞旭、朱立、朵志群，1998)。

1991 年，传理学系升格成传理学院，下设三个学系：电影电视系、新闻系及传播系。

1994 年，香港浸会学院升格为香港浸会大学。升格的立法中列明大学的未来定位是教学与研究并重。在浸会学院时期，教师可以“教而不研”，着重于“术”的传承，凭履历传授学生以实践经验；浸会大学的教师则要“既教且研”，传承的不仅是“术”的精华，也需要以“道”为径，引领学生探讨理论层面的学识。

传理学院首任院长为谢利国(John Lee Jellicorse)教授。他作为一位学者背景的领导者，将传理学院立足于一个更广阔的平台，全面拓展高等学位课程，建立更完整的升学阶梯。第二任院长朱立在 1995 年就任，朱立教授就任不久便发公开信提到，传理学院要同时以重理论研究的斯坦福大学传播学院和以实务见长的哥伦比亚大学新闻学院为榜样，学院要重视学术理论，但对实务教学也不能放，即在重视领域“术”业的发展时，要坚持以“道”统领指引前行的航向，深化“道”的教育，为新闻领域的研究培养肥沃的土壤。他推动学院和各系主办学术会议，鼓励并资助教师和研究生参加国际学术会议，邀请国际传播学会 ICA 会刊《传播学刊》(*Journal of Commutation*)的主编等来访分享学术刊物的投稿程序和选稿标准，以培养学术风气和研究氛围。

谢利国、朱立两任院长任职期间，传理学院开始转型，向“以道统领”的方向发展。在此期间，传理学院开办了高等学位课程，包括传理学哲学硕士(研究式)、传理学哲学博士(研究式)、以及传理学文学硕士(兼读式)，实现“以道统领”的教育系统。进入千禧年，学院开办全日制的传理学文学硕士，电影电视与数码媒体艺术(三年制 MFA)硕士、传媒管理社会科学硕士、国际新闻硕士等，其中 2006 年开设的传媒管理社会科学硕士课程，是亚太区内首个同类课程。至于传理学社会科学(荣誉)学士学位，自 2004 年起，提供五个主修科目，分别为电影电视、数码图像传播、新闻、组织传播和公关及广告。

2002 年由台湾学者汪琪担任传理学院院长一职，2007 年赵心树接任。2012 年，在本科四年新学制下，学院调整主修科目，分为电影与媒体艺术、新闻、组织传播和公关及广告。学制与多领域学科的不断深化改革，为学生提供了系统强化理论学识的不二之选。2013 年，黄煜任浸大传理学院第五任院长，直至 2022 年。

在研究领域，此阶段传理学院成立了媒介与传播研究中心，负责举办各类国际会议、多媒体讲座及工作坊系列，邀国际专家和学者分享媒体最新发展，加强行业的交流讨论，为师生提供一个打开国际学术视野的广阔平台。另外，与香港中文大学新闻与传播学院合办中文学术期刊《传播与社会学刊》，先后成为“台湾社会科学引文索引”(TSSCI)核心期刊及“国际传播学会”全球首份中文附属学刊。

在提升研究水平的同时，传理学院在运作上仍然重视实务和与业界的紧密联系。自

2007年起，新闻系首创“普立兹新闻奖得主工作坊”，每两年邀请普利兹奖获得者来到浸大与学生进行为期一个星期的授课与从业经验交流分享。电影电视系举办“大中华地区大学生影视作品奖”，并在2018年拓展为“全球大学生电影节”中的全球竞赛，为大中华区新晋影视行业输送人才。

浸大传理学院在这个时期，从以专业教学为先，转型成研究与教学并重的学院，提升研究水平，并开始开办学士后的学位(Postgraduate degrees)课程。

随着新科技在社会发展中的角色趋于主导，以及大数据与人工智能在媒体传播与社交媒体上的广泛应用，促使以数据与计算机为主导的跨学科新型知识，如大数据、网络交互、算法与编码、健康环境、内容自动生成等系统性地进入课堂，浸大传理学院的教育模式自2015年开始向新范式转移：坚守培养理论学识夯实、实践工作卓越的传媒人为目标，更进一步把握新科技浪潮，创新教学结构为学生提供全方位新闻传播教育。

学院首先精简主修科目，2016年起入学主修科目为三个，分为电影、新闻和公关广告。主修下面又设八个专修，分别为国际新闻、中文新闻、大数据与媒体传播、组织传播、公共关系、广告与品牌、电影电视、动画及媒体艺术。其中，大数据与媒体传播专业是与计算机科学系合办的新课程，为亚太地区首个同类课程。

学生入读首年主力修读多个“通识教育”必修科、学院必修课及选修课，未分配哪一个学系，到一年级下学期才选区第二年级的课程主修。在此新制度下，学生有更充裕的时间思考自己的志向，而不急于为选专业所困，既能强化对自身优势的认知，又可更为深入地探索和理解自己的梦想。

在学术研究方面，浸大传理学院全方位涉足媒介和传播科研领域，包含理论和应用的研究，探索横跨计算机/大数据、健康环境、传播学科、社会科学与人文学科等学术领域。学院联同校内其他院系、本地大学与海外院校的学者进行各类合作研究计划及项目，教师会为不同企业和公共部门开展不同的应用研究及调查。传理学院每年录取的研究式课程学生人数逐年呈递增趋势。

电影学院于2016年成立电影与动态影像研究中心，促进电影、动态影像及数字人文的研究工作。2018年，人工智能与媒体研究实验室成立。连同原有的媒介与传播研究中心共三个研究机构扩大研究范围，孕育与时并进的创新研究及合作项目。2019年，传理学院与计算机科学系合作开设人工智能与数码媒体理学硕士学位课程。为应对虚假新闻的散播，并在数码时代提升公众的传媒素养，传理学院于2020年成立“浸大事实查核”，提供香港首个有系统并由独立学术机构设立运作的事实查核服务，该机构于2022年获得国际事实查核联盟(IFCN)认证。

香港浸会大学传理学院于2021年更名为传理与影视学院。2022年起，又出现了最新的变化，传理与影视学院“重组”为传理学院。香港浸会大学为下一步发展艺术科技(Art-Tech)和创意媒体，把传理学院中电影学院的一部分、视觉艺术院和音乐系合起来，变成创意艺术学院。传理学院则新成立一个叫互动媒体(InteractiveMedia)的新学系，主要发展元宇宙、游戏设计、互动媒体等新的方向，以回应传媒行业的最新发展。郭中实教授自2022年起担任传理学院暂任院长。

浸大传理学院的现状是下设传播系，互动媒体系及新闻系。传理学(荣誉)学士学位课程配合通识教育与核心传理课程的安排，提供三大主修范畴：游戏设计及动画、新闻及数码媒体、公关及广告。

学院还与密苏里大学和昆士兰大学合作推出双学位课程。课程是为期四年的全日制本科课程，学生在香港浸会大学和密苏里大学或昆士兰大学两所大学学习，并从这两所大学毕业。完成所有毕业要求后，学生获得两个学士学位。

研究院分为研究式和修课式两种教育方式，前者包括传播学哲学博士和传播学哲学硕士，后者则有传理学文学硕士、传媒管理社会科学硕士、人工智能与数码媒体理学硕士及国际新闻文学硕士。

③香港城市大学。

香港城市大学(城大)英文系分别于1996年、1998年开设传播学博士和硕士课程，但当时并没有专门的新闻传播学系。1998年，创意媒体学院成立。其英文系于2000年更名为英文与传播系，李金铨教授于2002年加入，担任系主任。

直至2008年，城大英文与传播系拆分成英文系和媒体与传播系，李金铨教授为首任媒体与传播系系主任，并开设互联网挖掘实验室、整合营销传播文学硕士学位课程、媒体与传播(荣誉)学士学位课程。一年后，与创意媒体学院、市场营销学系、管理学系和电脑科学系合办数码电视与广播(荣誉)学士学位课程，该课程由2012年独立出来，由媒体与传播系开办。由学生运营的“城市电视”于2009年成立。

2013年，美国著名学者瑟维斯(JanServaes)担任城大媒体与传播系系主任；2016年由李喜根接任，后于2019年交棒给刘幼琍。

目前，城大的媒体教育分为两大部分，一部分是媒体与传播系，另一部分为创意媒体学院。其中，媒体与传播系属于人文与社会科学院，开设有数两个本科课程(数码电视与广播文学士及媒体与传播文学士)、两个硕士课程(传播与新媒体文学硕士和整合营销传播文学硕士)以及一个哲学博士课程。整合营销传播文学硕士课程是为适应整合传播潮流而开设的新课程，旨在培养能整合公共关系、广告、市场营销和危机管理等专业技能，为商业与政府机构进行整合性说服传播的人才。该课程参照美国西北大学整合营销传播硕士课程设立，包括广告、公共关系、营销与新媒体技术等板块。

而在城大创意媒体学院，亦开设有本科及硕博课程，包括创意媒体文学士、创意媒体理学士、新媒体文理学士、创意媒体文学硕士、创意媒体艺术硕士以及创意媒体哲学博士。

④香港大学。

香港大学(港大)于1999年成立新闻与传媒研究中心，主要由前资深记者、哥伦比亚大学新闻学院客座教授陈婉莹创建，并由她担任首任中心主任。创立初期，中心向学生提供为期两年的兼读制课程，强调跨平台的专业技能发展和新媒体的发展。

新闻与传媒研究中心于2000年开设为期一年的全日制的新闻学硕士课程，主要以全英文教授新闻报道和写作，并提供具有国际视野的专业课程，包括媒体法和媒体经营与管理、广播电视新闻、新媒体、财经新闻报道等。毕业生在香港及海外的各大中英文媒体从事新闻工作。2002年，中心开始招收博士生，次年开始招收哲学硕士。自2004年起，开始招收第一届三年制本科学生。

2003年，中心开启“中国媒体研究计划”，负责人为陈婉莹和内地著名记者钱钢。该项目与众多内地媒体合作，记录和分析中国传媒业的改革进程。

自2010年起，新闻学硕士课程分为财经新闻、环境、健康及科学新闻和中国研究三个专业范畴。自2012年起，增加纪录片研究的专业范畴。

2016年，自陈婉莹从港大退休，国际资深传媒人、原《华盛顿邮报》北京分社社长瑞凯德教授(KeithB. Richburg)接任闻与传媒研究中心主任的职位。

目前，港大新闻与传媒研究中心属于社会科学学院，国际化、跨学科和创新是其教学特色。其本科教育提供新闻学学士课程，教授新闻学的基本原理、实践知识以及基础社会科学的基本理论。其研究生课程分全日制或兼读制，包括硕士及博士课程(见表1-31)。

表1-31　**香港公立大专院校新闻传播教育院系学位课程总览**

学校院系	本科课程	研究院课程
香港中文大学新闻与传播学院	社会科学学士(新闻与传播学/全球传播)	全球传播文学硕士；新闻学文学硕士；新媒体理学硕士；广告社会科学硕士；企业传播社会科学硕士；传播学哲学硕士；传播学哲学博士；传播学哲学博士-计算社会科学专业

续表

学校院系	本科课程	研究院课程
香港浸会大学传理学院	传理学(荣誉)学士(新闻及数码媒体/公关及广告/游戏设计及动画)	传理学文学硕士；传媒管理社会科学硕士；人工智能与数码媒体理学硕士；国际新闻文学硕士；传播学哲学硕士；传播学哲学博士
香港城市大学媒体与传播系、创意媒体学院	媒体与传播系： 数码电视与广播文学士 媒体与传播文学士创意媒体学院： 创意媒体文学士；创意媒体理学士；新媒体文理学士	媒体与传播系： 传播与新媒体文学硕士；整合营销传播文学硕士；传播学哲学博士； 创意媒体学院： 创意媒体文学硕士；创意媒体艺术硕士；创意媒体哲学博士
香港大学新闻与传媒研究中心	新闻学学士	新闻学硕士；新闻学哲学硕士；新闻学哲学博士

(2)私立大专院校

①香港珠海学院。

香港珠海学院(珠海学院)是香港专上①院校中较早期提供新闻教育的高等院校之一。该校于1968年成立新闻学系，陈锡余为第一任系主任，其两次担任系主任的时间共17年，是主导开创该校新闻传播教育的重要人物。

香港珠海学院最早于1947年在广州成立，原名为“珠海大学”，1949年迁到香港，更名为“珠海书院”，属于私立院校。及至2004年，珠海书院成为认可专上学院，升格为“珠海学院”。

1973年，袁昶超任珠海书院新闻系系主任。1975年，袁昶超离任，陈锡余重任珠海书院新闻系系主任。1987年，陈锡余逝世，黄毓民任珠海书院新闻系系主任。

1990年，珠海书院新闻学系正式更名为新闻及传播学系。1992年，俞若渊任珠海书院新闻及传播学系系主任。2001年，曹虹接任系主任。2008年，曾在香港中文大学及台湾高校任教的皇甫河旺，担任珠海学院新闻及传播学系系主任。

2015年，珠海学院新增广告及企业传播(荣誉)文学士学位课程。次年，新增传播及跨媒体(荣誉)文学士学位课程，黄俊东任该校新闻及传播学系系主任。

① 同高等教育。

珠海学院的新闻及传播学系拥有资深业界及具有国内外硕士、博士学位的学者任教。同时系内亦置有先进的硬体制作设备，以培养广播、电视等领域理论与实务兼备、全方位的媒介人才。该校尤新闻及传播学系其注重跨媒体的训练，引导学生掌握数码化对传讯、感知方式、媒体格式和平台的效应和影响，培育具有跨界思维能力的流动媒体工作者，从事跨媒体平台的内容和制作。

目前，学系内设有三个学士学位，分别为新闻及传播(荣誉)文学士、广告及企业传播(荣誉)文学士、传播及跨媒体(荣誉)文学士。学系内亦设三个硕士学位，分别为环球传播文学硕士、创意产业应用科技文学硕士及艺创科技及数码传播文学硕士。

②香港树仁大学。

香港树仁大学(仁大)的新闻传播教育起步较早，该校前身是树仁书院，于 1971 年成立，并设立了新闻学系，推出新闻与传播课程，校长钟期荣兼任系主任。

1976 年，树仁书院升格为树仁学院。1996 年，香港树仁学院新闻学系更名为新闻与传播学系。2001 年，香港特区政府修订《专上学院条例》，允许香港树仁学院开办包括新闻与传播在内的三个荣誉学士学位课程。2006 年，香港树仁书院正名为香港树仁大学，成为香港第一所私立大学。

该系当前的目标是为寻求在互联网行业以及媒体行业工作的年轻人，提供应用新闻学教育。在新闻学教育外，学生还接受不同学科的教育，学习掌握广泛的人文和社会科学知识，如历史、社会学、心理学、政治学、经济学和法律，以培养开放的心态进行分析的能力，并能够拥有公平、公正和独立的观点。

仁大新闻与传播学系目前设有新闻与传播(荣誉)文学士及媒体设计与虚拟现实科技(荣誉)文学士学位课程。在学习路径中，前两年学生将接受基础学科的培训，而在第三和第四年，他们将更深入地研究数字化时代的新闻和大众传播的理论和实践。为了进行全面的培训，他们会接触到新闻报道和写作、新闻翻译、视听制作、视听新闻和信息制作、新媒体平台、社论和评论写作以及剧本写作、市场营销、公共关系和广告或用户体验设计、虚拟现实及扩增实境创作、企业创新等，从而为他们未来的职业生涯做好充分准备。

为了获得实践经验，学生需要参加自己组织的实践活动，如“仁闻报”“仁闻在线”“说 · 在线”“树仁新传电台”和“树仁简讯”等。学系还为所有合格的学生提供实习计划。学生在完成学位课程的同时，可在商业或教育电视台和广播电台、网站和互联网新闻和信息公司、报纸、杂志、广告公司、各公共和私营企业的营销和广告部门进行校内视听新闻和信息实习培训，使他们能够获得行业的实际经验。

③香港恒生大学。

香港恒生大学(恒大)是目前香港提供新闻与传播教育中最年轻的专上院校，商业新闻人才是其重点培养方向之一。恒大设有传播学院，目前提供两个本科学位及一个硕士学位的课程。

2011 年，恒大前身香港恒生管理学院在成立一年后，开设新闻及传播(荣誉)学士学位课程。2016 年，香港恒生管理学院传播学院新增融合媒体及传播科技(荣誉)文学士学位课程。2018 年，恒生管理学院升格为香港恒生大学，开设策略传播文学硕士课程。

恒大的新闻及传播(荣誉)学士学位课程是香港首个结合商业、新闻、公关与企业传讯专业的四年制本科课程。课程理论与实务并重，提供海内外实习机会与交换生计划，不但着重训练学生的分析能力、创意思维与表达能力，亦鼓励学生扩展全球视野，致力培养学生成为财经新闻与企业传讯的传播专才。该课程分为商业新闻及企业传讯两个专修范畴，学生会修读财务、经济、管理、会计、市场等专业学科。

至于融合媒体及传播科技(荣誉)文学士课程的主修科目，主要训练学生掌握互动媒体、互联网传播、流动平台等基础技术这三方面的知识及技能，课程教授互动媒体、互联网传播、流动平台等基础技术、各种数码媒体的制作方法，以及建基于传播理论、跨文化传播、传媒法规与道德的人际沟通。

其策略传播文学硕士课程专为现正或有意从事专业传播工作的人士迎合瞬息万变的社会及传播环境而设，课程涵盖全面的传播理论，媒体最新的发展动向和社会、政治与企业传播实务的相关知识。该课程分为公共事务传播及企业参与传播两个专业范畴，理论与实践并重，由业界精英亲自授课与学员分享经验及见识，并安排学院教授传授理论知识(见表 1-32)。

表 1-32　　香港私立大专院校新闻传播教育院系学位课程总览

学校院系	本科课程	研究院课程
香港珠海学院新闻及传播学系	新闻及传播(荣誉)文学士；广告及企业传播(荣誉)文学士；传播及跨媒体(荣誉)文学士	环球传播文学硕士；创意产业应用科技文学硕士；艺创科技及数码传播文学硕士
香港树仁大学新闻与传播学系	新闻与传播(荣誉)文学士；媒体设计与虚拟现实科技(荣誉)文学士	

续表

学校院系	本科课程	研究院课程
香港恒生大学传播学院	新闻及传播(荣誉)学士；融合媒体及传播科技(荣誉)文学士	策略传播文学硕士

1.2.31.3 香港新闻传播教育的发展特点与新挑战

(1)实务与理论的平衡与再平衡

从90年代开始，香港城市大学、香港浸会大学从原来的学院升格成大学，香港新闻传播教育就开始有了正规化的渠道。以香港浸会大学为例，其前身是一个私立院校，所以它的新闻课程有很强的实务性质训练。大学本身除了实务以外，还要有博雅教育，政治、经济等方面的内容，但这些浸大之前并没有特别强调。当时整个教育课程体系的设置比较偏向于英国式的大学本科三年，所以比较注重业务和新闻的专业训练，偏向职业化、专业化、实务化的教育，基本没有博雅教育和其他方面的选修或副修，这个问题等到2012年，香港整个学制都改成四年制的时候，才真正得到解决。

大学四年制的原意是基于社会的快速发展，专业变得越来越不重要，但是学生在大学里面多一年的学习，可以学得更宽更深，所以整体是要强调知识的广博。香港浸会大学主要是文科大学，比较偏向于博雅教育，所以在这个意义上，三年制和四年制的改变确实会带来体系和课程的大改动。在改制的时候引起很多讨论，四年制后主要增加了非专业、非新闻，非传媒、非公关广告的课程。在四年制情况下，学生原来三年学的东西，几乎也没有受到太大的影响，但是这多出的一年时间，学生会有公共课、选修课、副修课等，增加了很多美式教育的元素，但又不完全是美式的设置。

具体来说，如果按照美式体系，传媒的专业课不能超过50%，可是香港所有的大学的新闻传媒体系课程，即使是四年制，也占比达65%～75%，其中像电影、动漫等专业，甚至占到80%。所以严格意义上来说，该设置不算很美式，仅带有美式框架。到了现在，香港新闻传播教育的课程演变仍然一直还在平衡和再平衡。像新闻学这类可以博雅教育多一点，但有些像游戏设计、电影制作等专业，可能就需要专业教育多一点，并不一定要一刀切。

香港中文大学的新闻传播教育的课程设置的灵活度较高，理论训练较多。香港中文大学一直以研究类型教师为主，学与术当中“学”的比重相对更重。至今香港中文大学研究型和教学型老师的比例约为2∶1，反映了专业传播教育课程的发展。从历史原因、后来发展的规模和深度、专业和理论、精英和传媒从业员来看，香港中文大学算一种精英化的类型，香港浸会大学则相对专业化。当然中间时有交融，香港中文大学会采纳香港浸会大学的一些教学内容，浸大也会采纳中大的一些理论和训练内容，形成互动中互相学习的自然过程。整体而言，香港新闻传播教育的体系，实际上是根据学生的来源、社会的需求和大学的定位等来互相调节的。

(2)办学国际化发展

目前香港的高校基本以英文授课为主，学术研究的主要语言亦是英语，师生的语言水平较高。在香港新闻传播教育的师资中，许多拥有英美的教育背景，包括从外国邀请来的著名新闻传播学者和外国学成归来的学者，而从业界聘来的实务人员中，也有不少具有国际传媒的经验。香港的新闻传播教育走上正轨发展的道路上，离不开外地学者的帮助，前期是“依赖式的发展”(俞旭、朱立、朵志群，1998)，之后逐渐由香港本地及内地新生代学者执掌院系。

以香港中文大学为例，在20世纪60年代新闻系创始期，由于新闻系是香港在正规大学首创，缺乏前人经验参考，主要由留美学者喻德基提供意见，创系时的老师是从美国密苏里大学新闻毕业的魏大公。当时还有一位美国来的访问教授克雷登，他从密苏里大学毕业，有数十年的新闻实务经验。斯坦福大学传播学毕业的余也鲁在20世纪70年代中出任讲座教授兼系主任，陆续增聘多位留美背景的台湾学者，后来又邀请传播学大师施拉姆来港，规划研究型课程。香港中文大学新闻与传播学系系主任一职在20世纪90年代初期开始由有留学背景的香港学者接掌。时任系主任陈韬文还从美国引入一些年轻刚毕业的内地背景的留美学者，如潘忠党、魏然、陈怀林等，一些本地教师如李少南、苏钥机、马杰伟、梁永炽、姚霞陆续从外国学成回归。其后的香港中文大学新闻与传播学系系主任和新闻与传播学院院长的职位，皆由香港本地研究型教师担任。目前香港中文大学新闻与传播学院教研队伍中以本地老师为主，同时也有来自中国大陆、台湾及海外的学者，共同形成一个既本土又多元的团队(苏钥机，2015)。

随着学制的变更、不同传播专业种类以及相应课程的拓展，香港新闻传播学的学生人数显著增加。学生人数方面，以香港中文大学的本科生为例，1965年开始时只录取了6名学生，在1969年收了10人，1979年收生人数增至24人，1989年39人，1999年84人，2009年76人，2019年112人。另外，现时每年收取近300名研究生。

至于学生的组成方面，主要以本地学生为主，在硕士及博士研究生课程中，内地学生及国际学生人数较多。例如，香港浸会大学传理学院每年录取的研究式课程学生人数，由五、六人，增至20余人，哲学博士和哲学硕士学生来自中国香港、中国内地、美国、捷克、波兰、意大利、保加利亚、菲律宾、印度、希腊、非洲及巴基斯坦等国家和地区。近年来，香港今的新闻传播院系的学生，亦可透过参与访问活动、海外暑期课程及其他短期学生交流等获得其他海外留学经历。

同时，国际化是多个香港高校的新闻与传播院系的重要目标，并开始恒常性地举行地区性和国际性的学术和专业会议、研讨会和讲座，促进交流与学习，学术交流的对象范围越来越广，内容也越来越丰富。

香港浸会大学传理学院把国际化作为核心策略，为学生提供广阔平台以及多元的学习环境，相应举措包括增加具有国际背景的教师及学生数量，举办海外交流团、与海外高等学府建立合作关系，提供海外实习机会，支持跨地域研究合作，支持全球性研究项目、鼓励师生参与高水平的国际会议等。2015 年，浸大传理学院与德国莱比锡大学和美国俄亥俄大学正式建立长期合作关系，三间院校师生定期互访、学习、交流。2018 年学院开展的“亚洲记者驻校计划(Asian Journalism Fellow Scheme)”，邀请亚洲知名记者交流访问传理学院一个学期，同期举办讲座、工作坊等活动。

香港大学的新闻与传媒研究中心一直以国际视野著称，其新闻学硕士课程招收的学生非常国际化。在其创办初期便强调全球化思维，学生的实习网络庞大，先从香港开始，本地生获派往本地的印刷及电子媒体任职。之后，从香港扩展到中国内地、亚洲和西方，实习地点包括马来西亚、菲律宾、新加坡、韩国、印尼、印度、巴基斯坦、缅甸、尼泊尔、澳洲、南非、美国、丹麦等地。在冬季或夏季实习中，学生们有机会将课堂知识转化为实际能力，在很多情况下，各地的实习还能带来全职工作。

(3)跨学科培养专业人才

新闻传播教育，说到底需要为传媒业服务，所以最大的发展动力来自传媒作为一种专业职业，需要生存、发展和提高。长期以来，针对传媒教育一直有两种观点，一种观点是认为，学生根本不需要会写会算，只要稍微培训一下然后去实践即可。另一种观点认为，社会分工越来越细，并非所有学生立志在毕业后会进入传媒行业，其中一部分计划进入传媒行业的学生，通过恰当的培训能很好地适应行业。后来社会的发展证明，后一种观点得到了社会的和教育界的广泛接纳，并就变成了新闻传媒教育的根本动力，其主要理念是要培养能够适应社会需要的学生，他们要能够保持行业里的专业主义并继续发扬光大。因此，大学新闻传播教育的目标之一就是，培养一批能够对传媒行业的发展起到中坚力量的人才，由他们带领行业继续往更加精英的方向走。这个整体的社会业界教育，具备循环的刺激和偏向市场的导向。

为配合日新月异的社会、经济和科技发展及传媒行业的变化，社会极需要具备专业技能、多元才能及灵活变通的人才。香港的新闻传播教育院校结合社会、业界发展以及学生的需要，一直在进行课程改革和创新。其中跨学科和院际配合是一个重要的发展方向。在课程设计中，一般会为学生提供一个框架以及充足的必修和主修科目可以从中选择，学生可以按照兴趣和需要选择不同领域的科目，同时能够掌握理论课与实务课的比例。

香港恒生大学的金融底蕴深厚，以商科最为出名，其传播学院新闻及传播(荣誉)学士的课程则结合了商业知识与新闻传播技巧。学生除了修读新闻及传播科目以巩固基础知识外，更需要学习商业理论及数据分析，包括会计、财经、经济、市场及管理的知识，建立既深且广的知识层面。

香港浸会大学传理学院与计算机系合作开办的数据与媒体传播跨学科专修本科课程，则设有新闻系与计算机科学系的两组学生，他们在首两年各自修读基本课程，三年级时，新闻系同学将学习基本的数据处理和应用知识、采访和制作视觉化新闻故事技巧、用数据形式呈现调查新闻报道等。

又比如香港城市大学创意媒体学院新媒体文理学士课程，加入了自然科学的元素，强调跨专业的横向思考和理解，学生需修读科学思维基础课程，吸取科学知识，科目包括物理学、生物学、化学、数学概念与方法。课程着重科学研究和图像化的方法，渐进式同跨学科的环境中进行学习，将艺术、科学、技术和人文学科联系起来。

①科学发展与数码媒体变化。

香港的传播新科技和互联网通讯发展迅速，原生数码媒体在 2000 年逐渐出现，2010 年始爆发，到 2016 年原生数字媒体的数量已超过运营数码平台的传统媒体。《香港媒体数码发展报告 2018》中提到，新技术对香港媒体机构尤其是传统媒体机构造成了巨大冲击(李文、满子梵，2018)。香港媒体负责人普遍表示，对香港媒体业短期前景感到忧虑，但同时也认为新媒体发展是未来重点所在。

以人文教育为本的新闻传媒教育，显然与科技快速扩张本身存在与生俱来的张力与矛盾，如何在传统与变革、不变与变中作出抉择，选择一条合适的教学之路，是当今新闻传媒教育无法回避的重要议题。

早期新闻传媒教育的变革的本质，是在讨论“实践先行”与“理论先行”何者更为重要。在之前的讨论中，无论“实践先行”或是“理论先行”，皆是对教育落脚点的讨论。然而在科技浪潮中，以“实践”或“理论”教育成果为判别准则已然难以适应时代变迁：二者的整合才是在教育范畴中培养顺应时代人才的最优方式，这个整合为香港新闻传媒院系提供了一个全新的教育思路。

香港新闻传媒院系非常重视技术发展与数码媒体变化，在教学与课程设置中作出相应改革和创新。举例来说，培养适应科技发展、灵活运用大数据与人工智能技术来实现传媒梦想的毕业生，是浸大传理学院新闻传媒教育在数码传媒时代里的新方向，并特别强调以人工智能和大数据等新型知识及跨学科领域知识的融合，因此浸大传理学院核心必修课程因应当下新媒体时代的变化而进行系统调整。

举例来说，于2016年或之前入学的全体传理学院有四门传理学核心课程，包括“传播学概论：公关及广告和组织传播的视角”“动态影像和声音概论”“新闻学概论”三门必选课，以及学生可从“视觉传播”“创造力发展”“传播者的当代香港问题”“传媒管理”“文化、社会与媒体”“传播、科技与变化”中选一门。2017年和2018年入学的传理学院的传理学核心课程改为“媒体与传播概论”“伦理、法律与传播”“多媒体讲故事”，学生可从“媒体、文化和社会”“英文媒体写作与制作”“视觉传播”“中文媒体写作与制作”“大数据与非语言传播”“人工智能和数码传播”中选一门，2019年入学的学生的可选传理学课程仍然是四门，前三门与2017年和2018年入学的学生一致，第四门选修的可选课程由六门缩减到三门，为“视觉传播”“大数据与非语言传播”和“人工智能和数码传播”。2021年和2022年入学的学生可选择的核心课程继续保留“人工智能和数码传播”，另外两门则改为“人类传播”和“媒体设计与数码应用”(见表1-33)。

表1-33　**香港浸会大学传理学院近年学院核心课程改革内容**

<table>
<tr><th>2016年或之前入学</th><th>2017年和
2018年入学</th><th>2019年和
2020年入学</th><th>2021年入学</th><th>2022年入学</th></tr>
<tr><td>传播学概论：公关及广告和组织传播的视角</td><td colspan="2">媒体与传播概论</td><td>传播、新闻与电影研究</td><td>传播、媒体与新闻研究</td></tr>
<tr><td>动态影像和声音概论</td><td colspan="2">伦理、法律与传播</td><td colspan="2">传播、伦理与法律</td></tr>
<tr><td>新闻学概论</td><td colspan="2">多媒体讲故事</td><td colspan="2"></td></tr>
<tr><td>视觉传播</td><td>媒体、文化和社会</td><td colspan="3"></td></tr>
<tr><td>创造力发展</td><td>英文媒体写作与制作</td><td colspan="3"></td></tr>
<tr><td>传播者的当代香港问题</td><td colspan="2">视觉传播</td><td colspan="2">人类传播</td></tr>
<tr><td>传媒管理</td><td>中文媒体写作与制作</td><td colspan="3"></td></tr>
<tr><td>文化、社会与媒体</td><td colspan="2">大数据与非语言传播</td><td colspan="2">媒体设计与数码应用</td></tr>
<tr><td>传播、科技与变化</td><td colspan="4">人工智能和数码传播</td></tr>
</table>

香港树仁大学的新闻与传播学系于2021年开办全新的“媒体设计与虚拟现实科技

(荣誉)文学士”课程，课程将从理论与实践出发，教授创作虚拟现实的技术，以及全方位进阶的媒体理论，让修读的学生掌握技巧，并懂得如何运用知识并结合创意，为业界注入新血。新课程重点将聚焦四大范畴：媒体设计与虚拟现实创作；学习用户接口及用户体验设计；进行虚拟现实及扩增实境创作；为企业创新。毕业生多可从事应用程序的开发、用户体验设计及开发、数码内容编辑、多媒体制作、项目展览统筹，以及内容创作等不同领域中发展。

香港恒生大学也推出新课程培养通晓沟通与科技能力的人才，其中“融合媒体及传播科技(荣誉)文学士”课程结合传播理论及传播科技的实用技能，以信息传播、电脑技术和媒体内容的融合为主轴展开教学。

②传媒伦理和素养的更高要求。

数码传媒新时代要求年轻人要具备适应能力，强调人才的专业技术和学识水平。然而，“伦理道德”亦是人才之本：人才如种子，只有在真实、健康的土壤中孕育，方可有茁壮成才的可能性。

对于新闻传播教学方面，引导学生价值观，维系传媒专业精神，保持良知和社会责任也是一种挑战，在香港社会现时氛围下，任务变得更加艰巨。

香港新闻传播教育所处的特殊环境，对传媒从业伦理和素养提出了更高的要求，世道繁杂真假混沌，更需要传媒人在泥淖中举起专业主义的明灯，新闻传播教育院系更需要注重传媒伦理的教育。院系在设置与传媒伦理和素养的相关科目之余，也逐步将观念融入整个教育体系当中。

(香港浸会大学传理学院　陈璁、黄煜)

1.3　新闻传播教育地图

东北三省包括黑龙江、吉林和辽宁三省。为确保高校信息的真实性、及时性和完整性，我们先根据各省教育厅网站发布的2022年普通高校本科专业目录进行新闻传播类专业筛选，再根据所列专业和高校在相关学院的官方网站进行核对。此次东北三省新闻传播教育调查涵盖62所新闻传播本科高校，其中辽宁省25所，吉林省20所，黑龙江省17所。本文参考资料全部来源于各级教育部门网站、各高校和学院官网与官方公众号以及中国学位与研究生教育信息网等权威网站(每一项按照辽吉黑地理顺序排列)。本文将从专业设置、本科教育、研究生培养、一级学科办学水平、师资队伍、学术研究、部校共建、服务社会与国际化等方面对其进行定性和定量分析(见图 1-4)。

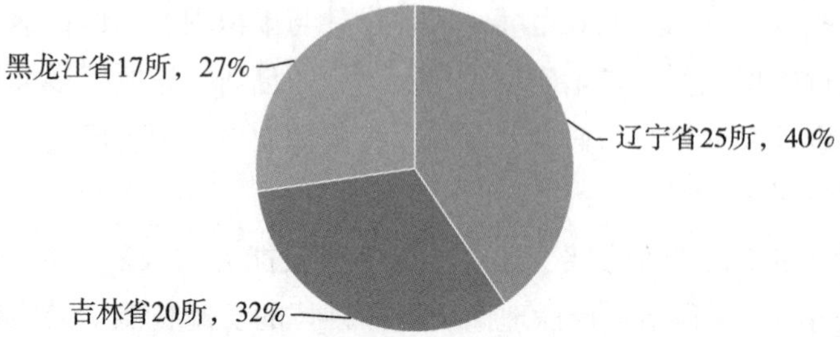

图 1-4　东北三省新闻传播高校分布比例

为了更加详细呈现东北三省高校新闻传播类开设情况，本节以省级行政区划进行整理，依据高考招生简章，对三省开设新闻传播类的院校进行归纳(见表 1-34)。

表 1-34　**东北三省高校新闻传播类专业开设学校**

辽宁省 (共 25 所)	辽宁大学、东北大学、鞍山师范大学、渤海大学、大连理工大学、大连民族大学、东北财经大学、辽宁师范大学、沈阳城市学院、沈阳体育学院、沈阳师范大学、大连外国语大学、辽宁传媒学院、辽宁工程技术大学、大连理工大学城市学院、辽宁理工大学、沈阳工业大学、沈阳航空航天大学、辽宁工业大学、辽宁科技学院、辽宁理工学院、辽宁何氏医学院、沈阳工程学院、沈阳城市建设学院、辽宁对外经贸学院
吉林省 (共 20 所)	吉林大学、东北师范大学、延边大学、吉林师范大学、吉林财经大学、长春光华学院、白城师范学院、吉林动画学院、长春工业大学、长春师范大学、长春理工大学、吉林农业大学、吉林工商学院、长春电子科技学院、长春建筑学院、长春科技学院、长春人文学院、吉林工程技术师范学院、吉林外国语大学、长春大学
黑龙江省 (共 17 所)	黑龙江大学、齐齐哈尔大学、哈尔滨商业大学、哈尔滨体育学院、黑龙江东方学院、黑龙江工商学院、哈尔滨师范大学、牡丹师范学院、黑河学院、东北林业大学、黑龙江财经学院、佳木斯大学、哈尔滨学院、绥化学院、黑龙江工业学院、黑龙江工程学院、黑龙江外国语学院

1.3.1　发展概况

在东北三省中，辽宁省的新闻传播教育相对发达。辽宁省新闻传播教育历史最悠久的院校是辽宁大学。东北地区的新闻与传播学科起始于20世纪80年代，辽宁大学于1983年设立新闻学专业，时为全国最早设立此专业的高校之一，并且辽宁大学的新闻传播教育办学专业不断拓展，分别在1993年设立广告学专业，1999年设立广播电视学专业，2003年设立编辑出版学专业。2014年辽宁大学与辽宁省宣传部共建新闻与传播学院，是辽宁省唯一的新闻传播学科专设学院。在辽宁大学的引领和示范下，辽宁省的新闻传播教育逐步拓展。东北财经大学人文与传播学院于1996年建系，始称商务文秘系，2001年改为文化传播系，2017年中共大连市委宣传部与东北财经大学共建新闻传播学院，2019年改为人文与传播学院。大连理工大学新闻传播系最初在学校人文社科学院下设系，于1998年开始广播电视新闻学本科专业招生，并且办学层次不断提升：2003年设立传播学硕士点，2010年取得新闻传播学一级学科硕士学位授予权，2011年增设新闻学硕士点。另外本学科导师还在本校科技哲学、科学学与科技管理等博士点带科技传播、媒体运营与管理方向的博士生，已建立了完善的本-硕-博人才培养体系。渤海大学在1999年12月24日成立新闻系，2002年7月30日经过学科整合组建成新闻与传播学院。大连外国语大学2005年成立新闻与传播学院，是辽宁省卓越新闻传播人才教育培养工程共建单位，也是东北唯一的国际新闻传播卓越人才培养基地。21世纪以来，辽宁公办和民办院校纷纷开设新闻传播类学科，辽宁传媒学院、沈阳城市学院等民办学院发展势头强劲，整个辽宁省新闻传播教育事业蓬勃发展。

吉林省新闻传播教育同样拥有深厚历史底蕴。吉林大学新闻学专业始建于1960年，是中国国内较早开设新闻学专业的教学机构之一。吉林大学1993年获得新闻学专业硕士学位授予权，1996年吉林大学文学院成立后建成新闻学系。2000年经教育部批准新建的体育新闻方向，是全国第一个设在综合性大学的体育新闻高等教育专业方向。东北师范大学传媒科学学院(新闻学院)始建于2000年，现设有广播电视编导、播音与主持艺术、新闻传播学类(含新闻学、广告学)、数字媒体技术5个本科专业(系)，同时有戏剧与影视学、新闻传播学和艺术学理论3个一级学科硕士点，以及广播电视、新闻与传播2个专业学位硕士点。延边大学新闻教育始于1984年，开创初期，由中国人民大学的方汉奇、王梓华教授支援建设。自1994年招生以来，成为国内唯一的朝鲜族新闻传播人才、朝汉双语新闻传播人才培养基地，2021年列入吉林省一流专业建设。长春工业大学新闻与传播学院始建于1998年，前身为吉林工学院计算机基础教学中心，2002年更名为现代教育技术学院并开始招收本科生，2020年与吉林省委宣传部共建新闻学院，2021年更名为新闻与传播学院。经过近20年的发展与建设，长春工业大学新闻与传播学院已跻身吉林省省属重点大学中设备较为先进、综合实力较强的学院之列。

黑龙江省新闻传播教育最具代表性的院校是黑龙江大学。在黑龙江大学新闻传播学院四个本科招生专业中，新闻学于1985年开始招生、广播电视编导于1997年开始招生、广告学于2000年开始招生、传播学于2005年开始招生。2005年12月28日，黑龙江大学新闻传播学院成立。黑龙江大学编辑出版学专业属于筹建于1984年并于1985年正式招生的图书情报系，1993年11月改名为信息管理系，2001年5月改为信息管理学院。黑龙江信息管理学院是黑龙江省唯一的图书馆学、编辑出版学专业本科教学单位。哈尔滨师范大学的传媒学院，创建于2008年3月，依托在文学、艺术等学科门类的基础上整合而成。现学院有田家炳传媒文化教育研究中心及广播电视艺术系、动画系、新闻系、数字媒体艺术系、影像艺术系、播音与主持艺术系、表演艺术系7个系，有广播电视编导、动画、广播电视学、数字媒体艺术、摄影、播音与主持艺术、表演、录音艺术8个本科专业。为铭记田家炳先生对教育的无私捐赠，2020年6月哈尔滨师范大学传媒学院又冠名为田家炳传媒文化教育研究中心。传媒学院注重教育教学改革和学科学位建设，现有戏剧与影视学一级学科硕士点、艺术硕士(MFA)广播电视和新闻与传播专业硕士点。与此同时，黑龙江其他高校包括齐齐哈尔大学、佳木斯大学、牡丹江师范学院等都陆续开设新闻学及相关专业，呈现一片蓬勃发展态势。

东北的冰天雪地，造就了沈阳体育学院和哈尔滨体育学院在冰雪项目上的传统优势及其新闻传播学科的发展。沈阳体育学院管理与新闻传播学院2017年1月由原体育人文学院、体育经济管理学院、体育信息技术系和大学生就业指导中心等部门合并成立。学院现有新闻学、网络与新媒体等7个本科专业，体育管理学、体育新闻传播学2个目录外二级学科和公共事业管理(MPA)、新闻与传播2个专业硕士学位授权点。哈尔滨体育学院新闻学专业设立于2007年，2009年开始招生，截至2020年8月已培养227名毕业生。现有专兼职教师12人，其中教授1人，副教授4人，博士1人，在读博士1人，国际裁判1人。学院有非线性编辑实验室、报纸编辑实验室、虚拟演播室、多信道直播间、融合媒体实验室共5个实验室。新闻实验室包括高清演播室、非线性编辑室、报纸编辑室、录播室和多媒体教室。

1.3.2 本科教育

1.3.2.1 本科专业开设情况

自1997年我国将“新闻传播学”列为一级学科以来，新闻传播学下设的二级学科数量和种类得到了不断的丰富和发展。根据2022年教育部公布的《普通高等学校本科专业目录》，“新闻传播类”一级学科下设专业包括新闻学(050301)、广播电视学(050302)、广告学(050303)、传播学(050304)、编辑出版学(050305)、网络与新媒体(050306T)、数字出版(050307T)、时尚传播(050308T)、国际新闻与传播(050309T)和会展(99J001T)。其中，专业代码里有T表示特设专业，专业代码里有J表示交叉学科。截至2022年12月，东三省开设新闻传播学本科专业共九个，具体情况如表1-35所示：

表1-35　　**东三省新闻传播本科专业开设情况**

专业\省份	辽宁省	吉林省	黑龙江省
新闻学	辽宁大学、东北大学、鞍山师范大学、渤海大学、大连理工大学、大连民族大学、东北财经大学、辽宁师范大学、沈阳城市学院、沈阳体育学院、沈阳师范大学、大连外国语大学、辽宁传媒学院	吉林大学、东北师范大学、延边大学、吉林师范大学、吉林财经大学、长春光华学院	黑龙江大学、齐齐哈尔大学、哈尔滨商业大学、哈尔滨体育学院、黑龙江东方学院、黑龙江工商学院
广播电视学	辽宁大学、大连理工大学、辽宁工程技术大学、大连理工大学城市学院、辽宁理工大学	东北师范大学、白城师范学院、吉林动画学院	哈尔滨师范大学、齐齐哈尔大学、牡丹师范学院、黑河学院
广告学	辽宁大学、大连理工大学、东北财经大学、辽宁师范大学、沈阳城市学院、沈阳工业大学、沈阳航空航天大学、辽宁工业大学、辽宁科技学院、辽宁理工学院、辽宁何氏医学院、辽宁传媒学院	吉林大学、东北师范大学、长春工业大学、长春师范大学、长春理工大学、吉林农业大学、吉林财经大学、吉林工商学院、长春光华学院、长春电子科技学院、长春建筑学院、长春科技学院、吉林动画学院、长春人文学院	黑龙江大学、东北林业大学、黑龙江财经学院
传播学	大连理工大学、大连外国语大学、沈阳城市学院、辽宁工业大学、辽宁传媒学院	吉林农业大学	黑龙江大学
编辑出版学	辽宁大学、辽宁传媒学院	吉林师范大学、吉林工程技术师范学院、吉林外国语大学	黑龙江大学

续表

专业\省份	辽宁省	吉林省	黑龙江省
网络与新媒体	鞍山师范学院、沈阳城市学院、沈阳体育学院、沈阳师范大学、沈阳工学院、大连工业大学艺术与信息工程学院、辽宁师范大学、辽宁理工大学、大连财经学院、沈阳城市建设学院、沈阳科技学院、辽宁传媒学院	长春工业大学、长春理工大学、吉林工程技术师范学院、白城师范学院、吉林外国语大学、吉林工商学院、长春大学、吉林动画学院	佳木斯大学、哈尔滨学院、绥化学院、黑龙江工业学院、黑龙江工程学院、黑龙江外国语学院
数字出版	辽宁传媒	\	绥化学院
时尚传播	沈阳工程学院、沈阳城市建设学院	\	\
会展	沈阳师范大学、辽宁对外经贸学院、辽宁传媒学院	吉林工商学院、长春科技学院、长春大学	哈尔滨商业大学、黑龙江财经学院、黑龙江工程学院

1.3.2.2 培养目标与特色定位

东北三省高校新闻传播学类学生培养模式选取不同类型大学分析，分别是黑龙江大学、延边大学、东北师范大学、哈尔滨师范大学、沈阳师范大学、沈阳体育学院、哈尔滨体育学院、大连外国语大学，涉及综合性、师范类、体育类、语言类四种不同类型的高校。总体来说，各个高校的本科培养要求学生掌握马克思主义新闻传播基本理论，集中优势教学力量培养学生适应新的传媒生态和要求，突出国际视野，从而适应新时代对新闻传播人才的需要。

综合性院校大多按不同的专业方向分别制定培养目标。例如黑龙江大学新闻学的培养目标是基于“弘扬新闻精神、面向融合媒体”的专业特色，培养理论基础深厚、实务技能精湛、政治素质过硬、职业道德崇高，符合国家和地方经济与文化建设需要，能够在传统媒体与新兴媒体中从事采访、写作、编辑、评论、摄影、摄像、经营、管理等工作，以及在各级党政军群和企事业单位从事宣传企划工作的复合型高级专门人才。同时也有综合性院校在专业方向的基础上根据自身特色所在设定细分的培养目标。

延边大学新闻学专业全面落实“以本为本，四个回归”教育理念。专业充分发挥东北亚区域特色与优势，在延边大学“双一流”建设部署及“新文科”引领下，发挥学科交叉特色，突出朝鲜语及新闻传播学科交叉特色方向，由东北亚文化与传播、外宣翻译+国际传播交叉学科引领，推进跨语际跨文化的国际新闻传播人才培养模式，培养跨文化传播能力和新闻生产复合能力的人才。

师范类院校如东北师范大学传媒科学学院秉承“特色化”“精英化”的教育教学理念，强化“厚基础、精理论、重实践、宽就业”的人才培养思路，以“影视与传播并重，艺术与技术共强”为特色方向，致力于培养符合新世纪新媒体时代要求的高水平复合型传媒人才。

体育类院校如沈阳体育学院管理与新闻传播学院培养在新闻传播领域具有坚实的基础理论和宽广的专业知识，具备较强的专业实践能力，能够在政府部门和新闻媒体、体育组织等企事业单位从事新闻传播、宣传推广、媒介管理等工作的高层次应用型专门人才。

语言类院校如大连外国语大学新闻与传播学院致力于培养具有全球视野、批判精神、人文底蕴，立足当下、立足现实、立足国家发展的复合型、国际型、应用型的新闻传播人才。

本节抽取东北三省新闻传播类四大类型院校的培养目标和特色教学，展示不同类型院校的新闻传播类人才培养特色(见表1-36)。

表1-36　　**东北三省新闻传播类四大类型院校的培养目标和特色教学**

院校类型	代表院校	培养目标	特色教学
综合性院校	黑龙江大学、延边大学	基于“弘扬新闻精神、面向融合媒体”的专业特色，培养理论基础深厚、实务技能精湛、政治素质过硬、职业道德崇高的复合型高级专门人才。	具有鲜明特色，在朝鲜语新闻传播领域有着举足轻重作用，培养大量专门人才。
师范类院校	东北师范大学	新世纪新媒体时代要求的高水平复合型传媒人才。	以“影视与传播并重，艺术与技术共强”为特色方向。
体育类院校	沈阳体育学院	从事新闻传播、宣传推广、媒介管理等工作的高层次应用型专门人才。	具备系统的新闻理论知识与技能、宽广的文化与体育知识，能在新闻、出版与宣传部门从事体育记者、编辑与管理工作的专门人才。

续表

院校类型	代表院校	培养目标	特色教学
语言类院校	大连外国语大学	具有全球视野、批判精神、人文底蕴，立足当下、立足现实、立足国家发展的复合型、国际型、应用型的新闻传播人才。	培养熟练掌握外语，具有国际传播视野的特色新闻人才。

1.3.2.3　实验室建设与实验教学

东北三省高校在建设新闻传播学一级学科过程中，投入大量人力、物力、财力到新闻传播学科的实验室建设，实验室建设取得阶段性发展和突破，特别是21世纪以来，可以说是东北三省高校新闻传播类实验室发展的黄金时期。由于疫情原因，部分院校的实验室建设在2020—2022年期间增速减缓，但是蓝图已经构建，预计2023年会有更多学校开工建设相关实验室。同时，各个高校文科实训中心地广泛建设，促进各学科融合，实验室的使用更加灵活多样，有利于教学工作得展开。

辽宁大学新闻与传播学院音视频实验室2016年建设完成并投入使用。辽宁大学新闻与传播学院实验室依托于辽宁大学文科综合实验中心，并于2009年获批国家级实验教学示范中心，同时也是高等学校国家级实验教学示范中心联席会文科综合学科组组长单位。其中，辽宁省公共舆情与网络安全信息系统重点实验室属于辽宁省重点实验室，支持地方舆情研究，协调区域企事业发展与社会管理、民众诉求之间的矛盾冲突。实验室聚焦媒介转型，引导各类机构创新信息传播渠道；关注社会矛盾，襄助政府与企业及时化解危机冲突；积极献计献策，助力辽宁省转型与行业升级。辽宁省虚拟仿真实验组——省级虚拟仿真实验中心组，通过虚拟仿真实验助力新闻学教学及实践模式创新，助力课程思政建设。借此平台打造的国家级金课“融媒体大型主题直播报道虚拟仿真实验”，将“九·一八”爱国情怀融入教学体系，教育学生成为有国家意识的具备大情怀的人。渤海大学新闻与传播学院实验设施完备，拥有累计投资1300万元、总面积2000平方米的新闻实验室和播音实验室：总投资550万元的350平方米电视演播室，已经达到省级媒体视听节目创作和演播水平；投资200万元的融媒体实验室，密切跟进蓬勃发展的媒介融合技术，为新时代传媒行业培养高质量、复合型的新闻传播人才。

吉林大学拥有现代化的新闻传播教学设施，建有新闻教学实验室、摄影教学实验室。实验室配备先进的新闻采录系统设备、电脑报刊编辑系统设备、广播节目编辑制作系统设备、电视节目编辑制作系统设备、广告设计制作系统设备、摄影印制系统设备，还有功能齐全的演播室、多媒体教室、微机室、图书资料室以及国际互联网设施等。2022 年 11 月，由吉林大学文学院暨新闻与传播学院、吉林日报社全媒体中心、上海浦东微热点大数据研究院三方成立的传播分析联合实验室正式成立，三方拟共同设立微热点研究院吉林省分院，以各自资源融入本项目，共同构建"产学研用一体化"合作创新体系，建立产学研用的长期长效合作关系，共同推进"校+企+媒"的全面合作，形成专业、产业、应用三方相互促进、共同发展，全力实现三方共赢。长春工业大学新闻与传播学院拥有两个国家级项目，设有齐全的专业实验室、实践教学基地和校企合作基地，场地面积 12000 余平方米；拥有一大批先进仪器和设备，总价值达 3000 余万元。东北师范大学传媒实验教学中心的前身分别是东北师范大学信息传播与管理实验中心(成立于 1980 年)、东北师范大学教育技术中心(成立于 1983 年)、东北师范大学广播电视实验中心(成立于 2000 年)。2004 年东北师范大学着眼于传媒科学专业群建设，在国内较早建立传媒实验教学中心。传媒实验教学中心的建立，形成了开放式的，集广播电视、新闻传播、播音主持、摄影艺术、信息管理、电子技术、网络应用、媒体教学、平面设计、广告开发于一体的多功能综合性实验教学基地，为校内诸多相关专业的人才培养提供了实验教学平台。传媒实验教学中心实验室面积 3400 平方米，中心下设电视演播实验室、电视采编实验室、新闻采访实验室、标清非线性编辑网络实验室、高清非线性编辑网络实验室、播音主持实验室、广播电台直播间实验室、电子广告设计实验室、摄影实验室、电子技术实验室、音频工作站实验室、平面媒体制作实验室、图形工作站实验室、多媒体实验室、数字图书馆实验室、网络舆情调查实验室、电访调查实验室、多功能录音棚实验室、广播电台直播间实验室 19 个分支机构。另外，中心的研究型和创新型实验教学依托体系下设多个中心，包括媒体与教育发展研究中心、媒介素养教育研究中心、龙狮传媒研究中心、数字化图书馆研究中心、东北师范大学现代教育技术研究所、信息研究与咨询服务中心、吉林电视台培训拍摄基地、中国教育电视台项目研发节目创作基地、美国美南报业与电视传媒集团(BellaireBlvd. HoustonTexas77072U. S. A.)联合制作基地。

哈尔滨师范大学传媒学院拥有国家级艺术示范中心，教学科研仪器设备总值达 1300 余万元，共计 1000 余台(套)，教学实训室面积 1000 余平方米。中心设有音频技术实训室、线性编辑实训室、非线性编辑实训室、电视节目制作实训室、虚拟演播室、摄影创作室、摄影暗房、电脑动画设计与制作机房、播音实训室、化妆工作室、数字暗房、多媒体机房等 16 个实训室。东北林业大学文法学院实践教学中心总投资达 500 余万元，建设有包括广告学专业多功能实验室(包括影视广告制作室、广告创意实训室和演播室)以及微机室，能够为师生提供良好的实验与实训教学服务。

东北三省高校注重与业界合作，校企合作蓬勃展开。2019 年大连外国语大学与中国国际广播电台国际在线共建实习实践教学基地签约；2020 年大连外国语大学与东软集团校企合作协议签约暨联合实验室揭牌，双方共建"大连外国语大学—东软集团信息技术新工科协同创新中心"和"大连外国语大学—东软集团新闻传播新文科协同创新中心"。大连民族大学新闻系在北京建立民族画报社和民族团结杂志社两个实践基地，在省内建立了大连日报社、大连电视台等 10 个实践基地。2022 年吉林师范大学新闻与传播学院——清控紫荆产教融合专业共建，校企双方共商数字经济发展大计，共同探索数字经济背景下高校数字产品设计与营销人才培养的新思路、新举措。黑龙江大学新闻与传播学院与哈尔滨日报报业集团及其 ZAKER 平台、黑龙江日报新媒体中心、黑龙江新媒体集团及电通广告有限公司、腾讯公司等签约，共建实践基地，为学生实验、实践、创新研究提供了有力的支撑。东北林业大学建立"黑龙江省公益广告研究基地"，该校成为国内首家省级公益广告研究基地。2016 年东北林业大学和省工商局签订"共建黑龙江省公益广告研究基地协议"，进一步推动了省公益广告研究基地的建设和发展。

1.3.3 研究生教育

1.3.3.1 研究生学位点

东北三省没有新闻传播学一级学科博士点的院校，辽宁大学与吉林大学有文学传播与媒介文化二级学科博士点。东北三省新闻传播类研究生学位授权点共计 26 个：新闻传播学二级学科博士点 2 个、新闻传播学学术硕士点 9 个，新闻与传播专业硕士点 15 个(见表 1-37)。

表 1-37 **东北三省新闻传播类研究生学位授权点**

学位点\省份	辽宁省	吉林省	黑龙江省
新闻传播学一级学科博士点	\	\	\
新闻传播学二级学科博士点 2 个	辽宁大学	吉林大学	\
新闻传播学学术硕士点 8 个	辽宁大学、渤海大学、大连理工大学、东北财经大学	吉林大学、东北师范大学、吉林师范大学	黑龙江大学

续表

学位点\省份	辽宁省	吉林省	黑龙江省
新闻与传播专业硕士点 15个	辽宁大学、东北财经大学、辽宁师范大学、沈阳体育学院、大连理工大学、沈阳师范大学、辽宁工业大学	吉林大学、东北师范大学、长春工业大学、吉林艺术学院、吉林财经大学、	黑龙江大学、哈尔滨师范大学、哈尔滨商业大学

1.3.3.2 研究生培养体系

新闻传播二级学科博士点有两个，分别是辽宁大学文学传播与媒介文化博士点和吉林大学文学传播与媒介文化博士点。辽宁大学 2023 年博士招生简章显示本学位点目前有三位导师，不区分研究方向。该学位点主要运用多学科的理论范式和研究方法，对文学传播、文学与媒介相互嵌入和相互影响进行历史考察和理论审视，并深入研究文学与媒介的复杂关系，文学传播与传媒文化建设的机制和规律，政治传播与宣传管理等重要议题，构建具有交叉学科特色的理论体系，不断拓展文学、传播学、新闻学的研究领域。吉林大学开设文学传播与媒介文化博士点。根据吉林大学公布的 2023 年博士生招生简章显示，本专业开设影视文学与影视文化传播、大众媒介研究、文学传播与新闻媒介、媒介文化与跨文化国际传播、传播文化、媒介文化传播、媒介文化等研究方向。

综合而言，东北三省地区高校的新闻传播研究培养体系结合国家战略需要，结合时代特征和传播技术转型需要，满足行业人才需求，在多年的新闻传播研究生教育和培养中形成了独具特色的培养体系：

首先，研究生教育培养目标明确。各院校根据国家有关新闻与传播专业学位的培养要求，按照各个方向培养目标与具体要求分别设计研究生培养方案。东三省的新闻传播院系还结合自身具体情况对研究生进行培养进行细化，把本学位点的特色和优势融入之中。各学位点总体要求学生掌握新闻学与传播学的基本理论和专业知识，热爱祖国，热爱新闻传播工作，拥护中国共产党领导，认真学习树立马克思主义新闻观，具有良好道德品质和正确价值观念，从事新闻传播领域实践活动能力的高层次创新人才。

其次，学位授予标准明晰。为了达到上述培养目标，各学位点长期以来坚持动态化修改完善培养方案，从教学质量、毕业论文质量和毕业生就业的反馈等方面考查，每个学位点的培养工作较好地达到了培养方案的质量要求。各学位点授予学位标准为学生德才兼备，了解中国基本国情，具有现代传播理念与国际化视野，熟练掌握新闻传播技能与方法，成为高层次、应用型、融合型人才。要求毕业生掌握马克思主义基本理论与方法，具有良好的政治素质和政策水平，能够把握现代新闻传播职业理念，恪守新闻传播职业道德。熟练掌握新闻传播的基本原理，具备从事新闻传播实践所需要的专业素养、技能与方法；能够胜任新技术变革对新闻传播工作提出的新要求。熟练掌握一门外语，能够阅读专业外语资料。

最后，全方位完善研究生培养体系。各个学位点从培养方向、师资队伍、科学研究、教学改革、奖助体系、思政教育等各个方面提升本单位培养水平。尤其是近些年来，各授权点注重师德师风建设、导师负责制，为培养合格的研究生提供有力支持。

辽宁大学新闻学学科点于 1984 年设立，1998 年获批成为东北首家新闻学硕士学位二级授权点，2003 年被授予新闻传播学一级学位授权资格，是辽宁大学和辽宁省重点学科。本学位点师资力量稳固，教学成果显著，业已形成新闻传播史、媒介文化、新媒体与社会、媒介经营与管理等特色研究方向，并依托省部共建学科优势，为政府和各类行业组织、媒体机构等提供科学专业决策建议和业务指导。多年来本学位授权点在招生、培养、就业、社会声誉、服务地方经济社会发展等方面都一直处于稳步提升的状态，并取得了较为显著的工作成绩。渤海大学为研究生提供《沈阳晚报》、锦州电视台、锦州人民广播电台、《锦州日报》等实践基地，提供非线性电视编辑实验室、电子采编实验室、电视演播厅和新闻摄影实验室，实验室具备索尼、松下等名牌电视摄录编等设备。沈阳师范大学校将新闻与传播专业学位教育与多学科相结合，形成学科互补、相互渗透、齐头并进的发展态势，为新闻与传播学专业硕士的跨学科融合打下良好的基础。新闻与传播专业硕士培养过程中充分整合全校教学资源，实现教育资源共享，交叉培养，复合性塑造。

1.3.4 办学质量

自 2002 年开始，教育部学位与研究生教育发展中心对全国具有博士学位授予权、硕士学位授予权的一级学科进行的整体水平评估，简称学科评估。截至目前，共完成五轮学术评估，第五轮学科评估从 2020 年 11 月正式启动，至 2022 年 7 月顺利完成，目前评估完整结果暂未公布。虽然五次全国新闻传播学一级学科评估标准不一，且为自愿申请参加，导致评估结果受多种因素影响，但评估结果的波动变化还是引起了各高校的关注和重视。

东三省全国第四轮新闻传播学学科评估结果是辽宁大学的成绩是 C+，全国排名第 34 位，东北三省位列第一；吉林大学的成绩是 C，排名为第 41 位，东北三省位列第二。第四轮评估促进各级各类相关专业的对标发展，本区域学校互相学习，逐步建设一批特色鲜明、快速发展的学位授权点。第五轮教学评估采取自愿申报及不公开模式，目前暂未统计在内，第五轮教学评估促使网络与新媒体等专业发展壮大，有利于教学科研的协同发展。

1.3.5　师资队伍

东北三省的师资力量近年来有所增加，尤以辽宁大学、吉林大学、黑龙江大学为代表。其中辽宁大学新闻传播学一级学科授权点师资力量雄厚，师资结构合理，科研队伍研究领域主要涵盖新闻学、传播学、广告学、广播电视学和编辑出版学、网络与新媒体等主要领域，在国内外新闻传播研究领域具有一定的学术影响力。新闻传播学专业学位授权点共有专任教师 35 人，两个专业方向均有 4 名以上专任教师承担核心学位课程教学，专任教师中教授 5 人，副教授 13 人，100%的专任教师具有高级职称或博士学位。吉林大学新闻传播及相关学科现有专职教师 43 人，其中教授 10 人(含博士生导师 6 人)，副教授 10 人，讲师 23 人，学历层次基本实现了博士化。其中，新闻学系现在有专职教师 13 人，传播学系共有教授 2 人，副教授 7 人，讲师 7 人。近年来学院围绕消费文化传播、广告文化传播、传播社会学、地域媒介形象、社交媒体应用传播、文化创意传播、危机公关传播、国际传播等研究方向获得多项国家社科基金、教育部社科基金、博士后科学基金立项，承担多项省级社科基金和市厅级科研项目，荣获多项省级社会科学优秀成果奖。黑龙江大学新闻与传播学院拥有本省最高水平专业教师队伍，专任教师中，有省级“教学名师奖”获得者 1 人，黑龙江省文化名家暨“六个一批”青年人才 1 人。高级职称教师占比 55%，博士教师占比 58%，其中博士 9 人，博士在读 8 人，硕士 10 人。

1.3.6　学术研究

1.3.6.1　东北院校科研成果

作为部校共建单位，辽宁大学科研成果丰硕。辽宁大学新闻与传播学院形成了以国家社会科学基金重大项目“清代新闻传播史料整理与史料学建构”为引领，以多项在研国家社科基金一般项目为支撑的研究项目体系。近五年来，学院已完成国家社科基金一般项目和青年项目 3 项，在研国家社会科学基金一般项目 2 项，省级社会科学研究项目 20 余项，多项在研项目已经取得显著的研究成果。相关研究成果已转化为本学位点内部分课程的教学和复盘内容，能够助力真实问题导向下的高级创新型、应用型人才的培养。本专业教师先后承担了“国家社科基金一般项目”“国家社科基金青年项目”“辽宁省教育厅项目”“辽宁省哲学与社会科学规划基金项目”等多项科研课题，获得辽宁省哲学社会科学成果奖 8 项。辽宁大学媒介与社会发展研究中心——部校共建智库团队，探讨媒介技术升级与社会发展之间的关系及助力作用，支持地方机构媒体建设新型信息传播与宣传平台，积极协调企事业发展与社会管理、民众诉求之间的矛盾冲突，提供全方位智力支持，真正践行“智库”的角色与责任。年度内相关项目选题能够纳入研究生课程讨论、学位论文选题库，发挥本学位点科学研究及人才培养服务地方经济社会发展的参考价值及驱动作用。辽宁大学新闻传播史料学研究中心——辽宁大学人文社会科学研究平台，致力于新闻传播史料学研究，培育新闻传播史料学的科研领军人物，挖掘有发展潜力的中青年科研人才，协助省委宣传部完成针对全省新闻行业人员的马新观专题培训，为服务地方社会发展提供智力支持。

吉林高校新闻传播科研中最为突出的特色为东北文化传播的相关研究。吉林大学为会长单位的新闻传播学术团体吉林省传播学会(JPCA)自成立以来，先后组织召开十余场东北文化与传播相关学术研讨会；先后组织召开媒介素养相关笔谈会；公开出版《现代传播与中国社会发展》《当代传播与东北文化发展》等十多部学术论文集，社会反响良好；先后组织召开“城市文化与长春旅游发展论坛”学术研讨会，围绕长春城市文化展开研究，组织编写并公开出版十几部作品，挖掘长春文化、展现城市魅力，为东北文化传播贡献智慧力量，取得了可喜的成果。此外，吉林大学有 4 所新闻传播研究方向的学术机构，分别是吉林大学新闻与传播学院信息无障碍传播中心、吉林大学社会舆情研究中心、吉林大学传播与社会治理研究所、吉林大学广告文化研究中心。其中，吉林大学广告文化研究中心围绕消费文化、广告文化、社交媒体应用传播、文化创意传播、品牌国际传播等研究方向获得多项国家社科基金、教育部人文基金、博士后科学基金立项，承担多项省级社科基金和市厅级科研项目。

黑龙江省的新闻传播科研成果主要集中在黑龙江大学。黑龙江大学教师团队教学与科研实力雄厚，教师队伍中曾有多人担任教育部高等学校新闻学学科教学指导委员会委员、中国新闻史学会常务理事及中国高等教育学会新闻学与传播学专业委员会理事等职务，有校级教学名师 13 人。近五年，新闻学专业教师主持和参与各级教育教学改革课题 131 余项、发表教学研究论文 213 余篇，获教学成果奖 56 项。承担各级各类学术研究课题 133 项，发表学术论文 730 余篇，获得各级学术科研成果奖励 220 余项。

1.3.6.2 近三年获批国家社科基金一般项目情况

2020 年，东北三省新闻传播学获批国家社科基金一般项目四项，其中辽宁省 1 项，吉林省 1 项，黑龙江省 2 项。2021 年东北三省新闻传播学获批国家社科基金一般项目 8

项，其中辽宁省3项，吉林省3项，黑龙江省2项。2022年东北三省新闻传播学获批国家社科基金一般项目6项，其中辽宁省2项，吉林省2项，黑龙江省2项(见表1-38~表1-40)。

表1-38　　**2020年东北三省新闻传播学国家社科基金一般项目情况**

课题名称	姓名	工作单位	所在省市	项目类别	预期成果	计划完成时间	所在学科	批准号
主流媒体“四力”建设的人工智能赋能研究	张红良	北华大学	吉林	一般项目	专著电脑软件	2023.3.31	新闻学与传播学	20BXW004
朝鲜近代报刊涉及清朝新闻传播史料收集、整理与研究(1883—1911)	刘威	辽宁大学	辽宁	一般项目	专著	2023.12.30	新闻学与传播学	20BXW022
前苏联“新闻出版自由”与社会思潮发展研究	王迎胜	黑龙江大学	黑龙江	一般项目	研究报告	2025.6.30	新闻学与传播学	20BXW045
中国广告学术思想史七十年(1949—2019)	李阿嫱	黑龙江大学	黑龙江	一般项目	专著	2023.6.30	新闻学与传播学	20BXW123

表1-39　　**2021年东北三省新闻传播学国家社科基金一般项目情况**

课题名称	姓名	工作单位	所在省市	项目类别	预期成果	计划完成时间	所在学科	批准号
社交媒体中基于多模态信息搜索的舆情研判与引导研究	周福战	大连理工大学	辽宁	一般项目	专著研究报告	2024.12.31	新闻学与传播学	21BXW007
晚清民国画报史料整理及知识谱系构建研究	阴艳	东北师范大学	吉林	一般项目	专著	2025.06.30	新闻学与传播学	21BXW024
晚清传教士报刊中的“辅教”问题研究	周德波	辽宁大学	辽宁	一般项目	专著	2025.12.01	新闻学与传播学	21BXW025

续表

课题名称	姓名	工作单位	所在省市	项目类别	预期成果	计划完成时间	所在学科	批准号
政治机器人计算宣传机制与中国形象国际传播方案研究	司峥鸣	哈尔滨工业大学	黑龙江	一般项目	论文集研究报告	2024.12.30	新闻学与传播学	21BXW043
基于媒体画像和防疫图谱的中国防疫形象评估和对策研究	张绍武	大连理工大学	辽宁	一般项目	论文集研究报告	2024.06.30	新闻学与传播学	21BXW047
近代日本外务省在华"新闻操纵"研究(1894—1931)	叶彤	东北农业大学	黑龙江	一般项目	专著	2026.12.31	新闻学与传播学	21BXW103
网络平台版权责任制度的国际比较研究	刘学义	吉林大学	吉林	一般项目	专著	2026.12.31	新闻学与传播学	21BXW108
媒介融合下中国国际援助信息传播对人类命运共同体意识引导作用研究	刘绩宏	东北师范大学	吉林	一般项目	专著	2024.06.30	新闻学与传播学	21BXW112

表 1-40　**2020 年东北三省新闻传播学国家社科基金一般项目情况**

课题名称	姓名	工作单位	所在省市	项目类别	预期成果	计划完成时间	所在学科	批准号
新闻文体文学演化史研究	周大勇	吉林大学	吉林省	一般项目	专著	2027.08.30	新闻学与传播学	22BXW007
冷战时期美国在香港的影视文化宣传活动研究(1951—1991)	张选中	东北师范大学	吉林省	一般项目	专著,其他	2024.07.01	新闻学与传播学	22BXW041
基于复杂异质图结构的网络意识形态传播机制与治理策略研究	田占伟	东北农业大学	黑龙江省	一般项目	论文集,研究报告	2025.06.30	新闻学与传播学	22BXW052

续表

课题名称	姓名	工作单位	所在省市	项目类别	预期成果	计划完成时间	所在学科	批准号
气候传播中非国家行为体的角色定位与整合路径研究	岳改玲	东北林业大学	黑龙江省	一般项目	专著	2025.12.31	新闻学与传播学	22BXW068
清前期（1616—1644）新闻传播史研究	刘洋	辽宁大学	辽宁省	一般项目	专著	2025.12.30	新闻学与传播学	22BXW106
清代流言史料整理与研究	刘斌	沈阳体育学院	辽宁省	一般项目	研究报告	2026.06.30	新闻学与传播学	22BXW108

1.3.6.3 近三年获批国家社科基金青年项目情况

2020 年无青年项目，2021 年、2022 年各获批一项，两位获得者均来自位辽宁省（见表 1-41）。

表 1-41 **2021—2022 年东北三省新闻传播学国家社科基金青年项目情况**

课题名称	姓名	工作单位	所在省市	项目类别	预期成果	计划完成时间	所在学科	批准号
人类命运共同体视域下提升中国对东北亚地区文化传播力研究	蔡馥谣	大连外国语大学	辽宁	青年项目	专著	2024.07.31	新闻学与传播学	21CXW003
县级融媒体中心对基层社区治理智能化的促进路径研究	王芳菲	大连理工大学	辽宁省	青年项目	专著	2025.06.30	新闻学与传播学	22CXW015

1.3.7 部校共建

2014 年辽宁大学与辽宁省宣传部共建新闻与传播学院，是辽宁省唯一的新闻传播学科专设学院，标志着辽宁大学新闻传播教育进入新的发展时期。辽宁大学新闻与传播学院秉持着“明德精学，笃行致强”的精神，为中华民族的伟大复兴培养新闻传播高级人才。随后，各地市党委宣传部与驻地高校部校共建新闻院系也陆续启动。2017 年中共大连市委宣传部与东北财经大学共建新闻传播学院；沈阳市委宣传部与沈阳师范学院、沈阳城市学院举行了部校共建新闻学院签约仪式。2020 年 5 月，渤海大学与锦州市委宣传部部校共建新闻与传播学院签约仪式隆重举行并宣传。

2014 年 3 月吉林省委宣传部和吉林大学共同建设吉林大学新闻与传播学院，各有关方面领导出席了成立大会，并为学院成立揭牌。2017 年 12 月，吉林省委宣传部和东北师范大学共同建设东北师范大学新闻学院成立大会举行。同日，吉林省委宣传部与吉林师范大学共建新闻与传播学院成立大会暨揭牌仪式在吉林师范大学长春校区研发大厦一楼报告厅举行。2021 年，吉林省委宣传部与长春工业大学、吉林工程技术师范学院部校共建新闻学院成立大会在长春举行。截至 2022 年 12 月，吉林省已有吉林大学、东北师范大学、吉林师范大学、长春工业大学、吉林工程技术师范学院 5 所高校开展部校共建新闻学院工作。

黑龙江省委宣传部、省高校工委与黑龙江大学三方共建新闻传播学院，2014 年 12 月日三方共建新闻传播学院签约揭仪式暨领导小组第一次会议在黑龙江大学举行，这是目前黑龙江省唯一一所与中共黑龙江省委宣传部合作建设新闻传播学院的高校，目的旨在为人才培养中实现新闻教育与新闻实践的深度融合搭建了平台，也为学院的全面发展奠定了基础。2021 年 9 月，部校共建东北亚文化传媒研究院在黑龙江大学成立，东北亚文化传媒研究院定位于面向东北亚和东北地域，开展综合性文化传播研究，以“服务国家战略，服务东北振兴，推动东北亚合作，打造高端智库”为目标，旨在面向东北地区及东北亚，服务国家“一带一路”倡议，为振兴东北、振兴龙江提供思想动力和智力支撑。

1.3.8 社会服务

东三省各新闻传播院校发展社会服务职能的途径，大体可以归纳为五种方式：

一是为政府部门、企业单位输送专业人才。实现东北振兴，人才是关键。目前东北人才队伍建设出现了较为严重的人才外流问题，东北地区的新传院校责担负起了为东北社会各界提供专业人才的重任。鞍山师范大学新闻学专业作为试点专业之一，每届将择优推荐至少 5 名学生，进入鞍山师范学院与凤凰卫视集团合作的数字媒体教育校企合作项目基地学习。大连民族大学文法学院新闻系培养大量毕业生在西北和东北就业，为西部大开发和振兴东北地区老工业基地国家战略服务，新闻学专业教师结合实践课程，带领专业学生扎根一线、了解国情、增长本领，培养出大量优秀人才。

二是高校发挥在发展过程中形成的学科优势和科研优势，与地方政府、企业联手，推动当地经济文化产业的发展。例如辽宁大学新闻传播学院“云创扶梦”团队与辽宁大学党委书记合作扶贫直播带货，“互联网+”红旅“云创扶梦”项目受邀参加辽宁省首届电商助农直播活动；王野、曲直、甄润铮等同学的创业项目“海岛寻鲜：海岛渔村“全域场景+”振兴模式服务于海岛渔民，为渔民经营海鲜以及渔家乐助力。

三是为社会公众提供教育机会，拓宽社会各界学习渠道。黑龙江大学新闻传播学院研究生支教团的成员们，在服务地立足支教教师本职工作，平均每名队员每周授课 13 课时，一年总授课时长 26 万余分钟，服务学生千余人。扶智亦扶志，志愿者们结合当地实际情况，精心打造作为学生们第二课堂的市民学校，推动孩子们全面成长，将素质教育落到实处。

四是为社会各界提供数据分析帮助。沈阳城市学院设立绿岛舆情研究所，作为东北首家专业舆情研究机构，也是国内权威的第三方舆情服务机构，绿岛舆情研究所采用 TRS(拓尔思)大数据分析系统，致力于打造舆情领域政产学研高地，为社会各界提供一体化的综合舆情服务解决体系。吉林大学文学院暨新闻与传播学院、吉林日报社全媒体中心、上海浦东微热点大数据研究院三方成立的传播分析联合实验室，针对吉林省媒体传播数据环境和技术的现状，立足前沿，以前瞻的视角围绕吉林省内重点的数字科技、学术研究、数据应用等方面，结合三方资源体所辖的专业领域，开展深入合作和研究。

五是发挥学科优势，为文化服务和跨文化传播服务。由吉林大学新媒体传播研究会、吉林大学 Utopia 英语协会于 2020 年合力创办的盈帆志愿服务团，专为跨国文化交流与传统文化传播创新志愿服务而生。两年以来，盈帆志愿服务团开展的“一心一路，代‘带’相传”项目守正创新，探索国际传播新方法，在国内外线上服务人数总量超过 1000 万人次。未来，盈帆计划拓展服务对象，帮助“一带一路”上的非遗传承人传播非遗文化，并助力当地农产品销售。

由于各高校实力规模不一，各高校新闻传播学院情况不同，其社会服务实践程度亦不相同。部分院校不重视社会服务、不主动找机会尝试社会服务形式创新。东三省新闻传播教育总体发展不均衡，社会服务总体发展水平需要提高，以期更好助力本地经济和社会发展的要求。

1.3.9 国际合作

东北地区位于东北亚的核心位置，具有重要战略地位。东北地区的新闻传播院校也在不同程度上开展了各具特色的国际化的措施。总结来看，院校国际化途径主要可以归纳为四种情况。

第一，加强结合学校学科优势，强化外语教学与国际化新闻理论教学。大连外国语大学新闻与传播学院新闻学本科专业，突出国际新闻人才培养，重英语，重实践。培养学生掌握国际新闻专业的理论知识和专业知识；精通英语，四年英语学习不断线；既熟悉我国的对外宣传报道方针、政策，又了解西方新闻报道形式，能熟练运用中、英文进行各媒体的国际新闻编、播、采、写工作。

第二，增加师生的国外互派交换与访问学习的机会。东北财经大学人文与传播学院长期与日本、韩国、美国、澳大利亚几所大学进行国际学术交流，共享专业信息，曾先后有多名教师到日本北九州国际大学、韩国议政府高等学校、韩国水原高等学校以及香港中文大学等高校从事学术交流活动。沈阳体育学院部分骨干教师先后以留学、访问、参加学术会议等形式出访美国、加拿大、法国、英国、日本、俄罗斯以及中国台湾、香港、澳门等国家和地区，并与之建立了良好的国际(境外)交流与合作关系。

第三，广泛开展和举办国际学术会议。延边大学朝汉文学院·新闻传播学院与东方文学比较研究会联合主办的“东亚文化交流与记录的新思路”国际学术会议成功举办 2022 年 12 月 10 日，以“东亚文化交流与记录的新思路”为主题的国际学术会议以线上线下相结合的方式举行。大会由朝汉文学院和东方文学比较研究会主办，来自 30 多所院校的 160 余名中外专家学者围绕“北京与世界：相遇·记录”“东亚文学交流与传播”“东亚文化互化与交流”等主题展开热烈交流。

第四，与外方共建国际化合作平台和实习基地。美国好莱坞国际电视网、中文卫视董事长、台长，好莱坞国家微电影协会主席 Steven Ding 一行 2017 年来访吉林大学新闻与传播学院，并与吉林大学新闻传播学院深入探讨联合建立吉林大学海外实习基地相关事宜。

1.3.10 结束语

近年来，东北三省新闻传播教育事业不断发展，但相比其他经济繁荣、教育发达地区还有一定差距。为了进一步提升东三省新闻传播教育的层次和水平，优化办学结构，提高办学质量，东三省新闻传播教育需要争取做好以下三点：

第一，各单位应努力留住人才并引进人才。东北新闻传播类优秀人才流多，引进人才力度乏力。本节对比东北三省与经济发达省份的人才招聘条件，从安家费到科研启动经费均有差距巨大。各院校应积极引进外来人才，留住自己培养的专家学者。

第二，各院系需提高实验室建设水平。各院校需要千方百计盘活各种资源，与媒体及其他学科充分合作，让学生真正走进实训中去。纵观东北三省，存在只增专业不增加实验室的问题。随着传播技术和数字技术的迅猛发展，学生纸上谈兵是不能应对瞬息万变的行业前景的。各个新闻学科相关教学单位需要通过自建、联合使用、跨专业合作等多种样态，把实验室落到实处。

第三，区域需提高国际合作交流水平。东北地区新闻传播学院国际化举措急需结构性改进。当前东北地区新闻传播学国际化发展主要以加强外语教学与国际化理论与实践方面的教学，同时互派师生交流进修，但这种国际合作交流的层次和水平都是不够的。新闻传播学院要用大局视野制定符合国际标准的新型人才培养方案。同时，国际化课程体系建设亟待完善——东北地区新闻传播院系的绝大多数课程仍然是汉语教学，教学方法和内容偏向于“本土化”教育，一方面是由于相关高校的教学管理观念国际化不足，另一方面则因资金有限，外籍师资引进不足。

（辽宁大学新闻与传播学院　程丽红）

2. 教育组织篇

2.1 院系巡礼——兰州大学新闻教育发展综述

兰州大学新闻教育肇始于1959年。1983年获批筹建新闻学专业，1984年成立新闻系并正式招生。1996年开设广告学专业，同年获批传播学硕士点；2000年开设网络与新媒体专业方向；2001年开设广播电视新闻学专业，同年获批新闻学硕士点。2004年成立新闻与传播学院。2010年获批新闻与传播专业硕士点。2014年甘肃省委宣传部与兰州大学共建新闻与传播学院。2018年开设数字媒体技术专业。2020年获批新闻传播学一级学科博士点。作为中国西北地区新闻教育的开创者、引领者、坚守者，兰州大学始终对接国家战略、立足地方经验、聚力实践育人、厚植人才沃土、坚守学术本位、赓续学科建设，积累沉淀了宝贵的新闻教育经验。60多年来，一代代兰大新闻人坚持做西部文章、创国内一流，在中国西部欠发达地区探索出“坚守奋斗、行稳致远”的新闻教育实践模式。

2.1.1.1 新闻教育应时滥觞

兰州大学新闻教育事业滥觞于20世纪50年代末。

1958年，受“大跃进”影响，甘肃省对教育事业发展做出规划。在《甘肃省教育厅党组关于1959年教育事业计划的安排》中明确提出：“力争提前实现一年内扫除文盲，普及小学教育，三年内普及初中教育，五年内普及高中教育，十年内普及高等教育……1959年基本建成省一级高等教育体系。”甘肃高等教育事业随即快马加鞭发展起来。

1958年8月16日，为了适应生产大发展和文化革命的需要，培养又红又专的文化艺术人才，甘肃省人民委员会决定：将西北师范学院的艺术系和甘肃省文化艺术干部学院合并，成立兰州艺术学院(甘办张字第0835号)。① 学院设有音乐、美术、文学、戏剧四个系及电影、图书等训练班。时任省委宣传部部长的吴坚同志担任党委书记和院长。②

1958年9月19日，中共中央、国务院发布《关于教育工作的指示》。甘肃省委为落实有关精神决定，将兰州大学历史系和中文系的一部分并入西北师范学院，将中文系的另一部分并入兰州艺术学院。

1959年1月3日，兰州大学"原则上将全部文学理论与现代文学教研组教师、古典文学和语言学(指现代汉语)教研组的一部分并入兰州艺术学院，包括学生214名，教职员24人(包括党总支书记刘竹溪同志)"。③ 兰州大学中文系部分师生并入兰州艺术学院后，由刘让言副教授担任文学系主任。④

20世纪50年代末，国家各项事业百废待兴，全国新闻宣传方面的人才缺口很大，新闻教育事业呼之欲出。为了培养新闻宣传人才，中华全国新闻工作者协会举办各类新闻讲座，各省则创办新闻红专学校、新闻夜大学。在兰州，甘肃日报社创办新闻夜大学培训新闻在职干部；兰州大学也在第一时间谋划创办新闻专业。

1959年，兰州艺术学院文学系增设新闻专业，并于当年正式招生。

当时，新闻专业只开办了1959年和1960年两年。据1959级新闻专业学生周德广回忆，第一届新闻专业招生40人，但是由于家庭生活困难等原因，部分同学未能完成学业。⑤ 新闻专业创办之初，一方面从业界邀约牛正武、叶粹存、唐少卿、杜修文等专家从事教学工作，同时从复旦大学新闻系分配蒋定国、何永昌、刘树田等人补充师资。后来成为中国著名新闻教育家的刘树田老师在当时担任助教，主讲新闻理论课程。初到兰州，刘树田在生活上颇多不适，宿舍有三个大窗没有玻璃，只好用图钉按上报纸代替。室内温度常常低于零度，面盆里的水常常结成厚实的冰块，墨水瓶常常因结冰而爆裂，环境十分艰苦。⑥

---

① 甘肃省人民委员会关于成立兰州艺术学院的决定[J]. 甘肃政报，1958(26).

② 《关于兰州艺术学院机构设置人员配备的报告》，甘肃省档案馆，243-001-0090-0002。

③ 《兰州大学中文、历史系并入甘肃师大、艺术学院工作小组会议记录》，兰州大学档案：卷318。

④ 萃英大先生——文艺理论家刘让言[N]. 兰州大学报，2019-05-15(5).

⑤ 冯诚：《大师兄周德广传奇》，微信公众号"兰馨会"，2022-01-14。另据兰州大学档案馆1960—1961第二学期两份成绩单显示，新闻专业二年级(1959级)学生34人，一年级(1960级)学生22人。

⑥ 石萍、樊亚平. 刘树田：西北新闻教育的开拓者与坚守者[J]. 教育传媒研究，2020(2)：28-31.

1961年，党的八届九中全会实行“整顿、巩固、补充、提高”八字方针，要求各行各业贯彻落实。全国新闻专业也因师资力量不足、办学条件较差，多在1961—1963年国民经济调整时纷纷停办或停招。① 1961年7月25日，兰州艺术学院文学系部分干部师生并入兰州大学，其中专任教师32人，干部7人，学生245人。②

新闻专业在并入后随即撤销，1959级和1960级两个新闻专业班同步并入到文学专业对应的二、三年级班。虽然新闻专业撤销了，但中文系还开设有新闻方面的课程③，这为那批学生后来进入新闻单位工作打下了基础。

2.1.1.2 创系之初艰苦奋斗

1983年5月25日—6月1日，新中国成立后的第一次全国新闻教育工作座谈会由中宣部和教育部联合召开。会议预测到20世纪末新闻战线共需补充大学毕业生11万人，其中新闻专业毕业生9万人，平均每年需要培养5000人。但建国30多年来总共才培养了新闻专业毕业生5000多人，人才缺口极大。④ 会议要求各大地区至少应有一所高等院校设置新闻系，并立即着手在西北、东北和华中开办新闻系。

兰州大学新闻系从筹建开始就是“部校共建模式”。⑤ 当时，甘肃省和兰州大学对筹建新闻系非常重视。时任省委常委、组织部部长的流萤和省委常委、宣传部部长宋静存都曾是甘肃日报社的老社长，对筹建新闻系表现出极大热情。在流萤部长和兰州大学教务长李希的召集下，甘肃省委组织部、宣传部、甘肃日报社、甘肃省广播电视局和兰州大学等部门多次商议筹建新闻系事宜。刚开始计划在兰州大学中文系设立新闻专业，中文系总支书记陈淀，系主任胡恺、副系主任张积礼等人为此付出很多努力。

1983年7月6日，教育部《关于吉林大学等校设置新闻学等专业的批复》(教高一字041号)同意吉林大学、兰州大学、武汉大学、华中工学院四校筹建新闻学专业。1984年1月23日，教育部《关于北京大学等高校要求增设专业问题的批复》(教计字009号)同意兰州大学设置新闻学专业，学制四年。

1984年9月，兰州大学新闻学专业招收第一届本科生。1984年9月3日，兰州大

---

① 徐培汀．二十世纪中国的新闻学与传播学[M]．北京：党建读物出版社，2002：389.

② 薛洁．兰州艺术学院美术专业办学历程研究[D]．兰州：西北师范大学，2021：40.

③ 樊亚平，张颖．从新闻学子到新闻教育开拓者——刘树田口述实录[EB/OL]．[2019-09-30]．https：//news. lzu. edu. cn/c/201909/60044. html.

④ 邓力群．在全国新闻教育工作座谈会上的讲话[J]．新闻战线，1983(7)：3.

⑤ 段京肃．从西北到江南，见证的当代新闻传播教育史[M]//中国新闻传播教育年鉴(2021)．武汉：武汉大学出版社，2021：793-803.

学新闻系成立大会暨首届学生入学典礼举行，甘肃省委组织部、宣传部及省级新闻单位主要领导出席会议。1984 年 10 月 3 日，校办字 84-29 号文件任命张默、刘树田为新闻系副系主任。

人才队伍是新闻系筹建时期的头等问题。为此，学校从甘肃日报社调入张默(甘肃省新闻研究所所长)、李海峰、王振山，同时调入巨浪、付毓林、朱锦翔、林雪蓉等补充师资。此外，还将年轻教师选送名校学习，其中段京肃、李文于 1983—1984 年前往中国人民大学新闻系分别进修新闻理论和新闻史；1985 年李磊、林雪蓉到中国社会科学院攻读助教进修班，戴元光到复旦大学攻读助教进修班；1986 年薛晓珑到北京广播学院攻读硕士研究生。

尽管人财物短缺，但刚刚成立的新闻系却备受学校关爱支持。1984 年 10 月 24 日，兰州大学行政办公会专门研究讨论新闻系创办《新闻界周报》议题。时任新闻系负责人的张默提出，“为了有利于教学和科研，培养师生的技能，密切同新闻界的联系，搜集新闻界的信息、科研资料，经研究，拟办《新闻界周报》，‘周报’设立一个专门编辑班子，大约十人左右，设立一个编委会，由省委宣传部、校领导、新闻系等各单位的同志参加。”张默还提出三点具体请求：“(1)在试刊期间或正(正式创办)一两年内，需经费若干，请学校拨一些款项；(2)人事部门能够调进两名办报的专职干部；(3)需用几间办报用房。”①时任校长徐躬耦，副校长刘耀、胡之德、周芹香、李希等对新闻系办报事项逐一发表意见并展开充分讨论。会议最终决定：同意新闻系办《新闻界周报》，经费每年按一万元左右用于补贴，专职人员可采用聘任制，其他行政人员由学校人事处调任。由于各种原因，这份《新闻界周报》最终没有办起来。但这次校级层面的会议充分说明兰州大学对新成立的新闻系非常重视，对新闻系办报事宜非常理解和支持。

新生的新闻系也得到新闻界的关心支持。1984 年 11 月 2 日，中国新闻教育学会(后更名为“中国高等教育学会新闻学与传播学专业委员会”)在北京成立，全国 38 所高等院校所设的新闻学院、新闻系、新闻专业参加。胡乔木同志在中南海接见了部分重点院校新闻系负责同志，兰州大学新闻系位列其中。② 1985 年 9 月，甘肃新闻工作者协会、兰州晚报社、兰州大学新闻系联合举办新闻学高级研修班，为西部十省区 42 个新闻单位的新闻骨干实施培训。研修班邀请的授课专家有缪海稜、田流、林帆、甘惜分、林田、吴文瀚、林立等全国知名学者。1984 级新闻专业学生全程听课，一开始就打开

---

① 《研究新闻系办报问题》，兰州大学档案，10-589，1984。

② 王秋林．兰州大学新闻与传播学建设发展 30 年刘树田教授访谈录[EB/OL]．[2013-09-27]．https：//news. lzu. edu. cn/c/201309/27044. html，2013-09-19.

了眼界。

1985年5月16日，中共兰州大学委员会发文(党组字〔1985〕22号)成立新闻系直属党支部，刘树田同志为支部书记，曹郁薇任组织委员，张默任宣传委员。1986年1月30日，兰州大学发布《关于张默等同志任职的通知》(校人字[1986]13号)，“经一九八六年一月十六日校党政联席会议讨论决定：由张默同志任兰州大学新闻系系主任；李东文同志任兰州大学新闻系副系主任，名列刘树田同志之后”。

刚成立的兰州大学新闻系也积极反哺地方新闻事业发展。1984年11月1日，甘肃省高等教育自学考试指导委员会同意由甘肃新闻研究所、兰州大学新闻系举办甘肃高等教育自学考试新闻刊授学院(简称甘肃新闻刊授学院)；1985年2月26日，全国高等教育自学考试指导委员会批复同意甘肃省新闻专业(专科)考试计划。培养学制为两年，共开设13门课。所学课程教材，全部由新闻研究所和兰州大学组织编辑、记者和教师自编。学员学完规定的课程后，参加省新闻专业自学考试。规定所学课程经省自学考试全部合格、思想品德经鉴定符合要求者，由省自学考委会发给大专毕业文凭。①学院还创办了一份教学辅导刊物——《新闻刊授》，同时面向全省考生开展学习考试辅导培训。第一批报名学生15000多人，报考人员除甘肃以外，还涉及青海、宁夏、陕西等相邻省区。1987年，第一轮新闻学专业自学考试结束，首批拿到大专毕业证的学员有1500多人，这批人大部分进入了各级新闻宣传部门，为地方新闻事业发展作出重要贡献。

2.1.1.3 教育事业稳步发展

兰州大学新闻系在20世纪八九十年代进入一个稳步发展期。

班子建设上，1987年任命刘树田为系主任，李东文、曹郁薇为副系主任；1992年任命刘树田为系主任，李东文、曹郁薇、段京肃为副主任。

队伍建设上，新闻系很快形成几个教学科研团队。其中，新闻理论系列有刘树田、林雪蓉、段京肃、景宪民等人；新闻史系列有朱锦翔、李文、李磊等人；新闻业务系列有戴元光、李岩、李惠民、傅玉林、巨浪、孔祥军、薛晓珑等人。同时选留于永俊等毕业生留校任教，选聘李圆月、王天定、马瀚等人补充师资队伍。

图书资料上，新闻系建系之初即非常重视图书资料室建设。刚开始从中文系资料室分来部分图书资料，但多为文学作品；后来靠学校图书购买政策支持，在全国进口图书博览会上订购一批境外图书。再后来通过台湾政大李瞻教授无偿捐赠一批港台出版的新

① 于清潍．甘肃新闻刊授学院开学[J]．新闻战线，1985(4)：27.

闻传播学图书。此外，台湾联合报文化基金会也向学校提供一批新闻传播学图书。这为当时的教学科研奠定了坚实基础。

科学研究上，新闻系一开始就站位较高。1988年，由刘树田担任主编、段京肃担任执行编委，全国11所院校组成的编写组共同编写的《当代中外新闻事业》出版，这本近30万字的图书涉及总论、报刊、广播电视、三大媒介的特征、通讯社、新闻工作者、新闻业管理与经营、建立世界新闻新秩序、当代新闻事业的发展趋势等内容，在全国影响广泛。同一年，从复旦大学学成归来的戴元光，与邵培仁、龚伟合作出版《传播学原理与应用》，该书共13章，35万余字，内容涉及传播学产生与确立、传播原理、传播结构与模式、传播者、受传者、信息、符号、传播技巧、媒介理论、效果理论和研究方法，系中国学者撰写的第一部传播学教材。

学术交流上，1990年承办全国新闻教学指导委员会、全国新闻学研究会和全国新闻系系主任联席会(简称"新闻三会")，全国各地新闻院系的120多人参加会议，新闻界的老领导温济泽先生、著名教授何微先生和时任教育部高教司司长等参加了会议，极大提升了新闻系在全国的影响力。

学科建设上，1992年在兰州大学中文系的帮助下，吴小美和刘树田在中国现当代文学专业文化传播方向招收硕士研究生。1996年兰州大学新闻系获批传播学硕士点。1998年传播学被确定为省级重点学科，这是甘肃省第一批重点学科之一，是兰州大学第一批七个省级重点学科之一。2001年获批新闻学硕士点。

兰州大学新闻系的快速发展也与同一时期学校的发展同频共振。其中，兰州大学公共关系研究中心就是一个鲜活的实例。

1988年，在时任教务处长的杨峻和新闻系刘树田、李东文等的关心支持下，经时任校长胡之德批准，来自新闻、哲学、历史、经济、管理、外语、电信、物理、马列、文化中心与学校党政部门等不同学科和专业背景的中青年学者组织发起成立兰州大学公共关系研究中心。当时这批中青年老师有杨魁、段京肃、戴元光、张克非、甘晖、徐敬章、王维平、陈文江、穆建刚、李映洲、李文、曹孟勤、马建国、乔健、江波、胡元新、李磊、孙明贵、陈春丽、于永俊等。

他们开风气之先，开办了公共关系辅修专业，在兰州大学新闻系成功申办了公共关系学专业(大专)，在夜大和自学考试开办了公共关系学专业(大专)，同时面向社会开展了大规模的公共关系、市场营销、广告培训教育，为政府、企事业单位和媒体开展公关策划和商业咨询服务，为兰州市首届丝绸之路节(即现在的"中国兰州投资贸易洽谈会")、条山集团、黄河集团、民百集团、滨河集团、皇台集团、广东宏远集团、TCL集团、椰风集团、兰州电力、兰州电信及兰州移动等提供咨询策划服务，取得广泛的社会影响。

1989年兰州大学联合深圳大学、杭州大学、中山大学、复旦大学等高校举办“全国高校公共关系教学研讨会”，在中国公关学界影响深远。1994年兰州大学成功主办“第三届全国高校公共关系教学研讨会”，兰州大学公共关系研究中心提出的产学研一体化的“大公关”理念，得到与会专家的高度关注与认同。兰大公关教育的成功实践被誉为“改革开放以来高校文科成功服务社会典范的‘兰大现象’”，被《科技日报》《甘肃日报》《公关世界》《公共关系导报》等媒体广泛报道。中心还组织编写了“高校公关专业用书”系列书籍，编撰《公共关系大辞典》，出版“现代企业策划丛书”“公共关系—营销—广告丛书”等。1997年中心组织申报的“中国特色公共关系教学体系建立的研究与实践”荣获甘肃省教学成果一等奖。

2.1.1.4 实践育人与时俱进

尽管地处西北，办学条件有限，但兰大新闻却一直保持实践育人的优良传统。

1987年，刘树田任系主任，大力推动实践育人改革。校内，组织学生办黑板报(取名为《新闻报》)，要求每个学生轮流办，办好后在校内展览，并接受评比，办得好的还给奖励。校外，启动“暑期社会活动计划”。1987年为响应中宣部、团中央、全国学联《关于开展好暑假大学生社会实践活动》的号召，新闻系组织开展暑期调查活动。活动以甘肃庆阳和湖南湘西为对象，同时与《中国青年报》《青年晚报》协同合作，一边组织调查实践，一边开展连续报道。借助校媒联动，不断提高暑期实践的专业性和社会影响力。这一做法为后续实践教学活动打下坚实的基础。

“大实习”是标配。所谓“大实习”有两个要求：一是要求学生在大三下学期(后改为大四上学期)开展为期半年的专业实践；二是鼓励学生走出兰州走进媒体，在全国各地开展真刀真枪的实习实践，引导学生积累高质量业务成果。1989年刘树田在全系教职工会议上介绍说，“今年的实习已经结束，各新闻单位反映较好。即使在新闻淡季，发稿还不少。特别在湖南、湖北反映出奇的好，认为政治、业务都不错。济南反映也好”。他还要求，小实习、社会调查列入教学计划，并明确社会调查是团总支抓的第二课堂。

1996年王作人任系主任，继续鼓励学生办“模拟报”。1999年学生报纸《西北角》创刊。创刊之初，新闻系委派专业老师指导学生办报。教学之余，师生讨论选题策划、学生组织实施采访、评论热议社会话题，让《西北角》成为“第二课堂”。这份四开的报纸从创刊一直持续到现在(2021年起改为“电子报”)。

2001年，兰州大学新闻本科教育搬迁至距离兰州50公里的榆中校区，为改善跨校区办学的实践环境，同时紧跟新媒体发展的时代趋势，在专业老师的指导下，新闻学子又创办了“兰大模拟新闻网”“我爱兰大新闻网”等校园网站；部分学生还研发三颗豆互动教育系统，创建T&S互动教育网，学院以网站论坛形式鼓励学生实践，提高师生沟通效率。2017年微信公众号“西北角Corner”上线，《西北角》编辑部改革成一个涵盖文稿、视频、设计等业务的融媒体编辑部，成为学生校内新闻实践的重要“园地”。

2010年，为响应新闻战线“走基层、转作风、改文风”活动，深化实践育人改革，让广大新闻学子更好认识西部、认识中国，培养他们的家国情怀和使命担当，在时任院长张民华的倡议下，兰州大学在全国新闻院校发起“重走中国西北角——新闻学子接力采访实践教学活动”。

每年暑假，广大新闻学子从兰州出发，循着范长江当年西北行的路线，一路考察，一路采访，一路写作，用“接地气”“聚人气”地行走，弘扬西部优秀文化，讲好中国西部故事；用带着“泥土”和“露珠”的新闻作品，践行准新闻人的“四力”要求。通过协同育人，拓展教学空间，改革教学方法，培养实践育人团队；通过有组织的课程思政，实现接地气的马克思主义新闻观教育，培养了新闻学子的家国情怀和历史担当。①

活动覆盖陕西、甘肃、宁夏、青海、四川、内蒙古等省区，除兰州大学外，还吸引北京大学、复旦大学、南京大学、武汉大学、华中科技大学、重庆大学、四川大学、深圳大学、天津师范大学、扬州大学、四川内江师范学院、无锡学院等十余所高校参加。截至2021年，累计参加师生约2000余人次，发表报道1500多篇，出版《学子的根底》《学子的眼光》《学子的担当》《学子的观察》《学子的脚步》《桃李竞春》等著作。

2013年中国记协《三项学习教育通讯》专题报道这一活动，并向全国推广。2018年在第三届“五个一百”网络正能量精品评选中，兰州大学第七届新闻学子重走中国西北角接力采访活动入选“百项网络正能量专题活动”。2022年“重走中国西北角”入选教育部高校思想政治工作精品项目。

除了“重走中国西北角”以外，学院还积极组织开展“新春采风万里行”“新闻学子香港媒体训练营”“新闻学子丝路行”等活动，引导学生深入基层、走向世界。

如今，实践育人已经成为兰大新闻教育的一条“纵贯线”。广告系的于永俊团队长期承办金犊奖、学院奖、大学生公共关系策划创意大赛等专业赛事，坚持以赛促学、以赛促练、以赛促教，为西部欠发达地区广告人才培养探索实践教学改革经验。广电系的韩亮团队每年于五一、十一小长假组织学生开展“新闻学子看庄浪”实践教学安排，积

---

① 王君玲．新闻传播实践教学中的课程思政与跨平台协同育人创新：以“重走中国西北角”为例[J]．中国新闻传播研究，2022(3)：28-42.

累一大批优秀实训成果。新闻系的李晓灵团队每年春节组织学生开展"返乡日记"训练；刘晓程团队长期"走进科研一线"，鼓励学生开展科技新闻报道；王君玲团队长期开展"工业遗址调查"，引导学生认识真实中国……这些活动极大丰富了实践育人体系，为高水平专业人才培养奠定基础。

2.1.1.5 孕育人才绵绵不绝

人才培养质量是衡量高校办学水平的关键。在兰大新闻院，"课堂比天高，学生比天大"是不少老师的座右铭。而这句名言就出自著名新闻教育家刘树田先生。

刘树田，1936 年 3 月 17 日生，山东临朐人。1955 年 9 月至 1960 年 7 月在复旦大学新闻系就读，1960 年 8 月至 1961 年 8 月在兰州艺术学院任教，1961 年 9 月至 1984 年 9 月在兰州大学中文系任教，1984 年 9 月至 1997 年 12 月在兰州大学新闻系任教。他是兰大新闻教育肇始期的见证者，是兰大新闻系建系时的参与者，是终其一生助力兰大新闻教育的守望者。他多次荣获兰州大学"教学优秀奖""优秀共产党员""甘肃省园丁奖"，被中国高等教育学会新闻学与传播学专业委员会授予"中国新闻教育贡献人物奖"(2008)，被中国新闻史学会和教育部高等学校新闻传播学科教指委授予"新闻传播学学会奖——终身成就奖"(2017)，被兰州大学授予"兰州大学坚守 · 奋斗杰出贡献奖"(2019)。

刘树田学为人师、行为世范。在他眼中，学生发展好了，学院就好了。他经常说"课堂比天高，学生比天大"，"我们伟不伟大不要紧，关键要对得起学生"。他总是强调人才培养"最重要的是扩展其视野，提高其认识社会、接触社会的意识和能力。""兰大的特点就是老师肯教，学生肯学，老师肯刻苦，学生肯吃苦。"

在刘树田老师为代表的老一代新闻教育工作者的影响下，坚持教学与科研并举，强调理论与业务并重，是兰大新闻人才培养的一大特点。教风淳朴、学风踏实，也是社会各界对兰大新闻人的普遍印象。多年来，兰州大学培养了一批又一批思想过硬、作风踏实、具有较高业务能力和学术水平的新闻传播人才。

一大批学生进入新闻传播单位，其中在人民日报社、新华社、中央广播电视总台、光明日报社、经济日报社、科技日报社、中国新闻社、中国青年报社等中央级新闻媒体工作的毕业生就有数百名。不少毕业生荣获"中国新闻奖""长江韬奋奖""全国优秀新闻工作者"等奖项，或进入重要业务领导岗位。

现任光明日报社总编辑的王慧敏是兰州大学新闻系第一届本科毕业生。他的求学经历有一段小插曲。1984 年考大学时，王慧敏第一、第二志愿报的都是新闻系，不期却被录到了历史系。因为对新闻专业的喜爱，他自学一年人民日报社的新闻函授，并在大学二年级成功转入新闻系。待毕业时，他以四年选修课程最多、总平均分全班第一的成绩顺利毕业。①

现任山东管理学院人文学院副院长的张刚教授是兰州大学新闻系2000届本科毕业生，在他转行进入高校之前曾在山东省齐鲁晚报社任高级记者。从走进齐鲁晚报社那一天起，他就一头扎进胡同社区“走千街巷进万家门，忠实记录百姓酸甜苦辣”，被老百姓誉为“胡同记者”。“有事找张刚”一度成为济南市民的口头禅。他的事迹引起广泛关注，他也被评为全国优秀新闻工作者，并当选山东省人大代表、山东十大杰出青年，2017年当选中共十九大代表。

现任中央广播电视总台央广新媒体总编辑的张显峰是兰州大学新闻系2003届本科毕业生，他曾先后在科技日报社任记者、部门负责人，在中国教育报社任党总支书记、副总编辑。他是学生报刊《西北角》的创办人之一。工作后，张显峰多次带队赴汶川和玉树地震灾区采访，作品四获中国新闻奖，2005年被评为“全国优秀新闻工作者”，2012年获全国优秀新闻工作者最高奖——第十二届长江韬奋奖(长江系列)。

作为“新闻人才摇篮”，兰大新闻学子不仅享誉业界，在学界同样影响卓著。兰大新闻研究生人才培养起步于20世纪90年代，当时国内的新闻传播学博士点并不多，兰大培养的硕士毕业生要么考入全国一流新闻院系继续攻读博士，要么进入高校承担教职。这批人正好赶上中国新闻教育的大发展时期②，现在大多已成为所在单位骨干，有的已荣升教授或进入领导岗位。

作为“新闻人才摇篮”，兰大新闻不仅培养“大学生”，也培养“大先生”。兰大新闻办学历史较长，师资队伍“近亲繁殖”在所难免，但正是这批自己培养的老师始终是兰大新闻教育事业发展的“基本盘”。当然，也有一批优秀老师离开兰大，他们进入全国新闻传播院系后很快成为所在单位的顶梁柱。学界曾有人开玩笑说，从兰大走出去的专家可以再办一个A类新闻传播学科。令人欣慰的是，这批走出去的老师像“满天星”一般守护着兰大新闻，让兰大新闻人在全国各地都有“家”的温暖。

人才流动是一个常态。多年来，一大批中国人民大学、复旦大学、清华大学、武汉大学、华中科技大学、澳大利亚阿德雷得大学、西澳大利亚大学等国内外知名大学的新闻学子走进兰大，他们也把国内外知名院校先进的新闻教育经验带入兰大；同样，一批人民日报社、新华社、甘肃日报社、甘肃广播电视总台的业界专家来到兰大，他们把新

① 王慧敏．不改初衷[J]．新闻战线，2016(3)：20-26.

② 据统计，2000—2004年，全国新闻类专业共增加335个专业点，到2006年达到661个专业点(参见吴廷俊．新闻传播教育的认知与践行[M]．上海：复旦大学出版社，2013：26)。

闻一线的宝贵经验传授给学生。大家一来就扎根兰大，接续奋斗，为兰大新闻传播人才培养贡献自己的力量。

2.1.1.6 科学研究开枝散叶

注重基础研究、立足在地经验、突出西部特色，是兰大新闻科学研究的传统。

组织全国十一所院校编写《当代中外新闻事业》，出版国内第一部传播学教材，组织编撰《公共关系大辞典》《宣传舆论学大辞典》，参与全国统编教材《公共关系学》《新闻理论教程》，发起创办全国高校公共关系教学研讨会，承办“新闻三会”……兰大新闻因建设早、站位高，曾在学界享有“全国第五，西北老大”的美誉。

在基础研究方面，兰大新闻始终坚持史论并重。1991 年戴元光提议成立跨学科研究机构——兰州大学西北文化研究中心，开展中国西北地区传播事业状况调查，探讨传播与发展、传播与观念之间的关系，1993 年出版《撞击下的浮躁与选择：当代中国西北人的文化价值观》。1996 年段京肃等人的《基础传播学》出版，被童兵誉为“致力于传播学研究中国化的新作”。同一年，戴元光主持的《社会主义传播道德研究》和段京肃主持的《西部欠发达地区大众传播事业发展与社会进步》同时获得国家社科基金资助。1998 年张燕主持的《大众传播与西北少数民族地区社会主义文化建设研究》获得国家社科基金资助。2002 年益西拉姆(张燕)的《中国西北地区少数民族大众传播与民族文化》、王锡苓的《传播学研究方法》和王天定的《新闻道德与法规》同时出版，是兰州大学新闻传播基础研究的一次集中展示。2004 年成立新闻学院，李文任院长，其主持的“陕甘宁边区新闻事业研究”获得国家社科基金资助并带动新闻史相关研究工作。

随着队伍不断充实，兰大新闻形成了新闻学、传播学、传播与社会发展多方向并驾齐驱的特色研究。其中，樊亚平长期从事马克思主义新闻理论、中国共产党新闻思想史、新闻从业者职业认同与职业心态史领域研究，先后出版了《“消亡论”余波下的报业市场培育研究——以甘肃报业为个案》《中国新闻从业者职业认同研究(1815—1927)》《中国新闻从业者职业心态史(1912—1949)》等专著。李曦珍长期从事电子媒介技术演变史和媒介技术哲学领域研究，出版了《理解麦克卢汉：当代西方媒介技术哲学研究》等，主持国家社科基金重点项目“华夏器物文明的媒介考古学研究”等。李晓灵长期从事新闻传播史和影视传播研究，主持国家社科基金项目“延安时期中国共产党新闻传播话语体系建构及其当代价值研究”，出版了《渊源与化变：延安〈解放日报〉的传播体系及其当代价值之研究》《建构和想象：中国电影中的国家形象之研究》《对比与求新：韬奋精神的传布与再生产》等。张硕勋长期从事民族志传播、文化传播等领域研究，主持国家社科基金项目“媒介融合背景下西部民族地区重大突发事件中的舆论引导与博弈策略研究”，出版了《大众传播与西部民族地区社会变迁》等。

在应用研究方面，兰大新闻坚持学以致用、服务地方的务实取向，以“老少边穷”地区经济社会发展问题为聚焦，将地方经验与国家战略紧密结合，并形成特色。

1997 年，为顺应社会对咨询策划服务的新需求与发展新趋势，学校同意在原有兰州大学公共关系研究中心的基础上成立兰州大学现代咨询策划研究所，实行“两块牌子一套人马”的运作机制。在杨魁、李惠民、穆建刚等人的共同努力下，中心承担了春天酒业、佛慈制药等著名企业的商业咨询策划服务。

在具体发展过程中，研究所逐渐将服务视野与大众传播领域现实问题结合起来，李惠民团队先后完成“《读者》现状研究与创新”“《兰州广播电视报》创新方案”“《兰州晨报》新版策划方案”“《西部商报》创新发展白皮书”“《天水晚报》品牌创新与整合营销系统策划”“《都市天地报 · 城市周刊》整体策划方案”“甘肃省广播电视总台品牌文化提升工程”等项目。

研究所还立足地方特色开展一系列研究工作。2005 年前后，李惠民团队围绕“经济落后地区互联网发展”开展研究，总结提炼镇巴模式、金塔模式、黄羊川模式等西北欠发达地区乡村互联网发展类型，并对西北欠发达地区乡村互联网与社会发展问题形成较为集中的研究。此后，王芳团队开展“新媒体在西北农村信息传播中的效果研究”，对西北农村信息化发展及落地表现、西北农村信息化发展制约因素等问题展开较为集中的研究。2008 年“5 · 12 汶川地震”爆发，杨魁团队在震后第一时间组织开展“媒体应急对策研究”并上报给省委有关部门，同时出版“风险社会与危机传播研究丛书”。2010 年王芳团队以前期相关研究力量为依托创建“兰州大学社会舆论调查与舆情研判中心”，2016 年舆情中心由甘肃省教育厅、中共甘肃省高校工委批准，入选“甘肃省级高校新型智库”，并多次受到中宣部舆情局，甘肃省委宣传部、网信办、办公厅等单位的支持肯定。2022 年，王芳主持的“社会生态系统视角下西部县级融媒体参与乡村社会治理的角色定位与路径创新研究”成功获批国家社科基金资助。

2021 年，为全面对接国家战略需要，刘晓程团队重新组建成立“兰州大学公共关系与战略传播研究中心”。面对新时代、新机遇、新问题，新中心将继续传承老中心理论与实践相结合的优良传统，坚持教学、科研、社会服务“三位一体”发展模式，聚力公共关系传播引导和协商对话理论研究，努力从国家战略和区域发展层面，探讨公关智慧在创新战略传播机制、完善社会治理体系，提升国际传播成效等方面的基础理论研究和实践策略创新，以此推动公关与战略传播研究走向深入。

2.1.1.7 学科建设赓续前行

2020年，兰州大学新闻传播学一级学科博士点获批。几代兰大新闻人的“博士点”梦想终于实现。回顾博士点申报获批的历程，确实不易。

早在2000年，段京肃担任新闻系系主任时就计划申报博士点(哪怕是个二级点或培养方向)，但当时“一点儿可能性都没有”。

2008年11月张民华任院长，学院开始冲击申报博士点。2010年支持文学院获批中国语言文学一级学科博士点。2011年张民华在文学院担任博士生导师；2017年樊亚平和李曦珍在马克思主义学院担任博士生导师。这些申报培养经验为博士点建设积累了宝贵经验。

2014年7月，甘肃省委宣传部与兰州大学签署共建新闻与传播学院协议并聘任林治波为院长。博士点建设是部校共建的重要内容。学院也在2017—2018年独立申报一级学科博士点。虽然未获成功，但这次独立申报的经验积累为后续申报奠定了坚实基础。

2019年3月冯诚任院长，博士点成为学院发展的头等大事。同年5月国务院学位委员会发布《关于下达2019年增列的学位授权自主审核单位名单的通知》，兰州大学进入学位授权自主审核单位。从这一刻开始，学院启动新一轮博士点申报工作，全院齐心协力摸家底、做标准、定方案、整材料、搞论证、做答辩。

2020年3月30日，国务院学位委员会发布《关于下达2019年学位授权自主审核单位撤销和增列的学位授权点名单的通知》，兰州大学新闻传播学成功增列一级学科博士学位授权点。至此，兰大新闻正式建成本、硕、博全学位人才培养体系。

面对全新的学科建设任务，全院上下丝毫不敢放松，始终如履薄冰，克难攻坚，踔厉奋发。搜集各种信息，全面了解全国新闻传播学博士点建设现状；联系中国人民大学、复旦大学、武汉大学、华中科技大学、南京大学、上海交通大学、华东师范大学、湖南师范大学等兄弟院校交流经验，考察学习；与国内多所新闻传播学院达成战略合作备忘录；承办新闻传播学界全国性(或国际性)学术会议；成立学院发展战略咨询委员会，组织召开新闻教育60周年座谈会和新闻传播学一级学科博士点建设研讨会；与中央和地方媒体单位建立实习实践基地；推动新一轮部校共建新闻学院工作……

2020年，学院制定《兰州大学新闻传播学一级学科博士点建设规划(2021—2025)》。规划提出五大指导性要求：一是以习近平新时代中国特色社会主义思想为指导，全面贯彻党的教育方针，坚定走内涵式发展道路；二是以立德树人为根本任务，建立德智体美劳全面发展的育人体系，倡导“全人教育”；三是以融媒体时代“四全媒体”人才培养为改革方向，加大本学科融入新文科建设力度，突出学科交叉与融合发展，贯通本硕博人才培养体系，向一流专业、一流课程、一流师资、一流质保、一流人才目标迈进；四是以服务需求、提高质量、追求卓越为主线，全面对标一带一路倡议、新西部大开发、铸牢中华民族共同体意识、媒体融合、网络强国等国家战略；五是全面贯彻部校共建新闻学院和卓越新闻传播人才教育培养计划2.0要求，坚持以马克思主义新闻观为统领，用中国特色社会主义新闻理论教书育人，推进教育教学改革，培养具有国际视野、中国特色、西部情怀的卓越新闻传播人才。

规划还明确了“新闻立院、史论强基、学科交叉、服务见长”的建设思路。一是坚持培养心怀“国之大者”的新时代战略型新闻传播人才，大力培养“以新闻传播(学)为志业”的复合型、研究型、高层次全媒体应用人才和研究人才。二是坚持“史论结合”的研究特色，重点培育本学科在马克思主义新闻观、红色新闻传播史、华夏文明媒介考古、中华民族文化传播、一带一路国际传播等领域的研究特色。三是坚持“新闻传播+”的拓展方向，推动本学科与新文科、新工科、新医科、新农科交叉，在人工智能、科学传播、健康传播、环境传播等领域开拓新的成长方向。四是坚持“两个主动”服务理念，发挥本学科咨询策划、舆情管理、新闻宣传和业务培训等方面的优势，打造社会服务精品，推动产学研一体化发展。

随着博士点建设走向深入，学院又凝练形成“三大方向、九个重点”发展布局。即新闻学、传播学、传播与社会治理为三个主攻方向。其中，新闻学重点开展马克思主义新闻观研究、红色新闻传播史研究、媒体融合与传播改革研究；传播学重点开展媒介研究、数字媒体与未来传播研究、公共关系与战略传播研究；传播与社会治理重点开展新媒体与社会治理研究、社会舆论调查与舆情研判研究、传播与铸牢中华民族共同体意识研究。由此形成相互支撑、有机交融的九大领域，从而全面激活学科内部资源，不断聚焦并引领本学科发展方向。

综上所述，坚守奋斗、行稳致远是兰大新闻教育事业的真实写照，也是其重要的实践模式。对接国家战略是兰大新闻创建的时代背景，更是其接力前行的重要方向；立足地方经验是兰大新闻教育的现实选择，部校共建和校媒共建是其必须依赖的办学策略；聚力实践育人，倡导“学以致用、知行合一”是兰大新闻的培养特色；厚植人才沃土、孕育新闻精英是兰大新闻彰显教育实力、履行社会责任的具体表现；坚守学术本位、赓续学科建设是兰大新闻薪火相传的立身之本，更是其面对新时代新闻教育转型升级的必然要求。

站在新的历史起点上，兰大新闻将以习近平新时代中国特色社会主义思想为指导，以马克思主义新闻观为统领，以立德树人为根本任务，以“四全媒体”人才为培养目标，坚守“新闻人才摇篮”办学定位，秉持“至公至正、唯实唯新”院训，坚持“新闻立院、史论强基、学科交叉、服务见长”思路，落实“三大方向、九个重点”布局，努力为中国新闻教育事业作出新的更大贡献。

(兰州大学新闻与传播学院　刘晓程)

2.2　学会组织

2.2.1　中国新闻史学会及其二级学会

2.2.1.1　中国新闻史学会2022年工作综述

中国新闻史学会是中华人民共和国境内新闻传播学方向唯一的一家以研究中外新闻传播历史与现状、促进新闻传播学发展为宗旨的全国一级学术团体。学会于1989年4月经中华人民共和国民政部批准，并于1991年9月23日再次登记注册，1992年6月在北京广播学院正式成立，业务主管单位为中华人民共和国教育部。中国新闻史学会现任(第六届理事会)会长为中国人民大学新闻学院王润泽教授，名誉会长为中国人民大学荣誉教授方汉奇、北京大学教授程曼丽、清华大学新闻与传播学院常务副院长陈昌凤教授。副会长有陈建云、陈先红、胡钰、林如鹏、单波、隋岩、赵振祥等人。学会联席秘书长为中国人民大学新闻学院邓绍根教授，深圳大学传播学院常江特聘教授。学会秘书处和学会新闻史志资料中心设在中国人民大学新闻学院。中国新闻史学会现有会员单位190余家，二级分会23个：新闻传播教育史专业委员会、外国新闻传播史专业委员会、网络传播史专业究委员会、少数民族新闻传播史专业委员会、台湾与海外华文专业研究委员会、广告与传媒发展史专业委员会、公共关系专业委员会、舆论学专业委员会、传媒经济与管理专业委员会、视听传播专业委员会、新闻传播思想史专业委员会、传播学专业委员会、编辑出版史专业委员会、媒介法规与伦理专业委员会、应用新闻传播学专业委员会、全球传播与公共外交专业委员会、中国特色新闻学专业委员会、党报党刊专业委员会、符号传播学专业委员会、计算传播学专业委员会、地方新闻史专业委员会、博物馆与史志传播专业委员会、健康传播专业委员会。2022年在新冠疫情席卷全国之下，学会通过腾讯会议等线上形式，并结合线下的方式，积极开展组织工作和学术交流等活动。今特将中国新闻史学会2022年活动综述如下：

(1) 召开线上中国新闻史学会会长办公会会议和常务理事会议，持续推进学会的有序运转

1月27日，中国新闻史学会2022年第一次会长办公会在线上举行，会议由王润泽会长主持，副会长林如鹏教授、赵振祥教授、单波教授、隋岩教授、陈建云教授、胡钰教授、陈先红教授，秘书长邓绍根、常江，副秘书长杨奇光，秘书张怡参会。会上审议了拟新申报的二级分会名称，初步安排了2022年中各项会议工作和优秀社团一等奖资助事宜，决定举办学术讲座公益系列活动，推出教育普惠项目，主要针对二三线的新闻传播学教师培训。

10月24日，中国新闻史学会会长办公会在线上举行，会议由王润泽会长主持，副会长林如鹏教授、赵振祥教授、单波教授、隋岩教授、陈建云教授、胡钰教授、陈先红教授，秘书长邓绍根、常江，副秘书长杨奇光，秘书张怡参会。邓绍根秘书长代表秘书处汇报了第六届常务理事会第五次会议的组织筹备情况，并就会议议程提请会长办公会审议。会议还商讨了中国新闻史学会章程修订、2023年学术年会筹办以及学会其他工作事项。

10月29日，中国新闻史学会第六届常务理事会第五次会议于线上线下同步召开，此次会议由中国新闻史学会主办，湖南大学新闻与传播学院承办。中国新闻史学会会长、中国人民大学新闻学院教授、副院长王润泽线上致辞，在致辞中，王润泽会长对承办方克服疫情困难精心筹备此次会议表示由衷感谢。王润泽会长表示，面对新冠疫情的冲击，学会的各项工作在各位副会长、常务理事和二级机构的协力配合下有序开展，在坚持常规性学术活动同时，也有不少创新进步，紧密围绕新闻传播学科人才培养，自主知识体系构建和三大体系构建，发挥学术共同体作用。党的二十大胜利闭幕，面向中国式现代化的新征程已经开始，中国新闻史学会将为中国新闻传播学的知识创新、学术进步，为新闻传播学助力社会进步和人民福祉而不懈努力。中国新闻史学会副会长林如鹏、赵振祥、单波、隋岩、陈建云、胡钰、陈先红，学报《新闻春秋》主编周蔚华，各二级机构理事长、代表，60余位常务理事等出席会议。常务理事会由联席秘书长常江主持。会议首先向已故的中国新闻史学会顾问李瞻先生致敬。随后，邓绍根秘书长代表总会秘书处作学会工作报告，并就学会负责及参与的省部级、国家级新闻类专业博物馆展陈大纲制作、加强海峡两岸交流、举办学术公益讲座、获得国家社科基金优秀社科学术社团一等奖励、年检合格情况等进行通报。《新闻春秋》主编周蔚华教授汇报了学报出版情况，介绍了提升办刊质量的具体举措。学会23个二级分会分别向常务理事会作年度工作报告。王润泽会长在总结发言中指出，各位学会同仁付出了辛勤的努力，学会工作有增量也有质量。她强调，学会将认真学习党的二十大报告精神，继续按照国家主

管部门的要求规范化开展活动，为学术共同体做出更加积极的贡献。

(2)抓住机遇，策划“穿越海峡的新春祝福”活动，积极开展线上的海峡两岸交流，缅怀学会顾问李瞻先生，增进同胞友谊

1月25日，中国新闻史学会创会会长，96岁的方汉奇先生向中国台湾98岁的李瞻先生(学会顾问)拜年的视频引发热议。在视频中，方汉奇先生说“相期以茶”；四天后，李瞻先生回以“百年聚首”。两位先生隔空细数70载友谊，令人动容。方汉奇先生在视频中说道：“士毅兄你好，快过年了，祝你和全家新年快乐。我们有多年不见了，但是一直在想念着你，我们有共同的经历。我说话就九十六了，你比我还年长几岁，快是百岁老人了。我们有许多共同的经历，比如抗日、救亡。”他表示：“两岸之间的这种水乳交融的亲情关系是客观存在的；在生活上，在感情上，也是密不可分的。”他还说道：“说话就是新年了，借这个机会，给你们全家拜个年，拜个早年，祝您老人家身体健康，百岁都不在话下，相期以茶，超过一百岁，谢谢!”

李瞻先生的女儿李世宁代表父亲向方汉奇先生的新年祝福表示了感谢：“我们非常感谢您的新年祝贺，家父看了非常的感动。后来，又陆陆续续看到很多的留言及祝福，让我们备感温馨。”她也提到了代父回拜的原因，“可惜我的父亲年事已长，无法像您一样侃侃而谈，所以由我代言”。李瞻先生说道：“汉奇兄，我们相识超过七十载，历经战乱颠沛流离，又得以再次重逢，真是何其有幸，如今我俩已过珍寿之年，回想我们各自在两岸致力于新闻教育，为社会培养优秀人才，深感欣慰。期许彼此继续保持身体健康，百岁能再聚首，衷心感谢您的问候与祝福，新年快乐！事事顺心!”

海峡两岸新闻学界两位泰斗视频拜年的佳话受到了网友的热切关注。在新浪微博平台上，相关话题已经获得了超过1.4亿的话题浏览量。人民日报社、新华社、中央广播电视总台、中新社、光明日报社、经济日报社、中国青年报社等国内主流媒体均转发报道，引起了强烈的社会反响。有网友说，这是“世纪老人间的对话”，也有网友有感而发写了一句诗：“海峡难隔鸿雁，岁月不改人心。”

8月28日，中国新闻学界泰斗、新闻史论研究巨擘、台湾地区新闻教育拓荒人李瞻先生于台北家中仙逝，享年98岁。9月3日，中国人民大学新闻学院、中国新闻史学会、中国高等教育学会新闻学与传播学专业委员会在明德新闻楼汉奇苑举办追思会。李瞻先生的亲属代表、学界同仁、在校学生等线上线下参会，共同缅怀这位学界前辈。会议由中国新闻史学会会长、中国人民大学新闻学院副院长王润泽教授主持。会上，王润泽教授首先代表中国人民大学新闻学院、中国新闻史学会和中国高等教育学会新闻学与传播学专业委员会全体同仁宣读了致给李瞻先生的悼词。她表示，李瞻先生是大陆年轻一代新闻传播学者的启蒙老师，学贯古今、精于学术，心怀国家、情系两岸。此次追思

会不仅深切缅怀李瞻先生的道德文章和人生风范，更期待启迪后人继承先生之品格，发奋其学术之精神，牢记并传承海峡两岸学人跨越世纪的深厚情谊。中国新闻史学会创会会长、中国人民大学荣誉一级教授方汉奇先生回顾了他与李瞻先生的挚友情谊，对李瞻先生的逝世感到遗憾与悲痛。他感慨两人虽不在一地，但有着近乎相似的生活与求学经历。2022年年初，两人曾互致“云端”祝福，约定“相期以茶”，如今愿望猝然成空。谈及李瞻先生生前多次往返海峡两岸，参加会议、组织捐书，他表示，李瞻先生为两岸新闻学界交流做了大量细致的工作，时至今日，其为之奋斗的新闻教育事业仍在继续。李瞻先生倾尽毕生心血只为两岸和平统一，其成就足以载入史册。中国新闻史学会名誉会长、北京大学新闻与传播学院程曼丽教授对李瞻先生的离世感到痛心不已。她表示，自己曾在学术会议上与李瞻先生作过交流。先生是一位宅心仁厚的长者，生活中平易近人，学术功底深厚。她希望学界同仁在寄托哀思之余，能够赓续先生之精神，发扬先生的治学品格。中国新闻史学会名誉会长、清华大学新闻与传播学院陈昌凤教授讲述了其与李瞻先生交往的细节。为向大陆捐赠的书籍能够顺利出关，李瞻先生曾多次与其联系，从选书、购书到装箱、清关，李瞻先生事无巨细的做事风格让她备受感动。她回忆道，李瞻先生在赠其的一本书中，嘱咐她要为两岸和平统一而努力，先生的教诲将由后生传承下去。中国新闻史学会新闻传播教育专业委员会理事长、华中科技大学新闻与信息传播学院张昆教授回忆了李瞻先生向华科新闻与信息传播学院捐书的往事。他认为，对于大陆80年代的新闻传播学者而言，来自宝岛的书籍成为他们认识世界的窗口。李瞻先生率先在大陆组织学者赴台湾地区考察，促成了两岸新闻与传播学界的早期交往，我们要继续完成李瞻先生未竟的事业。中国新闻史学会联席秘书长、中国人民大学新闻学院邓绍根教授用“学高为师，身正为范”概括了李瞻先生的一生。在与先生生前的交流中，他感受到先生对两岸学术互动的思考，希冀借此机会促进两岸人民和平统一的进程。他表示，学界同仁应当坚持先生的遗愿，将学术交流作为两岸一家亲的实践载体，去实现先生未竟的事业。李瞻先生的女儿李世宁以书信的形式，向参与此次追思会的各位师长、友人表示感谢。她感慨，家父生前致力于新闻教育，有幸结识诸多大陆好友，化解了他的乡愁，让他的人生更加圆满。李世宁向方汉奇先生表示：“很遗憾，家父跟您的百岁之约，他爽约了。但我一定会完成他的心愿，在您的百岁生日时，亲自登门造访，为您祝寿，衷心期盼这一天的到来。”斯人已去，不胜哀伤！自李瞻先生仙逝以来，国内新闻传播学界同仁纷纷寄上自己的哀思，表达对先生的敬仰与思念。追思会上，李瞻先生生前奔走于海峡两岸学术交流活动中的身影让人动容，这是一位世纪老人对新闻教育事业未改的初心。海峡两岸情不断，新闻教育惠后人，先生千古！

（3）积极组织开展新闻传播学学术公益讲座，助推学术交流发展，普惠中西部边远

地区新闻院校

中国新闻传播学公益讲座计划是中国新闻史学会于2022年推出的公益学术项目，其核心宗旨在于“专业知识的普惠性传播”。本项目依托中国新闻史学会的优质资源，期望为全国新闻传播学专业师生提供学习专业知识、了解学术前沿的平台。本项目有两个基本特点：一是公益性，即学会在履行自身国家一级学会公共服务职责的基础上推进计划的进展；二是普惠性，即学会将最大限度地与各个地区和各个层级的教研机构合作，努力让优质学术资源惠及更多师生。中国新闻传播学公益讲座计划面世后，受到国内学界的关注与欢迎，亦有多所新闻传播院校申请承办。3月15日，由中国新闻史学会主办、西南民族大学新闻传播学院承办的“中国新闻传播学公益讲座”第1期顺利举行。本期讲座由学会会长、中国人民大学新闻学院副院长、中国新闻与社会发展研究中心执行主任王润泽教授主讲，题目为《马新观：实践转向与新闻学知识体系创新》。西南民族大学新闻传播学院院长吴定勇担任学术主持。共有约800人(含线上、线下)收听了讲座。3—12月开展了13次公益讲座，具体情况如下：

第一期公益讲座：王润泽教授，马新观：实践转向与新闻学知识体系创新

第二期公益讲座：邓绍根教授，短实新：新时代马克思主义新闻文风建设

第三期公益讲座：祝建华教授，议程设置理论的50年与30年

第四期公益讲座：陈力丹教授，将习近平“以人民为中心的工作导向”落实到新闻实践中

第五期公益讲座：程曼丽教授，新形势下中国国际传播能力建设

第六期公益讲座：陈昌凤教授，新闻的再定义：元宇宙技术在媒体中的应用

第七期公益讲座：杨保军教授，当代中国新闻学的“中国性”

第八期公益讲座：韦路教授，深度数字化时代的数字鸿沟概念体系构建

第九期公益讲座：周葆华教授，计算舆论研究的路径、发展与前瞻

第十期公益讲座：李彪教授，新时代中国舆论学的源流、嬗变和前瞻

第十一期公益讲座：赵振祥教授，时尚传播概说

第十二期公益讲座：陈先红教授，国际传播与全球公共关系

第十三期公益讲座：周勇教授，新闻舆论工作的历史方位与时代使命

(4)大力推进中国新闻学自主知识体系建设

在疫情影响下，充分利用国家社科基金社团活动资助，克服各种困难，总会和各二级分会举办多场新闻传播学学术会议，开展国内外新闻传播学学术交流，推动中国新闻

学自主知识体系建设。

新冠疫情是一次危机，也是一次大考。“人民至上，生命至上”始终是新冠疫情暴发后的中国态度。2022 年，奥密克戎病毒疫情蔓延，全国防疫形势更加复杂，中国新闻史学会承载学术共同体的关切，关心遭遇疫情冲击的学术同仁，邀请专家学者围绕疫情话题开展研讨。首期研讨会于 2022 年 4 月 24 日在线上举办，主题是《重建“联结”：疫情中的人、社区与媒介》。此次研讨会由中国新闻史学会指导，复旦大学新闻学院、复旦大学全球传播全媒体研究院、中国新闻史学会健康传播专业委员会承办，本活动获得国家社科基金资助支持。来自上海、武汉、长春、北京等地的学者、一线抗疫工作人员、学刊和媒体从业者代表共 18 人参与了此次圆桌论坛。王润泽教授在会议致辞中指出，在当下疫情防控仍比较严峻的情况下，中国新闻史学会健康传播专业委员会召集此次会议，是希望学术共同体在追求科学研究的同时，传达更多的人文关怀，努力为疫情治理和学科发展作答。身处重大历史事件中，学术同仁思想交织、分享所得，会酝酿碰撞出更有学术价值与社会价值的火花。“中国新闻史学会在 2021 年完成了《抗疫时期中国口述实录项目》的研究，将 2020 年武汉疫情中的研究资料和感悟记录了下来，这个项目研究现在看来价值非凡”。王润泽教授特别强调，疫情总会过去，我们的研讨也是为后人留下宝贵的研究资料，有助于更好地反观历史、洞察未来。

同月，在中国新闻史学会网络传播史研究委员会指导下，中国人民大学新闻学院、中国人民大学舆论研究所主办了主题为“延续与变革：数字时代的新闻研究”的学术研讨活动。此项活动通过“网络传播三人会”的形式呈现学者们对于前沿问题的看法并分享各自从事新闻研究的心得，研讨会由中国人民大学新闻学院教授、中国新闻史学会网络传播史研究委员会副会长王斌主持，与谈嘉宾为中山大学传播与设计学院李艳红教授、南京大学新闻传播学院王辰瑶教授、复旦大学新闻学院白红义教授。此次研讨会受到广泛关注，来自中国人民大学、中国传媒大学、清华大学、浙江大学、南京大学、厦门大学、暨南大学、中国政法大学、中央民族大学、人民日报社等单位的 500 位师生在线参加。

6 月 25—26 日，公共关系专业委员会举办了第十四届公关与广告国际论坛（PRAD）暨第六届中国公共关系学术年会（PRSC）。大会认为，北京冬奥会顺利开幕，安全科技的奥运村与赛场、可爱的“冰墩墩”“雪容融”、文化底蕴深厚的开幕式，向全世界展现出可信、可爱、可敬的中国形象，成为运用国家公关战略讲好中国故事、传播好中国声音的典型实践。公共关系作为国家与社会发展的基础性设施，自先秦以来就流淌在中国社会的血液之中，在现代性危机的大考之中再次得到锤炼升华。呼吁中国学者从中国案例中凝结出中国理论，用中国理论指导中国实践，为全球危机应对与和平发展提供中国方案，为人类命运共同体的构建提供中国公关的智慧。为此，此届年会以“战略传播与中国之治”为主题，旨在讨论中国公共关系的理论与实践如何服务于全球治理的问题。此届年会将设置圆桌论坛，邀请了2022年北京冬奥会、杭州亚运会、成都大运会战略传播团队与相关领域的海内外专家学者、业界精英，共同商讨国家重大公关活动的品牌传播、大型国际赛事的国际舆论引导、如何通过国家重大公关活动讲好中国故事等内容。

7月11—15日，国际媒介与传播研究学会(the International Association for Media and Communication Research，简称IAMCR)2022年会在清华大学线上举行。此次年会主题为“新全球化时代的传播研究：再定位、挑战与变化的语境”(Communication Researchint he Era of Neo-Globalisation：Reorientations，Challenges and Changing Contexts)。这是国际性传播学会首次在中国大陆举办的年会。大会由清华大学新闻与传播学院及国际媒介与传播研究学会主办，西交利物浦大学人文社科学院媒体与传播系及中国新闻史学会协办。来自100多个国家和地区的近2000位学者线上参加IAMCR2022北京年会。IAMCR现任会长尼科·卡彭铁尔(Nico Carpentier)将出席开幕式并致辞。他期待IAMCR2022北京年会能够成为一场促进中国与世界交流的盛会。此次年会共有5场全体大会、14场专题会议、28场分组研讨会和262场论文分享会，累计收到了来自全球近百个国家和地区2538位学者的1446篇投稿。IAMCR2022还由全球5所大学组织举办了为期3天的两场“前会”，其中中国场分别由苏州大学、中国人民大学、中国传媒大学合办，主办方是西交-利物浦大学，论坛达110多场。是一次全球性的盛会。人民网、新华网等主流媒体在报道中指出：“这是中国大陆首次主办国际传播学会的学术年会，彰显出中国新闻与传播学科蓬勃向上的活力和日益壮大的国际影响力。”IAMCR2022北京组委会主席、清华大学新闻与传播学院前常务副院长、中国新闻史学会名誉会长陈昌凤教授在会议闭幕的当天，在社交媒体上感叹道：圆满落幕啦！4年前着手申请，3年筹备，5天的会议；各种国内申请程序、报批，多次国际PK、舌战、被考察、被挑战……一言难尽！我们终于办成了！办得很漂亮！这是中国新闻传播学界共同努力的成果，向国际同行展示咱们中国的发展与风采，中国的新闻与传播学界将会创造更多的机会来与国际同行交流、对话。

8月25—26日，第八届中国新闻史青年学者论坛在北京召开。此届论坛主题为“把论文写在祖国大地上——新闻史研究的实践视野与价值建构”，旨在倡导史学的实践转向，以中国国情和实际作为研究起点，主张把论文写在祖国大地上，关注广泛而深刻的历史变革和实践创新，挖掘新材料，发现新问题、提出新观点、建构新理论。论坛由中国新闻史学会、中国社会科学院新闻与传播研究所、中央民族大学主办，中央民族大学新闻与传播学院、中国人民大学马克思主义新闻观与新闻实践研究中心、中央民族大学马克思主义新闻观与新闻实践研究中心承办。论坛采用线上线下相结合的方式，共有来自中国社会科学院、北京大学、清华大学、复旦大学、中国传媒大学、四川大学、山东大学、南京大学、华东师范大学、中央民族大学、湖南师范大学等50余所高校和研究机构的近百位专家学者、研究生与会，收入会议论文集的论文共计54篇。

11月5—6日，“返本开新：华夏文明的历史传承与国际传播”第十二届世界华文传媒与华夏文明国际学术研讨会在南京大学新闻传播学院隆重举行。此届研讨会由中国新闻史学会、华中科技大学、南京大学主办，南京大学新闻传播学院承办，来自全国30多所高校的100多位学者及多家学术期刊负责人共同相聚云端，就华夏文明的历史传承与国际传播的学术话题展开跨学科深入研讨，贡献真知灼见。此次学术研讨会为国家社科基金社团活动资助项目，包括开幕式、主旨演讲、五场分论坛、圆桌论坛以及闭幕式等环节。其中，开幕式及主旨演讲于5日上午举行，南京大学新闻传播学院执行院长张红军教授担任主持。中国新闻史学会会长、中国人民大学新闻学院副院长王润泽在线致辞表示，世界华文传媒与华夏文明国际学术研讨会是国内历史悠久、影响重大的学术平台，也是海内外关于新闻史、新闻学研究交流的重要学术论坛。在全球化和国际传播日益深入和频繁的今天，重新审视华夏文明的千年传承，以及其与不同文明间交流互鉴的历史，对于我们理解当下华夏传播和国际传播的意义内涵，对于推动中华民族文化复兴和中国文化走出去都具有重要的借鉴和参考作用。中国社会科学院新闻与传播研究所所长、中国社会科学院大学新闻传播学院院长、《新闻与传播研究》主编胡正荣从二十大报告中关于增强中华文明传播力影响力的要求出发，指出中华文明的国际传播离不开系统性的价值发现和意义建构。厦门理工学院副校长、厦门大学新闻传播学院教授赵振祥发表《内省与外传——关于文化经典的对外传播思考》演讲，从分析中华传统文化经典出发，强调以科学精神把中华优秀文化传播出去。中央民族大学新闻与传播学院特聘院长、华中科技大学国家战略传播研究院教授张昆基于《寰球民意指数2020》，以实证研究的方法分析了南非公众对于中国形象的认知。大连外国语大学特聘教授、中华文化海外传播研究中心首席研究员唐润华以三国系列IP为例，指出IP运营在中华文化海外传播是一条具有巨大潜力和较强可行性的路径。深圳大学传播学院教授吴予敏从理论研究的视角出发，重点关注中国传播学的研究和中外文化交流研究之间的比较。南京师范大学新闻与传播学院教授倪延年从中国新闻史的视角切入，考证中国近代官报起源于《澳门新闻纸》的新闻史。中国新闻史学会秘书长、中国人民大学马克思主义新闻观研究中心主任、《新闻春秋》执行主编邓绍根从对“书籍传教”的考证出发，论述了近代华文报刊的兴起。南京大学社会学院教授、江苏省社会心理学会理事长翟学伟以面子理论为例，阐述本土化研究如何成为可能，为传播学借鉴思路。最后，中国人民大学党委副书记、副校长，中国人民大学新闻学院教授胡百精呼吁，中国传播思想史要重返历史主场、重获完整理解、重返基源问题。5日下午，五场分论坛同时开展，主题分别为华夏文明的传播考古学研究，丝绸之路与文明互鉴研究，西学东渐、东学西渐及跨文化传播，中华优秀传统文化的"双创"及"出海"研究，政治与思想史视野下的华夏传播研究。会上，来自全国数十所高校的百名学者发表精彩观点，展开了热烈而深入的交流与讨论。大家纷纷畅所欲言，以不同专业背景与学科知识互相激荡生发，为华夏文明的传播提供跨学科借鉴。6日上午，以《中国本土传播学探索与自主知识体系建构》为主题的圆桌论坛在云端热烈举行，论坛由南京大学新闻传播学院潘祥辉教授主持，数十位专家学者以学理的交流与思维的碰撞，对于中国本土传播学学术话语体系的建设展开分享交流。

11月12—13日，中国新闻史学会健康传播专业委员会、中国人民大学新闻学院与中国人民大学未来传播研究所以未来媒体与健康传播研究为主题，召开2022年年会(线下+线上)。论坛诚邀健康传播、健康教育、新闻传播、公共卫生学界业界等海内外学者，共同探讨新技术驱动的健康传播研究的核心问题、理论建构和方法路径。

12月25日，由中国新闻史学会、中国人民大学新闻学院主办，中国人民大学马克思主义新闻观研究中心、国家社科基金重大项目"新中国70年新闻传播史研究(1949—2019)"课题组承办的"2022年当代中国新闻史研究论坛"顺利召开。会议最后中国人民大学新闻学院博士后李兴博代表"新中国70年新闻传播史研究(1949—2019)"课题组发布《2022年中国新闻传播史研究报告》。报告主要从中国共产党新闻传播史研究、晚清和民国新闻传播史研究、新中国新闻传播史研究、新闻传播思想史研究、新闻传播专题史研究五个方面，描述了2022年中国新闻传播史领域的主要成果和研究特征。三场专题论坛汇集了中国人民大学、中国社会科学院大学、中国传媒大学、爱丁堡大学、暨南大学等20余家国内外高校和部分科研院所、新闻单位的研究人员，共有35篇论文在现场进行了宣读。学术论坛一以"当代中国新闻事业史"为主题，聚焦于中国广播电视的发展沿革、收听群体和版权观念问题，中共党报党刊阅读史、市场化状况和媒介形象构建，以及广州、上海等地方媒介史研究。学术论坛二以"当代中国新闻传播教育与学术史"为主题，相关论文对新闻志书、阅读史、外国新闻传播史、新闻史教材等研究领域的学术发展脉络作了深入探讨，也有研究聚焦于香港新闻教育史、新闻传播学科发展的历史与现状等。学术论坛三以"当代中国新闻传播思想史"为主题，相关研究主要聚焦于中国共产党新闻事业的核心概念、思想，党报党刊的叙事特征、互联网媒介史等领域。

(5)热情参与社会服务工作，为党和政府组织贡献智慧

中国新闻史学会负责及参与筹建中的中国新闻出版博物馆展陈大纲设计工作，同时为中国印刷博物馆展陈大纲；参与编写中国共产党宣传工作简史(上下)(10万余字)并受到来信表彰。

(6)促进中国新闻史学会学报《新闻春秋》顺利办刊，积极开展学会活动宣传

《新闻春秋》是我国新闻传播学学科唯一一个国家一级学会——中国新闻史学会的学报，是一本以新闻传播史研究为特色，涵盖新闻传播学理论、实务、研究方法的综合性学术期刊，《新闻春秋》于2019年改为双月刊，每年2、4、6、8、10、12月出版。2021年入选《CSSCI扩展版来源期刊目录(2021—2022年)》。常设栏目有"马克思主义新闻观研究""国际传播研究""新闻传播史研究""新闻学研究""传播学研究""视听传播研究""出版学研究""广告与传媒经济研究""新媒体研究""媒介文化研究""媒介伦理与法研究"公共关系专栏等。

在各理事单位和广大会员大力支持下，质量稳步提升，学术文章纷纷被中国人民大学复印报刊资料《新闻与传播》转载和《新华文摘》转载。6月22日，中国新闻史学会公众号上《新闻春秋》开始上线，推出每期目录和学术文章。

(7)中国新闻史学会年检"合格"，秘书处运转正常

学会秘书处狠抓内部建设和具体事务，保证学会的有效运转，认真细致进行年鉴准备工作，出色地完成了年检工作，10月终于传来喜讯，年检评为"合格"。

中国新闻史学会新网站顺利运营，邮箱、微信公众号正常运行，及时向会员发送学会动态、会议通知等信息，并回复会员问询。尤其微信公众号，及时推出学会动态；会员微信群、常务理事群以及各分会会员群持续活跃，提高了沟通的有效性。秘书处及时完成了证书、会刊的邮寄，并解决作者、读者来信、来电提出的问题。

(中国新闻史学会秘书处　邓绍根)

2.2.1.2　中国新闻史学会新闻传播教育史专业委员会2022年度工作综述

中国新闻史学会新闻传播教育史专业委员会2022年继续致力于贯彻成立宗旨：团结全国新闻传播教育史专家，推动新闻传播教育史研究，促进新闻传播教育的发展。2022年度的主要工作包括：

(1)《中国新闻传播教育年鉴(2022)》顺利出版

新闻传播教育史专业委员会将集体编撰《中国新闻传播教育年鉴》确定为学会当前的中心工作。2022年12月，通过学会全体会员的艰苦努力，克服新冠疫情带来的重重

困难,《中国新闻传播教育年鉴(2022)》正式出版。这是以新闻传播教育为主题的年鉴系列的第七部,全书篇幅达到130万字。

《中国新闻传播教育年鉴(2022)》在总论篇之后,是教育组织篇、教育者篇、学生事务篇、人才培养篇、评估评奖与排行榜篇、新闻传播教育研究篇、他山之石篇,最后是我与年鉴、附录与年表。作为第七本年鉴,2022年版"年鉴"的编撰体系进行了全面调整,整体结构由垂直体系改为矩阵体系,力图强化新闻传播教育的主体性,平衡历史性和当代性,重视数据的挖掘和解读,试图增强《他山之石》的镜鉴功能,增设编辑札记、读者评价、年鉴记忆、勘误表等栏目,体现出年鉴编委会严谨求真的编撰态度,折射出年鉴编撰同仁记录历史开拓未来的学术追求。

2022年12月31日,《中国新闻传播教育年鉴(2022)》首发式在湖北大学举行。年鉴首发式采取线上线下相结合的方式举行,通过虚拟数字人技术和虚拟空间场景技术进行线上首发。虚拟视频中,中国新闻史学会会长王润泽教授、暨南大学党委书记林如鹏教授、中国社会科学院新闻与传播研究所唐绪军教授、北京外国语大学副校长孙有中教授、湖北大学副校长钱建国教授与年鉴编委会主任张昆教授一起按下了年鉴首发的按钮。

(2)积极开展学术会议

①年鉴编辑会议。2022年7月8—10日,中国新闻史学会新闻传播教育史专业委员会第三届第五次常务理事会暨中国新闻传播教育年鉴编委会第十一次会议在湖南吉首举行,会议由吉首大学文学与新闻传播学院承办。此次会议的核心议题是《中国新闻传播教育年鉴(2023)》的编撰工作安排。主要包括:通报《中国新闻传播教育年鉴(2022)》编辑进展,《中国新闻传播教育年鉴(2023)》编撰任务分配,年鉴编撰、首发等其他议题。会议有力推动了年鉴以及学会工作的顺利展开。

②年鉴编撰理论与实践研讨会。2022年12月31日,首届中国新闻传播教育年鉴编撰理论与实践研讨会在湖北大学举行。暨南大学党委书记林如鹏教授、中国社会科学院新闻与传播研究所所长胡正荣教授、中国传媒大学新闻学院院长隋岩教授、中国人民大学副校长胡百精教授、北京外国语大学副校长孙有中教授、中国社会科学院新闻与传播研究所唐绪军教授、中国人民大学新闻学院执行院长周勇教授、复旦大学新闻学院院长张涛甫教授、中国新闻史学会会长王润泽教授、中国新闻史学会名誉会长程曼丽教授、中国传媒大学雷跃捷教授、武汉大学人文社会科学研究院院长方卿教授、武汉大学新闻与传播学院院长强月新教授、光明日报湖北站站长夏静教授、华中师范大学出版社原社长范军教授、华中师范大学新闻传播学院副院长彭涛教授、中南民族大学文学与新闻传播学院院长陶喜红教授、中南财经政法大学新闻与文化传播学院副院长余秀才教授、湖

北大学新闻传播学院廖声武教授等对中国新闻传播教育年鉴的编撰工作发表了看法与建议。

③学会2022年学术年会。2022年11月12日，中国新闻史学会新闻传播教育史专业委员会2022年学术年会在线举办，会议由四川大学文学与新闻学院承办。年会以“中国新闻传播教育改革与发展的新趋势与新面向”为主题，旨在通过回顾和前瞻，检视新中国新闻传播教育的历史经验，展望新文科背景下中国新闻传播教育的未来发展。此次年会汇聚了全国60多所新闻院校的100多位学者，除主题报告环节之外，还专门设置了2个院长论坛、3个教育论坛、1个博士生论坛、1个期刊主编论坛，共计7个平行论坛同步在线进行。与会学者聚焦会议主题，深入探讨新闻传播教育改革发展的新趋势、新面向，在分享学术观点的同时增进学术互动，共建新闻传播教育学术共同体。

(3)支持年鉴编委会举办院长研修班

作为新闻传播学院的最高决策者或执行者，院长的视野和能力决定着学院的高度和水平。新闻传播学院管理者的整体素质与质量，关系到中国新闻传播教育的未来。在学会的支持下，中国新闻传播教育年鉴编撰委员会推出了“第二届全国新闻传播学院院长研修班”，一方面为新闻传播学院管理者提供交流的机会，研讨新闻传播学院发展面临的共同问题；另一方面推动新闻传播教育共同体的成长，促进中国新闻传播学科的长远发展。2022年7月22日，由中国新闻传播教育年鉴编撰委员会和江西师范大学联合主办的“第二届全国新闻传播学院院长研修班”在江西井冈山成功开班，中国人民大学副校长胡百精、华中科技大学新闻与信息传播学院院长张明新、中国社会科学院新闻研究所所长胡正荣、中国传媒大学本科生院长王晓红、中国传媒大学新闻学院院长兼《现代传播》主编隋岩、中国人民大学新闻学院执行院长周勇、复旦大学新闻学院院长兼党委书记张涛甫、暨南大学党委书记林如鹏、北京大学新媒体研究院院长谢新洲、上海交通大学媒体与传播学院院长李本乾、密苏里大学教授周树华等多位知名专家进行授课。全国66所高校的新闻传播学院院长、书记、主任共计100余人参加了研修培训活动，在国内新闻传播教育界引发了热烈反响。

(4)支持各新闻传播学院的学科建设

学会积极支持各新闻传播学院的学科建设与人才培养。2022年6月24—26日，学会在广州市举办“新文科建设背景下新闻传播学学科建设暨一流新闻学专业建设”学术会议，会议由广州体育学院体育传媒学院承办。2022年7月8—10日，学会在吉首大学举行常务理事会期间，组织专家学者参加了国家一流本科专业建设与学科发展经验交流，与会专家对吉首大学新闻传播学科的发展提出了建设性意见，多次强调要把握吉首大学独特的地理优势和政策优势，加强地域、民族和文化的连接和延伸，挖掘自身亮点，努力打造独具特色的新闻品牌。2022 年 11 月 19 日，学会协助主办 2022 年中国传媒法治建设高峰论坛暨第六届“何微新闻奖”学术论坛，论坛由西北政法大学新闻传播学院(艺术学院)承办。学会还协助举办首届全国大学生体育新闻写作大赛，以推进新闻专业新文科建设，提高大学生独立思考能力与体育新闻写作能力，活动由广州体育学院体育传媒学院承办。2022 年 12 月 31 日，学会协助湖北大学新闻传播学院，邀请新闻传播学界知名专家，在线举行湖北大学新闻教育 35 周年纪念暨学科建设专家指导会。

(中国新闻史学会新闻传播教育史专业委员会秘书处　刘义昆)

2.2.2　新闻传播教育类学会

2.2.2.1　中国高等院校影视学会 2022 年度工作综述

2022 年，中国高等院校影视学会在国家民政部、国家广播电视总局的领导下，团结广大会员和影视研究学者，踔厉奋发、勇毅前行，在疫情背景之下努力推动学会事业迈向新高度。

(1)成功举办各项影视高层论坛

2022 年 11 月 18—20 日，中国高等院校影视学会第二十二届年会暨第十五届中国影视高层论坛在北京和南京两地的线下会场以及腾讯会议线上平台隆重召开，论坛主题为“中国影视学科知识体系与人才培养：新路径与新模式”。来自北京电影学院、北京师范大学、中国传媒大学、北京大学、清华大学、南京大学、中央民族大学等 400 余所高校超千名影视学者相聚云端，展开深入研讨。

开幕式上，全国政协委员、原国家新闻出版广电总局副局长、中国广播电视社会组织联合会副会长田进，国家广播电视总局宣传司副司长(主持工作)李忠志，南京大学副校长陆延青教授，中国传媒大学校长张树庭教授，学会会长、中国传媒大学艺术学部学部长、中国艺术研究院丁亚平研究员先后致辞。开幕式由学会副会长、国家广播电视总局媒体融合发展司原司长杨杰担任主持。主题论坛邀请了学会原会长胡智锋教授、南京大学文科资深教授周宪先生、学会原副会长周星教授、学会会长丁亚平研究员、学会副会长王海洲教授做主题发言。主题论坛由学会副会长、北京大学艺术学院陈旭光教授主持。

此届年会中，全国影视学界的师生学者齐聚线上，腾讯会议室同时在线人数超过 600 人，微信视频号直播在线观看超过 3500 人。此外，此次中国影视高层论坛征稿共 205 篇，经遴选共有 175 篇入围 15 场专题论坛，加上特邀开设的 7 个专场论坛，共设有

22个平行论坛，共有220多位学者在云端发言，这些数字都创下历史新高。此届年会宣传工作实现新突破，完成了多平台、全方位、全流程的报道，除了学会公众号、视频号和各参与单位或获奖单位的大量报道之外，还有15家国内主流、权威媒体对此次年会暨高端论坛进行了多维度报道。

为迎接并预热庆祝学会成立40周年，“学会奖”30年纪念座谈会以特别策划形式在第二十二届年会期间(11月20日9：00—13：45)温情上映。学会会长、名誉副会长、副会长，学术委员会主任、副主任，历届学会奖获得者等100余人线上线下出席座谈会。座谈会由学会副会长兼秘书长张国涛、副秘书长张燕主持。

(2) 学会法人、党支部完成换届，会长工作会、理事会、党支部积极履职

2022年3月，在理事会成功换届的基础上，学会按照上级主管部门的要求启动法人换届工作。经过严格审计、问题整改、换届申请并经由业务主管部门同意，登记管理部门民政部社会组织管理局于10月18日正式批准学会副会长兼秘书长、中国传媒大学张国涛研究员担任学会法人代表，正式宣告历时近两年的换届工作正式完成。

2022年10月，学会党支部第二届任期到届。根据主管部门的要求，11月18日，学会党支部在年会期间召开换届会，选举学会法人代表、学会副会长兼秘书长、中国传媒大学张国涛研究员继续担任党支部书记。

2022年，学会共召开三次会长会、一次理事会。分别是：4月15日，第一次会长工作会(北京微软大厦)；9月30日，第二次会长工作会(北京金龙潭御瑞酒店三层会议室)；11月18日，第三次会长工作扩大会(北京金龙潭御瑞酒店会议室和腾讯会议平台)；11月18日，第六届理事会第二次会议(北京金龙潭御瑞酒店会议室和腾讯会议平台)。

2022年，学会在学会领导的积极推动、各分支机构的密切配合下，学会党支部按照相关通知精神安排部署、强化措施、稳步推进，在开展党建活动、推进制度建设、加强党员教育、落实党风廉政建设等方面取得了较好的成绩。

(3) 专业委员会与创研中心的建设与管理稳健推进

9月30日，第二次会长工作会基本同意由四川师范大学刘广宇教授牵头提交成立非遗影像专业委员会的申请报告，同意启动筹建非遗影像专业委员会。同时，决定同意微电影专业委员会增补北京师范大学艺术与传媒学院影视传媒系系主任陈刚副教授为第二届理事会理事及副秘书长。

11月18日，学会召开第三次会长工作会与第六届理事会第二次会议，决定同意增补南京大学新闻传播学院朱江丽、朱丽丽为第六届理事会理事，同意学会关于批准成立非遗影像专业委员会的决定，同意影视教学专业委员会更名为影视教育专业委员会、动

画与数字媒体艺术专业委员会更名为数字艺术与动画专业委员会。

2022年，学会继续推进创研中心建设工作，正式挂牌成立创研中心2家：华南理工大学承建的“粤港澳大湾区网络视听创研中心”(6月)，四川电影电视学院承建的“微电影创研中心”(11月)。11月18日，经第三次会长工作会审议，决定同意澳门科技大学成立“澳门未来影视创研中心”。

(4)学会、专业委员会举办系列学术研讨活动与影像赛事活动

2022年，体育影视专业委员会、民族影视专业委员会、微电影专业委员会、影视教育专业委员会、纪录片专业委员会、影视评论专业委员会、广播专业委员会、影视史学专业委员会分别于广州(广州体育学院、7月)、内蒙古(内蒙古师范大学新闻传播学院、11月)、四川(四川电影电视学院、11月)、池州(池州学院，11月)、浙江(浙江工业大学、12月)、太原(太原师范学院、12月)、南京(南京大学、12月)、南京(南京大学、12月)以线上线下相结合的方式举办学术年会。

2022年，学会、各专业委员会、各创研中心举办的系列影像赛事活动有：4月—5月，网络视听专业委员会，“强国有我、不负青春”主题视听作品征集活动；5月—12月，中国高等院校影视学会，第十一届国际大学生微电影盛典；5月—12月，影视评论专业委员会，“万夫观影”全国大学生影评大赛；9月8日—10月4日，网络视听专业委员会，“爱在重阳·家国情浓”全国大学生网络视听作品征集活动；8月5日—12月11日，纪录片专业委员会，第六届西湖青年纪录片论坛。

(5) 深化社会合作，汇聚社会资源，与会员共享高端平台资源

2022年学会推动并深化更加广泛的社会合作，力争汇聚社会各界资源，为全体会员提供更多高端共享平台。

2022年8月，学会与北京国际电影节组委会正式签署战略合作协议，双方拟就学术活动、宣传推广、作品进校园等方面展开深度合作。受中国电影基金会钟惦棐电影评论发展基金、第三届庐山国际爱情电影周组委会邀请，7月23日—8月25日，中国高等院校影视学会组织学会会员及10余所高校，参加“爱·庐山”影视短片季活动。9—10月，学会陆续与广州大学生电影展组委会、福建平潭综合试验区管委会、中国传媒大学出版社达成战略合作协议，拟就影像竞赛、学术活动、融媒出版、资源共享、平台构建等方面展开多种形式的合作。

(6)出版学会刊物

第二十一届年会暨第十四届中国影视高层论坛论文集——《面向文化强国：中国影视的新理念与新格局》于2022年11月由中国传媒大学出版社出版，并在第二十二届年会上赠送理事、会员和作者。

(7)学会会员规模再创历史新高

2022年，学会共发展新会员300余人，学会会员总人数接近3000人。近年来，学会的各项事业均保持高质量发展，中国影视高层论坛、专业委员会、创研中心、“三奖”“三展”等高端平台持续为会员提供优质服务，微信群、公众号、视频号融媒体矩阵渐趋完善，全力推进更广泛的社会合作，学会美誉度、影响力、号召力不断提升，为学会会员规模再创历史新高提供了有力保证。

(中国高校影视学会秘书处)

2.2.2.2　中国高等教育学会新闻学与传播学专业委员会2022年度工作综述

中国高等教育学会新闻学与传播学专业委员会(原名：中国新闻教育学会)于1984年11月2日在北京成立，拥有近40年的历史，是我国新闻与传播学科领域现在活跃的历史最悠久、规模最大的学术团体，拥有理事单位近200个。在促进中国新闻学与传播学的学科建设、教学改革、人才培养、学术研究等方面的沟通交流上，学会一直发挥着积极而显著的作用。在全球新冠疫情的背景之下，学会依据实际情况、努力克服各种困难，通过线上与线下结合的方式保证了工作的有效展开，也为新闻学与传播学的学科发展与合作贡献了自己的力量。

新闻学与传播学专业委员会在2022年度工作中着重从党和国家大局出发谋划、组织和开展一系列学术活动，尤其是对于二十大报告提出的与本学科密切相关的主题进行深度挖掘，发挥本专委会在新闻传播教育界的凝聚力、引领力和影响力。

第一，贯彻中央精神，坚持思想引领，召开“党的二十大与新闻传播教育高质量发展”常务理事会议。

2022年11月27日，中国高等教育学会新闻学与传播学专业委员会召开以“党的二十大与新闻传播教育高质量发展”为主题的第八届理事会第六次常务理事会议。此次会议认真学习并贯彻领会了党的二十大精神，围绕二十大报告中提出的“加强全媒体传播体系建设，塑造主流舆论新格局，健全网络综合治理体系，推动形成良好网络生态”新要求，探讨了新时代新闻传播教育面临的任务、挑战和机遇等议题，增强了新闻传播高等教育高质量发展的凝聚力和引领力，同时指明了当前和今后一个时期政治学习的首要任务。专委会充分发挥平台优势和专家学者优势，邀请17位新闻与传播领域专家共话新时代新闻传播教育和新闻舆论工作的前进方向，确保在学会学术活动、课题研究、新闻宣传等过程中贯彻落实二十大的重大决策部署，坚持正确的政治方向。

第二，回应时代需求，开辟马克思主义中国化新境界，举办“马克思主义中国化新闻舆论思想学术论坛”。

为贯彻落实党的十九届六中全会精神、迎接党的二十大召开，2022 年 5 月 8 日，由中国高等教育学会新闻学与传播学专业委员会等共同主办，国内 13 所新闻院校协办的“历史传承与当代发展：马克思主义中国化新闻舆论思想学术论坛”成功召开。此次学术论坛包含主题论坛和九大平行论坛，是 2022 年国内新闻传播学界首个以马克思主义中国化新闻舆论思想为主题的大型学术会议。来自 50 余家学院、科研机构、学术期刊、媒体的百余位学者、专家、学生等齐聚云端，共话马克思主义中国化新闻舆论思想的辉煌历程，畅议马克思主义中国化新闻舆论思想的时代新篇章。此次学术论坛以高规格的学术讨论形成了影响深远的学术共识，是学习贯彻习近平总书记考察调研中国人民大学重要讲话精神的一项实质举措，是探索建构中国自主知识体系的一次学术盛会。

第三，紧扣文明多样性背景，推动国际传播能力建设，举办“文明多样性背景下的国际新闻传播”学术年会。

2022 年 12 月 17 日，中国高等教育学会新闻学与传播学专业委员会成功举办“文明多样性背景下的国际新闻传播”学术年会。会议以“提炼展示中华文明的精神标识和文化精髓，加快构建中国话语和中国叙事体系，推动国际传播能力建设”为目的，响应了我国增强中华文明传播力影响力的重大战略需求。百余名国内外新闻传播学院院长、学术期刊主编云端相聚，发表真知灼见。

同时，此届学术年会组织并开设了“新闻传播学科自主知识体系创新再思考”“人类文明新形态与新闻传播学术创新”“面向中国式现代化的新闻传播教育发展”“共享共建的多民族新闻传播学科共同体构建”“新闻传播学科自主知识创新的学术规范与引领”等议题，来自全国各新闻院系的知名专家学者从新闻传播学科创新、全媒体传播体系构建、国际传播体系变革等方面切入，回应了中国式现代化进程中新闻传播学面临的问题，为新时代新闻传播学的发展指明了路径，形成了具有开创性、建设性的共识。

第四，聚焦学科建设发展，助力新型智库建设，召开新闻传播拔尖创新人才培养高端论坛。

为落实党的二十大报告中“全面提高人才自主培养质量，着力造就拔尖创新人才，聚天下英才而用之”的要求，2022 年 11 月 19 日，中国高等教育学会新闻学与传播学专业委员联合中国人民大学新闻学院召开“‘中国特色、世界一流’新闻传播拔尖创新人才培养高端论坛”。同时，以习近平总书记关于新型智库建设的重要论述为指导，学会组织并开设“守正与创新：智媒时代新闻学拔尖创新人才培养的探索”“中国实践与全球视角：智能传播时代的传播人才培养创新”“重塑与再造：视听+新技术背景下广播电视学科人才培养创新”“融合与整合：广告学一流专业建设的多元探索”“锚定与转型——新时代国际传播人才培养创新研讨会”五大分论坛。学会发挥学术社团研究优势，邀请各专家学者建言献策，探讨了新闻与传播各专业拔尖创新人才的培养规律、创新模式、教育共同体建设、评价体系构建等话题，为新时代新闻与传播学科新型智库建设贡献力量。

第五，强化学术引领力，培育前沿学术品牌，举办“深研会”系列前沿学术活动。

2022 年，中国高等教育学会新闻学与传播学专业委员会联合中国人民大学新闻与社会发展研究中心、中国人民大学国家治理与舆论生态研究院、中国人民大学数字政府与国家治理实验室等共同举办了多期新闻传播学术话语体系创新深研会。“深研会”聚焦新闻传播教育界和学术界发展中的关键性问题，发扬科研“钉钉子”精神，集中相关领域权威专家的集体智慧，攻坚突破，通过每个具体问题的研讨带动新闻与传播教学科研的改革创新。“深研会”议题包括“广告算法的‘黑箱’”“元宇宙与未来传播”“平台、劳动与社会福祉”“智能传播图景及影响”“跨文化传播的跨学科对话”和“新型主流媒体的内容生产与传播体系建设”等，邀请知名专家学者进行深度研讨，受到学界和业界的广泛关注，打造了高引领力的学术品牌。

第六，推进课题设计，引领研究方向，完成“新文科背景下新闻传播课程体系与教学模式改革调查研究”的开题工作。

2022 年 11 月 6 日，中国高等教育学会新闻学与传播学专业委员会召开课题管理工作会议。会议秉承“四新四真四统一”的原则，完成了 2021 年分支机构自设课题“中国人民大学新闻传播学科史研究”与“卓越新闻传播人才培养的指标体系构建”的结项工作，并组织了“2022 年度高等教育科学研究规划课题”第二类课题“新文科背景下新闻传播课程体系与教学模式改革调查研究”的开题工作。经评审专家评议，2021 年度学会两项自设课题顺利完成结项考核；同时，由武汉大学洪杰文教授和江苏师范大学高宪春教授参与的 2022 年度课题“新文科背景下新闻传播课程体系与教学模式改革调查研究”已完成分会的申报、评审、立项和开题工作。目前，2022 年度课题已按照要求准备立项书、通知书等相关材料，上报学会，通过“高学会〔2022〕89 号”文件批准展开研究。

第七，召开第八届理事会第五次全体理事会议，群力群策商讨学会未来发展。

2022 年 12 月 17 日，中国高等教育学会新闻学与传播学专业委员会成功召开第八届理事会第五次全体理事会议。此次会议由中国高等教育学会新闻学与传播学专业委员会主办，中国人民大学新闻学院承办。来自全国高校的专委会理事和专家学者共聚云端，共同应对新形势下新闻传播学研究的新挑战，探讨新闻教育工作中的新要求和新机遇。

新闻与传播学专委会理事长周勇在大会上作年度工作报告。首先传达了中国高等教育学会近期的一系列工作精神和要求，然后从理事会常规工作、学术课题研究、会费缴纳情况、会员发展、学术活动、专项活动等方面对学会的年度工作进行了全面总结。他对学会未来的发展提出五方面的展望：一是进一步明确学会发展方向；二是扩大理事单位规模；三是活跃理事会活动；四是完善服务工作；五是推进理事会内部交流。王斌秘书长提出学会在未来一年将继续谋划开展促进新闻传播教育教学交流的活动，拟在教师师资培训、教育教学经验分享、精品课程与一流专业建设等方面策划开展新活动。

第八，积极发展学会会员，增强组织人才凝聚力，构建共建共享的新闻传播学科共同体。

在 2022 年 12 月 17 日中国高等教育学会新闻学与传播学专业委员会第八届理事会第五次全体理事会议上，周勇理事长汇报了 2022 年学会会员变更情况。在过去一年中，学会积极有序吸纳团体会员和个人会员，聚集了一批学术造诣深厚、学术声誉良好、具有国际视野的专家队伍。2022 年，华南农业大学艺术学院新申请入会，陕西师范大学新闻与传播学院更换新理事单位。此外，学会顺应高教学会鼓励发展个人会员的趋势，审议通过了南京传媒学院科研处处长谢蓓老师的个人会员申请。周勇理事长在会议上就学会未来扩大理事单位规模、活跃理事会活动，形成共建共享的新闻传播学科共同体的发展方向作出展望。

第九，认真学习总会工作精神，配合总会工作规划，落实总会工作要求，提高规范办会水平。

2022 年 3 月 19 日，专委会秘书长现场参加“2022 年中国高等教育学会工作会议”，并及时报告理事长会议最新精神，通过秘书处工作会议、常务理事会议和全体理事会议传达总会最新通知的制度规范和具体要求。2022 年 4 月 12 日，专委会秘书长参加了“中国高等教育学会分支机构课题工作推进会”，了解了总会课题规划部署，安排了本专委会年度课题工作计划，并按照总会统一要求征集课题指南、推选评审专家、组织现场评审、发放专家费用等，并按时组织了开题，提交了要求的文件。2022 年 4 月 25 日，接到中国高等教育学会关于召开第八次会员代表大会的有关事项通知，立刻召开线上常务理事会议商讨落实，按时完成了本专委会参加第八届会员大会的代表、理事和常务理事候选人的集体酝酿、商请手续和推选工作，并于 7 月 24 日参加了总会第八次代表大会，会后及时转发学习大会报告。此外，还参加了总会要求的分支机构专项行动自查自纠、对外合作自查、制度建设自查等相关工作。

（中国高等教育学会新闻学与传播学专业委员会秘书处）

2.2.2.3 中国高等教育学会广告教育专业委员会 2022 年度工作综述

2022 年，广告教育专业委员会对照《中国高等教育学会发展战略构想》和《中国高等教育学会分支机构建设规范(2022)》积极组织、开展工作，重点关注组织凝聚力、学术引领力、社会公信力和综合影响力等几个方面的提升，具体工作内容如下：

(1)加强组织凝聚力：顺利完成第二届理事会换届工作

2022 年 11 月 12 日，由中国传媒大学广告学院承办的广告教育专业委员会第二届理事会换届大会顺利召开，中国高等教育学会副秘书长郝清杰、广告专委会第一届理事会理事长丁俊杰、中国传媒大学校长张树庭等出席会议。全国 108 家广告教育相关单位、132 名代表参会并进行了换届选举工作。

为了使新旧两届理事会工作能够顺利交接，进一步加强组织凝聚力和向心力，在换届大会召开之前，广告专委会多次组织召开理事会议，对新一届理事会候选名单进行反复协商并通过投票表决的形式基本达成共识。在换届选举大会结束后，广告专委会分别召开了新一届理事会理事长工作会议和秘书长工作会议，就下一阶段专委会的工作重点和战略布局以及具体举措做了详细的研讨和论证，保障了广告专委会工作的顺利过渡和正常开展。

(2)深化学术引领力：主办或指导相关学术论坛

广告专委会一直致力于繁荣广告领域的相关学术成果，并以多种形式推动广告学术活动的开展，主办或指导相关学术论坛，不断深化广告专委会的学术引领力。

2022 年 11 月 12 日，广告专委会主办了 2022 年学术年会，中国高等教育学会副会长张大良、广告专委会第二届理事会理事长丁俊杰、中国传媒大学校长张树庭等出席会议。来自行业协会、国内知名高校及广告业界领先机构的 40 余位嘉宾展开对话交流，为学术创新、行业发展、专业教育凝聚经验和智慧。

2022 年 12 月 4 日，广告专委会指导了北京工商大学主办的“2022 数智赋能与品牌创新学术论坛”，广告专委会理事长丁俊杰出席会议并致辞。会议围绕“数字消费与品牌传播创新、数智驱动下的品牌与消费文化、数智驱动下的广告业转型与人才革新”等主题研讨。来自全国各地的 20 余位知名专家学者和业界同仁发表了主题演讲，吸引了千余名观众在线观看。

(3)提升社会公信力：打造广告教育从业者可信赖、有归属的交流平台

广告专委会从设立之初就一直强调自己的服务理念，将服务于会员单位和广告专业的良性发展作为自己的工作准则。

例如在第二届理事会换届大会之际，广告专委会在广泛听取会员和理事单位意见的

基础上，对《中国高等教育学会广告教育专业委员会工作规则》进行了修订并在大会上进行了修订说明汇报，同时重点解释了关于会费标准的制定和执行问题。本着公开、公平、公正的工作准则开展具体工作，获得会员及理事单位的充分信任。

同时，广告专委会还积极主动发挥引领和协调作用，整合资源为广告会员提供成长空间和机会，让会员单位更具归属感。广告教育专委会关注广告教师队伍成长，通过组织学术研讨会以及推广“大广赛”，搭建交流和学习平台，解决各地区发展不均衡问题。对于广告专业教育普遍关注的专业转型升级问题，广告专委会发挥指导作用，积极主动推进试点高校的计算广告新专业从课程地图到专业建设到专业谱系的全方位探索。目前，这项工作已经初见成效，在试点单位“中国传媒大学广告学院”已经开始实行。

在广告教育专委会的指导下，中国传媒大学广告学院与数智学院密切协同，积极联动学校相关管理部门，吸纳领先行业资源，围绕联合培养机制、立体化教学、有组织科研、专业共同体四个方面展开工作，探索建设计算广告专业。课程、实践、教材三足并举，扎实推进每一门课程、每一本教材、每一个实验模块的设计与落地，夯实交叉学科专业教学的方方面面：

①积极引入实践资源，创新建设每一门核心专业课程：在计算广告概论、计算广告实务、数字营销等计算广告专业核心课程的建设中，围绕计算广告中的用户分析、内容创意、媒介投放、效果分析等课程模块，引入包括明略、国双、腾讯广告、特赞、胜加等行业资源，探索围绕交叉学科人才培养的创新教学模式。

②推动计算广告系列教材的申报、立项、财务等各方面工作，高标准、严要求，落实学校关于教材建设的文件精神，着力填补计算广告领域的系列教材空白。

③结合专业教学需求，设计专业实验室建设方案，组织多轮校内外论证，支撑面向未来的交叉学科专业教学发展。

④第一届信息传播学(计算广告方向)学硕入学，正式启动培养，根据培养中的反馈，及时调整，做好院际、院内沟通。

⑤推进完成围绕计算广告的系列有组织科研，针对“智能创意”“智能用户洞察”“智能投放”“计算广告的重新定义”等细分研究领域、话题，形成系列科研成果。

随着该项目在试点单位的稳步推进，广告教育专业委员会发挥平台优势，积极推进专业建设共同体的打造。组织召开计算广告专业建设研讨会，邀请国内广告学界、业界代表机构的专家就计算广告专业建设进行深入研讨，并总结经验和规律，向全国兄弟院校推广。

(4)提升综合影响力：品牌性活动“大广赛”持续向好

广告教育专委会继续在中国高等教育学会的指导之下，持续深耕和探索“大广赛”

这一品牌性的文科学科竞赛，使其以学术活动和专业训练相结合的竞争形式推动广告艺术教育教学内容和教学方法改革，成为培养会思考、能实践、德才兼备的社会需要型人才的摇篮。这一竞赛在高校中的影响力越来越大。2022 年第 14 届大广赛，参赛高校 1869 所，参赛师生 1740180 人次，上传作品 744401 组。

大广赛通过搭建一个实践教学平台，率先践行了协同育人的机制。从教育主管部门到具体的教学实践，从一流学科、一流高校到高职院校，从学界、业界到行业，大广赛多方联动促进学科交叉，拓宽企业参与路径，营造了集“开放性、开拓性、灵活性、独特性”一体化的创造力环境，有效阐释了多元、跨界、融合的创新协同育人机制。同时，大广赛融合了素质教育、专业教育、职业教育、就业教育，培养学生的综合素质和能力，进一步拓展了广告和艺术设计教育的内涵和影响力，促进形成了多元合作育人、创新教学的新范式，为培养主动服务、创新引领现代产业发展的高素质应用型、复合型、创新型人才做出了努力，并且获得了广泛的认可。

（中国高等教育学会广告教育专业委员会秘书处）

2.2.2.4 中国高等教育学会公共关系教育专业委员会 2022 年度工作综述

中国高等教育学会公共关系教育专业委员会(以下简称公关教育专委会)属于中国高等教育学会的二级分会，是中国高等教育学会的理事单位。该专业委员会具有承上启下的桥梁作用，既接受高教学会的领导，在高教学会章程及有关规范性文件的指导下开展工作，又要本着民主自治的原则，致力于发挥公关教育专委会在公关教育领域的教师联谊、学术交流、教学改革、会员服务、专业促进等方面的自我组织、自我服务功能，从而推动和促进高校公关教育事业的健康发展。公关教育专委会自 1995 年 5 月在西安成立，至今已经历了 28 个春秋。公关教育专委会现已发展成为会员遍及全国大部分高校，凝聚力、向心力日益增强，专家学者云集，科研成果荟萃，知名度、美誉度不断提升，对外影响力不断扩大的具有完善组织架构体系的学术团体。

(1)公关教育专委会组织制度建设

公关教育专委会作为公关专业教学领域的专业学术团体，按照专委会章程的规定，其理事会为四至五年一个任期。2023 年度是专委会第六届理事会的第一个完整工作年份，为了确保各项工作正规开展、有序开展，理事长、秘书长共同提出的正副理事长+秘书处全体成员联席办公会制度正式建立。5 月 9 日，专委会召开首次全新形式的办公会。理事长董关鹏，副理事长陈小桃、苏俊斌、张宁、邵喜武、鲍善冰，监事长许静，以及秘书处和监事会全体成员参会，会议由秘书长王琳琳主持。董关鹏首先带领与会人员深入学习贯彻习近平总书记在中国人民大学考察时的重要讲话精神，研究部署公关教育专委会贯彻落实工作。此外，会议围绕“会员招募推广方案”“中国特色公共关系创新理论支持计划”“世界/中国公共关系教育现状调研(2022)”“公共关系高端读本/创新实践丛书启动、“《中国公共关系学术与实践史》暨中国公共关系口述历史项目”等工作展开讨论和部署。此次会议为2022年度和其后数年工作开展进一步明确了方向和要求。

同时，专委会根据高教学会新颁布的会员管理和会费收取等新办法，做好会员会费收取的宣传、解读和组织工作。基本会员会费标准按照学会要求进行，用好会费和其他捐款带来的支持，提供更多服务，增加专委会大家庭的凝聚力以及会员的认同感、获得感。

(2)坚持学术立会，积极推动公关教育研究入主流

受新冠疫情限制，2022年难以开展线下会议与活动，公关教育专委会已制定方案并着手筹备2023年公关教育活动。

第一，公关教育专委会计划于2023与学会教育培训中心开展实质性深度合作，拟开展面向行业内外的多层次品牌培训项目，促进公共关系教育领域教学水平提升，促进全社会公共关系与战略传播素养的全面提升。

第二，2022年理事长—秘书长联席会议确定开展的中国公共关系教育大讲堂筹备就绪，拟邀请十余位公共关系领域学者就“公共外交与人类命运共同体构建”“公共关系促进社会共识与长足发展”等主题开启系列高水平学术活动。

同时，公关教育专委会积极筹备“中国特色公共关系创新理论支持计划”“世界/中国公共关系教育现状调研(2023)”“公共关系高端读本/创新实践丛书启动”“《中国公共关系学术与实践史》暨中国公共关系口述历史项目”等，将于2023年在多位副理事长单位承办下，予以积极推进。

(3)探讨新思路、开创新道路

公关教育专委会依托秘书处挂靠单位中国传媒大学，于2022年完成开通官方微博、微信公众号“公关学人说”等相关手续，实验性启动专委会新媒体公众号矩阵建设工作，并初步进行个人会员发展通知发布、专委会成员亮相和相关著作的推荐等初步宣传工作。

(4)坚定正确道路，积极学习二十大精神

公关教育专委会在第一时间以工作群等多种方式部署并转发中央文件和学会对相关工作的要求，理事长、秘书长联席办公会成员率先垂范，“先走一步、先学一步”开展集体学习，同时明确对专委会全体成员提出学习要求，号召全体会员深刻领会和贯彻党的二十大的一系列重大理论观念、战略判断和工作部署，主动适应新阶段、新理念、新

格局的要求，结合教学、科研等工作实际，充分发挥高校公共关系教育工作者在教书育人、理论研究、政策解读、资政咨询和服务社会等方面的重要作用。

(5)坚持学以致用，积极推动公关研究助力实践

公关教育专委会积极推荐、鼓励并支持成员专家参与中央重要部署、国家重大活动中的公共关系专业专家工作。

经中宣部、教育部推荐，董关鹏理事长获聘北京 2022 年冬奥会和冬残奥会公共关系高级专家，并作为新闻宣传部部务会议成员进入奥运防疫闭环内全职担任高级专家工作 60 天，为做好北京冬奥会和冬残奥会国内外舆情应对处置和高质量新闻发布工作，特别是赛时新闻发布和国际舆论引导、舆情应对等工作提供支持保障。专委会副秘书长郭沛沛、监事章文舟等一同入驻冬奥会相关工作，以专委会团队名义在北京主媒体中心和张家口媒体中心各自率领师生团队为冬奥新闻发布与舆论引导提供高质量的专家支持工作。

董关鹏、郭沛沛在国务院新闻办公室主办的《对外传播》2022 年第 5 期发表文章《积极向国际社会传播全球治理的中国方案》，以亲历观察者的视角梳理和归纳北京冬奥会闭环内系列新闻发布会的创新突破；郭沛沛在《人民日报》理论版也发表了对公共关系助力冬奥传播相关经验总结的重要文章。

副理事长周庆安参与中宣部 EW 专班专家工作，并挂职担任中宣部国际传播局副局长。

专委会多位成员应邀参与了国家、省市和所在高校的疫情防控专班专家组工作，为相关工作作出贡献。

（中国高等教育学会公共关系教育专业委员会秘书处）

2.2.2.5 中国体育科学学会体育新闻传播专业委员会 2022 年工作综述

(1)中国体育科学学会体育新闻传播分会换届

2022 年 9 月 27 日，中国体育科学学会体育新闻传播分会换届会议召开，会议选举产生了第四届委员会，其中，主任委员 1 人，副主任委员 3 人，常委 5 人，秘书长 1 人、委员 15 人，聘任了副秘书长 2 人，共 24 人。

(2)学会学术交流活动蓬勃开展

第一，召开第四届中国体育传播青年学者论坛。2022 年 9 月 24 日，第四届中国体育传播青年学者论坛在成都体育学院举行，论坛由中国体育科学学会体育新闻传播分会和四川省新闻传播教学指导委员会主办，成都体育学院新闻与传播学院承办。中国新闻

史学会会长、中国人民大学新闻学院副院长王润泽教授，中央民族大学特聘院长、华中科技大学新闻传播学院原院长张昆教授，中山大学新闻传播学院原院长、复旦大学张志安教授，四川大学新闻传播学科带头人、四川企鹅新媒体学院院长蒋晓丽教授，西南政法大学新闻传播学院院长李珮教授，四川外国语大学新闻传播学院院长刘国强教授等参会，并围绕学科评估、媒介技术、学科发展等议题交流了观点。

南京体育学院党委副书记、副校长史国生教授，武汉体育学院新闻传播学院原院长张德胜教授，上海体育学院组织统战部部长张盛教授，广州体育学院体育传媒学院院长肖灵教授，北京体育大学新闻与传播学院副院长薛文婷教授，成都体育学院新闻与传播学院院长石磊教授，分别就学科建设、专业发展和学生培养发表了观点。

第二，主办体育强国与全媒体传播体系建设高端论坛。2022 年 12 月 18 日，由中国体育科学学会体育新闻传播分会主办、成都体育学院承办的“体育强国与全媒体传播体系建设高端论坛”在线上举行，论坛就如何加快构建全媒体传播体系，体育新闻传播如何推进体育强国建设展开了深入讨论。与会专家围绕立德树人、体育全媒体传播格局、体育新闻传播教育改革、讲好中国故事、体育传播发展新趋势、国际赛事传播等议题进行了深入的交流。

(3)学会科研成果实现重大突破

第一，分会主任委员单位成都体育学院获得国家体育总局高端智库“体育文化与宣传战略研究中心”。该智库依托成都体育学院在体育史、体育文化和体育宣传方面的研究优势和特色，汇聚了校内外相关领域的专家进一步凝练和打造，下设“中华体育文化理论与实践发展研究”和“新发展阶段体育宣传理论与实践发展研究”两个方向。

第二，分会委员魏伟教授团队获得 2022 年度国家社科基金重大项目“媒体融合推动北京冬奥精神传播研究”。

此前分会委员张盛、张德胜两人分别获得 2021 年度国家社科基金重大项目“体育全媒体传播格局构建研究”立项。此外，分委员会还为会员单位的科学研究和学科发展提供了平台支持。

(中国体育科学学会体育新闻传播专业委员会秘书处)

2.2.3 各省及其他新闻传播教育或教学指导委员会

2.2.3.1 河南省普通高等学校新闻传播学类专业教学指导委员会 2022 年度工作综述

河南省普通高等学校新闻传播学类专业教学指导委员会是河南省教育厅聘任并领导

的专家组织，具有非常设学术机构的性质，受教育厅委托开展高等学校新闻传播学类本科教育教学的研究、咨询、指导、评估、服务等工作。

2022 年 5 月 7 日，河南省普通高等学校新闻传播学类教学指导委员会第二次工作会议通过腾讯会议在线举行，委员会主任、郑州大学新闻与传播学院院长张举玺教授对教育部“双万计划”的指示精神进行内容解读，并结合河南省实际情况，对新闻传播学类本科专业建设提出指导意见。

教学指导委员会委员、郑州大学新闻与传播学院副院长郑素侠教授部署“关于确定我省新闻传播学类专业对标国际一流、国内一流专业及课程”的相关工作。郑素侠介绍了河南省高校新闻传播学类专业的开设及建设情况，对河南省教育厅《关于研究我省本科专业对标国际、国内一流专业及课程的通知》进行内容解读，并对教指委拟定的《新闻传播学类本科专业对标国际、国内一流专业及课程方案(讨论稿)》进行说明。

河南大学新闻与传播学院副院长王鹏飞教授、河南工业大学新闻与传播学院党委书记尚恒志教授、河南师范大学文学院党委书记段勃教授、郑州师范学院传播学院院长范红娟教授、郑州大学新闻与传播学院李宏副教授等委员，以及洛阳师范学院、周口师范学院、河南牧业经济学院、平顶山学院等院校的负责同志，对《新闻传播学类本科专业对标国际、国内一流专业及课程方案(讨论稿)》提出了完善建议和意见。

为构建以评价为牵引、以课程为核心、以机制为保障的专业建设质量体系，2022 年 10 月，新闻传播学类专业教学指导委员会开展广泛调研、进行专题研究，参考教育部《普通高等学校本科专业类教学质量国家标准》，科学列出各教指委涉及本科专业的专业基础课、核心课、公共基础课，并推荐本专业课程群专家(省内高校专任教师)，为下一步的专业评价打下坚实基础。

(河南省普通高等学校新闻传播学类专业教学指导委员会秘书处)

2. 2. 3. 2　陕西省新闻传播教学指导委员会 2022 年度工作综述

陕西省高等学校人文与新闻传播类专业教学指导委员会(以下简称“委员会”)成立于 2020 年 9 月 5 日。2022 年，在陕西省教工委、教育厅以及省教指委的领导下，人文与新闻传播类工作委员会通过 19 位工作委员会委员，对所属高校的相关学院及专业的工作进行了具体指导，取得了卓有成效的工作成果。现总结如下：

(1)教学实践活动

2022 年 7 月 15 日，陕西省大学生新媒体创意大赛暨第十届全国大学生新媒体创意大赛陕西分赛于西北大学成功举办。此次大赛以“深植家国情怀绽放青春华章”为主题，由陕西省新闻工作者协会、西北大学新闻传播学院主办。大赛自启动以来，得到西北大学、西安交通大学、西北工业大学等 20 余所省内高校积极响应，最终收到 464 部参赛作品，其中 H5 类作品 180 部，数字读物类作品 68 部，短视频类作品 216 部。此次竞赛还聚焦陕西社会发展，引入业内评价，特设易点天下专项奖“乘风破浪奖”，以多元视角呈现了新时期陕西省文化实现跨越式发展的生动图景。

2022 年 10 月 9 日，第 14 届全国大学生广告艺术大赛陕西赛区比赛在西北大学新闻传播学院圆满落幕。全国大学生广告艺术大赛自 2005 年创办以来，西北大学作为陕西赛区承办单位一直致力于搭建以赛促练、以赛促学、以赛促教、以赛促改、以赛促研、以赛立德的实践教学改革平台。参赛选手在大广赛平台上激发创造力，体现自我价值，绽放青年人的风采。

2022 年 6 月 17 日，西安工业大学文学院新闻传播系受中共陕西省委网信办委托，成功举办“‘秦平’创作工作座谈会”，省委网信办相关人员，来自全省的 20 余名“秦平”作者代表及群众新闻网、西部网、陕西网、华商网、三秦网等重点新闻网站负责人参加会议。与会者围绕如何提升“秦平”影响力，创作更好作品等话题，进行了广泛、深入的交流讨论。

(2)科研及学术交流活动

2022 年 7 月 19 日上午，由西安交通大学承办的陕西高校人文与新闻传播类一流专业建设推进会在西安中国西部科技创新港召开，参会专家聚焦一流专业建设，分享兄弟高校经验，共谋未来发展。陕西省高等学校教学指导委员会人文与新闻传播类工作委员会主任陈洪海，副主任李明德、袁祖社、杜林渊，委员马德林、杨琳、何志龙、张西静、胡俊生、党子奇、李军等人，以及西安交通大学新闻与新媒体学院党政班子、系所主任参加会议，会议由新媒体学院院长兼党总支书记马忠主持。此次会议对贯彻落实习近平总书记关于构建中国特色哲学社会科学学科体系、学术体系、话语体系具有重要意义，为推进陕西高校人文与新闻传播类一流专业建设搭建良好平台，促进深度交流，共享发展成果，形成合力优势。

与会专家学者围绕一流专业建设主题，结合当前经验及困境难题展开交流。在听取完各高校一流专业进展情况分享后，李明德副主任作总结发言，指出如何更好地建设专业，让一流专业发挥示范引领作用尤为重要，他强调了重视基础、发挥特色、创新发展三个关键词的重要性，并表示一流专业的建设是长久的、系统的，需要硬件和软件的有力支撑，获批专业的建设经验对陕西省一流专业发展有很大的借鉴作用。

2023 年 2 月 13 日，陕西省教育厅发布了《陕西省教育厅关于公布陕西省 2022 年职业教育和高等教育优秀教材获奖名单的通知》，根据该通知名单，由西安交通大学新闻与新媒体学院张迈曾教授、李明德教授等主编的教材《传播学引论(修订版)》荣获陕西省2022年职业教育和高等教育优秀教材特等奖。

《传播学引论》于2002年出版，出版后受到教师和学子的欢迎，在2004年获得第九届西安交通大学优秀教材一等奖。随后，该书作者根据新闻传播学研究体系的不断调整完善以及媒介实践的更迭，针对传播学学科属性，集合传播学理论知识、新闻传播学研究范式、学科研究前沿等话题，不断增补完善内容而形成了《传播学引论(修订版)》专著。该书主要尝试为教师队伍和学子提供更加系统完备的传播学学习内容，2019年，在西安交通大学出版社再版。

2022年6月1日，西安交通大学新闻与新媒体学院第二届学生优秀新媒体作品展成功举办。此次作品展以"弘扬西迁精神·讲好交大故事"为主题，共展映了42部视听新媒体作品和33个网页设计作品。作品展映结束后，嘉宾评委从思想性、艺术性、技术性三个角度对40部视听新媒体作品进行点评，并给出意见和建议。此次作品展获中国教育在线，陕西传媒网、三秦网、华商网、腾讯大秦网等多家媒体报道。

(3)立项与团队建设

2022年6月，教育部发布了《教育部办公厅关于公布2021年国家级和省级一流本科专业建设点名单的通知》，经网上申报、陕西省教育厅审核和教育部高等学校教学指导委员会评议、投票推荐，最终从省内各高校中，西安交通大学新闻与新媒体学院申报的"网络与新媒体"、西安外国语大学新闻与传播学院申报的"新闻学专业"脱颖而出，双双获批为2021年度国家级一流本科专业建设点。

西安交通大学新闻与新媒体学院以一流专业建设为抓手，不断夯实专业内涵建设成效，完善专业动态调整机制，积极集聚校内、外优质教育资源，深化产教融合协同育人机制，加强教学组织建设，持续提升人才培养水平，积极发挥了西安交通大学在"网络与新媒体"学科建设方面在陕西省内的示范引领和辐射带动作用。

西安外国语学院新闻与传播学院依据学校国际化特色办学定位，顺应国际传播能力建设的人才需求，立足陕西，辐射西北，面向全国，旨在培养具有坚定政治立场、扎实外语基本功、精通国际传播规则与全媒体专业技能，具有家国情怀、国际视野与跨文化沟通能力，创新精神与实践能力，能够服务国家战略和区域经济社会发展需求，熟练使用外语从事新闻传播相关工作的复合型国际化人才。该专业人才培养模式多次在相关会议上推介，得到高度肯定，辐射省内外20余所高校，示范效果显著，使得近2000名学生受益，就业率和就业质量名列前茅，人才培养综合改革成果被学习强国等平台专题报道，社会影响广泛。

2022年4月24日，陕西省教育厅公布了第四届陕西高校课堂教学创新大赛获奖教师名单，西北大学新闻传播学院教师刘丹教师获省级二等奖，高小燕获省级三等奖。西北大学新闻传播学院在此次课堂创新大赛中不断加大支持力度，设立课堂创新研究专项，积极引导教师开展教学方法创新与研究。通过系列培训、演练和比赛，参赛教师不断创新教学理念，改革教学方法，优化教学设计，提升教学效果，展现出教师良好的精神风貌和扎实的教学功底。

2022年4月28日，中共陕西省委教育工委、陕西省教育厅公布了《2021年度陕西高校思政课教师“大练兵”省级展示获奖名单》，西北大学新闻学院刘丹老师获“课程育人教学能手”称号。西北大学新闻传播学院一直以高校思政课“大练兵”活动为契机，总结活动经验，通过“教授指导、骨干主讲、青年参与”，引导教师投入教学、钻研教学，创新教学内容和教学方式，让思政课堂变得更富活力和吸引力。

2022年11月11日，根据《关于开展西北大学2022年专业学位研究生示范性实践基地建设项目申报工作的通知》的安排，西安市长安区融媒体中心与西北大学合作建设的“西北大学新闻与传播专业学位研究生实践基地”获批校级专业学位研究生示范性实践基地建设项目。该实践基地的建设目标之一，是为新闻与传播专业学位研究生搭建乡村振兴实践平台，培养新闻与传播专业研究生服务基层社会、投身乡村建设的专业素养与职业理想。项目实施以来，双方已经合作开展多次乡村振兴采风活动，产生了积极的社会影响。

综上所述，总的来看，2022年陕西省新闻传播教育指导会依托各委员所在高校的专家委员会、工作委员会通过丰富多彩的学术活动以及教学实践组织活动，对全省新闻传播类专业进行专业研究、咨询、指导与服务工作，并通过多种形式，从学术交流、教学实践活动到团队的立项建设，不断稳步推进陕西高校新闻专业建设。2022年，陕西省新闻传播教学指导委员会的相关工作与指导，不仅提升了工作委员会的组织能力，更促进了省内各新闻传播专业高校的建设水平，提升了陕西省新闻传播类专业的人才培养水平，取得了非常突出的成绩。

(陕西省新闻传播教学指导委员会秘书处)

2.2.3.3 山东省新闻传播学类专业教学指导委员会2022年度工作综述

2019年4月，山东省教育厅下发《关于成立2019—2022年山东省本科教育教学指导委员会的通知》，确定新一任本科教育教学指导委员会的名单和工作职责。此届教指委主任委员是山东师范大学的常庆教授，副主任委员是来自山东大学的刘洋教授和倪万教授，秘书长是张成良教授。

2022年，山东省新闻传播学教学指导委员会强化省级优质教材的编纂和发行工作。

以“马克思主义新闻观”为指导，编纂首批九部统编教材。首批 9 部教材分别是：《马克思主义新闻思想》(刘明洋主编)、《融媒体新闻报道》(王倩主编)、《新闻编辑与策划》(欧阳霞主编)、《新闻评论》(张成良主编)、《大众媒介通论》(常庆主编)、《新闻理论》(戴俊潭主编)、《中国新闻传播史》(钱婕主编)、《网络与新媒体》(高欣峰主编)、《新闻传播学研究方法》(张冠文、倪万主编)。为了保证教材的编纂质量，教学指导委员会邀请了各高校学科带头人、教授亲自参编。首批教材现已完成出版发行，出版 6 个月共发行 6500 余册。目前，首批教材正准备申报山东省优秀教材，并与出版社共同努力推动规划教材的建设工作。

2022 年 10 月，山东省教育厅在年度教育改革项目申报中，加大了本科教学指导委员会的参与性，提议各教学指导委员会可以推荐一个项目参评省级重点教学改革项目。山东省新闻传播学教学指导委员会经过认真磋商，决定以“新文科背景下山东省卓越新闻传播人才教育生态建设研究”为题申报，并最终获批为省级重点教学改革项目。

2023 年，山东省新闻传播学教学指导委员会将推动“马新观”第二批教材的申报立项工作，推动全省优秀新闻传播学课程、教材的建设工作顺利进行。

2.2.3.4 辽宁省新闻传播类教学指导委员会 2022 年度工作综述

2022 年辽宁省新闻传播类教学指导委员会在程丽红主任的带领下，在全体委员的共同努力下，顺利完成全年工作任务。2022 年度主要工作有两项，一是完成 2021 年辽宁省教育厅专业评估；二是组织辽宁省大学生数字影像大赛。

为全面总结 2021 年辽宁省高校本科教育教学质量状况，依据省教育厅《辽宁省教育厅办公室关于开展普通高等学校本科专业评估工作的通知》，辽宁省新闻传播类教指委员会对辽宁省高校相关的本科教育教学情况进行全面分析，总结高校提高本科教育教学质量的新举措、新经验、新成效，呈现本科教育教学整体情况、问题和趋势，并提出改进建议。5 月 1 日委员会召开工作会议，对此次工作进行全面解读和周密部署。程丽红主任对此次工作高度重视，在培训会上就评估政策解读、评估纪律要求、评估分组情况做了详细的布置；秘书长安珊珊教授对评估指标体系解读、评估系统使用培训做了详细说明。辽宁省新闻传播类教学指导委员会按照文件要求，高效有序地完成了此次评估任务，由于省教育厅将此次结果点对点通知各校及各专业，在此不具体列举。与此同时，辽宁省新闻传播类教学指导委员会对部分高校本科教育教学工作提出建议：各专业应深入探索不同学科专业课程思政教育的有效路径，高校应遵循高等教育和人才培养规律，提高课程思政教育效果。

9 月 22 日，由辽宁省教育厅、辽宁省财政厅主办，辽宁省高等学校新闻传播学类教学指导委员会等单位承办的辽宁省大学生数字影像大赛圆满结束。此届大赛旨在增强校园文化气息，促进校园文化建设，丰富学生的课外生活，引导正确的视听理念，助力各高校培养创意影像人才，推动体制机制创新，推进普通高校开放办学，促进各校大学生交流，提高大学生综合素质和创新实践能力，向大学生传递可持续发展和生态环保理念，激发大学生的创新意识、社会责任感，贯彻数字影像的创新精神，明确“时代兴则文明兴”的新目标，共同实现发展培育全面性优秀青年人才的梦想。此次大赛以“新时代·新生活·新气象”为主题，鼓励影像制作爱好者去拍摄、去讲述、去分享，通过手中的镜头记录生活、讲述故事、分享感悟、传递价值。5月9日，教学指导委员主任程丽红主任向辽宁省各个成员单位发出通知，要求各教指委员单位积极组织申报此次大赛，受到成员单位的积极响应。

此次大赛共分为微电影、纪录片、摄影三个组别。各高校学子积极参赛，共收到了省内32所高校报送的878份参赛作品。多数作品内容积极向上，主题明确；角度新颖，能够吸引观众；紧扣主题，思路流畅完整；画面清晰美观，播放顺畅。

大赛组委会对全部报送作品进行盲审。作品评审秉持“公平、公开、公正”原则，分初审、复审、终审三个阶段。大赛共产生微电影组特等奖3项、一等奖7项、二等奖10项、三等奖13项；纪录片组特等奖5项、一等奖10项、二等奖15项、三等奖20项；摄影组特等奖18项、一等奖36项、二等奖54项、三等奖72项以及优秀指导教师奖和最佳组织奖若干。

此次大赛的竞赛规则落实到各个学校，基本按照以下流程进行：第一项是组队报名，由指导教师和参赛学生确定竞赛主题与竞赛的主要内容，即甲组“微电影组”，乙组“纪录片组”，丙组“摄影组”。参赛作品应为原创且未参加过其他相关赛事，参赛者需于规定时间内完成作品创作。作品必须围绕大赛主题进行创作，严格遵守大赛内容要求，传达积极向上的价值观和人生观，传播社会正能量。然后甲、乙组投稿作品应有完整的片头、片尾、字幕、配音等，作品为影片MP4、MOV、AVI等格式，画面比例16∶9，分辨率1080P，影片时长3~15分钟。丙组投稿作品要求为JPG格式，每张照片大小不低于4MB，可提交单幅或一组照片，不得作合成、添加、删除、大幅度改变色彩等后期技术处理，可附一定文字说明拍摄时间、拍摄地点等相关信息。校赛由大赛评委会对参赛作品进行评审，符合评审条件的作品进入省赛，评分标准以内容、创意、结构、技术为主要考察项目。

辽宁省各所高校师生斩获众多殊荣，不仅体现了辽宁省新闻传播类教学与实践的优良成绩，也展现了辽宁省学子的实力与风采。长期以来，辽宁新闻传播类教指委秉承各级各类比赛“以赛促练、以赛促创、以赛促教、以赛促学”的先进理念，在注重加强理论基础的同时，也发展创新融合式教育，让学生们的创新思维不仅仅体现在学习过程中，也展现在作品上。此次大赛以融入新思维、新理念、新技术、新启发的思想鼓励学生，培养学生的实践能力，积极打造建设应用型大学和培养富有特色的应用型人才。

辽宁省内各级各类高等院校积极组织参赛，参赛队伍实力雄厚，涌现出一大批优秀作品。比如辽宁大学就获得两项特等奖，具体如表 2-1 所示。

表 2-1

辽宁大学	王子奇、于淼	盛京城市天际线	丙组-摄影	特等奖
辽宁大学	甄润铮	有我	丙组-摄影	特等奖

大连外国语大学作为大赛主办方之一，此次大赛获得了全校师生的广泛关注和积极参与，参赛选手突破新闻传播类界限，共有来自管理学院、人文艺术学院与资源与土木工程学院等五个学院的 16 组共 58 名同学报名参加。大外的校级大赛评委依据公平、公正、公开的原则，从创新性、原创性、真实性、技术性四个方面对投稿作品进行了评审，共有 13 组选手的作品被推荐省赛。后经过省赛角逐，共有 4 组选手的作品脱颖而出。其中李肖澎团队形成的主题为新时代下的美丽农村作品选题具有社会价值，原创性高，作品表达逻辑性较强，表现突出，被评选为一等奖。王钟元团队形成的作品“扶光印象”获二等奖，王天慧团队与宋然团队获三等奖。

辽宁传媒学院喜获佳绩，学生组获得特等奖 5 项，一等奖 14 项，二等奖 19 项、共计获奖 60 项，这对于一所民办学校来说，可喜可贺。

赛后，我们对获得特等奖的王子奇、于淼同学进行了访谈。首先是两位同学以盛京城市天际线选题并付诸实践的过程，两位选手克服疫情带来的不利因素，实地考察沈阳环境、写拍摄策划等。其次是他们选择无人机航拍而非传统相机镜头拍摄，将航拍影像与家乡风貌、城市天际相结合，以沈阳市内的摩天大楼及超高层建筑为拍摄对象，重点展现沈阳的“城市天际线”，展现沈阳作为国际化大都市的现代感和时尚感，在此命题基础上进行自由创作。这种创作展示城市活力，激发文化自信，为城市文旅传播增添新动能、发展新业态。最后，他们在此次比赛中收获了许多宝贵的经验。于淼同学说：“我们有很多收获。这个特等奖在意料之外，我非常惊喜，这是对我最好的鼓励，鼓励我们不断地推陈出新，记录美好家乡的变化。同时我也更加热爱新闻与传播的课程，努力学好专业知识，积极投身到家乡新变化的传播推广事业中去。”

此次大赛充分践行了“以赛促学，以赛促教，以赛促改，以赛促建”理念，展现了辽宁省师生信息搜集、信息筛选和信息组织能力，多角度、多侧面地展示了师生的信息素养、文化底蕴，凸显了参赛各校师生担当进取、严谨认真的专业精神。

(辽宁省新闻传播类教学指导委员会秘书处)

2.2.3.5 湖南省新闻传播学会 2022 年度工作年报

在湖南省社会科学界联合会的领导、各位常务理事的热情参与和广大会员的大力支持下，学会努力克服疫情带来的困难和不便，稳步推进各项工作，在举办学术会议、开展"中国新闻传播大讲堂"活动、开展党建工作等多个方面取得良好成效。

(1)以学术为核心开展学会交流活动

①主办第四届岳麓传媒与文化产业发展论坛。学会以线上与线下相结合的方式，于 2022 年 10 月 30 日在长沙与湖南大学新闻与传播学院、湖南大学马克思主义新闻观研究中心和湖南省文化产业研究基地联合主办了第四届岳麓传媒与文化产业发展论坛。来自北京大学、清华大学、中国社会科学院等全国 50 余所高校和研究院所的新闻传播学者围绕"中国共产党新闻舆论思想与实践"的论坛主题，就"中国共产党新闻舆论工作历史经验""中国共产党新闻舆论思想""突发事件舆论引导""新时代的国际传播""新媒体、新发展""新文科建设背景下的新闻传播教育改革与一流专业建设"等议题开展了学术研讨。此届论坛还举行了以"新文科建设背景下的新闻传播教育改革与一流专业建设"为主题的院长论坛和 2 场研究生专场论坛。中国新闻史学会会长、中国人民大学新闻学院教授王润泽，湖南大学副校长李肯立，校党委常委、宣传部部长兼新闻与传播学院院长唐珍名等出席活动。

②主办 2022 年学术年会暨第三届湖湘新闻传播论坛。尽管受新冠疫情防控外在环境的影响，湖南省新闻传播学会 2021 年学术年会未能如期举办，但两年来会议筹备工作一直在有条不紊地进行。2022 年 12 月 17 日，由学会主办、吉首大学文学与新闻传播学院承办的湖南省新闻传播学会 2022 年学术年会暨第三届湖湘新闻传播论坛以线上方式举行，来自全省 20 余所高校新闻传播院系的 100 余名师生参加了学术研讨。吉首大学党委书记廖志坤、湖南省新闻传播学会会长彭祝斌先后致辞。湖南省新闻传播学会名誉会长、湖南师范大学新闻与传播学院院长尹韵公，湖南大学岳麓学者、中国传媒大学传播研究院雷跃捷，湖南省新闻传播学会会长彭祝斌，中南大学文学与新闻传播学院白寅，湖南省新闻传播学会副会长、湘潭大学文学与新闻学院王洁群，湖南省新闻传播学会副会长、湖南理工学院新闻传播学院院长王文锋，湖南省新闻传播学会常务理事、吉首大学文学与新闻传播学院党委书记彭广林，分别做了主题发言。当天下午，与会嘉宾

就新文科背景下新闻人才培养改革与实践、新时代中国共产党新闻舆论工作等议题进行了广泛深入的研讨。

③参与湖南社科界学术年会。2022 年 12 月，彭祝斌会长应邀参加湖南省社会科学界联合会组织的第十二届湖南省社会科学界学术年会专题报告会，增进了与省社科界的学术交流。

④开展学会宣介交流活动。2022 年 7 月，彭祝斌会长应邀出席江苏省新闻传播学学会成立大会暨第一次会员代表大会，并代表兄弟省新闻传播学会致辞。加强了与兄弟省新闻传播学会的联系与交流。组织编撰《湖南省新闻传播教育年度发展综述》和《湖南省新闻传播学会工作年报》等材料。在《中国新闻传播教育年鉴》上发表，宣传湖南新闻传播教育，扩大湖南新闻传播教育的影响。

（2）以教学为导向推进“大讲堂”学习活动

“中国新闻传播大讲堂”是在教育部高教司、中宣部新闻局的直接指导下，由高等学校新闻传播学类专业教学指导委员会负责组织实施、面向全国新闻院校开设的视频教学大课堂。教指委要求各高校新闻传播院系结合本校的实际情况，指定专人负责组织大讲堂的学习和研讨。湖南省新闻传播学会接受教指委委托，负责联络湖南各高校新闻传播机构，落实其课程负责人，积极推进和确保“中国新闻传播大讲堂”在省内新闻传播教学点落地。

（3）以党建为引领开展学会组织建设

①不断完善党建工作制度。制定《党建工作年度计划》，建立《党建工作责任清单》，保证党建工作有规划、有专人、有经费、有活动、有实效。

②积极参加党建培训活动。2022 年 6 月，学会按要求指派有关同志参加了省社科联组织的社会组织党支部书记培训班的培训学习，认真学习领会有关党建工作精神，进一步厘清学会党建工作重点和改进党建工作的思路。

③积极开展党建学习活动。在年度常务理事会和学术年会上，学会秘书处发放党建学习资料，组织常务理事和与会党员会员集体学习本年度的党建学习材料，交流学习心得。2022 年 10 月，结合不同会员单位的实际情况组织收看党的二十大开幕式活动，同时组织会员学习贯彻习近平新时代中国特色社会主义思想和党的二十大精神，并撰写了相关材料上呈省社会科学界联合会。

④及时完成党建工作情况摸底。2022 年 12 月，学会秘书处积极响应省社会科学界联合会党建工作要求，完成了社会组织党建工作情况的摸底工作，提交了相应的数据表格、社会组织党建标杆创建对象经验总结和年度党建工作总结。

（4）以管理为基础开展学会日常工作

①健全学会日常管理规范。学会秘书处建立完善文件归档和报送、财务管理和公章使用等制度，并配备专人负责此项工作，顺利通过年度专业财务审计和社会组织年度检查。积极参与省级社科类社会组织数字化管理系统征集工作，完成5个表格的数据填报。完成社会团体分支(代表)机构自查自纠工作。完成对省级社科类社会组织新媒体、报刊等摸底工作。

②及时召开常务理事会议。2022年3月17日，学会召开湖南省新闻传播学会第一届常务理事会第五次会议(线上)，集中学习了《湖南省社会组织重大事项报告管理办法》，相关学习总结上呈省社会科学界联合会。2022年12月16日，学会召开湖南省新闻传播学会第一届常务理事会第六次会议(线上)，总结了学会2022年度主要工作，讨论制定学会2023年度工作计划。

③建立线上沟通工作机制。2022年，根据疫情防控要求，省社科联加大了线上办公比重，学会按要求配备了专门经办人员。2022年的年检材料在社科联和民政厅之间的递送和回复，均以线上沟通和快递形式完成，其他各项工作也大多在微信工作群中发布通知，学会按要求在规定时间将年度工作总结材料及时发送到指定邮箱。

(湖南省新闻传播学会　彭祝斌、孙玉玲)

2.2.3.6　华夏传播研究会2022年度工作综述

2022年是极其不平凡的一年，中国共产党第二十次全国代表会在北京胜利召开，奏响了中华民族复兴向着第二个百年奋斗目标前进的时代强音。习近平总书记在党的二十大报告中全面阐述了新时代新征程中国共产党的使命任务，庄严地向全世界宣告：从现在起，中国共产党的中心任务就是团结带领全国各族人民全面建成社会主义现代化强国、实现第二个百年奋斗目标，以中国式现代化全面推进中华民族伟大复兴。华夏传播研究会的华传学人自觉倾听时代呼唤，主动承担历史使命，积极应对中国式现代化战略需求，以中国式现代化推进中国传播学自主知识体系的建构和发展，积极推进华夏传播学与马克思主义理论相结合，尤其是与中国化、时代化的马克思主义相结合，与伟大的新时代中国特色社会主义建设实践相结合，以期为中国式新闻传播学作出更大的贡献。

吴予敏先生曾深刻指出，“华夏传播学”作为“从中国文化本位和传统文化的‘创造性转化’角度出发的中国传播学”，是一种典型的中国式的传播研究，其产生的社会背景和文化土壤正是中国式现代化进程中传统文化的隐性存在。我们认为，“内圣外王”作为产生于轴心时代中国并且全面继承前轴心时代中国文明的独特“传播观念”，其意义在于标识出了“华夏传播学”的两条理论谱系，一条是以“心”“性”“天”“命”诸多核心概念为关键词的中国传播思想脉络，另外一条是以经世致用为指归的实践取向的传播研究脉络。2022 年，集聚在华夏传播研究会、福建省高校人文社科基地 · 中华文化传播研究中心、厦门大学传播研究所旗帜下的华传学派研究者步履不停、同心同德，沿着上述两条脉络开展了多项志在“通古今之变”的华夏传播研究。春种兮，秋来有所获。在过去一年的理论与实践研究工作中，华传同仁们秉持构建传播学“中华学派”的理念，在华夏传播研究事业田中坚持耕耘，硕果累累，实现了书斋研学与田野纪实的双向落实。诸多“不平凡”的成就为华夏传播事业添就了浓墨重彩的一笔。

(1) 书斋研学，笔耕不辍：华传书卷再续壮丽新篇

在学术论坛方面，“披星戴月”。2022 年，华夏传播研究会顺利主办或承办了多场学术会议：“华夏文明与现代传播高峰论坛”(2022. 4)、“陈元光文化与中华文明传播学术研讨会”(2022. 9)、“第二届华夏文明与传播学中国化高峰论坛”(2022. 11)、“第二届华夏丝路符号传播论坛”(2022. 12)、“《道德经》与中华优良家风家训传播研讨会暨古同安历史文化传承发展高峰论坛”(2022. 12)、“2022 年中华文化传播国际论坛”(2022. 12)，与会人员近千余人次，取得热烈反响。各方学者专家或不辞辛劳地奔赴线下会场，或囿于新冠形势限制，克服困难齐聚云端会议室，积极分享学术观点，共襄研学盛举，为华夏传播研究贡献智慧。

在传道授业方面，“多向并举”。华夏传播的教育园丁们立足三尺讲台，倾囊相授，并不断探索创新教学路径，为华夏传播事业培育新一代的学术幼苗。华夏传播研究会会长、厦门大学新闻传播学院谢清果教授立足华夏传播学，以师门“果园”为核心，每周举办果园读书会，围绕《孟子》《礼记》《共识与秩序：中国传播思想史》等优秀著作展开研读，挖掘创新视角，致力于打造具有“真才实学”的学术共同体队伍。同时，开设了研究生课程——“中国传播理论研究”“媒介学与文明研究”“研究前沿—华夏传播”“史论精解—华夏传播史论”，以及本科课程——“华夏文明传播”(建有同名慕课)、“华夏传播概论”(建有“华夏传播引论”慕课)、“道德经”(同名省级精品慕课)等精彩的华传课程，制定了《中国式关系：人际传播思想研究》《仰望星空：中国关系思想史》等研究计划大纲，与学生在华夏传播的学海中探索新知，碰撞火花。

为进一步丰富学生学术素养，谢清果以课堂和读书会为依，不定时举办“中华文化传播大讲坛”，邀请著名专家学者分享其独到的学术见解，其中包括中国社会科学院新闻与传播研究所沙垚副研究员主讲的《乡村传播的知识地图》、暨南大学李红教授主讲的《中华传统文化与传播》(共 5 讲)，《新闻与传播评论》编辑部副主编刘金波研究员主讲的《中和之美：〈礼记〉的和谐思想》，集美大学王惠蓉副教授主讲的《“自我开创”与“社会合理性”之间的文化产业实践——以德化陶瓷传统手工技艺文化遗产的现代转型

为考察对象》，复旦大学邓建国教授主讲的《对空言说话奇云：谈谈彼得斯的传播与媒介思想》等内容，为学生提供丰富的学术资源，培养学生勤思切问善写的能力。

在著作成果方面，“笔耕不辍”。2022年来，厦门大学华夏传播研究团队又推出《华夏圣贤传播论》《华夏传播范畴论》《华夏传播观念的传播学诠释与当代价值》等著作，同时，团队继续乘风破浪，矢志前行，在《国际新闻界》《新闻大学》等期刊上发表论文10余篇，并承担了福建省新型智库工作领导小组办公室委托的“构建福建文化标识体系研究”项目。尤为可喜的是，2022年，在谢清果教授带领下，厦门大学华夏传播研究团队成功申报了第一个国家社科基金重大项目“铸牢中华民族共同体意识的传播策略研究”，取得了学界的高度关注与好评。未来一段时间内，随着课题的开展，对于华夏文明传播与中华民族共同体意识的内在关系的探讨，也将成为学术生产新的动力和增长点。同时，作为学术共同体平台的《中华文化与传播研究》《华夏传播研究》《中华老学》集刊继续出刊，搭建中华文化传播研究的学术平台，持续作为推进传播学中国化研究的一面旗帜。

此外，杨柏岭、张泉泉主编的教材《文化与传播十五讲》，于翠玲所著的《中国书籍文化史研究》、周颖所著的《亚洲主张：全球传播背景下的亚洲传播理论研究》等最新著述为华夏传播学成果之林再添硕果。华传之宇，星空愈明。

(2)田野践学，步履不停：华传脚步踏迈祖国大地

2022年，中央政治局专门就深化中华文明探源工程进行集体学习，习近平总书记指出，要立足中国大地，讲好中华文明故事，阐明中国道路的深厚文化底蕴。当代中国既是历史文化传统的延续，也是新时代实践的产物，实地走访调研是了解当下实践最好的方式之一。

过去的一年里，华夏传播研究团队走出书斋，积极拥抱田野，在亲身实践中记录对华传学科的热忱、深化对华夏大地的见闻。研究中心历史性地承接了福建省委智库工作领导小组办公室委托的“构建福建文化标识体系研究”项目，正式开始了建设智库的崭新篇章。从年初到年尾，从闽南到闽北，谢清果教授带领中心成员于厦门、漳州、龙岩、平潭、宁德等地走访实践，留下传播学本土化的现实足迹。在厦门集美，通过走访集美塔、陈嘉庚纪念馆等，了解华侨文化，学习以“忠公、诚毅、勤俭、创新”为核心的嘉庚精神；在龙岩，参访龙岩市博物馆、厦门大学长汀校址、中共永定支部等，践行党史学习教育、追寻红色记忆，凝望厦门大学历史，砥砺后辈不负责任与使命；在宁德屏南，参观龙潭村、北墘村、漈下村、福文化展示馆等地，考察乡村变化，思考福建山村中国式现代化的发展之道……通过这些社会调研活动，华传学人真正地沉下心、俯下身，将华夏传播的笔触落在祖国大地上。此外，依托“传播学本土化”“华传公学”“华传

学派”的华夏传播微信公众号矩阵，在对实践纪行的连续报道中传递华夏传播的乐学、乐行经历。

凡是过往，皆是序章。在一众华传同仁的努力之下，已为2022年的工作交上一份满意的答卷，前行之路，华夏传播研究者们也将笃行不怠。华夏传播事业作为致力于构建传播学自主知识体系为终极目标的伟大事业，坚持“中华文化立场·全球传播视野”理念，努力打造本土传播学的学科体系、学术体系与话语体系，努力为推动中国式现代化建构中国式新闻传播学，为中华民族伟大复兴，建构具有中国特色、中国风格，中国气派的华夏传播学，阐释好中华文明的共生传播气质，以向世界讲好中国故事奠定思想基础，提供理论支撑。这是华夏传播研究学术共同体的初心与使命，华夏传播同仁们也必将享受这共同奋斗的过程。怀抱着这份初心，面向未来的华夏传播学必然将在守正出新的道路上为中国传播学自主知识体系建构作出新的贡献，在深化文明交流互鉴，推动中华文化更好走向世界，在树立和突出各民族共享的中华文化符号，塑造可信、可爱、可敬的国家形象和中华民族形象等诸多面向未来的传播学研究领域方面，扎根中国大地、凸显民族特色、传承传统文化，持续做好学术研究，让华夏传播事业的火光聚至益盛益明。

（华夏传播研究会秘书处）

2.2.3.7 中国认知传播学会2022年度工作综述

在国家大力呼吁新文科建设的背景下，新闻传播学作为哲学社会科学体系的重要支撑学科也在积极求新求变，拓展新领域，培育增长点，开启新模式。其中，认知传播学就是近年来国内学界涌现出来的传播学新范式和新进路。

认知传播学是认知科学与传播学跨越边界、思想互浸、有机结合后滋生出来的一个交叉复合型研究领域。作为一门融合了传播学、语言学、修辞学、心理学、社会学等诸多学科的新兴学科，认知传播学通过对传播过程中人类感知以及思维信息处理过程的研究，将人脑的认知机制放置在了重要位置，推动了我国社会人文学科建设以及学科的跨界融合。当前，认知传播学已经成为中国传播学将来的重要学术增长点，它统合了宏观叙事和微观叙事两种研究范式，为中国特色社会主义新闻传播学体系的构建提供了突破传统窠臼的思想空间。

随着认知传播学向纵深发展，认知传播学会应运而生。认知传播学会是北京大学全球修辞学会下属的二级学会，成立于2014年4月，现有400多名会员。现任会长是著名传媒学者、四川大学二级教授、博士生导师欧阳宏生。

近年来，认知传播学会每年举办学术年会和国际论坛，先后在南开大学、暨南大学等高校举办八届年会，探讨认知传播学的理论脉络、应用实践、学科建设与发展路径。

此外，认知传播学会还获得了十余项国家社科基金项目资助，出版专著 3 部、“认知传播学论丛”4 部，在《现代传播》《国际新闻界》《西南民族大学学报》《编辑之友》《学术界》《中州学刊》《南京社会科学》《湖南师范大学学报》《中国广播电视学刊》等 CSSCI 来源期刊发表论文 100 余篇。

作为初步显现的 21 世纪知识蓝海，认知传播学的学术版图已经在一代又一代研究者的努力下不断深化和裂变发展，为中国特色社会主义新闻传播学的体系建构形成更为宽广的话语路径，拓展更加高远的思想空间。

(中国认知传播学会秘书处)

2.3 学科评议组、教指委

2.3.1 国务院学位委员会第八届学科评议组新闻传播学科组工作介绍

国务院学位委员会第八届学科评议组新闻传播学科组(以下简称“评议组”)，召集人为中国传媒大学隋岩教授和中国社会科学院大学唐绪军教授，秘书长为中国人民大学胡百精教授，评议组成员有复旦大学张涛甫教授、武汉大学单波教授和华中科技大学张明新教授，秘书处设在中国人民大学新闻学院。

为深入学习贯彻党的二十大会议精神，依照上级部署安排，评议组于 2023 年初面向国内重点院校征求关于学位授权点及二级学科设置的意见。根据征集意见结果，评议组修订/编写了《一级学科简介及其博士、硕士学位基本要求》和《博士硕士学位授权点申请基本条件》，其中重点对新闻传播学一级学科简介以及部分二级学科的设置作出了说明。此次修订力求反映新闻传播学学科特色，突出学科前沿，以期更好满足我国经济、社会和科技发展对人才的需求，进一步科学建构自主知识体系，不断提升人才培养质量。

根据国务院学位委员会的有关文件精神，评议组还开展了研究生培养指导工作和学位点专项核验等工作。评议组重点指导各新闻传播学科点培养单位坚持马克思主义新闻观，面向新时代新闻媒体深度融合发展、国家治理体系和治理能力现代化、国际传播能力提升与全球文明交往的现实需求，积极改革培养体制机制，创新培养模式，以坚实的教学科研成果响应新时代国家和行业对于高素质全媒化复合型专家型新闻传播人才的需求，推动跨学科人才联合培养机制创新。

（国务院学位委员会第八届学科评议组新闻传播学科组秘书处）

2.3.2 教育部高等学校新闻传播学类专业教学指导委员会 2022—2023 年度活动综述

2022 年以来，新闻传播学类专业教学指导委员会在教育部高教司的领导下，深入贯彻落实党的二十大精神和习近平总书记关于教育的重要论述和重要指示批示精神，全面落实立德树人根本任务，全方位加强课程思政建设，全力推进新文科教育改革，打造新闻传播高等教育共建共享平台，持续推进中国新闻传播大讲堂建设，取得了较为丰硕的成果。

2.3.2.1 召开新闻传播学类专业教指委第五次全体会议

2023 年 5 月 12 日，新闻传播学类专业教学指导委员会第八次全体会议在广州召开。教育部高等教育司二级巡视员、人文社科教育处处长张庆国，教指委委员以及高等教育出版社成员线下参加了此次会议。会议由新闻传播学教指委秘书长、中国传媒大学本科生院院长王晓红主持。教指委副主任委员、暨南大学党委书记林如鹏代表暨南大学致辞，教育部高等教育司二级巡视员、人文社科教育处处长张庆国发表"充分发挥教指委作用全面提高新闻传播人才自主培养质量"主旨讲话。

教指委主任委员、中国传媒大学新闻传播学部学部长高晓虹首先向全体与会委员汇报教指委在 2022—2023 年度完成的工作，并就下一阶段工作进行部署。高晓虹教授指出，教指委在未来一年的工作重点将主要围绕聚焦高等教育新的使命任务、持续开展高校新闻传播院系骨干教师马克思主义新闻观主题培训、夯实国际新闻人才培养基础、着力建设中国新闻传播大讲堂等工作开展，实现高质量发展，构建新闻传播教育领域的自主知识体系，开创中国特色新闻传播教育的新局面。

教指委副主任委员、时任中国人民大学副校长胡百精，教指委副主任委员、武汉大学新闻与传播学院院长强月新，教指委委员、浙江大学传媒与国际文化学院院长韦路，教指委委员、西安交通大学新闻与新媒体学院教授杨琳，教指委委员、新疆大学党委宣传部部长张允在会上作主题发言。教指委委员、上海外国语大学新闻传播学院院长郭可介绍世界新闻教育大会相关情况。会议最后，教指委委员们就教指委工作进行热烈讨论，进一步明确了教指委未来的工作目标与工作思路。

2.3.2.2 举办2023年新闻传播学院院长论坛

2023年5月13日，2023年新闻传播学院院长论坛在广州隆重举行。本论坛由教育部高等学校新闻传播学类专业教学指导委员会主办，暨南大学新闻与传播学院承办，高等教育出版社、暨南大学教育发展基金会和暨南大学出版社协办。

论坛以“新时代、新文科、新动能：中国特色新闻传播学高质量发展”为主题。来自全国近200所高等学校新闻院系的院长、专家学者共聚一堂，共谋中国特色新闻传播学科实现高质量发展的新战略新方向新路径。新闻传播学教指委秘书长、中国传媒大学本科生院院长王晓红主持此次论坛。

教育部高等教育司二级巡视员、人文社科教育处处长张庆国致开幕词，提出新闻传播人才的培养要做到“三守正、三创新”。新闻传播学教指委主任委员、中国传媒大学新闻传播学部学部长高晓虹，教指委副主任委员、暨南大学党委书记林如鹏致辞。

教指委副主任委员、时任中国人民大学副校长胡百精，教指委副主任委员、复旦大学新闻学院院长张涛甫，中国传媒大学电视学院党委书记曾祥敏，清华大学新闻与传播学院院长周庆安，北京大学新闻与传播学院院长陈刚，教指委副主任委员、武汉大学新闻与传播学院院长强月新，教指委委员、上海交通大学媒体与设计学院院长李本乾，暨南大学新闻与传播学院院长支庭荣，高等教育出版社党委委员、副社长王卫权做主题发言。此次论坛还设置了“专业课程思政与‘马新观’教育”“国际传播话语提升与人才培养”“新文科建设与特色化人才培养”“数字变革背景下的新闻传播”“中国特色新闻传播学科建设与发展”“新闻传播教育创新与技术赋能”六个平行分论坛。与会嘉宾围绕主题进行了充分的交流，为推动新时代新闻传播学科高质量发展提出真知灼见。

2.3.2.3 举办“前沿探索：数字时代新闻和大众传播教育的发展与变革”国际学术论坛

2023年6月29日，由教育部高等学校新闻传播学类教学指导委员会秘书处支持、中国传媒大学主办的“前沿探索：数字时代新闻和大众传播教育的发展与变革”(Shaping the Future：The Evolving Landscape of Journalism and Mass Communication Educationin the Digital Age)国际学术论坛在中国传媒大学国际交流中心隆重举行。此次会议注重研讨话题的前沿性、专业性及创新性，凝聚海内外学者智慧成果，积极探索新时代中国新闻传播自主知识体系的建设。

会议首日，中国传媒大学校长张树庭出席大会开幕式并致辞。NCA前主席Stephen John Harnett教授莅临大会并致辞，会议同时收到联合国教科文组织东亚跨部门办事处主任 Shahbaz Khan 教授和 NCA 副主席 Marnel Niles Goins 教授以视频形式发来的祝福。大会主论坛由中国传媒大学电视学院李智教授主持，来自北京大学、清华大学、中国传媒大学等高校的学者围绕“数字时代背景下媒体融合与视听传播”“新闻传播教育的发展与变迁”“中国国际传播的困境与机遇”等相关话题展开探讨，为新闻教育和数字化人才培养等议题提供了多种新视角与新思路。

研讨会开设四组学者分论坛、九组教师线上分论坛和四组学生圆桌会议分论坛。6月29日下午，学者们围绕“新闻教育”“国际传播”“数字化时代的通识教育与新闻传播人才培养”等议题展开了主旨演讲与讨论。

2.3.2.4 圆满完成国家级一流本科专业建设点推荐工作

根据教育部《关于实施一流本科专业建设“双万计划”的通知》工作要求，新闻传播学类专业教指委按照高教司的工作部署，自2019年起，连续三年开展新闻传播学类国家级一流本科专业建设点推荐工作。2022年3月，教指委启动第三批建设点推荐工作。

教指委教指委主任、副主任牵头举行线上会议，专项讨论推荐第三批新闻传播学类专业国家级一流专业建设点，采用“精审+泛审”相结合的审议方法，成立6个工作小组，充分讨论酝酿，形成推荐意见。3月29日下午，召开全体委员线上会议，各小组汇报推荐意见，经全体委员充分讨论后进行全体无记名投票，最终推荐39个中央赛道一流本科专业建设点，60个地方赛道一流本科专业建设点。

至此，三批国家级一流专业建设点推荐工作已全部结束，共推荐中央赛道一流本科专业建设点109个，地方赛道一流本科专业建设点120个。

2.3.2.5 圆满完成2022年“中国新闻传播大讲堂”建设工作

2022年11月8日，2022年“中国新闻传播大讲堂”启动仪式在京举行。时任教育部高等教育司司长吴岩，中宣部新闻局副局长张庆华，中国记协党组成员、书记处书记吴兢，中国传媒大学校长张树庭出席启动仪式并发表讲话；教育部、中宣部相关司局负责同志，中国记协主要负责同志等现场参会，全国261所高校的近千名新闻传播学类专业师生线上参会，教育部官方网站在11月10日刊发了2022年“中国新闻传播大讲堂”启动仪式新闻。人民日报社、新华社、央视新闻、光明日报社、学习强国等30余家主流媒体、新闻客户端对此次活动进行报道。2020—2022年，教指委共邀请55家主流媒体共106位优秀新闻工作者走进课堂，将优秀新闻工作者的实践经验转化为优质鲜活的视频课程资源。

同时，教指委以线下宣讲的方式扩大教育教学效果。2022年，教指委将参与编创制作的学生组成大讲堂学习分享团——“知行团队”，以编创者、学习者、传播者身份，与浙江大学、云南大学、中华女子学院、浙江工商大学等全国高校学生分享大讲堂制作经验与感悟，形成热烈反响。

此外，教指委在教育部高教司指导下，依托大讲堂积极推动信息化时代基层教学组织创新，建设“中国新闻传播大讲堂课程群虚拟教研室”，推动区域协同育人和优质教育资源共享。团队以大讲堂为核心，构建新闻传播学专业核心课程群，创新教研形态、加强教学研究、共建优质资源、开展教师培训，推动形成新闻传播教学研究共同体，助力新闻传播教育的高质量和内涵式发展。2022 年 7 月 26 日，举行中国新闻传播大讲堂课程群虚拟教研室教研交流活动，全国 300 多所新闻传播院校的 400 余位教师参加，清华大学、复旦大学、北京师范大学、中央民族大学等院校的 11 位教学经验丰富的一线教师结合自身教学经验，分享了大讲堂资源应用情况。

2.3.2.6 推动高等教育普及化，推进优质教学资源共享

为促进各全国新闻传播院系交流，共享优质教学资源，教指委面向各高校新闻传播院系建立微信群，邀请全国 719 所设有新闻传播学类专业的院校和 1392 个专业教学点的负责教师入群，同步建立、完善电子邮箱和电话通讯录，通过数字化、网络化方式，在全国范围内推广各类教育教学资源，有效辐射到西部地区高校和民族院校。

2022 年 1 月，为深入贯彻落实党中央关于新时代振兴中西部高等教育的决策部署，促进优质教学资源共享，教指委发起“臻品西行 · 共享共建”赠书行动，赠送《第 30 届中国新闻奖获奖作品新媒体展示手册》和《中国广播电视大奖新媒体展示手册：2017—2018 年度广播电视节目奖获奖作品》，两册图书共收录了 442 件彰显“四力”的优秀新闻作品。2023 年 3 月，教指委发起第二批赠书活动，赠书包括《第 32 届中国新闻奖获奖作品新媒体展示手册》。

2023 年 4 月，由中宣部《党建》杂志社和中国传媒大学联合出品的“鲜花献英烈”融媒体交互产品上线党建网微平台，运用融媒体技术，以云上献花的形式缅怀英雄先烈，通过微信群、电子邮件和短信形式，邀请各所院校师生网络云献花，创新课程思政教育和爱国主义教育。

此外，借助数字化方式，教指委通过多元渠道、多维路径广泛传播“中国新闻传播大讲堂”启动仪式、视频课程等资源，知识资源覆盖全国新闻传播专业学生、新闻从业人员和高校其他专业学生。

2.3.2.7 研制《新闻传播学专业类课程思政教学指南》

2020 年，教育部印发了《高等学校课程思政建设指导纲要》，对全面推进课程思政建设提出了具体而明确的要求。党的二十大报告再次强调，培养什么人、怎样培养人、为谁培养人，是教育的根本问题，育人的根本在于立德。为了更好地落实《关于深化新时代高校思想政治理论课改革创新的若干意见》和《高等学校课程思政建设指导纲要》，2022 年 1 月，教指委发布《新闻传播学类专业课程思政教学指南》，深入贯彻落实教育部高教司关于开展专业类课程思政教学指南研制工作的各项要求，推动新闻传播专业课程思政教学，更好培养堪当民族复兴大任的新闻传播人才。

2.3.2.8 建设新闻传播类课程思政示范课，其中六门为国家级示范课

近年来，教指委在教育部高教司的指导下，落实立德树人根本任务，在编制《新闻传播学类专业课程思政教学指南》的基础上，建设 6 门国家级课程思政示范课：中国传媒大学“融合新闻学”、复旦大学“马克思主义新闻思想”、东北石油大学“传播学”、暨南大学“新闻采写”、中国社会科学院大学“影片解读”、延安大学“陕甘宁边区新闻史——走进红色新闻历史现场”。

为深入实施《教育部高等教育司关于进一步做好课程思政教学有关工作的通知》，提升新闻传播学类课程思政整体质量，发挥课程思政示范课程的在教学指南和一线教学中的实践作用和引领作用，建立健全课程思政示范课程体系，贯彻落实示范课程数字化转化、教师培训、教学指南细化三项重点工作，教指委于 2022 年 12 月制定推出了新闻传播学类课程思政示范课程数字化转化实施方案，旨在全面落实立德树人根本任务、推动中国新闻传播教育质量提升、探索新闻人才培养的全新模式。通过新媒体手段，教指委于 2023 年 1—3 月将 6 门国家级示范课进行了数字化转化，在全国范围内发挥重要引领和示范作用。

2.3.2.9 研制新闻传播学类专业教学要点

2022 年 12 月，在教育部高教司指导下，教指委对照国家经济社会发展对新时代文科人才培养的需求，在广泛参考各新闻传播学类院校相关专业培养方案的基础上，梳理细化本专业类人才培养的知识、能力、素质要求，研究提出了新闻传播学类专业核心课程和教学要点。

《新闻传播学类专业教学要点》首先提出了新闻传播学类专业建设的总体要求和教学目标，进一步对专业培养方案进行了系统梳理，对包括新闻学、广播电视学、广告

学、传播学、编辑出版学、网络与新媒体、数字出版、国际新闻与传播 8 个本科专业的培养目标和培养要求进行了明确规范，并系统列出专业核心课程与知识要点，为新闻传播学类专业人才培养提供有力支撑。

2.3.2.10 完成专业设置评议与咨询工作

教指委作为教育部聘请并领导的专家组织，接受教育部的委托，开展高等学校本科教学的研究、咨询、指导、评估、服务等工作。2022 年 8—9 月，按照教育部高教司的要求，组织全体委员对于全国各高校提交的新设新闻传播学类专业的材料进行线上审核，以“新闻传播学类专业本科教学质量国家标准”为依据，遵循“公平、公正”的工作思路，结合各高校的申报材料，对人才培养方案、师资队伍情况、实验设备情况等内容进行重点审核，并提出中肯的意见与建议，顺利完成2022 年度专业设置评议与咨询工作。

(教育部高等学校新闻传播学类专业教学指导委员会秘书处)

2.4 新闻教育界协作组织——多语种国际传播教育联盟

为服务中国国际传播能力建设，培养更多具有国际化视野的复合型、复语型高层次国际传播人才，2019 年，北京外国语大学国际新闻与传播学院联合全国开展国际传播人才培养的高等院校、科研机构和国际传播媒体机构，倡议发起成立“多语种国际传播教育联盟”。联盟的宗旨是，全面贯彻落实习近平新时代中国特色社会主义思想，合力打造“四个平台”(多语种国际传播人才培养平台、多语种国际传播教学交流平台、多语种国际传播研究平台、多语种国际传播人才供需联络平台)，实施卓越新闻人才培养计划，推动和提升多语种国际传播人才教育。

2019 年 9 月 18 日，多语种国际传播教育联盟在北京宽沟会议中心召开首届理事会全体会议，来自联盟成员单位的 30 余位代表参加会议。会上，联盟成员单位代表就联盟的未来发展畅所欲言，探讨合作开展多语种国际传播人才培养和研究，讨论并通过《多语种国际传播教育联盟章程(草案)》，推选北京外国语大学学术委员会主任袁军教授担任联盟理事长，决定将联盟秘书处设立在北京外国语大学国际新闻与传播学院。

目前，联盟共有 32 家发起单位，包括北京外国语大学国际新闻与传播学院(牵头发起单位)、中国外文局当代中国与世界研究院、中国日报网、清华大学新闻与传播学院、北京大学国家战略传播研究院、中国人民大学新闻学院、中央民族大学新闻与传播学院、华中科技大学新闻与信息传播学院、浙江大学传媒与国际文化学院、山东大学新闻传播学院、上海外国语大学新闻传播学院、四川外国语大学新闻传播学院、广东外语外贸大学新闻与传播学院、大连外国语大学文化传播学院、西安外国语大学新闻与传播学院、对外经济贸易大学英语学院、北京第二外国语学院中东学院、湖北大学新闻传播学院、黑龙江大学新闻传播学院、重庆大学新闻学院、重庆工商大学文学与新闻学院、郑州大学新闻与传播学院、河北大学新闻传播学院、外语教学与研究出版社、北京外国语大学俄语学院、北京外国语大学欧洲语言文化学院、北京外国语大学亚洲学院、北京外国语大学非洲学院、北京外国语大学高级翻译学院、北京外国语大学德语学院、北京外国语大学法语语言文化学院、北京外国语大学日语学院。

2019—2022 年，多语种国际传播教育联盟共举办四次国际新闻与传播教育论坛，凝聚各高校、科研院所以及社会各界的共识与合力，为国际传播人才培养提供交流、合作平台。

2019 年，由联盟牵头发起单位北京外国语大学国际新闻与传播学院主办、中国新闻史学会外国新闻传播史研究委员会协办的首届国际新闻与传播教育论坛在北京宽沟会议中心举行。论坛主旨为“创新国际新闻与传播教育，构建中国特色对外传播话语体系”。来自全国 40 余所高校、科研机构和国际传播机构的 70 余位代表与会，共同回顾中国国际新闻与传播教育的成就与挑战，探讨国际传播教育研究和马克思主义新闻观践行的路径和方法。此次论坛受到《光明日报》、中国日报网、人民网、澎湃新闻、北京卫视《特别关注》栏目、《中国社会科学报》、中国社会科学网等媒体的广泛关注。

2020 年，第二届国际新闻与传播教育论坛暨粤港澳大湾区多语种国际舆情研究论坛在广州白云国际会议中心拉开序幕。此届论坛由多语种国际传播教育联盟主办，广东外语外贸大学新闻与传播学院、广州国际城市创新传播研究中心联合承办，中国新闻史学会外国新闻传播专业委员会、北京外国语大学国际新闻与传播学院协办。论坛以“新闻与传播教育”和“粤港澳大湾区多语种国际舆情研究”为主题，聚焦“疫情传播中的叙事：国家、区域与个体”，下设“国际新闻传播教育与学科发展论坛”“中国‘抗疫’故事的国际传播”“国际新闻与传播教育新叙事”“疫情传播中的个体叙事与国家民族认同”及“疫情传播与治理”5 个平行论坛。

2021 年，以“新时代的国际传播：中国特色话语体系和叙事体系的建构与创新”为主题的第三届国际新闻与传播教育工作交流会受疫情影响于线上举行，并在四川外国语大学设立线下会场。交流会由联盟成员单位四川外国语大学新闻传播学院和北京外国语大学国际新闻与传播学院联合主办。此次交流会上有 15 位专家参加主题演讲，20 位来自全国新闻传播学院的院长参与题为“国际新闻教育改革与创新”的院长论坛。此外，交流会还设立了“国际传播的问题域与范式转型”“中国特色叙事体系与国际话语权”及“国际传播的平台创新与话语选择”三个分论坛，方便专家学者和青年学子围绕新时代背景下国际新闻与传播教育相关议题开展交流与研讨。

2022年，由大连外国语大学、多语种国际传播教育联盟主办，大连外国语大学新闻与传播学院、北京外国语大学国际新闻与传播学院承办的第四届国际新闻与传播教育论坛在大连云端召开，会议主旨为“建构新闻传播学自主知识体系：反思与探索”。来自全国高校、科研机构和对外传播管理机构的200余位代表与会，着重探讨新闻传播学自主知识体系的内涵和构建，以及国际新闻与传播教育的改革和创新。学术志平台提供直播，千余人在线收看了直播。此届论坛共设置六个平行论坛，分别围绕“新闻传播学自主知识体系的构建研究”“国际传播发展趋势与理论拓展研究”“中国特色话语体系和叙事体系研究”“跨文化传播与国家形象研究”“全面提升国际传播效能研究”及“增强中华文明传播力影响力研究”等议题展开研讨。

为全面勾勒当前多语种国际传播人才的培养现状，2021年10月，联盟秘书处向联盟内27家具有教学职能的成员单位(北京外国语大学亚洲学院和北京外国语大学非洲学院的数据进行合并统计)发送《多语种国际传播教育联盟人才培养状况调查问卷》，进行数据收集，开展情况调研。调研报告在第三届国际新闻与传播教育工作交流会上正式发布。

报告共分为三部分：成员单位所在学校2021年度开设语种情况，成员单位2021年度师资情况，成员单位2019—2021年度毕业生情况。语种开设方面，考察了成员单位开设语种明细，开设语种数量及排名，最常开设的五大语种及开设该语种的成员单位数量。师资情况方面，考察了成员单位专任教师数量排名，拥有博士学位专任教师人数及占专任教师总数比例排名，硕士生导师、博士生导师人数及占专任教师总数比例排名，拥有三个月以上海外访学经历专任教师人数及占专任教师总数比例排名，外籍专家人数及占专任教师总数比例排名。毕业生情况方面，考察了2019—2021年度成员单位本科、硕士、博士的毕业生人数、就业人数和就业率，本、硕深造比例排名，本、硕国内升学和出国(境)深造的主要去向高校，本、硕、博的就业类型分布，成员单位毕业生中在央视、新华社、人民日报社、中国日报社、中国新闻社、中国国际广播电台六家中央级主流媒体单位的就业人数排名，以及除以上六家媒体外，在其他媒体就业的人数排名。

(多语种国际传播教育联盟秘书处)

3. 教育者篇

3.1 院长论衡

3.1.1 周庆安：在两个大局中坚守新闻传播教育的初心

进入21世纪的第三个十年之后，中国与世界的新闻传播环境都在发生深刻的变革。以百年未见之大变局和中华民族伟大复兴的历史大局作为历史背景，新闻传播教育也面临着重新寻找历史方位的重要任务。教育的核心是人才培养，如何培养人、培养什么样的人，对于当前的新闻传播学院来说成为前所未有的挑战性命题。

3.1.1.1 理解核心和边缘

做好新闻传播教育，首先要在大变局中明确人才培养的核心竞争力和主要任务。从20世纪初新闻传播教育正式确立以来，在迄今100多年的时间中，新闻传播教育成为一种以叙事能力为核心的教育形态。通俗地说，新闻传播工作的核心竞争力就是讲故事，主要任务就是讲好在不同的媒介技术平台上，基于不同的信息传播规律的故事。

因此，叙事能力培养是新闻传播教育的核心竞争力所在。新闻传播教育以叙事能力和叙事伦理为核心，以信息规律变迁作为叙事教育的新基础设施。同时，我们应当明确新闻传播人才，是在任何信息环境中都能完成高水平的叙事人才。这种叙事，主要以非虚构、有时效性的叙事为主，借助多元化的叙事艺术，最终帮助人实现对于客观世界真实、准确和全面的认知。

当然，随着技术的快速发展，新闻传播教育的边缘的确也在不断扩大，传播技术从认知的基础设施开始逐渐成为认知自身的一部分，在这种情况下，新闻传播学科发展出现了一种耗散结构，通过边界的不断扩大最终形成对于内部秩序的再稳定。这是学科发展的一个必然趋势，通过不断的融合交叉，最终形成学科新的中心地带和有益边缘。当前我们正处于这个耗散过程中，尽管新闻传播学科的侧重点在不断地变化，具有更多的争论，但是坚守教育的核心，包容地看待新闻传播的边缘，是当代教育人必须形成的共识。

3.1.1.2 区分内涵与环境

即便在社交媒体和人工智能环境中，新闻传播教育仍然有极为充分的内涵。而叙事教育的维度，也随着外界环境的不断变化。因此，做好新闻传播教育，还要正确理解环境变化产生的影响。

新闻传播作为一种高度意识形态属性的学科，对环境的感受力是无可比拟的。一方面政治经济环境强烈冲击和改变叙事的观念，另一方面技术环境的变化，会影响叙事的样态。这些是进一步加强学科核心竞争力的关键，而不是放弃学科本体的理由。百年前，这种环境影响因素可能是政治、经济和文化；当前，技术、情绪、群体认知等也开始逐渐被放大，成为影响学科发展的众多因素。

值得警惕的是，正如本雅明在《机械复制时代的艺术》中所强调的，今天新媒体技术的变化，在舆论环境中开始逐渐形成一个新的“话语复制时代”。在新闻传播事业的发展过程中，复制作为一种手段，对于话语的传播具有不可或缺的功能。从古登堡的印刷机，到电视的出现，无不是在复制手段上的升级，也推动了新闻传播教育的转型升级。

但这一轮复制，技术开始逐渐侵入内涵，传播碎片化、情绪化和后真相化带来了表达的贫瘠和叙事的单一。新闻传播教育的主客体关系开始逐渐发生变化。尤其是基于AIGC的叙事技术，基于元宇宙的虚拟技术和基于大数据的表达技术这三个方面的变化，使得媒介更成为一种社会建构的结构，而非简单的渠道。在这种情况下，知识生产的方式有可能面对新的冲击，复制从技术层面转向结构层面，从而影响了人们的认知和接受习惯。在可能的“话语复制”时代，用优秀的文化产品传承各文明形态的任务将会弥足艰巨。

当然，新闻传播也因为结构的变迁，成为支撑社会功能的元学科。我们应当借助外在环境的变化，进一步强化了新闻传播教育的内涵。内涵上看，新闻传播作为一种叙事教育，永远需要以内容上的原创、技术上的复制作为教育的根本，立足人文主义的内涵，借助科学范式，利用技术路径不断创新发展。

3.1.1.3 连接中国与世界

做好新闻传播教育，更需要理解新闻传播人才的中国化和世界性。沟口雄三在《以中国为方法》中曾说，要理解把中国作为构成要素之一，把欧洲也作为构成要素之一的多元世界。保罗·柯文也以中国中心观来回应费正清的冲击—反应模式。这说明全球不少学者都意识到，以中国为方法，是进一步明确中国的主体性。中国作为一种悠久的文明主体，在叙事教育中具有文明、国家、政党和时代等多种基本特质。而这些特质都与世界既保持密切联系，又有自身的特色。

新闻传播学科的发展，是全球现代化历程的一个缩影。它既有现代化的各种特征，又高度依赖于工业文明甚至信息革命的成果，不断深入地影响世界和中国。在中国进一步扩大改革开放，深度融入世界，构建人类命运共同体的历史进程中，新闻传播学科需要重新明确中华文明、中国经验、本土案例和现实路径的意义，通过这些建构自身的民族主体性和学科主体性。

在5000年的文明进程中，中国与世界一直都密不可分。21世纪以来，新闻传播更是成为一种连接中国与世界的重要桥梁。这种连接不仅是功能上的，更是观念上的。新闻传播工作从来都是一面镜子，投射出的不仅是客观世界，还是人们认知客观世界时的观念和心态。一方面，讲好中国故事，传播好中国声音，是建立全球良性中国观的重要使命；另一方面，通过广义的传播活动，中国人也更多地理解我们身处的多元世界，从而找到自己的复兴坐标。

新闻传播这一学科的建立，是人类走向科学理性的历史进程中，对于自身和世界关系的一次再梳理。因此，新闻传播的教育者，应当是这个社会上最敏感、同时也可能是最容易焦虑的群体。我们身处叙事教育的第一线，直接感知所有社会信息的变化，面临如何将中国与世界从叙事上密切连接的历史使命。我们只有牢记叙事作为文明样态的基本结构，同时也深刻理解了科学技术作为进步的阶梯，才能最终通向一个更加完整、有序和前沿的新闻传播教育高峰。

清华大学新闻与传播学院自2002年建院以来，就树立了“国际化、实践性和研究型”的办学方针。我们理解，国际化是人才培养的制高点，实践性是人才培养的基础，研究型是人才培养的保障。近20年来，清华大学新闻与传播学院坚持“素质为本、实践为用、面向主流、培养高手”的育人理念，结合课程教学、实践教育和全球胜任力培养，把课堂建在清华园中、祖国大地上、全球热点地区，以价值塑造、知识传递、能力培养三位一体的方针，做到了精心打造优质课程、全面覆盖实践课程、突出强化全球课程。更重要的是，清华大学新闻与传播学院同仁在20多年的时间中，借助自身优势资源，与全球同行展开了深入的对话。这一切都是为了进一步响应党和国家的号召，真正落实教育、科技、人才是全面建设社会主义现代化国家的基础性、战略性支撑。

从根本上说，我们要让中国的新闻传播人才成为中国式现代化叙事体系中的一块芯片，也就意味着这个群体必须具有精英化的特点。这种精英化不是自我意识，更不是自娱自乐，而是兼具家国情怀，真正理解世界、理解中国的。新闻传播人才需要具备高度的使命感、责任心，同时还要有很强的恒心和耐力。与历史上任何一个时期不同的是，两个大局交织下的全球环境更加复杂和充满挑战。我们将面对前所未有的问题，探索前所未有的答案，记录前所未有的故事，生产前所未有的知识。这些不仅是“百年未见”的现象，更是伟大复兴的答案之一。

（清华大学新闻与传播学院院长　周庆安）

3.1.2　王峰：华东师范大学传播学院的学科建设与时代机遇

党的二十大报告提出，教育、科技、人才是全面建设社会主义现代化国家中的基础性、战略性支撑，高等教育在中国式现代化建设中的责任重大。如何建设好新闻传播学科的师资队伍，提升学生培养质量，是学科发展的关键所在。

3.1.2.1　夯实学科基础，发掘自身优势

根据华东师范大学传播学院本身状况及在国内新闻传播学科的位置，我们充分认识到兄弟院校相关学科的优势和我们的劣势。因此，必须踏踏实实地向兄弟院校学习，补齐短板，错位发展，寻找自身的专业发展特色。新闻传播学与新技术、新媒介发展关联密切，元宇宙、人工智能技术为我们提供了新的媒介传播方式，我们完全有机会也有勇气借助新技术、新媒介，打造出华东师范大学传播学院的新方向。为此，我们制定了“五位一体”的发展战略：智能传播与数字出版奠定学科基础，国际传播、媒介社会史、艺术创意传播为学科重点方向，借助新媒介发展，立足上海，辐射全国，服务国际大联合，共同塑造人类命运共同体。

智能传播是当代传播发展的新方向，也是最具有生命力的方向。国内兄弟院校已经在智能传播上进行了卓有成效的探索，我们也要进入这一新方向。我们的判断是，这一方向的容纳力足够大，甚至说，这可能是未来十年，新闻传播学最有活力的方向，人工智能、元宇宙、数字人等技术的发展，会不断推动智能传播向学科的覆盖，在深度和广度上达到让人惊讶的程度。数字出版会成为学院的优势方向。2022 年 5 月，在中宣部指导下，华东师范大学与上海市委宣传部共建出版学院，传播学院的出版与文化系是出版学院的学科基础。在出版学院良好开局的基础上，我们将不断推进出版学科的数字化建设，政产学研用一体化发展，召开出版学科专业论坛，商讨高端出版人才培养。国际传播方面，根据当前国际发展的实际情况，主要向非欧美国家延伸传播力量，团结可以

团结的力量，共同塑造国际传播新形态。后面将召开较大型国际传播会议，创办英文学术刊物，并加大教师、学生国际研究、访学的支持力度。各种政策并举，推动高校国际传播专业建设。媒介社会史方面，除了坚持马新观、新闻史方面的研究，同时开拓新媒介社会史研究。这是出于错位发展的考虑。艺术创意传播方面，主要以广播电视、广告、播音主持为专业方阵，结合教育部新学科目录的制定，梳理艺术创意发展的新方向，将艺术发展与创意传播相结合，借助新技术，寻找专业新方向。

3.1.2.2 面向新技术发展，探索新媒介规律

勇敢面对 ChatGPT 等大语言模型对新闻传播研究与教学的挑战，主动适应，力图以最快速度将新技术融入学科当中。

传播学院目前拥有一个具有相当技术含量的实验室，智慧与创意融媒体实验教学中心，作为科技传播的基础平台，搭建专业研究与教学力量，进行卓越人才培养。2019年实验教学中心获得上海市级实验教学示范中心建设立项。中心包括校内实验室和校外实践基地两部分，学院的 3 楼、4 楼、5 楼大部分空间都用来建设相关实验室，包括融媒体实验室，录音、演播、摄影、视听等实验室、数据新闻、大数据实验室，苹果机房和 4K 电影院，等等。除了校内实验室，我们还结合了校外实践基地，包括国有企业、民营企业和外资企业，进行企业行业的合作，以教育部中宣部互聘“千人计划”，驻校记者、业界导师互聘形式等为载体，建立优质实验教学团队。以华师大出版融合发展重点实验室为依托合作建立融媒体人才培养，同时加强产教融合，打造教学版中央厨房。

为了适应当前的新文科建设，我们明确主要引进量化研究人才，大力推动虚拟仿真课程建设，推动学科的全媒体智能化建设，加强与数据学院的新闻与大数据双学位合作，并引入新媒体建立新型传播实验室，共同培养高质量数据新闻人才后备力量。

ChatGPT、GPT4 等大语言模型向高校很多专业提出了挑战，传播学受到的冲击是比较明显的，我们必须思考相关专业在大语言模型的挑战下的应对之计，无论是新闻写作、广告出版，还是播音主持、电视编导，都将受到巨大冲击，传统方式会大幅缩减，甚至很多相关职位会消失。虚拟现实、数字人等元宇宙技术同样对专业产生了巨大冲击，我们无法逃避，只能面对挑战，面对冲击，将挑战转化为机遇，才能真正找到自我的特色。目前，我们已经有了可贵的探索，比如，依托智慧与创意融媒体实验中心，联合全球领先的 3D 视觉技术研发科技企业螳螂慧视科技有限公司建立了具有世界先进水平的沉浸式全息影像创新实验室和全国首家沉浸式全息影像创新研究中心。后面，我们也会加强与国内大语言模型公司的合作，探索落地的学科场景，将大语言模型引入到学科研究和教学中。

3.1.2.3 不断进行学科转化，培养适合时代发展的卓越人才

人才培养与实验室建设相结合，建立融合性实验课程体系，并与学院的通识平台课程相结合，建立了融合新闻、数字出版、视听传播、广告与创意传播4大实验课程群。

为了培育更多能够深入领会技术与传播内涵的学生，2020年创立了新闻学+数据科学与大数据技术专业复合型本科双学士学位，截至2023年，本项目已招生三届，采取小班制教学，每届招生10人，现有在读学生共30人。这一项目依托华东师范大学新闻学和数据科学与大数据技术专业两个国家级一流本科专业建设点的优势，以学科交叉领先、前沿探索的建设思路，秉承知识、能力、素质协调发展的人才培养理念，培养具有坚定正确的政治方向、全媒体新闻传播的能力，以及扎实的数据专业理论知识和技术能力的应用型、复合型、创新型人才。

2022年7月，在中宣部的指导下，华东师范大学与上海市委宣传部签署部校共建协议，共同建设出版学院，进行出版人才培养，这是一个非常好的机会，我们力争通过出版学院的建设将学历教育与非学历教育相结合，将校内导师和校外实践导师相结合，技术传播方面，聚焦数字出版、智能传播、探索元宇宙和大语言模型，建立多元化的融媒体特色实验室，将技术传播与卓越人才培养结合起来。

我们力图进行具有前沿领先意义的技术探索和教学实践，沉浸式全息影像中心这是一个面向元宇宙技术探索的实验室，可以通过录制设备制作出动态全息画面，可以从各个角度观看人物的表演，可以培养学生实在表演的能力，同时服务于学校和社会的全息影像制定需求。

在元宇宙技术探索方面，我们还力图建立数字文学地图，将文学作品搬上地图，让文字在地图上活起来，探索新型文化艺术的科技传播方法。目前我们正在进行的是四大名著文学地图和城市文学地图建设，建立故事地图数据库和地图系统，以服务于研究、教学和社会需求。

我们的目标是面向新技术的快速发展，以新型融媒体建设为基础，以创意智能传播为方法，不断提升科研水平，升级科技传播手段，完善课程体系，以培养适合时代技术发展和政治文化需要的卓越传播人才。

（华东师范大学传播学院院长　王峰）

3.1.3 李晓云：多元协同、四点聚力，培养全媒化新闻传播人才

河南工业大学的新闻传播教育开始于2001年，2004年组建新闻与传播学院，2021

年河南省广播电视局与河南工业大学共建新闻与传播学院。学院现有 5 个本科招生专业：广告学、广播电视学、网络与新媒体、新闻学、播音与主持艺术，其中广告学、广播电视学、播音与主持艺术 3 个专业为河南省一流本科专业建设点。学院拥有新闻传播学一级学科硕士学位授权点和新闻与传播专业硕士学位授权点，新闻传播学为河南省一级重点学科。学院建有河南省人文社科重点研究基地——“媒介生态与社会治理”创新研究中心，共承担国家社科基金项目 12 项。学院具有完备的实验教学条件，传媒实验教学中心为河南省实验教学示范中心，总面积 3000 多平方米，建有 700 平方米广播级演播厅、全媒体实验室、短视频制作和网络舆情分析等 20 余个专业实验室。与人民网、大河网、河南电视台、河南大象融媒体集团等多家新闻媒体合作建立实践教学基地。

“媒体竞争关键是人才竞争，媒体优势核心是人才优势。”新闻传播教育是培养新闻传播人才的重要途径，卓越新闻传播人才培养从 1.0 到 2.0，全媒化是贯穿其中的重要关键词，培养会使善用“十八般兵器”的全媒化新闻传播人才必然要求高校、媒体与社会协同发力。近年来，河南工业大学新闻与传播学院整合政、校、企等多方优势资源，以“教学与科研协同发展”为理念，以协同育人为突破点，构建了“多元协同、四点聚力”的全媒化新闻传播人才培养模式，向社会输送了一大批专业知识扎实，业务能力突出，综合素质全面的全媒化卓越新闻传播人才。

3.1.3.1 找准多元协同的“出发点”，构建阶梯式培养体系

立足于自身专业特性的时代呼唤及卓越新闻传播人才培养的社会之需，河南工业大学新闻与传播学院坚持分类培养，同向融合，通过整合资源、优化路径、协调利益，在共建专业、共设课程、共开基地、共享师资、共同评价等方面实现多元协同。紧跟社会需求，通过调动多元力量，协同构建分别面向行业广泛基础需求、融媒体专业化内容生产需求、服务国家对外传播高层次需求的“基础型、实践型、学术型”三类人才培养目标体系。将课程体系与学生就业方向对接，分层、分类重构课程体系，协同构建由 1 个通识教育模块、1 个专业基础模块、N 个动态方向模块组成的“1+1+N”模块化课程体系。以高质量就业为导向，以专业能力训练为核心，以创新人才培养为突破口，多元协同构建“通识能力→实践能力→研究能力→综合能力”四阶梯能力培养体系。在坚持价值使命塑造的基础上，优化学生知识结构，培养跨学科能力；强化专业实践，提升新闻传播专业硬核能力，包括全媒体叙事能力、融媒体表达能力、跨部门协作能力、产品运营管理能力、数据挖掘分析能力、人机协作能力等；优化课程体系，开展研究性教学，提升学生学术素养和研究能力；最终，通过引导学生在不同领域各展所长从而实现综合能力的全面提升。

3.1.3.2 抓好多元协同的“关键点”，强化马新观价值引领

习近平总书记在党的新闻舆论工作座谈会上强调：“要加快培养造就一支政治坚定、业务精湛、作风优良、党和人民放心的新闻舆论工作队伍。”因此，在新闻传播人才培养上，必须把涵养政治品格放在首位，要求学生坚持马克思主义新闻观，在复杂多变的国际形势下坚守态度，在大是大非面前站稳立场。

为了推动“马新观”教育从“悬浮”到“落地”，学院不断加强教师课程思政育人能力培训，将课程思政融入课程目标设计、教学大纲设计、教材编审选用、教案课件编写等各方面，贯穿于课堂授课、实验实训、专业实践、毕业设计等教学全过程。在课程建设中，严格选用《新闻学概论》《新闻采访与写作》等“马工程”重点教材，邀请省委宣传部共建“马克思主义著作选读”“新闻传播学经典著作选读”等马克思主义新闻观相关课程。在理论授课中，把习近平总书记关于新闻舆论工作的重要论述作为“马新观”教育的首要任务，贯穿马克思主义的诞生、马克思主义新闻观的形成、马克思主义新闻观与现代传媒关系等教学内容。在实践教学中，专业教师和业界导师组建课程团队，带领学生直击新闻现场，开展新闻实践活动，进一步强化学生的职业精神和社会责任感；设立优秀毕业设计(论文)培育项目，深入挖掘、弘扬中华优秀传统文化、河南“四种精神”和学校特色文化(粮食文化)。通过多渠道、多形式探索实践新时代卓越新闻传播人才课程思政的新方法和新机制，寓“马新观”教育于专业课教学，培养学生务实作风和专业精神；寓“马新观”教育于实践教学，培养学生科学素养和创新思维；寓“马新观”教育于创新创业项目，培养学生管理能力和合作意识。

近三年学院在课程思政建设中成效明显，培育1个省级课程思政教学团队、1个校级课程思政教学团队，2名课程思政教学名师和4门课程思政样板课程；根据不同专业人才培养特点，科学合理设计课程思政建设重点，编写修订课程思政教学案例集一套；组织课程思政专题研讨和高峰论坛多场，开展“传媒人进课堂”课程思政系列讲座，真正形成了“门门有思政、课课有特色、人人重育人”的良好氛围。学生在实践中利用专业知识开展的多项志愿服务活动受到光明网、《中国青年报》、未来网等多家主流媒体报道，“马新观”教育成效明显。

3.1.3.3 聚焦多元协同的“着力点”，搭建研究性教学平台

价值引领、知识探究和能力培养是创新型人才培养中的根本任务，实现学科交叉、产教融合是创新型人才培养的重要手段。为了全面培养学生的创新精神，在夯实学科及专业基本能力的基础上，河南工业大学新闻与传播学院着力打通业界学界沟通渠道，聚

焦校内校外研究性教学平台的建设，培养真正有创新精神和实践能力的高层次全媒化新闻传播人才。

优化课程结构，强调学科融合、通专并重。首先，采用课程模块化搭配的方式架构专业课程体系。从通识、专业知识和思维三个向度，完善适应媒介环境变化和发展趋势的课程结构；与大河网、大象融媒等地方媒体联合开设数字媒体特色班，将媒体核心技术课程融入现有教学体系，联手培养数字媒体高端人才。其次，设置学科交叉、文理互融的课程内容。突出跨学科融合特色，将融通性理念渗透到课程设置环节，与管理学院、人工智能与大数据学院等共建市场营销、统计学、社会学、数据挖掘与处理、非线性编辑等课程。最后，与媒体共建演播室导播实务、新闻采写等实践类课程，通过培养学生的实践应用能力，实现与工作岗位的无缝链接。

改革教学模式，培养研究意识、研究能力。学校立项建设卓越新闻传播人才创新实验班，以培养创新能力和实践能力为目标，改革以发现和探索为中心的课堂教学范式。通过组建课程学习小组，进行过程管理，按照“教、学、做合一”的原则，根据“问题导入、专题拓展”的模式，设计“讲授—学习—练习—实践”的专业课程教学方式，推动线上线下结合的发现学习和深度学习，强化教师指导下的小组练习和团队实践。通过引入优质先进的网络教学资源，采用研讨式、探究式、案例式、翻转式等教学方法开展专题形式的研究性教学活动，组织田野实践汇报、学术沙龙主题发言、学术论坛小组讨论、论文答辩会、创新创业竞赛等实践活动，激发学生学术志趣。

构筑隐性课程，驱动学术自觉、学术氛围。合理规划学生课外学习，把科研创新实践有机嵌入学生培养的全过程。定期举办学术沙龙、学术研讨会，设立“学术素养提升”专题论坛，在全院范围内营造学术研究的氛围，开展跨领域交流引导学生开展学术训练。与中青网联合开设学术工作坊，组建 14 个研究团队，团队内开设“新闻与传播学研究入门”“质性研究方法”“量化研究方法”等短期研讨性课程，扩宽学生学术视野，提升学术理论素养。以教师课题或自主选定课题为依托，开展项目制教学，通过相应的科学研究训练计划，完善“项目准备—项目实施—组队深化研究-结果报告”的全程指导，通过营造积极的共同体意识驱动学术自觉。

完善课程考核，实现多元评价、全程评价。着眼于科学全面地评价学生的综合素质，强化实践能力和创新能力，健全了分类评价、增值评价、长周期评价等多元化评价手段。根据理工院校学生的实际情况和新闻传播学科特点，形成了闭卷考试、调研报告、团队项目、作品竞赛、汇报演出等多种形式的学业成绩评定办法；进一步完善了小组作业+专业竞赛的考核形式，通过学生团队现场提案，客户代表、毕业生代表、专家评委和授课教师团队现场评价，实现真正意义上的教考分离；以课程群为依托，搭建

10个以专业竞赛为载体的课程考核平台，以实战项目带动课程内容整合，真正实现了以赛促教、以考促学，并全面提升了课程考核的系统性；进一步实现了校内校外、线上线下全方位的考核实践，校内建有全媒体平台，下设有新青年电子杂志、学院微博与微信平台等供学生进行实践锻炼，校外与头条学院、网易青媒计划、腾讯新媒体学院等开展合作，探索“互联网+传统教学”的新模式，以课程考核为引领，帮助学生熟悉新媒体操作业务。

3.1.3.4 把握多元协同的“落脚点”，培养全媒化卓越人才

2021年，在河南省委宣传部的推动下，河南省广电局与河南工业大学共建新闻与传播学院，以此为契机，学院着眼于媒体深度融合发展大势，与地方党委宣传部、各新闻媒体和企事业单位积极开展协同配合，以共建共育共享为宗旨，全面实践了适合地方高校的卓越新闻传播人才培养模式的改革，全面提升了学生的学习能力、实践能力和创新能力。

学院同中国青年网融媒体中心共建“融媒工作坊”，有效地融合理论教学与实践教学，通过“发布任务—策划选题—专题讨论—导师点评—完成作品”，校内外导师共同指导学生参与全国两会、北京冬奥会和冬残奥会等话题的报道，创作出多期优秀新闻作品。2022年4月，《中国新闻出版广电报》对学院以工作坊方式践行新闻理想的教学模式改革进行报道，并给予高度肯定。

学院与头条学院、网易青媒计划、腾讯企鹅学院等合作开展教学范式改革，强化学生新媒体实践技能的自我培养，目前已经开设十期河南工业大学头条学院。学生在大河网实习期间担任主持人的作品《“倒霉大叔”谈幸福生活：要一直唱下去，为时代立碑》获中国新闻奖二等奖；数据新闻《静水流沙——数说河南黄河治理与开发》、广播剧《火红的岁月》等多部课程考核作品被学习强国等主流媒体收录。

2020年以来，本科生在《新闻爱好者》等核心期刊发表学术论文数量逐年攀升，在全国大学生广告艺术大赛、金犊奖、中国数据新闻大赛、齐越节等各项专业竞赛中，获得国家级奖项的数量达150多项。大学生创业的成功率和项目转化率不断提升，毕业生郭胜南开设的新浪微博@听美南子讲故事粉丝达到27.4万，其独著《美南子手账简笔画》于2019年由清华大学出版社出版；毕业生李颖创立旁门文化等两个公司，在国内同类企业中名列第二，微信公众号“旁门左道PPT”粉丝50余万，B站粉丝达192万。

“十四五”期间，学院将全面落实立德树人根本任务，深入开展卓越新闻传播人才培养计划，坚持马克思主义新闻观，以培养全媒化复合型新闻传播人才为目标，创新办学思路，深化综合改革，凝练学科方向，推进协同育人，重点实施“领航、育才、培优、

攀峰、浸润”五大发展计划，全面提升办学水平和社会影响力。

（河南工业大学新闻传播学院院长　李晓云）

3.1.4　肖灵：以学科建设为龙头，奋力打造“广体传媒”办学品牌

广州体育学院体育传媒学院是广州体育学院有鲜明体育与传媒融合特色的二级学院。学院自2000年开始招收体育新闻方向本科生，2002年经教育部正式批准新闻学专业本科招生，同年招收体育人文社会学专业体育新闻方向研究生。2005年升格组建体育新闻与传播系。2009年播音与主持艺术专业本科招生。2011年获得体育新闻传播学二级学科硕士学位授予权。2014年获得新闻与传播专业硕士学位授予权。2015年广播电视编导专业本科招生。2017年更名为体育传媒学院。

学院现有三个本科专业：新闻学（050301）、播音与主持艺术（130309）、广播电视编导（130305）；两个硕士学位点：体育新闻传播学（0403Z2）、新闻与传播（0552）。目前，学院共有本科生600余名，硕士研究生70余名。

20年间，共获得省级以上各类平台建设成果20余项，其中包括：多项国家社科基金、教育部人文社科基金，国家级虚拟仿真实验教学项目（2018）；广东省特色重点学科新闻学学科（2016）、广东省“冲补强”提升计划重点学科新闻传播学（2018）；广东省普通高校哲学社会科学重点实验室（2018），广东省实验教学示范中心（2016），广东省虚拟仿真实验教学中心（2019）；广东省特色专业建设点（2010），省级特色专业新闻学（2012），省一流专业播音与主持艺术（2022），省级教学团队新闻传播学（2019），省级精品课程“体育媒体通论”（2012）；省级大学生实践教学基地3项，省级研究生联合培养示范基地2项。

学院始终坚持“以人为本、实践第一、特色突出、全面发展”的办学理念，建立以理论教学为基础、以实习实践教学体系为提高、以协同育人平台为实战的体育新闻人才培养模式。学院坚持以大型体育赛事媒体服务作为实践教学的切入点，以服务广东省体育传媒产业发展为目标，以实战化训练作为人才培养的主要手段，体现出鲜明的体育特色、实践特色、岭南特色和技能特色，在国内新闻传播学界尤其是在体育院校新闻院系中的知名度和美誉度日益提升。

面对新文科背景下传媒专业发展的新机遇和新挑战，2022年年初，学院新一届班子调整到位后，通过深入学习习近平新时代中国特色社会主义思想，在深入分析校情、院情的基础上，确立了学院发展的新目标是，“建设在广东省内有地位、国内有影响的体育传媒学院”。为实现此目标，学院经过认真研讨，决定深入实施学院”1+2+5”工程。

具体来说，“1”就是学科建设为龙头，下大力气推进新闻传播学、广播电视艺术学学科建设；“2”就是两个抓手，一个抓手是广东省“冲、补、强”学科——新闻学的建设，另一个抓手是新闻传播学一级学科硕士学位点的申报；“5”就是打造五大品牌，即奋力打造体育传媒学院“党建、思政、教学、科研、学工五大品牌”。

一是始终以学科建设为龙头，对标国内已立项的相关双一流学科建设点，理解学科评价指标体系的内涵，不断提升师资队伍建设水平，在解决好了“人头”问题的基础上，努力解决好“头人”问题，引育结合，培养学科领军人才。在摸清家底的基础上，凝练好学科发展方向，扎实做好新闻传播史论与实务、体育传播、全媒体传播等学科方向建设工作，使学院的学科建设水平上一个新台阶。

二是用好两个抓手。一个抓手是广东省“冲、补、强”学科——新闻学建设，要针对中期检查中发现的问题，举一反三，抓好整改，确保整改工作取得实实在在的成效，同时，深入开展新一轮学科建设工作；另一个抓手就是硕士学位点的申报，在抓好新闻传播学一级学科硕士学位点申报的同时，积极创造条件，争取成功申报广播电视艺术学专硕学位点。要对照学位点申报的相关条件，大力鼓励教师发表高水平的学术论文、申报省部级以上各类课题、获得省部级以上奖励。

三是结合体育院校的实际与传媒专业的特色，打造好学院五大品牌。要调动专业教师、政工干部和青年大学生的积极性，在已有“广体传媒实践品牌”的基础上，发挥党建引领作用，加强基层党建工作，培育“党建工作和业务工作双带头人”，发挥党支部的战斗堡垒作用和党员的先锋模范作用，打造“党建工作品牌”；要改进和加强大学生思想政治工作，实施“三全育人”，加强大学生心理健康教育，打造“思政工作品牌”；要引导教师站好讲台、站稳讲台，用心用情抓好教学工作，鼓励教师积极开展教学改革，促进理论与实践的有机结合，争做教学名师，不断提升教学质量，打造“教学品牌”；要组建科研团队，开阔学术视野，瞄准学科前沿，加强学术交流与合作，深入开展新闻传播学、广播电视艺术学领域的科学研究，争取多出精品佳作，打造“科研品牌”；要结合传媒专业特点，办好新闻专业的“记者节”、广播电视编导专业的“微电影节”、播音与主持艺术专业的“朗诵节”，开展丰富多彩的文体活动，鼓励学生参加高水平的专业竞赛，以赛促学，鼓励本科学生考研，提升学院考研率，办好容国团读书会，引导学生多读书、读好书，打造“学工品牌”；

潮平两岸阔，风正一帆悬。我们相信，经过全体广体传媒人的辛勤耕耘，学院的明天必将更加美好。

（广州体育学院体育传媒学院院长　肖灵）

3.2 卸任感言

3.2.1 陈昌凤：我的感言，全在“幸运”

卸任院长转眼近一年了。这大半年间，我教课、做科研，跟学生一起读书、玩耍，陪母亲坐看碧空云绚，与亲朋好友登山眺水，通过 ChatGPT 与自己谈谈心，忘情于大江南北、大洋两岸，游泳健身，初阳告捷……外出开会的节奏，也如圆舞曲一般了。那些清晨惊醒我的工作日程、睡梦中吓过我的工作疏忽、躲着不去打开的塞得满满的邮箱和信息……终于渐行渐远了。清风杨柳云卷云舒，在我的两个手机图集里飞涨。哈哈！

我完全没想起还欠了这样一篇卸任感言，直到张昆主编提醒我。卸任了，还感什么言？我心里这样想着，但还是觉得不应欠稿债。

我的感言，全在“幸运”。

从在北大参与创建新闻与传播学院、2001 年起分管教学和学科工作，到清华分管教学、然后主管全院工作，加起来有 20 年了。2007 年我加入清华大学新闻与传播学院担任一名单纯的教师，那种轻松自在宛在昨日，我出门都哼着小曲儿，心里盘算着业余时间去学音乐、报“华尔街英语”。那会儿时间精力比较充裕，在台湾兼过一学期课，然后又去澳门任教，分内的活儿并没有耽误。过了不久，我在澳门接到电话，被要求速速回校，组织部任命我担任教学副院长。从此，放飞的日子一去不返，但那时好在我的头上有“大树”撑着天，作为副院长基本上是人累心不累，反正累心的事由“大个儿”顶着——主管全院工作的是尹鸿院长。更大的天则还有范敬宜院长、柳斌杰院长二位顶着。然后，2016 年，尹鸿老师连任两届，满期了。

没想到，接下来就轮到我做“大个儿”了，而且一做就做了两届。回想起来，我是一位幸运的院长，因为在没有“大树”为我撑着天的时候，天没有塌下来；因为在我任职期间，天时地利人和，有许多人一起帮我撑着头顶上那一片天。

幸运从何而来？努力凝心聚力，与大家一起支撑共同的事业。

对于院长而言，什么能凝心力聚？事业心。2017 年我应张昆主编约稿写过一篇做一个什么样的院长——《可有“三心”，绝不“二意”》，说过事业心、公正心和爱心，今天归结起来就是两心：做事的心即事业心，做人的心即友爱心。公正心只是给做事做人加了一个注解。

当你遇到困难时，什么能给你勇气？当你遇到烦扰时，什么让你厘清思路？当你身处挫折之中时，什么让你坚韧不屈？最终，都是你明确的目标、坚定的方向，亦即你为之努力的事业，让你战胜困难，让你坚强有力，让你明辨是非。我会问自己：我的目标是什么？这样我才不会因为剪不断理还乱的人际矛盾而乱了方寸。对我而言，任何人际关系，都要尽可能有利于我努力成就的事情，亦即把学院办好、把工作做好的目标。只要有利于学院、有利于发展的事业，就勉力前行，但凡有一点可能，就去努力一把。这样，自己的荣辱得失，就可以置之一边；自己的情绪感受，就不至于失之一事。渐渐自己脾气变得好点了、心情平和些了。当然，如果是面对损害事业、破坏事业的情境时，自己也仍会一怒冲冠。

事业心听着很抽象、很笼统，但其实在有限的情境中，它就是一个明确的目标和方向：为着一种价值方向，把工作做好、把学院办好。第一，这个目标让你的同事跟你同心同德，共同进取，这是核心同心圆，它是事业的基础生态——建设好的学院文化；第二，什么条件能促成这个目标？你所置身的学校，领导部门的关心、支持，是办好学院这项事业的必要生态：这是事业发展的条件保障，也是第二圈同心圆；第三，怎样才能优化一个小单位的事业？你的同行、你所置身的大生态要能与学院和谐共振，这是优化生态：用公共心去团结同行，这是第三圈同心圆。打造好这三层生态圈，亦即从小圈、到中圈，再到大圈，一层层建设好发展的生态，团结所有的力量，才能做好学院事业。这也是我主持学院工作期间，多次在全院教职工会上明确表达的目标。

核心同心圆，就是明确事业方向、建设好学院文化。“清・新”能人荟萃、在我接手时，已经有了几十年的建设历史、学院创建也已经有十几年了。清华大学新闻与传播学院创建于 2002 年 4 月，其基础是 1985 年创建的清华大学人文学院中文系科技编辑专业，其前身是 1998 年创建的清华大学人文社科学院传播系。学院建成后，范敬宜院长为学院确立了基本方针“素质为本，实践为用，面向主流，培养高手”。在 2022 年学院二十年庆典上，我曾代表学院向所有创建者致敬，学院第一代建设者胡显章、孙宝寅、刘建明、王健华、熊澄宇、李希光、尹鸿、崔保国等，他们筚路蓝缕、以启山林。学院新建时，经过复杂的论证和探讨，本着因地制宜、因人设计的思路，形成了学科框架和格局。我参与建设的这十几年里，一直经历着学院不断探索如何发展的难题，近两年我们逐渐凝练成了“两大学科脉络”“五个学术集群”：脉络之一，是建设中国特色的新闻与传播教育与学科——中国特色新闻与传播理论体系、教育教学体系和学术共同体。这是从范敬宜院长起便明确的思路。脉络之二，是基于清华大学学殖深厚、学科交融的传统，将科学技术应用于新闻传播学，形成“清・新”特色的科学应用传播研究，培养文理兼备的复合型人才。科学应用传播，既适应世界发展的潮流，也符合国家发展的战略。“清新”近年开展的融合传播研究(如视听传播、经济传播)，科学传播研究(如智能传播、健康传播、环境传播等)，正是在这个脉络下开展的。相应的，人才培养也形成了清新特色。这两大学科脉络，一个厚基础、一个重前沿。在此两大脉络下，“清新”经过20多年的锻造，形成了五个学术集群，即：中国特色新闻学，视听传播与创意媒体，传媒发展与经济传播，智能与科技传播，国际传播与全球治理。这五个学术集群，既尊重了“清·新”20年的历史沿承，也进行了时代化的凝练创新。

“清·新”的核心任务，是立德树人，培养时代需要的人才。学院不断创新新闻传播人才培养机制和模式，形成了两大特色。特色之一是实践育人。学院重视实践教学模式的创新，包括与人民日报等业界共建、在纪录片等视听实务方面着力，培养出众多优秀学生，产出了许多优秀的新闻作品、视听作品。清新加强业界与学界互动、教学与科研贯通、理论与实践结合，培养造就高素质人才。另一特色是国际化办学。“全球财经新闻”英文硕士项目已培养来自60多个国家和地区的留学生，向世界输送了“知华派”传播人才；国际新闻传播硕士项目为中央重点新闻媒体培养、输送了国际新闻传播高端人才，是教育部、中宣部国际新闻传播后备人才培养项目试点之一；与国际顶尖的新闻传播学科合作办学、创出清华—南加大数据传播双硕士项目，面向数据化、智能化的新生态，培养价值引领、融通新闻传播与数据科学的高层次人才。

学院虽小，能人不少，思路也多。我刚到学院时，列席全体教职工会(因为当时我的档案还未被前单位放行，所以只能“列席”)，我被会议上的浓浓火药味儿呛得目瞪口呆……而我环顾左右，我的新同事们看似习以为常。很难想象，我这样的人，后来竟然来主管这个学院工作。我后来也偶有被呛、被质疑的时候，但是我心中已经有了准绳——目标是学院发展，原则是秉持公正，“偶受呛询”便也当作寻常了。一个单位，只要树立了正气的文化，小矛盾、小插曲，都不会影响到事业。而正气的核心，是负责人要以身作则，党政正职要同心协力！这种目标下，负责人本身就没有什么委屈了。一个单位，还要有融洽的氛围，大家才能有向心力。在我心里，“清·新”努力建设成一个大家庭。这不只是在各种节假日我们的家常式聚会、六一儿童节的亲子活动和留影、淘宝订制的便宜活动装、院馆里精心摆放的鲜花和院馆外覆盖的爬山虎的认同意义，还有大家真正能荣辱与共、共同向前。我清晰地记得，有一年的元宵节，我们在七手八脚布置装饰和灯谜时，退休多年的第一任常务副院长、当年清华大学的党委副书记胡显章老师，悄悄地进来、默默地看了一会儿，轻声感叹道：现在的学院真的很温暖，像家一样！

至于第二层同心圆，即学校的支持和帮助，总体而言就是求关注、获支持、得肯定。我们努力工作、一有机会就向领导和各部门求教，各项工作也得到了领导们和部门的支持。那几年里，我受一种力量驱使，能让我在遇到主管各种工作的学校领导时，立即快步冲上前，汇报工作或提出要求，无论是在全校干部会、文科会、研究会或在食堂、路边。有趣的是，在我卸任后，我在会上、食堂和路边仍能遇到校领导，但是我会立即转身避开或者轻松致意，哈哈，自己想想都有趣！我知道领导们日理万机，所以不想再添他们一点分心的可能。清华大学非常勤奋务实，在我的任期间，学校党政正职领导陈旭书记、邱勇校长在百忙之中，以及主管的副校长副书记，多次莅临学院指导、带着各部门来学院现场办公。

这里仅举两个例子。一个是我们向学校要一个空间扩展建设实验室。清华大学有许多实验室，但是在我们之前从没有一个文科实验室。我请实验室主任王庆柱打了一些彩印的示例图集，装在我已经不堪重负的书包里，只要有机会，就会冲上前递给校长、副校长、资产处处长、文科处长……有一段时间，我们每周开党政联席会前，我和书记都要先带着全体班子成员，敲开资产处办公室的门。我们要房子，我们要建新媒体实验室，迫在眉睫。当时的资产处处长被我们打动了(也可能架不住我们的软磨硬泡)，终于有一天说：房子是清华里最难的事，连外面的润泽宾馆都被占满了。我们手上没有房子。你们自己去找找吧，如果哪里有就告诉我。同时，他还提示了有几个可能性。我们就像得到了神谕，立即着手到学校各个角落寻找可能的空间，包括主楼的后厅下，一个废弃的食堂。某一个傍晚，我和崔保国教授(当时主管科研的副院长)、王庆柱主任跑到了一个扁平的旧房子的窗外，趴在满是尘土的大窗子往里看，那个大房子里空空荡荡，好久没有人迹的样子。我们如获至宝，赶紧去向资产处处长报告这个惊喜发现。哪知道他非常淡定地说：那是弃用的第 9 食堂，后来汽车系曾在那里做碰车实验，不久应该要拆除吧。我如同被浇了凉水，但是仍不罢休。尽管处长不久就升职调离了，我还是在暑假前想尽办法从资产处得到了那把让我们的梦想发光的钥匙！暑假里庆柱督阵装修，新学期一开学，我们就在那个宽阔、时尚的“未来媒体实验室”开全院会了！不久我们请校长邱勇院士来视察，他在门口疑惑地问：陈昌凤，你怎么会找这么个地方？这是我上学时的食堂、周末的舞厅，我们还在门口卖票赚零花钱呢。这里太破旧啦。我和同事们笑着请他进了实验室，有一刻邱校长愣住了，他完全没想到这里面成了一个如此现代、明亮的实验室。

另一个例子，是我们申报清华—南加大数据传播双硕士项目，两年筹划三轮申报才在清华获得通过。为了适应全球化、信息化和传播技术迅猛发展与日益普及的时代需求，我们一直想把国际化的步伐再迈得大一点。2017 年暑期，邱勇校长带队的清华赴美国交流项目就包括南加大。机缘巧合，我之前在北大国际关系学院工作时认识的一位研究生才俊受某部委之派去南加大做访问学者，他热忱帮我搭建了与安纳堡传播与新闻学院(the Annenberg School for Communication and Journalism)的联系。2018 年暑期，我得知南加大维特比工程学院(the Viterbi School of Engineering)的副院长访问清华信息科学的同行，便和主管国际交流的副院长杭敏教授一起拜访了他。几方面沟通后，立即协商跨国、跨专业的双硕士项目，经过杭敏带队的多次商谈，确定了招生、课程、学分、学费等相关事项。然后，我们立即准备了厚厚的论证材料和各种附件，着手向学校研究生院学位办申报。学位办的核心程序是校内专家审核、投票。我们做了充分的准备工作，每个人都抱着厚实的材料(副院长杭敏、项目主任张铮通宵达旦打磨材料)，信心满满。没想到的是，现场工程类的专家提问：为什么要跟南加大的工程学院合作？难道清华的不够好？而文科类的专家还将一些复杂的因素纳入了考量……比如，在大类分流等问题上出现了院系竞争因素(当年本科大类分流，选报新闻传播的较大幅度超出了我们的招生名额)。这一次，我们的票数没达到规定的要求，未能成功。第二次，我带着团队竭尽所能再去陈述，我们的申报仍未获得通过。但是，我们没有气馁，请求学校给我们第三次申报的机会！我仍然亲自上阵，杭敏副院长还带了一队不同肤色的中外学生去展示我们国际办学的基础条件和能力。终于，2018 年 12 月我们的申报获批了！两年三轮申报，花费了我和同事们很多精力和心力，不过，我们在准备过程中也更加钻研、更加潜心于相关领域。不排除一些人为的阻碍，一些来自有竞争关系院系的专家，甚至会当面很支持、背后很……世事复杂，人心复杂。我之后也是一笑了之，何况大家都在为了自己的院系争取利益。这个由跨国的两校三院合作的“清华大学—美国南加州大学数据传播双硕士学位项目”(Tsinghua-USC Communication Data Science Dual Degree Program)，于 2019 年启动招生，聚焦于数据科学、信息技术、新闻与传播领域，跨社科与理工学科，在国内外著名大学同类项目中具有开创性。此后该项目逐步完善了课程体系、搭建了学生实习实践平台、设立了服务教学和实践的业界导师库和数据库等资源，2021 年成功入选教育部“创新型人才国际合作培养项目”，获得为期三年的经费资助，也凸显了学院在高层次国际化人才培养和教学方面的前沿性与创新性。

第三层，最大的同心圆，是团结全国新闻与传播学科同行、与大家同向同行。这里最值得一提的是，我正好有幸担任中国新闻史学会会长，与全国的同行们共同努力建设一个有利于中国新闻与传播学科发展壮大的学术共同体。我 2014 年接手学会时，它已经是中国新闻史研究领域高高飘扬的旗帜。由于各种限定，它也成为中国新闻与传播学界仅有的一个国家一级学会。从 21 世纪初开始，中国也已经成为全球新闻与传播教育规模最大的国家。有感于欧美国际传播学界学术平台的意义，我便琢磨着如何借助学会这个平台，调动全国内行的力量、服务于全国同行的学术发展和交流、推动全国新闻与传播学科的发展壮大，抓手是扩展二级学会、举办大型年会，驱动力是大家都能从中有获得、有发展。经过几年的努力，2017 年，在中国新闻史学会于 1992 年成立大会后的第25年，学会终于在郑州举办了“千人盛会”，第一次整合了中国新闻与传播学界的众多学术方向，聚集了全国各地老中青学者，还邀请了亚欧美的著名学者代表参加。英美著名学者在主旨演讲时还不禁感叹：你们这就是中国的ICA啊！ICA指的是全球最大的国际传播学会，它与IAMCR是全球两大传播学会。中国新闻史学会创会会长方汉奇教授8月18日在北京家中，通过年会直播平台收看了大会主题演讲，并对学会的发展给予高度评价，盛赞“八方风雨会中州”；人民网在报道中称“年会大咖云集，老少咸至，盛况空前”！的确，那次年会不仅弘扬了中国新闻史学会的力量，也对承办会议的郑州大学、参与展览的学院、参与会议的嘉宾都有积极的现实意义，可谓“多赢”。到了2018年，在杭州由浙江大学承办的年会上，ICA的几任主席、亚太传播学会联盟(APCA)的众专家深受感触，ICA的候任主席Terry Flew会后在ICA的官网上写了一篇热情洋溢的文章，标题是*Communication Research*，*Boomingin China*。他看到了蓬勃兴旺的中国新闻与传播学科！

中国新闻与传播学的国际化拓展，就成了中国新闻史学会的下一个目标；而国际化发展，也是清华大学新闻与传播学院的目标，两者的契合，将学会的梦想和学院的追求，融会在一起。我的一个学友钱忆亲博士早在英国工作时、在香港浸会大学时，与我就有网络规制方面的合作研究，当时是IAMCR的国际理事会成员。2017年12月一起在瑞士日内瓦参加联合国互联网治理论坛(IGF)期间，我们开始探讨在中国举办IAMCR学术年会的可能性，通过她联系了Janet Wasko会长和执行理事会。此后在2018年学术年会(美国*Eugene*，*Oregon*)期间学会秘书长常江在理事会会议上作了一次陈述，我与执行理事会成员Wasko会长、Graham Murdock、Bruce Girard、Elskevande Fliert等进行了3次面谈，讨论由中国新闻史学会和清华大学等联合申办2020年会的事。2018年8月，IAMCR主席团派执行理事会成员Gerard Goggin(时任悉尼大学教授)来实地考察；2019年4月，IAMCR主席团4位教授从4个国家来到北京协商谈判。2019年7月在西班牙马德里IAMCR年会期间接受了IAMCR执行委员会、国际理事会、工作组等数小时的质询，最后得到了2020年年会主办权！因疫情原因，北京年会延至2022年举办，来自近100个国家和地区的2000位学者在线参加了会议。人民网、新华网等媒体在报道中指出：“这是中国大陆首次主办国际的传播学会学术年会，彰显出中国新闻与传播学科蓬勃向上的活力和日益壮大的国际影响力。”

中国的新闻与传播教育与研究，正越来越得到国际同行的高度称赞，这是全国新闻与传播学界同行们共同努力的结果，其中也包含清华大学新闻与传播学院的参与和付出，学院在这些参与中得到了发展，一批年轻学者也得到了磨砺和成长。记得2022年4月在庆祝学院建院20周年院庆时，我曾感叹“清·新”女天团出道：女教师们在杭敏副院长的组织下，联系、主持了国际数十位顶尖新闻与传播学院院长们的论坛，应付裕如，太令清·新骄傲了！IAMCR2022 北京年会，更是“清·新”天团集体亮相，大家主持、演讲、总结，老师们带学生搭背景、做报道、策展活动，学生们则参加了各种大大小小的活动，辛苦之余也得到锻炼和成长。

幸运的是，2023 年 3 月国际高等教育研究机构 QS 发布世界大学学科排名榜，在传播与媒介研究领域榜单中，中国大陆新闻传播学院排名取得突破，首次有高校入围前 50(清华大学排名 38 位，北京大学排名 49 位)，9 所高校的新闻传播院系入选前 100 名(大陆 5 所)，仅次于美英排名第三，这表明我国新闻传播学科的国际认可度。这也是大家共同努力的结晶，水到渠成的结果。

幸运的是，清华大学新闻与传播学科也于 2022 年 5 月进入“双一流”建设的一流学科；在第 5 轮学科评估中，清华大学新闻与传播学科也取得佳绩。

回到约稿的主题，院长的幸运来自哪里呢？事业心让你秉持公正心、心胸宽广；事业心让你协同一切力量，集众智、聚众力；友爱心让你具有更多同理心，懂得尊重、体谅、友善。相较之下，个人受的那点委屈、经历的那点窘困，也都算不得什么，你拥有满满的幸运。

当然，回望走过的足迹，自己清晰地发现留有太多遗憾和不足、力微与轻信。如果让我总结一下，在教育工作中孰轻孰重？我现在比之前更明确了：什么是教育工作的重中之重？是能够让老师们有能力培养学生人文情怀、真理正义之心，是让师生们铭记：人生需信守的品德，比功利得失更重要；人生豁然开朗处，在于心系天地苍生。

(清华大学新闻与传播学院原执行院长　陈昌凤)

3.2.2　李明德：历练——我的院长经历

西安交通大学新闻与新媒体学院创建于 2015 年 4 月，独立于 2019 年 4 月。作为创院院长，我经历了学院从酝酿到起步、从院中院到独立发展的全过程。至 2021 年 12 月 2 日因年龄原因卸任院长兼党总支书记职务，在岗时长 6 年 7 个月，其中的酸甜苦辣、甘苦得失、经验教训都值得咀嚼回味。

3.2.2.1　肇始

党的十八大以来，党中央对新闻传播学科建设给予高度重视、很大期待，赋予其塑造中国形象、讲好中国故事、正确引导舆论、凝聚社会共识的时代重任。习近平总书记在 2016 年 5 月 17 日哲学社会科学工作座谈会上的讲话中把新闻传播学科列为需要加快建设的、对中国哲学社会科学具有支撑作用的11个重要学科之一，大大提升了新闻传播学的学科地位，使学科建设步入最好的机遇期。

同时，新媒体迅猛发展并深度介入生活的方方面面，给政治、经济、文化以及大学的人才培养工作带来全新的境遇。西安交大时任主要领导综合分析学校学科布局、国家需求和我们自身的基础条件之后，抢抓机遇，大胆施策，提出创建“新闻与新媒体学院”的动议，并与新华社、陕西省委宣传部等积极联系，拟联合建设一所立足西安交大，政府、媒体和社会各界共同参与，优势互补、开放包容的新型新闻传播学院。在此期间又恰逢中宣部和教育部发文要求各地“部校共建”新闻学院，把新闻传播卓越人才培养作为人才队伍建设的重中之重。于是，2015年4月西安交大新闻与新媒体学院应时而生。

1983年7月我从兰州大学中文系毕业分配到西安交通大学后一直从事新闻宣传工作、期刊编辑工作和新闻传播教学科研工作，先后做过校刊编辑室编辑、宣传部副部长、西安交大主办《中国有线电视》杂志社社长兼主编、中文系主任，创建过新闻与传播研究所并出任所长，创办过城市学院的传播学专业和网络与新媒体专业，等等。领导大概看中了我的工作经历与新闻传播学科具有密切关系，我便进入院长人选的考察之列。

3.2.2.2 定位

在一所传统的以工科为主的大学创建偏文科的新学院，首先需要破解的是：为什么要办这个学科和学院？能为学校带来什么样的增量？其次是发展的方向、路径如何创新，如何避免走其他新闻传播学院发展的老路？新建学院不像老学院那样已经成型，顺着既定方向走不会出现大的偏差，推出一些改革之举也往往会被当作与时俱进而获得赞美。新建学院虽然不存在学科转型的问题，但毕竟积累少基础弱，处在咿呀学步阶段，在众目睽睽之下接受指点、评判，哪怕一个小小的决策失误都可能给幼小的学院带来无可挽回的损伤。怎么办？

必须走特色化、差异化的发展之路，必须与传统的新闻传播学院在师资团队建设、学术研究方向确立、人才培养定位上有明显不同，方能找到自己的立身之地，以特色入主流。对此虽然懵懂，却是一个强烈意愿。学校主要领导则进一步指明了方向：新媒体学院一定要打好“工字牌”，走交叉发展之路；如果做不到做不好，就没有成立这个学院的必要。所谓打“工字牌”，就是学科建设、人才培养、社会服务必须与交大已有的人工智能、计算机、网络空间安全、大数据分析等学科和方向紧密结合，作为工具和手段，让它们更好地为新闻传播学科赋能，如此一来，推出的成果、服务的项目必须体现学科交叉的优势。

在这个指导思想之下，学院属于文科还是工科的属性已经不再重要，但又不能脱离新闻传播学科要求，边界不能模糊。于是我提出："新闻"与"新媒体"是我们的建院之基、立院之本；与其他学科的交叉融合是我们的特色之魂、强院之力。为进一步将理念变为现实，学院独立以后，学校专门从计算机学科和网信中心委派两位工科老师加盟院领导行列，希望把"工字牌"高高举起，稳稳落地。

现在看来，这样的定位既是基于新媒体发展特别是新媒体技术强力推动媒体融合发展的现实需要，又是区别于依托传统媒体起步布局学科专业而另辟蹊径的差异化发展选择，更是借力于其他学科资源特别是相关理工科资源为我所用的有益尝试。实践证明，这样的定位是准确而富有眼力的。

3.2.2.3 人力

基于交叉发展的定位，学院在引进教师时着重考虑不同学科背景的优化组合。目前学院的教职工由建院时的 8 人扩大到 45 人，其中专任教师达到 37 人，博士毕业于新闻传播学科的占比则不到 1/3，其余则来自计算机科学、统计学、心理学、情报学、管理学、马克思主义理论、文学等学科专业。不同学科背景的老师相聚于同一所学院，便于跨学科团队的构建，便于集中多学科力量承接科研项目，便于多学科视角的思维交融和方法互补，更便于把这种独特的优势体现在人才培养的全过程。

当然，跨学科过来的老师意味着更大的投入、更多的付出、更艰难的考核指标的完成。当你面对新闻传播学科的学术要求、面对这个学科的学生授课之时，意味着原有学科的知识只能退居其次甚至完全没用，而新闻传播学科的基础理论、专业知识、实践技能则一点不能少，跟科班出身的老师相比一点不能逊色。而且，跨学科老师们的学术贡献只能符合新闻传播学科的属性要求，能当作学科评估的成果展示出来而不会产生歧义；更何况我们所面对的是移动互联一代，他们获取知识的渠道更加多元，对新媒体的理解与应用更加独到和熟练。因此，来自其他学科的老师将会付出更大的努力，做出更多的牺牲。

好在我们的老师都能以勤勉的工作态度，对新闻与新媒体两大学科板块有超常规的感悟与理解，对交叉发展、体现工科特色的"工字牌"内涵有独到的认知和实践，绝大多数老师在教学科研上能够实现顺利转型，做到融合创新，提前两年或一年顺利完成聘期考核，为新闻传播学科发展作出了创新性的贡献，也因此顺利完成第一个聘期任务站稳脚跟，以副教授身份提前进入下一个聘期。

3.2.2.4 特色

区别于传统的新闻传播学院，我们学院一成立，就把新媒体内容生产与传播、经营与管理、新媒体技术与应用等作为教学科研的主攻方向，也是我们融入社会提升学科美誉度的主要抓手。初步探索出一条“坚守文工交叉，实施项目牵引，打造联合培养，发展智能传播”的特色化发展之路。

差异化发展是避免同质化导致科教成效不彰显的重要途径，特色化发展是发挥自身优势确立学科地位的重要手段。我一直期待的是，提起新媒体研究、提起舆情舆论研究、提起新媒体人才培养，人们首先能想到位于大西北的西安交大新媒体学院，这就说明我们的方向是对的，特色是鲜明的，我们的努力得到了认可。事实上，我们的网络舆情和舆论引导研究、我们的网络与新媒体专业建设已经产生了影响。

建院以来，我们以国家和地方重大需求为导向，以学科一流为目标，以“项目、平台、成果、团队”为抓手，以新媒体与社会治理、大数据舆情与政务新媒体、新闻传播与舆论引导等学科方向为支撑，不断拓展研究领域，形成特色科研优势。

学院建成了学科交叉、体系健全、结构完整的本硕博人才培养体系，“新媒体与社会治理”二级交叉学科博士点已经开始招生；建成了包含舆情大数据采集与处理平台、大数据分析及可视化平台、新媒体内容生产与运营平台、新媒体技术体验平台、社会实践基地、政企合作平台、人才培养平台的文理工交叉的跨学科大平台，以更好地服务于学术研究和人才培养。

3.2.2.5 服务

办学院和办大学一样，一定要走出象牙塔，一定要摒弃自我封闭、自我满足的心态。学科发展只有融入社会才能发挥应有的作用，只有和国家战略、社会需求、媒体应用紧密结合，不断寻求用武之地，学科发展才有活力，人才培养才有动力，教师队伍才有力量，师生才有获得感，学院才有凝聚力。

2020 年以来，我们的老师组成不同的研究团队，承担了全国 5 个省份 19 家宣传、网信、广电和文化产业等部门的“十四五”发展规划的编制，再加上每年有众多的智库成果被采纳被应用，这些富有特色的专业成果体现了学科与社会的紧密关联，也因此被誉为“西安交大新媒体专业力量”而受到社会关注。

3.2.2.6 成效

就学科发展而言，西安交大新闻传播学科排名由 2017 年的全国第 68 位上升至 2021

年的第 25 位(据上海软科数据)。在“工字牌”内涵及平台建设方面，首次获批国家自然科学基金 1 项，获批陕西省科技厅重点科技平台“计算传播大数据智慧共享平台”资助，连续两年获批陕西省创新能力支撑计划科技资源开放共享平台项目建设支持。在创新港校区建成新媒体智慧学习工场，是学院“工字牌”内涵建设和跨学科平台建设中的重要组成部分，也是在全国探索多学科交叉融合的典型案例；在兴庆校区建成智能媒体实验室，围绕大数据可视化与数据新闻、传媒类虚拟仿真教学、VR/AR 内容创作、人工智能与传媒行业相融合等进行前沿性实践探索。

学术研究与建言献策紧密结合。学院师生所撰写的决策咨询报告获 9 个中省领导批示、16 个中宣部采纳、7 个国家民委采纳、122 个省级采纳。学院连续两年获陕西省舆情信息工作先进单位，累计 8 人次获得全省舆情信息工作先进个人。同时建成陕西省网络舆情研究基地(与省委网信办共建)、陕西省舆情信息工作创新中心(与陕西省委宣传部共建)、陕西省社会科学普及基地“网络舆情科普基地”(陕西省社科联设立)；积极参与教育部首批融媒体建设试点单位“西安交大融媒体中心”建设；与国家广电总局、陕西广播电视台共建“中国(陕西)广播电视媒体融合发展创新中心”，参与建设人民网传播内容认知国家重点实验室西安交大传播内容智能理解研究中心，并承担重点实验项目“网络舆情重大事件早期检测及发展趋势预测关键技术研究”和重点开放课题“复杂舆论场景中信息内容传播风控评估体系构建与应用”。

在专业建设和人才培养方面，在全国 340 家设置网络与新媒体本科专业高校中入选 A+，进入全国前五名(据上海软科数据)，2022 年获批国家级一流专业建设点；2 门课程获批省级一流课程。《传播学引论》(修订版)、《新文科背景下网络与新媒体专业人才培养模式与实践》获西安交通大学优秀教学成果一等奖，“智媒时代原有新闻传播专业改革提升与实践探索研究”获批教育部首批新文科研究与改革实践项目。另获教育部产学合作协同育人项目 10 个。2021 届毕业生中 1 人获陕西高校优秀学生干部称号，1 人获陕西高校优秀毕业生称号，1 人获优秀研究生标兵荣誉称号(是人文社科类学院唯一入选学生)；学院“微光”公益支教团获省级“优秀团队”荣誉称号；毕业生首次进入人民日报社、新华社等主流媒体工作。

在我卸任之际，王树国校长给我发了一条短信，他说：明德院长，在您的努力下，这几年学科发展很快且势头很好，相信未来会更好，我要代表学校谢谢您和同志们。这不仅是对我 6 年多院长工作的肯定，更是对我们学科发展、学院未来寄予的厚望。

(西安交通大学新闻与新媒体原院长　李明德)

3.2.3 周德仓：坚持特色办学，凝聚独有学科优势和专业价值

西藏民族大学虽隶属于西藏，但却因历史原因，1958年创办于陕西咸阳，既属地方院校，也归于全国民族院校序列，其新闻传播学院肇始于1996年创办的新闻专业，2005年成立新闻与传播学院。

1996年新闻专业创建时，本人就是专业教师。2005新闻与传播学院成立后，先后担任新闻教研室主任(2005)、副院长(2007)、院长(2013—2021)，一直参与和负责学院学科、专业发展，成为学院发展的历史见证者。2021年7月，因为档案年龄误载，提前一年退休。

3.2.3.1 特色建院

西藏民族大学是西藏创办最早、异地办学的地方民族高校。作为西藏高等教育的开拓者和孵化器，对西藏社会发展和历史进步影响最为全面和深远，其对西藏社会发生影响的广度、深度，在全中国高校中绝无仅有；西藏高校却在陕西办学，优势、局限兼而有之；作为地方高校，服务西藏社会发展是办学的应有之义；作为民族高校，为民族地区社会经济发展和民族工作培养专门人才，也是应有之义。

西藏民族大学办学的最重要价值，就在致力于西藏社会发展和历史进步，这已经是中央高层和国内外社会各界的共识。2008年、2009年，在西藏民族大学建校50周年、60周年之际，胡锦涛、习近平先后发来贺信，凸显西藏民族大学特殊的社会价值。

西藏民族大学新闻与传播学院，是西藏自治区唯一的新闻传播学院。由于受社会经济发展和人口的限制，西藏新闻传播高等教育规模有限。西藏民族大学1996年创办新闻专业，2005年成立新闻与传播学院。同时，在拉萨办学的西藏大学，仅于文学院下设置“大众传媒系”。这就意味着西藏民族大学新闻传播学院主要承担着西藏自治区新闻传播人才培养和学科建设任务。

基于以上基本分析，西藏民族大学新闻与传播学院的学科和专业发展定位，必然以“少数民族新闻传播”为基本定位，以“西藏传播”为学术研究主题，构建特色学科体系。

学院积极引导专业教师全面关注西藏新闻传播的历史和发展，在与自身专业与学术兴趣相结合的基础上，逐步发现自身的学术视角，确立自己的研究方向。经过多年努力，学院先后获批国家社科立项十余项，而在学院教师的学术研究中，均以西藏传播为主题，出版了《西藏新闻传播史》《中国藏文报刊发展史》《西藏民族文化传播的历史、理论和现实》《电视与西藏乡村社会变迁》《西藏社会舆论与媒介引导力研究》《大众传媒与

西藏传统文化保护和发展研究》等，在西藏新闻传播史、中国藏文报刊发展史、西藏民族文化传播、西藏对外传播、涉藏舆情研究等领域取得较为突出的成果，由此积淀塑造为学院学科建设的最突出特色和优势，学科特色彰显，学术影响力提升。

2010 年，依据学术研究的西藏特色、民族传播优势，学院在西藏民族大学“民族学”硕士一级学科下设立“少数民族新闻事业研究”方向，开始研究生教育。2015 年，获批新闻与传播专业硕士学位，成为西藏自治区最早也是唯一的新闻传播专业学位点，并开设了少数民族新闻史论、西藏对外传播、汉藏双语传播三个培养方向；2021 年，凭借整体学科优势和突出的西藏传播特色，获批新闻传播硕士一级学科，成为西藏自治区最早也是唯一的新闻传播硕士一级学科点。自 2010 年开展研究生教育以来，所有研究生的学位论文均以“西藏传播”为选题，旨在凝聚研究主题，凸显研究优势，形成研究团队。

凭借着民族新闻传播研究的比较优势，新闻传播学院先后成为国内民族传播学术团体、论坛的发起人和主要参与者，为“中国少数民族地区信息传播与社会发展论坛”发起和副秘书长单位；中国新闻史学会少数民族新闻史专业委员会发起和副会长单位；中国新闻史学会新闻传播教育史专业委员会常务理事；陕西省新闻传播教育学会常务理事、副会长单位，在少数民族新闻传播研究领域占有特殊地位。

3.2.3.2 管理者应有清晰思路和开阔布局

作为学院的主要行政管理者，对学科建设、专业发展和人才培养肩负历史责任，我觉得最关键的是应该拥有清晰的思路和深远的布局。

对于自己学院的办学生态，应该有清醒的认知。作为地方民族院校，如果一味与名校、大校相提并论，实在很不明智，也没有必要。尽管当今中国高等教育的评价体系依然整体划一，并没有考虑各校之间的功能之不同，但我们依然特别需要从实际出发，明确自己恰当的办学坐标，走出自己的特色办学之路。

比如在确立“西藏传播”这一方向的时候，也许在最初并没有被大家完全认可，但实际上，西藏民族大学在研究西藏传播方面的优势，即使放眼全国，也绝无仅有。这不仅源自学校与西藏的隶属关系，生源包括藏族学生多来自西藏，拥有丰厚的藏学文献信息中心，以藏学为中心的多学科学术研究，能够在完整的学科体系中为西藏传播研究提供强大的学术视野。这些条件构成了学院研究西藏传播的最大优势，成为学院最有可能获得学术成就的领域。当大家形成如此共识之后，就获得了明确的研究方向，把握住了学术研究的立身之本。

3.2.3.3 管理的关键是生态优化

真正有效的管理，并不是用严密的条条框框进行约束和量化评价，而是竭尽全力创设良好环境，优化生态，引导研究方向，让人才快速成长。

抓住对口援藏重大历史机遇，大幅提升办学水平。2003 年，教育部确定复旦大学新闻学院对口援助我校新闻专业(当时尚未成立新闻传播学院)，在学术研究、教师进修、专业发展等方面提供了高端支持。2007 年，教育部确定中国人民大学新闻学院对口援助学院。2009 年，共同发起成立“中国少数民族地区信息传播与社会发展论坛”，成为国内最有影响力的少数民族新闻传播学术平台；为学院培养了多批次新闻传播学博士；全院教师大多在人民大学新闻学院访学进修；为优秀本科生和研究生提供交流学习机会；合作开展学术研究，共同举办学术会议；管理人员互相挂职交流；指导学院学科专业建设和实验中心建设。两所国内顶级新闻院系的对口支持，使学院的民族特色进一步彰显，整体发展实现了历史性跨越。

抓住部校共建重大历史机遇，快速推进学院发展。2015 年，西藏自治区党委宣传部与西藏民族大学签署协议，共建新闻传播学院。每年获得 150 万元专项资金支持；在学院建设“西藏融媒体实训中心”；实施专业教师与媒体人员到对方单位挂职的“千人计划”，促进学界与媒体之间的深度融合；将西藏主要媒体纳入学院专业实践基地体系；持续参与西藏新闻阅评、新闻奖评选、收听收看中心视听评议、重大新闻采访报道等活动；资助专业教师学术著作出版；联合举办涉藏疫情、少数民族新闻传播、马克思主义新闻观、西藏民主改革重大报道等学术研讨活动；完成西藏媒体、宣传部门在职人员培训；聘请西藏资深媒体人担任专业硕士导师等。这些重要举措，大大提高了学院服务西藏社会发展的能力和影响力，进一步凝聚了学院的民族传播学科特色。

利用身处高教大省陕西的优势资源，学院先后与陕西师范大学新闻传播学院、西北大学新闻传播学院签约建立友好合作关系，并加入陕西省新闻传播教育学会，充分发挥内地办学地缘优势，优势互补，有力推进了学院发展。同时，学院与全国民族院校构建了密切有效的合作机制，积极推进民族新闻传播教育与研究。

在学校的布局和支持下，学院利用新建校区的历史机遇，在秦汉校区建成“新闻楼”，实验、教学和办公条件彻底改观，为学院走向未来奠定了良好基础。

3.2.3.4 管理者应该是学术带头人

院长理所当然应该成为所在学院、学校的学术带头人，不仅利于专业管理，而且具有无形的激励力量。本人从事的西藏新闻传播历史研究，不仅是个人的学术成果，在凝聚学院学术研究方向方面也发挥了重要作用。

本人自 1998 年在四川大学进修期间，在白润生先生的指导和鼓励下，开始进行西藏新闻传播历史的研究。2000 年开始发表关于西藏新闻传播的论文。2004 年，在复旦大学访学期间，丁淦林先生直接指导了本人关于西藏新闻传播历史的研究。2005 年，出版《西藏新闻传播史》，受到学术界特别是少数民族新闻传播研究领域学者的高度关注和积极评价。2009 年，该书荣获教育部高等学校人文社科优秀科研成果三等奖。2004 年，本人申报的国家社科基金项目“中国藏文报刊发展史研究”获得立项，这是我校新闻专业成立后获得批准的第一个国家社科项目。以相关研究成果为基础，学院开设了“西藏新闻传播史”特色课程，引导年轻教师以“西藏新闻传播”为方向申报课题，进入学术领域，逐渐确定各自科研走向，并以此为基础，申报成功新闻传播硕士一级学科、专业硕士学位点、新闻学国家一流专业建设点，凸显专业特色，形成专业影响力。

在学校党政的支持、指导和全院师生的不懈努力下，西藏民族大学新闻传播学院在十多年的发展历程中，逐步实现了整体性历史跃升：比较成功地打造了以“西藏传播”为特色的学科品牌和影响力；构建了以本科、硕士研究生教育为主体，教育教学能力比较突出的专业教学体系；入驻秦汉校区“新闻楼”；建成以新闻传播综合实验中心和西藏融媒体实训中心为代表，校内外专业教学实践基地为支撑的专业实践教学体系；形成学历、职称、年龄、专业能力比较合理平衡的专业团队；确立了比较完整的学科、专业构架；构建了以对口援藏、部校共建为支柱的社会化发展机制；在全国民族院系中居于前列，在全国新闻院系中占有特殊地位，已经成为中国少数民族新闻传播研究重镇、西藏新闻传播研究和教育中心、西藏新闻舆论培训和咨询中心，特色独具。

自己被历史所选择，竭尽所能，在学校支持和大家的不懈努力下，基本完成了新闻传播学院发展的奠基工程，但依然留有很多遗憾。期望新闻传播学院拥有美好未来，继续坚持特色发展之路，大幅度提升学科专业建设水平，在中国新闻传播教育大格局中确立自己的醒目坐标。

（西藏民族大学新闻与传播学院原院长　周德仓）

3.2.4　尚恒志：做院长是个需要讲究艺术的技术活

河南工业大学前身是郑州粮食学院，始建于 1956 年，是一所以粮食产后加工与储运为特色的理工类院校。为调整学科专业布局，学校决定开办新闻与传播教育。2003 年 7 月，学校突然将我从管理系调出来筹建新闻传播系（此前我为管理系副书记、副主任），任命我为新闻传播系党总支书记。从此，我这个既没有新闻传播教育背景又没有从事过新闻传播教育的理工科毕业生进入了新闻传播教育与管理的大门。7 年半后，2010 年 12 月 31 日，党委任命我为新闻传播学院院长，担任院长 8 年半后，2019 年 7 月被任命为新闻传播学院党委书记，2022 年 6 月因年龄原因卸任。前前后后 19 年的新闻传播教育与管理工作经历，我见证了我校新闻传播教育从无到有，从小到大的发展历程，作为学院发展的推动者、参与者、见证者，尤其是当院长的八年半，深感院长对一个学院发展的举足轻重的作用，也深感当院长的艰难与不易。静心思之，我做院长后，主要是带领大家作了这么几件事。

第一，弄明白我是谁。既明白自己办学的基础、条件与优劣势。河南工业大学是一个有着深厚办学底蕴的理工类院校，有自己的办学思路与特色。理工科是优势专业，学校政策、资源的配置都是向理工科倾斜的。全校人文社科专业比较少，人文社科底蕴非常薄弱，不像一些综合类大学学科专业齐全，互相支持，有深厚的人文氛围，支撑新闻传播学生培养的环境。我带领大家认真分析后，大家认为河南工业大学开办新闻传播教育起步比较晚，前面许多大学的新闻传播教育已经举办了许多年，形成了自己的优势与特色。河南工业大学新闻传播教育是在一所理工类大学刚刚起步的，内外环境都不十分有利，要想快速发展，必须认清自己，走自己的路，办出自己的特色。

第二，明确我要干什么？既确定好自己的目标定位与发展思路。2011 年，我把教职工分成东南西北 4 个调研小组，分赴全国各地新闻院系进行调查研究，拜访前辈及同行，学习他们的办学经验，听取他们的意见与建议。回来后院内开展大讨论，达成了共识：我们的新闻传播教育不能跟随大流、人云亦云，要准确定位、明确思路，走差异化发展之路。一要立足于理工类大学办新闻传播教育；二要立足于学校、学院的特点；三要立足于当前全国、全省新闻传播教育各校的现状，不能简单模仿，要形成自己的特色；四要立足于新闻传播业界发展的现状与发展趋势。由此，我们确立了学院的培养目标定位：在广播电视与网络新媒体领域培养基础知识扎实、专业技能突出、综合素质全面的具有创新精神的高质量复合应用型现代传媒人才。确立了学院发展定位：立足河南，面向全国，把学院建设成为“省内一流，国内有相当实力，国际有一定影响”的新闻传播人才培养基地。

第三，具体怎么干？既怎样实现学院的目标定位。我主要抓了三件事：改革、建设、开放。

一是推行一系列改革。

①人才培养方案改革。目标定位明确后，我们开始对人才培养方案进行大刀阔斧的改革。2011 年制定了“厚基础，宽口径，强实战，高素质”的人才培养方案改革方针；实行大类招生，打通专业培养。建立了平台+模块化课程体系，设置了通识教育平台、

学科平台、专业平台、实践平台四大课程平台，每个平台设置两个模块，共 8 个课程模块。前两年解决厚基础，宽口径的问题，学生在通识平台、学科平台中选课，打通学科基础，实现复合型人才培养目标；后两年解决重能力，强实战的问题，学生在专业平台、实践平台中选课，实现应用型人才培养目标。

从 2012 年开始，我们不断优化人才培养方案，目前形成了 2012 版、2016 版、2021 版人才培养方案。

②实践教学体系改革。为实现应用型人才培养，我们探索构建了独具理工科特色的新闻传播类专业实践教学体系与培养模式。

增加实验实践学时比例。经过几次人才培养方案改革，各专业实验实践学时占总学时的比例都超过了三分之一。

建立了富有特色的“一个中心、两个结合、三个层次、四个模块、五方面内容”的综合实践教学内容体系。即以培养学生创新能力为中心，将实验教学与理论教学相结合、实验教学与科研训练相结合，基础性实验、综合性实验、创新性实验逐次提升，包含广播电视学、广告学、播音与主持、网络与新媒体四个实验模块，实验、实习、毕业设计、专业竞赛、社会服务五方面内容的实践教学内容体系。

搭建了多层次的实践教学平台。以专业素质为主的课程考核平台、以实战能力为主的专业竞赛平台、以创新能力为主的“产学研一体化”科研小组平台、以综合素质为主的第一课堂和第二课堂有效结合的“传之梦”平台、以弥补校内不足为主的校外实践实习基地。

形成了实践育人新模式。日常教学突破了重结果的传统模式，探索实行重过程的“小组作业”教学模式；实验教学突破了课堂本位模式，将第二课堂纳入教学与管理体系；实习教学突破了学校本位模式，建立了广泛的校内外产学研相结合基地；毕业论文(设计)突破教师本位模式，建立了新的毕业论文(设计)评价体系。

③考试考核方式改革。我们认为新闻传播学各专业都是应用性非常强的专业，专业课结课如果还用传统的闭卷考试的形式，培养不了学生的动手实战能力，于是我们从 2012 年开始推行考试考核方式改革，改变一张卷子定成绩的做法，根据课程性质我们形成了形式多样的考试考核方式：课程论文、调研报告、团队项目、小组作业、专业竞赛、科研结项、汇报演出、闭卷考试。

毕业设计(论文)改革。从 2012 年开始，我们对学生的毕业论文进行改革，改毕业论文为毕业设计，尽可能采取毕业设计的形式，通过毕业设计作品来对学生 4 年学习效果进行检验。毕业设计选题与类型涵盖：调查报告、策划案、平面广告、VI 设计、画册设计、视频广告设计与制作、新媒体广告及运营、微电影、纪录片、电视专题、融媒体新闻报道、平面媒体系列报道、影视媒体现状调查、深度报道、融合新闻、媒体企业政务类新媒体类策划案、微视频、媒体企业、政务个人微博微信公众号抖音号头条号等新媒体优化方案与运营、主题网站策划设计制作、系列数据新闻作品、系列信息可视化图表、网络舆情监测与分析系列报告等。题目来源于指导教师出题目、学生自拟题目、师生共同商定题目、实习实践中发现题目、社会委托服务中确立题目等。这大大调动了师生的积极性，很好提高了学生的实战创作能力。每年学生毕业答辩，我们都邀请业界专家来当评委，来观摩，学生的作品受到业界专家的高度评价，一些学生更是当场被用人单位抢走。目前，97%的学生毕业采用毕业设计的形式。

二是加强实验室建设。长期以来，有个误区，认为新闻传播教育有一支笔、一个本就可以了，不需要多大的投入，但随着信息技术的迅猛发展，这远远跟不上新闻业界的需要。我通过各种途径与手段，向学校相关领导与部门灌输新闻传播学科不是简单的传统意义上的文科，必须建设强大的实验室，才能做出优质的节目，要以理工类学科的理念来建设新闻传播实验室。本来，工业大学就有重视实验室建设的传统，开明的学校领导和有关部门在我的游说下，几年间我们争取了各项资金近 3000 余万元，建设了 20 余个专业实验室，购进了一大批设备，许多业界朋友都说，我们实验室的装备超过了一个地级广播电视台。尤其是 700 平方米的广播级演播厅在全国高校都为数不多。这些实验室为学生的实战动手能力培养提供了广阔的平台，也吸引了全国一些兄弟院校同行来考察交流。我们传媒实验教学中心 2011 年被河南省教育厅评定为河南省本科高校实验教学示范中心。

三是扩大对外交流合作。由于我校新闻传播教育起步晚，缺乏经验，为了尽快发展，实现弯道超车，我们积极向兄弟院校学习，聘请了 30 余位学界的前辈、朋友，作我们的兼职教授，请他们为我们问诊把脉、论证人才培养方案、指导学科建设等，有力地促进了学院的专业与学科建设。

长期以来，困惑高等教育的一个问题就是学界培养的学生，业界认为不好用，学界业界存在脱节现象。我积极推动学院与行业的合作，邀请业界专家、资深人士 40 余人担任学院校外导师；在业界建立了 30 多个校外实践教学基地，涵盖了国家级媒体、地市级媒体、商业媒体、企业公司等，作为对校内实验条件不足的补充；2014 年在与河南省广告传媒业商会多次交流沟通后，我联合河南省新闻传播教育类高校发起成立了河南省广告传媒业商会高校专家委员会，本人被推举为专家委员会主任。该委员会代表学界与河南省广告传媒业业界进行合作，是河南省广告传媒业发展的智库，为河南省广告传媒业提供智力支持、决策咨询、人才素质提升服务。河南省广告传媒业商会集中了河南省境内广告业、传媒业等几万家单位，合作使这些单位都可以接收高校学子的实习实践，为师生实习实践开辟了广阔的市场，既解决了学生实习问题，锻炼了学生的实战动手能力，在一定程度上也解决了学生就业问题。第三方机构麦克斯中国调查显示：河南工业大学新传院学生专业基础扎实，动手能力强，上手快后劲足，就业层次高。

由于定位准确、思路清晰、改革有力，我们得到了学界业界的普遍认可，专业建设、学科发展、科学研究等都取得了比较可喜的成绩。学院发展为目前拥有五个本科专业：广告学、广播电视学、网络与新媒体、新闻学、播音与主持艺术，全日制在校生1600余人。新闻与传播专业硕士点2014年获批，新闻传播学一级硕士点2016年获批；新闻传播学2018年被评为河南省一级重点学科；广告学专业2015年被立为河南省唯一的高等学校“专业综合改革试点”专业；3个专业被确立为河南省一流专业：广告学、广播电视学、播音与主持艺术；传媒实验教学中心被确立为河南省本科高校实验教学示范中心；获批河南省高等学校人文社会科学重点研究基地1个：媒介生态与社会治理创新研究中心；科学研究从2014年开始，截至目前，共承担国家社科基金项目12项，基本上实现了国家社科基金每年不断线。2021年河南省广播电视局主动提出与学校共建新闻与传播学院。

19年的新闻传播教育与管理经历，占据了自己职业生涯的大半时间，尤其8.5年的院长经历，我全身心地投入新闻传播教育与管理，最大的感觉就是工作繁忙，头绪众多，想做的事很多，但常常有无能为力之感；应该说有成功时的喜悦，也有事没有做成的沮丧。好在河南工业大学的新闻与传播教育在专业建设和学科发展上，没有拉学校的后腿，学院是学校发展最快的学院之一。学院已经成为中原大地上重要的新闻传播人才培养基地。如今，回头看之忆之，感慨很多，体会很多，与朋友们分享以下几点：

①做院长是个讲究艺术的技术活。院长是学院发展的主要谋划者、设计者、推动者，权力不大，但需要考虑的事很多。本人认为主要应该抓以下几件事：定目标、明思路、争资源、建队伍，推改革。做好这些事，需要讲求天时地利人和，需要讲求方法手段技巧。比如，争资源，拿实验室建设来说，学校一年能投入的就那么多，给哪个学院都是有道理的。作为院长，就要“八仙过海、各显神通”地去争取了。

②团队和谐是基础。事业的发展靠的是全体教职员工的共同努力，在学院必须营造家的氛围，真诚待人，团结班子成员，公平处事，尊重教职工，关心教职工的身心发展，在学院发展的同时，教职工也要得到同步发展。

③要求教职工做到的自己先要做到。做院长要有吃亏的精神，加班加点，牺牲节假日、休息时间是经常的现象；不与教师争公共资源，许多时候只要有老师报了某一类项目，自己就绝不去申报该类项目，这些年失去了太多的这样的科研项目，但我不后悔。因为你担任了这个职责，就必须付出牺牲。

④好风凭借力。在河南工业大学新闻传播学院 8.5 年院长经历中，是我人生最值得记忆的岁月，这些年我由此结交了众多学界业界的前辈、大咖、朋友，他们无私地教诲我、帮助我、指导我、鼓励我、支持我，给我勇气，给我力量，给我思路，给我方法。我能够尽快入门新闻与传播教育及管理，他们使我受益良多(人很多，名单在此就不一一列举了)，感激之情无以言表。在此，衷心地向他们表达深深的感谢!

(河南工业大学新闻与传播学院原院长　尚恒志)

3.2.5　杨晓峰：担当自在踏歌且行

因为感恩，所以坚守。因为曲折，所以坚定。

兰州财经大学商务传媒学院的前身由远及近，为兰州商学院基础教学部、商业文化系、新闻传播系，2006 年机构改革成立商务传媒学院。之所以冠有“商务”二字，旨在凸显传媒学院的大商科特色。当然，西部办学不易，作为发起人之一的时任副校长王新兰教授，是新闻学专业专任教师，她和我商量给学校提出这个名称建议，也有几分广告之意藏蕴其中。借此机会，向王新兰教授多年的付出和心智表示崇高的敬意!

学院成立之初，工商管理学院的王兴邦教授被任命为首任院长；我作为创院人之一担任副院长，那年 41 岁。2009 年，王兴邦教授调到广东惠州学院后，我主持工作一年有余。2011 年开始，从 46 岁到 2022 年 57 岁，院长任期 11 年。

弦歌不辍，路径明朗。上任之初，难点和空白点是显而易见的：没有省级重点学科，没有硕士点，没有一名博士，没有国字头科研项目，没有省级实验教学示范中心……

面对艰难中拼搏的全体老师，我提出“开门办学，重在动手”的办学理念。遵循“有所为有所不为”的工作原则，于细节处谋硕果，自创新中铸平台。无论桃李春风，还是江湖夜雨，11 年是一种无悔经历，一段难忘岁月。置身其间，领悟青春的可贵，聆听静静的微绽；体验分秒必争的现代感，感受负重前行的责任感。这种责任感无疑是一种隐喻，一种启迪，更是一个坐标。

酌水知源，脚印清晰。回溯奋斗历程，几处昔日的足迹在记忆的春天如花瓣飘过。

首先是学科建设捆绑制。11 年来，新闻传播学学科发展为甘肃省重点学科；新闻与传播硕士专业学位点填补了省属高校的空白、填补了学校人文学科的空白；60 名专任教师中有 28 人具有博士学位；教师完成国社科项目 10 项、教育部项目 5 项；出版的专著和发表在 C 类刊物的文章篇目令全校刮目相看；学院成为中共甘肃省委宣传部和兰州财经大学部校共建新闻学院。

这些成绩得益于整合资源、协同作战、催生高质量研究成果的激励机制。在学院资金困难的情况下，发动专业教师实施AA捆绑缴费，先加盟高级别杂志，而后按研究方向投稿。在学校绩效奖励政策出台后，将专项基金奖励同教师投稿数量捆绑。这种制度不仅有了科研质和量的回报，而且无形中为科研创新团队培育打下了良好的基础。

我认定这样一个事实：开门办学即快乐办学。与学界大咖和业界精英交朋友是人生一大乐事。11年来，他们的加持是学院之福、学生之幸！

学院之所以能快速成长并融入全国新闻传媒院系大家庭，是因为得到了来自全国各地丰富而又多元的精神滋养，这其中也包含着省内兄弟院校院长们的赤诚奉献。莅临学院指导工作和讲学的著名学者们，比如郑保卫、程曼丽、吴予敏、张昆、雷跃捷、吴飞、段京肃、芮必峰、强月新、曾建雄、杨宝军、陆晔、孙玮、展江、郭建斌、杨魁、张大可、唐远清、葛水平、巢乃鹏、刘双周、刘金波等，对学院深厚的感情和始终如一的关爱，令人深深感念！特别是我的恩师——南京大学新闻传播学院段京肃教授，在我任期内为学院的发展和管理付出了大量心血，可谓有求必应。借此机会，向恩师深深鞠一躬！还有安徽大学新闻传播学院芮必峰教授，申报硕士专业学位授权点期间，从合肥飞抵兰州，担任校内评委并亲自把关修改整合申报材料，才使得本学位点以学校排名第一的总成绩进入全省答辩环节而获胜。学院这种氛围也吸引好多年轻的博士学成归来，促成了学科梯队和人才队伍的壮大！

其次是专业建设本导制。围绕“创新人才培养模式”这个主题，抓住机遇，大胆改革，在全校率先实行本科生导师制。对学生进行“一对一”的专业辅导、生活指导、心理疏导，尊重学生个性发展，受到了家长和学生的普遍欢迎，取得了明显的成效。

本科生导师制还有一个意想不到的正面效应：大多教师一改过去轻科研、重教学的职业状态，开始积极申报科研、教改项目，使科研成果反哺教学方法、教学模式、教学内容，吸引学生选择自己做指导教师。与此同时，改革课程体系，加大选修课和特设课，构建优质课程群。11年来，本科专业由3个增设为6个；新闻学专业获批为甘肃省一流本科专业。

最后是实践教学开放制。以更多心智走开门办学之路，是学院快速发展的驱动力。就学院实际而言，开门办学的最好切入点就是实践教学的开放制度，即真正与媒体深度合作，打造并对外开放实验、实习实训基地平台，实现产学融合。11年来，不足50平方米的新闻实验室华丽转身，成为1000多平方米拥有700多万元设备和全媒体演播厅的甘肃省高等学校实验教学示范中心——“传媒艺术实验中心”；12家校外实习实训基地和研究生工作站占全校实习基地总数的五分之一；毕业生就业率稳居全校中上水平，普遍获得“上手快，有后劲”的赞誉。

给予平台支持和亲自担任校外硕士生导师的媒体老总们是学院的福气：王光庆、巩炜、梁和平、杨小平、林治波、杨重琦、张建伟、王富海、杨永茂、周玉兰、周丹波、李盾、景海峰、周尚业、姚磊、王韧、刘龙、张平生、曾月梅、武志远、童贤方、张振宇、黄胜强、雷震、李健吾、任秀娟、原彦平、朱兴忠、王逢杰、刘永辉等，他们对学院实践教学的贡献和对研究生业务工作的殷切关怀，传为学界业界携手办学的佳话！

这些媒体老总以能在学院担任校外硕士生导师为荣，他们也借助学界这个平台传播业界动态、职场心得，为研究生培养增色添彩，给研究生乃至本科生的就业提供了功德无量的渠道。中国人民大学郑保卫教授曾感言：学院与甘肃媒体的关系竟是如此融洽，这真是一大特色！中国传媒大学雷跃捷教授也曾问我，西部传媒院系能和媒体合作这么愉快，是怎么做到的?！细心的老师会发现，11 年来学院拥有一支相对稳定、颇具影响力和权威性的校外导师群和“朋友圈”，那是我们尤为珍重的财富。

因此，学院的实践教学一直是强项，契合了“开门办学，重在动手”的办学理念。这是个哲学命题，学院创造条件给学生一片广阔天地，学生会迸发灵感，以丰硕的成果回馈学院。实践教学加上实验教学，给课堂理论教学注入了无限活力，二者相得益彰！我和我的团队每次带学生去校外实习基地交接实习事宜时，同学们高兴得像过节一样。理论课教师努力使学生沉浸于这样的知识文化场，让他们意犹未尽。业务技术课老师也忘却艰辛和压力，学生的喜悦就是他们职业生涯的骄傲，是甚以欣慰之事！

当然，遗憾也是存在的。在申报“新闻传播学”一级学科硕士点时，由于学校其他学位点的材料中出现了本学位点一名骨干教师的名单，有关部门审核时没有发现，致使申报资格因骨干教师重复被教育部评审部门取消。辛劳未果，与学术型硕士学位点失之交臂，成为任期内最大的憾事！

商务传媒学院是个大家庭，同事们私下里称我“阳光男人”；学生们当面喊我“师父”，他们把我在论文答辩、学术厅、纪录片拍摄等工作现场的照片，做成表情包相互转发，我很欣慰和大家庭里每个成员感情和洽！相信年轻的新院长和班子成员定能带领三支团队齐头并进。完善教学团队，广纳贤才；激励学术团队，张扬个性；培养管理团队，释放热情。

（兰州财经大学商务传媒学院原院长　杨晓峰）

3.2.6　张德胜：四建设 · 一服务：院长工作的五大抓手

我是武汉体育学院历史上第一位全球招聘的二级学院院长，从 2012 年 3 月上任，到 2022 年 5 月卸任，再改任名誉院长，前后做了整整十年的新闻传播学院院长。如果加上此前主政广州体育学院体育传媒学院近七年，本人可以忝为高校新闻传播学院的“老院长”了。回首十几年的院长经历，我认为“四建设·一服务”是我十数年院长任内的五大工作抓手，在此不揣浅薄就教于大家。

院长要优先抓学科建设

俗话说，学科建设是龙头，当以硕士点和博士点的增设与建设作为显示度。近十年来，我们先后成功了增设新闻与传播(专硕，2014)、新闻传播学(学硕，2017)、艺术(专硕，2017)3个硕士点，占全校全部硕士点的十分之三，其中新闻传播学还被湖北省推荐申报一级学科博士学位授权点(2020)，该一级学科现为湖北省“十四五”重点学科。武体“十四五”期间学科建设规划可以用九个字来概括，那就是“大体育，大健康，大传播”。在这“一体两翼”的学科建设格局中，我们新闻传播学院占有一席之地，也为学校体育学第五轮学科评估从A-回归A档立下了汗马功劳。

说起学科建设，自然离不开科学研究。不管破“几唯”，高级别高水平的课题、论文和奖项必不可少。从2011年至2022年，武汉体育学院新闻传播学院一共主持承担了19项国家社科基金课题，从青年到一般，从重点到重大，做到了课题类别全覆盖。我们充分依托学校体育学学科优势，故课题以体育传播类居多。我们所主持承担的国家课题的数量和分量在武汉地区高校中名列前茅，在全国体育高校新闻传播学院首屈一指。如果您问我有什么妙招？那就是激将法，我常激励老师们说：“如果你说自己是运动员，但如果你没有参加过奥运会，你就不好意思说自己是运动员了，而主持承担国家级课题就相当于运动员参加奥运会。”

院长要善于抓专业建设

专业是人才培养的基本单元，是建设高水平本科教育、培养一流人才的“四梁八柱”。一般而言，一个学院总有多个专业，必须以其中一个专业为主，重点建设，协同发展，而院长理应作为重点专业的负责人，全面带动各专业发展。武汉体育学院新闻传播学院一共有四个本科专业，分别是新闻学、播音与主持艺术、广播电视编导、视觉传达设计。

本人作为新闻学专业的负责人，在长期的建设与发展中，将新闻学专业的特色凝练成四句话，那就是“讲政治，下基层，懂体育，会传播”，《光明日报》对此有专门报道。在师生共同努力下，新闻学专业获批国家一流本科专业建设点(2021)，播音与主持艺术专业也被评为省级一流专业建设点(2021)。

专业建设抓好了，人才培养质量才能有保障，自然就能产生高质量的教学成果。本人主持完成的《新闻传播类专业“三双式”实践教学体系的构建与实施》项目成果荣获2018年第八届湖北省高等学校教学成果奖一等奖，主持完成的《新媒体时代体育解说评论人才“四协同四育人”培养模式的探索与实践》项目成果荣获2022年第九届湖北省高等学校教学成果奖一等奖，并被推荐申报国家级教学成果奖。作为负责人，连续两次荣获省级教学成果奖一等奖，在我校尚属首次。

院长要带头抓课程建设

如果说学科是一个超市的话，课程就是商品，而摆放商品的柜台则是专业。从某种意义上，课程比专业还重要，课程是人才培养的核心要素，重视课程、淡化专业是大势所趋。我们衡量一个老师好不好，撇开师德不说，首要考量的要素是，这个老师会不会上课，所教的课有没有含金量，是否受学生欢迎？所以，“金课”建设业已成为高校的老生常谈。

作为课程负责人，本人所负责建设并主讲的“体育解说评论”获批首批国家级线下一流本科课程(2020)，所负责建设并主讲的“体育与社会”获批第二批国家级线上一流本科课程(2023)，同一个负责人建设两门国家级一流本科课程，在国内同行中并不多见。特别是线上课程“体育与社会”，推出三年来，选课人数近70万人，并应邀进驻B站公开课，深受用户好评。

如果您问我国家一流课程建设有没有秘诀？我的体会是，教学与科研应该并行不悖，教学促进科研，科研支撑教学。真正好的教学，一定要有科研含量，而不是人云亦云的照本宣科，抑或夸夸其谈的“心灵鸡汤”。

因为课堂教学和课程建设成绩突出，本人被评为2015年首届“湖北名师工作室”主持人，填补了武汉体育学院省级教学名师的空白。

院长要设法抓文化建设

俗话说，三流的管理靠人事，二流的管理靠制度，一流的管理靠文化。营造学院文化，是一名院长必须苦心经营，也是最难经营的。经过长时间摸索，我们逐步形成了武汉体育学院新闻传播学院的学院文化，并用五个关键词来形塑，那就是“读书、实践、创新、荣校、报国”。

所谓读书，就是积极响应教育部“以本为本”和“四个回归”的号召，2018年年底创办“东湖读吧”读书会，倡导“读一流的书，做一流的人”，由校内教师和校外专家带领青年教师、研究生、本科生一起读名著、品经典，线上线下相结合，从校内读到校外，再到指导兄弟院系开办读书会，“东湖读吧”的品牌形象与辐射效应逐步形成。

所谓实践，就是将专业实践与实践结合起来，比较经典的案例有：2021年本人牵头组织了43名师生与阳新县融媒体中心合作，联合开展“红色阳新红土地十个党员十面旗”大型专题采访活动，光明日报社、人民网、学习强国全面报道了此次活动，并受到中共湖北省委宣传部的表扬；2022年卡塔尔世界杯期间，本人以新闻传播学“湖北名师工作室”作为平台，组织了20多名师生，推出了《德胜说球》脱口秀节目，该节目通过《湖北日报》、湖北广播电视台等主流媒体和B站、抖音、今日头条、蜻蜓FM等视听平台，进行了全面立体的矩阵式传播，引发社会关注，收到了意想不到的社会效果，比如，我们的节目一度登上了蜻蜓FM这一知名播客平台“新品热播榜”和“品牌飙升榜”的榜首。此次活动的理论总结《体育全媒体传播的实践探索：〈德胜说球〉的节目创作与矩阵传播》一书，由华中科技大学出版社出版，同时作为本人所主持的2021年度国家社科基金重大课题“新时代体育全媒体传播格局构建研究”的阶段性成果。

所谓创新，就是支持与鼓励学生参加各种学科竞赛，将所学知识应用于实践，在竞争中锻炼成长，其中，吕浩、张天翼等一大批学生在全国高校体育解说评论大赛中获奖，并最终成为各大直播平台的解说评论员；李明子荣获凤凰卫视2017年度“中华小姐”环球大赛总冠军，并最终入职凤凰卫视；张琛荣获2018年度海峡两岸广播电视主持新人大赛金奖，并最终入职辽宁广播电视台；张路宽等十几人荣获全国计算机设计大赛微电影类一二三等奖，还有不少人荣获全国大学生广告大赛一二三等奖。

所谓荣校，就是充分发挥我们的学科专业优势，为学校的媒体运营和品牌宣传尽职尽责；所谓报国，就是师生在不同的岗位为国效力，限于篇幅，就不在此赘述了。

院长要注重抓社会服务

社会服务是大学的使命之一，二级学院责无旁贷。武汉体育学院新闻传播学院的社会服务，大体有三：

一是服务媒体。每逢世界杯、奥运会、亚运会、大运会、军运会、武网、汉马等大型赛事，媒体人手不足，我们就会组建师生团队驰援媒体，比如先后应新华社邀请，为大型赛事提供媒体服务；2010年广州亚运会和2012年伦敦奥运会期间，本人先后作为嘉宾，参加广东卫视和湖北体育频道的直播节目。2020年疫情蔓延期间，本人受湖北省社科联和湖北广播电视台邀请，全程策划、出镜主持了反映武汉抗疫志愿服务的专题片《城市摆渡人》，该片与另外两部短片打包报奖，最终荣获2020年度第31届中国新闻奖二等奖，用时任省社科联党组书记喻立平的话说，张德胜教授在此次活动中体现了湖北省首届“最美社科人”的担当、奉献、智慧和风采。

二是服务行业。在体育高校办新闻教育，自然要服务体育行业。作为国家体育总局体育决策咨询专家，本人带领科研团队制定了《国家体育总局“十三五”体育科普规划》，并应邀参加了《深入学习习近平关于体育的重要论述》一书的撰写工作，该书作为全国体育系统向建党百年献礼之作，由人民出版社出版，2022年2月3日北京冬奥运开幕前夕，央视《新闻联播》播出了该书出版的消息，时长70秒。

三是服务国家。本人主持承担了2019年国家社科基金重点项目“新时代体育外交的机制创新与路径选择研究”，致力于体育外交研究，应有关方面邀请，先后三次通过新华社内参，就我国领导人要否参加俄罗斯世界杯赛开幕式(2018)、利用军运会搞好体育外交(2019)、做好疫情防控与搞好北京冬奥会筹备(2020)等议题向国家高层咨政建言，幸被采纳。2022 年应国家商务部邀请，为发展中国家中小学体育教育教师研修班主讲“习近平关于体育的重要论述及中国实践”专题，受到承办单位和国际学员好评。

留给继任者们的未竟改革

以上五点，是本人长期作为新闻传播学院院长的工作体会，站位可能不高，所说也不一定都对，更不敢期待具有普适性，但的确是“摸着石头过河”之后的真情实感与肺腑之言。作为一院之长，囿于体制机制和学识能力诸多因素掣肘，本人在学院治理、教师发展、学生成长等方面未能做到尽善尽美，也未能尽如人意，我对此心存愧疚。

我常常想，如果一位二级学院院长，真能做到“上不负学校，中不负同事，下不负学生”，就肯定能任期无憾、此生无憾，而我，则隔得很远。同样，作为一位卸任者，我也不会事不关己而高高挂起，仍会在适当场合继续以满腔热情鼓与呼，希望学校能在教职工管理方面尽快推行定岗定编定员“三定”制度，能在学生管理方面尽快推行完全学分制，这既是学校改革的两大难题，也是学院治理的瓶颈所在，也是我们武汉体育学院新闻传播学院作为 2013 年省级试点学院和 2021 年部校共建新闻传播学院的经验总结，是“学院办大学”的必由之路与大势所趋。

(武汉体育学院新闻传播学院名誉院长、原院长　张德胜)

3.2.7　董天策：重大新闻学院入主流的思考与实践

结束暨南大学新闻与传播学院常务副院长(主持日常工作)任期不久，重庆大学力邀我去主持新闻学院院务。为重大当时办好应用性文科的战略举措所鼓舞，特别是为重大时任校领导的精诚所感动，2012 年 12 月我告别了工作十年半的广州来到山城，挑起重庆大学新闻学院院长的担子，直到 2023 年 5 月卸任，一干就是十年多。

因为是“空降”，到任后花了两三个月时间深入了解学院实际情况。在创院院长马胜荣先生的带领下，重大新闻学院已具基本规模，拥有新闻学、广播电视学两本科专业，拥有新闻传播学一级学科硕士点和新闻与传播硕士专业学位点，新闻学成为重庆市拟重点学科建设点。马胜荣先生 2007 年创院时成立的是文学与新闻传媒学院，分设中文系与新闻系，2012 年学校将中文系划归人文社会科学高等研究院(高研院)，更名后的新闻学院只有十六七个专任老师，“十七八条枪”都不到，真是压力山大。

好在此前有过主持新闻传播学院院务的经历，有些经验积累，不至于手忙脚乱，能够比较沉稳地谋划学院的未来。当然，这种谋划主要是在心里盘算，并没有形成一个完整而详尽的书面规划。本来，到任不久，学校文理学部负责人就要我做一份学院发展规划，我感到实在困难，就草草地提交了一份具有明确办学目标的文本，至于达成目标的路径与方法，一时还难以说清楚。因为学院当时的师资队伍太弱小，完全不具备达成目标的能力。这自然不能让人满意，我只好引用“草鞋没样，边打边像”的俗语来辩解，说要从长计议，慢慢来。诚然，这是敷衍之辞，我心里其实很着急。然而，面对现实，急也没用，工作还得一步一步来。

2013 年，经过学院党政班子深入讨论，我提出了“入主流，有特色，成品牌”的办学思路与发展目标。我以为，在全国新闻传播教育蓬勃发展、新闻传播院系百舸争流的学科专业格局中，像重大这样的“985 工程”大学，新闻学院应当有所作为。要有所作为，学院首先要有一个比较科学的办学目标定位，明确办成一个什么样的学院，而且尽可能达成共识。有了这样的目标定位，就有了目标导向，接下来该如何开展工作，就相对好办了。

当然，“相对好办”是理论逻辑上的，实际工作并不容易。在新闻传播教育界工作了几十年，我深知师资队伍对学院发展的重要性，最重要最紧迫的工作就是引进优秀教师。然而，重庆大学地处西南，1952 年全国院系调整后长期以工科见长，改革开放以来逐渐向综合性大学发展，但当时的新闻学院还没有什么知名度，要引进优秀的专业师资，难度不小。好在当年重庆大学有个“百人计划”人才项目，着力引进那些学术崭露头角而又有发展潜力的青年才俊，给予的薪酬待遇与专业支持都不错。尝试做了一些工作，很少有新闻传播学的青年才俊动心。怎么办？没办法，只好剑走偏锋，从学科交叉角度出发，着力发掘那些非新闻传播学专业毕业而在从事新闻传播学相关研究且有志于新闻传播学教学与研究的青年教师。学院先后招聘的五位“百人计划”青年学者，有学政治学的，有学公共管理的，有学社会学的，有学历史的。除了一位后来调离，其余四位都快速成长为学术骨干，其中两位已成为国家级青年人才，一位成为重庆市青年人才。最初引进刚毕业的优秀博士，走的也是这条学科交叉的路子，注重从相关学科引进。这样，学院终于撬动了师资队伍建设的突破口。加上注重对现有年轻教师的专业提升，鼓励他们在职攻读博士学位，终于逐步走上人才引进和师资队伍建设的正轨。

如何调动学院专业教师的工作积极性，让他们把个人的发展与学院的发展有机结合起来？这是学院管理的一个根本性问题，关键要靠制度与机制。邓小平说过，“制度好可以使坏人无法任意横行，制度不好可以使好人无法充分做好事，甚至会走向反面”。①

---

① 邓小平文选(第 2 卷)[M]. 北京：人民出版社，1993：333.

我对此深信不疑。学院的制度与机制涉及方方面面，最重要的无疑是教职员工的绩效考核与薪酬激励制度。对学院来说，绩效考核与薪酬激励有两难，一是如何处理好专任教师与行政教辅人员的关系，二是如何处理好科研与教学的关系。就任院长之初，重大新闻学院能够掌控的绩效奖金十分有限，只占员工工资薪酬的10%左右。经过深入调研，我还是决定拿这10%动手术，经过学院党政班子和全院上下不少于10次大小会议的反复研究与讨论，最终制定了科研与教学业绩并重而适当突出科研、行政教辅与专任教师业绩整体挂钩的绩效奖金分配方案。实施了六、七年，直到学校制定了全面的业绩导向薪酬体系，这个方案才停止实施。这一招，有效改变了专业教师只顾上课不爱做科研的局面，对学科专业建设意义重大。

还有一个制度建设十分重要，这就是人才培养方案。与科研院所不同，大学始终是以人才培养为中心的。人才培养方案是大学人才培养目标和规格的具体化、实践化，集中体现了大学的育人思想和办学理念，是大学人才培养的总体实施蓝图和根本性的指导文件。我对重大新闻学院研究生、本科生的人才培养方案做过一次根本性的修订，进而做过多次调整，亲自抓，抓到底，目的就是要体现重庆大学“研究学术，造就人才，佑启乡邦，振导社会”的办学宗旨，体现学院“入主流，有特色，成品牌”的办学思路，从根本上为学院人才培养确定一个具有科学性、适切性、特色化的教学指南。即便有些高水平课程一时开不出，也要列入培养方案，坚决改变因人设课的陋习，确立因课找人的办法。通过落实人才培养方案，反过来促进师资队伍建设。

以上所述，暗含了学院建设或学院发展的五个工作重心，即：目标—队伍—科研—教学—规矩，转换成专业化的表述，就是目标定位—师资队伍—学科建设—专业建设—制度与机制。这五个工作重心及其彼此促进，决定着一个学院的成长与发展。

改革开放以来，不少新闻传播院系的办学路径都是先办专业，然后逐渐提升学科，至于办学目标、师资队伍、制度与机制，往往“随行就市”，“见子打子”，是随着时间的自然进程而慢慢“熬”出来的。重大新闻学院要快速发展，再也不能持续这样的办学路径了。新的路径是什么？首先要明确目标定位，由此出发建设师资队伍。师资选择不是优先满足本科教学的需要，而是优先满足学科建设的需要，因此严把进人关，引进具备科研能力的高水平师资。优秀的师资队伍在学院有效的制度与机制安排下，自然会从事高水平的科研，产出高水平的成果，建设高水平的学科。有了高水平的学科做支撑，高水平的专业建设就容易水到渠成，从而促进学科专业的整体进步。应当说，学科建设与专业建设相辅相成、相互促进，而高水平学科建设是高水平专业建设的前提。

实践证明，我在重大新闻学院的办学策略比较成功。任院长三年后，成效逐步显现。2015年，新闻学入选重庆市特色专业。2017年，新闻传播学成为重庆市重点学科，新闻传播与影视艺术入选重庆市特色学科专业群。2019 年，新闻传播学成为重庆大学自主审核拟新增一级学科博士点，2020 年获国务院学位委员会正式批准。两个本科专业新闻学、广播电视学于 2019 年、2021 年先后获批教育部国家级一流本科专业建设点。软科学科排名，新闻传播学从 2020 年起进入全国前 20 位左右，百分位前 18%。软科专业排名，新闻学、广播电视学从 2021 年的第 18 位、第 17 位进步到 2023 年第 12 位、第 9 位。可以说，重大新闻传播学科专业都进入了全国新闻传播院系的先进行列。所有这一切，都是全院上下共同努力的结果，我只不过发挥了一个“生产队长”应该发挥的作用。

学院建设五个工作重心及其相互促进，无论是否形成书面规划，院长一定要头脑清醒、目标明确，而且要有战略定力，绝不能让各种干扰打乱其进程。学院建设的五个工作重心，本身是靠各种具体工作来推进的。院长除了完成学校布置的各种任务和学院的日常管理，最重要的具体工作就是要围绕学科专业与人才培养而自主谋划、自主实施各种创造性工作。譬如，我在重大新闻学院积极主办、承办国际性或全国性学术会议数十场，为促进学术繁荣与学科发展贡献了一分力量；连续八九年举办“网络与新媒体讲习班”，为全国新闻传播学子搭建了一个学习交流的平台；争取到学院成为中国记协中国新闻奖的新闻院所试点报送单位，积极为新闻界服务；自告奋勇让学院承办“讲好中国故事”创意传播大赛重庆分站赛，积极推进重庆的国际传播。我深刻认识到，当学院弱小的时候，一定要尽可能集中有限的资源把这些创造性的工作做好做足，做出影响力，从而一点一滴、一次一次地使队伍建设、学科建设、专业建设不断优化，不断向目标定位迈进，并且逐步积淀学院文化，建设师生共同的精神家园。

在院长任上，能够做成一些重大新闻学院发展的事情，离不开重庆大学的信任，学校领导和各职能部处的支持，学院党政班子的配合，学院全体同仁的努力，兄弟院系特别是老大哥院系的提携，还有众多师友的关爱，在此谨致诚挚的谢忱！回首十年院长生涯，本人殚精竭虑，问心无愧。其一，办事公平、公正、公开，不谋己利；其二，钻研教育教学规律，努力成为新闻教育专家；第三，把握机会机遇，做好关键事项；第四，全身心投入工作，尽己所能。

遗憾的是：在学院进入良好发展态势之际遭遇新冠病毒疫情，许多计划之内的工作都无法开展。特别是新文科建设，完成了谋划布局，建设实施却只开了个头。师资队伍建设的学科交叉路径，在科研突破上比较容易见效，而在专业建设、人才培养上还有待切实主流化、融合化，否则很可能会走偏。这些学院发展的问题，只好留待继任者去解决。至于那个在新闻传播学建成一级学科博士点并进入全国前二十之际(2020 年)提出的“追求卓越，争创一流”目标，更是有待学院同仁持之以恒地努力。

对个人而言，最大的遗憾是在年富力强的岁月，因为行政工作而无法在科研上投入应有的时间与精力，极大地限制了个人在科研上应有的突破。好在身体尚健，未来自当老骥伏枥，全身心投入教学科研与人才培养，尽一个学人的本分，为新闻传播学术作出自己应有的贡献。

（重庆大学新闻学院原院长　董天策）

3.2.8　彭祝斌：学科·平台·队伍建设——学院发展的要务

湖南大学新闻传播教育的发展大体经历了三个阶段。第一阶段是起步阶段。1995年，湖南大学创办新闻学专业，归属于原人文社会科学系，以培养应用型高级专门人才为目标，注重对学生实践能力的培养。

第二阶段是发展阶段。2002 年 4 月，新闻与传播学院成立，学校聘请知名学者和教育家吴高福教授出任院长，湖大的新闻传播教育走上了独立和跨越式发展的道路。新闻学专业由最初的一个专业方向增加到三个方向(新闻学、广播电视新闻、媒介经营管理)，并增设了广告学专业。同年，湖南大学与湖南广播影视集团共同创办广播影视艺术学院，设有播音与主持艺术、广播电视编导、表演 3 个本科专业。两院建立之初，便分别树立了“拓宽基础、加强实践、培养素质、提高能力”和“教师传授、自我拓展、实践转化”的办学理念，确定了应用型复合型高级专门人才的培养目标。

第三阶段是整合发展阶段。2010 年 1 月，在学校新一轮学科结构调整和资源整合中，为整合学科与专业资源，凸显学科与专业特色，打造学科与专业品牌，学校将新闻与传播学院和广播影视艺术学院进行合并，组建了新闻传播与影视艺术学院，我奉命担任新成立的学院院长。在全球化融合化发展背景下，我提出了“夯实基础、强化实践、开放融合、追求卓越”的办学理念和卓越新闻传播人才的培养目标，学院开始步入融合发展的快车道。

从创办新闻学专业开始，我亲历和见证了湖南大学新闻传播教育发展的全过程。自2010 年 1 月担任院长至 2022 年 5 月卸任，我在院长任上 12 年又 4 个月，加上建院伊始担任学院党总支副书记(2002)、党委书记(2003—2009)兼副院长，我在学院主要党政管理岗位任职整整 20 年。学院工作林林总总，归结起来主要有三：学科建设、平台建设、队伍建设。

学科建设是龙头

学科建设是学院建设的基本任务，也是学院发展的“龙头”。学科是大学的细胞，大学细胞组织发育的好坏决定大学发展的优劣。对于“双一流”建设高校而言，建设一流大学是学校发展的目标，而建设一流学科既是学校发展的目标，也是学院发展的目标。学科建设是一项系统工程，是学院工作的统领，学科体系的构成涉及方方面面，诸如人才培养体系建设、教学体系建设、学术体系建设、平台建设、队伍建设、学风建设、制度建设、文化建设等。学科建设最基本最核心的工作是人才培养体系、教学体系和学术体系建设，也就是所谓的“一体两翼”(以人才培养为体，以教学、科研为两翼)建设。

——人才培养体系建设。专业是大学教育的基本单位和基本组织形式，也是决定人才培养专业结构的重要因素。学院历来重视专业建设，现有四个本科专业皆先后进入国家级和省级一流本科专业建设行列：新闻学专业 2007 年入选首批国家级特色专业，2019 年入选首批国家级一流本科专业建设点；2021 年，广告学、广播电视编导专业入选国家级一流本科专业建设点，播音与主持艺术专业入选省级一流本科专业建设点。

学位点的构成则是决定人才培养层次结构的根本要素。2003 年，学校开始布局发展人文社会学科，学院在周岁之年获准设立新闻学、传播学两个二级学科硕士点，为提升人才培养层次打下坚实的基础。2006 年，学院获建新闻传播学一级学科硕士点；2010 年获建新闻与传播专业学位硕士点，并在外国语言文学一级学科博士点设立文化传播方向，开展博士生招生。2021 年，学院获得新闻传播学一级学科博士学位授权。至此，湖南大学的新闻传播教育便建立了从本科生教育到硕士生、博士生教育的完备的人才培养体系，成为中南地区卓越新闻传播人才的培养高地。此外，学院还与美国密苏里新闻学院等 10 多所国外知名高校建立了交流合作关系，建立起开放式的人才培养体系。

多年来，学院毕业生初次就业率保持在 96%以上，毕业生遍及国内各大媒体和文化企业，并受到用人单位好评。每年有 40%以上的本科毕业生选择升学和出国深造。近年来，在世界排名前 100 位大学攻读研究生的学生有 100 余人。在 2017 年教育部公布的第四轮学科评估结果中，学院新闻传播专业人才培养质量排名第 19 位，毕业生质量排名第 18 名。学院先后培养出了中共十九大代表、全国劳动模范、全国优秀新闻工作者、全国青年创业典型，全国见义勇为英雄、全国抗疫先进个人、全国学联驻会执行主席，湖南省道德模范、湖南省人民政府一等功臣、湖南省宣传系统抗冰救灾先进个人和人民日报社记者、新华社记者、中国广播电视总台首席出镜记者等一大批优秀毕业生。

——教学体系建设。高校的教学体系由课堂教学与实践教学两部分构成。课堂教学是大学教育的基本形式。随着传媒与经济社会发展需求的变化，学院不断推进课堂教学改革，特别是近年来在新文科建设背景下，学院以“高素质全媒化复合型专家型卓越新闻传播人才”为目标，从文科与理工、人文科学与社会科学、学科内专业之间等多层面交叉融合，探索和推进跨学科融合课程建设，重构专业课程教学体系。一方面学院借助计算机、大数据、人工智能等跨学科理论和方法，重构新闻传播教育的知识体系和课堂教学范式；以马克思主义新闻观为指导，以“金课”建设为牵引，打造跨学科融合课程群。另一方面，秉持“自主性选择、个性化培养、多样化发展”的人才培养理念。在课程设置上，为学生提供多种可以自主选择的课程模块，诸如“全媒体报道”“国际新闻报道”“舆情分析”“新媒体制作”“媒介市场调查”“新媒体运营”“学术拓展”等课程模块，适应并引导学生多样化个性化发展。

实践教学是新闻传播人才培养的基本环节和重要手段，也是新闻传播教育的突出特点。学院探索并建构了“一纵三横”实践教学模式，坚持大学四年实践教学不断线(“一纵”)，以专业实验室为基础平台，以校园媒体为提高平台，以新闻媒体和社会为实战平台(“三横”)，通过实验、实习、实践三级实训，形成多样化梯度化推进的实践教学体系。随着融合时代的到来，学院又进一步从学科交叉融合、产教融合、科教融合、政教融合、社教融合等维度，拓展实践教学渠道，形成跨领域的融合实践教学体系。

在教学体系建设过程中，我提出树立大课堂教学观，持续实施“两化工程”(课堂教学实践化、实践教学课程化)，以案例式教学推进教学方法创新，使课堂教学与实践教学有机结合。同时走进媒体，与媒体建立协同教学机制，由学院和业界老师在校内和媒体两个场域共同开展新闻采访与写作、新闻编辑、新闻评论等新闻实务课程教学，探索出了“媒体课堂”这一新的教学形式。

——学术体系建设。学术研究是大学的重要职能。多年来，学院经过不断凝练，逐步形成了新闻学、传播学、传媒与文化产业等学科方向与学术方向，构建了富有特色的学术体系：基础理论研究与服务国家战略并重，史论研究基础扎实，应用研究特色鲜明，传媒管理与文化产业等领域优势突出。新闻学方向注重马克思主义新闻观和中国特色社会主义新闻学研究，关注中国近代报刊、近现代新闻思想史研究，在晚清时期日本在华办报活动研究、近现代报刊思想史研究等领域形成鲜明特色。传播学方向的着力点和研究特色是对外分层传播研究、网络媒体国际传播研究、影视批评与影视文化传播理论研究、中国教育网络舆情与网络文化发展研究等，主持和发布《中国教育网络舆情发展报告》蓝皮书。传媒与文化产业方向则着眼传媒产业、文化产业发展和国家战略重大需求，在传媒管理创新、电视内容产业、媒介资本运营、传媒产业规制、文化创意产业等领域形成学术特色，主持和发布《中国传媒产品质量评估报告》《湖南文化创意产业发展报告》《中国轨道交通文化发展报告》蓝皮书。

平台建设是支撑

平台建设是学院发展的基本条件和重要支撑。人才培养、科学研究、社会服务等大学功能的实现须具备一定的条件，教学平台、科研平台和服务平台即是支撑高校和学院发展的必备条件。

——教学平台建设。教学平台建设有两个维度，一是课程教学平台建设，二是实践教学平台建设。课程教学平台建设是人才培养的基础，也是专业建设的重要内容。多年来，学院一方面注重加强课程教学平台建设和学生知识结构的形塑，构建了“校级—省级—国家级”三级精品课程教学平台，其中国家级精品课程2门，省级精品课程3门，校级精品课程和标杆课程6门，海外知名教授讲学课程3门。近年来，学院又先后建设了4门国家视频公开课和国家精品在线开放课程，2门国家级一流本科课程，2门慕课，5门省级一流本科课程。

另一方面，学院十分重视实践教学平台建设和学生综合能力的培养，构建了“专业实验室—校园媒体—新闻媒体”三级实践教学平台。学院建立了校媒联合培养机制，在《人民日报》、新华社、中央广播电视总台、《经济日报》《光明日报》《中国青年报》《中国科学报》《湖南日报》、湖南广电、人民网、新华网、腾讯网、新浪网、红网等主流媒体建立了40多家签约实习基地，并与中国日报社、凤凰卫视、美国国际日报、韩国MBC电视台等境外媒体签订合作协议，建立了多家境外媒体实习基地。2008年获建湖南省普通高等学校实践教学示范中心；2013年获建新闻传播学类国家大学生校外实践教育基地；2017年建立了4家部校共建实践教学基地；2018年依托教育部产学协同育人项目设置了产学协同育人实验室；2021年与湖大设计艺术学院联合申建了数字文化创意智能设计技术文化和旅游部重点实验室，丰富了实验教学内容，拓展了实验教学空间。

近年来，为适应新文科复合型传媒人才培养及行业与社会发展需要，学院十分重视融合实践教学平台建设，培养和提高学生跨领域跨学科跨专业的实践融通能力。比如，通过学科交叉融合的跨学科跨媒介实践教学平台，提升学生的跨界思维能力和跨学科应用创新能力；通过产教融合的各类传媒与文化产业实践平台，提升学生的专业融通实践能力；通过科教融合的科研院所学术实践平台，提升学生的理论思维和创新思维能力；通过政教融合的政府管理实践平台，提升学生的宏观思维能力和组织思维能力；通过社教融合的各种社区和社会组织的社会实践平台，提升学生的社会观察能力和社会服务能力；通过“双创”教育，打造产业需求、项目驱动、问题导向、协同协作的创新实践平台，提升学生的创新创业能力。近五年来，学生通过各类实践教学平台的训练，获得各种大学生专业竞赛及创新创业竞赛国家级特等奖、一等奖10余项，省级一等奖50多项。

——科研平台建设。科研平台是学术体系的重要支撑，也是人才培养的重要支撑。科研平台建设有利于获取和汇聚各种学术资源，吸引和汇集学术人才和学术团队，推动大学科研功能的运行和实现；同时，科研平台产生的学术成果，有利于推进科教融合，提高教学水平，反哺人才培养。建院以来，学院根据教师学术兴趣和学科建设需要，先后成立了湖南大学马克思主义新闻观研究中心、文化创意产业研究中心、传播学研究所、科技新闻研究所、媒介经济研究所、舆情研究所等八个校级科研机构，并与传媒和文化企业合作，创建了湖南大学中国轨道交通文化研究院、湖南红网网络传播研究中心两个产学研一体化科研平台。2004年，学院根据地方经济社会发展需要和自身的学术力量及特点，依托湖大深厚的文化底蕴和综合性大学的多学科优势，成功申建了湖南省人文社会科学重点研究基地"湖南省文化产业研究基地"，使学院的科研平台建设迈上新台阶。

——服务平台建设。服务国家重大战略需求和地方经济社会发展，是大学的又一重要功能。建院以来，学院搭建了多种服务平台，如数字文化创意智能设计技术文化和旅游部重点实验室、湖南省文化产业研究基地、湖南大学中国轨道交通文化研究院等，这些既是教学科研平台，也是面向行业和社会的产学研一体化服务平台。同时，学院还先后成为中国科学报湖南记者站挂靠单位、中国新闻奖试点报送单位、部校共建新闻学院、湖南省新闻传播学会会长单位、教育部教育融媒体试点建设单位(与校党委宣传部联合)，并设有岳麓传媒与文化产业发展论坛、中国轨道交通文化发展论坛等服务产业和行业发展的学术交流平台。

此外，学院以学生为主体、教师为主导成立红枫全媒体工作坊，建立了工作坊式的实践服务平台，该平台设有学院官网、学院官微"湖大新影"、专业类微信公众号"青枫新语"、思政类公众号"青声遇见"、微视频工作室五大服务平台，以"中央厨房"模式运营，实现"一次采集，多平台发布"。学院还创办了红枫大学生记者节，打造了知名的大学校园文化品牌和专业服务平台，在国内高校乃至海外高校产生了良好的影响。

队伍建设是保障

学院发展的关键在人才，人才队伍建设是学院发展的根本保障。学院要注重建设三支队伍：教学队伍、学术队伍与管理队伍。

——教学队伍建设。教师是教学和人才培养的主体。引育并举，建立一支结构合理、专兼结合的优秀教师队伍，一直是学院工作的重中之重。一方面，学院注重加强专职教师队伍建设，提高师资队伍整体水平。学院先后出台了一系列人才引进政策，先后从兄弟高校和新闻媒体引进吴高福、雷跃捷、彭菊华、李浩鸣等知名专家学者，以及30多位优秀教师和海内外优秀博士，建立了一支拥有50多名专任教师的专职教学队伍。现有“马工程”首席专家1人，国家教材委员会委员1人，全国专业学位研究生教育指导委员会委员1人，全国卓越新闻人才培养专家委员会委员1人，先后有3人担任教育部新闻传播学类专业教学指导委员会委员，1人担任教育部戏剧与影视学类专业教学指导委员会委员，7人入选湖南省高校青年骨干教师培养对象。同时，学院建立青年教师指导机制，通过一对一传帮带促进青年教师快速成长；建立教师能力建设激励机制，鼓励中青年教师积极参与高校与新闻单位互聘交流“双千计划”，去新闻媒体挂职锻炼，提高专业素养和业务能力；鼓励教师到国内外高水平大学访学深造，学习人才培养先进经验，提高教学科研水平。另一方面，学院注重加强兼职教师队伍建设，优化师资队伍生态结构。多年来，学院先后从新闻媒体、文化企业、宣传和文化管理部门等单位，聘请了50多位资深媒体人士、业界精英和管理部门专家加盟兼职教师团队，极大地充实了专业实务教学、实践教学和专业学位研究生培养的师资力量。

近年来，为培养具有跨领域思维融入能力、跨学科知识融合能力、跨专业实践融通能力的新闻传播人才，学院按照学科交叉、跨界融合的原则，重塑教学团队，建设多学科交叉融合的师资队伍。学院先后引进4名计算机科学、信息管理、图书情报等跨学科专业人才，以培养适应新媒体传播、计算传播、智能传播等教学需要的融合型骨干教师；同时，挖掘整合地方政府、媒体行业、科研院所等优质教育资源，推进新闻传播教育与政府、媒体、学术、社会深度融合，共建多学科融合、多团队协作、多种资源集成的协同育人团队和育人机制。学院教师先后荣获国家和省部级教育教学成果奖励20多项，有多名教师获得新闻传播学学会奖终身成就奖、中国广告艺术教育杰出贡献人物奖、中国大学慕课杰出贡献奖、湖南省“芙蓉百岗明星”、湖南省青年教师教学能手、湖南省“互联网+”大学生创新创业优秀指导教师等荣誉。

——学术团队建设。学术团队建设是大学实现科学研究、社会服务功能的保障。近年来，学院围绕学科方向，在新闻学、传播学、传媒与文化产业等研究领域，建立了相对稳定的学术团队。学术团队汇聚了一批学术思想活跃、创新能力突出的优秀学者和学术骨干，其中国家社科基金重大项目首席专家3人，教育部哲学社会科学重大攻关项目首席专家2人，教育部新世纪人才3人，全国新闻出版领军人才2人，全国广播电视与网络视听行业领军人才1人，湖南省“芙蓉学者”1人，湖南省新世纪“121”人才工程人选2人，湖南省文艺人才扶持“三百工程”人选2人。

近五年来，学院先后承担和完成科研项目230多项，其中国家重大重点项目10项（包括国家社科基金重大招标项目2项、教育部哲学社会科学重大攻关项目2项、国家文化产业发展重大专项资金项目 2 项、国家社科基金重点项目 4 项)，科研到账经费 2600 多万元。出版学术专著 23 部，在新闻与传播研究、国际新闻界、现代传播、新闻大学等学术期刊发表论文 328 篇，其中 CSSCI 来源期刊论文 201 篇，论文被新华文摘、人大报刊复印资料、中国社会科学文摘等收录 40 多篇次。学院教师先后荣获第六届、第七届高等学校科学研究优秀成果奖(人文社会科学)二等奖 1 项、三等奖 1 项，省部级社科成果奖一等奖 1 项、二等奖 4 项、三等奖 5 项。

学院教师还先后承担和完成国家发改委、教育部、文旅部等国家和省级党政部门委托研究项目 30 多项，提交咨政报告 50 多件，其中获习近平总书记肯定性批示 1 件，获其他党和国家领导人肯定性批示 3 件，获国家部委、湖南省委省政府和长沙市委市政府领导肯定性批示 20 余件。同时，还先后参与和承担了湖南、河南等省战略性新兴产业、文化产业、广告业等“十三五”“十四五”发展规划，以及长沙市等十几个市县文化产业发展规划的编制工作，承担和完成媒体与文化企业委托研究项目 50 多项，为推进地方文化产业和经济社会发展贡献了智慧。

——管理队伍建设。管理队伍也是推动学院发展的重要力量，建设一支与学院发展相适应的管理队伍十分重要。从院长的角度而言，学院的管理队伍建设主要有三个层面：学院班子队伍、系主任队伍和日常管理队伍建设。学院班子是学院发展的“火车头”，学院这辆“火车”行驶得好不好，关键在于“火车头”的牵引。系主任是学院管理的重要力量，建立健全院系两级管理体制，充分发挥系级管理在专业建设中的重要作用不容忽视。日常管理队伍由行政、教学、科研、学生等管理人员和实验教辅人员组成，是学院日常运行的中坚力量。日常管理的运行效率和服务质量，对学院的人才培养、教学、科研等工作都有直接的影响。学院须科学设置管理岗位，优化管理岗位结构，强化管理服务意识，建立健全管理人员选聘配备、培养培训、管理考核和职级晋升机制，建立健全管理服务质量标准与考评体系，提高管理人员的服务水平和管理效率。

近年来，以为适应融合型传媒人才培养的需要，学院开始探索和推进融合型管理队伍建设。比如，以人才培养需求为驱动，探索建立跨院系的协作型教学组织形式和管理模式，推进跨院系之间课程共建、资源共享、管理共担。同时，探索建立跨校际教学资源共享机制与教学管理联动模式，推进校际之间优质教学资源共享、课程互修、学分互认。此外，根据引导主体、责任主体、协作主体等不同主体角色的功能定位，充分发挥部校共建的“溢出效应”和政府引导功能，探索构建部校共建机制牵引下的政产学研社教学管理联动机制，较好地推进融合型管理队伍建设。

(湖南大学新闻传播与影视艺术学院原院长　彭祝斌)

3.3 名师风采

3.3.1 洪浚浩：愿为交流做桥梁

洪浚浩——中国传播学对外交流的引路人，2004 年担任国际中华传播学学会会长，协助我国高校新闻传播学举办了第一次传播学国际学术会议(见图 3-1)。

图 3-1 洪浚浩教授

洪浚浩于 20 世纪 70 年代中期进入上海电视台任新闻记者，1988 年赴加拿大温莎大学新闻传播学系留学，1995 年于美国得克萨斯大学取得国际传播博士学位，并于纽约州立大学任教，获聘终身正教授。2005 年起多年担任哈佛大学费正清研究中心研究员，教学与研究涵盖传播与社会、国际传播与国际政治以及新媒体与传播新技术等诸多领域。

作为一名出色的国际传播研究学者，洪浚浩出版了近十部学术专著，发表 200 余篇论文，并荣获多项研究与教学类奖项，曾接受《纽约时报》《新闻周刊》、美国 ABC 电视网以及包括英、法、日、德等多国媒体在内的主流媒体采访。曾先后担任《传播与发展》《当代中国研究》《信息传播研究》《人际传播研究》《美国中国研究》以及《传播与社会》等多家重要国际学术刊物编委，并担任耶鲁大学出版社、哥伦比亚大学出版社、明尼苏达大学出版社、纽约大学出版社以及 Routledge 和 PalgraveMacmillan 等多家国际知名学术出版机构的学术专著评审专家。

30年前，在开放浪潮中走出国门的洪浚浩，不自觉地走上了学术的道路；30年后，携中国传播学走向世界的洪浚浩，抒发愿为交流做桥梁的心声。

3.3.1.1 求学：开放浪潮中的身份转变

(1)初识传播学："不自觉"地成为学术"票友"

"我这些年如何不自觉地走上传播学研究之路的经历，也许能在某种程度上反映出一部社会变化的轨迹"。洪浚浩的求学之路宛如中国对外开放的缩影，其间充斥着幸运、机遇与挑战。幸运的是他遇上了中国逐步对外开放的时代浪潮，机遇纷至沓来，而挑战则是在时代洪流中多次面对"选择或放弃"所需做出的艰难抉择。

原本在上海电视台新闻部担任记者的洪浚浩负责分管时事政治类的新闻采访报道，因其略通英语，便常被安排接待前来上海电视台参观、访问、交流的西方传播学者。也正是这些偶然的机会，使洪浚浩对传播学的兴趣在与来自世界各地的传播学者的思维碰撞中生根发芽、开枝散叶。彼时的他常常根据与这些学者的交流撰写一些内部参考文章，其中，将部分文章在改写后进行公开发表也是常有的事。"虽然我在80年代初就开始接触西方传播学者，开始对传播学有所了解，也开始发表一些学术性文章，但只是一个玩票的票友而已"。

那时正值各国政要争相访问中国，他们大多从北京来访、上海返程，这也为负责时事政治类新闻采访报道的洪浚浩提供了优质的素材资源与良好的工作氛围。用洪浚浩自己的话说，便是"我素无大志，又小富即安，觉得工作也还满意，日子也还算过得殷实，因此从未有出国留学并改行当学者的念头"。

真正激发洪浚浩出国留学热情的是1983年国家指示设立中国驻外广播电视记者中心后，国家广播电影电视部决定在全国广播电视系统中招考20名驻外记者进行为期两年的全脱产封闭式训练，并在结束后外派为驻外记者。那是一个"大多数中国人把出国看成是到月亮上去一样"的时代，洪浚浩与许多新闻系统成员一样，对此消息感到格外兴奋。经过严格的各项考试和选拔以及各方面的考核，在激烈的竞争后，20名录取者中的绝大多数来自中央新闻单位，一小部分来自上海新闻单位，还有一个来自南京新闻单位。不出所料，洪浚浩成为其中一员。

在训练中，开设课程的教师均以英文授课，而外聘教师主要开设新闻与传播类科目。回忆起训练的时光，洪浚浩写道"因为不再那么年轻，又是封闭式的全英语训练，再加上新闻采访的词汇涉及的面又广，真是学得天昏地暗"。不过，怀揣着新闻理想的洪浚浩一想到要成为驻外记者的兴奋，便也虽苦犹乐了。

1986年，两年后，在临近这个全脱产训练项目结束时，国家突然决定"延缓"驻外记者外派，原因是认为当前中国更需要的是加强对外宣传，把中国的东西报道出去，而不是派记者出去把西方的政治与文化介绍进来。通知下达后，培训班由此“树倒猢狲散”，大家都各自回了自己的单位。但星星之火，可以燎原，这次“无疾而终”的训练班却真正点燃了洪浚浩去往广阔平台的渴望。训练班中对西方传播学理论的系统性学习让洪浚浩十分痴迷，他开始萌生到国外留学的想法，“我从此不自觉地走上了一条从记者到学者的道路。”

彼时的洪浚浩已经工作十年以上，但他和当时所有的同路人一样，在经历岁月的磨砺与自我探索后转向找到了人生的新方向。直到今天，洪浚浩也常常告诉学生们这样一句话：“你们永远不会知道今天做的事会对日后产生什么样的影响，所以只要做好自己喜欢的事情，说不定对明天就会有很大的影响。”

(2)海外求学从零开始：“资深记者”变为“中年学生”

洪浚浩的留学申请之路十分顺利。凭借先前作为记者的工作经历以及与美国明尼苏达大学新闻传播学院院长的交往，洪浚浩顺利申请到了给予他全额奖学金的明尼苏达大学新闻传播学院。然而，突如其来的噩耗击碎了他的喜悦，就在收到录取通知后不久，与其有深交的院长却不幸逝世，洪浚浩也因此深陷悲伤之中。一连多天，他的脑海中总会浮现曾经与这位学者在上海锦江宾馆畅聊学术的日子，“虽然大部分似懂非懂，但还是觉得很有兴趣。”对故人之思让洪浚浩丧失了去往明尼苏达大学留学的勇气。在辗转向美国与加拿大几所大学投递申请后，洪浚浩最终选中了愿给自己提供两份全额奖学金的加拿大温莎大学，自此，他便不需递交任何经济担保，也不需要打工，从而能有更多时间安心在国外从事学习与研究。

洪浚浩在温莎大学求学期间，从中国大陆去的同门中，有原在央视工作、后也去温莎大学留学、现任教于北京大学的杨伯溆教授，两人自此成为至交好友。攻读硕士的两年时间转瞬即逝，由于洪浚浩本身并未有扎根学术的梦想，也不像其他的毕业生那样准备将毕生精力投身于理论研究之中，他本想去往对他有兴趣的加拿大国家广播电视台、《环球邮报》或是美国《洛杉矶时报》工作。“我那时虽然也算走上了学者之路，但并没有打算一直将这条路走下去”，他如是说。况且正在工作洽谈的过程中，又有一家跨国研究公司向他发出邀请，其不仅向他承诺了几倍于那些新闻单位的报酬，更为他提供了相当开阔的工作视野。但鬼使神差地，洪浚浩最终还是受了“留美博士情结”的诱惑和影响，再次“不自觉地”走向了学术道路。

1991 年，当洪浚浩到著名传播学家、“议程设置”理论创始人麦克斯威尔·麦克姆斯所在的美国得克萨斯大学攻读博士学位时，他便已决定沿着学者之路走下去。无独有偶，考验再一次降临，一个去往世界最大的股票公司道琼斯公司与知名媒体《华尔街日报》工作的机会摆在了他的面前。在顺利通过面试后，他面临一个抉择，是中断学业重新回到当记者的本行，还是继续学业沿着当学者的路走下去。他决定先留在学校集中精力拿到博士学位后再去任职。然而半年后，待洪浚浩终于完成了自己的留美博士夙愿后再与道琼斯公司联系时，却被告知该岗位因无法等待那么久时间，已聘请了另一位优秀的申请者。

自此，洪浚浩便一门心思集中在传播学的学术研究上。中国有句老话叫“干一行爱一行”，几十年的传播学研究让洪浚浩对这个领域愈发热爱。“80 年代末、90 年代初，社会还不像现在这样‘一切向钱看’。”对不少人来说，金钱之外还有更重要的追求。对于硕士毕业时的洪浚浩而言，“博士情结”便是能让他抛开其他一切诱惑的原因。而对于博士毕业时的他而言，那份没能进入道琼斯公司的遗憾，让他阴差阳错地“被迫”继续了自己的学术道路。彼时的他并非没有动摇过，但是洪浚浩却从未因诱惑、困难和事与愿违而对当初的决定感到后悔。

3.3.1.2 治学：实践与理论的审慎思考

(1)在实践中保持思考，结缘国际传播研究

①实践与学术结合。在洪浚浩“不自觉”地走上学术道路之前，他曾作为上海电视台新闻部的记者负责时事政治类的新闻采访报道。恰逢中国开放风口，洪浚浩先后采访报道了近百位来中国访问的世界各国重要领导人，包括尼克松、卡特、里根等几位美国总统，以及英国女王伊丽莎白、首相撒切尔等人；对内也参与报道了我国的许多领导人，如邓小平、邓颖超、叶剑英、彭真、杨尚昆、习仲勋、胡耀邦等人；以及部分后来从上海前往中央的领导人，如江泽民、朱镕基、吴邦国、黄菊、曾庆红等人。当洪浚浩回忆起这段记者时光，他经常感叹，这些经历不仅为他走上学术道路埋下了伏笔，更在成为学者后为他提供了一个思考社会的一个角度，使其以注重实践的研究形式构建出属于自己的独特研究体系。

一篇成功的时事政治类报道背后，必然有着记者对时代命题主动思考的脑力以及善用镜头说话的笔力，而理论恰恰揭示了事物的本质，为作为一名记者的洪浚浩提供了独立思考的窗口。在上海电视台期间，洪浚浩常常根据自己与西方学者的交谈写一些文章，虽然大多只能用作内部参考，但他也一直当作爱好般坚持。

他也曾在自述中讲过自己与明尼苏达大学传播学院院长初识，他印象中“此人非常和善，典型的学者风度，学术上很有影响，却又毫无架子”。在受到邀请后，洪浚浩曾与这位院长在他访问期间的住处畅聊了两个小时。尽管洪浚浩彼时虽从未主动选择过学术道路，但在不经意间，像学者一样思考的种子却已埋下。

后来，在得克萨斯大学攻读博士期间，洪浚浩师从阿米尔·马格纳尼教授。这位教授与洪浚浩有着相似的经历，他也并非一开始就是学者出身。作为传播学之父施拉姆的学生，马格纳尼教授不仅在国际学术界享有盛名，他也曾在南美洲某国担任过政府部长，主管传播与社会发展。这使得洪浚浩在攻读博士期间不仅积累了丰富的学术知识、扎实的学术研究能力以及新颖的学术观点，更使他在学习中形成了学术与实践相结合的知识结构。洪浚浩说："从这里学到的知识和学术素养，使我受益终身。"

这种学术与实践相结合的致学风气不仅深刻影响了洪浚浩一人，最典型的例子是他的同门——金浦聪。他和金溥聪都师从"议程设置"理论的创始人，著名传播学家——麦克斯威尔·麦克姆斯。金溥聪在留学前曾担任过马英九的秘书，在留学期间，他曾对洪浚浩说他学成后要将麦克斯威尔·麦克姆斯的"议程设置"理论应用到台湾的政治生活中，但他本人绝无从政意愿。果不其然，在从得克萨斯大学毕业后，金溥聪为马英九的两次当选作出了至关重要的贡献，而他本人却从此告别台湾政坛。在攻读博士学位期间，洪浚浩也有幸与"涵化理论"的创始人乔治·葛本纳以及创新扩展理论创始人埃弗雷特·罗杰斯当面进行请教和探讨。这两位传播学大师所进行的传播学研究，也都是走的学术与实践相结合和量化研究与质性研究相结合的道路，并以此成功开创了两大著名的并被世界各国传播学及其他相关学科的学者们广泛运用的传播学重要理论。

或许是从成为一名记者开始，或许是从接触西方传播学理论开始，或许是博士时期受到师门影响开始，洪浚浩"不自觉"的学术种子开始在"自觉"的实践中逐渐开始有迹可循。这样一种充满探索的自然态度，使得洪浚浩避免了成为一头扎进纯学术理论海洋的学者，反而形成了在实践问题中进行学术思考的习惯。例如，其早在 2013 年便察觉到，中国的文化产品带有很强烈的政府的烙印，与韩国的 K-pop 和日本的动漫相比，在西方世界的传播中并不受到公众青睐，因此要在短时间内发展起来民间交流并不容易。由此，他付出了大量精力对比了亚洲四个媒体强国之间的政策与文化产业发展，并提出了相应的建议解决方案。

②量化与质性结合。随着对国际传播研究的日渐深入，洪浚浩基于个人研学经验逐渐形成了一套评判学术文章优劣的明确标准：什么是一篇论文中灵魂性的东西？理论假设。我们做任何一项研究，目的是检测一个理论，或者是发展一个理论，或者是反驳一个理论，或者是修正一个理论，或者是引申一个理论，理论研究的终极目标则是寻找事物发展的规律。这才是学术研究的灵魂性的东西，而不是为了有量化研究而进行量化研究。

这与当前学界的过于强调研究方法的趋势似乎完全不同，甚至是相互矛盾的。洪浚浩曾坦言，过分强调一种研究方法会使研究遇到瓶颈，也并非所有的研究都可以得到数据，也不是所有的数据都可以得出有意义的结果。但这并不代表他反对实证研究，相反，他自己便一直在使用将量化与质性相结合的研究方法。这种对于数据的灵活处理与研究思维的敏感，使得洪浚浩产出了大量的学术成果，出版了近十部专著，发表中英文学术文章200余篇。

洪浚浩常说的一句话是，简单地肯定某一种方法而否定另一种方法，并不能对学术研究起到有益与有效的作用，而事实上多种多样的学术研究也不可能都只通过一种方法来完成。洪浚浩教授沿着实践与理论结合的学术道路，借以量化与质性结合的研究手段，在国际传播研究领域进行了长达20余年的持续关注与研究。近年来，他逐渐侧重中国对外传播研究，并推动了中国对外交流的理论研究与实践活动，前往多所高校与研究所开展学术研讨与讲座等活动，并建言献策。

(2)搭建传播交流桥梁，撰写《传播学新趋势》

“直到最近几年从必然王国走向自由王国后，我才开始用中文出书和发表学术论文。”2007年，洪浚浩联合主编的《传播学》一书由中国人民大学出版社出版。2014年，洪浚浩主编的《传播学新趋势(上、下)》由清华大学出版社出版，此书“将传播学框架重新整合了一遍，在各种主义、经验、批判的基础上延展出了新趋势”，人民网、新华网等纷纷加以报道，被评价为“具有开创意义的中国传播学著作”以及“中国传播学研究的里程碑”，引发了广泛的关注。

在撰写这本书之前，洪浚浩一直在考虑：编写怎样的一套书籍能够对中国传播学领域的青年教师和学生最有帮助呢？

最终他给出的答案是，与其出四五十本泛泛而谈的书还不如出一本实打实的书，把每个人研究中最精华的东西浓缩成一个篇章。这样对读者来说，不必购买四五十本书，这一本书就可以囊括诸多的研究领域与研究问题。

《传播学新趋势》集结了50多位来自世界各地的传播学者撰写的在各自研究分支领域中的重要发展，包括三个方面的内容：一是传播学领域近些年新出现的重要分支领域；二是传播学传统研究领域里近些年出现的一些重要的新的研究方向；三是一些迄今尚未向国内系统、权威、第一手介绍过的，但值得引起重视和关注的传播学分支领域。

洪浚浩是一个对事情有着高要求、高标准的人。他曾半开玩笑地说：“我一般是不编书的，一般性的书我是不编的，我编起书来不是一般的编法，因此也希望编出来的书是不一般的。”这种近乎吹毛求疵的学术态度在《传播学研究新趋势》的编撰过程中清晰可见。

回忆起这本书的编撰过程，洪浚浩坦言是十分不易的。首先，对主编自身把握选题的洞察力要求非常高，洪浚浩常常需要在浩如烟海的选题中选出最重要的东西来确定内容和题目；其次，要集结50多位一流传播学者，对主编自身的号召力也具有相当高的要求。在采访中他提到本书的编撰逻辑：事先由自己先确定题目，哪些东西确实反映了传播学发展新的趋势，把它确定下来，然后有机地把它们组成五个部分，每个部分的每篇文章都尽量邀请在该领域里做得最好的学者来完成。

正是这样细致入微的学术精神使得此书一经面世便受到很好的反响，有读者这样评价这本书："覆盖全面，聚合前沿。"亲力亲为的选题、交接、审稿工作耗费了洪浚浩大量的时间精力，作者完成一篇文章至少需要一年，洪浚浩还需要再花费一到两年进行整体组合与编写，对所有的文章进行审核，以保证其前沿性和准确性。

3.3.1.3　引路人：愿为交流做桥梁

"愿为交流做桥梁"是洪浚浩学术生涯的又一关键词。随着中国学术发展不断进步，接触到西方传播学理论的大陆学者也越来越多，洪浚浩开始逐步将不少精力投向国内学界。自2004年担任国际中华传播学学会会长后，他便在促进中国传播学界与国际学界的沟通交流中投入了许多的精力。洪浚浩曾说："当前传播学研究的当务之急依然应是对西方传播学全面而深入地进行学习与了解，积极而主动地参与国际交流。知己知彼才能更准确地构建中国自己的传播学体系和理论，我力求为这样的交流做贡献、做桥梁。"

本着这样的信念，一方面，他帮助国内许多大学联系来自世界各国的著名学者，并协助召开国际会议。2002年，他协助中国传媒大学召开了"国际关系与文化传播"国际学术研讨会，而这也是中国传播学历史上第一次召开的有关国际传播的大型国际研讨会。

在引进来的同时，洪浚浩也在帮助国内后辈学者走出国门，尽力创造机会帮助大陆传播学者走上国际学术舞台。2005年，洪浚浩与英国西敏寺大学共同在英国伦敦组织召开了国际上第一次中国媒介讨论会，并帮助国内多所院校的数十名学者与会进行学术交流。

功夫不负有心人，中国国际传播学研究在洪浚浩等多位学者的大力协助和推动下，很快地与西方学界建立起联系并获得认可。2008年至2009年间，洪浚浩应邀担任美国出版的《中国大百科全书》传播与媒介方面的主编时，促成了该书采用了多篇由国内知名传播学者撰写的文章。而来自中国大陆的国际传播研究学者大多在学生时期或是青年教师时期便受过洪浚浩的指导。随着国内高校逐步走向国际舞台，洪浚浩教授不仅接连被邀请回国为传媒学子开展国际传播相关讲座，也被多所重点大学聘请为特聘教授、特聘研究员、客座教授、客座研究员以及联合培养博士生导师，并多年担任长江学者项目和千人计划项目的评审专家。在2017年被聘为华中科技大学"学术导师"期间，洪浚浩竭力帮扶后辈，为年轻学者们创造了许多发表机会。他不仅邀请了彼时尚为青年学者的华中科技大学新闻与信息传播学院的徐明华副教授合作文章并共同在国际专著中发表，还将徐明华独立撰写的另一篇与社会计算相关的文章编入了自己即将出版的传播学专著。受他推荐，徐明华教授现在已经是 CCA 华中区负责人，而每当提及此事，徐明华也满是感激与敬重："洪老师很提携年轻人，洪老师对我也很关照"。

不久前，洪浚浩被聘为联合国全球媒体和信息素养项目专家，并依然活跃在世界范围内的国际会议上，为中国传播学的引进、站稳脚跟直至发展壮大尽自己的一份力。在这样的为传播学交流奉献的信念背后，是洪浚浩心中强烈的民族自豪感。他过去作记者时，在与明尼苏达大学传播学院院长畅聊后，院长提出送洪浚浩到他的车那里。在那时的中国，小轿车是一个罕见的奢侈品，洪浚浩更是没有"自己的车"这个概念。而在不过短短 40 年后的今天，中国的每座城市都已是车流滚滚的景象。洪浚浩每每忆起此事，想起祖国大地上的车水马龙，便总是忍不住感叹中国这些年来飞速的变化，掩不住对民族和国家的高速发展所产生的欣喜与骄傲。

新竹高于旧竹枝，全凭老干为扶持。受到过洪浚浩教授指导的大陆青年学者提起这位亲切的大师，总是忍不住赞叹"夫子循循然善诱人"。而洪浚浩自己却说："传播学能走到今天这个规模，既是历史与社会变化使然，也是成百成千传播学者努力的结果。我只是有幸不自觉地与传播学结了缘，成为这支具有历史开拓意义的中国传播学队伍中的一员。"

（华中科技大学新闻与信息传播学院　徐明华）

3.3.2　辜晓进：他的两个"江湖"

接到辜晓进的电话，时任深圳大学传播学院院长的吴予敏教授松了一口气，那是 2010 年 3 月的某日。自 2005 年在深圳一家咖啡厅正式向辜晓进发出邀请以来，吴予敏连续 5 年做他的工作，希望他加盟深大传院。彼时深大传院正在筹办的第三个系——新闻系，物色"在学界和业界都有影响力的领军人"，且得到时任校长章必功的支持。

但辜晓进对自己热爱的新闻事业难以割舍，虽心有所动而终未应允，直至 2010 年元旦。这天，他写好辞呈，于次日面交深圳报业集团社长黄杨略，表示了"换一个活法"的决心。后经集团高层辗转讨论，终于放行。辜晓进随即告知吴予敏，从此由"传媒江湖"进入他自己常说的"另一个江湖"(见图 3-2)。

3.3.2.1　"学者型记者"30 年

说"难以割舍"，是因为 1984 年辜晓进大学毕业后就进入《江苏科技报》从事新闻工

图 3-2　辜晓进教授

作了。那是国内“科学的春天”刚刚到来、科技类报刊十分红火的时代。随后数年他顺风顺水，多次获得省级新闻奖，破格获聘中级职称(编辑)，被提拔为编委会委员兼采通部主任，在南京市中心获分一套新房，还被派赴苏北某贫困乡挂职党委副书记一年，被上级组织部门列入“第三梯队”后备领导干部。但他却放弃已经到手的一切，决定继续深造学习，于 1988 年考入中国人民大学新闻学院研究生。

入学后他才发现，同届录取人数只有 6 人；并被告知，自己是恢复高考后江苏省考入人大新闻硕士研究生的第一人。他选择了新闻实务方向，成为曾在复旦大学任教的薄滨培教授的弟子。当时甘惜芬、张隆栋、方汉奇、郑兴东、蓝鸿文等一批德高望重的国内顶尖新闻学老师为他们讲授专业课。辜晓进抓住这难得的机遇，刻苦学习，勤奋写作，在多家学术期刊发表近 10 篇文章，还和导师一起参与蓝鸿文教授主编的核心教材《专业采访报道学》的编写工作，并完成了新中国引进的第一本报业经营管理专著《报业管理艺术》的翻译工作(中国人民大学出版社 1991 年出版)。读研期间，他还因之前在科技新闻报道方面的业绩被《科技日报》聘为特约记者，坚持不间断的新闻实践，在该报头版等显著位置发表多篇深度报道。他还是在校研究生中唯一获得“人民日报奖学金”的学生，该奖学金每年从全国新闻学子中遴选 10 人予以奖励，奖金 500 元。

毕业前辜晓进面临新华社《人民日报》及考博(蓝鸿文教授刚获得教育部第一个新闻实务方向博士点招生授权，希望他来考)等多个选择，最后决定去《人民日报》教科文部工作(见过部主任，对方已来调档)。不料此时深圳特区报社突然来人大新闻学院招生。两位人事干部拿着仅有的一个招生指标，再三动员他改变主意去特区工作。酷爱新闻工作的辜晓进最后也被那里“一片热土，遍地新闻”所吸引，去了《深圳特区报》，成了全班唯一去地方媒体工作的毕业生。

1991 年 7 月到达深圳后，辜晓进被眼前热火朝天的建设景象及独特的特区文化所触动，全身心投入特区的新闻事业。他虽然一开始就在编辑岗位工作，且从1992年被提拔为总编室副主任起一直从事新闻的组织管理工作，但凭借敏锐的新闻触觉和见缝插针的敬业精神，不到10年便累计撰写了数百万字具有较高新闻价值的新闻和评论。他的稿件力避官样文章，积极触碰社会热点，其中包括他到深圳不久发表的第一篇特稿《BP机上的毛主席像》、大胆批评政府有关部门的头版评论《两个“八月事件”说明了什么?》(“两个八月事件”指分别发生于1992年和1993年8月的“股票风波”和“清水河大爆炸”，在当地引起很大反响，深圳电视台和广播电台全文口播，后获广东好新闻二等奖)以及被《南方周末》全文转载的长篇述评《一场彻头彻尾的骗局/蛇口天天商业城欺骗消费者事件纪实》等。

他把更多的精力放在了特区党报的编辑创新上，于1991年11月创办并主编了深圳第一个社会新闻副刊《社会大观园》。该副刊深受读者欢迎，第二年被通讯员评为“最受欢迎版面”。他也因此获邀出席中国报业协会1992年在武汉召开的“首届全国报纸社会专刊理论研讨会”并发言，发言稿后被《岭南新闻与探索》全文刊发。又先后参与创办内地第一份中外合资日报《深港经济时报》(深圳特区报与香港新岛日报集团合办，但因故未能获批内地刊号)，《鹏城今版》等。1995年创办的《鹏城今版》在新闻运作方面创下多个国内第一，诸如在国内对开日报中率先实现每天头版一则新闻大特稿，突破地方报纸惯例率先每天开设国际社会新闻版，最先在头版公布热线电话，最先在头版开设导读等。其中于江泽民主席访美当天刊发的深圳首个跨版特稿《中国领导人与美国总统的十次握手》荣获“中国国际新闻奖”(此奖后并入中国新闻奖)。该报在20世纪90年代的深圳一时洛阳纸贵，首期就发行16万份，虽因未获刊号而改随《深圳特区报》发行，却令后者自费订户大增，第二年便实现自费订户数量首超公费订户数。

在媒体工作期间，辜晓进不忘经验总结，勤于理论思考，在学术期刊发表数十篇论文，出版《现代科技新闻概论》等多部专著。2001年，他经选拔考试成为深圳新闻界第一个受政府资助访问学者项目的获得者，赴美国纽约市立大学访学一年，其间他还争取到在哥伦比亚大学的访学机会。回国后出版的《走进美国大报》一书风行学界业界，在国内掀起学习借鉴发达国家媒体管理经验的热潮，至2018年累计被博士硕士论文、学术著作和学术期刊引用1088次，创下同类著作的最高引用率。辜晓进也因此被同行视为“学者型记者”，并被全国数十家报社和包括香港在内的十几家高校邀请授课或开办讲座。其在书中和讲座中倡导的天气版、讣闻版等美国报业实操经验，被国内上百家报纸采纳。2002年2月回国后，已是《深圳特区报》社长助理的他被任命为英文《深圳日报》总编辑，后兼任新组建的深圳报业集团系列报刊副总编。

他于1998年被评聘为高级编辑，成为当时《深圳特区报》屈指可数的正高职称获得者之一。到深大任职前，他先后获得省以上各类新闻奖项近 30 项。

3.3.2.2 携 9 门新课走进课堂

2010 年 5 月某日，简短的欢迎仪式后，辜晓进正式履新，彼时深大传播学院新闻系刚成立不久。时任学院党委书记兼副院长的王晓华教授将新闻系已开课表向辜晓进合盘出示，问他打算教啥课程，从已有中选或新设课程都行。辜晓进扫了一眼课表笑言：“虽然我最合适新闻实务课，但采写编评都有人教了，我不便夺人饭碗，还是开新课吧。”次日，辜晓进提交三门全新课程的教学方案，分别是“当代中外新闻传媒”“现代科技新闻传播”“新闻工作坊”。

关于第一门课，辜晓进是有感而“开”。他在深圳报业集团时常给新工作的大学毕业生讲课，发现他们中的很多人对当下中外媒体的状况“很无知”。“也难怪，看看大学新闻教材就知道，新闻史论课程和采写编评摄等实务课程就是课堂教学的全部，独缺关于媒体现状的课程。难道正经历巨大变革的媒体产业，可以被新闻教育忽略吗?”他说。他为这门课提了句口号：“只有充分认知媒介，才能真正懂得新闻。”这门课在学校的教学平台一经推出，就受到学生热烈欢迎，选课者爆棚，很多学生通过抽签等候增补机会。最终为最大限度满足学生需求，这门课开设了两个大班，总人数 220 人，创下学院新闻方向单门课程选课人数的最高纪录。辜晓进为这门课做了 10 多万字的讲义和内容丰富的课件。2012 年，讲义经扩充为《当代中外新闻传媒：现状与源头》在中国人民大学出版社出版，并被国内很多新闻院校选为教材。2016 年，这门课作为新闻系首门慕课上线，当年即被全国数十家新闻院校的学生选上。

第二门课更是他的强项，多年从事科技新闻报道和研究的积累以及作为国内第一部科技新闻理论与实践专著《现代科技新闻概论》(该书在 20 世纪 90 年代就被清华大学等校列为教材)的作者，他开这门课得心应手。他认为，国内媒体在很多科技新闻报道上显得不专业，根子在教育环节的缺失，全国新闻院校鲜有开设科技新闻或科技传播课程者。现在毕竟是科技时代，科技的影响无处不在。“我在哥伦比亚大学新闻学院听课时就注意到，他们将科技新闻和财经新闻作为两门高级专业新闻课程常年开设，美国大多数新闻院校也开设有科技新闻课。而深圳的腾飞得益于科技产业，这里有最引人入胜的科技新闻题材。”他还借鉴哥大经验，在开设这门课的同时注册了拥有一级域名的网站“深圳科技新闻网”，作为公开的实践教学平台，引导学生利用所学知识从事科技新闻的内容生产。网站由学生担任主编和专栏编辑，持续至今，并引起业界的关注。

第三门课“新闻工作坊”并非完全实操课，辜晓进用大多数时间为学生讲授国内外新闻生产的最新变化与趋势，力求带领学生开阔视野，跟踪先进。例如“版面设计”环节，他就以“版式变化的国际潮流”为题讲了4节课。从第二年起，他在吴予敏院长及校领导的支持下并报呈市委宣传部同意，带领新闻系首届本科生创办校园实验报纸《新新报》，一份从报名、版式、出版周期等全部和学生一起讨论确定的四开八版全彩报纸，旬刊。辜晓进为该报设立了“学生立场，时代潮流”的办报宗旨，引导学生生产真正契合学生需求的优质内容，彻底区别于校内已有的官方色彩浓厚的《深圳大学报》。版式漂亮、内容新颖的《新新报》很快成为校园最受欢迎的媒体之一，并在“中国高校校报好新闻奖”和由《中国日报》香港版主办的“大学学报最佳新闻奖”两大赛事中获得10次以上一等奖。在辜晓进的推动下，该报于2014年在国内校园媒体率先实现拥有数字网络版、微博、微信公众号和移动客户端等新媒体的全媒体传播。在2020年初的新冠疫情时期，经辜晓进等连夜发动，身居各地的学生们组成“战疫小分队”，在《新新报》公众号连续发表37篇新闻故事，平均每天一篇，广获好评。

随着深大传播学院学科建设的迅速发展，课程需求也越来越大。辜晓进随后又开设“媒体经营与管理”“高级新闻编辑”等本科课程，“新闻理论与实务”“大众传媒研究”等研究生课程，以及“西方新闻理论思潮研究”等博士生课程，累计开设9门新课，12年来平均每学期都讲授三门以上不同的课程。退休前，他的这些课程大多陆续为中青年教师传承。而他参与编写的“马工程”教材《新闻采访与写作》已成为全国新闻院校最重要的实务教材之一。

3.3.2.3 新闻毕设创新倒逼教学改革

近10年来，深大传播学院在学界和业界同时具有较高显示度的教学改革成果之一，就是新闻毕设，而辜晓进教授为此付出了辛勤的汗水，作出了重大贡献。

深大传播学院在本科生教育中以毕业设计取代毕业论文的大胆探索，始于1997年的广告专业，继而延伸到其他专业，且得到前来考察的教育部教指委专家的高度认可。辜晓进入校时，新闻系的首届学生还是一年级，新闻系成立之前的新闻专业的毕设选题多与媒体策划、危机公关等关联，鲜有大规模的深度报道。他应约撰写了传播学院第一个新闻专业毕业设计的方案与细则，核心是针对当时媒体在深度调查报道及优质内容生产方面的弱项，借鉴美国密苏里新闻学院的“密苏里方法”和哥伦比亚大学新闻学院的“新闻书”等创新实践，确定以多媒体深度新闻大制作为新闻毕设的主要样式，并得到新闻系老师们的一致赞同。

在这新方案的引导下，2013年新闻系首届毕业生的选题面目一新，包括《90后入殓师》《深圳涉外婚姻三十年》《城墙内外：湖贝旧村的最后岁月》《失控与失语：泥头车里的人》《他们的世界/同性恋群体系列报道》等在内的10组重磅毕设作品令人眼前一亮

(上述第二、第三组为辜晓进指导)。第二年，辜晓进和黄春平教授指导的《深圳渔村：远去的故乡——关于深圳渔村兴衰存亡的新闻调查》引起校外嘉宾评委张志安教授和媒体老总的极大兴趣，次日《深圳晚报》以头版加内页 8 个整版的篇幅破例全文刊发，进而成为网红内容。深大新闻毕设经包括央视新闻在内的全国和本地媒体的纷纷转发报道和网络传播，也引起兄弟院校和媒体的广泛关注。每年都有一批外校老师来深大观摩新闻毕设答辩，澎湃新闻等也主动向辜晓进约稿。深大已有 3 组毕设作品获得澎湃新闻“拜客”阅读榜冠军(其中两组为辜晓进指导)，每组都获得 1 万元冠军奖金。

深大的新闻毕设，因其在数字时代以优质深度新闻的多媒体生产倒逼新闻教育改革取得的良好效果，受到业界的高度肯定和全国学界的普遍认可。2018 年，由辜晓进主编的国内第一套(四卷本)新闻专业毕业设计系列教材《新闻的名义》由中国人民大学出版社出版。2019 年，深大传播学院承办的首届“全国新闻专业毕设论坛”吸引全国近百所新闻院校的教师参会和观摩。这次盛会因报名踊跃而场地限制，报名不满一天就被迫截止，致使很多后来报名者未能参加。

精品迭出的深大新闻毕设，倒逼新闻教学从课程设置到实践方案乃至教师培养等方面进行改进提升，如在大三阶段增设“高级新闻编辑”“新闻采写专题”等高阶实务课程，《新新报》则从创办之初就设立多个深度新闻版，无媒体经历的教师与媒体经验丰富的老师联合指导毕设等。

3.3.2.4 瞄准业界痛点展开科研

2017 年，《中国记者》编辑向辜晓进约稿，让他写如何从业界到学界成功实现跨界转型的经验，被他婉拒了。他说，学界和业界的思维逻辑很不一样，自己在学术这个江湖里还在学游泳，远谈不上成功。

话虽如此，在别人眼里，辜晓进在科研上的努力和成就有目共睹。所不同者，来自业界的他，将科研的关注点更多地放在业界的迫切需求上。不仅自己这样做，他也要求自己的研究生多关注这类选题，并特别重视带领研究生共同开展研究。他也因此获得“广东省优秀硕士研究生论文指导教师”称号。“选题要有意义，有价值，不要写形式完美而价值全无的论文，”他常对研究生如是说。

2011 年，作为应对数字时代“免费一代”的策略，国际免费报纸发展迅猛，香港更出现井喷，免费日报发行量首次超过付费报纸，国内也掀起免费报纸潮。辜晓进带领自己的第一个研究生将香港免费日报产业作为研究对象，多次去香港调研，研究成果发表在 2012 年第 3 期《新闻与传播研究》，还上了封面。2013 年 3 月，正值一种新型禽流感 H7N9 流行并带来局部恐慌之际，上海某日报发表了一篇关于上海交大“为杜绝 H7N9 进入校园”而捣毁校园行道树上鸟巢的新闻。辜晓进认为这篇报道很不规范，却被包括《人民日报》在内的全国主流媒体广泛转载，引发全国舆情，便让自己的两位新研究生关注一下。次日，上海交大研究生协会发布微博加以澄清，指出报纸报道错误。眼看舆情即将反转，辜晓进让研究生们连夜锁定、截取主流媒体及其官方微博的报道，以防被删除；并给出主题，要求两人分别就此现象各试写一篇研究文章。见文章尚不得要领，他于暑假初期与研究生们反复讨论后，执笔完成了论文《纸媒与微博的互动逻辑：基于“捣鸟窝”新闻的分析》，刊发于当年第9期《国际新闻界》。2016年，他带领两位研究生对全国所有省(市、区)106家代表性日报利用社交媒体转型的行为进行研究，成果也发表在第二年第9期《新闻与传播研究》上。

在深大任教12年间，他在包括“四大刊”在内的新闻传播学C刊发表论文和文章近30篇，其中5篇被《新华文摘》(纸质版或数字版)全文转载，4篇被中国人民大学复印报刊资料《新闻与传播》全文转载，并主持完成多项国家社科基金和广东省科研项目。到深大前的2006年，他主持完成了复旦大学童兵教授负责的一项国家“211工程”项目的二级课题“美国传媒体制研究”。目前，他正作为常江教授主持的一项国家社科基金重大项目的二级课题负责人，继续展开相关研究。在深大期间，他还出版了9种(套)专著(4种独著，4种主编1种合作)。2018年6月，他荣获全国“新闻传播学学会奖”第四届卓越学术奖。

(深圳大学传播学院　黄玉波)

3.3.3　荆学民：一个人与一个学科

对于中国来说，“政治传播”这一概念并不是自始即有。时光倒退到30年、甚至20年前，国内知识界对于这一概念都还比较陌生。伴随着新世纪的发展进程，一批知识分子开始明确引介并着力于开拓这一领域的研究，中国传媒大学政治传播研究所的荆学民教授，成为这一领域的一面学术旗帜。荆学民教授以其前瞻性的研究于无边之地圈地，于贫瘠之地拓荒，于结果之地收获，引领了“中国政治传播研究”这一研究领域的建立，并对一个全新的学科领域“政治传播学”进行了有效探索。从一个人到一个学科，可以用“跑马圈地—深入腹地—收获阵地”来形容这一历程(见图3-1)。

3.3.3.1　跑马圈地，一德一心

2008年，49岁的荆学民教授来到了中国传媒大学，在“不惑”之年的末尾，开启了一条崭新的学术道路——政治传播研究。“2008年我初见荆学民，他为人精干，谈吐中

图 3-3　荆学民教授

展现出扎实的理论基础。为了增强我们政治系的师资力量，我校引进他加入传媒大学，对此他只提出了两个诉求，一个是表达自己强烈的从事政治传播研究的愿望，另一个是提出建立一个政治传播研究所。”中国传媒大学前政法学院院长高慧燃老师在回忆荆学民教授的调任事件中这样说道。在 2008 年进入中国传媒大学工作以前，哲学博士出身的荆学民教授，任职于北京经济干部管理学院和北京交通大学，长期从事信仰研究，并且已经是国内信仰研究领域的知名专家。在并不年轻的年纪，从信仰转向政治传播，进入完全陌生的研究领域和几乎荒芜的学科土地，无疑需要坚决的勇气。而荆学民教授之所以决定转型做政治传播研究，是基于一个重要的学术判断，即中国政治文明发展亟待建立与之匹配的中国特色政治传播理论，他认为中国的政治传播必然会受到学界的日趋重视，并且在不久的将来大放异彩。

出于对学术研究的热爱和敏锐的学术洞察力，荆学民教授被引进到中国传媒大学，在学校的大力支持下，建立了全国第一个政治传播研究所，此后西北大学、中国青年政治学院、西北政法大学才先后成立了相关研究机构。事实上，政治传播研究所最初在机构建设和人员配置上并不完善，研究力量仅有荆学民教授一人。为此，荆学民教授做出了两方面的努力，一是加快建设优质的政治传播研究团队，二是开展政治传播的基础理论研究。

作为带头人，荆学民教授牵起了一支敢闯敢干的队伍，一德一心，凝聚学术方向，聚焦政治传播研究。在荆学民教授的学术号召力下，政治传播研究所这一学术平台，吸纳了校内一批优秀的学者，包括张晓峰、白文刚、孙英春、谢进川、李智等，建成了一个包括政治学、传播学、哲学、历史学等多学科交叉互动、多视角碰撞交流的创新研究团队。2011 年，中国传媒大学政治传播研究所经学校批准成为正式的研究机构，师资队伍日益壮大，学科建设和学生培养体系也在稳步前进。依托政治传播研究所这一平台，经过 8 年的奋战，2019 年，中国传媒大学建立了全国第一个政治传播系，形成了本科、硕士和博士贯通一体的政治传播人才培养基地。

作为圈地者，荆学民教授厘清了政治传播的基本概念，划定了政治传播的学科边界。在当时的中国，“如火如荼”的政治传播实践与“荒芜贫瘠”的政治传播理论之间出现了巨大的落差，西方围绕选举活动的政治传播理论难以适用中国的土壤。荆学民教授的哲学学术背景和深厚的知识积累，使他能够将哲学的思维方式和理论表达用于政治传播研究①，《现代传播》杂志于 2009 年发表了他的第一篇关于政治传播研究的论文《视界融合：政治传播研究的几个基本理论问题辨析》，文章从政治与传播视界融合的视野，根本地深度地把握政治传播，打破学科壁垒，超越学科界限，对政治传播基石性的范畴问题进行哲学式思考。② 之后，荆学民教授又提出并论证了“政治统摄传播”③等核心理论论断，这是仅用传播学或政治学的视角和理论来研究政治传播所难以达到的高度和深度。任何理论都有一个假设的“一”，就像黑格尔的哲学殿堂建立在他对“理念”的假设上，研究者总要以一个“一”为基础去进行理论的思考，在荆学民教授的学术研究中，马克思主义哲学的逻辑和思考贯穿始终，其思想中的“一”促使他不断触及一个学科中最根本性的理论性的问题，以战略性、整体性、发展性的眼光，从明晰学科边界开始谋划学科布局。

3.3.3.2 深入腹地，专耕一隅

2011 年，初入政治传播研究所的博士生苏颖敲开了荆学民教授办公室的门。只见一间小小的办公室里，书籍与资料随意堆叠摆放，荆学民教授和他的另一位博士生李彦冰被杂物挤到办公室的一角，坐在两摞书上一边敲击电脑，一边激烈地讨论着亨廷顿。

---

① 许薇薇．厚积学养注传媒化作浓墨写春秋——访中国传媒大学政治传播研究所所长、博士师生导师荆学民[J]．今传媒，2012，20(8)：8-11.

② 荆学民，施惠玲．政治与传播的视界融合：政治传播研究五个基本理论问题辨析[J]．现代传播(中国传媒大学学报)，2009(4)：18-22.

③ 荆学民，刘胜君．政治传播研究中的几个核心命题辨正[J]．现代传播(中国传媒大学学报)，2013，35(7)：14-18.

明明是一幅不修边幅的画面，但在回忆这“初见”场景时，目前已在研究所任职的苏颖老师，感慨着荆学民教授作为知识分子的纯净一面，以及从诸多小细节中体现的其研学之定力，治学之严谨，教学之耐心。也是在这一年，荆学民教授整合传媒大学的学术资源，带领政治传播研究团队，成功申请到我国第一个以政治传播为题的国家社科基金重大课题——“中国特色政治传播理论与策略体系研究”，这标志着中国特色政治传播基本理论的构建迈入正轨，荆学民教授的研究深入腹地，拓荒耕植。

(1)学术品格纯于一

几十年来，荆学民教授保持着内心的“学术童真”，以纯粹的学术热忱、纯净的学术追求、纯真的学术态度，激扬文字，挥斥方遒。生于1959年的荆学民教授，性格中带有鲜明的时代烙印，身为知识分子，不世俗，不屈欲，不逾矩。

荆学民教授的学术思考始终站在对现实对人类的关怀上，从马克思主义哲学的世界观和方法论出发，蕴含着社会使命感和责任感。2014年，荆学民教授著述的《政治传播活动论》①出版发行，从人类活动的哲学实践论视角阐述政治传播的基本原理，重点强调了人的主体性及主体意识在政治传播过程中的重要作用。荆学民教授所建立的宏观的政治传播理论，不乏对现实中的人的关注，体现了他作为一名拥有哲学背景的政治传播研究者的价值关怀与人文关怀。北京交通大学马克思主义学院的施惠玲教授，也是荆学民教授多年的学术挚友，曾这样评价：“他的研究始终保持着一名学者的清醒状态，理性的逻辑构建中充满着人文思考。”

面对学术道路上的诸多诱惑，荆学民教授坚持内心原则，不受外界干扰，一步一个脚印，脚踏实地，辛勤耕耘。年少求学时，荆学民教授掌管着学校图书馆阅览室的钥匙，每天第一个去开门，读书读一整天，最后一个离开。时至今日，荆老师仍坚持每天早晨七点开始伏案写作，日复一日，学而不厌。这一特点亦影响了他的学生，政治传播研究所学风纯净，荆学民教授指导的于淑婧博士曾将研究生活总结为“一天不进图书馆，内心就有愧疚感”，这句调侃之言在研究所的学生中广为流传。

(2)学术研究精于一

荆学民教授对于政治传播的研究可谓是深耕深入，专心专精，近年来所发表的近百篇论文几乎无一偏题，全部围绕着政治传播而展开，他的思想非常深刻，研究极具理论意义。

2014年，荆学民教授在《中国社会科学》上发表了长篇论文《中国政治传播研究的学术路径与现实维度》，提出了新的“政治传播”的概念，即将政治传播定义为“特定政治

① 荆学民．政治传播活动论[M]．北京：中国社会科学出版社，2014.

共同体中和政治共同体间的政治信息扩散和被接受的过程"①，这个概念在目前的中国学界被最多引用采纳，被认为是最具权威性的概念。

在厘清了政治传播的基本概念和范畴后，荆学民教授进一步深入政治传播理论的核心内容，从权力、媒介、受众三个核心要素间的关系中探讨中国政治传播的轴心。作为中国政治传播的理论建设者和学科拓荒者，荆学民教授致力于开展面向中国现实的但又具有普遍解释力的理论研究，其中最具开拓性和原创性的理论是"政治传播的三形态说"②，他把"政治宣传""政治营销"与"政治沟通"并列，融入"政治传播"中，在理论普遍性上完整地呈现出政治传播的基本形态。基于现实关怀，荆学民教授从理想性的角度重新赋予政治宣传与正当性，强调"政治宣传是政治理想的推展"，同时从文明进度的角度来看，以政治沟通为轴心的兼有政治宣传、政治营销的总体模式，将是我们的政治传播的理想状态。

20余年里，荆学民教授倾心倾力专注于中国政治传播的研究，硕果累累，先后连续性地申请到国家社科基金重大项目1项，重点项目2项，一般项目1项；主编出版了"当代中国政治传播研究""政治传播研究前沿书系"2套共14部著作的大型丛书，其中个人著述3部；发表了政治传播研究学术论文200余篇；主编了《中国政治传播研究(辑刊)》5辑。

(3)学术资源汇于一

荆学民教授在全国的政治传播学术资源拢聚方面作出了重要贡献，由他牵头搭建了众多学术共同体和学术交流平台，汇集了一批优秀的学术人才，于蛮荒之地埋下了学术种子，静待萌芽结果。

荆学民教授坦言，自2008年政治传播研究所成立之初，举办一个中国政治传播研究学术论坛就在他的规划当中，但他主张不着急办，等待时机成熟。直到七年后，中国政治传播研究的土壤逐渐肥沃，产生了数量上和质量上较为可观的学术成果，出现了多个政治传播研究机构和学术会议。在国家社科基金重大课题的支持下，荆学民教授带领的政治传播研究所主持举办了全国第一个以"中国政治传播研究"为主题的论坛。2015年5月16日，"首届中国政治传播研究学术论坛"在中国传媒大学顺利举行，有近80位著名的专家学者与会，促进了学界和业界的交汇贯通，促进了中国政治传播领域政治学研究与传播学研究的交流融合，搭建和打造了极具特色的中国政治传播研究的高端学术

① 荆学民，苏颖．中国政治传播研究的学术路径与现实维度[J]．中国社会科学，2014(2)：79-95.

② 荆学民．政治传播活动论[M]．北京：中国社会科学出版社，2014.

平台。

2016 年，重大课题顺利结项，取得了扎实丰硕的研究成果，初步建立了具有中国特色、中国风格、中国气派的政治传播研究学派，荆学民教授作为中国政治传播研究的领军人物，在其中发挥了巨大的学术凝聚和引领作用。2017 年，荆学民教授带领政治传播研究所再获国家社科基金重点课题的立项——“自媒体时代中国政治传播新秩序及转型研究”。这一重点课题是对重大课题的延续发展，从理论到实践、从宏大到聚焦、从探索到建设，两个课题遥相呼应，推动中国政治传播的“学科化”进程又上一个新台阶。

3.3.3.3 收获阵地，一脉延承

经过十多年的努力，荆学民教授及其领导的研究团队，基本上完成了中国特色政治传播的理论建构，占据了中国政治传播研究的制高阵地。同时，一批专业的学者“扎根”于政治传播领域，实现了一系列理论突破和专业化开展，中国政治传播研究具备了学科建制的潜质和基础。① 从“视界融合”到“学科建制”，从“政治传播研究”到“政治传播学”，从“政治传播理论”到“新政治传播学”，荆学民教授是一面旗帜，亦是一座灯塔。

2018 年，荆学民教授发表《论中国政治传播研究向纵深拓展的三大进路》，旗帜鲜明地提出中国政治传播研究向纵深拓展的三大进路②，随后在“微观政治传播”和“国际政治传播”两大领域排兵布阵，推动政治传播研究“从上往下”及“从内往外”地延伸和拓展。2022 年，荆学民教授申报的“新政治传播学的学科体系建构研究”国家社科基金重点课题获批，此课题将中国的政治传播理论上升到“学理”的层次和境界，体现其出宏大的“学术野心”。荆学民教授的学术努力“开垦”出一片硕果累累的“田地”，以他为旗帜指引，无数青年学子在这片土地上植树种花，收获果实。

自 2008 年转入传媒大学，荆学民教授担当博士生导师，教授多门本科、硕士、博士课程，为中国的政治传播培养了一批新生力量，树立起了一座照亮学生前行方向的灯塔。

作为学术导师，荆学民教授欣赏并愿意保护青年学子的批判力和创造力，因材施

---

① 荆学民，赵洁. 从“视界融合”到“学科建制”：中国政治传播研究 40 年学术检视与理论思考[J]. 现代出版，2022(4)：14-26.

② 荆学民. 论中国政治传播研究向纵深拓展的三大进路[J]. 现代传播(中国传媒大学学报)，2018，40(1)：87-91.

教，尊重学生的学术个性和学术兴趣，善于挖掘学生的潜力。他身体力行，教导学生写文章要“理论地思考和理论地表达”，要用平实的语言表达深刻的道理，正如学生所说的：“荆老师在分析和理解问题时能够准确把握住事物的本质，精妙洒脱的文笔和深邃独到的思想，使人感到醍醐灌顶，酣畅淋漓。”

作为人生导师，荆学民教授以其人格魅力影响学生达至宁静平和的精神境界。一位学生讲道：“荆老师热爱生活，懂得享受生活。老师在工作之余，会操起二胡，弹奏一曲，也会邀请老师和学生们到办公室品一品茶，喝一喝咖啡，聊一聊天。”学术上和生活上的松弛感，使得这位人生导师的形象更加生动活泼。

荆学民教授作为一个学科的“圈地者”“拓荒者”“领路者”，在人格上始终自如淡然且耐劳坚毅，在学术上一向思维灵活且深刻有力。一往无前的学术勇气，一以贯之的学术努力，精“一”求精的学术态度，“眼睛向上”却“扎根向下”，一介学者，一位名师，应当如此。

（中国传媒大学政治传播研究所　邵乐）

3.3.4　钟瑛：我国新媒体研究的拓荒学者

从中文到历史，从文献学扎根传播，每一次转型于常人都是一次难以逾越的挑战，而在华中科技大学新闻与信息传播学院就有这么一位老师，她在恢复高考的第三年考入华中师范大学中文系，1988 年硕士毕业后，她一边留校从教一边坚持学习，在整个学术积淀的道路上连续实现四次跨领域转型，其背后的勇气和付出难以言喻。回望治学 40 余载，她朴实严谨又温和谦逊，所培养的百余名硕士博士常常感怀于心。也正是这种坚定的学术信念和默默耕耘，让她成为我国新媒体研究领域的学术大家，她就是华中科技大学新闻与信息传播学院的钟瑛教授。

钟瑛，复旦大学新闻学院博士后，现为华中科技大学新闻与信息传播学院二级教授、博士生导师(见图 3-4)。华中科技大学网络与新媒体发展研究中心主任，国家社科基金学科评审组专家，湖北省政府津贴专家，湖北省广播电视局媒体融合发展专家人才库专家，湖北省网络评议会副会长，“华中学者”特聘教授。1997 年英国北伦敦大学信息传播学院访问学者，2008 年美国密苏里大学新闻学院访问学者。曾涉猎的专业有中文、历史、信息管理、新闻传播，现在主要从事网络传播、新媒体社会责任、新媒体创新等领域的教学与研究工作，在权威及核心期刊上发表论文百余篇，独著、合著出版学术著作十余部。主持和主要负责不同类型的科研课题十余项，2007 年主持国家社会科学基金重大项目“互联网管理与中国特色网络文化建设研究”，结题成果《网络传播管理研究》入选 2013 年度国家哲学社会科学成果文库，该成果并于 2020 年获得教育部《第八届高等学校科学研究优秀成果奖(人文社会科学)》著作类二等奖。

图 3-4　钟瑛教授

3.3.4.1　学海搏击师承一脉：拿学术当志趣一路成就学者梦

1979 年，钟瑛老师在恢复高考的第三年以优异的成绩从湖北黄冈考入华中师范大学，就读于中文系汉语言文学专业。“那时候能坚持上学的人本来不多，继续读大学的人更少，机会非常难得”，钟老师回忆起自己曾经的大学生活，总是说起读书时光短暂，那时候不管什么课，只要有老师讲就一定要去听，抓住所有机会多读书学知识。四年如白驹过隙，大学不仅培植了钟老师浓厚的专业兴趣，也让她更加笃定自己的职业方向，成为一名教师。在大学老师的推荐下，钟老师于 1985 年继续攻读汉语言文学方向硕士，循着自己的专业爱好，钟老师逐渐走上了学术研究道路。硕士毕业后，钟老师以优异的专业表现获得留校任教资格。

九层之台起于垒土，钟老师今天的学术成从她初入杏坛便有迹可循。1988 年开始，钟老师正式走上了大学讲台，与年轻学生一起探索新知。“那时候的学生非常好学，加上信息管理又是一个新兴的领域，虽然我的专业知识为我打下了很好的基础，但是面对学生各种各样的新问题，我每天都不能停止学习”，钟老师回想起在华师教学的时光，快乐而又充实。为了迅速提升自己的专业储备，尽管经济条件受限，但只要听说哪里图书馆有新书，哪里有卖更好的学术杂志，钟老师克服一切困难也要做第一批读者。在她的教育理念里，老师的知识一定要赶在学生前面才能引导好学生，这不仅是职业态度，更是教书育人的责任。

教学相长，在日复一日的学习中，钟老师理论积淀愈发深厚，学术思想初见端倪，刚从教几年已经在各类学术期刊上发表多篇高水平论文，成为当时华中师范大学优秀的青年学者之一。凭着卓越的学术表现，1995 年钟瑛老师被推荐报考我国著名历史学家、道教文化研究专家、华中师范大学熊铁基教授的博士研究生，这既是对她事业发展的褒奖，也是一项更严峻的挑战。从中文出身到信息管理才刚摸透门路，如果再次转向历史方面的研究，又要付出怎样的艰辛？“心中忐忑，不曾想见过恩师，先生并未嫌弃我愚钝，而是多有鼓励，惊喜之余，我努力备考，从此踏上了学术之路，人生开始有了明确的学术追求目标。”钟老师很谦逊地告诉我，刚开始读博士的时候，她囿于专业交叉，一直没有很明确的学术方向，最终在熊铁基教授的悉心指引下，开始了文献学的研究。一边工作一边读博士，那时候的钟瑛老师每天都把时间安排得很满，走上讲台安心上课，出了教室便又扎进瀚如烟海的史料阅读中。

师承一脉花开数枝。三年博士生涯的打磨，钟瑛老师的研究方向愈见清朗，用老师的话说，“做学术就是越做越起劲儿，越做越较真儿”。博士阶段的学习是钟老师人生的十字路口，看似从中文转到了历史文献学，实际上专业内核依然师承一脉，为以后的传播学研究埋下了种子。1997 年，博士即将毕业的钟老师以访问学者的身份前往英国北伦敦大学信息传播学院学习，异国求学的经历开阔了学术视野，也拓宽了钟老师的科研边界。回国后，钟老师对当下的学术研究又有了新的认知，“学术研究都是相通的，所谓的学科壁垒有时候是自我设限，只要方向对，敢想敢做一定能出成果。”

3.3.4.2 身先垂范潜心治学：做学问既要有品格也要懂生活

静水流深，耕耘不问朝夕。1999 年博士毕业后，钟瑛老师调入华中科技大学(原华中理工大学)新闻与信息传播学院工作。从历史文献学到新闻，又是一个新的平台新的领域，面对这次转型，已历经 10 余年学术淬炼的钟瑛老师泰然自得，她坚信自己可以在新的领域里找到属于自己科研领地。初到学院，钟老师上了很多课程，新闻史、新闻伦理与法规、专业英语等，只要学院有教学需求，钟老师都欣然接受。功不唐捐，回忆起后来的学术成就，钟老师反复强调“史、论、英语看似分离，但它们都是重要的学术支点，对跨专业转型十分重要”。

2002 年，已经在新闻传播领域取得诸多成就的钟老师又决定继续前往复旦大学从事博士后研究，站在更高的平台探寻学界前沿方向。彼时，时任华中科技大学新闻学院院长的吴廷俊教授特别强调文理交叉，走出工科学校办特色新闻学的路子。钟瑛老师从自己的学术优势出发，结合学科前沿和学院发展需求，逐渐瞄准了刚在国内兴起的互联网领域，逐渐走上了网络传播管理研究的学术道路。在博士后研究期间，钟老师连续在新闻与传播研究、新闻大学、国际新闻界、复旦大学学报等权威期刊发表诸如《网络身份的意义探析》《网络内容管理的差异性与多元性》《论网络新闻的舆论特征及舆论导向》《网络有害信息的管理及其困境》《网站管理规范的内容特征及其价值指向》《BBS 的议题特征与议题建构》等多篇高水平学术论文。功到自然成，正是这段时间持续产出有分量的研究成果，让钟瑛老师获得了学术界的高度认可，并且也给她打上了我国第一批网络传播研究学者的标签。随着互联网在我国各行各业飞速发展，钟老师的学术研究也实现了从网络传播到新媒体前沿的同步迁跃。

致知在格物，读书也要通礼。第一次见到钟老师是在东六楼的一楼大厅，那时候钟老师是学院分管研究生口的副院长，行政事务比较繁琐。经常见到老师一边接着电话一边一路小跑赶着去给学生上课，忙碌而又严谨。即便如此，钟老师的科研进度不仅从未落下，反而因为工作上的忙碌对学术要求更加严格。新媒体研究除了要紧盯前沿，还特别强调数据支撑，每一份项目申报书，每一篇投稿的论文，钟老师都要亲自反复打磨数据，反复强调研究问题，字斟句酌修改文本，必须达到老师心中的百分之百满意才能算是合格的研究。跟随钟老师学习的几年，既是磨炼了自我的心性，也是我对学术无限敬畏的开始。

能成为钟老师的学生是我一生的荣光，仰慕老师的学术，欣羡老师恬淡的心态……当焦虑成为时代的共生物，学生们茶余饭后的话题总绕不开学业压力。钟老师经常在各大院校开会交流，虽然不常挂在嘴边，但是她对学生的心理状态却非常了解，每次见面先问生活再谈学习已经成为老师与学生相处的习惯，她常告诫学生“不管事情多复杂，自己先慢下来，不急不躁沉下去才能有收获”。师门里的博士稍微年长一些，有的已经成家有了孩子，钟老师既为人师也像家里的长辈，嘘寒问暖、家长里短，总是叮嘱学生虽然学业很重要，但是家庭幸福也是人生收获。

3.3.4.3 深耕领域洞察前沿：用最美好的五年开拓学术高地

交叉学科的思维优势，清晰的学术目标，加上蛰伏后的学术积淀，这一切都为钟瑛老师后来的学术研究打下了坚实的基础。博士后出站之际，钟老师基本完成了跨专业的转型，教学、研究、以及发表的成果都集中在网络传播领域，成为我国新闻传播学界最早进入新媒体研究领域的学者之一。2003 年，钟瑛老师作为华中科技大学新闻学院的第一批博士生导师，充分发挥研究特长，很快搭建起了一支国内较早的新媒体研究团队。

仰之弥高，钻之弥坚。早在博士求学期间，钟瑛老师的导师熊铁基先生就从历史研究的视角告诉她做学问一定要有攻城略地的意识。适逢20世纪初期，互联网在国内正在经历从尖端科技向普惠民用转型的过程，传统媒体行业很快嗅到了网络科技带来的机遇和挑战。在此背景下，钟老师谨记恩师教诲，敏锐洞察到新闻传播学界的前沿话题，判断出未来信息传播行业一定会被新媒体所主导，新的内容样态和传播方式也一定会编织出新的传播生态。网络传播管理方向在当时不仅是一个新的研究领域，更具有比较突出的政治性和应用性，钟老师随即把研究团队的主攻方向定在这里。

实践证明，钟老师的学术眼光非常具有前瞻性。2007年，钟老师带着自己的研究团队成功申请到了国家社科基金重大课题"互联网管理与中国特色网络文化建设研究"，该课题于2008年1月正式立项，是当时湖北省女性专家中的第一个重大项目，这也让钟瑛老师成为国内当之无愧的新媒体研究大家。从项目立项到项目结题，整个研究过程持续了五年，钟老师回忆起这五年时光，难掩心中的感慨，"那五年是我学术人生中最好的年华，过程非常艰辛也非常难忘"。之所以艰辛，是因为网络媒体是伴随新技术迅猛发展而产生的一个新兴领域，那时候国内对于网络的各项研究才刚刚起步，可借鉴的资料非常稀少。钟老师在整个研究中亲自带领硕士和博士在不同的领域采集原始数据，与政府宣传部门和各类行业都建立起了良好的互动关系。也正是这几年的持续深入研究，钟老师利用研究优势，在政界、学界、业界搭建起了产学研平台，为整个学院和研究团队打造出一个集群化的新媒体研究中心。随着研究影响力不断扩大，钟老师每年受邀参与湖北省网络新闻评选并提出评审标准，也与湖北省委宣传部联合开展了多个相关课题研究，孵化出了一批非常具有潜力的新媒体创业公司。

2011年，"互联网管理与中国特色网络文化建设研究"重大课题正式结项。公开发表高水平论文70多篇，历时五年的研究成果凝结成《网络传播管理研究》著作正式出版。值得一提的是，这部由钟瑛老师主编的学术著作，是当时学界在网络传播领域极具影响力的一部专著，全书共计72万字，分为5卷26章。这部专著不仅对我国网络传播领域的元概念做了明确的界定和分类，而且立足当时中国网络传播领域的现实问题，对网络管理与网络文化建设的诸多方面进行了全面、系统、深入的探讨。同时，《网络传播管理研究》还为整个网络传播学界搭建起了一套成熟的研究框架，成为我国新媒体研究的权威性理论著作。2013年，《网络传播管理研究》入选国家哲学社会科学成果文库，并于2020年再次获得《第八届高等学校科学研究优秀成果奖(人文社会科学)》著作类二等奖，这是新闻传播学科唯一一部获得二等奖的著作。滴水石穿，非一日之功，钟瑛老师数十年如一日，孜孜不倦为新媒体研究探索新道路，成为我国名副其实的新媒体研究大家，也为我国新媒体研究领域开拓出一片新的学术高地。

3.3.4.4 坚守初心赓续前行：引领新媒体社会责任研究更出彩

近年来，随着媒介科技更新迭代速度加快，新媒体行业发展势头突飞猛进，在社交、短视频和新闻资讯领域涌现出了一大批头部平台。技术的发展通常利弊共存，媒介科技在变革传统社会结构的同时，也伴生了一些新的技术争议，新研究议题也随即而来。2013年，当5G还只是一个期待，VR还是一个概念，短视频行业也才刚刚起步的时候，钟瑛老师就敏锐地预见未来新媒体的发展会从现实走向虚拟，尽管形态各异，但是各个平台所要承担的社会责任是不会变的，甚至要更强，这便是钟瑛老师又一个研究领域的开始。

经过一年的反复论证研究，2014年由钟瑛老师主编的我国第一部中国新媒体社会责任蓝皮书出版问世，以此拉开了学界对新媒体社会责任领域的关注。我有幸跟随钟老师参与了第一部蓝皮书评价指标的建构。因新媒体类型多样，内部关系交织复杂，要想建构一套科学严谨的社会责任评价指标是一套系统的大工程，涉及媒体运营者、政府管理者、社会组织和用户体验等诸多方面，其难度可想而知。在指标初步论证的那段时间正值冬雪交加，年逾50岁的钟老师每天早上带着研究团队开会讨论，深入各大媒体行业实地调研、统筹数据分析，反复推敲修改，最终确定了一套科学的新媒体社会责任指标评价体系，这套体系至今仍是学界和业界用来评价新媒体社会责任的唯一一套参照指标。

2022年是新媒体社会责任研究工作的第10个年头，也即将迎来第八部蓝皮书出版。十年栉风沐雨，媒体行业发展瞬息万变，在钟老师的指导下，新媒体社会责任评价指标已历经三次调整，如今呈现给公众的评价体系在国内新媒体领域独树一帜，已被学界和业界广为应用。尽管这几年受到疫情的影响，很多调研无法顺利进行，但是钟瑛老师始终带着研究团队克服重重困难挖掘数据，拜访企业，撰写调研报告。“新媒体社会责任是长期存在的议题，它不会因为社会环境变化而消解，越是舆论环境复杂，媒体的社会责任越是备受关注”，在思考未来新媒体研究方向的时候，钟老师依然强调研究团队要以不变应万变，紧盯新媒体研究的核心议题。

桃李无言下自成蹊，凭借着对新媒体社会责任的研究优势，钟老师在国内学术圈搭建起了新的研究平台，成就了又一个学术高地。她不仅带出了一支强有力的研究团队，还培养出了一大批专注新媒体领域的优秀硕士博士，至今活跃在学界和业界的各大行业。谈及未来的科研畅想，钟老师欣慰地告诉我们她还想继续深耕新媒体社会责任领域，让这项研究的影响持续扩大，带着整个团队为学院发展特色继续添砖加瓦。

从中文转型，于新闻立身。40年科研拓荒，扎根新媒体前沿，数十载学术问道，引领学科方向。钟瑛教授勉励青年学者："学术研究无止境，新媒体未来任重而道远，当时代议题落在每个人身上，青年学者理当前赴后继，立德立言无问西东。"

(华中科技大学新闻与信息传播学院　郑坤)

3.3.5　吴高福：从珞珈山到岳麓山，新闻教育报国初心不变

吴高福，湖北鄂州人。1938 年 8 月 8 日，生于湖北省鄂城县(现为鄂州市)，1959 年考入武汉大学汉语言文学系，毕业后留系任教(见图 3-5)。1983 年受命筹建新闻学系，任副教授、教授，从事新闻传播学教学、科研，先后任总支书记兼副系主任、系主任，新闻学院首任院长等职，享受国务院政府特殊津贴，曾获教育部国家级教学成果二等奖，2018 年获中国新闻史学会颁发的新闻传播学学会奖第四届终身成就奖。兼任过教育部高等学校新闻学科第一届、第二届教学指导委员会副主任委员。2002 年应湖南大学之邀，任湖南大学新闻与传播学院首任院长、教授。曾编著出版《新闻学论集》《海峡两岸与新闻传播》《新闻学基本原理》《报业发展与全面建设小康社会》《文化产业论集》《西方新闻思潮简论》等。

图 3-5　吴高福教授

在全球风云变幻，新技术快速迭代的时代背景下，新闻传播和教育生态环境受到了全面而深度的冲击。新闻业界、学界、教育界都面临着前所未有的专业与学科之惑，如何寻找行进的航标，保有发展的定力？也许回望历史、重新感悟新闻教育前辈的办学精神与报国初心，不失为一剂解惑良药。

2022年5月中旬，在第二届中国新闻传播教育年鉴奖颁奖典礼上，大会将“杰出院长奖”颁给了85岁高龄的吴高福教授。

颁奖词高度概括了吴高福教授的新闻办学历程和对中国新闻教育的贡献：“他从改革开放初开始，26年栉风沐雨，先后在两所“985”大学创建新闻传播学院，成功构建了新闻传播人才培养的珞珈山模式和岳麓山模式，为探索新闻传播专业建设与学科建设的跨越式发展路径、推动新时期新闻传播教育事业的发展做出了卓越贡献；同时，为推进中国特色新闻学理论的发展贡献了智慧。”

筚路蓝缕珞珈山

40年前，适应改革开放后各行各业对新闻人才的旺盛需求，中共中央宣传部、教育部等联合召开全国新闻教育工作座谈会，规划新闻院系建设和新闻人才培养。1983年7月，武汉大学和其他三所高校开始筹建新闻学专业。同年9月13日，经国家教委批准，在武汉大学前校长刘道玉先生的积极推动下，武汉大学新闻系正式成立，由吴肇荣教授任系主任，吴高福任总支书记兼副系主任，并主持筹建工作。

40年后忆往昔，吴高福记忆犹新。“当时学校就给了两三间房子，其他就得自己去干。于是，我四处去邀约仁人，亲自上门恳谈，很快就组成了包括我在内的九人队伍，我们在梅园一舍开展讨论教学方案和一切筹备工作。新闻系当然得有自己的摄影暗房，我们临时起意把一楼的公共厕所改造成师生必需的暗房，这给其他院系老师带来了不便，立马遭来反对的声音。当时校领导知道我们的困难，也只能慨叹默许了。又花了1000多元钱买来了5台‘珠江’牌相机。还借了一辆板车，同几位同事一起到学校家具组拉了一些旧桌子、椅子作办公用。我们就这样把武汉大学新闻学系的牌子挂出来了。”

如今许多已成人们笑谈的创业细节，依然让人感觉到当年创业之艰，更显吴高福等老一辈的创业激情与担当。

在师资队伍组建方面，吴高福始终坚持认为要组织一支多学科背景的专业教师队伍，这不仅是培养学生的需要，也是将来学科交叉、融通的学科发展要求。“在筹建之初，一方面，尽可能地调入具有专业背景的人员充实教师队伍。曾在潜江县广播站工作的罗以澄老师，在《咸宁日报》工作的胡武老师，在《湖北日报》工作的苏成雪老师，都毕业于中国人民大学新闻系，我通过省委宣传部给他们所在单位做工作，先后将他们调入了武汉大学；还有著名报人、新闻理论学者何微先生，也是我带着刘道玉校长的亲笔信三次去西安诚请，后连同他的助手桑义燐、周永固老师一起调入武汉大学。何微老师在武大工作长达八年之久，为我们这个新建专业呕心沥血，倾注心力。他不仅亲自给学生授课、指导青年教师，而且辛勤笔耕，从先秦以来的浩瀚典籍中，集录了大量关于传播方面的资料，对中国古代传播思想进行了深入研究。另一方面，立足于自己培养。

1983 年 9 月我们选派了刘家林、肖友成两位优秀的青年讲师到人大新闻系分别进修新闻史论一年。又从复旦大学、武汉大学应届毕业生中选拔了夏琼、张昆、周光明、强月新、冉华、姚曦等六位佼佼者充实教师队伍。他们充满活力和锐气，一走上岗位就潜心钻研业务，认真体悟媒体。到第一届学生进校时，我们已有了一支基本能胜任教学任务的教师队伍了。”

虽然办学条件艰苦，但初创时期的武大新闻系正赶上改革开放的好时机，加上这支创业队伍功底扎实，视野开阔，各擅专长，不仅是推动武大新闻学科和新闻教育的中坚力量，也迅速成长为国内新闻传播学科的领军团队。1984 年，新闻系正式招收第一届新闻学专业本科生。1987 年获新闻学硕士学位授予权，同年广播电视学专业开始招生。1992 年，经国家教委批准，正式招收第二学位学生。当时全国仅中国人民大学、复旦大学和武汉大学可招收第二学位学生。1993 年增设广告学专业。1995 年 6 月，新闻系更名为新闻学院，吴高福任首任院长。建院后，师资队伍不断壮大、办学条件逐渐改善，学院进入加速发展阶段。1998 年，武汉大学新闻学科获准为湖北省重点学科，同年获得传播学硕士学位授予权。1999 年获新闻学博士学位授予权。2003 年获得新闻传播学一级学科博士学位授予权。40 年来，武汉大学新闻传播学科始终在国内院校中稳居前列，逐渐成为国际知名的新闻传播研究中心和人才培养基地。

武汉大学新闻与传播学院第四任院长石义彬教授认为：“学院今天的好成绩和现在的学科特色。这些都离不开吴高福老师新闻教育思想的影响和他带领大家努力奋斗的结果。”

在人才培养方面，吴高福和团队早在办学之初就提出了理论学习和技能训练并重的办学理念，确立了“加强基础、注重实践、服务四化、面向未来”的办学指导思想，强调学生博专兼顾，强化学生能力训练，以适应社会主义建设事业和新闻传播事业发展的需要。

武汉大学新闻与传播学院 92 级新闻专业本科生、前《羊城晚报》财经记者、管理者张海波回忆说，“学院注重实践实习的培养理念，让我深受其益。当时系里是把不同年级的学生组织起来，大一的时候我就去了中国三峡工程报实习，大三去北京的报社实习，得到的锻炼和收获很大。现在回想起院里鼓励同学们跨系选修、听高品质的讲座、四年下来专业领域和跨学科的知识积累、学校深厚的文化底蕴，让我们走入社会时或面临事业转型时，也有了足够的底气和自信。”

吴高福曾说：“学生是院系的名片。学生走出去，走进新闻单位，院里就同时在接受考核，学生的质量体现的就是我们的办学质量。”他对学生实习实践的重视，深刻而长远地影响了学院。吴高福曾与时任校长刘道玉一起，拜访人民日报社、新华社和原广电部，为学生搭桥引线，叩开了媒体实习的大门。学院陆续与众多国家级、省、市级媒体等签订实习协议或建立长期合作关系，在北京、武汉、长沙、广州、深圳五个中心城市建立稳固的实习基地，打造了一条“实习京广线”，现在武汉大学新闻与传播学院是全国少有的几家能够为全体本科生安排实习单位的新闻传播院系。在吴高福的带领下，学院长期凝练了制度化推进实践教学与新闻人才培养创新的经验，吴高福获得第七届高等教育国家级教学成果二等奖。

岳麓山下第二春

2002 年年初，奉命筹建新闻学院的湖南大学人文社会科学系副主任彭祝斌与湖南大学人事处处长唐亚阳一道三访珞珈山，诚意邀请从武汉大学退休不久的吴高福教授来岳麓山下执掌湖南大学新闻教育。

之前，北京、湖北等地同样有高校邀请他去“开疆拓土”，为什么选择湖南大学？“因为李达校长，因为岳麓山下有岳麓书院啊！”吴高福笃定地说：“我宁可什么都不要，我要到湖南去！”

湖南大学的新闻学专业教育始于 1995 年。当时，还没有独立建系，只是在人文社会科学系设立了新闻学教研室。根据当时全国高校新闻学科的蓬勃发展状况，吴高福认为，湖南大学已不能按部就班地来办新闻学科了，必须通过跨越式发展才能跟上节奏。他提出了“三三式”发展规划，同时提出，湖大新闻教育要发展，必须建院。

“三三式”发展规划是对湖南大学新闻传播学科发展的一个跨越式总体战略设计。用三个三年即九年时间跨越三大步：第一个三年，要建立一个硕士点，学科的层次从本科到硕士，这是跨了一大步；再用三年，要建一级学科硕士点，这样又进了一大步；最后三年，要能培养博士。这样，不仅人才培养层次能获得丰富与提高，学科建设资源与力量也相应得到发展。

他的这番见解得到湖大领导的充分肯定。2002 年 4 月 18 日，湖南大学新闻与传播学院宣告成立，吴高福出任首任院长。建院之初，他就提出“拓宽基础，加强实践，培养素质，提高能力”的人才培养理念和“一体两翼”的办学思路，这些都与武汉大学新闻传播教育理念一脉相承。

“所谓‘一体两翼’，就是以教学为体，以队伍建设和科学研究为两翼。一个好的学科，我觉得它至少有两个基本点。一个是‘本’，就是必须以教学为本，本固院才兴。把教学这一头抓住了，我们就能把教育的出发点和落脚点实实在在地归属到学生培养上。第二个基本点，一个是教师队伍建设，一个是科学研究，这是‘两翼’。那几年的学院建设当中，队伍、科学研究都是围绕着学科建设来进行的。”这个办学思路的正确性，已经被武汉大学和湖南大学新闻教育的实践证明。

师资队伍的建构与夯实，是吴高福在湖大实施的首要工程。首先，他对原有师资队伍进行了明确的专业方向划分，并强调每个老师要稳定在自己的专业方向里，不断深挖，不断积累，不断拓展外沿并不断产出成果，“不是简单盲目跨专业研究，而是要有明晰的发展思路和结合点，这就可以避免‘东一榔头西一棒槌’。”多年后，有老师回忆说：“吴院长大会、小会上的这个‘疾呼’，让人警醒，少走了很多弯路，受益匪浅。”其次，“招兵买马”，从全国知名新闻学院招收优秀的硕士博士来充实师资队伍。武大、华科、中国传媒大学的一批新鲜的血液马上补充进队伍。第三，将现有师资队伍里的优秀者送到知名新闻学院继续读博或进行博士后研究，推动老师们的科研成果产出。第四，将现有师资队伍里新闻实务方向的老师，推向省级、中央级媒体、境外高校新闻学院学习交流，掌握业界最新动态，学习境外新闻学院培养学生新闻实践能力的经验。

吴高福一贯重视学生的新闻实践能力的培养，大刀阔斧的教学改革，也是他提升人才培养质量的重点工程之一。建院后不久，他就提出了要在新闻实务方向进行案例教学。这个在今天看来似乎普通的要求，在当年对任课老师却是一大挑战。随后，案例教学在学院采写编评、媒介经营管理等系列新闻实务课程中广泛开展，教学效果受到好评。

为了让湖大新闻传播学子拥有较高的并且相对稳定的毕业实习平台，他以身垂范，发动全院老师把自己的媒体资源奉献给学院，奉献给学生。很快，学院就搭建起了以“京广线”为主，以上海、重庆、成都等地媒体为辅的实习平台。一届届学生在国内主流媒体实习平台陆续崭露头角，业界反馈“湖大新闻学院的学生上手快，后劲足。”多年来，这一举措不断走深、走实，在此基础上建构实施的新闻学专业“一纵三横”实习模式成为湖南大学新闻实践教学的特色，在学科发展、学生培养中发挥了基础性作用。

吴高福高度重视学科资源的战略谋划和外部资源建设和利用，这也大大促进了科研工作的进展。建院后，吴高福就像上足了发条的社会活动家奔波在全国各地，竭尽全力地为新建的学院争取办学和科研资源。在老师们倍感压力的科研论文、课题申报等方面，他对内引导老师们拓宽科研思路，最大限度发挥老师们的潜力，常常同老师们讨论问题；对外不断介绍和呼吁学院成长所需的帮助，以获得多方面的支持，多举措为老师们争取了很多成果输出机会。老师们虽然面临巨大的科研压力，但有了内驱力与笃定的奋斗方向，大家潜心积累，刻苦攻坚，陆续结出了丰硕的科研成果。如今，湖南大学新闻与传播学院已建立起从本科生教育到硕士生、博士生、博士后教育等完备的人才培养体系，成为富有特色的卓越新闻传播人才培养基地。

“这些举措，最后受益的是我们的学生啊！”吴高福语重心长地说。

学院老师们认为，在吴高福院长执掌期间，学院各方面确实实现了跨越式发展，老师们视野更开阔，学生培养质量和口碑也在高校友院和主流媒体平台留下深刻印象。他不仅为学院的发展奠定了基础，更为学院留下了宝贵的精神财富。

2017 年 10 月，湖南大学邀请吴高福和他的学界友人、天下桃李相聚岳麓山下，隆重举办了“吴高福新闻教育思想研讨会”，交流总结了吴高福教授的新闻教育思想和对中国新闻教育的贡献，气氛热烈，充满温情。他的搭档和接班人彭祝斌教授在致辞中深情地说：“吴高福院长不仅为湖南大学的新闻传播教育搭建了独立发展的平台，创建了独特的跨越式发展模式，而且将自己的余热毫无保留地奉献给了湖南大学的新闻传播教育事业。”中国人民大学前院长何梓华教授说：“吴高福教授有两大特点：一是对新闻教育事业有很强烈的事业心和责任心；二是有勇于开拓、锐意进取的一种革命精神。他既虚心学习又善于结合武大、湖大和新闻实践实际进行创新；既锐意进取又扎扎实实一步一个脚印。在办学过程中他非常重视新闻工作的特点，努力去探索新闻教育的办学规律，而且取得了成功。”他的创院伙伴、湖南大学新闻与传播学院原副院长彭菊华教授也深有感慨：“他高度重视教师团队意识和青年教师的培养与成长。他为湖大新闻教育的发展争取到很多资源，储备了人才，谋划了学院发展的目标和路径。”

唐亚阳教授回忆了当年赴武汉大学邀请吴高福教授创立湖南大学新闻与传播学院的往事，赞叹：“吴高福教授当年在湖大下了一盘很大的棋，今天湖南大学新闻传播学科的发展在很大程度上得益于他的精心布局。他是一位充满理想和情怀的人，到湖南大学创办新闻与传播学院是他人生事业的第二春。”

春风化雨润桃李

对于流传甚广、让一些年轻学人困惑的“新闻无学论”，吴高福是坚决否定的。他说，新闻学有宽广的哲学、政治学、经济学、文学、美学、社会学、历史学、心理学等学科基础，又有专业的理论渊源、独立的概念范畴、完备的理论框架范式和社会实践依托，新闻有学。当然，建立一个学科要有自己的完整理论体系和特定研究方式，仍需我们长期努力。

1993 年 4 月，他在多年潜心研究马克思主义新闻学的基础上，独辟蹊径，以新闻传播的内核——新闻本体为逻辑起点，运用马克思主义哲学思想对新闻起源、新闻本质、新闻定义、新闻价值、新闻自由等新闻理论研究中的一系列根本问题进行了系统研究，推出《新闻学基本原理》一书。时任中国人民大学新闻研究所所长甘惜分教授评价该书：“作了深刻的理论思考，构筑了当代新闻理论的新框架，建立了新的理论体系。”学界同行评价该书既吸收了新闻理论界的最新研究成果，又展示了作者对许多重大新闻理论问题的一家之见，以思想家的眼光和胆略，突破传统新闻理论的研究模式，开拓了新闻理论研究的全新视野，对新闻理论研究者和新闻工作者都具有极强的参考价值。兼之论理严谨周密，语言精练畅达，在行文上体现了新闻文化的传播特色。因此，该书问世后很快销售一空，一年内再版万册又售罄。

这一著作的成功与他宽厚的跨学科知识基础和丰富的新闻实践经验密不可分。吴高福教授早年求学于武汉大学汉语语言文学系，因学业优秀留校任教，又得王文生教授传帮带，积累了厚实的专业基础和任教经验。之后，他对美学产生了浓厚的兴趣，又因缘际会和武大哲学系教授、我国美学大师刘纲纪先生结下了一段深厚的情谊。吴高福回忆说："刘纲纪先生让我先学哲学，从哲学入门后，再回来开始研究美学。后来我还独立开过美学课，写过一些美学方面的文章。"那时的他比较活跃，协助刘纲纪老师推动成立了湖北省美学学会，还担任过武汉大学校报的主编。因此，在武大组建新闻系时，他被刘道玉校长委以重任，从此转向深研新闻学。

从教数十年，这位身形高挑，精神矍铄的教授始终活力满满。课堂上，学生们每每会被他分析透辟、妙语连珠的讲解折服。讲课中，很多精彩的表达被学生们铭记，带向五湖四海，应用到他们的工作、学习中去。

中央人民广播电台原副台长赵铁骑是武汉大学新闻专业首届毕业生。他说："30多年，吴老师始终同我们保持着联系，关注新闻事业发展，关怀我们成长。他的教导总是那样生动，富有启发性。记得在谈到怎样做媒体时，吴老师曾说：'有些东西不许做的，你只要是往外抻抻，它一定是会有许多有价值的东西在这个被抻的空间里面。'我觉得这话是符合新闻规律的，符合中国特色新闻管理、新闻运作、内容创新这个规律的。当年所受到的这些启示，一直影响着我们这些在新闻岗位上工作的人，一直忘不掉。"

原深圳特区报评论部主任刘众回忆："吴老师在施教过程中特别重视基础素养，注重学生的思维培养，这也应是吴老师新闻教育思想的内容之一。记得在读研究生时，吴老师要求我们学点哲学，并指定从柏拉图以来，特别是几本德国古典哲学的经典著作，不但要求我们读，而且要做笔记。当时，我实在感到读得很辛苦。这些年从实践中才理解，在学生培养上，吴老师重基础、重素养、重思维训练是多么重要，他为我们前进、发展打下了一个厚实的底子。"

他思维活跃，胸襟开阔，见解深邃，耄耋之年仍密切关注时事和新闻业界前沿。学生和小辈们每有所问，总能得到他热切的激励和有益的启迪。

在他八十大寿时，他事业的亲密伙伴张昆教授赠联："两湖总督吴教授，风度不让八零后。筚路蓝缕珞珈山，春风化雨橘子洲。三千弟子征天下，大师声名傲王侯。今日更约廿载会，再登南岳庆百寿！"

回首走过的路，吴高福教授不无感慨："从家门到校门，从这座山到那座山，一直是在办学、讲课，简单而又充实，单一而又丰富。自己的一生中有许多情结，学院情结、老师情结、学科情结，特别是学生情结，这些情结构成了全部人生。作为一个教师是幸福的，作为新闻教育实践者，能为国家培养出优秀的新闻人才，无疑是找到了人生的归属感与价值感。”

（湖南大学新闻与传播学院　言宜、徐琼）

3.4 教授名录

曹轲

曹轲，1966年12月生，陕西礼泉人，新闻学博士、高级记者，暨南大学新闻与传播学院教授、博士生导师。2021年1月转入学界之前，在新闻机构从业30余年，历任南方报业传媒集团新闻研究所所长、《南方都市报》总编辑、南方网总编辑、集团副总编辑。获得的荣誉有：全国先进工作者、政府特殊津贴专家、全国新闻出版行业领军人才、广东省五一劳动奖章、广东新闻“金枪奖”。新闻作品曾获得广东新闻奖一等奖、中国新闻奖二等奖。其间发表业务类论文近60篇。博士论文《台湾解严解禁时期的媒介语言研究》，列入方汉奇主编“中国新闻史研究辑刊”四编。编著《专业报道深度谈》一本。发起成立暨南大学文本实验室，启动商业文本分析“淘词计划”，开办新文本分析训练营课程。担任暨南大学传播与国家治理研究院城市治理与传播研究中心、数字创新与公共传播研究中心主任。担任中宣部审读组专家、教育部产学全作协同育人项目专家。

陈娜

陈娜，女，1983年10月生，教授，博士生导师，天津师范大学党委委员、新闻传播学院副院长，复旦大学新闻学博士，中共中央党校（国家行政学院）博士后，美国哥伦比亚大学和加州大学圣芭芭拉分校访问学者，第十三届全国青联委员，第十三届天津市青联常委，第十五届天津市政协委员，第十一次天津市党代会代表。出版专著3部，代表作：《大道同源：当代中国新闻传播学术精神寻踪》；发表学术文章80余篇，其中在CSSCI期刊和北大中文核心期刊发表文章40余篇，在《人民日报》《中国社会科学报》《天津日报》等重要报刊发表理论文章十余篇；主持完成国家级及省部级社科项目5项，校级课题3项，横向课题2项，获批省部级各类人才称号及资助5项。被授予全国五一劳动奖章、全国向上向善好青年、天津市优秀共产党员、天津青年五四奖章、天津市最美女教师，天津市课程思政教学名师等称号。曾荣获教育部霍英东教育基金会优秀青年教师奖，首届全国高校青年教师教学竞赛一等奖第一名，第九届天津市高校青年教师教学竞赛一等奖第一名，第二届天津市教育系统师德演讲比赛一等奖，第十七届天津市社会科学优秀成果奖三等奖。

陈　竹

陈竹，1970年出生，传播学博士。湖南大学新闻与传播学院教授，播音主持系主任，英国伦敦威斯敏斯特大学访问学者。湖南省首批“文艺人才三百工程”扶持专家，湖南省播音主持研究会常务理事，中国高等院校影视学会播音主持专业委员会理事，湖南省音乐与戏剧类教学指导委员会委员，湖南省播音系列高级职称评委，湖南省艺术统考评委。

主要学术兴趣为文化传播和有声语言艺术研究。主持完成和正在主持的国家级、省部级项目10余项；在《现代传播》《电视研究》《当代传播》《湖南社会科学》等刊物发表学术论文几十篇；出版著作和有声作品多部；荣获国家级、省部级、校级奖励与荣誉20余项。

崔　波

崔波，1968年7月生，山西太原人，浙江传媒学院新闻与传播学院教授，硕士生导师，浙江大学博士后合作导师。2007年6月毕业于北京师范大学哲学与社会学学院，获得法学博士学位，同年进入清华大学哲学博士后流动站工作，2009年6月进入浙江传媒学院工作，现为中国社会科学院大学-浙江传媒学院院长三角智能传播研究院执行院长，浙江传媒学院新闻与传播学院党委书记，教授。浙江传媒学院国家一流专业编辑出版学专业负责人，出版学学科带头人，校学术委员会委员。曾获得浙江省优秀教师、浙江省“三育人”先进个人、浙江省高校优秀党委工作者称号。先后主持国家社科基金后期资助项目“中国民营文化资本跨界研究”，国家社科基金一般项目“基于文化共识的中国版权输出供需错位矫正与绩效评价研究”。目前作为首席专家承担国家社科基金重大课题“‘双循环’新格局下中国数字版权贸易国际竞争力研究”。出版专著《在政治与知识之间：以晚清翻译出版为中心》《清末民初媒介空间演化论》《城市传播：空间化的进路》《中国民营文化资本跨界研究》，在专业期刊、会议上发表论文80余篇。

樊拥军

樊拥军，1972年7月生，河北魏县人，中国人民大学博士。河北大学新闻传播学院教授，硕士生导师。河北省传媒与社会发展研究基地研究员，河北省城市传播研究院研究员。目前，主持河北省社科基金项目1项"京津冀传媒产业集成经济协同发展研究"，河北省教育厅课题"网络舆论引导的共赢机制建构研究"，参与中央高校智库研究并以副主编身份编撰《中国传媒指数报告2014》，参与其他科研项目2项，参与专著写作6部。近年来，在CSSCI期刊发表7篇学术论文，其他刊物论文40余篇，研究主题集中于传媒经济学和舆论学等领域。独立出版一类出版社著作1部《传媒集成经济研究》(人民出版社2017年)。

高红樱

高红樱，1966年8月生，天津财经大学新闻与文化传播学院(筹)院长，天津财经大学校学术委员会委员，研究领域为文艺美学、影视传播、电影评论。2000年在中国人民大学获得文学博士学位。2007年获得天津市五一劳动奖章、天津市语委"语言文字先进个人"等荣誉称号。担任国家语委专家，中国高校影视学会会员，高校影视评论专业分委会理事，中国新闻史学会理事，天津市电视艺术家协会副主席，天津市作家协会会员。在《当代电影》《电影世界》《新闻界》《新闻记者》《求索》《自然辩证法研究》等刊物发表论文40余篇，出版专著4部，主持完成省部级科研项目5项，主持完成国家社科基金项目1项，两次获得省部级优秀社科成果奖。代表性研究成果：《从环境到人文：电影中的环境意识流变研究》天津社会科学出版社，2021年1月出版。

宫京成

宫京成，1977年8月生，山东即墨人，宁夏大学新闻传播学院教授、副院长。文艺学(文化与传媒)硕士学位点负责人，新闻与传播专业硕士点研究生导师。2000年宁夏大学新闻学本科毕业留校任教，后在兰州大学、清华大学攻读新闻传播学硕士、博士学位。2007年、2010年分别受国家留学基金委资助赴英国南安普敦索伦特大学、英国里丁大学作高级访问学者。2011年破格晋升副教授。2012年任宁夏大学人文学院副院长，2014年负责在原宁夏大学人文学院新闻系基础上组建宁夏大学新闻传播学院。2012年起作为主要负责人开展宁夏高校第一个新闻与传播专业硕士学位点建设、申报工作。主持并完成教育部人文社会科学项目1项、国家社科基金项目1项，公开发表学术论文30余篇，出版专著2部。

顾广欣

顾广欣，1978年8月生，浙江湖州人，宁夏大学新闻传播学院教授，新闻与传播专业硕士点研究生导师。2000年本科毕业后在宁夏人民广播电台新闻中心担任记者，2003年9月至2006年6月在兰州大学读研，获文学硕士学位；2006年7月调入宁夏大学人文学院担任教师；2012年9月至2016年6月在上海交通大学媒体设计学院读博，获媒介管理学博士学位。2014年在首批媒体与高校互聘“千人计划”中到宁夏广电总台卫视频道挂职，2019年9月至2020年7月在复旦大学新闻学院担任访问学者。担任自治区“十三五”重点专业建设群“新闻学”负责人，主持自治区一流本科课程一门，主持区级教改项目两项，2022年获校级教师教学创新大赛二等奖；主持完成国家社科基金项目一项、自治区级科研项目两项，出版专著两部，公开发表学术论文20余篇，目前主要的研究领域为乡村传播与文化治理。

胡沈明

胡沈明，1977年9月生，江西九江人，华中科技大学新闻学博士毕业，教授、博士生导师、曾受国家留学基金委资助赴马来亚大学开展合作研究，目前担任江西师范大学新闻与传播学院副院长。主要从事新闻评论，媒介技术变迁与媒体人的自我调适、媒体与社会变迁以及网络空间治理等方面的研究。获江西省社科成果奖二等奖1项，获江西省教学成果奖多项。主持完成国家社科青年项目“基于社会主义思想舆论壮大的新闻评论表达研究”，参与完成国家社科基金多项，主持完成各类省级项目十余项。在《国际新闻界》《新闻大学》《现代传播》《编辑之友》等期刊上发表学术论文100余篇，多篇文章获中国人民大学复印报刊资料全文转载，出版学术专著《现代新闻评论宽容意识研究》。

黄建友

黄建友，1979年生，2017年博士毕业于中山大学传播与设计学院公共传播管理方向，美国密苏里州立大学访问学者。2001年进入西安外国语大学担任新闻学专业教师，2016年至今担任西安外国语大学新闻与传播学院院长，2018年获评教授职称，同年带领学院获批新闻传播学一级学科硕士点，2021年起自设国际传播博士二级学科点，并担任负责人、博士生导师，目前为新闻传播学一级学科带头人，国家一流新闻学专业建设点负责人，校级科研机构全球媒体伦理与法规研究所所长。曾在陕西广播电视台新闻中心担任近十年的新闻栏目编辑、记者等职务。主要研究领域为新媒体与国际传播、传播伦理与法规等。近年来，先后主持国家社科、教育部等课题10余项，在《国际新闻界》《传播与社会学刊》等各类期刊上发表学术论文40余篇，多篇论文被中国人民大学复印报刊资料全文转载。研究成果多次获得陕西省哲学社会科学奖、陕西高校人文社科奖，陕西省先进社科工作者，陕西省教学成果奖获得者。

姜小凌

姜小凌，1972年8月生，湖北襄阳人。新闻学博士，武汉体育学院新闻与传播学院教授、硕士生导师。曾任襄阳电视艺术家协会副主席、襄阳广播电视台特约评论员。主持国家社科基金课题“国际传播视野下中国电影抗战记忆研究”，主持并完成湖北省社科基金课题“中国深度报道探源”“中国网络剧发展与管理研究”。参与国家社科基金重大项目2项和国家社科基金西部项目1项。在《现代传播》《中国出版》《新闻与写作》等学术期刊发表论文近40篇，其中《论报告文学的叙事视角》被中国人民大学复印报刊资料《文艺理论》全文转载。《关于新闻学概念修正的再思考》获得“湖北新闻奖”(论文类)二等奖，《地方电视台娱乐节目的本土化发展策略》获“湖北广播电视节目奖”(论文类)二等奖，获得襄阳市社科成果奖3项。主编并出版新闻传播学教材《新闻传播事业史》(武汉大学出版社)和《实用新闻写作》(华中师范大学出版社)，主持并完成湖北省教学研究课题《协同培养背景下卓越新闻传播人才培养模式构建与实践》。

李　武

李武，1980年5月生，上海交通大学媒体与传播学院教授，研究员，博士生导师，数字传播与信息行为研究中心主任。北京大学传播学博士(牛津国际出版研究中心联合培养)，美国普渡大学传播学院访问学者。入选上海市“晨光学者”、上海交通大学“晨星学者”、上海交通大学文科创新团队负责人等人才奖励计划。2009年进入上海交通大学后，主要研究数字阅读用户心理与行为，成果发表于传播学、心理学、信息学和出版学等诸多领域的SSCI/CSSCI期刊，部分成果获上海市哲学社会科学优秀成果奖、上海市信息资源管理青年杰出成果奖、全国编辑出版优秀论文奖、AEJMC最佳教师论文奖等科研奖。担任海峡两岸华文出版与文化创意学术论坛理事会理事，作为发起人之一共同创办中国编辑出版青年学者论坛和全国出版学博士生论坛。担任TIR(Telematicsand Informatics Reports)青年编委以及多家中英文期刊外审专家。

刘建萍

刘建萍，闽江学院新闻传播学院院长，教授，文学博士，闽江学院教学名师。美国加州大学伯克利分校、北卡罗来纳大学教堂山分校访问学者。主持的“广告学专业学生创新创业能力培养教改成果”获第七届福建省教学成果奖一等奖；主持的“广告学专业建设与应用型人才培养的综合改革与实践”获2018年福建省教学成果奖二等奖。是国家级特色专业(广告学)、新闻传播学省级应用型学科、新闻与传播省级主干学科、《广告创意》省级精品课程、福建省一流专业(广告学)、国家级一流专业(广告学)、福建省服务产业特色专业(广告学)、福建省虚拟仿真实验教学项目等省部级项目的负责人。在《现代传播》《福建论坛》《现代出版》等期刊发表学术论文近40篇，专著、编著6部；获福建省社科优秀成果三等奖(主持)1项；主持《福州市非物质文化遗产保护若干规定》地方立法草案、《福州十四五文化产业发展专项规划》编制等项目；主持或参与国家社科基金、福建省社科基金项目、教育部产教融合协同育人项目、福建省教育科学“十三五”规划重点课题等省部级以上课题多项。

刘　娜

刘娜，1974年8月生，英国伯明翰大学文化研究博士，武汉大学新闻与传播学院教授，英国利物浦大学高级访问学者。中国新闻奖评奖专家、湖北新闻奖评奖专家、《新闻与传播评论》责任编辑。主持省部级及以上项目10多个，多次荣获省部级以上社科奖。主持并完成了国家社科基金项目、教育部社科项目、国家广电总局项目、国家民委项目、共青团中央项目、湖北省教育厅哲学社会科学重大项目、深圳市政府重大研究项目。在《求是》《现代传播》《新闻大学》等期刊发表论文50余篇，多篇论文被《新华文摘》《学习活页文选》、“中国人民大学复印报刊资料”转载。出版专著2部。曾获武汉市第十六次社会科学优秀成果奖、中国传媒经济与管理年会论文论著学术评奖“论文奖”、湖北省本科优秀论文指导老师奖、武汉大学教学研究论文奖等多项科研奖励。

刘晓程

刘晓程，1982年1月生，教授，博士研究生导师。现任兰州大学新闻与传播学院副院长、兰州大学公共关系与战略传播研究中心执行主任、中国新闻史学会公共关系专业委员会副理事长、中国国际公共关系协会学术专业委员会委员、甘肃省青年公共关系协会学术工作委员会副主任委员、中国新闻奖审核委员及评委等。主要从事公共关系与战略传播相关领域研究，在《新闻大学》《现代传播》等期刊发表论文30余篇；出版《国家形象建构与国家公共关系研究》《对话的智慧：公共关系与策略传播研究》等学术著作6部(含合著)；主持国家社科基金项目《我国边疆问题的对外传播现状及对策研究》和《中华民族共同体视域下边疆民族地区公共政策传播机理与优化策略研究》、教育部社科基金项目《县级媒体融合与基层传播治理创新研究》、甘肃省社科基金项目《甘肃城市形象的危机传播与品牌塑造研究》等。长期参与“重走中国西北角”品牌实践活动，积极推动“走进科研一线”教学改革，荣获甘肃省第十五次哲学社会科学优秀成果奖一等奖、首届青年公共关系学术论坛优秀论文二等奖、中国公共关系优秀学术论文二等奖、甘肃省优秀青年文化人才、甘肃省青年教师成才奖，兰州大学隆基教学新秀奖、优秀共产党员、“青年五四奖章”等。

刘学义

刘学义，1973 年 9 月生，山东青州人、文学博士。吉林大学新闻与传播学院教授、硕士生导师。主要从事新闻评论、媒体公信力及媒体版权方面的研究，出版专著《话语权转移》《比较视野下的中美媒介公信力研究》《网络媒体可信度的生成与维系机制研究》等。发表新闻传播相关学术论文 30 余篇。主持国家社会科学基金、教育部人文社会科学基金、吉林省社会科学基金等基金课题多项，主持吉林大学人文社科类项目多项。曾获长春市社会科学优秀成果奖等奖励和荣誉。

卢毅刚

卢毅刚，1976 年 11 月生，博士，教授，西北民族大学新闻传播学院新闻学教研室主任。主持国家社科基金项目、教育部人文社科规划项目、国家民委民族问题研究项目、甘肃省哲学社会科学一般项目等 10 余项。出版《认识、互动与趋同——公众舆论心理解读》《剖析、辨析与明晰——舆论及舆论学的解读思路》《解读、场景与逻辑——舆论心理的研究范式》《情境与范式：民族地区文化间性中的媒介与产业研究》等学术专著 5 部，主编《舆论学教程》《公共关系教程》等教材 4 部。发表学术研究论文 60 余篇，其中 CSSCI 期刊 10 篇，中文核心期刊 5 篇。曾获甘肃省高校社科成果奖；国家民委社会科学研究成果优秀奖；国家民委中青年英才；甘肃省省级一流课程负责人等荣誉。

马　锋

马锋，1972 年生，陕西蓝田人，教授，博士生导师。2003 年进入西北大学新闻传播学院任教，2013 年任网络与新媒体系主任，2017 年 7 月任西北大学新闻传播学院副院长，2020 年 10 任西北大学新闻传播学院院长。出版著作《网络新媒体创新：个案与模式》(科学出版社)、译著《调查性报道：成功报道的策略》(中国时代经济出版社)等。在《新闻与传播研究》《新闻大学》《国际新闻界》《现代传播》《中国传媒报告》《中国行政管理》等刊物发表《受者本位”幌子下的“传者本位”——社会转型期“受众即消费者”观念之本质论》《西方新闻娱乐化现象成因浅论》《新闻即“公共物品”——一种经济视域的分析进路》《复返口语文化的社交媒体》《超越民族志：在解释中探寻可能之规律》《农村重大群体性事件的控制路径：基于传播学进路的考察》等论文 30 余篇。曾主持国家社科基金项目“农村重大群体性事件的信息传播与信息管理”、省部级项目“网络集体行动的核心机制与治理路径研究”“传播学视野中驻村干部的动员式治理与嵌入式沟通研究”等。研究成果多次获得陕西省哲学社会科学奖、陕西高校人文社科奖。

孙信茹

孙信茹，1976 年 6 月生，云南蒙自人，人类学博士，传播学博士后。现为南京大学新闻传播学院教授、博士生导师，传播与社会研究所所长。曾任云南大学新闻学院教授，云南大学传播与社会发展研究基地首席专家，香港城市大学访问学者，香港中文大学访问学者。长期从事新闻传播教育，致力于媒介人类学、互联网人类学、传播与社会研究，主持国家社会科学基金、中国博士后科学研究基金、云南省哲学社会科学规划重点项目等科研课题多项。出版《广告与民族文化产业》《流动的乡土——媒介化社会与少数民族村寨生活》等学术著作和教材 10 余部，在新闻传播学权威期刊、CSSCI 来源期刊等学术刊物上发表论文 80 余篇，多篇论文被《中国社会科学文摘》、中国人民大学复印报刊资料《新闻与传播》《社会学》等全文转载。研究成果曾获得新闻传播学学会奖优秀学术奖、全国新闻学青年学者优秀学术成果奖、云南省哲学社会科学优秀成果奖多项。主讲课程“通过观察理解中国”入选教育部第二批一流本科课程，“传播与社会研究”入选云南省研究生优质课程，参与的教学改革项目获得云南省高等学校优秀教学成果一等奖。入选南京大学“登峰 B”人才计划、云南省中青年学术和技术带头人后备人才、云南省高等学校卓越青年教师特殊培养计划、云南大学“东陆学者”人才计划等，曾获得宝钢基金优秀教师奖。

王德胜

王德胜，山东安丘人，山东大学新闻传播学院党委书记、山东大学企业文化研究中心主任、教授，博士研究生导师。主持国家社科基金项目、教育部社科项目 4 项、其他省部级课题 7 余项，获国家级省部级科研奖励 3 项，出版专著、规划教材 6 部。在 *Frontiersin Psychology*、《科研管理》《管理评论》《经济管理》等 SSCIQ1 期刊、CSSCI 重要类期刊发表学术论文 20 余篇。主持国家社科基金项目“数字经济背景下新国潮品牌成长与价值共生研究”、山东省社科规划项目“山东老字号品牌激活研究：激活方式、价值效应与提升策略研究”，研究领域集中在品牌创新、品牌传播、新媒体营销等方面。

王 芳

王芳，1980 年 9 月生，教授，博士，硕士生导师，天津外国语大学国际传媒学院副院长。2004 年 9 月起在天津外国语大学工作，2011 年获得南京大学博士学位，专业为社会学(传播社会学)。2014 年在今晚报社挂职锻炼，2015 年在美国纽约州立大学(布法罗)访学，2018 年晋升教授职称。出版专著《媒介棱镜下的“80 后”》(南开大学出版社 2014 年)、《阅 · 评 · 思：融媒体时代新闻报道的创新研究》(江西人民出版社 2021 年)，参编著作 2 部，在《青年研究》《现代传播》《新闻界》等刊物发表论文 30 余篇，主持国家社科基金项目“社会转型背景下电视综艺节目的价值引导研究”，主持完成教育部人文社科基金项目“‘80 后’的媒体建构及其影响研究”、天津哲学社会科学项目“新媒体语境下对青年人的舆论引导研究”，参与省部级及以上项目若干。3 次获得天津市社会科学界学术年会优秀论文奖。天津市 131 创新型人才、天津市委宣传部新闻阅评小组成员、天津外国语大学求索荣誉学者、新闻传播学一级学科后备带头人。

王 峰

王峰，1971 年 4 月生，辽宁葫芦岛人，教授，文学博士。华东师范大学传播学院和中文系联聘教授、传播学院院长、博士生导师。2002 年至华东师范大学中文系任教，2011 年破格升任教授，2009—2010 年在美国塔夫茨大学哲学系访问学者，2018—2019 美国大西洋大学哲学系访问学者，2020 年兼职华东师范大学思勉人文高等研究院，2022 年调入华东师范大学传播学院。出版《美学语法：后期维特根斯坦的美学与艺术思想》等著作 3 部，发表论文近百篇，代表性论文：《后人类状况与文学理论新变》(《文艺争鸣》2020 年，第 9 期)，《元宇宙是否造成了人文断裂》(探索与争鸣 2021 年第 12 期)，《人工智能的情感计算如何可能》(探索与争鸣，2019 年第 6 期)《人工智能科幻叙事的三种时间想象与当代社会焦虑》(社会科学辑刊，2019 年第 3 期)，《挑战“创造性”：人工智能与艺术的算法》(学术月刊，2020 年第 8 期)，获得上海社会科学二等奖 2 项，承担国家社科基金 2 项，其中 1 项获得优秀，30 余篇论文被各类文摘刊物转摘或全文转载。2017 年教育部青年长江学者，兼任中国文艺理论学会秘书长、《文艺理论研究》副主编、中华美学学会常务理事、中国传播学会副会长、上海美学学会副会长等。

王海刚

王海刚，1978 年出生。湖南师范大学新闻与传播学院教授，博士生导师，副院长，武汉大学出版发行学专业博士，台湾政治大学访问学者。国家级一流本科专业建设点

(编辑出版学)负责人，湖南省新闻传播学类专业校企合作人才培养示范基地负责人，湖南师范大学世承人才计划学术带头人。

兼任国家社科基金项目通讯评审与鉴定专家，中国新闻史学会编辑出版史专业委员会常务理事，中国编辑学会编辑出版教育专业委员会副秘书长，教育部出版专业学位水平评估专家，湖南省版权协会副理事长，湖南省出版政府奖评审专家，湖南省图书编校质量检测认定专家。

主要研究方向为出版文化与出版史、出版营销与传播、数字出版与新媒体。在《光明日报》《现代传播》《出版发行研究》《图书情报知识》《装饰》等报刊上发表论文 30 余篇，多篇论文被《新华文摘》“中国人民大学复印报刊资料”论点摘编或全文复印。出版学术专著 2 部，主编教材 1 部。已主持完成和正在主持各级科研项目 17 项(其中，主持国家社科基金重点项目 1 项、国家社科基金后期资助项目 1 项、教育部产学合作协同育人项目 1 项、湖南省社科基金重大项目 1 项)。曾在国家图书馆出版社工作，荣获校级、省部级奖励与荣誉 10 余项。

王军伟

王军伟，1972 年 10 月生，河南长葛人，浙大宁波理工学院传媒与法学院教授，硕士生导师。1996 年 7 月毕业于河南大学中文系获文学学士学位，1999 年 7 月毕业于河南大学文学院获文学硕士学位，2002 年 6 月毕业于复旦大学获文学博士学位，2014 年浙江大学传播研究所博士后出站。主持中国博士后科学基金项目“传播学视野下的清代闽省经学流变史”、教育部人文社会科学研究一般项目“《梁章钜诗话全篇》的整理与校注研究”、浙江省社科规划项目“文化基因解码融入高校教育教学路径研究”。出版专著《传统与近代之间——梁章钜学术与文学思想研究》《国际传播战略研究》，在国内外期刊发表论文十余篇。曾获霍英东教育基金会第九届高等院校青年教师奖；全国社科工作先进个人；浙江省教学成果一等奖。

王 擎

王擎，1972 年 11 月生，博士，教授。北京工商大学传媒与设计学院院长、学科负责人。美国明尼苏达大学双城分校访问学者、美国北卡罗来纳大学教堂山分校访问学者。主持国家社会科学基金项目、教育部社科项目、北京市教委重点项目等多项课题，获得第七届、第八届北京市高等教育教学成果二等奖、第二届北京市高等学校青年教学名师奖。曾在经济媒体从事新闻记者编辑工作多年。主要研究方向为经济信息传播、传媒产业研究、媒介化治理研究。带领北京工商大学新闻学专业入选首批国家一流专业建设点。

王新宏

王新宏，1969 年 4 月生，陕西华县人，高级记者职称，本科学历，石河子大学文学艺术学院新闻与传媒系教师。1992 年 8 月起，历任石河子电视台记者、编导、副台长、台长、辽宁省铁岭市文广新局副局长(挂职锻炼)、石河子广播电视局党委书记、副局长兼电视台台长，2020 年被引进石河子大学。先后获得中国电视奖、中国新闻奖、新疆及兵团新闻奖等 100 多个，其中，发表及获奖论文 20 篇，出版影视光碟作品 5 部。代表作品有：电视纪录片《王震与新疆兵团》《决策 1981》《西上天山的女人》等。策划、组织或导演、导播各类大型活动 300 多场次。近年来，创作了《一份抓饭》《兄弟》《圆梦金钥匙》《特殊使命》等一批微电影，获得中宣部、广电总局等多项奖励。中国电视艺术家会员，新疆兵团视协理事，2011 年获得国务院政府特殊津贴，2014 年被评为首届兵团英才(第一层次)。

王志峰

王志峰，1976 年 9 月生，教授，博士生导师。海南热带海洋学院人文社会科学学院院长。2006 年毕业于中国传媒大学获文学博士学位，中央戏剧学院出站博士后。主持国家哲学社会科学项目、教育部人文社科项目、中国博士后科学基金等多项课题。参与“十一五”文化发展规划纲要“重要文化遗产保护出版项目”、原国家新闻出版署“十一五”“十二五”重大出版项目“昆曲艺术大典”社科工程。出版学术著作两部，在《文艺研究》《戏剧》《戏剧艺术》《中国电视》《当代电视》《北京电影学院学报》《传媒》等刊物发表文章 40 余篇。获山西省社会科学研究优秀成果一等奖、三等奖。山西省政府“三晋英才 · 拔尖骨干人才”。海南省 C 类高层次人才。

吴文汐

吴文汐，1985 年 1 月生，福建厦门人，东北师范大学传媒科学学院(新闻学院)教授，新闻系主任，公共传播与社会治理研究中心主任，中国人民大学新闻学院博士毕业。主持国家社会科学基金项目、教育部人文社会科学基金项目、中国地震局重大政策理论与实践问题研究课题、吉林省社会科学基金项目等多项省部级以上课题，发表论文 40 余篇，其中 CSSCI 论文近 30 篇，论文曾被《中国社会科学文摘》、中国人民大学复印报刊资料《新闻与传播》全文转载。出版专著《构筑信任寻求共识：争议性科技议题的科学传播》(人民出版社，2021 年)《媒介的力量——媒介使用对人的生活时间的重构研究》(人民日报出版社，2015年)，主编《新闻传播学案例教程》三辑，合著及参编七部，译著一部，十余项舆情咨询报告被省级以上政府部门采纳，部分报告获中央领导批示。曾获得吉林省社会科学优秀成果奖、长春市社会科学优秀成果奖、吉林省传播学会优秀成果奖、中国电视艺术家协会行业电视委员会优秀论文奖等奖励。

许加彪

许加彪，1974年生，安徽庐江人，三级教授，博士生导师。皖西学院汉语言文学教育专业毕业，兰州大学新闻与传播学院文化传播方向硕士，复旦大学新闻学博士。曾在安徽省庐江县矾山中学担任中学语文老师四年，2001年任陕西师范大学新闻学专业教师，2005年1月至12月曾在中共陕西省委宣传部担任新闻阅评员一年。2006年2月任新闻系系主任，2010年12月任新闻与传播学院副院长，2020年7月任陕西师范大学新闻与传播学院院长。兼任数字传媒技术国家级实验教学示范中心(陕西师范大学)主任。出版著作《法治与自律：新闻采访权的边界与结构分析》(山东人民出版社)，合著《新闻传播精品导读：新闻(消息)卷》(复旦大学出版社)，译著《新闻、科学与社会：新闻和公共关系中的科学传播》(中国时代经济出版社)等。在《新闻与传播研究》《新闻大学》《现代传播》等刊物发表权威、核心论文50余篇。主持国家社科基金重点项目“媒介域视角下延安木刻版画的社会动员研究”、一般项目“抗战时期陕甘宁边区中国共产党媒体的社会动员研究”、教育部人文社科基金“采访权当前的困境、出路及中外比较研究”等省部级项目12项。荣获陕西省哲学社会科学优秀成果一等奖等省部级奖项4项，陕西高等学校人文社会科学研究优秀成果奖一等奖等厅局级奖项3项，陕西省教学成果奖一等奖等省级教学奖项3项。

许　鑫

许鑫，1978年4月生，江西会昌人，文学博士。惠州学院文学与传媒学院教授，硕士生导师。主持完成国家社科基金项目、教育部项目、广东社科规划项目和广东省教育厅项目各1项，参与国家社科重大项目1项、一般项目2项，主持惠州学院校级科研教研项目3项。出版学术专著2部：《网络时代的媒介公共性研究》《网络公共事件研究》。在《新闻与传播研究》《国际新闻界》等学术刊物发表论文50余篇，其中CSSCI来源期刊(含扩展版)20余篇，3篇论文被中国人民大学复印报刊资料等转载，1篇论文被《新华文摘》摘要转载，1篇论文获广东省哲学社会科学优秀成果奖。先后被评为广东高校优秀青年教师培养对象和“广东特支计划”青年文化英才，获广东省“千百十”工程(校级)重点培养对象、惠州学院科研先进工作者、优秀教师、优秀班主任和毕业论文优秀指导老师等荣誉称号。

杨晓娟

杨晓娟，1976年9月生，河北省邯郸市人，河北经贸大学文化与传播学院教授，硕士生导师。主持完成国家社科基金项目1项“宋教仁案的传媒叙事与社会记忆”，主持完成河北省社科基金项目6项，主持参与其他科研项目20余项。获河北省社会科学成果三等奖1项，参与河北省社科优秀成果奖二等奖1项。独立撰写的《借鉴成功模式推进我省政务微博建设的对策建议》《借鉴成功模式推进我省大学生就业创业的对策建议》获得河北省省长批示、民政厅等部门采纳。近年来，发表论文50余篇，其中在CSSCI期刊发表近10篇学术论文，研究主题集中于中国新闻传播史与马克思主义新闻观等领域。出版著作5部：《新闻舆论与民初政局——以“三大事件”为中心的考察》(2012，花山文艺出版社)、《中国近代报刊的社会角色研究》(2019，知识产权出版社)、《宋教仁案的媒介叙事与社会记忆》(2023，天津人民出版社)《中国乡村治理模式研究》(2021，中国社会科学出版社)、《乡村振兴背景下我国农村的教育困境及优化治理》(2022，河北人民出版社)等。

余秀才

余秀才，1976年生，湖北郧西人。中南财经政法大学新闻与文化传播学院教授、副院长，网络舆情研究中心主任，硕士生导师。2014—2015年入选教育部与中宣部制定的人员互聘“千人计划”挂职湖北手机报副总编；长江日报新闻奖评审专家及湖北省新闻奖评审专家，湖北日报楚天网络评论研究院研究员。美国加州大学圣地亚哥分校访问学者。主要研究方向为网络传播与新媒体，网络舆论及影视传播。主持国家社科基金项目、湖北省社科基金项目等省部级以上课题5项；在《新闻与传播研究》《现代传播》《新闻大学》等新闻传播类权威或核心期刊发表论文数十篇；出版专著有《网络舆论：起因、流变与引导》《众媒时代的传播转向》《重大突发公共事件中的微博舆论传播与引导》等。2018年《重大突发公共事件中的微博舆论传播与引导》获武汉市社科优秀成果奖，2018年《融媒体时代新闻传播教育改革与创新》获第八届湖北省高校教学成果奖一等奖。

袁　军

袁军，1963年生，湖南新化人，二级教授，博士，博士生导师，北京外国语大学学术委员会主任，国务院特殊津贴专家。全国卓越新闻传播人才教育培养指导委员会主任，中国社会心理学会传播心理专业委员会主任，多语种国际传播教育联盟理事长。1991年获北京广播学院法学(新闻学)硕士学位，2005年在中国传媒大学获文学(新闻传播学)博士学位。1991年硕士毕业后留校担任新闻传播学院教师。1993年晋升为讲师，1997年破格晋升为副教授，2000年破格晋升为教授，2010年被评定为二级教授。历任中国传媒大学副校长，新疆艺术学院副院长，北京外国语大学副校长。国家社科基金重大项目首席专家。主持完成多项国家社科基金项目、教育部人文社会科学重点研究基地重大项目、国家广电总局社科研究项目。出版《媒介与传播》《媒介素养教育研究》《新闻媒介通论》《中国新闻事业史》等专著，发表论文百余篇。1996年获广播电影电视部人文社科成果一等奖；1998年获国家广电总局科研成果著作类一等奖；1999年获国家广电总局科研成果著作类一等奖；2006年获中国高等学校人文社科成果二等奖；2007年获第五届吴玉章人文社会科学一等奖。1995年被授予北京市优秀青年教师称号；2000年被国家人事部、国家广电总局授予全国广播影视系统先进工作者荣誉称号；2006年入选教育部"新世纪优秀人才支持计划"；2010年获全国"十佳百优"广播电视理论人才称号。

袁潇

袁潇，江苏南通人，社会学博士，南京邮电大学传媒与艺术学院副院长、教授、硕士生导师，美国北卡罗来纳大学新闻与大众传播学院访问学者。全国广播电视和网络视听行业青年创新人才，江苏省第六期"333高层次人才培养工程"第三层次培养对象，江苏省高校"青蓝工程"优秀青年骨干教师，江苏省"紫金文化人才培养工程"社科优青。先后主持2项国家社科基金："移动游戏中的青少年数字劳工和社会干预研究"(19BXW115)、"新媒体使用与青年社会认同研究"(13CSH026)，1项教育部人文社会科学基金："青年手机亚文化的建构及其影响研究"(11YJC840064)等。在《国际新闻界》《中国青年研究》等CSSCI期刊及核心期刊发表30余篇学术论文，1篇论文被《新华文摘》全文转载，4篇论文被中国人民大学复印报刊资料全文转载，出版专著《数字边际人：新生代农民工的手机使用和社会认同》《基于手机媒体的青少年亚文化》等，获江苏省第十六届哲学社会科学优秀成果奖三等奖等。

曾光

曾光，南昌大学新闻与传播学院广告系教授。中国高等教育学会广告专业教育委员会常务理事，中国广告协会学术委员会委员，中国广告教育研究会理事，教育部学位与研究生教育发展中心评审专家，入选教育部全国万名双创导师人才库；全国大学生广告艺术大赛(江西区)评审主席，中国广告协会学院奖终审评委，中国广告长城奖评委，TIGERROAR 中国虎啸大奖评委，华语时报广告金犊奖副主任委员，亚太广告金像奖评委、IAI 国际广告奖评委；江西省艺术教育协会美术教育委员会副主任，南昌城市市容景观智库专家。国家级大赛金牌导师。曾获“2017 中国当代杰出广告人”称号，IAI 国际奖“中国最有眼光学术界评委奖”，2016 指导学生获第二届中国“互联网+”大学生创新创业大赛国家级银奖、省级金奖，多次指导学生获教育部全国大学生广告艺术大赛金奖、中国大学生广告艺术节学院奖金奖多项，被组委会授予“金牌指导教师”，2018 指导研究生获江西省优秀硕士论文奖。创办江西省首个广告专业，担任系主任长达 28 年，2021 年广告专业入选“国家一流专业”。

张清芳

张清芳，1973 年 12 月生，山东临沂人，北京大学文学博士、中国社会科学院文学所博士后，2015 年度山东省有突出贡献的中青年专家，2016 年 5 月被选派到中央党校参加六部委组织的第六十七期哲学社会科学教学科研骨干研修班；2018 年获“山东惠才卡”，享受山东省高层次人才服务绿色通道。2020 年 9 月被河北师范大学引进担任文学院特聘教授、博士生导师，现为河北师范大学新闻传播学院院长、新闻与传播国家教学示范中心主任，教授(二级岗)。已经主持并结项完成国家社科规划后期资助项目 1 项“中国文化现代化的另类思维体系——以‘野生知识分子’柏杨其人其文为考察中心”、中国博士后科学基金面上资助 1 项“新时期英美汉学翻译与中国当代文学批评话语的双向建构”，主持国家社科一般项目 1 项“海外中国现当代文学研究中‘中国形象’的学术建构研究”(在研)。主持并结项完成省社科规划项目 2 项。独立或首位作者获省社科优秀成果奖 4 项(二等奖 2 项、三等奖 2 项)，获省级教学奖多项。在《光明日报》《人民日报》《中国社会科学报》等报刊发表学术论文 80 余篇(其中 CSSCI 期刊与核心期刊 20 余篇)，部分被中国人民大学复印报刊资料、《光明日报·理论版》和《新华文摘》转载；撰写和主编学术专著 6 部。

张志安

张志安，1977 年 4 月生，传播学博士，复旦大学特聘教授。现任职于复旦大学新闻学院，任学位委员会副主席，复旦大学传播与国家治理研究中心主任、复旦大学全球传播全媒体研究院副院长。曾担任中山大学传播与设计学院院长、国家高端智库中山大学粤港澳发展研究院副院长。入选教育部青年长江学者(2017 年度)，教育部首批“高校网络教育名师”资助计划，主持国家一流本科课程、国家精品视频公开课“深度报道”，国家一流本科课程、国家精品在线课程“新媒体素养”和“新闻采写”等多门省级精品课程和教学团队。主编撰出版《中国新闻业年度观察报告》《互联网与国家治理年度报告》等20余部著作，主持教育部哲学社科重大攻关项目、国家社科基金、教育部人文社科项目等数十项课题，在SSCI和CSSCI中英文学术期刊发表论文200余篇。曾获教育部人文社科优秀成果二等奖、宝钢优秀教师奖、广东省优秀教学成果一等奖、广东省哲学社科二三等奖、中国新闻史学会首届国家学会奖之杰出青年奖、广东新闻金钟奖、广东青年五四奖章等荣誉。学术兼职包括：中国新闻史学会应用新闻传播学专委会理事长，中央网信办“十四五”规划总体规划咨询专家，中国应急管理学会网络舆情专委会副主任，广东省新闻学会副会长，广东省舆情大数据分析与仿真重点实验室主任，广州大数据与公共传播重点研究基地主任，中山大学互联网与治理研究中心主任。

赵可云

赵可云，山东昌乐人，博士，教授，博士生导师，山东省“泰山学者”青年专家。全国教育硕士优秀教师，山东省优秀研究生指导教师，山东省青创团队“智慧教育研究创新团队”负责人，曲阜师范大学智慧教育研究中心主任。主持相关“新媒体促进留守儿童学习发展”国家社会科学基金项目2项。针对农村留守儿童这一特殊群体的社会化发展过程，立足学习领域，交叉性提出了“学习社会化”。借鉴教育学、社会学等领域研究成果，采用大规模数据调研，微观量化分析路径，从媒介传播的角度入手，有针对性地探索出了“家庭—学校—社会”新媒体干预农村留守儿童学习社会化的运行机制，拓展了新媒体时代农村留守儿童学习社会化研究的空间，丰富及深化了农村留守儿童社会适应的研究内容，为农村留守儿童学习社会化问题解决提供了新的借鉴和参考。

赵丽芳

赵丽芳，1973年生，教授、博士，博士生导师。中央民族大学新闻与传播学院院长、党委副书记。本科毕业于兰州大学俄语专业(1995届)，硕士毕业于北京广播学院新闻学专业(2001届)，博士毕业于中国传媒大学传播学专业(2008届)，硕士和博士导师均为郭镇之教授；2010—2011年在美国加州大学河滨分校做访问学者，师从文化研究学者Toby Miller。作为中宣部、教育部“千人计划”入选者，2013—2014年在中央人民广播电台民族节目中心挂职副主任。作为首席专家承担国家社科基金冷门绝学专项研究学术团队项目“20 世纪上半叶喜马拉雅地区境外藏文报刊整理研究与数字化”，主持北京市社科重大课题“‘一带一路’倡议下首都民族语言媒体国际传播力提升研究”，完成教育部社科基金青年项目“民族地区新闻传播功能研究——以西藏、新疆地区少数民族广播、电视为研究样本”。科研成果获北京市第十五届社科优秀成果二等奖(2019 年)，教学改革成果获北京市教学成果一等奖(2018 年)和北京市教学成果二等奖(2009 年)。所获荣誉称号包括北京市教学名师(2022 年)，宝钢教育基金会优秀教师特等奖提名奖(2019 年)，国家民委领军人才(2019 年)等。

钟 华

钟华，中国传媒大学播音主持专业毕业，艺术硕士，现为贵州民族大学传媒学院副院长、教授、播音指导、硕士生导师。2001 年进入贵阳广播电视台从事播音主持、新闻采访工作，主播《贵阳新闻联播》16 年，历任记者、新闻主播、播音部副主任、总编室副主任职务。主持过贵州省哲学社会科学规划课题等多项课题，在《电影评介》《媒体融合新观察》等专业刊物发表过多篇文章。2001 年至今 11 次获得贵州省广播电视奖一等奖；2010 年获得中国播音“金话筒”提名奖；2001 年至今获得“贵州省德艺双馨电视艺术工作者”“贵阳市十佳新闻工作者”“贵阳市三八红旗手”“最受观众喜爱的主持人”称号。2014 年入选国家语委首届语言文字工作优秀中青年学者库。2017 年被国家语委聘为“全国语言文字工作督导专家。”近年来，在教学方面先后获得贵州省教学成果二等奖，贵州省教师教学创新大赛一等奖、贵州省“金师”(教学名师)称号、贵州省“课程思政”教学名师，“贵州省十大阅读影响力人物”。

钟智锦

钟智锦，1978 年生，湖南湘阴人。中山大学新闻传播学院院长、教授、博士生导师，国家高端智库中山大学粤港澳发展研究院副院长、全国新闻与传播专业学位研究生教育指导委员会委员、中山大学学术委员会人文社科学术分委员会委员。1996 年考入北京大学信息管理系，2000 年保送北京大学信息管理系攻读研究生。2006 年前往香港城市大学媒体与传播系攻读博士，2008 年赴美国加州大学圣巴巴拉分校(UCSB)传播学系访学。2009 年博士毕业后入职中山大学新闻传播学院(原名传播与设计学院)师资博士后，2012 年晋升副教授，2018 年晋升教授。主持国家社科基金重点项目一项、一般项目两项、国家社科基金重大项目子课题两项、教育部项目一项。有 60 余篇论文发表在《新闻与传播研究》《国际新闻界》《新闻大学》《现代传播》《传播与社会学刊》等重要中文期刊和 *Journal of Computer-mediated Communication*、*Computersin Human Behavior*、*Computers & Education*、*Internet Research* 等 SSCI 期刊上。根据谷歌学术统计，中英文论文被引 1500 余次。曾获中宣部舆情信息工作先进个人、全国新闻学青年学者优秀学术成果奖、中国新闻史学会新闻传播学学会奖、中国新闻史学会应用传播学会优秀论文奖、国际传播学会(ICA)上海区域性大会最佳论文奖、《新闻与传播研究》年度最佳论文奖等奖项。入选“广东省特支计划”青年文化英才、中山大学优秀青年教师培育计划、中山大学“逸仙学者”计划。

周宇豪

周宇豪，1969 年 9 月 15 日生，教授，博士生导师、国家社科基金重大项目首席专家。中原文化名家，河南省高层次人才特殊支持计划“中原领军人才”，河南省高层次(B 类)人才，河南省高校哲学社会科学年度人物。郑州大学哲学学士，天津师范大学法学硕士，武汉大学文学博士，德国杜伊斯堡-埃森大学东亚学院访问学者。曾任郑州大学新闻与传播学院博士生导师、学科特聘教授、党委副书记、工会主席、新闻系主任、中原传媒研究院副院长兼秘书长。作为首席专家和主持人主持国家社科基金重大项目“马克思主义中国化百年传播话语体系变迁研究(1919—2018)”和国家社科基金重点项目“习近平总书记对外传播思想研究”以及国家社科基金重大项目子课题 1 项，另主持省部级项目 6 项。在人民出版社、武汉大学出版社、中国传媒大学出版社出版《新时代马克思主义新闻观中国化创新发展》《马克思主义中国化话语体系百年嬗变》《政治传播学》等学术著作、教材 10 余部，在《现代传播》《新闻与传播评论》《中国社会科学报》等期刊和报纸发表学术论文 50 余篇。学术成果获省部级优秀成果奖一等奖 2 项、二等奖 2 项、三等奖 2 项。

周裕琼

周裕琼，1978 年 10 月生，江西遂川人。2005 年博士毕业于香港城市大学英文与传播系，同年入职深圳大学传播学院，现任教授、博士生导师、深圳大学学术委员会委员。曾获深圳大学首届“荔园优青”、深圳大学优秀学者、深圳市优秀教师、深圳市高层次人才、广东省高等学校教学名师、中国新闻传播学学会杰出青年等荣誉称号。先后主持三项国家社科基金项目，在 *Journal of Communication* 和 *New Media & Society* 等 SSCI 期刊发表第一作者/通讯作者论文七篇，在国内知名期刊发表论文 30 余篇，由商务印书馆出版专著一部，入选爱思唯尔(Elsevier)发布的2021“中国高被引学者”。学术成果荣获全国新闻传播学优秀论文奖(两次)、全国新闻学青年学者优秀学术成果奖、广东省哲学社会科学优秀成果一等奖(两次)、深圳市哲学社科成果一等奖及二等奖。长年深根于教学一线，主讲的“传播学理论”被认定为首批国家级和广东省线下一流本科课程。教学成果荣获霍英东教育基金会高等院校教育教学二等奖和第二届全国高等院校教师教学创新大赛暨广东省高校教师教学创新大赛二等奖。

邹 军

邹军，1972年12月生，河南新县人，新闻学博士。广州大学新闻与传播学院党委书记、教授、博士生导师，广州大学数字传播与社会治理研究中心主任，兼任中国新闻史学会媒介法规与伦理研究委员会副会长，多家一流期刊和国内重要奖项的评审专家。先后就读于陕西师范大学、南京大学和复旦大学，分别获得学士、硕士和博士学位。2011年3月曾入选大陆青年传播学者到访项目赴香港城市大学访问，2013年9月—2014年9月公派赴美国威斯康星大学麦迪逊分校(UW-Madison)访问一年，2017年1月受邀加入第十届传播学访问学者计划访问香港中文大学。曾任教于南京师范大学新闻与传播学院，历任网络与新媒体系系主任、院长助理。2006年与黄瑚教授等合著了国内首部网络传播法规与道德教材，2008年完成的以网络舆论为题的博士论文获复旦大学和上海市优秀博士论文，知网显示已下载9500余次。在《新闻与传播研究》《新闻大学》《现代传播》等权威期刊发表多篇论文。先后主持完成国家社科基金项目2项、教育部人文规划基金项目1项、江苏省社科基金项目1项和横向合作或委托项目多项，出版专著2部、教材3部，发表学术论文40余篇。

3.5 人才计划

无论是一个国家还是一个省市，无论是一所学校还是一个学院，创新发展本质上都是人才驱动的。人才是学科建设和专业建设的第一资源，也是科学研究水平和社会服务能力的主要载体。近年来，在国家、省市的大力推动下，各学校结合自身实际与国家级人才、省部级人才政策相衔接，推出相应自己的人才队伍建设政策。在各级人才政策的培育和各个学校的努力下，新闻传播学科的人才队伍建设取得一定成效。

2022年，67所学校的新闻传播院系参与了中国新闻史学会新闻传播教育史研究会组织的“人才工程”调研活动。分析这些院系“人才工程”的实施情况，可以管窥2022年中国新闻传播教育界人才队伍的建设成效(见表3-1)。

表3-1　　67所学校新闻传播院系2022年各类人才工程新增情况

		学校类型	学校名称	数量
1	无新增	“双一流”	华中科技大学、山东大学、重庆大学、华东师范大学、南昌大学、苏州大学、西北大学、云南大学、中国地质大学(武汉)、中南财经政法大学、辽宁大学、宁夏大学	12
		其他高校	河北大学、天津师范大学、华东政法大学、河南师范大学、吉林师范大学、兰州财经大学、青海师范大学、中南民族大学、济南大学、青岛大学、扬州大学、河北经贸大学、重庆工商大学、山西大学、西藏民族大学、西南政法大学、江西师范大学、湖北大学、贵州师范大学、武汉体育学院、浙江万里学院、洛阳师范学院	22
2	有变化	“双一流”	北京大学、清华大学、复旦大学、南京大学、厦门大学、吉林大学、四川大学、同济大学、华南理工大学、上海大学、西安交通大学、大连理工大学、湖南师范大学、兰州大学、郑州大学、中国传媒大学、南京师范大学、安徽大学、暨南大学、陕西师范大学、中国政法大学	21
		其他高校	湖南理工学院、安徽师范大学、深圳大学、西安外国语大学、河南财经政法大学、四川外国语大学、广州外语外贸大学、广西民族大学、贵州民族大学、海南师范大学、河南工业大学、南京财经大学	12

2022年，仅有不到一半即33所学校的新闻院系有教师新入选国家级、省市级和校级人才工程。其中，21所学校是双一流学校，11所为其他高校。

1995年，国家人事部会同有关部门组织实施了培养造就年轻学术技术带头人的专项计划——“百千万人才工程”。2000年，“百千万人才工程”的选拔对象，进一步明确为“中国青年科技奖获得者、回国工作的海外高层次留学人员、获国家杰出青年科学基金资助者、省部级以上科研课题和国家级工程项目的主持人或主要参与者，以及其他在经济建设和社会发展中作出突出贡献、取得较大成绩的年轻人才。重点是在关系国民经济和社会发展关键学术技术领域涌现出来的具有较大发展潜力的优秀人才，以及适应我国加入世界贸易组织新形势要求的信息、金融、财会、外贸、法律和现代管理等急需的高级专门人才”。这一建设思路和模式，此后也为各级政府、各个学校推行人才工程项目所效仿。而能够符合这些条件的人才，毫无疑问主要集中于各类“排行榜”中排名靠前的学校。

3.5.1 2022年全国新闻院系各级人才工程入选情况

新增的国家级人才，主要有国家“万人计划”哲学社会科学领军人才赵新利(中国传媒大学)、刘涛(暨南大学)和郑亮(暨南大学)，“长江学者奖励计划”讲席学者项目张玮玉(南京大学)，全国文化名家暨“四个一批”人才宣传思想文化青年英才梁君健(清华大学)和宣传思想青年英才林仲轩(暨南大学)。此外，也有一些学者获得国务院特殊津贴。

新增的省部级人才，主要有如下类型：

省级人才项目入选者。多数省份设有省级项目，作为吸纳和培育人才的主要平台。如上海的“东方学者”、广东的“珠江人才”、浙江的“钱江人才”、重庆的“两江学者”、辽宁的“攀登学者”、湖北的“楚天学者”、山东的“泰山学者”、安徽的“皖江学者”、河北的“燕赵学者”、河南的“中原学者”等；有的城市，也设有市级人才项目，如桂林的“漓江学者”、泉州的“桐江学者”、杭州的“西湖学者”、宁波的“甬江学者”等。新入选的新闻传播学省级人才，有上海大学的东方学者王虎、华南理工大学的珠江学者陈刚，西安交通大学的陕西省“三秦学者”李明德，复旦大学的上海领军人才郭蕾、上海曙光学者姚建华和浦江人才官璐，兰州大学的甘肃省飞天学者李娟，四川外国语大学的巴渝青年学者刘昊，同济大学的上海市浦江人才卞清。

省级宣传文化系统文化名家暨“四个一批”人才，有北京大学的“北京市四个一批人才”陈开和，北京市宣传文化系统“宣传思想文化青年英才”唐金楠，安徽师范大学的“江淮文化名家”青年英才秦枫，郑州大学的中原文化名家张举玺，河南财经政法大学的中原文化名家方雪琴，安徽大学的安徽省宣传文化系统“六个一批”青年拔尖人才章玉政等。

省级哲学社会科学领军人才和学科带头人、骨干教师，有西安交通大学的陕西省哲学社会科学和文化艺术领域领军人才杨琳、陕西省高校青年杰出人才陈强，南京师范大学的江苏省“333工程”第二层次人才张晓锋和庄曦、第三层次人才操瑞青，南京财经大学的“333工程”第三层次人才肖璐、张春华，暨南大学的第六批广东特支计划科技创新领军人才赖凯声和广东省“特支计划”宣传思想文化领军人才罗昕，西安外国语大学的陕西高校第五批“青年杰出人才支持计划”王凤仙，海南师范大学的南海名家、海南省领军人才卿志军和海南省拔尖人才杨秀侃、王庆、龚新琼、李杉……与此同时，有的省份还设有培育省级人才的培育计划，如四川大学的四川省第十四批学术和技术带头人后备人选曾元祥，大连理工大学也有2位老师入选为辽宁省哲学社会科学青年人才培养对象。

省级教学名师，有中国传媒大学电视学院的北京市教学名师叶明睿，广西民族大学的广西教育名师杨学明，贵州民族大学的贵州省金师钟华。此外，大连理工大学和陕西师范大学均有教师获辽宁省、陕西省教学名师奖，大连理工大学教师荣获宝钢优秀教师等荣誉称号。

一些省份有特殊的省级人才工程项目，如江苏省的“双创”博士计划，入选的新闻学者有南京大学的王啸、谢卓潇和周奕欣，南京师范大学的何瑛等。

此外，不少学校为了吸纳人才和夯实国家级、省级人才的申报基础，设立了与之相衔接的校级人才培育项目。很多青年教师入选了校级人才工程项目。如上海大学的青年英才陈逸君、钟怡、何琦隽、于迎、王成文，复旦大学的“仲英学者”翁之颢，湖南师范大学的“世承人才”段峰峰、曾琼，深圳大学的鹏城孔雀计划特聘岗位C档黄嘉玲、杨洸和荔园优青简予繁，南京大学的“登峰人才支持计划”B层次孙信茹，四川外国语大学的嘉陵青年学者丁钟、黄俊、蒋东旭、廖梦夏、周旭，吉林大学的匡亚明学者孔朝蓬、周大勇、张斯琦，河南工业大学的青年骨干教师张雯雯、高俊聪和中国政法大学的青年拔尖人才郑满宁等。

3.5.2　2022年全国新闻院系人才工程入选人才的分布情况

67所学校一共填报了114位入选各级人才工程项目的教师，其中9人入选国家级人才工程项目(“双一流”高校8人，其他高校1人)，54人入选省部级人才工程项目(“双一流”高校37人，其他高校17人)，地级城市的高校有16人入选本地的人才工程项目，35人入选本校的人才工程项目(“双一流”高校18人，其他高校17人)。

如果从地域做一分析，结果是：

东北两所学校共7人，均为“双一流”高校教师，入选省级人才项目的4人。

华北地区4所学校共7人，均为“双一流”高校教师，入选国家级人才项目的2人、省级人才项目的3人、校级人才项目的2人。

华东地区九所学校共29人(其中“双一流”高校教师25人)，入选国家级人才项目的1人、省级人才项目的21人、校级人才项目的7人。

华南地区五所学校共17人(其中“双一流”高校教师6人)，入选国家级人才项目的4人、省级人才项目的8人、校级人才项目的5人。

华中地区五所学校共22人(其中“双一流”高校教师3人)，入选国家级人才项目的1人、省级人才项目的2人、市级和校级人才项目的19人。

西北地区 4 所学校共 11 人(其中“双一流”高校教师 9 人)，入选国家级人才项目的 2 人、省级人才项目的 7 人、校级人才项目的 2 人。

西南地区 4 所学校共 15 人(其中“双一流”高校教师 2 人)，入选省级人才项目的 5 人、校级人才项目的 10 人。

21 所“双一流”学校共有 60 人入选各级人才工程项目，其中入选国家级人才项目 8 人、省部级人才项目 35 人。其他四十六所高校共有 54 人入选各级人才工程项目，其中入选国家级人才项目 1 人、省部级人才项目 19 人。

“双一流”高校在入选国家级人才工程项目尤其是省级人才工程项目上，具有明显的优势。而且，“双一流”高校的校级人才入选数目也明显多于其他高校。

3.5.3 2022 年全国新闻院系校级人才工作个案

中国人民大学。2022 年 4 月，中国人民大学新时代人才工作会议召开。新闻学院执行院长周勇在会上交流发言时，对新闻学院的人才工作进行了总结：学院坚持以人才工作为抓手，牵引带动学科建设和其他各项工作发展，不断壮大人才队伍并同时获得发展红利。学院近年来人才工作取得重要进展，其原因在于学院通过事业、机制、文化三要素的驱动使得人才红利得以充分释放；学院将持续推进中国特色新闻传播学三大体系建设，不断优化人才涵养支持机制，完善人才发现育引机制并强化筑基培魂和学院文化养成。

复旦大学。2022 年 1 月，复旦大学召开学校人才工作会议。为创新引才模式，复旦实施“卓越 2025”人才引进计划，持续打造“光华青年学者论坛”引才品牌。重点依托学术交流、教师和海外校友推介为主要渠道的高层次人才引进常态化机制，创新“领军人才+青年人才”“大师+团队”“靶向引进”等引才模式。复旦大学将推出“非升即走”的替代计划，只要青年科学家可以在行业内做得足够好，就可以留下来，化解人才评价中“唯论文、唯帽子、唯职称、唯学历、唯奖项”的“五唯”压力。

中国传媒大学：2022 年面向海内外公开招聘青年拔尖人才和“金核桃”人才。为培育一批德才兼备、具有国内外学术影响力的青年英才和学科带头人，支持鼓励青年人才挑大梁、当主角，学校深入实施人才强校战略，推出青年人才培育项目。凡在本学科领域取得公认的代表性成果、为推动哲学社会科学和文化艺术等事业发展作出较大贡献、有较大的知名度和影响力的人才均可报名。青年拔尖人才类型分为：教学青年拔尖人才、学术青年拔尖人才和创作青年拔尖人才，主要引进海内外著名大学、研究机构、企事业单位的青年领军人才；此外，学校还深入实施人才强校战略，推出高层次人才队伍建设支持计划项目“金核桃”，旨在支持和培养一批新时代的哲学家、社会科学家、文学艺术家和战略科学家。凡在本学科领域取得公认的标志性成果，为推动科学技术、哲学社会科学、文化艺术等事业发展作出突出贡献，有很高的知名度和影响力的海内外著名大学、研究机构、企事业单位的学界领军人才，均可申报。

(浙江万里学院文化与传播学院　陈志强)

3.6 工 作 坊

据不完全统计，2022 年全国各学会、院校、期刊等新闻传播学机构团体举办了 13 场工作坊活动，活动开展时间主要集中在 2022 年下半年，具体举办情况参见表 3-2。

表 3-2　**2022 年新闻传播学学术工作坊情况简表①**

序号	工作坊名称	主办单位	工作坊活动主题	时间	方式	规模
1	第四期“传播与中国”学术工作坊	复旦大学信息与传播研究中心、中国传媒大学出版社、深圳大学传播学院、深圳大学传媒与文化发展研究中心	传播与城市变迁：媒介的视野	1 月 15—16 日	线上	81 篇投稿，入选 8 篇
2	非虚构写作工作坊	北京师范大学新闻传播学院	“非虚构精神与实践”等	6 月 27—30 日	线上	100 多名师生观看
3	“未来传播的新范式·新方法”暑期工作坊	北京师范大学新闻传播学院	认知神经传播、计算传播、传播行为经济学等交叉学科研究	7 月 4—8 日	线上	入选 43 篇
4	2022 年暑期工作坊	中国传媒大学新闻学院	“计算传播”“女性研究”“传播心理”“文化研究”“新闻史论”五大主题	7 月 4—16 日	线上	173 名同学观看

① 所搜集信息来自各个学术工作坊发布的征稿通知、会议议程、会议回顾等相关公告，或有遗漏。

续表

序号	工作坊名称	主办单位	工作坊活动主题	时间	方式	规模
5	第七届数据新闻工作坊	西安交通大学新闻与新媒体学院	“数据新闻中的常见问题与解决方法”等	9月7—8日	线上	1000余只参赛队伍及数据新闻爱好者观看
6	“媒介基础设施”青年学者工作坊(第一期)	中国传媒大学国家传播创新研究中心	媒介与传播研究的“基础设施转向”	10月29—30日	线上线下相结合	入选13篇
7	第三届“数字平台研究”工作坊	苏州大学传媒学院、中国社科院新闻与传播研究所、上海大学新闻传播学院	平台·技术·文化	11月6日	线上线下相结合	260余篇投稿，遴选出30篇
8	第二届新闻创新研究工作坊	南京大学新闻传播学院、《新闻记者》杂志、《传媒观察》杂志	“求真：实践与理想”“创新：行动与制度”“使用者、情感与公共性”“全球新闻业观察”“元新闻话语与新闻教育”五大主题	11月12—13日	线上线下相结合	入选35篇
9	新闻传播史论论文写作工作坊	中国传媒大学新闻学院	“实践转向与中国新闻传播学自主知识体系建设”等	11月23日至12月29日	线上	1156人报名观看
10	首届传播与数字社会研究工作坊	中国新闻史学会网络传播史研究委员会	多面向的生成：数字传播中的社会	12月2日	线上	8个分论坛，300名师生线上观看
11	第四届“智能营销传播”学术工作坊	武汉大学新闻与传播学院、武汉大学媒体发展研究中心	智能营销传播理论、方法与实践	12月3日	线上	入选11篇
12	第五届中国传播创新研究工作坊	武汉大学媒体发展研究中心、武汉大学新闻与传播学院、宁夏大学新闻传播学院	数字文化、跨文化传播、国际传播、媒介记忆、乡村传播、健康传播、技术哲学等	12月10日	线上	入选19篇

续表

序号	工作坊名称	主办单位	工作坊活动主题	时间	方式	规模
13	“智媒时代的健康传播与健康叙事”工作坊	中南大学文学与新闻传播学院	智媒时代的健康传播与健康叙事	12 月 11 日	线上	入选 7 篇

根据会议组织形式的不同，表 3-2 列举的 8 场学术工作坊会议大致可分为三类。第一类，以学员报告为主的工作坊，包括第四期“传播与中国”学术工作坊、“媒介基础设施”青年学者工作坊(第一期)、第三届“数字平台研究”工作坊、第五届中国传播创新研究工作坊、“智媒时代的健康传播与健康叙事”工作坊等。此类学术工作坊的学员均是年轻学者，学术讨论的议题集中、时间充足且有一定深度，最能体现学术工作坊小型化、专业化的特点。第二类，采取“教授主讲+学员汇报”相结合模式的工作坊，包括“未来传播的新范式 · 新方法”暑期工作坊、第二届新闻创新研究工作坊、首届传播与数字社会研究工作坊、第四届“智能营销传播”学术工作坊等。此类学术工作坊规模较大，议题较为宽泛，会议通常包括专家主题演讲和学员汇报两大板块。第三类，主题讲座为主的工作坊，包括非虚构写作工作坊、2022 年暑期工作坊、第七届数据新闻工作坊、新闻传播史论论文写作工作坊等。此类学术工作坊是多位专家参与的多场次的系列讲座，主要面向本硕博学生群体。

从上述三类学术工作坊的比较与分析中笔者认为，尽管各种工作坊的议程设置，举办形式不同，但其仍可为青年学者和硕博学生提供难得的学习交流机会。工作坊已成为新闻传播学推进学术创新，培养青年学者的重要学术形式。在 2022 年新闻传播类工作坊的学习中，参与者通过学术汇报，论文遴选，专家评议等环节，都普遍地提高了学术能力，增强了学术创新意识。例如，“传播与中国”学术工作坊创始于 2018 年，至今已举办四期。深圳大学巢乃鹏教授认为，“‘传播与中国’学术工作坊是新闻传播学术界少有的真正意义上以学术讨论为主、对年轻学者真正有帮助的一种深度学术讨论会”。黄旦教授也认为，办这个工作坊的目的是希望“通过工作坊来推动对学术的一种认知：什么样的研究是合适的，什么样的研究是不合适的，什么是学术研究，什么不是学术研究，这背后是有信念的”。“工作坊不是开门诊，不是头痛医头，脚痛医脚，而是希望有个总体的条理，通过工作坊的整个过程，让学员们能体会到背后的对于学术的理解、体验和理念。”①

除专业性较强的工作坊外，2022 年大多数工作坊的议程安排较为宽松，以期为参与者提供更多的学习与交流机会。如第二届新闻创新工作坊延续第一届的“饱满”风格，工作坊在两天时间里为与会者提供了“满满当当”的内容：3 场主旨演讲、35 篇会议论文报告和 6 场工作坊论坛的精彩评议。11 月 13 日下午，工作坊设置了“求真：实践与理想”“创新：行动与制度”“使用者、情感与公共性”“全球新闻业观察”“元新闻话语与新闻教育”5 大主题的 6 场分论坛。举办方邀请陈昌凤、李艳红、常江、白红义、王斌等教授担任评议人，他们对会议论文进行了真诚又“犀利”的点评。经评议人委员会匿名投票，此次工作坊评选出 3 篇论文为此届工作坊优秀论文。② 此种形式在以往的工作坊学习中尚不多见。

第三类工作坊是仅仅采取学术讲座的形式，严格来讲或许并不能被称为学术工作坊，更宜称之为学术讲座，显示出 2022 年新闻传播学工作坊与教学实践，人才培养的关系更为紧密。例如，新闻传播史论论文写作工作坊是中国传媒大学新闻学院主办的有关新闻传播史论论文写作的系列讲座，也是近年来首个新闻史方向的学术工作坊。中国人民大学王润泽教授、四川大学朱志刚教授、中国人民大学讲师杨奇光、南京师范大学操瑞青副教授、中国人民大学新闻学院邓绍根 5 位学者结合自己的研究经历，先后分享了史论论文写作的心得和经验。此次工作坊旨在为同学们提供相关论文写作上的指导和帮助，系列讲座总计 1156 人报名，中国人民大学、暨南大学、南京大学等多所高校师生参与。③

整体而言，2022 年的新闻传播学学术工作坊仍受新冠疫情防控的影响，会议开展多以“线上”为主，“线上”“线下”相结合的形式开展。相较以往，2022 年度小规模的工作坊会议增多。这类工作坊一般规模较小，议题集中且专业性强，参与人员的减少有益于学术交流更为深入和细致。

2022 年工作坊品牌建设意识更为明显。一些工作坊年年举办，其“品牌”意识与口碑的积累逐渐形成。例如第四期“传播与中国”学术工作坊、第七届数据新闻工作坊、

---

① 第四期“传播与中国”学术工作坊：“传播与城市变迁：媒介的视角”[EB/OL].（2022-01-23）.[2023-04-03]. https://mp. weixin. qq. com/s/AAb2lTIz9O3C8sm-t1xwgg.

② 新闻创新实验室. 在变革中探索方向——第二届新闻创新研究工作坊侧记[EB/OL].（2022-11-29）.[2023-04-03]. https://mp. weixin. qq. com/s/1F0Mnm2AWJ_dZz-QpZJbQw.

③ 中国传媒大学新闻学院“新闻传播史论论文写作工作坊”回顾[EB/OL].（2023-02-27）.[2023-04-03]. https://mp. weixin. qq. com/s/hlbzQPYbm1ASMIozy1Ettg.

第三届“数字平台研究”工作坊、第四届“智能营销传播”学术工作坊等，均已连续举办多届，内容与议题既重视与往年的连续性，又强调创新性，这些变化必将对其他工作坊的举办具有示范意义。

（重庆大学新闻学院　齐辉）

3.7　博士后流动站

党的十八大以来，我国的博士后事业建设取得瞩目成绩，培养数量持续增加，成为重要的科研力量和生力军。近年来，国家进一步加大博士后事业建设力度。2021 年，国家发布“十四五”规划纲要，明确提出要“培养具有国际竞争力的青年科技人才后备军，注重依托重大科技任务和重大创新基地培养发现人才，支持设立博士后创新岗位”。2022 年 1 月 26 日发布的《教育部财政部国家发展改革委关于深入推进世界一流大学和一流学科建设的若干意见》中，就师资队伍建设提出：“加强青年人才培育工作。鼓励建设高校扩大博士后招收培养数量，将博士后作为师资的重要来源。加大长期稳定支持的力度，为青年人才深入‘无人区’潜心耕作提供条件和制度保障。关心关爱青年人才，加强青年骨干力量培养，破除论资排辈、求全责备等观念和做法，支持青年人才挑大梁、当主角。完善青年人才脱颖而出、大量涌现的体制机制，挖掘培育一批具有学术潜力和创新活力的青年人才。”9 月 6 日，在教育部新闻发布会上，教育部教师工作司司长任友群提出“要提升高端紧缺专业教师队伍的储备和支持，推动高校扩大博士后招收培养的数量，将博士后人员作为补充师资的重要来源”。我国博士后事业已迎来快速发展的战略机遇期。

3.7.1　新时代十年博士后事业取得瞩目成绩

党的十八大以来，我国博士后工作深入贯彻落实习近平总书记关于人才工作的重要指示批示精神，围绕培养机制、创新创业、经费投入、服务保障等方面持续改革创新，博士后人才成长迎来加速度，博士后制度成为具有中国特色的培养高层次创新型青年人才的重要制度，博士后群体成为服务高质量发展和高水平科技自立自强的生力军。

党的十八大以来，博士后招收培养规模逐年扩大，博士后进站人数由 2012 年的 1.25 万人增长到 2020 年的 2.8 万人，2021 年突破 3 万人，平均进站年龄 31 岁。博士后制度的广阔天地从最初主要集中在中央所属单位，发展到几乎囊括所有重点高校和主要科研院所；从理学类、工学类，发展到涵盖13个学科门类的111个一级学科；从高校和科研院所，扩大到企业、园区，覆盖国家经济社会发展的主要领域。

“十三五”时期，博士后共承担国家级项目9万个，省部级项目8万个，其他各类项目12万个，平均每位博士后人员承担2个以上研究项目。截至2019年，博士后作为主要参加人，申获国家级基金项目4.2万项，获得国家级科技奖项539项。87位在站博士后获得国家自然科学奖、国家技术发明奖和国家科学技术进步奖。

“博士后创新人才支持计划”“博士后国际交流计划”实施以来，累计资助8000余人，资助经费30多亿元，吸引了一批海内外优秀博士，实现了人才培养“高水平平台、高水平导师、高水平人选”，带动了地方和设站单位对博士后人才项目的投入。上海“超级博士后”、江苏“卓越博士后计划”、湖北“博士后卓越人才跟踪培养计划”、清华大学“水木学者计划”、北京大学“博雅博士后项目”等，大大提升了博士后培养质量和国际化水平。2021年，全国累计引进海外博士4000多人，国内优秀博士申报博士后创新人才支持计划的人数逐年大幅度攀升。①

3.7.2 新闻传播学科博士后培养注重前沿性和交叉性

新闻传播学科的博士后科研工作站、流动站积极响应国家重大战略需求，回应社会重大问题，注重学术前沿性和学科交叉性，培养具备创新能力、前瞻性思维和跨学科视野的博士后人才。

在博士后科研流动站中，中国人民大学国家治理与舆论生态研究院提出通过新技术应用与学科交叉，整合校内研究力量，打造中国舆论学的学科体系、学术体系、话语体系，招聘博士后开展舆论学重大基础理论与前沿应用问题研究，招聘专业涉及计算机科学与技术、信息科学、统计学、心理学等众多学科。北京师范大学新闻传播学院突出学科交叉特色，在认知神经传播学、大数据与数字出版、社交媒体分析、大数据舆情、传播效果测量、复杂网络等诸多前沿领域具有领先优势，拥有“出版业用户行为大数据分析与应用重点实验室”“认知神经传播学实验室”等重点实验室。学院建设“传播创新与未来媒体实验平台”，招聘博士后的研究方向包括社交媒介生产、数字治理、新闻出版业用户行为研究、大数据与人脸识别、数字出版与数字人文、数字影像传播、计算传播

① 《厚植高质量发展的青春创新力量——党的十八大以来博士后事业发展综述》，https：//www.chinapostdoctor.org.cn/website/showinfo_xwdt.html？infoid=6a2eba32-d98c-47cc-9916-2008188a6365.

学、互联网治理与新媒体研究、认知神经传播学等前沿领域。

在博士后科研工作站中，新华社围绕人工智能及其应用开展招聘，方向包括：知识图谱研究、多模态可信度检测研究、时空大数据新闻应用研究、物联网研究、视频理解研究、新闻自动化生产研究、拍摄机器人研究、视听感知计算、音频信号处理。人民网依托传播内容认知国家重点实验室，面向人工智能时代，紧密围绕媒体融合发展需要，开展战略性、前沿性、前瞻性应用基础研究，招聘博士后的主要研究方向为：主流价值观精准传播理论科学与计算、内容智能审核和风控评级、基于内容传播领域的国家网络空间治理。

3.7.3 科研工作站数量持续增加

2022 年新闻传播学博士后科研流动站继续保持在 18 个的规模。博士后科研工作站数量实现持续增加，经中国博士后官网设站单位查询，以"报业""出版""广播""电视""传媒""互联网"等作为关键词，查得与新闻传播学科相关的博士后科研工作站共 35 个；与去年相比，大众报业集团、北京华章图文信息有限公司、湖南电广传媒股份有限公司的科研工作站撤销，新增 4 个科研工作站，总体较去年增加 1 个(见表 3-3)。

表 3-3　**与新闻传播学相关科研工作站新增情况**

序号	工作站设站单位	主管单位	电话	传真
1	北京师范大学出版社(集团)有限公司	出版科学研究院	010-58800037	010-58800018
2	深圳广播电影电视集团	集团总编办	0755-88318352	0755-88310333
3	中信出版集团股份有限公司	—	—	—
4	中国工业互联网研究院	—	—	—

(资料来源：中国博士后网站)

3.7.4 新闻传播学科博士后获得中国博士后科学基金资助情况

2022 年，新闻传播学科共获得中国博士后科学基金资助 28 项，与去年持平。其中站中特别资助 2 项，较去年减少 1 项；一等面上资助 2 项，与去年持平；二等面上资助 24 项，比去年增加 1 项。

6 月 30 日，中国博士后科学基金会发布《关于公布中国博士后科学基金第 71 批面上资助获资助人员名单的通知》(中博基字〔2022〕3 号)。公布了 3880 人的中国博士后科学基金第 71 批面上资助名单。新闻传播学科共有 15 人获得资助，其中一等面上资助 1 人，二等面上资助 14 人(见表 3-4)。

表 3-4　**中国博士后科学基金第 71 批面上资助获资助人员名单(新闻传播学)**

序号	资助编号	省份	设站单位名称	姓名	博士后编号	一级学科	资助等级
1	2022M710092	上海	上海大学	屠采撷	285529	新闻传播学	1
2	2022M710430	北京	北京师范大学	程思琪	273175	新闻传播学	2
3	2022M711201	广东	华南理工大学	邱远博	301253	新闻传播学	2
4	2022M711225	广东	华南师范大学	李婷婷	281649	新闻传播学	2
5	2022M711260	湖北	华中科技大学	柯小俊	287244	新闻传播学	2
6	2022M711343	广东	暨南大学	师文	287823	新闻传播学	2
7	2022M712008	陕西	陕西师范大学	杨馨	269333	新闻传播学	2
8	2022M712022	上海	上海大学	高慧敏	276422	新闻传播学	2
9	2022M712156	广东	深圳报业集团	马广军	295429	新闻传播学	2
10	2022M712427	上海	同济大学	付鹏飞	285674	新闻传播学	2
11	2022M712911	河南	郑州大学	秦艺轩	310110	新闻传播学	2
12	2022M712912	河南	郑州大学	张英培	308179	新闻传播学	2
13	2022M712938	北京	中国传媒大学	冯菲	306697	新闻传播学	2
14	2022M712939	北京	中国传媒大学	郭沛沛	306704	新闻传播学	2
15	2022M713474	北京	中国外文出版发行事业局	周夏宇	302071	新闻传播学	2

11 月 25 日，中国博士后科学基金会发布《关于公布中国博士后科学基金第 72 批面上资助获资助人员名单的通知》(中博基字〔2022〕11 号)。公布了 3650 人的中国博士后科学基金第 72 批面上资助名单。新闻传播学科共有 11 人获得资助，其中一等面上资助 1 人，二等面上资助 10 人(见表 3-5)。

表 3-5　　中国博士后科学基金第 72 批面上资助获资助人员名单(新闻传播学)

序号	资助编号	省份	设站单位名称	姓名	博士后编号	一级学科	资助等级
1	2022M720052	湖北	华中科技大学	丁洪梅	320490	新闻传播学	1
2	2022M720483	北京	北京师范大学	鲁竞夫	302981	新闻传播学	2
3	2022M720875	广东	广州大学	罗敏	325455	新闻传播学	2
4	2022M721177	上海	华东政法大学	陈雪薇	320696	新闻传播学	2
5	2022M721259	湖北	华中科技大学	彭璐璐	291963	新闻传播学	2
6	2022M721324	吉林	吉林大学	关媛元	321027	新闻传播学	2
7	2022M721453	广东	南方报业传媒集团	刘丹	312371	新闻传播学	2
8	2022M722036	上海	上海大学	周怡靓	298424	新闻传播学	2
9	2022M722549	陕西	西安交通大学	赵一菲	288985	新闻传播学	2
10	2022M722658	福建	厦门大学	王嘉昀	303912	新闻传播学	2
11	2022M722890	河南	郑州大学	秦静	311135	新闻传播学	2

7 月 14 日，中国博士后科学基金会发布《关于对 2022 年中国博士后科学基金特别资助拟资助人员名单进行公示的通知》(中博基字〔2022〕6 号)。公布了中国博士后科学基金第 4 批特别资助(站前)和第 15 批特别资助(站中)共 1200 名拟资助人员名单，其中新闻传播学科有 2 人获得第 15 批特别资助(见表 3-6)。

表 3-6　　中国博士后科学基金第 15 批特别资助获资助人员名单(新闻传播学)

序号	省份	设站单位名称	姓名	博士后编号	一级学科
1	北京	北京师范大学	白旭晨	296856	新闻传播学
2	上海	复旦大学	谢兴政	254163	新闻传播学

3.7.5　2022 年中国新闻传播学科博士后进出站情况

此处列出 2022 年部分高校新闻传播学科博士后进出站人数统计情况，具体如表 3-7 所示。

表 3-7 **2022 年中国新闻传播学博士后进站出站情况表**

序号	设站单位名称	在站人数	进站人数	出站人数
1	北京大学	9	4	2
2	复旦大学	32	14	8
3	湖南师范大学	2	—	—
4	华东政法大学	7	5	3
5	华南理工大学	4	3	0
6	暨南大学	11	4	0
7	兰州大学	0	1	2
8	清华大学	23	8	10
9	厦门大学	4	0	0
10	山东大学	8	3	2
11	陕西师范大学	4	2	0
12	上海大学	17	1	1
13	深圳大学	9	3	2
14	四川大学	19	2	2
15	苏州大学	3	1	5
16	郑州大学	9	7	0
17	中国传媒大学①	3	2	3
18	中国政法大学	1	0	0
19	重庆大学	0	0	1

（中国人民大学新闻学院　李兴博、邓绍根）

3.8　中外学术交流——2022 年新闻传播学科教师国际交流情况调查

此次调研采用材料收集和问卷的形式，调研范围为全国高校的新闻传播类院系。截至 2023 年 3 月 20 日，共收到来自 67 所高校的 67 份调查问卷，其中填写了国际交流相

① 数据来源为中国传媒大学电视学院。

关内容的有效问卷 50 份，“985”高校 14 所 14 份，“211”高校 13 所 13 份，普通高校 23 所 23 份。

该报告定义的国际交流共有六种形式：一是赴境外访学，二是参加国际会议，三是举办国际会议，四是邀请海外学者举办讲座，五是邀请海外学者授课、开设海外师资课程，六是中外交流合作项目。调研对象学校填写其中任意一项即视为有效问卷，根据调研的基本情况而言，2022 年度接受调研的院校中，74.6%的学校参与了国际交流活动，“985”高校参与国际交流活动的比例为 28%，“211”高校的比例为 26%，普通高校比例为 46%。

3.8.1 调研数据分析

3.8.1.1 海外访学情况

(1)参访学校分布

据统计，2022 年度有 24 所高校派出 41 名教师在海外访学。其中 8 所“985”高校派出 15 名教师，6 所“211”高校派出 7 名教师，10 所普通高校派出 19 名教师。占比情况如图 3-6 所示：

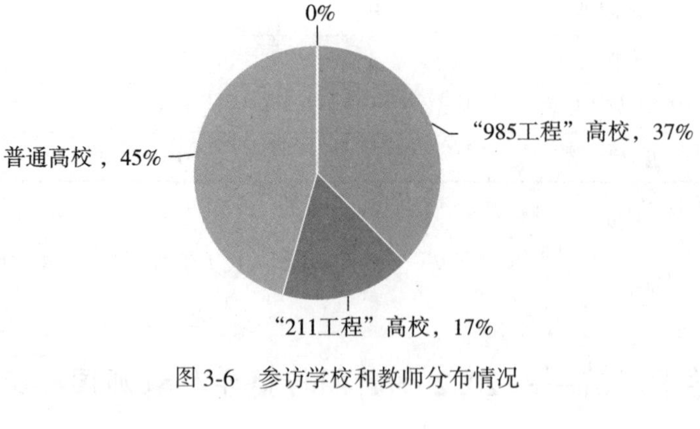

图 3-6 参访学校和教师分布情况

(2)出访时长统计

在出国时长的统计方面，2022 年度新闻传播学科教师外出访学以长期交流为主，有 25 名教师的出访时长为 12~18 个月，占比 61%；有 4 名教师的出访时长为 24 个月，占比 10%；9 名教师出访时长小于 6 个月，占比 22%，3 名教师出访时长在 6~9 个月之间，占比 7%（见图 3-7）。

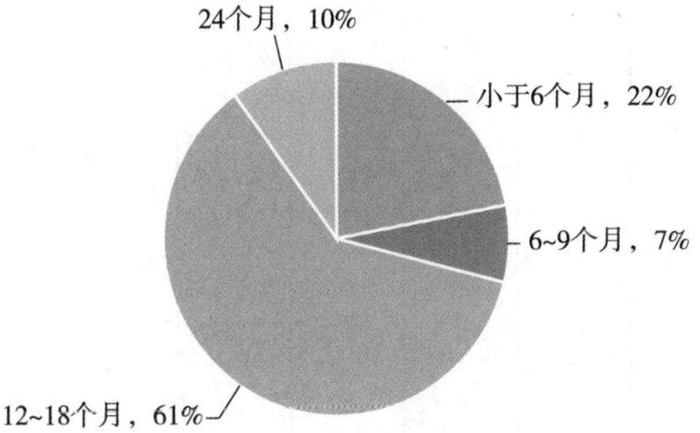

图 3-7　出国时长分布

（3）出访国家及地区分布

根据调查结果，24 所高校的 41 名教师分别前往美国、英国、韩国、澳大利亚、新加坡、意大利、瑞士、西班牙、波兰和泰国等多个国家及地区访学。其中，美国是 2022 年度新闻传播学科教师访学最多的国家，有 4 所“985”高校，2 所“211”高校和 6 所普通高校赴美访学，共有 18 人，占比 43.9%。其中，清华大学新闻与传播学院的教师分别前往美国夏威夷大学和美国南佛罗里达大学访学，西安交通大学新媒体学院的教师前往美国南加州大学访学，厦门大学新闻传播学院的教师分别前往美国得克萨斯大学奥斯汀分校、美国麻省大学和美国南加州大学安娜堡新闻传播学院访学，四川大学文学与新闻学院的教师前往美国哈佛燕京学社访学，中国传媒大学广告学院的教师前往美国密歇根州立大学访学，暨南大学新闻与传播学院的教师前往美国南加州大学访学，湖北大学新闻传播学院的教师前往美国杜克大学访学，深圳大学传播学院的教师前往美国德州大学奥斯汀分校和美国威斯康星大学麦迪逊分校访学，西安外国语大学新闻与传播学院的教师前往美国密苏里州立大学访学，华东政法大学传播学院的教师前往美国访学（没有注明具体院校），四川外国语大学新闻传播学院的教师前往美国肯特州立大学访学，洛阳师范学院新闻与传播学院的教师前往美国得克萨斯大学奥斯汀分校访学。其次，去英国访学的教授有 8 位，“985”高校 2 所 3 人，“211”高校 2 所 2 人，普通高校两所 4 人，占比 19.5%。去往韩国访学的教授有 3 人，占比 7.3%。去往中国澳门、澳大利亚和新加坡访学的教授均为 2 人，占比 4.8%。去往其余国家访学的人数占比均为 2.4%（见图 3-8）。

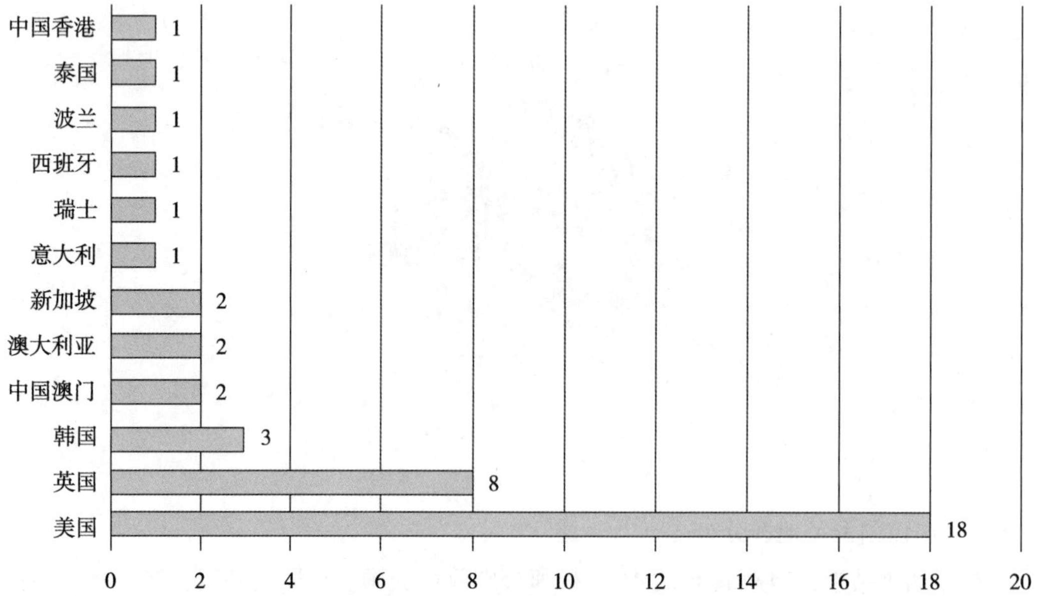

图 3-8　访学国家及地区分布

(4)访学任务分布

海外访学的 41 名教师中，有 27 人以访问学者身份进行交流，占总人数的 65.9%；以短期交流为目的的教师有 6 人，占比 14.6%；出国读博的教师有 3 人，占比 7.3%；以博士后身份出国进行科研的教师有 2 人，占比 4.9%；还有参加夏令营、任职孔子学院的教师，占比均为 2.4%。还有一人未注明访学目的(见图 3-9)。

(5)访学交流领域

调查结果显示，2022 年度教师参与国际交流的学术领域主要是新闻传播类(61%)，共 25 人。主要包括新闻学、传播学、媒介史、媒介经营和管理、广告学等方向。个别教师的学术交流领域是艺术学、中文教育、中国古代文学等领域(见图 3-10)。

(6)访学经费来源

2022 年度国内高校新闻传播学科教师出国交流的主要经费来源是国家资助，共 23 人，占比为 56%。其次是自费访学，共 8 人，占比为 20%。学校资助相对较少，仅有 3 人，占比为 7%。此外，邀请方承担出访费用的情况为 1 人。国外机构资助 1 人，四川大学文学与新闻学院的教师受到哈佛燕京学社、美国驻北京大使馆 ASF 项目、美国国际教育协会 CUSP 项目资助。部分教师未注明经费来源，占比为 12%(见图 3-11)。

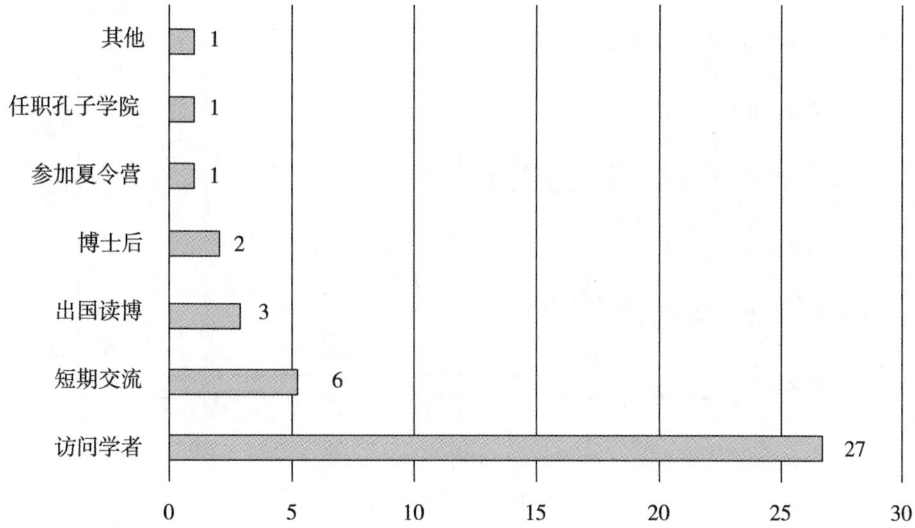

图 3-9　访学任务分布

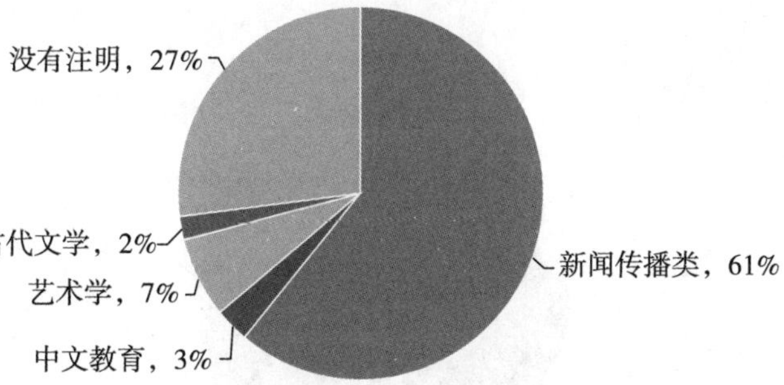

图 3-10　国际交流领域分布

(7)访学成果调查

访学成果方面，新闻传播学科教师发表论文为 4 篇，会议论文 2 篇。以智库报告(未标明篇数)、作品集和立项研究作为访学成果的均有 1 人。还有一位教师的 4 篇论文标注为“拟发表”状态。调查结果显示，高校教师出国交流的成果总体偏少。

3.8.1.2　国际会议参加情况

(1)参会高校分布

2022 年度，41 所高校的新闻传播院系共有 200 人次参加了国际会议。其中“985”高

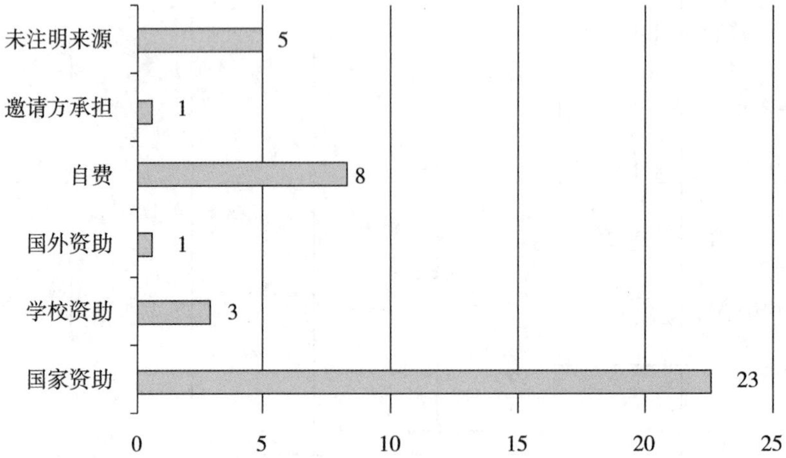

图 3-11　经费来源情况

校 11 所 95 人次，“211”高校 12 所 59 人次，普通高校 18 所 46 人次(见图 3-12)。

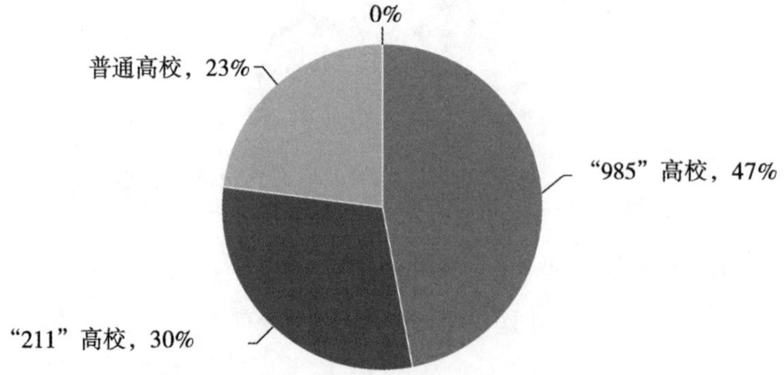

图 3-12　高校参加国际会议的人次分布情况

(2)参会地区分布

根据调查结果，41 所高校中有 101 人次选择采用线上会议的方式参与国际会议，76 人次在线下参与国际会议，其余有 23 人次未标明参与国际会议的方式。在线下参与国际会议中，有 58 人次在国内参与国际会议，其余 18 人次则在国外参会。在国内参会的城市之中，北京和上海是集中的参会地点，分别是 18 人次和 12 人次。在国外参会的地区和国家中，前往美国和法国参加国际会议的学者较多，分别为 5 人次和 4 人次。其中，法国巴黎是学者们线下国外参与国际会议最多的城市(见图3-13)。

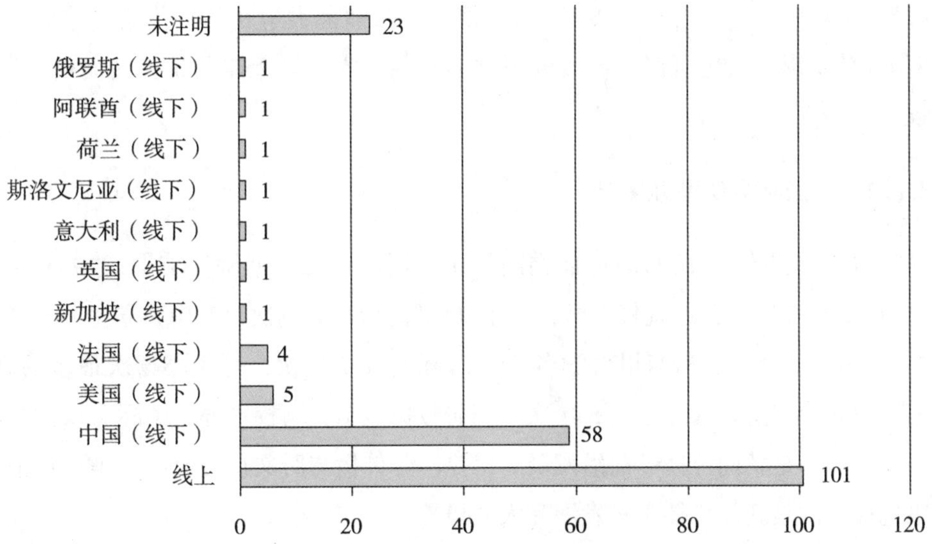

图3-13　参会形式及地区分布

(3)参会议题情况

高校的专家学者参与国际会议的主题分为六方面：一是新闻传播学前沿研究，如来自北京大学、山东大学、大连理工大学等新闻传播院系的学者参加了国际传播学会(ICA)的一系列论坛，复旦大学新闻学院的学者们参加了“传播与中国复旦论坛2022年会”和第106届美国传播学会年会，与来自世界各地的专家学者进行对话和交流。二是全球视野下的交流与传播，立足全球化深入理解国际传播和跨文化传播的新发展。如北京大学新闻与传播学院的学者参加了“中国与中亚合作研讨会”“两个大局看文明交流互鉴”的国际会议，云南大学的三位学者参加了“‘百年未有大变局下的国际传播能力建设’国际高峰论坛”。三是新闻教育与学科发展，如湖南师范大学新闻与传播学院的学者参加了“中国国际传播学科建设研讨会”和“2022年度中外新闻传播学院院长论坛”，重点探讨中国的新闻学科发展和建设。四是新冠疫情与健康传播，如复旦大学新闻学院的学者参加了“新冠疫情与传媒”工作坊，深圳大学传播学院的学者参加了“2022智能传播与健康治理国际学术研讨会”，均对新冠疫情背景下健康传播及相关议题进行交流。五是城市传播和治理，基于数字传播和城市理论，复旦大学新闻学院的教授参加了主题为“数字、人与城市”的第八届澳门国际传播周和“都市·乡村：数字传播与城市治理”

的2022年世界城市日官方论坛。六是艺术传播与创意，教授们参加此类国际会议，对艺术符号、艺术传播以及创意产业等深入对话，如四川大学文学与新闻学院的学者参加了“全球化语境中的中国近现代美术”的会议，安徽师范大学新闻与传播学院的教授参加了“国际数字影像文化研讨会：红色题材动画的艺术生产策略与价值转向研究”的国际会议。

3.8.1.3 国际会议举办情况

2022年度，共有14所新闻传播类院校主办国际会议。据调查结果，“985”高校8所，“211”高校5所，普通院校1所，共主办国际会议38场次，其中独立主办9场，联合主办29场。复旦大学和四川大学各主办国际会议7场次，是主办场次最多的高校。其次是上海大学，主办国际会议5场次。调研数据显示，高校主办的国际会议的主题主要分为四类：一是新闻传播学前沿发展，二是国际传播与跨文化交流，三是后疫情时期的健康传播，四是新闻传播学科发展和人才培养。

2022年度，随着数字技术带来媒介生态系统的革新，新闻传播学的理论也处在动态演变中，不少高校主办国际会议邀请世界各地学者共同探讨新闻传播学的发展前沿。如清华大学新闻与传播学院和国际媒介与传播学会联合举办了“国际媒介与传播学会IAMCR2022年会”，对新全球化时代的传播研究再定位；复旦大学国家文化创新研究中心和复旦大学新闻学院主办了主题为“人类文明新形态与数字文化创新”的国际学术研讨会；四川大学文学与新闻学院主办了“探源与创新：中国认知传播学研究对话”，参会专家学者围绕认知传播的理论研究和实践创新展开讨论。

在过去的一年中，国际形势愈发复杂严峻，伴随着俄乌冲突、欧元贬值等全球性的社会危机蔓延，国际传播与交流自然而然成为高校主办的国际会议主题之一。通过会议或论坛等方式，以期从全球化视野下应对持久危机。北京大学新闻与传播学院主办“数字文明与全球传播新秩序”国际研讨会，围绕“网络空间全球治理新变局与新秩序”“数字基础设施、全球中国的国际传播与新兴发展方式”等主题开展研讨；暨南大学新闻与传播学院举办主题为“文化传播与数字交往”第二届粤港澳大湾区中国文化传播论坛；辽宁大学国家通用语言文字推广基地举办“融通与互鉴：全球视野与面向东北亚区域的国际传播”学术研讨会，为推动东北亚地区的文化交流互鉴而建言献策；南京师范大学新闻与传播学院主办了江苏省第九届“传媒学科研究生论坛：跨文化传播panel”，在人类命运共同体的语境下寻求跨文化的交流与对话。

新冠疫情作为常态化的社会危机，依然是高校主办的国际会议的议题之一。北京大学新闻与传播学院和新加坡国立大学传播与新媒体系联合举办第五届“医疗、人文与媒介”健康传播国际学术研讨会，清华大学新闻与传播学院举办全球发展与健康传播论坛。这些会议聚焦全球突发性公共卫生事件，探讨全球健康传播。

与此同时，新闻传播学科发展和人才培养也是高校举办的国际会议的重要议题之一。如清华大学新闻与传播学院主办的全球院长论坛，关注新闻传播学的未来发展；复旦大学新闻学院联合伦敦政治经济学院媒体与传播系举办主题为“变局中的全球媒体与传播：在教学和科研中寻求合作”的国际论坛和“数字中国、全球沟通”论坛，围绕全球新闻人才培养和中国新闻传播学自主知识体系构建开展讨论。

总体而言，2022 年度中国新闻传播类院校主办的国际会议呈现出公共性、革新性、开放性、交叉性的特点，对新闻传播理论、国际传播、健康传播、学科教育、人才培养均有涉及。联结国内外的各领域专家学者共同探讨全球危机下的新闻传播学，在跨学科的交叉性领域形成思想碰撞，在求同存异中完成平等对话。立足全球，提出本国的新闻传播理论思考和学术贡献，体现出新闻传播学者的中国智慧。

3.8.1.4 邀请海外学者讲座情况

(1)海外学者讲座的频次和国别分析

根据调查结果，2022 年度共有 14 所新闻传播院校邀请海外学者举办 87 场讲座，且大多以线上的方式开展。调查显示，8 所“985 工程”高校举办 71 场，4 所“211 工程”高校举办 13 场，2 所普通高校举办 3 场。其中，有 3 所高校邀请海外学者开展讲座的次数较多，分别是同济大学艺术与传媒学院 21 场，清华大学新闻与传播学院 19 场，复旦大学新闻学院 17 场(见图 3-14)。

在海外学者的来源方面，海外学者主要来自北美、东亚和欧洲，少部分来自西亚地区，如美国、加拿大、韩国、新加坡、日本、中国香港、中国澳门、中国台湾、英国、德国、奥地利、荷兰、芬兰、以色列、阿富汗和澳大利亚。参与调查的高校中邀请来自美国的学者最多，共举办 32 场讲座。其次是邀请来自英国和加拿大的学者，分别举办 7 场讲座。

(2)海外学者讲座的主题分析

在 2022 年，随着多元素传播技术的紧密结合，元宇宙成为海外学者讲座的热词。复旦大学新闻传播学院邀请加拿大皇后大学的 Vincent Mosco 教授举办主题为“元宇宙时

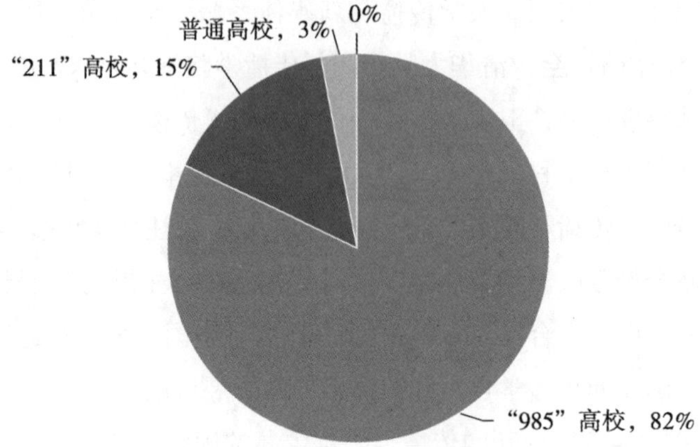

图 3-14　高校邀请海外学者讲座频次分布

代的‘乌托邦’”的讲座，重庆大学新闻学院邀请香港城市大学教授举办“元宇宙的发展趋势与用户隐私安全问题的挑战”的讲座，针对元宇宙背后的价值隐忧进行深入探讨。与此同时，元宇宙背后的人机交互技术也成为学者们关注的重点。同济大学艺术与传媒学院邀请了美国宾夕法尼亚州州立大学的教授举办了“智能时代的人机交互范式以及关于智能交互的一些思考”的讲座，邀请德国乌尔姆大学计算机科学与心理学院的 Martin Baumann 教授开展“Human-Machine Cooperation based Design(基于人机合作的设计研究)”的讲座；暨南大学新闻与传播学院邀请美国华盛顿州立大学的 Paul Bolls 教授举办主题为“Media psycho physiological and Neuroscience：Ascienti ficparadigm for research onInteractions with Media Technoloy(媒介心理生理学与神经科学：媒介技术交互研究的科学范式)”的讲座。

除了以元宇宙为代表的人机交互领域外，海外学者重点关注媒介本身及其价值思考。如复旦大学新闻学院邀请英国伦敦大学学院的 Daniel Miller 教授开展了“什么是智能手机?”的讲座，同济大学艺术与传媒学院邀请瑞士欧洲研究院的学者举办了“在媒介装置之外和之间”的讲座，两者都对媒介本体展开探讨。在媒介作为传播的基础设施的议题上，海外学者探讨媒介在时空交汇处的意义和内涵。复旦大学新闻学院以城市传播为主题邀请墨尔本大学公共文化研究中心的 Scott Mcquire 教授举办了“数字时代的城市传播：技术媒介、媒介城市和地理媒介”和“数字时代的城市传播：智慧城市、混杂公共空间和大数据生活”的讲座。而在价值思考上，海外学者更多关注数字媒介的领域。

如同济大学艺术与传媒学院举办主题为“面向老龄群体的数字疗愈”，邀请海外学者探讨了数字技术领域中的价值理性。

2022年是国际局势震荡的一年，海外学者们的讲座重点关注大国关系、跨文化传播等议题。如清华大学新闻与传播学院在经济全球化视域下，邀请芬兰图尔库大学的教授举办了“中俄经贸关系”的讲座；邀请来自美国全国公共广播电台的记者 Teri Schultz 和来自芬兰广播公司的 Mette Nordstrom 围绕“欧洲和北约对世界经济的影响”的主题开展讲座；邀请智利天主教大学的 Francisco Fernández 教授开展主题为“中国在拉美地区的经贸活动”的讲座。跨文化传播是海外学者重点探讨的领域，多所高校邀请的海外学者均涉及该议题。如山东大学新闻传播学院邀请美国宾夕法尼亚大学的教授开展主题为“所有的传播都是翻译”的讲座，华东师范大学传播学院邀请美国罗德学院的教授举办“中国园林文化在美国的‘移植’与传播”的讲座，苏州大学传媒学院邀请加拿大西门菲莎大学的教授举办“在历史唯物主义进路上再出发：社会主义跨文化传播政治经济学理论与实践”的讲座，吉林大学新闻传播学院邀请加拿大兰加拉学院的教授举办“我在北美教中国史的十年：课堂里的跨文化冲突、交流与理解”的讲座，邀请韩国外国语大学的教授开展“跨文化交流：韩中日东亚文学论坛的交流模式与成果”的讲座。

过去的一年中，新冠疫情和健康传播依然是海外学者关心的主题之一。在关于社交媒体上用户对健康信息的接受和态度的话题上，暨南大学新闻与传播学院邀请香港城市大学的学者举办了“信息搜寻，信息焦虑，还是信息回避？网络媒体时代健康信息行为前沿研究”的讲座；深圳大学传播学院邀请新加坡国立大学的教授举办主题为“中国社交媒体的 HPV 疫苗信息：基于主题模型和问卷调查的混合方法研究”的讲座，以及邀请美国密歇根州立大学的教授举办“新冠疫情中的虚假信息研究：基于社会网络视角理解信念系统”的讲座。

部分讲座的主题则是围绕媒体人才培养开展的，主要包括专业技能培养和学术能力提升两大方面。在专业技能培养方面，清华大学新闻与传播学院邀请多位海外学者分别举办了“如何在多媒体平台进行新闻报道”“如何为全球读者进行新闻报道”“如何成为一名海外特派记者”和“如何提高新闻播客技能”的系列讲座。在学术能力提升方面，暨南大学新闻与传播学院新闻与传播学院围绕学术论文写作邀请台湾政治大学的教授举办主题为“学术论文之书写：一段‘写’、‘改’、‘读’、‘印’的历程”的讲座，华南理工大学新闻与传播学院邀请美国密苏里大学的教授举办“设计与方法：硕士论文写作进阶”的讲座。此外，郑州大学新闻与传播学院邀请美国太平洋大学的教授举办了“美国新闻业的挑战与研究生人才培养”的讲座，有助于师生了解国外新闻业的发展现状和人才培养机制，进一步拓宽海外视野。

3.8.1.5 邀请海外学者授课情况

在邀请海外学者授课方面，共有8所新闻传播类院校开设25门课程，授课方式均为线上授课。调查结果显示，3所“985”高校开设了17门课程，1所“211”高校开设1门课程，4所普通高校开设7门。开设课程较多的院校为：山东大学新闻传播学院开设7门课程，清华大学新闻与传播学院开设6门课程，重庆大学新闻学院开设4门课程。其中，这8所高校邀请进行授课的海外学者主要来自美国，共有17位。部分学者来自英国、德国、澳大利亚和中国澳门(见图3-15)。

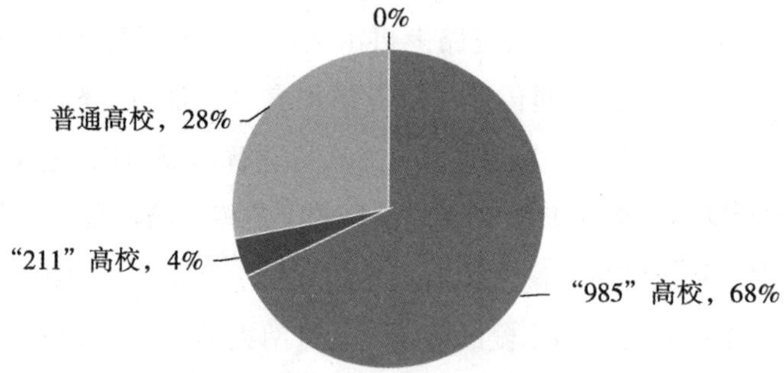

图3-15 海外学者授课情况

从开设课程看，海外学者授课的内容可分为四类：一是媒体实践技能类，如清华大学新闻与传播学院开设的“英文深度报道与写作”“初级新闻采写”“财经新闻数据挖掘与分析”，中南民族大学文学与新闻传播学院开设的“多媒体文本创作”等；二是媒体经营管理类，如山东大学新闻传播学院开设的“整合营销传播——媒介效果与消费者行为”“公共关系与整合行销传播”，重庆大学新闻学院的“Media Economics and Management(媒介经营和管理)”等；三是学术研究类，包括学术写作指导和研究方法介绍两大方向，如上海大学新闻传播学院的“学术规范与写作”，华东政法大学传播学院的“East Asian Cultural Study and Creative Writing(东亚文化研究与创意写作)”，山东大学新闻传播学院的“社会科学定性研究方法”，西南政法大学新闻传播学院的“社会科学方法论”等；四是媒介传播学，如重庆大学新闻学院的“Computational Communication(计算传播)”和“Social Media Communication(社交媒体传播)”，山东大学新闻传播学院的“全球数字资本主义：从硅谷到富士康”和“计算机媒介传播”，以及中南民族大学文学与新闻传播学院的“跨文化传播学、民族文化传播研究”等课程。

3.8.1.6 中外交流合作项目情况

在此次调研中，有5个院校拥有中外交流合作教育部项目，分别是同济大学与德国、澳大利亚专家合作的项目“智能座舱的认知界面设计与评估方法研究”，上海大学的“美国南加州大学—上海大学智媒传播高端课程、讲座与工作坊项目”和“第三届‘两岸青年城市体验营’”，安徽大学的“讲好中国故事，传播徽文化：国际中文教育中的安徽‘非遗’影像创作与传播”，陕西师范大学新闻与传播学院与国际交流处合作组织的“中外人文交流全媒体产教融合项目”和西安外国语大学的“教育部中外人文交流全媒体产教融合项目”。

3.8.2 现状对比与不足

相较于2021年，2022年的新闻传播学科教师的国际交流情况更加丰富多样。在疫情得到有效控制，国内政策逐步放开的情况下，高校教师出境交流的限制减少。这对2022年度的高校教师国际交流情况产生积极影响。

在境外访学方面，派教师外出交流的高校数量增长了50%，外出交流的教师数量增长了78.26%。教师外出交流的时长增加，前往交流的国家和地区范围更加广阔。在参加国际会议方面，相较于2021年，参与国际会议的高校数量增长了41.38%，参与人次增长了106.19%，采取线下参会的人次有所增长，且线下参会的地点集中于北京和上海。在举办国际会议方面，主办国际会议的新闻传播类院校减少4所，但主办国际会议的场次增长了116.67%。在邀请海外学者讲座方面，邀请的海外学者数量增长了67.31%，讲座主题相较于2021年更加多元，除了对新冠疫情的持续关注外，讲座更多涉及数字技术的新发展和国际传播的新变化。在邀请海外学者授课方面，授课内容聚焦于媒介技能类和学术研究类的是授课的重要主题。

结合以上数据对比分析，2022年度新闻传播学科教师国际交流的新特点呈现为：

①参与国际交流的主动性更加凸显。2022年度各大高校的出国交流人数、国际会议的参与人次、国际会议的举办场次、邀请海外学者讲座次数均有提升。尤其在参与国际会议和主办国际会议方面，同2021年相比数量有大幅度攀升。特别是2022年首次在北京成功举办国际媒介与传播研究学会(IAMCR)学术年会，充分体现了我国高校教师

在国际学术交流中的突出能力和主动权。

②线下国际交流的频次不断上升。过去一年中我国的新冠疫情得到有效控制，国际交流限制也随之放开，高校教师线下国际交流的意愿增强。尽管新冠疫情的影响尚未完全消失，但采取线下参会方式的人次和实地访学人数相较于 2021 年均有所增加。通过实地面对面参与国际会议，进一步开拓高校教师的学术资源、促进学术交流。

③国际课程的师资力量持续拓展。2022 年度高校邀请海外学者开展讲座和课程的数量和质量均有所提升，海外学者讲座与授课的内容涵盖更广泛、议题更多元。除了新冠疫情和国际传播的议题之外，海外学者的讲座关注智媒技术和新闻传播理论前沿。国际课程切合新闻传播实践，着重培养学科人才。充分利用海外院校的师资力量，不断拓展国内师生的国际视野和全球化思维。

④国际交流的议题聚焦扎根现实。随着疫情得到控制，国际交流的议题虽然对疫情和健康传播仍有关注，但是更聚焦过去一年里全球出现的新变化。无论是俄乌冲突带来的国际局势突变，还是智媒技术得到突破，国际交流的议题始终紧紧扎根现实，以应对全球性的风险和危机。这深刻体现了我国高校教师作为新闻传播学国际化人才的学术关照和人文关怀。

尽管高校教师国际交流的层次更加丰富多元，但是在以下方面依然有提升空间。

①出境访学的学术成果较少。过去一年中出境交流的高校教师人数和时长都有所增加，不少教师以访问学者的身份出国访学。虽然访学成果以论文、智库报告、作品集等形式呈现，但是总体来看数量依然较少，六成学者并未注明访学成果。

②国际交流的资助比重不均衡。外出交流的资助来源近六成为国家资助，其次是自费，占比 20%。来自学校学院的资助较少，仅有 7%。同 2021 年相比，国家资助的比重上升，学校学院的资助比重进一步下调。从国家角度看，对于高校新闻传播学科教师外出交流访学的认可度较高，给予高度支持和肯定。从学校角度看，资助金额和能力有限，相较于对理科、工科和医学类的资助，对于新闻传播学科的资助需要加强。

③中外合作交流项目的进展需要推进。相较于 2021 年，我国高校的中外合作交流项目有了新发展，开展中外合作交流项目的高校和项目数量均有明显增长。但是项目总数依然较少，项目进展和成果仍处于在研状态，除了上海大学新闻传播学院和美国南加州大学的合作项目举行过一次首席外国专家讲座，其余高校的中外合作交流项目缺少阶段性的项目进展报告和项目成果公布。

3.8.3 发展启示及建议

教育是立国之本、强国之基。为实现中华民族的伟大复兴，在国际社会上掌握话语权和主动权，我国亟待推动高等教育国际化。作为高等教育的引路人，高校的新闻传播学科教师应当积极顺应世界趋势和时代呼唤，持续推进我国新闻传播学的国际化进程，培养出拥有国际视野和家国情怀的新闻传播学人才。要想实现新闻传播学科的国际化，必须先实现高校新闻传播学科教师的国际化。只有在和世界的对话交流中，和海外的求同存异中，了解国际学界的新发展新变化，不断锤炼高校教师的国际学术交流能力与水平，才能发展壮大我国的新闻传播学科。

首先，继续保持国际交流的主动性。过去一年中，我国高校参与国际学术交流的人次不断攀升，主办了多场国际会议，甚至首次主办国际媒介与传播研究学会学术年会。这些实践充分说明我国新闻传播学科教师保持在国际交流中的主动性，在之后的国际交流中也应当持续激发积极性以谋求主动性，积极参与或主办国际学术会议，通过会议论文、开场演讲等方式进行学术切磋，扩大我国新闻传播学科日益扩大的国际影响力。

第二，持续挖掘海外高校师资力量。加强同海外高校的合作，充分挖掘海外课程的师资力量，结合国内新闻传播学科的发展现实设置课程，帮助国内师生了解国际学界业界的前沿发展，锻炼媒体实务与专业技能。同时，国内教师可以寻求和国外学者的合作授课，打破语言壁垒，推动国际课程本土化移植。

第三，不断加强和国际期刊的合作。鉴于目前出国访学的学术成果较少，且学术成果的国际性不强。高校应当加强和国际期刊的合作，一方面共同设立访学成果产出的鼓励机制，对发表优质国际性论文的教师给予嘉奖和肯定，推动出境交流的高校教师产出学术成果的积极性。另一方面，寻求和国外机构共同研究和发表论文的机会，从而提升我国高校教师的国际学术交流能力。

第四，坚持推进中外合作交流项目。由于当前高校的中外合作交流项目受制于长期合作的磨合，最终成果出现需要时间，存在着项目推进不明的问题。高校应当对阶段性的项目进展和项目成果进行公布和分享，可以通过讲座、论文等形式对外展现。同时，各高校应充分挖掘本地的特色文化资源和学术资源，推进更多契合本院校发展特色的中外合作交流项目出现。

（山东大学新闻传播学院　邱凌、李佳汶）

4. 学生事务篇

4.1　2022 年全国新闻传播类院系本科专业招生与就业情况

4.1.1　本科专业招生情况

4.1.1.1　本科专业增减情况

在现有 2022 年 68 所高校的数据中，有 4 所高校的新闻传播院系进行了专业调整，其中新增最多的专业为国际新闻与传播(见表 4-1)。

表 4-1　**2022 年本科专业增减情况**

学校	新增专业	停办专业
四川外国语大学	国际新闻与传播	
西藏民族大学	广告学(专升本)，隔年招	
厦门大学	国际新闻与传播	
宁夏大学	播音与主持艺术	

教育部在《2018 年度普通高等学校本科专业备案和审批结果》中，新增了国际新闻与传播专业。党的十八大以来，习近平总书记就加强国际传播能力建设多次做出重要论述，强调要构建具有鲜明中国特色的战略传播体系，着力提高国际传播影响力、中华文化感召力、中国形象亲和力、中国话语说服力、国际舆论引导力。近年来，为响应加强我国国际传播能力建设的现实需求，培养具有家国情怀和国际视野的人才，各大高校相继新增了国际新闻与传播专业。

在接受未来网采访时，厦门大学招生办公室主任刘艳杰表示，为服务国家和区域发展，2022 年厦门大学新增国际新闻与传播专业，旨在为中国主流媒体培养复合型国际传播人才，培养学生善用马克思主义新闻观武装头脑，具备跨文化沟通能力和全媒体传播技能，能够对外讲好中国故事，传播好中国声音，向世界展示真实、立体、全面的中国。

4.1.1.2 本科专业招生情况

新闻传播学本科招生主要分为新闻传播学大类、新闻学、广告学、广播电视学、网络与新媒体、传播学等专业，同时部分高校还设置了公共关系、戏剧影视文学等专业。

在采集到的 68 所学校中，新闻传播学大类招生人数最多，为 6167 人，占当年新闻传播学类招生总人数的 52. 3%(见图 4-1) 。

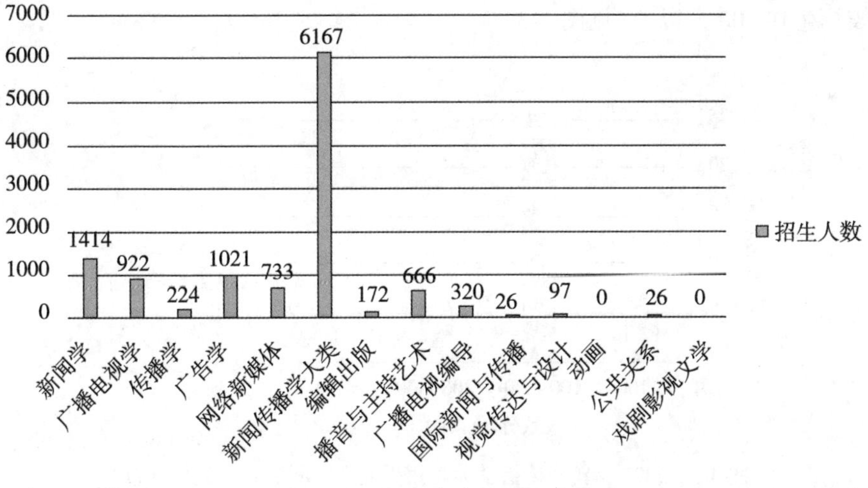

图 4-1　2022 年各专业招生人数

除新闻传播学大类外，新闻学招生人数最多，占当年招生总人数的 11. 99%。其次是广告学专业人数占 8. 66%，广播电视学占 7. 82%，网络新媒体占 6. 21%。

值得注意的是，与 2020 年、2021 年数据相比，新闻传播学大类招生首次突破 50%。大类招生符合“宽口径、厚基础、多元化”的人才培养理念，能够进一步增强学生学习积极性和主动性，促进学生全面发展与个性成长，更好地适应国家和社会发展对人才的需求(见图 4-2) 。

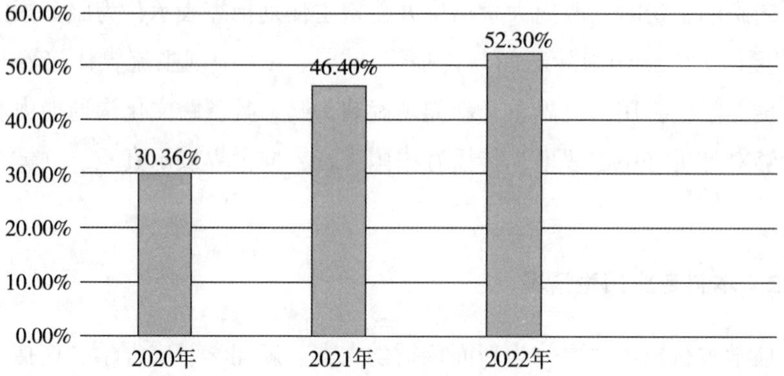

图 4-2　2020—2022 年新闻传播学大类招生占比

在新闻传播学大类招生数据中，浙江万里学院招生人数最多，占新闻传播学大类招生总人数的 6.4%。新闻传播大类招生方面，大多数高校招生数量在 100~200 人，只有个别高校招生在 300 人以上(见图 4-3)。

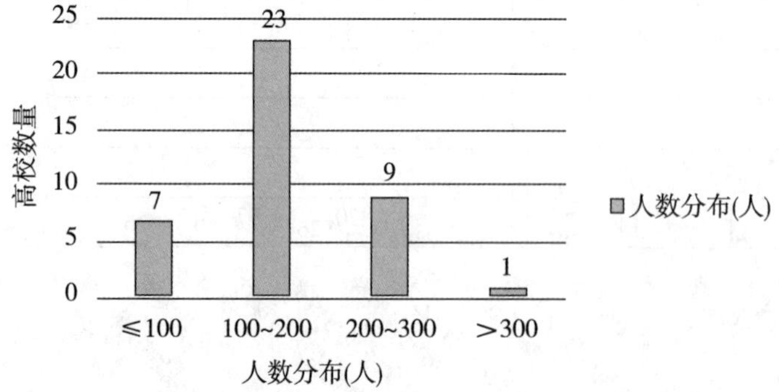

图 4-3　2022 年新闻传播学大类招生人数区间的高校数量分布

新闻传播学大类招生的学校最多，占 2022 年度统计总学校数的 30.5%，其次是新闻学，占总学校数的 16%。

4.1.1.3　学校招生情况

在新闻传播学类招生人数排名中，招生人数最多的高校是暨南大学。暨南大学在本科教育方面，设有新闻学、广告学、广播电视学、网络与新媒体、播音与主持艺术 5 个专业。其中，新闻学(2019)、广告学(2019)、网络与新媒体专业(2021)为国家级一流专业，广播电视学分别在2019年获批省级一流专业，2020年获批国家级一流专业(见图4-4)。

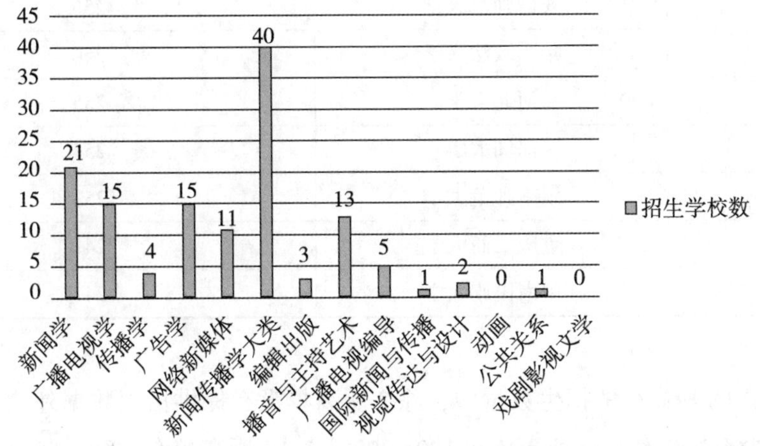

图4-4　2022年各专业招生学校数

浙江万里学院招生人数排名第二，该校的文化与传播学院建于1999年，目前设有新闻学、广告学、编辑出版学、网络与新媒体五个专业方向。其中，新闻学为国家特色专业；2012年开办的网络与新媒体专业，2019年被评为浙江省一流专业。该校的网络与新媒体专业经过多年的培育发展，形成了政务新媒体实务、网络舆情监测与分析、网络直播三个专业特色方向(见表4-2)。

表4-2　**2022年招生数量排名前15学校**

序号	学校	招生人数
1	暨南大学	921
2	浙江万里学院	395
3	洛阳师范学院	382
4	武汉体育学院	306
5	济南大学	300
6	兰州财经大学	281
7	河南工业大学	264

续表

序号	学校	招生人数
8	西安外国语大学	257
9	安徽师范大学	256
10	华东政法大学	256
11	河北大学	255
12	深圳大学	254
13	湖南师范大学	253
14	重庆工商大学	241
15	中南民族大学	241

在统计的 68 所高校的招生数量中，除 2 所高校没有提供招生数据外，有 9 所高校的招生人数少于 100 人，34 所高校在 100～200 人，18 所高校在 200～300 人，4 所高校在 300～400 人，1 所高校大于 400 人(见图 4-5)。

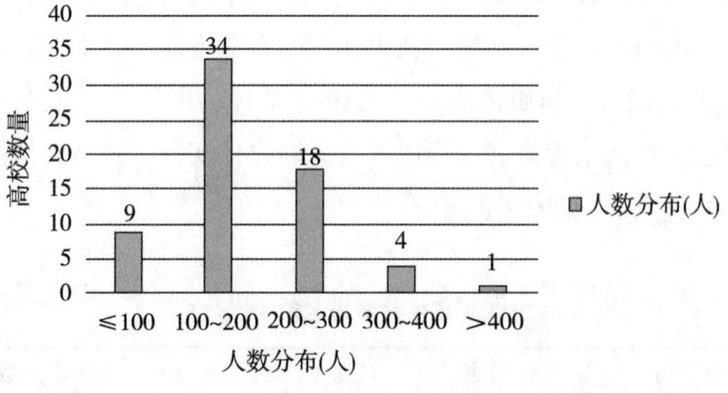

图 4-5　2022 年各专业招生人数区间的高校数量分布

4.1.2　本科毕业生情况

4.1.2.1　本科毕业生情况

2022 年 9 月 9 日，在中共中央宣传部举行教育改革发展成效新闻发布会上，教育部部长怀进鹏介绍：2022 年高校毕业生总规模达到 1076 万，同比增长 167 万，规模首次突破千万。将毕业人数具体到新闻传播学类专业上，在统计的 68 所院校内，2022 年毕业生总人数为 12263 人。

具体而言，新闻学专业毕业生人数最多，高达 3144 人，其次为广告学专业，人数为 2039 人，毕业生人数最少的是公共关系专业，为 40 人(见图 4-6)。

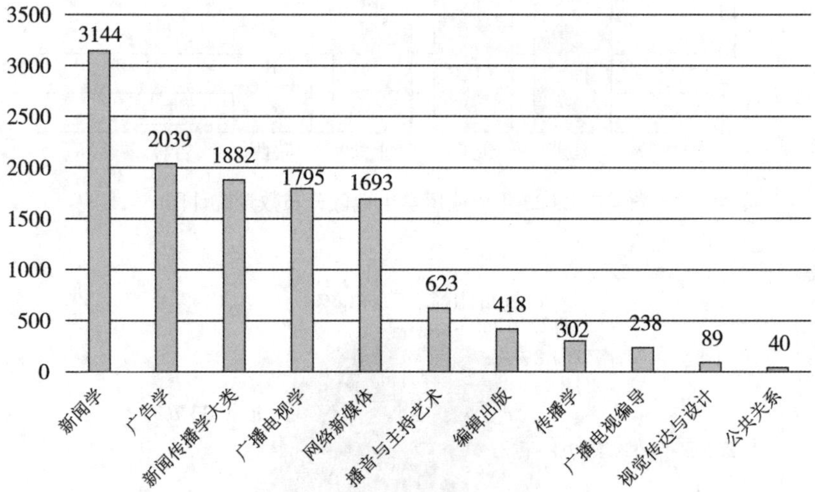

图 4-6　2022 年各专业毕业人数

4.1.2.2　本科毕业留学生情况

统计范围内，当年毕业留学生共 89 人。根据图 4-7 所示，当年新闻传播学类专业毕业留学生多分布在南部沿海、北方等地区高校。

其中北京和苏州留学生人数相同，均为 30 人，均占全部毕业留学生人数的 33.7%；上海次之，人数为 14，占比 15.7%。从留学生人数来看，地域的经济发展状况是影响留学生选择高校的因素之一，同时，也能看出留学生更倾向于选择经济发展水平高、对外开放程度较高的城市。除此之外，在吉林与西安也有毕业的留学生，分别毕业于吉林大学和西安交通大学。由此可见，留学生在选择高校时，高校自身办学实力也是留学生在择校时会纳入考量的指标之一(见图 4-8)。

从院校来看，清华大学和苏州大学的毕业留学生人数最多，均为 30 人；其次为复旦大学，有 14 人；然后是南京大学，毕业留学生人数为 7 人(见图 4-9)。

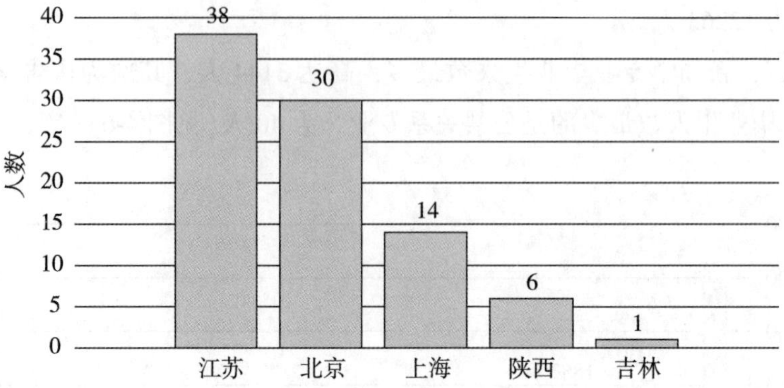

图 4-7　2022 年毕业留学生地区分布数量统计图

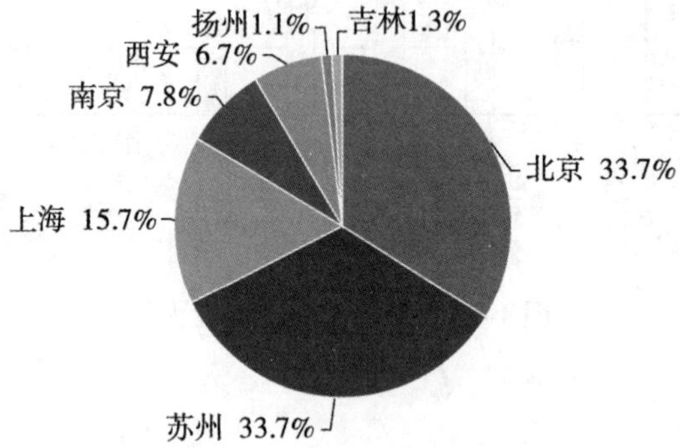

图 4-8　留学生地理分布占比情况

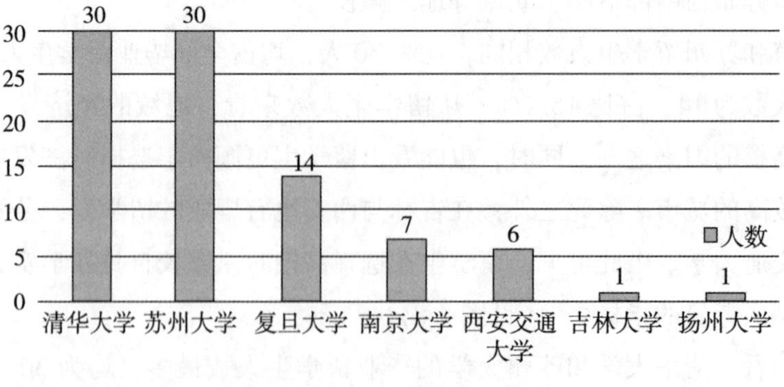

图 4-9　毕业留学生院校分布

4.1.2.3 本科毕业生升学情况

2022年高校毕业生规模首次突破千万。2022年5月26日，在第二十届中国国际人才交流会上，科技部部长王志刚介绍，2021年回国创新创业的留学人员首次超过100万。同时，根据智联招聘官方发布的《2021中国海归就业创业调查报告》数据来看，受到疫情等不确定性因素的影响，2021年回国求职留学生的数量保持疫情后高位，可见海归回国发展意愿增强已是趋势。在高校毕业人数持续上涨的情况下，留学生回国就业的人数也在不断上涨，这也直接导致了2022年中国国内就业难度增加，高校毕业生就业形势严峻。

而从毕业生升学的另一个影响因素——研究生的招生政策上看，在2020年教育部正式发布的《关于加快新时代研究生教育改革发展的意见》中，就已明确未来五年内研究生招生将持续扩招，"考研热"一直居高不下。具体到新闻传播学类专业，2021年7月26日，教育部正式发布的《2020年学位授权审核结果公示》审核结果显示，新增新闻传播学(学硕)硕士点4所，新闻与传播(专硕)硕士点51所，这意味着，有55所新增高校可招收新闻传播学类专业的研究生，而这一变化也影响着新闻传播学类毕业生的升学选择。

在毕业人数突破新高，就业形势艰难，研究生招生政策三重因素的影响下，2022年高校毕业生选择继续升学的比例也在持续增长。2022年高校新闻传播学类各专业毕业生升学人数占到了毕业总人数的22.72%，升学人数为2789人。这里要注意的是，2022年所统计的学校数量为68所，而2021年所统计的学校数量为102所，因此不能简单地将升学人数进行对比。但结合升学率的数据来看，2021年的升学率为19.72%，2022年的升学率为22.72%，2022年的升学率仍然呈增长趋势(见图4-10)。

具体来看，2022年各专业的升学率都较为平均，主要集中在16%~28%，其中广播电视编导与新闻传播学大类较之其他专业稍有优势，升学率分别为27.73%和25.93%，而视觉传达与设计和编辑出版专业升学率较低，分别为16.85%和16.75%。另外，公关关系专业由于招生学校和招生人数较少，且大部分学生选择升学，因而其升学率最高，高达55%(见图4-11)。

相较2021年，2022年大部分专业升学率均有小幅度上升，其中公关关系专业的上升幅度最大，增幅22.57%，其次为广播电视编导专业上升了11.15%，其他专业升学率上升幅度集中在1%~6%。另外传播学、编辑出版、视觉传达与设计三个专业升学率有

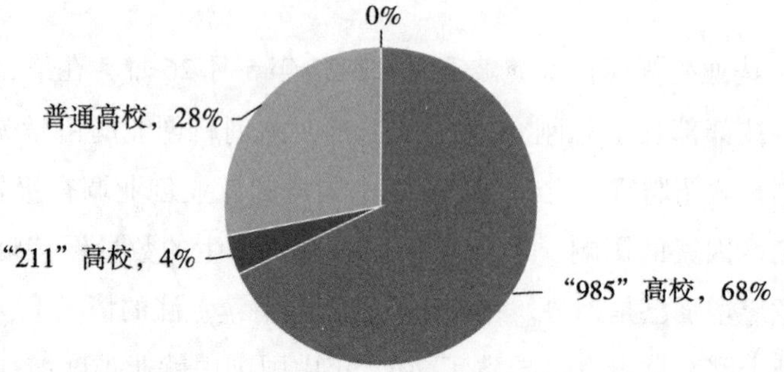

图 4-10　2022 年与 2021 年升学率对比

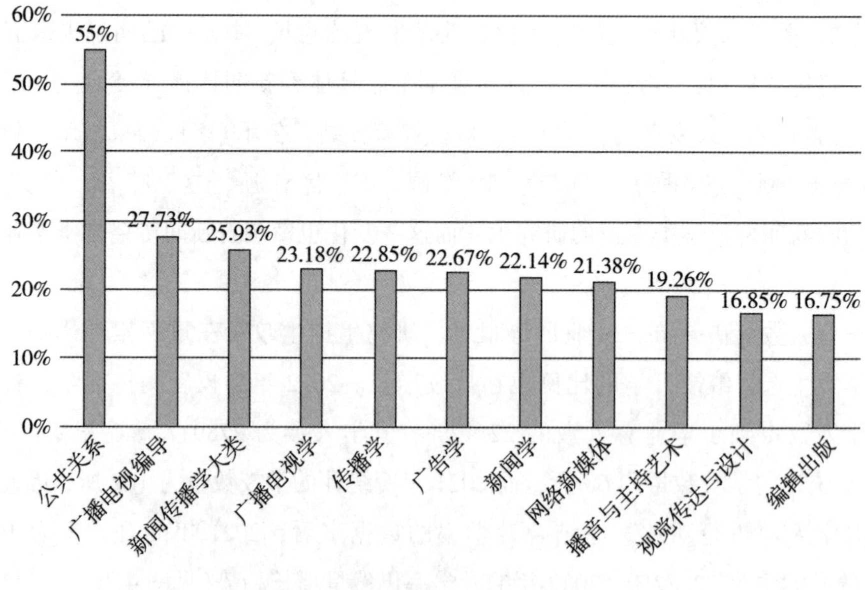

图 4-11　2022 年各专业升学率

所下降，其中传播学专业下降幅度最大，降幅 5. 49%，其他两个专业分别下降了 3. 44% 和 2. 72%(见图 4-12)。①

4. 1. 3　本科毕业生就业情况

2022 年度各高校新闻传播类毕业生的就业信息统计包括四项：协议就业、灵活就

① 注：相较 2021 年，2022 年统计专业有所增减，故在上述对比中，以共同统计专业为基准。

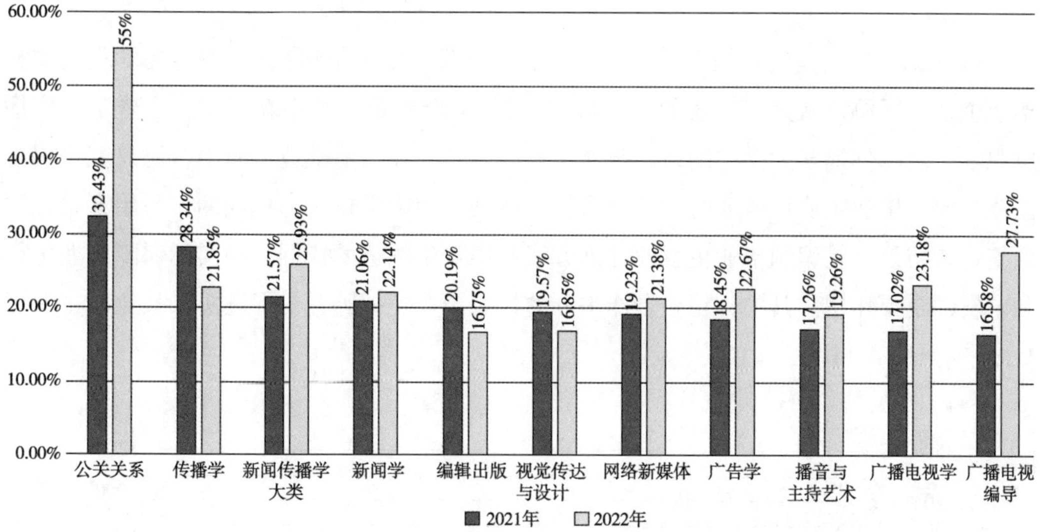

图 4-12　2021 年与 2022 年各专业升学率对比

业、自主创业与其他。由图 4-13 可知，协议就业去向占比 65%，仍然占据主流，灵活就业占比 26%，自主创业占比最低，占比 3%，其他去向占比 6%。

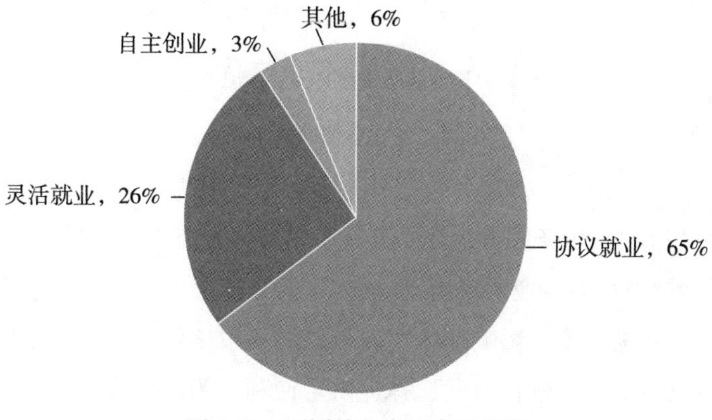

图 4-13　不同就业类型占比情况

以下将对四项就业情况分别展开分析。

4.1.3.1 协议就业

协议就业在整体就业情况中占比 65%，排名第一，有 4482 名新闻传播学类的本科毕业生选择了协议就业，涵盖的专业最多，共 11 个专业。其中新闻学、广告学、广播电视学、新闻传播学大类、网络新媒体位居前五名。在当前就业去向中，协议就业仍是主流去向。毕业生协议就业时需签订协议就业书，即由学校参与见证的，与用人单位协商签订的协议，是编制毕业生就业计划方案和毕业生派遣的依据，在实际保障毕业生权利中发挥重要作用。其中，校企合作举办的校园毕业生招聘会是促进协议就业的主要途径之一(见图 4-14)。

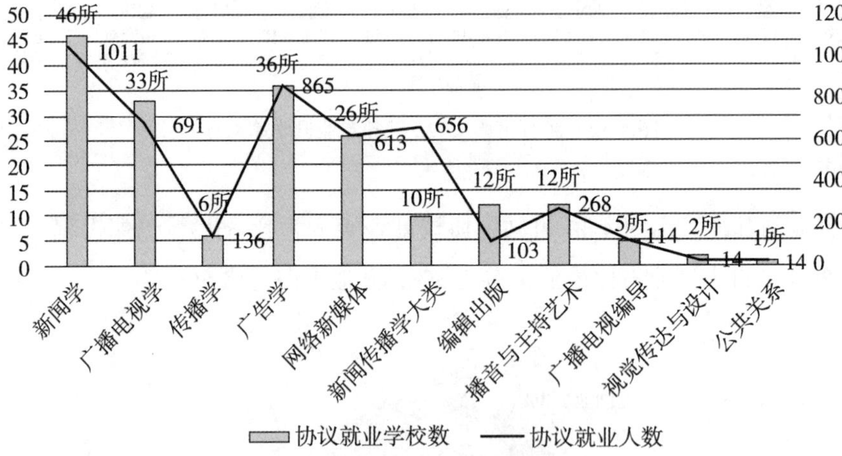

图 4-14　各专业协议就业情况

2022 年 5 月发布的《国务院办公厅关于进一步做好高校毕业生等青年就业创业工作的通知》强调要支持中小微企业更多吸纳高校毕业生就业，在简化毕业生协议就业入职办理手续的同时，鼓励受疫情影响地区用人单位与高校毕业生实行网上签约。此项举措为中小微企业与应届毕业生进行双向选择提供了便利，为稳定高校毕业生协议就业提供了保障。

4.1.3.2 灵活就业

灵活就业是指在劳动时间、收入报酬、工作场所、保险福利、劳动关系等方面不同于建立在工业化和现代工厂制度基础上的传统主流就业方式的各种就业形式的总称。其形式主要有以下两种类型。一是非正规部门就业，即劳动标准、生产组织管理及劳动关系运作等均达不到一般企业标准的用工和就业形式，主要是指小型企业、微型企业和家庭作坊式的就业。二是独立于单位之外的就业形势，包括自由职业者，律师、自由撰稿人、歌手、模特、中介服务工作者、家庭小时工、街头小贩、其他类型的打零工者等。2022 年新闻传播类专业灵活就业在四种就业中占比 26%，也就是说有超过四分之一的毕业生选择灵活就业，涵盖 1795 人，涉及 11 个相关专业。从各专业来看，新闻学、广播电视学、广告学、网络新媒体与播音与主持艺术专业涵盖的学校与人数较多，其中新闻学专业中有 36 所学校，共 528 人选择了灵活就业(见图 4-15)。

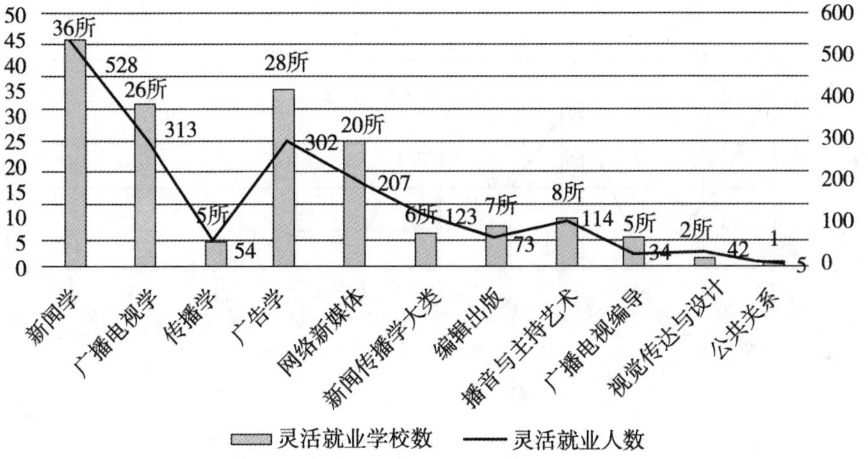

图 4-15　各专业灵活就业情况

中国共产党第二十次全国代表大会的报告强调，要“健全劳动法律法规，完善劳动关系协商协调机制，完善劳动者权益保障制度，加强灵活就业和新就业形态劳动者权益保障”。加强灵活就业和新就业形态劳动者权益保障是构建和谐劳动关系、促进高质量充分就业的重要内容。报告从六个方面论述加强灵活就业和新就业形态劳动者权益保障的具体措施，为大学生灵活就业保驾护航。

具体到新闻传播类专业，应届大学毕业生作为“Z 世代”的典型代表，具有乐于尝新、自信、多元的特点，因此自媒体行业是新闻传播类专业学生灵活就业的主要选择职业。例如 Z 世代自媒体代表@七颗猩猩，系湖北大学新闻学专业 2022 届毕业生，王志欣(@七颗猩猩本人)从大学二年级就开始有计划地写脚本、尝试拍摄短视频。在毕业后，她并未选择按部就班地投简历、找工作，而是发挥自己新闻学专业的优势，捕捉时下热点，凭借清奇的脑洞、丰富的想象力、独特的切入视角，在短视频平台积累了大量粉丝，并且带着自己的团队签约了 MCN 机构。到目前，“七颗猩猩”账号已经和京东、花西子、得物等诸多品牌及 App 有过合作，其团队账号总流水达到了每月 70 万元以上，成为高校毕业生灵活就业的模范样本。

4.1.3.3 自主创业

自主创业在整体就业中占比为 3%，共 213 人。涉及新闻传播学类 8 个专业，其中新闻学、新闻传播学大类、广告学专业位居前三(见图 4-16)。

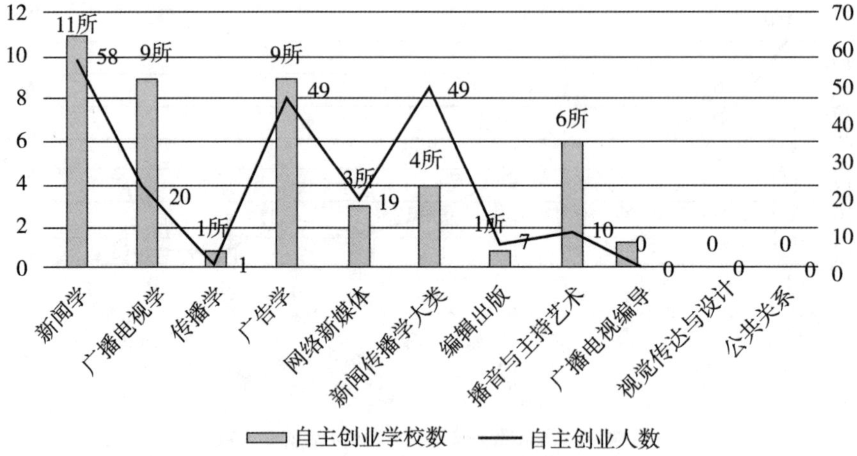

图 4-16　各专业自主就业情况

总体来看，当前选择自主创业的新闻传播类毕业生仍在少数。排除新冠疫情等外在因素，大学生自身仍存在诸多不足，具体可以归结为以下三点：第一，社会经验不足，对创业盲目乐观，但缺乏勇于受挫的心理素质；第二，急于求成，缺乏市场意识及商业管理经验；第三，市场观念较为淡薄，对创业抱有过多期待。

解决以上问题，一方面需要各高校进一步提高对大学生创业宣传以及创业意识的培养，提高大学生自主创业能力。另一方面，高校、社会、政府应形成合力，打通人才聚合通道。

值得一提的是，2023 年 4 月人社部《关于开展 2023 年高校毕业生的高校毕业生等青年就业创业推进计划的通知》指出：要开展创业服务支持行动，开展更加多元的创业指导和交流活动，搭建资源对接平台，提升高校毕业生等青年的创业意识和创业能力。

与此同时，为鼓励毕业生自主创业，不少高校的新闻传播学院积极开设大学生创新创业课程，筹办大学生创新创业项目。例如，为了帮助高校青年稳就业、促创业，中国乡村发展基金会联合渣打银行共同发起了大学生就业赋能计划，通过为高校大学生提供就业培训，支持大学生团队开展“三农”实践项目等方式，赋能青年，提升青年就业及个人综合能力。

4.1.3.4 其他就业

高校毕业生就业统计去向中的“其他”是指就业类型较小众，无法具体划分到某一大类的就业去向。统计范围内“其他”就业在整体就业中占比为6%，共有435名毕业生选择其他就业。涉及的新闻传播学类专业有9个，其中新闻传播学大类、广播电视学、网络新媒体专业位居前三(见图4-17)。因为大部分学校未明确统计“其他”就业学生具体去向，从部分学校给出的信息中可以得到大体去向(共涉及428人)，如表4-3所示。

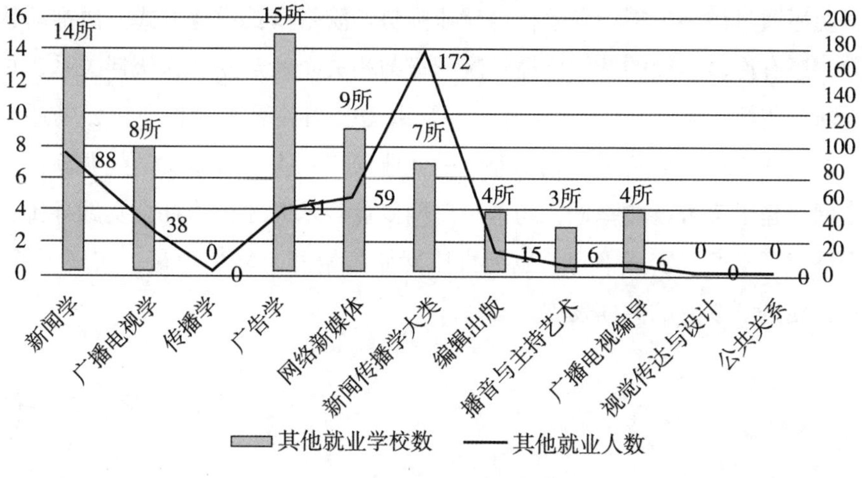

图4-17 各专业其他就业情况

表4-3 **2022年新闻传播类专业毕业生“其他就业”情况统计**

去向	考取公务员	西部计划	基层项目	科研助理	参军入伍	“三支一扶”	考取第二学位	出国出境
人数	95	26	129	78	32	4	4	60

从这些数据可以看出，2022年新闻传播类毕业生对于政府及事业单位、考取公务员等稳定性就业去向的热情相对较高。在人社部2023年4月开展的“高校毕业生等青年就业创业推进计划”的十项具体行动中，其中一项针对稳岗扩岗行动，要求公共部门应积极稳定机关事业单位、国有企业招录(聘)规模，结合实际适当增加“三支一扶”、农村特岗教师、大学生志愿服务西部计划和科研助理岗位招聘人数，支持推进实施“城乡社区专项计划”“村医专项计划”，加快事业单位招聘进度安排。这在很大程度上拓展了毕业生就业渠道，起到了稳定就业的作用。

通过资料搜集，2022年度各高校的新闻传播学院为促进学生就业都做出很多努力。如中国传媒大学为强化毕业生就业服务，成立CUC中传就业微信公众号，为学生汇总、更新宣讲会与招聘会信息，提升毕业生就业信息获取效率，降低就业信息获取成本。暨南大学新闻传播学院在微信公众号平台开设《招聘资讯》专栏，按照地域、互联网大厂、传统媒体、国企、事业单位等划分标准为毕业生提供精准就业信息。另外，黑龙江大学新闻传播学院在微信公众号平台设立《新闻就业》专栏，该专栏除分享就业资讯外，还邀请本学院已就业学生分享个人就业经验，为毕业生互相借鉴、互相鼓励搭建了有效平台。该学院还通过访企拓岗、联手校内就业强势学院搭车推广等方式方法推动就业。

另外，还有许多学校的新闻传播学院积极与相关企业建立合作伙伴关系，如青岛大学文学与新闻传播学院在2023年4月与喜马致远公司签署了合作协议，畅通了学院和用人单位的合作通道，拓宽了学院毕业生的就业渠道；吉林大学文学院暨新闻传播学院则与央广网共建了实习就业基地，聘请央广网专业技术人才作为社会实践导师，不仅为吉大学子搭建了学习、实践平台，也为央广网储备培养了新生力量，实现了资源共享、优势互补，促进了双方的共同发展。

(黑龙江大学新闻传播学院　姜德锋)

4.2　硕士研究生

2022年是党的十八大召开十周年，是习近平总书记对研究生教育工作作出重要指示两周年。党中央、国务院高度重视研究生教育。习近平总书记指出，“研究生教育在培养创新人才、提高创新能力、服务经济社会发展、推进国家治理体系和治理能力现代化方面具有重要作用”，明确要求“推动研究生教育适应党和国家事业发展需要，坚持

‘四为方针’，瞄准科技前沿和关键领域，深入推进学科专业调整，提升导师队伍水平，完善人才培养体系，加快培养国家急需的高层次人才”。这是新时代研究生教育改革发展的根本遵循。

近十年来，全国800多个研究生培养单位向经济社会发展主战场输送了650多万名硕士；在稳步发展学术学位的同时，大力发展专业学位，硕士专业学位授予人数占比从2012年的35%增至2021年的58%，专业学位与学术学位同等重要、分类发展的理念深入人心。

2022年我国硕士研究生培养规模继续稳步提升。3月23日教育部召开新闻发布会，据教育部发展规划司司长刘昌亚介绍，2022年全国共招收硕士研究生110.35万人，比上年增长5.28万人；专业学位硕士招生将近70万人，占比在60%以上。今后发展过程当中逐步扩大专业学位研究生的占比，为国家培养实践型、应用型高端人才，培养能够解决实际重大技术问题和技术攻关的高级工程师、高级技能人才等。

4.2.1 多所新闻传播院系开展学位授权点自评估

2022年5月12日，北京工商大学传媒与设计学院召开新闻与传播专业硕士学位授权点自评估专家论证会。论证会专家组成员包括全国新闻与传播专业学位研究生教育指导委员会副主任委员、北京大学新媒体研究院院长谢新洲教授，新闻与传播专硕教指委委员、中山大学传播与设计学院院长钟智锦教授，新闻与传播专硕教指委委员、人民日报社理论部副主任彭国华，中国新闻史学会常务理事、天津师范大学新闻传播学院院长李秀云教授，中国经济传媒协会副会长、《经济参考报》原总编辑杜跃进。

传媒与设计学院院长王擎对新闻与传播专业硕士学位授权点的总体情况作了汇报，并重点介绍了学位授权点概况、人才培养质量和特色、科学研究与社会服务、条件建设和制度保障。专家组通过教师座谈会，进一步了解新闻与传播专业硕士学位授权点的课程体系构建思路、实践性教学环节的开展情况以及毕业研究生的就业情况；通过与2020级和2021级在校生代表座谈，进一步了解研究生奖助水平和覆盖面、参与学术训练和进行实习实训的相关情况以及研究生学习满意度。

经评议和讨论，专家组一致认为北京工商大学新闻与传播专业硕士学位授权点坚持需求导向，力求错位发展，培养目标明确，在校生满意度高，人才培养相关成果对首都经济社会发展具有持续的促进作用。专家组建议学位授权点进一步凝练人才培养特色，精准分析北京市对新闻传播人才的需求，突出人才培养优势，提高人才培养成果与首都经济社会发展的匹配度。

2022 年 10 月 28 日，华南师范大学教育信息技术学院新闻与传播硕士专业学位建设点周期性评估专家论证会在线上举行。此次会议评估了新闻与传播硕士专业学位点当前状况，并对学位点未来发展方向提供建议。专家组成员包括全国新闻与传播专业学位研究生教育指导委员会委员、湖南大学新闻与传播学院原院长彭祝斌，上海大学新闻与传播学院院长严三九，中山大学传播与设计学院副院长钟智锦，广东省广告集团股份有限公司 CEO 杨远征，人民日报社传播内容认知国家重点实验室资深研究员张鸫。专家建议在目前的基础上，对课程进行模块化梳理，强化专业方向课程板块设计，同时增加国际合作交流等特色项目。随后，专家与师生就平台如何支持学生实习实践、学生就业去向、校外导师指导情况等进行沟通交流。专家组按照评估指标体系，结合会前的材料审阅、现场汇报、师生座谈会等多方面的情况，进行了充分深入的讨论，综合各位专家意见，填写专家论证意见表。

12 月 3 日，湖南大学新闻与传播学院召开新闻与传播硕士专业学位授权点合格评估专家评审会。专家组由全国新闻与传播专业学位研究生教育指导委员会副主任、北京大学新媒体研究院院长谢新洲担任组长，成员包括上海交通大学媒体与传播学院院长李本乾、华中科技大学新闻与信息传播学院副院长郭小平、湖南广播影视集团编委会副总编辑彭国元、长沙市广播电视集团党委副书记及高级记者潘开政等。专家组认为，新闻与传播硕士专业学位授权点培养目标明确，毕业生适应社会和行业需求。新媒体内容生产方向有特色，人才培养方案设计合理，符合新闻与传播专业硕士研究生培养要求。师资队伍结构合理，形成了专兼结合的教学团队，建立了产教协同育人机制，科学研究与社会服务成效显著。研究生培养与学位论文质量较高，研究生奖助体系较完备，研究生就业情况良好。同时，专家们针对学位点存在的不足及今后的发展规划提出了意见。

2022 年 11 月 19 日，中南大学文学与新闻传播学院举办新闻与传播硕士专业学位点合格评估专家评审会。专家评审组成员包括华东师范大学副校长雷启立、清华大学新闻与传播学院教授陈昌凤、中国人民大学新闻学院执行院长周勇、华中科技大学新闻与信息传播学院院长张明新、南京大学新闻传播学院执行院长张红军、北京大学新闻与传播学院教授陆地、湖南日报社副总编辑颜斌、湖南大学新闻与传播学院教授彭祝斌、云南大学新闻学院(南亚东南亚国际传播学院)院长廖圣清。

专家组指出，中南大学新闻与传播硕士专业学位点培养目标合理，学位授予标准明确，办学定位及特色突出；对接国家战略需要与行业发展需求，设置了融媒体传播实务、文化品牌与文化传播、健康传播三大学科交叉的特色研究方向；建成了学科交叉融合型师资队伍，学术梯队结构合理，学科带头人具有较高学术造诣；科研成果显著，具有较高学术水平与学术价值；课程设置合理规范；奖助体系制度、导师管理制度健全，学术训练和实践教学制度完善；毕业生学业成果丰硕，就业率高；在社会服务等方面具有明显的优势和特色。学位点在学科建设、科学研究、人才培养、服务贡献等方面取得了突出成绩，较好地达到了国家硕士学位授予单位的要求。专家们强调，应结合学科发展与区位优势，深入优化人才培养特色、规模与质量；围绕三大研究方向，进一步完善学科交叉培养机制与课程体系设置，完善人才培养方案；加快产学研深度融合，加强实验室建设等。

4.2.2 新闻传播学科新增硕士学位授权点

2022 年 7 月 12 日，国务院学位委员会发布《国务院学位委员会关于下达 2021 年动态调整撤销和增列的学位授权点名单的通知》(学位〔2022〕11 号)，公布了 2021 年动态调整撤销和增列的学位授权点名单，内蒙古师范大学获得新闻传播学一级学科硕士学位授权点，中国社会科学院大学、昆明理工大学获得新闻与传播硕士专业学位授权点。

2022 年 7 月 12 日，国务院学位委员会发布《国务院学位委员会关于下达 2021 年学位授权自主审核单位撤销和增列的学位授权点名单的通知》(学位〔2022〕12 号)，公布了 2021 年学位授权自主审核单位撤销和增列的学位授权点名单，其中天津大学获得新闻传播学一级学科硕士学位授权点。

2022 年 5 月 28 日，华侨大学召开自主增列新闻传播学一级学科硕士学位授权点专家论证会。专家组由国务院学位委员会第八届新闻传播学学科评议组成员、教育部高等学校新闻学学科教学指导委员会委员、清华大学新闻与传播学院常务副院长陈昌凤担任组长。与会专家针对学科方向、师资队伍、人才培养、课程设置等内容进行了质询与研讨。专家组一致认为，华侨大学增列新闻传播学一级学科硕士学位授权点，有利于贯彻落实习近平总书记关于加强国际传播能力建设的重要讲话精神，服务国家战略需求，契合福建省对外宣传工作需要，符合学校“为侨服务，传播中华文化”的办学宗旨。建议学校继续加大支持和建设力度，在新闻传播学学科建设过程中要“入主流”“显特色”，充分发挥自身优长，进一步凝练学科方向，加强师资队伍建设，创新人才培养模式，保持学科发展的可持续性。经专家组充分论证，一致同意华侨大学增列新闻传播学一级学科硕士学位授权点。

2022 年 5 月 30 日，天津大学召开新增新闻与传播硕士专业学位授权点专家论证会。论证会专家组由复旦大学党委常务副书记、全国新闻与传播专业学位研究生教育指导委员会副主任委员裘新担任组长。成员包括中国人民大学新闻学院院长、全国新闻与传播专业学位研究生教育指导委员会副主任委员周勇；中国传媒大学电视学院党委书记、全国新闻与传播专业学位研究生教育指导委员会副主任委员曾祥敏；中央广播电视总台创新发展研究中心召集人、全国新闻与传播专业学位研究生教育指导委员会委员杨华；人民日报理论部副主任、全国新闻与传播专业学位研究生教育指导委员会委员彭国华；南京师范大学新闻与传播学院院长、全国新闻与传播专业学位研究生教育指导委员会委员张晓锋；清华大学新闻与传播学院副院长、全国新闻与传播专业学位研究生教育指导委员会委员周庆安；中山大学传播与设计学院教授、全国新闻与传播专业学位研究生教育指导委员会委员钟智锦；天津海河传媒中心副总裁，天津广播电视事业部总编辑印永清；天津市委宣传部新闻处处长贾自欣；天津大学应用心理研究所所长、心理健康教育中心主任杨丽。

天津大学新媒体与传播学院院长陆小华就新增新闻与传播硕士专业学位授权点作了专题汇报。他从学位点申报必要性和意义、学位点发展现状与支撑条件、学位点定位与目标举措等方面介绍了天津大学建设新闻与传播硕士专业学位授权点的紧迫性与可行性，以及培养既有家国情怀又具有媒体融合实务能力的新闻传播人才的育人规划。随后，与会专家针对新闻与传播硕士专业学位授权点论证方案进行评议，在学科建设、课程设置、人才培养等方面提出了许多宝贵的意见和建议。专家组一致同意天津大学新增新闻与传播硕士专业学位授权点。

4. 2. 3　2022 年新闻传播学科硕士点招生与毕业学生统计

此处列出部分 2022 年全国高校新闻传播学科硕士点招生与毕业生人数(非完全统计)，具体如表 4-4 所示(按音序排列)。

表 4-4　**2022 年新闻传播学科硕士点招生与毕业生人数统计**

序号	授权名称单位	招生人数	毕业人数
1	安徽大学	173	119
2	安徽师范大学	110	99
3	北京大学	111	114

续表

序号	授权名称单位	招生人数	毕业人数
4	重庆大学	95	—
5	重庆工商大学	76	38
6	大连理工大学	58	0
7	复旦大学	263	152
8	广东外语外贸大学	173	114
9	贵州民族大学	45	31
10	贵州师范大学	29	17
11	海南师范大学	42	25
12	河北大学	146	141
13	河北经贸大学	32	23
14	河南财经政法大学	29	22
15	河南工业大学	53	26
16	湖北大学	150	65
17	湖南理工学院	49	40
18	湖南师范大学	126	118
19	华东师范大学	125	111
20	华东政法大学	100	111
21	华南理工大学	86	78
22	华中科技大学	94	150
23	吉林大学	60	69
24	吉林师范大学	23	15
25	济南大学	13	9
26	暨南大学	350	214
27	江西师范大学	86	77
28	兰州财经大学	50	38
29	兰州大学	116	121
30	辽宁大学	100	84
31	南昌大学	81	102
32	南京财经大学	35	35

续表

序号	授权名称单位	招生人数	毕业人数
33	南京大学	85	136
34	南京师范大学	205	172
35	宁夏大学	49	42
36	青岛大学	10	3
37	青海师范大学	21	15
38	清华大学	67	56
39	山东大学	83	101
40	山西大学	74	59
41	陕西师范大学	163	158
42	上海大学	163	140
43	深圳大学	139	82
44	四川大学	126	140
45	四川外国语大学	85	18
46	苏州大学	102	18
47	天津师范大学	69	62
48	同济大学	42	12
49	武汉体育学院	81	55
50	西安交通大学	72	14
51	西安外国语大学	90	56
52	西北大学	171	27
53	西藏民族大学	58	0
54	西南政法大学	169	32
55	厦门大学	148	91
56	扬州大学	25	14
57	云南大学	102	80
58	郑州大学	144	143
59	中国传媒大学	299	369
60	中国地质大学(武汉)	19	18
61	中国政法大学	50	49

续表

序号	授权名称单位	招生人数	毕业人数
62	中南财经政法大学	74	75
63	中南民族大学	63	39

（中国人民大学新闻学院　李兴博、邓绍根）

4.3　博士研究生

党的十八大以来，我国的研究生教育先后实施两轮综合改革，加快建成研究生教育大国，整体保障研究生教育质量，向研究生教育强国稳步迈进，取得历史性成就。经过十年的建设，博士研究生培养取得瞩目成绩。2021 年全国共有在学研究生 333. 2 万人，比 2012 年增加了近一倍，其中在学博士研究生 50. 9 万人。2022 年，博士研究生培养规模继续稳步提升。全国共招收研究生 124. 25 万人，比上年增长 5. 61%。其中，招收博士生 13. 90 万人。在学研究生 365. 36 万人，比上年增长 9. 64%；其中在学博士生 55. 61 万人。

4. 3. 1　新时代十年博士研究生教育建设成绩

十年来，研究生教育紧密服务“四个面向”战略部署，持续完善学科专业结构、人才培养结构，全国 800 多个研究生培养单位向经济社会发展主战场输送了 60 多万名博士，为党和国家事业发展提供了有力人才支撑。中国特色学科专业体系更加完善，新增了网络空间安全、集成电路科学与工程、国家安全学、中医等一批一级学科和专业学位类别，工程专业学位类别由 1 个调整为 8 个，形成了涵盖 14 个学科门类、113 个一级学科、47 个专业学位类别的学科专业目录，覆盖了国民经济和社会发展的主要领域。

在稳步发展学术学位的同时，大力发展专业学位，博士专业学位授予人数占比从 5. 8%增至 9%，专业学位与学术学位同等重要、分类发展的理念深入人心。重点学科领域不断加强。理工农医类一级学科博士点从 2012 年的 1944 个增至 2575 个；“双一流”建设中，理工农医类学科占比达 78. 5%。

区域布局持续优化。服务世界重要人才中心和创新高地建设，北京、上海、粤港澳大湾区博士点占全国的 27.6%；服务“西部大开发”战略，通过政策倾斜支持，促进西部地区博士授权高校占普通本科高校的比例达到并略高于全国平均水平。

学科专业调整机制放管相济，更加灵活，学科专业目录调整周期由 10 年缩短为 5 年，放权 32 所高水平大学自主设置学科专业，赋予所有单位学科专业动态调整和二级学科自主设置权限。十年来，各单位自主设置了近 5000 个二级学科点，通过动态调整主动撤销了 1700 多个学位点，约占全国学位点总数的 10%，存量结构不断优化，快速响应需求能力显著提升。

科研贡献更加突出。近年来新增院士和国家科技三大奖第一完成人中，我国自主培养的博士均占 2/3 左右；国家自然科学基金重点项目成员中，超过 50%为在读研究生，超过 30%为在读博士生；嫦娥飞天、蛟龙入海、高铁飞驰、航母入列，一系列国家重大工程的背后，我国自主培养的研究生已经成为科技创新的主力军。①

4.3.2 《研究生教育学科专业目录(2022 年)》正式公布

2022 年 9 月 13 日，国务院学位委员会、教育部关于印发《研究生教育学科专业目录(2022 年)》和《研究生教育学科专业目录管理办法》。新版目录有 14 个门类，共有一级学科 117 个，博士专业学位类别 36 个，硕士专业学位类别 31 个。这是我国第 5 版研究生教育学科专业目录，随着我国进入新发展阶段，施行 10 年的 2011 年版目录及目录管理机制已不能完全适应新的形势要求。国务院学位委员会办公室负责人介绍，新版目录的主要变化有以下五方面：一是所有门类下均设置了专业学位；二是加强了对科技前沿和关键领域的学科支撑，新设智能科学与技术、遥感科学与技术、纳米科学与工程等一级学科或交叉学科；三是更好地服务国家治理体系与治理能力现代化的需要，新设中共党史党建学、纪检监察学、区域国别学等一级学科或交叉学科；四是加强对弘扬中华优秀传统文化的学科专业支撑，在原有艺术学理论一级学科基础上，设置了艺术学一级学科；五是进一步推进分类培养，强化了对学术型和应用型两类高层次人才培养的基础支撑。②

---

① 培养创新人才方阵，构建一流大学体系——党的十八大以来研究生教育改革发展成就[EB/OL]. [2022-06-14]. http://www.moe.gov.cn/fbh/live/2022/54521/sfcl/202206/t20220614_637227.html.

② 新版研究生教育学科专业目录 2023 年起实施[EB/OL]. [2022-09-14]. http://www.gov.cn/xinwen/2022-09/14/content_5709784.htm.

4.3.3 新闻传播学博士生(研究生)论坛建设逐渐完善

学术论坛成为新闻传播学科博士生(研究生)展示成果、交流思想的重要平台，据不完全统计，2022年全国共举办各类新闻传播学博士(研究生)论坛17个。论坛聚焦不同主题，在观点的碰撞中展现思想的火花。

4月23日，安徽大学新闻传播学院、南京大学新闻传播学院、浙江大学传媒与国际文化学院、中国人民大学新闻学院、中山大学传播与设计学院联合主办的第三届全国新闻传播学研究生“青梅论坛”在安徽大学新闻传播学院举行，来自全国各地高校的六百余名师生参会。青梅论坛共分为5个环节：开幕式—主题演讲—“我向主编提问题”—研究生宣讲—闭幕式。主题演讲环节共有胡翼青、闫岩、赵瑜、钟智锦、崔明伍等人作主题演讲。“我向主编提问题”环节中，《国际新闻界》杂志主编刘海龙、《新闻记者》杂志主编刘鹏、《当代传播》杂志主编郝红、《新闻大学》常务副主编朱春阳、《现代传播》杂志主编隋岩为同学们答疑解惑。此届青梅论坛以“媒介与技术的多维实践”为主题征稿，共收到来自107所高校的390篇稿件，经过评委们严格的匿名评审，最终入围50篇优秀稿件，共设6个分论坛。

5月14日，第六届广东省新闻与传播研究生学术论坛在暨南大学成功举办。此届论坛以“数字媒介时代的传播技术与社会变革”为主题，采用腾讯会议的线上研讨模式，吸引了600多位师生在线上参与学习交流。此次论坛共收到来自60所国内高等院校及研究所博士、硕士研究生180篇投稿，经过8名专家匿名评审后入选60篇论文，最终共评选出一等奖论文5篇、二等奖论文10篇、三等奖20篇。

5月8日，清华大学新闻传播学博士生学术论坛暨清华大学第660期博士生学术论坛如期举行。此次论坛主题为“媒介作为方法：新闻传播学的跨学科研究”，包括5个分论坛：传播社会学与数字文化、视觉文化、传播政治经济学、媒介史论与批判研究、媒介心理学。此次论坛共收到投稿190余篇，入选演讲报告论文31篇，张贴论文28篇，吸引到来自清华大学、北京大学、新加坡南洋理工大学、中国人民大学、复旦大学、浙江大学、南京大学、武汉大学、中国传媒大学等海内外知名高校研究生的投稿，360余名师生参与线上论坛开幕式。

6月18日，南宁师范大学新闻与传播学院举办了以“新技术与东盟研究：挑战·机遇·前瞻”为主题的研究生学术论坛。此次论坛共收到50多篇论文来稿，共有被遴选出的42名硕士研究生作论文汇报，设有4个分会场，主题分别为“智能媒体背景下东盟传播研究”“东盟媒介影像叙事研究”“其他相关议题”“少数民族文化东盟传播新路径”。

8月20—21日，四川大学文学与新闻学院(出版学院)举办第二届全国出版学博士生学术论坛。论坛以“思维·问题·方法·路径”为主题，设置了主旨报告、专题汇报等学术交流议题，共有9家出版类学术期刊的主编、编辑，15所高校的近30位嘉宾代表，以及逾50名出版学相关专业研究生代表通过线下线上的方式参加了会议。

9月17日，由浙江大学传媒与国际文化学院与深圳大学传播学院联合举办的“双三角”新闻传播学2022年博士生论坛在线上成功举办。经长三角地区和粤港澳大湾区两区的新闻传播院校的推荐，此次论坛最终遴选出8篇博士生论文，入选博士生在会上汇报后，新闻传播学的名家大师对论文进行一对一的点评。

11月3日，上海大学新闻传播学院首届研究生学术论坛月启动仪式在上海大学延长校区北大楼103报告厅举行。线上线下累计220余名师生及嘉宾参与了此次学术论坛月启动仪式。

11月13日，第二十二届中国新闻传播学科研究生学术年会暨复旦大学博士生学术论坛之新闻传播学篇以线上方式顺利召开。此届年会以“融合与超越：交叉学科视野下的新闻传播学研究”为主题，下设“算法研究与人机关系”“平台研究与社会治理”“传媒文化与媒介哲学”“政治传播与国际生态”四个分论坛。会务组共收到来自复旦大学、北京大学、中国人民大学、武汉大学、华中科技大学、中国传媒大学、四川大学、华东师范大学、韩国国立首尔大学、瑞典隆德大学等海内外高校学子投稿共计212篇。经专家盲审后，共有14篇论文入围此次学术年会。

11月19日，由江苏省文学类研究生教育指导委员会主办、南京财经大学新闻学院承办的深度媒介化背景下新闻传播教育高层论坛暨2022年江苏省研究生学术创新论坛线上举办。此次论坛聚焦“新闻与传播专业教育发展”和“研究生学术创新能力培养”两大核心议题，邀请省内外新闻与传播专业领域的知名学者参会，并遴选了40名论坛投稿研究生参会。

11月19日，“2022年武汉大学全国广告与媒介经济博士生论坛”暨“第十三届华中地区研究生新闻传播学术论坛”在武汉大学新闻与传播学院举办。此届论坛由武汉大学党委研究生工作部、武汉大学研究生院主办，武汉大学新闻与传播学院承办。论坛由上午场嘉宾论坛和下午场学生论坛两部分组成，与会嘉宾和学生围绕“大数据与数字广告的未来发展”主题进行了深入讨论。

11月26日，第十一届“新闻学与传播学博士生国际学术研讨会”在北京和苏州线上线下同步举行，共有来自42所高校70名师生参加。此次研讨会由中国传媒大学和苏州大学联合举办，中国传媒大学传播研究院和苏州大学传媒学院联合承办。中国传媒大学副校长刘守训教授出席了开幕式并致辞，开幕式由中国传媒大学传播研究院副院长李继东教授主持。此次研讨会的8个分论坛围绕“中国共产党新闻传播理论与实践”“数字化与文化强国”“信息传播与智能社会”“健康传播与公共卫生事件”“乡村传播与社会治理”“跨文化传播与文明互鉴”“政治传播与国家认同”“Global mediaplat form and China”等主题展开。

12月8日，西安交通大学新闻与新媒体学院举办2022年研究生学术论坛。论坛经过学院初评，专家组复选评分，共评选出16篇获奖论文。论坛邀请张宏邦、吴锋、陈积银、蒙胜军评审专家，校内外论文获奖者参加论坛。

12月10—11日，由中国传媒大学研究生院与共青团中国传媒大学委员会联合发起，中国传媒大学新闻学院、艺术研究院、信息与通信工程学院、动画与数字艺术学院、戏剧影视学院承办的媒体融合与信息传播·中国传媒大学第三届“金蔷薇”学术季博士生创新论坛主论坛于线上成功举行。此届“金蔷薇”学术季博士生创新论坛面向海内外博士研究生、硕士研究生和博士后研究人员征稿，共收到海内外77所高校与研究机构的237篇论文。经审议，104篇稿件进入五场平行分论坛。

12月18日，北京师范大学新闻传播学院举办首届“京师传播”研究生论坛。来自全国各大高校的14位专家学者和40位硕博研究生齐聚云端，共同探讨全媒体语境下的传播研究。此届论坛共有6场主题分论坛，包括上午和下午各3场平行分论坛。论坛主题涵盖了“国际传播与公共外交”“马克思主义新闻观与全媒体发展”“认知神经与智能传播”“风险传播与数字治理”“数字出版与数字影像”“数字传媒经济”等。

12月18日，第六届长江中下游新闻传播学研究生学术研讨会在南昌举行。此届研讨会的主题是“新时代新闻传播学创新与实践”，设有“全媒体时代的新闻生产”“新闻舆论与国家治理”“国际传播能力建设”“数字广告与传媒产业”“主旋律电影的传播与创新”“新闻传播学研究生学习困境与能力提升”“媒介与江西经济社会发展”等分论坛。

12月24日，安徽大学新闻传播学院主办第二届数字传播与社会治理创新暨第十四届安徽省新闻传播学科研究生论坛，其中研究生论坛以“深度媒介化时代新闻传播学研究的新动向、新视野、新格局”为主题，共收到来自130所高校的394篇论文投稿，共有120篇论文入选。论坛设置了两个博士生论坛和七个硕士生论坛。

4.3.4 2022年新闻传播学博士点招生与毕业学生统计表

2022年新闻传播学博士点招生与毕业学生具体情况如表4-5所示。

表4-5 **2022年新闻传播学博士点招生与毕业学生统计①**

序号	单位名称	招生人数	毕业人数
1	中国人民大学	—	—
2	中国传媒大学②	12	18
3	复旦大学	46	19
4	武汉大学	—	—
5	清华大学	36	32
6	华中科技大学	19	18
7	北京大学	20	18
8	四川大学	20	15
9	浙江大学	—	—
10	暨南大学	25	14
11	厦门大学	15	11
12	上海大学	19	15
13	华东师范大学	6	6
14	山东大学	11	0
15	河北大学	9	2
16	中国社会科学院研究生院	—	—
17	南京师范大学	9	6
18	天津师范大学	5	3
19	上海交通大学	—	—
20	安徽大学	5	0

① 此表包含一级学科博士授权点和部分二级学科博士授权点统计数据。

② 数据来源包括中国传媒大学电视学院、广告学院。

续表

序号	单位名称	招生人数	毕业人数
21	南昌大学	9	2
22	郑州大学	5	4
23	湖南师范大学	8	3
24	深圳大学	15	2
25	西南政法大学	16	5
26	南京大学	27	20
27	重庆大学	10	0
28	兰州大学	4	0
29	北京师范大学	—	—
30	湖南大学	—	—
31	国防大学	—	—
32	陕西师范大学	9	6
33	中山大学	—	—
34	华南理工大学	—	—
35	中国政法大学	8	2
36	辽宁大学	3	1
37	西北大学	4	4
38	苏州大学	4	4
39	云南大学	2	2
40	西安交通大学	8	—
41	中南民族大学	2	—
42	武汉体育学院	4	—

4.3.5 2022年全国部分高校新闻传播学毕业博士及博士论文题目

此处列出2022年全国部分高校新闻传播学毕业博士及博士论文题目，具体如表4-6所示。

表 4-6　　　　**全国部分高校新闻传播学毕业博士及博士论文题目统计**

学校名称	姓名	博士论文题目
北京大学新闻与传播学院(16)	杨　雪	中国边境口岸的周边传播研究——以广西边境口岸为例
	张新阳	晚清中国多元共同体嬗变中的周边传播
	单　寅	重校与重构：后 ICANN 时代的中国互联网治理研究
	周凌宇	算法与城中村外来移民的空间生产——基于北京挂甲屯外来移民数字媒介使用的民族志研究
	白　军	“一带一路”视域下中国文化在土耳其的传播研究
	石　林	互联网平台嵌入社会治理研究
	宋　琢	平台内容治理中的用户行为研究
	杜　燕	用户对算法推荐的认知与行为策略研究
	葛东坡	未成年人网络安全素养的测量研究
	李　煜	统一战线思想的新媒体传播策略研究
	潘　援	互联网平台的垄断与规制研究
	温　婧	突发公共事件中的网络参与研究
	熊悠竹	沟通与记录：自画、自拍的社会生活意义
	应　武	制造 MIDI：数字音乐技术的媒介考古
	郭巧敏	走向隐私自主：数字时代网民隐私观念与管理研究
	周安安	中国长视频平台的文化生产机制研究
复旦大学新闻学院(21)	陆　生	中国教育电视发展战略研究
	贺才钊	清末陕西革命的报刊动员研究(1896—1912)
	陈鑫盛	晚清上海邮政的兴起
	孙　宇	中国数字出版产业国际竞争力提升研究——基于集群创新网络的视角
	任　桐	生产“游戏的人”——手机游戏背后的现实世界
	邓又溪	互联网背景下的中国电视剧产业国际竞争力成长路径研究——以创新网络为中心的考察
	赵　静	场域视角下中国主流舆论的话语实践——基于十八大后《环球时报》社评的话语分析研究
	周玉桥	从结构化理论看中国网络热点舆情事件的变迁与治理(2010—2019)
	曾娇丽	移动互联网时代的“小尺度街区”——基于上海市思南路历史街区的考察

续表

学校名称	姓名	博士论文题目
复旦大学新闻学院(21)	向妮娜	史量才的自由主义报刊理念及实践——基于对“九一八”事变前后《申报》言论的考察
	董　辉	媒体正义是如何可能的：媒体与司法关系视角下我国重大冤假错案报道研究：2000—2020
	盛立宇	从佛堂到红尘——传播学视野下的西藏当代佛像艺术研究
	褚传弘	赛博地图：新媒体时代的城市地图传播实践
	高鹏宇	摩登万象——张光宇的造型艺术与跨媒介传播实践(1918—1960)
	李　晗	在线心理健康支持社群与社会支持研究——一个传播网络的视角
	张岩松	网络新闻语境中用户非文明表达的类型特征及关联因素研究
	凤　仙	以“节”为“媒”：当代都市年轻人再造日常的自我实践
	王雅琪	日常生活媒介化的批判研究——以太原市网约车司机为例
	周小溪	中国偶像迷的感觉结构：一种新型亲密的崛起
	冷东红	新中国时尚文化传播与变迁研究——以奢侈品传播为例(1949—2021)
	赖楚谣	算法生活：一个理解短视频内容创作者的视角
河北大学新闻传播学院(2)	张金凤	全面抗战时期《晋察冀日报》社论研究(1937—1945)
	刘念念	“饭圈”身份认同建构研究
湖南师范大学新闻与传播学院(3)	刘　晗	抗美援朝运动中的图像动员研究
	李　菲	数字时代老年人的媒介化生存研究
	刘　扬	中共党报党刊编辑群体研究(1927—1937)
华东师范大学传播学院(6)	郝红霞	民国时期上海新闻教育研究(1912—1949)
	杨启飞	美国政府涉华“微传播”研究——基于对两个账号 2017 年涉华微博的分析
	王泽坤	中华人民共和国对外新闻政策研究(1949—2021)
	俞湘华	媒介生态视角下的中国民营综合视频网站发展研究(2004—2021 年)
	周雪峤	日本商业动画中的“实验性”研究
	郑　月	娱乐文化的生产机制及其转向——以湖南广电为中心的考察
华中科技大学信息与新闻传播学院(18)	孙少山	算法驱动下平台型媒体运营中的伦理问题研究
	邵　晓	城市新移民移动新媒体使用对社会融合的影响研究
	方　飞	中国网络日常生活中的公共性研究

续表

学校名称	姓名	博士论文题目
华中科技大学信息与新闻传播学院(18)	罗　艺	知识下乡：传播史视野下民国乡村建设运动研究——以晓庄乡村师范学校为中心
	董红兵	传播媒介与乡村日常交往变迁——基于一个就地城镇化村庄的考察
	李颖异	积极公共关系实践研究：思想源流、理论内涵与评价体系
	张　超	唐山大地震纪念建筑的媒介记忆研究
	朱　琳	家庭智能媒介的生产与性别政治——一款儿童陪伴机器人的生产民族志
	余梦珑	社会化媒体科学传播中的信息偶遇机理研究
	陈　呈	媒介书写与记忆重构：南京城里的“民国往事”
	李　强	电商直播用户人际信任的动态演化研究
	吴龙胜	公共服务视域下县级融媒体建设研究
	屈会超	符号学视域下新闻表征研究
	黄　诚	距离视野下中国媒体在海外社交媒体平台的传播效果研究
	刘　丹	基于职业情境视角的社会新闻记者职业创伤研究
	曾　丹	场域理论视域下的中国近代石印报刊研究
	陈杏兰	关系、行动与社会变迁：中国寻亲群体媒介实践研究
	陈天明	传播基础设施理论视域下城市社区传播的公共性建构——基于中部H市的实证研究
暨南大学新闻与传播学院(14)	匡　骏	国家认同危机下的香港政治传播研究
	李昕昕	自拍行为的视觉实践及其社会技术网络研究
	曹　锐	游戏传播：遍历、程序与修辞
	安　佳	智能广告数据异化的伦理风险及其治理研究
	阳志标	新时期以来中国电视的风景叙述与国家想象
	蔡雨婷	网络化治理视域下县级融媒体建设的资源整合研究
	罗　敏	重建乡愁：媒介化视角下返乡青年的短视频实践研究
	陈雅羿	社交媒体环境中的企业声誉危机管理研究
	刘　星	香港媒体主流舆论话语构建研究
	张玉云	拆迁政策动员的话语建构研究(2016—2021)
	李　华	智能时代数字文化遗产场景传播研究
	莫　莉	道德价值视角下智能营销传播的算法道德物化研究
	陈小晰	中国少年儿童广播节目的语态嬗变研究
	罗坤瑾	公共卫生事件群体恐慌情绪蔓延与调适机制研究

续表

学校名称	姓名	博士论文题目
南京大学新闻传播学院(20)	吴　颖	网络传播中被遗忘权本土化问题研究
	李　树	计算视域下数字参与的反贫困效果研究
	任昌辉	我国地方政府网络舆情治理的行动实践与行为逻辑研究——以市县网信办为中心的考察
	吴　静	英国近代早期印刷媒介对法律文化的影响研究
	李姝慧	仪式伞：新中国成立初期“劳动光荣”观念的形成机制研究
	彭步云	声誉工厂：媒介视域下的网红生产实践
	张金凯	“后68”时期欧洲媒介思想研究
	张　静	融合背景下传统媒体人转型的实证研究——基于J广电集团的微观考察
	吕　璟	作为使者：跨文化传播视野中的青年异域交往研究
	徐　鹤	以文艺之名：地方戏的传播治理研究——以鲁西南区域为例
	张婧妍	媒介学视角下的城市文化遗产：以南京大报恩寺为例
	黄　娴	媒介参与治理：建设性新闻的本土实践研究——以公共危机事件为例
	蒋　恺	活态传承：戏曲非遗的数字化生存——以苏州地区为例
	张　媛	再造大众传媒：论社交媒介时代的广播
	常纾菡	治霾：网络社会治理中的文化领导权构建研究
	仇园园	面向橄榄型社会的中国国家形象传播研究——基于50名英国中产阶级人士的深度访谈
	顾　青	英国主流媒体中的香港形象研究
	赵　茹	“互联网妈妈”：新媒体环境下的母职实践——一项基于城市育龄女性的质化研究
	陈羽峰	媒介化视野下的广西民歌：从唱山歌到平台媒介
	方　嘉	情感传播视角下中国高校校友关系研究
南京师范大学新闻与传播学院(6)	管佖路	作为混合型新闻组织的事实核查——中美代表性第三方事实核查平台的组织生产与角色
	范海潮	困境与出路：数字化生存中的公民隐私认知问题研究
	高灵萱	沦陷前南京地区抗战新闻宣传研究(1931—1937)
	白　龙	我国青少年网络舆情预警指标体系研究
	庄　睿	我国突发公共卫生事件中的媒介动员研究——以非典和新冠肺炎疫情为典型案例
	周必勇	中国当代新闻评论舆论引导力变迁研究(1949—2021)

续表

学校名称	姓名	博士论文题目
清华大学新闻与传播学院(32)	梁　植	尽知与噤止——个体权利视角下刑事新闻的职责与边界
	王　娟	人工智能的阶段性舆论泡沫研究
	张广昭	中国共产党舆论监督观的百年演进——一项观念史研究
	马越然	老年人智能手机使用中的数字不平等研究
	陈凯宁	数字时代新闻摄影的技术社会史研究(1975—2022)
	许岚枫	香港古装剧的国族观念
	曹亚昕	中国中央企业全球品牌传播研究
	高泽晋	面向中国情境的人工智能技术创新扩散特征研究
	郑　姣	从论战到并重：近代以来中西医关系媒介话语研究
	周长城	传媒组织领导力对创新的影响效果与机制研究
	杨植淳	流动空间的熟人社会重构——西北县城的快手主播研究
	聂悄语	新中国外宣观念的演进研究(1949—2012)
	柯春晓	学术期刊平台公共价值共创模式研究
	陈雪薇	文化消费与美好生活：文化获得感的内涵、结构与效应
	纪开元	短视频平台上医学专家的科学公共传播参与研究
	林嘉琳	智能传播的算法风险与算法伦理
	刘姝君	国际政经博弈的媒介策略：中美贸易争端跨国报道分析
	罗　晨	新冠疫情议题中的风险表征与互动研究
	吴　珅	治理视角下的中国政府新闻发布研究：机制与对象
	许志源	媒介融合语境下西方主要政党政治传播模式研究
	吴余劲	第二次世界大战后的香港“专上”新闻教育发展研究
	郑　玄	智慧旅游目的地的平台化研究
	许孝媛	“历史拟像”的建构与消费：IP 改编古装剧研究
	崔乃文	新闻游戏性传播研究——程序逻辑与意义修辞
	董　玮	流动的边界：我国数据隐私的公共化研究
	王　钊	以群众为主——建国前中共通讯员制度研究
	景嘉伊	中国高科技企业国际形象的变迁、危机与建构
	向安玲	全球传播中的情绪设置：效果路径与层次差异
	田　浩	数字媒体生态下用户新闻参与机制研究
	王一凡	中国数字创意产业集群的发展机制及培育路径研究
	哈麦特	中国与美国的公共外交模式在阿拉伯世界应用的比较研究
	雅畅帕	中国主流媒体在非洲的影响评估：以肯尼亚精英为例

续表

学校名称	姓名	博士论文题目
陕西师范大学新闻与传播学院(6)	王　翎	约翰·哈特利媒介文化思想研究
	李文学	马克思主义新闻观视阈下非虚构写作新闻实践研究
	薛　龙	互联网背景下媒体参与社会评价活动研究
	韦干鹏	《大公报》(桂林版)抗战宣传研究
	李　亘	《人民日报》中内蒙古自治区媒介形象建构研究(1947—2021)
	张瑞坤	中国民族志传播学学术思想史论——基于“问题丛”的研究
上海大学新闻传播学院(15)	康　亢	中西舆论冲突:《字林西报》中国报道研究(1911—1937)
	李　薇	中国品牌国际竞争战略研究
	毛海俊	中国—中东欧国家博览会精准沟通机制研究
	陈李龙	派系政治下国民党改组派报刊研究(1928—1931)
	殷嘉禾	中国革命历史题材纪录片研究(1949—2021)
	李　晶	网络情绪共同体的热点触发与和谐共治研究
	孙　强	“媒介赋权”视野下扶贫传播状态研究
	贾　楠	亲密与疏远:数字时代社交媒体影响下的人际传播关系研究
	彭　翠	角色、文本与历史语境中的“喉舌论”——记者郭超人的新闻社会史考察
	王龙珺	《民国日报》的党报化研究(1916—1927)
	崔英超	超越文字的力量:《京话日报》与晚清口语启蒙
	姚利权	当代政治广告研究
	戴　榆	历史延续与结构转型:媒体深度融合时代中国主流财经媒体变迁研究
	MEMON, MUHAMMADAFTAB MADNI	MEDIA AND CONFLICTREPORTING: A COMPARATIVE FRAMINGANALYSIS OF CHINESE, PAKISTANIANDINDIANNEWSMEDIA
	BAHAR, HAZRAT MOHAMAD	IMPACTSOFSOCIALMEDIAONPUBLIC POLICY DEVELOPMENT AND DECISION-MAKINGINAFGHANISTAN

续表

学校名称	姓名	博士论文题目
深圳大学传播学院(2)	朱　姗	儿童的不恰当媒体使用问题研究——以网络游戏为例
	李晓兵	回到地方：乡村媒介空间研究——基于张村的民族志考察
四川大学文学与新闻学院(15)	李晓蔚	微观权力视域下两性纠纷引发的在线“讨公道”行为及其规制研究
	刘　楠	社交媒体时代品牌意义的生成机制研究
	夏晓非	符号叙事学视域下的英美国家策展新闻研究
	邱子昊	社交媒体公益众筹动员与规范研究
	杨　颖	非言语传播视角下网络表情符号解码效果及其机制的实验研究
	梅　林	摄影时间特性的传播符号学研究
	宋巧丽	现代边疆观建构中媒体报道参与的嬗变研究——基于《人民日报》“珠穆朗玛”报道的考察(1950—2021)
	康亚飞	作为媒介的博物馆：从实在到虚拟的符号关系演化研究
	郭旭东	新马克思主义空间理论中的城市传播观念
	李　莉	中国文学艺术中的叙述跨层现象研究
	李俊欣	数字游戏世界中的玩家主体性研究
	唐　婵	驯化视角下组织与技术的互动——基于融合转型探索中都市类媒体的典型案例研究
	刘叶子	在线亲情何以维持：农民工的离散家庭传播研究
	朱昊赟	旅游景观的意义生成机制研究
	刘肇坤	康奈尔理论视域下的《GQ 智族》(2009—2021)男性气质建构研究
天津师范大学新闻传播学院(3)	方佳辰	延安《解放日报》报人群体研究
	王　松	重大疫情中的政府新闻发布机制研究
	咸玉柱	中国环境维权网络动员及其社会治理研究——基于 2000—2020 年典型环境维权事件的考察
西南政法大学新闻传播学院(5)	严　兵	中国网络内容治理政策的演变与未来选择
	罗　辑	哈里森·福尔曼在华新闻活动研究(1930—1973)
	陈　成	“以人为媒”的中华文化海外传播研究——毛里求斯个案的田野阐释
	张璐璐	生存权与发展权：中国共产党人权话语的构建与传播
	蔡雨坤	科学家形象：中国科技史的媒介表征

续表

学校名称	姓名	博士论文题目
厦门大学新闻传播学院(11)	王　璇	物质性与中介化：雷吉斯·德布雷媒介思想研究
	脱慧洁	电视生产：西藏电视台的个案研究
	周秀杰	新加坡华人电影的身份认同研究(1991—2021)
	李晓霞	中国文化传媒机构“走出去”的影响机制研究：基于政府-市场-企业三维分析框架
	王　莉	舆论参与及形象修辞——农民画传播的媒介考察(1949—2019)
	张晓旭	记忆·认同·想象：民族品牌意识的形成与演进——基于泉州的历史考察(1912年至今)
	卢金婷	重新认识“酷”品牌：品牌酷感的构念、影响因素与作用机制研究
	吴珺婷	产业融合视角下中国广告业研究——基于LDA主题模型的企业大数据分析
	李伟娟	商业争议广告的作用机制探究
	周倩颖	流动女工的社交媒体使用与健康赋能研究
	王　婷	论作为隐喻的传播——从修辞、认知、具身、媒介和范式的视角考察
郑州大学新闻与传播学院(5)	赵艺扬	政务新媒体公众满意度及其对政府的信任研究
	王文娟	重大公共危机事件中的中国形象媒体建构研究——以美俄中媒体新冠肺炎疫情涉华报道为例
	王振宇	俄罗斯国家领导人媒介形象管理研究
	周志勇	协同治理视域下惠农政策传播效果及其提升路径研究
	郑　琪	公共外交视野下《今日俄罗斯》涉华战略叙事研究
中国传媒大学(12)	齐彦丽	危机情境视角下品牌危机回应研究
	吴莹莹	城市品牌视域下的城市人格化认知研究
	李连璧	基于利益相关者视角的县域城市品牌建构研究
	张心淼	数字原生品牌塑造研究
	陈晓鸥	从广告化生存到数智化经营：中国互联网广告商业模式变迁历程(1997—2021)
	陈苏城	智能媒体的建构研究
	李琳琳	突发公共卫生事件谣言传播与预防治理研究——以新冠疫情为例
	刘　晓	迈向新型媒体——数字时代中国媒体演进路径、表征与趋势研究
	刘安琪	企业环境传播的价值及传导路径研究

续表

学校名称	姓名	博士论文题目
中国传媒大学(12)	焦　滕	哈尔滨早期电影广告中的消费意识形态建构研究(1916—1937)
	宁　娜	互联网企业数据操纵机制及其影响研究
	郭　好	重庆新媒体产业平台型人力资源模式研究
中国政法大学光明新闻传播学院(2)	戴晓玲	涉税舆论影响中国政府税收决策的过程
	周祉含	当代中国政治仪式的认同建构与传播机制研究
辽宁大学新闻与传播学院(1)	贺庆玲	解颐、争利与宣抚：东北早期电影活动研究(1899—1945)
西北大学新闻传播学院(4)	贺　佳	短视频的口语文化研究——以抖音 App 为例
	邓笑然	“文化中国”的影视建构与周边传播——以金庸影视的东南亚传播为例
	张　峰	网络空间中“消费式女性主义”文化研究
	于　晗	基于扎根理论的西安秦腔青年爱好者研究
苏州大学传媒学院(4)	杨　惠	政治认同建构的中国路径——基于 1990 年代以来的政治仪式考察
	吴映秋	作为媒介的创客空间研究——以深圳为例
	郭晓丹	媒介地理学视野下中国特色小镇的形象建构——苏州吴江七都镇个案研究
	赖学滟	交往行为理论视域下的当代中国版画传播研究
云南大学新闻学院(2)	甘庆超	熟悉的陌生人：真人秀直播中的互动式观看与亲密关系研究
	王丽娜	鸟域：以鸟为媒——基于 H 村观鸟实践的田野研究

(中国人民大学新闻学院　李兴博、邓绍根)

4.4 高职高专

4.4.1 高职新闻传播大类专业设置情况

4.4.1.1 2022 年高职新闻传播大类专科专业点设置情况

教育部全国职业院校专业设置管理与公共信息服务平台公布的《2022 年高等职业学

校拟招生专业设置备案结果》中高职新闻传播大类专业数据统计显示(检索日期 2022 年 12 月):2022 年,全国共设置了新闻传播大类专科专业点 1038 个,其中新闻出版类专科专业有 98 个专业点(占比 9.44%),广播影视类专科专业有 940 个专业点(占比 90.56%),说明 2022 年设置的专业点绝大多数为广播影视类专业。相比 2021 年,2022 年新闻传播大类专科专业点共增加 84 个,其中新闻出版类专科专业点增加 9 个,广播影视类专科专业点增加 75 个。

(1)2022 年高职新闻出版类专科专业点设置增减情况

在 6 个新闻出版类(代码 5601)专科目录专业中,网络新闻与传播专业的专业点数增加较多(增加了 12 个),其他 5 个专业的专业点数较少(平均 5 个/专业)且专业点数增减不大(见表 4-7)。

表 4-7　**2022 年高职新闻出版类专科专业点设置增减情况**

序号	专业代码	专业名称	2022 年专业点设置数(个)	2021 年专业点设置数(个)	2022 年增加
1	560101	数字图文信息处理技术	11	9	+2 个
2	560102	网络新闻与传播	69	57	+12 个
3	560103	出版策划与编辑	3	4	−1 个
4	560104	出版商务	4	6	−2 个
5	560105	数字出版	10	11	−1 个
6	560106	数字媒体设备应用与管理	1	2	−1 个
		合计	98	89	共 9 个

(2)2022 年高职广播影视类专科专业点设置增减情况

在 16 个广播影视类(代码 5602)专科目录专业中,数字广播电视技术、影视动画、影视制片管理、影视照明技术与艺术 4 个专业的专业点数未变化,广播影视节目制作、新闻采编与制作、传播与策划 3 个专业的专业点数稍有减少,播音与主持、影视编导、影视多媒体技术、音像技术、录音技术与艺术、摄影摄像技术、融媒体技术与运营、网络直播与运营、全媒体广告策划与营销 9 个专业的专业点数有增加,其中,网络直播与运营、融媒体技术与运营 2 个新增专业的专业点数增加最多,分别增加 30 个专业点和 27 个专业点(见表 4-8)。

表 4-8　**2022 年高职广播影视类专科专业点设置增减情况**

序号	专业代码	专业名称	2022 年专业点设置数(个)	2021 年专业点设置数(个)	2022 年增减
1	560201	播音与主持	133	132	+1
2	560202	广播影视节目制作	73	77	−4
3	560203	数字广播电视技术	12	12	0
4	560204	影视编导	75	73	+2
5	560205	新闻采编与制作	121	124	−3
6	560206	影视动画	127	127	0
7	560207	影视制片管理	5	5	0
8	560208	影视多媒体技术	72	65	+7
9	560209	影视照明技术与艺术	10	10	0
10	560210	音像技术	10	8	+2
11	560211	录音技术与艺术	18	15	+3
12	560212	摄影摄像技术	75	73	+2
13	560213	融媒体技术与运营	66	39	+27
14	560214	网络直播与运营	39	9	+30
15	560215	传播与策划	53	57	−4
16	560216	全媒体广告策划与营销	51	39	+12
		合计	940	865	共+75 个

(3)2022 年高职新闻传播大类专科新增专业点设置情况

2021 年，教育部公布了新修订的《职业教育专业目录(2021)》，高职新闻传播大类专科专业目录新增融媒体技术与运营、网络直播与运营 2 个专业。统计显示：2022 年，这两个新专业在全国 96 所院校设置了专业点，分布在北京、河北、山西、内蒙古、吉林、黑龙江、上海、安徽、福建、江西、山东、河南、湖北、湖南、广东、广西、重庆、四川、云南、甘肃、辽宁、江苏、陕西、新疆 24 个省(自治区、直辖市)。其中专业点数居前十位依次是河南、四川、山东、重庆、广东、安徽、广西、吉林、河北、福建，最多的河南、四川、山东 3 个省份布点均在 10 个以上(见表 4-9)。

表 4-9　　　　2022 年高职新闻传播大类新增专科专业点数前十省份分布

专业代码	新增专业名称	河南	四川	山东	重庆	广东	安徽	广西	吉林	河北	福建
560213	融媒体技术与运营	8	6	8	6	4	3	5	5	4	3
560214	网络直播与运营	7	7	3	1	3	3	0	0	1	2
专业点数小计(个)	15	13	11	7	7	6	5	5	5	5	

4.4.1.2　2022 年高职新闻传播大类本科专业点设置情况

2021 年，新修订的高职新闻传播大类本科《专业目录》保留了网络与新媒体、播音与主持、影视摄影与制作、影视编导 4 个本科专业，新增数字广播电视技术、全媒体新闻采编与制作、数字动画 3 个本科专业，目前共有 7 个高等职业本科新闻传播大类目录专业。通过查询职业本科学校官网 2022 年本科专业招生计划，仅见成都艺术职业大学和湖南软件职业技术大学共开设了 6 个新闻传播大类本科专业点，表明目前高职新闻传播大类本科专业点设置较少(见表 4-10)。

表 4-10　　　　2022 年高职新闻传播大类本科专业点设置情况

开设学校	专业代码	开设专业名称	开设专业数量
成都艺术职业大学	360101	网络与新媒体	5 个
	360201	播音与主持	
	360202	影视摄影与制作	
	360204	影视编导	
	360205	全媒体新闻采编与制作	
湖南软件职业技术大学	360206	数字动画	1 个

2022 年 11 月，依据《中华人民共和国学位条例暂行实施办法》《学士学位授权与授予管理办法》《关于做好本科层次职业学校学士学位授权与授予工作的意见》等有关规定，教育部职业教育与成人教育司会同学位管理与研究生教育司(国务院学位委员会办公室)组织力量制订并发布了《高职本科专业学士学位授予学科门类对应表》，明确了高职本科专业所属的学科门类。高职新闻传播大类 7 个本科专业中有 4 个专业归属艺术学

门类，2 个专业归属文学门类，1 个专业归属工学门类(见表 4-11)。

表 4-11　高职新闻传播大类本科专业学士学位授予学科门类对应表

专业大类	专业类	专业代码	专业名称	授予学位门类
新闻传播大类	新闻出版类	360101	网络与新媒体	文学
	广播影视类	360201	播音与主持	艺术学
		360202	影视摄影与制作	艺术学
		360203	数字广播电视技术	工学
		360204	影视编导	艺术学
		360205	全媒体新闻采编与制作	文学
		360206	数字动画	艺术学

职业本科被纳入现有学士学位工作体系，意味着国家将以更高规格的人才培养要求和质量把控程序，保证本科层次职业教育人才培养目标的落实。在证书效用方面，职业本科与普通本科两者价值等同，在就业、考研、“考公”等方面具有同样的效力。

4.4.1.3　小结与讨论

(1)高职新闻传播大类专业布点稳中有升，但专业点设置差别过大

2022 年，22 个新闻传播大类专科目录专业中，大多数专业的专业点数未减少，其中有 11 个专业的专业点设置数增加(占比 50%)，4 个专业的专业点设置数持平(占比 18.18%)，只有 7 个专业的专业点设置数减少(占比 31.82%)，专业点总数增加了 84 个，表明高职新闻传播大类专业布点呈现稳中有升。但值得注意的是，专业之间的“冷热之分”比较明显，有 3 个热门专业的专业点数在 100 个以上，却有 4 个冷门专业的专业点数在 5 个及以下，甚至有 1 个过冷专业的专业点数仅为 1。这不仅说明高职新闻传播大类专业点设置差别过大，而且一定程度上反映出职业院校新闻传播大类专业设置的趋同性较为突出，建议各新闻传播职业院校因地制宜，立足全局，进一步调整优化专业结构，以便更好地为区域社会经济发展和传媒产业行业需要服务。

(2)高职新闻传播大类专业设置的管理在不断完善，但本科专业设置力度有待加强

从整个高职新闻传播教育来看，由于高职教育起步相对较晚，以前没有统一的职业教育专业标准，随着职业教育的高质量发展，迫切需要依据新版专业目录对各专业内涵

进行全面、系统、权威的阐释，以科学指导职业院校的专业设置与人才培养。在此背景下，2022 年 9 月，教育部发布了新版《职业教育专业简介》。新版《职业教育专业简介》充分体现了职业教育法新要求，全面展现了职业教育各层次、各专业人才培养的要素和环境要求，特别是填补了职业本科专业简介的空白，为职业院校新闻传播大类专业设置和制订人才培养方案提供了基本遵循。

从高职新闻传播本科教育来看，近几年来，本科层次职业教育在专业设置、学校设置、学位授予等方面都有了国家专项文件，表明国家对本科层次职业教育的指导与管理在不断加强。但从现状看，职业本科教育的规模还较小，教育部发布的《2021 年全国教育事业统计主要结果》显示，2021 年，高职(专科)招生 552.58 万人，职业本科招生 4.14 万人，占比仅为 0.74%，与国家提出的 2025 年职业本科教育招生规模不低于高等职业教育招生规模的 10%目标差距较大(中共中央办公厅、国务院办公厅印发《关于推动现代职业教育高质量发展的意见》)。而在职业院校处于弱势的新闻传播大类专业，其职业本科招生规模更远低于 10%的指标要求。因此，开设新闻传播大类专业的高职院校，需要创造条件，加快专业建设力度：一是传媒类高职院校，抓紧创造条件升本，升本有利于集中开办新闻传播大类本科专业；二是鉴于高职专科学校升本后，一般难以全部设置本科专业，升本院校会集中力量优先开办强势专业(群)，所以非传媒类高职院校的新闻传播大类专业需要加快专业建设步伐，积极完善专业建设软硬件条件，努力成为本校的骨干专业，以获得优先专业升本的机会。

(3)高职新闻传播大类新设置专业能够较好吻合社会新职业需求

从专业布点来看，22 个高职新闻传播大类专科目录专业中，2021 年新增加的融媒体技术与运营、网络直播与运营专业，在全国大多数省(自治区、直辖市)设置了专业点，且专业点数排名分别跃升至第 9 位和第 12 位，专业点数超过了不少设置多年的老专业；从专业点数增长来看，网络直播与运营、融媒体技术与运营专业点增加数名列前茅，共计增加 57 个专业点，占专业点增加总数的 67.86%，表明新设置的融媒体技术与运营、网络直播与运营专业比较受高职院校青睐，主要原因是新专业能够较好吻合传媒领域的新职业需求。2020 年，人力资源社会保障部与市场监管总局、国家统计局联合发布了 16 个新职业，其中有“全媒体运营师”新职业，而 2022 年教育部发布的新版《职业教育专业简介》明确这两个新专业的职业面向均包括“全媒体运营”。新版《职业教育专业简介》对融媒体技术与运营专业的职业面向表述为“全媒体运营师等职业，融媒体采编、融媒体运营、互联网信息审核等岗位(群)”，学生可获取“媒体融合运营”职业技能等级证书；网络直播与运营专业的职业面向表述为“网络直播运营、网络直播编导、全媒体运营、网络主播等岗位(群)”，学生可获取“新媒体编辑”职业技能等级证书。可以看出，这两个新专业精准对应“全媒体运营师”新职业需求，一定程度表明高职新闻传播专业适配传媒产业升级转型的响应速度在提高。

4.4.2　2022 年招生情况

专科层次的新闻传播教育是新闻传播教育系统的重要组成。为详细深入了解我国专科新闻传播教育的招生情况，本研究面向全国开设新闻传播大类专科专业的院校发放数据调查表，共回收有效调查表 26 份。样本院校地域分布较为广泛，涵盖湖北、湖南、四川、广东、广西、江苏、福建、浙江、黑龙江、河北、重庆、新疆共 12 个省份(自治区、直辖市)；从院校实力看，既包括国家示范性高等职业院校、国家骨干高职院校、中国特色高水平高职学校和专业建设计划建设单位，也包括一般高职院校；从办学主体看，既包括公立高职高专，也包括民办高职院校和民办本科院校开设的专科专业，样本具有一定的代表性。

回收数据显示，2022 年，26 所院校的新闻传播大类专业招生共计 6201 人，覆盖 15 个专业，平均每个专业招生 413 人。

播音与主持、新闻采编与制作、广播影视节目制作等传统专业招生人数占绝对优势，传统专业招生人数占样本招生总数的 94. 6%。其中招生总数排名前五的专业为播音与主持专业(13 所学校招生 1135 人)、新闻采编与制作专业(8 所学校招生 1084 人)、广播影视节目制作专业(6 所学校招生 784 人)、网络新闻与传播专业(6 所学校招生 753 人)、影视编导专业(6 所学校招生 507 人)。

与此同时，样本院校的招生专业也渐次扩展到融媒体技术与运营、全媒体广告策划与营销、网络直播与运营三个新兴专业。2022 年三个新兴专业招生总数为 331 人，占样本招生总数的 5. 4%。平均每个专业招生数为 110 人，远低于样本院校的总体平均数 413 人(见图 4-18)。

从院校招生数来看，少数综合类院校和传媒类院校招生规模相对较大且近年来一直保持稳定状态。招生人数排名前五的院校是湖南大众传播职业技术学院、深圳职业技术学院、成都艺术职业大学、重庆工商职业学院、武汉信息传播职业技术学院(见表 4-12)。

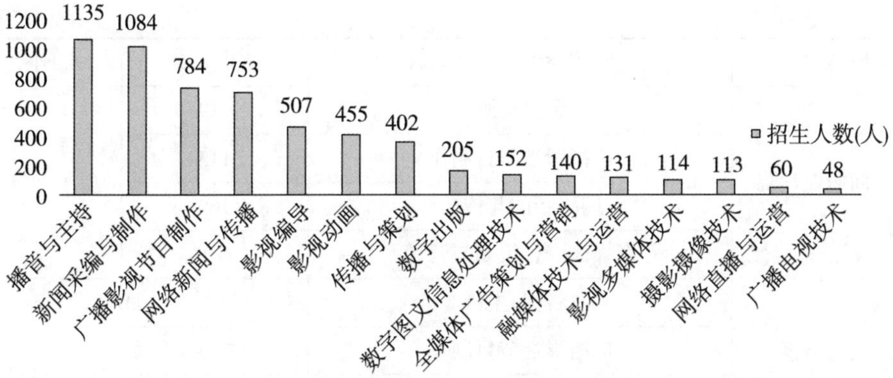

图 4-18　2022 年新闻传播大类专科专业招生情况(26 所院校)

表 4-12　**2022 年新闻传播大类专业招生数量排名前五院校**

学校名称	新闻传播大类专业名称	招生人数	小计
湖南大众传播职业技术学院	新闻采编与制作	201	864
	数字出版	86	
	网络新闻与传播	87	
	影视广播节目制作	208	
	摄影摄像技术	71	
	数字广播电视技术	48	
	影视编导	163	
深圳职业技术学院	数字图文信息处理技术	152	486
	数字出版	119	
	传播与策划	155	
	播音与主持	60	
成都艺术职业大学	播音与主持	119	474
	影视编导	72	
	影视动画	47	
	网络直播与运营	60	
	全媒体广告策划与营销	29	
	新闻采编与制作	67	
	网络新闻与传播	80	

续表

学校名称	新闻传播大类专业名称	招生人数	小计
重庆工商职业学院	影视动画	119	471
	广播影视节目制作	113	
	网络新闻与传播	169	
	全媒体广告策划与营销	70	
武汉信息传播职业技术学院	播音与主持	53	452
	广播影视节目制作	209	
	新闻采编与制作	131	
	传播与策划	59	

4. 4. 3　2022 年就业情况

此处通过两种数据采集渠道共获得 46 份调查样本(见图 4-19)。

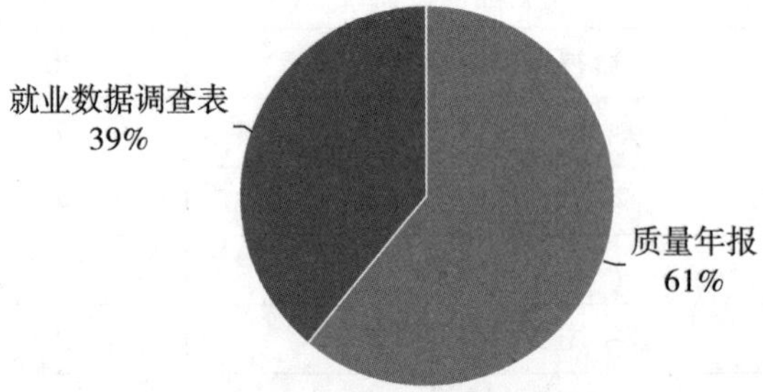

图 4-19　就业数据样本来源

一是通过广泛查询开设新闻传播大类专业的高职高专院校官网，共获得 28 份《2022 届毕业生就业质量年度报告》(以下简称质量年报)。在 28 份质量年报中，有关毕业生的规模和结构、毕业去向落实率等数据均来源于院校所在省份(自治区、直辖市)的大中专院校毕业生就业信息系统。关于毕业生就业质量数据，22 所院校联合第三方数据调查公司采取问卷调查的方式获得，6 所院校则用自己的力量完成收集工作(见图 4-20)。

二是委托教育部第四批“1+X”证书媒体融合运营评价组织北京中教互联教育科技有限公司面向开设新闻传播大类专业的试点院校发放自制的就业数据调查表，共回收 20

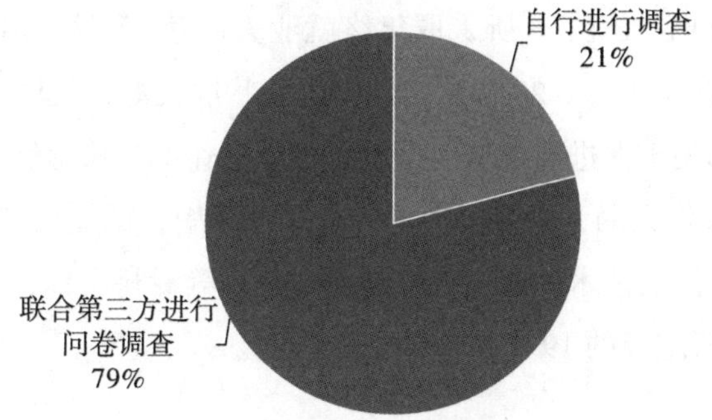

图 4-20　就业质量数据获取方式

份样本，去除 2 份无效样本，得到有效样本 18 份。

在 46 份调查样本中，40 份样本统计时间截至 2022 年 8 月 31 日①，即采用初次就业去向落实率统计口径，6 份样本统计时间截至 2022 年 11 月或 12 月，即采取年终就业去向落实率统计口径(见图 4-21)。

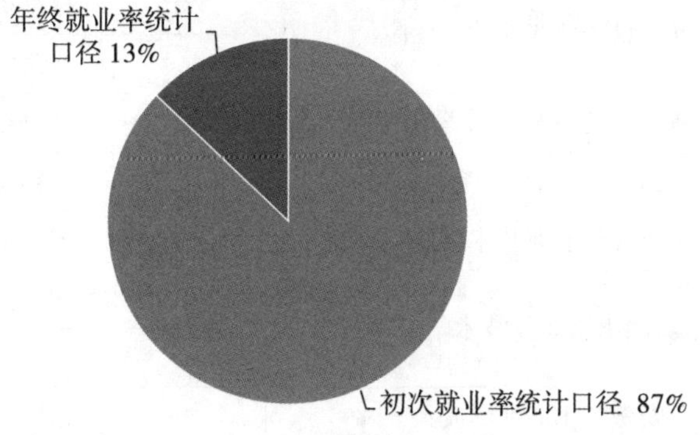

图 4-21　就业率统计口径

4.4.3.1　就业去向落实率

调查数据显示，2022 年 46 所院校共培养新闻传播大类高职高专应届毕业生 8867

① 大部分高职院校引入社会第三方合编质量年报，少部分高职院校则自编质量年报。由于两类质量年报体系差异较大，加上所引入的第三方机构采用的指标体系也并不一致，导致研究所分析的部分数据对应样本数均不同程度少于 46。但为了保持行文一致性，本节仍然使用“46”指代数据所对应样本。所有数据分析为人工采集整理，如有遗漏敬请指正。

人，已就业(含升学)8182 人。40 所采取初次就业去向落实率统计口径的院校，平均初次就业去向落实率为 91. 78%，6 所采取年终就业去向落实率统计口径的院校，平均年终就业去向落实率为 95. 47%。2022 届毕业生就业状况良好，说明高职高专院校全面贯彻落实国家、教育部关于促进高校毕业生就业创业工作的决策部署，采取积极行动稳定 2022 届毕业生就业工作大局，取得了良好的成效。其中，就业去向落实率为 100%的有深圳职业技术学院、江汉艺术职业学院、新疆师范高等专科学校、湖北幼儿师范高等专科学校等在内的 16 所院校的 19 个专业(见表 4-13)。

表 4-13　**2022 年就业去向落实率为 100%的院校及专业①**

序号	院校名称	专业名称
1	深圳职业技术学院	传播与策划
2	江汉艺术职业学院	播音与主持
3	新疆师范高等专科学校	广播影视节目制作
4	湖北幼儿师范高等专科学校	播音与主持
5	武汉信息传播职业技术学院	摄影摄像技术
		传播与策划
6	浙江经贸职业技术学院	传播与策划
7	河北艺术职业学院 *	影视编导
8	天津现代职业技术学院	数字图文信息处理技术
9	安徽新闻出版职业技术学院 *	数字图文信息处理技术
		出版策划与编辑
10	安徽艺术职业学院	摄影摄像技术
11	浙江艺术职业学院	摄影摄像技术
		音像技术
12	江南影视艺术职业学院 *	摄影摄像技术
13	焦作大学	播音与主持
14	温州职业技术学院	传播与策划

① 院校名称后加“ * ”表示该院校采用的是年终就业去向落实率统计口径，未加“ * ”表示该院校采用的是初次就业去向落实率统计口径。

续表

序号	院校名称	专业名称
15	广州科学技术职业学院	网络新闻与传播
16	四川文化传媒职业学院	影视编导

此处采集到了46所院校118个新闻传播大类的分专业平均就业去向落实率(见表4-14)。统计显示，平均就业去向落实率前五的专业分别为：传播与策划(93.85%)、网络新闻与传播(93.22%)、新闻采编与制作(92.94%)、影视编导(92.14%)、广播影视节目制作(92.01%)。

表4-14　**2022届新闻传播大类高职高专毕业生就业去向落实率(分专业)①**

专　业	2022届毕业生人数	就业人数(含升学)	平均就业去向落实率	样本院校(所)
传播与策划	1026	963	93.85%	10
网络新闻与传播	812	757	93.22%	7
新闻采编与制作	1332	1238	92.94%	14
影视编导	662	610	92.14%	11
广播影视节目制作	926	852	92.01%	11
影视动画	870	799	91.84%	10
播音与主持	1042	954	91.55%	17
摄影摄像技术	554	490	88.35%	11
影视多媒体技术	399	344	86.21%	9

4.4.3.2　就业形式与升学情况

从统计数据来看，签订就业协议形式为毕业生发展的主要选择，占比为57%，这反映出用人单位为毕业生提供的就业岗位较为优质，具有一定的职业发展空间。

① 部分专业样本量过少，未纳入统计范围。

毕业生升学数据是高职高专院校人才培养质量的重要反映，也是促进毕业生更高质量就业的重要抓手。从数据看，样本院校新闻传播大类高职高专毕业生的平均升学率为26.18%，高于全国专升本比例20%①，也略高于2021年平均升学率24.41%②(见表4-15)。升学率排序前五的院校为武汉软件工程职业学院(77%)、武汉城市职业学院(50%)、武汉职业技术学院(43.55%)、江苏城市职业学院(41.66%)和河北对外经贸职业学院(40.58%)，见表4.4.9。升学率排序前五的专业为影视动画(38%)、网络新闻与传播(31.61%)、播音与主持(31.45%)、广播影视节目制作(28.93%)、影视编导(28.43%)。

表4-15　**2022届新闻传播大类高职高专毕业生升学率前五院校**

序号	院校名称	2022年新闻传播大类升学率
1	武汉软件工程职业学院	77%
2	武汉城市职业学院	50%
3	武汉职业技术学院	43.55%
4	江苏城市职业学院	41.66%
5	河北对外经贸职业学院	40.58%

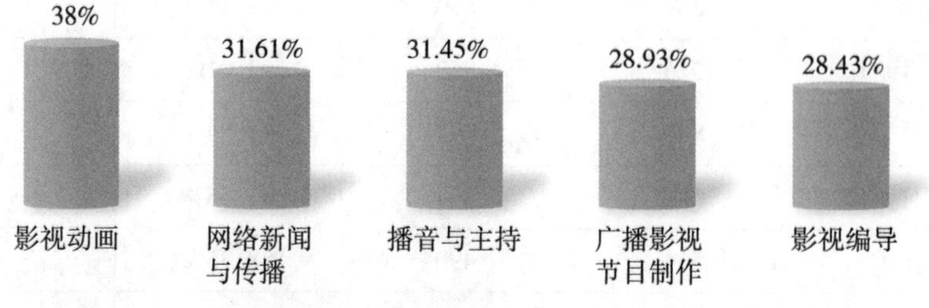

图4-22　2022届新闻传播大类高职高专毕业生升学率前五专业

专升本比例持续提高对社会发展、教育发展和个人发展均具有积极的意义，但也存在专本两个学段的学习内容与考试内容衔接不畅，一定程度上影响高职教育的良性发展

① 数据来源于教育部职业教育与成人教育司《关于2022年职业教育重点工作介绍》，http://www.moe.gov.cn/fbh/live/2022/53982/sfcl/202202/t20220223_601491.html。

② 数据来源于《中国新闻传播教育年鉴(2021)》第461页。

等问题。因此构建职普融通的职业教育体系，加快职教本科的建设步伐，提高职业教育吸引力迫在眉睫。

4.4.3.3 就业区域和月起薪①

数据显示，67.96%的毕业生选择在本省就业，40.61%的毕业生选择在本市就业。原因可能有本地生源对高职院校的供应较为充足，高职院校主动匹配地方产业设置专业和课程，以及政府加大对技能型人才就业激励力度等。

从统计数据看，54 个新闻传播大类专业的高职高专毕业生平均月起薪为 4021 元②，略高于全国专科层次毕业生的平均月起薪 3910 元③。其中平均月起薪排序靠前的专业有影视编导(4622 元)、传播与策划(4406 元)、摄影摄像技术(4404 元)、影视多媒体技术(4346 元)和数字图文信息处理技术专业(4078 元)等(见图 4-23)。原因可能与这些专业技术性较强、新媒体行业迎来黄金发展期等因素有关。

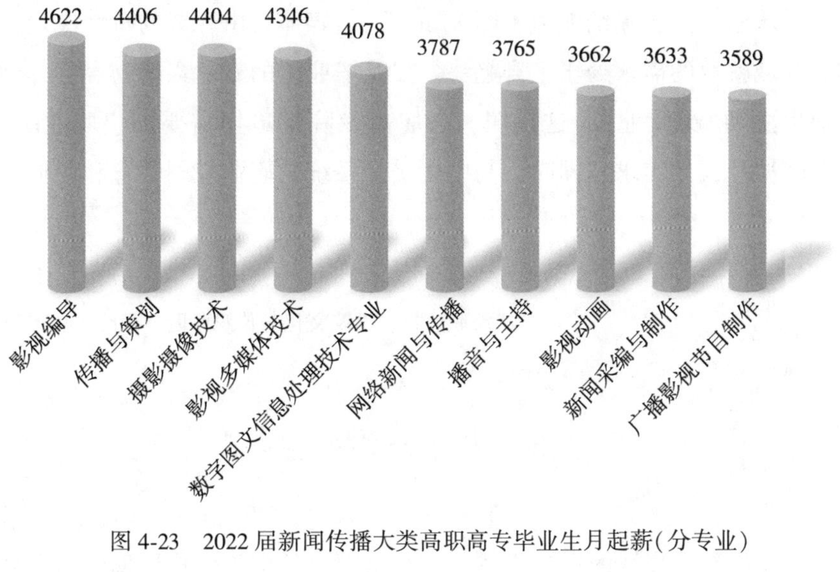

图 4-23　2022 届新闻传播大类高职高专毕业生月起薪(分专业)

---

① 此两项数据均指已经确定就业单位的毕业生。

② 由于部分数据调查表未提供毕业生月起薪数据，部分质量年报未提供分专业的月起薪数据，故全国新闻传播大类专业点的平均月起薪值来源于 54 个提供了专业月起薪数据。

③ 由于全国 2022 届专科毕业生的月就业起薪数据暂未发布，故采用北京大学教育学院课题组发布的《全国高校毕业生就业调查报告(2021)》第 27 页数据。

4.4.3.4 就业与专业对口度

就业与专业对口度反映了毕业生能否找到与专业培养方向相关的工作，因而专业培养与外部岗位工作需求的衔接关系，是衡量高职高专院校就业质量的重要指标之一。就业与专业对口度受专业人才培养质量、区域经济需求、毕业生求职过程和个人兴趣意愿等多种因素影响，其评价维度包括“很对口”“对口”“基本对口”“不对口”“很不对口”和“无法评价”。对口度的计算公式为：

$$\frac{\text{“很对口”人数}+\text{“对口”人数}+\text{“基本对口”人数}}{\text{答题总人数}-\text{“无法评价”人数}}\times 100\%$$

调查数据显示，2022届新闻传播大类高职高专毕业生就业与专业对口度为69%，略高于北京大学教育学院课题组发布的2021年全国高校毕业生的专业匹配度60.5%①。接近30%的新闻传播大类高职高专毕业生“泛就业”至少与两方面因素相关。一是高职院校的新闻传播大类专业结构与当地经济结构不匹配导致毕业生被动泛就业。传统媒体对于新生从业人员的吸纳能力不断萎缩，而新媒体自由开放的特性决定了对多元化人才和跨领域就业的需求处于上升趋势。二是毕业生的专业兴趣吻合度等微观因素引起了毕业生主动“泛就业”。这说明，高职高专院校迫切需要加快职业教育升级，以适应产业转型的人才需求，同时，高中生接受系统的职业规划教育和职业指导十分必要。

（武汉职业技术学院文化与传媒学院　张晓莲、彭爱萍）

4.5 中外合作办学

2022年，国内新冠疫情的形势仍然较为复杂，国际交流合作依旧难入正轨。受制于此，我国②新闻传播教育领域中外合作办学的局部进展情况虽然比2021年略有好转，但整体上仍处于低水平徘徊状态。

---

① 由于全国2022届专科毕业生的工作匹配数据暂未发布，故采用北京大学教育学院课题组发布的《全国高校毕业生就业调查报告(2021)》第28页数据。

② 本部分中的“我国”，均不包括港澳台地区。

4.5.1 新获批项目的情况

2022 年 11 月，教育部对 2022 年上半年各地上报的中外合作办学项目进行了评审，依照专家评议结果，批准共计 22 个中外合作办学项目，其中批复本科项目 21 个，硕士项目 1 个。我国新闻传播教育机构新获批的中外合作办学项目只有 1 个，其办学层次为本科，数量占全国新获批项目总数的 4.8%(见表 4-16)。

表 4-16　**2022 年我国新闻传播教育机构新获批的中外合作办学项目**

序号	新闻传播教育机构名称	项目名称	办学层次	申报时间
1	中国传媒大学	中国传媒大学与英国阿伯泰大学合作举办数字媒体技术专业本科教育项目	本科	2021 年上半年

为缓解新冠疫情影响下我国出国留学人员就学困难，教育部于 2022 年 7 月发布通告，支持国内部分中外合作办学机构和项目面向出国留学受阻的学生开展相关招生工作，双向选择，择优录取，不纳入国家统一招生计划，不占用高校原有招生指标，对高校其他各类招生不产生影响。教育部公布的清单显示，全国共有 20 个中外合作办学机构和 54 个中外合作办学项目获得此项特殊政策的支持，其中我国新闻传播教育领域有 1 个中外合作办学机构和 3 个中外合作办学项目获得支持(详见表 4-17)。

表 4-17　**2022 年我国新闻传播领域获得教育部特殊政策支持的中外合作办学机构和项目**

序号	院校名称	获得支持的机构或项目名称
1	中国传媒大学	中国传媒大学国际传媒教育学院
2	中国传媒大学	中国传媒大学与英国威斯敏斯特大学合作举办国际媒体商务硕士学位教育项目
3	中国农业大学	中国农业大学与美国科罗拉多大学(丹佛)合作举办传播学专业本科教育项目
4	浙江传媒学院	浙江传媒学院与英国博尔顿大学合作举办视觉传媒硕士学位教育项目

4.5.2 现有项目的情况

《中国新闻传播教育年鉴》发放并回收的数据采集表显示，2022 年，运行中外合作办学项目的新闻传播教育机构共有8家，分别是复旦大学新闻学院、清华大学新闻传播学院、华东师范大学传播学院、海南师范大学新闻传播与影视学院、辽宁大学新闻与传播学院、兰州大学新闻与传播学院、同济大学艺术与传媒学院和安徽师范大学新闻传播学院，比2021年的5家多了3家。这8家新闻传播教育机构的中外合作办学项目共12个，比2021年的16个少了4个；涉及7个国家的10所高校。其中，复旦大学新闻学院的中外合作办学项目数量最多，为5个；其余7家新闻传播教育机构的中外合作办学项目数量均为1个；复旦大学新闻学院的5个中外合作办学项目，涉及5个国家的5所高校，其合作国家和高校的数量最多(见表4-18)。

表4-18 **2022年我国新闻传播教育领域中外合作办学项目数量及合作国家与高校的数量**

序号	新闻传播教育机构名称	中外合作办学项目数量(个)	合作国家数量(个)	合作高校数量(所)
1	复旦大学新闻学院	5	5	5
2	清华大学新闻与传播学院	1	1	1
3	华东师范大学传播学院	1	1	1
4	海南师范大学新闻传播与影视学院	1	1	1
5	辽宁大学新闻与传播学院	1	1	1
6	兰州大学新闻与传播学院	1	1	1
7	同济大学艺术与传媒学院	1	1	1
8	安徽师范大学新闻传播学院	1	1	1

2022年，参与我国8家新闻传播教育机构12个中外合作办学项目的7个国家分别是美国、英国、法国、日本、澳大利亚、俄罗斯和加拿大，参与国家的数量与2021年持平。其中，美国参与项目的数量最多，为5个；英国参与项目的数量为2个，其他5国参与项目的数量均为1个。就各国参与高校的数量而言，2022年总数量为10所，比2021年少了3所。其中，美国参与高校的数量最多，为3所；英国参与高校的数量为2所，其他5国参与高校的数量均为1所(见表4-19)。在参与中外合作办学项目的国外新闻传播教育机构中，美国密苏里大学和田纳西大学参与项目的数量最多，这两所高校都与我国2家新闻传播教育机构开办了2个中外合作办学项目。

表 4-19　**8 个国家参与我国新闻传播教育领域中外合作办学项目的数量和参与高校数量**

序号	国家名称	参与的中外合作办学项目的数量(个)	参与高校的数量(所)
1	美国	5	3
2	英国	2	2
3	法国	1	1
4	日本	1	1
5	澳大利亚	1	1
6	俄罗斯	1	1
7	加拿大	1	1

在办学类别上，2022 年，我国 8 家新闻传播教育机构的 12 个中外合作办学项目，全部属于学历教育项目。这 12 个学历教育项目中，本科办学层次项目的数量和硕士办学层次项目的数量持平，均为 6 个；博士办学层次项目的数量依旧没有实现 0 的突破(详见表 4-20)。

表 4-20　**2022 年我国新闻传播教育领域中外合作办学项目的办学类别和办学层次**

<table>
<tr><td>非学历教育项目的数量(个)</td><td colspan="3">0</td></tr>
<tr><td rowspan="3">学历教育项目的数量(个)</td><td rowspan="3">12</td><td>本科办学层次项目的数量(个)</td><td>6</td></tr>
<tr><td>硕士办学层次项目的数量(个)</td><td>6</td></tr>
<tr><td>博士办学层次项目的数量(个)</td><td>0</td></tr>
</table>

从招生专业的分布来看，2022 年，我国 8 家新闻传播教育机构的 12 个中外合作办学项目中，有招生计划的专业共 6 类，比 2021 年的 10 类少了 4 类，招生专业的类别显著缩减。其中，新闻传播学类所属专业被覆盖的频次最多，为 13 次；非新闻传播学类专业被覆盖的频次较少，有 3 次；新闻学、传播学和新闻传播学(专硕)三个专业被覆盖的频次最多，均为 4 次。本科办学层次的项目中，新闻学专业被覆盖的频次最多，为 4 次；硕士办学层次的项目中，传播学专业和新闻与传播(专硕)专业被覆盖的频次最多，均为 4 次(详见表 4-21)。

表 4-21　　2022 年我国新闻传播教育领域中外合作办学项目的招生专业分布

专业名称	各招生专业被 16 个中外合作项目覆盖的频次(次)		
	本科	硕士	合计
新闻学	4	0	4
传播学	0	4	4
新闻与传播(专硕)	0	4	4
数据传播	0	1	1
新闻传播类专业合计	4	9	13
广播电视编导	1	0	1
工作室艺术	1	1	2
非新闻传播类专业合计	2	1	3

在招生工作和毕业生工作上，2022 年，我国 8 家新闻传播教育机构 12 个中外合作办学项目的整体情况都好于 2021 年。2022 年招生总人数为 116 人，比 2021 年的 94 人多了 22 人；毕业生总人数为 82 人，比 2021 年的 77 人多了 5 人。就招生情况而言，2022 年海南师范大学新闻传播与影视学院的招生人数最多，为 43 人；复旦大学新闻学院的招生人数位居第二，为 22 人；华东师范大学传播学院和辽宁大学新闻传播学院的招生人数并列第三，均为 18 人，这两家学院 2022 年招生人数与 2021 年相比的增幅在 8 家新闻传播教育机构中并列第一。就毕业生情况而言，2022 年海南师范大学新闻传播与影视学院的毕业生人数也是最多，为 43 人；安徽师范大学新闻传播学院的毕业生人数位居第二，为 22 人；复旦大学新闻传播学院的毕业生人数位居第三，为 16 人。在有毕业生的 4 家新闻传播教育机构中，海南师范大学新闻传播与影视学院 2022 年毕业生就业和深造人数为 37 人，就业率最高，为 80. 4%；安徽师范大学新闻传播学院 2022 年毕业生就业和深造人数为 16 人，就业率排第二，为 72. 7%；复旦大学新闻学院 2022 年毕业生就业和深造人数为 11 人，就业率位居第三，为 68. 6%；这三家学院 2022 年同专业非中外合作办学项目毕业生的就业率分别为 85. 7%、81. 6%和 100%，一定程度上表明我国新闻传播教育领域中外合作项目毕业生的就业情况比同专业非中外合作办学项目毕业生的就业情况，相对而言不理想一些(详见表 4-22)。

表 4-22　**2022 年我国新闻传播教育领域中外合作办学项目招生和毕业生情况**

序号	新闻传播育机构名称	2022 年招生人数(人)	2021 年招生人数(人)	2022 年毕业生人数(人)	2021 年毕业生人数(人)	2022 年毕业生就业和深造人数(人)
1	海南师范大学新闻传播与影视学院	43	45	43	46	37
2	复旦大学新闻学院	22	31	16	8	3
3	华东师范大学传播学院	18	0	0	0	0
4	辽宁大学新闻与传播学院	18	0	0	0	0
5	清华大学新闻与传播学院	14	15	0	0	0
6	兰州大学新闻与传播学院	1	2	0	0	0
7	同济大学艺术与传媒学院	0	1	1	0	0
8	安徽师范大学新闻传播学院	0	0	22	23	16

在学制上，2022 年，我国 8 家新闻传播教育机构的 12 个中外合作办学项目，采用的学制仍然灵活多样。本科办学层次项目的学制，绝大多数为 4 年制，包括“2+2”“3+1”“2+1+1”和“3+1+1”等学习模式。其中，“2+2”学习模式最为普遍。复旦大学新闻学院的“复旦—早稻田双学位”本科项目，对中国学生和外国留学生区别对待，即对中国学生采用“3+1+1”的 5 年制学习模式，对外国留学生则采用“2+1+1”的 4 年制学习模式。硕士办学层次项目的学制，包括了 2 年制和 3 年制。2 年制采用的学习模式包括“1+1”和“0. 5+1+0. 5”两种；3 年制采用的学习模式包括“1. 5+1. 5”和“1+1. 5+0. 5”两种。同济大学艺术与传媒学院的同济大学—加拿大西安大略大学视觉艺术项目是本硕连读项目，采用了“3+1+1”5 年制和“3+1+2”6 年制两种学习模式。

4.5.3　总结与思考

综上所述，2022 年我国新闻传播教育领域中外合作办学的局部走势比 2021 年有了一些好转，具体表现为关联的新闻传播机构的数量、招生总人数和毕业生总人数等数据指标都有所增加，但这种局部好转未能有效扭转我国新闻传播教育领域中外合作办学多年来整体走势低迷的状况。除了复旦大学新闻学院和海南师范大学新闻传播与影视学院等寥寥几家新闻传播教育机构能够一如既往地保持招生、培养和毕业等工作的连贯性外，其余新闻传播教育机构在中外合作办学方面均显现不同形式和不同程度的断裂，从而难成气候。加之总体办学规模、办学层次、合作方水平、生源质量、专业覆盖面、人才培养模式和最终成效等并没有取得实质性进展，2022年我国新闻传播教育领域的中外合作办学仍然处于低水平徘徊状态。

从2022年12月中旬开始，我国新冠疫情进入常态化防控阶段。面对这一有利变化，我国新闻传播教育界应当相机而动，切实重视起来，未雨绸缪，积极作为，争取今后不断寻求更多、综合水平更高的外方合作机构，获得更多的立项，并不断扩充办学规模，大力革新办学模式，全面提升人才培养质量，使得新闻传播教育领域的中外合作办学尽快实现多层面的标志性突破，早日迈上一个新的台阶。

（青岛大学文学与新闻传播学院　赵星耀）

5. 人才培养篇

5.1 培养方案

5.1.1 部分高校传播学本科培养方案情况

人才培养方案是人才培养的设计蓝图，集中体现了高校的教学思想、教学理念和办学特色。它是学校组织和管理教学的基本依据，也是保证教学质量和人才培养规格的指导性文件。培养方案的实施关系到高校专业教育的各个层面，为保证人才质量且适应社会发展，培养方案须在实践中不断改进和完善。

2018 年 1 月，教育部发布《普通高等学校本科专业类教学质量国家标准》。由教育部新闻传播学类专业教学指导委员会制定的《新闻传播学类教学质量国家标准》对新闻传播学类专业的培养目标、培养规格、课程体系、师资队伍、教学条件、质量管理与保障等方面作了明确规定。“国家标准”指出：本标准是全国本科新闻传播学类专业教学质量的基本标准，各高校可结合自身的定位和办学特色，对本标准中的条目进行细化规定，但不得低于本标准相关要求。鼓励有条件的高校高于本标准办学。

“国家标准”要求，各高校根据自身特点以及师资情况，结合专业教学目标和任务，应开设 8~10 门专业类必修课程。传播学专业应开设大众传播史、传播研究方法、跨文化传播、调查软件与应用、舆论学、传播效果与测量、传播心理学、受众与视听率分析等专业必修课。在专业实训课方面，传播学专业应开设新闻采访与写作、传播调查与统计、传播效果与测量、受众与视听率分析等专业实训内容。

整体来看，中国人民大学、中国传媒大学、复旦大学、华中科技大学这四所高校的传播学本科专业不仅到达了“国家标准”提出的上述基本要求，各校还结合自身传统与实际形成了各自传播学本科人才培养的特色。在这里，我们对这四所高校传播学本科培养方案进行梳理和展示，以启示其他新闻传播院校对传播学本科培养方案的设计与制定。

5.1.1.1 传播学本科培养方案的整体设计

中国人民大学新闻学院的本科生培养方案(2021)隶属于“法政与社会学科大类”，由学校教务处统一汇编。“法政与社会学科大类”有一个统一的本科生培养方案，其中包括课程体系(包括通识教育、专业教育、创新研究与实践、素质拓展与发展指导四大板块)，以及专业修读指导计划(包括新闻学、广播电视学、广告学和传播学四个专业的修读指导计划)。通识教育又包括思想政治理论课、基础技能(大学外语、公共数学和公共计算机)、通识核心课、国际小学期全英文课、通识教育大讲堂系列公开讲座和经典历史著作阅读六个小板块。专业教育包括部类核心课(部类共同课、部类基础课)、专业核心课(包括法学、社会学、社会工作、公共事业管理、国际政治、外交学、政治学与行政学、新闻学、广播电视学、广告学和传播学等课程模块)、个性化选修课(包括法学类、社会学类、国际政治类和新闻传播类等课程模块)。创新研究与实践包括社会研究与创新训练、社会实践与志愿服务、专业实习、毕业论文等环节。素质拓展与发展指导包括新生研讨课、大学体育、心理健康教育、职业生涯规划、国防教育、劳动教育、公共艺术教育和发展指导等内容。

新闻学院本科生培养方案的制定是中国人民大学大类培养改革的一部分。中国人民大学大类培养改革的宗旨为：破除传统单纯专业导向的培养理念观念和培养模式体系，改变专业划分过细、培养口径过窄的现象，强化本科阶段“宽口径、厚基础、跨学科、复合型、个性化”培养，打破院系壁垒和专业壁垒，构建大类招生大类培养的体系机制，充分赋予学生选择学习的权利，扩大学生个性发展空间，丰富学生多样化发展路径，激发学生学习兴趣和潜能，培养面向未来具有长远发展、综合发展、创新发展能力的优秀人才。本科培养方案主要体现以下思路：一是顶层设计形成“通识教育、专业教育、创新研究与实践、素质拓展与发展指导”四大功能模块；二是强化通专结合，明晰课程关联定位，系统构建“根基通识、大类基础、专业核心、个性选修”的四级课程架构；三是立足根基上的通识，全面规划形成通识核心课程体系，由上而下、上下结合实施课程设计，推动课程建设，强化通识核心课程教学标准和学习要求；四是依据学科关联性、基础共通性、知识逻辑性，全校除艺术类专业、外语类专业和马克思主义理论类外全部专业划分为五大部类制定大类培养方案；五是课程体系和学习机制上，设置部类共同课和模块化的基础课，打通专业选修课并实施模块化设计，强化宽厚基础，拓宽培养口径，实现深层融通，扩大选择空间，丰富课程资源，建立“开放、自主、灵活”的学习选择机制。新闻学院将所有本科专业都纳入同一个本科生培养系统进行整体设计。一方面，各专业学生可以在本科生培养方案中找到该专业的修读路径和核心课程；另一方面，各专业学生又可以在整个“法政与社会学科大类”中，较为自由地选修其他跨专业课程。

复旦大学新闻传播类专业采取“2+X”培养方案，即将四年制培养进程分成两个阶段，前两个学年修读通识教育课程和专业培养课程，后两个学年修读多元发展路径课程。多元发展包括专业进阶(含荣誉项目)、跨学科发展(含辅修学士学位项目)和创新创业等不同路径，要求在院系专业导师指导下选择一条发展路径，按路径要求修读课程。新闻学、广播电视学、传播学和广告学四个专业共用一个培养方案，各专业设置有不同的专业必修课。新闻学院“2+X”培养方案的制定是复旦大学“2+X”本科培养体系改革的一部分。其目的是根据“大类招生、通识教育、专业培养、多元发展”原则构筑厚基础、高质量的多元育人体系。“2”是指从通识教育和专业培养两方面入手，夯实个人发展基础；“X”是指基于学生个性化成长需求，在学分制下提供专业进阶、跨学科发展、创新创业等多种发展路径，更好地为学生创造专兼结合、互相贯通的多元发展空间。

多元发展是复旦大学新闻传播类专业“2+X”培养方案的最大特色，后两个学年修读的多元发展路径课程包括专业进阶(含荣誉项目)、跨学科发展(含辅修学士学位项目)和创新创业等不同路径。专业进阶路径包括两个模块：“新闻与视听传播”模块有31门课可供选修，“公共与商业传播”模块有20门课可供选修，要求在本专业进阶课程或荣誉课程中修读至少32学分，每个进阶模块修满16学分，学分不足部分可在全校所有本科生课程中任意选修。跨学科发展路径要求修满32学分，要求修读2个非本专业独立开设的学程，学分不足部分可在全校所有本科生课程中任意选修。辅修学士学位路径要求至少修读本专业进阶课程16学分和1个外院系开设的辅修学士学位项目。创新创业路径也要求修满32学分，要求修读1个非本专业独立开设的学程和1个创新创业学院开设的创新创业学程，学分不足部分可在全校所有本科生课程中任意选修。各专业均只会发一个毕业证书和学位证书，但注明专业进阶、荣誉项目、跨学科发展、辅修学士学位项目和创新创业等不同的内容。

中国人民大学和复旦大学的传播学专业培养方案都被纳入学校整体的人才培养改革体系，中国传媒大学和华中科技大学传播学专业的本科培养方案则相对比较传统。两校都是由新闻学院自行制定，每个专业制定一个单独的本科培养方案。主要包括培养目标、培养要求、培养特色、学制与学位、学时与学分、主要课程及创新创业课程等内容设计。不同的是，中国传媒大学将传播学专业细分为传播学专业、传播学专业(计算传播方向)和传播学专业(舆情分析方向)三个不同的方向。

5.1.1.2　传播学本科培养方案的核心课程

中国人民大学传播学专业修读指导计划对课程修读提出了明确要求：通识教育 50 学分、专业教育 80 学分、创新研究与实践 12 学分、素质拓展与发展指导 12 学分。专业教育 80 学分中必修为 54 学分、选修为 26 学分：部类核心课要求 23 学分，其中必修 17 学分，选修 6 学分；专业核心课要完成“传播学”专业核心课程模块所有课程，共 31 学分；个性化选修课为 26 学分，要在法学类、国际政治类、社会学类三个模块中任选 12 学分课程，要在新闻传播学类—26 传播学类中任选 6 学分课程，要在新闻传播学类—23 新闻学、新闻传播学类—24 广播电视学、新闻传播学类—25 广告学、新闻传播学类—27 国际新闻与传播学四个模块中任选 6 学分课程，要在新闻传播学类—全英文专业课程中任选 2 学分课程。

传播学专业要求完成专业教育 80 学分，其中部类共同课 11 学分，包括法理学 I(法学导论)(3 学分)、社会学概论 A(3 学分)、政治学概论(3 学分)、传播理论(2 学分)。另外，传播理论作为部类共同课也应由法学类、社会学类、国际政治类专业必修。部类基础课新闻传播类包括新闻实务基础、战略传播和新闻理论共 6 学分，传播学专业学生需要从法学类、社会学类、国际政治类等部类基础课中选修 6 学分。传播学专业核心课程模块(31 学分)包括：新闻传播大讲堂(1 学分)、马克思新闻观与当代中国新闻事业(2 学分)、基础写作(2 学分)、影像技术(2 学分)、外国新闻传播史(2 学分)、中国新闻传播史(2 学分)、数字传播技术应用(2 学分)、传播研究方法与论文写作(2 学分)、新闻传播伦理与法规(2 学分)、传媒经营与管理(2 学分)、全媒体传播实验 I(1 学分)、全媒体传播实验 II(1 学分)、公共传播(2 学分)、策略性传播策划(2 学分)、网络信息整合(2 学分)、移动信息传播(2 学分)、社会化传播(2 学分)等课程。

中国传媒大学将传播学专业细分为传播学专业、传播学专业(计算传播方向)和传播学专业(舆情分析方向)三个不同的方向，主要课程在设置上也有较大差异。传播学专业的主要课程包括：传播学概论、人类传播史、传播研究方法、传播心理学、全球文化、传播政治经济学、技术、空间与传播、群体与组织传播、新媒体写作、全媒体新闻编辑、数据可视化理论与应用等。传播学专业(计算传播方向)主要课程包括：传播学概论、计算传播学导论、新媒体研究方法、质化研究方法、多变量统计分析方法、数据可视化传播与应用、计算传播数据测量等。传播学专业(舆情分析方向)主要课程包括：传播学概论、舆论学原理、网络舆情理论与实践、网页抓取与数据处理、社会网络分析、网络舆情分析实务等。

复旦大学新闻传播类专业学生都要必修新闻学概论(2 学分)、传播学概论(2 学分)和马克思主义新闻思想(2 学分)这三门必修课程，以及中国新闻传播史(3 学分)、新闻采访与写作(3 学分)、视听传播(3 学分)、新媒体概论(2 学分)、口语表达(3 学分)、商业传播(3 学分)、新闻传播法规与伦理(3 学分)、媒介经营管理(2 学分)、媒介融合(3 学分)、数据分析与信息可视化(3 学分)等。另外要求在人文类基础课程中修满 6 学分，在社会科学类基础课程中修满 6 学分。传播学专业必须修读人际传播学(2 学分)、组织传播学(2 学分)、国际传播(2 学分)、跨文化传播(2 学分)、舆论学(2 学分)、传播学研究方法(2 学分)、说服与传播运动设计(2 学分)、计算与智能传播(2 学分)等 18 个学分。

华中科技大学传播学专业本科培养计划完成学业最低课内学分(含课程体系与集中性实践教学环节)要求为 156. 5 学分，其中专业基础课程、专业核心课程学分不允许利用其他课程学分进行冲抵和替代，素质教育通识课程必修为 31 学分、选修为 10 学分，学科基础课程为 48. 5 学分，专业核心课程为 21. 5 学分，专业选修课程为 25 学分，集中实践教学环节为 20. 5 学分。学科基础课程包括概率论与数理统计(2. 5 学分)、线性代数(2. 5 学分)、新闻学原理(2. 5 学分)、传播心理学(2 学分)、人工智能与数据科学(2 学分)、新媒体概论(2 学分)、传播学原理(2. 5 学分)、数字传播技术基础(3 学分)、视听传播概论(2 学分)、品牌传播概论(2 学分)、传播学研究方法(3 学分)、新闻传播伦理与法制(2. 5 学分)、中外新闻传播史(2. 5 学分)、马克思主义新闻观(2 学分)、媒体融合导论(2 学分)、学术规范与论文写作(1 学分)、新媒体经典产品欣赏(1 学分)、新媒体用户分析(2 学分)、新媒体应用模式创新设计(2. 5 学分)、Web 信息架构设计(3 学分)、创意新媒体开发设计实验(2. 5 学分)。

5. 1. 2　中国人民大学传播学本科培养方案

5. 1. 2. 1　培养目标

传播学专业培养适应数字传播时代需求、拥有复合知识结构、掌握全面专业技能和具备卓越发展潜质的公共传播人才，毕业生适合在媒体、党政机关、企业和其他社会组织中从事政治传播、品牌传播、公共关系、新闻传播等领域的工作。

5.1.2.2 培养要求

系统学习和掌握马克思主义基本理论；坚持实事求是和群众路线；运用马克思主义基本理论分析问题和解决问题；拥有优良道德品质，堪做国民表率、社会栋梁。

学习和掌握马克思主义新闻观，熟悉国家大政方针；有强烈社会责任感，恪守职业道德准则；有深厚文化素养和文字、口头专业表达能力；熟练运用现代传播技术从事公共传播活动，业务基本功扎实；熟练运用一门外国语。

拥有健康体魄，达到学生体质健康标准。

5.1.2.3 核心课程

传播学专业主要课程包括：新闻传播大讲堂、马克思新闻观与当代中国新闻事业、基础写作、影像技术、外国新闻传播史、中国新闻传播史、数字传播技术应用、传播研究方法与论文写作、新闻传播伦理与法规、传媒经营与管理、全媒体传播实验Ⅰ、全媒体传播实验Ⅱ、公共传播、策略性传播策划、网络信息整合、移动信息传播、社会化传播等。

5.1.3 中国传媒大学传播学本科培养方案

5.1.3.1 培养目标

传播学专业旨在培养具备扎实的新闻传播理论基础和相应传播技能的，与智能化、融合化、平台化的媒体环境相适应的复合型新闻与传播人才。本专业在教学过程中，要求学生认真学习毛泽东思想和中国特色社会主义理论体系，树立正确的人生观、世界观和价值观；拥有比较厚实和广博的基础学科理论知识；精湛的适应于新媒体环境的业务实践能力与研究分析能力；独立分析解决问题的能力、创造能力、社会活动和组织管理能力。学生毕业后能在新媒体、传统新闻媒体、政府宣传部门以及其他企事业单位从事传播实务及学院研究等相关工作。

传播学专业(计算传播方向)旨在培养掌握马克思主义基本理论，坚持党的基本路线，热爱祖国，遵纪守法，具有良好道德修养和社会责任感，积极为社会主义现代化建设服务，能够解决社会经济发展中计算传播关键问题的一流人才。本专业方向培养学科基础扎实、掌握传播学理论和大数据分析研究方法，能够有效挖掘与解读大数据背景下人类个体和群体行为模式的专业人才。本专业方向的人才将面向党政机关、企事业单位、传媒公司、互联网公司等机构，从事网络社会治理、数据新闻、计算广告、自媒体策划运营等工作。

传播学专业(舆情分析方向)旨在培养具有良好的人文素养、科学素养、职业素养，具备较强政治敏感性、舆情分析能力和社会责任感的一流人才。本专业方向培养学科基础扎实、熟悉舆情演化规律，掌握社会科学研究方法、计算机信息处理技术，能够有效分析解决大数据背景下舆情监测、分析、研判、预警、应对等方面的专业人才。本专业方向的人才将面向党政机关、媒体机构、企事业单位、舆情调查机构、社会团体等机构，从事舆情信息监测、网络信息发布、舆情危机应对、自媒体策划运营等工作。

5.1.3.2 核心课程

传播学专业主要课程包括：传播学概论、人类传播史、传播研究方法、传播心理学、全球文化、传播政治经济学、技术、空间与传播、群体与组织传播、新媒体写作、全媒体新闻编辑、数据可视化理论与应用等。

传播学专业(计算传播方向)主要课程包括：传播学概论、计算传播学导论、新媒体研究方法、质化研究方法、多变量统计分析方法、数据可视化传播与应用、计算传播数据测量等。

传播学专业(舆情分析方向)主要课程包括：传播学概论、舆论学原理、网络舆情理论与实践、网页抓取与数据处理、社会网络分析、网络舆情分析实务等。

5.1.4 复旦大学传播学本科培养方案

5.1.4.1 培养目标

新闻传播学类专业(含新闻学、广播电视学、广告学、传播学四个专业)以主流化、数字化、国际化为人才培养理念，旨在培养德智体美劳全面发展，具备宽厚的人文、社会科学和自然科学基础知识，掌握系统的新闻传播学理论知识和业务技能，能够以马克思主义新闻观分析新闻传播现象与问题，熟悉我国新闻传播政策法规，熟悉媒体运作机制与发展趋势，具有高远的职业理想和良好的职业道德，适应经济社会发展和全媒体时代要求，能够胜任现代传媒组织、新媒体企业、广告与公关公司、党政机关、社会机构等工作岗位的复合型、创新型、应用型新闻传播专门人才。

5.1.4.2 培养要求

新闻传播学类专业(含新闻学、广播电视学、广告学、传播学四个专业)采用“2+X”培养方案。前两个学年修读通识教育课程和专业培养课程，后两个学年修读多元发展路径课程。多元发展包括专业进阶(含荣誉项目)、跨学科发展(含辅修学士学位项目)和创新创业等不同路径，要求在院系专业导师指导下选择一条发展路径，按路径要求修读课程。

本专业学生毕业时须满足通识教育课程(含通识教育核心课程和专项教育课程)51学分、专业培养课程74学分(含教学实习6学分、毕业论文4学分)和多元发展路径课程的修读要求，总学分不低于157学分(含实践学分不低于35学分、含美育学分不少于2学分、劳动教育不少于32学时，并满足劳动周教育要求)，达到学位要求者授予文学学士学位。

5.1.4.3 核心课程

传播学专业主要课程包括：人际传播学、组织传播学、国际传播、跨文化传播、舆论学、传播学研究方法、说服与传播运动设计、计算与智能传播等。

5.1.5 华中科技大学传播学本科培养方案

5.1.5.1 培养目标

传播学专业以传播学和信息学科为基础，以网络产品策划和设计为核心，以数字媒体技术为特色，培养“有创意、通传播、懂技术、精设计”的文理交叉复合型传播人才。

本专业人才可以在互联网企业和新兴科技公司从事网络产品开发和设计，也可在政府部门、企事业单位以及调查咨询机构从事创新设计、数据分析和平台运营工作。

5.1.5.2 培养要求

传播学专业学生主要学习马克思主义基本原理、新闻传播学基本理论和知识，系统掌握前沿数字媒体技术，接受传播心理学、市场调查、用户分析基本能力训练，具备新媒体产品开发和设计的能力，形成“厚基础、宽口径、术理兼备”的知识结构。

5.1.5.3 核心课程

传播学专业主要课程包括：传播学原理、传播心理学、传播学研究方法、新媒体用户分析、WEB 信息架构设计、新媒体运营、创意新媒体开发设计、互联网应用模式创新设计等。

[中国地质大学(武汉)艺术与传媒学院　刘义昆、易鑫]

5.2 新闻传播学国家级一流本科课程统计分析

2023 年 4 月 11 日，教育部发布《关于第二批国家级一流本科课程认定结果的公示》。

根据《教育部关于一流本科课程建设的实施意见》(教高〔2019〕8 号)和《教育部办公厅关于开展第二批国家级一流本科课程认定工作的通知》(教高厅函〔2021〕13 号)的有关要求，经各省级教育行政部门和高校申报推荐，教育部组织网络评审和会议评审，拟认定 5751 门课程为第二批国家级一流本科课程，其中，线上课程 1095 门，虚拟仿真实验教学课程 472 门，线上线下混合式课程 1801 门，线下课程 2076 门，社会实践课程 307 门。

2020 年 11 月，教育部公布首批国家级一流本科课程认定结果，共有 5118 门课程入选。前两批一共认定 10869 门国家级一流本科课程。

这里我们先对第二批新闻传播学国家一流本科课程进行统计分析，然后与首批新闻传播学国家一流本科课程进行对比思考。

5.2.1 120 门新闻传播学课程获得第二批国家一流本科课程认定

从第二批拟认定的 5751 门国家级一流本科课程中，筛选新闻传播学类相关课程，需要有一个标准。按照相关文件，被归入艺术学、管理学等学科的本科课程(如摄影、品牌和电子商务等课程)未被纳入统计。对于学科归属存在疑问的课程，本节搜索了课程负责人的院校信息，核对是否属于新闻传播院校。明确属于新闻传播院校的课程负责人，即使其负责课程未必属于新闻传播学核心课程，也会被纳入统计。坚持学科相关性，中国传媒大学和浙江传媒学院等传媒院校的本科课程未被全部纳入统计。

整体来看，新闻传播学有 120 门课程获得第二批国家一流本科课程认定，在 5751 门课程中占比为 2.09%。相比于首批认定的 85 门课程，不仅总数增加了 35 门，认定比例也从 1.66%提升到了 2.09%。这表明，新闻传播院校对国家级一流本科课程申报工作进一步重视，新闻传播学科受到了国家级一流本科课程认定工作的进一步认可(见表 5-1)。

表 5-1　　　　第二批新闻传播学国家级一流本科课程

	课程类型	建设单位	课程名称	负责人
1	线上一流课程	中国人民大学	新闻摄影	殷　强
2	线上一流课程	清华大学	全球化与世界空间	崔保国
3	线上一流课程	北京师范大学	电视艺术欣赏	张智华
4	线上一流课程	北京师范大学	中国电影艺术审美鉴赏	周　星
5	线上一流课程	北京师范大学	新闻摄影——中外经典案例赏析	王长潇
6	线上一流课程	北京外国语大学	大众传媒与媒介素养	翟　峥
7	线上一流课程	中国传媒大学	广告学概论：观念与思路	康　瑾
8	线上一流课程	中国传媒大学	新媒体编创	吴炜华
9	线上一流课程	中国传媒大学	电视写作	李　智
10	线上一流课程	中国传媒大学	剪辑的历史、理论与实践	郑　月
11	线上一流课程	中国传媒大学	从音乐到影像	付　龙
12	线上一流课程	中国传媒大学	数字媒体技术概论	严　明
13	线上一流课程	上海外国语大学	全球传播	王玲宁
14	线上一流课程	浙江传媒学院	电视与网络视频节目形态解析	姚　争
15	线上一流课程	南昌大学	光影・光阴——早期中国电影漫谈系列	沈　鲁
16	线上一流课程	郑州大学	趣说新媒体	张淑华
17	线上一流课程	河南大学	新闻编辑学	严　励
18	线上一流课程	华中科技大学	广播电视评论	何志武
19	线上一流课程	华中科技大学	数字时代的品牌传播	李华君
20	线上一流课程	武汉体育学院	体育与社会	张德胜
21	线上一流课程	中南大学	新闻英语	李丽君

续表

	课程类型	建设单位	课程名称	负责人
22	线上一流课程	暨南大学	新媒体文化十二讲	刘　涛
23	线上一流课程	重庆大学	新闻评论	刘海明
24	虚拟仿真实验教学一流课程	中国人民大学	特殊类型纪录片摄制虚拟仿真实验	陈　涛
25	虚拟仿真实验教学一流课程	北京师范大学	全景叙事虚拟仿真实验教学	周　雯
26	虚拟仿真实验教学一流课程	中国传媒大学	基于 XR 技术的影视与演播空间设计虚拟仿真实验	朱　峰
27	虚拟仿真实验教学一流课程	江西师范大学	影视照明光影造型综合实训系统	喻晓琛
28	线下一流课程	北京大学	创意传播管理	陈　刚
29	线下一流课程	中国传媒大学	数据可视化传播与应用	沈　浩
30	线下一流课程	中国传媒大学	新闻理论	郎劲松
31	线下一流课程	中国传媒大学	播音主持语音与发声 1. 2	赵　俐
32	线下一流课程	中国传媒大学	新闻播音主持(时政国际)	李洪岩
33	线下一流课程	中国传媒大学	诵读指导与实践	金北平
34	线下一流课程	中国传媒大学	实践中的马克思主义新闻观	涂凌波
35	线下一流课程	中国传媒大学	新媒体编辑	付晓光
36	线下一流课程	中国社会科学院大学	马克思主义新闻思想	季为民
37	线下一流课程	山西传媒学院	影视声音创作	魏晓军
38	线下一流课程	山西传媒学院	导播	贾　月
39	线下一流课程	山西传媒学院	播音发声 1、2	刘　嘉
40	线下一流课程	内蒙古民族大学	新闻采访与写作	赵承钢
41	线下一流课程	吉林艺术学院	影视短片写作	邹　毅
42	线下一流课程	东北石油大学	传播学	颜　冰
43	线下一流课程	复旦大学	数据分析与信息可视化	周葆华
44	线下一流课程	复旦大学	政府公共关系	朱春阳
45	线下一流课程	上海交通大学	人际传播	薛　可
46	线下一流课程	华东师范大学	节目主持概论	陈　虹
47	线下一流课程	南京师范大学	摄像与剪辑	张晓锋
48	线下一流课程	扬州大学	纪录片创作	武新宏

续表

	课程类型	建设单位	课程名称	负责人
49	线下一流课程	南京传媒学院	媒介素养(双语)	陈　希
50	线下一流课程	浙江工商大学	纪录片专题研究	李　蓉
51	线下一流课程	安徽大学	当代媒介素养	姜　红
52	线下一流课程	厦门大学	广告心理学	曾秀芹
53	线下一流课程	闽南师范大学	广告策划	胡鸿影
54	线下一流课程	南昌大学	当代中国新闻理论与实践	陈信凌
55	线下一流课程	江西师范大学	摄像技术与艺术	刘一儒
56	线下一流课程	山东艺术学院	中国电视剧史	宋法刚
57	线下一流课程	山东艺术学院	电视节目导播	李　磊
58	线下一流课程	武汉大学	世界广告通史	周茂君
59	线下一流课程	湖北大学	中国新闻事业史	杨翠芳
60	线下一流课程	中山大学	新闻英语视听说	王　哲
61	线下一流课程	中山大学	深度报道	张志安
62	线下一流课程	暨南大学	马克思主义新闻观	支庭荣
63	线下一流课程	惠州学院	新媒体概论	周海英
64	线下一流课程	广州大学	影视剧本创作	姚　睿
65	线下一流课程	广西艺术学院	播音发声	赵　然
66	线下一流课程	广西财经学院	新闻采访与写作	谢卓华
67	线下一流课程	长江师范学院	普通话语音与播音发声	许芫颜
68	线下一流课程	四川师范大学	影视剧作基础	骆　平
69	线下一流课程	四川传媒学院	影视合成与特效	向　东
70	线下一流课程	贵州民族大学	普通话语音与播音发声	钟　华
71	线下一流课程	云南大学	传播学引论	单晓红
72	线下一流课程	西安明德理工学院	电视节目策划与制作	战　涛
73	线下一流课程	兰州文理学院	编辑出版实务	梁宝毓
74	线上线下混合式一流课程	中国人民大学	传播理论	刘海龙
75	线上线下混合式一流课程	北京印刷学院	出版概论	张文红
76	线上线下混合式一流课程	北京师范大学	中国影像史	吴　琼
77	线上线下混合式一流课程	中国传媒大学	电视影像语言	孙振虎

续表

	课程类型	建设单位	课程名称	负责人
78	线上线下混合式一流课程	中国传媒大学	智能媒体传播	段　鹏
79	线上线下混合式一流课程	中国政法大学	影视艺术欣赏	屈高翔
80	线上线下混合式一流课程	河北师范大学	教育电视节目编制	王润兰
81	线上线下混合式一流课程	河北经贸大学	融合新闻学	景义新
82	线上线下混合式一流课程	延边大学	网络与新媒体概论	崔香丹
83	线上线下混合式一流课程	上海交通大学	新媒体与社会	李晓静
84	线上线下混合式一流课程	上海应用技术大学	英文报刊阅读	徐　晗
85	线上线下混合式一流课程	浙江传媒学院	视听语言	俞　洁
86	线上线下混合式一流课程	浙大宁波理工学院	网络新闻实务	刘建民
87	线上线下混合式一流课程	安徽师范大学	广播电视新闻基础	马　梅
88	线上线下混合式一流课程	福建师范大学	广告作品赏析	莫　莉
89	线上线下混合式一流课程	山东大学	中国新闻事业史	俞　凡
90	线上线下混合式一流课程	济南大学	传播学	陈晓洁
91	线上线下混合式一流课程	临沂大学	影视特效与包装	陈　珊
92	线上线下混合式一流课程	南阳理工学院	广播电视文案写作	李艳丹
93	线上线下混合式一流课程	湖北大学	词曲小说中的人生大爱	薛　梅
94	线上线下混合式一流课程	武昌首义学院	融合新闻学导论	余　林
95	线上线下混合式一流课程	武汉学院	数据新闻可视化	谢光玉
96	线上线下混合式一流课程	汕头大学	广告设计基础	徐少林
97	线上线下混合式一流课程	华南理工大学	数据新闻理论与实践	吴小坤
98	线上线下混合式一流课程	广西艺术学院	广告创意基础	申雪凤
99	线上线下混合式一流课程	重庆邮电大学	摄像技术	陈祺祺
100	线上线下混合式一流课程	四川外国语大学	纪录片创作	邬建中
101	线上线下混合式一流课程	四川美术学院	影视摄影技术	翟建东
102	线上线下混合式一流课程	重庆第二师范学院	网络新闻实务	严　亚

续表

	课程类型	建设单位	课程名称	负责人
103	线上线下混合式一流课程	成都理工大学	纪录片创作	刘　迅
104	社会实践一流课程	清华大学	写在路上的大篷车课堂	李希光
105	社会实践一流课程	中国传媒大学	视听创作 1	秦瑜明
106	社会实践一流课程	北京体育大学	体育赛事传播	李岭涛
107	社会实践一流课程	辽宁师范大学	主持人节目创作(二)	李伯冉
108	社会实践一流课程	上海外国语大学	全球重大事件多语种全媒体报道实践(H)	邓惟佳
109	社会实践一流课程	浙江传媒学院	全媒体视听创作	朱　怡
110	社会实践一流课程	鲁东大学	纪录片创作	张成良
111	社会实践一流课程	郑州大学	重走穆青路	郑素侠
112	社会实践一流课程	洛阳师范学院	电视节目创作与实践	李姗姗
113	社会实践一流课程	西南大学	影视创作实践	田　阡
114	社会实践一流课程	四川大学	纪录片创作实践	吴　卓
115	社会实践一流课程	成都理工大学	融合新闻报道社会实践	肖思和
116	社会实践一流课程	云南大学	通过观察理解中国	孙信茹
117	社会实践一流课程	西北大学	广告营销	赵　茹
118	社会实践一流课程	兰州大学	小实习(新春采风万里行、重走中国西北角或其他)	王君玲
119	社会实践一流课程	西北民族大学	广播电视采访	李　克
120	社会实践一流课程	新疆财经大学	发现·记录大美新疆社会实践	焦若薇

5.2.2　第二批新闻传播学国家级五大“金课”整体状况

新闻传播学有 120 门课程获得第二批国家一流本科课程认定(见表 5-2),在国家级五大“金课”中均占有一定比例。其中新闻传播学线上一流课程 23 门(在所有线上一流课程中所占比例为 2.10%),新闻传播学虚拟仿真实验教学一流课程为 4 门(0.85%),新闻传播学线下一流课程 46 门(2.22%),新闻传播学线上线下一流课程 30 门(1.67%),新闻传播学社会实践一流课程 17 门(5.54%)。

表 5-2　**第二批新闻传播学国家级一流本科课程整体状况**

课程类型	所有学科	新闻传播学	所占比例
线上一流课程	1095	23	2. 10%
虚拟仿真实验教学一流课程	472	4	0. 85%
线下一流课程	2076	46	2. 22%
线上线下混合式一流课程	1801	30	1. 67%
社会实践一流课程	307	17	5. 54%
总计	5751	120	2. 09%

相比于首批国家级一流本科课程的认定，在线上一流课程认定总数整体下降的背景下，新闻传播学所占比例从首批的 1. 28%上升到了第二批的 2. 10%。在虚拟仿真实验教学一流课程认定总数下降的情况下，新闻传播学所占比例从首批的 3. 30%大幅下降到了第二批的 0. 85%。在线下一流课程认定总数大幅提升的背景下，新闻传播学所占比例从首批的 1. 57%上升到了第二批的 2. 22%。在线上线下混合式一流课程认定总数大幅提升的情况下，新闻传播学所占比例从首批的 0. 92%上升到了第二批的 1. 67%。在社会实践一流课程认定总数大幅提升的背景下，新闻传播学所占比例从首批的 3. 26%上升到了第二批的 5. 54%(见表 5-3)。

表 5-3　**首批新闻传播学国家级一流本科课程整体状况**

课程类型	所有学科	新闻传播学	所占比例
线上一流课程	1875	24	1. 28%
虚拟仿真实验教学一流课程	728	24	3. 30%
线下一流课程	1463	23	1. 57%
线上线下混合式一流课程	868	8	0. 92%
社会实践一流课程	184	6	3. 26%
总计	5118	85	1. 66%

5. 2. 3　第二批新闻传播学国家级一流本科课程学校排名

在第二批新闻传播学国家级一流本科课程学校排名方面，中国传媒大学以 17 门课程高居第一位。其中包括线上一流课程 6 门，虚拟仿真实验教学一流课程 1 门，线下一流课程 7 门，线上线下混合式一流课程 2 门，社会实践一流课程 1 门。北京师范大学以 5 门课程位列第二位。其中包括线上一流课程 3 门，虚拟仿真实验教学一流课程 1 门，线上线下混合式一流课程 1 门。

中国人民大学、浙江传媒学院、山西传媒学院 3 所高校分别建设 3 门新闻传播学国家级一流本科课程。中国人民大学承担线上一流课程 1 门，虚拟仿真实验教学一流课程 1 门，线上线下混合式一流课程 1 门。浙江传媒学院承担线上一流课程 1 门，线上线下混合式一流课程 1 门，社会实践一流课程 1 门。山西传媒学院承担线下一流课程 3 门。

暨南大学、清华大学、南昌大学、华中科技大学、复旦大学、上海交通大学、中山大学、江西师范大学、广西艺术学院、上海外国语大学、郑州大学、山东艺术学院、湖北大学和云南大学 14 所高校分别建设 2 门新闻传播学国家级一流本科课程。北京外国语大学等 61 所高校分别建设 1 门新闻传播学国家级一流本科课程(见表 5-4)。

表 5-4　　**第二批新闻传播学国家级一流本科课程学校排名**

排名	建设单位	门　数
1	中国传媒大学	17
2	北京师范大学	5
3	中国人民大学	3
3	浙江传媒学院	3
3	山西传媒学院	3
6	暨南大学	2
6	清华大学	2
6	南昌大学	2
6	华中科技大学	2
6	复旦大学	2
6	上海交通大学	2
6	中山大学	2
6	江西师范大学	2
6	广西艺术学院	2
6	上海外国语大学	2

续表

排名	建设单位	门　　数
6	郑州大学	2
6	山东艺术学院	2
6	湖北大学	2
6	云南大学	2
20	北京外国语大学	1
20	河南大学	1
20	武汉体育学院	1
20	中南大学	1
20	重庆大学	1
20	北京大学	1
20	中国社会科学院大学	1
20	内蒙古民族大学	1
20	厦门大学	1
20	吉林艺术学院	1
20	东北石油大学	1
20	华东师范大学	1
20	南京师范大学	1
20	扬州大学	1
20	南京传媒学院	1
20	浙江工商大学	1
20	安徽大学	1
20	闽南师范大学	1
20	武汉大学	1
20	惠州学院	1
20	广州大学	1
20	广西财经学院	1
20	长江师范学院	1
20	四川师范大学	1
20	四川传媒学院	1

续表

排名	建设单位	门　数
20	贵州民族大学	1
20	西安明德理工学院	1
20	兰州文理学院	1
20	北京印刷学院	1
20	中国政法大学	1
20	河北师范大学	1
20	河北经贸大学	1
20	延边大学	1
20	上海应用技术大学	1
20	浙大宁波理工学院	1
20	安徽师范大学	1
20	福建师范大学	1
20	山东大学	1
20	济南大学	1
20	临沂大学	1
20	南阳理工学院	1
20	武昌首义学院	1
20	武汉学院	1
20	汕头大学	1
20	华南理工大学	1
20	重庆邮电大学	1
20	四川外国语大学	1
20	四川美术学院	1
20	重庆第二师范学院	1
20	成都理工大学	1
20	北京体育大学	1
20	辽宁师范大学	1

续表

排名	建设单位	门　　数
20	鲁东大学	1
20	洛阳师范学院	1
20	西南大学	1
20	四川大学	1
20	成都理工大学	1
20	西北民族大学	1
20	新疆财经大学	1
20	西北大学	1
20	兰州大学	1
总计		120

5.2.4 重点新闻传播院校的国家级一流本科课程布局

在两批国家级一流本科课程认定中，新闻传播学科共获得认定课程 205 门。整体来看，两批新闻传播学国家级一流本科课程中，中国传媒大学总共获得 23 门。这既体现出中国传媒大学作为传媒类高校的实力，也体现出该校对于国家级一流本科课程建设与申报的重视。暨南大学和北京师范大学在两批认定中均获得 7 门课程的认定。中国人民大学在两批认定中均获得 6 门课程的认定。复旦大学、华中科技大学和清华大学则在两批认定中获得了 5 门课程的认定。这些重点新闻传播院校在国家级一流本科课程上的布局，值得全国新闻传播院校在制定本科培养方案和课程设置时参考与借鉴(见表 5-5)。

表 5-5　　重点新闻传播院校的国家级一流本科课程

课程类型	建设单位	课程名称	负责人
线上一流课程(第二批)	中国传媒大学	广告学概论：观念与思路	康　瑾
线上一流课程(第二批)	中国传媒大学	新媒体编创	吴炜华
线上一流课程(第二批)	中国传媒大学	电视写作	李　智
线上一流课程(第二批)	中国传媒大学	剪辑的历史、理论与实践	郑　月

续表

课程类型	建设单位	课程名称	负责人
线上一流课程(第二批)	中国传媒大学	从音乐到影像	付　龙
线上一流课程(第二批)	中国传媒大学	数字媒体技术概论	严　明
虚拟仿真实验教学一流课程(第二批)	中国传媒大学	基于XR技术的影视与演播空间设计虚拟仿真实验	朱　峰
线下一流课程(第二批)	中国传媒大学	数据可视化传播与应用	沈　浩
线下一流课程(第二批)	中国传媒大学	新闻理论	郎劲松
线下一流课程(第二批)	中国传媒大学	播音主持语音与发声1.2	赵　俐
线下一流课程(第二批)	中国传媒大学	新闻播音主持(时政国际)	李洪岩
线下一流课程(第二批)	中国传媒大学	诵读指导与实践	金北平
线下一流课程(第二批)	中国传媒大学	实践中的马克思主义新闻观	涂凌波
线下一流课程(第二批)	中国传媒大学	新媒体编辑	付晓光
线上线下混合式一流课程(第二批)	中国传媒大学	电视影像语言	孙振虎
线上线下混合式一流课程(第二批)	中国传媒大学	智能媒体传播	段　鹏
社会实践一流课程(第二批)	中国传媒大学	视听创作1	秦瑜明
虚拟仿真实验教学一流课程(首批)	中国传媒大学	数字电视演播室技术	刘剑波
线下一流课程(首批)	中国传媒大学	电视采访报道	曾祥敏
线下一流课程(首批)	中国传媒大学	融合新闻学	顾　洁
线下一流课程(首批)	中国传媒大学	传播心理学	余小梅
社会实践一流课程(首批)	中国传媒大学	实践：社会调查	曹培鑫
社会实践一流课程(首批)	中国传媒大学	媒体融合传播实践	高晓虹
线上一流课程(第二批)	暨南大学	新媒体文化十二讲	刘　涛
线下一流课程(第二批)	暨南大学	马克思主义新闻观	支庭荣
线上一流课程(首批)	暨南大学	数字营销：走进智慧的品牌	谷　虹
虚拟仿真实验教学一流课程(首批)	暨南大学	公共卫生危机事件新闻采访虚拟仿真教学	支庭荣
线下一流课程(首批)	暨南大学	新闻采写Ⅱ	刘　涛
线上线下混合式一流课程(首批)	暨南大学	数字营销传播	谷　虹
社会实践一流课程(首批)	暨南大学	准记者南方训练营	陈伟军
线上一流课程(第二批)	中国人民大学	新闻摄影	殷　强

续表

课程类型	建设单位	课程名称	负责人
虚拟仿真实验教学一流课程(第二批)	中国人民大学	特殊类型纪录片摄制虚拟仿真实验	陈　涛
线上线下混合式一流课程(第二批)	中国人民大学	传播理论	刘海龙
线上一流课程(首批)	中国人民大学	影像技术	周　勇
虚拟仿真实验教学一流课程(首批)	中国人民大学	重大主题融媒体报道与公共决策支持虚拟仿真实验教学项目	胡百精
线下一流课程(首批)	中国人民大学	中国新闻传播史	王润泽
线上一流课程(第二批)	北京师范大学	电视艺术欣赏	张智华
线上一流课程(第二批)	北京师范大学	中国电影艺术审美鉴赏	周　星
线上一流课程(第二批)	北京师范大学	新闻摄影——中外经典案例赏析	王长潇
虚拟仿真实验教学一流课程(第二批)	北京师范大学	全景叙事虚拟仿真实验教学	周　雯
线上线下混合式一流课程(第二批)	北京师范大学	中国影像史	吴　琼
线上一流课程(首批)	北京师范大学	中外出版史	万安伦
线上线下混合式一流课程(首批)	北京师范大学	新闻摄影	王长潇
线下一流课程(第二批)	复旦大学	数据分析与信息可视化	周葆华
线下一流课程(第二批)	复旦大学	政府公共关系	朱春阳
线上一流课程(首批)	复旦大学	人际传播能力	胡春阳
线上一流课程(首批)	复旦大学	新媒体与社会性别	曹　晋
线下一流课程(首批)	复旦大学	马克思主义新闻思想	马　凌
线上一流课程(第二批)	华中科技大学	广播电视评论	何志武
线上一流课程(第二批)	华中科技大学	数字时代的品牌传播	李华君
线上一流课程(首批)	华中科技大学	新媒体用户分析	余　红
线上一流课程(首批)	华中科技大学	网络与新媒体应用模式	李卫东
线下一流课程(首批)	华中科技大学	外国新闻传播史	张　昆
线上一流课程(第二批)	清华大学	全球化与世界空间	崔保国
社会实践一流课程(第二批)	清华大学	写在路上的大篷车课堂	李希光
线上一流课程(首批)	清华大学	新闻摄影	梁君健
线上一流课程(首批)	清华大学	影视制作入门	梁君健
线上一流课程(首批)	清华大学	传播学原理	崔保国

5.2.5 哪些新闻传播学院的老师爱上课、上得好

清华大学梁君健、浙江大学韦路、山东大学倪万、暨南大学谷虹、暨南大学刘涛、清华大学崔保国、武汉体育学院张德胜、郑州大学郑素侠、中山大学张志安、暨南大学支庭荣、北京师范大学王长潇、云南大学单晓红12位课程负责人承担了两门新闻传播学国家级一流本科课程。这体现出相关高校新闻院系及其教师对一流本科课程建设的重视(见表5-6)。

表5-6　　**担任两门新闻传播学一流本科课程的教师**

课程类型	建设单位	课程名称	负责人
线上一流课程(首批)	清华大学	新闻摄影	梁君健
线上一流课程(首批)	清华大学	影视制作入门	梁君健
线上一流课程(首批)	浙江大学	新媒体概论	韦　路
虚拟仿真实验教学一流课程(首批)	浙江大学	重大时政新闻智能生产虚拟仿真实验	韦　路
虚拟仿真实验教学一流课程(首批)	山东大学	“基于多角色扮演的新闻发布交互式演练”虚拟仿真实验教学项目	倪　万
线下一流课程(首批)	山东大学	数字传播技术与应用	倪　万
线上一流课程(首批)	暨南大学	数字营销：走进智慧的品牌	谷　虹
线上线下混合式一流课程(首批)	暨南大学	数字营销传播	谷　虹
线上一流课程(第二批)	暨南大学	新媒体文化十二讲	刘　涛
线下一流课程(首批)	暨南大学	新闻采写Ⅱ	刘　涛
线上一流课程(第二批)	清华大学	全球化与世界空间	崔保国
线上一流课程(首批)	清华大学	传播学原理	崔保国
线上一流课程(第二批)	武汉体育学院	体育与社会	张德胜
线下一流课程(首批)	武汉体育学院	体育解说评论	张德胜
社会实践一流课程(第二批)	郑州大学	重走穆青路	郑素侠
虚拟仿真实验教学一流课程(首批)	郑州大学	基于大数据技术的媒介融合实训项目	郑素侠
线下一流课程(第二批)	中山大学	深度报道	张志安
线上一流课程(首批)	中山大学	新媒体素养	张志安

续表

课程类型	建设单位	课程名称	负责人
线下一流课程(第二批)	暨南大学	马克思主义新闻观	支庭荣
虚拟仿真实验教学一流课程(首批)	暨南大学	公共卫生危机事件新闻采访虚拟仿真教学	支庭荣
线上一流课程(第二批)	北京师范大学	新闻摄影——中外经典案例赏析	王长潇
线上线下混合式一流课程(首批)	北京师范大学	新闻摄影	王长潇
线下一流课程(第二批)	云南大学	传播学引论	单晓红
虚拟仿真实验教学一流课程(首批)	云南大学	少数民族节庆活动融合报道虚拟仿真教学项目	单晓红

5.2.6 还有机会：第三批国家级一流本科课程认定工作马上启动

2023年3月29日，《教育部高等教育司2023年工作要点》发布。其中明确提出，以系列“101计划”为引领，全面夯实教育教学“新基建”，印发实施《普通高等教育学科专业设置调整优化改革方案》，修订本科专业设置管理规定，完善专业设置管理机制，调整优化学科专业结构，打造特色优势学科专业集群。深入实施一流课程建设“双万计划”，公布第二批国家一流本科课程名单，组织开展第三批国家一流本科课程认定工作。强化教材建设与管理，开展“十四五”本科国家级规划教材建设，加强教材工作统筹指导。深化实验教学改革，加快“虚仿2.0”建设，加强国家级实验教学示范中心、虚拟仿真实验教学中心建设指导。

文件显示，虽然前两批已经认定了10869门国家级一流本科课程，但国家级一流课程建设“双万计划”并未画上句号，不仅国家级一流本科课程的申报与认定工作将马上开展，在教材建设与管理、实验教学改革、国家级实验教学示范中心、虚拟仿真实验教学中心等方面，教育部高等教育司也将会有大动作。

从新闻传播学国家级一流本科课程学校排名来看，国家级一流本科课程的获得数量与新闻传播学的学科排名有一定的相关性。但每一批国家级一流本科课程的认定中，总有一些新闻传播院校异军突起，第一批是暨南大学，获得了5门国家级一流本科课程，这说明该校新闻与传播学院及其教师对于国家级一流本科课程建设应该是相当重视。这5门课程均匀分布于国家级五大“金课”，说明该校新闻与传播学院对于国家级一流本科课程建设不仅重视而且有精心布局。第二批是浙江传媒学院、山西传媒学院、广西艺术学院、山东艺术学院这类传媒或艺术类学院。这表明，只要学院重视，新闻传播学课程能够冲出学校，也能获得不少被认定为国家级一流本科课程的机会。

对比两批国家级一流本科课程名单，除了少数头部新闻传播院校强者恒强之外，国家级一流本科课程有向不知名新闻传播院校扩散的趋势。在少数头部新闻传播院校国家级一流本科课程已趋“饱和”的情况下，以往缺乏信心的不知名新闻传播院校或许将在第三批认定时迎来机会。当然，一些新闻传播学院虽然拥有一级学科博士点，新闻传播学为 A-学科、B+学科，但在两批国家级一流本科课程的认定中，却只有 1 门甚至没有国家级一流本科课程。如果这些新闻传播学院觉醒过来，第三批国家级一流本科课程的认定将会呈现怎样的格局，值得期待。

与首批国家级一流本科课程相比，第二批新闻传播学国家级一流本科课程呈现百花齐放的趋势。在首批 85 门新闻传播学国家一流本科课程中，有 24 门课与“新闻采访与写作”密切相关，占全部课程近 30%。而在第二批中，同类课程往往不会超过两门，获得认定的 120 门课程基本覆盖了全国新闻传播院校的所有课程。关注这些课程，大致可以了解中国新闻传播院校课程设置的重点与边界。与此同时，这也启示我们：即使一些课程负责人承担的课程比较有特色，或者说“小众”，在第三批的认定工作中，或许同样有机会。如果按照第二批的认定方式，课程负责人可能反而要避开热门课程这个“雷区”。

一流本科课程建设是教育部贯彻落实习近平总书记关于教育的重要论述和全国教育大会精神，坚持立德树人根本任务，深化高等教育教学改革，提高教学质量的重要行动。课程建设是高校人才培养与学科建设的核心所在，涉及师资队伍、教学内容、教学方法、教材编撰、教学管理等方面，是一个涵盖广泛的系统工程。从这个角度看，新闻传播学国家级一流本科课程的建设与申报当然重要，但即使不能获得国家级一流本科课程的认定，一流本科课程的建设仍然应该是新闻传播院系的核心工作(见表 5-7)。

表 5-7　　**首批新闻传播学国家级一流本科课程名单**

序号	课程类型	主要建设单位	课程名称	负责人
1	线上一流课程	北京师范大学	中外出版史	万安伦
2	线上一流课程	河北大学	新闻采访与写作	彭焕萍
3	线上一流课程	苏州大学	创意、视觉、营销、传播——理解广告	胡明宇

续表

序号	课程类型	主要建设单位	课程名称	负责人
4	线上一流课程	浙江越秀外国语学院	东方遇见西方：跨文化交际之旅	余卫华
5	线上一流课程	华侨大学	微电影创作	郭艳梅
6	线上一流课程	福建师范大学	文化创意产业	袁勇麟
7	线上一流课程	华中科技大学	新媒体用户分析	余　红
8	线上一流课程	清华大学	新闻摄影	梁君健
9	线上一流课程	清华大学	传播学原理	崔保国
10	线上一流课程	浙江大学	新媒体概论	韦　路
11	线上一流课程	华中科技大学	网络与新媒体应用模式	李卫东
12	线上一流课程	湖南大学	广告创意学	李正良
13	线上一流课程	湖南大学	现代礼仪	袁涤非
14	线上一流课程	中山大学	新媒体素养	张志安
15	线上一流课程	暨南大学	数字营销：走进智慧的品牌	谷　虹
16	线上一流课程	中国人民大学	影像技术	周　勇
17	线上一流课程	清华大学	影视制作入门	梁君健
18	线上一流课程	复旦大学	人际传播能力	胡春阳
19	线上一流课程	复旦大学	新媒体与社会性别	曹　晋
20	线上一流课程	上海交通大学	媒介批评	姚君喜
21	线上一流课程	宁波大学	好玩的广告学	汤志耘
22	线上一流课程	宁波大学	消费者行为学	王　丽
23	线上一流课程	河南师范大学	新闻采访学	段　勃
24	线上一流课程	华中师范大学	新闻伦理与法规	江作苏
25	虚拟仿真实验教学一流课程	中国人民大学	重大主题融媒体报道与公共决策支持虚拟仿真实验教学项目	胡百精
26	虚拟仿真实验教学一流课程	天津工业大学	面向舆情引导的突发事件全流程报道仿真实验	王　熙
27	虚拟仿真实验教学一流课程	辽宁大学	融媒体大型主题直播报道虚拟仿真实验	安珊珊
28	虚拟仿真实验教学一流课程	同济大学	城市风险突发事件新闻全景报道虚拟仿真实验	王建民

续表

序号	课程类型	主要建设单位	课程名称	负责人
29	虚拟仿真实验教学一流课程	上海交通大学	科技强国融合新闻报道虚拟仿真实验	李本乾
30	虚拟仿真实验教学一流课程	上海体育学院	电竞赛事现场解说虚拟仿真实验	朱俊河
31	虚拟仿真实验教学一流课程	南京邮电大学	冬奥会短道速滑智能化转播	卢　锋
32	虚拟仿真实验教学一流课程	浙江大学	重大时政新闻智能生产虚拟仿真实验	韦　路
33	虚拟仿真实验教学一流课程	长沙理工大学	典型电视节目视效预演虚拟仿真实验	王　健
34	虚拟仿真实验教学一流课程	暨南大学	公共卫生危机事件新闻采访虚拟仿真教学	支庭荣
35	虚拟仿真实验教学一流课程	华南师范大学	无人机航拍云台手虚拟仿真实验项目	张学波
36	虚拟仿真实验教学一流课程	广东外语外贸大学	国际突发事件采访报道虚拟仿真实验	朱　颖
37	虚拟仿真实验教学一流课程	西南政法大学	重大成就融媒体报道虚拟仿真实验教学项目	李　珮
38	虚拟仿真实验教学一流课程	云南大学	少数民族节庆活动融合报道虚拟仿真教学项目	单晓红
39	虚拟仿真实验教学一流课程	中国传媒大学	数字电视演播室技术	刘剑波
40	虚拟仿真实验教学一流课程	河北经贸大学	融媒体新闻制作流程虚拟仿真项目	杨　磊
41	虚拟仿真实验教学一流课程	山西传媒学院	演播室新闻摄像技术虚拟实验教学项目	郭卫东
42	虚拟仿真实验教学一流课程	杭州电子科技大学	企业形象广告空间体验与传播策划 VR 实验	王毅刚
43	虚拟仿真实验教学一流课程	浙江传媒学院	多讯道导播虚拟仿真实验	胡一梁

续表

序号	课程类型	主要建设单位	课程名称	负责人
44	虚拟仿真实验教学一流课程	山东大学	“基于多角色扮演的新闻发布交互式演练”虚拟仿真实验教学项目	倪　万
45	虚拟仿真实验教学一流课程	郑州大学	基于大数据技术的媒介融合实训项目	郑素侠
46	虚拟仿真实验教学一流课程	广州体育学院	体育赛事现场报道虚拟仿真系统	王晓东
47	虚拟仿真实验教学一流课程	深圳大学	融媒体演播室制播虚拟仿真实验	王晓华
48	虚拟仿真实验教学一流课程	重庆大学	灾难事件融合报道虚拟仿真实验	董天策
49	线下一流课程	中央民族大学	新闻传播学研究方法与论文写作	赵丽芳
50	线下一流课程	湖南工业大学	新闻学原理	阳海洪
51	线下一流课程	宁夏大学	新闻采访与写作	屠凤娥
52	线下一流课程	中国传媒大学	电视采访报道	曾祥敏
53	线下一流课程	中国传媒大学	融合新闻学	顾　洁
54	线下一流课程	西安交通大学	表达与交流	管晓宏
55	线下一流课程	暨南大学	新闻采写Ⅱ	刘　涛
56	线下一流课程	安徽大学	新闻采访	刘　勇
57	线下一流课程	湖北工程学院	广告创意与表现	张　蕊
58	线下一流课程	中国海洋大学	新闻采访与写作	欧阳霞
59	线下一流课程	西南交通大学	新媒体概论	石　磊
60	线下一流课程	中国传媒大学	传播心理学	余小梅
61	线下一流课程	山东大学	数字传播技术与应用	倪　万
62	线下一流课程	四川大学	网络新闻与文化传播	蒋晓丽
63	线下一流课程	中国人民大学	中国新闻传播史	王润泽
64	线下一流课程	浙江大学	马克思主义新闻观	吴　飞
65	线下一流课程	华中科技大学	外国新闻传播史	张　昆
66	线下一流课程	广西大学	马克思主义新闻思想(课外：开放式读书教学活动)	刘　洪

续表

序号	课程类型	主要建设单位	课程名称	负责人
67	线下一流课程	深圳大学	传播学理论	周裕琼
68	线下一流课程	汕头大学	新闻采写基础	张　征
69	线下一流课程	华南师范大学	公共关系	夏宝君
70	线下一流课程	复旦大学	马克思主义新闻思想	马　凌
71	线下一流课程	武汉体育学院	体育解说评论	张德胜
72	线上线下混合式一流课程	宁波大学	广告学概论	汤志耘
73	线上线下混合式一流课程	沈阳师范大学	数字媒体技术	吴祥恩
74	线上线下混合式一流课程	暨南大学	数字营销传播	谷　虹
75	线上线下混合式一流课程	山东大学	大众传播学	张　毅
76	线上线下混合式一流课程	上海师范大学	形象经济与创意产业	郑　欢
77	线上线下混合式一流课程	北京师范大学	新闻摄影	王长潇
78	线上线下混合式一流课程	桂林理工大学	广告学概论	何德珍
79	线上线下混合式一流课程	西安体育学院	体育新闻摄影	严　峰
80	社会实践一流课程	暨南大学	准记者南方训练营	陈伟军
81	社会实践一流课程	中国传媒大学	实践：社会调查	曹培鑫
82	社会实践一流课程	中国传媒大学	媒体融合传播实践	高晓虹
83	社会实践一流课程	南京大学	未来编辑部	王辰瑶
84	社会实践一流课程	内蒙古大学	新闻采访与写作	刘寒娥
85	社会实践一流课程	四川外国语大学	广告策划	宋　瑾

［中国地质大学(武汉)艺术与传媒学院　刘义昆、齐晓婷］

5.3 教材建设

5.3.1 2022年新闻传播类教材出版情况

5.3.1.1 2022年新版新闻传播学教材的出版统计

据不完全统计，2022年我国共出版新版新闻传播学教材65本。其中，新闻学类教材共10本，传播学类教材共14本，广告学类教材共5本，广播电影电视类教材共12本，编辑出版类教材共3本，网络与新媒体类教材共25本。与往年相比，2022年新版新闻传播学教材的出版数量呈上涨趋势，且传播学类和广播电影电视类的教材在出版规模上增长明显。另外，新闻学类、广告学类、编辑出版类和网络与新媒体类的教材数量基本与往年持平。上述新版教材在出版数量上的变化说明新闻传播学在2022年度继续贯彻加强学科基础理论建设的目标，尤以各学科研究方法的探索与教育为重。同时，随着新媒体传播体系的快速建设，新媒介技术使得互联网应用边界持续向外延扩张，短视频、移动直播、电商带货等的兴起驱动着全产业链转型升级，这要求新闻传播学专业的学生需要具备设计、制作、文案、写作、营销、策划等全方位的专业能力。因此，为迎合新媒体时代的发展，适应社会发展对于新闻传播学人才的能力需要，各高校教育者努力地在广播电影电视类和网络与新媒体类等领域通过开发教材的方式打造全能型的传媒人。

与此同时，2022年各类新版新闻传播学教材出版社的数量较上年亦有上涨的趋势。2022年度，以中国人民大学出版社、中国传媒大学出版社和北京大学出版社为主的出版"强校"仍占据着新版新闻传播学教材的"半壁江山"，其在新闻学类、传播学类等基础理论学科的教材建设中有相当之建树。另外，暨南大学出版社、山东大学出版社和西南大学出版社等五所高校出版社成为2022年度新版新闻传播学教材出版的"新生力量"，其在编辑出版类、网络与新媒体类等应用学科教材建设中有着重要的贡献。目前，新版新闻传播学类教材出版社呈现出"核心聚焦、边缘扩散"的分布特点，而且核心的"老牌"出版社多以理论教材为主，边缘的"新兴"出版社多以应用教材为主，这亦体现出当前新闻传播学教材出版的整体化、全面化的趋势(见图5-1)。

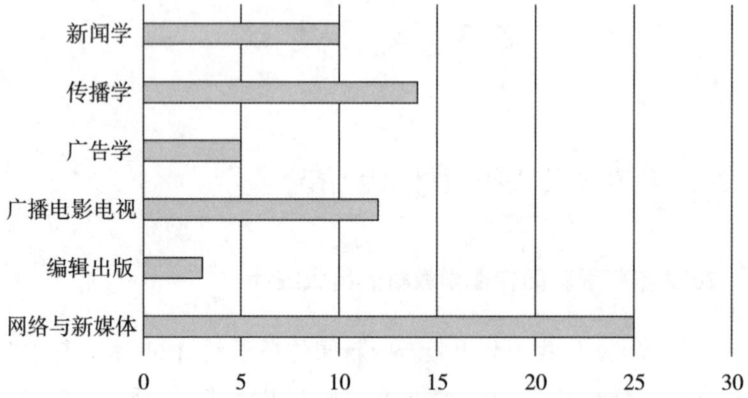

图 5-1　2022 年新版新闻传播学教材类别数量统计

5. 3. 1. 2　2022 年新版新闻传播学教材的出版分析

(1)2022 年新版新闻传播学教材的出版现状

①“融”会贯通：打造特色传播学学科体系。

当前，传播学的学科发展正处在“领域融合”的主要节点上。以大数据、人工智能和虚拟现实等技术革命所引发的社会改变是人类文明发展的全新阶段，而站在传播学的视角来看，迎合时代发展的需要，与其他学科领域的融合是一种发展趋势、一种时代必然。

2009 年，拉泽尔(Lazer)等人发表的《计算社会科学》一文标志着计算社会科学的开端。作为计算社会科学的重要分支，计算传播学是传播学与计算科学、网络科学等多学科交叉的新兴研究取向，其为传播学研究提供更多的新方法与新进路。近些年，计算传播学逐步成为一个平台性的学科，越来越多的研究者纷纷前来“开疆拓土”，这亦使得各高校的教师开始搭建计算传播学的知识体系和思维导图，力图率先通过教材建设、课程设置的方式丰富其学科内涵。来自上海大学新闻传播学院的刘峰老师联合他人共同编著的《计算传播》通过对计算传播学的起源、概念和应用，对人类传播行为的可计算性、影响因素的系统性说明，分析计算传播学的应用场景，并结合大量案例对计算传播学的模式、法则以及研究取向进行讲解。另外，计算传播为计算广告提供理论基础，使之成为计算传播学的重要分支，其亦拓展着计算传播研究的场景与应用价值。因此，来自华南理工大学新闻与传播学院的段淳林教授所编著的《计算广告学导论》旨在对传统广告学理论及课程体系进行全面系统的数字化、计算化的改造，通过分析目前计算广告学界与业界的现状，从多角度引导读者思考(见图 5-2)。

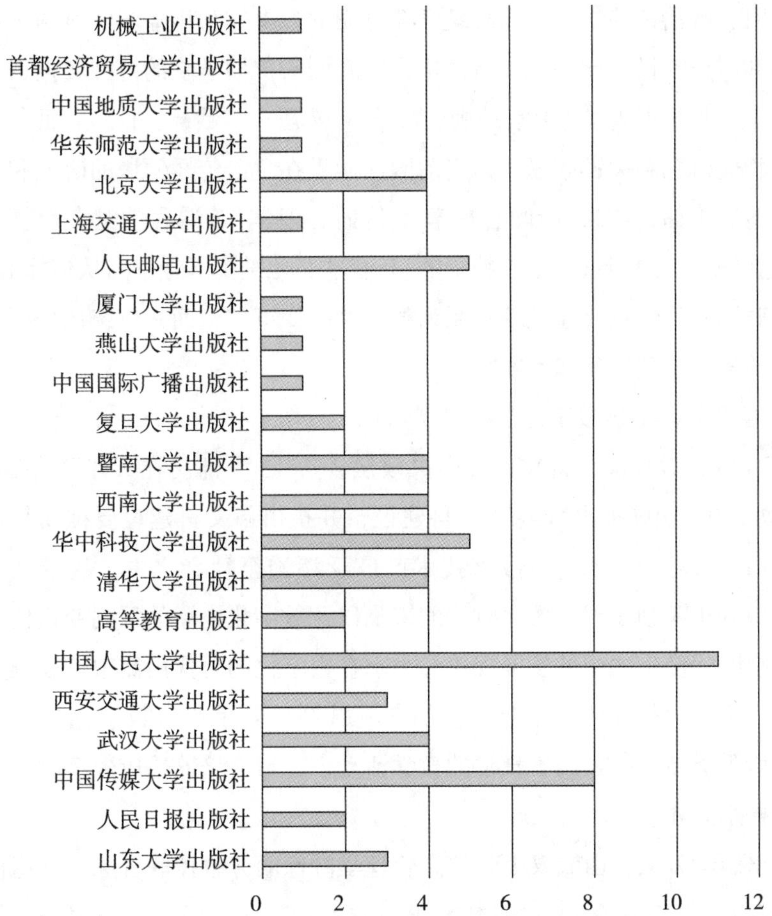

图 5-2　2022 年新版新闻传播学教材出版社统计

2019 年，国务院发布的《健康中国行动》指出，政府、社会、个人要协同推进建立健全健康教育体系，引导群众建立正确健康观，形成有利于健康的生活环境和社会环境，促进以治病为中心向以健康为中心转变，提高人民健康水平。那么，作为与健康中国建设与全民健康促进紧密相关的学科，健康传播研究与实践成为当前新闻传播学科的又一新兴热点，而对于健康传播学科体系、学术体系和话语体系的建设成为当前各高校极具挑战但又具有较强开拓意义的任务。来自北京大学新媒体研究院的王秀丽副教授通过编撰《健康传播：理论与实践》教材对于传播与健康相关的信息、观点和方法进行着重的介绍，同时分析个人、社区、患者、医疗从业者、政策制定者等多元群体的认知、态度和行为对于改变个人预防疾病、促进健康等观念和行为的影响因素。

与此同时，政治传播学、传播心理学等方面的教材亦为传播学学科的丰富和发展提供理论支撑和课程建设。比如，来自清华大学新闻与传播学院的范红教授通过翻译英国传播学者基思·丹尼编著的《国家品牌：概念·议题·实践》一书，全面介绍和论述了国家品牌的相关概念和关键问题，为当前国内学界在政治传播领域的研究和教育提供基础的理论借鉴。再如，作为“新闻心理学”“传播心理学”等课程的配套教材，中国传媒大学电视与新闻学院的刘京林教授编撰的《传播中的心理效应》一书从传播心理学视角，及时因应互联网时代信息传播领域一系列颠覆性的变革，全面、系统地分析和解释信息传播过程中的各类心理现象和问题。

②“融”合发展：彰显数字化学科发展特色。

2019 年 4 月，教育部、科技部、中央政法委等 13 个部门在天津联合启动“六卓越一拔尖”计划 2.0，明确提出“四新”学科建设，并指出新文科建设要推动哲学社会科学与新科技革命交叉融合。如今，数字技术已广泛渗透至社会之中，数字经济、数字媒体、数字出版等正蓬勃发展。数字时代的来临以及数字化内涵的深刻变化使得新闻传播学科重新审视时代变化之中的发展规律，力求在数字化的时代洪流中持续推动本学科的发展与建设。于是，新闻传播学专业下的各领域开始着手进行数字化的专业性理论构建，纷纷出版各类新版教材用于日常的教学活动中，努力培养适应数字时代发展需要的新型新闻传播学人才。

在编辑出版学领域，由武汉大学信息管理学院徐丽芳教授联合陈铭、赵雨婷等老师共同编撰的《数字出版概论》通过对数字出版技术、数字出版产品与服务、数字出版流程、数字出版产品开发、数字出版产品价格、数字出版产品分销、数字出版版权保护与利用、数字出版标准和数字出版教育与培训等内容的介绍，为数字出版的教学提供较为完整的理论框架。另外，由北京印刷学院出版学院张新华教授编著的《数字出版营销》以现代市场营销学理论为基础，融合传播学、出版学等学科的相关成果，按照数字出版营销的环境和市场分析、战略决策管理、营销组合策略的逻辑架构，形成较为完整的数字出版营销知识体系。

在网络与新媒体领域，来自武汉大学新闻与传播学院的程明教授在其编著的《数字营销传播导论》一书中以数字时代的内容营销为着眼点，从社群与社群营销传播、场景与场景营销传播、网络直播与网络直播营销、原生广告、数字时代的品牌传播、智能营销传播等角度阐释数字营销传播的内涵及意义，对于理论教授和社会实践具有较好的指导意义。同时，作为数据驱动报道的一种新闻品类，数据新闻成为新闻传播学的研究新热点，这亦推动国内各高校教师加快完善数据新闻的知识体系。华南理工大学新闻与传播学院吴小坤教授联合赵甜芳老师共同编著的《数据新闻理论与实践(微课版)》和武汉理工大学文法学院尹章池教授与刘恒凯等老师编著的《大数据新闻传媒概论》等新版教材均对数字时代背景下新闻传媒行业在大数据的生成、整合和挖掘利用等方面进行剖析，讲授精准新闻、精准出版和精准营销，对于某些前沿问题进行积极的回应、探讨与总结。

③"融"法于教：推动学科重视方法论教学转向。

在新媒体时代背景下，新闻传播学在丰富研究面向的同时，亦面临着学科合法性的讨论。新闻传播学的发展史较短且研究问题繁杂，同时对于新闻传播学学科合法性的质疑很大程度上源于学科研究范式的尚未确立和研究方法的亟待补充。从长远的发展视角来看，若要提升新闻传播学学科的合法性，各高校必须将研究方法的教学提上日程。因此，2022 年度的新版新闻传播学教材中关于研究方法的出版规模较往年有显著的增长，这亦体现出新闻传播学专业教学发展中的内容转向：从重理论轻方法到理论方法并重。

2022 年，已出版的新版新闻传播学教材中关于研究方法的多达 7 本，它们分别是由山东师范大学新闻与传媒学院的张冠文教授与山东大学新闻传播学院的倪万教授共同编著的《新闻传播学研究方法》、深圳大学传播学院的王晓华教授和上海交通大学媒体与传播学院的郭良文教授共同编著的《传播学研究方法》、郑州大学新闻与传播学院的邓元兵副教授编撰的《传播学研究方法》、由韩敏、姚琦和王贺新等老师联合编著的《传播学研究方法与实践》、武汉传媒学院的张少君老师编写的《视听节目市场调查研究方法》、中国传媒大学新闻学院的王锡苓教授和四川外国语大学新闻传播学院的刘昊教授共同编著的《新媒体研究方法》和复旦大学新闻学院的周葆华教授和香港中文大学新闻与传播学院的梁海副教授共同编著的《大数据时代的计算舆论学：理论、方法与案例》。

上述关于研究方法的教材涵盖新闻学、传播学、广播电影电视和网络与新媒体等领域，均深入浅出地介绍新闻传播学中常见的各类量化与质化研究方法，如访谈法、观察法、实验法、文本分析法、内容分析法、个案分析法、调查法和民族志法 8 种传统的新闻传播学实证研究方法。同时，随着媒介技术的演进和社会联通程度的提高，这使得新闻传播学领域中出现了一些新兴的研究方法，如网络调查法、网络民族志、社会网络分析法、大数据分析和定性比较分析(QCA)。而在2022年新版新闻传播学教材中亦有相关研究方法的详细介绍，这对于推动新媒体时代背景下新闻传播学学科的合法性讨论有相当之助益。

(2)2022年新版新闻传播学教材的出版趋势

在媒介融合的时代潮流下，社会中的舆论生态、媒体格局和传播方式都有着巨大的变革，互联网已然变成意识形态斗争的主阵地和主战场，新闻舆论工作面临着新形势和新挑战，这对于高校新闻传播实践育人工作提出新的要求。因此，在此高等教育环境之下，各高校积极地革新教学模式，全面推进新文科建设，力求遵循新媒体时代新闻传播规律和人才成长规律的新闻传播实践教学生态体系，培养适应当下新闻传媒行业创新发展的卓越新闻传播人才。作为专业教学的重要组成部分，教材在高校人才培养方面发挥着重要的作用。习近平总书记多次强调要抓好教材体系建设，其赋予高等教育教材建设新的时代内涵和艰巨的时代任务。

习近平总书记在“5·17”重要讲话中将新闻学列为对哲学社会科学具有支撑作用的11个学科之一，从政治角度确定新闻传播学科的战略地位。服务中国式现代化发展是新闻传播学科发展的历史使命，亦为实现新闻传播学科的创新发展，开创中国化、时代化的新闻传播学科体系新格局指引方向。同时，自教育部等部门在2019年启动实施“中国的新文科建设”计划之后，其开始全面推动新文科的建设，主要体现在赋予文科专业人才培养新内容的同时从结构上革新文科人才培养的理念和目标。因此，与传统文科相比，新文科更加注重学科之间的整合和交叉，从学科导向转为需求导向，从专业分割转为交叉融合，从适应服务转为支撑引领。而“新文科建设”理念和目标的创新要求高校在新闻传播学科教学上要紧随国家教育发展目标的改变而有一定的转向和革新。所以，高校在教材出版上秉持着新文科融合互通、学科交叉的理念，积极地与艺术类专业、计算机类专业等其他学科之间建立知识与技术上的联结，破除学科内外的壁垒。

与此同时，随着课程思政建设被纳入新闻传播教育的整体设计和长期规划，各类新版的新闻传播学教材在目标设计和内容编写上均体现着思政育人的目标。在新媒体环境下，新闻传播实践教学的过程中要突出技术和人文的对话，培养学生形成思维与技能理念，成为驾驭技术技能的“人”。所以，在诸如网络与新媒体类的课程中有更多关于大数据分析与挖掘、网页设计与制作等工具技术类的新版教材，它们不仅能够使学生掌握工具的使用技巧，而且能够培养学生对于技术思维和技术逻辑的认知，这使得学生能够以反思与批判的精神对技术进行理解、选择和评价。同时，一些新闻采访与写作、新闻摄影等教材中将马克思主义新闻观等专业理论知识与人文社科通识知识贯穿于课程学习的全过程，实现专业知识、专业能力与职业道德、职业精神的深度融合。

国家教材委员会印发的《全国大中小学教材建设规划(2019—2022年)》指出，高等教育教材重点要求学术理论创新，打造精品，凸显中国特色，努力实现理论体系向教材体系、教材体系向教学体系、教学体系向价值体系的转化。因此，通过对于2022年新版新闻传播学教材的出版统计与分析，一是从宏观角度描绘2022年度新版新闻传播学类教材的出版图景，包括各类领域面向的出版规模，以及教材出版社的构成等内容；二是从微观角度审视2022年度新闻传播学学科在教育教学上的建设现状，总结当前学科的发展规律与情况。总体来讲，相较于上年度，2022年新版的新闻传播学教材继续坚持以马克思主义新闻观为理论指导，在教材类型和内容编辑上更加顺应新媒体时代背景下媒介融合、数据融合的传媒生态同时，在教育部、宣传部等中央部门联合实施“新文科建设”计划的后时代，2022年新版的新闻传播学教材更加顺应该计划所提出的要求和目标，不断地推动新闻传播学科与其他相关学科的融合，以构建更完整的新闻传播学科教学体系，为打造新媒体时代更加全面、更加全能的新闻传媒人才做出努力的尝试。

（南京师范大学新闻与传播学院　孟宪震、胡正强）

5.3.2　全国主要高校新闻传播类教材使用情况

连续三年的统计结果显示，“马工程”教材逐渐占据教材市场的绝对主流。鉴于此，此次对2022年新闻传播学教材使用情况的统计，将不再把“马工程”教材纳入，仅统计尚未出版“马工程”教材的课程。根据《中国新闻传播教育年鉴》编辑部采集到的数据，本文选取《外国新闻传播史》《网络传播概论》《新闻评论》《传媒经营管理》《公共关系》5种(除马工程教材外)填报数据相对集中的教材作为统计对象。在做统计前，似有必要说明三点：其一，相比往年，2022年新闻传播学教材使用方面的填报数据要少近一半，上述5种教材的填报均值不超过30；其二，有不少院校存在使用两种及两种以上同类教材的情况，这表明其在教材的使用上态度模棱两可，为统计的简便与精确起见，本文在统计教材使用的高校数量时暂将这种情形排除在外；其三，对于有两位或两位以上编撰者的教材，在统计时一般只取第一名，其他参与者恕不一一标明。依往年旧例，本文分做“使用概况”与“使用特点”两块，对2022年新闻传播学教材的使用情况进行介绍。

5.3.2.1 新闻传播类教材使用概况

(1)《外国新闻传播史》教材的使用概况

27 所高校填报了《外国新闻传播史》教材的使用情况(剔除了两所多选的院校)，这些高校一半以上为双一流高校，主要分布在华东、西北地区，华北、华南、华中、东北及西南地区较少分布。7 所学校使用了程曼丽的教材，6 所学校使用了陈力丹的教材，5 所学校使用了李彬的教材，4 所学校使用了郑超然的教材，3 所学校使用了张允若的教材，1 所学校使用了张昆的教材，1 所学校使用外国教材(见表 5-8)。

表 5-8

教材名称	作(编)者	使用高校数量(所)	其中"双一流"高校数量(所)	各地域使用高校数量(所)(依次按东北、西北、西南、华东、华南、华北、华中等地区顺序列出)
外国新闻传播史或外国新闻传播史导论	程曼丽	7	4	0/3/0/1/0/2/1
外国新闻传播史或外国新闻传播史纲要	陈力丹	6	4	0/2/0/3/0/0/1
全球新闻传播史	李　彬	5	3	1/0/1/2/0/0/1
外国新闻传播史	郑超然	4	2	0/1/0/0/0/2/1
外国新闻事业史教程	张允若	3	2	0/0/0/1/1/0/1
外国新闻传播史	张　昆	1	0	1/0/0/0/0/0/0
新闻的历史	[美]米切尔·斯蒂芬斯	1	0	0/0/0/1/0/0/0

(2)《网络传播概论》教材的使用概况

24 所高校填报了《网络传播概论》教材的使用情况(剔除了 5 所多选的院校)，这些高校约四成为"双一流"高校，主要分布在华东、西北、华北、华中等地区，东北、西南、华南等地区较少分布。13 所学校使用了彭兰的教材，4 所学校使用了匡文波的教材，3 所学校使用了李良荣的教材，其余 4 所学校分别使用了喻国明、钟瑛、谭云明、程栋等人的教材(见表 5-9)。

表 5-9

教材名称	作(编)者	使用高校数量(所)	其中"双一流"高校数量(所)	各地域使用高校数量(所)(依次按东北、西北、西南、华东、华南、华北、华中等地区顺序列出)
网络传播概论	彭　兰	13	4	2/2/1/3/2/3/0
新媒体概论	匡文波	4	2	0/1/0/0/0/1/2
网络与新媒体概论	李良荣	3	3	0/0/1/2/0/0/0
网络新媒体导论	喻国明	1	0	0/0/1/0/0/0/0
网络传播导论	钟　瑛	1	1	0/0/0/0/1/0/0
新媒体概论	谭云明	1	0	0/1/0/0/0/0/0
智能时代新媒体概论	程栋	1	0	0/0/0/1/0/0/0

(3)《新闻评论》教材的使用概况

32 所高校填报了《新闻评论》教材的使用情况(剔除了 5 所多选的院校)，这些高校约四成为"双一流"高校，主要分布在华东、华北、华中等地区，华南、西南、西北等地区较少分布，东北地区无分布。11 所学校使用了马少华的教材，8 所学校使用了丁法章的教材，2 所学校使用了赵振宇的教材，2 所学校使用了韩立新的教材，2 所学校使用了李舒的教材，其余 7 所学校分别使用了胡文龙、米博华、徐兆荣、包国强、杨新敏、杨登贵、魏猛等人的教材(见表 5-10)。

表 5-10

教材名称	作(编)者	使用高校数量(所)	其中"双一流"高校数量(所)	各地域使用高校数量(所)(依次按东北、西北、西南、华东、华南、华北、华中等地区顺序列出)
新闻评论教程	马少华	11	4	0/1/1/3/2/3/1
新闻评论教程	丁法章	8	3	0/0/3/0/1/1/3
新闻评论通论或现代新闻评论	赵振宇	2	1	0/0/0/1/0/0/1

续表

教材名称	作(编)者	使用高校数量(所)	其中“双一流”高校数量(所)	各地域使用高校数量(所)(依次按东北、西北、西南、华东、华南、华北、华中等地区顺序列出)
新闻评论学教程	韩立新	2	0	0/0/0/0/0/1/1
新闻评论	李舒	2	1	0/2/0/0/0/0/0
新闻评论教程	胡文龙	1	1	0/1/0/0/0/0/0
新闻评论实战教程	米博华	1	1	0/0/0/1/0/0/0
实用新闻评论写作教程	徐兆荣	1	0	0/0/0/0/1/0/0
财经新闻评	包国强	1	0	0/0/0/0/0/1/0
新闻评论学	杨新敏	1	1	0/0/0/1/0/0/0
新闻评论三十八策	杨登贵	1	0	0/0/1/0/0/0/0
新闻评论教程	魏猛	1	0	0/0/0/0/0/0/1

(4)《传媒经营管理》教材的使用概况

24所高校填报了《传媒经营管理》教材的使用情况(剔除了1所多选的院校),这些高校近一半为“双一流”高校,主要分布在华东、华中、西南等地区,东北、西北、华南、华北等地区较少分布。5所学校使用了谢新洲的教材,4所学校使用了喻国明的教材,4所学校使用了严三九的教材,2所学校使用了屠忠俊的教材,2所学校使用了楚明钦的教材,1所学校使用了自编教材,1所学校使用了外国教材,其余5所学校分别使用了吴文虎、潘可武、刘志杰、张宏、谭云明等人的教材(见表5-11)。

表5-11

教材名称	作(编)者	使用高校数量(所)	其中“双一流”高校数量(所)	各地域使用高校数量(所)(依次按东北、西北、西南、华东、华南、华北、华中等地区顺序列出)
媒介经营与管理	谢新洲	5	1	0/1/1/0/0/1/2
传媒经济学教程	喻国明	4	3	0/0/1/1/0/0/2

续表

教材名称	作(编)者	使用高校数量(所)	其中“双一流”高校数量(所)	各地域使用高校数量(所)(依次按东北、西北、西南、华东、华南、华北、华中等地区顺序列出)
媒介经营与管理	严三九	4	2	0/1/0/2/0/1/0
传媒经营管理案例教程 传媒经营管理	屠忠俊	2	0	0/0/1/0/1/0/0
媒介经营与管理	楚明钦	2	1	0/1/0/1/0/0/0
名称不详(自编教材)	编者不详(自编)	1	1	0/0/0/0/1/0/0
媒介内容策划与运营:战略与实践	[美]苏珊·泰勒·依斯特曼	1	1	0/0/1/0/0/0/0
新闻事业经营与管理	吴文虎	1	1	1/0/0/0/0/0/0
媒介经营管理的理论与实践	潘可武	1	0	0/0/0/0/0/0/1
智媒时代的传媒经济学	刘志杰	1	1	0/0/0/1/0/0/0
媒介营销管理	张宏	1	1	0/0/0/0/0/1/0
传媒经营管理新论	谭云明	1	0	0/0/0/0/0/0/1

(5)《公共关系》教材的使用概况

21 所高校填报了《公共关系》教材的使用情况(剔除了 1 所多选的院校),这些高校一半以上为“双一流”高校,主要分布在华东地区,华中、华南较少分布,西北、西南、华北等地区极少分布,东北地区没有分布。4 所学校使用了陈先红的教材,3 所学校使用了居延安的教材,3 所学校使用了周安华的教材,2 所学校使用了胡百精的教材,1 所学校使用了外国教材,其余 8 所学校分别使用了余明阳、朱仁显、邓月英、张克非、钟育赣、荣晓华、陶应虎、殷娟娟等人的教材(见表 5-12)。

表 5-12

教材名称	作(编)者	使用高校数量(所)	其中“双一流”高校数量(所)	各地域使用高校数量(所)(依次按东北、西北、西南、华东、华南、华北、华中等地区顺序列出)
现代公共关系学或公共关系学原理	陈先红	4	3	0/1/0/2/0/0/1
公共关系学或简明公共关系学	居延安	3	1	0/0/0/1/1/1/0
公共关系理论、实务与技巧	周安华	3	2	0/1/0/1/0/0/1
公共关系学	胡百精	2	0	0/0/1/0/0/1/0
公共关系实务	[美]弗雷泽·西泰尔	1	1	0/0/0/1/0/0/0
公共关系学	余明阳	1	0	0/0/0/0/0/0/1
公共关系理论与实务	朱仁显	1	1	0/0/0/1/0/0/0
公共关系	邓月英	1	0	0/0/0/0/0/0/1
公共关系学	张克非	1	1	0/0/0/0/1/0/0
公共关系学	钟育赣	1	1	0/0/0/0/0/1/0
公共关系学	荣晓华	1	0	0/0/0/0/1/0/0
公共关系原理与实务	陶应虎	1	0	0/0/0/1/0/0/0
公共关系学教程	殷娟娟	1	1	0/0/0/1/0/0/0

5.3.2.2 使用特点分析

从上述5种教材的使用情况来看，同往年一样，在热门教材、热点作者以及教材覆盖面等方面依然存在不少共同之处，但同时也呈现出与过往明显不同的特点。综合来看，2022年新闻传播学教材的使用特点，大体可概括为以下四点。

其一，不少高校直接使用外国教材。《外国新闻传播史》《传媒经营管理》《公共关系》等课程均存在直接使用外国教材的情况。有意思的是，所用外国教材均来自美国。在使用这些外国教材的高校中，不乏“双一流”高校。作为意识形态色彩较强的新闻传播学科，一味照搬外国教材，是否存在意识形态风险？或者说，是否存在脱离中国实际的问题？总之，是值得思考的。

其二，教材的集中使用与分散使用并存。一方面，在所统计的教材中，排名前三位的教材(除《公共关系》外)占统计总数的50%以上，其中，《外国新闻传播史》《网络传播概论》《新闻评论》《传媒经营管理》排名前三位的教材的使用比例依次是67%、83%、66%、54%，比例较低的《公共关系》亦有48%。《网络传播概论》集中化程度最高，仅排名第一的教材就占到统计总数的54%。另一方面，每一门课程均有数种教材被使用到，其中《外国新闻传播史》《网络传播概论》均有7种教材被使用到，《新闻评论》《传媒经营管理》均有12种教材被使用到，《公共关系》则多达13种。事实上，教材使用过于分散的现象(比如大量的教材仅被1所学校使用)，是值得警惕的，也是值得反思的，这是否表明在教材的编撰与出版中存在重复建设的问题？

其三，热门教材的编撰者大多来自华北、华东、华中三个地区的“双一流”高校。在排名前三位的教材的15位热点作者中，有9位来自华北地区(陈力丹以中国人民大学教师身份计入)，4位来自华东地区(居延安以复旦大学教师身份计入)，2位来自华中地区。在华北地区的9位热点作者中，有5位来自中国人民大学，2位来自北京大学，1位来自清华大学，1位来自北京师范大学；在华东地区的4位热点作者中，有2位来自复旦大学，1位来自上海大学，1位来自业界；华中地区的两位热点作者均来自华中科技大学。热点作者的主要分布地区恰是中国新闻传播教育较为兴盛的区域。

其四，热门教材的主要编撰者以中老年居多。上述15位热点作者的平均年龄在65岁上下，其中年纪最大的有80多岁。这一方面表明教材编撰的稳定性，有利于打造经典教材；另一方面，也存在一定的隐忧，特别是对实践性较强的教材，面对瞬息万变的新闻传播形势，需要有一定的青年才俊主持编撰工作，方能跟上这种形势。

(华中师范大学新闻传播学院　张继木)

5.4　实验室与实践基地

5.4.1　2022年教育部相关文件及实验室与实践基地建设项目立项情况

5.4.1.1　教育部办公厅等八部门公布“大思政课”实践教学基地名单

8月18日，教育部办公厅等八部门发布《教育部办公厅等八部门关于公布“大思政课”实践教学基地名单的通知》(教社科厅函〔2022〕31号),包括科学精神专题,工业文化专题,美丽中国专题,抗击疫情专题,中华优秀传统文化、革命文化、社会主义先进文化专题,脱贫攻坚、乡村振兴专题,党史新中国史教育专题等专题。

该基地是为深入贯彻落实习近平总书记关于“大思政课”的重要指示批示精神,加快构建“大思政课”工作格局,推进习近平新时代中国特色社会主义思想“三进”工作,由教育部与科学技术部、工业和信息化部、生态环境部、国家卫生健康委、国家文物局、国家乡村振兴局、中国关心下一代工作委员会联合设立。

通知要求入选单位要进一步提高服务意识和水平,为思政课实践教学提供机构、人员、经费等有力保障。要积极与大中小学对接,开发特色课程,不断增强实践教学效果。各地各校要与基地加强联系,探索建立长效机制,形成工作合力,推进基地健康发展,着力打造服务“大思政课”实践教学的优质服务平台,不断增强思政课的思想性、理论性和亲和力、针对性,教育引导广大学生在实践中感悟党的创新理论的思想魅力和实践伟力,增进对习近平新时代中国特色社会主义思想的政治认同、思想认同、理论认同、情感认同,争做堪当民族复兴重任的时代新人。

5.4.1.2 教育部公布两批虚拟教研室建设试点名单

2月21日和5月30日,教育部分别下发《教育部办公厅关于公布首批虚拟教研室建设试点名单的通知》(教高厅函〔2022〕2号)和《教育部办公厅关于公布第二批虚拟教研室建设试点名单的通知》(教高厅函〔2022〕13号)

根据通知精神,虚拟教研室的建设目标为:以立德树人为根本任务,以提高人才培养能力为核心,以现代信息技术为依托,探索建设新型基层教学组织,打造教师教学发展共同体和质量文化,引导教师回归教学、热爱教学、研究教学,提升教育教学能力,为高等教育高质量发展提供有力支撑。

通知要求,虚拟教研室建设试点认真落实相关文件要求,以课程(群)教学、专业建设、教学研究改革等为主题开展多元探索,重点推进创新教研形态、加强教学研究、共建优质资源、开展教师培训等建设任务。

同时,通知要求,虚拟教研室建设试点加强管理和质量监测,完善持续改进机制,以及做好安全防控工作、建立进展报告制度和构建交流共享机制。

教育部将推动开展虚拟教研室建设课题研究工作,从理念、技术、方法、评价等方面开展新型基层教学组织研究。通过虚拟教研室微信公众号、《高校智慧教研》(内刊)

等平台，促进虚拟教研室建设研究成果和实践经验的交流共享。将结合虚拟教研室成员队伍建设情况、教研活动组织频次、教研资源建设数量与质量等监测指标，基于常态化质量监测与评价情况，对试点名单进行动态调整，并适时推出一批示范性虚拟教研室，打造教师教学发展共同体和质量文化，引导教师回归教学、热爱教学、研究教学，提升教育教学能力，为高等教育高质量发展提供有力支撑(见表 5-13、表 5-14)。

表 5-13　　首批虚拟教研室建设试点名单(新闻传播学相关)

序号	教研室名称	学校名称	带头人
83	播音与主持艺术专业虚拟教研室	中国传媒大学	李洪岩
84	网络与新媒体专业虚拟教研室	中国传媒大学	顾　洁
129	新闻学专业虚拟教研室	内蒙古大学	张丽萍
364	融合新闻课程群虚拟教研室	暨南大学	刘　涛
369	数字媒体艺术专业虚拟教研室	深圳大学	田少煦

表 5-14　　第二批虚拟教研室建设试点名单(新闻传播学相关)

序号	教研室名称	学校名称	带头人
32	中国文化国际传播人才培养模式改革虚拟教研室	北京语言大学	穆　杨
33	中国新闻传播大讲堂课程群虚拟教研室	中国传媒大学	王晓红
58	新闻学专业(中国共产党新闻史教学)虚拟教研室	河北大学	韩立新
194	新闻学专业虚拟教研室	西北民族大学	朱　杰

5.4.1.3　教育部确定 44 所院校为 2022 年中外人文交流全媒体产教融合项目合作院校

6 月 16 日，教育部中外人文交流中心发布《关于确定 2022 年中外人文交流全媒体产教融合项目合作院校名单的通知》(人文中心函〔2022〕102 号)，44 所学校入围。

根据 2021 年 5 月 28 日发布的《关于实施中外人文交流全媒体产教融合基地项目的通知》，该项目的目标为：坚持服务高校立德树人根本任务，坚持以人为本、开放平等、尊重包容、交流互鉴、合作共赢、秉持正确义利观和实现可持续发展的人文交流理念，推动校企双方在数字文创领域专业建设、人才培养、专创融合、国际交流、品牌传播等方面开展深度合作，培养具有中国情怀和国际视野、高水平专业技能和良好人文素养、人文交流能力的新时代复合型数字文创人才，形成具有示范引领作用的中外人文交流数字文创实践平台和品牌项目，加强中外人文交流综合传播能力建设，推进人文交流理念深入人心，服务“一带一路”建设和人类命运共同体构建。

根据通知要求，全媒体基地建设包括影视培训、影视制作、文创产业就业创业、新场景应用、全媒体场景、智慧云平台和全媒体运营服务 7 个模块。其中，全媒体场景包括沉浸式智能演播区、多屏互动区、虚拟演播区、动作捕捉区、导播区。智慧云平台包括容艺云平台、云创作平台及媒体资源库，容艺云平台又包括容艺学、容艺教、容艺管、容艺拍、容艺查、容艺聘 6 个模块。全媒体运营服务包括创作并分发融媒体数字文创内容、与市县级融媒体中心联动、围绕区域经济特色进行直播带货、承接企业和机构短视频项目制作及分发、媒体行业培训、承接社会数字文创活动、双师课堂直播和线上师资培训等(见表 5-15)。

表 5-15　**2022 年中外人文交流全媒体产教融合项目合作院校名单(共计 44 所)**

省/市	单　位
辽宁	辽宁大学
江苏	徐州工程学院、常熟理工学院、南京信息工程大学、南通职业大学
浙江	宁波财经学院、浙江万里学院、嘉兴学院、浙江广厦建设职业技术大学
福建	福建技术师范学院、福建信息职业技术学院
山东	临沂大学、潍坊学院、济南职业学院、威海海洋职业学院、淄博职业学院、东营职业学院
河南	河南财政金融学院、南阳师范学院、河南经贸职业学院、洛阳理工学院、郑州工程技术学院
湖北	湖北科技学院、黄冈师范学院、武汉商学院、长沙理工大学
广东	广东理工学院、广州理工学院、广东科学技术职业学院、惠州城市职业学院
广西	广西民族师范学院、南宁师范大学、广西职业技术学院
重庆	重庆师范大学、重庆公共运输职业学院

续表

省/市	单　位
四川	阿坝师范学院、西华师范大学、四川外国语大学、成都大学、成都纺织高等专科学校、四川交通职业技术学院
陕西	西安职业技术学院、西安科技大学高新学院
新疆	新疆艺术学院、新疆农业职业技术学院

5.4.1.4　教育部连续印发多个通知，推进国家教育数字化战略行动

为深入贯彻落实党的二十大精神，扎实推进国家教育数字化战略行动，完善教育信息化标准体系，2022 年教育部连续印发多个通知，推进国家教育数字化战略行动。

5 月 24 日教育部办公厅关于印发《国家智慧教育平台数字教育资源内容审核规范（试行）的通知》（教科信厅函〔2022〕22 号）。该通知强调了规范中对数字教育资源的界定。规范所称的各级各类智慧教育平台，是指由各级教育行政部门、学校等单位组织建设的，接入国家智慧教育公共服务平台的教育平台。规范所称的数字教育资源是指经过数字化处理，可以在多媒体教学设备、计算机等终端设备及网络环境下，面向广大师生与学习者提供使用的，包括但不限于网络课程、数字教材、数字图书、教学课件、教学案例、虚拟实验等类型的教育资源。

7 月 25 日教育部办公厅关于印发《国家智慧教育公共服务平台接入管理规范（试行）》的通知（教科信厅函〔2022〕33 号）。该通知强调，国家智慧教育平台体系包括国家、省、市、县、学校五级的智慧教育平台，此规范适用于各级教育行政部门及所属单位、各级各类学校组织建设的，接入国家智慧教育门户的平台。教育部网络安全和信息化领导小组办公室（以下简称教育部网信办）统筹国家智慧教育门户接入工作，负责教育部直属机关和部属高校的平台接入。省级教育行政部门负责统筹本地区智慧教育平台接入工作。教育部相关业务司局根据国家智慧教育门户板块分工，制定业务审核办法，具体承担对接入平台的业务审核工作。教育部教育技术与资源发展中心（中央电化教育馆）和教育部教育管理信息中心分别为平台接入和运行监测工作提供技术支撑。

11 月 30 日，教育部下发四个关于国家教育数字化战略行动的通知。为了提升数字教育资源建设与应用水平，教育部下发关于发布《数字教育资源基础分类代码》教育行

业标准的通知(教科信函〔2022〕56号),公布了数字教育资源基础分类代码。

为了规范教育基础数据管理,实现数据互通共享,教育部研究制定了《教育基础数据》《教育系统人员基础数据》《中小学校基础数据》三项标准,下发教育部关于发布《教育基础数据》等三项教育行业标准的通知(教科信函〔2022〕57号)。

为了提升教师利用数字技术优化、创新和变革教育教学活动的意识、能力和责任,教育部研究制定了《教师数字素养》标准,下发教育部关于发布《教师数字素养》教育行业标准的通知(教科信函〔2022〕58号)。

为了提升各级各类智慧教育平台建设与应用水平,教育部研究制定了智慧教育平台系列的两项标准,包括《智慧教育平台基本功能要求》和《智慧教育平台数字教育资源技术要求》,下发《教育部关于发布智慧教育平台系列两项教育行业标准的通知》(教科信函〔2022〕55号)。

5.4.2 高校实验室与实践基地建设情况概览

5.4.2.1 国家和教育部重点实验室

(1)中国传媒大学媒体融合与传播国家重点实验室

①实验室举办主题为“走进科技你我同行”的科普开放周线上直播活动。

根据科技部、中宣部、中国科协“2022年全国科技活动周”的统一安排,5月28至29日,中国传媒大学媒体融合与传播国家重点实验室举办了主题为“走进科技你我同行”的科普开放周线上直播活动。围绕媒体融合与传播领域的前沿科学知识,四位专家分别以“内容生产”“信息触达”“认知解码”“数字虚拟人与元宇宙”等为主题,带来了“媒体内容生产:温故而知新”“人人都是传播者——去中心化时代的信息传播”“从脑科学看未来媒体”“科技重塑人的延伸——从虚拟数字人到元宇宙的想象”四场科普报告。活动在中国传媒大学官方微博、视频号、哔哩哔哩弹幕视频网等同步直播,累计获得约30000观看量和超过40000点赞。

②实验室发布《中国智能媒体发展报告(2021—2022)》。

4月8日,中国传媒大学媒体融合与传播国家重点实验室新媒体研究院与新浪AI媒体研究院联合发布《中国智能媒体发展报告(2021—2022)》。自2019年起,中国传媒大学新媒体研究院与新浪AI媒体研究院联合启动了中国智能媒体发展研究系列课题,每年发布《中国智能媒体发展报告》成果,忠实记录中国智媒发展风雨历程,解析中国智媒发展突围之路，深入挖掘中国智媒案例经验，共同见证中国智媒的创新力量和无限潜能。经过三年精心打磨，《中国智能媒体发展报告》系列已经发展成为我国智能媒体领域产学研用协作创新的重磅成果。报告包括五大部分：第一部分全面盘点了 2021 年间中国智能媒体发展八大亮点；第二部分基于针对 44 家各级各类媒体机构的调查反馈，描摹我国智能媒体应用生态版图及其迭代态势；第三部分深度呈现中国智能媒体十大年度案例(按机构名称拼音排序：百度智能云、哔哩哔哩、津云新媒体、快手、芒果 TV、每日经济新闻、微博、新蓝网、新浪新闻、央视网)，深度解析行业最佳实践；第四部分立足智能媒体落地趋势及热点，研判 2022—2023 年智能媒体发展短期趋势；第五部分“特别篇”辑录了 2021 年三大智能媒体发展热点议题，即智慧党建、科技冬奥与元宇宙探秘，立体展现智能媒体在垂直领域的强大势能。

(2)华中科技大学教育部大数据与国家传播战略实验室

①实验室召开启动建设办公会。

1 月 7 日，“大数据与国家传播战略教育部哲学社会科学实验室”启动建设办公会举行。会议就实验室的建设工作、存在问题以及解决方案等议题进行讨论。

“大数据与国家传播战略实验室”获批教育部首批哲学社会科学实验室(培育)。实验室以华中科技大学国家传播战略研究院(INCS)为依托，探索利用大数据、人工智能等新技术解决国家传播战略具体问题，并支撑人文社科研究范式的跨越升级。未来十年，大数据与国家传播战略实验室将秉持“聚焦重大问题，服务国家战略”的宗旨，继续推出面向全球主要国家开展的“寰球民意调查”系列，调查结果将呈现全球民意的立体图景，为了解世界舆论态势提供了直接和权威依据，每年对外发布《寰球民意指数报告》；以大数据分析支撑国家战略决策为要旨，开展大数据、人工智能和传播学的学科交叉融合研究，自主研发智能决策服务平台产品；以大数据分析支撑智能社会治理为要旨，探索开发面向智能社会治理的支撑产品，研发系列能直接应用于智能社会治理的公益服务，为推进华中科技大学“双一流”建设和推进国家治理体系和治理能力现代化贡献智慧，建设成为全国领先、国际一流的高端智库。

②实验室首届学术委员会会议暨重大项目开题论证会举行。

10 月 29 日，教育部大数据与国家传播战略实验室首届学术委员会会议暨国家社科基金重大项目开题论证会顺利召开。

会议举行大数据与国家传播战略实验室首届学术委员会聘任仪式和学术委员会第一次全体会议。学术委员会由中国工程院院士、华中科技大学原校长丁烈云担任主任委员，中国人民大学新闻学院蔡雯教授等10位专家担任委员。大数据与国家传播战略实验室执行主任、新闻与信息传播学院教授李卫东汇报了实验室中长期发展规划。实验室以习近平新时代中国特色社会主义思想为指导，立足于开展前沿科研、支撑学科建设、培养高端创新人才、建设民意大数据资源开放平台、开展社会服务五大功能定位，围绕“寰球民意大数据与国家形象”“智能健康传播与公共卫生”“云传播与万物互联网管理”“智能新媒体与战略传播”四大方向开展跨学科前沿研究，引领大数据与国家传播战略的交叉融合研究。

李卫东教授主持的国家社科基金重大项目“健全互联网领导和管理体制研究”举行开题论证会。陈传夫教授认为课题项目规划完整而全面，深刻体现出交叉学科特色，兼具社会价值和学术意义。张昆教授表示，课题组下一步应结合与会专家的真知灼见，严谨落实规划，继续秉持“聚焦重大问题，服务国家战略”的宗旨，持续产出创新性成果，为推进华中科技大学“双一流”建设和推进国家治理体系和治理能力现代化贡献智慧。

③实验室多个方向获重大项目支持。

实验室聚焦于寰球民意大数据与国家形象、云传播与智能社会治理以及战略传播与网络空间治理等方向，接连获得重大项目立项支持。

在寰球民意大数据与国家形象方向，大数据与国家传播战略实验室主任、国家传播战略研究院院长张昆教授主持的国家社科基金重大项目“人类命运共同体视阈下中国国家形象在西方主流媒体的百年传播研究”获得滚动支持。

在云传播与智能社会治理方向，计算机科学与技术学院副院长、实验室研究员李瑞轩教授主持的国家自然科学基金重点项目“海量多源异构数据的使用授权与鉴权体系研究”正在开展网络大数据领域的前沿探索研究，已经取得一系列高水平成果。

在战略传播与网络空间治理方向，在2021年度国家社科基金重大项目立项名单中，新闻与信息传播学院副院长、实验室研究员郭小平教授的“提升面对重大突发风险事件的媒介化治理能力研究”获准立项。

在2022年5月公布的研究阐释党的十九届六中全会精神国家社科基金重大项目中，公共管理学院城市管理系主任、实验室研究员陈涛教授主持的“数字政府与亲清政商关系：影响机制和构建路径研究”获批立项，实验室执行主任、新闻与信息传播学院李卫东教授的“健全互联网领导和管理体制”获准立项。

5.4.2.2 高校实验室和实践基地建设

(1)安徽大学——全域认知与国际传播实验室获批安徽省哲学社会科学重点实验室

由新闻传播学院牵头，联合计算机科学技术学院、外语学院、马克思主义学院、哲学系(心理学)等优势学科资源申报的全域认知与国际传播实验室获批安徽省首批哲学社会科学重点实验室。该实验室的获批将成为助力学院高峰学科建设、提升学院服务国家和地方重大战略需求能力的重要抓手。

安徽大学全域认知与国际传播省社科重点实验室基于全域认知时代国际舆论新格局和中国话语新空间，深刻把握认知时代的新特征、新规律，整合多学科优势资源，推动认知科学、人工智能技术与国际传播的交叉融合，以提升中国国际传播能力为根本旨归。实验室主要依托新闻传播学，整合计算机科学与技术、外国语言文学、社会学等学科资源，通过研发新一代实验平台与工具，形成一套基于自然科学和哲学社会科学交叉的理论体系与方法，在多模态认知与寰球民意测量、国际舆情知识图谱与意识形态安全评估、全域话语分析与国家形象塑造、认知情感计算与中华文化传播四个方向开展前沿研究，探索利用大数据、认知计算等新技术解决国际传播具体问题，为国际传播提供关键技术支撑，并产生具有重要影响力的原创性研究成果，推动国际传播研究范式转型、升维。同时，实验室也将致力于智能传播时代高素质人才培养，推动跨学科研究的能力。

(2)深圳大学——文化数字化与文化创新性发展重点实验室获批广东省哲学社会科学重点实验室

深圳大学文化数字化与文化创新性发展重点实验室被批准为广东省哲学社会科学重点实验室。这是深圳大学获批的第一家，也是目前广东省唯一落户深圳的哲学社会科学重点实验室。

深圳大学文化数字化与文化创新性发展重点实验室以深圳大学文化产业研究院为依托，联合艺术学部、电子与信息工程学院、计算机与软件学院等单位组建而成，由深圳大学副校长张晓红教授任主任，文化产业研究院院长周建新教授任执行主任。该重点实验室定位于打造文化领域高水平专业智库、创建新文科创新实验室、形成国际化学术交流平台，将以习近平总书记关于文化发展工作的重要论述为指导，聚焦国家和广东“十四五”规划和2035年远景目标，以及广东文化发展战略目标，围绕文化产业数字化、非物质文化遗产活化、数字艺术创意设计三大重点领域组织实施实验室的建设和发展。

（3）云南大学——新闻学院与“MTime”缅甸微视频制作发布中心共建教学实习基地

3月5日，新闻学院与“MTime”缅甸微视频制作发布中心共建的教学实习基地在云南昆明庾园内举行签约与揭牌仪式暨实习宣讲会。副院长左小麟、教授单晓红、缅甸《金凤凰中文报》总编辑石雨和云大新闻学院前任系主任、省内著名电视人张宇丹教授等人参加仪式，云南艾目时代文化传媒有限公司总经理王薇娜致辞。学生在校期间可通过 MTime 平台向全世界发布原创视频作品，讲述精彩中国故事。

（4）浙江传媒学院

①与浙江广播电视集团新蓝网共建未来融媒体创研中心。

11月21日，浙江传媒学院与浙江广播电视集团、浙江新蓝网络传媒有限公司共建的浙江未来融媒体创研中心签约暨揭牌仪式在杭州钱塘校区举行。

中心由新蓝网与学校全媒体实验创新中心具体落实建设，将着力聚焦媒体融合实践实训、长视频 IP 内容的二次开发、新媒体人才培养、重大主题栏目、海外传播内容创作等多元领域，通过校企双方的共同努力，探索人才培养模式改革和创新，助力高素质、复合型新媒体人才的培养和成长，打造浙传样式、形成浙江广电特色，携手打造新时代产、学、创、研融合的新样板、新范式。

②台籍学生实习实践基地签约授牌。

7月18日，台籍学生实习实践基地签约授牌仪式在桐乡乌镇举行，副校长张梁，嘉兴市台办副主任朱良华，桐乡市委常委穆海英、市人大副主任徐剑东等参加。

张梁在致辞中表示，台籍学生实习实践基地的设立，将进一步助力台湾学子发挥传媒专长技能，挖掘与传播中华优秀文化。双方可携手组织实施合作项目，充分利用桐乡市丰富的在地资源，组织开展形式多样的实习、实践及参访活动，以高质量联动助力台湾学子在浙江、在大陆追梦、筑梦、圆梦。

③国际人文交流与传媒人才实践基地揭牌。

6月28日，浙江传媒学院国际人文交流与传媒人才实践基地签约仪式暨揭牌仪式在绍兴市上虞区瓷源文化小镇上虞陶瓷高等研究院举行。副校长姚争，上虞区委常委、副区长朱江桥等出席，设计艺术学院等单位负责人以及国际文化传播学院、新闻与传播学院师生代表参加。

姚争表示，此次国际人文交流与传媒人才培养基地的设立，为浙传师生提供了拥抱青瓷故里、体验青瓷文化的宝贵机会，也为广大学生发挥传媒专长技能、挖掘与传播优秀传统文化提供了优质的实践实训平台。

(5)上海交通大学——“望媒止惑”融媒体网络育人洱源工作站正式启动

6月11日，由共青团上海交通大学委员会、共青团洱源县委员会、洱源县乡村振兴局等联合主办，上海交通大学“望媒止惑”融媒体网络育人工作室承办的上海交通大学“望媒止惑”融媒体网络育人洱源工作站启动仪式举办。

工作室依托在建国家一流本科课程、上海市重点课程、交大课程思政建设优质专项项目等核心教学资源，力图打造公益普惠类融媒体网络育人品牌项目。工作室响应国家“十四五”规划号召，聚焦新媒体与社会领域的中国现实问题，致力于提升我国青少年和大学生的数字素养，缩小本土数字鸿沟。

(6)四川大学——中华文化传承与国际传播数字融合实验室召开工作总结会暨规划工作会

12月13日，四川省社科联下发了四川省哲学社会科学重点实验室认定通知(川社联发[2022]14号)，中华文化传承与全球传播数字融合实验室入选。12月23日，中华文化传承与国际传播数字融合实验室召开工作总结会暨实验室五年规划工作会。

实验室主任曹顺庆教授介绍了中华文化传承与全球传播数字融合实验室申报四川省哲学社会科学重点实验室(2023—2025)的基本情况，指出此次获认定，迈出了实验室建设发展的坚实一步，要充分借助获认定省文科重点实验室的契机，加快建设，争取申报获批国家重点实验室，进一步推动中华文化全球传播。

(7)清华大学

①新闻与传播学院—新浪集团联合实践基地揭牌。

9月26日，“清华大学新闻与传播学院—新浪集团共建联合实践基地项目”启动仪式在清华大学未来媒体实验室举行，双方在深化产教融合、共建学生实践创新平台、共享科研转化成果等领域正式开启战略合作。

新闻与传播学院院长周庆安在致辞中表示，新闻与传播学院一直以“面向主流，培养高手；素质为先，实践为用”为办学宗旨，深入融合到实践领域，从业界学习先进经验和引领性的技术。此次与新浪集团的深度合作，不仅仅指向教学实践，更多地指向共同探索中国媒介发展和新闻人才培养的更光辉的未来。

②中国首个元宇宙文化实验室正式成立。

4月16日，“清华大学新闻与传播学院元宇宙文化实验室”(以下简称“元宇宙文化实验室”)正式成立。清华大学党委副书记向波涛，新闻与传播学院党委书记胡钰，中文在线集团董事长兼总裁童之磊等出席成立揭牌仪式，揭牌仪式采用机器人和虚拟主播主持的方式，增加了现场“元宇宙属性”。

实验室由中文在线支持建设，由新闻与传播学院整合清华大学校内各学院研究力量开展研究。未来，实验室将以产学研相结合的方式，在未来媒体技术发展、元宇宙文创、元宇宙指数、虚拟数字人指数等元宇宙领域展开研究，力图将实验室打造成国内行业前瞻性、理论开拓性、研发创新性兼具的元宇宙科研机构。

（8）河北大学——新闻传播学院与国际在线共建网络国际传播基地

5 月 31 日，中央广播电视总台国际在线与河北大学新闻传播学院签订共建网络国际传播基地协议，强化媒体与高校资源的优势互补，协力培育国际传播人才。

国际在线河北频道与新闻传播学院将以共同推动国际传播能力建设为合作契机，在网络国际传播理论与实务、国际传播人才培养、产学研结合及信息与技术资源共享等方面开展深入合作，共建国际传播基地，为河北省国际传播作出更大贡献。

（9）浙江大学

①传媒与国际文化学院智能融媒体实验室启用仪式。

4 月 20 日，浙江大学传媒与国际文化学院智能融媒体实验室启用仪式暨智能媒体时代的文科实验室建设研讨会举行。浙江省委宣传部、浙江广播电视集团、浙江日报报业集团及各共建合作单位代表等共同莅临活动。

浙江大学传媒与国际文化学院院长韦路、浙江大学信息技术中心总工程师张紫徽、成都华栖云科技有限公司区域经理王雍，分别代表共建三方签约和为共建实验室揭牌。

关于智能融媒体实验室的未来发展，韦路提出了三个方向。第一，实验室应当成为学科融合的支点，作为新文科建设的重要组成部分，未来实验室要力争成为浙江大学各个学科汇聚的动力，推进传媒学科和其他学科的交叉融合；第二，实验室建设要成为科教融合的支点，不仅要为教学工作做出贡献，还要成为科研方面的动力引擎；第三，实验室要成为跨界融合的支点，整合社会各界的资源，推动学科建设更上一层楼。

智能融媒体实验室的建设是传媒与国际文化学院人才培养、教学实训和智能媒体融合建设中具有里程碑意义的一步，诠释了教学与实践、研究与传播的深度融合。在未来的学科建设和教学实践中，学院将充分发挥智能融媒体实验室的作用，不断完善人才培养模式，推动学科的高质量发展。

②与阜博集团签约共建全球数字文化产业研究中心。

5月20日，2022新媒体西湖峰会·全球数字文化产业高峰论坛暨阜博集团-浙江大学传媒与国际文化学院合作签约共建全球数字文化产业研究中心仪式在浙江大学校友企业总部经济园举行。未来双方将携手共建“全球数字文化产业研究中心”，围绕“全球化”“数字化”两大核心，在全球数字游戏、互动娱乐、影视动漫、立体影像、数字学习、数字出版、数字表演等多个领域开展深入研究，共同培养人才，联合进行技术攻关，形成全方位、宽领域、多层次的合作关系，推动各项事业高质量发展。

(10)北京师范大学——传播创新与未来媒体研讨会暨实验平台启动仪式召开

7月4日，北京师范大学“传播创新与未来媒体实验平台启动仪式”召开，同时在Bilibili平台进行实时直播，中国人民大学、中国传媒大学、清华大学、北京大学、复旦大学、上海交通大学各高校新闻传播学院领导，以及百度、腾讯公司等业界负责人参加。

新闻传播学院党委书记方增泉教授分享了对实验平台的三个定位期冀——该实验平台不仅是跨学科的学术前沿平台，更是互联互通的研究平台及服务国家战略需求的高端智慧平台，希望未来能发挥汇聚国内外优质人才的功能，成为未来传播学研究体系中的新学科增长点和学术高地。

新闻传播学院学术委员会主任喻国明教授以《行为传播学视域下面向未来传播的学科构想》为题，从行为科学视角切入，提出“行为”作为透视人类与环境全局要素的根本性视点，或成为传播学学科危机的破局之道。据此指出，实验平台的未来研究和建设方向将基于“行为传播学”范式做深入探索。

(11)重庆大学

①新闻学院与腾讯营销学堂共建腾讯广告营销实验室。

6月23日，“重庆大学新闻学院与腾讯营销学堂合作”启动仪式在重庆大学新闻学院举行，宣布重庆大学新闻学院与腾讯营销学堂共建腾讯广告营销实验室。

新闻学院党委书记凌晓明、院长董天策，腾讯营销学堂总负责人周璐、腾讯广告行业经理王萌祺等出席启动仪式。

周璐在启动仪式上表示腾讯愿意开放相关资源，助力高校进行人才建设和培养。腾讯确保教学体系符合市场用人的前沿要求，帮助在校学生提升职业竞争力，通过双方合作，学以致用，在数字营销领域得到更好发展空间和机会。

②中融智博智能科技研究院授牌。

4 月 21 日，媒体融合发展研讨会暨中融智博智能科技研究院授牌仪式举行。

空间视创董事长王晶致辞中谈到，为促进媒体融合发展，助力成渝双城经济圈建设，空间视创(重庆)科技股份有限公司与重庆大学新闻学院、计算机学院联合成立中融智博智能科技研究院，以具体的融媒体大数据智能分析及应用平台建设项目为基础，在媒体融合领域、多模态大数据方向开展科研探索及成果转化。研究院的成立，是跨学科的合作，是产学研一体化的融合，研究成果预期能够投入市场并反哺科研与人才培养。

新闻学院院长董天策就媒体融合发展、计算机学院教授熊忠阳就多模态内容科技的研究构想作主题演讲。

（山东大学新闻传播学院　倪万）

5.5　创新创业教育

党的二十大报告明确提出，要始终坚持创新在我国现代化建设全局中的核心地位。创新创业教育是创新创业型人才培养的重要途径，创新创业也逐渐成为全国在校大学生和毕业大学生的一种新型职业选择方式。2022 年，国内众多高校新闻传播学院持续深化创新创业教育，助力在校大学生和毕业大学生更高质量地创新创业。

5.5.1　创新创业特色做法

为了顺应时代发展潮流，响应国家号召，培养更多契合社会发展需要的创新创业型人才，国内多所高校的新闻传播学院采用多元化的方式与手段，开展各具特色的创新创业教育实践。

5.5.1.1　开展创新创业指导

第一，举办创新创业讲座。讲座作为传统的扩大学生知识积累的教学活动形式，是大多数高校开展创新创业教育的普遍手段。南京晓庄学院凭借校内外科技资源优势，已经连续八年开办以“互联网+”为主题的创新创业讲座。讲座内容包括：针对大学生创新创业大赛的政策、赛制及参赛要求、评审要点等进行精准解读；结合近几年创新创业获奖案例，详细讲解项目的“痛点”，强调创新的重要性；根据备赛情况，建议学生的创新创业项目可围绕新媒体、融媒体、智媒体技术发展与实践、舆情监控系统、数字媒体、带货直播、元宇宙、民俗与非遗等主题开展，而且要融合双创、专创、思创、科创、劳动等教育元素。海南师范大学新闻传播与影视学院举行了“立志照亮人生创业改变命运”为主题的大学生创业讲座，就“什么是创业”“创业机会在哪里”“影响创业的因素”和“大学生怎样创业”四个方面进行了讲解指导，并针对学生关于创新创业概念理解不深入的问题做出了详细解读，并向学生传授当今社会创新创业的智慧与技巧，帮助大学生规避创新创业过程中可能遇到的风险。

第二，举办创新创业经验分享会。举办经验分享会可以分享成功的创新创业经验，营造浓厚的创新创业文化氛围，激发师生创新创业热情，推动创新创业教育工作的顺利开展。云南大学新闻学院举办了“大创”经验交流分享会，邀请参加创新创业项目的高年级学生向新生传授经验，就已经立项的“不忘艺术初心的工作室创业模式——高校艺术类毕业生自主创业的路径探索”“基于保护珍稀动植物理念的原创设计”“云大版倔强”等项目进行了概况介绍，并分享了立项准备和项目推进等方面的经验。在立项准备方面，项目负责人组建团队、确定主题，然后在系统中填报申请书，填报时应注意行业及市场背景、管理模式、效益预测等。在项目推进方面，首先，应合理安排时间，避免拖延；其次，要细化脚本，规划好制作时间、制作场景，避免错过最佳制作时机；最后，在制作过程中还应精益求精，并多次尝试。西华师范大学新闻传播学院邀请了在创新创业活动中曾多次获得“挑战杯”以及“互联网+”省级奖项的同学进行经验分享。该同学从自身参赛经历出发介绍了选择项目的初衷和参赛历程，又分别从策划书撰写、一分钟参赛项目视频介绍及 5 分钟 PPT 展示三个部分向同学们展示了整个参赛流程，鼓励同学们结合自身专业优势，选择创意点，多参加此类竞赛，在竞赛中不断提升自己，寻找人生的价值。经验分享会不仅为在校大学生们相互学习提供交流平台，帮助他们优化和完善备赛项目，也彰显了新闻传播学院学子作为新时代大学生敢闯会创的时代担当。

第三，举办创新创业指导大会。“互联网+”大学生创新创业大赛，由教育部与政府、各高校共同主办。大赛旨在深化高等教育综合改革，激发大学生的创造力，培养创新创业的有生力量，推动高校毕业生更高质量创业就业。针对该项赛事，不少新闻院系纷纷举办指导大会。河南工业大学新闻与传播学院举办了第七届“互联网+”大学生创新创业大赛项目指导推进会，大会严格按照大赛评审要点指出参会项目普遍存在的问题并提出了几点要求：首先，标题要突出项目重点，快速抓人眼球；其次，展示环节要严格按照评审要点进行，突出创新点和独特性；再次，项目要体现商业价值，并达到带动就业、引领教育的作用；最后，文稿撰写要精练，准确传达有效讯息。此次指导会有助于进一步提升该学院团队参赛项目的质量和水平，进一步激发学生的创新创业热情，真正实现以赛促学、以赛促教、以赛促创的目标。

5.5.1.2 提供创新创业空间

第一，创办校内专业实践基地。北京大学融媒体中心与北京大学共建全球传播学生创意实践基地，旨在发掘培养不同领域复合型人才，推进融媒体传播人才队伍建设，不断增强北京大学融媒体传播综合实力；连接学术研究与实践平台，助力北京大学国际传播学科能力建设；丰富北京大学全球传播融媒体产品，加强北京大学向外传播窗口建设，进一步提升北京大学国际品牌形象。在基地里面，融媒体中心将围绕国家重大议题以及校内重要时间节点有计划地策划发布选题，并向各学院征集形式丰富的融媒体产品，例如视频、图片、漫画、H5、海报、SVG 等。同时融媒体中心还将接收学院师生自主策划完成的融媒体产品，发布筛选后的优秀作品并向外部媒体推荐。如果作品足够出彩，中心还将以学校名义推荐参加国家级作品评比。中原工学院新闻与传播学院联合库课文化科技股份有限公司、河南哲思互娱科技有限公司，在该校设立了“直播达人 & 短视频校园实训营”。该项目由企业从培训、选岗、短视频制作、直播培训等多个方面为大学生创新创业提供精准的培训和指导，提供专业器材和设备供学生实践操作，依照商业化进行实战运营，真正实现“零距离”创业孵化。同时，该项目也能够帮助更多大学生了解行业就业前景，增加实践操作经验，提升个人综合实力，助力就业创业发展。

第二，与企业共建校外新媒体人才培养基地。华中科技大学新闻与信息传播学院与秋叶集团签署校企合作协议，建立大学生实习实践教学基地。该基地依托秋叶集团的平台，加强校企联合，深入产教融合，打造育人共同体，能更好地帮助学生成长，走向社会，服务社会。安徽师范大学新闻与传播学院始终坚持“协同创新、实践育人”的办院理念，与芜湖东昊网络科技有限公司共同建立了“新媒体创作与创业人才孵化基地”，不断深化校企合作，进一步推进创新创业工作、推动学生创新创业能力提升。烟台大学文学与新闻传播学院邀请山东省煜一创意科技有限公司开展线上交流，并初步达成校企共建大学生创新创业实践基地合作意向。该校还着力争取与企业共同建成元宇宙文化项目实验室，以带动全院师生创新创业的热情，培养多批拔尖创新人才，为扎实推动经济高质量发展赋力蓄能。

第三，与县级融媒体中心共建实训基地。随着县级融媒体建设在全国范围内的推广，县级融媒体中心成为高校新闻传播学院拓展校外实训基地的重要平台。兰州大学新闻与传播学院与环县融媒体中心共同成立了实践教学与实训基地，进一步深化校媒"产学融合创新赋能"的产学研战略合作关系，在新闻宣传、通讯员培养等方面，定期开展学习培训和实地教学等活动。西北师范大学传媒学院(新闻学院)与民勤县融媒体中心共建实习基地，为该校人才培养、学科建设、学生实习就业等工作开辟了新路径。同时，该基地将发挥高校服务地方的功能，利用高校独有的学科资源和人才优势，为民勤县融媒体中心提供全媒体业务技能培训和新媒体产品创作指导。甘肃政法大学文学与新闻传播学院在康乐县融媒体中心建立了实习实训基地，为该院学生的实习实训及社会实践搭建平台，创造良好条件。

5.5.1.3 举办创新创业大赛

为了深化创新创业教育，实现理论与实践的结合，一些新闻学院积极举办创新创业大赛。宝鸡文理学院文学与新闻传播学院举办了大学生创新创业大赛。大赛共收到参赛计划书 100 余项，通过初赛选出 22 项进入决赛，最终评选出一等奖 3 名、二等奖 7 名、三等奖 12 名。《互联网+宁强羌绣文化的保护与推广》《织梦——武功手织布的线上推广策略》《助力新农人直播电商和短视频公益教学——推广"数商兴农"工程发展》获得一等奖。该学院大力支持学生创新创业，旨在通过组织比赛推进大众创业，万众创新，发挥学院专业优势，把创新创业教育融入课程与教学过程，以赛促学、以赛促教、以赛扬名，加快培养创新创业人才，逐步提升师生创新创业能力和学院创新创业大赛的层次和水平。

5.5.2 创新创业案例介绍

5.5.2.1 结合学校的特色专业案例

中国政法大学光明新闻传播学院结合该校法学专业的核心优势，立项了一批"新闻+法学"的项目，例如"重访数字'故地'：短视频中城市废墟探索的边缘空间实践与再生产""以新闻透明性为方法：新闻权威重塑的逻辑、路径与适度原则""人机之恋：虚拟空间的亲密关系建构与技术中介的情感认知——以社交机器人 Replika 为例""媒介化环境下短视频对用户幸福感的研究——以助眠类短视频为例”“全民阳康情境下的自传式书写与集体记忆建构”“局部可见：短视频场域中女性工人的身份展演与圈层传播研究”等项目。西南政法大学新闻传播学院依托法科院校的特色立项了“重庆市无巷文化传播有限公司”“帧清传媒”“重庆墨恪数字科技有限公司”“潇甯法律咨询服务有限责任公司”“抖动文化传媒有限公司”“重庆摄与传媒有限责任公司”等创业项目。

5.5.2.2 结合地区文化案例

全国不少新闻学院在创新创业项目立项时，往往以本地特色文化为出发点，积极打造具有地区性特色的创新创业项目。例如，西北大学新闻传播学院以陕西历史文化为依托，立项了一批文化传播研究项目，例如“秦腔艺术与沉浸式戏剧融合发展模式探究”“城市重生的密码——以文物为地域文化符号赋能城市公共空间建构”“后疫情语境下网络舆情对西安城市形象传播及重塑的研究——以西安文化旅游产业为例”“文创 IP 人物对西安城市形象影响研究”“陕西省红色文化资源与大学生思政教育融合的路径探析”“媒介化生存视野下中国传统年俗文化的传承与新变研究——以陕西关中地区为例”“文化传承视角下陈炉古镇陶瓷工业的‘遗+N’模式”等。云南大学新闻学院以本地特有的少数民族文化为基础，立项了“云上香茗——专注于打造 IP 形象的新式少数民族特色茶馆”“云南巧家小碗红糖非遗系列包装设计与新媒体宣传推广”“‘怒漆’——怒江漆文化品牌打开民族特产推广新窗口”等项目。南昌大学新闻与传播学院结合本地深厚的红色文化底蕴，立项了“江西红色旅游品牌形象构建研究——以瑞金苏区 IP 开发为例”“湾区牵苏区擘画新蓝图——《从心出发》歌曲 MV 创作研究”等项目。

5.5.2.3 结合时代要求案例

乡村振兴是国家的一项长期战略工程，许多高校在创新创业项目立项时，紧贴时代要求，坚持培养学生理论与实践相结合的能力。湖南大学新闻与传播学院立项了“乡村振兴视域下桑植白茶地域茶叶品牌‘红白绿’文化营销模式研究”“基于复媒体环境理论的媒介使用对农村留守儿童人际关系影响的研究——以岩锣村为例”“基于瑶族诗歌特色元素的旅游产业发展研究”等项目。西北大学新闻传播学院立项了“‘朱鹮之乡’陕西洋县‘以户养户’绿色经济发展路径研究”“棣棠花不落，古树焕新芽——棣花县特色旅游模式开发创新研究”等项目。云南大学新闻学院立项了“‘茶出银生界诸山’——乡村振兴背景下银生茶文化的推广路径探索”等项目。湖南第一师范学院文学与新闻传播学院立项了“教育公平视角下，农村小学课后服务实行现状与发展问题的解决路径研究”“茴乡豆——用影像助力乡村振兴”“魅力乡村——乡村资源介绍网站”等项目。海南师范大学新闻传播与影视学院立项了“走进旅游红港，打造红旅影像资讯平台振兴红色地区、红色文化”“互联网+新媒体扶贫平台”“排岸村乡村游品牌推广项目”等项目。

5.5.3 对未来创新创业教育的思考

5.5.3.1 树立科学的创新创业理念

在创新成为推动经济发展的第一动力的时代背景下，创新创业教育的根本目的是培养高素质创新型人才，推动经济社会转型发展。要实现这一目的，从思想上厘清高校和学生对创新创业的认识问题，是高效开展创新创业教育活动、满满收获创新创业教育成效的基本前提。因此，高校开展创新创业教育必须从国家战略和时代要求出发，重塑科学的教育理念，以确保实现创新创业教育的正确价值取向。高校和教师要认识到，创新创业教育不是“企业家”“商业精英”的速成培训班，也不是促进学生灵活就业、自主创业的就业率提升手段，更不是教师个人获取教学资历、谋取个人利益的特殊渠道，而是培养学生创新思维、创新能力、创新意愿，为国家发展提供创新人才的重要举措。广大高校和教师应当不断更新和升华教育理念，潜心磨炼创新创业的教学方法和教学内容，分析研究创新创业的教育规律和教育本质，实现创新创业教育从填鸭式知识灌输向启迪式思维激发转变。高校和教师应当纠正大学生创新创业的错误观念，积极鼓励大学生主动创新创业，激发他们的创新创业潜能，帮助他们通过创新创业实现自身价值。另外，高校和教师应当注意创新创业教育与专业教育、素质教育和职业教育等的联系与区别，在开展创新创业教育的过程中注意与专业教育的交叉融合、互相补充，绝不能割裂、对立二者的关系，导致学生陷入更大的认识困境。

5.5.3.2 加强高校创新创业教育队伍建设

教师资源是教育质量最为关键的因素。创新创业教育更是离不开具有创新精神和创业实践的优秀教师的引导。建设一支数量充足、结构合理、专业技能强、综合素质高的师资队伍是培养创新创业人才的关键。教学本身就具有创造性的特点，教师不仅要精通所教授学科专业的相关知识，还要掌握先进的教学方法，另外教师还应具有较强的创新意识、创业精神和创新创业能力。但我国高校的本校教师一般缺乏创新创业实践经验，而校外聘请的教师往往又存在流动性大、缺乏连续性的特点，水平也参差不齐。国外高校创新创业教育者一般为“双师型”教师，既有来自学校的专职教师，又有来自企业的兼职教师。专职教师主要担负大学生创新创业知识的传授和创新精神的培养；兼职教师主要承担向大学生传授创业经验，解决创业中存在的问题。美国的百森商学院，师资队伍就是由这两方面的教师组成的。参考国外的高校创新创业教育师资构建，可以采用“教师企业研修”的能力提升方式，来弥补校内师资中存在的实践经验缺乏的问题。同时，高等院校要积极引入企业、科研院所、政府机关的精英人士，为学生授课，为他们提供创新创业辅导，引导学生参加各项创新创业活动，在活动中得到能力锻炼，启发学生的思维，培养他们的创新创业精神和意识。同时，专业课教师也要时刻把创新思维能力培养贯穿于教学的各个环节，让学生时刻感受到创新精神的存在、创新思维的重要性，使创新创业教育和专业教育深度融合。

5.3.3.3 构建系统的创新创业教育体系

新闻传播学科创新创业教育的发展，应当以建构与完善高校创新创业教育体系为基础，在体系构建的时候要注意结合自身办学定位、核心优势与社会需要，既要凸显创新创业教育的独特性，也要强调与专业教育紧密互动；既要关注经济社会发展需要，也要符合学生个人成长特点和需求。一方面，高校要改革课程设置，在专业教育中融入创新创业教育内容。比如，将创新创业教育课程纳入人才培养方案，进行学分考核，或在其他课程中适当增加创新创业的内容，使创新创业课程和专业课、公共课以及选修课等专业课程有机结合。这样既可以保证创新创业课程不会成为高校教育中的边缘课程，又可以体现专业课程对创新创业课程的理论支撑，更可以将创新创业元素融入每一门课程，实现人才培养全过程、全方位的创新创业教育。另一方面，高校要注意创新创业教育过程中的理论教学和实践教学并举，以实现“知行合一”。比如，建立创新创业实验室，适当增加实验学时，在理论教学的基础上设计创新性和挑战性的实验训练项目，以增强理论教学的可操作性、加强实验教学的理论支撑。同时注意动态调整课程教学，营造开放的教学课堂，保持课程教学始终在经济社会发展和科学研究的前沿，以前沿理论指导教学实践，以教学实践丰富前沿理论。

（西南政法大学新闻传播学院　蔡斐、杨茗翔）

5.6 教育教学改革前沿

5.6.1 武汉体育学院“东湖读吧”读书会

体育类高校是培养体育教师和教练员的地方，似乎体育高校的师生不爱读书，也不用读书。如果您也这么想，那就错了！

陈昌凤院长的读书会启发了张德胜

时任教育部党组书记、部长陈宝生在华中师范大学召开的武汉高等学校工作座谈会上强调，高校要进一步转变理念，做到四个“回归”。其中第一个是要回归常识。而教育的常识就是读书，要围绕读书来办教育。陈宝生的“劝读”讲话给时任武汉体育学院院长的张德胜带来了很大的触动。

但真正启发张德胜办读书会的，是清华大学新闻与传播学院的陈昌凤教授。

那是在2017年的某一天，张德胜因公务到清华园拜访中国新闻史学会时任会长、清华大学新闻与传播学院常务副院长陈昌凤。

“不好意思，我只能给你20分钟时间，”陈昌凤跟张德胜见面就说，“晚上我有个读书会，我要跟我的研究生们一起读书。”

20分钟后，张德胜与陈昌凤准时道别。在经过一段长长的走廊时，张德胜瞥见了读书会的现场，学生们都在等待他们的导师。下到一层，走到户外，张德胜面对古色古香的宏盟楼伫立良久，其内心仿佛有一种声音在召唤：我们要办读书会。

回到武汉，张德胜逢人便讲，读书会必不可少，不过他首先必须找到一位志同道合的人。

王创业做了“东湖读吧”的首任主持人

直到2018年秋季，当张德胜把创办读书会，并邀请王创业出任主持人的想法告诉他时，低调的王创业满口应承，“我愿意试试”。

中国人凡事讲究名正言顺。读书会叫什么名字呢？张德胜最先想到的是“东湖读书会”，因为，武体就在美丽的东湖之滨。但他们很快发现，这个名称被人注册了，虽然对方并无公开的读书活动。几经琢磨，那就叫“东湖读吧”，一是读吧、读吧，这里的“吧”是语尾助词，二是现在流行各种“吧”，算作名词，这也就一语双关了。

2018 年 11 月 7 日，星期三 19 时，“东湖读吧”读书会在新闻传播学院会议室正式开张。“东湖读吧”微信公众号上亮出了读书会的口号：“读一流的书，做一流的人。”

从此，每周三的晚上就成了武体读书人的节日。每期读书会，领读人主讲一个小时左右，其余时间用来互动交流。领读人既有校外吴廷俊、周树华等知名学者，也有校内普通在读研究生。

吕永峰接棒“东湖读吧”走出武体

1987 年出生的吕永峰博士接棒，从 2021 年 10 月 20 日第 36 期读书会开始担任主持人，他一口气主持了 22 期读书会，现在已经达到了 58 期。

吕永峰为了把读书会办好，组织了一批“精兵强将”，从摄影、报道到微信公众号运营，吕永峰展开了一系列改革，让“东湖读吧”的微信公众号影响力进一步提升。

“东湖读吧”还积极探索“融合发展”之路，2022 年 4 月份，就第一次在 B 站、抖音等平台试水了直播，一时间吸引了线上线下参与者上千人。此期“东湖读吧”读书会，是由国务院学位委员会新闻传播学科评议组专家、武汉大学知名学者单波教授领读社会心理学名著《群体性孤独》。其后，喻立平、张昆、桑建平等一众名家登台开读。

随着“东湖读吧”的影响力扩大，张德胜又开始让“东湖读吧”走出武汉体育学院，走向社会。“东湖读吧”先后走进湖北经济学院、黄冈师范学院、参差书屋，将读书会带向合作之路。

下一步，“东湖读吧”还将走进武汉大学、华中科技大学等高校。

“东湖读吧”的辐射效应显著

张德胜认为：“师生一起读书，是一件令人非常愉快的事情，说小一点儿，读书能让人把心静下来；说大一点儿，读书事关一个人的灵魂安顿。”

武汉体育学院新闻学专业是国家级一流专业建设点。过去十年，武汉体育学院新闻传播学院教师共主持承担国家社科基金项目 19 项，涵盖了青年、一般、重点、重大四个类别。其中，2019 年国家社科基金重点项目“新时代中国体育外交转型的机制创新与路径选择研究”和 2021 年国家社科基金重大招标项目“新时代体育全媒体传播格局构建研究”，就是张德胜带领王创业、滕姗姗、吴丹、吕永峰等读书会骨干申请下来的。

读书会的成果还被广泛应用到教学之中。武汉体院线上通识教育课程“体育与社会”，自 2019 年年底上线以来，因其独特的趣味性、知识性、延伸性、探索性、开放性，深受年轻人喜欢，用郑州轻工业大学体育学院院长方慧教授的话来说：“学这门课，有追剧的感觉。”迄今为止，该课选课用户已超过 50 万人，位居学堂在线平台 3000 多门课程的第7名。包括课程负责人张德胜在内的七位主讲教师都在“东湖读吧”读书会上经历过“锤炼”，他们爱体育、爱读书，是十足的“两爱”型教师。

（武汉体育学院新闻传播学院　张德胜、王创业）

5.6.2　广州体育学院直播团队

2016年，为提升人才培养质量、加强实践教学，广州体育学院体育传媒学院师生创办“广体传媒”，初步构建了以广体传媒广播电视台、媒体号、微信公众号、广播台、网站和《传媒人》报为主体的全媒体矩阵。在此基础上，“广体传媒”以大型体育赛事媒体服务作为实践教学的切入点，以服务体育事业发展为目标，对校内校外的大型体育赛事和活动进行现场直播。七年来，“广体传媒直播团队”先后对国际雪联高山滑雪远东杯、广东省篮球联赛、广东省大学生运动会、广东省“省长杯”青少年校园足球联赛等赛事做了全方位报道，取得了良好的传播效果。此外，还组织直播团队参与了珠海WTA超级精英赛、中超联赛、CBA中国职业篮球联赛等大型体育赛事的直播或转播。“广体传媒”自成立以来，共计完成超过600场赛事活动直播与报道任务，网络累计流量近5000万。共有25名教师和500余名学生参与了“广体传媒直播团队”的实战锻炼，获得了社会各界的好评。

其中，具有代表性的直播活动是，2018年12月4—13日，应国家体育总局冬季运动管理中心的邀请，广州体育学院体育传媒学院派出转播团队11名师生，远赴河北省张家口市崇礼区，成功转播2018—2019年度国际雪联高山滑雪远东杯万龙站和太舞站分站赛。国际雪联高山滑雪远东杯，是国际雪联第二级别洲际赛事，也是当时国内举办的最高规格的高山滑雪赛事。武汉体育学院体育传媒学院先后派遣两批团队共11名师生奔赴赛场转播远东杯万龙站和太舞站分站赛，加上后方学校演播厅的师生，整个远东杯比赛期间，学院共有师生30余人参与转播工作。转播比赛所需的大部分设备来自学院实验室，由师生携带到张家口赛场转播比赛。赛场上的机位转播和后台的导播工作，也全部由学院师生独立完成。

万龙站比赛中，武汉体育学院体育传媒学院师生完成累计近30小时的转播工作，比赛通过广东广播电视台触电新闻平台、爱奇艺、腾讯、优酷等直播平台全程播出，累积流量逾百万。太舞站的比赛转播同时在新华社、中国网++、中国体育、企鹅体育、PP体育、百度体育、北京时间、触电新闻、优酷、爱奇艺、今日头条等23个新媒体平台上播出，覆盖当前国内所有主流的互联网新闻门户、体育门户、卫视门户、聚合门户、视频门户、直播门户平台。远东杯太舞站比赛直播前以及直播过程中，新华社、中国网、爱奇艺、中国体育、扎客新闻等平台在首页或相关频道进行重点推荐。云分发的统计数据显示，远东杯太舞站比赛累计观看人数达 4548857 人。此外，特别值得一提的是，“广体传媒直播团队”在触电新闻、爱奇艺、优酷等平台上的自媒体渠道，也取得了良好的传播效果，远东杯太舞站比赛累计流量达 52.6 万人次，其中，触电新闻频道 4 天直播流量就达 40.6 万人次。

国际雪联高山滑雪远东杯万龙站和太舞站分站赛赛事传播及媒体推广工作，也是由“广体传媒直播团队”联络新华社、广东广播电视台、中国网、PP 体育、爱奇艺、腾讯企鹅直播等媒体平台进行实时转播的，这不但进一步拓展了赛事传播渠道，提升了赛事传播的广度，同时也为武汉体育学院体育传媒学院在体育界和传媒界赢得了良好的声誉，体育传媒学院服务社会的成果受到业界的高度认可。

另外，值得一提的是，2019 年 5 月，“广体传媒直播团队”还承担了广东省教育厅第十届广东省大学生运动会的新闻报道工作，获专项经费 10 万元。“广体传媒直播团队”对第十届广东省大学生运动会所有比赛进行的全程直播，直播时间长达 200 小时，总流量近 2000 万人次，实现了省级大学生运动会现场直播时长的历史性突破。

上述赛事的现场直播工作、新闻报道采写工作、媒体服务工作均由广州体育学院体育传媒学院的教师带领学生完成，转播报道所需各类器材设备均出自体育传媒学院实验室。如果相关赛事的转播、新闻报道、媒体服务等工作交由市场化运营的企业承担，所需费用将数以百万计。“广体传媒直播团队”对广东省“省长杯”青少年校园足球联赛、广东省大运会等赛事的宣传报道工作，为各级教育部门、体育管理部门、赛事举办方节省了大量的资金，为有关部门的开源节流做出了贡献。体育传媒学院在加强科学研究、攻关媒体技术，强化学科建设、着力抓好培养人才的同时，也切实投身于广东省体育事业、新闻事业之中，积极打造传媒专业大学生的专业实践品牌，为我国体育事业发展和健康中国战略作出了积极贡献。

（广州体育学院体育传媒学院　肖灵、崔俊铭）

5.6.3　湖南大学马克思主义新闻观研究与教育探索——做马克思主义新闻观的践行者

2022 年 5 月 15 日上午，首届“做马克思主义新闻观的践行者”征文颁奖仪式在湖南大学举行。征文活动由湖南大学新闻与传播学院联合湖南大学马克思主义新闻观研究中心共同组织，面向全体在读学生开展，是湖南大学马克思主义新闻观教育的特色举措之一。人民网、光明网、光明日报客户端、湖南红网等主流媒体报道了颁奖活动。中国社会科学院新闻与传播研究所所长、中国社会科学院大学新闻与传播学院院长胡正荣，湖南广播影视集团公司党委副书记、总经理、湖南广播电视台台长、总编辑龚政文，湖南日报副总编辑夏似飞和湖南红网新媒体集团党委书记、董事长、总编辑贺弘联在线参加了颁奖活动，肯定了湖南大学将马克思主义新闻观理论研究和教育、实践相结合的探索。

图 5-3　首届“做马克思主义新闻观的践行者”征文颁奖现场

5.6.3.1　以科研为先导带动马克思主义新闻观教育和实践创新

湖南大学马克思主义理论研究历史悠久，马克思主义新闻观教育基础深厚。根据教育部、中共中央宣传部《关于提高高校新闻传播人才培养能力实施卓越新闻传播人才教育培养计划 2.0 的意见》，湖南大学将学习贯彻习近平总书记关于新闻舆论工作的重要论述作为马克思主义新闻观教育的首要任务，大力推进马克思主义新闻观研究宣传教育基地建设，着力培育高质量的研究成果，积极参与构建中国特色的新闻传播学理论体系和学术话语体系研究，以培养造就适应媒体深度融合和行业创新发展，能够讲好中国故事、传播中国声音的优秀新闻传播后备人才。

湖南大学党委常委、宣传部部长、新闻与传播学院院长唐珍名指出，马克思主义新闻观是新闻人的第一价值观，事关新闻与传播学院为谁培养人、培养什么人、怎么培养人这个根本问题。在培养卓越新闻传播人才的今天，践行马克思主义新闻观对我们来说更加重要。在这个根本问题上，我们必须旗帜鲜明，必须理直气壮，必须坚持马克思主义新闻观。为全面落实立德树人根本任务，深化马克思主义新闻观教学与研究，2019年6月，湖南大学成立马克思主义新闻观研究中心，特聘雷跃捷教授为中心主任，翻开了学校马克思主义新闻观教学与研究新的一页。

新闻学者甘惜分教授曾经说过，新闻学研究要“立足中国土，回到马克思”。这对湖南大学的马克思主义新闻观教学与研究，特别具有启发意义。湖南大学马克思主义新闻观研究中心将重点聚焦于三个方面：一是关于马克思主义新闻观中国化的研究，重点开展中国特色社会主义新闻理论的研究；二是关于习近平总书记新闻舆论工作重要论述的研究；三是运用马克思主义新闻观指导开展新闻舆论工作的研究，目前重点是突发事件的舆论引导机制与提升中国国际话语权的研究。中心成立以后，先后成功申报国家社会科学基金重大项目、重点项目各1项，一般项目5项，省级教学和科研项目5项，获得省级以上的社会科学研究成果奖3项，发表了40多篇有一定影响的学术论文。

在马克思主义新闻观教育中，湖南大学马克思主义新闻观研究中心和湖南大学新闻与传播学院继承和发扬千年学府注重教育与研究的优良传统，贯穿实事求是、经世致用的学术理念，以科研为先导，以马克思主义新闻观系列讲座和课程建设为抓手，通过主题征文、实践创新等系列活动使马克思主义新闻观从课堂上、从讲座里走出来，走到学生的日常学习中，走到学生的思考里，走到学生的实践中。

5.6.3.2 探索“致知—启思—促行”环环相扣的马克思主义新闻观教育路径

2020年6月至2022年6月，湖南大学新闻与传播学院和马克思主义新闻观研究中心联合推出岳麓传媒论坛——马克思主义新闻观主题系列讲座，邀请童兵、郑保卫、陈力丹、李良荣、丁柏铨等一批新闻传播学名家讲授。系列讲座梳理马克思主义新闻观的历史脉络、深刻内涵与当代价值，阐释中国特色社会主义新闻理论体系、源流与创新实践，进一步加深了广大师生对马克思主义新闻观的认识，增强了“四个自信”，推动全院师生积极传承和践行马克思主义新闻观。

为了把马克思主义新闻观教育导向深入，2021年11月至12月，湖南大学新闻与传播学院和马克思主义新闻观研究中心面向全体在读学生开展“做马克思主义新闻观的践行者”主题征文活动，并秉持“公平”“公正”“公开”的原则，评选出七篇紧扣主题，兼具学理的征文作品。征文一等奖获得者、2021级新闻与传播硕士生邓宇航说："系列讲座提供了绝佳的学习机会，解答了很多困惑，征文活动引导我们深入总结和思考马克思主义新闻观的丰富内涵和现实价值，推动我们理论联系实际，在实践中创新和发展中国特色新闻学。这种学习形式很好。"

结合征文活动，同学们重走调研考察路，深入一线挖掘鲜活事例，探索融合创新表达，先后获得了教育部"共抗疫情，爱国力行"主题宣传和网络文化成果优秀奖、省大学生红色故事讲述大赛一等奖第一名等荣誉。

"知者行之始，行者知之成。"湖南大学以系列讲座"广知"，以征文活动"启思"，以实践创新"促行"的马克思主义新闻观教育路径环环相扣，知行合一，使马克思主义新闻观教育的成果得以落实到学生的成长中。

中国社会科学院新闻与传播研究所所长、中国社会科学院大学新闻与传播学院院长胡正荣教授说："近年来湖南大学在马克思主义新闻观教育和研究中的成绩和成就，具有示范作用和启发性意义，为马克思主义新闻观的研究和教育提供了非常好的创新点和突破点。"

5.6.3.3 以"理论研究—教学成果—人才培养"三部曲打造马克思主义新闻观教育特色品牌

面对百年未有之大变局，站在中国大地上回答时代之惑和全球性重大问题，需要科学理论的指导。马克思主义新闻观就是指导中国特色社会主义新闻事业的科学理论，践行马克思主义新闻观是时代赋予新闻人的职责使命。

结合两年来的探索，学院认为，马克思主义新闻观不是虚无缥缈的，也不是浮于表面的，不是口头上的夸夸其谈，而是应当体现在学生走向新闻工作践行的路上。马克思主义新闻观教育要从课堂、讲座中走出来，走到学生的日常生活中，走到学生的学习思考中，走到学生的实习工作中，走到田间地头，走到工厂机关，走到扶贫路上。

为进一步总结马克思主义新闻观教育的经验、成果，以马克思主义新闻观教育为突破口，带动新闻传播教育的全面发展，学院拟以马克思主义新闻观研究中心为依托，以"三部曲"打造湖南大学马克思主义新闻观教学与研究的特色品牌。即以科研为先导，加强理论研究，将理论研究成果转化为教学资源，将教学资源转化为人才培养的实效，在理论研究、人才培养和创新实践中做马克思主义新闻观的践行者。学院还对毕业生进行了回访，以有针对性地改进马克思主义新闻观教育教学工作，实现马克思主义新闻观教育的长期化、常态化和持续完善。

今后，湖南大学马克思主义新闻观教学与研究工作将秉持脚踏实地、实事求是、敢为人先的湖湘精神，进一步深化相关研究，举办系列讲座、主题征文及实践创新等活动，加快建设马克思主义新闻观教育精品课程和典型教学案例，探索形成湖南大学马克思主义新闻观教育的完整路径，形成富有鲜明特色的湖南大学马克思主义新闻观教育品牌，培养出更多怀有坚定的信仰、更接地气、与行业适配性更高的新闻传播人才(见图5-4)。

图 5-4　湖南红网“时刻新闻”客户端推出的“做马克思主义新闻观的践行者”专题

5.6.3.4　探索“走出高校、辐射业界”的马克思主义新闻观研究和教育新格局

湖南广播影视集团公司党委副书记、总经理、湖南广播电视台台长、总编辑龚政文说，学懂弄通马克思主义新闻观是学好新闻的“第一粒扣子”，必须强化马克思主义新闻观理论教育与实践培养。湖南大学长期以来引领学生深入领会马克思主义新闻观的精神实质和核心意涵，切实掌握马克思主义新闻观的立场、观点与方法，培养了一批高素质的新闻传播后备人才。湖南红网新媒体集团党委书记、董事长、总编辑贺弘联认为，

湖南大学将理论研究与新闻实践紧密结合，很多实践成果本身就是对如何坚持好马克思主义新闻观的时代回答，是对马克思主义新闻观与时俱进的丰富与发展，具有重要的现实意义和推广价值。湖南日报社党组成员、副总编辑夏似飞表示，愿与湖南大学在践行马克思主义新闻观的道路上继续携手前行，共同探索，培育新时代高素质传媒人才。

2022 年 6 月，湖南红网新媒体集团与湖南大学马克思主义新闻观研究中心初步达成合作协议，将“做马克思主义新闻观的践行者”活动推向深入。2022 年 7 月，双方在湖南红网、时刻新闻客户端联合推出“做马克思主义新闻观的践行者”专栏，旨在建设马克思主义新闻观教育和优秀成果发布平台，践行马克思主义新闻观的典型机构、重大活动、代表性人物、作品及经验传播平台，加强学界与业界的交流与合作，加快马克思主义新闻观教育和实践成果的研究和转化。

后期，作为部校共建新闻学院，湖南大学新闻与传播学院、湖南大学马克思主义新闻观研究中心还将配合业界的马克思主义新闻观教育需要，进一步加强与业界的合作，联合业界，面向业界推广马克思主义新闻观研究和教育的成果，扩大讲座和征文活动范围，引导广大新闻学子和新闻工作者坚定用马克思主义新闻观指导新闻实践的时代定力，用发展的马克思主义新闻观创新话语体系，引领新闻实践，壮大主流舆论。

（湖南大学新闻与传播学院　雷跃捷、徐琼）

5.7　传播学一流专业本科培养方案的数据分析

传播学是一个伴随媒介技术发展的学科，以互联网技术为代表的信息传播技术迅猛发展成为设置传播学专业的重要背景，它涉及广泛的传播活动，包括新闻报道、广告宣传、公共关系、社交媒体、媒体管理等。通常来讲，传播学专业致力于研究和应用传播理论和实践，以培养学生在信息时代中理解、分析和应对各种传播挑战的能力。对于整个新闻传播学科而言，传播学专业更是数字时代人才培养的主要版图，而明晰当前传播学专业的定位特征，并探讨其未来发展趋势，是立足现实、展望未来必不可少的步骤。

5.7.1　传播学培养方案的基本情况

2019 年 4 月，教育部办公厅发布《关于实施一流本科专业建设“双万计划”的通知》，决定启动一流本科专业建设“双万计划”。建设原则为面向各类高校，在不同类型的普通本科高校建设一流本科专业，鼓励分类发展、特色发展。“双万计划”覆盖全部 92 个本科专业类，分年度开展一流本科专业点建设。至 2021 年，教育部已连续认定两批国家级一流本科专业建设点名单，其中传播学国家级一流本科专业建设点共认定 11 个，2019 年认定 4 个，分别为中国人民大学、中国传媒大学、上海交通大学、西南交通大学，2020 年认定 7 个，分别为北京交通大学、北京师范大学、复旦大学、浙江大学、中山大学、华南理工大学、黑龙江大学。一流专业建设工作可谓千头万绪，培养方案则是其专业建设的基础，也是其“一流”的重要体现。

从 11 所高校传播学专业培养方案的基本情况看，专业总学分一般为 150~180 个学分，最高为 167.5 学分，最低为 146 学分。在专业总学时的数量上，11 所高校的差异比较明显，最高 3688 学时，最低 1567 学时。实践教学环节占比在 15%~40%，最高占比 35.34%，最低占比 15.07%。数字时代背景下，中国传播学专业的培养方案也针对新媒体和数字技术的发展做出相应的调整和更新，以确保学生具备适应数字传播环境的能力(见图 5-5)。在课程方面，基础课程除了在本科阶段需要学习的传播学基础理论知识和基本研究方法外，通常会增加关于数字传播基础知识的课程，包括数字媒体概论、社交媒体分析、网络传播原理等，以帮助学生了解数字传播的基本概念和原理。专业课程主要增加了数据分析与研究方法课程，包括大数据分析、社交媒体数据挖掘、用户行为研

图 5-5　11 所高校的培养方案词云图

究等，以支持学生在数字传播环境下的研究和实践。还包括学习跨媒体内容制作的技能课程，如图像处理、视频编辑、社交媒体营销、新媒体数据挖掘及应用、数据可视化与数据新闻、融媒体理论与实务、媒介融合、视觉传播、数据分析与信息可视化等，以适应不同传播平台上的内容创作和传播需求。而实践环节主要是为了提升学生的实践能力，培养方案通常会包括实习或项目实践的要求，将所学知识应用于实际情境中，学生有机会进一步在数字媒体机构或相关企业中实践，有针对性地提升他们的实际操作能力和职业素养(见表 5-16)。

表 5-16　**高校培养方案基本情况**

学校	成立设立时间	专业总学分	专业总学时	实践教学环节占比
上海交通大学	1995 年	162 学分	2592 学时	35. 34%
中国传媒大学	2004 年	164 学分	3040 学时	15. 80%
中国人民大学	2012 年	151 学分	1567 学时	20%
西南交通大学	2003 年	155 学分	2480 学时	39%
北京交通大学	2005 年	157 学分	2876 学时	25. 96%
北京师范大学	1995 年	145 学分	2160 学时	18. 27%
复旦大学	2002 年	153 学分	2880 学时	19%
浙江大学	1993 年	167. 5 分	3688 学时	31. 60%
中山大学	2011 年	146 学分	2466 学时	15. 07%
华南理工大学	2003 年	157 学分	2363 学时	17. 83%
黑龙江大学	2005 年	154 学分	2484 学时	19%

5. 7. 2　数字时代传播学的专业定位特征

从现有培养方案中(见表 5-17)我们可以发现，数字时代中国传播学专业定位上具有以下特征：

第一，以“马新观”为指导，坚持党的教育方针，立德树人、为国育人是中国传播学专业的根本站位。党的教育方针强调教育的根本任务是立德树人，即培养德智体美全面发展的社会主义建设者和接班人。立德树人强调培养学生正确的价值观、道德观和人生观，使其具备良好的道德品质和社会责任感。为国育人则强调培养学生具备为国家和民族发展作出贡献的意识和能力，包括培养学生热爱祖国、维护国家利益和尊严的意识，培养他们具备创新精神、实践能力和国际视野，以适应社会发展的需要。

第二，传播学专业培养目标是高素质、复合型、创新型人才，强调理论与实践相结合。高素质指学生应具备扎实的传播学理论基础，具备批判思维、创新思维和解决问题能力，同时拥有全球视野、文化素养和社会责任感，以适应不断变化的传播环境。复合型人才强调学生需要具备多个领域的知识技能，包括传媒技术、内容创作、传播策略等。此外，传播学专业注重理论与实践相结合，学生除了学习传播理论和研究方法，还要参与实习、项目实践等活动，将所学知识应用于实际情境中，培养实践能力和职业素养。

第三，突出跨学科性质，传播学专业建设以数字媒体与技术为导向。传播学专业交叉融合了社会学、心理学、经济学、人类学、媒体研究等多个学科的理论和方法，它不仅关注传媒机构和媒介技术的角色，还关注社会、文化、政治等因素对传播学自身的影响。在全民媒介实践的大背景下，新闻传播学科需要认清深度媒介化的社会现实，特别是新闻业蜕变与新闻传播职业分化重组带来的新闻传播学科发展困境，当下尤其需要注重数字媒体和技术在传播领域的应用与影响，学生需要了解数字媒体的特点、传播平台的运营与管理，以及数字技术对传播方式和传播效果的改变，如社交媒体、移动通信、大数据分析等能力要求。

第四，传播学专业的就业方向丰富多样，新兴领域成为大势所趋，凸显了数据分析运用能力与跨媒体传播能力的重要性。传播学专业的就业涵盖媒体行业、公关和广告行业、政府与公共部门、数字媒体与互联网企业、社会和国际组织等，整体上新兴领域成为趋势，就业前景广阔。例如，西南交通大学的毕业生就业情况显示，大部分毕业生从事内容生产、数字新闻、整合营销等传播相关领域工作，就业领域从教育文化创意业向新媒体服务业扩展。近两年，毕业生在新媒体及信息领域就业的趋势明显，签约单位有百度、今日头条、网易等新媒体公司，有南方周末、中青报、新京报等融媒体平台，还有不少学生在光线传媒、二更等信息企业，以及阿里、美的等企业任职，从事内容生产的工作，体现了媒介环境嬗变下传播专业培养与时俱进的特点。数字时代，传播学自身越来越依赖数据和科学高效的分析方法。学生需要具备数据分析和统计技能，能够运用数据工具和方法进行传播效果评估、用户行为分析等研究，以支持传播决策和策略制定。同时，需要具备在不同传播平台上进行跨媒体传播的能力，他们需要了解不同媒介的特点和使用规律，掌握多媒体内容制作与编辑技能，灵活应对不同传播环境和需求，并能够在不同平台上进行信息传播、舆情监测和网络营销等活动。

第五，跨文化传播与国际视野的培养，凸显传播学专业对整个社会的影响力。数字时代加速了全球化与跨文化交流，传播学专业的定位增加了对跨文化传播和国际视野的要求。学生需要了解不同文化背景下的传播差异、国际传播政策和规范，以及如何在全球范围内进行有效的传播策略与合作。同时，传播学专业在中国社会发展中发挥着重要作用，通过研究传播现象和传播策略，传播学专业为社会、政府、企业等提供传播咨询、战略规划和舆情分析等支持，促进了社会发展并改善了传播环境。

总之，这些特点使得传播学专业能够适应快速发展的数字传播环境，培养具备深厚的传播理论基础、广泛的传媒知识、熟练的研究方法、良好的批判思维和创新能力，以及数字化传播能力的传播专业人才。

表 5-17　　**高校传播学培养方案的专业定位具体内容**

学校	专业定位	人才定位	能力定位
上海交通大学	全面贯彻党的教育方针，坚持立德树人，通过文理交叉、国际化和产学研措施，培养具有全媒体、智能传播专业知识和综合能力的高素质、复合型、创新型人才，使同学们具有“讲好中国故事”全面的综合素质和各种业务能力	高素质 复合型 创新型	综合素质
中国传媒大学	传播学专业定位为坚持党的教育方针，坚持服务国家发展大局，紧跟媒介发展需要，在学校的整体战略发展思路中，培养适应于新媒体环境的高级信息传播人才	高级信息传播人才	信息传播
中国人民大学	以“马新观”为指导，顺应并在传播学科引领“新文科”建设，整合学校优质人文社科资源，坚持立德树人本位，培养新时代国家和社会急需的卓越传播人才。在人才培养上，为党政部门、主流媒体、大型企业、社会和国际组织，培养新时代政治、社会、商业、文化等领域的领英型传播人才。人才特征为：有理想、德性、美感、领导力、行动力、卓越专业传播能力	卓越 领英型	卓越专业传播能力

续表

学校	专业定位	人才定位	能力定位
西南交通大学	以理工科为背景的融合型卓越传播学专业。以马克思主义新闻观为指导，紧扣媒介变迁和社会需求，借助学校轨道交通、信息技术、大数据分析等学科资源，建成技术与人文融会、多种媒介形态融合、信息传播全流程融通的国内卓越传播学专业，立足西南，面向全国，培养厚基础、融媒体、专术业的传播学人才	融合型卓越	融媒体
北京交通大学	依托北交大在信息技术领域的领先优势和学院多语种资源，建设国家一流的学科交叉型传播学专业。重点培养具备计算思维与技能、数据挖掘与分析及全媒体生产与运营能力的卓越人才，以胜任融媒体工作；同时培养具有扎实外语能力、宽广国际视野及坚定中国立场的卓越人才，以胜任国际传播工作	国际视野、外语能力、卓越	计算思维、数据挖掘分析、全媒体生产运营、外语
北京师范大学	培养服务国家发展需求的新媒体综合型人才。立足新媒体前沿，发展新兴学科、交叉学科和前沿学科，培养有宽厚人文社会科学和自然科学基础，掌握传播学专业基本理论和技能，具有较强的国际视野、创新精神和高度社会责任感的精英人才	综合型、精英	新媒体
复旦大学	在“公共传播”专业定位下，以国际化的师资和理论驱动的教学和科研，培养具有较高传播理论水平、方法论素养、数据处理能力、判断和决策能力、传播能力(口语、文字和多媒体)、跨文化沟通能力、社会责任感、自主学习能力和团队协作意识的，服务于国家、地方和国际组织的高端传播人才	公共传播、高端	数据处理、判断角色、跨文化沟通、自主学习
浙江大学	本专业响应教育部“卓越新闻传播人才教育培养计划2.0的意见”，全面落实立德树人要求，发挥综合性大学的平台优势，探索通识教育、传播学专业教育和特色模块教学“三位一体”的模式，致力于建设国内领先一流、世界一流领先的传播学专业，培养德智体美劳全面发展、具有全球竞争力的高素质新闻传播创新人才和领导者	高素质、领导者	全球竞争力、创新

续表

学校	专业定位	人才定位	能力定位
中山大学	以公共传播为内涵，以“人文新媒体、融创传播学”为定位。以马克思主义新闻传播观为指导，立足粤港澳大湾区，放眼全国，致力于建设特色鲜明、国内一流的传播学专业。符合中山大学“德才兼备、领袖气质、家国情怀”十二字方针，培养融合创新型优秀传播人才	公共传播能力、融合创新型	融合创新
华南理工大学	秉承“跨学科、跨媒体交叉融合”的理念，以数字内容生产与传播为主体，以计算传播和融媒体视听为核心，培养具有家国情怀、国际视野的复合型一流专业人才，建设特色鲜明、国内有影响力的传播学专业	家国情怀、国际视野、复合型	数字内容生产、计算传播、融媒体视听、国际视野
黑龙江大学	基于移动互联时代媒介融合现实，服务国家媒体融合战略，面向互联网新闻与信息传播及“互联网+”领域，定位于区域新媒体人才培养和融合传播创新研究。致力于培养符合网络新媒体时代公共传播与新闻舆论工作需要的全媒化复合型新媒体人才。毕业生能在各类媒体机构从事报道宣传、信息传播和新媒体运营等工作	新媒体、全媒化、复合型、新媒体	公共传播 融合创新

5.7.3 数字时代传播学专业发展的未来趋势

从四所代表性高校的培养方案中(见表5-18)，我们能够找到当前传播学专业发展与路径选择的一些特征，而这些有益探索是讨论专业未来趋势的基点。

表5-18　**代表性高校传播学专业未来发展建设的主要内容**

	上海交通大学	中国传媒大学	中国人民大学	复旦大学
培养方案设计	深化文理工学科交叉融合，全面加快智媒型人才培养。拓展智媒业务教学模块。建设智能传播实验平台	充分满足学生个体发展的需求和国家战略发展对信息传播人才的需要	组建“未来传播学堂”，实施“大数据与人工智能时代卓越传播人才培养模式创新计划”	全面推行“2+X”培养方案。在教学中将强化各科知识间的关联性，实现通识与专精之间的平衡，增强学生的获得感

续表

	上海交通大学	中国传媒大学	中国人民大学	复旦大学
师资建设	实施“引”“育”并举，组建强大专业教师队伍。建立本科双导师制。建立跨界协同育人模式，推动教师分类发展改革等	建设一支结构合理、优质高效的教学团队。同时，围绕学生培养目标和课程体系，大力引进相适应的高层次传播学教学与研究专业人才	优化队伍年龄、学科、学缘结构；传承和创造性转化学院的“养成文化”，培育人大学派；启动“学术大师养成计划”，启动“80～90 计划”培育青年学术拔尖人才；启动“海内外优秀师资储备人才培育计划”等	推动高端传播从业人才和年轻教师之间的相互流动。动态调整业界导师队伍。依托重点研究基地广泛开展教研交流。引进熟悉传播技术和前沿研究方法的教师，加强“中国传播研究”的国际化以及国际前沿传播理论和方法引介等
课程体系	建设马新观核心课程精品课。打造媒体新闻实务精品课。推进“互联网与新媒体实务”“电视摄影与编辑”等文理交叉课程建设	增加实践教学学时，通过开放办学的形式，充分利用校内外资源增加实践教学环节与学时。加大力度建设选修课程，以实现教学计划中“专业性+个性化”的人才培养理念	调适专业生态，构建以学生为中心，以“金课”和大课程体系为重点，将“核心与前沿特色课程创新行动计划”升级为“金课计划”，打造学生满意、引领学界的系列“金课”；根据“新文科”内涵重构传播史论、新媒体公共传播实务、方法与技术等课程体系等	清理冗余课程，增加了选修课和实践课程。大幅增加选修课和研讨课数量。推动本系课程的数字化和平台化，为本系、本院、本校乃至全社会提供精品课程等
实践/实验室教学	加强实验室的硬件建设，改善实践教学环境。建设智能传播实验室。加强实践教学优化管理	邀请高级管理人员和技术骨干为学生开设讲座和工作坊，举办传播学专业教学研讨会、组织学生前往现场观摩学习、小学期实践活动	完善实验、文献中心软硬件和服务体系	加强已有的认知传播学和计算传播学实验室建设，恢复“传播学系教研资料室”，收集各类经典文献，形成师生可以共同讨论的经典文本库

续表

	上海交通大学	中国传媒大学	中国人民大学	复旦大学
海外交流合作	探索国际化教学新举措，服务国家对外传播能力建设。拓展讲好中国故事育才路径。推动与斯坦福大学、南加州大学等深度合作，与ICA主办新媒体论坛，鼓励同学积极参与国际学术交流等	邀请美国、法国、英国、比利时等国家的高水平学者前来讲学或以工作坊等方式进行各种形式的国际交流活动	对标国际一流学科，形塑全球学术话语权，实施“新闻传播学科国际性提升计划”	鼓励和推荐本系学生到国外著名高校深造或到国际组织实习或就业，鼓励学生参加国际会议和发表国际论文，为中国未来的传播学和传播业储备国际人才。加强“中外融合课堂”建设等
凸显未来趋势课程	数码图文编辑与版式设计、互联网与新媒体发展案例研究	媒介融合、多媒体信息设计、人工智能与媒体融合、大数据与社会计算	未来传播学堂课程包（多媒体叙事、应用传播研究方法、程序设计实践、营销传播创意）、新媒体管理、编程语言基础、社会化传播、大数据与舆情分析、网络内容生产	网络新闻传播原理与应用、公共传播研究、说服与传播运动设计、政府公共关系

具体来说，第一，在培养方案的设计上，突出体现了学科知识交叉，满足学生多样化个性需求的特征，例如复旦大学“2+X”模式就特别强调实现不同学科知识的融汇，全流程、系统重塑，增强学生实在的获得感。第二，在师资建设方面，除了大力引进高层次人才外，还特别注重对青年教师的储备，培育年轻老师与国际学术前沿接轨，能够与国际学术圈形成对话。如中国人民大学就启动了“80～90计划”，重在培育青年学术拔尖人才，并已经取得了可喜的成果，众多青年才俊在国际舞台崭露头角。第三，在课程体系与内容方面，强调大力度打造精品课程，提升“新文科”概念内容在课程设计方面的实际运用。如上海交通大学建设的“马新观核心课程精品课”，始终将马新观作为贯穿其中的一条思想红线，在培养中与课程思政结合，实现了“T型”价值塑造目标。同时，在具体课程设计上，都突出体现数字媒体的特点与应用，出现了很多数字媒体与数

据运用相关的前沿课程。第四，在实践教学环节，注重建设适应数字化前沿媒体技术的实验室，同时突出学生实践创新能力的提升。第五，在海外交流合作方面，除了继续加大国际化教学外，还凸显了中国自身对国际传播的本位与立场，讲好中国故事，传播好中国声音。如中国传媒大学邀请美国、法国、英国、比利时等国家的高水平学者前来讲学或以工作坊等方式进行各种形式的国际交流活动。

传媒技术的发展对未来新闻传播人才培养的影响广泛，中国传播学专业也面临一系列新的挑战和机遇。显而易见的是，传播学专业将进一步与其他学科进行跨界融合，特别是与社会科学、计算机科学、人工智能、心理学等学科的合作将更加密切，以应对复杂的传播现象和社会问题。此外，传播学专业自身未来的发展趋势还包括以下几个方面：

第一，专业课程内容凸显对数字化、智能化等前沿科技的探讨，网络社区治理将成为传播学专业发展新方向。随着数字技术、智能应用的迅猛发展，传播学将更加关注新技术在传播领域的应用与创新，例如人工智能、虚拟现实和增强现实等技术为传播提供新的表达和体验方式，专业将进一步实现数字化转型，包括课程设置、教学方法、研究方法等的数字化升级，学生需要深入了解这些应用前景、新媒体平台、数据分析工具和人工智能技术，以应对数字时代的传播挑战。此外，网络社区将成为人们获取信息、互动和参与的重要场所，传播学专业需要及时关注网络社区与社交媒体的最新特点、社区治理机制，以及如何在这些网络社区间有效传播信息并建立互动关系，同时关注网络空间的治理机制和政策制定。

第二，专业研究中新媒体的研究内容不断拓宽，数据驱动的传播研究成为大势。随着新兴媒体的不断演进，新媒体研究的内容也相应改变，包括跨媒体、跨平台研究、用户体验研究、虚拟现实研究等新内容，并更加注重这些新媒体内容或形式对社会、政治和文化等各层面的影响。另外，大数据时代的到来将进一步推动以数据驱动为核心的传播学研究，传播学者将运用数据分析和数据挖掘技术，深入研究受众行为、信息传播路径和传播效果，特别是研究用户生成内容的动态、影响和传播机制，以及如何评估和管理这些内容对社会的影响，为决策提供更准确的依据。当然，这同时也要求学生掌握数据分析和数据可视化技能，运用大数据方法进行传播研究和舆情分析，并积极探索新媒体技术和应用，以创造更加个性化、参与性的传播体验。

第三，专业培养方案愈加凸显跨文化传播与国际视野，也愈加重视新媒体的伦理与责任、数据隐私及信息安全问题。随着中国在国际舞台上的影响力不断增强，传播学专业将越来越关注跨文化传播和国际视野，研究不同文化背景下的传播现象和跨文化交流的有效策略，促进中国与其他国家间的有效沟通与交流成为必须。另外，在网络虚假信息泛滥的背景下，传播学专业将更加重视新媒体伦理和社会责任，数字时代面临的数据隐私和信息安全挑战等问题，除了关注个人数据保护、信息安全和数字伦理等议题，还要探索如何在数字环境中平衡信息利用和隐私保护的关系。

总体而言，数字时代传播学专业的发展特征多表现为多样性、用户参与、数据驱动和跨越边界。传播学专业除了更加深入地拥抱数字技术外，专业的教育模式也应愈加深度转向为以创新实践为导向。各高校应充分认清这些趋势，更好地适应快速变化的传播环境和社会需求，培养具备全面素质和创新能力的传播专业人才。

（西安交通大学新闻与新媒体学院　杨琳、李唐波）

6. 评估、评奖与排行榜篇

6.1 学科评估与建设

2023年元旦前后，社交媒体热传着一份高校实力排行榜，这是关于第五轮学科评估的总体实力排名。虽然这是一个缺省的、非最终版的排名，但它还是激起了学者和公众的转发热情。2020年11月3日，教育部学位与研究生教育发展中心(简称学位中心)公布了《第五轮学科评估工作方案》，自此全国第五轮学科评估正式启动。经过学位中心一年半的紧张工作，2022年7月，第五轮学科评估工作基本结束，此后学位中心陆续将评估结果发送给参评单位。和前四轮学科评估结果“公开向社会发布”不同，第五轮学科评估结果只定向“向各参评高校发布”；每个高校只知道自己学科的评估等级，而不知道整个学科全国版图的具体情况。这种“抱琵遮面”的信息发布方式，极大地刺激了高校、媒体、学者和公众的好奇心，人们从各种渠道打探评估信息、拼接学科版图，期望能够借助多方数据还原学科评估的真实样貌。

从2002年启动第一轮学科评估开始，到2022年年底第五轮学科评估结果发布，学科评估已经走过了20年的时间。在这20年中，我国已经“建成世界上规模最大的教育体系”①，正在“加快建设中国特色、世界一流的大学和优势学科”②，高等教育在现代化、国际化方面取得了卓越的成就。新闻传播学曾被学界认为是“无学”的弱小学科，很多高校的新闻传播学均处于话语权偏弱的边缘位置，难以从学校获得充足的学科建设和发展的资源。然而，经过20年左右系统的学科建设，全国高校新闻传播学均获得了

---

① 习近平，王沪宁等．党的二十大报告学习辅导百问[M]．北京：党建读物出版社、学习出版社，2022：8.

② 习近平，王沪宁等．党的二十大报告学习辅导百问[M]．北京：党建读物出版社、学习出版社，2022：8.

长足发展，新闻传播学已经成为一个充满活力的学科，并逐渐获得了和其他学科平等对话的机会(见图6-1)。新闻传播学20年的学科发展，是教育制度引领和新传学者奋斗的协同作用的结果，而学科评估的方向引领和制度规范则起着核心作用。在这20年尤其是后10年中，学科评估指标成为新闻传播学发展的指挥棒，它一方面使新闻传播学科走上了科学化、系统化的发展道路，另一方面也促进了新闻传播学“学科塔”的形成。

2022年第五轮学科评估各学科大类总体实力排名（第二版）【目前非最终版】

排名	国家定位	区位	校名	各校参评学科总数	A+数量	A数量	A-数量	A+及A合计数	A类合计数	A+分值合计	A分值合计	A-分值合计	A类总分	优秀率(即A类比例)	顶尖率(即A+比例)
			参评数量							赋值					
			权重												
			权重	100%						10.00	8.00	6.00			
1	1A/985	京	北京大学	50	31	6	6	37	43	310	48	36	394.0	86.0%	62.0%
2	1A/985	京	清华大学	62	22	15	6	37	43	220	120	36	376.0	69.4%	35.5%
3	1A/985	东	浙江大学	62	19	11	16	30	46	190	88	96	374.0	74.2%	30.6%
4	1A/985	沪	复旦大学	43	12	11	9	23	32	120	88	54	262.0	74.4%	27.9%
5	1A/985	沪	上海交通大学	58	11	11	10	22	32	110	88	60	258.0	55.2%	19.0%
6	1A/985	东	南京大学	46	12	8	8	20	28	120	64	48	232.0	60.9%	26.1%
7	1A/985	中	武汉大学	59	6	9	11	15	26	60	72	66	198.0	44.1%	10.2%
8	1A/985	京	中国人民大学	36	13	4	4	17	21	130	32	24	186.0	58.3%	36.1%
9	1A/985	东	中山大学	63	3	10	11	13	24	30	80	66	176.0	38.1%	4.8%
10	1A/985	东	中国科学技术大学	40	9	6	5	15	20	90	48	30	168.0	50.0%	22.5%
11	1A/985	中	华中科技大学	48	5	6	11	11	22	50	48	66	164.0	45.8%	10.4%
12	1A/985	中	哈尔滨工业大学	42	5	8	8	13	21	50	64	48	162.0	50.0%	11.9%
13	1A/985	西	四川大学	58	4	9	8	13	21	40	72	48	160.0	36.2%	6.9%
14	1A/985	京	北京师范大学	38	7	6	7	13	20	70	48	42	160.0	52.6%	18.4%
15	1A/985	沪	同济大学	44	4	8	9	12	21	40	64	54	158.0	47.7%	9.1%
16	1A/985	东	东南大学	49	5	5	9	10	19	50	40	54	144.0	38.8%	10.2%
17	1A/985	东	天津大学	43	2	6	12	8	20	20	48	72	140.0	46.5%	4.7%
18	1A/985	西	西安交通大学	41	5	5	8	10	18	50	40	48	138.0	43.9%	12.2%
19	1A/985	京	北京航空航天大学	39	7	4	6	11	17	70	32	36	138.0	43.6%	17.9%
20	1A/985	沪	华东师范大学	35	4	7	6	11	17	40	56	36	132.0	48.6%	11.4%

图6-1　2023年元旦前后社交媒体热传的第五轮学科评估排名(部分)

6.1.1　五轮评估的时间跨度与新闻传播学的参评情况

学科评估是学位中心对全国具有博士或硕士学位点的一级学科开展的整体性水平评估。“教育部学位与研究生教育发展中心”是教育部所属的、具有独立法人资质的事业单位。学位中心虽然不属于教育部行政管理序列，但它的单位名称中含有的“教育部”前缀，使公众感觉它具有独特的官方背景和一定的管理色彩。我国公立高校都是国有的事业单位，高校学科建设资金主要来自政府投资，所以“学科评估结果实际上就是公共项目实施绩效的一种周期性评价”①。

6.1.1.1　五轮学科评估的周期与全国高校的参评表现

2002年学位中心启动了首轮学科评估，截至2022年7月，第五轮学科评估工作结

① 詹宝海，王卓．第五轮学科评估视域下我国新闻传播学生产力分布格局检视[J]．未来传播，2020(2)：87.

束，学科评估共经历了五轮、20年的探索过程。这二十年是我国高校学科建设的黄金20年，也是我国学科建设进入国际化的20年。第一轮、第二轮学科评估基本上处于探索阶段，高校参评热情不高、参评学科有限；第三轮学科评估渐入佳境，全国高校开始明显重视学科评估；到第四、第五轮时学科评估已经备受关注，学科评估成为高校资源配置的重要指标(见表6-1)。

表6-1　　**五轮学科评估的开始时间与高校参评的基本数据**

轮次 类别	评估开始时间	参评单位	参评学科数	涉及一级学科数
第一轮学科评估	2002—2004 (具体时间不详，分3批进行)	229	1366	80
第二轮学科评估	2006—2008 (2006年5月24日启动， 分2批进行)	331	2369	81
第三轮学科评估	2012(2011年12月23日 发出评估邀请函)	391	4235	95
第四轮学科评估	2016(4月22日 发出评估邀请函)	513	7449	95
第五轮学科评估	2020(11月10日 发出评估邀请函)	尚无公开数据	尚无公开数据	尚无公开数据

首轮学科评估从2002年一直持续到2004年，共分三批对全国高校的学科进行了评估。因为首轮评估已经过去了近20年，目前难以搜索到评估启动的具体时间。因为首轮学科评估还处于探索阶段，所以全国参评的高校并不多，评估结果的比较价值也相对有限。2006年5月24日学位中心启动了第二轮学科评估，并在2006—2008年分2批对81个一级学科进行了评估。自第三轮学科评估开始，学位中心均向参评高校发出评估邀请函，邀请函可被看成学科评估启动的时间信号。2020年11月3日，教育部官网发布《第五轮学科评估工作方案》，预告第五轮学科评估准备启动。11月4日，教育部官网转载《中国教育报》文章“教育部将启动第五轮学科评估工作”。11月10日，学位中心向参评单位发出邀请函，学科评估开始正式启动。在教育部官网检索“第五轮学科评估”关键词，得到的只有11月4日之前的相关信息，11月4日之后没有关于“第五轮学科评估”的消息。因为第五轮学科评估结果没有向社会公布，目前参评单位、参评学科

数、涉及一级学科数等还难以找到权威的数据(见图 6-2)。

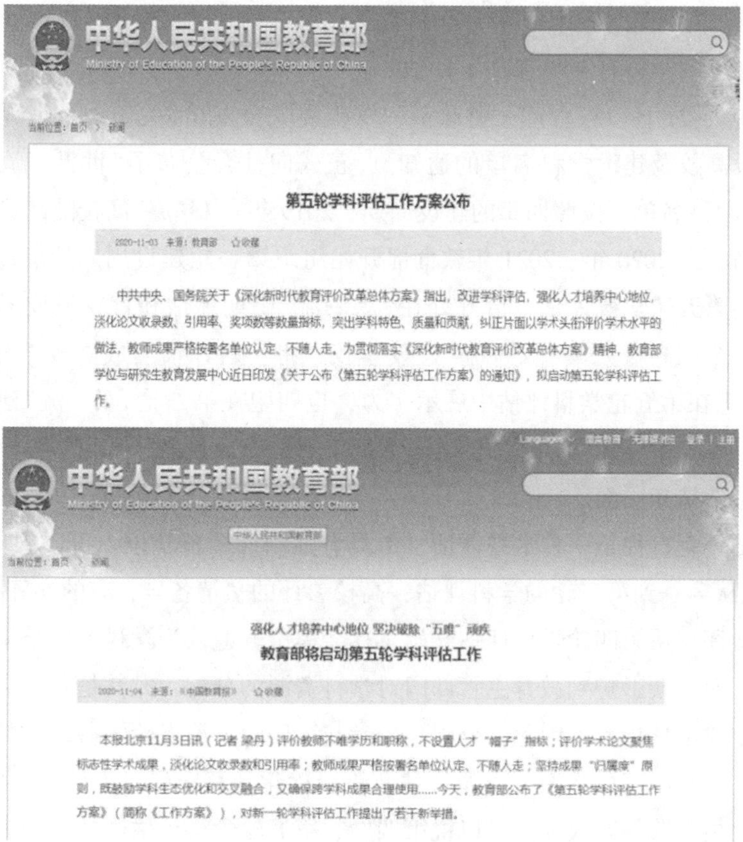
中华人民共和国教育部

Ministry of Education of the People's Republic of China

当前位置：首页 > 新闻

第五轮学科评估工作方案公布

2020-11-03 来源：教育部 ☆收藏

中共中央、国务院关于《深化新时代教育评价改革总体方案》指出，改进学科评估，强化人才培养中心地位，淡化论文收录数、引用率、奖项数等数量指标，突出学科特色、质量和贡献，纠正片面以学术头衔评价学术水平的做法，教师成果严格按署名单位认定、不随人走。为贯彻落实《深化新时代教育评价改革总体方案》精神，教育部学位与研究生教育发展中心近日印发《关于公布〈第五轮学科评估工作方案〉的通知》，拟启动第五轮学科评估工作。

中华人民共和国教育部

Ministry of Education of the People's Republic of China

当前位置：首页 > 新闻

强化人才培养中心地位 坚决破除"五唯"顽疾

教育部将启动第五轮学科评估工作

2020-11-04 来源：《中国教育报》 ☆收藏

本报北京11月3日讯（记者 梁丹）评价教师不唯学历和职称，不设置人才"帽子"指标；评价学术论文聚焦标志性学术成果，淡化论文收录数和引用率；教师成果严格按署名单位认定、不随人走；坚持成果"归属度"原则，既鼓励学科生态优化和交叉融合，又确保跨学科成果合理使用……今天，教育部公布了《第五轮学科评估工作方案》（简称《工作方案》），对新一轮学科评估工作提出了若干新举措。

图 6-2　教育部官网对启动第五轮学科评估进行的预热

从第三轮开始，学科评估逐渐在学科建设中发挥出影响力，评估结果逐渐成为教育资源分配的重要指标。参与第三轮学科评估的学科数比第二轮增长了 79%，"除 2 所'211 高校'外，其他'211 高校'、'985 高校'均参加了评估。全国高校的国家重点学科参评率为 93%，博士一级授权学科的参评率为 80%。"①2015 年 8 月 18 日，中共中央全面深化改革领导小组会议审议通过《统筹推进世界一流大学和一流学科建设总体方案》；10 月 24 日，国务院印发了《统筹推进世界一流大学和一流学科建设总体方案》。在党中央、国务院的领导和推动下，"建设世界一流大学和一流学科"正在成为新时代高等教

① 2012 年学科评估结果公布[EB/OL].[2023-1-13]. http://www.moe.gov.cn/jyb_xwfb/s5147/201301/t20130130_147338.html.

育发展的核心目标。2016 年 4 月开始的第四轮学科评估恰逢“双一流”建设启动之时，因此全国高校普遍重视第四轮学科评估，担心评估结果会影响到自己在“双一流”建设中位置。因此，第四轮学科评估参评学科数又在第三轮基础上增加了 76%，全国高校拥有博士学位授权的学科有 94%参加了评估。

2017 年 9 月 21 日，教育部、财政部、发改委联合发出《关于公布世界一流大学和一流学科建设高校及建设学科名单的通知》，正式向社会公布了“世界一流大学和一流学科建设”的学科名单。按照四年的建设周期，2019 年“双一流”高校陆续进行了建设中期的自我评估，到 2020 年、2021 年教育部开始组织第一轮建设周期的绩效评价。2020 年年底开始的第五轮学科评估，恰好处在“双一流”中期评估和首轮建设考核的时间区间内，因此，全国高校尤其“双一流”建设学校，将学科评估当成高校工作的“重中之重”，大家都想在第五轮学科评估中展示实力，也期望在第二轮“双一流”建设学科遴选中获得机会。鉴于第五轮学科评估的官方数据没有公布，目前第五轮学科评估的相关情况还停留在感性认知层面。

学科评估一直宣称是一种水平评估、不具有强制性，各学位点可以根据情况“自愿参评”，因此从第一到第三轮的学科评估，高校参评的热情各异，有的参评积极性很高、有的却懒得参评。从第四轮学科评估开始，社会舆论普遍认为学科评估结果不仅影响到学校的声誉，而且会影响到教育主管部门对学科资源的分配，尤其是它还会成为双一流建设成效的重要考核指标。因此，全国高校参与第四轮、第五轮学科评估的积极性、主动性不断提高，每个高校都充分揣摩评估政策、优化学科布局，力保各校的优势学科、特色学科在评估中获得好成绩。可以说第四轮、第五轮学科评估牵动了全国高等教育的神经，各地高校对评估投入了大量的人力、物力和财力，它们在内部学科整合、评估材料填报、评估结果研判等方面，花掉了巨大的时间成本和社会资源。当申报阶段结束后高校的热情依然不退，每个高校都热衷打探评估进程，期待评估结果早日揭晓。因为学科评估的影响力不同，所以每一轮学科评估结果的发布方式也略有差别(见表 6-2)。

表 6-2　**学科评估结果的发布时间与发布形式**

学科评估轮次	评估结果发布时间	评估结果发布形式
第一轮	2004 年发布	学位中心通过文件的形式向全国高校发布
第二轮	2009 年发布	学位中心通过文件的形式向全国高校发布
第三轮	2013 年 1 月 29 日	1 月 29 日，2013 年度教育部首场新闻发布会召开，学位中心在此次发布会上公布了第三轮学科评估的结果

续表

学科评估轮次	评估结果发布时间	评估结果发布形式
第四轮	2017 年 12 月 28 日	当天学位中心公布了学科评估结果，中心负责人就评估有关情况以书面形式回答了记者提问
第五轮	2022 年 7~12 月	定向“私信”给每个参评单位，不向社会公布学科评估的结果

第五轮学科评估不向社会公布，引来了社会舆论的各种猜测。有舆论认为，不公开评估结果“从某种程度上会起到‘淡化比较’和‘降低影响’的作用。这一点，与第二轮双一流淡化‘双’的概念，只评选一流学科，放弃一流高校的表达有异曲同工之处。”①也有学者认为“第五轮学科评估结果的不公开，彻底阻断了参评高校互较学科排名的可能性，也使本轮学科评估略显神秘”。② 学科评估不向社会公布，使其“服务社会”的功能被遮蔽，评估结果变成评估机构、参评单位和主管部门内部使用的信息。学位中心不公布评估结果，也可能是在缓解社会舆论的压力，弱化评估对高校学科建设的干预，也许是为下一步学科评估思路寻找自洽的逻辑。

6.1.1.2 新闻传播学参与五轮学科评估的基本情况

新闻传播学原本是个小学科，学科在所在学校的地位普遍不高。在学科评估持续的20 年里，评估指标激发出内部动力和外部压力，内外力量共同作用使新闻传播学的学科建设获得了长足的发展。在外部，改革开放、社会变迁、市场经济、教育国际化等因素，给新闻传播学提供了越来越丰厚的学科资源；在内部，互联网的出现、社交媒体的繁荣、学科边界的拓展、舆情研究的兴盛等，逐渐使新闻传播学的弱势地位有所改变。学科评估的方向引导、内外动力的综合作用，终于使新闻传播学成为国家重点发展的社会科学之一。随着学科实力的不断提升，各校新闻传播学科参与评估的激情也不断增加，表现在五轮学科评估中就是参评单位的数量不断增加。

从图 6-3 可以看出，随着学科评估工作的不断推进，高校建设新闻传播学科的热情也在提高，每轮评估“参评单位数”持续增加。第一轮评估时(2002)，全国有 4 家一级

---

① 第五轮学科评估结果，为何不向社会公开？[EB/OL].[2023-2-13]. https://www.163.com/dy/article/HQQTL02H0536QDVA.html.

② 王健. 法学学科评估：从第一轮到第五轮[EB/OL].[2023-2-13]. https://www.163.com/dy/article/HTFN6N7V0530W1MT.html.

学科博士点(中国人民大学、复旦大学、武汉大学和中国传媒大学)，参评的一级学科博士点有2个(中国人民大学、复旦大学)；二级学科博士点有3家(中国社会科学院、华中科技大学和清华大学)，参评的二级学科有2家；另有5个硕士学位授权点参与了首轮学科评估。第二轮评估时(2006)，全国6个一级学科博士点全部参评；全国8个二级学科博士点有5个参评；另有20家硕士学位授权点参与了第二轮评估。第三轮评估时(2012)，全国具有博士授权资格的18家单位(15个一级点，3个二级点)有15家参评，山东大学一级博士点未参评，中国社会科学院、南京政治学院两个二级博士点未参评；另有22家硕士学位授权单位参评。第四轮评估(2016)时，全国17个博士授权单位全部参评，博士授权学科参评率为100%，另有65家硕士授权学科参评。以下是各轮学科评估中新闻传播学参评单位的具体名单。

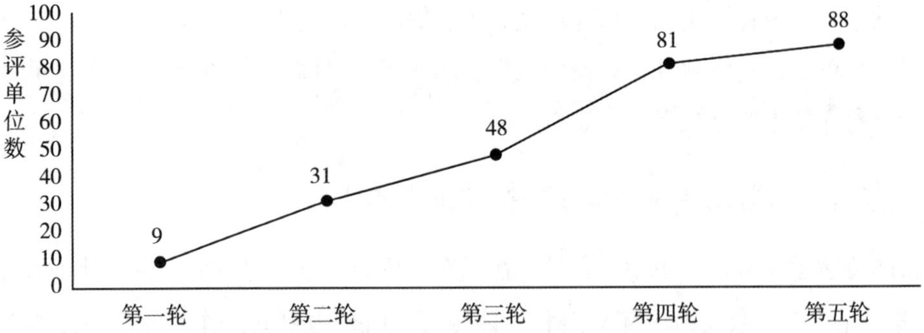

图6-3 新闻传播学在五轮学科评估中的参评表现

表6-3 **五轮学科评估中新闻传播学参评单位的具体名单**

评估轮次	参与新闻传播学评估的高校
第一轮学科评估	中国人民大学、复旦大学、清华大学、华中科技大学、厦门大学、暨南大学、四川大学、北京印刷学院、广西大学
第二轮学科评估	中国人民大学、中国传媒大学、复旦大学、清华大学、武汉大学、浙江大学、北京大学、南京大学、华中科技大学、厦门大学、上海理工大学、暨南大学、上海交通大学、四川大学、天津师范大学、华东师范大学、湖南大学、中国政法大学、苏州大学、郑州大学、武汉理工大学、西南政法大学、同济大学、中国地质大学、广西大学、重庆大学、云南师范大学、陕西师范大学、兰州大学、辽宁大学、东北师范大学

续表

评估轮次	参与新闻传播学评估的高校
第三轮学科评估	中国人民大学、中国传媒大学、复旦大学、武汉大学、清华大学、华中科技大学、四川大学、北京大学、暨南大学、上海交通大学、上海大学、浙江大学、华东师范大学、南京大学、厦门大学、河北大学、南京师范大学、湖南大学、北京印刷学院、安徽大学、河南大学、陕西师范大学、上海理工大学、郑州大学、西南政法大学、西北大学、上海师范大学、上海外国语大学、兰州大学、北京外国语大学、中国政法大学、天津师范大学、中南财经政法大学、重庆大学、西南大学、中国农业大学、中央民族大学、内蒙古大学、辽宁大学、东北师范大学、上海财经大学、河海大学、浙江工业大学、中国地质大学、成都理工大学、云南师范大学、重庆工商大学、渤海大学
第四轮学科评估	中国人民大学、中国传媒大学、复旦大学、华中科技大学、清华大学、上海交通大学、武汉大学、暨南大学、北京大学、华东师范大学、上海大学、南京大学、南京师范大学、浙江大学、厦门大学、四川大学、河北大学、安徽大学、郑州大学、湖南大学、湖南师范大学、中山大学、深圳大学、陕西师范大学、上海外国语大学、苏州大学、南昌大学、山东大学、河南大学、华南理工大学、兰州大学、国防大学、北京印刷学院、北京师范大学、北京外国语大学、天津师范大学、辽宁大学、重庆大学、西南政法大学、西北大学、中央民族大学、中国政法大学、吉林大学、同济大学、上海理工大学、汕头大学、广西大学、西安交通大学、北京工商大学、南开大学、上海师范大学、安徽师范大学、华中师范大学、西南大学、云南大学、新疆大学 北京交通大学、山西大学、内蒙古大学、渤海大学、东北师范大学、黑龙江大学、上海财经大学、河海大学、浙江工业大学、福建师范大学、江西师范大学、江西财经大学、山东师范大学、中国地质大学、湖北大学、中南财经政法大学、中南民族大学、湘潭大学、广西艺术学院、西南交通大学、成都理工大学、西北政法大学、广州大学、重庆工商大学、河北经贸大学
第五轮评估	尚未公布

当前，“双一流”建设是我国高等教育发展的主体工程。2015 年 10 月 24 日发布的《统筹推进世界一流大学和一流学科建设总体方案》，将“211 工程”“985 工程”及“优势学科创新平台”等重点建设项目，统一纳入世界一流大学和一流学科建设当中。2019 年 11 月 28 日，教育部官网回复社会咨询：“现已将‘211 工程’和‘985 工程’等重点建设项目统筹为‘双一流’建设。”首轮学科评估开始于 2002 年，当时高校建设主要有“985 工

程”和“211 工程”。2015 年开始的“双一流”工程，目前还在建设过程中，建设的成果还需要时间去检验。同时，目前社会上还比较认同“985 高校”、“211 高校”，对“双一流”的提法仍处在了解和接受阶段。因此，下面仍然从“985 高校”“211 高校”“一般高校”三种类别，来对新闻传播学的参评情况进行具体分析(见图 6-4)。

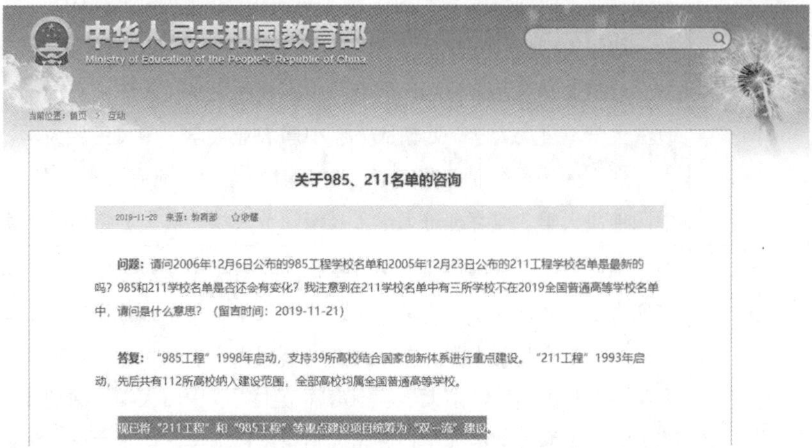
中华人民共和国教育部
Ministry of Education of the People's Republic of China
当前位置：首页 > 互动

关于985、211名单的咨询

2019-11-28 来源：教育部 收藏

问题：请问2006年12月6日公布的985工程学校名单和2005年12月23日公布的211工程学校名单是最新的吗？985和211学校名单是否还会有变化？我注意到在211学校名单中有三所学校不在2019全国普通高等学校名单中，请问是什么意思？（留言时间：2019-11-21）

答复：“985工程”1998年启动，支持39所高校结合国家创新体系进行重点建设。“211工程”1993年启动，先后共有112所高校纳入建设范围，全部高校均属全国普通高等学校。

现已将“211工程”和“985工程”等重点建设项目统筹为“双一流”建设。

图 6-4 教育部官网对“985、211”名单咨询的答复

因为学校的层次不同其获取的政府资源、社会资源也不同，所以不同层次的高校其学科发展水平也必然有差距。这种差距表现在学科评估方面，就是不同类别的高校参与学科评估的热情也不同。从新闻传播学学科点布局来看，博士点、硕士点首先从“985 高校”“211 高校”开始，因此从参与学科评估的热情来看，“985 高校”“211 高校”参与的热情相对较高。在第一轮、第二轮学科评估中，“985 高校”一直起到了示范和引领的作用；“211 高校”参评的热情比“985 高校”要低，但比一般高校的参评热情要高。到了第三轮学科评估时，211 高校参与学科评估的数量增加，成为学科评估中数量最多的高校类别。到第四轮学科评估时，学科评估的影响力已经形成，全国各类高校参评热情更高，一般高校因此成为参评数量最多的高校类别。到了第五轮学科评估时，“985、211”高校基本上参与了学科评估，因为“捆绑参评”的原则也使更多普通高校参评。图 6-5 是第一至第四轮评估中不同类别高校的参评情况。

6.1.2 五轮评估的指标变化与“人才培养”地位的凸显

学科评估是对高校学科建设进行的周期性、系统性的“体检和诊断”，目的是帮助高校查找学科建设的短板和不足。因此，学科评估的指标体系是否科学、是否全面，将

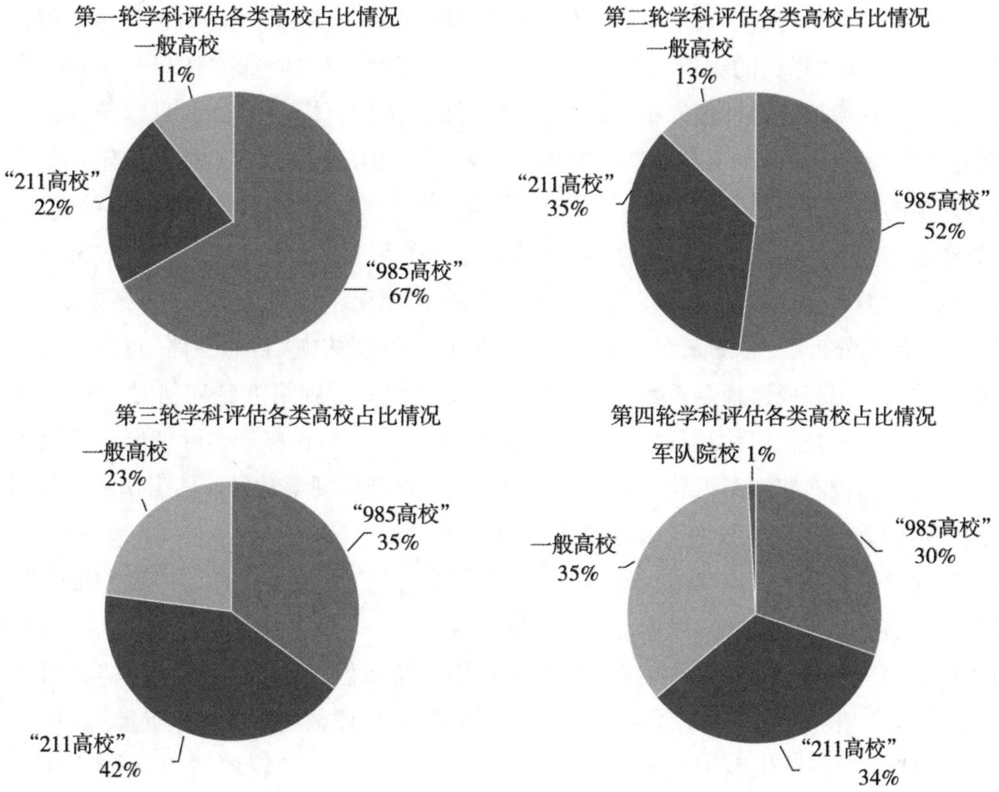

图 6-5　轮学科评估各类高校新闻传播学科的参评情况

直接关系到"体检和诊断"的准确性和有效性。经过五轮 20 年的学科评估实践，学位中心对学科评估指标进行持续调整、充实和完善，最终形成了第五轮学科评估以"人才培养为中心"的指标体系。

6.1.2.1　五轮学科评估的基本原则和一级指标的变化

在每次学科评估之前，教育部学位中心都要向评估单位发出邀请函，阐述学科评估的性质和目的，动员相关单位参评。评估邀请函一般会对评估的基本思路和评估的基本原则进行介绍。第一轮、第二轮学科评估的相关材料难以获得。第三轮学科评估的基本思路是"提高质量、优化结构、鼓励特色、协同创新"，评估的基本原则是"科学客观、严谨规范、公开透明"，评估的主要目的是"服务大局、服务高校、服务社会、服务国际"。第四轮评估邀请函中的基本原则，是在第三轮的基础上增加了"自愿参评"，评估目的和第三轮评估一致。第五轮学科评估邀请函比较简单，它不再具体阐述学科评估的意义和原则，而是直截了当地布置评估工作。相对于第三、第四轮学科评估邀请函，第五轮评估邀请函“邀请的味道”淡了一些，布置评估的“工作的意味”浓厚了不少。第五轮学科评估在邀请函之外还发布了《〈第五轮学科评估指标体系框架〉说明》《第五轮学科评估工作方案》，这两个文件对学科评估的主要原则和功能进行了具体的规定：第五轮学科评估的根本标准是“立德树人成效”，价值导向是“质量、成效、特色、贡献”，基本方法是“定量与定性评价相结合”；评估的基本原则是“聚焦立德树人、突出诊断功能、强化分类评价、彰显中国特色”，在评估的 10 个程序中第 1 个是“自愿申请”、第 10 个是“诊断分析”。总的来看，第一轮至第四轮学科评估中“自愿参评”得到一定程度体现，这给全国高校选择是否参与评估预留了一些空间。到第五轮评估时“自愿参评”的意味淡化，只是在评估程序中将“自愿申请”作为第一个程序。实际情况也证明了这一点，各个高校在获知第五轮评估将要启动之前，就开始绷紧学科评估工作的神经，将“学科评估”作为每个学校的头等大事来抓。

五轮学科评估指标体系中一级指标基本是稳定的，但一级指标的内涵和位置却不断调整。首先，不断强化对“人才培养”的重视。第一、二轮评估中“人才培养”排在第三位；第三轮评估中“人才培养”依然排在第三位，但突出了“培养质量”；第四轮评估中“人才培养质量”排到了第二位；到第五轮学科评估“人才培养质量”跃居到首位。其次，“师资队伍”的位置和内涵出现变化。在第一、二轮评估中“学术队伍”居于首位，高校教师被等同于“科研工作者”，教书育人工作没有得到体现；第三、四轮评估中“学术队伍”变成了“师资队伍与资源”，高校的教学功能和教学资源得到了体现；到第五轮学科评估时“师资队伍与资源”则退到了第二位。再次，对“人的中心地位”的理解更加全面。高校是进行教书育人和科学研究的地方，“人”毫无疑问在高校处于“中心地位”。第一轮到第三轮学科评估对“人的中心地位”的理解是片面的，它单纯把专家团队、专职教师放在“中心”，有意无意地将“学生”放到了边缘位置。第四轮学科评估将教师和学生放在了前两位，但教师的地位仍然高于学生的地位。第五轮学科评估对“人”的认识更加深刻，它将“人才培养”置于评估的“中心地位”，使学生和教师成为高校教学科研的灵魂。第四，对“科学研究”“学术声誉”有了更加理性、全面的认识。第一轮至第三轮评估中“科学研究”排在了“人才培养”之前，第四、五轮评估中“科学研究”退到第三位，而且更加强调科学研究的“水平”；在“学科声誉”方面，第四、五轮评估增加了“社会服务”，从而使评估囊括了高等教育的三大功能，即教学、科研和为社会服务。

表 6-4　　五轮学科评估中一级指标的内涵变化

评估轮次	一级指标内涵			
第一轮评估	学术队伍	科学研究	人才培养	学术声誉
第二轮评估	学术队伍	科学研究	人才培养	学术声誉
第三轮评估	师资队伍与资源	科学研究	人才培养质量	学科声誉
第四轮评估	师资队伍与资源	人才培养质量	科学研究水平	社会服务与学科声誉
第五轮评估	人才培养质量	师资队伍与资源	科学研究水平	社会服务与学科声誉

6.1.2.2　第五轮学科评估的指标体系及其内涵演变

2016 年，习近平在全国思想政治工作会议上强调："高校立身之本在于立德树人。只有培养出一流人才的高校，才能够成为世界一流大学。办好我国高校，办出世界一流大学，必须牢牢抓住全面提高人才培养能力这个核心点，并以此带动高校其他工作。"① 2017 年党的十九大报告又提出了我国高等教育的奋斗目标："加快一流大学和一流学科建设，实现高等教育内涵式发展。"②随着"双一流工程"进入我国高等教育视野，具有一定官方背景的学科评估很快受到高校的重视。第五轮学科评估恰好处在首轮"双一流"建设的关键时期，因此全国高校高度重视第五轮学科评估，更多学科则想通过学科评估获得某种机会，即挤进第二轮"双一流"学科建设的名单。"双一流"激发的高校学科建设热情，再加上管理部门对学科评估的赋权与结果使用、社会大众对高等教育的期待与鞭策、国内外各类大学排行榜的激烈竞争等多元因素作用，使得第五轮学科评估的指标体系成为备受关注的舆情热点(见图 6-6)。

经过前四轮学科评估的实践，学位中心已经积累了丰富的评估经验，能够对评估指标进行持续的修改和完善，最终形成了更加成熟、更加系统的第五轮学科评估指标体系。第三轮学科评估有 4 个一级指标、17 个二级指标，没有三级指标；第四轮学科评估有 4 个一级指标、10 个二级指标、17 个三级指标；第五轮学科评估有 4 个一级指标、12 个二级指标和 25 个三级指标(具体如表 6-5 所示)。与之前评估的指标体系相比，第五轮学科评估的指标体系更加全面、系统和科学；第五轮指标体系延续了前四轮评估的

① 习近平．论党的宣传思想工作[M]．北京：中央文献出版社，2020：276.
② 中国共产党第十九次全国代表大会文件汇编[M]．北京：人民出版社，2017：276.

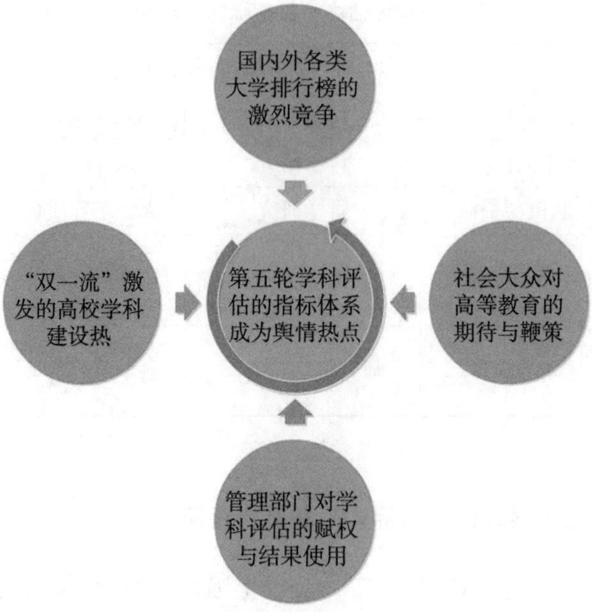

图 6-6　第五轮学科评估指标体系成为舆情热点

一级指标，但在一级指标的内涵上进行了创新与突破。“指标涵盖了人才培养、科学研究、社会服务、文化传承创新、国际交流合作等大学的核心职能”①，既体现了学科评估的复杂性、艰巨性，也体现出学科评估的包容性、创新性。指标体系将“中国特色”和“世界水平”相融合，期望通过评估“凝聚最大共识，以评促建、以评促升，推动我国学科建设整体水平和研究生培养质量不断提升。”②

表 6-5　**第五轮学科指标体系框架**

一级指标	二级指标	三级指标
A. 人才培养质量	A1. 思政教育	S1. 思想政治教育特色与成效
	A2. 培养过程	S2. 出版教材质量
		S3. 课程建设与教学质量
		S4. 科研育人成效
		S5. 学生国际交流情况

① 刘虹．第五轮学科评指标体系变化刍议[J]．黑龙江高教研究，2022(6)：86.
② 晋浩天．破“五唯”，第五轮学科评估的突破口[N]．光明日报，2020-11-4(6).

续表

一级指标	二级指标	三级指标
A. 人才培养质量	A3. 在校生	S6. 在校生代表性成果
		S7. 学位论文质量
	A4. 毕业生	S8. 学生就业与职业发展质量
		S9. 用人单位评价(部分学科)
B. 师资队伍与资源	B1. 师资队伍	S10. 师德师风建设成效
		S11. 师资队伍建设质量
	B2. 平台资源	S12. 支撑平台和重大仪器情况(部分学科)
C. 科学研究(与艺术/设计实践)水平	C1. 科研成果(与转化)	S13. 学术论文质量
		S14. 学术著作质量(部分学科)
		S15. 专利转化情况(部分学科)
		S16. 新品种研发与转化情况(部分学科)
		S17. 新药研发情况(部分学科)
	C2. 科研项目与获奖	S18. 科研项目情况
		S19. 科研获奖情况
	C3. 艺术实践成果	S20. 艺术实践成果(部分学科)
	C4. 艺术/设计实践项目与获奖	S21. 艺术/设计实践项目(部分学科)
		S22. 艺术/设计实践获奖(部分学科)
D. 社会服务与学科声誉	D1. 社会服务	S23. 社会服务贡献
	D2. 学科声誉	S24. 国内声誉调查情况
		S25. 国际声誉调查情况(部分学科)

注：按一级学科分别设置 99 套指标体系，各学科按学科特色分别设置 17~21 个三级指标。

与前四轮学科评估相比，第五轮学科评估的指标主要在以下四个方面做出了创新和突破：

首先，人才培养成为根本，思政教育得到重视。目前国际上流行的大学排行榜虽然注重高校的社会声誉，但却没有将人才培养、立德树人、学术能力等进行综合考察。第五轮学科评估拉开了与高校评估“洋指标”的距离，逐渐创新出符合中国国情的“本指标”。指标在强化人才培养的中心地位的同时，设置“思想政治教育特色与成效”指标，全面考察人才的思想水平、政治觉悟、道德品德和文化素养。在评价师资队伍时首先考察“师德师风建设成效”，把教授为本科生上课和指导研究生情况作为重要观测点，引导师资队伍潜心教学、全心育人。社会主义的大学教育不仅强调培养人才，而且强调“为谁培养人才”“培养什么样的人才”。为了体现人才培养的方向性，第五轮评估将党建成果、思政工作、立德树人等纳入考核范围，这一方面回归了学科评估引导人才培养的本位，另一方面也体现出社会主义学科评估的重要特色。

其次，竭力突破“五唯”瓶颈，凸显立德树人导向。2018 年 11 月 7 日，教育部办公厅向全国发布《关于开展清理“唯论文、唯帽子、唯职称、唯学历、唯奖项”专项行动的通知》，通知要求全国高校“对照‘五唯’表现逐项检查。对涉及‘五唯’问题的事项要深入分析问题根源。”①2020 年 10 月，中共中央、国务院印发《深化新时代教育评价改革总体方案》，该方案明确提出：“改进学科评估，强化人才培养中心地位，淡化论文收录数、引用率、奖项数等数量指标，突出学科特色、质量和贡献，纠正片面以学术头衔评价学术水平的做法，教师成果严格按署名单位认定、不随人走。”②第五轮学科评估突破科学主义的国际学科评估范式，不再简单考核被评单位的学术 GDP，而是将“破五唯”作为重要的任务，突出被评单位标志性成果的创新价值和学术贡献。在社会科学的评估指标中，不再设置学历、职称、帽子等指标来评价师资队伍，而是采用“代表性学术著作”评价科研能力和水平、用“定量与定性评价相结合”的方式评价学术论文等。完善后的评估指标，突出了师德师风的建设成效，体现出学术成果的创新质量和科研成果的实际产出。

再次，以质性评价为导向，修正简单计数的指标。第五轮学科评估“针对简单量化取向而带来的种种流弊，提出淡化简单计数方法，实行定量与定性、数量与质量、计量评价与专家评价相结合的原则”。③ 评估简况表中不再设置发表论文数、出版专著数、申请专利数等指标，而是强调量化数据与事实证据的相融合，突出代表性成果的原创性、前沿性和突破性。在思想政治教育、师德师风成效、科研育人成效、代表作品评价、社会服务贡献和国内声誉调查等方面，突出了同行专家、用人单位、毕业生、在校生等的主观评价。在整个学科评估中，同行专家的意见得到了更多的体现，简单数数的传统做法得到抑制，做法和成效相融合得到更多重视。相比之前的学科评估，第五轮学

---

① 教育部办公厅关于开展清理“唯论文、唯帽子、唯职称、唯学历、唯奖项”专项行动的通知[EB/OL]．[2023-2-13]．http：//www.moe.gov.cn/srcsite/A16/s7062/201811/t20181113_354444.html.

② 中共中央、国务院印发《深化新时代教育评价改革总体方案》[EB/OL]．[2023-2-13]．http：//www.moe.gov.cn/jyb_xxgk/moe_1777/moe_1778/202010/t20201013_494381.html.

③ 晋浩天．破“五唯”，第五轮学科评估的突破口[N]．光明日报，2020-11-4(6).

科评估的“总结性文字”大幅增加，参评单位需要接受更多的“文字功底”的考验。

最后，社科评价强调中国特色，党媒党刊纳入考察范围。我国马克思主义者认为社会科学具有鲜明的意识形态性，因此社会学科评估需要凸显中国特色、中国风格和中国气派。“政治性是哲学社会科学评估工作中的重中之重，作为对中国共产党领导下进行的中国特色社会主义现代化进程的反映，哲学社会科学评估要以马克思主义为灯塔，立足中国现实，形成为中国和世界做出贡献的中国学派。”①正是基于这样的思想，第五轮学科评估将“三报一刊”(即《人民日报》《光明日报》《经济日报》和《求是》杂志)作为重要的研究成果。社科评价的中国特色凸显两个基本导向：一是引导社科研究立足中国实际，解决中国问题、讲好中国故事、传播中国声音；二是期待我国的人文社会科学在全球社会科学中展示出中国风格和中国气派。

6.1.3 新闻传播学在五轮评估中的表现及“学科塔”的形成

学科评估初衷是对高校学科建设进行周期性体检，目的是帮助高校诊断出学科建设的软肋，引导高校学科建设走内涵式的发展道路。以“985”“211”“双一流”为代表的高教工程建设，为我国“诞生世界一流大学”营造了生态环境，同时也让全国高校呈现出“层级化发展”的态势。近年在“双一流”建设的背景下，学科评估成为学科分层的一个重要指标，全国高校学科建设正在从“自由竞争阶段”进入到“分层竞争阶段”。毫无疑问，五轮学科评估给新闻传播学输送了建设能量，新闻传播学学科点更加自觉地走内涵式发展之路，学科建设更加注重系统性思维和战略性谋划。虽然新闻传播学所有学科点都在紧追猛赶，但是很多高校难以突破自己的天花板。每个高校所具有的地缘、身份和血统，决定了它能够获取资源的质和量，最终也必然决定着它在学科评估中的表现。因此，从新闻传播学参与五轮学科评估的表现来看，学科评估帮助新闻传播学形成了一个相对稳定的“学科塔”，学科塔的不同层级代表着不同的身份和血统，也制约着特定高校在特定的层级中的发展和表现。

6.1.3.1 新闻传播学“学科塔”的形成及塔尖的竞争状态

第一轮学科评估是评估的试水阶段，因为参与评估的高校数量偏少，所以评估结果的象征意义大于实际意义。第一轮新闻传播学有 9 个单位参评，评估结果以“精细排名”的方式发布，学科整体得分保留至小数点后一位，因此整个榜单没有出现并列的情况。第二轮学科评估强调“精确计算、淡化排名”，“即精确计算评估得分，将计算结果整数

---

① 刘虹．第五轮学科评指标体系变化刍议[J]．黑龙江高教研究，2022(6)：87.

化，按整数排序”。① 新闻传播学有 31 个单位参加了第二轮评估，评估结果以“取整排名”的方式排序，各单位的“学科整体得分”不再保留小数点，因此此轮榜单出现了诸多并列排名的情况。第三轮新闻传播学有 48 个单位参评，“学科整体得分”排序方式与第二轮相似，因此排行榜中出现并列排名的现象比第二轮更甚。第四轮学科评估采用“分类排名”的方式给“学科整体得分”排序，评估排行榜中只有档次没有参评单位的具体得分。第四轮学科评估实际上为每个学科构建了一个“学科塔”。就新闻传播学的学科塔来说，它的塔尖由 2 个 A+、2 个 A 和 4 个 A-构成，塔身由 B+、B、B-、C+、C、C-等 6 个层级 48 个单位构成。从目前流传的第五轮学科评估情况来看，新闻传播学的学科塔“长肥”了，塔尖由 3 个 A+、3 个 A 和 5 个 A-构成，塔身则变成 6 个层级 54 个单位(见图 6-7)。

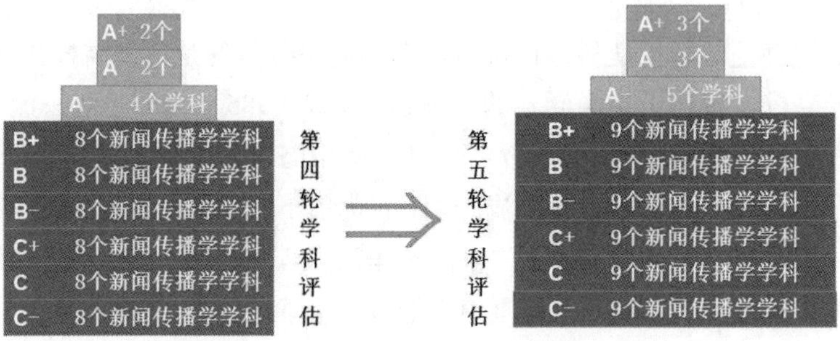

图 6-7 新闻传播学“学科塔”的景观结构

第四轮学科评估结果的分档原则是：前 2%(或前 2 名)为 A+，2%~5%为 A(不含 2%，下同)，5%~10%为 A-，10%~20%为 B+，20%~30%为 B，30%~40%为 B-，40%~50%为 C+，50%~60%为 C，60%~70%为 C-。据说第五轮学科评估放宽了分档的标准，A+档学科由原来的 2%放宽到 3%，A 档学科由 2%~5%放宽到 3%~7%，A 档以下层级依据这个原则层层放宽。因为无法得到学位中心的精细标准，所以这里不拘泥于学科塔的分层标准，而是针对学科塔“呈现的事实”来讨论。新闻传播学参与第一轮学科评估的学科数量过少，因此将它们按照分档原则转化没有现实意义。下面按照第四轮评估的分档情况为数量基准，将第二、三轮新闻传播学评估结果中前 8 名转化为 A 类方阵学校。因为第二、三轮学科评估出现排名并列的现象，按照“前 8 名转换成 A 类”的原则，每轮都有 9 所学校可以转换成 A 方阵的学科。表 6-5 是第二至第五轮学科评估

① 第二轮学科评估(2006 年度)的有关说明[J]. 中国研究生，2007(2)：4.

A 类方阵学校的列表，从中我们可以看到新闻传播学“学科塔”塔尖的结构变化。

表 6-6　　新闻传播学第二至第五轮学科评估 A 类阵营情况

评估轮次	进入 A 类阵营的参评单位
第二轮评估	中国人民大学、中国传媒大学、复旦大学、清华大学、武汉大学、浙江大学、北京大学、南京大学、华中科技大学
第三轮评估	中国人民大学、中国传媒大学、复旦大学、武汉大学、清华大学、华中科技大学、四川大学、北京大学、暨南大学
第四轮评估	中国人民大学、中国传媒大学、复旦大学、华中科技大学、清华大学、上海交通大学、武汉大学、暨南大学
第五轮评估	均为“985”“211”高校 （因排名没有公布，这里根据调研情况只注明参评单位的身份，后同）

A 类是新闻传播学的学科塔顶端，顶端高校基本上具有“985”身份，可谓是新闻传播学的豪门俱乐部。能够进入豪门俱乐部的“211 高校”仅有两所，即中国传媒大学、暨南大学。因为 A 类阵营还被分成 A+、A、A−三个档次，所以 A 类阵营内部竞争也非常激烈。第五轮评估中新闻传播学参评学科数增加，这导致了 A 类俱乐部的扩容，从而使豪门俱乐部的会员达到了 11 个。表 6-7 是第四、第五轮新闻传播学“学科塔”A 类方阵内部结构的变化情况。

表 6-7　　第四、五轮学科评估新闻传播学学科塔尖的内部结构

评估轮次	A+档高校	A 档高校	A−高校
第四轮评估	中国人民大学 中国传媒大学	复旦大学 华中科技大学	清华大学 上海交通大学 武汉大学 暨南大学
第五轮评估	——	——	——

从新闻传播学“学科塔”的内部结构来看，“985 高校”是豪门俱乐部的主要会员，只有中国传媒大学、暨南大学两所“211 高校”跻身其中。从 A 类高校的地区分布来看，第四轮学科评估 8 个 A 类学科，其中北京有 3 个、上海有 2 个、武汉有 2 个、广州有 1

个；第五轮学科评估 11 个 A 类学科，其中北京有 4 个、上海有 2 个、武汉有 2 个、广州有 1 个、南京有 1 个、杭州有 1 个。从学科在城市中的分布来看，北京、上海、武汉是新闻传播学的领跑者，其中北京在新闻传播学的学科建设中占有绝对优势。中国传媒大学是传媒类的专业院校，新闻传播学是其发展的一个特色性学科，因此它的新闻传播学学科建设成绩斐然。中国传媒大学可谓集全校之力打造优势学科、借地缘优势获取京城资源，这使中国传媒大学在历轮评估中排名表现突出，它在未来发展中大概率仍会维持在学科塔的最顶端。另一所“211 高校”暨南大学通过多年的持续奋斗，它在新闻传播学的评估中表现渐入佳境，它从第三轮评估开始加入豪门俱乐部，在第四轮评估中维持在 A 类阵营，第五轮评估更是从第四轮 A-升为 A。在“985 高校”强势紧逼的情况下暨南大学突脱颖而出，其中所花的心思、所付出的辛劳是难以为外人所知的。如果后续还要进行这样的学科评估，暨南大学要想维持它的位置，恐怕付出的成本还要更多。

6.1.3.2 新闻传播学“学科塔”的 B+层情况及其竞争态势

从新闻传播学“学科塔”的结构来看，B+档是塔身和塔尖的联结处。要想冲击 A 类学科的高校，通常要把 B+作为中间目标；没有条件冲击 A 类学科的高校，更多会将 B+作为自己的终极目标。为了纵向看 B+档高校的内部竞争状况，这里同样以第四轮评估中 B+单位的数量为基准，将第二、三轮评估中的 9~16 名转换成 B+档来进行比较。第二轮评估结果中第 7 名出现 3 个单位并列，第 15 名出现 3 个单位并列；按照“9~16 名转换成 B+”的原则，第二轮评估结果中的 10~15 名可转换为 B+，转换后的 B+单位共有 8 个。第三轮学科评估排行中出现的并列情况更多，第 8 名有 2 个学校，第 10、13、16 名都各有 3 个学校；按照公布的评估结果排名，第三轮评估中的 10~16 名可转换为 B+，转换后的 B+单位有 9 个。新闻传播学参与第五轮学科评估的单位数增加了，而且新闻传播学学科建设的整体水平也在提高，所以第五轮学科评估中 B+的数量放宽到 9 个。表 6-8 是第二至第五轮学科评估中 B+档内部变动的情况。

表 6-8 **新闻传播学第二至第五轮评估中进入 B+档的参评单位**

评估轮次	进入 B+档的参评单位
第二轮评估	厦门大学、上海理工大学、暨南大学、上海交通大学、四川大学、天津师范大学、华东师范大学、湖南大学
第三轮评估	上海交通大学、上海大学、浙江大学、华东师范大学、南京大学、厦门大学、河北大学、南京师范大学、湖南大学

续表

评估轮次	进入 B+档的参评单位
第四轮评估	北京大学、华东师范大学、上海大学、南京大学、南京师范大学、浙江大学、厦门大学、四川大学
第五轮评估	——

随着新闻事业的发展、数字化社会的来临，新闻传播、舆论传播对日常生活、社会治理的影响不断加大。近年，新闻传播学得到了党政部门的更多重视，各地宣传管理部门纷纷与高校共建新闻传播学院。在此背景下，各地高校原有的新闻传播学得到党政部门的重视，很多没有新闻传播学的高校也陆续建立起相关学科。在新一轮新闻传播学扩张和共建的热潮中，“985 高校”“211 高校”明显占据着主导性优势，他们从党政部门获得的资源更多、支持更多。表现在新闻传播学“学科塔”上，B+档也成为学科评估竞争的一个重要层级。图 6-8 是第二至五轮学科评估中，B+档中不同类别的高校分布情况。

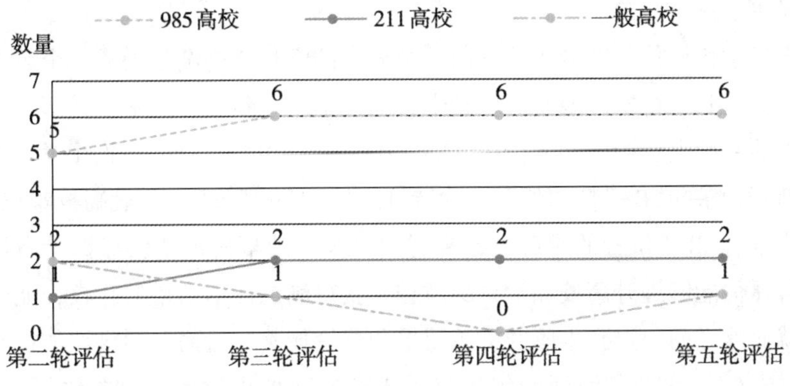

图 6-8　第二至五轮评估中新闻传播学 B+档不同类别高校的分布

如果将 B+档学校和 A 类学校进行对比，新闻传播学“学术塔”的顶端内部结构稳定性较高，而作为“学术塔”联结部分的 B+档反而稳定性较差。从竞争态势上看，“985 高校”依然占据着 B+档的主流，一般高校想进入 B+档难度越来越大。在第二轮评估中有 2 所高校(上海理工大学、天津师范大学)进入 B+档，在第三轮评估时只有 1 所高校(河北大学)进入 B+档。第四轮评估时，B+档阵营中已经没有一般高校的身影了；直到第五轮评估深圳大学才闯入 B+阵营。一些“985 高校”后起的新闻传播学，凭借学校资源和差异发展，很快进入了B+档(如中山大学、北京师范大学)。深圳大学是一般高校中的另类，它获得了深圳市特殊的政策扶持，其他一般高校很难与之相比。就新闻传播学未来发展走势看，“985高校”会一直占据着B+档的主导，一些实力较强的“211高校”也会跻身其中但是压力山大；如果没有所在学校和地方政府的特殊支持，一般高校要想进入B+档是非常困难的。

如果对塔身的其他五级(B、B-、C+、C、C-)再进行考察，会发现进入B等级的院校稳定性已经很小；B-以下等级内已经无所谓稳定性了，变动成为B-以下等级的常态。新闻传播学“学科塔”只呈现了9层塔身，其实在塔身之下还隐藏着塔基，这个塔基就是那些没有进入排行榜的参评单位和未参与学科评估的学科点、教学点。也就是说，新闻传播学“学科塔”其实是10层，最基层虽然没有享受到“高光时刻”，但它们是学科塔存在的根基，没有它们学科塔就会倒塌。学科塔的塔身是学科塔的基础，新闻传播学顶端学科的辉煌，得益于它们是站立在塔基、塔身之上。如果没有塔基、塔身的支撑，塔尖的学科就会失去存在的基础。而塔尖的辉煌能够“亮化”整个新闻传播学科，从而使新闻传播学得到社会的重视，并使整个学科能够获得更多的社会资源。因此，学科塔是一个完整的、有机的统一整体，正是塔内所有院系的共同协作，才能够使新闻传播学的学科建设更上一个台阶。

经过五轮学科评估，新闻传播学由一个弱小的学科，逐渐发展成一个较为成熟的学科，学科面貌得到了根本的改观。五轮学科评估呈现了新闻传播学学科版图的变化，也在评估结果的基础上建构了新闻传播学的“学科塔”。“985高校”占据了学科塔的塔尖位置，并逐渐开始垄断“B+”档的位置；除特例之外“211高校”、一般高校难以进入塔尖，并且进入或维持“B+”位置的难度也越来越大。今天的学科评估已经深受高校和社会的重视，学科评估能够提升高校和学科的声誉。获得满意评估结果的高校，能够在资源分配、招生就业等方面，得到丰厚的资源回报和舆论褒奖。然而，学科评估也有可能带来“指标功能主义”，它会刺激新闻传播院系瞄准各项评审指标，而弱化了对教育教学、学科建设本质的探索和追寻。党的二十大提出了“中国式现代化”的概念，高等教育显然是“中国式现代化”的一个重要内涵。第五轮学科评估以“抱琵遮面”的方式发布，也许意味着教育主管部门对学科建设有了新的认识，“中国式现代化教育”可能会呈现出新的姿态。新闻传播学是人文社会科学，人文社科需要“反映中国的当代发展、当代与传统的关系、中国与世界的关系等”①。期待在今后的学科建设和评估中，新闻传播学能够面对人类文明，夯实学科基础，回归教育本质，真正让新闻传播学沿着学科规律的

① 刘虹. 第五轮学科评指标体系变化刍议[J]. 黑龙江高教研究，2022(6)：90.

轨道发展。

（南京师范大学新闻与传播学院　骆正林）

6.2　国内A刊论文排行榜

本节利用信息计量学、引文分析相关原理与方法，借助可视化文献分析软件CiteSpaceIII，对2022年新闻传播学国内4种重要期刊文献从研究机构、研究队伍、研究内容、关键论文等方面进行分析，以期揭示新闻传播学学科研究现状，探测发展趋势，从而较为全面地认识和把握2022年国内新闻传播学研究发展脉络。

6.2.1　数据来源与处理

本节数据来源主要为“CNKI学术期刊库”及“CNKI中国引文数据库”。具体来说，选取新闻传播学国内4种重要期刊作为数据来源，分别为《国际新闻界》(2022版复合影响因子5.314)、《新闻与传播研究》(2022版复合影响因子4.214)、《现代传播》(2022版复合影响因子3.261)和《新闻大学》(2022版复合影响因子3.19)。本文检索并统计了这4种期刊于2022年CNKI所刊载的论文(未统计卷首语、主持人语、新年寄语、美术书法雕塑与摄影等艺术作品)及引文数据，共获得525篇文献与1298条引文数据。“CNKI中国引文数据库”中检索表达式为：被引文献来源=“2022—2023新闻传播学A类期刊”；引证文献来源=“2022—2023新闻传播学来源期刊”，论文发表时间=“2022—2023”，论文被引年份=“2022—2023”。检索时间为2023年6月16日。图6-9反映了4本期刊2022年发文量占比情况：《现代传播》共发文238篇，相比2021年减少了100余篇，但发文量仍占2022年4种重要期刊全部发文总量将近一半；《新闻与传播研究》发文84篇，《国际新闻界》发文101篇，《新闻大学》发文102篇，这3种期刊发文量与往年相比基本持平。

6.2.2　2022年新闻传播学核心研究机构分析

经统计，在2022年，共有182家教学科研机构为新闻传播学研究的发展贡献智慧，其中以论文第一作者所署第一机构出现的机构为124家。根据论文署名，对研究机构进行了归并，即不区分一级机构下设的不同二级机构。如中国传媒大学新闻传播学部、中国传媒大学艺术学部均作为统一的一个机构；中国社会科学院研究生院已整合中国青年

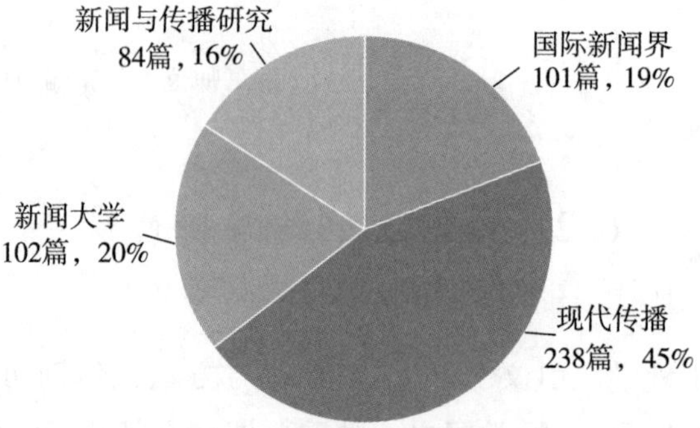

图 6-9　各刊载文量占比分布

政治学院部分教育资源成立中国社会科学院大学，因此中国社会科学院研究所与中国社会科学院大学成果分开统计。2022 年，以论文第一作者所署机构名称统计，全年的机构发文名单如表 6-9 所示。

表 6-9　**2022 年新闻传播类部分机构全年发文量**

发文机构	发文量	排　名
中国传媒大学	61	1
中国人民大学	33	2
复旦大学	24	3
暨南大学	18	4
华中科技大学	16	5
厦门大学	16	
北京师范大学	15	6
南京大学	15	
浙江大学	15	
四川大学	13	7
武汉大学	12	8
清华大学	11	9
深圳大学	11	
南京师范大学	10	10

续表

发文机构	发文量	排　　名
北京外国语大学	9	11
重庆大学	9	
广州大学	8	12
华东师范大学	8	
中国社会科学院大学	8	
安徽大学	7	13
湖南师范大学	7	
上海大学	6	14
中央民族大学	6	
山东大学	5	15
上海交通大学	5	
浙江传媒学院	5	
中山大学	5	
北京大学	4	16
福建师范大学	4	
河北大学	4	
湖北大学	4	
华东政法大学	4	
华南理工大学	4	
陕西师范大学	4	
上海财经大学	4	
上海外国语大学	4	
西北大学	4	
中南民族大学	4	
湖南大学	3	17
同济大学	3	
西安交通大学	3	
西北政法大学	3	
西南大学	3	

续表

发文机构	发文量	排　名
中国社会科学院	3	
安徽师范大学	2	18
北京第二外国语学院	2	
北京交通大学	2	
北京印刷学院	2	
大理大学	2	
电子科技大学	2	
东北师范大学	2	
广东外语外贸大学	2	
广西大学	2	
国际新闻界	2	
华南师范大学	2	
江西师范大学	2	
南开大学	2	
上海政法学院	2	
四川省社会科学院	2	
四川师范大学	2	
四川外国语大学	2	
苏州大学	2	
武汉体育学院	2	
西南交通大学	2	
西南政法大学	2	
郑州大学	2	
中国海洋大学	2	
中国人民公安大学	2	
中国社会科学杂志社	2	
澳门大学	1	19
北京电影学院	1	
北京服装学院	1	

续表

发文机构	发文量	排　　名
北京工商大学	1	
北京体育大学	1	
北京物资学院	1	
北京邮电大学	1	
成都大学	1	
大连理工大学	1	
大连外国语大学	1	
当代中国与世界研究院	1	
东北农业大学	1	
广州体育学院	1	
贵州民族大学	1	
国家艺术基金管理中心	1	
河南大学	1	
黑龙江大学	1	
湖北经济学院	1	
华中师范大学	1	
吉林大学	1	
江苏师范大学	1	
拉夫堡大学	1	
兰州大学	1	
闽江学院	1	
闽南师范大学	1	
南昌师范学院	1	
南京财经大学	1	
南京航空航天大学	1	
南京邮电大学	1	
齐鲁工业大学	1	
泉州师范学院	1	
三峡大学	1	

续表

发文机构	发文量	排　名
山东财经大学	1	
汕头大学	1	
上海社会科学院	1	
上海师范大学	1	
上海戏剧学院	1	
首都经济贸易大学	1	
天津大学	1	
西安外国语大学	1	
西北师范大学	1	
西南财经大学	1	
西南民族大学	1	
新华社研究院	1	
新闻大学	1	
扬州大学	1	
云南民族大学	1	
浙江工业大学	1	
中国劳动关系学院	1	
中国农业大学	1	
中国政法大学	1	
中南财经政法大学	1	
中南大学	1	
中央财经大学	1	
重庆交通大学	1	

通过表 6-10 可知，2022 年我国新闻传播学主要研究机构有中国传媒大学、中国人民大学、复旦大学、暨南大学、华中科技大学、厦门大学等。其中，中国传媒大学作为我国规模最大的新闻传播专门院校，共刊发 61 篇论文。此外通过统计到的数据还可以得知，中国社会科学院(3 篇)、四川省社会科学院(2 篇)、中国社会科学杂志社(2 篇)、国际新闻界编辑部(2 篇)、当代中国与世界研究院、新华社研究院(1 篇)、国家

艺术基金管理中心(1篇)、上海社会科学院(1篇)、新闻大学(1篇)等机构也都积极参与新闻传播学研究。2022年海外教育科研机构参与我国新闻传播研究交流的数量较前两年基本持平，有来自美国、英国、马来西亚及我国港澳台等国家或地区的18所高校研究者参与发表了文章。其中，以第一作者单位发文的海外高校有澳门大学(1篇)、英国拉夫堡大学(1篇)2家，较前两年有所减少。

6.2.3 2022年新闻传播学核心研究者分析

经过对所收集数据的统计，在2022年，共有920位作者(其中124家教学科研机构的469位作者作为第一作者发文)构成了新闻传播学学术重要方阵，共同推动了新闻传播学研究的深入与发展。

一门学科的建设与发展离不开学科的领军人物。学科领军人物有多个维度来评判，但研究成果数量与质量是一个核心指标。通过对研究论文的统计分析，基本上可以找出某一时期内某一学科的领军人物。如果一个作者既是高产作者，又是高被引作者，同时又是学术团队的核心，可以认为是新闻传播学研究队伍中的领军人物。

高产作者可以直接以在2022年发表的论文数来衡量，论文总数排在前列的为高产作者。学术团队的核心，以作者在合作网络与共被引网络中是否处于核心节点来衡量。根据所收集的数据，在2022年国内新闻传播学的高产作者如表6-10所示(以论文所署第一作者计算)。

表6-10　　**2022年新闻传播学研究高产作者(2篇及以上)**

作者	所署机构	发文量
杨保军	中国人民大学	4
彭华新	深圳大学	3
王学成	上海财经大学	3
周勇	中国人民大学	3
操瑞青	南京师范大学	2
曹晋	复旦大学	2
陈昌凤	清华大学	2
陈刚	武汉大学/华南理工大学	2
陈娟	华南理工大学	2
陈先红	华中科技大学	2

续表

作者	所署机构	发文量
陈阳	中国人民大学	2
邓绍根	中国人民大学	2
段鹏	中国传媒大学	2
冯建华	中国社会科学杂志社	2
郭小安	重庆大学	2
郭新茹	南京师范大学	2
国际新闻界课题组	国际新闻界	2
胡正荣	中国社会科学院	2
黄顺铭	四川大学	2
姜红	安徽大学	2
解庆锋	西南政法大学	2
荆学民	中国传媒大学	2
刘涛	暨南大学	2
刘毅	重庆大学	2
刘于思	浙江大学	2
刘战伟	中国人民大学	2
罗昕	暨南大学	2
彭兰	中国人民大学	2
秦雪冰	华东师范大学	2
任桐	中国人民大学/复旦大学	2
王积龙	上海交通大学	2
王玲宁	广州大学/上海外国语大学	2
王敏	武汉大学	2
王润泽	中国人民大学	2
谢清果	厦门大学	2
邢梦莹	复旦大学	2
徐敬宏	北京师范大学	2
许加彪	陕西师范大学	2
宣长春	厦门大学	2

续表

作者	所署机构	发文量
燕道成	湖南师范大学	2
喻国明	北京师范大学	2
张明新	华中科技大学	2
张淑华	郑州大学	2
张文娟	大理大学	2
赵双阁	西北大学	2
赵永华	中国人民大学	2
郑保卫	中国人民大学	2
周敏	北京师范大学	2
朱春阳	复旦大学	2

6.2.4 2022年新闻传播学主要研究内容分析

在2022年，全球在政治、经济、科技、文化等领域发生了显著的变化。人工智能在内容创作方面取得了阶段性成果，以ChatGPT、Midjournegy、文心一言为代表的AIGC类应用对新闻传播学科的研究及实践提出了全新的挑战。从检索统计结果来看，论文研究内容呈现出社会化、技术化、人文化、交叉化、国际化的分布态势。虽然不同学者从不同角度在新闻传播学领域进行研究，并产生了众多的细分研究领域，但在研究方向上还是有一定的聚焦性，研究重点具有一致性；同时，基于对外部环境及技术进步的即时反应，研究前沿具有时效性。

关键词是作者对文章核心研究内容的精练，学科领域里高频次出现的关键词和从数据样本中，对每一篇文献进行提取后分析出的名词短语可被视为该领域的研究热点。高频关键词一定程度上反映学科研究重点，本文根据高频关键词来确定2022年新闻传播学的研究重点。对4种期刊论文关键词进行整理排序，将专指性不强的"传播""传播学""新闻""新闻学""媒体""媒介"等词汇排除后，列出排在前18位(词频≥5)的高频关键词如图6-10所示。与2021年高频关键词对比可见，"元宇宙""社交机器人"和"知识生产"等关键词发展成为新的头部高频关键词。

为更直观地展示高频词，探测学科领域研究重点，在CiteSpaceIII导入数据，其他设置参数不变，节点类型选为关键词(Keyword)，运行程序，生成如图6-11所示的关键

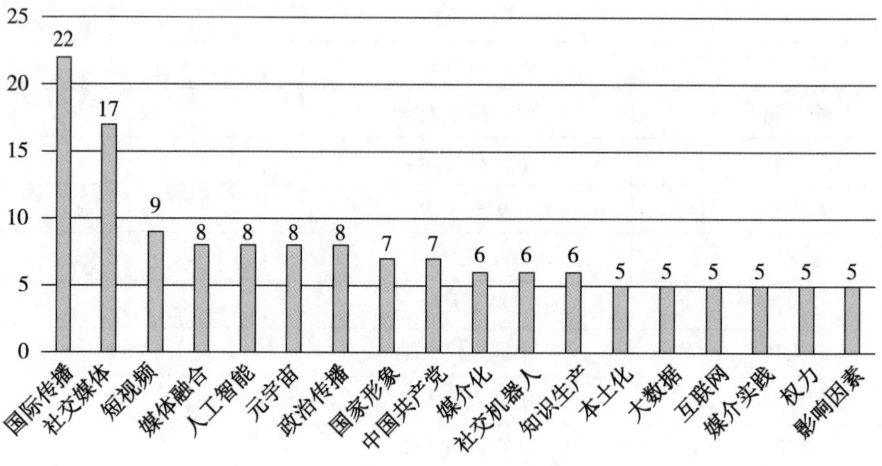

图 6-10　新闻传播学高频关键词(词频≥5)

词共现知识图谱。

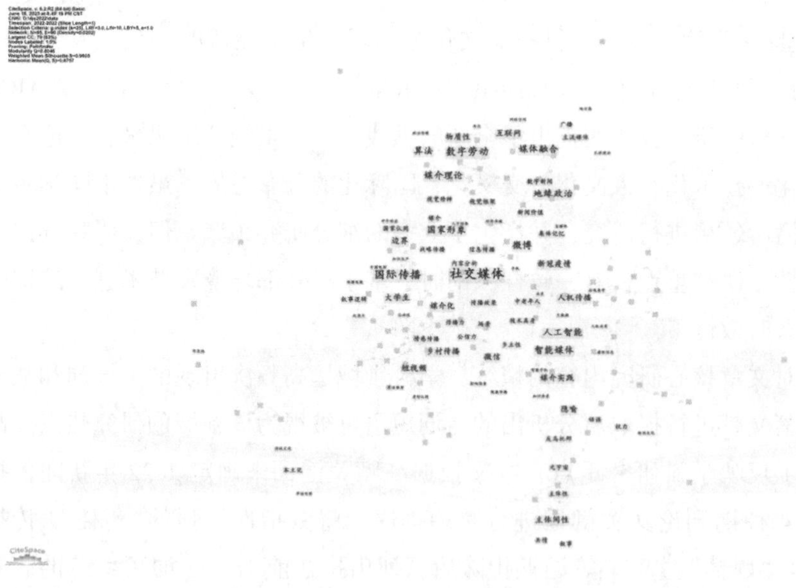

图 6-11　关键词共现知识图谱

从图 6-10 和图 6-11 并结合往年相关知识图谱研究可以看出，国内众多新闻传播学研究人员在持续将研究重心扩展到社交媒体、人工智能、AIGC、元宇宙等研究领域后，近年开拓了人机传播、泛在媒介、多模态媒体融合等传播新领域的研究。这表明2022年我国新闻传播学学科与时俱进、立足实践，形成了瞄准前沿、学以致用的研究特色。

根据高频关键词网络共现做聚类分析，生成知识图谱。可以发现，2022年我国新闻传播学研究主要关注人机传播、媒体融合、媒介化、社交媒体、元宇宙、国际传播、互联网、乡土性、视觉框架这9个领域。

6.2.5 2022年新闻传播学关键研究论文分析

在2022年，新闻传播学4种重要期刊共发表638篇关于新闻传播学的论文。在这些论文中，有些论文一经发表，就得到了学术同仁的广泛认可，通过引证关系，慢慢成长为高影响力的论文，成为这一时期内反映新闻传播学研究动态与发展趋势的关键论文。

6.2.5.1 高被引论文

基本科学指标数据库(Essential Science Indicators，ESI)设计了“高被引论文”这一指标，即指发表于10年、最多11年内各领域中被引用次数前1%的文章。高被引论文具有学科导航作用，对相关学科和领域也有一定的辐射功能，高被引论文揭示着学科研究方向，一定程度体现了学科研究热点。借鉴这一思路，本文依照共时百分比的计算方法来确定2022年新闻传播学顶尖论文，即把2022年至今被引频次前1%的论文作为顶尖论文。具体来说，根据CNKI引文数据库检索所得引文数据，对2022年新闻传播学4种重要期刊论文进行统计分析，将被引频次排在前1%的论文视为2022年的高被引论文。引文网络中，这些被引频次高的小部分论文可视为学科的新的生长点，成为热门的科学前沿。

截至2023年6月16日，全部525篇文章中有376篇论文被引用，总引用次数为1443次。经过计算，论文被引频次前1%阈值为14，生成如表6-11所示的2022年新闻传播学研究高被引论文列表。

表6-11 **2022年新闻传播学研究的高被引论文**

序号	题　名	作者	来源	发表时间	被引量
1	论共情在“转文化传播”中的作用机制	马　龙 李　虹	现代传播	2022/2/15	29
2	视频天下：语言革命与国际传播秩序再造	廖祥忠	现代传播	2022/1/15	26

续表

序号	题　名	作者	来源	发表时间	被引量
3	虚实混融、人机互动及平台社会趋势下的人与媒介——2021年新媒体研究综述	苏　涛 彭　兰	国际新闻界	2022/1/15	26
4	社群、场景、情感：短视频平台中的群体参与和电商发展	段　鹏	新闻大学	2022/1/15	24
5	媒介何往：媒介演进的逻辑、机制与未来可能——从5G时代到元宇宙的嬗变	喻国明 丁汉青 刘彧晗	新闻大学	2022/1/15	20
6	虚实混融：元宇宙中的空间与身体	彭　兰	新闻大学	2022/6/15	19
7	论媒介时间与互联网产业中的劳动控制	吴鼎铭 许天敏	现代传播	2022/1/15	18
8	从规训到控制：算法社会的技术幽灵与底层战术	张　萌	国际新闻界	2022/1/15	17
9	论新闻舆论“四力”发展的动力建构	沈正赋	现代传播	2022/1/15	16
10	认知盈余视角下短视频平台内容创新生产研究	郭新茹 康璐玮	现代传播	2022/1/15	16
11	重新定义智能媒体	黄升民 刘　珊	现代传播	2022/1/15	16
12	平台经济中的“数据劳动”：现状、困境与行动策略——一项基于电竞主播的探索性研究	任　桐 姚建华	国际新闻界	2022/1/15	16
13	“可见性”何以成为生意？——交友类App会员制的监视可供性研究	高　艺 吴梦瑶 陈　旭 孙　萍	国际新闻界	2022/1/15	16
14	国际性共同媒介仪式：体育精神与国家形象的建构	罗坤瑾 许嘉馨	现代传播	2022/1/15	15
15	战争隐喻、国家身体与家国想象——基于语料库的新冠肺炎疫情报道隐喻研究	陈　阳 周思宇	国际新闻界	2022/2/15	15
16	智能鸿沟：数字鸿沟范式转变	钟祥铭 方兴东	现代传播（中国传媒大学学报）	2022/4/15	15

根据表 6-11 分析，对照历年的数据可知，2022 年新闻传播学研究的 16 篇顶尖论文中，作者分布较为分散，即未出现高被引文章显著集中于少数作者的情况。从期刊分布来看，《现代传播》8 篇，《国际新闻界》5 篇，《新闻大学》3 篇。

6. 2. 5. 2 “热点”论文

热点论文能够反映学科最新的科学发现和研究动向，表明该研究取得了突破性进展，其成果引发了相关领域的研究热点，从而有利于进一步跟踪学科发展趋势。本文借鉴 ESI 高被引论文的做法，用下载量来确定热点论文，具体来说，从 CNKI 中国引文数据库检索所得下载数据，对 2022 年新闻传播学 4 种重要期刊论文进行统计分析，将被下载总量在 10 位的论文视为热点论文，生成如表 6-12 所示的新闻传播学研究热点论文。

表 6-12

题　名	作者	下载量	来源	发表时间	被引量
虚实混融、人机互动及平台社会趋势下的人与媒介——2021 年新媒体研究综述	苏　涛 彭　兰	17660	国际新闻界	2022/1/15	26
2021 年中国的传播学研究	《国际新闻界》传播学课题组	12803	国际新闻界	2022/1/15	3
社群、场景、情感：短视频平台中的群体参与和电商发展	段　鹏	11302	新闻大学	2022/1/15	24
战争隐喻、国家身体与家国想象——基于语料库的新冠肺炎疫情报道隐喻研究	陈　阳 周思宇	9880	国际新闻界	2022/2/15	15
底层群体为何拒用智能手机？——基于重庆棒棒的扎根研究	刘国强 颜廷旺	9263	国际新闻界	2022/7/15	6
平台“出圈”背景下的粉丝分化、迁移和抵抗：基于虚拟主播粉丝群体的考察	陈曦子 刘亭亭	8207	新闻与传播研究	2022/6/25	3
“可见性”何以成为生意？——交友类 App 会员制的监视可供性研究	高　艺 吴梦瑶 陈　旭 孙　萍	8035	国际新闻界	2022/1/15	16

续表

题　名	作者	下载量	来源	发表时间	被引量
从情境崩溃到情境再分离：社会-关系情境中的用户社交媒介实践——基于微信朋友圈“仅三天可见”的研究	张　杰 马一琨	7919	国际新闻界	2022/8/15	4
2021 年中国的新闻学研究	《国际新闻界》新闻学年度课题组	7874	国际新闻界	2022/1/15	1
弹幕与规训：网络直播中的性别凝视——基于斗鱼大数据的分析	徐敬宏 张如坤 郭婧玉 巩见坤	7859	国际新闻界	2022/4/15	5

2022 年传播技术快速发展，媒介生态环境再次调整。我国新闻传播学院校、研究机构的学术同仁，继续以马克思主义新闻观为指导，在新闻研究元问题、新冠疫情下的新闻报道的媒介建构、新闻从业者研究、数字新闻生产的平台逻辑、新闻接受者研究、嬗变的新闻真实性、中国新闻业转型研究、新闻职业伦理的多维视角、中国新闻场域中的地方实践以及中国新闻史研究等方面描绘了过去一年中国新闻学的知识版图。传播学研究方面，跨学科特性愈加突出，研究进一步注重与来自跨学科的经典理论对话，以丰富和深化学科核心概念和范畴的研究。同时关注新现象和日常性议题，努力发现和创新研究领域，注重新旧问题、理论之间的对话。这些研究推动了新闻传播学科的发展，使其更具有开放性、创新性和多样性，我们期待新闻传播学研究在未来取得更多值得学术界瞩目的成果。

（湖北大学新闻传播学院　廖声武、曹鹏）

6.3　2022 年度国家社会科学基金年度项目立项数据分析

本节以国家社科基金网站公布的 2022 年各类国家社科基金项目数据为依据，梳理了 2022 年度新闻传播类国家社科基金项目立项情况，主要研究对象为国家社科基金重大项目、阐释党的十九届六中全会重大项目、年度项目、青年项目、西部项目、后期资助项目、优秀博士论文出版项目、中华学术外译项目，研究样本为2022年上述项目中所立项的新闻学与传播学项目，不包含重大项目的子课题。

需要说明的是：一是由于国家社科基金重大项目所占比重较大，较多学者建议对其进行重点分析，因此本报告在计算过程中将其单独列出，文章第二部分中相关数据不包括重大项目(含研究阐释党的十九届六中全会精神)，但在分析主题的时候，将重大项目与其他项目统计在一起，以便于更好地体现2022年新闻学与传播学学科研究状况。二是除研究阐释党的十九届五中全会精神重大项目更换为研究阐释党的十九届六中全会精神重大项目外，其他项目类别均与上一年保持不变。三是研究样本仅以国家社科基金网站公布的“新闻学与传播学”学科类别为统计对象，未标明学科类别的由人工甄别加以确认。其他教育学项目和艺术学重大项目等单列学科及专项工程不计入此次统计范畴，公告中涉及需进一步核实的项目也不纳入分析。

6.3.1 立项课题的描述性分析

2022年在党的历史上是极为重要的一年，党的二十大胜利召开，新闻传播学学科建设正在迈向新的征途。2022年国家社科基金新闻传播类项目申报以习近平新时代中国特色社会主义思想为指导，在深入贯彻落实党的十九大和十九届二中、三中、四中、五中、六中全会精神的基础上，选题紧跟时代发展的步伐和需要，聚焦重大学术和现实问题，在基础研究领域耕耘。通过相关统计，2022年，国家社科基金项目共批准立项7084项(包括重大项目、阐释党的十九届六中全会精神重大项目、年度项目、青年项目、西部项目、后期资助项目、优秀博士论文出版项目、中华学术外译项目等共8个类别)，其中新闻学与传播学学科共立项229项，占2022年全国总立项数3.25%，如表6-13所示。从总体占比来看，2022年新闻学与传播学立项课题占全国总立项数较上一年有所增加，总体保持在较为稳定的数量区间，暂未回到2020年的高位。

表6-13 **2022年新闻传播学学科与全国总立项数对比**

项目类别	新闻传播学立项数(项)	全国立项总数(项)	新闻传播学立项占比
重大项目	16	338	4.73%
研究阐释党的十九届六中全会精神	6	130	4.62%
年度项目	128	3548	3.61%
青年项目	30	1127	2.66%

续表

项目类别	新闻传播学立项数(项)	全国立项总数(项)	新闻传播学立项占比
西部项目	13	500	2.60%
后期资助项目	33	1102	2.99%
优秀博士论文出版项目	2	69	2.90%
中华学术外译项目	1	234	0.43%
总计	229	7048	3.25%

从2022年各类项目分布来看，项目数量结构与往年基本一致。年度项目最多，为128项，占全部新闻传播类国家社科基金项目总数的55.90%；其次为后期资助项目，占立项总数的14.41%；再次为青年项目，占立项总数的13.10%；重大项目总数较上年立项数有所增加，为22项，占9.61%。这四类项目合计共213项，占总立项数的93.01%。其余依次为西部项目、优秀博士论文出版项目及中华学术外译项目，共计16项，占总立项数的6.99%。如表6-14及图6-12所示：

表6-14　　**2022年新闻与传播类国家社科基金项目各项目所占比重**

项目类别	数量(项)	占比
重大项目(含研究阐释党的十九届六中全会精神项目)	22	9.61%
年度项目	128	55.90%
青年项目	30	13.10%
西部项目	13	5.68%
后期资助项目	33	14.41%
优秀博士论文出版项目	2	0.87%
中华学术外译项目	1	0.44%
总计	229	100.00%

从近三年(2020—2022)的新闻传播学学科立项课题数量变化来看，立项数量总体保持稳定，但一些项目类别有较明显的变化趋势，如表6-15所示。重大项目立项数量呈现减少趋势，需要在重大项目申报中持续发力，通过新闻传播学科的科学研究回应国家重大战略需求，尤其是立足构建中国特色哲学社会科学、建构中国自主的知识体系的重

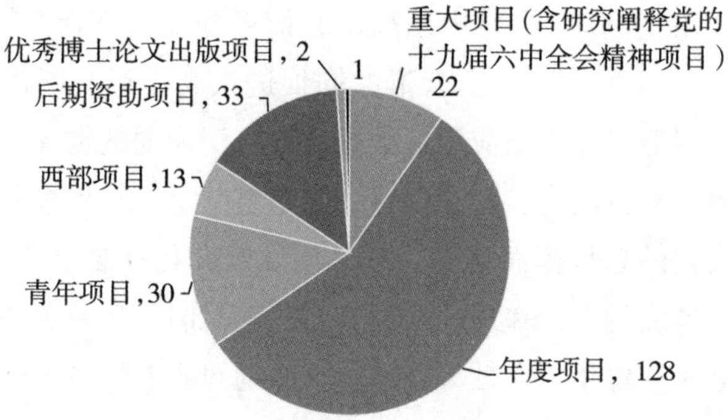

图 6-12　2022 年新闻与传播学国家社科项目类别分布图

大命题开展学术研究；年度项目也呈下降趋势，由 2020 年共立项 137 项降至 2022 年的 128 项，一般项目减少近 10 项，需要引起学者们的关注；此外，优秀博士论文出版项目、中华学术外译项目也呈减少趋势。青年项目、西部项目数量保持稳定。

表 6-15　**2020—2022 年新闻传播学学科立项课题数量统计表**

项目类别		项目数量(项)		
年份		2020 年	2021 年	2022 年
重大项目		19	17	16
研究阐释党的十九届四、五、六中全会精神重大项目		5	1	6
年度项目	重点项目	10	10	10
	一般项目	127	120	118
青年项目		32	30	30
西部项目		9	9	13
后期资助项目		36	29	33
优秀博士论文出版项目		4	3	2
中华学术外译项目		8	3	1
总计		250	222	229

通过比较立项项目可以发现，2022 年新闻传播类国家社科基金项目视野开阔、角

度多元，在项目主题上主要回应了三个时代主题。一是坚持党的领导，立足新时代、立足国际视野，从多个角度响应“讲好中国故事，传播好中国声音”的战略需求，面对百年未有之大变局，在“一带一路”等框架下共同促进人类命运共同体建设。二是关注如何应对数字浪潮，在智能媒体广泛应用、数据要素广泛流通的情况下，新媒体环境错综复杂，各类风险滋生于平台网络，多个项目为网络空间治理提供思路，为实现国家治理体系和治理能力现代化的总目标而努力。三是深度媒介化社会已然到来，媒介在城市、社区、乡村中的嵌入越发明显，在迈向共同富裕的前景时，项目关注边疆地区、少数民族地区发展，关注老年、青年、女性等群体特征，通过媒介深度融合铸牢中华民族共同体意识，为实现发展目标凝魂聚气。下面就通过对项目所属区域、所属机构、项目负责人、项目关键词等项逐一梳理，详细分析 2022 年新闻传播学国家社科基金项目特点。

6.3.2　项目所属区域、机构

6.3.2.1　立项区域分布

此处所分析的数据为 2022 年新闻传播学学科除重大项目立项外的其他课题，共计 207 项，重大项目(包括研究阐释党的十九届六中全会精神项目)将于文章第三部分单独分析。从区域分布来看，2022 年北京、上海、广东、江苏、湖北、重庆五地立项数均超过 10 项，处于第一梯队，合计占总立项数目的 48.79%。立项数大于等于 5 项的有四川、浙江、福建、河南、湖南、江西、云南、广西、山东、陕西、河北、内蒙古等 12 地，共立项 85 项，占总数的 41.06%。此外，黑龙江、吉林、宁夏、西藏共立项 8 项，占比 3.86%；安徽、甘肃、贵州、海南、青海分别有 1 项立项，共占比 2.42%。通过近三年数据的对比发现，北京、上海、广东三地依旧稳居前三，其中湖北、重庆两地立项数连续两年增加，表现较为亮眼；同时，第一梯队的项目集中度有所下降，且居于 5~10 区间的第二梯队立项数明显增加，这一趋势将有利于均衡课题资源、促进新闻传播学科区域间共同发展(见表 6-16)。

表 6-16　近三年国家社科基金新闻传播学立项课题区域分布统计表(不含重大项目)

2022 年			2021 年			2020 年		
地区	项目数	占比	地区	项目数	占比	地区	项目数	占比
北京	26	12.56%	北京	34	16.75%	北京	41	18.14%
上海	19	9.18%	上海	21	10.34%	广东	22	9.73%

续表

2022 年			2021 年			2020 年		
广东	16	7.73%	广东	20	9.85%	上海	21	9.29%
江苏	15	7.25%	浙江	17	8.37%	江苏	19	8.41%
湖北	14	6.76%	湖北	13	6.40%	浙江	17	7.52%
重庆	11	5.31%	江苏	13	6.40%	湖南	13	5.75%
四川	9	4.35%	陕西	10	4.93%	江西	12	5.31%
浙江	9	4.35%	四川	8	3.94%	广西	9	3.98%
福建	8	3.86%	重庆	8	3.94%	湖北	8	3.54%
河南	8	3.86%	福建	7	3.45%	四川	8	3.54%
湖南	8	3.86%	河南	7	3.45%	重庆	8	3.54%
江西	7	3.38%	山东	5	2.46%	陕西	7	3.10%
云南	7	3.38%	安徽	4	1.97%	河南	6	2.65%
广西	7	3.38%	湖南	4	1.97%	山东	6	2.65%
山东	6	2.90%	江西	4	1.97%	福建	5	2.21%
陕西	6	2.90%	辽宁	4	1.97%	河北	4	1.77%
河北	5	2.42%	云南	4	1.97%	甘肃	4	1.77%
内蒙古	5	2.42%	广西	3	1.48%	西藏	2	0.88%
辽宁	4	1.93%	吉林	3	1.48%	天津	2	0.88%
新疆	4	1.93%	甘肃	2	0.99%	黑龙江	2	0.88%
黑龙江	2	0.97%	河北	2	0.99%	新疆	2	0.88%
吉林	2	0.97%	黑龙江	2	0.99%	安徽	2	0.88%
宁夏	2	0.97%	青海	2	0.99%	贵州	1	0.44%
西藏	2	0.97%	新疆	2	0.99%	吉林	1	0.44%
安徽	1	0.48%	海南	1	0.49%	内蒙古	1	0.44%
甘肃	1	0.48%	内蒙古	1	0.49%	宁夏	1	0.44%
贵州	1	0.48%	宁夏	1	0.49%	云南	1	0.44%
海南	1	0.48%	西藏	1	0.49%	辽宁	1	0.44%
青海	1	0.48%						
总计	207	100.00%		204	100.00%		226	100.00%

6.3.2.2 立项单位及其隶属系统

从立项单位来看，除重大项目外，2022 年新闻传播类国家社科项目承担单位共有 122 家，其中高校承担项目数量为 197 项，占 207 项总立项项数的 95.17%；社科院承担 7 个项目，中央国家机关承担 2 个项目，军队系统承担 1 个项目，如表 6-17 所示。在高校立项课题中，“985”(含 985 平台)和“211”高校共立项 107 项，占比 51.69%，一般高校承担项目 89 项，占立项总数 43.00%，还有 1 项来自高校研究院(见表 6-17)。

表 6-17　**2022 年新闻与传播学国家社科各单位立项比重表(不含重大项目)**

单位类别		数量(项)	占　比
高校	“985、211”高校	107	51.69%
	一般高校	89	43.00%
	研究院	1	0.48%
社科院		7	3.38%
军队系统		1	0.48%
中央国家机关		2	0.97%
总计		207	100.00%

具体而言，从各单位承担项目数量(重大项目除外)来看，暨南大学位列第一，立项项目为 6 项；复旦大学次之，获 5 个立项；共有河北大学、上海大学、四川外国语大学、武汉大学、新疆大学、郑州大学、中国传媒大学、中国人民大学共 8 所高校获得 4 个立项，并列第三位。另外有 14 个单位主持 3 项，24 个单位主持 2 项，74 个单位主持 1 项，如表 6-18 所示。

表 6-18　**2022 年新闻与传播学类国家社科基金项目立项单位排序表(不含重大项目)**

排序	工作单位	数量(项)
1	暨南大学	6
2	复旦大学	5
3	河北大学	4
3	上海大学	4

续表

排序	工作单位	数量(项)
3	四川外国语大学	4
3	武汉大学	4
3	新疆大学	4
3	郑州大学	4
3	中国传媒大学	4
3	中国人民大学	4
11	福建师范大学	3
11	广东外语外贸大学	3
11	湖北大学	3
11	湖南大学	3
11	华中科技大学	3
11	南昌大学	3
11	南京大学	3
11	内蒙古师范大学	3
11	厦门大学	3
11	上海交通大学	3
11	苏州大学	3
11	西南政法大学	3
11	云南师范大学	3
11	重庆大学	3
25	北京师范大学	2
25	大连理工大学	2
25	广西大学	2
25	广西师范大学	2
25	广州大学	2
25	湖南师范大学	2
25	华东交通大学	2
25	江西师范大学	2
25	南京财经大学	2

续表

排序	工作单位	数量(项)
25	南京师范大学	2
25	南宁师范大学	2
25	青岛大学	2
25	曲阜师范大学	2
25	上海财经大学	2
25	深圳大学	2
25	四川大学	2
25	西安交通大学	2
25	西北大学	2
25	扬州大学	2
25	浙江传媒学院	2
25	中国社会科学院新闻与传播研究所	2
25	中国政法大学	2
25	中南财经政法大学	2
25	中央民族大学	2
49	安徽大学	1
49	百色学院	1
49	北京大学	1
49	北京电影学院	1
49	北京工商大学	1
49	北京交通大学	1
49	北京印刷学院	1
49	北京邮电大学	1
49	成都信息工程大学	1
49	滇西科技师范学院	1
49	电子科技大学	1
49	东北林业大学	1
49	东北农业大学	1
49	东北师范大学	1

续表

排序	工作单位	数量(项)
49	福州大学	1
49	广东财经大学	1
49	广东金融学院	1
49	贵州大学	1
49	国防科技大学	1
49	海南热带海洋学院	1
49	杭州电子科技大学	1
49	河南财经政法大学	1
49	河南大学	1
49	河南牧业经济学院	1
49	红河学院	1
49	湖南工业大学	1
49	华东政法大学	1
49	华南理工大学	1
49	吉林大学	1
49	吉首大学	1
49	昆明理工大学	1
49	兰州大学	1
49	辽宁大学	1
49	南京林业大学	1
49	南京晓庄学院	1
49	南阳师范学院	1
49	内蒙古大学	1
49	内蒙古民族大学	1
49	宁夏大学	1
49	宁夏社会科学院	1
49	青岛理工大学	1
49	青海师范大学	1
49	清华大学	1

续表

排序	工作单位	数量(项)
49	三明学院	1
49	山东师范大学	1
49	陕西师范大学	1
49	上海工程技术大学	1
49	上海社会科学院	1
49	上海师范大学	1
49	上海外国语大学	1
49	沈阳体育学院	1
49	四川师范大学	1
49	温州大学	1
49	武汉理工大学	1
49	西安外国语大学	1
49	西藏民族大学	1
49	西藏自治区社会科学院	1
49	西华大学	1
49	西南大学	1
49	西南科技大学	1
49	西南民族大学	1
49	徐州工程学院	1
49	燕山大学	1
49	云南大学	1
49	长江师范学院	1
49	浙江大学	1
49	浙江工业大学	1
49	浙江理工大学	1
49	浙江农林大学	1
49	中国计量大学	1
49	中国科学院文献情报中心	1
49	中国社会科学院西亚非洲研究所	1

续表

排序	工作单位	数量(项)
49	中国艺术研究院	1
49	重庆社会科学院	1

通过近三年来前10家立项数(见表6-19)对比可以发现，暨南大学表现稳定且以6项立项增至第一位，表现抢眼；中国传媒大学立项数较前两年有所下降。总的来看，近三年来，排名前10立项单位的立项数总体保持稳定，占全部立项数量的五分之一左右。2022年共前10家单位立项数43项，占比为20.87%；2021年共前10家单位立项数41项，占比为20.10%；2020年前10家单位立项数52项，占比为20.80%。由此发现，当前国家社科基金项目新闻传播立项存在单位集中的现象，新增项目较多的高校常年保持稳定；其他单位应向稳定排名靠前的单位学习申报经验，促进新闻传播学术共同体健康成长。

表6-19　**2022—2020年前10家立项单位立项数集中度对比(不含重大项目)**

2022年		2021年		2020年	
立项单位	立项数	立项单位	立项数	立项单位	立项数
暨南大学	6	中国传媒大学	8	中国传媒大学	7
复旦大学	5	暨南大学	5	暨南大学	5
河北大学	4	南京大学	5	浙江大学	4
上海大学	4	西安交通大学	4	华中科技大学	4
四川外国语大学	4	浙江大学	4	厦门大学	4
武汉大学	4	北京师范大学	3	南京大学	4
新疆大学	4	复旦大学	3	武汉大学	4
郑州大学	4	广东外语外贸大学	3	郑州大学	4
中国传媒大学	4	河南工业大学	3	中国社会科学院	4
中国人民大学	4	华南理工大学	3	中国人民大学	3
合计	43	合计	41	合计	52
总立项数	207	总立项数	204	总立项数	226
占比	20.87%	占比	20.10%	占比	23.01%

注：单位排序以首字母排序，因此存在数量一致没有上榜的情况，排序仅供参考。

6.3.3 重大项目立项情况

2022 年新闻学与传播学学科重大项目共立项 22 项(包括重大项目 16 项、研究阐释党的十九届六中全会精神国家社科基金重大项目 6 项)，相较 2021 年有所提升，主要增加在研究阐释党的十九届六中全会精神国家社科基金重大项目(2021 年仅 1 项)。从地域分布来看，北京最为集中，拿到 8 个立项；其次为湖北 3 项，上海 3 项；再次为四川 2 项，山西、福建、广东、陕西、山东、浙江 6 地各 1 项。因此，重大项目向新闻传播教育资源优势地区集中的趋势仍在显现。从所属单位看，22 个重大项目分属 19 个单位，总体而言，延续了较为分散单位立项的特点，让更多单位提供了中标重大项目的机会；中国人民大学、中国传媒大学、华中科技大学各立项 2 项，其他单位分别有 1 个立项，如表 6-20 所示。其中，21 个项目来自高校系统，1 个项目源自社科院。在高校立项中，“985”(含 985 平台)高校共获立 12 项，“211”高校共获立 4 项，一般高校获立 4 项，还有 1 项中标单位属于高校与地方合作的研究院，如图 6-13 所示。从负责人职称情况来看，获得立项的 22 位学者专业职称正高级占比 100%，说明专家学者在关切国家重大命题的能力和专业研究的使命感正持续显现。

表 6-20　　**2022—2020 年新闻与传播学重大项目立项数对比表**

工作单位	立项数(项)	工作单位	立项数(项)	工作单位	立项数(项)
2022 年		2021 年		2020 年	
中国人民大学	2	北京外国语大学	1	中国传媒大学	6
中国传媒大学	2	中国传媒大学	1	复旦大学	3
华中科技大学	2	中国人民大学	1	北京大学	2
复旦大学	1	广州大学	1	北京语言大学	1
厦门大学	1	郑州大学	1	东北财经大学	1
北京外国语大学	1	华中科技大学	1	湖北大学	1
山西大学	1	武汉大学	1	湖南大学	1
广东外语外贸大学	1	武汉体育学院	1	华中科技大学	1
北京大学	1	南京大学	1	南京师范大学	1
上海大学	1	南京师范大学	1	深圳大学	1
西安外国语大学	1	山东大学	1	天津大学	1
武汉大学	1	西安交通大学	1	武汉大学	1

续表

工作单位	立项数(项)	工作单位	立项数(项)	工作单位	立项数(项)
四川大学	1	上海交通大学	1	中国人民大学	1
山东大学	1	上海体育学院	1	浙江传媒学院	1
四川外国语大学	1	南开大学	1	浙江大学	1
浙江清华长三角研究院	1	浙江传媒学院	1	中国社会科学院新闻与传播研究所	1
清华大学	1	浙江大学	1		
华东师范大学	1	华东师范大学	1		
中国社会科学院新闻与传播研究所	1				
总计	22		18		24

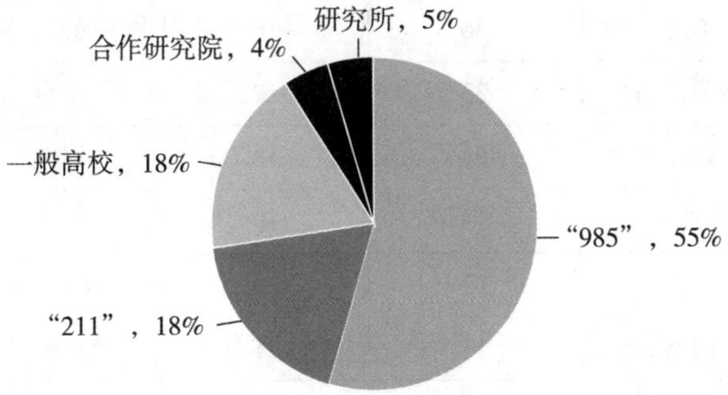

图 6-13　2022 年新闻与传播学国家社科基金重大项目各单位立项比重

根据文本分析，2022 年国家社科基金新闻传播类重大项目核心词是"国际传播"，共出现 8 个相关项目(含 1 个"全球传播"项目、一个"一带一路"背景项目、一个西方国家涉华传播项目)，占全部项目的 36. 36%；其次，是新闻史相关研究，主要围绕百年来中国共产党的新闻传播实践工作进行史料收集，共有 6 项，占比为 27. 27%；再次，有 4 个项目立足将媒介与推进国家治理体系和治理能力现代化进程向融合，重视互联网语境下的群体恐慌、数字沟通，占比 18. 18%。其余项目均围绕当前国家社会发展的重大需求与紧迫命题，立足人类文明新形态，根植于中华优秀文化，与数字技术相结合，不断铸牢中华民族共同体意识，传播冬奥精神、彰显时代风貌。这些项目具有大局观、系统性、及时性，很好地体现了新闻传播学科关注国家重大发展方向的学术回应，是贯彻学习党的十九届六中全会精神的生动体现。

6.3.4 项目的主题内容

6.3.4.1 关键词分析

为分析2022年新闻传播学类国家社科基金项目所关注的热点话题，我们先是通过人工切词的方法，将229个项目(含重大项目)中有一定含义及反映倾向的词归类，然后对这些关键词进行筛选，剔除一些不具有明确指向性词语，最终保留了出现频次3次以上的66个有效关键词，参见表6-21；并结合软件分析，生成了2022年新闻与传播学国家社科基金项目关键词词云图(见图6-14)。

表6-21 **2022年新闻传播类国家社科基金项目关键词(部分)**

序号	关键词	词频	序号	关键词	词频
1	治理	36	16	中华民族共同体	7
2	国际传播	23	17	平台	7
3	媒介	24	18	风险	7
4	数字	19	19	数据	7
5	出版	13	20	智能媒体(智媒)	6
6	网络	13	21	信息疫情	6
7	社交媒体	12	22	认同	6
8	舆论(舆情)	12	23	西南	6
9	新时代	10	24	记忆	6
10	话语	10	25	健康	6
11	红色	9	26	宣传	6
12	中国共产党	9	27	影像	6
13	广告	8	28	新媒体	6
14	乡村	8	29	互联网	6
15	县级融媒体	7	30	报刊	6
31	算法	5	49	中国形象	3

续表

序号	关键词	词频	序号	关键词	词频
32	虚假信息	5	50	突发事件	3
33	边疆	5	51	情绪传播	3
34	涉华	5	52	人工智能	3
35	中国特色	5	53	百年中国	3
36	青年	5	54	大变局	3
37	价值	5	55	民国	3
38	短视频	5	56	美国	3
39	命运共同体	4	57	国家认同	3
40	抗日	4	58	少数民族	3
41	民族地区	4	59	文化传播	3
42	党媒	4	60	版权	3
43	叙事	4	61	乡村振兴	3
44	老年	4	62	乡村治理	3
45	社区	4	63	史料	3
46	农村	4	64	脱贫	3
47	空间	4	65	期刊	3
48	中国故事	3	66	伦理	3

结合表6-21，对2022年新闻传播类国家社科基金项目关键词词频详细阅读，可以总结其呈现出如下十个特征：

一是“治理”问题成为全年项目的核心问题，2022年的项目分析中“治理”关键词出现36次，较上一年持续增加；二是突出新闻传播研究的国际视野，2022年共有23个项目中出现“国际传播”关键词，还有“全球传播”“对外传播”类项目，中美、中日、中俄、中非等关系，着力构建“人类命运共同体”，也从“涉华”视角看中国；三是媒介问题呈现“深度媒介化”转向，“媒介”词频依然处于高位，“媒介叙事”“媒介支持”“媒介化治理”“媒介记忆”“媒介实践”等研究视角体现了当前媒介深度参与社会变革的重要作用，媒介研究正走向深入；三是直面数字化变革，不仅体现在数字技术应用下“数字媒体”

图 6-14　2022 年新闻与传播学国家社科基金项目关键词词云图

“智能媒体”的转向，也体现在新闻传播研究对“数据”的重视程度正在提高，并从新闻传播视角阐释“交往范式”“数字记忆”等深层命题；四是围绕“百年中国”的历史研究持续开展，着力于“中国共产党”开展的一系列新闻传播实践活动中，如“党报党刊”“社会动员”“社会交往”等，持续挖掘“红色文化”内涵；五是关注“社交媒体”与“数字平台”的“舆论”场域，尤其是发生“突发事件”时，不断提升应对“信息疫情”的能力，关注“虚假信息”传播的治理；六是强化“认同”引领，发挥媒介重要功能，通过关注“边疆”地区、“少数民族”地区不断“铸牢中华民族共同体意识”，彰显主流“价值”导向；七是“出版”数字化、国际化等主题相融合，凸显现时代的出版业风貌；八是服务国家基层治理，在“乡村”和“城市社区”深度融入媒介体系，发挥“县级融媒体”功能，塑造良好社会及网络“空间”；九是“广告”与网络治理相结合，体现在对“隐私问题”“伦理风险”“算法陷阱”等问题的关注；十是历史研究日趋丰富多元，尤其注重对历史资料的收集、整理。

6.3.4.2　项目的研究主题

2022 年的新闻传播学国家社科基金项目以习近平新时代中国特色社会主义思想为指导，回应时代需要、反映时代风貌。课题申报以《国家社科基金项目 2022 年度课题指南》(以下简称“指南”)为依据，在与已成功立项的项目对比后发现，“指南”对学者们的立项课题题目有较强的指导作用。针对新闻传播学科，“指南”给出了 40 条具体项目、33 条方向性项目；这 77 项指导项目出现最高频的词汇是“国际”，达 11 项，足见 2022

年对国际传播相关话题的重视程度；其次是“治理”，出现了7次。总体来看，最终立项项目中的关键词与“指南”项目重合度较高，重要研究主题保持一致。

分析发现，2022年新闻传播类项目可从国际传播、风险治理、共识制造、数字转向、历史分析五个关键主题进行分析。

(1)国际传播：新征程讲好中国故事的时代命题

2021年5月31日，习近平总书记在主持十九届中央政治局第三十次集体学习时强调，讲好中国故事，传播好中国声音，展示真实、立体、全面的中国，是加强我国国际传播能力建设的重要任务。2022年项目“国际传播”一跃成为最重要的关键词，共出现了22次，同时出现了多个“对外传播”“全球传播”相关项目。在国际传播相关话题，学者们主要关注于如下几个方面：一是在百年未有之大变局的时代背景下，关注传播效果，侧重于通过新技术、新方法改进叙事及话语，着力提升新时代精准化、分众化国际传播效能；二是国际传播主体多元化，以国际组织、通讯社、中资企业、网络意见领袖等不同主体，构建线上、线下一体的国际传播互动网络，重视社交媒体、短视频平台的作用；三是在国际传播过程中重视中华文化丰富资源，建构中华文化元典数字记忆，挖掘少数民族题材文化内容，推动中国故事的译介与传播，全面提升在国际传播中的中国形象；四是重视国际传播活动的双向视野，一方面以中国为本体对外讲好中国故事，另一方面也要重视他国“涉华”议题中错综复杂的传播现状，对相关虚假信息及时纠偏治理。五是丰富国际传播议题，在地区案例上主要体现涉疆、涉藏、台湾、香港等，在国家关系上主要体现中美、中非、中国与东盟等国际交往。

(2)风险治理：深度媒介化时代的媒介社会融入

当前，伴随着媒介技术的迅速成熟，整个社会向深度媒介化社会演变，平台越发深刻嵌入人们的日常生活中，在新冠疫情等重大突发事件发生时发挥了十分重要的作用，是数字时代的新型基础设施。在推进国家治理体系和治理能力现代化的背景下，需要直面系统性、结构性风险发生的可能，项目立项中主要表现为群体恐慌、同情疲劳、算法依赖、广告伦理、公众隐私、虚假信息扩散等风险。对此，新闻传播学科参与社会治理研究正在走向深入。一是媒介参与社会现实治理，一方面体现在参与乡村治理，主要是通过新媒介手段参与乡村振兴建设、稳定乡村秩序；另一方面体现在参与城市基层社区治理，思考在基层城市社区管理中媒介辅助智能化管理。二是对媒介本身的治理，主要表现在针对纷繁复杂的网络信息场域，出现了虚假信息、“信息疫情”、饭圈乱象等不良现象，尤其在重大突发性事件中，学者们持续关注舆论舆情的识别、监测、预警、控制、引导，助力清朗的网络言论空间的形成；同时，项目也体现了对老年人、青年人、女性等群体的关注。

(3)共识制造：党领导下的“共同体”认同与红色文化传播

从历史中走来，在中华民族伟大复兴的新征程中，中国共产党始终是坚强的领导核心，提供了坚强的组织保障，在新闻传播实际工作和学术研究中均体现了这一导向。在迈向第二个百年奋斗目标的新征程中，党领导的新闻舆论工作发挥了凝心聚气、鼓舞人心的作用，习近平总书记强调，“做好党的新闻舆论工作，事关旗帜和道路，事关贯彻落实党的理论和路线方针政策，事关顺利推进党和国家各项事业，事关全党全国各族人民凝聚力和向心力，事关党和国家前途命运。”因此，面对错综复杂的网络环境，新闻传播项目体现了制造共识、引领共识的导向，体现如下特点。一是铸牢中华民族共同体意识，在社会主义意识形态的引领下，不断构筑各民族共有精神家园，让新媒体场域激荡正能量、主旋律；二是重点关注边疆地区、民族地区，尤其是共存了较多少数民族的西南地区，共有6个项目进行了侧重；三是对中国共产党百年来开展新闻舆论工作的实践进行历史分析，挖掘红色文化内涵，从红色博物馆、红色报刊、红色作品的传承中观照现实，更好地指导当下新闻传播工作、凝聚社会共识。

(4)数字转向：智能传播时代中的数字化变革

近年来，在数字经济蓬勃发展的背景下，新兴技术变革与新闻传播业发展同频共振，业已成为促进行业进步的重要动能，尤其是数字技术广泛应用，加速了新闻传播业的数字化转向。2023年4月4日，教育部印发了《普通高等教育学科专业设置调整优化改革方案》，其中提出了“推进文科专业数字化改造”的要求，这一趋势在2022年国家社科基金新闻传播类项目中已有体现。一是数字传播正在兴起，媒体智能化趋势正在显现，数字技术影响下的分众化、精准化越发明显，学者们关注智媒时代的媒介使用、内容生产、公共沟通等机制重构问题；二是对数据要素的重视，作为数字时代的重要生产要素，大数据分析是推动智能传播的重要动能，数据产业视域下的数据流通、数据隐私、数据治理都已进入学界视野；三是关注数字与广告、出版、新闻、影视等相关行业的融合与改造，力图寻找数字时代新的行业机遇。

(5)历史分析：清代以来多维视角下的新闻传播实践研究

历史研究是新闻学与传播学研究内容的重要组成部分，史料为新闻传播发展的历史提供了翔实的佐证。通过分析，2022年的项目中有22个与新闻传播史有关，数量较去年有了进一步增长。从研究历史时期来看，以清代以来新闻传播相关活动为主，部分涉及民国时期，且主要集中于百年来中国共产党领导下的新闻传播实践；从研究内容来看，2022年的国社科项目视角多元，主要包括：宣传史动员、报人个体的新闻社会史、报人群体的马克思主义传播史、新闻统制史、社会交往史、新闻文体演化史、影像记忆史、新闻文风演进史、通讯社建设史、海外华人家族史等等，由此可知，学者在选择新闻史研究时更倾向于从具体的历史视角入手；从项目研究方式上看，较多学者选择的是史料的整理工作，部分选择了建立数据库，对历史资料进行更加系统的总结梳理。同时应该注意到，立项项目中不少新闻史研究选择了与其他主题相结合，如在国际传播视野下讨论历史研究，给新闻史研究提供了更加丰富的视角。

总的来看，2022 年国家社科基金的新闻传播学类项目响应时代主题、研究社会关切，具有时代感和应用性。近年来，新闻学与传播学学科国家社科基金项目取得了长足进步和一定的发展。但仍存在一些问题值得反思：一是作为国家社科基金项目，在一些重大命题的选择与研究上仍有不足，如关于习近平总书记关于新闻传播学科的重要论述、重要著述等相关研究还稍显不足；二是回答“中国之问、世界之问、人民之问、时代之问”的学术本领有待提高，学者们应在构建中国特色哲学社会科学的高度持续发力，构建中国特色新闻、传播学基础理论体系；三是课题研究应加强直面数字化变革的能力，运用系统性思维、跨学科视野，重视数字技术对新闻传播体系的根本性重塑，在深度媒介化时代持续关注媒介的重要作用。此外，学者们应利用好学科优势，注重对学术成果的推介和宣传，让新闻传播学研究“走出去”。

（中南民族大学文学与新闻传播学院　陶喜红、刘相）

6.4　2022 年新闻传播学高等教育(本科)国家级教学成果奖

2023 年 1 月 5 日，教育部高等教育司对 2022 年高等教育(本科)国家级教学成果奖候选项目进行了公示。此次公示的项目共有 1716 项，其中新闻传播学项目 22 项，约占项目总数的 1.28%(参与成果申报但不是新闻传播学项目的未统计在内)。

6.4.1　成果完成单位

从主要完成单位来看，共有 25 个单位参与了新闻传播学国家级教学成果奖项目。在 22 个项目中，由 1 个单位独立完成的项目有 19 项，由 2 个或 2 个以上单位共同完成的项目有 3 项。

从各单位完成成果数量来看，中国传媒大学完成 4 项(均为独立完成)，浙江大学完成 2 项(均为第二完成单位)，其余单位均为 1 项。

从主要完成单位的性质来看，25 个单位中有 24 个为高校，1 个为企业单位。

具体参见表 6-22。

表 6-22　**2022 年新闻传播学高等教育(本科)国家级教学成果奖候选项目完成单位排序(公示数据)**

序号	成果主要完成单位	项目数量	备注
1	中国传媒大学	4	独立完成
2	浙江大学	2	第二完成单位
3	中国人民大学	1	独立完成
4	北京印刷学院	1	独立完成
5	内蒙古大学	1	独立完成
6	哈尔滨师范大学	1	独立完成
7	上海交通大学	1	独立完成
8	复旦大学	1	独立完成
9	同济大学	1	独立完成
10	浙大宁波理工学院	1	第一完成单位
11	浙江传媒学院	1	第一完成单位
12	成都理工大学	1	第三完成单位
13	成都华栖云科技有限公司	1	第四完成单位
14	安徽师范大学	1	独立完成
15	河南师范大学	1	独立完成
16	武汉大学	1	独立完成
17	华中科技大学	1	独立完成
18	武汉体育学院	1	第一完成单位
19	北京体育大学	1	第二完成单位
20	上海体育学院	1	第三完成单位
21	广州体育学院	1	第四完成单位
22	湖南师范大学	1	独立完成
23	暨南大学	1	独立完成
24	深圳大学	1	独立完成
25	四川外国语大学	1	独立完成

6.4.2 项目区域分布

从项目主要完成单位所在区域分布来看，高校教育资源较为集中的省份在候选项目数量中占优。北京、上海、浙江、湖北、广东五地为候选项目数最多的前五个区域。具体参见表 6-23。

表 6-23 **2022 年新闻传播学高等教育(本科)国家级教学成果奖候选项目区域分布(公示数据)**

序号	地区	项目数量					合计
		独立完成	第一完成单位	第二完成单位	第三完成单位	第四完成单位	
1	北京	6		1			7
2	上海	3			1		4
3	浙江		2	2			4
4	湖北	2	1				3
5	广东	2				1	3
6	四川				1	1	2
7	内蒙古	1					1
8	黑龙江	1					1
9	安徽	1					1
10	河南	1					1
11	湖南	1					1
12	重庆	1					1
	合计	19	3	3	2	2	

6.4.3 项目研究主题

为分析候选项目所关注的热点话题，我们首先通过人工切词的方法，将 22 个项目中有一定含义及反映倾向的词归类，然后对这些关键词进行筛选，剔除一些不具有明确指向性的词语，最终形成词云图和词频表，具体参见图 6-15 和表 6-24。

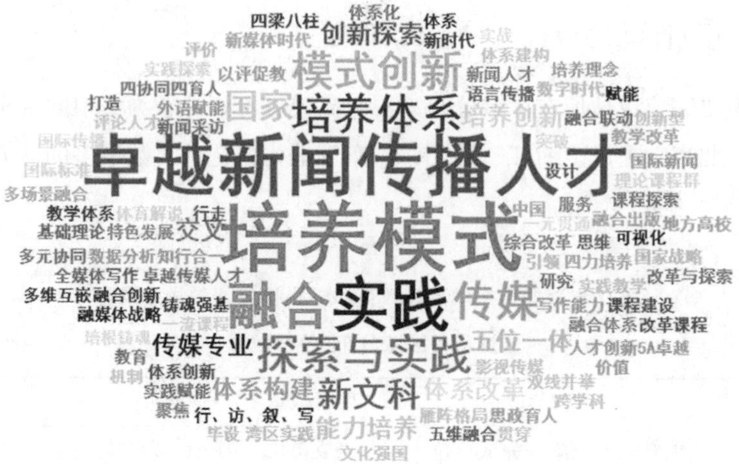

图 6-15　2022 年新闻传播学高等教育(本科)国家级教学成果奖候选项目词云图

表 6-24　**2022 年新闻传播学高等教育(本科)国家级教学成果奖候选项目关键词词频(公示数据)**

序号	关键词	词频	序号	关键词	词频
1	实践	14	17	国际传播	1
2	新闻传播	12	18	国际新闻传播	1
3	创新	12	19	体育解说评论	1
4	培养模式	8	20	全媒体写作	1
5	体系	8	21	新闻采访	1
6	卓越新闻传播人才	7	22	语言传播	1
7	融合	6	23	影视传媒	1
8	培养体系	4	24	出版	1
9	模式创新	4	25	金课	1
10	新文科	3	26	思政育人	1
11	课程	3	27	部校共建	1
12	赋能	3	28	四力培养	1
13	交叉	2	29	跨学科	1
14	五位一体	2	30	可视化	1
15	培养理念	1	31	数据分析	1
16	卓越传媒人才	1	32	以评促教	1

从项目关键词词频中可以看出，当前新闻传播学高等教育(本科)教学成果呈现出如下特征：

一是注重对“培养模式”和“培养体系”的改革创新。候选项目中有16个项目以培养模式或培养体系的改革为主题，约占项目总数的72.7%。互联网技术的发展改变了传播生态，社会对新闻传播人才的需求也随之发生变化。新闻传播学高等教育探索人才培养模式和体系的变革，是对当下国家、社会、行业对新闻传播人才需求变化的积极回应。如由中国传媒大学完成的“面向国家战略的国际新闻传播人才培养体系建构”、由湖南师范大学完成的“卓越新闻传播人才全媒体写作能力‘四梁八柱’培养模式的探索与实践”等。

二是“卓越新闻传播人才培养”备受关注。在22个项目中，有8个项目是围绕“卓越新闻传播人才培养”进行改革探索，约占项目总数的36.4%。2018年9月，教育部、中宣部发布《关于提高高校新闻传播人才培养能力实施卓越新闻传播人才教育培养计划2.0的意见》，提出“形成遵循新闻传播规律和人才成长规律的全媒化复合型专家型新闻传播人才培养体系，培养造就一大批适应媒体深度融合和行业创新发展，能够讲好中国故事、传播好中国声音的优秀新闻传播后备人才”的目标要求。4年来，新闻传播学高等教育锚定这一目标，从“人才培养与评价融合体系构建”“部校共建”“国家融媒体战略”等角度切入，对新闻传播人才培养进行改革创新，成果丰富。

三是“新文科建设”背景及“跨学科”“交叉”“融合”等理念成为新闻传播学学科和专业教学成果培育的立足点和创新点。候选项目中，“新文科”“融合”“交叉”“跨学科”词频分别为3次、6次、2次、1次。2019年4月，教育部、中央政法委、科技部等部门联合启动“六卓越一拔尖”计划2.0，标志着我国新文科建设的正式启动，学科交叉融合是“新文科”建设的关键理念。新闻传播学高等教育教学成果紧跟教育改革前沿，勇于创新，对这些问题表现出充分的重视。

四是成果特色鲜明。有一些关键词虽然仅出现1次，但是体现了成果完成单位鲜明的人才培养特色和办学理念。新闻传播院系立足自身及所在地区的优势，走差异化发展之路，取得了特色鲜明的教学成果。如由暨南大学完成的“国际标准湾区实践：‘5A卓越’新闻传播人才培养体系改革创新探索”、由深圳大学完成的“价值引领毕设突破实战贯穿——新闻传播创新型人才培养的25年改革与探索”、由武汉体育学院、北京体育大学、上海体育学院、广州体育学院共同完成的“新媒体时代体育解说评论人才‘四协同四育人’培养模式的探索与实践”等。

6.4.4 项目一览表

2022年，全国新闻传播类高等教育相关国家级教学成果丰硕，具体如表6-25所示。

表 6-25　**2022 年新闻传播学高等教育(本科)国家级教学成果奖候选项目公示名单**

序号	成果名称	成果主要完成单位	成果主要完成人
1	以评促教、双线并举：新时代卓越新闻传播人才培养与评价融合体系构建	中国人民大学	胡百精、周勇、张辉锋、李彪、王润泽、韩晓宁、刘海龙、高贵武、许向东、王树良
2	实践赋能·知行合一：中国新闻传播教育的模式创新	中国传媒大学	高晓虹、王晓红、孙振虎、冷爽、赵希婧
3	基于设计思维的“新文科”人才创新能力培养体系构建和实践探索	中国传媒大学	黄心渊、廖祥忠、乌尔里奇·温伯格(德)、税琳琳、姜浩、王可越、宋戈、范敏、侯玥、闫玉刚、任锦栾
4	服务文化强国聚焦特色发展打造融合出版人才培养的雁阵格局	北京印刷学院	陈丹、张新华、李德升、谷征、李柴非、宋嘉庚、张文红、孙万军、刘千桂、常昕、范继忠
5	国家语言传播人才培养理念与体系	中国传媒大学	李洪岩、喻梅、陈卓、徐树华、柴璠、翁佳、高原、王群、李凤辉、徐力、赵俐、涂中文
6	面向国家战略的国际新闻传播人才培养体系建构	中国传媒大学	曾祥敏、吴敏苏、张龙、汤璇、李艾珂、刘雯
7	一元贯通多维互嵌：卓越新闻传播人才培养模式创新与实践	内蒙古大学	张丽萍、刘寒娥、马骐、许晋、刘艳婧、马强、闫伟华、塔娜、都翔蕤
8	传媒类专业交叉赋能型人才培养模式的研究与实践	哈尔滨师范大学	王晓敏、韩强、刘伦、孟宪德、曲玮婷、裴佳兴、安立国、田明星、贺楠、李贵龙、阎菲、于海礁、吕小诗、徐龙稷、张友强
9	面向国家融媒体战略的卓越新闻传播人才 STEAM-T 型培养模式及实践	上海交通大学	李本乾、张国良、李少远、李晓静、薛可、王昊、王大可、陈晓云、张湛、张亚光、李康化、李春梅、王茜、阎峰、皇甫晓涛

续表

序号	成果名称	成果主要完成单位	成果主要完成人
10	数字时代新闻人才培养模式创新：以数据分析与可视化为例的新文科课程探索	复旦大学	周葆华、徐笛、崔迪、尤莼洁、吕妍
11	体系化外语赋能，交叉性多元协同——国际传播人才培养模式创新实践	同济大学	吴赟、吕培明、郑春荣、王建民、门洪华、黄立鹤、郭亚东、胡琪、孙宜学、董琇、王鑫、张德禄、李翔宁、钟宁桦，于馨淼
12	“行走的新闻”：行、访、叙、写实践教学改革与课程思政育人的创新探索	浙大宁波理工学院、浙江大学	刘建民、韦路、王军伟、吴飞、李炜、赵瑜、胡晓梅、李义杰、洪宇、彭增军、陈雪军、朱小红、林玮、王庆文、文娟
13	影视传媒类专业多场景融合教学体系创新与实践	浙江传媒学院、浙江大学、成都理工大学、成都华栖云科技有限公司	胡一粱、姚争、陈永斌、冯建超、韦路、李琳、黄寒冰、陈佩芬、刘翼、余军、张雷、陶文平、卢懿、黄晓琴、俞定国
14	融合联动，培根铸魂：部校共建机制下地方高校卓越新闻传播人才的培养创新	安徽师范大学	马梅、杨柏岭、张师帅、赵昊、吴青山、秦枫、沈正赋、肖叶飞、邵振奇、张荻、林燕、张军辉、罗铭、李化来、孙亮
15	四力培养五位一体：基于新闻采访学一流金课建设的新闻传播能力培养体系改革	河南师范大学	段勃、张仕勇、夏冰、李占伟、陈娟、张海艳、王文娟、张强、刘安娜、刘骏飞、王毅、王君健
16	五位一体，融合创新：基于跨学科的卓越新闻传播人才培养模式探索与实践	武汉大学	单波、强月新、洪杰文、肖珺、傅才武、吴世文、肖劲草、姚曦、周茂君、王敏、杨力、王松茂
17	铸魂强基：新闻传播基础理论课程群综合改革探索与实践	华中科技大学	张昆、张明新、李华君、唐海江、陈薇、郭小平、刘洁、徐明华、何志武、余红、李卫东、王创业
18	新媒体时代体育解说评论人才“四协同四育人”培养模式的探索与实践	武汉体育学院、北京体育大学、上海体育学院、广州体育学院	张德胜、王子也、王创业、薛文婷、朱俊河、武学军、王晓东、李菁、王东林、郝斌、姜晓红

续表

序号	成果名称	成果主要完成单位	成果主要完成人
19	卓越新闻传播人才全媒体写作能力“四梁八柱”培养模式的探索与实践	湖南师范大学	吴果中、肖燕雄、罗新星、陈艳辉、翁杨、刘先根、唐苗、刘振
20	国际标准湾区实践：“5A 卓越”新闻传播人才培养体系改革创新探索	暨南大学	林如鹏、支庭荣、刘涛、张晋升、杨先顺、林爱珺、陈伟军、彭伟步、麦尚文、朱磊、赵建国
21	价值引领毕设突破实战贯穿——新闻传播创新型人才培养的 25 年改革与探索	深圳大学	巢乃鹏、王晓华、黄玉波、胡莹、黄晓东、田少煦、辜晓进、杨洸、周裕琼、吴予敏、范芳彬、何建平、尹连根、李明伟、王建磊
22	五维融合：新文科背景下卓越传媒人才培养创新与实践	四川外国语大学	刘国强、严功军、丁钟、倪颖军、郭赫男、苟欣文、邬建中、周文德、王飞、黄蜜、何双百、刘涛、蓝若宇、王艳、廖梦夏

（湖南师范大学新闻传播学院　吴果中）

6.5 学 科 竞 赛

6.5.1 2022 年宝钢优秀教师奖新闻传播学教师获奖情况

宝钢教育奖是由宝钢集团有限公司独家出资设立，中央政府支持指导，专家咨询策划，高校积极参与，颇具影响力的全国教育类奖项。宝钢教育奖以“奖掖优秀人才，力行尊师重教，推动产学合作，支持教育发展”为宗旨，每年评选一次。2022 年度宝钢优秀教师奖于当年 12 月 8 日揭晓，共有 256 名教师获宝钢优秀教师奖，9 名教师获得宝钢优秀教师特等奖，7 名教师宝钢优秀教师特等奖提名奖。在新闻传播教育领域，中国人民大学新闻学院副院长王润泽教授、华东师范大学传播学院吕新雨教授、上海外国语大学新闻传播学院副院长陈沛芹教授 3 人，荣获“宝钢优秀教师奖”，其基本事迹如下：

①王润泽，中国新闻史学会会长，教育部“长江学者奖励计划”特聘教授，中国人

民大学新闻学院副院长，教育部人文社会科学重点基地新闻与社会发展研究中心执行主任，中宣部“马工程”教材首席专家，教育部“马工程”教材修订版主持人。王润泽教授先后主持国家社科重大项目、教育部重大项目等多项；出版《北洋政府时期的新闻业及其现代化》等著作十余部；主编“民国时期新闻史料”近亿字；在《新闻与传播研究》等刊物发表学术论文170余篇。曾荣获国家级和北京市级教学成果奖、霍英东教育基金会高等院校教育教学奖、宝钢优秀教师奖等教学奖励。

王润泽教授自任教以来，始终坚持以新闻史的教学和科研为重心。在逾20年的教学生涯中，坚持把立德树人作为工作根本，发挥新闻传播史在思政育人中作用，形成了鲜明的教学特色。

第一，坚持以习近平新时代中国特色社会主义思想为指导，以新文科建设为目标，创新新闻传播学科教学理念。在新文科建设的背景下，王润泽教授强调“守正创新”是新闻教育变革的逻辑起点。所谓“守正”，即立足中国国情，坚持新闻教育的“固本”原则。所谓“创新”，即强调学术体系与知识体系融会贯通，以创新思维带动新闻教育变革。在教学实践中，王润泽教授坚持发挥课程建设与教学的传统优势，创新教学理念、内容、方法和手段，使传统的新闻史教学更加适应新时代培养卓越新闻传播人才的需要。

第二，坚持立德树人，注重以人为本的教育工作基点。在教学中王润泽教授一直坚守新闻史本位，以“上好课”为出发点，立足《中国新闻传播史》专业核心课程，不断搜集海内外新闻史最新资料，制作课件近千张，丰富授课资源，极大丰富了新闻传播史的授课内容与教学资源。在教学过程中，她着重“以学生发展为中心”，借助反转课堂、专题讲授、案例研讨、文献阅读，第二课堂实习实践等多种形式，培养学生的创新能力与思辨能力，让学生们在新闻史学习中感悟中国的历史，文化与国情，进而丰富对中国新闻事业发展的认知。

第三，重视教材的编纂，创新教材体系内容。近五年来，王润泽教授受邀参与中宣部“马工程”教材《新闻学概论(第二版)》，教育部“马工程”教材《中国新闻传播史》的编纂工作。在两本教材的编撰过程中，她与课题组成员一起，在全国新闻传播高等教育机构范围内进行了深入调研，切身领会到习近平新时代中国特色社会主义思想对新闻舆论工作的指导意义，自觉将其融入“马工程”教材的编写，以高质量的教材建设工作，参与构建新闻传播学科的学科体系、学术体系、话语体系。

②吕新雨，华东师范大学紫江特聘教授，华东师范大学—康奈尔比较人文研究中心主任，华东师范大学传播学院博士生导师。主持教育部新文科研究与改革实践项目、教育部产学合作协同育人项目等多项国家级、省部级项目，主编多部教材和专著，获得国

家级教学成果二等奖、上海高校一流本科课程等荣誉。

在新闻传播教育教学工作中，吕新雨教授切实把立德树人的责任和使命落到实处。领衔“中国特色新闻传播人才实践教学培养体系构建与实践”获2020年上海高校本科重点教改项目立项、华东师范大学本科教学成果一等奖。她组建并领衔学院《马克思主义新闻观》本科教学团队，搭建“马新观”课程体系，将“马新观”课程纳入新闻专业基础和核心课程，树立学生为民族、为国家、为人民从事新闻工作的责任感和使命感。

吕新雨教授致力于用国际传播实践的前沿问题引领新传教育改革。在2017—2021年担任传播学院院长期间，通过构建融合新闻传播学、戏剧影视学为一体的“双一流”师范类新传教育全媒体人才培养新模式，探索出一条新路，成就斐然。领衔教育部“新文科研究与改革实践项目”：新文科建设背景下的全媒体传播人才培养模式创新与实践研究等教学成果，获得同行赞誉。

③陈沛芹，上海外国语大学新闻学院教授，博士生导师，上外中国国际舆情研究中心副主任，上海市社调中心上外分中心副主任，上海市优秀人才计划“浦江人才计划”获得者，美国纽约哥伦比亚大学新闻学院富布赖特高级访问学者，美国马里兰大学新闻学院“中美教育基金媒体研究学者”。现从事国际新闻理论、新闻社会学、英语新闻采访与写作等新闻学专业的硕士与本科课程教学。研究方向为国际新闻与国际媒体，著有《美国新闻业务导论：演进脉络与报道方式》，翻译有《国际新闻与驻外记者》等著作，为英美高级实务译丛执行副主编。在《新闻大学》《国际新闻界》《新闻界》等国内核心期刊中发表了多篇与外国媒体和国际新闻相关的中文论文，并在美国正式发表了英文论文 *Magazines*：*AnIndustryin Transition*、*Radio Broadcasting*：*Deregulation and Development*（New Media for a New China，ed. James F. Scotton and William A. Hachten，Willey-Blackwell，Malden：2010）等文章。

（重庆大学新闻学院　齐辉）

6.5.2　第十七届“挑战杯”全国大学生课外学术科技作品竞赛

“挑战杯”竞赛前后历经32年，上千万青年学生参与该赛事奖项的角逐。

第十七届“挑战杯”竞赛包括主体赛和红色专项活动、“揭榜挂帅”专项赛、黑科技专项赛3项专项活动。各省级团委、高校团委依据“增强群众性、客观性、交流性”竞赛要求，举办了省赛、校赛，或参与经验分享、获奖者宣讲座谈等系列活动。

第十七届“挑战杯”全国大学生课外学术科技作品竞赛于3月26—28日完成决赛，29日在国家公证人员监督公证下，完成了成绩统计和奖次评定工作。竞赛评审委员会就内地作品评出特等奖作品 49 件、一等奖作品 109 件、二等奖作品 320 件、三等奖作品 755 件；就港澳地区作品评出特等奖作品 1 件、一等奖作品 2 件、二等奖作品 6 件、三等奖作品 18 件(见表 6-26)。

表 6-26　　**第十七届“挑战杯”全国大学生课外学术科技作品竞赛**

序号	作品名称	学　校	获奖学生	指导老师
1	时政新闻如何面向青年讲好中国故事——基于福建省主流媒体及 8978 名青年调查数据的实证分析	福建师范大学	陈淑蕾、雷凯、李雨潼、高雅祺、黄悠然、郑杰婧、韩昕韵、张逸凡	许建萍、蔡蔚萍、黄敏
2	传承百年红色基因汲取“根脉”奋进力量——创演话剧《初心》弘扬红船精神的实践探索	嘉兴学院		虞兰、洪坚、计丹风
3	多孔金属阳极氧化物的形成机理研究及其应用	南京理工大学	张健鹏、周沁怡、张钊荧、陈爽、但雨欣、李溥滢、鲁南、王安成	张文超、朱绪飞、张天娇
4	航天轻质变刚度结构优化设计技术与应用	大连理工大学	张坤鹏、袁野、王法垚、王文杰、王宇同	程耿东，王博、郝鹏
5	大型飞行器变曲率蒙皮吸附式移动加工机器人系统	华中科技大学	刘晓顺、向阳、李千千、黄俊辉、丁文政、胡杰、路昊东、仰北川	陶波、张俐
6	开放量子关联系统中的演生现象研究	上海交通大学	王子健、章艳芳	蔡子
7	高机动无舵两栖航行器推进系统关键技术研究	南京航空航天大学	兰炳松、李亦、董晗、彭元、刘雅琪、蔡乐、张睿婧、刘宇轩	徐惊雷、王霄、吕郑
8	基于智能超表面的 5G 网络覆盖增强系统	华中科技大学	王锴、裴熙隆、张昆、陆骋、王梓鹏、高梦颖、韩良成、左婧怡	尹海帆、谭力、蔡普成

续表

序号	作品名称	学　　校	获奖学生	指导老师
9	“造血式”扶贫：少数民族地区基础教育资源配置效率的测度及均等化发展策略研究——来自甘孜州的实证调查	电子科技大学	薛佳依、徐一丹、申爱华、王世鸿、林钰莎、韩佳洋、龚庆宇、彭措	刘宇、谢虞南
10	基于咖啡酸酯的靶向纳米药剂和寄生蜂产品研制及其绿色防控桑青枯病和桑螟	江苏科技大学	杨学钧、沈翔宇、严孟文、庞慧琳、邢晓蓉、耿丽恬、李琰、邱宗钢	盛晟、王俊、吴福安
11	技术赋能优质均衡——广东10市教育信息化推动义务教育优质均衡发展的调查研究	华南师范大学	牟婷、冷姜桃、洪雨菲、钟怡清、薛晓倩、张玉萍	卢晓中、陈斌、钟景迅
12	职业放贷人甄别预警与法律规制研究——基于全量裁判文书的大数据挖掘	四川大学	王瑞坤、黄肖寒、黄婷、陈辰、杨于宸、刘宇科、徐嫣然、张苾觅	李鑫、翁洋
13	基于中草药文化传播的儿童绘本创新实践研究	天津科技大学	李芳颖、王子洋、肖洋、姜振宇、董耀榕、苑浩鹏、郝昭晗	刘琳琳、于洋、徐守超
14	红色文化助推乡村高质量发展研究——基于盐城市128个烈士命名镇村的调研	盐城师范学院	曹可凡、郭璧绮、李思宏、石配鲜、叶凯菲	朱广东、冯春芳、高娟
15	宝宝用电守护神——儿童安全智能电路转换器	安徽工业大学	王郕、夏曦	张辰啸
16	面向人工智能应用的新型忆阻器机理、算法及电路研究	清华大学	刘晏铭、印嘉驹	无
17	基于刚柔融合结构的高性能模块化管道机器人	天津科技大学	吴俊然、栾慎涛、吴永豪、曹棕源、王馨	房德磊
18	金属管材三维自由弯曲成形技术与装备	南京航空航天大学	吕万程、韩明明、吴润华、吕学良、宋玉越、潘昱良、韩冰、杨昕格	沈一洲、程诚

续表

序号	作品名称	学　校	获奖学生	指导老师
19	耦合气相辅助和 Halbach 磁化环的高效两相流雾化喷嘴	西安交通大学		吴浩齐
20	双色飞秒全光纤激光及其多模态多光子光学成像	华南理工大学	文晓晓、吴经锋、陈学文、孙悦怡	杨中民、韦小明
21	益生活性海藻多糖的制备及应用	华南理工大学	姚烷梓、余泳薏、黄韦璇	游丽君
22	基于界面"微雕"构筑多级有序结构"智造"柔性生理信号传感器	浙江理工大学	欧阳兆锋、邓天豪、穆梦雅、卢高君、黄程玲、徐新雨、陈玉香、李芳	余厚咏、李营战、陈祥
23	新卤醇法-钛硅分子筛催化制备环氧乙烷的方法	江西师范大学	高宇妍、付为、黎艳艳、朱振欣、王恒、林锐庆、毛怡玲、曾其昕	陈飞彪、王宝荣、邹昀芹
24	农地经营权强度与农地投资：实践绩效与政策优化研究	华南农业大学	任乾坤、吴诗雨、罗辉龙、袁俪庭、米薪宇、郑康丰、吴瑾、陈家浩	米运生、钟文晶
25	疫情冲击下惠企纾困政策分析与成效调研	上海财经大学	王昱涵、范阅、陆嘉雯、沈茜、刘雨辰、马逸杰、王博楷、郑楷樾	吴纯杰、黄枫
26	基于间接 PμSL 技术的反结构可编程柔性压电传感系统	西安交通大学		
27	拓扑电路中新奇量子物态的理论设计研究——从拓扑绝缘体到马约拉纳零模	北京航空航天大学	姚俊杰	周苗
28	"屏幕扶贫"视角下远程直播教育技术的创新—扩散的现状调查	中央民族大学	和璐昀、杨晓双、李宇涵、袁冰雨、米惠华、张宇、唐子涵	毛湛文、肖霄

续表

序号	作品名称	学　　校	获奖学生	指导老师
29	“稻花香里说丰年”基于深度学习的农作物病虫害智能识别防治方案	同济大学	俞少作、戴浏、鞠璇、赵冰辰	叶晨
30	用于人体硬组织替代的高强低模仿生梯度多孔纯钛支架材料	北京科技大学	于爱华	路新
31	适宜非常规油气开采工程的软物质密封材料	青岛科技大学	张曾	李再峰
32	基于双曲超材料 SPR 光纤传感器的设计及应用于蛋白质和病毒检测	山东师范大学	张然、邢坤瑜、李双陆、王子睿、韩传燊、申沂明、左子谭、宋婧怡	范秀伟、姜守振、杜学舰
33	快速融冰的理论及应用研究	山东大学（威海）	张鹏、申新、吕英波	朱栩量
34	智囊——智能纳米囊泡技术及其组织修复应用	浙江大学	顾辰辉、张子凌、陈鹏宇、孔康任、刘琛奕、王晟毓、郑泽宇、苏明真	范顺武林贤丰陈鹏飞
35	“刚柔并济”——面向穿戴设备自备电源的高能量无机电极材料的柔性化设计	北京科技大学	赵硕	连芳
36	为有源头活水来：乡村振兴的金融可得性与协调发展对策——对东中西部 27 县 1136 农户的调研	湖南大学	陆筱媛、于赛汗、戴睿、孙天瑞、雷康灏、冯震东	成程、杨胜刚、徐照宜
37	海洋精灵-模块化多功能智能水面无人艇	天津大学	周健、朱纪翔、李雪伟、陈翔宇、胡英俊、吴美仪、李梦源、刘志远	常帅
38	微秒级温度传感器动态校准系统	中国计量大学	杨洪波、代明璐、杨逸宁、潘婧涵、卓银杰、陈维杰、刘烁贝、刘彤彤	涂程旭、高晓燕、王旭

续表

序号	作品名称	学　校	获奖学生	指导老师
39	化工气体泄漏智能眼——光谱视频相机及预警系统	南京大学	周凯来、王远卓	曹汛、张光延
40	新型肿瘤微波精准消融关键技术及治疗仪的研制	南京航空航天大学	晋晓飞、冯宇、吴鑫、李梦雪、张丹、朱柔君、唐千舜、伍彪、俞钦栋	钱志余、李韪韬、邢丽冬
41	志愿者权利保障：问题、成因与对策——基于山东省三地市抗疫志愿者的调查研究	聊城大学	刘金铭、史珂、张慧敏、刘函宁、宋玲、刘训红	
42	淬炼重生：工业遗产开发的实践困境和策略选择——基于南昌市工业遗产的实地调查	南昌大学	童婷、谌华国、卢志诚、徐芷欣、孙瑗敏、曾惠东、柴博琳、鄢志鹏	肖玉琴、邓泉洋、黄佳鹏
43	同心抗疫、共克时艰：抗击新冠肺炎疫情初期公众社会心态与防控行为调查研究	河海大学	杨冰青、刘得存	孙中良、施国庆
44	行走于导轨之上——大行程粘滑式压电驱动器的研制	吉林大学	李轩、王馗沣、孙强、陈炜威、吴浩翔、魏大禹、衣春学、曹营华	黄虎
45	双向线驱动下肢外骨骼机器人助行系统	北京交通大学	王天乐、林映廷、马丁一	侯涛刚、唐涛、冯麟淞
46	基于纸铝塑复合结构的环保型柔性电子器件及应用	西安交通大学		刘明
47	基于球形催化颗粒的新型组件式非能动高效氢气复合器	哈尔滨工程大学	高全燚、周雨锋、张睿淳	丁铭、郭泽华、李大任
48	窄带隙嵌段高分子材料制备及光伏应用	苏州大学	袁鑫、冯逸丰、杨帆、王珂盈	袁建宇、马万里
49	守护生命：中小学生自杀干预策略研究——基于 8502 对中小学生及其家长的调查	四川大学	梁楷利	赵莉、黄晓琦、石学丹

续表

序号	作品名称	学　校	获奖学生	指导老师
50	基于药物代谢与生物酶解技术的中药知母抗真菌活性成分的制备及应用	上海中医药大学	许陈思涵、张乃廉、胡明瑞、张乃文	
51	基于一氧化氮传输的动脉功能和动脉粥样硬化斑块风险无创评测研究	北京航空航天大学	马天翔	刘肖
52	胶红酵母对土壤重金属的吸附(钝化)及抗性机制研究	南京农业大学	王童、王梦晓、于肖肖、汤育楷、裘晶晶、耿源远、刘沛霖、吴奕淳、陈天一、陈彦廷	李真、全思懋、郑冬冬
53	超能心脏——高功率高频次超级电容储能技术	浙江大学	严贵舒、李梓瑞、蒋依蔚、徐紫卉、李宇晨、况文豪、易可心、陈鹏鹏	
54	面向高性能可充锌空电池三维多孔空气电极的研发与应用	浙江师范大学	徐竹莹、平振涛、缪文一、杨国栋、王赛君、李磊、任彦榕、杨瑛	胡勇、王海燕、刘景弟
55	“球形”与“旋翼”协同的侦察机器人系统	西南科技大学	林锐、李瑞麟、杨茂桃	张华、霍建文、熊开封
56	水稻转录因子 OsbZIP09 功能及其调控穗发芽的分子机制解析	扬州大学	王楚鑫、朱成超、陆陈雅	李钱峰、张昌泉、陆江峰
57	基于脐带新用的沃顿胶一体化梯度脱细胞软骨支架材料的研究及应用	长沙医学院	吴巨之、李淅、张继承、周科谕、欧阳高萍、林思祁、陈家欣	朱乐玫、章乐
58	红色光质精细可调的植物生长 LED 用荧光粉的研究	西北农林科技大学		
59	保卫“菜园子”：农产品供应链农户风险研究——基于寿光市果蔬种植户的实证调查	潍坊科技学院	鲍鑫媛、王俊杰、周吉伟、尚英涛、洪金鸾、张新迪、张栋琳、刘畅	李铮、李彬、赵忠伟

续表

序号	作品名称	学　校	获奖学生	指导老师
60	可控高效、绿色空气氧化偶联反应的开发和应用	南开大学	徐一泽、黄珺煜、韩东阳、谭芷钰、吴可欣、武润石、刘枭鹏	徐大振、张思彤
61	点亮星途——生命全程视角下孤独症患者社会融合支持体系的调研与实践	温州医科大学	陈颖、成诗钰、吴艳阳、陈文静、冯亚妮、李芷研	陈小英、李军红、骆美辰
62	面向深部油气藏的高精度地震成像技术	中国石油大学（华东）	任舒波、宋佳珺、周昌、冯家乐、张艳芳、王奕昕、颜韩、陈阜斌	曲英铭、李振春
63	Visdar：基于全景立体视觉的实时环境感知与机器人应用解决方案	中山大学	仲崇豪、尚高星、赵埔田、郑佳宁、陈禹翰、曹锦东	陈刚、黄凯
64	新型植物免疫诱抗剂“氟苄硫缩诱醚”的开发及应用	贵州大学	"陈顺红、郭声鑫、胡婷、刘阳、张丘丘、兰荣猛、陈玢兰	
65	MDSC 来源外泌体促进结直肠癌转移的作用及其机制研究	江苏大学		王胜军、田洁
66	民族地区基层医疗服务改革的现状调查	上海大学	李鑫、於阅、陈诚、郭慕瑒、张依芸、管倩茹、朱富强、李文涛	袁浩、范明林、刘娇蕾
67	双氢青蒿素通过调控铁死亡抗肝纤维化新机制研究	南京中医药大学	王娴、章之悦、韦宗慧、曹雅诗、王子龙、张昱欣	张自力、郑仕中、祁明明
68	荧光多肽纳米探针在阿尔兹海默病诊断中的应用	西北工业大学	刘丁畅、付董洁、李涛	孙乐明、陈耀
69	面向多样性 2-吡咯烷酮分子绿色创制的自由基环化策略研究	宁波大学	刘燚、秦福华、黄训杰、曹婷婷、张伟康、宋思哲、孟潇潇、孟亚楠	魏文廷、陈玉涓、冉繁敏

续表

序号	作品名称	学校	获奖学生	指导老师
70	科学问诊“疫苗犹豫”——基于健康行为理论的中国居民疫苗犹豫调查与对策研究	东南大学	赵双雨、王健力、李星辰、赵雅淇、张晓轩、张妍	金辉、凤启龙、钮青
71	基于中红外可调谐激光的医用呼气无创诊断仪	暨南大学	林灏杨、马鹏泽、包诗瀚、林乐晴、李嘉琦、吕昊华、罗惠健	郑华丹
72	肿瘤中功能“垃圾”DNA 的快速挖掘及其作用和调控机制研究	南通大学	吴英成、张烨、范志伟、钱洁、岳苏辉、陈诗音、张天洋、诸昊亮	毛仁芳、史亚琴、王舒雅
73	“臭腐神奇”——一种臭气自净化多层塔式好氧发酵装置	北京科技大学	孟洁惠里、周任鑫睿、陈莹、李志豪、曹文华、李砚农	吴川福、汪群慧
74	尘埃落定——综掘工作面新型智能自动化风雾协同控除尘系统	山东科技大学	郭立典	聂文、尹立明、诸葛长华
75	“如影随形”——无人机智能移动机场	北京理工大学	李斌	汪首坤
76	创愈显效改性白芨胶控释成膜的研发设计	江西中医药大学	张晶	
77	面向 6G 的智能多波束无线通信关键技术及原型系统	东南大学	付恩康、杨炎鑫、吴子瞻、卢怀畅	肖睿、巩峰
78	端羟基聚丁二烯固体推进剂健康状态无源监测及无损诊断技术	南京理工大学	王祥暠、陈阳、崔弘、甄子雄、张宸铭、刘津搏、赵炜煜、王书锴	李艳春、张天娇、宋东明
79	面向物联网感知层的低功耗电源管理芯片研发	广州大学	植浩昌、陈涌楠、陈俊凯、李旭、詹逸	林培东、王志杰、曾衍瀚
80	先心宝贝不掉队——基于浙江经验的“政医慈三点支持模式”助力解决儿童先天性心脏病防控问题	浙江大学	张嘉钰、董思彤、李灵琛、黄瑜、蒋炜、杜庚育、刘雅茹、葛佳雯	舒强、徐玮泽、王颖硕

续表

序号	作品名称	学　　校	获奖学生	指导老师
81	从“流量至上”到“价值引领”——算法推荐的社会责任调查及治理对策研究	上海交通大学	李亦飞、梁巧稚、王清萱、王思璇、王泽夫	薛可，李本乾，徐剑
82	面向超精密电子装联领域的温控激光锡焊装备	武汉工程大学	张靖宇、章王子涵、周语嫣、项丝梦、张余豪、易理坤、刘其晓、赵鸿飞	陈绪兵、李芳、张聪
83	创新在线问诊机制，助力“健康中国”战略——基于阿里健康的大数据研究及应用	南开大学	施丁予、朱学坤、宋睿迪、任畅畅、杨钰琳、徐馨香	张晓飞、李凯、潘麒羽
84	转“危”为“机”：疫情期间高校线上教学效果和优化路径研究——以北京市某“双一流”高校为例	中国农业大学	李玺宁、金怡恬、韩文彤	邢雨凝
85	隧道之眼——地铁隧道智能检测系统	北京工业大学	王博、何佳泽、罗淇文、厉望秉、姚相宇、赵雨晴、杨晰月、李莹昕	杜修力、鲍艳、陶连金
86	碳纤维复合材料损伤微波原位快速修补仪	南京航空航天大学	王攀、郭嘉炜、于浩然、刘子羽、刘恺、魏之傲、杨昊达	李迎光
87	智能变电站组合电器(GIS)状态感知与故障预警系统	河海大学	马钲洲、闫晓彤、谌贻然	刘宝稳、张炜
88	基于等离激元超表面微流芯片的癌症早筛系统	厦门大学	李法君、丁山、张佳露、高源、林翊颉、申家情、逄一臻、梁昊天	朱锦锋
89	鸿鹄灵镜——基于机器视觉的工业级芯片晶圆高速高精度缺陷检测系统	西安电子科技大学	周都兰、张嘉蔚、马俊原、鲁逢源、刘昀泽、王祎阳、张呈凯、刘美玉	蔡觉平、侯彪、尹鹏

续表

序号	作品名称	学　校	获奖学生	指导老师
90	真弹琵琶还是徒有虚名：乡村振兴背景下农民专业合作社的结构性困局及破解——基于皖浙两省14市的深度考察	安庆师范大学	温雨晴	安民兵、从光梅
91	新冠肺炎疫情期间国际涉华舆论偏差策略研究	北京航空航天大学		
92	从一面墙到一扇窗：农村宣传画如何讲好乡村振兴故事？——基于4省4市12村的调研	陕西师范大学	高强、周文强、张晓莹、韩美玲、杨子润、任军霞	朱尉
93	“城市毒瘤”还是“梦想港湾”——探究市中心城中村房屋空置现象原因及改善策略	贵州大学		陈豫川、黄宗胜、余压芳
94	复合材料加工过程多传感器测试技术及加工质量预测方法	大连理工大学	崔家诚、高昌勇、刘洋、黄诚昊、韩磊、尹鹏博、韩承桥、徐雯	刘巍、张洋、王福吉
95	通向绿色物联——环境反向散射通信使能的共生网络性能研究	南开大学	向子豪、刘波、彭胡烊	韩士莹
96	褪蓑衣着新衣：长江十年禁捕下渔民生计转型及其政策支持研究——基于苏赣渝地区182户渔民访谈	南京财经大学	吴清怡、张怡婷、吴诗茵、褚嘉欣、杨志豪、翟轲、王子阳、纪齐	莫媛、王舒雅
97	一体式可回转高效喷水推进装置	武汉理工大学		欧阳武、张彦和安江涛
98	从脱贫攻坚到乡村振兴：“第一书记”工作内涵转变与效能提升研究——基于对山东省八年的追踪调研	山东财经大学	孙德良、张宇航、黄玉婕、王世纪	
99	重大赛事下城市综合交通风险预测与防控策略——基于全国“十四运”的调查研究	长安大学	刘若云、藏雨婷、张耀中、郑雨欣、	

续表

序号	作品名称	学　　校	获奖学生	指导老师
100	一个都不能少：从“控辍保学”到“桃李春风”的乡村教育振兴之路——基于西部地区148个基层地方的实践例证	云南大学	张亦文、李文琼、宣莹、张泽天	张剑源
101	健康所系，风险共御：基于全国896起伤医事件和访谈调研的分析与对策研究	四川大学		潘杰、刘昕、杨芊
102	职业技能培训补贴策略与高质量就业——来自13个省份的经验证据	首都经济贸易大学	白诗佳、付玉、王天纵、陈丽、何兴铭、孙伟航	李晓曼
103	中国西北干旱脆弱区农业碳排放影响因素的时空分异研究	新疆农业大学	黄玉洁、范柱柱、舒芹、杜晨、谢亚燕	苏洋
104	家国之下，巾帼芳华：三线女工的性别叙事与身份实践	华东师范大学	程远霖、皮永习、何太皓、刘君怡、常煜	赵晔琴、文军
105	城有所治，车有所栖——智慧城市视域下“时间+空间”社区共享停车模式研究	长安大学	白孟委、崔雪莹、郝家欢、梁学亮、彭媛媛、万秋兰、陈奕羽、张聪聪	刘勇、袁荔、王少锐
106	从高冷走向大众：甲骨文活化利用路径优化研究	安阳师范学院	郑仰爽、孙雪丽、张泽宇	王海霞
107	共同富裕视阈下艺术赋能乡村建设研究——基于浙江省11市106村的实证分析	浙江师范大学	刘培睿、张馨怡、葛茜、王亚威、翁子琪、刘涵、施沐阳、陈胤含	严建春、宋琳
108	易扶搬迁促就业乡村振兴谋幸福——基于秦巴山区4县1区3015户易地扶贫搬迁的实证调研	西安理工大学	汤毅武、张鑫宇、曹越、朱莉莉、李美琦、李春玲、李宁、卫玳瑶	尹洁、黑晓卉

续表

序号	作品名称	学　校	获奖学生	指导老师
109	生态把脉——基于多源感知数据的城市生态空间体检研究	北京工业大学	孙彤、国淏、胡雪逸、周珺、张念慈、李淞、王楚玥、许怡然	薛飞、李紫微、赵之枫

其中与新闻传播专业直接相关的参赛获奖作品共4件：

时政新闻如何面向青年讲好中国故事——基于福建省主流媒体及8978名青年调查数据的实证分析(福建师范大学)；

“屏幕扶贫”视角下远程直播教育技术的创新—扩散的现状调查(中央民族大学)；

新冠肺炎疫情期间国际涉华舆论偏差策略研究(北京航空航天大学)；

从一面墙到一扇窗：农村宣传画如何讲好乡村振兴故事？——基于4省4市12村的调研(陕西师范大学)

(武汉体育学院新闻传播学院　王创业)

6.5.3　2022年第八届中国国际“互联网+”大学生创新创业大赛

6.5.3.1　大赛背景与主题

中国“互联网+”大学生创新创业大赛，由教育部与政府相关部门、各高校共同主办的一项技能大赛。旨在通过竞赛，深化高等教育综合改革，激发大学生的创造力，培养造就“大众创业、万众创新”的主力军，促进“互联网+”新业态形成，以创新引领创业、创业带动就业，推动高校毕业生更高质量创业就业。

首届大赛于2015年举办。

2022年，第八届“互联网+”大学生创新创业大赛的主题是“我敢闯，我会创”，总体目标为：“更中国、更国际、更教育、更全面、更创新”，着力激发青年大学生传承和弘扬红色基因，聚焦“五育”融合创新创业教育实践，激发青年学生创新创造热情，线上线下相融合，打造共建共享、融通中外的国际创新创业盛会，开启创新创业教育改革新征程。

此届大赛主要内容有三：①主体赛事。包括高教主赛道、“青年红色筑梦之旅”赛道、职教赛道、萌芽赛道和产业命题赛道；②“青年红色筑梦之旅”活动；③同期活动，即“创撷硕果”——国际大学生创新创业成果展、“创联虹桥”——大赛优秀项目资源对接会、“创享未来”——“新工科、新医科、新农科、新文科”世界高等教育发展校长论坛。

6.5.3.2 大赛结果

冠军争夺赛最终获奖名单:

冠军:南京理工大学

光影流转——亿像素红外智能计算成像的开拓者

亚军:北京航空航天大学

微纳动力科技:磁场控制技术攻克靶向医疗

季军:

北京大学:深势科技——AIFORSCIENCE 新范式驱动药物和材料理性设计

浙江大学:谓尔:你的数字孪生守护者

卡内基梅隆大学(美国):ACLINICAL-LEVELAISYSTEM FOR DI-AGNOSIS AND TREATMENT EVALUA-TIONOFRECTALCANCER(临床级直肠癌诊疗评估一体化 AI 系统)

苏黎世联邦理工学院(瑞士):SMARTONTECHNOLOGY-POWERSUPPLYEDASOFT-WAREPLATFORM(智子科技-电源自动化设计软件平台)

6.5.3.3 新闻传播类获奖情况

新闻传播类获奖情况具体见表 6-27 。

表 6-27 **2022 年第八届中国国际“互联网+”大学生创新创业大赛新闻传播类获奖情况**

原序号	参赛项目	省份	学校	负责人	参赛队员	指导教师
高教主赛道						
72	佩印鉴客——全链路式数字版权护航者	江苏省	南京信息工程大学	梁秀健	孙鹤、穆文鹏、王子宸、刘钟泽、吴梦竹、郭婷婷、张雅萱、刘炳杉、佘康伟、余昕璇、梁秀壮、张咏、陈明宇、韩普宇	付章杰、陈北京、袁程胜

续表

原序号	参赛项目	省份	学校	负责人	参赛队员	指导教师
135	一鸣惊人——文化自信赋能跨文化品牌传播	广东省	华南理工大学	吴 鸣	郭海心、王依真、李嘉茵、陕亮、彭梓佳、马慕远	周育红、申宏宇
152	咪狐动画——数字化动画营销品牌引领者	重庆市	重庆三峡学院	王海平	蒋娅、阙易龙、唐清泉、汪林瀚、葛豪、刘曦桦、黄镇、黄亚宁、左敌巍、苏睿、刘兴悦、黄冠雄、曾俊夫、龙炳全	方伟鉴、韩博、秦洪文、郑岩、段亚莲、刘军胜、傅国群、张姗姗、车谦亮、周曙光、付国锋、梁景元、宋明岚、刘建峰、闫东方
297	“舞”随“心”动——数字化展演引领者	浙江省	浙江工商大学	蔡佳航	周瑜天、韩博艺、陈娇妮、邵莹洁、王子羿、徐灵儿、周笑、俞金毅、李跃、李平、彭小满、武思凡、陈豪明、封润洋	杨文武、沈一品、王勋、陈书界、屠锋锋、董建锋、刘振广
867	华裳风尚——传统文化新媒体传播者	浙江省	浙江理工大学	朱爱欣	陈鑫宇、吴梦佳、王雨菲、何晶、金娴雅、纪照霖、鞠锦丹、杨玉叶、彭丽洁、曾麒华、韩亚男、林秋妤、张澜杰、贺心钰	沈雁、朱伟明、张义玲
880	灵境动漫——虚拟人赋能数字生活	安徽省	安徽工程大学	张水娜	盛玲玲、张水泽、郭天乐、张雨晴	戴家树、郭存露
1059	北马传媒——新媒体广告精准投放数字化平台引领者	山东省	烟台大学	吕鸿飞	迟奕昕、孙杰莉、梁硕、孙玺森、张一帆、李凌睿、王森、秦明一、王嘉迅	李振杰

续表

原序号	参赛项目	省份	学校	负责人	参赛队员	指导教师
1143	影视 IP 数字藏品	湖北省	武汉设计工程学院	周　涛	秦益坤、肖诗敏、魏莫野、宋毅、王深、夏传阳	刘珈吟、田筱源
1265	陪农兴乡文秀站：首个陪伴式欠发达地区数字乡村新媒体服务提供商	广西壮族自治区	南宁师范大学	莫若兰	殷文文、许颖颖、陈思妮、徐佩怡、张墨含、朱彤、郭亚杉、张秋婧、李勇圣、黄吉、李昭仪、熊灵灵、蒋曦阳、谢沛羲	周飞伶、徐健、韦良、梁颖涛、陈喜凤、陈秋凌
1455	剧游科技——剧本杀行业数字化赋能的先行者	陕西省	西安邮电大学	赵鸿硕	翟卿雅、曹哲、梁嘉桐、张智博、李泽浩、刘亦婷、赵晨希、赵俊淇、王宽、田家旭、郑佳诺	唐黎、张昊、李永文、杨帆
1571	微播科技——虚拟数字人直播行业领跑者	浙江省	温州理工学院	沈克强	宗千雯、黄骏、徐碧慧、裘宇凡、易济洲、郑瀚、秦金妮、徐涵、陈梦婷、冯雨朦、林可雯、张云、秦一鸣、陈仕炫	吴小虎、王大将、陈彦昌、郝向鹏
红旅赛道						
72	望媒止惑——全国首个弥合数字鸿沟的网络育人平台	上海市	上海交通大学	刘　畅	潘颜、冯紫薇、GENGYANGXIE、那晓婷、吴业文、NAOTOBABA、徐胜哲、金诗怡	李晓静、马腾飞

续表

原序号	参赛项目	省份	学校	负责人	参赛队员	指导教师
360	智绘梦乡——数字文旅赋能乡村振兴	湖北省	华中师范大学	闫　岩	周云涛、贾宇天、唐雨菡、李婧飏、吴谦益、王迪、方舒、杨林鑫、姜中军、施婼涵、杨雨珊、文传琴、周盛雨、孟琦	冯娟、李星明、曾宇航、郑文升、向雅倩、李畅、李丰
524	“爱心毅行”公益传播服务社	浙江省	浙江科技学院	闵　烨	潘利华、吴迎新、叶子微、陆雩霞、谭沁慈、罗浩、殷倩雯、柯浩东、陈可、TUNGAMIRAI ERICMUPONA、王慧敏、陈娇、胡冠琳、黄梦瑶	刘省权、郑章琦、王志坚、朱雅萍、刘璨、陈绍恺
职教赛道						
517	一壶一世界——全球紫砂品牌形象的传播者	江苏省	江苏信息职业技术学院	夏钰博	毛小远、张权、王琳、尤蒙怡、刘佳仪、王冰、卢丹妮、贾猛、张春宇、侯旭、周晶晶	杨武生、王炎彬、朱宏炜、蒋小三、朱文杰、王文婷、陈加烙、蒋粤闽
4	巡智文化——基于数字文创的中华文化焕新破壁者	上海市	国家开放大学上海分部	张庭赫	朱云峰、任其军、李康雪、张金会、刘宇	邝文华、胡建文、陈辉、叶薇
276	酷e双核——引领数字媒体电商消费新时代	安徽省	安徽财贸职业学院	桂少剑	王杰、任雨辰、朱沛、黄丽娟、柳玉婷、韩佳琪、李文静、荏迪、杜蒙、张豪、刘海风、祝婧媛、张诗梦	闫彦、丁蓉、张超

续表

原序号	参赛项目	省份	学校	负责人	参赛队员	指导教师
453	当千动画：云南数字动漫产业链的领军者	云南省	云南财经职业学院	王彧颖	余涵、姚权娜、李林峰、蒋吉、毛杰、李春龙、丰云霞	李中京、罗曌紫怡、严黄一仪、龚杰、李承恩、田原思宇
产业命题赛道						
57	应用数字技术实现数字文创产品的展示	福建省	厦门大学	张锦鑫	刘佳桐、张兰亭、杨雨婷、王翊霏、贾润璇、王雨晴、陈可嘉、聂羽欣、詹李双、张若曦、邱鲤鲤、吴清锋、林俊聪、郭诗辉	张若曦、邱鲤鲤、洪素燕、钟杰、吴清锋、林俊聪、郭诗辉、王瑛慧、杨明伟、林婕
144	数字化助力乡村振兴	吉林省	延边大学	刘明昊	胡政宇、桑锐、吴同、李铸煌、于子晴、黄薪潼、文浩宇、林书宏、王宏芮、朱津莹、史琳、王兆鹏、于李一嘉	刘焕庆、崔承弼、孙金凤、徐哲俊、王子乔、尹哲峰、韩成、陈默
178	数字时尚在元宇宙中的应用探索	浙江省	浙江理工大学	沈海娜	吴欣宇、张璐璐、陈婷杨、杨经纬、宋滢、雒家俊	朱伟明、季晓芬、许慧霞、吕媛媛、宋滢
萌芽赛道						
177	数媒汉唐——新时代数字非遗胎发的探索与实践	四川省	四川省广元中学	黄炜东		房铭伟

（武汉体育学院新闻传播学院　王创业）

6.5.4 2022年第十四届全国大学生广告艺术大赛

6.5.4.1 全国大学生广告艺术大赛背景

全国大学生广告艺术大赛(简称大广赛)自2005年举办第一届比赛，始终遵循“促进教改、启迪智慧、强化能力、提高素质、立德树人”的竞赛宗旨，成功举办了14届共15次赛事，全国共有1869所高校参与其中，超过百万学生提交作品。

“大广赛”是迄今为止全国规模大、覆盖高等院校广、参与师生人数多、作品水准高、受高校教师欢迎、有较大社会影响力的全国性高校学科竞赛。2022年的参赛作品分为平面类、视频类、动画类、互动类、广播类、策划案类、文案类、UI类、营销创客类、公益类十大类。

“大广赛”以立德树人为根本，以强教兴才为己任，搭建了以赛促练、以赛促学、以赛促教、以赛促改、以赛促研、以赛立德的实践教学改革平台，培养了学生的创新意识和解决问题的能力，展示了新一代大学生的才能，体现了自我价值，增强了自信心，滋养了他们的成长。

大广赛整合社会资源、服务教学改革，以企业真实营销项目作为命题，与教学相结合，真题真做、了解受众、调研分析、提出策略，在现场提案的过程中实现教学与市场相关联。在大广赛平台上，实现了高校与企业、行业交互，线上与线下联动，学生实践能力得以提升，同时也让企业文化与当代大学生所学专业课程相融，强化了创新创业协同育人的理念。

6.5.4.2 2022届大赛一等奖获奖名单

(1)平面类

具体见表6-28 。

表6-28 **2022年第十四届全国大学生广告艺术大赛平面类一等奖获奖名单**

奖项	标　　题	作者	指导老师	所属院校
一等奖	养元青 · 护纤年	丁秀丽	黄佳俊	江西泰豪动漫职业学院创意与艺术设计系
一等奖	讴歌最美青年者系列海报	许文静 韩乐章	吕宗礼	青岛农业大学动漫与传媒学院

续表

奖项	标　　题	作者	指导老师	所属院校
一等奖	接力写青春	赵子琹	刘秀伟	北京印刷学院设计艺术学院
一等奖	践行青春之誓言，勇挑祖国之重担	宫佳正	刘芳蕾	齐鲁工业大学艺术设计学院
一等奖	一夜“静眠”	周　洁	方　敏	苏州大学艺术学院
一等奖	睡眠乐园	颜笑琦	周杨静	南京林业大学艺术设计学院
一等奖	睡眠充满“垫”，想象不设限	殷世芯 陈应华	陆睿懋	重庆工程职业技术学院艺术设计工程学院
一等奖	很长~的睡眠	相博珩	李裕杰	贺州学院设计学院
一等奖	问候	张义姣	李　然	浙江师范大学文化创意与传播学院
一等奖	清香・洁白・闪耀	张婉婷	吴振全	广东技术师范大学美术学院
一等奖	纳爱斯节日盛典世界	王欣然 李宛桐	刘　晔	昆明理工大学城市学院
一等奖	名著也爱牙-爱牙日	王海洋 盛贵尧	田　原	山东建筑大学艺术学院
一等奖	花海	王娇娜	杨冬梅	重庆文理学院美术与设计学院
一等奖	润发百年	沈芯羽	张春盛	绍兴文理学院艺术学院
一等奖	倾发如墨，“畅”响自信	孙佳檀 梁　盈	陈怡君	重庆工商大学艺术学院
一等奖	东方传说叙述东方美	周莜仪	孙　瑛	韶关学院美术与设计学院
一等奖	穿越之旅	周小佳 杨琪琦	袁　平	重庆邮电大学传媒艺术学院
一等奖	养青丝-舞敦煌	钟柳清	刁其颖	重庆工程职业技术学院艺术设计工程学院
一等奖	养青丝，舞敦煌	崔晓雪	夏飞英	绍兴文理学院艺术学院
一等奖	敦煌佛手养青丝	王梓璇	马官正	南京信息工程大学艺术学院
一等奖	稳如猎豹，快如骏马，稳如巨象	刘晋松	杨　睿	天津理工大学艺术学院
一等奖	你的线条	屈海婷 张日杏	邓海贝	南宁学院艺术与设计学院

续表

奖项	标　题	作者	指导老师	所属院校
一等奖	X-PPEN：国潮来袭	许夏萍	詹伟锋	莆田学院工艺美术学院
一等奖	随时随地给你家的温暖	卜绍峻 王秋艳	马丽娃	成都大学美术与设计学院
一等奖	伸手可得的温暖	洪心悦 徐　诺	陈孟伟	杭州师范大学文化创意与传媒学院
一等奖	快手词汇新解	赵晓霈 陈　静	刘丽娜	河南科技大学艺术与设计学院
一等奖	记住当下，畅想未来	邹玉婷 白又文	边　微	黑龙江财经学院人文学院
一等奖	被关注，被点亮	欧阳舒晴	董业子	肇庆学院美术学院
一等奖	与小确幸开启奇妙之旅	黄珍珍 安　霓	王　栋	江苏海洋大学艺术设计学院
一等奖	向世界延伸 5 厘米	张小艺	祝雅慧	上海建桥学院艺术设计学院
一等奖	所见未见都是爱华仕无限的空间	黄诗睿 群英桑姆	王　鹏	北京工业大学艺术设计学院
一等奖	成语中的“手”拉箱	杨　帆	徐莹莹	绵阳职业技术学院电子与信息学院
一等奖	中国文化和涂鸦之间的创意火花	张乐彤	窦　巍	北京电子科技职业学院艺术设计学院
一等奖	融年轻文化，焕 UT 新生	邱喆航	陈星海	浙江工业大学设计与建筑学院
一等奖	变幻无穷服适人生	尹欣童 李雨恒	陈　绘	东南大学艺术学院
一等奖	UT 万千	谢欣怡 周婕妤	李贞汗	中央美术学院设计学院
一等奖	人人都是设计大师	郑纪雅楠	李曙光	安徽电子信息职业技术学院软件工程学院
一等奖	TA 们惊呆了！	王　蕊	韩仁杰	天津商务职业学院广告学院
一等奖	纤茶与你	陈　星 寿佳悦	刘　芳	温州理工学院设计艺术学院
一等奖	芭莎纤茶“活性”系列海报设计	王晨熙 王盛奥	李彦明	青岛科技大学艺术学院

续表

奖项	标　题	作者	指导老师	所属院校
一等奖	芭莎女孩喝纤茶艾莎 IP 形象	黄莉芳 徐维怡	陈　晨	桂林学院设计学院
一等奖	芭莎女孩喝纤茶	邢文慧	刘洪波	天津理工大学聋人工学院
一等奖	“纤”方百计	阮麒霖	杨　雪	景德镇陶瓷大学科技艺术学院
一等奖	“芭莎女孩喝纤茶”包装设计	虞佳佳 杨紫珊	陶　锋	宁波大学潘天寿建筑与艺术设计学院
一等奖	民族人物 icon 设计	张潞柠 李淑怡	刘　东	河北科技大学艺术学院
一等奖	即时设计之话西游	尹诗佳	高雅真	河南工业大学设计艺术学院
一等奖	创意无“即”限	尹欣童 张祎晨	陈　绘	东南大学艺术学院
一等奖	追寻缤纷真果源	赵　欢 郭琦琦	郑　崴	太原师范学院设计系
一等奖	天然“源”味	赖怡霖	况成泉	重庆大学艺术学院
一等奖	人生三喜	张家颐 牛　茜	朱丹君	河南科技大学艺术与设计学院
一等奖	会友待客，非常可乐	张心悦 林　美	高媛媛	福建师范大学协和学院文化产业系
一等奖	非常时刻，可乐常在	罗琳琳 郑晨灵	周华清	福建工程学院人文学院
一等奖	非常可乐小店	陈秀颖 曹　莹	董　健	西安科技大学艺术学院
一等奖	还原你的美	张愉锦绣	曹　茜	首都师范大学科德学院艺术设计学院
一等奖	相伴	刘文元 王园园	栗宗爱	安徽工业大学艺术与设计学院
一等奖	为爱保鲜，我有一套	张帮磊 毛梅琴	王合丽	浙江广厦建设职业技术大学信息学院
一等奖	守住底线系列	俞　杰	彭　虹	湖州学院人文学院
一等奖	取舍	张睿仪	王陈辉	浙江师范大学文化创意与传播学院

续表

奖项	标　题	作者	指导老师	所属院校
一等奖	没做好准备，就要做好准备。	全林星	成云波	华南农业大学艺术学院
一等奖	为热爱买单	李嘉欣 鞠欣怡	于菁竹	北京印刷学院设计艺术学院
一等奖	让生活，不一 YOUNG	陶雨筱	—	江南大学设计学院
一等奖	平安银行，你的诸葛亮	赵晓霈 陈　静	朱丹君	河南科技大学艺术与设计学院
一等奖	平安达人	刘晓雨 莫晓洁	朱丹君	河南科技大学艺术与设计学院
一等奖	把钱花在刀刃上	卢钰玲	张　潇	广东轻工职业技术学院艺术设计学院
一等奖	打开相机 GET 国潮	曹恺雯 刘诗焓	石廷金	厦门大学嘉庚学院人文与传播学院

(2)视频类影视广告

具体见表 6-29。

表 6-29　**2022 年第十四届全国大学生广告艺术大赛视频类影视广告一等奖获奖名单**

奖项	标　题	作者	指导老师	所属院校
一等奖	自然之色	郭　艳	申小晶	忻州职业技术学院应用美术系
一等奖	终极对决	岳　瑞 李浩楠 江之妍 李心雨 杨博礼	曲昊杨 郭　晶	浙大宁波理工学院传媒与法学院
一等奖	在可画，就可以	关　棋 罗心雨 谢　楠 陈晓彬	谭伟职	广西艺术学院影视与传媒学院

续表

奖项	标　题	作者	指导老师	所属院校
一等奖	有料、意想不到!	孙冰雪 龚可嘉 王志超 谢岚江 周孟龙	王　军	武汉理工大学艺术与设计学院
一等奖	用青春担起时代重任	钟佳宇 肖华伟 张　璐 姜　谢 王裕欣	杨　帆	湖南工程学院设计艺术学院
一等奖	一鼓作“气”	郭耀辉 寇　菲 洪冰冰 郭　睿 岳彬鑫	肖　猛	贺州学院文化与传媒学院
一等奖	一触即发	朱健成 陈英哲 谭俊豪	廖雯昕	广州工商学院工学院
一等奖	一“垫”秒睡	王　静 是　洁 张佳滢 高菱瑶	陈　岑	南京工业大学艺术设计学院
一等奖	夜的粉刷匠	徐梦婕 杨博礼 李浩楠 黄　禹 葛怡冶	郭　晶	浙大宁波理工学院传媒与法学院
一等奖	小确幸的奇妙之旅	郑义霖 倪京京 王晨碧	林友桂	浙江师范大学文化创意与传播学院

续表

奖项	标　　题	作者	指导老师	所属院校
一等奖	娃哈哈和你一起分享	农杨丽 蔡　丹 姚李彦 李　月 李炳佳	张浩然	滇西科技师范学院亚洲微电影学院
一等奖	探索敦煌青丝之谜	梁　玉 李思怡 厉楚云 金泽灏 于天岳	林友桂	浙江师范大学文化创意与传播学院
一等奖	让爱回归原本的样子	王梦瑶 胡奕迪 吴姝瑶 裴清华 夏雨昕	骆小欢	浙大城市学院传媒与人文学院
一等奖	青丝如绢，润发百年	张明洁 胡蕴馨 李　娜 张　硕	李中雪	洛阳理工学院艺术设计学院
一等奖	平安银行大变 Young	孙　尹 何佳璐 谢欣雅 陈亚林 李易姿	聂建成 肖赞军	湖南师范大学文学院
一等奖	纳爱斯，感受齿间悦动	吴懿萱 刘婧玲	周　婧	上海理工大学出版印刷与艺术设计学院
一等奖	梦回国韵	张书源 米盈昱	韩　雷 郭　书	东北师范大学美术学院
一等奖	妈妈的拐杖朋友	陈婉琳 刘　晶 谭佳丽 朱佳伟 周嘉晨	姚劲松	怀化学院文学与新闻传播学院

续表

奖项	标　　题	作者	指导老师	所属院校
一等奖	从来不笑的人	尤玥萱 李瑞倩 雷程程	侯　婧	长安大学人文学院
一等奖	表演欲、创作欲、分享欲	王志憬 何子钰 茆爱龙 罗文才	王阿蒙	浙江财经大学人文与传播学院
一等奖	UT 神奇世界!	陆雯佳 高诗雨 赵天舒	周　源	湖北美术学院视觉艺术设计学院
一等奖	“纤”女夏繁	赵君怡 马徊怡 汪甲文	杜　洋 张媛媛	南京传媒学院播音主持艺术学院
一等奖	纤茶桑叶篇	张玉明 周正聪 杨靖彬 张艺馨 邓晓琳	任　洁 白　瑜	陕西工商职业学院文化传播与艺术设计学院

(3)视频类微电影广告

具体见表 6-30。

表 6-30　**2022 年第十四届全国大学生广告艺术大赛视频类微电影广告一等奖获奖名**

奖项	标　　题	作者	指导老师	所属院校
一等奖	同心战“疫”，“疫”往无前	郑　楠 朱怡诺 郑新彦 赵怀玉 易佳暄	—	山西传媒学院山西电影学院

续表

奖项	标　　题	作者	指导老师	所属院校
一等奖	脚下	李春江 秦梦瑶 罗晓浒 张傲天 张　童	卢　建 杨敏学	湖北艺术职业学院传媒学院
一等奖	快节奏里的慢时光	廖宛婷 肖轲月 徐超群 李　甜 肖　妍	庄　园	湖南第一师范学院文学与新闻传播学院
一等奖	清新王子	陈禹君 明夕园 杨　瑶 王玉兰	黄　华	贵州师范学院文学与传媒学院
一等奖	制胜秘诀，从头开始	陈　欣 卫丽梅	张世佳 党　锐	成都工业学院计算机工程学院
一等奖	美美与共	鲁安琪 盛爱歌 林茂瑶	蒋　达	湖北师范大学美术学院
一等奖	SayNo	高子惠 张佳乐 吴诗雨 丁宇轩 梁荆颖	马　营	安徽大学艺术学院
一等奖	家庭妈妈	郑　旭 吴青圃 张晓岫 魏仕熊 李炘禧	赵室玉 杨　玲	贵阳人文科技学院文学与新闻传播学院

续表

奖项	标　　题	作者	指导老师	所属院校
一等奖	愿望清单	朱钊毅 侯天泽 申　杰 钟明昊	渠何灏镔	海口经济学院传媒学院
一等奖	快手——拥抱生活的亿万种可能	高　彬 王志涛 梁瑞至 高嘉悦 周思璟	袁　率 陆　倩	青岛电影学院摄影艺术与技术系
一等奖	记住	张传杰 蒋沐苗	刘成新	曲阜师范大学传媒学院
一等奖	让梦想轻装前行	陈俊睿 陈嘉骐 覃若曦 何华振 沈景宜	王　斌 吴占勇	中央民族大学新闻与传播学院
一等奖	别犹豫!	郁洲桓 朱霖新 黄　涵 金杭滨 刘天佑	王灵东	浙江传媒学院电视艺术学院
一等奖	健康我“纤”美	区松照 吴芷翩 钟佳琪 郭嘉琪 李妙兰	黄佩珊 熊　昕	广州番禺职业技术学院建筑工程学院
一等奖	一瓶非常可乐的价值	郑琳育 戈泽宇 傅辅珺 冯京爱 杨　晨	孙雅洁	南京传媒学院广播电视学院

续表

奖项	标　　题	作者	指导老师	所属院校
一等奖	非常可乐，从未离开	周舒敏 王晨碧 黄子欣 杨辰安	林友桂	浙江师范大学文化创意与传播学院
一等奖	当非常可乐遇上“元宇宙”	昝安娜 袁易凡 魏　宇	伊安玲 阮海燕	合肥经济学院文法学院
一等奖	HBN，让时光慢下来	黄佳灵 邓舒婷 梅嘉瑜	杨　林	广东财经大学艺术与设计学院
一等奖	What is Touch	于芳菲	李　序	西南石油大学艺术学院
一等奖	启能人生	谢星语 陈芝宇	石建航	中国美术学院设计艺术学院

(4)视频类短视频

具体见表6-31。

表6-31　**2022年第十四届全国大学生广告艺术大赛视频类短视频一等奖获奖名单**

奖项	标　　题	作者	指导老师	所属院校
一等奖	拯救你的网络失语症	涂兴玥 黄赵银	张　蕊	湖北工程学院新技术学院语言文学系
一等奖	乡村之美	易　培 尹羚又 梁春杏	刘　晗 龚芳敏	吉首大学文学与新闻传播学院
一等奖	武功绝顶，但不“绝顶”	陈思宇 蒋雨芯 柯　珂	施晓黎 周璐妹	东华大学服装与艺术设计学院
一等奖	瞬滑的秘密	庄银鸿 林志鑫 陈佳瑜	王　晶	厦门大学新闻传播学院

续表

奖项	标　题	作者	指导老师	所属院校
一等奖	快手——爱你的与众不同	王亚楠 单雨桐 马清浩	陈中雨	西北大学新闻传播学院
一等奖	百年守护	易　培 贾雨涵 周　敏	刘　晗 龚芳敏	吉首大学文学与新闻传播学院
一等奖	百变潮妆，美颜东方	熊家乐 丁树佳 宋星冉	王　晔	武汉大学新闻与传播学院
一等奖	HBN，让时光倒流	王姝语 王晨碧 费　越	林友桂	浙江师范大学文化创意与传播学院
一等奖	在快手看见“张洋”的亿万种可能	杨俊坤	—	中国传媒大学新闻学院

(5) 动画类

具体见表 6-32。

表 6-32　**2022 年第十四届全国大学生广告艺术大赛动画类一等奖获奖名单**

奖项	标　题	作者	指导老师	所属院校
一等奖	真 · 睡美人	刘伊婧 刘伊雯	王　鹏	北京工业大学艺术设计学院
一等奖	缘系百年润养东方美	闫　冰 周千禧 葛佳乐 穆云希 林建道	王嫣舒	沈阳理工大学艺术设计学院

续表

奖项	标　　题	作者	指导老师	所属院校
一等奖	原来还可以这“young”	凌逸桐 陈徐洁 蒋青芸 谢熙桐	刘超凡	广东东软学院数字媒体与设计学院
一等奖	忆口醇香，旧梦重回	吕雅丽 翁晓颖 程　卓 易雨昕 李坤杰	毛　寒	中南大学建筑与艺术学院
一等奖	未来设计，即时开始	曾胜牧 向嘉禹	许安娇 曹　阳	中南林业科技大学家具与艺术设计学院
一等奖	青丝舞敦煌	任　彬	葛　慧	湘南学院美术与设计学院
一等奖	平凡者的赞歌	马远宁 胡　川 马远志	郑　朝	中国美术学院设计艺术学院
一等奖	暖心世界	王嘉仪	张　镭	西南交通大学人文学院
一等奖	纳爱斯——守护每一个孩子的笑容	贺雅欣 赵春艳 迟豆豆 王　璟 屈志鹏	王成宇	重庆邮电大学传媒艺术学院
一等奖	美颜相机，传递我们的爱	徐麒政 李　斌	孙　亮	安徽师范大学新闻与传播学院
一等奖	肌　肤	顾汪奕 王　晞	王　弓	江苏大学艺术学院
一等奖	果汁含量高到起飞	张昊天 张嘉豪 袁国华	孙　静	西北农林科技大学风景园林艺术学院
一等奖	打开新世界	李秋霖	徐振庭	中国美术学院设计艺术学院
一等奖	创意无限可画呈现	王一帆 完颜思琦	王　科	郑州航空工业管理学院艺术设计学院

续表

奖项	标　　题	作者	指导老师	所属院校
一等奖	x 的幻想——画中世界	姜文昊 杨　彬	郝凝辉 李贞汗	中央美术学院城市设计学院
一等奖	UT——让时尚变得更有趣	陈靖昊 李可薇	肖　宁 盛　瑨	南京艺术学院传媒学院
一等奖	HBN 美容真经	吴懿轩 尚新奥 张天涵	许　洁	中国地质大学(武汉)机械与电子信息学院
一等奖	非常时刻，非常可乐	潘　姝	胡　楠	辽宁石油化工大学艺术设计学院

(6)互动类

具体见表 6-33。

表 6-33　　**2022 年第十四届全国大学生广告艺术大赛互动类一等奖获奖名单**

奖项	标　　题	作者	指导老师	所属院校
一等奖	村官成长史	何　丽	员　勃 康　帆	武汉轻工大学艺术设计学院
一等奖	水墨青丝	沈鑫玲	孙　峰	华东师范大学设计学院
一等奖	青丝绾敦煌	赵含露 范佳月 张小闯	董　岩	河南财经政法大学文化传播学院
一等奖	时空画师	潘雅桐 蒋湘羽	蒋　蕾 韩　畅	湖南文理学院艺术学院
一等奖	极限操作之我的汇报	王朴冉	孙　峰	华东师范大学设计学院
一等奖	芭莎 X 纤茶女子图鉴	杨　丹 鲁秋辰 孙晓玲	沈　非	杭州师范大学美术学院

(7)广播类

具体见表 6-34。

表 6-34　　**2022 年第十四届全国大学生广告艺术大赛广播类一等奖获奖名单**

奖项	标　　题	作者	指导老师	所属院校
一等奖	八戒不怕老	宋智玲	茶　燕 邵宇航	丽江文化旅游学院文学院
一等奖	做你的雨衣	赵冉冉 韩　众	戴濛濛	池州学院文学与传媒学院
一等奖	青涩，不干涩	李奕霏 邹雨珈 赵赟冉	王树良	中国人民大学新闻学院
一等奖	非常可乐，24 年的陪伴	董炳宏 王子萌	王　哲	湖南大学新闻与传播学院
一等奖	水果娃救爷爷	赵冯缘	张诗婷	西南交通大学人文学院
一等奖	寻宝人	朱佳乐 陆语萱 刘泓骏	姚　丹 赵　轲	长江职业学院文化教育学院
一等奖	三顾茅庐	赵文韬 王子明 熊璟渝	刘　阳	河南工业大学新闻与传播学院
一等奖	一缕青丝千古绝	麻蓝玥	唐乐水	南京晓庄学院新闻传播学院
一等奖	缘起青丝方自知	杨永进 陈　媛	王立元 姜　壮	乐山师范学院文学与新闻学院
一等奖	熟悉的味道	李柔颖	高　成	四川航天职业技术学院管理工程系
一等奖	头发的想法	金美子	万光明 王程诺	许昌学院文史与传媒学院
一等奖	爱笑的女生	周　兰	潘　力	重庆交通大学旅游与传媒学院
一等奖	纳爱斯牙膏：笑纳百味！	温　藏	焦文静	周口师范学院新闻与传媒学院
一等奖	弹簧“协奏曲”	张翼翔 迟浩东	李晨宇	北京工业大学信息学部
一等奖	失眠的哪吒	尹梦涵 王　泽 唐子涵	徐　智	中央民族大学新闻与传播学院

续表

奖项	标　　题	作者	指导老师	所属院校
一等奖	答卷人	金朱妍 贾思童 李鸿琳	刘晓峰 薛　雯	上海理工大学出版印刷与艺术设计学院
一等奖	战“疫”青年真功夫	刘雪婷	梅明丽	同济大学艺术与传媒学院

(8)策划案类

具体见表 6-35。

表 6-35　　2022 年第十四届全国大学生广告艺术大赛策划案类一等奖获奖名单

奖项	标　　题	作者	指导老师	所属院校
一等奖	“第一次，有我在”赤尾策划案	赵康宇 吴静怡 陈睿璇 林楷宸	佘世红	华南理工大学新闻与传播学院
一等奖	时光・逆行	朱　亮 严　婧 唐文萱 黄滢婕	孙丰国	湘潭大学文学与新闻学院
一等奖	娃哈哈新品设计——学科印象茶	张　颖 朱伊敏 姚佳玲 蔡雨薇 刘亦文	刘彦宏	上海师范大学影视传媒学院
一等奖	0 分女孩	吴亚楠 王　琪 范佳丽	王　斌	中央民族大学新闻与传播学院
一等奖	撕标计“画”	伍凯怡 袁　娜 任卓群 彭源源 张　艳	易雪珺 汤佳坤	湖南涉外经济学院人文艺术学院

续表

奖项	标　　题	作者	指导老师	所属院校
一等奖	态度青年，就穿 UT	张康如 刘　鼎 狄紫晴 周　甜 席馨宁	翁　莉 邱玉琢	南京信息工程大学商学院
一等奖	做 130 分仙女	倪倩楠 贾晓乐 陈卓清 李易君 谢玉京	何建平 黄玉波	深圳大学传播学院
一等奖	暖心补给站	张思雨 魏梦雅 柯灵敏	谭　杏	江汉大学设计学院
一等奖	闪电青年“芯”引力	马鹤瑛	宁丽美	湖南工业大学文学与新闻传播学院
一等奖	就这么合拍	杨罗霏 杨　琪 杨　星 赵赛金	黄良奇	温州大学人文学院
一等奖	100 年润发，戏说百年	李宁馨 李　眺 刘　甜 安　睿 鲁　毅	杨　燕	洛阳理工学院艺术设计学院

(9)文案类广告语

具体见表 6-36。

表 6-36　**2022 年第十四届全国大学生广告艺术大赛文案类类一等奖获奖名单**

奖项	标　　题	作者	指导老师	所属院校
一等奖	不刷存在感	杨　灿	张亚美	石家庄学院文学与传媒学院
一等奖	飞天的快乐	伍　婷	廖安宜	怀化学院文学与新闻传播学院

续表

奖项	标　　题	作者	指导老师	所属院校
一等奖	即时设计	杨婷婷	昌　蕾	昆明理工大学艺术与传媒学院
一等奖	被 999 暖心周边店暖过	许少桦	杨鸿砚	宁波大学潘天寿建筑与艺术设计学院
一等奖	美无极限	余莉蓉 杨雪勤	田森琪	巢湖学院文学与传媒学院
一等奖	躺赢的秘密	赵秀燕	黄舒梅	北京市东城区职工大学
一等奖	可想即可画	周宸宇	/	哈尔滨工业大学建筑学院

(10)文案类长文案

具体见表 6-37。

表 6-37　**2022 年第十四届全国大学生广告艺术大赛策文案类长文案一等奖获奖名单**

奖项	标　　题	作者	指导老师	所属院校
一等奖	去喜怒哀乐，我会帮你	张　杰	姜　飞	北京外国语大学国际新闻与传播学院
一等奖	我们都需要一次洗白的机会	游　甜	蒋俊佩	郑州航空工业管理学院艺术设计学院

(武汉体育学院新闻传播学院　王创业)

6.5.5　2022 年第 15 届中国大学生计算机设计大赛

中国大学生计算机设计大赛筹备于 2007 年，2008 年举办了第一届大赛，截至 2022 年，共举办 15 届比赛。2022 年(第 15 届)大赛于 2021 年 12 月份启动，其中，数媒类与计算机音乐创作类作品的主题是“学汉语用汉字，弘扬汉语言文化”(中华优秀传统文化系列之二)。

2022 年大赛分设 15 个类(组)，分别是：①软件应用与开发；②微课与教学辅助；③物联网应用；④大数据应用；⑤人工智能应用；⑥信息可视化设计；⑦数媒静态设计(普通组)；⑧数媒静态设计专业组；⑨数媒动漫与短片(普通组)；⑩数媒动漫与短片专业组；⑪数媒游戏与交互设计(普通组)；⑫数媒游戏与交互设计专业组；⑬计算机音乐创作(普通组)；⑭计算机音乐创作专业组；⑮国际生“学汉语，写汉字”赛项。

2022 年(第 15 届)中国大学生计算机设计大赛由中国大学生计算机设计大赛组织委

员会主办，参赛对象为2022年在校的所有中国本科生和来华留学生。大赛以三级竞赛形式开展，校级初赛—省级复赛—国家级决赛(简称“国赛”)。国赛只接受省(直辖市、自治区)级赛区、省级直报或省级跨省赛区上推的参赛作品。校赛、省级赛可自行、独立组织。参赛院校应安排有关职能部门负责参赛作品的组织、纪律监督与内容审核等工作，保证本校竞赛的规范性和公正性，并由该学校相关部门签发组队参加大赛报名的文件。

2022年度第14届中国大学生计算机设计大赛得到了东华大学、山东大学、东北大学、厦门大学、江苏省计算机学会、东南大学、南京信息工程大学、杭州电子科技大学、浙江音乐学院的支持。

2022年(第15届)中国大学生计算机设计大赛共收到近850所院校的6611件参赛作品(这些作品是从校赛上推到省级赛的3万余件作品中选拔推荐的)，最终通过国赛组委会的资格审查入围国赛6516件作品。经过大赛组委会的评比，共评出一等奖作品293件、二等奖作品1554件、三等奖作品2658件，一、二、三等奖作品共计4505件。

其中，与新闻传播专业相关的数媒动漫与短片类参赛作品一等奖16件，数媒动漫与短片类专业组参赛作品18件，数媒静态设计类作品13件，数媒静态设计类专业组作品27件，数媒游戏与交互类作品10件，数媒游戏与交互类专业组作品10件，微课与教学辅助类作品40件(见表6-38)。

表6-38 **2022年(第15届)中国大学生计算机设计大赛一等奖名单**

序号	作品名称	学校	获奖学生	指导老师
1	基于CNN-BiLSTM的睡眠分期与调控系统	华南师范大学	吴礼祝、卢伊虹、郑梓烨	潘家辉、吴干华
2	疫情下解读中美经济、医疗、政治文化现状及措施	大连海事大学	王浩彬、邹世龙、邓梦月	朱斌
3	用于脑卒中偏瘫患者康复评估的下肢步态综合分析系统	郑州轻工业大学	程鑫、杨金龙、秦欣月	孙琳
4	基于双循环的后疫情时代人才流动分析——数据解读人才流动现状与未来预测	南京信息工程大学	朱鸿、华传海、孙聪	蒋莹
5	煤岩动力灾害监测大数据智能处理与可视化平台	中国矿业大学	朱少行、黄志伟、李森	杨旭、曹安业

续表

序号	作品名称	学校	获奖学生	指导老师
6	隐诉挖掘	中国石油大学(华东)	李弟诚、黄伟、解征	刘昕、付文霞
7	AgriKGQA 基于知识图谱的农业知识库问答系统	安徽农业大学	张永恒、姚思亦、刘骅	杨露、王永梅
8	Adaptive Detection：基于深度学习的自适应通用目标检测系统	南昌大学	张晓天、谢斯敬、刘美林	黄旭慧、李渭
9	全国核酸检测点数据的采集应用和访问行为分析	中国人民武装警察部队工程大学	魏雨辰、黄鹤	朱利、李曼
10	“Nutri Eats”校园个人膳食健康系统	东华大学	徐政杰、陈沅溢、胡凯悦	冯珍妮
11	基于 Pare-Transfomer 的高效人体姿态估计模型	同济大学	李木溪、丁康、鞠璇	肖杨
12	“一步止谣”——基于多模态的假新闻检测识别平台	上海财经大学	綦家淳、斯源盛、蒋帆	韩冬梅、刘烨
13	词典终点站？———部没有终点站的线上汉语学习词典(SinoDex 汉语图鉴)	四川师范大学	HAVEMANN MARK	刘青、李芳
14	一笔千年	大连海事大学	李润洋、谢文敬、骆峰轩	张瑾
15	风舞字林	郑州轻工业大学	宋明泽、张振浩、陈越聪	马军霞、师夏阳
16	汉字韵	西华大学	王馨宇、黄锌	王秀华
17	野有蔓草	兰州城市学院	马杰	张榕玲
18	墨书万卷	江苏大学	姜风、李蔚然	刘庆立
19	水之韵	绵阳师范学院	孙治文	陈桐
20	曜	中央音乐学院	赵雪丹妮	关鹏
21	御林长刀	浙江音乐学院	郭瑞	沈佶、李秋筱
22	北望	中国传媒大学	毕崇闳	王铉
23	Trash Destroyer 多场景智能垃圾清理机器人	大连海事大学	李奥、熊浩森、雷迎豪	张连丰

续表

序号	作品名称	学校	获奖学生	指导老师
24	AI-SPREC 智能钢板仓储规划调度系统	南京信息工程大学	李清昀、刘雅菊、严思敏	闫雷鸣、陈先意
25	基于注意力金字塔结构的微光增强网络设计与应用	哈尔滨工程大学	张学士、赵启航、王亦菲	陈志远
26	AI 远程诊疗智慧康养系统	郑州轻工业大学	李琎、崔灿、高金奇	马建荣
27	iHealth：基于姿态估计的康复训练助手	江苏科技大学	魏来、艾欣、芦星宇	张明、吴健康
28	基于显著目标检测的灾后区域智能识别系统	南京林业大学	薄维昊、李荪玮、刘婕	范习健、韦素云
29	面向自动驾驶场景的 YOLOv5 目标检测方法	苏州科技大学	韩世豪、刘旸、盛弘康	陶重犇
30	交通标志识别	南京理工大学紫金学院	陈润知、朱佳辉、王黎明	刘红英、谢玲
31	南京大学的小车队	南京大学	董浩宇、黄旭、顾珂凡	辛博、陶烨
32	智慧导盲	大连海事大学	刘纪飞、安泓郡、黄子豪	张博、季昉
33	字里藏医——中医医疗文本智能解析平台	南京中医药大学	高晓苑、高文佳、张涵	杨涛、董海艳
34	支持隐私保护的肖像取证系统	南京信息工程大学	张延、朱剑宇、吴畏	陈北京、王保卫
35	呀哈喽-无人驾驶视觉方案	东北大学	鲁涛、耿舒翼、欧阳湘瑜	吕艳霞
36	面向咖啡厅场景的智能服务机器人	南京工业大学	李根、顾俊玮、李家硕	赵璐、朱艾春
37	百草 AI-多作物多阶段农业监测识别系统	中国农业大学	张焱、李曼州、杨心语	马钦、李道亮
38	形之语——基于 3D 和视频识别的手语教育系统	武汉大学	佟勃磊、张梁瀚、陈恩瀚	王毅

续表

序号	作品名称	学校	获奖学生	指导老师
39	基于深度学习改进的 SFM 三维重建系统	惠州学院	李梓诺、郭淑娜、周磊	张振
40	基于百度飞桨的智慧导盲犬	东北大学	史岩松、刘宇浩、韩书桓	马明旭、闻时光
41	基于空频域特征和注意力机制的抑郁症智能辅助诊断系统	重庆邮电大学	吴占杰、刘浩威、刘思琦	邓欣、许可
42	智慧交通，AI 助力——人车流量自动检测系统	湖南理工学院	高永畅、阳玉峰、卿文博	范波、孙树平
43	GotoBuy 智汇购物一体化方案	广东工业大学	黄尚樱	于兆勤、王文兵
44	网球智能拾取机器人	陕西科技大学	安冉、王文鹏、高嗣哲	李艳
45	基于环境感知和自主决策的自动驾驶机器人	中南民族大学	陈景、左财妹、肖雨昊	田莎莎、单一鸣
46	基于 ROS 系统的智慧物流机器人	河南工业大学	翁创创、金豪、张赞	吴瑞琪、侯惠芳
47	面向智慧工厂的百度飞桨框架产品缺陷视觉智能检测	江苏科技大学	韩俊涛、殷越、葛涛	江登表
48	识由芯生	扬州大学	孙枢尧、王凯、朱浩宇	尹彬沣、杨超
49	智疗宫颈癌——基于改进 Cascade R-CNN 的 TCT 快速筛查系统	重庆大学	李放、王征、佟璇	刘然、易琳
50	鲁棒深度伪造人脸检测系统	中南大学	毕江源、赵昌、邓奕	刘熙尧
51	基于 paddle 的高性能避障配送小车	南京邮电大学	朱淳溪、蔡润贤、梁敏智	张胜、刘烨
52	智眼“慧视”-加油站风险行为智能检测预警系统	西南石油大学	邓平、冉杰、颜宇杰	张全
53	“小愈同学”——基于深度学习与虚拟访谈的抑郁症预测系统	四川师范大学	袁红婷、张樱子、罗杨阳	苏菡、冯林

续表

序号	作品名称	学校	获奖学生	指导老师
54	零售未来——基于人工智能的零售商品自助结算系统	同济大学	许辰昊、张嘉明、赵昊堃	肖杨
55	见图知筑	华南师范大学	郑梓烨、陈隽淇、郭梓健	苏意玲、张承忠
56	乐随心动——基于 AI 技术的电子琴可视化趣味陪练专家	河北大学	吴佳仪、楼婷、陈墨楠	杨芳、贾浩杰
57	“实践路上”大学生社会实践全过程管理服务平台	厦门大学	郑若楠、梁楠、邱伟斌	郑一鸣
58	Soul Painter——基于深度学习图像处理技术的移动 App	哈尔滨工程大学	陈骏豪、孙靖博、吕欣	高伟、孟宇龙
59	基于知识图谱的党史大数据平台	洛阳师范学院	何潮铭、冯义伦、苏彬瑶	马友忠
60	基于多节点与 Yolov5 算法的昆虫多样性查询	曲阜师范大学	王易凡、戚嘉禾	王玉田、洪亚玲
61	基于计算机视觉的康复训练辅助系统	华北理工大学	张双寒、王珊、高靖楠	苏亚光、代晨旭
62	蓝巢——基于 ConvNeXt 和 YOLOv5 的智能垃圾分类小程序	武汉大学	林星宇、谢逸帆	方颖、刘斌
63	声之形——基于 SST 算法的助盲设备	北京科技大学	于越、傅豪杰、崔栋梁	张敏、李新宇
64	时光清单—“你的个人时间规划助理”	广东海洋大学	陈昊、梁裕佳、陈颖	陈小瀚、陈月峰
65	“抓立删”融资担保风控系统	江苏大学	仲启咏、张进霖、戴高博	陈锦富、杨鹤标
66	Sketch3D 在线建模平台	吉林大学	曾柏滔、罗朋康、鄢孟佳	王秋爽、王晓光
67	Epromes——“云—边—端”智能协同制造系统	河海大学	唐果、赖雨桐、王孜博	张鹏程
68	微光	南京晓庄学院	陈朋朋、陈国伟、郭铮	李滢

续表

序号	作品名称	学校	获奖学生	指导老师
69	基于课堂专注度分析的个性化学习智能推荐系统	北京师范大学珠海分校	刘心怡、孙嘉鸿、黄浩恩	陈海
70	汉语角	广东东软学院	吴原宏、张世亮、张钟伟	唐广花、李晶
71	基于多设备融合的隐私保护系统	哈尔滨工业大学	杨运涵、李明峰、杨宇辰	李鸿志、王晨
72	基于 MR 的医学数据诊疗助手	南京师范大学	朱玉、王晗圣、王海龙	刘日晨
73	掌上教师招考	华南理工大学	梁立名、郭梓忻、邵钊明	高英
74	土地宝——数字乡村智能土地管理系统	杭州师范大学	朱博颖、章欣、谢海宁	徐舒畅、杨鹏飞
75	“田管家”智慧高标监管平台	江西理工大学	万仔柳、刘致远、王哲	郑剑、于祥春
76	你好！打工人	北京信息科技大学	张钟方、张静怡、冯程程	王晓敏
77	星团——高性能 JavaScript 框架	沈阳工业大学	李新锐	杨威、常燕
78	人体骨骼识记微信小程序	海南医学院	黄宁、邵坤、李美琪	余远波
79	高速路面缺陷检测系统设计	沈阳工业大学	王霄远、辛嘉星、刘婧怡	温馨
80	基于 GIS 的船岸货一体化智能航行信息管理系统	武汉理工大学	邹亿仙、刘勖、黄俊涛	徐文君、钟毅
81	妙排——快捷的论文自动排版平台	福州大学至诚学院	王冰炜、王晓玲、方晓佳	马云莺、陈亦萍
82	面向肢残人士与财务人员的九宫格输入系统设计与实现	重庆科技学院	马象平、毕元春	葛继科、陈承源
83	Reading Map：一款通过行为数据可视化辅助 pdf 阅读的插件	北京大学	董欣然、楼涵月、刘雨薇	唐大仕
84	Manager	中国人民解放军空军航空大学	杨公乔	刘昌明、孙延君

续表

序号	作品名称	学校	获奖学生	指导老师
85	疫情下独居老人智能监护系统	重庆师范大学	唐依琦、郑媛媛、彭丽平	徐传运、兰晓红
86	审计遥感大数据监测分析与报告智能撰写系统	湖北工程学院新技术学院	丁建喜、王凡、鲍安迪	宣文静、李哲
87	程序员技能树化学习网站 Rookie-Step	东北电力大学	赵映杰、周晓宇、孙江东	姜万昌
88	我的逻辑世界	武昌首义学院	刘千龙、杨丹婷、鲁子轩	溪利亚
89	转文宝 APP——图文智能办公助手	中国人民解放军陆军军事交通学院	王达、彭平、钱亚俊	刘旭、阚媛
90	基于拓扑数据分析与多无人机 DSM 航迹协同规划的智慧应急管理平台	武汉大学	李勃衡、周家豪、林思行	孟庆祥、汪润
91	食药两用安全性评价平台构建	江西中医药大学	詹懿、揭圣、刘恒利	叶青、吴地尧
92	瑞贸通——基于 BSN 区块链网络的跨境贸易单据核验系统	西南林业大学	武乃恩、曹淋飞龙、查信兵	熊飞、梁志宏
93	钟鸣楚韵——基于“深度学习”的多模态交互式虚拟编钟软件	武汉理工大学	曾创、尚子玮、范馨予	袁景凌、王晓旻
94	基于 STDC 分割网络的轻量级视频人像分割算法	云南大学	朱楠、杨佳祺、龚尹鸿杰	何鸣皋
95	御林卫士——基于深度学习的林业害虫识别与防护平台	江西财经大学	杨嘉彬、尹宽烨、刘江	陈爱国
96	艺游未境	重庆大学	谭诗婷、佟璇、李奥	刘骥、杨瑞龙
97	智能化小麦长势分析与遥感估产系统	四川农业大学	刘慧、张煜、补洪超	李军
98	Tosl 助译	上海立信会计金融学院	蔡一帆、吴维	张高煜
99	Paper Develop——基于版本管理的论文一站式培养系统	东华大学	钟青沅、赵元博、张子涵	杜明、周军锋

续表

序号	作品名称	学校	获奖学生	指导老师
100	学赛圈-竞赛组队报名系统	西华师范大学	胡帮勋、张桀、蒋慧	谭代伦
101	基于脑电信号的工作状态智能监测与辅助调节系统	中国人民解放军海军军医大学	李湘霖、王皓珏、古源楷	郑奋
102	守护者——基于语音识别与周边定位搜索的急救系统	同济大学	李沁心、李天予、周婉莹	卫志华
103	音分 AMC 音乐分析平台	上海海洋大学	葛昊宇、薛彦昊	魏立斐、张蕾
104	不会作诗也会吟——基于文本挖掘和信息可视化的古诗词学习网站	上海财经大学	吴玉珵、周琪瑶、李懿	韩潇
105	字韵	大连海事大学	李西玄、周易、闫宣臣、王浒	王伟
106	兰亭序	中国人民解放军海军航空大学	冉晨曦、蔡宇轩、余啸	李祁、任颖
107	一脉相承	燕山大学里仁学院	杨云、范文婧、林鑫龙、李若佳、周媛	张亭亭、王柏娜
108	说人解字	南京医科大学	李文杰、俞丹靖、ANGELLOVESCHOW、麻舒扬、SONYGURUNG	胡晓雯、夏鑫
109	翰墨绘山海	南京医科大学	董凯瑞、金潇怡、陶赟熙、卜宇翔	胡晓雯、陈艺媛
110	金陵寻经路：汉译佛经的黄金时代	南京师范大学	颜庭婷、孟馥雯、刘媛、杨鹏、王嘉文	苏芃、侯婕
111	梦回稷下	曲靖师范学院	黄应建、徐霞、王文欣、顾天杭、陶勇州	陶燕林、陆莉芳
112	“字”始至“中”	武汉理工大学	艾力菲热·艾买提、田雨欣、孔大正、吴泽杨、刘健彰	彭强
113	马可波罗的汉字之旅	中央民族大学	申艾嘉、赵丽敏、马文斌、李怡璇、王修智	邹慧兰

续表

序号	作品名称	学校	获奖学生	指导老师
114	文承四方，语传天下	北京语言大学	张小轩、杜睿瑶、张笑晗、李静怡、肖晨伟	解焱陆、苏展
115	异之说	北京语言大学	吴睿瑄、刘星妤、陈潇雪、刘露含、张利娜	曹文潇
116	品汉字之美，觅国字笔迹	信阳师范学院	苏红利、刘紫媛、王紫娟、周诗雯、杨梦雲	刘萱、刘琦
117	瑰墨人生——汉字叔叔	武汉理工大学	何震源、樊润泽、董宇航、饶国锋、李思怡	彭强
118	汉字工厂	中国人民解放军陆军勤务学院	肖宇辰、韩宇泱、仇俪诺、张炜烨、杨松蔚	林明玉
119	汉字弘医道，字字扬中华	西南医科大学	赵悦舟、冉旭、何瑶冰、马筱玉	刘帮涛、邓欢
120	说文解字	成都理工大学	鲁建男、赵鸿绵、文诗妍、刘芮、包加玄	张冰洁
121	归字来兮	河北大学	李宇飞、杨梦丹、李晗槟、聂开元、赵梓宇	陈梦、黄帆
122	寻·春	华中科技大学	韦佳君、周诗怡	朱志娟
123	错别字	深圳大学	赖云开、陈婕、周彩霞、凌秀莹	王晓鸣、黄以然
124	走着，写着	浙江越秀外国语学院	姜晨、倪琼、池航妮、屠航玮、胡夏莉	顾建华
125	汉字的性格之鸟隹部	辽宁工程技术大学	徐蓉蓉	王胜源

续表

序号	作品名称	学校	获奖学生	指导老师
126	“活”字	安徽师范大学	马欣怡、梅雨、陆可爱	陈若飞、孙亮
127	寻文逐字	东南大学成贤学院	程宇、李恒建、张昱雯、许宇玢	刘刚
128	四兽	安徽大学	杨璐	韩鹏、陈成亮
129	见字如来	梧州学院	黄燕丹、李晨晞	邸臻炜、贺杰
130	字里人间	中央民族大学	黄慧莹、覃若曦、旦增桑珠、王梦蜓、王一然	吴占勇
131	气韵	山西大同大学	杨洋、刘子瑞、荆泽贤、刘梅、晁荣博	殷旭彪、朱世昕
132	契文四季	华中科技大学	陈紫仪、段开莹	甘伟
133	洞穴日记	宁波大学	刘诗钰、胡雨涛、郑博文	邢方
134	砖魂	华中师范大学	李梓鸥、涂振兴、穆依婷、王晓宇、丁妧瑢	王逊
135	由字到书	杭州师范大学钱江学院	杨舒畅、周炎炎、刘梓炜、沈唯一	李继卫
136	汉字的印记	武汉传媒学院	安博睿、顾晨曦、钟佳容、李周宸旭、周宸宇	刘阿男、汪尧景
137	汉字之美	长安大学	邢羽童、仇熙雯、付娆地妮、柯子仪、龚昳姗	赵艳、侯婧
138	“汉”韵源起	四川师范大学	韦含书、唐艺菱、冯倩、刘小羽、张翼双	何武、熊彦
139	华夏手迹	大连海事大学	王雅宁、陈思璇	朱斌、周怡然
140	墨缘·咏音——全景声汉文化古韵音响	大连海事大学	郭文轩、尚修为、寇忠皓	郭世凯

续表

序号	作品名称	学校	获奖学生	指导老师
141	诗画中的意象表现	河南财经政法大学	韩冰笑、王悦	陈俊慧
142	生肖字艺	沈阳农业大学	李璐、陈义杰、郭轩赫	苏畅
143	汉字遗迹	杭州师范大学	朱成丹、陈顾斐然	邹菊梅、万宜伟
144	与"友"相伴，探秘中国字	安徽农业大学	王晓语	李洋、杨涛
145	汉字金刚——模块化可变形汉字教学玩具	昆明理工大学	张浩鲲、邓玉龙、陈宇	刘泓滨、方娇莉
146	芳华四季·中华节气汉字文化意象美	大连工业大学	乔鑫宇、王月琮	王美航、郭雅冬
147	故彩聚象，传译华梦	东北大学	回李闻晋、杨诗雨、赵若森	李晓迪、霍楷
148	生肖甲骨随体诘诎	东北大学	刁童若、党听雨、刘佳蕾	李宇峰、霍楷
149	漢语	沈阳理工大学	刘永壮、夏蕴铎、王满卿	王成玥、祁赛喃
150	字说节气	台州学院	陈蓓蕾、方静、赵梓媛	牟健、柯甫凯
151	四灵溯源	中国人民解放军空军航空大学	高宗一、唐威、王瑞林	孙琰、李晓静
152	合而为一——趣味合成字系列海报	河南财经政法大学	胡梦娇、杨俊哲、王弋戈	杨纯、荆宜青
153	十二生肖考古汉字盲盒	江苏大学	许紫涵	李明珠
154	态生势成·契道达理——汉语言文化转译空间设计	江苏大学	李柯熠、芮亮、宋俊贤	韩荣、徐英
155	浮玉意字碣——汉字文化教育下的碑刻文化馆设计	江苏大学	张兆洋、端木一凡、沈家宁	霍珺、承恺
156	基于汉字几何化的儿童辅助玩具设计	南京农业大学	郑雯遐、赵婷婷、韩冉	于安记、钱筱琳

续表

序号	作品名称	学校	获奖学生	指导老师
157	“鸟虫书之百家姓”蓝印花布设计	江苏海洋大学	熊欣芸、尹欣怡、张建宇	王栋、许墨
158	“字秀江苏”——套色木刻版画	江苏海洋大学	张雅琴、闫梦茹、束湘	王栋、刘兮兮
159	“圭臬”汉字博物馆	哈尔滨信息工程学院	于航、潘林、朱雨蒙	白芳、李娜
160	词声娓娓——词牌名文化系列字体插画	南京工业大学	刘文君、朱兆琪	吴捷
161	基于汉字模件思维的分餐食具产品设计	南京师范大学	张博文、陈一诺、周珺瑜	翁宜汐
162	笔下功夫	黑龙江大学	林彩江、李宏良	韩净
163	汉字的前身今世	滁州学院	王琦、韦雅娜	陈一笑、朱海雪
164	我想知道你的名字	安徽大学江淮学院	韩雅慧、季宇陈、吕承慧	姚瑶、权歆昕
165	星临七洲·臻至九福	青岛农业大学	刘传澍、刘艺斐、李梦霄	杜建伟
166	承德清音研究会视觉形象设计	河北民族师范学院	陈明慧、王金辉、李佳鸿	关志英
167	落纸云烟	青岛大学	王子璇、张骞予	任雪玲
168	汉韵	大连工业大学	赵明哲、金子骅	刘利剑、宋一
169	吉祥印象·中国汉语言形意之美	大连工业大学	马小龙、苍洪辰、陈昕	郭雅冬
170	鲲鹏	武汉理工大学	邓诗乐、张渝、胡温舒	周希霖、彭强
171	汉字不朽承载千年	东北大学	杨礤嘉、刘梦璇、王佳慧	霍楷、樊丁宜
172	中国节气字体设计及应用	武汉科技大学	阮绮思、郑凯方、陈垂婕	聂虹

续表

序号	作品名称	学校	获奖学生	指导老师
173	Hello·甲骨文——“神奇动物成语”系列儿童体验盲盒创新设计	陕西科技大学	王丽娟、屠艺晴、戴文超	江涛、贺雪梅
174	采诗记	中央民族大学	肖济、侯美芝、文瑞祺	王斌
175	字在其中	北京工业大学	李孝星、周曼婷、王雨心	赵玮、张爱莉
176	最熟悉的陌生“人”	华中科技大学	周之彦、孙辽、陈泽美	王朝霞
177	食载汉字	曲靖师范学院	周静茜、马泽娟、廖晶	包娜
178	瘦金体文具产品设计	四川师范大学	李远欣、赵子涵、肖玉婷	高昌苗、刘海燕
179	异界字寻	华南师范大学	叶桂源、蔡逸彬、温海林、胡顺尧	李琴、杨桂芝
180	汉韵·云学	江苏科技大学	时强、郭嘉君、吴怡、谷文一	吴健康、张苏婷
181	下象棋·学谚语·悟儒家文化	杭州师范大学	杨琦浩、安丽娜、陈柯明、朱璐筱、韩晓彤	袁庆曙
182	秦篆	杭州师范大学	朱潇雨、王城浩、运茹娇、王子怡、张天乐	袁庆曙
183	寻找汉字的前世之旅	华中师范大学	兰雪尹、韦玉炜、李雅洁、颜溶	田元、姚璜
184	趣味学汉语	沈阳师范大学	李浩然、李乾、秦宸、张子洋、张炬蕙	邹丽娜、张丽娜
185	字居	东北大学	邓惟斯、欧阳成乐、张贺铭、吕文博、张月婷	陈晓敏、霍楷

续表

序号	作品名称	学校	获奖学生	指导老师
186	一眼千年悠悠汉字之路	华北理工大学	赵敬铎、郝镓轮、王鹏晖、张双寒、王珊	苏亚光、刘劲芸
187	拾字·着光	山东大学	王安玉、李豫、史一博、王韶光	王春鹏
188	寻年记	浙江师范大学	夏娅娜、周文静、陈张泽、斯楚慧、汤诗莹	王小明
189	奇诗物语	北京航空航天大学	张孟琛、张艺暄、侯星瑞、胡斌、肖沐风	曹翀
190	太空文字研究博物馆	南京航空航天大学	李子涵、甘翔文、刘恒、尚博洋、孙紫琪	汪浩文、范学智
191	大美汉语 VR 文化展馆	沈阳城市学院	赵振搏、迟金珠、蔡雨茜、史婉婷、才彧妍	吴欣怡、尹嵩
192	拯救汉文化	杭州师范大学	张琦凡、俞道炜、李慧玲	高旭、叶米兰
193	寻根溯源	滁州学院	刘晶晶	江梅梅、冷荣亮
194	虚拟汉字博物馆	安徽师范大学	王硕、李鹤阳、秦庆宇	孙亮
195	活字之约	东北大学	朱文雄、步衍超、孙铭泽	喻春阳、马新
196	甲骨寻踪	东北大学	乔思源、陈心怡、王浩宇	谢青
197	源远流长——古代汉字演变史	北京工业大学	程祖怡、王奕达、李祎彤、张添钰、王逸飞	王丹
198	国风汉语言解谜游戏《拂山为辞》	上海大学	何其乐、马琳、刘方可、张潇月、杜啸雨	黄东晋、宋莹

续表

序号	作品名称	学校	获奖学生	指导老师
199	旷达磊落，穿越时空的壮歌——《念奴娇·赤壁怀古》	华中科技大学	陈星宇、柯轲、朱秀雨	胡怡
200	数学文化——别具一格的数学符号	贵州师范大学	杨政桦、杜燕飞、杨黔东	卓毅、黄威荣
201	梅花	海南师范大学	夏薇、梁卓君、汪雪成	罗志刚、叶成徽
202	秒懂归并排序算法	青岛大学	司良兴、万梦瑜、李常	任雪玲
203	巧立“方”法，妙破“球”牢	江苏大学	陈思涵、汤子妍	宋晓平
204	Animate 骨骼动画——双板滑雪	江苏大学	兰轲馨、皮天珍、王诗淇	王华
205	韩信分油问题——宽度优先搜索和动态规划	苏州大学	叶超、尤王杰、王丹	郭芸、张志强
206	猴子选大王——约瑟夫环	北京科技大学	高允轩、周艺、李雪	李莉、张敏
207	宣州谢朓楼饯别校书叔云微课	南京中医药大学	苏婧媛、张小梅、任雯沁	王天舒
208	虚数寻宝——虚数的诞生与应用	苏州大学	鞠妍、华天骄、陈文沁	郭芸、刘江岳
209	遥望·遐想·逐梦——《鹊桥仙·纤云弄巧》新解	南京航空航天大学	赵怡如、高博、岳小琪	李倩岚、屈雅红
210	愁绝千古——李清照《一剪梅·红藕香残玉簟秋》解读	常熟理工学院	许璟妮	王素娟
211	追寻 ER 模型“羽化飞升”为关系模型的奥秘	燕山大学	陈佳欣、赵明辉、刘力榕	余扬、张忠平
212	寻回那首诗!	广东第二师范学院	王诗婷、詹梓灵、林举洁	王炜、崔萌
213	会上升的热空气	沈阳化工大学	孙浩文、张金鹏、张鸿鹏	高巍、姜楠
214	弗洛伊德算法	南京晓庄学院	施益烽、李竹、郑莉	马君谦、袁俊
215	一次学会 Kruskal 算法	南昌大学	丁俊、刘世卓	胡军

续表

序号	作品名称	学校	获奖学生	指导老师
216	“汽车的履机乘‘变’”——AT 自动变速箱辅助教学平台	昆明理工大学	殷应琦、王利民、许程成	刘果、王凌
217	穿越古今，品读《示儿》	浙江越秀外国语学院	刘欣、徐彬皓、黄泓皓	蒋健健、王江涛
218	相约题画诗，传承经典美——赏《惠崇春江晚景》	嘉兴学院	何嘉嘉、范如格、林秀秀	邓浏旸、李占京
219	家有种子初长成	黑龙江大学	杨艺萌、林飞红	韩净
220	小抽屉里的大学问	深圳大学	张雅玟、黄漪媚、陈源	李冰
221	一法明万法通——那些年我们学不会的“凸透镜”	深圳大学	刘思怡、王淑婷、李锦琼	廖红
222	群生共进	大连工业大学	张文杰、秦浩轩、周洋	于吉震、张月
223	我才不会踩水坑——光的反射	安徽农业大学	庄永志、董梦龙、旷心怡	周小波
224	与君识“洋流”	南华大学	杨佳、尹婉琳	李金玲
225	圆柱的认识	宁波大学	王靖雯、程远航、许梦瑶	戴洪珠、姚佩英
226	橡皮泥在水中的沉与浮	沈阳师范大学	李彬彬、廖诗璇、王程瑶	刘立群
227	采地黄者	江西中医药大学	符瀚文、余峥、陈如欣	熊玲珠、彭琳
228	许渊冲眼中的《静夜思》	中国人民解放军战略支援部队信息工程大学	林子健、邢晟涵、贺利国	马瑞、李丽佳
229	柳驻情思，忆往开来	北京体育大学	龚如昕、柳天澍、张曦匀	王辰
230	绘生慧课之体液免疫	天津师范大学	王国祺、李天宇、刘子菡	姜丽芬、梁妍

续表

序号	作品名称	学校	获奖学生	指导老师
231	边塞诗，家国情	武汉理工大学	郭孟雨、向欣、杨诗卉	刘艳、彭强
232	时光修复——图像的平滑操作	重庆师范大学	江田、宋雨轩、张潘	曾攀
233	悯农(其二)	西北民族大学	冼慧玲、唐万福、冯金凤	李肖霞、祁芸
234	汽车自动驾驶虚拟实验平台	西南交通大学	袁向前、黄涛、田增熠	吕彪、邹应全
235	呛救通——老人噎呛预防与急救实验平台	四川大学	周渝博、朱海林、杜凡	张凤英、张卫华
236	Magic Paper——基于桌面交互装置的自闭症儿童教学辅助系统	成都信息工程大学	杨航、杨琰、郑常榕	吴琴
237	生物微课堂——人体体温调节	华东师范大学	史星恒、盛童、王子琪	钱冬明、陈志云
238	流水堆积的杰作：冲积扇	四川师范大学	冷莎、童卫川、唐一仙	王玲
239	核酸无人化采样平台	大连海事大学	黄子豪、安泓郡、周琪晟	刘洪波
240	基于多段式气囊交互的智能助盲头箍	北京科技大学	李宇轩、孔午凤、李伯峣	万亚东、武航星
241	多端协同油罐浮舱安全巡检机器人	中国石油大学(华东)	石章宏、孙浩森、周文浩	付文霞、宋继志
242	基于物联网的智慧公路系统	福建农林大学	杨媛、韦梅芬、黄河淋	林宇洪
243	铁塔卫士	华东交通大学	罗开流、程承坤、诸虹宇	涂春萍、艾国金
244	基于心冲击信号的无感动态血压测量系统	深圳大学	金惠童、钟宇恒、梁靖妍	王璐、伍楷舜
245	端管云智慧工地管理系统	吉林大学	王治鑫、程国耀	王晓光
246	无人送餐车	铜陵学院	姚胜、刘元飞、谢京城	齐平、郜文灿

续表

序号	作品名称	学校	获奖学生	指导老师
247	基于 AIoT 智能物联网平台的校园自动垃圾分类箱	南宁学院	陈洪洋、莫俊茗、洪芳	梁国际、邱素贞
248	基于主动视觉的智能导盲系统	山西大学	周世豪、侯甜杰、王浩鹏	高嘉伟
249	基于 ROS 的校园防疫巡逻车	沈阳航空航天大学	赵羽迪、李政、栾泳毅	姬晓飞
250	车安充——基于 stm32 的高利用率电动车充电桩	华北水利水电大学	刘炜、龙江河、魏嘉宾	杨大鹏
251	针对视障人士的智能语音交互式可穿戴安全保障系统	南京师范大学	万游、包奕阳、王梓怡	钱伟行、沈世斌
252	燃气管道安全监控与防盗预警系统	集美大学	陈智锋、孙威、郑金亮	许伟坚
253	AI 智能羽毛球发球系统	重庆邮电大学	梁子龙、梁书睿、彭嚣	雷大江
254	智慧消防辅助救援与逃生系统	梧州学院	廖秀芳、陆秋惠、陆广兴	何高明、刘康
255	城市地下综合管廊卫士——智能管廊巡检机器人	郑州大学	杨佳宁、陈美泽、曹广泽	曹仰杰、王超
256	“e 丢”——基于物联网云计算的智能分类垃圾桶	武汉大学	许斯佶、康渭林、周丽娟	方颖、陈辉
257	云农智链物联网系统	云南大学	赖丽珍、黄新渝、张唯一	何鸣皋、普园媛
258	基于四信智能网关的微纳抗原癌症检测系统	厦门大学	王达凯、雷鸿宇、陈宇霖	施俊杰、高凤连
259	基于雷视融合技术的交通监测预警系统	西安电子科技大学	邓继儒、米青、彭泽华	张华
260	上肢障碍人员计算机操作辅助系统	西安文理学院	徐东兴、许汝宝、彭甜甜	雷伟军
261	苍茫守望者——面向无人区应用的断轨检测系统设计	西南交通大学	宋尤虹、王萌萌、贾芳	杨武东、范景腾

续表

序号	作品名称	学校	获奖学生	指导老师
262	基于可见光通信的移动存储设备：Ulight	上海交通大学	刘雨田、郑心浩、张鼎言	孔令和
263	基于局域网的动态荧光棒阵列	上海交通大学	陈浩南、符强、余北辰	孔令和
264	智护——基于深度学习的智能儿童监护系统	电子科技大学	彭国伟、薛凯文、董琳娜	杨珊
265	e网情深——基于物联网IoT与深度学习的智能园区	成都工业学院	饶询、袁江龙、杨智栩	尤小泉、胡沁春
266	塑“食带”——海洋动物的微塑食链条	北京科技大学	赵远	武航星、张敏
267	华韵优伶·中国乐队	南京林业大学	李泊紊	周杨静
268	基于生态危机视角的日本核废水排海事件的动画解读	南京工业大学	郭婧怡、姚幸儿、任思远	陈岑、罗军
269	基于大学生亚健康信息图解	江苏大学	庄青、任欣晨	朱喆、戴虹
270	Evision——面向卡脖子技术的美国科技情报可视化分析系统	南京理工大学	黄哲远、刘欢、雷鸣	陈果
271	新疆，我要留下来	石河子大学	郝俊杰、冯佳忆	陈敏、吴琼
272	淮河流域水文数据VR呈现与分析系统	南京工业大学	朱洪庚、邹树滋	李晓丽、陈东
273	基于数字孪生的社区消防设施3D监控系统	河北农业大学	刘洪舟、孙德森、刘子嘉	刘丽娟、张健
274	广东省红火蚁监测防控可视化平台	仲恺农业工程学院	魏淑桑、朱乃豪、陈诺琪	张世龙、王潇
275	树枝情报局——基层治理大数据分析	西南大学	靳奕欣、唐嘉、胡经璇	张林
276	京杭大运河信息可视化	杭州师范大学	潘瑶瑶、付俊、李骋	袁庆曙、徐进
277	点名诗——弹幕之花	大连工业大学	徐媛佼、蒲卓意、赵梦阳	于吉震、李囡囡
278	古人日常VLOG	东北大学	常新怡、崔雯萱、朱雨桐	王晗、霍楷

续表

序号	作品名称	学校	获奖学生	指导老师
279	字载千年	东北大学	齐子怡、白恒宇、陈洪姚	王晗、张梅子
280	明代礼服. 于赤为宜	武汉理工大学	张京奥、黄璞、刘宇腾	熊文飞、彭强
281	天下第一楼——黄鹤楼信息图形设计	湖北工业大学	王慧颖、颜名伟、李明豪	饶鉴、明月
282	中国传统象棋文化中“七星聚会”可视化设计	安徽建筑大学	周政达、董美萱	鲁榕、徐慧
283	智慧园区土地规划管理平台	中国人民解放军陆军军事交通学院	周虹藩、侯飞、王子硕	孙奇、张学馨
284	数字党史・百年记忆	中南财经政法大学	覃月昕、巨天宇、刘钰涵	陈旭、刘树栋
285	Web Shell 恶意家族可视聚类分析系统	中南大学	唐健恒、陈茁、张驰	赵颖、汪洁
286	基于多级知识图谱的慕课教学视频知识点可视化	中南财经政法大学	房子淇、谢吉奎、杨理	张承德
287	扶弦・话古琴	武汉理工大学	张莹莹、陈佳君、季雨婷	罗颖、粟丹倪
288	传统木板年画的数字化图解	西北大学	仲翛珣	王江鹏
289	川剧——不止“蜀戏冠天下”	四川轻化工大学	马秋梅、江兴涛、曾琦峰	陈超
290	“探虹”——智能化桥梁监测与康养系统	西南交通大学	梁文哲、史美杰、徐艺玮	吕彪
291	巡天逐梦——基于 Web GL 的中华宇宙探索 3D 信息可视化	上海大学	徐天明、张樱才、蔡韵	高珏
292	寰宇・广汉三星	华东师范大学	张欣、明玥、万思贤	刘艳
293	数字孪生环境下盾构机健康分析可视化系统	上海大学	庄若晨、余星、李劲松	喻钢

（武汉体育学院新闻传播学院　王创业）

6.5.6　2022 年度中国大学生广告艺术节学院奖

中国大学生广告艺术节学院奖(简称“大广节学院奖”或“学院奖”)是经中央批准,国务院评比达标表彰工作小组同意设立的赛事,是国内唯一由原国家工商总局批准、中国广告协会主办的全国大学生广告艺术大型活动。

大广节学院奖全年分为春、秋、冬三个赛季,号召海内外 5000 余所高校院系的在校大学生为国内外知名企业进行命题式创意,为广告、市场营销、新闻传播、新媒体、设计、动画、艺术等相关专业学生打造专业的大学生创意赛事,助力高校实践教学与产教融合,在新闻传播及相关专业学生中间具有广泛的影响力。

大广节学院奖全年活动内容丰富、形式多样,涵盖学科竞赛、专业评选、师生表彰、创意培训、师资培训等各种交流活动,使高校师生与行业、企业达成近距离接触、高频次互动,搭建真正联结高校、企业、行业三方的交流沟通平台。

6.5.6.1　数读“大广节学院奖”

大广节学院奖始创于 1999 年,历经 23 年沿革,已经覆盖海内外 1830 所高校的 5309 个院系,每年有超过 180 万高校师生参与。不仅在全国各高等院校中深入人心,还受到业内各大广告、营销、数字营销、传媒、互联网相关企业和单位的广泛认可与关注,成为行业遴选人才、企业获取新鲜创意、品牌探索年轻化的重要途径。

2022 年,有超过 40 个知名企业品牌通过大广节学院奖发布创意需求,并携手百名行业资深讲师,为全国各区域参赛师生开设了 60 余场创意公开课。与来自数百所院校的超过 60 万名高校师生,在线下课堂和线上直播中零距离互动、面对面交流,并通过各大社交平台、网络媒体影响触达近千万大学生。

2022 年度,中国大学生广告艺术节学院奖入选中国高等教育学会《全国普通高校大学生竞赛目录》,并在春、秋、冬三个赛季中收获了来自海内外各高校参赛学生的创意作品 80 余万件,突破以往纪录,再创参赛作品数量新高。

6.5.6.2　活动特色与创新

中国大学生广告艺术节学院奖由启动仪式、命题发题、创意星球大讲堂、作品收集、作品评选和创意盛典等几大活动组成,各项活动既独具特色,又串珠成链,共同构成了以大广节学院奖为中心的系列学生创意与实践活动,令学子们感受无穷的广告魅力!

在高校专业教学中,大广节学院奖扎根于实践教学课堂中,通过以赛代学、以赛助学的形式，极大丰富了课堂实践、助推教学升级。让学生接触行业一线，在实战中将所学落到实处、提升专业技能，获取真实有效的行业经验，为将来就业创业打下扎实基础。同时，大广节学院奖直通企业人才需求，为广大参赛学子开通实习、就业直通车，提供更多就业创业渠道和机会，具有积极的社会价值。

与此同时，大广节学院奖不断发展创新，适应行业发展新变革、满足专业教育新需求，为高校在新技术、新环境下的产教融合与人才培养提供更多机会与可能。

(1)联手行业打造创意盛会，让高校直达行业前沿

2022年，大广节学院奖春、秋、冬三个赛季的颁奖盛典分别落户“Y2Y品牌年轻节”“中国广告论坛”“中国国际广告节”三大行业年度高端盛会。在丰富的行业人脉与资源支持下，三场创意盛事汇集行业、企业、高校三方，聚焦行业热点与趋势，让参会师生直接触达行业前沿技术与观点，让高校深入了解行业动态与企业需求，让行业目光聚焦青年创意与高校人才，让校企沟通落到实处，为产教融合的探索与实践带来更多可能。

(2)从内容到传播，打造“一条龙”专业实践赛道

伴随传媒、广告行业的科技革新和业态变化，大广节学院奖进一步拓宽内容创作赛道，并将内容传播同步纳入参赛环节。通过“创作+传播”的参赛模式，同步考核创意内容质量与传播数据成果，引导学生在创意构建时便将传播效果纳入思考，主动适应当代新媒体传播形式和网络传播环境，将内容创作纳入传播体系中，与实际应用、行业态势深度结合。

在内容创作环节中，大广节学院奖不断拓展新行业、新品牌，为参赛学子提供更丰富的品牌需求、创作类别，在平面广告、影视广告、微电影、短视频、营销策划、广告文案基础创作类别的基础上，逐渐增设Plog、Vlog、产品设计、包装设计、电商UI设计、表情包设计、logo设计、文创周边设计、IP形象设计、漫画动画设计、服装设计、珠宝首饰设计、工业设计等众多创作类别，极大拓宽了参赛专业与人群，给更多专业学子提供了参赛机会和平台。

与此同时，大广节学院奖不断拓宽传播赛道，涵盖了当下社会化传播渠道中在人群中普及度最高、受行业企业关注最多的抖音、B站、小红书、微博等平台和渠道，让参赛学生将参赛作品投入实际的传播环境中，用传播实操检验内容的质量与价值，极大提升学生对传播环境的敏感度和认知度，培养适应新媒体环境的创意和传播人才。

(3)举办丰富活动，增进校企师生交流

大广节学院奖在赛事活动之外，还为参赛师生量身举办了丰富的赛外活动，搭建沟通桥梁，提供更多机会、渠道让高校师生走进企业、了解行业。

针对高校学子，大广节学院奖通过征召“品牌大使”“高校代言人”等活动，让学生直面企业需求，拉进企业与人才距离，打通实习就业直通车。还发起“大学生评审团”“校园传播大使”“创意之星培养计划”等活动，为学生提供创作指导、交流培训、传播实操锻炼，让学生进行深度实操与实践体验，有机会走进顶级广告公司和企业，积累经验，开阔眼界。

针对高校教师，大广节学院奖召集与组织“教师工作室”，让指导教师带领学生小组，直接对接企业实际需求，配合品牌活动产出内容、传播投放，成为“企业市场部”，让教学成果直接转化为市场成绩，让师生在实际推广投放环境中锻炼专业能力。同时，还为高校教师提供“金牌指导教师实训营”“教师培训课程”“高校研讨会”等活动，让高校教师有更多机会与同专业教师、同行业大咖学习交流，深入了解行业新动态、企业新需求，极大助力了高校教师的参赛指导与专业教学，为高校课堂提供了与时俱进的、更广阔的实践教学环境(见表 6-39)。

表 6-39　　**大广节学院奖 2022 征集活动获奖名单(金奖及全场大奖部分)**

大广节学院奖 2022 春季征集大赛部分获奖名单

作者学校	作者	指导老师	作品类别	作品名称	命题企业
全场大奖					
黑龙江大学	付一丹、龚柳、刘梦宇	崔德群	影视广告	爱柔不破	中顺洁柔
营销策划全场大奖					
福建师范大学协和学院	施静怡、李紫怡、连雪华、蒋少玲	陈丽、王琳	营销策划	疯狂的达利	达利园
金　奖					
东华理工大学	范飞菲、刘江美、余倩、董小敏、伍紫燕、吴曼	王宾旗	平面广告	谁说神话不可能	锐澳酒业
山东科技大学	王晓宇、郝贞宇、李珊、江国庆	廖慧珺	营销策划	破界生长	锐澳酒业
湖南工业大学	姜梦蝶		广告文案	酸甜苦辣	锐澳酒业
西安欧亚学院	刘逸晴、黎小霞、程钰昕、张瑞、王帅	朱羚玮	视频类	RIO 一夏	锐澳酒业

续表

作者学校	作者	指导老师	作品类别	作品名称	命题企业
天津财经大学	杨茜婷	张帆	文创产品设计	一拳到位马克杯	锐澳酒业
兰州大学	徐璐莹、魏畅		摄影作品	粉红幻想	锐澳酒业
西安工业大学	刘铭涛	高有宏	平面广告	温馨小快克	快克药业
南昌大学	谢燕珍、刘潇怡、买雨萱、张燕红、龙腾	曾光	营销策划	听妈的，准行！	快克药业
湖南文理学院	赵宇琦、李炎、郎建栋、姚怡、胡俊、林智炫	苏杰、熊跃珍	影视广告	我的天呐	快克药业
河南师范大学	张雅轩	滑侨新	文创产品设计	小快克——超熊突突队系列盲盒设计	快克药业
北京印刷学院	杨怡	于菁竹、张晓东	平面广告	减肥如脱衣	碧生源
福建师范大学协和学院	许嘉、张雯灵、潘俊杰	王琳、陈丽	营销策划	三月半搬家攻略	碧生源
广西艺术学院	彭懿、位佳乐、吴子坤、陈心萌、汤子琪	陈贝贝	短视频	世界上最遥远的距离是什么？	碧生源
四川大学	彭琦琪		平面广告	毓婷，我的人生底牌	华润紫竹-毓婷
福建师范大学协和学院	刘天驰、詹婉婷、马佳琦	陈丽、王琳	营销策划	这女的就离谱	华润紫竹-毓婷
南京传媒学院	李溯、马家磊、刘泽宇		微电影	意外处理指南	华润紫竹-毓婷
同济大学	王小桐	梅明丽	综合设计类	毓航员——毓婷IP设计	华润紫竹-毓婷
南京林业大学	龙文棋	周杨静	平面广告	尽情爱，不设限	圣象集团
天津师范大学	申芸慈、刘欣、杨昕月、徐雅婷、张百盈	胡振宇	营销策划	第五象限	圣象集团
南京林业大学	荀柯翔	骆玮	影视广告	圣象自然零距离	圣象集团

续表

作者学校	作者	指导老师	作品类别	作品名称	命题企业
江苏海洋大学	卜子童、张子杰、薛睿茵	刘兮兮	产品设计	只此青绿	圣象集团
天津科技大学	朱子凡	王艺湘	平面广告	自然之间橱窗设计	利郎
天津工业大学	雷佳馨	张莉	广告文案	日子不简单，尽量简单过	利郎
江苏师范大学	王众、王艳、傅凌萱、彭伊凡		短视频	利郎的可能性	利郎
天津师范大学	李世雅	丁超	服装设计	膏肓	利郎
上海杉达学院	苏振扬		平面广告	开启动听鼾声	榄菊
天津理工大学	杨子慧	范志国	广告文案	故事的开端	榄菊
四川农业大学	何红霞、涂思琦、许若诗		产品设计	灭蚊小分队	榄菊
福建师范大学协和学院	王奕琎、梁婉玲、周可心、郑海川、尤星晖	高媛媛	短视频	画不出的蚊子	榄菊
郑州大学	杜婷		平面广告	珍享可比克，花香果香每一刻	可比克
商丘师范学院	李知明、李羿杭、贾硕、韩京芫、胡佳慧	何学军、郝辰宇	营销策划	花小薯反 emo 作战计划	可比克
四川传媒学院	张超、陈海涛、岳鑫萍	杨希云帆	影视广告	当韩熙载遇上可比克	可比克
云南民族大学	王婷、赵倩、周洁、赵国耀	王艳	IP 形象设计	小可宝 IP 形象设计	可比克
东华理工大学	钟雯艺	王宾旗	平面广告	看得见的自然，看得见的健康	豆本豆
厦门理工学院	周祖萌		广告文案	宜“豆本豆”	豆本豆
北京师范大学-香港浸会大学联合国际学院	周洁、王姿懿、解梦圆	蒋崴	微电影	营养双子星有机双保障	豆本豆

续表

作者学校	作者	指导老师	作品类别	作品名称	命题企业
广西大学	滕子砚	唐方文	漫画故事	豆本豆健康大作战	豆本豆
广东白云学院	郑珩	项德娟	平面广告	清香之口发哨声	冰泉
浙大城市学院	高山月、班亚林、吴雅婷、周静柔、吴俊庆	骆小欢	营销策划	去冒泡吧——冰泉果汁汽泡漱口水策划案	冰泉
湖南涉外经济学院	余玲莉	蔺清	产品包装设计	冰泉气泡水包装	冰泉
南京林业大学	丁之懿	唐丽雯	短视频	洗漱青春	冰泉
萍乡学院	颜惠萍	谢琼梅	平面广告	执着于每一寸肌肤	鲁南制药-晓平
浙江工商大学杭州商学院	郑媛媛		广告文案	“可爱”的冒个泡	鲁南制药-晓平
广东农工商职业技术学院	陈宇冰、吴鸿仪	吴夏莹、张燕丽、涂佳俊	短视频	平平历险记	鲁南制药-晓平
苏州科技大学	王艺超	朱永明	平面广告	拥抱美好	凯迪仕
南昌大学	桂凯丽、朱铉东	王波伟	广告文案	写给你的 18 行情书	凯迪仕
浙江传媒学院	李晨琳、邵翊宸、宋肖晗、赵凌云、林冠宇、田金玉	唐本达、于亮、齐峥峥	微电影	“锁”住经典IP——凯迪仕门锁系列广告	凯迪仕
四川农业大学	申松鑫、吴水平	陈坤	平面广告	一起玩、更开心	卜吉熊
福州大学厦门工艺美术学院	张格、许睿圆	李双	营销策划	快乐沉浸式	卜吉熊
河北大学	王子钊、张珂瑜、肖思雨、黄心艺	许珂、闫楠、孙弋戈	衍生品设计	“卜吉家族食神纪”文化创意潮玩周边	卜吉熊

续表

作者学校	作者	指导老师	作品类别	作品名称	命题企业
湖南文理学院	戚子怡、李佳慧、王悦、王璐杰、胡俊、林智炫	苏杰	平面广告	学着接受？我才不！	班赛 & 达芙文
南京师范大学	刘思睿、张颖、肖添悦、王馨雨、宋雨航		营销策划	青春不躺平，战痘我能行——班赛 & 达芙文营销策划案	班赛 & 达芙文
浙江传媒学院	王瑞晓、李渴、陆晴晴	李楠	影视广告	cp 绝不 be	班赛 & 达芙文
河南工业大学	刘佳琪	刘林	综合设计类	祛痘笔	班赛 & 达芙文
贵州大学	潘蕾、周可欣	李戎	平面广告	洁柔，不“纸”于此	中顺洁柔
南昌大学	李紫芳、邓云霞、朱珮雯、张鸿燕、蔡佳伟、张湄涢	曾光	营销策划	洁柔韧艺门	中顺洁柔
湖北大学	田冲、周亚男、刘竽、张祎哲	黄彦	产品包装设计	生旦净丑——洁柔 face 国风系列包装设计	中顺洁柔
四川艺术职业学院	李文榆	张可	平面广告	侠者	剑网 3
江西师范大学科学技术学院	曾庆伟	胡国华	广告文案	侠之道	剑网 3
宁波大学	袁永洁、任馨	周艳	衍生品设计	恰瓜衍生设计	剑网 3
大连艺术学院	齐海洋、尹培路、狄昕杰	章萌	短视频	何谓侠	剑网 3
湖南文理学院	王璐杰、林智炫、戚子怡、王悦、李佳慧	苏杰	平面广告	爱是一张邮票	达利园

续表

作者学校	作者	指导老师	作品类别	作品名称	命题企业
海南软件职业技术学院	武澈澈、何蕴暄、袁茗	刘文佳、张瑞娥、孙雯	产品包装设计	唐逗祥派，我要我的派	达利园
华南农业大学	杨婕、许慧琳、梁俊宇、许灿、新吉乐、张可意	郑文华	短视频	外婆的铁盒子	达利园
广西艺术学院	李思淮	黄仁明	平面广告	此刻风景由你赋彩	爱玛电动车
福建师范大学协和学院	王进鑫、杨楠峰、张滢、罗雅文、申凯、任婧	陈丽	营销策划	公主的玛车	爱玛电动车
华南师范大学	叶美玲、曾珍妮、李静萱、李蔼琳、范可岚	葛玥、金春姬	微电影	看见妳研究所	爱玛电动车

大广节学院奖 2022 秋季征集大赛部分获奖名单

作者学校	作者	指导老师	作品类别	作品名称	命题企业
全场大奖					
福建师范大学协和学院	许婧怡、杨钰莹、卢静仪、傅文静	陈丽	营销策划	致咬牙前行的你	云南白药
营销策划全场大奖					
吉林艺术学院	王安琦、刘嫒佳、刘芷男	颜成宇、岳小颖	营销策划	元宇宙纤纤牵手告白计划	碧生源
金奖					
南宁职业技术学院	李奇旺、杨帅、宋成坤、陈雪云、陈远艳、梁恒瑜	陆军、覃斌、陈诚	短视频	觉醒动力创领未来	长安汽车
湖北工业大学	石晓溪、祝智	韩旭	工业设计——车周产品类	长安-I-BABY-安全幼儿推车	长安汽车

续表

作者学校	作者	指导老师	作品类别	作品名称	命题企业
南昌航空大学	刘晶		工业设计——概念类	Gravityone	长安汽车
河北美术学院	李昱	王峰	漫画故事	“长安”车手	长安汽车
湖南应用技术学院	朱培谋、段湘武、罗飞	彭雅玲	平面广告	同未来，创无界	长安汽车
桂林航天工业学院	韦懿芳	蒋莉珍	文创产品设计	多莫 IP 形象设计	长安汽车
长春师范大学	姜鑫	贾典娜	产品包装设计	治愈力之现代医药科技	云南白药
福州理工学院	江淑芳、胡珍、唐韧忻	邓忠焰	短视频	口腔修复，保你无殇	云南白药
河南财经政法大学	王梦瑶、汪思昕	于浥尘	平面广告	当西游记遇上云南白药	云南白药
广州华商学院	陈恩城	袁凤	产品包装设计	互动型-藜麦燕麦粥	银鹭食品
四川农业大学、萍乡学院	吴水平、申松鑫、黄荣飞	陈坤	平面广告	银鹭的味道，家的味道	银鹭食品
黄淮学院	陈梦浇、张恒	董庆涛	营销策划	愿你诸事“粥”全	银鹭食品
哈尔滨师范大学	江苹苹、董宗泽、张新阳、曾雨桐、李昕鹏、丁帜扬	于海礁	影视广告	一“鹭”送上美好生活	银鹭食品
广州大学	毕然、梁茹琪、张婷		短视频	象国，满足你的一切想象	象国食品
潍坊理工学院	赵婧宇	宰丽娟	平面广告	酱心象国	象国食品
福建师范大学协和学院	林雅婷、连雪华、施静怡、林美、蒋少玲、陈柳婷	陈丽	营销策划	热血贩卖鸡	象国食品
厦门工学院	黄琪、宋双、何小清	迟丹	短视频	一颗有理想的蛋	无穷食品

续表

作者学校	作者	指导老师	作品类别	作品名称	命题企业
杭州师范大学	徐诗意		平面广告	优质蛋的诞生	无穷食品
湖南软件职业技术大学	刘武、黄智慧	彭小川、邹园	产品包装设计	撸猫撸狗 faner	素力高
湖南理工学院	王艺融、何垚熠、向雨、江伟捷	刘沙城、袁上杰	产品设计	逗猫棒棒糖	素力高
南京工业大学	刘淑敏、徐艺丹	赵雪彤、荆翡	短视频	轻松 get 理想喵	素力高
文华学院	郑汝珍、王欣卉、汪伟才、罗雨欣	蒋志立	平面广告	理想型修猫咪的加油站	素力高
南阳师范学院	张杨		IP 形象设计	双鹿电池 IP 形象设计	双鹿碱性电池
安徽工程大学	陈毅伟、嵇子涵、董奇峰、张翔	王愿石	平面广告	双鹿碱性电池海报	双鹿碱性电池
中南大学	刘佳伦、曹怡婕、黄方旻、郑雨薇、王怡然	宋湘绮	营销策划	我的"+"" -"生活	双鹿碱性电池
珠海科技学院	梁乐怡、吕毓嘉、岑晓敏、冼翠莹、彭俊华	栾倩、周严、周瑶	影视广告	鹿，人皆知	双鹿碱性电池
绵阳师范学院	曾志、刘世鑫、谢贺伟、敬何强、张鑫	谢名言	产品包装设计	山楂伙伴，健康陪伴	山楂树下
湖南工业大学	刘忠泪、吴俊运、杨子欣、常媛媛、黄嘉荣、卓俊凯	张方敏、刘芳	短视频	亨利万事屋	雀巢咖啡
天津理工大学	谢晓婉	韩君	平面广告	雀巢融入生活	雀巢咖啡
湖南文理学院	林智炫、李佳慧、胡俊、王璐杰、戚子怡、王悦	苏杰、蔡佳穗	平面广告	适界就在脚下	匹克
温州商学院	陈家欢	刘畅	营销策划	超级玩家计划	匹克

续表

作者学校	作者	指导老师	作品类别	作品名称	命题企业
珠海科技学院	谢涵濡	魏骥原	产品包装设计	书中自有黄金屋	梦金园
北京服装学院	张奕博	韩欣然	产品设计	墨·柿·笄	梦金园
浙江传媒学院	孙传凤	唐本达、齐峥峥、戴硕	广告文案	儒家三则·梦金园篇	梦金园
南京传媒学院	朱桐瑶、周奕芸、朱荣荣、钟哲	王梦瑶、徐宝祥	短视频	目光所及皆为美	马应龙
重庆工商大学	刘微	马丽	平面广告	专治眼病，就用马应龙	马应龙
福州外语外贸学院	郑如泓、朱珍莹	肖清尹	文创产品设计	凤眼流盼，回眸千年——马应龙八宝眼袋型眼霜文创联名设计	马应龙
福建师范大学协和学院	王巧如	陈丽	营销策划	退圈声明	马应龙
吉林工商学院	徐杭	闫月珏	广告文案	祛痘快捷键	鲁南制药-晓平
临沂大学	李国栋、张颖、李妍、巩培育、魏奕、李明宇	李光	影视广告	和晓平的故事	鲁南制药-晓平
南京传媒学院	赵翊卉、葛莹莹、刘子涵、郑凯、孙嘉萁	朱庆远、张巍	短视频	乐享生活	乐虎
平顶山学院	杨梦瑶		平面广告	时刻喝乐虎，随时有能量	乐虎
广东培正学院	李思琪、吴咏欣、杨湘悦、邓诗婷、陈焕昌	宋可	营销策划	喝乐虎加 BUFF	乐虎
天津商业大学	周智丽	郑红	综合设计类	乐乐虎 IP 形象设计	乐虎

续表

作者学校	作者	指导老师	作品类别	作品名称	命题企业
武汉科技大学	顾冯冯、何铭华、李鹏飞	万云青	短视频	快克出击，快乐生活	快克药业
唐山学院	赵鑫宇		广告文案	感冒？敢冒！	快克药业
湖南文理学院	戚子怡、胡俊、李佳慧、王悦、王璐杰、林智炫	苏杰、蔡佳穗	平面广告	快克三行诗	快克药业
兰州大学	郝志涛	吴义东	周边产品设计	《超人集结，全军出击》快克×王者荣耀电竞主题联名盲盒设计	快克药业
南昌大学	张小蕾、涂静雯、邝玉婷、刘妍	王波伟	短视频	一个人也要照顾好自己呀	卡尔顿
重庆三峡学院	向桐	陈苏洁	平面广告	尽享卡尔顿	卡尔顿
郑州大学	许乐遥、邓心韵、任佳成、黄易孜、左昭睿、郭智宇	韩文静	营销策划	辣妈说	卡尔顿
佳木斯职业学院	刘宇霖		短视频	薪火相传，源远流长	剑网3
华南师范大学	陈文韬、李程欣、熊圣然、王舒怡	孙鹏	平面广告	侠名扬	剑网3
北京化工大学	孙玉洁、韩宗妍、樊栩岑		平面广告	毓婷——选择美好生活	华润紫竹-毓婷
东华理工大学	蒋珺文、廖莹洁、吴小巧、张可如	王宾旗	平面广告	有口腔溃疡，莫怕	华润紫竹-蜂胶口腔膜
南宁理工学院、黔南民族师范学院	曾诚、王思蓓、李厦瑶、丁泽丽	赵晶晶、刘丽华、陈福珍	衍生品设计	小蜜蜂IP形象优化及衍生品设计	华润紫竹-蜂胶口腔膜
泉州师范学院	董龙鑫、兰姝娟、徐佳铱、陈晓薇	李玉秀	营销策划	YOUMO（有膜）表达式	华润紫竹-蜂胶口腔膜

续表

作者学校	作者	指导老师	作品类别	作品名称	命题企业
长春工业大学	董爽、何佳丽、陈聪、郑子渊、黄佳睿	刘坤	影视广告	紫竹“膜”力，让爱愈合	华润紫竹-蜂胶口腔膜
四川音乐学院	吴晓莉	万蓉	产品包装设计	贪吃无忧	华润江中
福建师范大学协和学院	苏阿丽	高媛媛	广告文案	小食化了	华润江中
湖南文理学院	杨心怡、曾佳彬、邹岚、李雪婷、张爽、巩文佳	苏杰、蔡佳穗、熊跃珍	漫画故事	年轻人，吃的消	华润江中
大理大学	高梦、邓晓帆、曾国娜、罗琦、石正秀	宁丽丽	平面广告	一“健”消消消	华润江中
湖南科技大学	黄佳明、皮欢、黄玉如	郭娟	微电影	三角形的爱，牢固的爱	华润江中
湖北文理学院	贺文卓、王佳琪		短视频	浪漫轻养我“莉”你	莉茶
四川电影电视学院	高杨悦	曹晓婧	平面广告	莉茶	莉茶
福建师范大学协和学院	曹斯莹	沈惠娜	营销策划	处世良方	莉茶
天津工业大学	何致远	刘卉	综合设计类	心平气“莉”	莉茶
长春工业大学	尚以兰	周游	短视频	锋玩世界	锋兰达
苏州科技大学	黄唯丽、梁曼戈、赵菲艳、王佳宁	陈卫东	平面广告	锋玩天下，向野而生	锋兰达
四川师范大学	白雨臻、潘居怡	骆志伟	短视频	夏之恋	冰泉
湖南理工学院	陈恬悦、王晓冰、梁佳玮	徐皓宇	平面广告	牙牙的魔幻小世界	冰泉
河南开封科技传媒学院	张雅歌、朱首旭、刘依然	程沛、王健宇	短视频	超载	碧生源
山东科技大学	史君莲	孙德波	平面广告	纤纤东方美	碧生源

续表

作者学校	作者	指导老师	作品类别	作品名称	命题企业
湖北大学知行学院	郑亚敏	马志洁、胡飞	衍生品设计	菁菁享“瘦”一下	碧生源
福建农林大学	吴淑芳	范娴瑛	卡通人物周边设计	新小药精角色设计	霸王
四川艺术职业学院	亢琼	梁羿	平面广告	“绿水青山就是金山银山”	霸王
南京艺术学院	蔡云蕾、周书婉		摄影作品	自然平衡，固本强韧	霸王
四川传媒学院	罗睿祺、张谷昊、赵珮洁、廖桢玉、胡越洋	薛芮	微电影	它来了	霸王
北方工业大学	张语嫣、王文爽、袁梦凝	李明合、罗晨僖	短视频	安德普泰小剧场：战“痘”	安德普泰
国际关系学院	郭轩竹、刘欣悦		广告文案	人生方程式	安德普泰
湖南文理学院	王悦、戚子怡、李佳慧、林智炫、王璐杰、胡俊	苏杰	平面广告	小心滑！	安德普泰
华北水利水电大学	窦天翔		IP形象或衍生品设计	探索者“远古与未来”潮玩设计	ADOONGA 屁屁猩
石家庄铁道大学四方学院	张子健、孙嘉滋	李冰	短视频	敢想敢闯敢做	ADOONGA 屁屁猩
厦门大学	吴静雯、魏世贝宁、谢嘉敏	周雨	广告文案	屁屁猩的屁猿屁语——节日篇	ADOONGA 屁屁猩
昆明学院	陈甲梅	潘莉娟	平面广告	朋克屁屁猩	ADOONGA 屁屁猩
四川农业大学、萍乡学院	吴水平、申松鑫、黄荣飞		小红书传播		学院奖传播赛

大广节学院奖2022冬季征集大赛部分获奖名单

作者学校	作者	指导老师	作品类别	作品名称	命题企业
金奖					
中国传媒大学	刘桢、朱冠臣	闵歆、张学伟	产品包装设计	六必居非遗“滚坛”糖蒜景泰蓝风格礼盒	六必居
绵阳师范学院	刘世鑫	谢名言	平面广告	六百年酱香采访	六必居
浙江工商大学杭州商学院	姚源晨、陆雨涵、陈晓燕、苏佩垚、郑媛媛	阎亭羽	微电影	六必居入职记	六必居
西安欧亚学院	薛玥、申田理、江姜、鄢永力、张艺馨	朱羚玮	短视频	轻松潮能	松能
福建农林大学	黄晓娟	王海燕	平面广告	向上一点，乐活多亿点	松能
广东财经大学	王天宇、何欣彤、刘佳意、何童琳、陈乐鹏	邹洁	营销策划	青年，支棱起来!	松能
青岛理工大学	严佳琳、王怡楠、褚建鑫、王德玉、梁祝嘉	王浚丞	短视频	连花清瘟胶囊，守护每一种青春	以岭药业——连花清瘟
吉林工商学院	牛群	王宇放	广告文案	连花清瘟，为你降温，让爱升温	以岭药业-连花清瘟
中国传媒大学	韩雨萌	魏东	平面广告	别让感冒打扰生活	以岭药业-连花清瘟
南京林业大学	张钰晗	谢加封、冯晓娟	平面广告	青春无极限	创意星球
山东大学、山东科技大学、苏州大学	路竞宇、杨文园、任哲文	杨梅	文创产品设计	创小星穿梭元宇宙	创意星球
浙江工业大学	汪逸欣、李颜、姑丽尼尕尔·牙生、毛怡暖、李雯		小红书传播	大三广告狗 pk 影楼修图师	学院奖传播赛

(中国大学生广告艺术节学院奖执行主席　袁健)

7. 新闻传播教育研究篇

7.1 口 述 史

7.1.1 李明德：躬行大学之道践行传媒品格

7.1.1.1 学术经历

许加彪：李老师好！请您谈谈您是如何进入新闻传播学研究领域的？您早年的经历对您后来的学术研究产生了怎样的影响？

李明德：你好加彪！要谈我是如何进入新闻传播学研究领域的，就要先谈谈我是如何进入新闻传播实践领域的。来西安交大工作整39年了，工作经历大体分为三个阶段。

第一阶段，新闻宣传(1983—1999)

1983年7月底从兰州大学中文系毕业之后，被分配到西安交大宣传部校报编辑室从事编辑工作，开启了我长达16年的新闻宣传工作之旅。

校报虽小，五脏俱全，采写编评摄(影)得样样会做，跟大报相比，又多了一项工作：跑印刷、定版——在印刷机前对样报版面准确无误地再次确认。校报印刷，先是在校内印刷厂，后在几千米外的铁一局印刷厂，再是在更远的西安日报社印刷厂排版印刷。由于没有网络、没有电子版甚至没有电话，因此三审三校都得和印刷厂打交道，不论寒冬酷暑，骑上自行车不断往返是家常便饭。那时没有电子排版，都是铅印，用铅字模一个字一个字、一个标点一个标点地码出版面。由于执行严格的三校制度，加上印刷之前分管领导随时都可提出修改意见，有时动一个字都会影响已经排好的版面，无形中给排版师傅增加了工作量，因此和印刷厂的矛盾不可避免，导致频繁换厂成为必然。但不管怎样，校报更容易锻炼人。

因我毕业于中文系，因此校报领导给我分配的工作是编好第四版“文艺副刊”，并组建学生文学爱好者团队，为校园文学的发展做点引导，同时担任校报记者，承担新闻宣传任务。

大家所熟知的浙江大学文科领军人才，浙江大学传媒与国际文化学院教授、博士生导师方兴东就是20世纪80年代末90年代初西安交大最为活跃的校园文学爱好者之一，他们最喜欢创作的是朦胧诗，和以杜又德同学喜欢创作直白易懂的现代诗形成对峙，讨论、争辩成为常事。我则是“和事佬”，不偏不倚，鼓励他们坚持己见，提倡百家争鸣，以丰富校园文学创作。2018年，以方兴东为代表的校园诗人要出版一部真实记录那个时代西安校园诗人活动轨迹的著作（后定名为《西安诗歌岁月》，逸子主编，82万字，2021年4月文汇出版社出版），邀请我写一篇“前言”，我欣然应诺，给他们提供了6000多字的《青春的校园怎能没有诗歌》一文，回顾了他们在西安求学期间献身诗歌创作的激情和逸闻趣事，仿佛我也回到了那个激情燃烧的岁月。

但那个时期我的主要工作还是新闻宣传。

最初在校报的10年，由对新闻宣传不懂到渐渐适应，做了点事情还是值得回味的。20世纪80年代，西安交大校园随处吴侬软语，迁校过来的教职工还占主流，因此参加会议、采访面谈，首先得过好江浙味的普通话这一关。好在时间久了，接触的采访对象多了，语言上的隔阂就少了。至今还记得1983年刚参加工作采访的第一位交大授课老师、第一位班主任，接着第一次赴上海交大采访老教授、第一次坐飞机赴昆明工学院采访著名校友时滞留异地过年的情景，所采所写都属于人物通讯。由于能吃苦，肯用功，写得还算不错，受到领导肯定，便一发不可收，打消了“心头之气”，一心一意倾情于新闻报道。到1993年离开校报编辑部时，积10年之功，将我撰写的消息、通讯、评论和文学创作等，汇总成《明德文集》50万字公开出版，现在看来某些篇章存在幼稚、粗糙之弊，但毕竟是我一字一画爬方格稿纸的结果，我格外珍惜。特别是在《光明日报》《中国教育报》及省市报纸等所发18个一版头条，更是让我开心。当然也有遗憾，曾经设想用我稚嫩的笔为西安交大百名教师树碑立传，通过人物通讯的方式宣传其献身大西北、为教学科研所做出的特殊贡献，但在采写了二三十位老师之后，我的工作发生了变化，由校报编辑部调整到了宣传部办公室做宣传秘书，后来再做宣传部副部长，直到1999年，与媒体打交道的时间多了，但自己采访写作的时间少了，这段经历后面再说。

您刚问到打消心头之气是什么意思？那是句玩笑话，不必当真。但确实憋着一股劲，力争把工作做到最好，因此，“气”就是“劲”。大学毕业时，我们班（兰大中文系1979级）有多名同学分配到新华社、人民日报社、光明日报社和广电部从事新闻工作，我在高校校报也是从事新闻工作，叫法一样，但工作的身份、环境和社会声誉大不相同，更何况我当时报到时硬被学校人事处从初始分配单位“语文教研室”教学调整到了

“校报编辑室”从事编辑工作，两相对比，心中不免产生失落感。尤其是20世纪80年代初期，由于10年浩劫给宣传工作造成的严重创伤，“跟着组织部年年有进步，跟着宣传部年年犯错误，跟着统战部各界有朋友”的流行语不会不影响工作的情绪。大概是1987年吧，我们敬爱的刘树田老师从兰州来西安开会，在我简陋的家里我们边简单用餐边叙旧聊天，最后他问我想不想换个单位、调到媒体机构，在我有些犹豫之际——说真的，在边郁闷边努力工作的矛盾当中已经适应了学校的环境和氛围，再加上我的性格是随遇而安，好静不好动，他便一字一句：那就在学校好好干吧，相信你会干得很好。刘老师的话言简意赅、语重心长，我一直铭刻在心。

第二阶段：期刊编辑(1993—2015)

1993年在校报工作整10年之时，我被调整到了宣传部办公室任宣传秘书，主要工作有两项：新闻宣传和媒体联络。前者系校报工作的延续，后者属新增工作。正是从这个时候开始，我和媒体的接触频繁起来，包括新华社陕西分社、人民日报社陕西记者站等中央媒体和省市地方媒体，结识了一大批媒体朋友，对媒体也有了较为深入的了解。那个时期，西安交大每年被各类媒体报道的新闻达300多篇，数量可观。

这里有段小插曲。在宣传部办公室工作，意味着对外联络的广泛和多元，校外机构找上门来的合作也就多了起来。有时候找不到别人去做，就只好自己顶上。记得1994年前后，西影厂一个摄制组受省委组织部委托，要为一批优秀党员拍摄专题宣传片，因有西安交大的优秀党员，他们希望交大宣传部予以协助撰写脚本。左顾右盼，大家手头都有干不完的活，我只好自己承诺下来，利用周日，写完本校内容，再应邀西去宝鸡，东到临潼进行采访，先后撰写了4个先进人物的电视专题片脚本并拍摄成片，在省台播出。遗憾的是，那时没有保存电视片的工具，现在只能靠记忆搜寻。这份体验给我最大的收获是，电视上的人物报道与报纸上的人物通讯在写作上有很大的不同，除了人物真实面貌的反映，其细节、故事、场景均要服从于电视的拍摄要求。也算是对电视媒体有了初步了解吧。

1996年3月，交大百年校庆前夕，我被任命为宣传部副部长，分管对内对外宣传和办公室工作。没有任满一届，1999年3月，时任校党委分管组织工作的副书记找我谈话：你是愿意留在宣传部继续从事宣传工作还是愿意离开宣传部去做专职主编？从学校说，你两方面的工作都做得很好，舍弃任何一方都是遗憾；但从教育部政策讲，不允许党政干部经商办企业，因此你只能选择一个。

当时，我不假思索地说：我去杂志社吧。领导说：好吧，你虽然去了企业，但仍保留副处级待遇。

那么，杂志社又是怎么回事呢？说来话长。那是1993年我即将离开校报之时，时任交大电视广播中心主任的张迈曾老师(后出任陕西省委宣传部副部长、省委组织部常务副部长、省人大常委会副主任、西安交大党委书记)找到我说，他正在组织力量给交大家属院安装闭路电视(后来称有线电视)，因其频道多、图像稳定、接收方便，深受大家喜欢，但找遍图书馆，就是找不到有线电视接收、使用、维修等实际应用的指导类书籍，万一出现故障没有办法维修维护，很是急人，咱们能否编写一本使用手册类的资料供大家阅读?

张迈曾老师是一位思维很敏锐、思想很超前、很有洞察力而且做事雷厉风行的人，他的想法总是很独到很有创意。我在校报的时候(那时他是校广播台台长)，我们就一起合作采写过大量新闻报道，彼此都很了解。我想，他提出办这样一份资料性的东西，肯定是经过深思熟虑的，我便愉快地答应了。

在筹办过程中，思考又朝前走了一步：干脆办成内部期刊，命名为《有线电视》，我被指定为执行主编，具体负责期刊的筹办。于是，白天8小时之内我们从事着宣传部的本职工作，8小时之外则加班加点通宵达旦做杂志筹办的事。

同年5月，恰逢首届国际有线电视设备展览会在北京国贸中心举办，真是初生牛犊不怕虎，我们拿上创办国内首份有线电视杂志的约稿函闯进了展览会，在几场学术会上，一有机会就推介，见专家就约稿——那时的专家们很少有架子的，听我们要办这么一份期刊，先是吃惊，再是赞赏，更是支持，让我们信心大增。拿到了几篇发言稿，回来后我们就着手编辑第一期。毕竟约稿有限，加之我们对有线电视的认识模糊肤浅，因此创刊号实际上是大杂烩，技术类的、文化艺术类的、影视编辑类的稿件都有，包括歌唱家冯健雪、音乐家赵季平的专访也都登上了期刊，可谓五花八门。

但就是这样一份期刊，万万没想到，创刊号印刷3000份，寄往全国各地包括企业、高校有线电视台站以后，引起的反响用“如饥似渴”“惊天动地”来形容一点不过分，四面八方的信函从全国各地飘然而至，一个共同的心愿是希望尽快看到第二期第三期。作为编辑，别提内心的激动有多么强烈。

激动过后，张迈曾老师提出一个严肃的问题：期刊如何定位?到底是办成文化类还是应用技术类?几位编辑各抒己见，终难统一。于是，张老师邀请陕西省内十几家有线电视台负责人来校座谈，面对创刊号，向大家发问：这是不是你们心中理想的专业期刊?

这次座谈，对期刊定位和发展方向起了决定性的作用，避免了技术人员不想看到文化类内容，搞编辑的不想看到技术性内容，在反复权衡之后，确定了内容的单一性：纯粹的有线电视技术及应用期刊。因此，这份期刊从1993年至今，一直属于科技期刊，而不属于人文社科期刊。

市场决定需求，在期刊深受欢迎之时，我们对它的发展前景充满信心，一不做二不休，又想着如何将期刊由内刊办成公开发行。在经历了一年半的内刊运行之后，1995年元月就真的实现了公开出版；为了在竞争中掌握先机，我们顺势而为，第二年又将刊名由《有线电视》成功更名为《中国有线电视》，从刊名上确立了它的“权威性”，一直沿用至今。其中所经历的艰难曲折，可以编成剧本，限于篇幅，不细说了。

但有几点还是值得一提的。第一，这是全国第一份也是最早公开出版发行的有线电视专业期刊；第二，这是全国最早参加展会并购买展位推介自己的专业期刊之一；第三，这是最早在全国开展技术培训，并主办专业展会、学术论坛的专业期刊；第四，这是唯一进入过北大核心期刊目录的有线电视专业期刊；第五，这是唯一一本由中文专业背景的老师担任主编，并在创刊伊始就提出主编智慧+专家素养组建编辑团队、由编辑期刊到经营期刊再到期刊经营编辑理念并获得成功的专业期刊；第六，这是唯一一份获得教育部优秀科技期刊一等奖(教育部发文此奖等同于科技进步奖一等奖)、主编应邀于1999年在教育部主办的科技期刊论坛上介绍办刊经验的有线电视专业期刊；第七，更加重要的是，这是国内较早(从1993年创刊开始)没有专职编制、没有经费支持、完全依靠市场化经营实现企业化管理的专业期刊，曾被当作文化产业的先行者、示范者被有关部门重点支持的专业期刊。

办刊有酸甜苦辣，更有收获欣慰。期刊获得第一个广告支持的情境依旧历历在目，那是1995年元月，我和张老师提上公开发行的第一本杂志来到中关村电子一条街，那时的中关村还比较质朴，门禁也不严格，我们拿上杂志挨家挨户敲门进去，介绍杂志，组约稿件，联系广告，跑了一上午没有收获，蹲在寒风呼啸的北京街头，吃着三轮车上5元一份冰冷的盒饭，心中不免感伤。但不管怎样还得吃饱，还得继续拉广告推销杂志。一个下午又是无功而返，让人不免抱怨起北京怎么4点半这么早就下班、就找不到人了，而西安的下班时间是下午6点呀。张老师提出，我们自费坐一次出租车吧(那时，财务规定普通教工出差，出租车票不能报销)，你朝右看，我朝左看，看见电子公司、有线电视公司的招牌就下来联系工作。我因感冒发烧，真想休息，但就是想做成一件事，证明自己还有这样的能力，心中无形的力量牵着我们朝前走。也不知是在什么街道，张老师突然大喊停车，原来他看到了“北京利国电子公司”。我们敲门而进，一位工作人员正在看报，言谈中得知他是公司老板，知道了我们的来意，他变得有些小激动，一是全国终于有了公开发行的有线电视专业期刊，而他们的主打产品正是有线电视产品；二是为我们的精神所感动，说你们看，我们的员工已经下上班了，你们还在奔忙，当即拍板：做6期彩页广告。我们激动得差点跳了起来，要知道，这是我们期刊获得的第一个广告支持，而且一做就是6期，还是彩页！可是他又说了，先做3期，看看有无效果，也看看你们期刊的影响，再决定后面3期是否续作。这几句话表面看是对我们有些不放心，其实是金玉良言，是对我们的鞭策，是希望我们把这份杂志办好，不要辜负了期望。

当学校领导知道我们拉来了第一份广告之后，对我们也是肯定有加，大力支持。当然，这跟我们加班加点并没有影响本职工作、交大的新闻宣传工作依旧有声有色有很大关系。

创刊20多年来，我在期刊先后做过执行主编、主编、社长兼总编并出任企业法人，也正是它的企业性质，2015年4月西安交大创建新闻与新媒体学院并任命我为创院院长之时，作为校管干部，便是我必须离开《中国有线电视》杂志社之日。

第三阶段：教学科研(2002—2021)

我的教学生涯并不早。2002年我获得编审职称后，在继续从事期刊编辑工作的同时，被西安交大中文系主任焦垣生教授聘为“兼职教授”，只代课和指导研究生，不涉及人事关系和工资待遇，与一般意义上的兼职教授不同。2002年开始指导文艺学硕士生，2004年开始指导传播学硕士生。2006年博士毕业于兰州大学之后，恰逢人文学院面向校内外招聘传播学教授，便欣然应聘并顺利过关，于2007年9月起，身份由编辑变更为教师，但期刊编辑工作依然在做，由主业变成了副业。

当教师以后，申报课题、发表论文、撰写专著、编写教材成了职业必需，才真正进入学术研究领域。此前做新闻宣传工作时，只想着多发新闻作品，多占耀眼版面；做期刊编辑工作时，只想着提高办刊质量，扩大市场影响，争取更多广告，让编辑们日子过得滋润一点。虽有零星几篇论文发表，也是为了晋升职称而用，并非学术的自觉自愿。

应该说，真正进入新闻传播学术研究，应该是2007年9月身份由编审置换为教授、要完成聘期考核任务以后的事情了。

由于有较多的编辑工作实践积累，我的第一个研究方向自然确定为“媒介与编辑研究”，并形成一定数量的成果，如博士论文《仿像与超越——当代文化语境中的文学期刊》(中国社会科学出版社2007年出版)，就是这个方向的代表之作。又由于长期从事新闻宣传工作，加之2010年开始在马克思主义理论学科下设的“新闻传播理论与实践”方向指导博士生，便尝试着学科交叉，将新闻传播与马理论的某些方向紧密融合，遂确定了第二个研究方向“新闻传播与舆论导向”，后又拓展到媒介与社会思潮传播研究、媒介与主流意识形态传播研究等领域；随着2020年新闻与新媒体学院获批交叉学科博士点“新媒体与社会治理”并开始招生，又将此作为第三个研究方向。除此之外，结合新媒体发展趋势，将教育教学改革、人才培养作为第四个研究方向穿插展开。

2007年以来，主持并完成教育部哲学社会科学研究重大课题攻关项目、国家社科基金一般项目等各类课题 30 余项；出版专著、教材 13 部；发表学术论文 150 余篇，其中 CSSCI 期刊论文 90 余篇，3 篇论文被《新华文摘》全文转载；多篇研究报告、对策建议被中省有关部门采纳和批示；获陕西省哲学社会科学优秀成果奖、省自然科学优秀论文奖二等奖 4 项。

回顾这段经历，“开创”是最亮眼的关键词：1993 年作为主要参与者，创办了《中国有线电视》杂志；2008 年，创建了西安交大新闻与传播研究所，学校任命我为所长，成为学校第一个新闻传播学术研究和社会服务平台；2013、2015 年，分别创办了西安交通大学城市学院传播学专业和网络与新媒体专业并开始招生；2015 年 4 月起，担任西安交通大学新闻与新媒体学院创院院长。

7.1.1.2 建院往事

许加彪：您亲身筹建了西安交通大学新闻与新媒体学院，其创立有哪些难忘的故事？这个学院是如何一步一步地走向壮大的？

李明德：我一直觉得自己不是干大事的人，但小事自己从不懈怠，并力求做到最好。

西安交大成立新闻与新媒体学院，在学科发展上是破天荒的事，起初，校领导有不同意见，校友有不同声音。记得当时校友中最大的一个质疑是，交大是工科院校，应该把学科发展的主打方向放到工科，成立一个偏文科的学院没有必要。其实，2000 年与西安医科大学、陕西财经学院的三校合并，就意味着交大已经由以工科为主发展为理、工、管、文、医等多学科并举的综合性大学，而成立新媒体学院，更是适应了党和国家对新媒体时代新闻传播人才的广泛需求，是符合学科互补、综合发展的现实要求的。

学院成立之前，学校党委书记张迈曾就已经和新华社、陕西省委宣传部进行了多次接触，希望尝试一种新的办学模式，形成政府、媒体与高校三方共建、联合办学新形式，把人才培养与政府和媒体紧密结合，并借鉴新华社新媒体建设经验，帮助我们站在更高起点上获得快速发展的机会。但计划没有变化快，在即将进入合同签订之时，新华社主要领导作了调整，此事便不了了之。

但学院的设立依然在按部就班推进。

因只有 8 名老师，基础薄弱，2015 年学院成立时是放在人文学院孕育发展；为了便于协调工作，学校任命我做新闻与新媒体学院院长的同时兼任人文学院副院长。

我们面临的第一个问题是没有办公用房，只好和中文系挤在一起。记得校党委分管副书记宫辉带着我满校园转悠，看哪栋楼的哪些楼层夜间没亮灯，可能有闲置，第二天就找学校公房管理部门去核实，往往怀着希望去，带着失望归。大约半年后，学校才从教学主楼硬是挤出30多平方米一间办公室供我们使用，尽管面积不大，毕竟学院有了自己独立的办公空间，教师能相对集中，来访接待也方便多了。

面临的第二个困难是青年教师的引进。办一所学院，如果专职教师达不到50名左右，人力资源的优势就很难发挥出来。按照学校的规定，学术成果、学缘结构、专业特长都是硬条件，但一些优秀的应聘者往往不是兼而有之，特别是学缘结构上，本科或者研究生往往不是毕业于“985工程”高校，不符合学校进人要求。为此，我以愚公移山的韧劲，学校人力资源等部门几乎跑断了腿，苦口婆心，红脸白脸，始终坚持重出身但更重现实表现，反复强调一定要看应聘者博士期间的学术成果和思想品德，这往往体现了他的学术能力和发展潜力。锲而不舍地跑，不厌其烦地说，最终总算是感动了上帝，学校给我们松动了进人的条件。到我2021年12月卸任之际，学院专职老师已经达到37名，且相当一部分本科或者研究生毕业于非“985工程”和“211工程”高校，以他们扎实的理论基础、科研能力和先进的研究方法，不断推出新成果，为学科发展、学院建设作出了实实在在的贡献，这是我最感欣慰的。

面临的第三个困难是办学经费极度短缺。在积极向学校申请的同时，争取外界支持解决燃眉之急成为班子成员的共识。争取机会办培训班，跟企业联合创办基地中心，获得政府部门的项目支持等，每获得一笔经费支持，都要精打细算，把钱用在刀刃上。

目前，我们的教职工团队增加到目前的45人，基本满足一所新学院不可缺少的人力支撑。

如果仅仅是数量的增加倒也没有什么特别值得炫耀的，恰恰是建院6年来师资力量在体量增加的同时，质量也在不断提升：我们有国家万人计划领军人才和青年拔尖人才各1人，有享受国务院政府特殊津贴专家1人，教育部首批高校网络教育名师支持计划1人，教育部高校新闻传播学类教指委委员1人，陕西高校教指委人文与新闻传播类专业委员会副主任委员1人，陕西省哲学社会科学和文化艺术领域领军人才1人，陕西省高校青年杰出人才1人，陕西省好青年1人，校青年拔尖人才2人，各类学会、研究会常务理事、副会长、理事长30余人次；从团队建设来讲，有陕西省“三秦学者”创新团队1个，陕西高校新型智库A类1个。数字是枯燥的，但它说明了师资队伍的学科影响力和社会认可度，说明拥有一支高品质师资团队对学院快速发展的极端重要。

同时，老师们的博士学位人数占比、平均年龄之轻在全校特别是人文社科学院都是领先的，老师们的后发优势更会得到充分彰显。

7.1.1.3 学院管理

许加彪：您作为西安交通大学新闻与新媒体学院的创院院长，您在学院管理方面有哪些心得体会？在管理工作中，有哪些难点？有何遗憾之处？

李明德：由于多方面的原因，自己曾耳闻目睹了一些单位“告状文化”“闹文化”盛行，严重影响团结，破坏工作氛围。作为一所新建学院，院风建设至关重要。如果这几年学院发展有了一个良好的开端，那么跟我致力于院训文化的培育很有关系。院风好了，老师们会和睦相处，积极争先；学生们会活跃而不失范，进取而不无序；我作为院长，管理工作上也会显得轻松自如。

我在多个场合解读过我们的院训：求真求新，唯善唯美。挖掘和传播最真实最新鲜的信息，是新闻传播专业最本质的要求，是我们区别于其他专业最显著的特征。但是，真的新的信息是不是就一定有价值，是否经得起现实的拷问和历史的追问，今天的新闻能否成为明天的历史？如果背离了价值观的导引，如果不能和社会的前进方向保持一致、促进社会更好更快发展，如果不能促进人与人、人与社会、人与自然和美相处，如果不能为铸牢中华民族共同体、构建人类命运共同体提供强有力的舆论支持，这个“真”和“新”就会失去价值和意义，新闻报道、新闻媒体就会陷入为求真求新而博得一时眼球的狭小天地，甚至走向偏激偏颇、罔顾事实、造谣误导的极端。这不是中国特色新闻传播学科所要求的。纵观中外优秀的媒体和媒体人，都是把真和新与时代与社会的美善要求做到统一，经得起历史的淘洗，即使揭露性监督性批评性的报道，也在尽力促使社会找到疗救的药方以警示后来者。尽管表现方式不同，受到的干扰不断，但新闻传播的内核不断得到创新和运用，新闻的理想并没有泯灭，新闻的力量依然强劲。近年来建设性新闻从概念到实践得到认可就是一种新的诠释。

将院训内涵移植到做人做事上也有同样的解释力。为了培育积极健康的学院文化并使之成为精神力量，这几年我不遗余力地进行学院文化的推广，我始终认为一个好的学院文化对灵魂的净化、人心的凝聚、健康风气的形成、同事间的团结互助、学院整体事业的发展会产生巨大的精神力量。谁都希望自己工作、学习的氛围是积极健康、快乐轻松的，谁都不希望把自己陷进死气沉沉、没有活力或者钩心斗角、尔虞我诈的死胡同与痛苦做伴。对一个刚刚起步扬帆、怀揣诗与远方理想的新学院而言，良好风气的培育至关重要。

这几年的开学典礼和毕业典礼上我都会讲学院文化的内涵和滋养，2019 年学院独立以后首次开学典礼上我讲的题目是《赢在节点》，希望同学们抓住每一个节点，积少成多，积沙成塔；2020 年开学典礼上我讲的题目是《赢在脚踏实地》，告诫同学们不要好高骛远，要从一点一滴做起，踩得实即能走得轻，脚踏实地才能稳步前行；同年毕业典礼，我的题目是《赢在真善》，主要表达了这样的意思：人与人交往的最高境界是不设防，不伤情，不言殇，以诚相待，以善相处。社会和谐的最高境界是在我眼里，所有的人都是好人，都不会加害于别人，人人平等相处，人人心情舒畅，人人的责任心都会成为自觉的行为。试想一想，如果你身边常有几个两舌、恶口、妄言、绮语之人，你能心情舒畅无忧无虑地生活学习和工作吗？那么，已所不欲勿施于人，从我做起以善为美。我引用别人的话特别强调：人生不可能总是顺心如意，但朝着阳光走，影子就会躲在后面。迎着阳光，有时光芒刺眼，像生活中的小小挫折，但那是正确的方向。朝着自己的目标前进吧，把微笑挂在嘴边，把自信扬在脸上，把行动落于足下，你会永远立于不败之地。可喜的是，2020 年毕业典礼上，有位在国家部委工作的同学代表毕业生致辞时提到了我前一年毕业典礼上的这一段话对他的影响，我很高兴，能与同学们一起迎着阳光前行，我感到很快乐。

2021 年的开学典礼，思考多日，最终还是结合学院发展、结合我自己的人生经历跟大家讲了一些心窝子话，题目就定为《赢在做好自己》。

做一个真实而不虚伪的人，做一个真诚而不矫揉造作的人，做一个创新而不守旧的人，做一个异想天开而又脚踏实地勤勉做事的人，做一个知恩图报、既珍惜别人也温暖自己的人，做一个让人感到舒服而不给别人添麻烦的人，同样是院训文化的要求，否则，我们的聪明才智就不能完美地迸发出来并与社会前进方向达成和谐。这个时候，善与美的价值导向就产生了牵引与规制，与人为善，以善为美，以善得善，你会发现观山则情满于山，看海则意溢于海，满眼阳光灿烂，到处喜笑颜开；你会变得充实乐观，会善待一切，会与人与物与社会美美与共，携手同行。

千教万教教人求真，千学万学学做真人。如果我们每个人都能把真新善美作为座右铭，我们一定会成为一个有大眼界大胸怀大格局的人，一定会成为有专业品质和人文情怀的人，一定会成为一个受人尊敬的人；一定不会把一己私利看得很重并不择手段企图攫取，一定不会以眼前利益局部利益牺牲学院利益、班集体利益和其他老师同学的利益，一定不会把你好我会比你更好从而让我们大家都更加优秀质变为妒忌诬陷、见不得别人好的人性之恶，一定不会缺少感激感恩之心从而使自己社会交往的天地越来越狭小。

那些因情感问题而丧失生活勇气的人，那些因没评上优秀而怨气冲天的人，那些因团队科研任务重而想换导师的人，那些因看不惯他人某些独特个性而恶语讥讽的人，那些因找工作不理想而垂头丧气的人，那些因生活不如意而对社会充满怨恨的人，那些看见网络引人眼球的信息就不假思索站队扣帽子表达偏激情绪发表偏颇言论的人，那些不通过正当途径反映意见而采取主观猜测添油加醋匿名告状试图给别人难堪给组织添麻烦的人，那些不认可牢骚满腹看谁都不顺眼而只图自己一时口快的人，那些不认可老师的学术观点授课方式而一封匿名举报动辄将老师告到学校或者发到网上曝光的人，那些把泛政治化泛道德化泛浮躁化评判一切视为政治正确而洋洋自得的人……这样的人和事在生活中随处可见，有些属于认识不到位尚有待于提升，有些属于激情之错尚可原谅，有些属于人品道德有瑕疵，有些属于立场观点过于极端，都是属于没处理好情与理、真与假、美与丑、善与恶、眼前与长远关系问题的表现，不管哪种类型，如不自我革命彻底改变，则很难成为一个堂堂正正大写的人，反倒让人倍觉惋惜：那么聪明的脑袋，怎么就生产不出真善美的思想之果？我们新闻与新媒体学院培养的人才决不能沾染上这些毛病，否则，我们将愧对学生、愧对家长、愧对国家，也愧对我们作为老师的良知。

学院成立 6 年来取得的成绩大家有目共睹，但学院的发展始终与困难相伴而行。校长说了，这个社会不怜悯可怜人。计较、抱怨、诉苦，怨天尤人、无所作为，等条件成熟了再大干一番？没人给你等待的机会，这样的“可怜”注定是没有市场的。

从管理角度说，建设优秀学院文化，为未来发展打好基础，是我作为创院院长必须做好的头等大事。其次，抓好班子成员能力建设，同样是我在管理上最为用力的地方。

早几年我在全院会上说过，我们处在一个快速发展时期，大家都感到生活节奏很快，压力很大，是因为大家都在朝前奔跑，你停滞不前或者蜗牛一样慢走，后面的人有怨气嫌你挡着他的路。这就是我们身处的环境。

不要计较别人给你的脸色，不管东西南北风，一心一意朝前冲，一直是学院建院以来院班子成员深藏于心落实于行的自我鞭策，等你做好自己，做最好的自己，真正做出成绩来，把学院建成了有温度有情怀有凝聚力有吸引力的大家庭，把学科办成了一流，把专业办成了热门，把人才培养成了香饽饽，别人想轻视都是枉然，正所谓有为才有位，位置；有为才有威，威望。永远不要拿现实中不有为也有位的个案为自己的懈怠找借口，那是短暂的荣耀，金玉其外的光环，不值得羡慕；做最好的自己，影响和带动周围的人一起做最好的团队，永远是我们的目标和动力，每实现一步，我们都会骄傲地说：我们没有辜负所有关心爱护我们的人的期望，没有辜负给我们创造各种机会的时代，更没有辜负我们自己的智慧和汗水，我们一直在奋力前行，我们问心无愧！

7.1.1.4　学科建设

许加彪：西安交通大学新闻与新媒体学院办学思路如何？如何借助学校的资源禀赋，西交大“工”字牌的学科特色如何打造？取得了哪些建设成果？

李明德：在全球化纵深发展和中国特色社会主义进入新时代的今天，新闻传播学科已经成为服务国家战略的前沿学科，成为治国理政的“国之重器”，成为国家软实力和国际竞争力的重要组成部分。党的新闻事业始终同国家前途、人民命运息息相关。在复杂多变的智媒体时代，新闻传播、舆论引导、媒介融合、网络意识形态安全等学科领域不断提出新问题，“虚假信息”“后真相”“信息茧房”“信息过载”等现象不断提出新挑战，学科建设和人才培养过程中的“亮点”“特色”“优势”必然成为各个新闻传播学院彰显自己形象的竞争优势，所有这些，都需要新的解决之道，给出新的趋势预测。因此，新闻传播学科的发展、卓越新闻传播人才的培养面临最好的发展机遇，谁能抓住这个机遇，谁就能有所建树，探索出学科建设与创新发展新路。

我们处在一个激烈竞争的时代，不进则亡缓进则退，全国每个新闻传播学院都在铆足了劲超前奔跑，稍有松懈就会被时代的大潮抛弃。我们虽然取得了一些成绩，但亮点不鲜明，特色不突出，学科方向较分散，标志性或者高影响力成果还不充分。什么时候我们学院的某个、某些学科发展方向以及成果，我们人才培养的特色和优势，能被学界、业界所认可，人们一提及某学科方向就自然而然地想到了我们、想到了我们学院的一些学者，那就真正产生了学术研究和人才培养的社会影响。

在优势学科云集的百年交大校园里，新闻与新媒体学院不管是从建院时间、师资队伍还是人才培养、学科发展等诸多方面看，都是一所年轻而没有资本、得不到更多青睐的学院。更何况是在工科很强势的西安交大创办、建设一所偏文科的学院，谈何容易！但恰恰是这么一头不怕虎的初生牛犊，我们没有以往成就光环的束缚，没有传统学科转型和师资力量老化的包袱，只要认准目标，只管使劲向前冲，就能闯出一片新天地。

我们这几年一直较为准确地把握住了三点：

一是国家和社会的需求。我们始终坚持面向世界科技前沿、面向经济主战场、面向国家重大需求、面向人民生命健康，把学科建设、人才培养、学院发展与社会服务紧紧捆绑在一起，牢固树立学科就是为社会需要而设置而存在而发展的理念，避免了闭门办学可能带来的“自娱自乐”“自我感觉良好”。我们在服务社会的同时也获得了社会各界的广泛支持，好消息总是接踵而至，总是激励人心鼓舞斗志。仅以2021年为例，在只有三十几位老师的情况下，我们的科研到款突破了1000万元，在学校文科学院人均应该是领先的；我们的老师参加国内外学术会议(线上线下)交流100多人次，发出了我们的学术声音，扩大了学院的影响，结交了朋友，获得了宝贵的学术资源；我们的老师团队受委托负责了全国近20家宣传、广电、文旅等部门的“十四五”发展规划的制订。这些，都是我们服务国家服务社会的生动例证。

二是与学校的学科发展和人才培养定位紧密融合。如同学术研究一定要有问题意识一样，办学科、办学院也是在不断提出问题、分析问题、破解问题的过程中获得突破与发展的。在一所工科占强势地位的高校，为什么要办一所偏文科的新闻与新媒体学院？能给学校的学科建设和人才培养带来什么样的增量？学院以何种优势打破学科偏见、让学校认可并“难舍难分”？看似很简单的问题，却是学院成立以来一直压在班子成员肩头的沉重大山，让我们为之付出了艰辛的努力。“要证明自己行”一直成为鼓励我们发展的动力，记得在多次会议上，我都做了一个不太科学的表述：新闻与新媒体学院的发展目标到底是什么？是要让学科建设、人才培养、社会服务的多项指标与学校在全国的排名基本持平，就是说，我们的学科排名也得进入全国前10~15名，才能够和西安交大所处位置持平，到那时我们就可以理直气壮地回答：办新闻与新媒体学院没有给学校拖后腿；如果有些指标高于学校的排名，那是我们为学校发展作出的实实在在的贡献。这就是我们一直努力向前的方向，也是对“办你们这个学科、这个学院能为学校带来什么”的最好回答。成效如何？据上海软科数据，我校新闻传播学科自2017年以来呈现跨越式发展态势，学科排名由2017年12月的第68位(前70%)飞跃至2020年12月的第25位(前22%)。2017年12月，我校新闻传播学科在西部6所代表性高校中排名倒数第1；2020年12月，我校新闻传播学科已经位列西部高校新闻传播学科第3名。“网络与新媒体专业”进入全国前五，最近又获批国家一流专业建设点；同时，省级一流专业、一流课程也多有斩获；毕业生跻身国家主流媒体人民网、新华网等。

三是把握准学科交叉融合的时代脉搏。传统新闻传播学的发展空间已经不多，学科交叉交融会使学科和人才培养焕发新的生机。学科交叉融合不是学科自身的自然选择，也不是专家学者们的异想天开，而是政治经济社会与科技发展现实对学科的必然要求，是新媒体环境下学科发展的必由之路，也是解决社会重大理论和现实问题的多学科协同支撑的需要。要承担大项目解决大问题，单靠某一个学科已经很难解决好。记得学院创办之初，张迈曾书记就提醒过我：如果你们不打“工字牌”，不走交叉发展之路，这个学科就不能快速发展，这个学院就没有创办的必要。我始终把这个要求看成是学校对我们学科发展的战略要求。学校也富有远见地为我们配备了具有计算机学科背景和具有网络信息安全专业背景的副院长、副书记，寄望我们在“工字牌”的探索上走出一条成功之道。在这个要求之下，学院创建伊始，我们就明确提出了学科的定位和发展的方向，这就是：新闻与新媒体学院必须坚持，“新闻”与“新媒体”是学科建设之基、学院发展之本；交叉融合是强院之力、是特色之魂，是为我新闻传播学科助力、赋能的手段和工具。

为什么必须坚持这样的发展思路？就是因为新闻传播学科是我们与生俱来的胎记，是我们甩不掉的标签，我们接受的是新闻传播学科的评估、检查，给予我们社会影响力评价、获取更多社会资源的是新闻传播学科而不是其他。当然，随着政策的出台和运作机制的成熟，多学科评价也许会成为新的评价标准，但在这样的标准成熟并使用之前，我们只能在新闻传播学科站稳脚跟，打好基础，形成影响。舍此别无选择。在这个思路之下，位于西部科技创新港的“新媒体与社会治理交叉学科创新平台”获得学校政策、空间、资金上的大力支持，交叉学科博士点“新媒体与社会治理”已经开始招生，正在发挥应有的作用。“平台”依托新闻与新媒体研究院的科研力量，依托学校融媒体中心、人民网国家重点实验室西安交大传播内容智能理解研究中心的通力合作，融合本校已有的计算机、人工智能、大数据等优势学科领域，发挥技术引领作用，以国家和地方重大需求为导向，以学科一流为目标，以“大平台、大项目、大团队、大成果”为抓手，以新闻传播与舆论引导、新媒体与社会治理、大数据与网络舆情、数据新闻与计算传播等学科方向为支撑，不断拓展研究领域，形成具有文理工交叉西交特色的科研优势，为人才培养提供差异化选择。

在基础设施建设方面，创新港校区建成新媒体智慧学习工场，占地241.5平方米，涵盖新媒体体验、新媒体内容生产与运营、大数据分析、虚拟演播和“智作”平台等几大板块，是新闻与新媒体研究院“工字牌”内涵建设和跨学科平台建设的重要组成部分，成为全新开放的新型教学、科研、创业的实践平台。兴庆校区建成智能媒体实验室，占地102.2平方米，主要服务于网络与新媒体专业教学，分三个业务流程板块：融媒体生产、分发和运营板块，智能媒体体验板块，新媒体视听内容生产板块。围绕大数据可视化与数据新闻、传媒类虚拟仿真教学、VR/AR内容创作、人工智能与传媒行业相融合等方面进行前沿性实践探索，打造成为集合网络新闻(含视频新闻)制作功能、摄像采集功能、网络新媒体系统功能为一体的传媒实验室。

我们已经建成陕西省网络舆情研究基地(与省委网信办共建)、陕西省舆情信息工作创新中心(与陕西省委宣传部共建)、陕西省社会科学普及基地“网络舆情科普基地”；共建“中国(陕西)广播电视媒体融合发展创新中心”(国家广电总局、陕西广播电视台)、共建传播内容认知国家重点实验室(科技部、人民网)；共建西安市新媒体大数据联合创新中心(西安市大数据资源管理局)；共建“新媒体创新应用与品牌建设实验室”(国网陕西省电力公司)。2020年获批陕西省科技厅重点科技平台“大数据可视化科技开发共享平台”，2021年获批陕西省科技厅重点科技平台“计算传播大数据智慧共享平台”等等，但我们缺少的是国家级、教育部、文旅部等更高层次的科研创新平台，某种程度上制约了我们学术影响力的快速提升。

7.1.1.5　育人担当

许加彪：听说您带领的学生团队非常优秀，运营“明德新声”的公众号反响很好，您是怎样指导和管理自己的学生的？针对当前学术界的不良风气，您是如何教育自己的学生的？

李明德：“明德新声”是我在进入教育部首批网络教育名师支持计划以后主动设立

的一个新媒体公众号，偏重于新闻传播学术思考和传播学视角的社会热点事件解读。除了我撰写文章之外，将其作为培养学生分析问题解决问题的能力的重要手段。最近两年，所发稿件大多为学生所写，有不少被其他平台转发。目前，它的影响力处在上升时期。

我经常提醒我的研究生博士生，有句话耳熟能详：不要输在起跑线上。你们都以优异的成绩被交大新媒体学院所录取，说明你们都很优秀，赢得了本科节点的胜利。那么，两年三年、四年五年以后，是不是满载着收获赢在下一个节点——硕士毕业、博士毕业的节点，很难说。大多数同学会收获满满，经过几年的刻苦努力，不敢说是脱胎换骨，起码是换了一种新的状态，有了新的收获：政治上更加成熟，分析问题解决问题的能力和水平大为提高，待人接物彬彬有礼、落落大方；但有的同学除了年龄的增加以外，其他方面的进步并不明显，甚至个别同学因主观不努力还要延缓毕业甚至作退学处理，让人扼腕叹息。

我们培养的人才，当然希望大家毕业以后能够选择媒体特别是主流媒体去“铁肩担道义，妙手著文章”，成为时代前进的鼓动者、助威者、参与者；就是选择了形态各异、充满诱惑的社交媒体、自媒体，你们同样也能成为错综复杂的舆论环境中的一股清流，成为促进社会进步的动能，引导舆论的主力，内容创业的王者，一句话——成为媒体的骨干、行业的骨干；当然你也可以选择其他部门从事其他职业，比如政府管理、社会治理、企业经营等，我们所受到的专业素养、媒介素养的教育同样会使我们在众声喧哗的世界保持冷静和理性，不随波逐流，适时发出我们自己的声音以影响周围。

有的研究生，没入学时想学习，入学后又忙于兼职找工作，把自己弄得比上班族还要辛苦。平时很少在学校露面，与导师一学期一年也难得联系一两次。本末倒置，还美其名曰：学新闻传播的，就要广泛接触社会，多参与实习实践工作。这话表面听起来似乎在理，但仔细一想不对呀，既然这样，不上研究生直接去工作也不见得弄不出名堂，为什么占着名额浪费资源？毛泽东讲学生以学为主，这个“学”应该是指专业知识的学习，学到扎实的知识，奠定深厚的基础，然后再学以致用，与社会实际和生产实践结合，完善知识结构，更好服务社会。20 世纪 60 年代中央书记处书记胡耀邦在西安交大作报告时也讲：教师就是要教，学生就是要学，战士就是要战，干部就是要干。四句话，言简意赅地指出了各司其职各行其是的道理，指出了各个角色最本质的职业要求。

有些研究生没有定位好自己的角色，带着迷茫的态度走进校门，从入学的第一天起，思考的不是如何能利用这几年宝贵的在校时间进行扎实的学习和深入的研究，为自己今后的发展打下坚实的基础，而是幻想毕业之后能做什么工作、到哪里去发展、能得到什么样的待遇上投入了更多的思考，迷茫、彷徨，不知所措，或者兼职工作过多，虽积累了工作的经验，却荒废了学业。所以我要提醒大家：研究生阶段仍然是学习知识的最佳时期之一，一个有知识的人，能改变自己的命运；一群有知识的人，能改变国家的命运。在整个人类的发展史中，知识一直都扮演着最重要的角色。有了知识，才能演绎出精彩的人生，才能实现你为国家为民族的责任担当。

为什么一些做出突出成就的成功人士还要重回校园学习深造，就是因为吃完了老本，缺少专业知识和理论的不断滋养，要发挥聪明才智、做出创造性成绩很难，所以要充电。但这个时候，工作、家庭、生活的所有干扰和压力都得承受，学习的艰辛可想而知。所以，如果不把研究生阶段的学习当回事，吃亏的还是自己，目前能凭着身强力壮精力旺盛面容姣好吃好青春饭，一旦竞争者的学历结构知识层次发生改变，一旦工作要求提高，你就会显得力不从心。再说，只要你愿意，只要条件允许，工作会伴随你终生，而人生某个阶段的校园生活仅仅是几年，不珍惜岂不可惜、遗憾？

我们已经进入一个表达相对自由、相对随意的时代，但我要提醒，表达的媒介越便利，渠道越丰富，受到的约束越少，我们的表达越要慢半拍，越要谨慎，三思而后行，许多热点事件之所以能快速成为舆情事件，跟相当一部分网民不冷静、不理智、不客观的随意发声有很大关系，显现出媒介素养的欠缺；而对我们周边的事情，比如，课程安排是不是太紧张、老师的授课方式是不是能接受、理论课与实践课的比例问题等等，都是可以沟通交流解决的事情，不要动不动鼠标轻松一按，意见网上乱飞，引来跟帖一串，情绪对立被动。特别是，对老师误伤一次，会造成永久的心理创伤。

另外，不希望博士生硕士生游离于团队之外，培养他们的团队合作精神和角色意识，也是我指导研究生的一个主要做法。相对来说，我的博士生求学时间较短，毕业人数较多，就是因为让他们积极参与课题，在完成课题的过程中不断得到锻炼与提升。

7.1.1.6　未来期许

许加彪：您离开了管理岗位，如何规划自己后面的工作和生活？对于今天学术生态的“内卷”和“躺平”现象，您是怎么看的？

李明德：离开了管理岗位，一下子感觉解脱了、解放了，再不担心因学科建设学院发展有所迟缓而焦虑焦躁，再不担心因校内多种会议应接不暇被迫请假而受到批评，再不担心几乎每个周末奔赴各地像跑场子一样地参加各种会议所带来的身心俱疲，再不担心费尽心力跟政府部门商谈合作却突然因人事更迭被迫中断所带来的遗憾，再不担心因老师的聘期考核、职级晋升遭遇困难而爱莫能助所带来的内心煎熬，再不担心学生因心理疾患半夜突然接到家长电话所带来的惊吓，再不担心繁琐的行政、党务工作耗费精力过多而耽误了教学科研使得“好老师”的形象一夜坍塌，诸如此类，难以言尽，总而言之一句话：再没有更多的担心了，可以心无旁骛地教书、科研、指导学生，安安静静地度过退休前的四年光景。当然，如果在课题申报上有所突破，则算额外的收获，没有，依旧心静如水。

从管理的角度，就我的性格而言，我不善于交往，对"官员"有种敬而远之的心理距离，但工作职责又需要你不断跑职能部门、向校领导汇报，否则学院获得的资源与支持就会少一些，对我而言，这是一种难以言尽的痛苦。同时，我不善言辞不善表达，每次会议发言，都得提前写好稿子，虽然不是照本宣科，但放在面前心里踏实，但实在太苦太累，以至于变得毛发更稀疏，面相更沧桑。不过事物都有两面性，最近在整理我任职以来在校内外各种会议上的致辞、发言、报告时，竟然有 30 余万字，再次阅读，时间地点、场景人物历历在目，亲切无比，不禁感叹：多亏不善言辞，才有了这些珍贵的文字记录。

中国是论文发表数量大国却不是学术创新与应用大国，而学术的价值恰恰体现在创新与应用上。"内卷"之所以能形成，与考评指标的导向密不可分，导致大家不能免俗，挖空心思将精力耗费在发表数量、课题经费多寡的比较上以求得考评结果的满意，这不能怪罪老师，无力改变且不能置身事外，就只能顺应顺从。在这个意义上，我对那些暂时"躺平"而不坠青云之志的老师表达敬意，他有自己的目标和追求，有自己的行为计划，不赶时髦追求短平快，说不定"板凳甘坐十年冷"之后，突然推出了惊天之作，"躺平"只是暂时的，是蓄势待发，有何不好？只不过他们所受压力非常人所能理解，我们应该对他们保持足够的尊重。当然，对那些假装"躺平"了的人，需要的则是学院的反思，说不定他在别处干得正欢，只是在本单位躺平罢了。

（陕西师范大学新闻与传播学院　许加彪）

7.1.2　范以锦：尊重教育规律，找准个人位置，凝聚集体力量①

范以锦，广东省大埔县茶阳镇西湖村人，1946 年出生于马来亚（现马来西亚），1949 年随父母回国。1969 年毕业于暨南大学经济系政治经济学专业。1970 年进入南方日报社当记者。曾任南方日报社总编辑、社长，南方报业传媒集团党委书记、管委会主任，南方报业传媒集团公司董事长。他首次将品牌理念引进中国报业，在南方报业实施

① 部分内容整合自《低调人生蕴涵新闻富矿——访范以锦》《范以锦：我这一辈子，就是为新闻而生》《报人范以锦：一辈子都是新闻事业的执着追求者》《当代岭南文化名家·范以锦》《百位优秀报人，亦是新中国报业发展的编年史!》。

“龙生龙，凤生凤”多品牌滚动发展模式，被称为“中国报业品牌第一人”。2006 年卸任南方报业传媒集团领导职务后，受聘暨南大学新闻与传播学院院长、教授、博士生导师，2012 年获得广东省首届新闻终身荣誉奖，2017 年获得范敬宜新闻教育奖良师奖，2020 年起改任暨南大学新闻与传播学院名誉院长。

2006 年的金秋，范以锦即将从南方报业传媒集团的领导岗位退下来时，就收到了暨南大学伸出的橄榄枝。“老范多年在报界的知识、经验，如果可以在教书育人中得以体现，有助于培养新一代的传媒人才。”时任暨南大学校长助理的林如鹏教授给学校领导建议后代表校领导给范以锦打去了电话，邀请他来坐镇暨南大学新闻与传播学院。范以锦答应了。第一，暨南大学是他的母校。第二，他对新闻学院很感兴趣。“在业界时，我像机器一样不停地工作，到高校后，我会有更多时间沉下来思考、写作，也希望将业界多年积累的实践经验带到学界为新闻教育事业尽点微薄之力。”

从传媒业的历史中走来，站上讲台眺望传媒的未来，以学生的身份从暨南大学毕业，又以老师的身份回到暨南大学执教。就这样，当时 60 岁的范以锦没有给自己放假，从报社“跨界”校园，担任暨南大学新闻与传播学院院长、教授、博士生导师。他说：“我把人生的第二段经历，看成是新闻生涯的第二个春天。”

7.1.2.1 “社长”转身“院长”：发挥优势做“加法”

“做院长和做社长的最大不同在哪里，怎么做好院长？”这是范以锦刚“跨界”进入校园那段时间思考得最多的问题。

“暨南大学的新闻教育历史悠久，有丰富的办学经验。我从来没有做过传媒教育，一时分不清哪些是优良的、哪些可能是过时的，如果以大破大立的势头搞创新，最终弄得沸沸扬扬，会很难收拾。”带着问题，范以锦一边调研一边思考。从学院的现状来看，绝大部分学生会培养成应用型的人才。“但这种人才不是‘新闻技工’，应具有一定的学术水平和较强的研究能力，这样才能适应媒体对高层次人才的需求。”经过深思熟虑后，范以锦提出应该把学院定位于“研究型与应用型兼容”。他投身教学一线，与学生面对面，很快就发现了问题：不少学生有新闻理想，但过于理想化；成绩优异，但写不出优质的新闻报道。他意识到，局限在教科书上的教学，远远跟不上时代和业界对学生的要求。“必须把学院与业界打通，将好的资源、好的平台带给学生，让他们能够和业界建立联系。”

怎么当好院长？范以锦有了自己的答案——“在尊重教育规律的前提下发挥自身优势。一方面，充分相信并放权给学院其他领导成员，让内行的人去做内行的事，将团队成员、各位老师的长处发挥出来；另一方面，专注自己熟悉的事、能干成的事，为学院做‘加法’，带去新闻学院比较欠缺但又急需要的东西。”

创办“打通校园学习与业界实践”的准记者训练营，是范以锦当院长几个月后所做的第一个“加法”。

从2007年上半年开始，范以锦借助自己的从业经历和优势，在学校领导的支持下，与南方报业传媒集团合作建立了“暨南大学准记者南方训练营”，为本学院的学生搭建起理论学习与报业实践的桥梁。创办伊始，训练营采取理论教学与实践教学相结合的方式展开培训，第一阶段邀请南方报业传媒集团的业务骨干为学生进行理论授课，第二阶段学生进入南方报业传媒集团实习，“把自己写的新闻内容印成铅字，并在网络上传播”，将理论与实践相结合。

南方报业传媒集团前总编辑王春芙曾为训练营的学生做培训，题目是《当前把握导向注意的几个问题》。在新闻教材里，“导向”的字眼常出现，但不容易说清。只有到了实践中，与现实情况相结合，学生才猛然了解到什么是“导向”。有同学说，“真刀真枪一碰，心立马实了，看来这个训练营真的很实用。”

训练营的持续火爆引发范以锦更多地思考。“业界的需求就是我们的培养目标。不只是适应业界的当今需求，还要有前瞻性眼光，具有发展后劲。持续学习能力是必不可少的。”围绕训练营，进一步打通校园学习与业界实践的想法被激活。一方面，学院投入更多资源开展研学转型，不断为训练营提供助力；另一方面，南方报业人力资源部建立实习档案，全程跟踪学生实习的情况。对于暨大新传学生来说，可以提升新闻采写、策划等方面的能力，对于南方报业来讲，可提升影响力，也可以为其培养“后备军”。一时间，其他院校的新闻学子，都非常羡慕暨大同学有这个机会。

范以锦的第一个“加法”，一做就是15年，带动学院其他形式的“训练营”“特训营”“创新基地”的创建。15年间，不断有来自各地、各相关行业的精英出现在课堂上，与学生分享与新闻和传播相关的种种故事，学生也不断走出去，进入业界强化实操训练。学生可以通过传媒精英，了解到一篇重磅的新闻报道及融媒产品是怎样产生的。与业界合作的一些工作坊，学生还介入智能生产和传播的环节。这些都是书本中不容易弄通的。如今，“暨南大学准记者南方训练营”已被评为首批国家级一流本科课程，成为新闻与传媒领域一块响当当的“金字招牌”。不少训练营中的学员，现在已经成为活跃于各地的知名媒体人，他们一边为新闻传播事业的蓬勃发展而辛勤奔走，另一边，他们也以范以锦为楷模，传承着对下一代的关心与照顾，“反哺”校园，重回训练营，站在讲台上，面对渴求知识的年轻面庞，毫无保留地分享日新月异的新闻变迁。

将业界顶尖专家请进暨大的课堂，是范以锦用自己的影响力完成的又一个“加法”。在他支持下创办的“传媒讲习班”第一期，就把时任凤凰卫视《有报天天读》主持人杨锦麟、时任《财经》杂志主编胡舒立、时任腾讯新闻网总编辑陈菊红、时任新浪执行副总裁兼总编辑陈彤请来了，暨南大学的学子们获得了越来越多与业界知名人士交流的机会。“传媒讲习班”不仅面向暨南大学学生，也惠及其他高校新闻学子和业界的新生力量。这个面向全社会纯公益的讲习班已办了15期，成为暨南大学新闻与传播学院的又一个品牌，成为学界业界对话交流的平台，彰显了学院一种志愿服务社会的奉献精神和新闻情怀。

7.1.2.2 “做老师，要与学生在一起，要对学生负责”

范以锦到学校前很少上讲台，但执教的内容并不陌生。南方报业下属的一些报刊的市场化改革就是新闻课堂上经常被新闻系老师提及的内容，今天，这段历史的主角就站在讲台上。范以锦的课早期给博士生、硕士生上传媒经济等课程，继而主要是开讲座，或受其他老师邀请穿插在一些课程中。课堂的纪律基本上不用维系，没有同学会在他的课上打瞌睡。为方便学生提问，他在每节课上都会专门预留时间，但不管预留多久，都无法满足学生们旺盛的求知欲。所以，在下课之后，范以锦也欢迎学生来与他探讨问题，不管是在食堂打饭的间隙，还是在教学楼的走廊上，只要有学生来请教，只要没有紧急的事情，范以锦都会停留解答。暨南大学新传院的学生和老师几乎都知道，只要范以锦来学院办公，他办公室的门永远是敞开的，每一位学生和老师都可以叩门而入，找范以锦交谈从来不会被拒绝。

范以锦经常召集自己指导的研究生探讨新闻前沿的问题，然后合作写论文。“范门”研究生周海涵说暨南大学食堂三楼是他们经常“会面”的地方，往往就是在吃饭聊天的时候点名，“该你写文章了”。范以锦不仅对学生要求严格，对自己也从不松懈。截至目前，他独自或指导学生共同发表的论文300余篇，独著或组织策划出版的著作10余部。他要求“范门”的学生不管是学硕还是专硕每人至少发表一篇论文，并进行具体指导。“没有一篇论文是学生写了拿给我联名署名，借我的名字发表的。发表的作品一定是名副其实的合作，这也是我指导学生提升论文写作水平的一种做法。”

有的硕士研究生认为课程设置过于偏向理论。范以锦对他们说：“虽然我们学院培养的大量是应用型人才，但这种人才也要有一定的研究能力，无论在什么岗位上，做什么工作，都需要有独立思考、研究问题的能力。我提出强化实践能力并不是单纯为了学会技术活，还要在实践中发现前沿问题，有针对性地进行研究，把理论的厚度不断提升。”他还告诉学生，课余之后随时随地都可以找到实践的路径。他以曾指导过的一位硕士生为例，这位学生从本科到读研几乎每天练习写新闻评论，力求写出深度，到研究生毕业时已经在全国100多家报刊上发表了作品，“这和他认真学习理论、勤于思考、研究问题的习惯不仅不冲突，而且还是相辅相成的。”这位学生与范以锦指导的另两位学生，因写出了有一定深度的文章，获得范敬宜新闻学子奖，范以锦本人也因指导学生成效显著而获得范敬宜新闻教育良师奖。

范以锦总是站在学生的角度思考问题，为学生提供力所能及的帮助。每次“范门”聚餐，范以锦都会了解学生的生活状态，告诉学生遇到任何困难都可以第一时间联系他。“不管是学术研究上碰到问题还是其他方面遇到困难，只要找到范以锦，他有能力帮的都尽力帮忙，他从不会因此觉得被麻烦了。”“范门”研究生田鑫说：“有一次，我想申请一个项目，需要范老师审核指导。因为项目的内容比较丰富，格式要求比较严格，步骤比较复杂，前前后后麻烦了范老师很多次，连我自己都觉得麻烦的时候，范老师却从未有过一句抱怨，而且一遍又一遍和我确认最终的信息。”

从传统媒体一路走来，范以锦鼓励学生多向发展。从暨南大学新闻与传播学院毕业的方夷敏曾是南方都市报首席记者，后来她转型成为“黎贝卡的异想世界”的创始人，运用微信公众号打造时尚品牌，并形成了产业模式。范以锦在很多场合都会提到这位学生，并把她请到学院来与学生交流。“她对于媒体转型发展把握很准。”令范以锦高兴的是，类似方夷敏这样的学生不少，涉及多个领域。

7.1.2.3 “做教育，要尊重规律，与时代同频共振”

范以锦已过了古稀之年，但他运用新传播手段并不比年轻人差。范以锦经常提醒学生关注时代的变化，触摸时代的脉搏，持续了解传媒技术和传媒行业的创新。

不管是对传媒发展的探索，还是对新闻教育的研究，范以锦始终与时代同频共振。

2011 年 10 月间，有一位传媒学生在微博平台向范以锦提了关于毕业生的就业问题，范以锦谈了自己的看法和人生经验。想不到，反应热烈，引来一批学生和青年记者的一连串的提问，除了范以锦回答之外，业界也有人发表看法，场面非常热闹。那时，范以锦同时在新浪和腾讯两个微博平台推出讨论话题。随着话题的深入和参与人员的拓展，从起初的“你问我答”到后来的互相探讨交流，有赞同、有反对，热热闹闹地争论一番。范以锦越“玩”越得心应手，围绕就业问题每天拿一个话题出来发到微博上挑起讨论。他设置了“别受他人左右，唯有尊重自己”“不轻言放弃”“别挤‘独木桥’”“宽口径就业”等 25 个话题进行交流。一时间，范以锦成为网上的“青年导师”，受到青年学子的追捧。

见范以锦的微博体交流这么受欢迎，南方日报出版社的编辑给他打了电话：“不如出本书吧？”

范以锦爽快地答应了。

因此，就有了这部“意想不到”的作品——《新闻“微”茶座》。应该说，这是范以锦与网友们“合写”而成。

一开始，话题涉及毕业生的就业问题，很受人关注，尤其是新闻学生的关注。但是，范以锦认为：“传媒学生不能只关注就业问题，还有见习、学习、新闻伦理的问题也应高度重视。”于是，继“就业篇”之后他有意识地设置了另三个系列——“见习篇”“学习篇”“伦理篇”。“见习篇”中有“见习，从学界走向业界的桥梁”“费点心机，见习门能撞开”“以行动证明自己的存在”等30个话题。“学习篇”中有“专业结构与人才需求结构应一致”“学习动力：业界需求”“不能消极应付教学大纲”等30个话题。“伦理篇”中有“友情与新闻伦理冲突怎么办?”“朋友可以当，但不能成为新闻‘情人’”“利益合作可以有，但伦理底线不能突破”等15个话题。

“四个系列百个话题，包括自己表达的内容和博友的回应形成近40万的文字，我从中精选15万字结集成书。微文的某些表述与常规的语法、修辞可能会有冲突，非原则问题力求保持博友的表达风格。”范以锦这样形容他的书作。事实上，这本书成为国内首部涉及新闻业务的全微博体书。

有意思的是，新闻学界和业界的知名人士甘惜分、喻国明、杨锦麟、陈昌凤、曹轲、陈彤、陈菊红也通过微博给范以锦发来“微序言”。作者简介、前言、后记都未超过140字，在当时都是清一色的微博风格。大家都保持着“队形”，遵循着当时微博对字数要求的“公约”。

“运用微博新闻茶座讲新闻规矩，是一种好方式。”当时95岁的新闻学界泰斗、新浪微博最年长的博友——甘惜分老先生如此称赞。时任中国人民大学新闻学院副院长喻国明则说：“范老的微博式学术话语，更像当年孔老夫子的论语式的表达。”谈到本书的现实意义，时任新浪执行副总裁兼总编辑的陈彤认为：“以往师之传道授业，多在学堂。如今，作为一代传媒研究和传媒教育领军人物，范以锦先生独辟蹊径，通过微博互动，授业解惑；茶座之下，百余万受众，百篇师长心得，数万学子评论，新媒体形态下，尽显为师之古风，又扩传道之平台。无论从内容还是从形式，范先生的学生茶座本身就是一个经典的传媒案例。”

在互联网的浪潮中，范以锦凭借强大的学习能力脱颖而出。他的知识结构、思维方式一直紧跟时代，从来没有停止知识的更新。他永远怀揣着好奇心，探索着未知世界，不管是线下还是线上，不管是研究还是教育，他始终尊重规律，与时代同频共振。

2023年，范以锦77岁了，于他而言，人生大部分时光是和新闻事业共度的。正如范以锦所言：“我这一辈子，就是为新闻而生，始终关注新闻传播事业，这是我一辈子的事业。”

范以锦担任暨南大学新闻与传播学院院长的过程中，带领学院教师上下团结一心，共同奋斗，学院发展欣欣向荣，学院实力竿头直上。“十二五”规划以来，学院教师主持国家社科基金重大招标项目等各类纵向课题100多项，获得教育部社科优秀成果奖二等奖3项、三等奖1项、青年奖1项；广东省哲学社科优秀成果奖一等奖3项、二等奖3项、三等奖1项；出版专著、教材140多部；发表中文学术论文1400多篇。学院教师获得国家级人才计划入选者、全国模范教师、教育部新世纪优秀人才、教育部“马克思主义理论研究和建设工程”首席专家、广东省“千百十”工程国家级培养对象、全国新闻出版行业领军人才、全国广播电视十佳百优理论人才、广东省教学名师等多项荣誉和奖励。在教育部第四轮新闻传播学学科评估中，暨南大学获得了A-的好成绩，与清华大学、上海交通大学、武汉大学并列全国第五。学院的蓬勃朝气不断吸引着五湖四海的精英人才奔涌汇聚，来到这里共创未来。

“暨南大学新闻与传播学院这些年来快速发展并不是我的功劳，我是年逾花甲之后才加盟传媒教育的，深知自己的短板在哪里。”范以锦说，“如果说我做了什么工作，只是做了两件事：一是在贯通与业界联系方面下功夫；二是尊重教育规律，放手让内行的人施展才华。”正是凝聚了团队的力量，使老一辈沉淀下来的优良传统得以继承和发扬，又有一批新生力量不断开拓进取，加上学校领导的大力支持，兄弟新闻院校的热情扶持，使暨南大学新闻与传播学院开创了一条融合发展、协同育人的教育革新之路。

范以锦给新闻学生的寄语：

新闻学生将来走上媒体工作岗位之后，我期待你们具有强烈的社会责任感和勇于担当的精神，将老一辈新闻工作者“铁肩担道义”的抱负和“妙手著文章”的功力继承下来，并不断发扬光大。同时，要与时俱进，以宽阔的视野盯住媒体未来发展的趋势。既要以创新的思维做出优质的融媒体产品，又要以有创意的手段连接好用户，实现内容传播的最佳效能，真正把自己培养成为德才兼备、有发展后劲的全媒体新闻传播人才。

（暨南大学新闻与传播学院　田鑫、李华、聂浩）

7.2 史海钩沉

7.2.1 建立穆青研究基地培养优秀新闻人才——我与穆青研究中心的不解之缘

时间过得真快啊！很多事情犹在昨天，掐指一算，却时过经年。比如，关于穆青研究，不知不觉到2024年就整整20年了。

中国新闻传播教育史学会会长张昆教授，这些年一直专注于做一件“功在当代，利在千秋”的大事：率一帮同仁潜心编纂《中国新闻传播教育年鉴》，每本年鉴都是那么厚重，每篇文章都是那么有分量，每读一篇文章都是一次与作者的精神交流和往事回味。精彩、有趣、有价值、有分量，是我对年鉴文章的总体印象。张昆会长多次给我“布置作业”，指定约稿有关穆青研究的文章。我总觉得可写的、大家感兴趣的、有史料价值的内容，我不一定能精彩呈现，那岂不是辜负了会长的托付！一拖几年，迟迟没有动笔。9月1日会长又专门打电话催促此事，他的敬业、执着和我们几十年的交情，使我无法再拒绝。

最近浏览学校网站，看到一则报道有关穆青研究的新闻，给了我一个动笔的由头。

为迎接党的二十大胜利召开，“奋进新时代”主题成就展于9月27日在北京展览馆开幕，党和国家领导人参观展览。其中，郑州大学新闻与传播学院开展的“重走穆青路——走进延安”教学实践活动图片亮相展览。

“奋进新时代”主题成就展设序厅、中央综合展区、地方展区、展望展区、室外展区和互动展区6个展区，面积超过3万平方米，运用图片、实物、模型等6000多项展览要素，角度丰富、内涵饱满，全面宣传展示党的十八大以来党和国家事业发生的历史性成就和历史性变革。郑州大学新闻与传播学院穆青新闻实验班“重走穆青路——走进延安”教学实践活动图片在文化建设单元展出。这也是继2018年“重走穆青路——走进兰考”活动入选“伟大的变革——庆祝改革开放40周年大型展览”之后，郑州大学学生活动再次出现在国家大型展览。

能进国家大型展览，足见其价值。据说2018年河南高教系统也仅此这一张图片荣幸入选。

“重走穆青路”大型调研采访活动始于2005年暑假，2004年11月郑州大学成立了穆青研究中心，为了开展学术调研和学生实践，我们策划了“重走穆青路”活动。近20年来，郑州大学师生沿着穆青先生的足迹，奔赴河南兰考、林州、杞县、宁陵，以及山西、陕西、广东、东北三省等地，开展了一系列的调查研究和学习、实践、采访活动，科学研究与实践教学紧密结合，知识传授、能力培养与价值引领“三位一体”，取得了良好的科研成果和育人效果。

7.2.1.1 有幸结缘穆青研究

这些年不断有同行朋友问起我，当初怎么就会想到成立穆青研究中心？我总是要提起2004年11月的那次“意外”接访，让我们今生有幸结缘穆青研究。

2004 年 11 月 9 日，时任中共中央宣传部部长的刘云山同志来河南参加中宣部在郑州举办的全国宣传工作会议。会议是下午，他于上午和常务副部长吉炳轩、副部长雒树刚及其中宣部几个局的领导一行来到郑州大学。刘云山同志在考察郑州大学新闻与传播学院时指出：高校新闻传播院系是培养新闻后备人才的重要阵地，要以高度的历史责任感，把"三个代表"重要思想、马克思主义新闻观、职业精神职业道德的教育，体现在新闻学科教学、科研、人才培养之中。穆青是当代中国新闻记者的一个榜样，在高校开展穆青研究很有意义。作为穆青故乡，加上穆青的很多作品出自河南，你们应该成立穆青研究基地，对穆青新闻实践进行深入系统的研究，对学生是一种很好的教育，对青年记者的培养也很有意义。

根据刘云山同志指示精神，郑州大学特事特办，于 2004 年 11 月 11 日即成立了全国高校唯一一家专门从事穆青研究的学术机构——郑州大学穆青研究中心。学校下文聘请时任郑州大学新闻与传播学院院长董广安担任穆青研究中心主任。

关于研究机构的名称，也是花了一番周折。按照云山部长当时的原话，是成立一个穆青研究基地。但由于那段时期，"本·拉登""基地组织"名声太坏，一提"基地"，容易让人产生联想，所以校长在与我商定研究机构名称时，我第一个就否定了研究基地这个名称。现在看来，我是多么的短见——国内现在"研究基地"成为非常高端大气上档次的研究平台！用"研究中心"吧，现在刚刚成立，还不知道能做成什么样子，上来就自诩"中心"，恐以后留下笑柄，还是低调一点，就叫"穆青研究室"吧。这个"室"，可大可小，比如"中央文献研究室"，地位多重要呀！小，也可仅为一个词语研究成立一个专门机构。于是一开始学校下文件是"郑州大学穆青研究室"。一年后，随着形势的发展和研究范围的拓展，我们又打报告申请改名为穆青研究中心。

7.2.1.2 发挥穆青研究引领作用，聚集穆青研究力量

中心成立后，郑州大学及其新闻与传播学院充分发挥穆青研究中心的引领作用，积极开展穆青新闻思想与新闻实践的研究工作，及时将研究成果反哺教学活动，在研究基地建设、教育培养卓越新闻传播人才方面取得了显著成果。

首先聚集了本院 20 多名骨干教师参与穆青研究工作。同时，聘请新闻界、学界专家为穆青研究中心研究员，通过穆青研究中心网上平台，吸引全国新闻传播院校 50 多名专家学者共同开展穆青研究和新中国名记者研究。中心还邀请穆青笔下的典型人物来校与师生座谈交流，加深师生对穆青品格与追求的理解。

穆青研究中心成立以来，先后举办了 9 次全国性穆青学术研讨会：2005 年 10 月召开了"全国穆青新闻主张与新闻实践学术研讨会"；2008 年 10 月 11 日召开了"纪念穆青

逝世五周年——新闻名篇与名记者全国学术研讨会”；2011 年 3 月 12 日召开了“纪念穆青诞辰九十周年暨新闻名篇与名记者全国学术研讨会”；2013 年 10 月 10 日，召开了“纪念穆青逝世 10 周年暨数字化背景下新闻人才培养与新闻创新全国学术研讨会”……穆青研讨会的举办，聚集了穆青研究的学术团队，对穆青研究领域的拓展起了推动作用。

穆青研究中心作为研究基地，紧紧围绕国家社科基金项目，对穆青新闻思想与新闻实践进行了深入、全面的研究；对穆青精神的现实影响及其传承给予深刻、系统的探讨，并产出了一系列研究成果。2015 年 12 月，穆青研究中心被评为河南省高等学校人文社会科学重点研究基地。

2005 年，穆青研究中心主任董广安主持的“穆青新闻主张与新闻实践”项目获国家社科基金资助，并于两年后顺利结项。研究成果《穆青新闻思想和新闻实践》于 2008 年 9 月出版。这本书对穆青的舆论引导思想、舆论监督思想、外宣思想、新闻事业管理思想，以及穆青关于散文式新闻、视觉新闻、实录性新闻和“两翼齐飞”的发展思路进行了系统而全面的梳理，探寻了穆青“勿忘人民”这一伟大情结的丰富内涵和思想源起；用传播社会学视角对穆青的采访作风、新闻作品特色及传播效果进行了探讨和分析，进一步挖掘穆青作品的丰富内涵及时代价值。

2014 年申报的国家社科重点项目“穆青精神的现实影响及其传承研究”顺利结项，获得专家高度好评。2021 年 7 月，国家社科规划项目会评时，领导讲话高度评价该研究的价值和意义。国家社科规划办出版的 2020 年度报告第 40 页中有记载：郑州大学董广安主持完成的“穆青精神的现实影响及其传承研究”，通过重走“穆青路”等具体实践，对穆青的新闻实践、新闻理念等方面进行了较为全面、深入、细致的研究，深刻阐释了穆青精神的核心内涵和时代要义，剖析了穆青精神的现实影响。成果尝试性地提出了新时新形势、新背景下践行穆青精神的传承路径。该课题突破了现有穆青相关研究中大多关于其本人新闻思想与实践和其诸多新闻作品、新闻活动的研究模式，具有很高的学术传新性，为马克思主义新闻观教育提供了新的实践方式，对我国新闻从业人员职业精神的培育具有积极指导意义。

2013 年 4 月，郑州大学出版社出版了穆青研究专著《师者穆青》。这本书的作者为新华社高级记者，《瞭望》周刊原总编辑陈大斌。他从亲身经历出发，用翔实的资料、洗练而生动的文字，叙述了穆青深入实际调查研究的工作作风和“勿忘人民”的新闻理念。

2013 年，穆青研究中心整理出版了《穆青日记(域外部分)》。在征得穆青家人的同意后，郑州大学新闻与传播学院师生不辞辛苦，对穆青几十万字的日记手稿进行了拍照、录入，先期整理出版了28.6万字的域外日记，为师生了解穆青、研究穆青、学习穆青打开了一扇窗户。《穆青日记(国内部分)》亦即将面世。

穆青研究中心研究人员在学术期刊上发表穆青和名记者研究有关的学术论文40余篇，在全国新闻业界、学界产生了较大影响。穆青专题研讨会积累的百余篇论文即将结集出版。

穆青研究中心共培养了11名“穆青研究”方向的硕士研究生，这些学生已陆续成为全国知名媒体和高等院校的业务骨干。

7.2.1.3 研究成果带动教学，不断创新新闻人才培养模式

穆青研究中心成立以来，学院就注重用科研成果反哺教学，以马克思主义新闻观教育和新闻实践能力提升为着力点，促进优秀新闻传播人才教育培养基地建设。

第一，以穆青研究为平台加强特色专业建设。

新闻与传播学院以穆青研究为平台，打造以穆青研究为特色的研究团队和教学团队。由本院教师和校外学界、业界专家组成的穆青研究团队，利用科学研究和社会调查获得的成果，建立起了穆青研究与教学的案例资源库，通过课堂讲授、专题讲座、媒体实习、寒暑假社会实践等多种方式指导学生，把研究的成果贯穿于课堂内外的教学全过程。

第二，以穆青研究延伸覆盖人才培养过程。

一是加强穆青研究对课堂教学的覆盖和渗透。在“平台+模块+课程群”新课程体系中，体现以穆青研究为特色的办学理念。把穆青研究作为本科生的专业平台课之一，开设“穆青新闻思想和新闻实践”课程，并在新闻传播理论课程群和新闻传播实务课程群，如新闻采访与写作、名记者研究、马克思主义新闻理论等课程中，或为穆青研究开辟专章，或以穆青研究活化教学过程；在研究生中开设“穆青研究”专业选修课；每年引导和鼓励学生以穆青和新中国名记者研究作为论文选题，学生撰写和发表与穆青研究相关的论文近20篇，其中研究生毕业论文11篇。

二是以穆青精神为指导，促进新闻传播人才培养机制的创新。以穆青研究为纽带，新闻与传播学院聘请业界专家为兼职导师，常年为学生举办系列专题讲座；新生入学和毕业生离校，举办有关穆青精神的专题教育；建立与新闻媒体的联合培养机制，与河南日报报业集团、河南电视台、中原传媒集团、河南人民广播电台等省级媒体开展互聘合作，聘任有丰富实践经验的业界人士担任导师，同时选派骨干教师赴媒体单位兼职或挂职，学习业界实践经验，以培养应用型新闻传播人才；以兰考、宁陵、红旗渠等诞生穆青新闻名篇的地方作为学生入学教育和实习基地，加强实践能力培养力度。

三是强化以“重走穆青路”为主题的专业教学实践。从 2005 年 7 月至今，穆青研究中心已经开展了近 20 次“重走穆青路”的大型采访调研活动，重走路线遍及河南、山西、陕西、黑龙江、吉林、辽宁、北京等省、市：2005 年 7 月，以“重走穆青路看中原崛起——河南行”为主题，分 3 条线路在河南省进行采访调研。2006 年 7 月，以“重走穆青路追寻峥嵘岁月——晋陕行”为主题，组织师生到穆青加入革命队伍的山西临汾、岚县等地采访，最后到达穆青开始新闻生涯的革命圣地延安。这次重走路线涉及豫、晋、陕三省 10 多个市、县，走访了穆青报道过的典型人物后人及与穆青有过接触的群众三百多人次，制作了《追寻峥嵘岁月》的纪录片。2009 年 7 月，以“重走穆青路——东北行”为主题，组织师生到哈尔滨、长春、磐石、通化市梅河口市海龙镇、葫芦岛等穆青工作过的地方采访。2009 年 9 月，与《河南日报》(农村版)合作，以“重走穆青路——沧桑巨变·印记河南”为主题组织采访活动，让师生见证新中国成立 60 年的岁月痕迹，发表的一系列实习成果再现了历史瞬间。

“重走穆青路——再访兰考”，是 2013 年 9 月组织的。采访团分为六个小组，从两路展开采访调研活动：一路探访和挖掘记忆中的焦裕禄和穆青，包括参加兰考县委宣传部的“焦裕禄文化资源保护和发掘活动——沿着焦裕禄的足迹访农家”、寻访穆青采写焦裕禄报道时访问过的人物或其后人；一路以焦裕禄精神和穆青精神在当代的弘扬为采访主题，采访团探寻村庄，住进农家，深入企业，体验兰考新农村的变迁，贴身观察基层优秀干部和大学生村官的工作和生活，在地头、车间与群众深入交流，记录真实的当代兰考。腾讯网、大河网等网站对这次活动进行了专题报道。

2017 年 12 月与暨南大学组成“重走穆青路之广东行”联合采访团，追随穆青当年采写《风帆起珠江》的足迹，重温穆青“勿忘人民”的新闻理念，弘扬时代变迁中不变的穆青精神。新华社对此次活动高度关注，新华网连续发稿，单篇浏览量上百万。另外，重庆大学、江西财大等高校均与穆青研究中心联合开展过重走穆青路活动。

如今，“重走穆青路”调研采访活动已成为郑州大学新闻与传播学院强化实践教学的品牌活动。实践表明，“重走穆青路”活动不仅有助于提高学生的专业技能，而且可以对“新闻后备军”进行立场、信念和毅力教育。采访团还挖掘出一些与穆青工作和生活有关的第一手宝贵资料，为穆青研究增添了鲜活的内容。

第三，把穆青研究作为加强马克思主义新闻观教育的抓手，力求取得实效。

习近平总书记说：“理想信念就是共产党人精神上的‘钙’，没有理想信念，理想信念不坚定，精神上就会‘缺钙’，就会得‘软骨病’。”近 20 年间，郑州大学新闻与传播学院以穆青研究中心为平台，将马克思主义新闻观教育和理想信念教育渗透到教学、科研过程中，取得了明显成效。

一是坚持以“勿忘人民”为主题的理想信念教育。学院把穆青提出的“勿忘人民”作为院训，自觉传承马克思主义新闻观。每年在新生入学教育和毕业生离校教育中，都嘱托学生用马克思主义新闻观武装头脑，把党和人民的利益作为从事新闻工作的出发点和归宿点。

二是坚持以“求真务实”为主线的职业精神教育。通过大量的教学案例和调研采访实践，帮助学生理解穆青新闻思想和新闻实践的深刻内涵，教育学生一切从事实出发，坚持新闻工作者的职业操守，自觉抵制虚假新闻和各种社会不良风气的影响。

三是把穆青研究工作同马克思主义新闻观教育紧密结合起来，以马克思主义新闻观引领穆青研究工作，以穆青研究活化和深化马克思主义新闻观教学。新闻与传播学院在本科生和研究生中开设“马克思主义新闻思想”课程，以“学习经典，结合时事，扩展视野，坚定方向”为教学目标，并以穆青研究、时事和国情教育、党报党刊研究和党的新闻政策学习为支持点，开掘马克思主义新闻观教育的深度。2013 年 10 月，在穆青逝世十周年之际，穆青研究中心制作、举办了总展出面积 500 多平方米的穆青纪念展，用文字、图片、音频、视频等多种形式展出了穆青生平、作品、手稿等珍贵资料，在教育学生的同时，也成为郑州大学开展群众路线教育的一个基地，每年还有兄弟院校和媒体组织师生和编辑记者参观学习。

第四，创办穆青新闻实验班。

2014 年 6 月，新华社与郑州大学签约共建穆青研究中心；2014 年 12 月，河南省委宣传部与郑州大学签约共建新闻与传播学院。作为落实“两个共建”的重要举措，2015 年 6 月，新闻与传播学院从全校 2014 级优秀本科生中招收 27 人，组成了第一届穆青新闻实验班。通过“人文社科通识课程教育”“重走穆青路”“深入基层采风”“新闻作品大赛”等特色理论和实践相结合的创新型培养模式，穆青新闻实验班取得了较好的培养效果，近 70%的同学考取了名校研究生，获校级及以上奖励 100 余项；曾获“河南省普通高等学校优秀班集体”“河南省文明班级”等多项荣誉。穆青新闻实验班在卓越新闻传播人才培养上的探索，得到了新闻传播类院校和传媒业界的高度肯定，已经成为郑州大学“六卓越一拔尖”计划重点支持的卓越班。

7.2.1.4 穆青精神潜移默化，优秀新闻人才成批涌现

穆青研究中心成立来，促进了优秀新闻传播人才的培养，涌现出一批政治立场坚定、业务能力精良的优秀新闻传播人才。这些毕业生分布在河南省各大媒体和人民日报社、新华社、中央电视台、光明日报社等中央媒体。他们在各自的工作岗位上践行着穆青精神，诠释着“勿忘人民”的思想内涵，为党的新闻事业作出了积极贡献。

李波是2008年毕业的新闻学硕士，在校期间经常参与穆青研究中心组织的调研、实践活动。毕业后入职人民日报社记者部，任机动采访室记者。他参与了“5·12汶川大地震”一周年、“4·14玉树地震”灾后重建、北京奥运会、全国两会、党的十八大等重大事件报道，撰写的十余篇新闻作品刊登在人民日报头条，多次获评人民日报社好新闻奖。

姚晓丹在郑州大学学习期间参加“重走穆青路”大型采访活动并参与编辑制作这项活动的视频。2007年毕业后入职光明日报社。在“5·12汶川大地震”、北京奥运会以及两会报道中，姚晓丹表现突出，她的多篇新闻作品荣获光明日报年度好新闻通讯类一、二、三等奖，还获得2008年度、2010年度、2011年度教育部好新闻优秀奖、教育部好版面优秀奖以及全国人大好新闻一等奖。

《广州日报》摄影记者乔军伟，在郑州大学学习期间积极参加“重走穆青路”大型采访活动，还参与了穆青日记的拍摄、整理工作。他的硕士毕业论文选题是《穆青新闻摄影理论研究》。2007年，乔军伟离开母校入职《广州日报》。他牢记穆青关于“深入基层”和“两翼齐飞”的教诲，在汶川大地震、舟曲“8·7”特大泥石流灾害等重大报道中，以独具特色的图片和文字讴歌了时代精神。在2008年年初广州雪灾报道中，乔军伟表现突出，被评为广东省“抗冰灾报道先进个人”。他的新闻摄影作品在2008年、2010年、2013等年度获得广东省新闻奖。

2004级本科生郭云强大二暑假参与了重走穆青路延安行，穆青精神激励他刻苦学习，发奋图强，始终把“勿忘人民”牢记在心，以优异的成绩于清华大学新闻硕士生毕业并直博，2013年博士毕业后到浙江丽水宣传部工作，现在已是中共温州市洞头区委书记。

一些刚刚毕业的年轻学子，也在新闻工作岗位上崭露头角。2009届本科毕业生余嘉熙，已肩负起工人日报河南记者站站长的重任；2010届本科毕业生余海玉，现在中央电视台军事频道《军事纪实》栏目做编导，一路行走，完成了《走边关》系列和其他优秀节目；2010届硕士毕业生刘楠入职新华社，工作踏踏实实，兢兢业业，采写的许多新闻作品引起较大社会反响；2011届硕士毕业生张文，现在已经是《羊城晚报》地市记者站的站长；2012届本科毕业生李尧，在《人民日报》海外版做编辑，很多优秀稿件都出自他手。

更多的郑州大学新闻学院毕业生供职于河南本地媒体，他们遍布于《河南日报》《大河报》、河南电视台、河南人民广播电台等各级上百家传媒机构，撑起了河南新闻界的半壁江山。用人单位反映，郑州大学新闻与传播学院的毕业生政治立场坚定、做事认真踏实，是一支用得起、靠得住、信得过的传媒生力军。这些毕业生走出校门之后能迅速适应工作并健康成长，一个重要原因是他们在校时受到穆青精神的教育，工作后又时时用穆青精神激励自己。

经过近20年的磨炼，穆青精神已成为新闻与传播学院师生的精神动力。在下一个十年，郑州大学新闻与传播学院将以更加饱满的热情，投入穆青研究和新闻传播教学，为培养大批立场坚定、业务精湛、追求真理、心系人民的卓越新闻传播人才作出积极贡献。

我们欣喜地看到，经过多年的艰苦努力发展，穆青研究中心已成为服务于优秀新闻传播人才培养的开放型研究基地，影响力和辐射范围越来越大！我们更期待下个10年、20年她继续发挥作用。

（郑州大学新闻与传播学院　董广安）

7.2.2　国家社科基金重大项目“中华民国新闻史”历程回眸

2013年11月22日，全国哲学社会科学规划办公室正式下达的《2013年度国家社科基金重大项目(第二批)立项通知书》中称：“倪延年同志：经全国哲学社会科学规划领导小组批准，您投标的‘中华民国新闻史’被立为2013年度国家社科基金项目重大项目，项目批准号13&ZD154，资助经费80万元，首次拨付启动经费72万元，立项时间为2013年11月22日。”中国新闻史研究方面的第一个国家社会科学基金重大项目由此诞生。我清楚地知道，这并不是偶然的时来运转，“天上掉下个大馅饼”，而是经过20年积累和尝试才得以梦想成真。

7.2.2.1　国家社科基金重大项目立项前的积累和尝试

我进行新闻史研究是半路出家，踏进民国新闻史研究领域更是无心插柳。20世纪80年代中期，我大学毕业后留校在学校图书馆工作。几次岗位调整后转到了图书馆报刊组。为了熟悉中国报刊历史而更有利于做好本职工作，我和当时在南京大学图书馆工作的好友吴强先生，先后拜读戈公振先生的大作《中国报学史》和方汉奇先生的大作《中国近代报刊史》，增长了不少见识。但又不免感到有些不满足，即当时还未有一本较系统地介绍我国现代报刊(即从1919年五四运动到1949年前的报刊)发展历史的著作，亟盼有同行撰成，以供我们学习。不料一等数年，仍未看到这类著作问世。我和好友吴强不约而同地想到在中国现代报刊发展史方面做一点尝试。非常幸运，这一想法得到时任南京大学出版社社长时惠荣和编辑王兆先先生的大力支持。于是我们从1990年暑假开始搜集资料，1991年年底完成初稿。由于对初稿不满意，又花一年时间对书稿进行了修改充实。这才有了1993年12月由南京大学出版社正式出版的《中国现代报刊发展史》(与吴强合著)。回想起来，即使从该书出版的1993年算起，到申请获准国家社会科学基金重大项目时的2013年，已整整20年了。

由于工作岗位的变化(1996年年底从图书馆奉调到党委办公室)和研究兴趣(结合当时的工作岗位及学术发展，先后涉及期刊学、知识传播学及图书馆管理学)的转变，直到2002年才又回到“民国新闻史”，先后写了《民国时期共产党报刊的发展历程及规律探讨》及《论北洋军阀时期报刊及其发展特点》等文章。前者参加了江苏省图书馆学会2002年学术研讨会，后者参加中国图书馆学会2004年学术年会。2002年申报的“中国报刊法制发展史”选题获得南京师范大学旨在“汇集本校历史上以及当今知名教授的学术著作”的“随园文库”项目全额资助。成果设计为三卷正文和一卷史料。三卷正文中有“现代”一卷，研究的是“从1911年10月10日辛亥革命爆发到1949年10月1日中华人民共和国成立之前的这一历史阶段”的中国报刊法制的发展历程及其规律。所谓“中国现代”就是“中华民国时期”，“中国现代报刊法制发展史”也就是“中华民国时期新闻法制史”，是中国新闻法制史的重要的组成部分。

2005年申请获准的教育部社科基金项目“中国港澳台地区报刊法制发展史研究”，为专题研究我国港澳台地区报刊法制发展史提供了经费保障。以2010年11月《中国报刊法制发展史：港澳台卷》(上、下册)出版为标志，“中国报刊法制发展史”全部完成，成果为5卷6册计243万字的《中国报刊法制发展史》(古代、现代、当代、史料及港澳台卷上、下册)。其中“民国时期报刊法制史”内容约占总篇幅三分之一。《中国报刊法制发展史》(5卷本)2013年三月获国家教育部第六届高等学校科学研究优秀成果奖(人文社会科学)二等奖。

在中国新闻史学会为拙作《中国报刊法制发展史：港澳台卷》在北京大学新闻与传播学院举行的发行座谈会上，赵玉明、程曼丽等专家建议“将报刊法制史研究拓展为新闻法制史研究，将通讯社、广播电视及刚刚兴起的新媒体等有关法制的研究包括在内”。遵循专家建议，于2007年申报的“中国新闻法制史发展研究”获准立项为该年度唯一国家社科基金重点项目(项目编号：07AXW001)。成果设计为四卷正文、两卷史料及索引、年表各一卷。其中专设“近代”一卷，研究从孙中山领导创建中华民国南京临时政府到1948年5月20日后“行宪”的“中华民国总统府”时期的“新闻法制”。经过团队5年努力，项目研究全部完成。近500万字的《中国新闻法制通史》(8卷)2012年12月申请结项并获批准。成果由南京师范大学出版社申请出版基金项目获得99万经费资助。2016年11月获得江苏省第十四届哲学社会科学优秀成果一等奖，南京师范大学2016年度“十项主要科学研究进展”之一。2020年12月获教育部第八届高等学校科学研究优秀成果(人文社会科学)二等奖。其中“民国时期新闻法制史”内容约占总篇幅的三分之一。

以《安徽大学学报：哲学社会科学版》2011年第1期发表《论民国新闻史研究的意义、体系和实施》为标志，主要精力转到“民国新闻史”研究。2012年4月获准成立南京师范大学新闻与传播学院民国新闻史研究所。同年《现代传播》第9期发表《论孙中山先生的新闻民主和法制思想》一文完成了从"新闻法制史"向"民国新闻史"的过渡。2012年7月因年龄原因退出校党委常委、纪委书记的领导岗位，进入心仪已久的全职教授状态后，把全部时间和精力投入"民国新闻史"研究。2012年12月申报的"民国新闻史研究(1895—1949.9)"获准立项2012年度江苏省社会科学基金重点项目。2013年6月申报的"中华民国新闻史研究"获准2013年度国家社科基金重点项目(项目编号:13AXW003)；2013年11月领衔申请的"中华民国新闻史"获准2013年度国家社科基金重大项目(项目编号13&ZD154)。

7.2.2.2 国家社科基金重大项目"中华民国新闻史"的实施过程

为了能高质量地完成国家社科基金重大项目"中华民国新闻史"研究，团队诚邀全国新闻史学界的专家学者，组成《中华民国新闻史》学术顾问委员会和编纂委员会：学术顾问委员会由中国人民大学一级教授，中国新闻史学会创会会长、中国人民大学新闻学院教授、博士研究生导师方汉奇先生任主任委员。中国传媒大学教授、博士研究生导师、中国新闻史学会第二任会长、北京广播学院原副院长赵玉明先生任执行主任委员。南京师范大学教授、博士研究生导师、副校长、中国民主促进会江苏省主委、政协江苏省副主席朱晓进先生和北京大学教授、博士研究生导师、中国新闻史学会会长、北京大学华文传媒研究中心主任程曼丽女士为副主任委员。南京师范大学教授，博士研究生导师，南京师范大学新闻与传播学院院长顾理平先生，复旦大学教授、博士研究生导师、复旦大学新闻学院常务副院长，中国新闻史学会副会长黄瑚先生，清华大学教授、博士研究生导师李彬先生，新华通讯社高级编辑、新华社新闻研究所副所长刘光牛先生，中国传媒大学教授，博士研究生导师，中国传媒大学新闻传播学部新闻学院院长刘昶先生，中国第二历史档案馆副馆长、研究员、中国近现代史史料学会副会长马振犊先生，中国人民大学教授、博士研究生导师、中国人民大学新闻学院执行院长倪宁先生，南京师范大学教授、博士研究生导师、南京师范大学社会科学学术委员会秘书长、南京师范大学社会科学处处长秦国荣先生和华中科技大学二级教授、博士生导师、中国新闻史学会副会长暨中国新闻史学会新闻教育史分会会长吴廷俊先生为顾问委员会委员，对项目研究工作中的重大事项予以指导和把关。

为具体做好中华民国新闻史的研究和系列著作的撰写工作，组成由各子课题负责人和特约研究专题负责人参加的编纂委员会。华中科技大学二级教授、博士研究生导师、中国新闻史学会副会长暨新闻教育史分会会长、项目常设顾问吴廷俊先生任主任委员，南京师范大学教授、博士研究生导师，中国新闻史学会理事，南京师范大学民国新闻史研究所所长、本项目首席专家倪延年先生为执行主任委员，南京师范大学教授、博士研究生导师、中国新闻史学会常务理事、中国新闻史学会台湾与东南亚华文新闻传播史研究会副会长、南京师范大学新闻与传播学院执行院长张晓锋先生任副主任委员。中国传媒大学教授、博士研究生导师、中国新闻史学会常务理事艾红红女士，中央民族大学教授、中国新闻史学会特邀理事白润生先生，暨南大学教授、博士生导师、中国新闻史学会副秘书长邓绍根先生，南京师范大学教授、博士研究生导师方晓红女士，中国第二历史档案馆研究室主任、研究员、中国近现代史史料学会常务理事、副秘书长郭必强先生，南京大学教授、博士研究生导师韩丛耀先生，上海大学教授、博士研究生导师、中国新闻史学会常务理事李建新先生，天津师范大学教授、博士生导师、新闻传播学院副院长、中国新闻史学会常务理事李秀云女士，解放军南京政治学院教授、博士研究生导师刘亚先生，南京师范大学副教授、博士、南京师范大学民国新闻史研究所副所长刘继忠先生，湖南师范大学教授、博士研究生导师、中国新闻史学会常务理事徐新平先生，新华通讯社新闻研究所研究员、新闻史论研究室主任，中国新闻史学会常务理事万京华女士，中国人民大学教授、博士研究生导师，新闻学院副院长，中国新闻史学会副会长兼会刊《新闻春秋》主编王润泽女士和华南师范大学副教授、博士、美国北卡罗来纳大学访问学者张立勤女士等为编纂委员会委员。

2014 年 5 月 8 日在南京师范大学举行开题报告会。专家组组长由中国新闻史学会原会长、中国传媒大学博士生导师赵玉明教授担任，专家组成员为北京大学博士生导师程曼丽教授、清华大学博士生导师李彬教授、复旦大学博士生导师黄瑚教授、南京大学博士生导师丁柏铨教授及本项目子课题和特约研究课题负责人、南京师范大学社会科学处和新闻与传播学院领导参加了开题报告会。经过认真讨论，专家组一致同意项目团队提交的开题报告和研究计划，同意正式启动项目研究工作。

在本项目研究过程中，项目组先后召开了五次项目组工作会议和一次集体统稿会议：第一次项目组工作会议于 2014 年 5 月 9—10 日在南京师范大学举行，主要讨论明确研究任务和决定整体工作计划。项目组第二次工作会议暨编纂委员会第一次会议于 2015 年 11 月 7—8 日在南京师范大学举行，主要讨论各子课题负责人提交的各卷内容框架，统一研究中的基本认识。第三次工作会议暨编纂委员会第二次会议于 2016 年 8 月 20—24 日在湖南师范大学举行，主要是第一次审读《中华民国新闻史》第一卷部分书稿和决定子课题负责人调整。第四次工作会议暨编纂委员会第三次会议于 2017 年 8 月 10—14 日在安徽黄山学院举行，主题为第一次审读《民国新闻专题史研究丛书》分册书稿。第五次工作会议暨编纂委员会第四次会议于 2018 年 8 月 15—20 日在天津师范大学举行，主题为第二次审读《中华民国新闻史》书稿，确定审稿会议有关事宜。集体统稿会议于2018年10月2—5日在扬州大学举行。编纂委员会主任吴廷俊教授和《中华民国新闻史》各卷主编倪延年、王润泽、刘继忠、刘亚和艾红红等教授参加会议。会后各卷进入主编对书稿进一步完善、准备申请结项的攻坚阶段。2018年12月，项目团队完成申报书中设计5卷本《中华民国新闻史》和由10种专著组成的《民国新闻专题史研究丛书》全部书稿，如期向有关部门申请结项。

项目实施期间，学校批准成立"南京师范大学民国新闻史研究所"并聘请本人为首任所长；设立了国家社科基金重大项目秘书处。项目秘书处具体承办了中国新闻史学会和南京师范大学联合主办的首届民国新闻史高层论坛(2014)，在会前出版了会议论文集《民国新闻史研究》(2014)、第二届民国新闻史高层论坛(2015)，会前出版了论文集《民国新闻史研究》(2015)，和第三届民国新闻史高层论坛(2016)，会前出版论文集《民国新闻史研究》(2016)。为便于团队成员及时交流信息，秘书处先后编印了38期项目简报《民国新闻史研究动态》，并上报国家社科规划办公室备案。

7.2.2.3　国家社科基金重大项目"中华民国新闻史"最终成果及鉴定结项

经过团队成员团结一致的真诚协作和精心打磨，国家社会科学基金重大项目团队向国家交上了一份沉甸甸的成果答卷：《中华民国新闻史》(5卷本)和《民国新闻专题史研究丛书》(10种)。

《中华民国新闻史》(5卷本)包括：《中华民国新闻史》(第1卷)。由项目首席专家、中国新闻史学会理事、南京师范大学民国新闻史研究所所长、博士生导师倪延年教授主编。该卷包括全书绪论、第一章孕育民国新闻业的社会环境；第二章资产阶级革命与民国新闻业孕育，第三章民国创建与民国新闻业诞生，第四章民国袁世凯时期的新闻报刊业，第五章民国创建前后的新闻通讯业和图像新闻业，第六章民国创建前后的少数民族新闻业、军队新闻业和外国在华新闻业，第七章民国创建前后的新闻管理体制和新闻业经营及本卷引用文献等组成。《中华民国新闻史》(第2卷)。由中国新闻史学会副会长兼会刊《新闻春秋》主编、中国人民大学新闻学院副院长、博士生导师王润泽教授主编。该卷由：第一章民国北京政府时期新闻业的社会环境；第二章民国北京政府时期的官办报刊业，第三章民国北京政府时期的政党新闻报刊业；第四章民国北京政府时期的民营新闻报刊业；第五章民国北京政府时期的新闻通讯业、图像新闻业和军队新闻业，第六章民国北京政府时期的少数民族新闻业、都市娱乐新闻业和外国在华新闻业，第七章民国北京政府时期的新闻管理体制和新闻业经营，第八章民国北京政府时期的新闻团体、新闻教育与新闻学研究及本卷引用文献组成。《中华民国新闻史》(第3卷)。由中国新闻史学会常务理事、南京师范大学新闻与传播学院执行院长、博士生导师张晓锋教授主持研究；南京师范大学新闻与传播学院副教授刘继忠博士主编。该卷由：第一章民国南京政府前期新闻业的社会环境；第二章民国南京政府前期的国民党新闻报业，第三章民国南京政府前期的共产党新闻报刊业；第四章民国南京政府前期的民营新闻报刊业；第五章民国南京政府前期的新闻广播业、新闻通讯业和图像新闻业，第六章民国南京政府前期的少数民族新闻业、军队新闻业和外国在华新闻业，第七章民国南北京政府前期的新闻管理体制和新闻业经营，第八章民国南京政府前期的新闻团体、新闻教育与新闻学研究及本卷引用文献组成。《中华民国新闻史》（第 4 卷）。由南京政治学院军事新闻系博士生导师刘亚教授主编。该卷由：第一章民国南京政府中期新闻业发展的社会环境；第二章民国南京政府中期的国民党新闻报刊业，第三章民国南京政府中期的共产党新闻报刊业；第四章民国南京政府中期的民营新闻报刊业；第五章民国南京政府中期的沦陷区新闻报刊业；第六章民国南京政府中期的新闻广播业、新闻通讯业和图像新闻业，第七章民国南京政府中期的少数民族新闻业、军队新闻业和外国在华新闻业，第八章民国南北京政府中期的新闻管理体制和新闻业经营，第九章民国南京政府中期的新闻团体、新闻教育和新闻学研究及本卷引用文献组成。《中华民国新闻史》（第 5 卷）。由中国新闻史学会常务理事、中国传媒大学新闻学院博士生导师艾红红教授主编。该卷由：第一章民国南京政府后期新闻业的社会环境；第二章民国南京政府后期的国民党新闻报刊业，第三章民国南京政府后期的共产党新闻报刊业；第四章民国南京政府后期的民营新闻报刊业；第五章民国南京政府后期的新闻广播业、新闻通讯业和图像新闻业，第六章民国南京政府后期的少数民族新闻业、军队新闻业和外国在华新闻业，第七章民国南北京政府后期的新闻管理体制和新闻业经营，第八章民国南京政府后期的新闻团体、新闻教育和新闻学研究、本卷引用文献及中华民国新闻史大事记等组成。

由 10 个分册组成的《民国新闻专题史研究丛书》和 5 卷本《中华民国新闻史》在体例上互为补充，内容互为映照，目标两者一致，共同建构起国家社科基金重大项目“中华民国新闻史”研究成果完整的内容体系。《民国新闻专题史研究丛书》包括：《民国时期的新闻通讯业》，由中国新闻史学会常务理事、新华社新闻研究所新闻史论研究室主任万京华研究员主持研究并组织撰稿；《民国时期的新闻广播业》，由中国新闻史学会常务理事、中国传媒大学新闻学院博士生导师艾红红教授主持研究并撰稿；《民国时期的少数民族新闻业》，由中国新闻史学会特邀理事兼少数民族新闻传播史研究会名誉会长、中央民族大学研究生导师白润生教授主持研究并撰稿；《民国时期的新闻教育》，由上海大学新闻学院博士研究生导师李建新教授主持研究并撰稿；《民国时期的新闻学研究》，由中国新闻史学会常务理事、湖南师范大学新闻与传播学院博士研究生导师徐新平教授主持研究，徐新平教授和中国新闻史学会常务理事、天津师范大学博士生导师、新闻传播学院副院长李秀云教授合作撰稿；《民国时期的新闻管理体制》，由南京师范大学新闻与传播学院博士生导师方晓红教授主持研究并组织撰稿。《民国时期的军队新闻业》，由南京政治学院军事新闻系博士生导师刘亚教授主持研究并组织撰稿；《民国时期的图像新闻业》，由南京大学新闻与传播学院韩丛耀教授主持研究并组织撰稿；《民国时期的新闻业经营》，由华南师范大学新闻与传播学院副教授张立勤博士主持研究并撰稿；《民国时期的外国在华新闻业》，由中国新闻史学会常务理事兼副秘书长、暨南大学博士生导师邓绍根教授主持研究并组织撰稿。

此前的国家社科基金重大项目结项，都是由研究团队把最终成果提交给国家社科规划办公室，由国家社科规划办公室组织同行专家分别鉴定。本项目有幸成为第一个国家社科办公室委托省级规划办公室聘请专家进行成果鉴定的项目。2019 年 5 月 11 日，由国家社会科学规划办公室委托江苏省社科规划办公室组织的国家社会科学基金重大项目“中华民国新闻史”结项专家鉴定会议，在南京师范大学举行。受全国社科规划办公室委托，江苏省社科规划办公室聘请湖南师范大学新闻与传播学院院长尹韵公研究员（组长），武汉大学罗以澄教授、清华大学李彬教授、中国人民大学赵永华教授、上海交通大学张国良教授、厦门大学赵振祥教授、国防大学蔡惠福教授组成国家社会科学基金重大项目“中华民国新闻史”项目成果鉴定专家组。经过听取汇报、查看资料和认真讨论，鉴定专家组认为：该成果首先填补了多卷本《中华民国新闻史》著作空白，《民国新闻专题史研究丛书》填补了“民国时期新闻史”专题研究系列学术著作空白。初步构建起完整的“民国新闻史”研究内容体系。其次《中华民国新闻史》每卷内容都涵盖了当时社会生活中的各主要新闻要素，自成一完整内容体系。再则客观呈现了民国时期新闻事业不同部分的历史走向，揭示这一阶段中国新闻业发展内在规律，再现和阐释“得民心者得天下”和“顺历史发展潮流者昌，逆社会进步潮流则亡”时代潮流。专家组一致同意南京师范大学为责任单位、倪延年教授为首席专家的学术团队承担完成的国家社科基金重大项目“中华民国新闻史”（项目编号：13&ZD154）研究成果“通过结项鉴定”并建议以“优秀”等级结项。我国新闻史领域第一个国家社科基金重大项目研究由此圆满完成。①

（南京师范大学民国新闻史研究所　倪延年）

① 编者注：2013 年 6 月获准国家社科基金重点项目“中华民国新闻史研究”后，2013 年国庆节举行了国家社科基金重点项目中华民国新闻史研究第一次工作会议，成为国家社会科学基金重大项目竞标团队的工作预备会。2014—2018 年，在国家社科基金重大项目团队中又有 4 位团队成员成为国家社科基金重大项目首席专家。由于“中华民国新闻史”研究历时数年，其间有团队成员在工作单位、职务等方面有变化和进步，为叙述方便及尊重历史，所述内容均据当时有关文献记载。

7.2.3 高校“三项学习教育”活动的开展

2003年10月底，新闻战线开展中国特色社会主义理论体系、马克思主义新闻观、职业精神职业道德“三项学习教育”活动。按照中央统一部署，新闻战线紧密结合新闻队伍的思想和工作实际，把“三项学习教育”活动作为新闻队伍建设的重中之重，采取有力措施，着力解决突出问题，切实提高新闻队伍整体素质，促进新闻事业健康发展。

“三项学习教育”活动在新闻单位开展起来后，教育部开展了对新闻传播院系负责人的“三项学习教育”。2004年7月30日，教育部办公厅发出通知，举办全国有关高等学校新闻传播院系负责人“三项学习教育”培训班，培训班在国家行政学院举行，原计划在8月中旬进行，后延期至9月。来自全国150所高校的新闻传播院系的负责人参加了培训班。

到2006年，“三项学习教育”活动引进一种新形式，开始进行巡回报告团演讲。这一新的形式是怎样产生的呢？这里提供一下我所知道的缘由。

湖北大学有一位校友叫文有仁，文有仁先生是新华社新闻研究所原所长、高级编辑，曾任新华社驻波兰分社首席记者、中国记协学术委员会委员，他还兼任中国科技新闻学会副会长。我曾是中国科技新闻学会会员，和文先生又是老乡。2005年5月，文先生到武汉出差，我当时正好完成博士论文，就请他到湖北大学给学生做一个有关新闻自由的相关问题的讲座，因为我的博士论文写的是这方面的。文先生有长期在国外驻站的经历，在新华社任新闻研究所所长多年，肯定有他的真知灼见，提出要求后，他非常爽快地答应了。讲座如期进行，同学们听得津津有味。讲座后的提问部分，现场的同学们踊跃提问，文先生的回答也很直接坦率。讲座结束后，文先生说，想不到同学们思维这么活跃，思考问题这么深刻。

文有仁先生后来告诉我，他回到北京后，将他在湖北大学为新闻专业讲课的事向中宣部领导作了汇报。部领导书面批示：由新闻单位编辑、记者向新闻院系学生讲课是一个好方法，建议在全国推广。2006年5月，中宣部、中国记协、教育部联合组织了“新闻战线‘三项学习教育’活动巡回报告团”，到十大城市作报告。巡回报告团分成东路团和西路团。东路团由文有仁任团长，作报告的城市为北京、南京、上海、厦门、广州；西路团由新华社新闻研究所所长陆小华、中国社会科学院新闻与传播研究所所长尹韵公任团长，作报告的城市为天津、武汉、重庆、成都、兰州。5月12日，首场报告在中国人民大学举行。新华社当天就此发布消息：

优秀新闻记者走上高校讲台

新华社北京5月12日电(记者隋笑飞)中国人民大学逸夫会议中心报告厅内座无虚席，不时传来阵阵掌声。新闻战线“三项学习教育活动”巡讲团12日在中国人民大学进行了首场演讲。

新华社新闻研究所原所长文有仁就马克思主义新闻观的基本内涵问题作了深入系统的阐释。全国优秀新闻工作者、新华社高级记者张严平结合多年来坚持“三贴近”、采写众多颇有影响的人物报道的事迹，提出了记者只有热爱祖国、热爱人民，有追求，用心采访、用心写作，才能在采访中感动自己，用新闻报道感动社会。曾获范长江新闻奖的《解放军报》主任记者杜献洲，多年来始终把目光投向祖国的海边防，全军150多个艰苦的海边防连队都留下了他的足迹，他通过讲述其不寻常的新闻实践，向师生们诠释了如何才能做好一名合格的党的新闻工作者这一重要命题。

精彩的演讲吸引了来自中国人民大学新闻学院、北京大学新闻与传播学院、清华大学新闻与传播学院的师生。与会师生表示，新闻界专家学者和优秀新闻记者走进高校，与新闻院系师生面对面交流，是新闻理论与新闻实践相结合、新闻教学与采编实际相结合的新颖形式，是马克思主义新闻观真正“进教材、进课堂、进头脑”的有益尝试，希望这种讲演活动能经常举办。

首轮“三项学习教育”活动巡回演讲结束后，巡回报告团全体成员向全国新闻界发出倡议，媒体报道的标题为:《新闻战线“三项学习教育活动”巡回报告团倡议——用社会主义荣辱观引领新闻价值取向为党和人民为伟大的新时代引吭高歌》。倡议书的落款是:“新闻战线‘三项学习教育活动’巡回报告团全体成员:文有仁、尹韵公、陆小华、冯建新、赵亚辉、张严平、向菲、王志、高艾苏、杜献洲、王喜民、吉永成”。日期是2006年6月22日。

新华社6月25日又发一篇报道:中华全国新闻工作者协会日前提出《关于积极响应新闻战线“三项学习教育活动”巡回报告团倡议书的意见》，号召全国新闻界在新闻实践中明荣知耻，把“三项学习教育活动”不断引向深入。部分省市组织了当地“三项学习教育”巡回报告团(见图7-1)。

三年后，2009年10月，中宣部又组织了一次“三项学习教育”巡回报告活动，也是分为两路两个团，分别去了北京、郑州、哈尔滨、长春、沈阳、杭州、武汉、长沙。

(湖北大学新闻传播学院　廖声武)

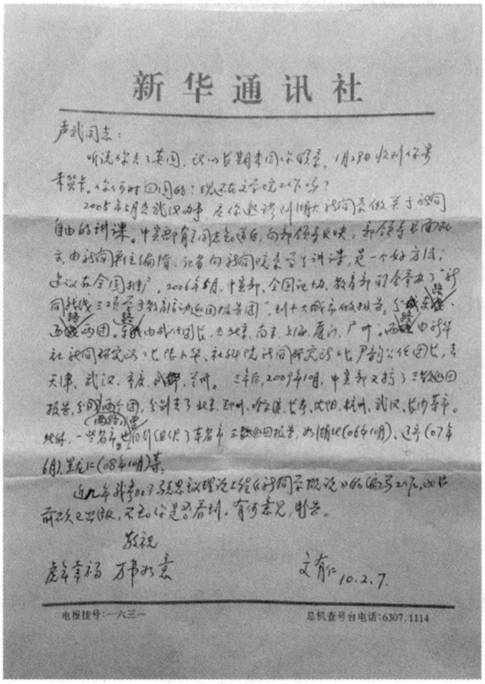

新华通讯社

声武同志：

听说你去了英国，访问长期未同你联系。1月29日收到你寄来贺卡。你何时回国的？现还在文学院工作吗？

2005年5月去武汉时，应你邀请到湖大新闻系做关于新闻自由的讲课。中宣部有关同志知道后，向部领导反映，部领导要求由新闻单位编辑、记者向新闻院系学生讲课，是一个好方法，应该在全国推广。2006年5月，中宣部、全国记协、教育部联合拿出了"新闻战线三项学习教育活动巡回报告团"，到十大城市做报告。分成东、西两团。东团由我作团长，去北京、南京、上海、厦门、广州；西团由新华社新闻研究所所长陈大斌、社科院新闻研究所所长尹韵公任团长，去天津、武汉、重庆、成都、兰州。三年后，2009年10月，中宣部又搞了三学教育巡回报告，分[illegible]两个团，分别去了北京、郑州、哈尔滨、长春、沈阳、杭州、武汉、长沙等市。此外，一些省市也组织本省市巡回报告，如湖北（06年10月）、辽宁（07年6月）、黑龙江（08年10月）等。

近几年我参加了马克思主义理论工程《新闻学概论》的编写工作，此书前不久已出版，不知你是否看到。有何意见，盼告。

敬祝

虎年幸福 万事如意

文有仁 10.2.7.

电报挂号：一六三一　　总机查号台电话：6307.1114

图 7-1　新华社回函

7.3　第二届全国新闻传播学院院长研修班

2022 年 7 月 22—27 日，第二届全国新闻传播学院院长研修班在江西井冈山顺利开班。本文系“第二届全国新闻传播学院院长研修班”筹划、准备和实施的工作侧记，以完整记录中国新闻传播教育史上的这一重大事件。

7.3.1　理念：院长也是一场修行

作为新闻传播学院的最高决策者或执行者，院长、书记的视野和能力决定着学院的高度和水平。新闻传播学院管理者的整体素质与质量，关系到中国新闻传播教育的未来。社会转型、国家治理、媒体融合的新形势对新闻传播学院院长、书记提出了更高的要求，学院发展、学科建设、教学改革、人才培养和科学研究等成为新闻教育界共同面临的难题。面对这样的形势，新闻传播学院管理者不仅需要自我修炼与提升，也需要与先进的兄弟学院院长、书记交流、切磋。

继2021年在兰州成功举办第一届全国新闻传播学院院长研修班后，中国新闻传播教育年鉴编撰委员会决定于2022年7月举办第二届全国新闻传播学院院长研修班，从而为新闻传播学院管理者提供更多交流的机会，研讨新闻传播学院发展面临的共同问题；并继续推动新闻传播教育共同体的成长，促进中国新闻传播学科的长远发展。

年鉴编委会主任张昆教授认为院长是一场修行，将红色主题融合进院长研修班，会让这场修行更有成效。经过前期沟通，最终将办会地点定在革命摇篮——井冈山。在年鉴编委会和江西师范大学新闻与传播学院会务组的讨论之下，一致认为研修班应该让院长具备总体把握业务、管理和意识形态三大能力，既要提高各高校院长的理论业务能力，又要提高管理能力，还要提高思想水平。

7.3.2 筹备：从红色摇篮再出发

2019年年底，武汉爆发"新冠疫情"。2021年7月，兰州大学举办首届院长研修班，然而由于疫情不稳定，随后研修班的教学转至"云上"课堂。2021年8月11日，第二届全国新闻传播学院院长研修班的火炬传递至江西师范大学手中。

2022年1月13日，第二届院长研修班举行首次线上筹备会，会议由何志武教授主持。张昆教授介绍首届研究班举办情况，江西师范大学新闻传播学院院长刘传红介绍学院会议计划，江西师范大学校长项国雄介绍学校对会议的支持。张昆教授主要介绍了开课内容以及授课嘉宾。张昆教授强调，开课日期最好与去年统一，树立品牌，占住时间。项国雄副校长表态，江西师范大学将全力支持此次会议，并对业界精英的到来表示欢迎，将决心举办第一场真正意义上完整的研修班。

在筹备会上，江西师范大学新闻与传播学院对在井冈山异地办会的可行性进行了详细阐述。阐述的重点在两个方面。一是交通问题。全国各地前往井冈山主要通过井冈山机场、井冈山站、吉安站、吉安西站到达，为此会务组将组织四路接待人员，保证学员顺利到达。二是疫情防控问题。会务组决定时刻关注全国疫情形势，与疫情防控部门紧密联系，了解最新趋势，同时联系井冈山当地疫情防控部门，保证学员能顺利到达，到达后在不引发疫情外溢风险的情况下顺利参加学习。会议筹备组认为异地办会虽然压力较大，但将会议地点定在红色革命基地江西井冈山，可以将江西红色文化浸入培训之中，同时可以提升国内新闻传播学院办学的思想水平。

江西师范大学新闻与传播学院第一时间建立了筹备组，对会议筹办工作进行了详细的分工。筹备组长为郭亮亮、刘传红，秘书组组长胡沈明，成员包括程前、王海燕、刘威、彭煜桦、陈雅莉、熊茵、姜滨、蔡立媛、刘开源等学院领导和骨干教师，为使会务更为顺畅，筹备组招募20余名研究生担任志愿者。秘书组主要负责和主办方中国新闻传播教育年鉴编撰委员会联系沟通、协调、相关文字及会议内容统筹。会务组组长王海燕主要负责参会人员的服务、材料准备、场馆协调、会场布置、餐饮、摄影照相、考察组织、会议用车及志愿者培训等。会务人员按照计划有条不紊等进行前期准备。

7.3.3 规划：确保会议如期进行

截至2022年5月底，会务组共接到180余份参会回执。出于疫情安全和提升研修班成效的考虑，会务组决定将会议规模控制在130~150人，其他人员可选择线上参与。

在培训内容和主讲嘉宾邀请方面，张昆教授与国内外知名院长、专家频繁联系，敲定授课专家名单。研修班拟邀请的专家学者和计划的培训内容包括：华中科技大学新闻与信息传播学院院长张明新教授主讲《新文科建设：学科专业交叉的路径探析》，中国人民大学副校长胡百精教授主讲《学术团队建设与特色方向的凝练》，中国人民大学新闻学院执行院长周勇教授主讲《全球化背景下新闻传播教育的国际化发展》，中国社会科学院新闻与传播研究所所长胡正荣主讲《新时代智库建设与学科发展》，中国传媒大学新闻学院院长隋岩教授主讲《学位点建设：问题与对策》，美国密苏里大学教授周树华教授主讲《QS新闻传播学科国际化评价》，暨南大学党委书记林如鹏教授主讲《新闻学院的科学研究与社会服务》，上海交通大学媒体与传播学院院长李本乾教授主讲《团队建设与重大课题研究》，北京大学新媒体研究院院长谢新洲教授主讲《新闻与传播专业学位教育：问题与出路》，复旦大学新闻学院院长张涛甫教授主讲《新闻传播学科的专业教材建设》，中国传媒大学本科生院院长王晓红教授主讲《国际新闻传播人才培养的理论与实践》，江西师范大学新闻与传播学院院长刘传红教授主讲《江西师范大学新闻传播学科发展战略与策略》，中国新闻传播教育年鉴编委会主任委员张昆教授主讲《新闻学院院长的战略思维》。至此，由中国新闻传播教育年鉴编撰委员会主办、江西师范大学新闻与传播学院承办的第二届全国新闻传播学院院长研修班课程安排基本定型。

在教学方式方面，筹备组确定了专家授课和现场教学融合进行的方案。筹备组同意安排井冈山现场红色教学，井冈山是具有江西地域特色的红色基地，是天然的教科书。一方面通过参观革命旧址，为学员们生动地展现了中国红色革命史上宝贵的井冈山精神，重温了中国革命历史，深刻理解了井冈山精神的内涵；另一方面以院长研修活动为契机，加强新闻传播院校之间的联系，弘扬地域特色，进一步坚定了新闻教育工作者的理想信念。

至2022年6月，全国疫情仍然呈现出反复态度，共有3个高风险地区和19个中风险等级地区。在江西，从 2020 年 1 月至 2022 年 6 月 30 日 24 时，江西省累计报告本土确诊病例 1368 例，累计出院病例 1367 例。截至 2022 年 6 月 30 日 24 时，全省无现有本土住院确诊病例。经过对江西疫情的分析，考虑到广大院长参加研修班的培训体验，在报告学校之后江西师范发现新闻与传播学院会务组决定：在江西疫情尚不严重且做好疫情防控保障工作的前提下，会议将如期于线下举行。同时考虑到全国疫情严重程度不一，会议将采取线上线下结合、全程直播的方式进行。

2022 年 6 月，为了解井冈山疫情防控形势，选择适合会议召开的宾馆，江西师范大学新闻与传播学院胡沈明、王海燕等先后三次前往井冈山考察，最终确定会议将在井冈山映山红宾馆举办，同时指导宾馆对会议室进行布置，以适应网络直播。

考虑到全国各地的疫情原因，确定了线上线下同步进行等方案，以线下授课为主。7 月初，学院与北京强氧公司合作，由强氧公司赞助直播业务。事后证明，线上与线下同时授课的选择极为正确，研修班开幕式进行之时，线上参与人数即达到 2000 余人，在会议授课期间，线上参与人数高达 14000 余人。

至 2022 年 7 月，全国疫情虽有零星出现，但江西疫情相对稳定，井冈山当地同意在做好疫情防控措施的情况下同意举办大型活动。

2022 年 7 月 22—27 日，第二届全国新闻传播学院院长研修班在井冈山如期顺利举行，现场红色教学将于 7 月 23 日下午开启至 7 月 26 日穿插进行。为做好疫情防控，会务组邀请井冈山人民医院疫情防控人员每日来宾馆进行核酸检测，确保第一时间发现问题、解决问题。对于部分来自疫情高危地区教师，会务组为隔离教师提供相应的居家隔离生活服务、核酸检测服务，同时在隔离结束后积极协调其进行学习和实践活动。在各方努力之下，会议达到预期效果，未引发疫情。

7.3.4 授课：直面新形势、聚焦新问题

7 月 22 日，第二届全国新闻传播学院院长研修班正式开班，江西师范大学副校长项国雄教授、中国新闻传播教育年鉴编委会张昆主任、华中科技大学新闻与信息传播学院院长张明新教授等出席了现场开学典礼，来自全国 66 所高校的新闻传播学院院长、书记和系主任 100 余人现场参加为期 7 天的研修培训活动。江西师范大学副校长项国雄致辞，江西师范大学新闻与传播学院党委书记郭亮亮主持开学典礼。

项国雄副校长在致辞时，首先对中国新闻传播教育年鉴编撰委员会的信任表示了感谢。他指出，此次研修班为全国新闻传播学院院长和骨干教师提供了一个交流互鉴的极佳平台。研修班诚邀全国知名院长授课，与时俱进地探讨新时代中国新闻传播学院的院系建设、学科发展、人才培养等议题，对于解决新形势下新闻传播人才培养、中国新闻

传播学科建设等问题具有重要的现实意义。江西在近现代新闻传播史上名家辈出，可谓是新闻传播的福地，井冈山更是红色新闻的摇篮。作为承办方，江西师范大学新闻与传播学院将竭尽全力做好会议服务和保障，与各兄弟院校相互学习、共同提高。

中国新闻传播教育年鉴编委会主任张昆教授在开幕式发言时指出，当今世界正面临百年未有之大变局，国家对新闻舆论工作的战略需求提升到了一个新的高度；媒介信息技术的日新月异与传播格局的大变革，也对我国新闻人才的培养提出了全新的要求。新闻传播学院院长既是学者，又是教育工作者，还是组织管理者。教育工作者责任重大，必先接受教育。全国新闻传播学院院长研修班是中国新闻传播教育年鉴编撰委员会为中国新闻教育界量身定做的一款公共产品。此届新闻传播院长研修班将面向新时代、直面新形势、聚焦新问题，为新闻传播学院的管理者们提供继续学习和研修的平台。

开班典礼结束后，华中科技大学新闻与信息传播学院院长张明新以《新文科建设：学科专业交叉的路径》为题作了首场讲座。他从学科交叉融合的内涵、动力、发展模式和趋势四个方面出发，探讨了当前高校新闻传播学科交叉融合的教育教学问题。张明新院长提出，新闻传播学科的发展要在承认学科差异的基础上打破学科边界、促进学科间相互渗透；学科交叉融合的动力来自科学发展的自身要求、社会实践的发展需要以及学科发展的内在逻辑。并以华中科技大学在学科交叉融合方向的构想与实践经验为例，从学科方向凝练、师资队伍建设、专业建设、科学研究、平台建设、体制机制及文化建设七个方面进行了重点论述。

中国人民大学副校长胡百精以《学术团队建设与特色方向的凝练》为题进行了第二场讲座。他指出，人文社会科学领域的学术团队建设对于构建中国自主的知识体系具有相当的必要性；我国的新闻传播学术团队建设应该围绕马克思主义哲学理念与中国传统哲学思想来回应中国传播学研究的基源问题。在如何开展学术团队建设与特色方向凝聚方面，胡百精副校长以其所带领的中国人民大学中国舆论学研究团队为案例进行了经验分享。全球化对新闻媒体发展的影响是全面而深刻的，对新闻传播高等教育也提出了新的要求、挑战和机遇。

当天下午，中国人民大学新闻学院执行院长周勇以《全球化背景下新闻传播教育的国际化发展》为题进行了讲座。周勇院长先后从历史逻辑、理论逻辑、实践逻辑三个角度，阐释了新闻传播学科教育国际化的内涵、要求、评判标准和经纬坐标，他提出我国的学科国际化要“以中国为本、世界为面向”，“要面向实践界、面向他学科、面向国家社会”。

党的十八大以来，习近平总书记提出了要建设中国特色新型智库、建立健全决策咨询制度，推进国家治理体系和治理能力现代化。鉴于智库建设与新闻传播学科发展的高度相关性，中国社会科学院新闻与传播研究所所长胡正荣教授做了题为《新闻传播学学科发展与智库建设》的专题报告。胡正荣所长主要从三个方面讲述学科发展与智库建设之间的三大关键问题：其一，通过学科体系创新，构建中国特色新闻传播学知识体系；其二，通过专业建设，赋能未来新闻传播人才培养；其三，通过智库研究，服务国家重大战略。

2022年7月22日的开幕式加之四位教授的授课，甫一开始便是高潮，四位教授结合自身的学术积淀、教学实践和院系管理经验为研修班学员带来了四场精彩纷呈的讲座。学员们纷纷表示，专家授课内容充实、观点独到，指导性强，对于提升日后的教学管理、学科建设、社会服务等工作具有较大的帮助。

2022年7月23日是会议的第二天，上午中国新闻传播教育年鉴编委会主任张昆教授以《新闻学院院长的战略思维》为题举办讲座，对新闻学院院长所需要的战略思维进行了详细的阐释。中国传媒大学新闻学院院长隋岩教授作出《学位点建设：问题与对策》的专题报告，对当前学位点建设中存在的问题、导致问题的原因以及改变策略进行了全面概述。

7月25日上午，美国密苏里大学教授周树华展开了以《QS新闻传播学科国际化评价》为主题的讲座。对于新闻传播学科的国际化发展进行了全面的讲解。暨南大学党委书记林如鹏教授作出《新闻学院的科学研究与社会服务》的主题讲座，林教授以暨南大学新闻传播学学科为例，对社会服务进行详细的阐述。

7月25日晚上，上海交通大学媒体与传播学院院长李本乾教授进行了以《团队建设与重大课题研究》为主题的授课，李教授结合上海交通大学的成就，全面地总结了其团队建设的经验。

7.3.5 洗礼：与红色精神的跨时空对话

7月23日下午，院长研修班现场教学活动在井冈山小井红军医院及大井毛泽东同志旧居正式拉开序幕，研修班百余名学员参加了此次现场教学活动。此次现场教学是研修班的马克思主义新闻观教育活动之一。现场教学的第一站是小井红军烈士墓，来自全国各地的百余名院系领导及教师静静地聆听着革命烈士们舍生忘死的血泪故事，集体向革命烈士默哀鞠躬，与革命英烈们展开了一场跨时空的对话。

随后，学员们来到了大井毛泽东同志旧居，参观毛泽东、彭德怀、朱德等领导人及红军战士旧居。在黄屋前，学员们静肃聆听解说员讲述何长工同志一个又一个英勇无畏、舍生忘死的革命事迹。学员们或热泪盈眶，默默地拭去眼泪；或静默深思，深深地感佩何长工同志舍家舍身投身革命事业的崇高精神。

现场教学以真人真事实地实景，为学员们生动地展现了中国红色革命史上宝贵的井冈山精神。学员们通过聆听烈士故事、参观革命旧址，重温了中国革命历史，深刻理解了井冈山精神的内涵，进一步坚定了新闻教育工作的理想信念。

7月24日上午，第二届全国新闻传播学院院长研修班组织百余名学员赴黄洋界、井冈山烈士陵园和井冈山革命博物馆开展第二场现场教学活动。通过现场教学、体验教学，学员们追寻革命足迹，重温革命历史，接受鲜活生动的马克思主义新闻观教育。下午2点30分，学员们来到了井冈山革命烈士陵园。进入烈士陵园后，学员们聆听了讲解员介绍井冈山革命烈士的故事，感受为理想信念不惜牺牲生命的执着。如习近平总书记所说："井冈山是革命的山、战斗的山，也是英雄的山、光荣的山。我们要向革命先烈表示崇高的敬意，我们永远怀念他们、牢记他们，传承好他们的红色基因。"

张昆教授在现场为烈士的花圈整理挽联，学员们学习了井冈山两年零四个月的革命斗争史，切身感受了井冈山精神。

7月25日上午为八角楼毛泽东旧居的现场教学，八角楼现场教学体现了三种精神，一是坚定理想、百折不挠的奋斗精神，二是实事求是、探求规律的理性精神，三是勇于践行、敢于创新的实干精神。随后进行了神山村贫困村建设成就考察，切实感受贫困乡村的变化。

至此，所有的现场教学已全部结束，在这几天的现场教学之后，参会学员陆续在班群里分享自己在经历红色文化熏陶后所发出的感慨，有的学员写诗有的学员配乐朗读、有的学员将自己的感想谱曲吟唱，此次的实地教学让学员们在思想上得到了洗礼，重燃激情进行新闻传播学教学科研工作。会议结束后，《人民日报》对此次培训进行了纸版报道，传媒茶话会官方账号在人民日报客户端和学习强国等平台发布此次培训的新闻稿，湖北日报客户端发布了学员供稿的《井冈山精神对新闻传播教育的启示——第二届全国新闻传播学院院长研修班体验教学与学科发展思考》一文，此次活动得到了全国各大媒体的关注。

7.3.6 交流：分享经验，探讨问题、搭建桥梁

7月25日下午，在江西师范大学新闻与传播学院院长刘传红教授进行了《江西师范大学新闻传播学科发展战略与策略》的主题讲座之后，来自全国各地新闻传播院校的100多位院系管理者分为四个班级，结合自身校情和院情，围绕新闻传播学科发展和专业建设进行讨论。

221班研讨会由深圳大学传播学院副院长黄玉波担任班长兼主持人，广东外语外贸大学新闻与传播学院副院长罗坤瑾、广东金融学院财经与新媒体学院院长陈映担任评议

人。20余位学员参与讨论。长安大学人文学院新闻传播学科召集人张娜分享了他们在学科与专业建设以及人才培养方面的经验。北方民族大学文学与新闻传播学院新闻传播系主任张学霞展示了学院在办学中取得的诸多成果。但张学霞主任表示，学院在人才教育培养过程中仍存在着人才引进困难、缺乏学术带头人等问题。此外，她还就教师科研教研以及学生学习积极性不高等问题提出讨论。山东青年政治学院文化传播学院副院长孙晓彦以《新文科+产教融合：应用型文化传媒人才培养》为题，分享了山东青年政治学院文化传播学院在推进新文科理念、深化产教融合多元育人等方面做出的实践，如打造“产政学研用”协同育人平台，建造文化传媒产业园区，形成“校中企”“企中校”，使专业链与产业链相结合。三位学员分享结束后，在座其他学员就人才引进、学科融合、人才培养、产教融合等方面的共性问题，进行自由讨论。评议人广东外语外贸大学新闻与传播学院副院长罗坤瑾认为，新闻传播学科主流性较弱的院校在发展过程中，应找准自身的类型、结合本校的优势学科、探索本地区的特色进行定位。

222班研讨会由河南大学新闻与传播学院执行院长王鹏飞担任班长兼主持人，兰州大学新闻与传播学院副院长刘晓程、安徽大学新闻传播学院副院长葛明驷担任班级评议人。20位来自不同院校的学员为大家介绍自身院校情况，并就其日常教育工作中所遇困境提出疑惑和思考。贺州学院文化与传媒学院新闻传播教研室主任董少伟以《网络与新媒体专业建设的事件与反思》为题，结合新媒体教学探索经历指出，网络与新媒体专业建设当前存在缺乏跨专业、跨学校、跨区域合作。湖南工商大学文学与新闻传播学院系主任贺琛根据其教学经历提出反思，即在经历学科深度交叉融合的同时，新闻传播学科如何保持学科独立性。东北财经大学人文与与传播学院新闻系主任廖卫民就新闻传播学专硕与学硕之间的培养方案差异问题提出学硕应更多强调其理论学习，专硕则更为强调事件能力训练。刘晓程副院长作为评议人，认为大家所面临的人才培养、科研研究、人才流失等教育困境，还需从自身院校情况出发，在向他人学习的基础之上更要独立思考，采取行动。评议人葛明驷副院长谈到，学员们拥有一颗赤子之心，在井冈山学习党性的同时亦在坚持提升学科培养能力，沿着朱毛挑粮小道寻找新闻传播学科发展大道。

223班27位来自不同院校的新闻传播学院院长、主任们围绕学科建设、人才培养等话题作了交流发言。会议由陕西师范大学新闻与传播学院党委书记张小东主持，河北师范大学新闻传播学院院长张清芳、湖南理工学院新闻传播学院院长王文锋担任评议人。河北师范大学新闻传播学院院长张清芳结合自己的教学管理经验，介绍了学院在学科建设和专业建设方面的主要思路和特色做法，认为学科建设要充分发挥教师队伍的积极能动性。河北师范大学新闻传播学院副院长郭学军认为新闻传播学科在科研方面要从以往的“应报尽报”转向“应报必报”，对社科基金项目的申报要先加大数量基数，再有立项突破。湖南理工学院新闻传播学院院长王文锋指出，当前新闻传播学科发展过程中遇到的最大问题是教师的教研积极性问题，高校教师要增强责任感和使命感；从教师队伍建设到新晋教师培养，人才始终是学科建设发展的核心。安徽师范大学新闻与传播学院副院长马梅认为，人才培养要以马克思主义新闻思想观为指导，构建内涵丰富的学科课程，培养适应行业创新发展的全媒体型专业人才。西北政法大学新闻传播学院广播电视新闻系主任侯旋介绍了学院在改革创新、人才培养、社会服务方面的举措，他认为新闻传播学院学科建设要适应当前学科交叉融合的大趋势，要坚持理工科算法融入文科学科建设的办学理念。贵州大学文学与传媒学院副院长唐娟表示，当前新闻传播学科产学研结合不紧密是学科建设中的一大问题，高校教师普遍偏向学院派、新闻学实践较少、服务地方发展能力不足。湖北第二师范学院新闻与传播学院院长陈瑛以自身实践经验，提出新闻传播学院院长要坚持“一正三 xian”，一正为正直、正气，三 xian 为讨嫌、休闲、贤惠贤能。荆楚理工学院文学与传媒学院院长陈洪友结合院校办学实践，表示地方院校要面向新时代基层宣传要求，从服务地方寻找出路，适应地方媒体融合发展要求，服务地方媒体，培养专业人才。浙江越秀外国语学院网络传播学院副院长张厚远重点介绍了学院在网络传播方面的教学实践经验，在实践教学和学术科研方面都取得较为丰硕成果。223 班主持人张小东教授总结说，新闻传播学科现在普遍面临着人才引进、平台搭建、经费不足等问题。研修班给学员们搭建了一个交流平台，“平台不断、交流不断”，讨论结束后学员们表示将通过更多方式继续深入探讨学科建设和人才培养方面的问题。

224 班共有 28 位学员参与，研讨会由广东体育学院体育传媒学院院长肖灵担任主持人，北京工商大学传媒与设计学院院长王擎担任评议人。研讨会由王擎院长率先发言，她从北京工商大学传媒与设计学院的基本情况出发，指出推动学科发展，要思考不同门类、不同专业之间如何相互支撑，做到交叉融合发展。宁夏大学新闻传播学院副院长张静涛围绕学院学科点建设，面对学院发展的一些困惑，如学生就业渠道、硕士专业发展方向等问题。广东财经大学人文与传播学院副院长文远竹就财经类院校中新闻传播学作为边缘性学科的发展经验进行了分享。中央民族大学新闻与传播学院副院长张垒认为，在学院发展过程中最重要的是要找准自身定位，尽管在学科学位点建设过程中虽然存在诸多困难，但学院自身仍有可作为的空间，要把共性和特性结合起来，促进和谐发展。王擎院长、肖灵院长对学员发言做了最后点评，王擎院长表示在研讨过程中学习收获颇丰，各大院校新闻传播学专业的发展都有自身特色，希望院校之间能够互相学习、互相借鉴、互相扶持、共同发展。

7.3.7 闭幕：延续新闻使命

7月27日是此次研修班课程的最后一天，北京大学新媒体研究院院长谢新洲教授开展了以《新闻与传播专业学位教育：问题与出路》为主题的讲座，为学员们全面介绍了当前新闻与传播硕士的教育问题。复旦大学新闻学院院长张涛甫教授做了《新闻传播学科的专业教材建设》主题讲座，结合复旦经验介绍了当前新闻传播学科专业教材建设的基本情况和未来出路。中国传媒大学本科生院院长王晓红教授做了题为《国际新闻传播人才培养的理论与实践》的讲座，以中国传媒大学的国际新闻传播人才培养经验为例，对人才培养的理论进行了反思和总结。

7月27日下午五时许，第二届全国新闻传播学院院长研修班圆满结束，结业典礼由中国新闻传播教育年鉴编委会副主任何志武主持，中国新闻传播教育年鉴编委会主任张昆、江西师范大学新闻与传播学院院长刘传红、华中科技大学新闻与信息传播学院院长张明新分别致辞。

张昆表示，此届全国新闻传播学院院长研修班是新闻传播教育界现象级的盛会，线上线下研修学员突破1.4万人。此次研修班授课内容丰富，涉及学科建设、智库建设、新闻学科国际化、人才培养等专题。会务组根据井冈山红色文化资源设计特色现场教学，理论与历史的结合，历史与实践的融合使研修班学员思想境界得到进一步提升。井冈山是中国红色文化的沃土，是中国革命的摇篮。此次井冈山之旅意义重大，7天的课程使所有参会人员的知识和精神得到了进一步提升。“井冈山会创造奇迹”，他希望中国新闻传播教育年鉴编委会同仁要以何长工为榜样，全心全意为教育界同仁服务，生命不息，服务不止。

江西师范大学新闻与传播学院院长刘传红作为会议承办方发表致辞，他代表江西师范大学新闻与传播学院向所有与会人员表达了“七个感谢”和“三个期待”。

作为第三届全国新闻传播学院院长研修班的承办单位，华中科技大学新闻与信息传播学院院长张明新发表致辞。他表示，第三届全国新闻传播学院院长研修班的火炬将传递到华中科技大学新闻与信息传播学院的手中。他特此向全国各地的院长、同仁们发出邀请，希望大家共聚华科，共同探讨新闻传播学科的建设，展现新闻传播教育人的使命担当。

结业仪式上，中国新闻传播教育年鉴编委会主任张昆为学员代表颁发结业证书。深圳大学传播学院副院长黄玉波、河南大学新闻与传播学院执行院长王鹏飞、河北师范大学新闻传播学院院长张清芳、广州体育学院体育传媒学院院长肖灵分别上台接受证书。

至此，为期7天的研修培训活动正式落下帷幕(见表7-1)。

表7-1　　第二届全国新闻传播学院院长研修班学员名单

学号	姓名	单　位	备注
全国新闻传播学院院长研修班221班			
202207001	黄玉波	深圳大学传播学院副院长	班长
202207003	黄芙蓉	湖北第二师范学院新闻与传播学院研究中心主任	
202207004	廖慧平	广州体育学院体育传媒学院副院长	
202207005	陈　映	广东金融学院财经与新媒体学院院长	
202207006	张　娜	长安大学人文学院新闻传播学科召集人	
202207007	张学霞	北方民族大学文学与新闻传播学院新闻传播系主任	
202207008	孙晓彦	山东青年政治学院文化传播学院副院长	
202207010	罗坤瑾	广东外语外贸大学新闻与传播学院副院长	
202207011	冉明仙	长江师范学院传媒学院副院长	
202207013	姜笑君	大连民族大学文法学院教授	
202207016	覃圣云	广西民族大学传媒学院编审	
202207017	林余荫	广西民族大学传媒学院副教授	
202207019	朱艳茹	河套学院网络与新媒体专业带头人	
202207021	聂秋雨	河北经贸大学文化与传播学院教师	
202207022	马兴祥	河北经贸大学文化与传播学院副院长	
202207024	彭军辉	衡阳师范学院新闻与传播学院院长	
202207025	邓　庄	衡阳师范学院新闻与传播学院副院长	
202207026	奚路阳	淮阴师范学院传媒学院副院长	
202207027	徐　琼	湖南大学新闻与传播学院新闻系主任	
202207121	胡沈明	江西师范大学新闻与传播学院副院长	
202207122	陈雅莉	江西师范大学新闻与传播学院副教授	
202207124	刘一儒	江西师范大学新闻与传播学院副教授	
202207125	张　兵	江西师范大学新闻与传播学院副教授	
202207126	刘　威	江西师范大学新闻与传播学院教师	

续表

学号	姓名	单　　位	备注
202207128	戴微星	江西师范大学新闻与传播学院教师	
202207129	郑盼盼	江西师范大学科技学院教师	
202207116	庹北麟	华中科技大学出版社编辑	
202207117	李升炜	华中科技大学出版社融媒体中心主任	
202207028	刘义昆	中国新闻传播教育年鉴编辑部	联络员
全国新闻传播学院院长研修班222班			
202207029	王鹏飞	河南大学新闻与传播学院执行院长	班长
202207030	王　瞻	东北财经大学人文与传播学院广告系主任	
202207033	王秀萍	山西传媒学院新闻传播学院教授	
202207034	梁广成	平顶山学院新闻与传播学院党委副书记	
202207035	任雪萍	合肥工业大学文法学院副院长兼系主任	
202207036	安　平	渤海大学新闻与传播学院院长	
202207037	张冠文	山东师范大学新闻与传媒学院副院长	
202207038	李敏霞	河套学院汉语言文学系主任	
202207039	任志峰	百色学院新闻教研室主任	
202207040	李杰琼	北京工商大学传媒与设计学院副院长	
202207041	廖卫民	东北财经大学人文与传播学院新闻系主任	
202207042	刘晓程	兰州大学新闻与传播学院副院长	
202207043	朱　颖	广东外语外贸大学新闻与传播学院副院长	
202207044	范晨虹	西安外国语大学新闻与传播学院副院长	
202207045	张　渤	西安外国语大学新闻与传播学院研究生教研室主任	
202207046	姚　远	岭南师范学院文学与传媒学院新闻系主任	
202207047	靳　舍	集宁师范学院文学与新闻传播学院新闻教研室主任	
202207048	郝晓宏	集宁师范学院文学与新闻传播学院教师	
202207049	卢军浩	百色学院新闻学负责人	
202207050	喻楷钧	中国经济传媒协会传媒茶话会首席运营官	
202207051	谢伍瑛	湖北经济学院新闻与传播学院副院长	

续表

学号	姓名	单　　位	备注
202207052	董少伟	贺州学院文化与传媒学院新闻传播教研室主任	
202207053	贺　琛	湖南工商大学系主任	
202207054	葛明驷	安徽大学新闻传播学院副院长	
202207055	姜　滨	江西师范大学新闻与传播学院广编系主任	
202207118	蔡立媛	江西师范大学新闻与传播学院广告系主任	
202207119	刘传红	江西师范大学新闻与传播学院院长	
202207120	郭亮亮	江西师范大学新闻与传播学院党委书记	
202207056	王一鸣	中国新闻传播教育年鉴编辑部	联络员
全国新闻传播学院院长研修班 223 班			
202207057	张小东	陕西师范大学新闻与传播学院党委书记	班长
202207058	郭学军	河北师范大学新闻传播学院副院长	
202207059	陈　瑛	湖北第二师范学院新闻与传播学院院长	
202207060	张　瑞	河套学院汉语言文学系新闻教研室主任	
202207061	张多朋	贵州大学科技学院文学部部主任、新闻系主任	
202207062	侯　旋	西北政法大学新闻传播学院广播电视新闻系主任	
202207063	邱　凌	山东大学新闻传播学院副院长	
202207064	朱松林	安徽财经大学文学院副院长	
202207066	张清芳	河北师范大学新闻传播学院院长	
202207067	唐　娟	贵州大学文学与传媒学院副院长	
202207068	张厚远	浙江越秀外国语学院网络传播学院副院长	
202207069	谢　蓓	南京传媒学院新闻传播学科方向带头人	
202207070	于鹏亮	宁夏大学新闻传播学院副院长	
202207071	李　骏	浙江工商大学人文与传播学院网络与新媒体系主任	
202207072	马　梅	安徽师范大学新闻与传播学院副院长	
202207073	陈洪友	荆楚理工学院文学与传媒学院院长	
202207074	朱立芳	广东财经大学人文与传播学院系副主任	
202207075	王文锋	湖南理工学院新闻传播学院院长	

续表

学号	姓名	单　位	备注
202207076	李大伟	南京邮电大学传媒与艺术学院党委书记	
202207078	陈　欢	湖北师范大学新闻传媒系主任	
202207079	王胜源	辽宁工程技术大学传媒与艺术学院院长	
202207080	谭　舒	大连民族大学文法学院教研室主任	
202207082	李雪飞	东北财经大学人文与传播学院党委书记	
202207083	王　旸	集宁师范学院讲师	
202207084	熊　茵	江西师范大学新闻与传播学院新闻系主任	
202207131	何　江	大连民族大学新闻系主任	
202207085	程　前	江西师范大学新闻与传播学院副院长	联络员
全国新闻传播学院院长研修班 224 班			
202207087	肖　灵	广州体育学院体育传媒学院院长	班长
202207088	吴晓晖	河套学院汉语言文学系专任教师	
202207089	刘晓红	山西传媒学院学报编辑部高级编辑	
202207090	郭　林	武昌理工学院影视传媒学院院长助理	
202207091	李庆勇	沈阳师范大学新闻与传播学院党总支书记	
202207092	符万年	西北政法大学新闻系主任	
202207093	张　斌	荆楚理工学院系主任，讲师	
202207094	李建波	中原工学院新闻与传播学院副院长	
202207095	霍小宁	中原工学院新闻与传播学院广播电视编导系主任	
202207097	许　鑫	惠州学院文学与传媒学院副院长	
202207098	张静涛	宁夏大学新闻传播学院副院长	
202207099	刘　波	内蒙古科技大学包头师范学院文学院新闻系主任	
202207100	王　擎	北京工商大学传媒与设计学院院长	
202207101	袁靖华	浙江工业大学未来媒体研究院执行院长	
202207102	王　磊	武昌理工学院影视传媒学院教学院长	
202207103	谭筱玲	成都大学文学与新闻传播学院院长	
202207104	文远竹	广东财经大学人文与传播学院副院长	

续表

学号	姓名	单　　位	备注
202207105	张　垒	中央民族大学新闻与传播学院副院长	
202207106	李　水	湖南省中特中心湖南师范大学基地特约研究员	
202207107	熊建军	广西河池学院文学与传媒学院院长	
202207108	郭平兴	惠州学院政法学院副院长	
202207109	胡　敏	湖南工商大学数字传媒与人文学院新闻学系主任	
202207110	吴　颢	中国地质大学(武汉)艺术与传媒学院副系主任	
202207111	陈　奕	湖北经济学院新闻与传播学院院长助理	
202207112	陈新平	合肥工业大学文法学院教授	
202207113	杨　玲	华中科技大学出版社策划编辑	
202207114	冯　莉	华中科技大学出版社营销编辑	
202207115	周晓方	华中科技大学出版社人文分社社长	
202207130	王海燕	江西师范大学新闻与传播学院副院长	联络员

(江西师范大学新闻与传播学院　胡沈明、喻皓莉)

7.4　新闻教育家

7.4.1　孜孜矻矻自耕耘——何梓华的新闻教育人生

2018年11月16日，中国人民大学新闻学院的院庆日刚过未足一月，一位慈祥宽和的长者永远地离开了这个他辛勤耕耘六十载的校园，也离开了他时刻关心的师生。他一生尽心于中国新闻传播学科的发展，对中国新闻教育改革作出了不可磨灭的贡献，他是新中国新闻教育界的领军人物、中国人民大学新闻传播学科的主要奠基人、马克思主义新闻观教育的主要推动者。虽然身为教育大家，但在与他接触过的师生眼里，他始终是一位敬业、亲和的老师，他就是著名新闻教育家、新闻理论家、中国人民大学新闻学院原院长何梓华教授。当何梓华教授溘然长逝的消息传出后，送别的挽联里最多的莫过于“何梓华老师永远在我们心中”，这位一直以来甘为学科发展铺路的师长，完成了自己的任务(见图7-2)。

图7-2　何梓华教授

7.4.1.1　北上求学：从西语到新闻，从北大到人大

何梓华1931年10月13日出生于上海，1949年5月参加大学入学考试，并被燕京大学西语系和上海沪江大学经济学系同时录取。经过反复衡量，他最终选择离开家乡，北上燕京大学读书，成为新中国成立后燕京大学录取的首届大学生。

时逢解放之初，战乱的影响还未完全修正，北上的交通极其曲折，从上海到北京，坐最快的火车也需要三天时间。在漫长的组团北上途中，青年学生们聚在一起，交流个人经历，畅想校园生活，彼此开始结识。何梓华在交流中发现，同行的学生不少来自经济学系、新闻学系等各类专业，外语系的却唯有他一人。学生到校后，新生们分配宿舍，机缘巧合，何梓华又和路上的同行者分到了一起。同在一个屋檐下，何梓华慢慢跟新闻学系的同学们走近了，不知不觉中他对新闻学科产生了浓厚的兴趣。对新闻学科的兴趣驱使，翌年何梓华毅然从西语系转到了新闻学系。在转系时，何梓华并没有太多宏伟的理想，更多的是对新闻学科的懵懂热爱。他认为新闻从业者能够通过报纸、广播、电视等渠道反映各地情况，个人也可以在全国各地的采访中开阔眼界、增长见识，是一门于社会有益也于自己有益的学科。未曾想，何梓华的一念之变，从此结下了他与中国新闻教育工作的不解之缘。

20世纪50年代初，燕京大学的学生数量在800左右，而新闻学系的学生数量就在100以上，从体量上看，新闻学系当属燕京大学的大系。新闻系的学生们朝气蓬勃，在校内外都彰显着燕京大学的学子风采。1950 年，全国开展土地改革运动，新闻学系的师生们上书国家新闻总署，主动要求参加社会实践，顺应时代浪潮，何梓华和同班同学被安排到广西参加了土改。1952 年，全国高等学校院系调整，新闻学系的师生们成建制并入北京大学中文系新闻学专业学习。此时，何梓华已是大学三年级的学生。1953 年，何梓华所在班级也成了院系调整后北京大学新闻专业的第一届毕业班。

毕业前夕，何梓华与很多同学一样，面临着就业分配的去向问题。何梓华更愿意到报社进行业界实践，一方面是因为他自我感觉普通话不太标准，担心做不好文化教育工作；另一方面是因为他曾在《人民日报》《文汇报》等新闻单位实习，更愿意到业务部门接受锻炼。当年在党团的政治思想教育下，应届毕业生普遍都有“在党指定的岗位战斗”和“服从国家统一分配”的精神共识，当工作需要和个人志愿并不一致时，何梓华充分地做好了自我调适。1953 年 7 月大学毕业后，何梓华服从组织安排，被分配到中央军委联络部工作。1954 年 4 月，何梓华又被调入北京大学中文系新闻学专业担任教职工作。自此，他正式步入为党育才、为国育人的人生主线。在北京大学中文系新闻学专业担任助教期间，何梓华跟随苏联专家学习和研究了《苏共报刊史》，这为他从事马克思主义新闻观教育奠定了扎实的基础。1958 年 8 月，中宣部和教育部进行学科调整，将北京大学新闻学专业并入中国人民大学新闻系，何梓华作为专业师资也一同并入，此后历任中国人民大学新闻系副主任、主任，新闻学院副院长、院长。

何梓华从事新闻教育逾半个世纪，长期工作在教育第一线，为中国新闻传播学科从起步到繁荣发展做出不懈努力。他曾兼任教育部高等学校新闻学学科教学指导委员会、全国高等教育自学考试指导委员会新闻学专业委员会、中国新闻教育学会的负责人十余载，先后主持制定新闻学科“八五”“九五”研究规划；积极促进全国新闻传播院校的联系和海内外新闻传播学界的交流；密切关注新闻传播教育水平的提升，倡导把握办学规模，更新知识体系，力求培养对国家和人民负责的高质量人才。

7.4.1.2　筚路蓝缕：开中国新闻传播教育之新局

(1)团结队伍，造炬成阳

《吕氏春秋》言：万人操弓，共射一招，招无不中。这句话的意思是：大家拿着弓箭，共同射向一个目标，这个目标没有射不中的。作为中国人民大学新闻学院的一家之长，何梓华深刻地认识到：不管是办一个学校，还是办一个系，首先需要有一支政治上和业务上都强的教师队伍，才能把教学工作撑起来。因此，在他执掌中国人民大学新闻学院的数十年间，都非常注重学科教师队伍的建设，向内凝聚共识，团结队伍，推动中国人民大学新闻学院成为中国新闻学科的第一梯队院校。同时，何梓华明白“能力越大、责任越大”的道理，以开放胸襟面对兄弟新闻院系，对外开放培养骨干教师，将中国人民大学新闻学院的优秀办学经验分享给同行者，助力中国新闻传播学科的整体发展。

在中国人民大学新闻学院内部，何梓华作为一个班子的组织者，着力汇聚教职人员的办学共识，打造了一个“温暖家庭”。正是这种温暖的学院氛围，使得学院形成互通有无的共事环境，无形中拉近了教师间的心理距离。谈到何梓华，中国人民大学荣誉一级教授方汉奇赞许道：“他特别会团结人，善于组织、团结教师团队。”具体而言，何梓华在团结队伍上的付出使得中国人民大学新闻学院形成一种良好的“传、帮、带”传统。在中国人民大学新闻学院工作多年的喻国明教授回忆道：“那时候我们推开任何一个老师家的门，没有一个老师说‘正忙、再约时间’，都会热情地帮我们解答问题。甘惜分、方汉奇等人，论资历、学术造诣，都是‘泰斗’级别，但大家彼此之间像亲人一样，说话比较随意。这样轻松的氛围，奠定了人大新闻学院在中国新闻教育领域第一重阵的地位。”可以说，这种优秀的文化传承的传统，与何梓华在师资队伍建设上的辛勤付出息息相关。喻国明教授认为：“改革开放以后人大新闻学院的腾飞，与何老师学科发展思路清晰、学科队伍调配得当以及对新的研究方法、范式的鼓励密不可分。”作为中国人民大学新闻学院的执掌者，何梓华以宽厚的胸襟鼓励教师创新发展，拉近教师们的交流间距，凝聚教师队伍的力量，使中国人民大学新闻学院成为中国新闻学科的代表院系。

20 世纪 80 年代，全国高校新办的新闻系如雨后春笋般纷纷而起，但当时的新闻专业师资数量匮乏，教职市场呈现出“供不应求”的人才困局。中国人民大学作为国内较早设立新闻学专业的高校之一，主动担起了为国育才的责任，其先后在北京、山东、天津、湖南、新疆、陕西、山西等地开设定期面授的新闻函授班，为全国各所院校培养了一大批拥有专业知识、掌握专业本领的新闻教师，一定程度上纾解了人才困局。喻国明教授回忆说：“现在很多老一辈的学者，相当多院校的学术骨干、老师都在人大新闻学院进修学习过。我们那时候的讲义都复印给大家参考。何老师担任新闻学院院长时在学界积攒下非常好的口碑，所以大家对人大新闻学院有一份感激和敬重。”

“立足人大，胸怀全国”是中国人民大学新闻学院原党委书记刘夏阳对何梓华教育人生贡献的概括之一。在何梓华担任中国新闻教育学会会长的十余年间，始终以“全国新闻院所是一家”的行事作风面对各类兄弟院校，倡导凝聚力量发展学科，这也使得全国的新闻院校间建立了密切联系。落实到学院的合作交流上，作为中国人民大学新闻学院院长的何梓华也秉持着相同的观点。他认为，要顺利开展和做好工作，最重要的是正确处理好中国人民大学新闻学院与兄弟新闻院系的关系。在何梓华的追思会上，复旦大学新闻学院的张涛甫教授回忆道：“我们复旦大学是深深受益的，所有的新闻院校、学者学子乃至新闻教育界，都离不开何老师的建设。”何梓华的学生、中国人民大学新闻学院高钢教授也认为："何梓华老师经常告诉我们人民大学是属于国家的，要善待每一个新闻院校，要赞成多元的发展。"

不怕巨浪高，只怕桨不齐。何梓华以高远的视野擘画着中国新闻传播学科的走向，又以开放的胸襟鼓励着各所新闻传播院校的发展。具体而言，在构建格局上，何梓华一方面重视学科发展前列院校的建设工作，期盼他们成为"领头羊"，引领学科的走向；另一方面，他又放眼全局，努力促成全国的新闻院校间的密切合作，汇聚全国新闻传播学院校的力量。何梓华通过他在学科队伍上的辛勤付出，为中国新闻传播教育奠定了人才基础与合作基础。

(2)编写教材，立学之本

从1981年开始参与新闻系的领导工作直至退休，何梓华领导中国人民大学新闻学院前行20余载。在职期间，何梓华及其他领导班子成员牢记罗烈、余致浚等老一辈同志的办学叮嘱，认真抓紧抓好人才和教材建设工作。任何一个学科最初的发展，都要经历教材编写的过程。何梓华敏锐地抓住了学科发展中的主要矛盾，他团结同事，共谋教材编写大任，并身体力行参与教材的编写工作。身为新中国新闻教育界的领军人物，何梓华把教材视为学科建设中的"立学之本"。

中华人民共和国成立后的30年，新闻学科的理论教材很少，仅有少量美日等国的新闻理论译著，并不适合中国新闻体制。"文革"的影响，更使学生面临着"无书可读"的困境。改革开放后，为学生编写教材是新闻教育的当务之急，如何以教材为核心构建起科学系统的培养体系，成了中国人民大学新闻学院面临的重要任务。当时，中国人民大学也以校庆为契机要求校内院系编写教材，以学科建设实绩迎接即将到来的校庆，新闻学系的教材编写工作也是其中的一个重要部分。

在教材编写过程中，中国人民大学新闻学系的领导提出教材编写"三步走"。第一步是"先有后好"。由于当时的学生急需一批既符合中国国情，又体现时代发展的新教材，因此新闻系决定先将教材的框架搭建起来，解决学生的燃眉之急，等到再版时，再根据反馈的情况对教材进行修订，逐步提高和完善。第二步是"成龙配套"。在教材的基本框架确定后，继续编写一些配合主教材的教学参考用书。以新闻理论教材为例，除了基本教材，还配套编写了《马克思恩格斯新闻工作年谱》、中国共产党关于新闻工作的政策文件汇编等辅助教材。第三步是"填补空白"。当教材基本充实后，要对教材中没有涉及的空白点和疑难点进行查漏补，针对已有教材的空白与难点开展专题研究，用科研成果拓展教材，完善知识体系。据何梓华回忆："方汉奇教授主编的近代新闻史中，有一份澳门出版的报纸叫《蜜蜂华报》，对该报我们了解得很少。于是，方汉奇教授就让他的博士生程曼丽去研究这份报纸，并以此作为博士论文的选题。程曼丽根据《蜜蜂华报》原文版提供的资料，写成博士论文，填补了近代新闻史研究的空白。”

经过“三步走”各个阶段，中国人民大学新闻系的教材建设得以逐步完善，教育教学质量也有了大幅度提高。1983 年，全国掀起兴办新闻学系的热潮，各地新成立的新闻系大多采用中国人民大学新闻系编写的教材。到 20 世纪 90 年代，新闻学系已编写专业教材、教学参考用书、专著、译作等共 100 余种。数量之多、门类之全，在全国名列前茅。其中有 15 种教材先后被评为优秀教材。有的教材如《当代中国新闻事业史》《外国新闻事业史简编》填补了报刊史研究的空白。经由何梓华与教师队伍的集体努力，奠定了人大新闻传播教材系列的国内领先地位，这些教材也成为中国人民大学新闻学院的标志性成果，屡获褒奖，《中国近代报刊史》《报纸编辑学》获得了吴玉章奖金新闻学奖一等奖；方汉奇教授主编的《中国新闻传播史》(第三版)荣获全国首届教材奖一等奖，郭庆光教授主编的《传播学教程》(第二版)荣获全国教材奖二等奖。

7.4.1.3 玉汝于成：“一片苦心”培养青年学生

(1)“我为学生在事业上取得的成绩感到高兴”

何梓华将学生培养视为人才建设的重要课题，着力为国家培养专业素养高、政治意识强的新闻传播人才。他曾说，人才建设不仅仅指的是教师队伍建设，从广义上说，还应当包括新闻学类专业学生的教育与培养。我们办学的目的就是为国家培养专业人才。国家需要一支“政治强、业务精、纪律严、作风正”的新闻工作队伍，高等学校新闻系应责无旁贷肩负起这一光荣使命。

何梓华之子何浩回忆说：“父亲生前非常关爱学生。70 年代末，经常有父亲的学生来家里，聊学习、生活，谈工作。父亲也经常念叨，为学生在事业上取得的成绩感到高兴。”在担任领导职务后，对青年学生的培养，何梓华向来不吝心血，无论他在学校的行政事务再多，对学生事务始终坚持“件件有着落、事事有回应”的原则，努力为每一位学生的求学铺路。《焦点访谈》调查记者曲长缨是 82 届本科毕业生，何梓华是他的本科论文指导老师。当在校期间忙不过来时，何梓华就让曲长缨和同学们在家门口等他，利用工作之余的时间指导学生。会议跟随何梓华老师学习的过往，曲长缨说：“他经常忙到晚上 9 点多还没吃饭，就在家里边吃饭边听我们讲。吃完后拿过我们的论文逐行逐句地修改，一篇本科生的论文他都要改好多遍。”时隔近 40 年，过去的点点滴滴，曲长缨仍然不忘：“我能坚持在《焦点访谈》一线工作，是因为何老师给我打下非常好的基础。”除了在学业上给予科学指导，何梓华也很关心学生们的生活情况，将学生看作家人一般。北京大学中文系 73 级学生、曾任人民日报社华南分社副总编辑的易凯回想起大学时何梓华当班主任的情形，仍然感慨不已，“何老师更像是兄长，他对每个人的家庭都很了解，我们有什么事就会找他谈心”。与何梓华的交流为易凯树立了新闻有学的信念，1978 年 9 月恢复高考，易凯考入中国社会科学院研究生院新闻系，后来成为中国“文学硕士”学位获得者。

“一片苦心”是中国人民大学新闻学院许多学生对何梓华的共同感受。这份苦心不仅体现在对学生学业的悉心指导，更体现在对学生人生发展的帮助，他希望学生能够与学界同仁们多多交流，早日成为能够独当一面的新闻传播学者。北京大学新闻学院程曼丽教授说：“遇到一些学术活动，何老师会让我们年轻人去讲。尽管有不足，还是很鼓励我们，他一直在为年轻人的发展提供机会。《国际新闻界》杂志初创时，何老师想让我做主编，我有畏惧心理，他便给我一段时间让我考虑。后来在何老师的全力支持下，《国际新闻界》做成了核心期刊。”何梓华帮助学生，不仅仅着眼于个人，而且希望学生能在中国新闻事业中有所作为。2002 年，程曼丽教授从中国人民大学调入北京大学任教，何梓华再三叮嘱她，如何适应环境、如何将自己的专业方向与北京大学学科发展融合、如何在北京大学的新闻传播专业建设上发挥作用，等等。师者舐犊情深，流露在细处。

(2)学科发展热潮中的冷静掌舵者

新中国成立后，在全国范围内掀起了大规模学习和宣传马克思主义的热潮。何梓华很快进入状态，将学习和工作结合起来。他密切关注学界的动态和热点，发表了一系列论文，以此批判不利于新闻传播教育的动向，期望扶正学科发展的幼苗，如《质问“新闻学译丛”编辑部》(1958)《认真学习列宁的新闻学理论》(1959)等。在《认真学习列宁的新闻学理论》中，他坚定地提出：我们以马克思主义作为自己的办报指导方针，这是绝对不能动摇的。然而，十年“文革”的到来让学科发展一度陷入停摆。“文革”结束后，新闻事业迎来了大发展。报纸、广播、电视台等如雨后春笋般快速发展，业界发展需要大批新闻人才力量。为了满足国家的需要，何梓华积极筹措学院力量，尽最大可能为国家育人，为人民育才。

何梓华参与并主导了改革开放后新闻传播继续教育和人才培训。1976 年全国各地急需大批新闻人才，很多新闻单位将从业者送到人大新闻系培训，何梓华提议开办两年制的大专班和大专起点本科班以及一年制的进修班；当 1983 年全国各地新办的新闻系急需师资的时候，中国人民大学新闻学院就开办师资培训班；在高等学校招生名额有限的情况下，为了满足青年学生参加新闻工作的愿望，中国人民大学新闻学院承担了全国和北京市的高等教育新闻专业自学考试的组织工作和开考工作，为社会青年自学成才开辟新路；为了满足有志于新闻却身处全国各地的学子，新闻学院还在中央电视台主办了电视大学新闻班；通过学校的函授学院，先后在北京、山东、天津、湖南、新疆、陕西、山西开设了定期面授的新闻函授班。

1984 年，为了配合全国自学考试开考，在中宣部新闻局支持下，中国人民大学新闻系和工人日报社合作，共建中华新闻函授学校。学校为函授生单独编写适用的教材，普及新闻学基本知识，并为自学考试招生提供了大量生源。何梓华认为，新闻专业人才的培养，不管采用什么办学形式，最重要的是要保证质量，这是对国家、对人民负责任的表现。新闻系的毕业生到新闻媒体工作后都表现良好，大多数成为所在单位的领导和业务骨干。

作为中国新闻教育学会会长，何梓华在领导中国人民大学新闻学院建设、树立学界典型的同时，也十分关切新闻学这个年轻学科的整体发展。从 21 世纪初开始，新闻学类专业学科点(新闻学专业、广播电视新闻学专业、广告学专业、编辑出版学专业和传播学专业统称新闻学类专业点)出现供过于求的“超常规”发展态势。何梓华早早地在这股学科发展热潮中意识到了隐患，他曾在多个场合的讲话与期刊发文(如《中国新闻事业发展概况》《新闻教育改革 30 年》《新闻教育的四大问题及对策》《控制办学规模，提高教学质量》等)中表达了对中国新闻教育的担忧，他认为新闻学科和学科人才的成长不能一蹴而就，新闻学类专业点的“超常规”发展势必带来一系列问题，有些学校不具备办学条件却又盲目招生，其后果必然是人才培养质量下降。

何梓华以新中国新闻教育的掌舵者意识，在问题出现时便准确地抓住问题症结，早做预案，提出一系列可行的修正路径。如停止大专层次的新闻学类专业招生；历史悠久、办学经验丰富、师资力强的新闻院系可考虑调整培养目标，转向以培养研究生为主、本科生为辅，为国家多输送高层次、高质量的专业人才等。回首改革开放以来中国新闻传播学科的发展，何梓华在 21 世纪初期提出的学科发展建议对于当下的学科建设依然具有极强的指导意义，这与他的高站位及广视野不无关系。

7.4.1.4 壮心不已：退休后仍心系新闻教育事业

20 世纪 90 年代末，何梓华从新闻学院领导岗位退居二线。2000 年，何梓华正式退休，但是他为新闻教育所做的工作并没有停止。中国人民大学新闻学院周勇教授回忆说，“何老师退休后，脉动还是和时代连在一起，一直默默关注我们。当他看到一些事情，会单独打电话提出建设性意见，但在人前，永远都是鼓励。”当学院的学科发展需要“诊脉”时，还是会请他去学校探讨，而他每请必到。

应中国人民大学新闻学院邀请，何梓华以返聘教师身份组织开设新闻专题课“中国新闻业前沿”。他充分利用自己拥有的媒体资源，每周邀请一位新闻媒体负责人或资深新闻从业者来校授课，目的是帮助学生及时了解新闻第一线的新情况和新经验、上级领导对新闻工作的新指示、新媒体的发展给新闻工作带来的新变动和新问题……新闻专题课打破了学界与业界的隔阂，架设了新闻理论与新闻实践的桥梁。学生们在课堂上看到传媒业竞争的惊涛骇浪，听到了资深人士采访报道的独门技巧，这门前沿课后来成为全国新闻院系最受欢迎的专业课之一。

21 世纪以来，何梓华厚积薄发，先后修订了《新闻理论教程》、主编了《新闻学概论》《产业化——青年报刊的前景与挑战》等多部著作。其中，《新闻理论教程》(修订版)被教育部列为普通高等教育“十一五”国家级规划教材。

2004 年中共中央发布《关于进一步繁荣发展哲学社会科学的意见》，正式提出实施“马克思主义理论研究和建设工程”(简称“马工程”)。“马工程”旨在用当代马克思主义指导哲学社会科学各学科的教材建设，逐步建立具有中国特色的社会主义学科课程体系。“马工程”教材统一安排第一阶段重点编写哲学社会科学中最重要学科的基本理论教材；这一阶段的工作完成后，各学科将在此基础上，配套编写业务性教材。中央对教材编写的质量要求很高，希望所编教材能做到学校师生满意，媒体人员满意以及上级领导满意。经过反复权衡，中宣部和教育部聘请何梓华担任首席专家牵头编写新闻传播学科核心教材《新闻学概论》。4 月 27 日，何梓华作为新闻学界的代表参与了在京召开的“马工程”启动会，经中宣部审批的《新闻学概论》编写组由三方面人员组成：高校教师、科研人员和媒体领导共 20 多人。这一教材编写工作难度很大。何梓华率领这支老中青结合的队伍，上下求索近五年，从书稿大纲到书稿，几度修改，2009 年终于出版。这本教材着力将学术性与政治性更紧密地融合，尝试为中国新闻理论研究开辟了一条新路。回顾这段工作，何梓华曾说：“虽然已经问世使用，我们还是感到教材存在很多不足，还没有达到中央满意的要求。用当代马克思主义指导各学科的教材建设是一项长期工程，我们编写的教材可提高和改进的空间还很大。”后来，教育部又聘请何梓华参加“马工程”第二批教材的评议工作。

耄耋之年，何梓华依旧心系新闻教育事业，在新闻教育事业前端触摸信息。就在他去世的前一年，他曾两次写信给中国人民大学新闻学院领导，一直在强调三件事：要把马克思主义新闻观的研究和教学工作做得更好；在全球化时代人大新闻学院要花更多力气培养国际传播人才；完善整个教师队伍建设。“他的思路一直都很清晰，从不谈自己，每次谈论的都是学院和学科的建设和发展。”胡百精教授感慨，包括何梓华在内的老一辈新闻教育工作者，他们体现出的责任感、使命感和担当精神，今天看来尤其珍贵。

如果把北美马克思主义传播学者斯迈思“不远万里，来到中国”，研究社会主义道路及其传播实践视为中国传播学元年，那么中国新闻传播学科迄今已孜孜矻矻走过 50 年历程。在学科建制已臻完备，人才培养方法更加健全的今天，回首改革开放初期新闻传播教育走过的道路，挖掘并吸纳先行者的精神力量与学术贡献，对于当代新闻传播学科的发展有着深远意义。

以何梓华为代表的老一辈新闻传播学者，散发着“全能人”的光彩，兼具教育者、研究者与管理者多重身份。他们与共和国共同成长，把一生奉献给党的新闻传播教育，念于斯、爱于斯、教于斯，他们兀兀穷年、辛苦耕耘，为新中国新闻传播教育开辟了一条宽广大道。

（北京外国语大学国际新闻与传播学院　万立良、高金萍）

7.4.2　学者风范领导智慧不负使命——追忆杨魁院长

惊闻杨魁院长仙逝于大洋彼岸，悲痛之至！犹记得一周之前，杨院长还给我语音留言，依旧是那么的和蔼可亲，只是声音略显虚弱；没想到那竟是永别之声。追忆往昔，杨院长高大的身影，幽默风趣的谈吐，爽朗的笑声……仿佛就在昨天，历历在目，潸然泪下，以文寄托哀思。

图 7-3　杨魁教授

杨魁，1960 年 2 月出生，陕西咸阳人，广东外语外贸大学新闻与传播学院教授/博士生导师，广东省委宣传部与广东外语外贸大学共建人文社科重点研究基地“马克思主义新闻观与中国话语体系研究中心”主任，主要研究方向：文化传播与媒介文化、公共传播与危机传播管理、区域形象与品牌传播、公共关系与广告等。

曾任广东外语外贸大学新闻与传播学院院长、兰州大学新闻与传播学院教授，2008 年聘为博士生导师，甘肃省传播学省级重点学科带头人，《科学、经济、社会》杂志（CSSCI 来源期刊）常务副主编、兰州大学公共关系研究中心主任、兰州大学现代咨询策划研究所所长。中国高校影视学会国际影视传播专业委员会副会长、中国新闻史学会公共关系学专业委员会(PRSC)副会长、广东省新闻学会副会长、中国传播学会常务理事、中国网络新媒体学会常务理事、中国高等教育广告教育研究会常务理事、中国国际公共关系协会学术委员会委员、中国公共关系协会学术委员会委员、广东省新闻与传播学教学指导委员会委员等。主持2项国家社科基金重点项目，1项国家社科基金一般项目；1项省级重大委托项目，3项省部级一般项目，60余项政府部门、新闻媒体及企事业单位重大委托项目；学术代表著作有《中国话语体系与华文传播》《消费文化理论研究：基于全球化的视野和历史的维度》《影视国际传播研究》《区域品牌传播研究》等；在《现代传播》《东岳论丛》《兰州大学学报》等权威期刊发表学术论文70多篇，其中10余篇被《中国社会科学文摘》、“中国人民大学复印报刊资料”全文转载。

7.4.2.1 人生经历：使命担当

杨魁老师于1960年出生在陕西乾县，1984年毕业于兰州大学哲学系并留校任教；1995年获哲学硕士；2014—2018年担任广东外语外贸大学新闻与传播学院院长。杨魁老师的夫人董雅丽教授在祭文中这样陈述杨老师的人生经历：“使命感”贯穿了杨老师一生的追求……

> 在你成长的过程中，作为家中的长子，自懵懂初开，父母家人便不断地告诉你要争气，要好好读书，于是小小年纪便失去了天真童趣，与同龄人相比，你显得更加成熟稳重，而“乖、懂事”也许是对你童年欢乐时光最残酷的剥夺；少年成长环境中面临的诸多复杂问题，使你既要时时应对他人的欺辱，又要肩负保护母亲及弟妹的责任。为了能早日养家，年仅16岁的你，只上完高一便辍学回乡，以瘦弱的身躯干着和农村壮劳力一样的活，只为能多挣工分，分担家庭的压力；恢复高考后，看着不断有人跳出农门，你再次背负各种怀疑的目光，肩负家族的希望，在高中辍学四年之后毅然决然地走进教室，最终完成了光耀门楣的使命。
>
> 自工作后，事业上从不甘于人后。记得多少个寒暑假，总是我和孩子先回老家，只为把只有十几平方米的房子留给你看书、写作，往往是完成了一篇或几篇文章，誊抄寄走之后，才回家与我们相聚；受强烈的使命感和责任心驱使，早期作为普通教师的你对自己安身立命的院系发展尽心尽力，把人才培养、专业发展及学科建设都当作自己神圣的事业和义不容辞的责任；在因各种原因使事业发展受阻，无法更大地施展抱负、实现理想时，你无奈地走向社会，试图在更广大的空间寻求展示自己才能的机会。当然，你没有辜负这个时代，在用自己的方式服务社会的同

时，也创造了另一段辉煌的人生经历，迎来了属于自己的高光时刻；当人才越来越重要，你发现社会的舞台太大，你最终还是应该属于学术象牙塔，于是南下广州，来到广东外语外贸大学新闻与传播学院，你希望能够在这个改革开放的前沿阵地，在一个更宽松的环境中施展自己的才华和抱负。经过几年的休养生息和韬光养晦，终于得到了你想要的人生舞台。担任院长期间，你使出了所有的才智与能量，聚人才、找资源、抓机遇，呕心沥血拓展学院的生存空间，殚精竭虑谋求学院发展，只为不负组织的期望，对得起同仁的期盼，也最终不辱自己的使命。你做到了，尽管有些许遗憾，你说过，如果给你更长的时间，也许你会做得更好！但我觉得，这已经足够了。强大的抱负和强烈的使命感一定会使人超出生命的极限，而病痛也是上天对人生命无常的严厉警告！……

7.4.2.2　学者风范：科研与社会服务结合

由于杨魁老师具有哲学、社会学的跨学科背景，功底扎实深厚，因此研究成果丰硕，取得了突出成就；且和其他很多学者不同的是，杨老师的学术研究并不是阳春白雪，束之高阁，而是砥砺推进科研与社会服务相结合。他的主要研究方向包括：

方向一：公共关系、企业形象与区域品牌传播研究。

从 20 世纪 90 年代初，杨魁老师开始公共关系、企业形象与区域品牌传播方面的研究和社会服务，先后承担政府部门、新闻媒体及企事业单位重大委托项目 60 余项，项目总经费 500 余万元；特别是在改革开放初期，在兰州这样一个经济社会发展相对落后的西部地区，企事业单位的发展亟待导入像公共关系这样的 CIS 策略、企业文化和活动策划的时候，杨魁老师和一群志同道合的老师一起利用专业学科优势，积极地介入社会服务；2010 年承担广东省高层次人才引进项目：“后危机时代广东珠三角区域传播战略创新研究”。出版了著作《21 世纪中国公关蓝皮书》(兰州大学出版社，1996 年)、《现代企业 CI 战略与策划》(兰州大学出版社，1996 年)、《关系文化与关系营销》(中国社会科学出版社，2006 年；获甘肃省第十一届哲学社会科学优秀成果奖三等奖)、《第五代管理——现代企业形象管理：战略与策划》(兰州大学出版社，2007 年)、《区域品牌传播研究》(中国社会科学出版社，2016 年)等；教材《现代公共关系学》(中国工人出版社，1998 年)、《公关心理学》(青岛出版社，1994 年)；主编了《现代企业策划研究丛书》(兰州大学出版社，1996 年)、《公关、广告、营销丛书》(中国工人出版社，2000)、《区域形象与跨文化传播研究丛书》(中国社会科学出版社，2016 年)。

方向二：消费文化研究。

作为国内最早系统研究后现代社会与消费文化理论的学者之一，杨魁老师致力于消费文化理论、消费主义文化与大众传播及大众文化批判的研究，主持2008年国家社科基金规划项目：“新消费文化观念构建研究——当代传媒环境下中国消费文化观念传播与构建的实证分析”(08BZX011)，出版的专著有《消费文化——从现代到后现代》(中国社会科学出版社，2003年；获甘肃省第九届哲学社会科学优秀成果奖三等奖)、《消费文化理论研究：基于全球化的视野和历史的维度》(中国社会科学出版社，2013年)、《中国消费文化观念实态研究》(中国社会科学出版社，2014年)、《中国消费文化观念的媒介呈现研究》(人民出版社，2015年)等；发表系列相关论文20余篇，引用率和下载率都很高。

方向三：危机传播研究。

杨魁老师长期从事风险社会和媒介化社会背景下的危机传播理论与应用研究，尤其对突发公共事件信息传播应急机制和危机传播管理有较为深入的研究。由于其在危机传播方面的学术积累和突出表现，2008年“5. 12汶川大地震”发生后，甘肃省社科规划办下达了该省唯一一个重大(委托)项目：“甘肃省突发公共事件信息传播应急机制与对策研究”；主编了“风险社会与危机传播研究丛书”(中国社会科学出版社，2010年)：《政府·媒体·公众：突发事件信息传播应急机制研究——以2008年5·12大地震为例》《危机传播经典案例透析》《危机传播研究新论》《政府危机传播》《企业危机传播》；主持并结项了2018年国家社科基金重点项目：“基于大数据的城市突发公共事件社会舆情治理研究”(18AXW010)。

方向四：国际传播研究。

到了广东外语外贸大学新闻与传播学院之后，杨魁老师根据学院特色，带领学院老师将研究转向了国际传播，主持了2020年国家社科基金重点项目“国家治理现代化视域下的全媒体传播体系构建研究”(20AZD057)；出版学术专著《中国话语体系与华文传播》(中国社会科学出版社，2019年)；《影视国际传播研究》(中国社会科学出版社，2019年)；主编学术研究丛书《全球化与国际传播研究丛书》(人民出版社，2013年)。

7.4.2.3 院长情怀：殚精竭虑谋学院发展

2009年，广东外语外贸大学新闻与传播学院准备申报建设硕士点，需要引进传播学学科带头人，郭光华院长亲自到兰州邀请杨魁老师来广外。2014年起，杨魁老师开始担任广东外语外贸大学新闻与传播学院院长，和众多老师一起，积极谋划、主动作为，殚精竭虑谋学院发展，打造学院品牌。由于杨魁院长有战略眼光，有执行能力，能整合社会资源，因此在人才培养、科学研究、社会服务等方面迅速形成鲜明的广外特色：依托学校外语优势、多学科资源和国际化办学特色，秉持专业+外语的学科发展理念，增强自身的科学研究和教学实力，以国际新闻传播人才培养为导向，打造国际新闻传播人才培养高层次平台；着力构建“中国话语体系国际传播学科支撑平台”，形成了优势突出、特色鲜明的学科发展格局。在增强服务国家和地区经济社会发展战略需求的能力，提升广外新闻传播学科的辐射力和影响力上，取得了显著成效。

(1)人才特色培养：探索全媒体+国际新闻传播复合型人才培养模式

在担任院长期间，杨魁院长迅速凝练出学院的人才特色培养模式，即秉持专业+外语+全媒体技能的人才培养理念，着重培养具备良好的思想品德和政治素质，既有跨文化交流能力，熟悉国际新闻传播实务和规律，又懂得新媒体操作技术的全媒体与国际新闻传播高端复合型人才。通过实施卓越国际新闻传播人才培养计划、全媒体创新实践人才培养计划等人才培养项目，探索出全英教学、订单式人才培养、校媒联合培养等人才培养模式。毕业生就业率连续多年保持 100%，深受用人单位好评。学院首届研究生：2017 届硕士研究生实现 100%就业率，绝大多数在传统主流媒体和新媒体行业就业，专业对口率达 90%以上。

为了凸显广外新闻学院人才培养国际化特色，学院创建了全媒体与国际传播本科创新班和小语种+国际新闻传播硕士创新班，力求培养“讲好中国故事，传播好中国声音”的新时代国家传播人才；与 8 所英美高校合作，开办工作坊、“1+1”项目、境外访学项目等；2016 年与美国密苏里新闻学院合作开展的“数据新闻与数据可视化”教学周吸引了全国学界、传媒界 200 人参加，扩大了学校的社会影响；并派出学生到境外高校、国际机构等学习、实习。

(2)科研特色优势：打造中国话语体系国际传播政—媒—产—学—研一体化高端智库型平台

对于广外而言，发挥广外特色也极为重要。广外具有独特的多语言优势，在国际新闻传播独树一帜，而国际传播体系和能力建设也越来越成为党和国家重大战略需求。

因此，杨魁院长带领学院依托现有师资力量及学校各科研平台，逐步聚焦三大学科方向：国际舆情与国际传播研究、公共传播与危机管理研究、国际战略传播与文化创意产业研究，产出了丰硕的成果。杨院长任期之内，学院累计获得国家社科基金项目 13 项，省部级项目 15 项，出版相关专著(译著)、教材 80 多部，发表论文 300 多篇，承担省、市党委宣传部门、政府部门、本地媒体等重大委托项目 30 多项，各类项目到账经费近 600 万元，提交的决策咨询报告被国务院新闻办及本地政府和媒体采用。

学院设有广州市重点研究基地“广州国际城市创新传播研究中心”，校级重点研究基地“政府传播与国际舆情研究中心”，“马克思主义新闻观与中国话语体系研究中心”，校级科研创新团队“中国国际传播能力研究”“城市形象国际传播研究”等科研平台。与羊城晚报报业集团共建“广外—羊晚全媒体与国际传播研究院”，以及广东省联合培养研究生示范基地“广外—羊晚联合培养研究生示范基地”。与人民网、新华网、南方网、中新社等30多家主流媒体建立了实践基地及合作关系，着重围绕“卓越国际新闻传播人才培养、多语种国际舆情分析、全媒体创新实践教学、政府传播与危机管理咨询、品牌策划与区域形象塑造”等领域开展全方位的交流合作。

学院围绕“马克思主义新闻观与中国话语体系国际传播”“全媒体与国际传播”“政府传播与国家形象建构”“国际舆论与海丝国际舆情”“‘一带一路’与国际城市创新发展”“数据新闻与媒介融合发展”“公共管理与网络舆情应对”等领域召开国际学术研讨会，举办工作坊及党政干部培训班，开展广泛的科学研究与社会服务。

(3)师资队伍特色：打造多学科、高素质、国际化、双师型教师团队

杨魁老师担任院长期间，大力引进了一批拥有新闻传播学、社会学、政治学、经济学、管理学、语言学、文学、艺术学等多学科背景的专业教师。其中有博士学位及有业界经历的双师型教师均达50%以上，30%以上教师在美国、英国、法国、澳大利亚、中国香港等境外知名高校获得博士或硕士学位，40%以上教师具备全英文教学能力。

7.4.2.4 教育理念：马克思主义新闻观+“政媒产学研”五位一体协同育人模式

“三尺讲台师者初心，三千桃李筑梦育人”。曾获广东外语外贸大学十大“师德标兵”荣誉称号的杨魁老师不仅是一位知名传播学者，还是一名出色的新闻传播教育家。在长期的教学实践中，形成了自己独到的新闻教育理念。“适逢时代的需要，学科需要创新，教学模式需要创新，归根结底是人才培养的机制需要创新”，杨魁老师在不断探索基于社会需求的协同创新的育人模式。“灵活多样而又务实笃行”，是杨魁老师对自己这些年来所进行的人才培养工作的总结。

(1)建设马克思主义新闻观为统领的中国特色新闻传播人才培养体系

“我培养学生的宗旨，就是培养德才兼备的新时代人才”，杨魁老师指出，培养人才的首要任务是立德，“要培养学生的完善人格和高尚情操，要教会学生如何去做人，面对国家和社会，要有使命和担当，这是最核心的。”在新时代背景下，中国新闻传播人才培养，核心就是要培养能够服务于新时代中国特色社会主义建设的新闻传播人才，所以建设马克思主义新闻观为统领的中国特色新闻传播人才培养体系，一直是他的核心目标。

因此，杨魁老师带领广东外语外贸大学新闻与传播学院将思想政治教育与马克思主义新闻观教育有机融合，把党性原则与社会主义核心价值观融入人才培养全过程，并通过马克思主义新闻观教育系列讲座、讲好中国故事大赛、中外价值观对话、校园文化精品活动等形式，全面提升学生思想政治素质与专业水平。

首先，推进马克思主义新闻观"进教材、进课堂、进头脑"。通过开设系列讲座、教学研讨与改革、课程体系与教材建设、青年教师与媒体记者双向挂职等形式，强化马克思主义新闻观与中国话语体系国际传播的双向融合，明确将加强马克思主义新闻观教育，加强有中国特色社会主义新闻学基本理论、经验和方法的教育融入学院所有本科专业和硕士研究生培养方案，并在培养计划与课程设置中有充分体现。

其次，以系列讲座、学术研讨会、座谈会等形式开展马克思主义新闻观教育。先后邀请了童兵、陈力丹、郑保卫、尹韵公、张昆、黄旦、单波等国内著名马克思主义新闻观与新闻理论研究的专家学者为师生举行马克思主义新闻观与新闻理论专题讲座；邀请广东省委宣传部、广州市委宣传部、佛山市委宣传部、中山市委宣传部、河源市委宣传部等省、市党委宣传部门的领导为师生举行马克思主义新闻观与社会主义核心价值观系列讲座；同时还邀请了人民网、新华网、《南方日报》、南方网、《羊城晚报》、广东广播电视台、《广州日报》《中山日报》《惠州日报》、梅州电视台等新闻媒体业界精英为师生举行马克思主义新闻观与融合媒体实践系列讲座与交流活动。

再次，结合新闻传播专业与媒体行业特点开展马克思主义新闻观教育。学院通过创新党建培训平台，积极开展革命传统教育、走访老一辈知名新闻工作者、定期组织理论学习研讨会等活动，进一步提升思想建设、组织建设、作风建设、制度建设水平；通过暑期学生社会实践采访调研活动，组织学生走出校园、走向社会，到基层一线感受时代变迁，倾听群众心声，进一步增强中国特色社会主义道路自信、理论自信、制度自信；通过"中外价值观对话""红色经典朗诵大赛""DVNESCAR""模拟新闻发布会""广告创意大赛"等校园文化品牌活动，以及"社情民意调研大赛""社会主义核心价值观公益广告大赛""反腐倡廉微视频征集和展播""革命先烈红色经典传播"等主题党日团日活动及公益活动，帮助师生领会社会主义核心价值观与马克思主义新闻观的精神内核，整体提升师生思想政治素质。

(2)秉持"政媒产学研"一体化协同育人模式

"我们新闻传播这样一个学科，要和媒体产业合作，甚至于不仅限于学生去实习，我们和媒体合作育人，把教学、科研与社会服务紧密地关联起来。"杨魁老师抱着这样的想法，一直致力于推动教学、科研和社会服务协同共建的一体化人才培养模式。

任教兰州大学期间：

“在我们印象中，杨魁老师每年都会把公司请过来，把命题给下去，大家做策划，去做论证报告，然后现场企业来点评，其实是一个非常具有创新性的教学改革创新的这样一种实践。我们这里的一个地产酒滨河集团，它的企业理念口号‘酒质久，久久志存’，就是我们那一届本科广告学专业的学生给策划出来了。”兰州大学新闻与传播学院副院长刘晓程教授如是说。

“杨魁老师给我们带过一门专业课——‘现代企业形象管理’。他讲课不翻教材，书的内容于他而言了然于心，因为教材是他写的，教材中很多案例是他们团队做的。期末考试也没有，却有趣而受益，全班跟着他参与兰州佛慈的企业形象重塑 case(2011 年佛慈在深交所上市)，我们把书本中学的，在现实中真的过了一遍，获益良多。”兰州大学 2006 级学生肖正涛回忆说。

因此，杨魁老师在 1997 年就拿到了甘肃省教学成果奖的一等奖；在 2006 年又获中国公共关系协会颁发的《中国公共关系教育 20 年成就“突出贡献”奖(个人奖)》。

任教广东外语外贸大学期间：

在担任广外新闻与传播学院院长期间，杨魁老师继续积极探索“政媒产学研”一体化的新闻传播协同创新育人模式，创造性地开展了课堂教学+实验教学+主题工作坊+第二课堂+专业实习的五位一体的协同育人实践。

2015 年年初，杨魁推动学校和羊城晚报报业集团共建了“广外—羊晚全媒体与国际传播研究院”，将高水平大学项目与共建研究院结合起来，组建院内七大教学科研人才培养创新平台，形成“全媒体与跨文化国际传播教研协作平台”。

为了给同学们提供更丰富的研究和学习资源，杨魁老师推动了《羊城晚报》向新闻学院捐赠了几十万册图书资料，通过流通与共享盘活了已有的资源，也为同学们提供了丰富的科研数据资料。“在合作中，社会企业和学校发挥各自的优势，学校拓展了的人才培养途径，提高了科学研究的水平，对于企业单位而言，这样的合作也有利于业务培训、业务策划能力的提升。”在协同创新的育人模式下，这种合作既创新和优化了新闻学院的教学科研，又创新了社会服务的整个的组织构架和体系。在不断地摸索探索、实践和完善的过程中，杨魁探索出了一条特别的应用性、创新型人才培养之路。

2017 年，学院成为广东省第二家部校共建新闻学院单位；2018 年，“广东省国际传播青年人才培养基地”(以下简称“基地”)在广外落地。杨魁老师提到，利用部校共建的契机，在与合作单位加强深度交流的过程中，学院获得了传统报业等单位提供的优势资源和育人条件。学院定期遴选一批同学到传媒单位参加深入调研和实习，在此期间，同学们参加了业内论坛与合作实践，以更宽阔的视野来进行科学研究。因为在杨魁老师眼中，让学生切身感知媒体行业的运作是必不可少的。基地每年都会组织同学到各种媒体实地调研考察，从传统媒体到新媒体，从上海到北京，从中央广播电视总台到新华社、中国日报社，各大媒体遍布他们的足迹。一些同学也因此与合作单位结缘，毕业后走向对口的工作岗位。

不仅如此，学院还以赛促学、以赛促练，“讲好广东故事”新闻调查大赛便是校内外协同创新的实践教学模式的生动表现。杨魁老师指出：“我们组织实地的调查研究，就是希望能训练他们分析问题、解决问题的能力。”该活动邀请业界的青年才俊作为本科生的导师，在这些行业中坚力量的传授和引导之下，各个参赛队伍深入农村、工厂、社区，面向社会各阶层调查、采访、挖掘能反映现代化建设成就的新闻线索、新闻事件或社会难点，参赛团队的作品先后在《南方日报》《广州日报》等媒体平台以通讯、深度报道等形式大篇幅发表。这样以省部共建为契机，结合实践教学周，打通假期实习，不仅使学生更好地得到锻炼，提升了学生实践能力，涵养了学生的核心价值观，而且能切身感受行业当前的形势和需求，还能提高学院大学生的社会美誉度。

(3)思索民办新闻教育的人才培养模式

本来广东外语外贸大学南国商学院想等杨魁老师退休后，聘请他担任新媒体与国际传播学院的院长。在去之前，杨魁老师做了很多的思考，做了很多的筹划；并与他的学生刘晓程教授交流，探讨为什么要在广东这样的发达地区搞民办教育，在民办院校中如何去发展新闻传播教育。杨魁老师提出，因为发达地区经济条件好，家庭条件好的学生考不上好的大学，又不愿意走出发达地区的舒适区，所以他们会选择民办教育；经济发达地区民办教育因此有它的市场，但同时也提出了教育责任，怎么让这些学生受到合适的教育。民办新闻传播教育就对小孩来讲，要让他们拥有动手的实践能力、操作能力，等他们给他们父母接班的时候，能帮父母来做微信公众号的运营，能帮父母来做电子商务、品宣企宣……

他就是这样有自己独到的一套新闻教育逻辑和理念，真的不是说要去挣几个钱，或者说退而不休去挣工资。如果不是因为生病原因，相信杨魁老师可以探索出一套民办新闻传播教育之路。

逝者已逝，愿天堂没有病痛！杨魁老师一路走好！思念永存留！

(广东外语外贸大学新闻与传播学院　朱秀凌)

7.5 新闻教育论坛综述

7.5.1 总体概述

2022年中国教育是在抗击疫情的艰难岁月中度过的，新闻教育会议也受到较大的冲击。但是，疫情虽然凶猛，但也没有减弱新闻教育界对新闻教育研讨的热情。2022年度的新闻教育会议绝大部分是通过线上线下方式举行的。一年来，全国共召开新闻教育会议24场，大部分会议召开时间集中在6、1、11、12四个月份。在24场会议中，中国人民大学占有5场，且主题广泛，囊括了2022年新闻教育会议的绝大部分议题，起到了引领2022年全国新闻教育会议的作用。2022年的新闻教育会议主题主要涉及了教材编写、新文科与中国特色新闻传播学科建设、全媒体时代新闻传播教育改革、智能时代国际传播人才培养、计算广告专业建设、出版专业合作共建、红色新闻人才培养、新闻传播拔尖创新人才培养、国家级一流本科专业建设等多个方面(见表7-2)。

表7-2 **2022年新闻教育会议统计**

序号	会议日期	会议名称	主办、承办单位	会议形式	规模
1	3月16日	《中国新闻传播史》第四版教材编写启动会	中国人民大学	线上、线下	部分专家学者
2	5月8日	马克思主义中国化新闻舆论思想学术论坛	中国人民大学新闻学院等6部门主办，国内13所新闻院校协办	线上	百余位学者、专家、学生
3	6月25日	“2022新文科建设背景下新闻传播学学科建设暨一流新闻学专业建设”学术研讨会	广州体育学院体育传媒学院	线下、线上	领导、学者和研究生400余人

续表

序号	会议日期	会议名称	主办、承办单位	会议形式	规模
4	6月28日	新闻传播学科建设与专业发展研讨会	西南民族大学新闻传播学院		
5	7月2日	“以一流专业建设促进一流学科发展”研讨会	湖南师范大学新闻与传播学院	线上、线下	部分高校、出版机构、新闻研究机构的30余位专家学者
6	7月8日	“智问天机，慧人成器——智能传播人才培养与教学实践研讨会”	上海交通大学媒体与传播学院主办，上海交通大学出版社协办	线上	200余人
7	7月22日	“计算广告专业建设研讨会”	中国传媒大学	线上	部分国内知名高校及广告业界领先机构的20余位嘉宾
8	7月24日	首届全国出版学科共建工作会“共创一流新学科，同圆出版强国梦”	国家新闻出版署主办、北京大学承办	北京主会场，上海、广东、四川设置分会场线上同步	中宣部出版局、中宣部干部局、中宣部全国社科工作办、五家共建单位代表、其他十四所大学代表
9	9月28日	“赓续红色血脉培养时代新人：中国共产党创办新型正规高等教育的历史经验”高端论坛——红色新闻人才培养研讨会	中国人民大学新闻学院	线上、线下	马克思主义新闻观教学联盟十三所新闻传播学院负责人
10	10月21日	湖南师范大学—中南出版传媒集团战略合作协议签约仪式暨共建一流出版学科，培养卓越拔尖人才高峰论坛	湖南师范大学	线下	湖南出版投资控股集团、中南出版传媒集团、湖南人民出版社、湖南师范大学代表等

续表

序号	会议日期	会议名称	主办、承办单位	会议形式	规模
11	10月22日	“算法向善与数字文明工作坊暨国家一流本科专业建设特邀报告会”	郑州大学新闻与传播学院、郑州大学传媒发展研究中心联合举办	线上	中国人民大学、复旦大学、等多所高校的专家学者、《新闻大学》等学术期刊主编
12	10月29日	“数字营销实战教学创新暨北大广告学专业国家一流本科专业建设研讨会”	北京大学新闻与传播学院主办，北京大学广告学系、北京大学新媒体营销传播研究中心承办	线下	广告学系师生代表以及部分参与实战课程建设的企业负责人等
13	11月19日	“中国特色、世界一流”新闻传播拔尖创新人才培养高端论坛	中国人民大学新闻学院举办	线上、线下	
14	11月19日	中国高等院校影视学会第二十二届年会暨第十五届中国影视高层论坛	中国高等院校影视学会与南京大学联合主办	线上、线下	400余所高校超千名影视学者
15	11月19日	第四届国际新闻与传播教育论坛	大连外国语大学、多语种国际传播教育联盟主办，大连外国语大学新闻与传播学院、北京外国语大学国际新闻与传播学院承办	线上、线下	全国高校、科研机构和对外传播管理机构的200余位代表与会、千余人在线收看
16	11月19日	郑州大学“研究生人才培养的国际视野与国际合作”专题论坛	郑州大学新闻与传播学院与郑州大学新媒体研究院联合主办		中国社会科学院新闻与传播研究所、北京大学等高校的十余位专家，以及郑州大学新闻与传播学院的众多博士生导师、硕士生导师

续表

序号	会议日期	会议名称	主办、承办单位	会议形式	规模
17	11月19日	第七届口语传播学术论坛	华东师范大学传播学院与上海广播电视台融媒体中心联合主办	线上、线下	全国各高校的200多位专家学者、博士、硕士研究生
18	11月26日	复旦大学新闻学院2022国际传播实践创新与人才培养座谈会	复旦大学新闻学院主办	复宣酒店四楼第二会议室	上海国际传播学界、业界的知名代表，复旦大学新闻学院国际新闻传播项目的硕士生，约50名
19	11月27日	成都体育学院新闻传播一流专业建设高端论坛	四川省新闻传播教学指导委员会指导、成都体育学院新闻与传播学院主办	线上、线下	教育部新闻传播学教学指导委员会的十六位专家学者
20	12月3日	重庆大学新闻学院“国家级一流本科专业建设研讨会”	重庆大学新闻学院举办	线上、线下	新华社、清华大学、中国人民大学、中国传媒大学、复旦大学等高校的20位专家
21	12月9日	重庆大学新闻学院“新闻传播学科建设与卓越人才培养研讨会”	重庆大学新闻学院举办	线上、线下	国内高校的部分知名专家学者，主流新闻传播学专业学术期刊主编
22	12月11日	西南交通大学新闻传播一流专业建设与人才培养高峰论坛	四川省新闻传播教学指导委员会指导、西南交通大学人文学院主办	线上、线下	
23	12月17日	坚守与共创：文明多样性背景下的国际新闻传播——2022年度中外新闻传播学院院长论坛	中国人民大学新闻学院、中国高等教育学会新闻学与传播学专业委员会和中国人民大学新闻与社会发展研究中心举办	线上、线下	

续表

序号	会议日期	会议名称	主办、承办单位	会议形式	规模
24	12月18日	兰州大学新闻与传播学院本科专业建设暨培养方案修订研讨会	兰州大学新闻与传播学院主办	线上、线下	中国人民大学等高校的8位专家学者

7.5.2　2022年新闻传播教育主要会议及观点

7.5.2.1　中国人民大学举办的四场会议

2022年中国人民大学举办了四场与新闻教育相关的重要会议。

(1)《中国新闻传播史》第四版教材编写启动会

3月16日上午,《中国新闻传播史》第四版教材编写启动会在中国人民大学新闻学院汉奇苑举行。该书第三版于2021年荣获首届全国教材建设奖一等奖,是新闻传播类教材唯一的一等奖。

中国人民大学荣誉一级教授方汉奇,华中科技大学新闻与信息传播学院教授吴廷俊,复旦大学新闻学院教授黄瑚,中国人民大学新闻学院教授王润泽、赵永华、赵云泽、邓绍根,人民日报社高级记者杨雪梅,中国人民大学出版社人文分社副社长翟江虹,中国人民大学新闻学院青年教师杨奇光等在线上、线下出席此次启动会。

方汉奇先生回顾了教材编写历程,他指出《中国新闻传播史》的教材建设离不开中国人民大学、复旦大学等新闻院校的教师团队,他勉励编写团队进一步吸纳硕学鸿儒,让第四版教材从学术和实践上延续较高水平。

黄瑚教授肯定了三版《中国新闻传播史》教材所取得的成绩,他建议第四版重点修订改革开放以来的内容,明确规范性表述,体现教材时代性特点。

吴廷俊教授指出教材的编写可突出体现中国新闻学知识体系和学科体系创新,扩大新闻史的教学研究阵地。

王润泽教授代表第四版教材编写团队表示,修订工作将充分发挥“三大体系”创新引领作用,争取将最新研究成果纳入进来,实现赓续使命、再创经典的目标。

(2)红色新闻人才培养研讨会——赓续红色血脉培养时代新人:中国共产党创办新型正规高等教育的历史经验”高端论坛

9月28日下午,在中国人民大学建校八十五周年之际,中国人民大学新闻学院举办“赓续红色血脉培养时代新人:中国共产党创办新型正规高等教育的历史经验”高端论坛——红色新闻人才培养研讨会。会议邀请了马克思主义新闻观教学联盟 13 所新闻传播学院负责人参加。这是一场新闻教育历史回顾和当代红色新闻教育实践活动经验总结的教育研讨会，会议聚焦红色新闻人才培养的多维度、全体系建设，围绕红色新闻人才培养的发展与创新开展交流。

中国人民大学新闻学院执行院长周勇向与会嘉宾介绍了中国人民大学红色新闻教育事业的历史源流，梳理了红色新闻教育分别在陕北公学、华北联合大学和华北大学办校期间的具体实践，并将其特点总结为以下三点：一是注重实践教学，二是业务学习与思想改造相结合，三是理论结合实际。周勇院长表示，在人大红色新闻教育的早期历史中可以看到多所新闻传播院系的血脉关系，这是加强联盟共同体建设的有力支撑。

厦门大学新闻传播学院院长余清楚表示，红色新闻教育事业需要做到三个方面：首先是在教学实践中鼓励大学生亲近触摸红色历史，弘扬红色传统，接受红色洗礼；其次是发挥新闻传播在红色教育中的优势作用；最后是打造红色新闻教育的联盟机制，以“平台为王”的思维将新媒体手段应用到教学环节之中。

山东大学新闻传播学院院长刘明洋介绍了《大众日报》自创刊到新中国成立 11 年间自主办学的传统和沿革，包括与山东大学联合举办新闻专修班的情况，认为媒体是中国共产党红色新闻教育事业发展中值得关注的一环。一方面发挥了媒体在新闻教育体系中的力量，另一方面体现了实践与教学相辅相成的诉求。目前山东大学新闻传播学院在推进红色新闻教育中，打造“学术育人、课程育人、服务育人、活动育人”教育体系的情况。以红色新闻教育为主线，在山东省内积极发挥好省级媒体、县级融媒体等教育资源作用，联合相关高校，共同探索和推进新时期具有山东特色的红色新闻教育事业。

韩立新院长介绍了河北大学新闻传播学院近年实施的“红色新闻长久传播项目”，该项目以传播的物质性为理论抓手，在对中国共产党党史故事进行文字讲述的同时，选取特殊意象，辅以画面，带领人们回顾历史事件，以更加具体直观的物件调动受众内心情绪。他表示，该项目对红色新闻教育事业的启示在于：一是面向未来，将红色记忆与前沿媒体技术相结合；二是探索红色基因的传承问题；三是采用“讲新闻”的表现形式，以别样文化形式表现红色教育。

陈信凌教授表示，南昌大学的前身江西大学在办学期间，就有浓厚的红色新闻教育氛围，办学宗旨与办学实践值得当下新闻教育工作者学习借鉴。现在，学院深耕本土红色文化资源，尤其在正本清源过程中拓展对中央苏区新闻传播事业的研究，以红色新闻研究形塑学科发展特色。该校还将革命老区苏区的红色资源与红色素材，纳入人才培养的框架、方案、流程与环节之中，通过课程思政、实践育人的平台接通当下专业人才培养与红色革命历史的关联，以弘扬红色文化，传承红色基因。

西南政法大学新闻传播学院院长李佩分享了西南政法大学近年在三全育人统领下的新闻传播教育改革与创新实践：第一，推出了学生思想政治教育一体化建设体系；第二，将课程思政扩展为全范围思政，打造覆盖全部课程的课程思政案例库；第三，深入推进习近平新时代中国特色社会主义思想进教材、进课堂、进头脑；第四，实施产教融合项目，在学院负责学生的理论与实践培养的基础上，相关媒体单位开展在校生的轮岗实习，强化学生实践，鼓励学生参与短期新闻实践专项。

湖北大学新闻传播学院院长聂远征表示，该院在红色新闻教育运行机制上，现已完成新时代马克思主义新闻观的生态型教育体系，其中包括课程体系、师资队伍、理论知识。首先是注重教学方式的创新，拓展思想教育的广度，提升思政教育的温度。其次是加强红色新闻文化的研究和学习，拓宽思政教育的深度。最后是注重把科研优势转化为育人的优势，让这些红色新闻文化的研究成果进课堂、进教材、进学生的课外活动。

延安大学文学与新闻传播学院党委书记党子奇，将该学院的红色新闻教育人才培养归结为以下四个方面：第一，构建并实施了延安精神“一体两翼”育人体系；第二，引进高水平师资，开展红色文化育人研究；第三，挖掘延安红色资源育人元素，开展课程思政；第四，借助联合高校联盟和红色教学联盟实现高质量发展。

贵州大学文学与传媒学院副院长唐娟介绍了贵州大学新闻人才培养的创新举措：首先，改进马克思主义新闻观的课程教学，解决了课程教学形式单一，理论与实际脱节的问题；其次，创新红色实践教育育人模式，把实践作为探索红色新闻人才培养模式的抓手，每年组织红色主题实践活动，带领学生深入革命老区，体悟红色文化。

华东师范大学传播学院副院长路鹏程报告说，华东师大的红色新闻教育主要做了以下四个方面的尝试：一是更新了马新观教育的形式，组建了一支由多学科教师领衔的“马新观”教学与科研团队；二是把田野带到马克思主义新闻观实践教学活动中，与多所红色旧址签订并开设思政教育实践基地；三是把科技带到马克思主义新闻观实践教学活动中，引用现代的通信技术，通过沉浸式、交互式等生动活泼的形式来推进马新观教学；四是把“马新观”教育和一些科研活动相结合。

(3)“中国特色、世界一流”新闻传播拔尖创新人才培养高端论坛

为落实党的二十大报告中“全面提高人才自主培养质量，着力造就拔尖创新人才，聚天下英才而用之”的要求，11月19日，中国人民大学新闻学院举办“中国特色、世界一流”新闻传播拔尖创新人才培养高端论坛，探讨新闻传播拔尖创新人才的培养规律、创新模式、教育共同体建设、评价体系建构等话题。论坛共设置一场主论坛和五场国家一流本科专业建设平行分论坛。

主论坛专家学者观点：

中国人民大学党委副书记、副校长胡百精表示，在新闻传播实践不断变化、学术持续创新的当下，拔尖创新人才培养仍是新闻传播专业教育的根本任务。胡百精指出，将党的二十大报告精神对应到学科的人才培养当中，要面向中国式现代化培养新闻传播人才；要基于新闻舆论规律、媒体融合和公共传播实践、技术变革大势、国际传播需求和人类文明新形态，来重塑新闻人才培养的定位；还需面向价值塑造、问题解决、能力养成、知识建构四个方面来塑造高质量的新闻传播人才培养体系。

陈昌凤表示，拔尖人才培养已经成为共识，培养过程中需注意教育观念创新、制度机制创新和模式创新；卓越新闻人才的培养要关注情怀使命、知识判断力和专业的精神能力。

林如鹏以暨南大学粤港澳大湾区新闻人才培养成果为案例进行分享，以声海工作室、融合传播训练营、传播中国训练营、功能游戏训练营、全景工作室、“真探”工作室等“全场景”实践育人系列项目切入，详细介绍了暨南大学在思想引领、实践育人、同辈引领等方面的人才培养具体举措。

中国人民大学新闻学院院长周勇认为，当前中国新闻传播教育重要的使命和任务，就是在以中国式现代化全面推进中华民族伟大复兴的过程当中，培养造就一大批卓越的新闻传播拔尖创新人才。他认为，随着新文科建设深入推进，新闻传播人才的培养需系统性重塑、整体性重构。在横向维度，实现专业学科壁垒的全部敞开、全面打通，多学科实质性的课程融合、专业融合、学科知识的融合；在纵向维度，坚持以学生的成长为中心，完善学生成长的评价标准，打通本硕博各阶段的学程壁垒，以此驱动人才培养的综合改革。

武汉大学新闻与传播学院院长强月新从协同育人的内涵、路径和建设方式思考三个方面进行分享。他认为，新闻传播学科协同育人建构方式有多元协同、跨界交叉、多维递进三种，在进行协同育人时还需思考如何坚持新闻传播学科的主体性、形塑协同育人体系的科学性和强化协同育人模式的创新性的问题。

复旦大学新闻学院执行院长兼党委书记张涛甫表示，技术的发展导致新闻传播被推至世界的前台，新闻传播专业面临着液态化场景、多关联变量、不确定性集聚和知识流量化的挑战，在此基础上，新闻传播专业重塑价值、知识、能力三维框架十分重要。

北京大学新闻与传播学院院长陈刚认为，培养新时代新闻传播教育人才需要具备政治思维、技术思维、动态思维、系统思维和全球思维，其中还需格外警惕简单的“plus”思维，努力将人才培养塑造成一个有机的、成体系的系统。

华中科技大学新闻与信息传播学院院长张明新表示，师资队伍决定了教育教学的质量和立德树人的效果。建设高质量师资队伍需要坚持以人为本、全员性、全面性和可持续发展性。需要在教师群体间营造认同感、强化专业感、实现成就感和获得尊重感。

山东大学新闻传播学院院长刘明洋，就人才培养的价值体系建设、标准体系建构和培养体系塑造三方面发表见解，他认为，价值体系的建构是拔尖人才培养的根基，实践可以作为体系建构的标准之一，人才培养需要坚持全国和地方、高端和基础、学院和社会培养相结合。

清华大学新闻与传播学院院长周庆安提出要打造新闻传播“芯片人才”这一概念，并强调应以叙事能力的教育为核心，培养学生多媒介平台理解、国际对话、特定领域报道等能力。

北京印刷学院党委常委、副院长王关义从专业设置、人才培养定位、完善专业培养方案、专业建设和人才培养、培养环节五个方面展开论述，分享自己对新文科背景下新闻传播人才培养的思考。

姚泽金在培养路径问题方面提出了“理解性支持模式”，具体包括自由、开放、包容的学习创新氛围，被理解、被尊重与被支持的个性成长环境和尊重学生自由选择、兴趣发展、帮扶引导的政策支持三个方面。

项国雄认为，拔尖创新人才的成长规律可以被概括为“两名一黄一重”，即名校名师、黄金年龄和重大项目。

苏宏元从国家历史发展的视角出发，强调了拔尖创新人才作为国家战略的重要性，并对拔尖创新人才培养目标进行界定，即要培养“宽口径、厚基础、强能力和高素质”的人才。

陈信凌从中国式现代化视野出发，探讨拔尖人才培养，强调新闻专业教育应以现实需求为依归，以培养经济社会发展所需要的优质专业人才为目标。培养路径包括聚焦中心、重构体系和再造流程三方面。

郭卫东将视角聚焦于创新应用型人才培养，为高校应具备传媒为根、铸魂为本、理实并重和守正创新的办学理念。

单晓红以云南大学新闻学院产教融合实践教学为例和与会学者进行分享和探讨，她表示，产教融合这一新的育人模式可以为拔尖创新人才培养提供新的路径，打造沉浸式培养平台为创新人才的培养提供新的可能。

张允表示，要从学习者出发，构建知识体系；依托课程思政，强化思维建构；以开放互动形成意义构建知识体系的创新。

彭祝斌认为，拔尖创新人才应具备兴趣广泛、特立独行、激情充沛、丰富想象力这四个基本特质，对拔尖人才的培养需要面向中国式现代化进行价值塑造、面向人类命运共同体进行能力培植，面向数字文明重构知识体系。

郑素侠将视角聚焦于新闻传播拔尖创新人才培养时如何在跨界的同时守护新闻传播教育的边界。她表示，跨界人才的培养可以通过更新课程体系、开设专业新方向和创办卓越创新实验班等途径实现；在拓展新闻传播知识疆域同时，还需形成标识学科自主性的新边界，传承好本学科的核心知识和价值，为构建本学科自主知识体系而努力。

分论坛“重塑与再造：视听+新技术背景下广播电视学科人才培养创新”专家学者观点：

浙江传媒学院副院长李文冰认为：在新媒介技术背景下，广播电视学科要把握融化协同这一关键词，通过人才培养理念重塑、模式创新和体系重构，建设跨学科跨专业、跨学校跨区域、跨行业跨领域的教育共同体。为此，学校需要建立广播电视学科多场景教育融合体系、聚焦课程建设、开展行业师资互聘，打造复合型新闻传播人才。

中国传媒大学电视学院党委书记发表了自己的观点：新文科建设主要强调学科间的交叉融合。当下的广播电视学科需要通过价值引领、专业拓展、学科交叉融合来改革建设与时俱进的全媒体专业体系，培养全媒型人才。在新文科语境下，以广播电视学为代表的新文科建设及人才培养，应该做到紧跟媒体行业的变化与时代发展，发挥积极的主观能动性，坚持守正创新，聚焦行业问题和社会发展需求。

复旦大学视觉文化研究中心主任孟建分享了自己的思考：网络视听行业正呈现出极速发展态势，广电人才培养的敏感度和适应力要跟上这一快速变革的时代。首先，要尽快融入网络视听的相关课程建设，全面整合建构，从而形成广电人才培养体系的合理结构。其次，要迅速提升网络视听与广电人才培养体系的匹配度和融合度，传授网络视听领域的新内容新方式，融会贯通广电各类所长，全面提高网络视听的把握能力。最后，实现“旋转门”的教学师资结构的改革，用教师自我转型的方式来解决网络视听队伍的问题，从而服务于真正的复合型人才培养。

华中科技大学新闻与信息传播学院副院长郭小平认为，要把视频内容生产能力培养和传统广播电视教育结合，固本强基与开拓创新并重，鼓励学生参加各种实践活动，以内容创新带动专业发展。同时，推动广播电视学向视频传播变革，凸显视频内容的创意表达与创制。

武汉大学新闻与传播学院副院长洪杰文的观点是：新闻传播课程体系与教学模式进行改革要从四个方面发力：第一要建立技术思维；第二要深化交叉融通，打破专业界限；第三要接轨实践需求；第四是服务国家战略。在专业人才培养方面，要重视培养具有政治素养、人文素养、科学素养，系统掌握新闻传播理论知识和科学文化知识，适应融合媒体和广播电视发展需要，熟练完成策划、采编、录播、摄影等工作的专业人才。

中国人民大学新闻学院视听传播系主任高贵武发言说，人大广播电视专业人才培养，着眼于从广播电视到视听传播的深刻变化，持续推进“一个中心、一个支撑、四个基本抓手”的举措来重塑学科建设的核心能力：探索以构建成熟的大视听传播学科体系为中心，以新技术的理念与应用为支撑，形成一种生态型视听传播人才培养模式，建设一支跨学科、国际化的师资队伍，推出一批基础性、系统性的原创研究成果并搭建基于新型视听传播的学术体系基本架构，构架一套开放、迅捷的社会服务响应机制。倡议全国兄弟院校的广播电视专业以共同体的意识和关切来共建、共享发展成果，建立面向大视听传播的教学科研共同体。

云南大学新闻学院院长廖圣清的观点是：国家现代化建设对文科建设提出了新的要求，为此，我们的新闻传播教育应该具有中国特色并走向世界，要利用数字技术助力新文科人才培养。对广播电视人才培养来说，既要有全球视野，也要有本土意识，在数字基础的辅助下培育人文意识。具体而言，要建立以新闻理论为指导，以广播电视编导实践为导向，数字技术为支撑的课程体系；建立以广播电视学为基础、多学科融合的师资队伍，以促进教学和实践的平台建设。

浙江大学传媒与国际文化学院副院长赵瑜谈到，视听传播人才培养要注重课程体系、校内媒体实践、海外模块、专业教育四大课堂的协同建设，推进学科融合渗透，注重学生的实践训练和科研素养培养，以服务于面向未来传播的视听传播人才培养。

暨南大学新闻与传播学院副院长曾一果谈到，学科建设应持续强化基础新闻传播专业的优势，将人文技术与艺术交叉融合。基于此设立的新闻传播特色课程，一方面是适应国家战略需求，另一方面是结合地方实际，使学生深入社会实践，更加主动地参与到融合媒体环境下的广播电视学实践中。

四川大学文学与新闻学院副院长胡易认为，广播电视专业要发展，就要鼓励开展新闻学专业实验课程，与文化艺术、文化产业有机结合，实现广播电视学的破解和重生。要建立传播数字实验室，深入挖掘数字传播、人文传播、海外传播，探索创新视听传播教育体系，夯实业务基础。

清华大学新闻与传播学院党委副书记梁君健分享了清华大学的专业建设经验：将视听传播、智能传播和经济传播确定为学科交叉融合特色方向。除了人才培养方面的革新，视听传播学术体系的建构也亟待系统性重塑。要借用跨学科的思维聚焦视听传播的新发展和新现象，引导学生关注新型视频领域，促进学科整合，探寻跨学科关联的可能性。

分论坛“融合与整合：广告学一流专业建设的多元探索”的专家学者观点：

丁俊杰教授分享了关于在中国式现代化背景下推进双一流人才建设的观点。他认为中国式强调了我们的立场、国情、思路，但重点还是在现代化。一流学科建设需要有国际标准。我们要思考广告学专业的根基、定力和基础，要回归我们独有的学科体系。

陈刚教授强调建设广告学建设为一流专业，就要培养适应行业发展的人才，广告学发展要坚持自己的价值观、构建总体学科框架、积极应对当下数字化环境。他建议各大高校加强交流合作，共同构建有实力、定力、创新力的广告学专业体系；同时积极进行多元化发展，找到各高校自身广告学专业的价值、形成中国广告学科的独特价值，建立并完善广告学理论知识体系，培养能推动行业发展的广告人才，建成中国特色、世界一流的广告学专业。

倪宁教授探讨了在新的社会环境背景下如何推动专业建设与人才培养的问题。首先，建设一流广告学专业，我们要牢固树立广告学专业建设与发展自信。其次，在变化多样的世界环境中，广告学专业的发展不断受到来自各行各业的冲击，要辨析清楚广告学专业的边界在哪里，守正创新，建立合理的广告学体系。最后，每位老师要用好自己手里的资源，要有坐得住的定力，开门办学、盘活存量、做好增量。

杨海军探讨了广告学科与专业发展的关系，回顾了新闻传播学中广告学专业设置的历程。从历史沿革、平台优势、专业定位人才培养目标、发展特色等方面介绍了上海大学广告专业定位与发展的特色，对上海大学广告专业建设的实践路径，特别是对广告专业的创新平台进行了总结。

段淳林教授认为计算广告学的发展有其时代提供的机遇——新文科建设下的迫切性、前沿性的社会科学发展的助推、国际计算广告学科的发展交流等，当下的广告学界与业界急需发展适应于中国实践的理论、跨学科的复合型人才与综合性的营销人才。

姜智彬教授指出广告学专业建设的现实挑战归根结底是“广告学专业人才培养与数字营销产业人才需求之间的背离”，认为要以守正创新、坚定自信、优雅转型为多元路径，建设广告学一流专业。

王树良副教授将人大广告学专业建设路径总结为“跨学科、跨专业、跨院、跨系整合；数字智能重建专业教学；学生学业实践与研究并重；生态型资源配置；专业课程整合设计”，将人大广告学专业建设的科研规划总结为“数智广告人文、数字广告内容生产、新技术与传播效果、跨媒介创意传播、智能广告产业”。

姚曦教授认为新文科建设的关键要义在于技术对文科的渗透与改造。他提出了广告学专业建设发展过程中的四个关键性问题：一是团队的新建构，二是学术研究引领一流学科的建设，三是知识体系与人才培养体系的重构，四是教材的建设。

杨先顺教授系统介绍了暨南大学广告系情况：“重素质、强能力、立前沿、宽视野”为教学理念，以国家一级专业建设和专业国际团队认证为驱动。将学科目标确定为培养“熟练掌握‘数字+智能’营销传播的德才兼备的创新型卓越广告人才”，注重思政化、数字化、实训化、国际化广告学教育，取得了众多专业荣誉、教学成就。

李华君教授介绍了华科的人才培养特征：着重全媒体策划能力、设计能力、创意能力、文案写作能力、计算能力五方面能力；以学科技术、内容创新、资源支撑为依托，培养“π”型复合人才。华科在实践中探索出了四个“一”经验：一个协同育人的平台，一份特色鲜明的培养方案，一种项目引领、技术模拟的实践教学模式，一套基础课程+特色课程模块的课程体系。

分论坛“坚守与共创：文明多样性背景下的国际新闻传播”专家学者观点：

浙江大学传媒与国际文化学院院长韦路提出要从学科体系、专业体系、课程体系三个方面对学科迭代升级，建议要进一步理顺专业格局和结构，使专业体系与学科体系关系更匹配，应当“明方向、强基础、重实践、提质量”，真正构建以学生成长为中心的课程体系。

厦门大学新闻传播学院院长余清楚认为，新闻传播学科的发展创新应在“中国化时代化的马克思主义”“中国式现代化”和“人类文明新形态”三个框架下进行思考，认为面向中国式现代化的新闻传播学科建设，最重要的落脚点就是为党育人、为国育才。

兰州大学新闻与传播学院院长冯诚分享了兰州大学新闻与传播学院在新时代、新阶段、新背景下调整优化学科建设的具体举措，包括面向中国式现代化凝练学科方向，优化学科建设和科研水平，坚持培养心怀国之大者的新时代战略型、复合型高层次新闻传播人才等。

郑州大学新闻与传播学院院长张举玺分享了郑州大学新闻与传播学院“三双机制”的教育模式，以解决学界、业界供需不匹配的问题，并在教育实践中深植马克思主义新闻观，培养一大批政治强、业务精、作风正的优秀新闻人才。

河北大学新闻传播学院院长韩立新围绕“批判能力培养及其知识建设”分享观点，认为面对国际传播领域存在的不确定性需要批判能力，提出要把“中国共产党新闻史+”作为培养批判能力的资源，把马克思主义新闻观的教学落到实处。

(4)坚守与共创：文明多样性背景下的国际新闻传播——2022年度中外新闻传播学院院长论坛

为响应增强中华文明传播力影响力的重大战略需求，12月17日，中国人民大学新闻学院、中国高等教育学会新闻学与传播学专业委员会和中国人民大学新闻与社会发展研究中心举办2022年“中外新闻传播学院院长论坛”，论坛主题为“坚守与共创：文明多样性背景下的国际新闻传播”，百余名国内外新闻传播学院院长、学术期刊主编进行了主旨发言。其中有关新闻传播教育的发言有：

中央民族大学新闻与传播学院特聘院长张昆认为，新闻传播学的创新，需要在人才培养创新、科学研究、社会服务三大方向进行落地，发挥团队引领作用、建立健全体制机制。

雪城大学 Newhouse 学院院长 Mark J. Lodato 介绍了雪城大学 Newhouse 学院的培养模式，Newhouse 学院与业界合作培养学生的创新性和前瞻性思维，课程设置培养学生的批判性思维和适应能力。

南洋理工大学黄金辉新闻传播学院院长 May O. Lwin 表示，通过创新教育教学方法、设置合理的跨学科课程，跨学科教育可将孤立的学科组织起来，培养出训练有素的传播学专业人才、具有全球化视野的公民。

浙江大学传媒与国际文化学院院长韦路提出要从学科体系、专业体系、课程体系三个方面对学科迭代升级，建议要进一步理顺专业格局和结构，使专业体系与学科体系关系更匹配，应当“明方向、强基础、重实践、提质量”，真正构建以学生成长为中心的课程体系。

厦门大学新闻传播学院院长余清楚认为，新闻传播学科的发展创新应在“中国化时代化的马克思主义”“中国式现代化”和“人类文明新形态”三个框架下进行思考，认为面向中国式现代化的新闻传播学科建设，最重要的落脚点就是为党育人、为国育才。

兰州大学新闻与传播学院院长冯诚分享了兰州大学新闻与传播学院在新时代、新阶段、新背景下调整优化学科建设的具体举措，包括面向中国式现代化凝练学科方向，优化学科建设和科研水平，坚持培养心怀国之大者的新时代战略型、复合型高层次新闻传播人才等。

郑州大学新闻与传播学院院长张举玺分享了郑州大学新闻与传播学院“三双机制”的教育模式，以解决学界、业界供需不匹配的问题，并在教育实践中深植马克思主义新闻观，培养一大批政治强、业务精、作风正的优秀新闻人才。

上海外国语大学新闻传播学院院长郭可探讨了国际新闻传播教育的新趋势，认为国际新闻人才培养不仅要关注外语能力的提升，更要和不同学科领域有效融合，在教学中注重实践，培养出适应社会需求的人才。

中山大学新闻传播学院院长钟智锦以中山大学新闻传播学院学生参与冬奥会宣传报道为例，提出促进国际传播人才培养需要将理论与实践相结合，从师资、教材、实践平台等多方面做出努力。

在“面向中国式现代化的新闻传播教育发展”论坛上专家学者们发表了如下观点：

厦门大学新闻传播学院阎立峰教授认为，目前新闻传播学知识拼盘式的教育尚未形成有机统一，教育内容尚未摆脱对技术、社会、政治及其他专业的依附。他认为新闻传播教育应找到其专业理性结构，分清其中的变与不变，从而更好地应对教育和行业的危机。

中国社会科学院大学新闻传播学院执行院长漆亚林指出，新闻传播教育既是高质量发展的对象，又是促进中国式现代化实践的重要条件，新闻传播教育高质量发展要处理好思政教育与专业教育、学术研究与新闻实践、新闻实体与新闻教育、专业守正与创新发展这四对关系。

浙江传媒学院新闻与传播学院院长李欣介绍了浙传以实践基地建设为切口、以案例库和研究基地合作为依托的学科专业一体化、理论实践交互化人才培养体系，指出新闻传播专业人才应该适应新闻专业从小新闻向大传播发展的变化趋势。

广西大学新闻与传播学院副院长分享了广西大学新闻与传播学院开展本科教育改革的三个经验：一是拓展马克思主义新闻观教育教学的方式，牢固红色铸魂育人使命；二是构筑红色实践基地，以全媒体平台实践和学科竞赛促进专业学习；三是以科研实践激发学术兴趣，反哺学科教学。

南京大学新闻传播学院副院长朱江丽分享了新时代南大新传在"实践中办学"的理念，认为在中国式现代化背景下，新闻传播教育发展有三个方面的任务：一是要面向新技术、新媒体发展做好学科探索；二是要在干中学、干中教，做好实践教学；三是要培根铸魂，培养马克思主义新闻观的人才。

浙江大学传媒与国际文化学院新闻与传播学系主任吴赟指出，智能媒体与媒体技术课程方面存在技术发展速度超出了教师学习速度和课程内容修改速度等问题，倡导高校通过校企合作、新技术运用能力培养、治学渠道增加三种形式进行数字新闻人才培养。

天津师范大学新闻传播学院副院长林靖提出，新闻传播教育面临着媒介逻辑转变、学科逻辑转变、社会逻辑转变。她认为，改变的是学科的分类、培养的模式和研究的范式；不变的是学科发展的功能、人文社科的定位、人才培养的综合性和学科发展的多元性。

7.5.2.2 重庆大学举办的新闻传播教育会议

(1)"国家级一流本科专业建设研讨会"

12月3日，重庆大学新闻学院举办的"国家级一流本科专业建设研讨会"在线上顺利召开。来自新华社、清华大学等高校和业界的20位专家学者聚会云端，研讨一流本科专业建设与人才培养。

新华社原副社长兼常务副总编辑马胜荣结合他丰富的业界实践经验指出，如何培养新闻传播人才，特别重要的有三点：第一要办出特色，加强业界和学界之间的双向交流，深入了解，整合资源；第二要强化新闻采写编发的基本训练，信息采集与发布是新闻的看家本领；第三要推进跨学科教育，切实培养复合型的专业人才。

武汉大学新闻与传播学院院长强月新从三个方面讲述了媒介融合背景下的新闻传播专业实践教学：一是实践教学活动更强调技术实力；二是实践教学活动应更强调聚合协同；三是实践教学活动更强调综合创新。

中央民族大学新闻传播学院特聘院长张昆分享了基于第二届全国新闻传播学院院长研修班的调查报告——新闻学院院长心目中的新闻教育。结合调查数据，张昆教授对新闻传播学院的院长素描、全国各院系的办学定位、当前师资队伍建设的障碍、教学改革的深入探索等方面，做了具体阐述。

四川大学文学与新闻学院蒋晓丽教授分享了四川大学国家级一流专业建设的经验。她指出新闻传播教育面临三大矛盾：一是培养人才方式滞后与业界媒介技术发展迅猛之间的矛盾；二是全媒体人才需求与人才培养传统之间的矛盾；三是学界人才培养与业界人才招聘各自为政的矛盾。

中国人民大学新闻学院新闻系主任许向东指出新闻实务教学改革的着力点：一是资源，充分利用业界的资源，合作共建专业课程；二是研究，新闻专业课程建设要以教师的学术研究、案例开发为支撑；三是实践，新闻实务课程教学要将学生的自主性、创造性充分调动起来。

复旦大学新闻学院新闻学系主任窦锋昌强调，新闻教育正在经历从“专业化”新闻人才到“社会化”新闻人才的变化，人才培养体系要做相应调整——从“专项”教育到“复合”教育，并且要处理好“守成”与“创新”的关系。

山东大学新闻传播学院副院长邱凌，介绍了山东大学新闻传播学院新闻学专业“三方向八特色”的培养模式，该学院新闻学专业下设三个方向：融合新闻、策略传播、大数据与新闻传播。八特色培养体系是：全程化，交叉化，全媒化，国际化，实践化，双轨化，平台化，人文化。

中国传媒大学本科生院院长王晓红阐述了新文科背景下一流专业人才培养的三个路径。她指出，当前专业建设经历着由细分到融通、由独立到协同、由增量到提质三个变化。与之相对应的是：以培养方案为底层支撑，夯实一流专业建设基础；以教学组织形态为内生力量，以模式探索助推范式变革；以教研组织方式为创新牵引，构建新型教学共同体，推动产学研协同三条路径落实。

中国人民大学新闻学院视听传播系主任高贵武分享了人大新闻学院视听传播系的专业建设与教育模式：以构建成熟大视听传播学科体系为中心，以新技术理念与应用为支撑，把握人才培养、师资队伍、学术体系和社会服务四个基本抓手。

(2)“新闻传播学科建设与卓越人才培养研讨会”

12 月 9 日，重庆大学新闻学院的“新闻传播学科建设与卓越人才培养研讨会”在线上顺利召开。来自国内高校的部分知名专家学者，主流新闻传播学专业学术期刊的主编，就学科体系建设与卓越人才培养、学术期刊与知识创新两个主题展开了深入研讨。专家学者们的主要观点如下：

中国社会科学院新闻与传播研究所所长胡正荣教授从交叉与融合两个方面，探讨中国自主的新闻传播学学科与专业的建设之路：通过交叉，建构中国自主的新闻传播学学科体系，在规格上将全媒化、复合型、专家型作为高校人才培养规则，类型上应培育媒体深度融合和行业创新发展的优秀新闻传播后备人才；通过融合，从实践的认识体系、学科的知识体系、专业的能力体系、实践的检验体系等方面，重建新闻传播学类专业体系。

中国人民大学党委副书记、副校长胡百精教授从学科知识体系、专业体系、课程体系和训练体系四个方面，探讨学科建设与人才培养的主体性、素养、能力、转化之间的关系，探讨产学研转化的路径。胡百精提出，本立而根生，要以实践牵引和问题牵引为导向，面向重大需求，回应现实关切，研究真问题，避免学术研究出现概念空转、循环论证、自娱自乐等现象，加强主体敞开、实践牵引、教研同构的学科专业建设，着力提升学科能力，加强学术训练与实践训练，造就卓越新闻传播人才。

湖南师范大学新闻与传播学院院长尹韵公教授剖析了新闻传播学科人才培养的几大挑战：第一是时代性，信息社会的时代底色更加多彩，带来了不确定性，新闻传播学科应当回答面临的时代问题，当前教材存在一定的滞后性，跟不上时代的变化，无法回应时代之问；第二是统一性和特殊性相结合，应当把教育部统编教材和各高校的特色教材统一起来；第三是地域性，学科建设落实到人才培养上，要充分彰显各高校自己的地域特色，更好地服务国家和地方的社会经济发展。

复旦大学新闻学院院长张涛甫教授结合知识流量化和价值液态化的双重背景，提出新闻传播教育要“以不变应万变”，在不确定状态下探寻价值、知识、能力的确定性，重构新闻传播教育生态。在价值层面，强调社会面主流价值观和专业面价值观共融；在知识层面，既要注重经验、规范、事实层面等硬性知识，也要注重知识的独立性、自主性、体系和结构化等弹性知识；在能力方面，打造面向行业、面向社会、面向实践的专业能力。重点培养专业硬核能力，包括精确社会定位数据分析能力、沟通能力、核心事实呈现能力、表达能力、技术能力等。

上海交通大学媒体与传播学院院长李本乾教授从教育改革背景、一流人才的培养目标、一流人才培养课程创新体系、P-P 能力培育路径、一流人才培养的体系机制创新、育人机制创新的三大机制、培育“讲好中国故事”人才与成果等方面，介绍了上海交通大学媒体与传播学院以问题为导向、实践为路径的一流人才培养的教育生态体系。

清华大学新闻与传播学院院长周庆安教授提出卓越人才培养的三种认同模式。一是复合化的专业认同，二是全媒化的职业认同，三是高素质的政治认同。介绍了清华大学打造"新闻传播芯片人才"的培养体系，提出以叙事能力的教育为核心，建立国际对话接口、技术对话接口、交叉学科对话接口、新闻素养接口，以实践化与国际化作为通向卓越的两个重要通道，培养兼具政治素养、家国情怀、专业技能、全球视野的卓越新闻传播人才。

华中科技大学新闻与信息传播学院院长张明新教授认为，教师是专业队伍建设中根本的能动性因素，一支优秀的队伍要具备较强的教学、学术水平；改革创新是面向未来的维度和姿态，要根据形势的发展进行创新性的专业改革；完善相关保障机制，建立以创新实践为导向的育人机制和联通内外的交流机制。

浙江大学传媒与国际文化学院院长韦路教授分享了拔尖创新人才培养的浙大经验，该院从价值引领、专业重构、课程提质、模式创新等方面入手，打造以学生成长为中心的课程体系、评价体系、考核体系。该院以颇具特色的"三圈融合"的人力资源管理模式及全员协同的创新举措，通过全员协同、全科协同、全程协同、全球协同的方式，发挥不同行业主体在人才培养中的作用，激发学科交汇在人才培养中的效能，释放育人环节在人才培养中的潜力，凸显全球教育资源在人才培养中的价值。

严三九教授分享了上海大学新闻传播学院在智能传播领域的改革创新模式，重点分享了如何利用区位优势整合资源，以高端论坛、工作坊、机构工作室、名师工作室、智能媒体节、智能媒体课题等为抓手，在师资引进、课程体系构建、人才培养、实践教学、学术活动、研究成果、国际化接轨、社会服务等方面谋求拔尖人才培养的新模式。

7.5.2.3 全国出版学科共建工作会

2023 年是中国出版学科业界与教育界共建出版教育的年份。全国首批五家共建单位：北京印刷学院与中国出版协会共建出版学院、北京大学与中国出版集团共建出版研究院、北京师范大学与广东省委宣传部共建数字出版研究院、四川大学与四川省委宣传部共建出版学院、华东师范大学与上海市委宣传部共建出版学院。借共建签约仪式，各出版学院相继召开了出版教育会议。

7 月 24 日下午，在中宣部指导和教育部支持下，由国家新闻出版署主办、北京大学承办的以"共创一流新学科，同圆出版强国梦"为主题的首届全国出版学科共建工作会在北京大学召开，上海、广东、四川设置分会场线上同步进行。

中宣部副部长张建春强调要深刻认识加强中国特色出版学科的重要意义，坚持马克思主义出版观，贯通政产学研用，高起点谋划部署出版学科共建工作。要完善出版专业设置，打造雄厚师资队伍，健全人才培养体系，扎实推进共建工作重点任务。各共建参与方要强化责任担当，加大支持力度，深化试点探索，形成工作合力，共同推动出版学科建设迈上新台阶。

中国出版协会理事长邬书林表示，要以中国出版协会和北京印刷学院全面共建出版学院为契机，以人才培养为根本，以学科建设为基础，以科学研究为支撑，深入实施出版学科高质量建设计划，大力推进出版人才培养与学术研究，构建出版人才培养新格局与新模式，不断提升出版学术水平，服务国家科技创新战略，努力为出版强国建设作出新的贡献。

北京印刷学院党委书记高锦宏表示，要提高站位，夯实新时代出版学科建设的思想根基；要强化特色，为新时代出版学科建设贡献智慧方案；要着眼未来，为新时代出版学科建设培育优秀人才。以成立出版学院为契机，强化出版学科“贯通培养、交叉融合、拓展传播、协同发展”四大特色创新，努力将学校和中国出版协会共建打造成谋划出版学科发展的智库平台、破解出版领域重要问题的攻关平台和引领多学科交叉融合的创新平台，为出版强国建设作出更多更好的贡献。

中共上海市委宣传部与华东师范大学共同主办的以“共建一流出版学科，培育卓越创新人才”为主题的上海出版论坛暨华东师大出版学院首届开学典礼于 9 月 24 日举行。近百位出版学界专家、业界精英与政界领袖通过线上线下结合的方式共话学科建设与人才培养。

中宣部出版局副局长李一昕指出，出版学科建设是贯彻落实习近平新时代中国特色社会主义思想，建设社会主义文化强国、出版强国的重要组成部分。华东师范大学要以此次共建为契机，以“打造一流出版学科、培养优秀出版人才”为目标，适时而为、稳中有进，为我国出版事业的高质量发展提供有力的理论支撑、智力支持和人才保障。上海市委宣传部副部长徐炯对出版学院的建设目标提出三点要求：一是出版学院要解决为谁培养人的问题：在日趋复杂的国际环境下，人才培养应把牢政治方向，筑牢意识形态阵地；二是要解决培养什么人的问题：出版学科教育应完善培养体系，打造专业能力突出、政治素养牢靠、具备国际视野的复合型人才；三是要解决怎么培养人的问题：出版学院要依托华东师范大学丰厚的教育资源和上海国内国际双区位优势，加快成果转化，形成学术研究与产业发展相互支撑、紧密互动的发展新格局。

中国出版协会理事长邬书林为出版学科建设提出了四点建议。他认为“深度”和“创新”是实现高质量出版建设的重中之重；他建议出版建设既要吸收传统出版文化中的精华，也要抓住新技术革命的机遇；华东师范大学要立足于上海的出版区域优势和本校的多学科建设优势、在智库建设方面积极与上海市委宣传部联合，共同打造“不忘本来、面向未来、吸收外来”的新时代出版学科体系。

2022年10月21日上午，湖南师范大学—中南出版传媒集团战略合作协议签约仪式暨共建一流出版学科，培养卓越拔尖人才高峰论坛在新闻与传播学院书山论坛举行。

湖南出版投资控股集团党委书记、董事长，中南出版传媒集团董事长彭玻指出，此次战略合作，双方将进一步利用各自优势，在现代出版与国际传播等领域，联合开展主题出版、国际出版、融合出版等方面的研究，推动卓越出版人才的培养和一流学科建设，共同打造出版传媒产学研高地，为深入贯彻党的二十大精神，推动教育强省、文化强省建设作出更大的贡献。

中南出版传媒集团董事、总经理丁双平期望中南出版传媒集团能与湖南师范大学达成深度合作，共同推动出版学科建设再上新台阶；争取联合业界精英和高校教师编写编辑出版专业教材；进一步加强双方互动，搭建实习实践基地，让学生尽早参与出版实践，为学生的职业发展提供帮助。

湖南师范大学党委书记蒋洪新强调，双方将在教育教学、人才培养、科学研究等方面展开全方位、多层次合作，同时将进一步推动人才交流互动，加强人才培养、教育力度，打造战略合作新标杆，为深入贯彻党的二十大精神，为科教兴国战略、人才强国战略、创新驱动发展战略作出更新的更大的贡献。

7.5.2.4 广告专业建设研讨会

(1)中国传媒大学计算广告专业建设研讨会

中国传媒大学于7月22日召开了“计算广告专业建设研讨会”，来自北京大学、华南理工大学、上海外国语大学、中国人民大学、暨南大学等国内知名高校及广告业界领先机构的20余位嘉宾，围绕“数字化时代广告的解构与计算广告的定义”“计算广告运作模式及人才需求的变化”“计算广告专业建设的挑战与回应”三个核心议题开展对话交流，为行业发展、专业教育凝聚经验和智慧。专家们对如何认识数字技术带来的广告产业结构及运作模式变化、人才培养的新要求、广告专业如何推进新型人才培养模式等关键问题进行了深入研讨。

各位学者和专家探讨了数字技术对广告产业、广告的基本定义、广告研究范式等带来的冲击，以及新环境下对计算广告展开定义的维度和方法。探讨了计算广告运作的特征、主要环节和流程，以及对广告学专业人才在技能、知识结构等方面提出的新要求。探讨了“计算+广告”这一文理交叉融合的专业范畴，以及从培养理念、课程体系、实践实训平台、产学合作模式等多方面面临的挑战和解决路径。

(2)数字营销实战教学创新暨北大广告学专业国家一流本科专业建设研讨会

10月29日，北京大学召开了“数字营销实战教学创新暨北大广告学专业国家一流本科专业建设研讨会”。会议由北京大学新闻与传播学院主办，北京大学广告学系、北京大学新媒体营销传播研究中心承办，北京大学宝成海峡两岸青年发展基金特别支持。

北京大学新闻与传播学院院长、广告系系主任、北大数字营销实战教学创新项目负责人陈刚教授强调，数字技术带来的重大变革，促使广告教育必须进行数字化转型，其关键在于通过理论创新，把握整体性变革的方向。这门课以创意传播管理理论为指导，重新调整现有的广告课程，建立了新的教学理念，创立了新的教学组织管理方法，形成了新的教学模式，成为适应数字化需求、具有中国特色、产生海内外影响的优秀教学案例。

巨量引擎商业化产品运营陈晖认为，应重视课程的长效反馈机制，强化各方主体的参与度与体验度。抖音集团社会责任部战略与品牌总经理李英表示，实战课程可以考虑做的“更大”，通过拓展更多执行方平台，从而更好体验不同平台在数字营销实践中的差异，实战课程也可以考虑做的“更小”，聚焦在某一类选题中尝试更多不同的类型。

7.5.2.5　其他高校举办的新闻传播教育会议

2022年，不少高校针对自身新闻传播教育存在的问题和自身发展的方向，积极邀请专家学者开会研讨，寻找发展的突破口。

6月25日，广州体育学院举行“2022新文科建设背景下新闻传播学学科建设暨一流新闻学专业建设”学术研讨会。会议由中国新闻史学会新闻传播教育史研究委员会主办，广州体育学院体育传媒学院承办。会议采取线下与线上相结合的方式举行，来自全国高校的领导、学者和研究生共400余人参加了此次会议。

与会专家发表了深有见地的教育报告：周勇教授的《再造主体性：知识体系重构与人才培养模式转换》、王晓红教授的《一流专业建设背景下传媒教育的案例观再造》、强月新教授的《新文科与新闻人才培养》、巢乃鹏教授的《新文科背景下网络与新媒体本科一流专业建设点思考》、彭祝斌教授的《新文科建设背景下的全媒体新闻传播人才培养》、董天策教授的《新文科建设中卓越新闻传播人才培养的内在张力与解决路径》、钟智锦教授的《新文科背景下的跨学科专业建设》、林如鹏教授的《新文科背景下提升新闻传播人才培养质量的思考》、张德胜教授的《发挥特色优势，建设一流专业》，张昆教授的《新闻传播学科的评估与建设路径》。

6月28日下午，西南民族大学新闻传播学院召开“新闻传播学科建设与专业发展研讨会”。相关负责人汇报了西南民族大学新闻传播学院学科建设、专业发展、人才培养等工作情况及所存在的困难和问题。对此，与会的专家给出了富有针对性的指导意见和建议。

7月2日，湖南师范大学新闻与传播学院举办“以一流专业建设促进一流学科发展”研讨会。来自中国人民大学、复旦大学、等高校和新闻研究机构的30余位专家学者围绕“专业教育与学科建设的互动互促”“卓越新闻传播人才培养的实现路径”“新文科背景下新闻传播专业教育模式的变革”三大主题进行了研讨。

2022年11月19日下午，由郑州大学新闻与传播学院与郑州大学新媒体研究院联合主办的“研究生人才培养的国际视野与国际合作”专题论坛成功举办。来自各地高校和科研院所的十余位专家和郑州大学新闻与传播学院的众多博士生导师、硕士生导师围绕新时代国际型新闻与传播人才对培养进行了讨论交流。会议认为能够从各位专家的经验、建议中有所收获，进一步优化了郑州大学新闻与传播学院研究生人才国际化培养的路径。

11月27日，由四川省新闻传播教学指导委员会指导、成都体育学院新闻与传播学院主办的“新闻传播一流专业建设高端论坛”举行，教育部新闻传播学教学指导委员会的16位专家学者一起探讨了新闻传播一流专业的建设问题。与会专家就新闻传播一流专业相关的培养方案创新、协同育人、实践教育、师资队伍建设与师资关怀、教材建设、课程建设、改革的原则与路径等问题展开了交流讨论。

2022年是极为特殊的一年，这一年在新冠疫情历经两年的干扰下，新闻教育界找到了与以往不同的开会交流的方式：线上与线下相结合的方式，这种方式效率高，规模大，节省时间成本，也节省经济成本。

2022年新闻教育会议贡献最大的是中国人民大学新闻学院，该院借建校八十五周之机，召开了《中国传播新闻史》第四版教材编写启动会，“马克思主义中国化新闻舆论思想学术论坛”，(其中包括三个院长论坛)，“赓续红色血脉培养时代新人：中国共产党创办新型正规高等教育的历史经验高端论坛”，“‘中国特色、世界一流’新闻传播拔尖创新人才培养高端论坛”，“坚守与共创：文明多样性背景下的国际新闻传播——2022年度中外新闻传播学院院长论坛”等高层次新闻教育会议。会议探讨的内容几乎涉及新闻传播教育的绝大多数方面，层次高，规模大，场次多，引领了2022年全国新闻传播教育会议的方向。

除此之外，2022年新闻教育界集中关注的新闻教育问题是广告教育改革、国际新闻与传播人才的培养、广播电视新闻传播教育的转型问题、一流新闻学专业建设问题、新文科与中国特色新闻学科建设问题、出版学科共建问题、智能传播人才培养问题、新闻传播学科建设与卓越人才培养问题等。可以说，2022年新闻传播教育界关注的问题都是中国新闻教育界面临的紧迫问题。但是，从会议发言情况看，方向性高屋建瓴的讨论多，具体可操作的技术层面的发言少，院长和知名教授发言多，普通教师发言少，这势必在一定程度上影响新闻教育改革的深度和广度。

(西安交通大学新闻与新媒体学院　李聿哲；陕西师范大学新闻与传播学院　李文)

7.6　新闻传播教育研究成果概览

7.6.1　2022年新闻传播教育论文目录

按姓氏拼音排序

1. 艾伦·斯塔维茨基，陈昌凤，黄煜，胡翼青，姜红，拉勒米·泰勒，劳尔·瑞斯，李本乾，林珊珊，漆亚林，强月新，隋岩，韦路，俞南，张明新，张涛甫，张晓锋，支庭荣，周勇．后疫情时代的新闻传播教育：范式变革、理念转变与国际合作[J]. 中国出版，2022，522(1)：24-28.

2. 巴雪冰，房园，周福良，刘达蔚．新媒体下高校“四史”教育具象化传播探析[J]. 中国报业，2022，549(20)：90-91.

3. 包学敏．基于OBE理念下新闻采访课程思政教育的探索与实施[J]. 普洱学院学报，2022，38(4)：117-119.

4. 蔡斐，王啸洋．影像思维：当代新闻传播教育亟待提升的媒介素养[J]. 中国编辑，2022，154(10)：70-74.

5. 蔡馥谣．高校创意传播人才培养融合与变革研究[J]. 新闻潮，2022，277(8)：47-49.

6. 蔡姗．民办本科高校卓越新闻传播人才实践教学新探索——以武汉华夏理工学院为例[J]. 传播与版权，2022，114(11)：4-6.

7. 曹钢．融媒时代传媒院校广播电视人才培养：新基点、新挑战与新路径[J]. 西部广播电视，2022，43(8)：44-46.

8. 曹流芳．混合式教学在新闻实务课堂中的运用——以《新闻采访与写作》为例[J]. 采写编，2022，186(1)：141-142.

9. 曹智坤．跨界融合推动“大思政”破圈传播——湖南教育电视台思政节目建设路径探析[J]. 教育传媒研究，2022，41(6)：49-51.

10. 曾文佳，韩忠岭．第三媒介时代严肃音乐教育沉浸式传播路径研究[J]．新闻研究导刊，2022，13(20)：25-27.

11. 曾宪瑛，涂心湄．传统媒体打造爆款新闻作品的实践策略——以江西教育传媒集团“沙画绘党史童心永向党”为例[J]．传媒，2022，386(21)：68-71.

12. 曾祥敏，郄屹．“新文科”语境下广播电视学专业和人才培养改革创新[J]．中国广播电视学刊，2022，378(9)：17-20.

13. 曾雨荪，王海刚．三螺旋理论视域下国际传播人才培养的进路[J]．出版广角，2022，416(14)：86-90.

14. 查盈章．新媒体时代高校继续教育的信息传播与服务模式路径探索——以苏州大学继续教育新媒体矩阵为例[J]．湖北开放职业学院学报，2022，35(19)：40-42.

15. 常洪卫．“正”型卓越新闻传播人才德育模式的实践探索——以山东政法学院传媒学院为例[J]．湖南大众传媒职业技术学院学报，2022，22(3)：17-21.

16. 常志刚，邓建国．国际新闻传播人才培养的复旦模式[J]．青年记者，2022，735(19)：80-82.

17. 陈昌凤，吕宇翔．新闻教育如何在技术主导下的颠覆性变革中创新？[J]．新闻大学，2022，189(1)：20-33，120.

18. 陈丹．新文科背景下数据新闻人才培养现状及对策[J]．新闻论坛，2022，36(4)：112-114.

19. 陈刚，李沁柯．“根柢、门径与资粮”：媒介融合背景下新闻学人才培养范式变革[J]．新闻前哨，2022，338(7)：59-61.

20. 陈刚．新时代新闻传播教育的思考[J]．新闻战线，2022(19)：10-13.

21. 陈红艳．新文科背景下数字广告人才培养方案优化探索[J]．长春工程学院学报(社会科学版)，2022，23(3)：94-97.

22. 陈静，童光辉．学科交叉文理兼备——“新文科”背景下复合型财经新闻人才培养的实践与思考[J]．声屏世界，2022，523(20)：91-93，107.

23. 陈峻俊，翟梦迪．民族新闻传播实践教育创新路径与展望[J]．新闻论坛，2022，36(2)：80-81.

24. 陈丽丹，姚艺．人工智能赋能新闻传播教育：实践转向、未来愿景与赋能路径[J]．重庆邮电大学学报(社会科学版)，2023，35(1)：140-147.

25. 陈琼．价值融合：青少年教育类节目融合传播的思考[J]．视听界，2022(6)：52-54.

26. 陈甜甜，李劭强．“讲好体育故事”：体育新闻专业课程思政教学的路径探索[J]. 海河传媒，2022，016(4)：34-40.

27. 陈蔚林 . 教育类纸媒新闻报道转型与创新[J]. 中国报业，2022，533(4)：28-29.

28. 陈文敏 . 全媒型人才培育背景下新闻学院专业导论的知识型引导[J]. 惠州学院学报，2022，42(4)：95-99，128.

29. 陈希 .“践行四力”与新闻传播数字人才培养路径研究[J]. 陕西青年职业学院学报，2022，141(3)：17-20.

30. 陈小燕 . 人工智能重塑新闻人才培养：趋势、问题与价值旨趣[J]. 采写编，2022，194(9)：94-96.

31. 陈雪，夏琼 .《教育杂志》性教育传播的现代转向及启蒙意义[J]. 新闻与传播评论，2022，75(3)：120-128.

32. 程丽红 . 新文科语境下新闻传播人才培养[J]. 社会科学战线，2022，322(4)：185-191，282.

33. 崔汝源 . 叙事教育法在国际新闻实务课程中的应用[J]. 青年记者，2022，738(22)：120-122.

34. 崔迎春，普书贞 . 二战后日本高等新闻教育的重启与转型[J]. 传媒论坛，2022，5(21)：71-74.

35. 戴欢欢 .《中国新闻传播史》课程思政教学探赜[J]. 呼伦贝尔学院学报，2022，30(4)：138-143.

36. 戴伟 . 成舍我迁台时期新闻教育活动及其对台湾新闻业影响[J]. 东南传播，2022，219(11)：46-48.

37. 戴竹君，于震 . 新闻出版教育实践共同体的内涵与构建探究[J]. 传播与版权，2022，113(10)：109-111.

38. 党洁 . 抗疫报道与新闻业务类课程思政教育的实现[J]. 新闻传播，2022，423(6)：110-112.

39. 邓海林 . 从线性传输到复合驱动：5G 时代新闻出版人才培养的发展逻辑与范式转变[J]. 传媒观察，2022，459(3)：84-90.

40. 第四届西部传媒发展暨马克思主义新闻观教育论坛举行[J]. 新西部，2022，548(1)：143.

41. 丁骋，张威 . 刚性、正义与教育：制度伦理视角下我国新闻工作者职业道德建设的三条路径[J]. 中国编辑，2022，146(2)：45-50.

42. 丁汉青 . 守正与创新：新文科背景下的新闻传播专业人才培养[J]. 传媒，

2022，370(5)：9-12.

43. 丁俊杰，刘甜甜．产教融合：广告教育的综合实践教学模式探析[J]．中国高等教育，2022，687(6)：44-46.

44. 丁文娟．媒介融合背景下的新闻传播人才培养[J]．公关世界，2022，534(19)：50-51.

45. 董丹．转型期新闻实务类课程教学改革的守正创新[J]．视听，2022，178(2)：176-179.

46. 董书华，钱婕．数字媒体环境下《新闻学概论》教学改革与创新研究[J]．传媒论坛，2022，5(3)：63-65，72.

47. 段鹏，王一淳．国际传播人才培育路径探析[J]．出版发行研究，2022，363(2)：23-28.

48. 鄂冠男．时尚传播专业视域下的OBE教学模式实践与探索——以时尚影视创作课程为例[J]．艺术设计研究，2022，103(5)：122-128.

49. 范佳佳．范长江西北考察前的个人经历及其对新闻教育的启示[J]．内江师范学院学报，2022，37(7)：42-45.

50. 范佳佳．基于微助教平台的新闻学类基础写作课程教学模式改革探析[J]．传播与版权，2022，113(10)：4-6，11.

51. 范久红．新文科建设背景下《新闻摄像》课程教学创新——以天津体育学院为例[J]．今传媒，2022，30(6)：143-146.

52. 范蕾蕾，向永心．全媒体视域下在线教育品牌传播问题探析[J]．采写编，2022，193(8)：169-171.

53. 方勇，闻科伟．发挥新兴媒体优势增强思想教育效果——评《新媒体的社会功能及其传播模式》[J]．山西财经大学学报，2022，44(11)：129.

54. 费雯俪．在党史学习教育中深植马克思主义新闻观[J]．新闻爱好者，2022，530(2)：91-93.

55. 冯诚．构建“三通一平”产学共同体——基于新时代高质量新闻传播人才培养范式创新[J]．青年记者，2022，719(3)：20-22.

56. 冯海兵．全媒体时代高校应用型新闻传播学类人才培养模式研究[J]．传媒论坛，2022，5(12)：113-117.

57. 冯天格．新媒体传播视角下党史教育的发展脉络与策略研究[J]．品位·经典，2022(23)：135-137.

58. 冯婷婷，靳文雅．新文科背景下虚拟仿真实验在新闻传播类专业教学中的应用[J]．新闻世界，2022，380(12)：89-92.

59. 冯雅清．新媒体环境下新闻理论教学“课程思政”探索与研究——以“新闻学概论”课程为例[J]．甘肃高师学报，2022，27(4)：103-106.

60. 付松聚，付曼羽．基于建构主义学习理论的“新闻学概论”课程教学改革实践研究[J]．声屏世界，2022，515(12)：81-83.

61. 付松聚．智媒时代高校新闻传播人才培养转向探析[J]．全媒体探索，2022，15(11)：77-78.

62. 付玉，黄梦然．新文科背景下人工智能与新闻传播教育深度融合的路径探索[J]．传播与版权，2022，112(9)：90-93.

63. 傅群山，袁媛．教育融媒提升传播效能的有效路径——以广东广播电视台“我向‘两会’说愿望”为例[J]．西部广播电视，2022，43(21)：27-29.

64. 干雅卓．新媒体时代高职院校新闻采编与制作专业人才培养模式的教改研究[J]．新闻研究导刊，2022，13(22)：198-201.

65. 高红波，屈梦茹．“广播电视新闻学”课程思政建设的独特优势与案例教学——兼谈中国新闻奖获奖作品在高校新闻传播教育中的应用价值[J]．教育传媒研究，2022，41(6)：31-34.

66. 高金萍，李庆豪．新时代马克思主义新闻观教育的三重逻辑[J]．中国高等教育，2022，697(18)：39-41.

67. 高冉，张烜，沈弦．高校卓越新闻人才培养路径探析[J]．新闻研究导刊，2022，13(13)：51-53.

68. 高晓虹，冷爽，赵希婧．守正创新：中国特色国际新闻传播人才培养研究[J]．中国编辑，2022，151(7)：4-9.

69. 高晓虹，涂凌波．“实践赋能”视野下中国新闻传播教育的理念与模式创新[J]．中国高等教育，2022，689(8)：24-27.

70. 谷虹．以“创新网络”联结“多维时空”的“数字营销传播”课程混合式教学[J]．青年记者，2022，721(5)：88-90.

71. 管倩，苏姝．全媒体时代 OBE 理念下《新闻采访与写作》课程的教学实践创新研究[J]．电影评介，2022，684(10)：79-83.

72. 郭小安．新时代新闻传播教育的使命、问题及出路——张昆教授新著《新闻传播教育导论》的学术思考[J]．东南传播，2022，209(1)：69-70.

73. 郭愚．中国新闻史课程教学改革探析[J]．新疆职业教育研究，2022，13(4)：30-32.

74. 郭子辉，戴娜. 新闻传播类实践课程的思想政治教育改革路径探索[J]. 教育教学论坛，2022，558(7)：65-68.

75. 国晓芬. 探索马克思主义新闻观在版式设计课程中的教学应用——以传播与策划专业为例[J]. 品位·经典，2022(19)：145-147.

76. 韩璐娇. 扩展国际传播渠道深化民族音乐教育——评《中国民族音乐的国际推广与传播研究》[J]. 传媒，2022，367(2)：99.

77. 韩瑞娜. 课程思政和OBE理念的混合式教学：新闻传播伦理与法规教学改革研究[J]. 西部广播电视，2022，43(20)：53-55.

78. 何丹虹，李莹. 融媒体环境下高校新闻观教育的实践和探索[J]. 公关世界，2022，536(21)：60-61.

79. 何顺民，史晖. 知识网络化背景下地方高校新闻传播学专业理论课程教学的变革与探索[J]. 教育传媒研究，2022，41(6)：56-57.

80. 贺彩红. 智媒时代我国国际传播人才培养研究[J]. 中国报业，2022，535(6)：114-115.

81. 贺文峰. 智媒时代新闻传播人才校本培养模式研究——以湖南工业大学为例[J]. 新闻研究导刊，2022，13(19)：22-24.

82. 胡衬春. 新闻实践教学的突破与创新——评靖鸣专著《颠覆与创新：新闻采访教与学》[J]. 新闻爱好者，2022，529(1)：81-83.

83. 胡芳，田香凝. 面向国家战略的国际传播人才培养体系建构[J]. 现代出版，2022，138(2)：41-47.

84. 胡静柔. 新媒体时代在新闻传播学课程思政教学改革中落实立德树人教育目标的思考[J]. 产业与科技论坛，2022，21(24)：185-187.

85. 胡楠. 为融媒时代培养下一代新闻编辑——解决"新数字鸿沟"引发的教学挑战[J]. 中国报业，2022，535(6)：116-117.

86. 胡沈明. 新时代新闻传播人才使命观的培育路径[J]. 青年记者，2022，735(19)：83-85.

87. 胡栓. 红色新闻文化融入马新观教育的价值意蕴[J]. 当代传播，2022，227(6)：68-70.

88. 胡正荣，王天瑞. 能力与价值：新时代国际传播人才队伍培养的关键[J]. 中国编辑，2022，152(8)：45-51.

89. 黄珏.《南宁民国日报》教育观念传播策略探析[J]. 新闻研究导刊，2022，13(2)：121-123.

90. 黄葵．全媒体时代新闻传播人才培养的基石路径[J]．编辑学刊，2022，206(6)：96-101.

91. 黄立安，梁建业．以新文科建设为引领，实施"1+3"新理念——广西财经学院广告学本科教育教学改革探索[J]．教育观察，2022，11(4)：95-98.

92. 黄立安．融媒体背景下新闻传播专业教学改革研究[J]．佳木斯职业学院学报，2022，38(3)：146-148.

93. 黄璐璐．主流媒体做好教育信息化传播的四大着力点——以中国教育报改进融媒体智慧教育传播的实践为例[J]．新闻传播，2022，430(13)：72-74.

94. 黄鑫，童兵．红色场域：马克思主义新闻观教育的现实构建[J]．新闻爱好者，2022，529(1)：4-7.

95. 吉平，李琳．理工科院校广播电视编导专业人才培养思路探索与实践——以陕西科技大学为例[J]．新西部，2022，557(10)：134-136.

96. 吉喆．基于"四化"教学模式的"新闻采写"课程教学改革与实践[J]．长春师范大学学报，2022，41(5)：165-167.

97. 吉卓珊．新媒体视角下高校新闻传播综合性人才培养路径[J]．西部广播电视，2022，43(3)：64-66.

98. 姜圣瑜．如何让马克思主义新闻观润物无声——新闻教学中坚持思政全浸润的实践与思考[J]．海河传媒，2022，014(2)：33-36.

99. 姜巍．核查、伦理与特色——"新闻行动者网络理论"视角下对新闻学教育的再思考[J]．中国记者，2022，582(6)：63-66.

100. 金石，么静涛．教学论视阈下新闻传播学科实践教学的思路及价值[J]．新闻论坛，2022，36(6)：114-116.

101. 金伟娇，陈嘉玲．新闻学专业课程思政：育人目标、教学设计及特色——以《新闻学概论》为例[J]．新闻传播，2022，426(9)：68-70.

102. 孔令彬．"三全育人"指引下的新闻实践教学——以《全媒体实务》为例[J]．中国报业，2022，553(24)：116-117.

103. 赖黎捷，李浩然．新闻与传播专业硕士"双元制"教学模式应用研究——以重庆新闻学院为例[J]．新闻研究导刊，2022，13(15)：15-17.

104. 李彪，高琳轩．新时代卓越新闻传播本科人才培养：现状、问题及优化路径[J]．中国编辑，2022，145(1)：41-46.

105. 李帆，宋佳欣．谋划教育新闻宣传大计为党的二十大胜利召开营造良好舆论氛围——2022年全国教育报刊社社长、总编辑会议暨《人民教育》工作会议综述[J]．人民教育，2022，875(Z3)：20.

106. 李昉睿．论媒介融合视角下的高校新型新闻传播人才培养方法[J]．新闻传播，2022，440(23)：9-11.

107. 李红秀，蔡雨坤，张晟．立足中国实践，注重交叉融合，培养全媒人才——新文科建设中新闻传播学转型发展学术研讨会综述[J]．中国广播电视学刊，2022，377(8)：134-135.

108. 李佳璇．地方高校新闻学本科生马克思主义新闻观教育研究——基于学生视角的质性研究[J]．新闻研究导刊，2022，13(13)：57-59.

109. 李杰锋，石峰．新文科视域下新闻传播教育的实践与创新——以广西财经学院新闻与文化传播学院为例[J]．新闻传播，2022，435(18)：73-75.

110. 李良荣，魏新警．论融媒体时代新闻传播复合型人才培养的“金字塔”体系[J]．新闻大学，2022，189(1)：1-7，119.

111. 李娜．新文科背景下广播电视编导专业人才培养模式研究[J]．韩山师范学院学报，2022，43(1)：103-108.

112. 李芊，梁慧，张青．生态系统视角下新闻传播人才培养模式研究[J]．新闻研究导刊，2022，13(14)：38-40.

113. 李芊，魏玮．新文科背景下新闻传播双三螺旋人才培养模式研究[J]．新闻潮，2022，281(12)：49-52.

114. 李芊，周凤姣．基于胜任力模型的全媒体新闻传播人才培养模式研究[J]．新闻潮，2022，274(5)：48-51.

115. 李强．“课赛结合”模式下广告学专业教学手段及方法改革研究——基于 OBE 理念的广告人才培养改革探索[J]．传播与版权，2022，104(1)：115-117.

116. 李青．高职新闻专业人才培养模式探索与实践[J]．新闻前哨，2022，352(21)：63-64.

117. 李天福．课程思政视域下新闻传播人才培养目标优化探析[J]．中国广播电视学刊，2022，376(7)：46-49.

118. 李效文，李玉玲．新闻教育的显性课程与隐性课程分析[J]．媒体融合新观察，2022，212(2)：29-33.

119. 李欣．新闻传播与中国古代文学课程的教学[J]．文学教育(上)，2022，571(3)：184-186.

120. 李雅楠．新媒体环境下高校新闻专业人才培养模式探究[J]．新闻研究导刊，2022，13(1)：193-195.

121. 李亚玲．泛在学习场景下新闻理论课程教学创新与实践研究[J]．新闻研究导刊，2022，13(9)：16-19.

122. 李亚萍．新文科背景下新闻传播实践教学改革路径探析[J]．新闻研究导刊，2022，13(15)：61-63.

123. 李雨蒙，熊茵．责任式创新视域下新闻传播学人才培养方案的转型探讨——以全媒体创新实践班为例[J]．传媒论坛，2022，5(15)：71-73.

124. 李云雅，郭东．教育改革视域下高校新闻传播课堂提质的思考[J]．采写编，2022，197(12)：160-162.

125. 李云雅，郭东．高校新闻业务课程融媒化教学探析[J]．采写编，2022，196(11)：158-159，134.

126. 李振粉，张倩，李静媛．新闻写作课程思政教学体系建设研究与实践[J]．西部广播电视，2022，43(13)：46-48.

127. 梁民达，康国卿．“三元驱动”的新闻实践教学模式探索与实践[J]．新闻前哨，2022，333(2)：60-62.

128. 梁颖涛，龙芸，尹力．新文科建设背景下地方高校新闻传播人才培养改革的实践探索[J]．广西广播电视大学学报，2022，33(5)：52-57.

129. 廖立胜．中华文化海外传播与教育——评《中华文化海外传播研究》[J]．中国教育学刊，2022，355(11)：115.

130. 廖声武．中国早期新闻教育的理念及其实践[J]．湖北社会科学，2022，424(4)：154-159.

131. 林宏，刘丽，李昱．红色革命文化的融媒体传播研究与实践——以山东教育电视台《思政这样潮》栏目为例[J]．教育传媒研究，2022，41(6)：52-55.

132. 林晖，罗婷婷．“拆墙”与“建墙”：中国新闻学教育的再“专业化”[J]．新闻大学，2022，189(1)：34-44，121.

133. 林靖．新时期新闻职业理想教育再思考[J]．海河传媒，2022，014(2)：37-39.

134. 林溪声．以马克思主义新闻观教学改革推进新闻人才培养[J]．当代传播，2022，227(6)：65-67.

135. 林秀梅．新文科背景下卓越新闻人才培养的四个维度[J]．西部广播电视，2022，43(7)：51-53.

136. 凌菁，李方凌．日本新闻传播教育产学对接的改革研究——以早稻田大学为例[J]．新闻传播，2022，434(17)：28-30.

137. 刘畅，张春辉．新文科背景下新闻学专业文学课“课程思政”教学设计探析[J]．呼伦贝尔学院学报，2022，30(6)：115-119.

138. 刘迪．融媒体时代下国际新闻与传播人才培养模式探索[J]．新闻传播，2022，425(8)：12-14.

139. 刘飞曼．智媒时代播音与主持艺术专业核心课程 BOPPPS 教学模式的探索与实践——以《广播电视新闻现场报道》课程教学为例[J]．新闻传播，2022，434(17)：25-27.

140. 刘峰．融媒体时代做好党报新闻评论的策略研究——以《安徽日报》党史学习教育报道为例[J]．新闻世界，2022，369(1)：7-11.

141. 刘寒．基于文学传播的高校影视教学改革——评《影视文学批评学》[J]．中国教育学刊，2022，346(2)：110.

142. 刘鸣筝，梅凯．价值启迪：“四向四做”与国际传播人才培养[J]．白城师范学院学报，2022，36(6)：59-63.

143. 刘平．新闻传播类专业校企合作人才培养模式探析[J]．人才资源开发，2022，480(21)：61-62.

144. 刘蔚．新文科背景下电视公益广告的传播教育价值探析[J]．新闻传播，2022，440(23)：82-84.

145. 刘晓岚，李艳平．协同融合的新闻传播人才培养研究[J]．青年记者，2022，734(18)：111-113.

146. 刘义昆．新闻传播教育的中国方案——读张昆教授《新闻传播教育导论》[J]．新闻爱好者，2022，536(8)：71-72.

147. 刘昱，刘传瑞．全媒体时代高校思政教育话语传播优化的三重逻辑[J]．新闻研究导刊，2022，13(17)：50-52.

148. 柳青．网络与新媒体专业课程项目式教学实践研究——以《新闻学概论》为例[J]．新闻世界，2022，374(6)：85-88.

149. 卢春，赵玉德，曹颖，曹宗满．现代学徒制人才培养模式探究——以广告设计专业为例[J]．辽宁丝绸，2022，180(2)：65-66，47.

150. 陆敏．新闻传播人才思维能力提升的互动式教育模式——以《摄像基础》课程为例[J]．新闻前哨，2022，339(8)：74-75.

151. 陆姗姗．独立学院新文科“双创”应用型人才培养模式改革与实践——以广告学专业为例[J]．美术教育研究，2022，282(23)：124-127.

152. 马海霞．SPOC 视阈下“新闻学概论”课程混合式教学模式探索[J]．韶关学院学报，2022，43(5)：94-98.

153. 马凌．在概念辨析中开展马克思主义新闻观教学[J]．当代传播，2022，227(6)：62-64.

154. 马珣．数字时代新闻传播学教师教学能力提升路径探究[J]．新闻研究导刊，2022，13(6)：175-177.

155. 马月飞，王天雨．新闻传播人才的数据素养培养路径探索[J]．新闻研究导刊，2022，13(4)：26-28.

156. 孟丽．微传播时代的新媒介素养教育[J]．青年记者，2022，726(10)：34-36.

157. 孟茹，顾杨丽．广告学专业课程思政教学改革探索——以《整合营销传播实务》为例[J]．今传媒，2022，30(11)：145-148.

158. 莫蓝翔．基于“理论+实践”的新闻学专业课程思政教学改革实践探究——以“影视编导与制作”为例[J]．广西民族师范学院学报，2022，39(2)：108-112.

159. 莫敏，曹迎．新文科背景下地方高校卓越新闻传播人才培养路径的探索与实践[J]．梧州学院学报，2022，32(2)：56-60.

160. 聂虎．新文科背景下“四力”建设融入高校新闻人才培养的路径[J]．人才资源开发，2022，474(15)：84-86.

161. 牛沛媛．地方应用型高校新媒体传播人才培养路径分析[J]．新闻研究导刊，2022，13(13)：228-230.

162. 潘君．新文科背景下新闻传播学科课程思政教学创新与品牌培育——以武汉华夏理工学院为例[J]．传播与版权，2022，115(12)：112-114.

163. 彭咪．基于信息传播媒介下文本视觉化课程的模块化教学研究[J]．大众文艺，2022，531(9)：110-112.

164. 彭汝平．教育电视新闻舆论引导力探究——从湖南教育电视台“焦育平”的创新实践谈起[J]．教育传媒研究，2022，36(1)：64.

165. 彭雨晴，许莹冰．粤语国际传播人才培养目标体系与行动逻辑[J]．传媒，2022，372(7)：55-58.

166. 戚德祥，孙红．中国出版国际传播能力建设研究——基于人才、品牌、渠道维度的思考[J]．中国编辑，2022，155(11)：38-44.

167. 亓迪．探寻在党史学习教育必修课中提升新闻素养的方法[J]．活力，2022，616(3)：15-17.

168. 钱晓田，钱文文．全球化传播语境下新闻专业双语教学模式的创新[J]．新闻知识，2022，462(12)：76-80.

169. 邱天．媒介融合时代的新闻教育新趋势——评《媒介融合推进下的新闻教育变革》[J]．中国教育学刊，2022，349(5)：111.

170. 邱馨，陈朝红．融媒体时代大学新闻采写课教学模式改革探索[J]．新闻研究导刊，2022，13(18)：67-69.

171. 全国人才工作新闻摄影暨短视频比赛作品选登[J]．中国人才，2022，583(7)：89.

172. 任芸莹．高校新闻传播专业人才培养路径探究[J]．山东开放大学学报，2022，113(4)：55-57.

173. 阮洋，杨泽生．新加坡新闻传播教育发展沿革及培养模式探析——以南洋理工大学为例[J]．新闻研究导刊，2022，13(10)：34-36.

174. 萨迪尔江·苏力坦．体育新闻与多媒体教学的有效结合分析[J]．采写编，2022，191(6)：175-176.

175. 尚毅．海外华文教育文化传播赋能国际传播“五力”场景效应[J]．新闻爱好者，2022，532(4)：102-104.

176. 申晓芳．新媒体时代新闻教学转型的策略[J]．湖北开放职业学院学报，2022，35(11)：154-155，160.

177. 沈红兰．融媒体时代思政教育传播创新路径——评《融媒体传播论》[J]．新闻爱好者，2022，535(7)：113.

178. 盛芳．新文科建设背景下马克思主义新闻观教学实践与思考[J]．新闻潮，2022，271(2)：45-47.

179. 石义彬，邱立．融入与创新：我国建设性新闻教育的发展方向[J]．中国编辑，2022，146(2)：66-70.

180. 舒立辉，叶舒睿．思政教育融入新闻传播教育课程的教学研究[J]．中国多媒体与网络教学学报(中旬刊)，2022(5)：61-64.

181. 帅男勋．新闻采风实训教学改革思考与建议[J]．新闻研究导刊，2022，13(4)：227-229.

182. 宋珈苇．新中国国际传播人才培养回顾与反思[J]．新闻传播，2022，420(3)：25-26.

183. 宋琳琳．基于“建构式”教学模式在《新闻传播学研究方法》课程中的应用[J]．新闻传播，2022，440(23)：41-43.

184. 苏芳荔，李世豪，刘清华．基于招聘广告的数据科学人才技能需求及职责分析[J]．郑州航空工业管理学院学报，2022，40(4)：95-101，107.

185. 眭钰璨．赵振宇：新闻评论领域的教育者、研究者与实践者[J]．海河传媒，2022，018(6)：2-3.

186. 孙翯．智媒时代的新闻人才培养：目标、困境与优化路径[J]．中国人力资源开发，2022，39(2)：87-93.

187. 孙翠冉．新时代国际传播青年人才的能力要求与培养路径解析[J]．对外传播，2022，311(8)：46-48.

188. 孙鹏飞，刘健．新文科视域下新闻学专业教学改革探析[J]．新闻研究导刊，2022，13(20)：22-24.

189. 孙琦．场域理论视角下新闻专业在线教学实践分析与教学模式变革展望[J]．声屏世界，2022，525(22)：96-98.

190. 孙清凤．中美新闻传播学博士研究生教育的比较与启示——以密苏里大学和中国人民大学为例[J]．高教论坛，2022，268(2)：117-120，124.

191. 孙雪莹．云南高校新闻传播课程思政教育模式创新初探[J]．大众文艺，2022，538(16)：204-207.

192. 谭珂瑾，姚颖．教育戏剧在高校传统文化传播中的教学实践[J]．新闻研究导刊，2022，13(6)：74-77.

193. 唐见，梁锋．“新闻+”融合型传播人才内涵阐释与培养研究[J]．新闻前哨，2022，343(12)：8-11.

194. 唐洁，吴兰．新文科建设背景下地方高校新闻传播人才融合培养路径研究[J]．广西广播电视大学学报，2022，33(4)：65-68.

195. 田学军．走好高质量国际传播人才自主培养之路[J]．中国党政干部论坛，2022，409(12)：48-50.

196. 田园．广告艺术设计专业在新媒体环境下如何构建人才培养新模式[J]．科技风，2022，494(18)：13-15.

197. 田园子，王雅馨．智媒时代新闻实务类课程教学改革的创新路径——以《新闻编辑》课程为例[J]．新闻前哨，2022，350(19)：79-80.

198. 童兵．习近平对人权的尊重和对新闻人才的关爱[J]．新闻记者，2022，470(4)：3-7.

199. 王博丞．广播电视工程人才培养探索与实践——以浙江传媒学院“中广班”为例[J]．中国有线电视，2022，449(12)：61-63.

200. 王超群，张捷．高校新闻传播学学科科研成果转化为教学资源的方式与策略——以湖南科技大学新闻传播专业为例[J]．当代教育理论与实践，2022，14(5)：

134-138.

201. 王党飞，肖凡．翻转课堂在新闻摄影课程教学中的实验研究[J]．西部广播电视，2022，43(3)：74-76，95.

202. 王洪越．暮年追梦不已致力培养人才——郑保卫为民族地区新闻教育再做贡献[J]．新闻论坛，2022，36(1)：32-34.

203. 王嘉，王利．新文科视野下地方本科院校新闻学人才培养的路径[J]．教育理论与实践，2022，42(30)：23-26.

204. 王嘉瑜．新文科背景下青海省高校新闻教育的探索与思考——以“坚守在地震灾区的师大人”系列报道为例[J]．新闻传播，2022，435(18)：76-77.

205. 王建民，崔巍．虚拟仿真技术下的新闻传播教学模式——以城市突发事件的全景报道为例[J]．青年记者，2022，721(5)：86-87.

206. 王江蓬．新文科视野下国际新闻传播人才的培养[J]．新闻论坛，2022，36(1)：112-114.

207. 王俊义，刘越飞．元宇宙赋能新闻教育：可能与可为[J]．新闻论坛，2022，36(6)：111-113.

208. 王坤，李唐．价值坚守与融合创新——融媒体环境下的新闻教学研究[J]．采写编，2022，195(10)：156-157，117.

209. 王明华．新传播环境下高校复合型新闻人才培养模式研究[J]．西部广播电视，2022，43(15)：75-77.

210. 王溥，董雨頔．智能化背景下新闻采写教学改革新要求与新探索[J]．新闻前哨，2022，335(4)：4-6.

211. 王茹，刘庆振．高校新闻传播学科实践教学策略分析——以北京体育大学新闻与传播学院服务冬奥会活动为例[J]．传媒，2022，374(9)：85-87.

212. 王润泽．做新闻传播人才培养的本分事[J]．新闻论坛，2022，36(5)：1.

213. 王淑萍．案例、实践、新媒体教学：党史教育融入新闻采写课程的实践研究——以广西师范大学为例[J]．新闻潮，2022，278(9)：44-47.

214. 王巍，张纯．新闻镜头人才视角的报道与实践初探[J]．求贤，2022，375(11)：54-55.

215. 王武林．基于短视频场景的新闻传播教育新生态探索[J]．传媒评论，2022，345(7)：39-42.

216. 王贤修．新媒体时代新闻写作教学模式创新研究[J]．新闻研究导刊，2022，13(21)：194-196.

217. 王秀波 . 5G时代高职新闻采编专业实践教学模式探究——以江西传媒职业学院为例[J]. 新闻传播，2022，438(21)：86-88.

218. 王雪娇 . 数字媒体时代新闻人才培养的创新路径[J]. 陕西教育(高教)，2022，561(11)：49-50.

219. 王妍颖 . “校媒共建”框架下新闻采写课程教学探寻[J]. 记者摇篮，2022，616(4)：39-41.

220. 王妍颖 . 广播电视新闻学专业课程教学改革研究[J]. 记者摇篮，2022，613(1)：159-161.

221. 王彦勋，段卫里 . 融媒体时代地方本科院校数据新闻人才培养的困境与路径研究[J]. 采写编，2022，191(6)：173-174.

222. 王勇，李娟 . 新时代新闻人才的标准与使命及对新闻教育的启示[J]. 北方传媒研究，2022(2)：37-41.

223. 王瑜 . 融媒体时代广播电视新媒体人才需求和能力培养策略分析[J]. 西部广播电视，2022，43(S1)：118-123.

224. 王振宇，孙艳艳，韩诺敏 . 关于民族地区高等院校新闻学专业人才培养与乡村振兴战略有机对接的几点思考[J]. 民族高等教育研究，2022，10(4)：48-52.

225. 王振宇，孙艳艳，赵承钢 . 贯通“三重课堂”构建新闻传播人才培养大思政格局[J]. 新闻传播，2022，430(13)：81-83.

226. 王中伟，郑雅清 . 影像化案例：创新马克思主义新闻观教学的一种可能路径[J]. 声屏世界，2022，513(10)：74-77.

227. 温丽琼 . 网络直播课程的教学实践与改革探索——基于广州华商学院传播与传媒学院教改实践的思考[J]. 视听，2022，187(11)：167-170.

228. 温心馨，宋代雨，龙波宇，袁睿麟 . 课程思政理念融入融合新闻学课程的教育路径探索[J]. 传播与版权，2022，111(8)：102-105.

229. 温心馨，宋代雨，龙波宇，袁睿麟 . 融媒体环境下党史学习教育在新闻传播专业人才培养中的实践探索[J]. 传播与版权，2022，110(7)：1-3，7.

230. 温秀妍 . 技术变革语境下新闻传播研究生教学内容的思考——以网络传播实务研究课程为例[J]. 新闻前哨，2022，335(4)：11-12.

231. 文秋芳 . 国际传播能力、国家话语能力和国家语言能力——兼述国际传播人才培养“双轮驱动”策略[J]. 河北大学学报(哲学社会科学版)，2022，47(3)：17-23.

232. 吴昌明 . 新文科建设视域下的主持传播人才培养新范式[J]. 新闻传播，2022，427(10)：57-59.

233. 吴殿义. 计算广告运作模式及人才需求的变化[J]. 国际品牌观察，2022，236(22)：72-73.

234. 吴航行，杨华，张雪. 2020年陕西省高校新闻传播教育发展路径探究[J]. 新闻传播，2022，426(9)：64-67.

235. 吴亮芳. 新闻学基础课基于SPOC的产出导向式教学设计与实践[J]. 新闻研究导刊，2022，13(17)：13-15.

236. 吴琼. 论新文科视域下新闻传播人才培养创新[J]. 常州工学院学报(社科版)，2022，40(5)：132-135.

237. 吴卫华. 新媒介环境与卓越新闻传播人才培养[J]. 中国地市报人，2022，420(2)：12-14.

238. 吴晓平，管笛伊. 共读：新闻传播文献阅读课程教学探索[J]. 中国报业，2022，545(16)：87-89.

239. 吴晓平，徐思盈，管笛伊. 新闻传播政策与法规"课程思政"案例教学探析[J]. 今传媒，2022，30(4)：149-152.

240. 吴胤君. 数字经济时代视频人才培养策略研究——以西安欧亚学院广播电视编导专业为例[J]. 陕西教育(高教)，2022，564(12)：64-66.

241. 吴钊. 新媒体环境下新闻出版人才培养革新探析[J]. 新闻传播，2022，419(2)：78-79.

242. 伍顺比. 基于实验班的卓越新闻传播人才培养模式的创新与实践——以"谢六逸新闻实验班"为例[J]. 传媒论坛，2022，5(7)：113-115.

243. 武怡静，王芷薇，陈晨，朱舒璇，何平华. 广告创意人才培养与4A广告创意服务[J]. 中国广告，2022，343(7)：34-38.

244. 夏秋阳. 中国共产党新闻人才思想的历时性演变[J]. 新闻知识，2022，460(10)：75-83.

245. 肖璐，曾爽. 大数据时代新闻传播人才数据分析能力培养研究[J]. 青年记者，2022，732(16)：115-117.

246. 肖叶飞. 马克思主义新闻观教育的路径与策略[J]. 新闻世界，2022，377(9)：47-50.

247. 谢清果. "新闻传播教育之大者"：理论与实践体系的构建——《新闻传播教育导论》读后[J]. 传媒观察，2022，465(9)：91-96.

248. 谢小红，李文韬. Python语言在高校新闻传播类专业的教学探析[J]. 电脑知识与技术，2022，18(28)：171-173.

249. 辛乃罡．媒介融合时代全媒体新闻人才的培养分析[J]. 新闻传播，2022，421(4)：115-116.

250. 辛若晨．计算传播视野下新文科教育的创新发展路径探析——以新闻传播学教育改革为例[J]. 新闻研究导刊，2022，13(7)：208-210.

251. 邢江．新闻传播类虚拟仿真实验教学课程分析与思考——基于国家虚拟仿真实验教学项目共享服务平台数据分析[J]. 湖北师范大学学报(自然科学版)，2022，42(3)：87-94.

252. 熊思语．成果导向教育理念下广播电视编导专业艺术概论课程教学改革探究[J]. 西部广播电视，2022，43(12)：56-58，65.

253. 熊茵．新闻传播类研究生"数据能力"培养的教学实践与探索[J]. 传媒论坛，2022，5(13)：75-77.

254. 徐春霞．全媒体时代"浸润式"教学模式在新闻摄影课程中的应用分析[J]. 西部广播电视，2022，43(21)：84-86，105.

255. 徐健，吴涵．我国新闻传播教育研究20年回顾与展望——基于CiteSpace的文献计量分析[J]. 传媒，2022，369(4)：85-87.

256. 徐珊．基于大学生广告艺术大赛的创新创业人才培养模式研究[J]. 科学咨询(教育科研)，2022，790(8)：60-62.

257. 徐星．教育主流媒体实践建设性新闻的思考[J]. 编辑学刊，2022，206(6)：116-120.

258. 许秦．媒体融合背景下新闻专业教育的路径探索[J]. 全媒体探索，2022，10(6)：96-97.

259. 薛叶．新文科视域下新闻专业理论课程教学改革探究——以新闻理论课程为例[J]. 新闻研究导刊，2022，13(9)：201-203.

260. 闫梦菲．公共传播背景下就业市场对新闻传播人才的胜任力需求分析[J]. 视听，2022，186(10)：175-177.

261. 闫瑞．融媒体时代《新闻摄影摄像》实践教学创新研究[J]. 新闻世界，2022，376(8)：72-75.

262. 杨道麟．试论经典新闻文的教育策略[J]. 玉林师范学院学报，2022，43(4)：107-115，2.

263. 杨帆，孙欣苇．虚拟现实技术下的新闻传播实践教学研究[J]. 新闻论坛，2022，36(1)：104-106.

264. 杨嘉晖．大数据时代下数据新闻教育课程的现状与路径探索[J]. 中国地市报人，2022，426(8)：64-66.

265. 杨妮．传播新生态下的媒介素养教育探索——Mediawise 青少年项目评析[J]．青年记者，2022，718(2)：104-105.

266. 杨荣斌．新时期高校大学生时事新闻教育实证研究——基于北方民族大学非新闻专业的调查分析[J]．高教学刊，2022，8(4)：184-187，191.

267. 杨珊，柳溪．“新文科”背景下数据新闻课程线上线下混合教学模式的探索与实践[J]．新闻传播，2022，422(5)：79-81.

268. 杨珊．新文科背景下《数据新闻》课程线上线下混合式教学路径探索[J]．传媒论坛，2022，5(17)：73-76.

269. 杨婷，王红缨．数字时代下新闻传播学教师教学能力提升路径[J]．今传媒，2022，30(2)：133-136.

270. 杨晓军．基于“认知——创新——创业”理念的新闻传播人才培养模式的构建与实践——以乐山师范学院为例[J]．大学教育，2022，149(11)：214-216.

271. 杨莹．美育融入新闻传播学专业课程教学的路径探析[J]．新闻研究导刊，2022，13(13)：54-56.

272. 杨竹青．新媒体环境下教育品牌传播策略探究——以上海某学校为例[J]．新闻研究导刊，2022，13(3)：221-223.

273. 杨逐原．融合新闻学课程教学模式创新研究[J]．新闻研究导刊，2022，13(13)：18-20.

274. 姚道武．成舍我新闻教育思想三辩[J]．皖西学院学报，2022，38(1)：147-150.

275. 冶进海．创新与拓维：新文科建设中新闻传播教育发展路径探究[J]．宁夏大学学报(人文社会科学版)，2022，44(1)：186-189.

276. 叶俊，刘颖．全媒体时代地市级新闻媒体人才管理创新策略——以荆州日报社为例[J]．新闻前哨，2022，334(3)：68-70.

277. 叶蓁．新闻传播人才培养的实施路径及策略[J]．媒体融合新观察，2022，214(4)：66-68.

278. 易文．地方性高校国际传播人才的培养模式创新——基于广西大学新闻与传播学院的实践探索[J]．新闻潮，2022，274(5)：10-12，19.

279. 银晓明．“专业+”新闻人才培养模式研究[J]．新闻研究导刊，2022，13(3)：77-79.

280. 尤浩．视频教程在新闻传播技艺教育中的探索应用[J]．教育教学论坛，2022，

600(49)：17-20.

281. 尤红，丁柏铨．跨界共建、学科交叉与开放趋向——媒介融合背景下新闻传播类人才培养的趋势[J]. 新闻爱好者，2022，539(11)：10-13.

282. 游勇超．教育新闻报道如何实现守正创新——以第三十一届中国新闻奖教育类获奖作品为例[J]. 教育传媒研究，2022，38(3)：62-64.

283. 亏晓丽，梅雨鑫．全媒体时代大学生健康素养教育和传播策略研究[J]. 科技传播，2022，14(7)：78-81.

284. 于欧洋，柳亭宇．媒介融合时代新闻传播人才培养的理念和路径[J]. 记者摇篮，2022，614(2)：34-35.

285. 余慎．媒体融合背景下大湾区文化艺术传播人才培养的实践教学创新[J]. 中国多媒体与网络教学学报(中旬刊)，2022(5)：201-204.

286. 余亚莉．“术”“思”辩证：论新闻教育改革的因袭与创新——兼谈新闻实践教学的改革路径[J]. 传媒论坛，2022，5(21)：65-67.

287. 苑松岩，梁春竹．思政视域下新闻采访与制作课程教学模式创新路径研究[J]. 吉林艺术学院学报，2022，171(6)：83-86.

288. 岳璐，李冬琪．新文科语境下新闻传播学科智慧教育路径探析[J]. 新闻前哨，2022，335(4)：13-14.

289. 詹蔷，黄雅兰．媒介融合语境下新闻评论教育的路径探索[J]. 青年记者，2022，736(20)：108-110.

290. 占琦．融媒体工作坊在新闻实践教学中的模式探究[J]. 今传媒，2022，30(1)：138-140.

291. 战令琦．红色文化传播视域下新媒体专业课程思政的教育探索——以中原工学院新媒体研究课程思政实践为例[J]. 传播与版权，2022，115(12)：99-101.

292. 张阿维．“课程思政”视域下新闻传播学科人才培养模式研究——以西安财经大学行知学院为例[J]. 活力，2022，633(20)：37-39.

293. 张慧，里纳特·甫拉提．刘海贵：谦逊严谨耕耘新闻实务教育园地[J]. 海河传媒，2022，014(2)：2-3.

294. 张娇娇．地方院校新闻写作课程的教学困境与改革[J]. 采写编，2022，187(2)：151-153.

295. 张晋．课程思政视角下广播新闻节目制作课程实训教学的改革与实践[J]. 西部广播电视，2022，43(19)：82-84，111.

296. 张军．融媒体时代高校广播电视人才的培养探究[J]. 湖北开放职业学院学报，

2022，35(24)：40-42.

297. 张昆，王孟晴．论引领新闻传播教育的三重逻辑[J]．新闻大学，2022，189(1)：8-19，119-120.

298. 张昆，张晶晶．新闻传播教育与人才培养回望[J]．新闻战线，2022(3)：38-42.

299. 张明珠．马克思主义新闻观融入高校思想政治教育的育人模式探索[J]．新闻传播，2022，427(10)：73-75.

300. 张琦．地方高校《新闻采访与写作》课程思政教改困境及教学实践探索[J]．新闻传播，2022，437(20)：63-65.

301. 张启莹．习近平新闻思想指导高校新闻传播教育研究[J]．今传媒，2022，30(5)：1-4.

302. 张芹．深度教学：高校新闻理论课程思政实践研究[J]．教育传媒研究，2022，39(4)：25-27.

303. 张蕊．以线上线下混合式教学模式打造新闻理论类“金课”[J]．新闻传播，2022，439(22)：59-61.

304. 张师宁，陈佳慧，杨栋梁．应用型转型背景下地方本科高校新闻传播教育创新研究——以河北外国语学院为例[J]．西部广播电视，2022，43(21)：77-79.

305. 张树锋．立足新文科建设，培育卓越新闻人——《对晋绥日报编辑人员的谈话》对我国当代新闻教育的启示[J]．青年记者，2022，724(8)：102-104.

306. 张顺军．新闻学专业虚拟仿真实验教学体系建构的思考[J]．新闻传播，2022，429(12)：57-59.

307. 张晓锋．马克思主义新闻教育的历史传承与当代启示——对华中新闻专科学校演进的考察[J]．传媒观察，2022，467(11)：97-104.

308. 张亚楠，唐伶俐．融媒体时代广播电视人才培养定位与建设方案[J]．西部广播电视，2022，43(5)：66-68.

309. 张艳霜．超越“业界中心主义”的未来新闻教育[J]．声屏世界，2022，509(6)：85-87.

310. 张艳霜．地方高校新闻传播专业全英文教学实践与反思[J]．英语广场，2022，208(28)：85-88.

311. 张燕，李志．高职院校教学模式与教学方法改革实践研究——以复合型广告人才培养为例[J]．牡丹江大学学报，2022，31(12)：90-94.

312. 张玉蓉，郭俊同．新文科建设中新闻传播学科转型发展与特色人才培养研究[J]. 中国广播电视学刊，2022，378(9)：30-33.

313. 张月萍. 三力合聚，锻造地方高校新型新闻传播人才[J]. 教育传媒研究，2022，37(2)：38-40.

314. 张悦. 融媒体背景下新闻传播教育的对策分析[J]. 声屏世界，2022，510(7)：87-89.

315. 赵盾. 高校新闻传播专业媒介融合教学策略探讨[J]. 新闻传播，2022，439(22)：62-63.

316. 赵佳音，刘少文，夏瑞雪，赵思洋，柏洋. 全媒体时代高校新闻教育融入思政内容的研究与探索[J]. 新闻传播，2022，431(14)：78-80.

317. 赵建国，谢海南. 回归教育本身，建构新闻教育体系——读《新闻传播教育导论》[J]. 新闻知识，2022，455(5)：65-66.

318. 赵璐. 媒介融合背景下高职院校新闻传播类教学分析[J]. 教育教学论坛，2022，600(49)：42-45.

319. 赵轩. 新文科背景下影史类课程的融通之道：知识话语、教育功用与传播路径[J]. 电影新作，2022，263(5)：149-155.

320. 赵志颖. 新时代高校红色教育智能媒体传播路径选择[J]. 新西部，2022，555(8)：94-97.

321. 郑久良. 课程思政融入新闻传播教育的基础理念探索[J]. 传播与版权，2022，112(9)：97-100.

322. 郑素侠，马玉莹. 象牙塔里的新闻理想——新闻学子的角色期待与新闻教育的本质回归[J]. 新闻爱好者，2022，540(12)：54-57.

323. 郑素侠. 行走在路上的新闻理想教育——“重走穆青路”的探索[J]. 教育传媒研究，2022，40(5)：28-32.

324. 郑文锋. 圈层化传播中媒介素养教育再认识[J]. 青年记者，2022，734(18)：35-37.

325. 郑晓迪. 美国新闻传播“实践应用型”人才需求与教育变革[J]. 全媒体探索，2022，12(8)：109-110.

326. 周大勇，王秀艳. “智媒时代”新闻传播人才培养的范式转变[J]. 白城师范学院学报，2022，36(3)：61-65.

327. 周芳，朱泽，王虹. 转思维强技能拓阵地——极目新闻全媒体人才培养的探索与实践[J]. 新闻战线，2022(17)：17-19.

328. 周高琴. 高校新闻学专业融媒体实践教学改革路径探索——基于 CDIO 理

念[J]. 文化与传播，2022，11(2)：21-26.

329. 周茂君，柏茹慧. 新文科背景下新闻传播学本科专业人才培养研究[J]. 国际新闻界，2022，44(2)：133-156.

330. 周鹏飞，林瑜. "三全育人"背景下研究生马克思主义新闻观教育的实现路径[J]. 湖南人文科技学院学报，2022，39(4)：118-123.

331. 周文. PBL 模式在新闻采访教学中的效果研究[J]. 中国报业，2022，535(6)：86-87.

332. 周晓萌，秦瑜明. 新闻传播教育课程思政建设的创新探索[J]. 中国高等教育，2022，692(11)：35-37.

333. 周莹. 国际传播视域下高校外语人才培养路径探析[J]. 新闻研究导刊，2022，13(14)：57-59.

334. 周勇，李兴博. 从陕北公学到华北大学：中国人民大学红色新闻教育的溯源[J]. 新闻春秋，2022(6)：31-43.

335. 周子桐. 新媒体传播与思政教育融合探究[J]. 中学政治教学参考，2022，874(34)：82.

336. 朱健. 媒体融合环境下新闻专业人才培养探析[J]. 新闻研究导刊，2022，13(9)：204-206.

337. 朱竞娅，靳文涛，陈琪，周月. 新媒体背景下新闻定制化对高校新闻人才培养的启发[J]. 新闻论坛，2022，36(5)：110-112.

338. 朱娟. 浅谈广播电视编导专业人才的"制片思维"培养[J]. 戏剧之家，2022，435(27)：163-165.

339. 朱庭伟. 在高校新闻传播教育中开展党媒发展史教学的研究[J]. 传媒，2022，386(21)：88-90.

340. 朱艳. 新文科背景下新闻学概论课程实践教学策略研究——以六盘水师范学院为例[J]. 传播与版权，2022，115(12)：7-9.

341. 朱艳. 关于构建新闻学概论课程实践教学体系的思考[J]. 声屏世界，2022，514(11)：91-93.

342. 朱永祥，王琦然. 融媒体传播视域下新媒体主持人才培养困境及对策研究——基于对四所播音主持院校学生的问卷调查[J]. 电视研究，2022，393(8)：64-67.

343. 左小麟，廖圣清. 传承党媒红色基因推进国际传播人才培养——培养面向南亚东南亚国际传播人才的探索与思考[J]. 传媒，2022，370(5)：16-18.

7.6.2 全文转载(15篇)

构建立体化新闻传播学课程思政育人体系①

陈建云

习近平总书记在全国教育大会等会议上反复强调，培养什么人、怎样培养人、为谁培养人是教育的根本问题，努力培养担当民族复兴大任的时代新人，培养德智体美劳全面发展的社会主义建设者和接班人是教育的根本任务。课程思政以铸魂育人、立德树人为宗旨，把价值塑造、知识传授和能力培养融为一体，无疑是解决“培养什么人、怎样培养人、为谁培养人”的根本问题，落实“培养德智体美劳全面发展的社会主义建设者和接班人”这一根本任务的重要抓手。新闻舆论工作是治国理政、定国安邦的大事。新闻传播教育机构作为党和国家新闻舆论人才的“蓄水池”和“养成地”，全面推进课程思政建设，着力培养党和人民信赖的新闻舆论工作者尤为重要。复旦大学新闻学院在2017年就正式启动了课程思政建设方案，经过努力，形成了“专业课程+前沿讲座+特色实践”三位一体的课程思政体系，全方位、立体化地将专业教育与思政育人融合，取得了显著的协同育人效果。

一、“专业课程+前沿讲座+特色实践”课程思政体系

专业课程传授知识、时政讲座拓展视野、实践实训锻炼技能是新闻传播人才培养的主要环节。复旦新闻学院围绕这三个育人环节进行课程思政建设，三者之间复合叠加、相互支撑，形成了“专业课程+前沿讲座+特色实践”的立体化课程思政育人体系。

(一)专业课程

复旦新闻学院把专业课程的思政建设放在首要位置，根据复旦大学制订的《课程思政体系建设实施方案》《课程思政攻坚行动计划实施方案》等文件，整体规划、循序渐进、分批次展开专业课程思政建设。2017年，学院选定“马克思主义新闻思想”“新闻学概论”“中国新闻传播史”三门核心专业课程为第一批思政示范课程；2018年，增加“新闻传播法规与伦理”“舆论学”“新闻采访与写作”“新闻评论”“新闻编辑”为第二批示范课程，并进一步完善建设方案；2019年，推进“传播学概论”“媒介融合”“整合营销传播”“数据分析与信息可视化”“深度报道”五门专业课程思政建设。这13门专业课程，基本上覆盖了新闻传播学类的骨干课程。

---

① 文章来源：陈建云．构建立体化新闻传播学课程思政育人体系[J]．当代传播，2022(6)：59-61.

学院指定思想政治过硬、教学经验丰富、学术积累深厚的教师担任专业课程负责人，并通过教学团队建设来推动专业课程思政建设。教学团队集体研讨，仔细梳理、深入挖掘该专业课程知识所蕴含的思政元素，将其体现于课程教学大纲和课堂教学之中。每个专业课程教学团队通过“三集三提”——集中研讨提问题、集中备课提质量、集中培训提素质，形成“集体备课—分工授课—交叉听课—互相评课—集中研讨—经验总结—完善课程”的专业课程思政建设模式。

(二)前沿讲座

学院拥有丰富的讲座资源，每学期都会邀请各界专家来学院讲座，补充专业课堂，开阔学生视野。近年来学院重点打造了“走进新闻传播”和“新时代的中国国情教育”两个系列前沿讲座。“走进新闻传播”系列讲座自2017年开办至今已举办30余场，主要面向学院新生，使同学们获益良多；“新时代的中国国情教育”系列讲座自2015年启动以来，已持续举办了近50场。课程内容涵盖我国的政治经济制度、党的历史、意识形态、民族宗教政策、改革开放、科技发展、外事外交等主题。课程讲授强调理论与实践相结合、历史与当下相结合、国情与世情相结合，力求突出中国特色社会主义教育和“四史”教育，以增强学生的“四个自信”。2020年受新冠疫情影响以来，举办的8场讲座采用线下线上相结合的方式，复旦师生现场听讲，上海交通大学、同济大学、华东师范大学等五所高校师生累计近7000人次同步在线听讲，使思政资源共享，扩大了育人效能与影响。

(三)特色实践

近年来，学院在继续强化“业务教学小实习”“业务教学大实习”两门实践类必修课程的基础上，重点打造“复新传媒”“新闻前线”“记录中国”等特色实践平台与项目，锻炼学生的新闻采写、节目策划制作等能力，并且使学生在深入接触现实社会的过程中培育家国情怀和责任担当。其中，“记录中国”是复旦大学新闻学院在2016年与澎湃新闻合作启动的特色实践项目。该项目的特色在于：第一，人员招募、选题讨论、采访实践安排都由学生“唱主角”，学院全过程参与，提供组织支撑、价值引导，澎湃新闻配备骨干记者全程进行一对一专业指导，学生优秀作品在澎湃新闻发表，在教学、实践之间建立平台，实现了新闻院校与媒体一线工作的无缝对接；第二，每期确定一个与年度国情社情民情紧密相关的实践主题，意义较大。6年来，参加该项目的学生近250人，产出稿件1400余篇，有数百篇优秀作品在媒体发表。学院正式出版了《记录中国》学生优秀作品集，集中呈现实践育人成果，增强学生的成就感和荣誉感。

二、课程思政建设的主要成效

经过数年的不懈努力，复旦新闻学院在课程思政建设方面已取得显著效果：专业课程的品质与育人实效得以整体提升；学生从事新闻传播工作的理想信念和“四个自信”更加坚定，家国情怀与责任担当更加深厚、自觉；构建的“专业课程+前沿讲座+特色实践”立体化课程思政育人模式，实现了育人环节的同向同行、同频共振，在我国新闻传播教育界产生了积极的示范引领效应。

(一)提升专业课程的品质与育人实效

新闻学院分三批建设的13门专业课程全部入选上海市课程思政领航课程，学院整体也被评为上海市课程思政领航学院。其中“马克思主义新闻思想”入选国家级精品课程和教育部网络共享课程，2020年被评为首批国家级一流本科课程，2021年入选教育部课程思政示范课程，引领全国的“马新观”教育教学。“数据分析与信息可视化”则是学院在传播技术革命、媒体深度融合背景下，在全国率先开设的具有鲜明跨学科特色的“新文科”课程，重点培养学生的新闻叙事能力、编程能力、统计分析能力和可视化能力。该课程与澎湃新闻、腾讯新闻等合力打造了“复数实验室”实训平台，学生依托实训平台制作的数据新闻作品，先后获得第四届、第五届中国数据新闻大赛一等奖等多项大奖，在全国产生了较大影响和关注度。任课教师深入挖掘专业课程的思政元素，创新课堂教学方式方法，使新闻传播专业知识传授与价值观培育“水乳交融”，取得了润物无声、潜移默化的育人效果。例如，“新闻评论”课程强化训练学生运用马新观评判新闻事件、解析社会热点、引导公共话题的能力，课堂教学通过典型案例解读、高强度评论写作训练与针对性习作病理解析，使学生感知新闻评论文章澄清是非、引导舆论、凝聚共识的力量。学生的新闻评论作品不断被《人民日报》、澎湃新闻、上观新闻等国内主流媒体采用发表。2018年，复旦新闻学院学生参加“弄潮号”首届全国大学生评论大赛，获得包括唯一的特等奖在内的多项大奖。通过专业课程思政建设，“新闻评论”课程已经成为备受学生欢迎的现象级“金课”。

(二)坚定学生“四个自信”与新闻理想

近年来传统媒体新闻人的不断“逃离”转行，一定程度上影响了新闻学子的职业选择。学院通过持续举办“走进新闻传播”系列讲座，让媒体精英现身说法，向新闻学子讲述新闻媒体记录时代风云、探究真相真实、推动社会进步、守望公平正义的使命与作用，拉近了新闻学子与新闻传播业界的距离，帮助他们系好人生“第一粒扣子”，坚定从事新闻传播工作的理想志向。近3年，复旦新闻学院共有120多名毕业生前往人民日报社、新华社等央媒和地方主流媒体、著名新媒体机构就业，无愧“记者摇篮”的称号。

新闻传播业是需要有崇高理想、坚定信念支撑的职业，更是需要有坚定政治立场、正确政治方向引领的事业。复旦新闻学院举办的“新时代的中国国情教育”系列讲座，不但开阔了学生们的视野，加深了他们对世情国情党情民情的认识，同时增强了“四个意识”、坚定了“四个自信”，引导学生树立了正确的政治方向、舆论导向、新闻志向和工作取向。

(三)厚植学生的家国情怀与责任担当

学院搭建的“复新传媒”平台和开展的“新闻前线”“记录中国”项目，已经成为具有显著特色的学生实习实践品牌平台与项目。通过这些实践项目，学生在身体力行中理解转型中国的广度与深度，巩固了新闻职业理想与信念，生发强国富民、复兴民族的情怀与担当，自觉把个人的理想追求融入国家和民族的事业之中。

(四)课程思政育人环节同向同行

学院通过课程思政建设，使专业课程的新闻传播专业知识传授与立德树人有机融合，专家前沿讲座强化新闻理想、职业精神和思想政治教育，对专业课程形成良好补充，实习实践践行专业课程知识和专家讲座精神。各个育人环节同向同行、相互支撑、同频共振，形成了类型丰富的“专业课程+前沿讲座+特色实践”立体化课程思政育人体系，有效解决了育人环节、思政教育单一化扁平化、缺乏协同等问题。“专业课程+前沿讲座+特色实践”这一立体化课程思政育人模式，具有可复制、可推广性，已被国内不少院校新闻传播院系学习借鉴。

三、课程思政建设的基本经验

复旦大学新闻学经过数年的积极探索，积累了一系列课程思政建设的经验，凸显了铸魂育人、立德树人价值：健全组织架构，为课程思政建设提供有力支持；秉持“溶盐于水”理念，收取润物无声、潜移默的化思政育人效果；加强教学团队建设，以聚合之力提升专业课程的品质和思政育人实效；深入挖掘悠久院(系)史中的思政资源，增加思政育人的长度、厚度和温度。

(一)健全组织，保障有力

为了推进课程思政建设，学院专门成立了课程思政工作领导小组和专家小组。领导小组负责构建学院课程思政的整体框架，提供人力物力财力支持，确保课程思政建设方案顺利实施和有序开展。专家小组负责推动课程思政教育教学改革创新，开发课程思政专业核心课程，组建教师团队，制订课程质量评价指标体系等。学院健全的课程思政组织架构及其运行，确保了课程思政顶层设计科学，资源整合充分，建设进程有条不紊。

(二)“溶盐于水”，润物无声

学院开展课程思政育人工作，始终秉持“溶盐于水”的理念。所谓“溶盐于水”，就是把价值观念、理想信念、精神情操之“盐”溶化于“知识海洋”之中，为青年学子提供充足的“思想养分”。2016年12月7日习近平总书记在全国高校思想政治工作会议上就指出：“思想政治工作从根本上说是做人的工作，必须围绕学生、关照学生、服务学生；做好高校思想政治工作，要遵循思想政治工作规律，遵循教书育人规律，遵循学生成长规律，不断提高工作能力和水平。”事实证明，学院“溶盐于水”的课程思政理念，符合思想政治工作、教书育人和学生成长规律，获得了润物无声、潜移默化的育人效果。

(三)聚合师资，创新教学

以教学团队建设为抓手，推动专业课程的思政建设。在学院课程思政专家小组的通盘规划下，每门专业核心课程跨专业、跨界组建教学团队，以聚合之力创新教学方式方法，提升专业课程的品质和思政育人实效。例如，“马克思主义新闻思想”课程，学院组建了由复旦大学文科资深教授童兵负责，6位教授、副教授组成的教学团队。在教学实践中进行了多项改革实验，探索出一套“理论讲授+新闻热点评析+现场教学”的教学方法。团队以教学促进科研，以科研反哺教学。除专门教材《马克思主义新闻经典教程》外，团队成员还集体编写了《马克思主义新闻观读本》《马克思主义新闻观百问百答》《马克思主义新闻观典型案例分析》等辅助读物。在马新观教学团队成员的共同努力下，“马克思主义新闻思想”获得国家级一流本科课程、教育部课程思政示范课程等多项荣誉。

(四)深挖资源，培植厚度

复旦大学新闻学院的前身是新闻学系，成立于1929年9月，是我国历史最悠久的新闻传播教育机构之一。复旦新闻传播教育薪继火传，弦歌不辍，积累了丰厚的思政资源。《共产党宣言》首个中文全译本翻译者陈望道先生，1942—1950年担任复旦新闻系主任，确立了“宣扬真理，改革社会”的办系原则和“好学力行”系铭。在教师队伍中，既有陈望道、宁树藩等“上海社科大师”，也有坚持和学生书信交流、40年间手写千余封书信的叶春华教授。复旦新闻学院成立口述史课题团队，建设内容丰富的院史馆，出版《复旦大学新闻学院院史》《千封信笺载师道——叶春华与学生书信选》，举办“致敬大师”活动，全面深入挖掘90多年院(系)史中的思政资源，用信仰之源、初心教育立德树人，增加了思政育人的长度、厚度和温度。

在中国特色社会主义进入新时代，在信息传播技术革命和媒体深度融合的背景下，复旦大学新闻学院将秉承“好学力行”传统，与时俱进，不断创新，通过课程思政建设深化教育教学改革，为党和国家培养理想信念坚定、专业知识深厚、业务能力精湛、职业操守优良，具有主流价值、融合技能、国际视野的卓越新闻传播人才。

“大实践观”视角下的融合出版教学新模式

——基于行动研究法的融合出版人才培养实践①

郑志亮 杨雨千

随着媒介技术变革，传统出版教学理念已不再适应当下，融合出版人才培养模式才是更具备前瞻性的教育方式。本文基于大实践观理论，结合笔者自身实践经历与研究学习，提出“大课堂”融合出版人才培养实践观。“大课堂”具备规模大、格局大、影响大的特征，回归“人”的教育，直面技术发展对传媒领域的挑战，实现从“技能培训”到“素养培育”的跃升，培养紧跟时代的融合出版人才，助力学生实现人生与社会价值。

近年来，根据党和时代的号召，中国传媒大学发挥新闻传播学“双一流”学科优势，着力打造“公益、专业、社会”三位一体的实践教育格局，在融合出版领域做了不少新的探索。此外，实验室团队在中华优秀传统文化创新性转化方面也收获成果，实现了传统文化在新时代语境下的价值转化。

一、传统出版教学与媒介技术变革的核心矛盾

数字技术革命语境下，以数字化和智能化为核心特征的融合出版已成为全球出版领域的基本生态，这也是出版领域进一步发展的必然方向和趋势。

媒介生态与数字技术的不断变化，为新闻传播类高校的人才培养带来全新挑战，传统出版教学已无法满足需求。传统出版教学与媒介技术变革呈现出以下三个核心矛盾：

1. 传统出版教学的“局限性”与媒介技术变革的“开放性”的矛盾

传统出版教学的“局限性”体现在教学理念层面。相比融媒体，传统出版传播力度弱，与用户的交流互动感低，与社会新兴需求有所脱节。如今学生作为互联网重要的年轻用户群体，如果教学中不引入关于融媒体的系统性介绍，将无助于学生对媒介生态形成正确认知，其创造潜能也无法得到充分开发。在流量爆款的冲击下，缺乏客观认知的学生，会更容易被偏激、负面的观念影响，无法看向社会，放眼长远。

2. 传统出版教学的“理论性”与媒介技术变革的“实践性”的矛盾

无论是软件还是硬件条件，传统出版教学在实践培育环节已无法满足学生需求。传统出版教学以教材课本作为主要教学材料，虽能为学生打下专业所需理论基础，但内容更新缓慢，延迟反映社会当下需求，学生所习得的观念也滞后于最新发展，视野无法得到充分开拓。传统出版教学的技术实践层面也与前沿媒介技术发展有着较大差距，学生

---

① 文章来源：郑志亮，杨雨千.“大实践观”视角下的融合出版教学新模式——基于行动研究法的融合出版人才培养实践[J]. 现代出版，2022，140(4)：45-52.

或许能完成扎实的理论储备，但实操能力相对缺失，对新媒体项目运作链条的认知也处于模糊、零碎的阶段。

3. 传统出版教学的“闭合性”与媒介技术变革的“延展性”的矛盾

传统出版教学的“闭合性”体现于学生的成果产出。在传统出版教学理念下，学生所能完成的往往只是一门课的作业，很难做到多系列衍生，也很难具备社会能见度，这也导致学生无法为自身搭建起有效的就业基础。当下媒介环境对作品多场景适配、多系列衍生的需求越来越高，缺乏体系规划和产品思维的作品极易失去竞争力，传统出版教学已无法满足学生的自我发展与未来规划需求。

二、基于大实践观下“大课堂”理念的提出

如果想从根本上解决上述核心矛盾，我们不得不回到实践观和教育的本质来厘清脉络。从本体论意义上看，教育是“全部社会生活”的一部分，属于实践活动，是一种通过改变“人的世界”，以促进人发展为目的的历史活动。由此可见，教育实践要改变的世界是并且只是“人”，以人为本，将人作为主体无疑是教育的重中之重。从完整性上看，人“改变世界”的实践活动需要包含技术和道德两个层面，只有这样才能在实践中保有工具理性与价值理性的张力。

随着时代的发展，实践观的核心没有改变，但内涵得到了拓宽延伸，实践观逐渐升级为“大实践观”，从而能在更全面、融合的领域指导人类实践。

从新闻传播学科的角度来看，“大实践”教学体系是在一个人才培养周期中，将课程课内实验、实验课程、科研训练、实习实训、创新创业等所有实践环节有机融合在一起，按照“理论—实践—反思—研究—创新”的可持续性路径开展，在学界与业界、技术技能与理论学术、专业实践与社会实践、传媒素养与人格塑造这四方面实现融合平衡。

1. “大课堂”：融合出版教学新理念

从“大实践观”的视角切入，笔者在此基础上提出“大课堂”这一教学模式新理念。“大课堂”融合出版人才培养实践观是大实践观指导下所产生的具体教学实践思路，具有极强的应用性，能够为融媒体学科教学规划、人才培养计划改革提供新的建设方向。

“大课堂”的核心概念在于视野格局大、开展规模大、影响力度大。

视野格局大体现在融合出版工程对时代号召的响应，技术前瞻性与思想引领性是“大课堂”的显著标志。“大课堂”还具备高度融合性，一方面表现在媒介技术与创新形式层面的融合；另一方面，指导者、策划者和参与者角色间的边界也得以融合。

开展规模大指融合出版工程实践项目的前期培养积累时间长、筹备环节长、创作周期长，实践过程中往往是多条线、多抓手、多项目协同并进。开展规模大还体现在参与主体的跨领域、跨学科性上。

影响力度大体现在项目成果的持续社会效应上。“大课堂”实践源于教学，但完全打破了课堂与学校的视域局限性，应是由社会各领域对多个产品级项目的市场级检验。而且，系列实践成果蕴含着丰富的理论价值，能够通过提炼研究形成学术科研成果，在“实践—提炼理论—指导实践”中形成良性循环，不断促进新文科、新培养的发展迭代。

与以往小规模、无周期、片段性、局限于课堂之内的教学模式相比，“大课堂”融合出版人才培养实践观更能贴合时代需求，紧跟技术发展，能最大化地为学生创造条件，更好地满足新时代融合出版人才培养需求。

2. 行动研究法的运用

行动研究法由美国心理学家库尔特·勒温于1994年提出，这一方法在某种意义上将研究与教育相结合，从本质上看既是教育方法，也是研究思路。行动研究呼唤行动者和参与者主体的深度知识互动。反观我们开展的融合出版工程，将行动研究作为方法论，既能记录提炼教学行动，也能探讨和反思教学，形成理念梳理。

学者李栋提出基于教育主体“行动策略”的维度，更加明确了行动研究法的重要意义。“行动策略”是一个动态的过程，能够将过去、现在与未来整合在实践维度，最终形成跨越时空的行动网络。反观我校融合出版工程，它正是对国家形势的高度响应，并充分发挥学科优势，形成系列成果。

从传统出版教学转变为融合出版教学，在学界与业界方面的平衡性至关重要。如果只是一味将业界请进来，学生很容易眼高手低，浮于表面。所以，在打破学界与业界的割裂状态后，更重要的在于如何平衡、融合，从而为学生搭建更好的发展平台。

针对传统出版教学与媒介技术变革的核心矛盾，本文将从育人理念、实践环节突破、学生作品传播这三方面阐释“大课堂”融合出版教学模式，为融合出版人才培养提供一些新的思路。

三、从一门课到一生品德树立：育人理念的伴统领性与贯穿性

在实践教学中，要坚持“目标导向”和“问题导向”相结合。融媒体编创实践创新改革归根结底要为立德树人的育人目标服务。学生参与制作实践环节，也潜移默化地感受到作为媒体人的责任和担当。

1. 时代精神教育

高校融合出版人才的育人目标需关注培养学生的家国意识和社会责任，积极引导学生通过创新融媒体产品传播样态，为中华传统文化的传播赋能。

为了落实时代精神教育，避免空喊口号，流于形式，融合出版人才培育应将时代精神转化为能实际完成的项目教学实践，做到深度解读融媒体时代社会发展，将用户深层

次精神文化需求作为先导。

融合出版教学实践具体而言，就是要在实践教学中进行视听融合编创培育，引导学生不断思考如何将中华传统文化的精髓与各种新兴数字传播技术实现有效对接，拓展视听内容的形态，推动视听融媒体的创新传播。

2. 公益情怀教育

于殿利在《出版是什么》中总结，出版对文化发展具有重要作用：一是构筑民族国家的思想基础，二是构建民族国家的知识体系，三是奠定民族国家的道德基础。出版业被赋予了崇高的使命与责任感，具有以公益精神推动文化传播与传承的社会功能。所以对于融合出版人才培养，“大课堂”提倡学生将公益心和人民性融入作品主题，在每一次实践中都养成构筑“中国精神、中国价值、中国力量”的习惯。

立德树人的根本任务可以项目实践为抓手，融入学生的日常学习。通过走向社会、走入人群的“大课堂”实践搭建，家国情怀和人文关怀的观念能更深入地根植于学生心中。

四、从一次实践到多样成果研发：实践环节的创新性与突破性

“大课堂”融合出版教学需要多学科、多平台的技术支撑，这样才能为学生搭建起最创新和多元的实践平台。在“新文科”语境下，新闻传播与融合出版的建设路径需要发生创新性突破，摸索出一套适应当前媒体发展状况和业界现实需求的实践实验教学新体系。

1. 实践教学模式创新

在融合出版人才培育实践中，中国传媒大学摸索提炼出四种方法，即协同教学法、项目教学法、“工作室”教学法和教学培育法。

关于协同教学法，高校可以注重与党政部门、传媒业界的合作。在协同教学法中，学生能真正做到学以致用，将创新的理念转化为实践；学界业界的合作影响力也并不会因项目完成而终止，合作成果会被重新提炼汇入新的教学纲领形成学术讨论，为下一次项目实践提供前瞻性观点。

也就是说，学界业界两条线不再只是平行或是偶然交叉，而是更密切地交织融合在一起。

协同教学法能够帮助高校实现系列显著成效，参与项目的师生在各方面得到能力提升，其中的骨干成员也继续投入新的实践编创项目。

项目教学法指依托特色实践项目，通过实际情境、运用知识解决问题的实践性教学。项目教学法能够充分发挥不同导师的专长，为学生构建专业实习机会，提供创新训练和学术实践的平台。这不仅与行业需求高度契合，也提升了导师队伍的社会服务水

平，学生的实践创新和职业胜任能力也得到显著提升。

工作室教学法指以行业需求和市场发展为导向来有针对性地培养融合出版人才。工作室的教学机制灵活，具有融合性、开放性、互动性、可选择性等特征，注重培养学生严谨的市场化实践思维方法和严密的专业技术操作习惯，在实践成果中也能激发出学生的专业自信心和专业自豪感，进而引导学生主动地建构自身的知识体系和能力结构，显著地改变传统教学中学生的被动性与依附性。

教学培育法则能更好地发挥教师队伍的“传、帮、带”作用，通过不断促进师资队伍成长来提升融合出版教学质量。打造出一支具有国际视野、责任担当、精湛业务能力的优秀教师队伍，保证教师能力与时代发展协同进步。

2. 技术平台搭建创新

为了避免被动追赶技术变革，“大课堂”融合出版教学模式还强调实验精神，即通过自主产出创新来弥合校内与业界的技术差距。实验平台的搭建延伸了教学的物理空间，打破了技术屏障，让学生不仅能“听说”新颖技术，还能真正获得实操机会。

技术平台应为教育实践与编创提供充足的发挥空间，从前期拍摄与录制到后期制作，每一环节都应结合新兴技术。参与我校运用智能音频编播一体化实验平台的“红色云展厅”项目团队项目全流程实践的学生不仅锻炼了技术能力，也更深入体会了媒体产品多样态产出模式。

3. 创作链条整合创新

在指导学生完成某一具体任务的基础上，还应不断引导学生的统筹意识，鼓励其组建团队，形成链条式创作思路。因为，融合出版正是借助思维方式的更迭来推动出版活动的创新性升级的。所以，高校在组织项目推进时，应避免单一出版主体单打独斗、主体之间衔接失衡以及资源重复投入等问题，进行一体化、协同化和同步化的提升。

首先，针对不同项目间需要一体化规划和整体性策划，在顶层设计打通其定位和布局。项目的不同子环节和分支也需要从一开始就进行一体化策划、制作、传播、运营与管理，从而实现出版流程的真正融合。与此同时，协同化出版、开放共享、全社会参与、跨界合作等方式也是促进资源要素有序流动的重要思路。高校教师可以采用类比的方式让学生由浅入深地认识融合出版运转逻辑，引导学生用实践印证，从中提炼，再反观指导下一次实践。

高校在指导融合出版项目时还应引入群体智能理念，从而构建起支持协同策划、协同撰稿、协同审校、协同发行的视听融媒体出版管理流程。

五、从一份作业到系列市场级产品：传播布局的延展力与纵深力

“大课堂”融合出版实践观引导学生以产品思维进行作品编创，形成影响力度大、社会效益广的融合作品。“思政引领、实务导向、产教融合、协同培养”是融合出版工程的核心理念，“实践”特征与“创新”属性是人才培养模式的突出优势。在项目的具体进程中，教师应有意培养学生以创意促创新，以创新促创业，用产品思维锤炼实践能力，将实践作业转化为优质作品，进而孵化为行业产品。

高校应引导学生思考社会需求，具备国际视野，并将这一思路融入创作。项目主题的多元性、所需技术的复杂性对于学生而言既是很大的挑战，也是非常宝贵的实战机会，能够充分锻炼学生多维度能力，实现真正的复合型培养目标。

融合出版项目的开展思路同样可以紧扣“大课堂”的观念，为学生开辟更多的创作实践平台。创新性地将文创设计引入地域文化宣传，提升实践成果的宣传力和号召力，得到广泛的社会认可。这样一来，学生的创意可以转换成实际的社会价值。

传播的水平延展不仅体现在作品的发布平台数量上，还体现在作品创新型样态中。短视频、交互海报、融媒体电子书、文创设计产品都能成为构建深度融合的智能媒体产品矩阵中的重要元素。

总结而言，融合出版人才培育需要进一步环环相扣。试想，如果没有育人理念提纲挈领贯穿始终，如果没有在实践环节充分注重技术创新与平台搭建，就很难实现作业向作品、产品的质化升级，也更无法让实践成果得到社会检验。如何让每一项实践成果都成为对育人理念的深刻反映，如何让教学影响延伸到更广阔的领域，仍然是有待进一步解决的难点。

结语

“大实践观”下的“大课堂”教学模式更注重让学生去真正实践中华优秀传统文化继承与创新，鼓励学生运用富有时代传播力的手段产出优秀的实践成果来反哺社会。这对于智能融媒体实践实验教学创新来说是一种积极推进，也更能满足新时代新闻出版传播事业变革和产业重塑的现实要求。

技术焦虑、流量焦虑、内卷焦虑极易让学生陷入迷茫和困境，这也是当下融合出版培养的难点，而扎实的专业基础、充实的审美积累、具有情怀和温度的传媒素养是帮助学生抵御干扰、保持内心平静并成长为成熟创作者的关键。这是“大课堂”想要着力为学生打造的，也是我们在培养新时代融合出版人才时需着重关注的。“大课堂”的模式只是融媒体时代高校教育的一个起点，在理论培育与技术实践的平衡性、人才再造血能力上仍有很大上升空间，教育实践还需不断向未来，不断求发展。

“拆墙”与“建墙”：中国新闻学教育的再“专业化”①

林　晖　罗婷婷

“培养什么人、怎样培养人、为谁培养人”，是中国大学教育永恒的思考。1918 年，北京大学新闻学研究会正式成立，标志着中国新闻教育的开端，也标志着中国本土的新闻学教育开始了第一次“建墙”。

1949 年以后借鉴苏联的新闻教育模式；20 世纪 80 年代初到 90 年代迎来新闻教育的勃兴；到 21 世纪初传播学的广泛引入，极大地拓展了新闻学教育的视野和边界，带来学科和人才培养的革命，以与新闻学专业并列的传播学专业设置为标志，两个专业相互融通，可以视为学科和教育的第一次“拆墙”。

21 世纪初之后的 20 年，是互联网崛起带来的传播革命和传媒格局大变迁，以网络与新媒体专业设置为标志，新闻学教育开启了技术驱动的第二次“拆墙”。

40 年来的两次冲击，带来了两次“拆墙”，中国新闻学教育教学体系极大地延拓了自身的边界，丰富了教学课程和研究内容。然而，一方面也出现了失去以新闻媒介为核心的“无边界”的趋向，另一方面，面对互联网高度垂直细分专业化的现实和前所未有的全民信息渴求，新闻学教育杂家通识教育的培养范式已经不能适应日渐走向以深度、研究内容为核心竞争力的主流媒体的人才需要，专业记者的极度匮乏正极大地困扰着主流媒体，也是时代给予中国新闻学教育的再一次呼唤。

新闻学教育在 21 世纪的 20 年后，还会有再次“建墙”吗？

复旦大学、清华大学和中国人民大学针对专业设置的“二开一关”之间，从某种程度上代表着新闻学界对未来中国新闻教育的再考量。

在重塑新型主流媒体的强烈时代呼唤和国家大战略的引导下，中国新闻学教育，需要重新回到以新闻媒介为核心，回到培养一个好记者的初衷；需要再次明晰并树立学生强烈的专业认同，实现以专业媒体教育+专业新闻教育的再“专业化”，即开启再次“建墙”的新征程。

一、传播、技术：40 年新闻学教育的两次“拆墙”

（一）“应用+通才”：中国新闻学教育的百年传统

中国本土新闻学教育发端于 20 世纪上半叶，从第一次“建墙”伊始，博采众长、兼收并蓄的通才教育曾是中国新闻传播教育长期贯彻的办学指针。从当时各大学校的培养

---

① 文章来源：林晖，罗婷婷.“拆墙”与“建墙”：中国新闻学教育的再“专业化”[J]. 新闻大学，2022，189(1)：34-44，121.

目标可以明显地看出,“应用+通才”是这一时期新闻教育的最大特点。

在“应用+通才”的总体方针指导下,新闻学教育致力于培养学生广泛的认知能力、知识和技能的储备能力以及宽泛的工作适应能力。因此,这就必然要求学生在掌握必要的新闻学知识外,还应学习诸多人文学科、社会科学、自然科学领域的基本知识,并最终能够和新闻传播的具体实践相结合。记者是广泛涉猎的“杂家”,曾是长时间内我国新闻教育的人才培养特征。

(二)“大传播时代”:20 世纪 80 年代至 21 世纪初

20 世纪 80 年代前后,源自西方的传播学理论逐渐进入中国,这一带有浓厚社会学色彩的学科从研究到教育的普及,很大程度上丰富、冲击并改变了传统新闻教育,第一次“拆墙”使新闻学教育进入了“大传播时代”。

传播学的引入,极大地拓宽了新闻学研究和教育的视野,广泛汲取并引入了大众传播、组织传播、政治传播等多学科知识,直到催生了传播学专业。为了更好地适应现代化传播媒介的需要,各新闻学院都在不同程度上调整了培养目标,拓宽了专业口径,还开设了一系列新课程。

(三)“泛媒体化”:21 世纪的 20 年

21 世纪的信息技术革命、传播全球化、经济一体化为我国新闻事业发展创造了新的机遇,但同时也给新闻教育带来了新的挑战。网络与新媒体等相关产业的迅速发展导致市场对技术驱动的人才需求不仅在形式上出现了多样化的特征,而且在数量上出现了“井喷式”的增长。网络新媒体的崛起既引发传统媒体的下滑和变革,也几乎颠覆了传统建筑在报学基础上的新闻学培养体系,为新媒体时代的新闻人才培养提出了新的课题。

基于互联网等新兴媒体业态对新闻传播行业的影响,为了满足社会对新媒体人才的需要,各大高校开始在新闻传播类专业下自行开设网络新闻、网络传播或新媒体等专业方向。

以网络与新媒体专业的设立与相对普及为标志,大数据、信息化等技术元素在新闻学教育教学体系中日渐凸显,文科加工科的培养模式展现雏形。

但是,这一时期新闻传播教育最大的冲击还是围绕新媒体牵引叠加传播学范式所促成的新闻学研究和教育的全面“泛媒体化”。不但包括应用新闻学的教学范式,师资的学术型取向、研究的社会学取向、课程设置的技术取向以及教学内容的理论化取向都逐渐出现了全面的“泛化”趋向。

21 世纪后,很多高等院校都提出了研究型大学的定位,也正因为强调高学历、向国际接轨等,新闻专业教师的研究取向也日趋偏向纯理论研究,业务型师资和应用新闻学研究越来越少；很多研究切口小而微，且社会学色彩较重，以广义的媒体接触代替了新闻为核心的媒体的研究；课程设置方面技术和新闻的“两张皮”现象还很普遍。

无论技术和社会如何迭变，在世界任何国家，严肃的、高品质的硬新闻依然是一个主流媒体最基本的标志。应对泛社会化新闻生产、泛娱乐化信息泛滥，主流媒体的立足之本需要回归到最基本的守望功能。面对重大政经事件时，主流媒体要做最重要的就是两件事：告知和解读。没有基本的新闻选择判断能力和解读能力，不能供给受众高质量的硬性决策参考信息，任何技术都无用武之地。这在当前世界政经环境愈加复杂的情势下，更加凸显。

近些年由于过度强调技术教育反而使得人才培养的质量大幅下降，主要原因在于它没有抓住新闻最本质的功能，也没有以此为基础来延展必要的知识框架和能力图谱。可以说，这样一种失去核心的新闻加技术的教育其实是不成功的。

一次“建墙”，两次“拆墙”，伴随新闻学教育的百年迭变。在 21 世纪走过 20 年，中国新闻学教育需要完成再次“建墙”的变革，以专业媒体教育+特色方向教育的再“专业化”引领未来新闻学教育的发展方向，培养出更多社会所需的优秀新闻人才。

二、“建墙”：专业媒体教育+特色方向教育的再“专业化”

(一)向“新闻专业”回归

伴随传播学的广泛引入以及互联网崛起带来的传播革命和传媒格局大变迁，新闻学教育教学体系虽然极大地延拓了自身的边界，丰富了教学课程和研究内容，但是它却出现了失去以新闻媒介为核心的“无边界”倾向。这就需要新闻传播学重新回到以新闻媒介为核心的再次变革，从根本上改变由泛媒体化、泛社会化所带来的多元的、没有核心的内容生产范式，回到新闻媒体、新闻为核心的教育教学体系，回归专业化的职业认同、专业内容生产路线，这些现象成为新闻学教育不得不正视的重要问题。

在泛媒体时代，新闻工作者更要时刻保持清晰的、专业化的职业认同，不能自降身价将自己等同于一般的自媒体从业者。更不能一味地追求流量、追随热点，走向碎片化、浅薄化、高流量、低品质的内容生产路线，而是应该坚守新闻专业的初心，回归到专业内容生产路线。

这种回归从课程设置上来说，首先，需要回归到新闻学的专业课程；其次，需要回归到拓展课程，但这些课程的设置并非独立于新闻学之外，而是与新闻学教学密切相关、相辅相成。

(二)开拓“融合新闻传播+”复合课程群落

在此次新冠疫情中，涌现出来的网红医生远多于网红记者，原因是高水平的公共卫生记者十分“匮乏”。现象实际从供、需两个方面反映出我国新闻教育亟待解决的供需错配问题。

为了更好地了解现阶段业界对新闻人才的需求，笔者对近半年来微信公众号中四大新闻媒体招聘网站(传媒招聘那些事儿、传媒招聘汇、传媒招聘平台、新媒体招聘)所发布的新闻媒体招聘信息进行统计。总体来看，业界对专业型记者、数据新闻记者的需求量显著增加，而且更强调复合型人才；从专业要求来看，除了传统的新闻传播学专业以外，包括药学在内的其他学科也进入了招聘范围；从专业技能来看，新闻记者除了传统的采写编评摄基本能力以外，需要熟练运用全媒体报道手段。

近年来，不仅国内新闻人才需求发生了根本性的变化，国外也出现了这样的趋势。进行分析时发现，员工对社交媒体和受众参与方面技能的需求不断增长；新闻机构特别需要具有网络/多媒体技能、团队合作精神的求职者，这相应也是对新闻教育的要求。

需求侧的这种变化就是对复合型的专业新闻传播人才的强烈渴求，是拉动新闻传播人才培养模式创新的重要引擎和风向标。这意味着我们要以新闻传播专业的核心能力锻造为根本走到“融合新闻传播+”，这也许是新闻传播学教育走过百年的又一次“建墙”，审视并重新树立自身学科边界和教学体系范畴。

首先，融合新闻传播必须符合新媒体时代的传播需求，用新媒体的框架去诠释传统课程，以适应高速发展的新媒体技术需要。自媒体、公民记者颠覆了传统媒体的渠道垄断，挑战了传播权威。这对新闻传播专业人才培养也提出了很大的挑战。只有从根本上转变这种人才培养模式，才能从供给端解决业界所真正需要的新闻人才问题。

其次，融合新闻传播还需要注入更多新技术能力。在技术革新、媒体生态变革下推动记者在传统采写编评摄以外的能力的提升，是业界生态变革下对记者提出的新要求。因此，在适应各种全媒体报道手段的同时，还要提高各种软件的运用能力。

(三)普及“业界+学界”的复合人才培养体系

如果学生不认同成为好记者的职业理想，一切专业教育都是没有意义的；如果学生没有心怀国之大的胸怀，是不足以胜任百年变局中高要求、高起点的中国主流媒体的人才需求的。

专业思政对于政治性极强的新闻传播专业而言至关重要，对于坚持党性原则的中国新闻事业必不可少。首先就要确立以专业思政引领新闻传播专业职业认同的基本出发点；坚持将“新闻专业教育”与“课程思政”相融合；同时在具体途径上要在马克思主义新闻观指导下，努力实现“融合新闻传播+”的建设目标，打造融合师资、融合课程、融合实践的“三融合”。在“再专业化”的道路上，让思政真正和专业融合一起，构筑全新的中国新闻传播学学科人才培养体系。

具体来看，融合师资主要指优化业界和学界的“双师制”教学团队，从专业思政角度出发，注重和中央及各地方的主流媒体合作，实现业界和学界老师的双向反哺。融合课程主要是指要改变过去对复合型人才培养停留在“1+1”层面的理解(即用一套新闻传播课程加上一套其他专业的课程的叠加模式)，要调整为水乳交融的“1+1>2”模式。融合实践也就是要打通课堂内外的一切实验实践教学环节，主要围绕移动社交媒体时代的“移动化”传播特点融贯始终。

新闻观是新闻舆论工作的灵魂，马克思主义新闻观是中国特色社会主义新闻工作的根本立足点。以马克思主义新闻观引领的“三融合”，必须首先要发挥好党建引领的作用，注重课程思政和专业思政的大融合，真正培养政治坚定、专业过硬、有人民情怀和国际视野的卓越新闻人才。同时也要充分发挥党建育人、思政育人的作用，培养心怀“国之大者”理念，能够把握大势，敢于担当，善于作为的专家型、复合型新闻人才。

一个回归，一个开拓，一个融合，是“破与立”的融通，“拆与建”的并举。在融通和并举的过程中，也弥补了理论研究与媒介实践、业界师资与学界师资、前沿业务应用研究与基础理论研究的“割裂”，从而为将来新闻教育的进一步发展奠定良好的基础。

三、展望：“通才+专才”，中国新闻教育的融通变革

中国新闻教育的融通变革要以大思政引领的“融合新闻传播+”建构新时代新闻传播人才的培养模式和教育教学体系，在新媒体时代确立“通才+专才”的全新范式，创新并确立“通专结合，以专立身”的新时代新闻传播人才培养模式，让专业与思政水乳交融。

(一)通才基础：文字基础+沟通能力+调查能力

文字表达能力是记者最基本的一项才能，也是基础之基础。一篇好的新闻报道，首先应该能够清楚、明白地讲述新闻事件的前因后果，不仅要求准确、鲜明、生动、精炼，而且要有很强的时间观念。同时，也要时刻注意向身边的群众学习，了解他们的语言表达习惯，真正写出群众认可的新闻报道。

沟通能力是新媒体时代记者必须掌握的一项重要技能。随着网络新技术、新媒体的不断渗入，新媒体时代的记者已不同往日之简单要求，不仅要懂得内外沟通，还要领会传受沟通。只有二者相辅相成、齐头并进，才能生产出好作品。

调查能力是一名好记者必备的技能。记者要有发言权，就必须深入群众、深入实践去做调查研究，只有真正把客观存在的事实搞清楚，才能够保证新闻报道的真实性、可靠性，才能做出经得起推敲的新闻报道。

此外，全球视野也是新时代新闻工作者必须拥有的一种眼界。新时代的新闻工作者应该把握“双向的全球传播”，即面向中国报道全球，面向全球报道中国。这就要求他们必须拥有开放的全球性眼光和视野。

（二）专才基础：文理工兼修

随着时代背景、媒介环境、学科发展以及人才需求的不断变化，文科教育也需要做出相应的调整，这就促使文科教育开始走向“新文科”教育。新文科不是对传统文科的全然否定，而是在新的历史时期对传统文科教育的创新和发展，既强调新文科的建设取向，也强调新文科的基础作用。

“新文科”建设的重点任务包括建设新专业或新方向、探索新模式、建设新课程、构建新理论。其要义在于引领学科方向，回应社会关切，坚持问题导向，打破学科壁垒，以解决新时代提出的新问题为宗旨。

面对新技术带来的媒介环境的新变迁，新闻传播教育的新文科建设重点应该聚焦于人工智能崛起的大背景。除了夯实本专业的基础课程外，还要积极探索新领域，比如加入理学、工学等课程，通过加入新课程与新专业打破学科壁垒，进而实现各学科的真正融合。

（三）“通专结合，以专立身”

新闻传播学科兼容了人文学科和社会科学的特点，一是实践性强，二是复合性强。新闻传播理论提供的是思维范式和工作伦理，但是不能提供纷繁复杂的政治、经济、社会等各方面的事件的判断标准。与此同时，在当今自媒体风起云涌的时代，只有更专业、权威的信息才能赢得市场，这就要求新闻工作者必须足够专业。

这也反映出新闻教育不仅要“培养具有专业素养的人才”，还要融合不同领域的知识，最终达到通专结合，以专立身。

要做到通专结合，必须明确“通”与“专”之间的关系。所谓“通”，首先，要夯实社会科学和自然科学的一般基础，即“通识”；其次，针对新闻传播专业学生特别匹配的“专业通识”；最后，关注各个国家的国情史，在全球传播的时代，只有深入了解每个国家的国情，才能准确判断出新闻的真假。所谓“专”，首先，必须具备新闻传播的专业基础知识和基本能力；其次，越是在全媒体时代，越是必须有“一招鲜”的专业特长；最后，要对某一特殊领域有深入的研究，并且能够胜任该领域的新闻传播工作。

通与专的结合不仅要求初步的知识复合能力，更要求特定领域的复合型的新闻传播实践能力。其蕴含的逻辑是以“通”为基，通专结合，特色立身。在这样的基础上，达到“融合新闻传播+”的人才培养范式，在培养目标、定位、方式上围绕这一创新方向进行，构建一套完整的培养体系，打造全新的人才培养模式，为培养新时代复合型、专家型的新闻人才提供一种新思路与新方向。

新文科语境下新闻传播人才培养①

程丽红

2020 年 11 月 3 日，教育部新文科建设工作组发布《新文科建设宣言》。新文科建设成为中国高等教育振兴的重要命题，引起学界广泛关注。新闻传播学作为具有跨界基因和实践属性的学科，其理论涵涉社会学、心理学、人类学、政治学等多学科范畴，是与时俱进的新兴学科。在新媒体技术不断创新发展的语境下，探讨新闻传播学新文科建设及其人才培养理念，不仅可以回应新文科建设中的学科思考，更可以为学科融合体系与教育逻辑框架建构提供新的视角和重要的实践引领。

一、整体史观下新文科建设战略透析

深刻理解新文科战略，首先需要从整体史观出发，全面考察新文科提出的历史背景，发掘其生成的社会根源。教育部关于新文科建设的重大举措并非孤立行为，它是中国高等教育学科体系全面创新系统工程的重要一环。

2016 年建设和发展“新工科”提到议事日程；2017 年“新工科”建设的“复旦共识”得以形成。2018 年继“新工科”之后，对所有学科门类进行整合重塑，意在打造世界一流的中国特色学科体系。2019 年 4 月 29 日，教育部启动实施“六卓越一拔尖”计划 2.0，全面推进新工科、新医科、新农科、新文科建设。2020 年的《新文科建设宣言》正是上述背景下的产物。

学科的划分是“工业大生产时代产业组织范式在学科上的投射”，但是进入信息时代，学科背景发生了深刻变化。人类社会面临的问题日益复杂，单一的知识结构已难以满足现实需求，学科之间深度交叉融合是必然趋势。一方面，21 世纪以来，科技与产业革命促生的新环境、新业态正在重构人类的生产生活方式和价值观念，而学科发展却相对滞后，无法在前沿尖端领域发挥作用。另一方面，中国特色社会主义进入新时代，呼唤整个学科生态系统优化、知识体系健全、高等教育创新发展。因此，新文科建设不能简单地就“文”谈“文”，而应通盘考量，即在中国高等教育的大学科体系下，定位文科的时代坐标，通过与其他学科交互参照，确定文科“新”在何处。

自西方产业革命以来，社会分工不断细化，因环境变迁高等教育学科壁垒渐趋森严，不同学科逐步丧失对话的能力，结果是不同学科各行其是，局限于狭窄的专业领域，理工科缺少价值理念、人文情怀，文科匮乏技术方法、科学精神。人才培养过

---

① 文章来源：程丽红．新文科语境下新闻传播人才培养[J]．社会科学战线，2022，322(4)：185-191，282.

“专”，无法对接越来越复杂的社会现实。教育部的“新学科”战略，实质在于打破学科之间的壁垒，实现大的学科系统之间的融通，注重整个学科系统各学科之间的互通互融，各取所长，补己所短，增益提质。新文科建设是因应社会转型和世界变局，“创新文科教育、培育新时代文科人才、提升国家整体文化软实力”的时代发展需求，是国家高等教育战略的重要组成部分，也是对人工智能、云计算、大数据等技术促生的新产业形态进行理论审视和人才培养规划的客观回应。

新文科是相对传统文科而言的，传统文科主要包涵人文与社会科学，通常也称为哲学社会科学。新文科建设究竟“新”在何处，主要解决哪些问题，关涉新文科建设本质与内涵的思考。

新文科建设的本质，首先是学科系统的开放，远非常规认知的文理殊异、互不兼容。自然科学、人文科学、社会科学作为各自独立的学科体系，虽自成一统，均自恰于本利益体系之中，却血脉相连，共同构筑了人类认知世界与自身完整、多元、开放的知识与思维系统，这是学科融合的前提。包涵人文与社会科学两大学科范畴的文科学科系统，在新技术的不断作用下，只有开放系统边界，拓展学科视野，促进文文、文理去塞求通，优化学科生态，孕育新的文科结构，才能更好地服务经济社会发展与人类文明进步。融通是为了培养复合型的“通才”，追求多学科知识的广博无可厚非，但应是“术业有专攻”的博通之才。将媒介融合理念导入新文科建构体系，确立“全媒型与专家型”的新人才培养目标，打造复合型人才培养体系。

其次，以系统开放为基础，借助学科之间的深度融合、跨界赋能，实现文科的科学化，提升文科质量，为新文科建设之鹄的。固然，新文科建设主要依托技术环境的发展和成熟，作为新文科建设的技术背景，“数智”打造的新技术环境为新文科提供了跨学科交流平台和新的研究工具，在时空高度统一的数智教育环境中，只有牢牢把握智能传播的优势，赋能新文科体系的创新发展，支撑和引领文科学科的全面信息化，才能更好地推动高等教育发展。然而，新文科建设中不应片面关注“新”的“用”，而忽视“文科”本身的“体”。推动文科的“质性”思考，意在将新文科建设视野回归文科本身的创新发展，不是简单借助其他学科获取学科资源，而是借助技术外力为文科筑基培土。塑造人类的精神文明体系，卓越人才应具有的独立精神、批判思维、价值理念都需要文科教育来提供。因此，无论如何强调新文科的技术引领，都不能忽视文科本身的建设。

二、新文科对新闻传播学赋能的逻辑进路

教育部推出新文科建设举措，为新闻传播学科发展提供了契机，恰是新闻传播学科吸纳新生动力、新鲜血液，为卓越新闻传播人才培养提供重要保障，从新文科浪潮获取动能的最佳机遇。

1. 加强系统开放，完善新闻传播人才培养体制机制建设

对于新闻传播学而言，新文科建设是一种学科的有机发展运动。新闻传播学科与文史哲等人文社会学科及自然学科共筑高等教育学科系统，各学科作为整个社会学科系统的有机组成部分，共生、互动、互渗，不可能孑然独立。所以，全面系统和深刻地把握新闻传播学科发展，需要加强系统的开放，在与其他系统的互动中审视其历史变迁，探讨系统内部诸要素结构的优化及运行机制的同时，注重从其内部要素与外部环境的良性互动中准确把握其基本规律和发展趋势。新闻传播学跨学科整体共建所延伸的交叉领域，突破了既往的管理体制机制，吁求全新的人才培养体制机制建设，即保障体系、管理体系等体制机制的创新及协同统一。

保障体系包括“科际关系”建构、师资队伍建设与条件保障。师资队伍建设主要涉及产业师资和不同学科学缘背景师资两个方面。产业师资通过对产业精英聘任和引进，将传媒产业人才纳入学科建设队伍中来，不同学科学缘背景师资通过开放教学单位边界的互聘完成。条件保障则需要上到教育部有关“交叉学科”门类的设定和实际推动，下到教学单位为新文科建设采取的具体保障措施。

管理体系牵涉教学单位对参与新文科建设教师的激励机制、对学生考评的双创机制和产业人才考核机制、对新文科建设的质量保障机制，教学管理体系可以解决新文科建设引导动力不足的问题。新闻传播学学科内涵和专业分类始终强调系统开放，因此对新文科建设中人才培养体制机制建设有着较高的话语权，能够为其他学科的新文科建设提供有效镜鉴。

2. 深化跨界赋能，推动新闻传播学科创新融合

教育部、中共中央宣传部全面确认了具有高度学科融合性互联网思维人才的培养目标，对新文科背景下新闻传播教育的人才培养方案、课程体系提出了更加多元的要求。融合是新文科建设的主要创新路径，跨界赋能则是融合的主要驱动力。新闻传播学的跨界赋能意味着创新路径的拓展，其核心赋能涉及“媒介融合”“课程融汇”“专业融通”，形成从产业形态到课程形态再到学科专业形态的融合创新格局。

然而，跨界融合不等于简单的功能性叠加，关键在于思维与理念的融通。目前新文科建设中的学科交叉与融合更多思考和强调文理融合，具体到新闻学领域，一是新闻实践中最新的媒介技术与新闻专业主义的交叉；二是理论层面上面对媒介技术给新闻职业道德伦理带来的问题，在数字冰冷记录的同时需给予哲学和伦理学上的人文关怀。事实上，文科之间的跨界赋能也不失为拓展新文科建设渠道的有效路径，但形神兼备的融通谈何容易，以往不突破文科科类范畴的文文交融都比较生硬，借用邻近学科概念、理论生硬嫁接的现象非常严重。知识结构、思维方式的差异，尤其是理论意识的隔阂，拉大

了学科之间的鸿沟。新文科建设强调自然的融合，而非物理叠加，需要培养既具有信息学理科思维又融通新闻传播学专业意识的师资力量，让学生沐浴在自然科学务实精神与人文科学价值理性的双重滋养中，重构适应新时代社会发展的科学完整的知识体系。

3. 融通专业知识与人文精神，提升新闻传播人才培养质量

系统融通，不仅要注重新技术与理工思维的赋能，还要关注技术冰冷的工具理性背后价值理性的追求。文科的科学化不意味着对人文意蕴涵养的淡化，以实践性、应用性为特征的新闻传播学面临的冲击和挑战最为严峻。大数据、AI技术成为学界、教育界热衷探讨的主题，在受工具理性支配追求功用的人才培养模式中，课程体系中叠加了一系列新媒介技术类课程，技术技能教育被不断强化。不站在人类社会发展的大历史背景中审视技术赋能，过分依靠新技术带来学术生长点，对学科发展来说无疑是致命的。新技术未经过理性的审思便趋之若鹜，必然造成肤浅的解读、碎片化的认知和游离于真相的滥用。逐新是人类的本能，但只看重新而忽略旧难以形成完整的知识结构，逐新弃旧带来的是人文教育的缺失。

新文科建设背景下，新闻传播人才培养在突出智能教育的同时，要强调人文精神涵养，即心智的启迪、创新意识和思维能力的培养。有学者认为，提升人文意蕴涵养主要包含提升统摄知识之“智识”、培养创新能力之“美识”、构筑自我存在之“意识”3个价值维度。将“智识”“美识”和“意识”统一在同一向度内，形成价值引领知识体系建构的教育范式，才是倡导现代人文精神的全新育人体系。“工具理性”倾向于“智识”的养成，借由价值理性的系统引领，才能最终形成以智能教育为途径的新闻传播学科的人文意蕴涵养。

新文科建设带来的首先是文科思维与技术思维的碰撞，碰撞不是一种单向度的博弈，而是双向度的交互融合。其中人文意蕴在新的智能教育环境中得到积淀，成为新文科建设中具有指导性的发展目标，以此引领新文科的建设。

在新兴智能技术高歌猛进的今天，新闻传播人才培养开始进入智能教育阶段，新技术范式的兴起不仅体现在带来了“元宇宙”“区块链”等新概念，还体现在塑造工具理性与价值理性统一，实现智能教育开拓和人文精神引领的有机融合上。在强调科学精神的同时，努力推动新闻传播学科回归。

三、新闻传播学新文科建设的“命门”在守根固本

前文所论皆在新文科的“新”，无论是交叉学科理论范式，还是观念意识的融合，抑或技术的渗透，都是为了给新闻传播学科注入新鲜血液、新生动力，却无法弥补新闻传播学科的先天不足。固然，顺应新时代社会发展需求的学科进步需要新生动力，但也要强调学科价值性建构和内涵式发展，不可忽略自身组织系统的健全。平心而论，中国

新闻传播学学科体系尚不完善。只有健全完善、土壤肥沃的机体，才有能力吸收丰富的外来给养跨越发展。

1. 新闻传播教育体系本身的完整性是前提

学科发展决定着人才培养。融媒体时代，新闻传播学虽迅速成为显学，但更多出于现实应用层面的需求。学界聚焦技术、冷落史论的学术风气，使新闻传播学虽然地位有所提升，但仍然缺少根本的学科支撑。

作为新兴学科，新闻传播学在相当长一个时期内都依赖于西方理论范式的创新。方汉奇等老一辈教育家所瞩目立足本土、本学科的基础研究。事实上，较之传统优势学科，新闻传播学科尚存在诸多学术领域亟待拓垦和深入探索，尤其是本学科的门径之学——史料学尚未得以建构，相应的新闻传播教育体系中缺少必要的链环。新闻传播学与众不同的学科内容，应该建立在有关新闻传播的历史资料和史料方法论基础之上，缺乏本学科的史料，特别是分析史料的理论思维，无异于失去了学科对象和特色，必然依附于其他学科的理论范式，造成本体的迷失。相对稳定的史料学基础是新闻传播学真正科学化、学术化的关键和根本。没有本学科的文献学教育，其他课程也就容易流于表象，业务、理论、历史三大领域各行其是，难以形成整合融通整个学科的道统，补足完善学科体系，打好学科基础，方能行稳致远。

从教育的角度看，关于史料、文献的学问，更是新闻传播人才培养必不可少的内容。文献学课程群建设最基本的目标是提供本学科的专业知识图谱，需要从业务、理论和史学等不同方向建构经典文献，即本学科有史以来所产生的能够涵盖学科基本精髓、具有经典价值的文献集锦，作为大学入门必修课程“经典导读”的辅助教材。一个学科教育体系中经典文献的选粹、文献学的建构，不可能一蹴而就。新闻传播学的史料学、文献学学术体系建构需要几代人长期的努力，需要经过历史的检验，获得整个学界的认同。

经典文献导读仅为文献学课程的前奏，后还应有一门课程，可称作文献学。作为新闻传播教育的基础工程，该课主要介绍本学科经典文献的历史及其产生的背景、价值、影响等，揭示文献及其意义生成与演变的总体规律、特征，探索其发生发展与社会运行之间的互动关系，帮助学生认识和利用文献。研究生教育阶段，史料学概论则必不可少。史料有“学”，主要表现在其搜集、整理、考释和运用皆有其法，并非仅仅是研究的辅助材料和论据。目前，学界对新闻传播史料研究已有足够的重视，老一代学者在史料搜集与整理方面做了很多贡献，但是新闻传播史史料研究仍然处于初级整理阶段，欠缺系统性、完整性，相关课程建设尚未开展。

2. 定位本体，廓清学科边界，为学科融通之基础新文科建设本质上是打造学科间的开放系统，突破已然固化、内卷的学科壁垒，但抛开本学科特性、盲目追求跨界融通很可能会丧失学科的相对独立性，致使本体迷失，造成学科认同的困惑。在新技术浪潮冲击下，曾经的政治史范式及西方理论依附之困厄，已幻化为当今对技术至上伦理的隐忧。新闻传播学的新文科建设，是在守根固本、保持专业个性的基础上，科学合理融通其他学科的知识、理念和意识，而定位本体、建构新闻传播学新文科创新理论体系，则是实现科学融通与技术渗透的基础。新闻传播学创新理论体系之建构，首先需要厘清概念，界定学科的本质属性、根本任务，廓清边界，为其新文科建设提供理论依据和分析工具。

厘清新闻传播学学科基本概念，在考量专业属性的同时，尚需关注中国新闻传播学科特有的本土化属性，“打造具有中国特色和普遍意义的学科体系”。应立足中国国情，根植中国土壤，在坚守本学科主体性与核心价值基础上，充分吸纳交叉学科的优势资源，构建具有中国社会主义新时代特色的新闻传播学科体系及人才培养新范式。

结语

新文科建设本质上是要解决学科发展中存在的格局问题，是在技术狂飙突进、工具理性与价值理性张力下的“人”的价值重塑，力图通过学科融通跨界赋能，形成有技术支撑的富有深沉价值内涵的意义世界。在秉持马克思主义新闻观教育基础上，建构跨学科、跨专业以及跨界的协同育人机制，将科学精神与人文精神嵌入育人理念，培养创新型、复合型、人文素养深厚的新闻传播人才，成为普遍共识。然而，作为新闻传播学新文科建设的基础工程，新闻传播学科体系自身的完善健全、中国特色社会主义新闻传播学及其教育体系的建构，任重道远。

新业态下出版硕士专业学位人才培养现状与对策研究①

——基于26所高校培养方案的内容分析

余来辉

近年来，随着信息传播技术的发展和读者消费习惯的改变，出版行业正在发生系统而深刻的变化。新业态孕育新机遇，也对专业人才培养提出了新挑战和新要求。作为业界学界公认的出版教育理想模式，出版硕士专业学位教学经过近十年的积极探索，稳步发展，成绩不俗，培养了大批专业人才。然而，受制于诸多主客观因素，出版硕士教育也一直面临人才产销不对路、业界认可度低、双导师落实不力等办学困境，如何创新专

① 文章来源：余来辉．新业态下出版硕士专业学位人才培养现状与对策研究——基于26所高校培养方案的内容分析[J]．出版发行研究，2022，364(3)：13-19.

业办学和教学模式，培养能够胜任新业态下出版岗位的复合型、高层次、应用型人才是出版硕士专业学位教育亟待解决的问题。

纵观已有的出版硕士专业学位人才培养研究，学者们分别从理论层面、自身经验以及比较研究的视角，总结论证了出版硕士教育的必要性和可行性，探讨不同教育模式的异同点。这些研究为出版硕士专业学位人才培养的实践和发展提供了有益的借鉴，也留下了研究的待发展区域。而我国出版硕士教育办学主体较为多元，地域差异较大，导致其实际的人才培养问题存在较大差异。因此，有必要系统地对我国出版硕士教育进行比较分析，从而揭示我国出版硕士教育的整体概貌。鉴于此，本文以 26 所高校培养方案为研究样本，综合运用内容分析、深度访谈等研究方法，全面系统分析我国出版硕士专业学位人才培养的现状与对策。

一、我国出版硕士专业学位教育发展状况与趋势

自 2010 年首次设立以来，我国出版硕士专业学位点一直保持稳步发展态势。至今，全国共有 34 个出版硕士专业学位点。为进一步比较观察我国出版硕士教育发展状况与趋势，本文对此 34 个学位点设置情况进行描述性统计分析。

(一)东部高校稳步增长，中西部高校潜力较大

从院校区域分布来看，出版硕士专业学位点建设具有明显的地区差异，总体呈现东强西弱的基本格局，这与当地较为发达的出版资源密切相关。在西部内部呈现南强北弱的格局。8 个学位点来自中部地区高校。从纵向来看，东部地区高校保持稳步增长，相对而言，中西部高校的增长趋势则并不稳定。无论是横向还是纵向，中西部地区的高校出版硕士教育还有很大的增长空间。此外，三所停招的学校所处三个城市均为出版业较为发达的地区，为何其出版硕士教育出现夭折，其原因值得学界深入分析。

(二)综合类院校高开低走，专业性院校后劲十足

从院校属性来看，综合类和专门类院校平分秋色。进一步对专门类院校分析发现，师范类院校借助其中国语言文学、新闻传播学等优势学科，创办出版硕士专业学位点具有一定先天优势。纵向比较来看，综合类高校高开低走，专门类院校则稳扎稳打，学位点总数与综合类院校的持平。且由于三所综合类高校停招，从而使得专门类院校学位点数量超过了综合类院校。

(三)“双一流”高校率先发力，其他高校渐成主力军

从出版硕士专业的办学层次来看，“双一流”建设高校占比 44.12%；其他高校占比 55.88%。纵向比较来看，首批的 14 个学位点有 11 所“双一流”高校，仅 3 所其他高校，这说明出版硕士专业学位办学起步较高。后期新增的学位点多来自其他高校，由此可见，“双一流”高校率先发力出版硕士教育，具有先发优势，但其他高校后来者居上，

逐渐成为出版硕士教育的主力军。

(四)三类学院支撑发展，学科交叉趋势渐显

从举办学院来看，34 所大学里承担出版硕士专业学位培养的主要有文学与新闻传播学、出版与艺术、艺术与传媒类等综合性院系。由此可见，出版硕士学位点主要依托的学科为新闻传播学等相关交叉学科。纵向比较来看，新闻传播学院申办出版硕士前期热情高涨，相较而言，文学院与综合学院出版硕士教育则稳步发展，成为出版硕士教育的主要增长点。

二、我国出版硕士专业学位人才培养现状及问题分析

人才培养是按照专业培养方案来加以实施的，研究生培养方案可以非常直观地反映培养模式的基本状况。基于此，本文以 26 所高校出版硕士专业学位培养方案为研究样本，系统分析我国出版硕士专业学位人才培养的基本现状，厘清其存在的主要问题。考虑到培养方案与人才培养的实际情况可能存在一定的差异，本文采用实地访谈法，从而更加全面地了解人才培养的真实状况。

(一)培养目标

出版硕士专业学位教育的总体目标是“培养适应社会主义市场经济发展和出版业需要的高层次、应用型、复合型专门人才”，细分为素养、知识和能力培养三个层面。素养层面，一些高校明确要求学生具备良好的政治素养和职业道德。知识层面，均要求掌握出版专业知识，还有要求具备公共基础知识或人文社科知识，能够运用多学科知识解决出版业实际问题。能力层面，均要求掌握出版专业技能，达到国家出版管理部门规定的任职要求。还有部分院校对专业能力作了进一步细分，明确要求学生具备科学研究能力、专业教学能力、营销策划能力、组织协调能力、口头表达能力、学术交流能力等。总体而言，大多数高校是参照指导性方案的培养目标设置其专业学位培养目标，遵循“素养—知识—能力”的培养目标层次体系，基本符合出版新业态下对实用型、复合型出版人才的需求。

与此同时，基于培养方案内容分析和访谈材料，发现当前出版硕士专业学位人才培养目标也存在以下几个问题：一是多数院校的培养方案对于培养目标的描述较为宽泛，对于素养、知识和能力维度的内涵界定不够清晰，大大削弱了对实际人才培养路径的指导作用。二是要求学生掌握的知识结构不够均衡，对相关学科知识积累不够深厚，从而导致出版硕士专业学生发展后劲不足。三是全国高校出版硕士的培养目标共性大于个性，多数高校都是参照指导性方案的培养目标稍加修改，也有部分院校是直接沿用指导性培养方案的培养目标，培养目标设定与院校自身的办学资源和实际情况关联性不强。

(二)办学定位

作为一种专业学位，出版硕士是为满足我国出版领域复合型、高层次、应用型专业人才的需求而开设，强调以应用为导向。总体来看，当前出版硕士专业学位的办学定位与出版新业态人才需求还存有一定的差距。

此外，在专业办学定位的基础上，部分高校结合产业分工、明确研究方向，依托学校学科优势或区位优势，形成了鲜明的办学特色。这些院校为出版硕士专业学位特色化办学提供了一定的经验借鉴，但总体来讲，特色化办学方向的院校所占比例很低，多数高校对其专业人才培养特色凝练不足。

(三)培养方式

专业学位旨在培养复合型、应用型专业人才，专业实践能力的培养是其专业培养方式的独特所在。全部26所高校的出版硕士专业学位培养均采取两大基本方式：一是导师指导与集体培养相结合；二是学业(校内)导师和行业(校外)导师相结合的"双导师制"，对学生日常学习和实践活动进行指导。总体来看，导师指导和集体培养相结合，"双导师制"是目前我国出版硕士专业学位普遍采用的培养方式，为培养复合型、应用型出版专业人才提供了保证。然而从访谈结果来看，实际教学中"双导师制"的校内导师和行业导师的分工责任等并未明确，导致"双导师制"落实不到位。此外，培养过程中，学业导师与行业导师对学生的培养存在脱节现象，甚至会出现学业导师和行业导师的培养方向并不一致，未能实现课程学习、专业实践、学位论文等教学环节的合力。在受访的学业导师和行业导师中，大多数导师并不明确合作导师的研究方向或擅长领域，"双导师制"更多为相对独立的一对一的指导，并没有发挥一加一大于二的效用。

(四)课程设置

专业课程教学是出版硕士专业学位人才培养的重要载体。为了更直观地考察课程设置与其培养目标之间的关系，本文从素养、知识与能力三个维度，对全部26所出版硕士专业学位课程进行分析。素养类课程面向学生基础素养提升，政治和外语类素养课程均为必修课，而人文素养类课程则多为选修课。知识类课程侧重出版专业理论和知识的学习，整体差异不大，多数高校的知识类课程是以指导性培养方案为基准，核心知识类课程大多设置为专业必修课。能力类课程着重出版专业技能与实践能力的培养，除了出版编辑与制作、数字出版及技术等少数课程之外，大多数能力类课程都设为选修课。

总体来看，我国出版硕士专业学位课程设置呈现"重知识和能力，轻素养"的基本格局。具体而言，课程设置有如下几个待加强之处：一是偏理论、轻应用。当前课程设置主要偏向于对出版理论环节的介绍，普遍存在课程学术性过强而应用性不足的问题。访谈中发现，其原因在于来自业界的师资相对短缺，以及业界导师参与课程建设的比例不足。二是重硬知识、轻软知识。出版硕士课程设置更多地关注专业知识与技能的硬传授，相对忽视视野建立、产业与技术洞察力、研究方法以及思维方法的培养，这种知识结构失衡严重影响了研究生的发展后劲。三是重共性、轻个性。尽管已有部分院校设置了出版专题的课程，但真正结合地区特色和学校优势的课程设置比例还不够高，真正能够结合出版新业态需求的课程更是阙如。这也再次反映出当前出版硕士专业学位培养特色还不够鲜明。四是学科边界模糊。部分院校的课程设置专业性不强，与其他学科，尤其新闻传播学的边界模糊。访谈发现，其原因为部分高校依托新闻传播学团队申报出版硕士专业学位点，出版专业师资比较缺乏，而这也是我国出版教育面临的困境之一。

(五)实践教学

专业实践在专业硕士学位培养过程中具有举足轻重的作用，直接决定着人才培养质量的高低。从培养方案的内容分析来看，大多数高校的专业实践教学内容和要求过于宽泛，且缺乏对实践教学效果的明确评价指标，从而弱化了其指导意义。此外，大多数高校普遍缺乏对专业实践教学过程的动态管理。总体来看，“双导师制”下的出版硕士专业实践教学普遍存在以下两个方面的问题：一方面，由于培养方案没有明确专业实践如何与业界导师指导对接，使得导师指导学生出版实践成为一句空话。另一方面，专业实践与学位论文普遍脱节，未能充分发挥出版硕士专业学位人才培养的优势，直接影响人才培养质量和水平。

三、新业态下出版硕士专业学位人才培养提升策略

总体而言，我国出版硕士教育稳步发展，人才培养模式日渐成熟，但与新业态对人才的需求还存在一定的差距，存在诸多不足之处。可从如下几方面全面提升出版硕士专业学位人才培养质量和水平。

(一)着眼职业胜任力，明确学位培养目标

职业胜任力中潜藏在冰山下面的动机、特质、社会角色等才是个体成功的关键。随着出版产业生态的不断变迁，出版领域专业人才职业胜任力的内涵与要求也随之变化。出版硕士教育要紧紧围绕出版新业态对人才职业胜任力的新要求，进一步提炼和明确专业学位培养的目标，构建以职业胜任力培养为导向的人才培养目标体系。一方面，厚植学生专业理想与信念，培养学生坚定的职业理想和社会责任感。积极探索专业理念教育、课程思政等教学模式和方法。另一方面，有针对性地完善和丰富专业人才培养的知识和能力内涵，从“素养—知识—能力”维度构建适应新生态特征要求的出版专业人才的职业胜任力体系。

(二)洞察业态新趋向，优化培养方向与课程教学

有针对性地为社会各个领域培养应用型人才，是专业硕士教育的最大特色和基本要

求。精准分析出版产业生态发展的新趋向，动态调整和优化培养方向、课程设置，才能确保人才培养能够满足新业态对出版人才的需求。具体如下：首先，洞悉新业态人才需求，细化专业培养方向。其次，根据专业培养方向，优化专业课程设置。一方面确保其设置的科学性和合理性；另一方面，提高校内课程教育与出版行业实践操作的结合度，加大授课过程中特色内容的比例。最后，根据出版新业态的新要求，及时更新和优化专业课程教学内容体系，确保时效性和前沿性，课程知识教学与新业态无缝对接。

（三）探索精准化施教，构建分类交叉融通培养体系

积极探索出版硕士精准化教育，在对出版硕士研究生进行分类的基础上，分别对其实施交叉培养，最终满足业界“既懂专业又懂出版”的人才需求，构建分类交叉融通的人才培养体系，是为培养高层次复合型出版专业人才的有效路径。首先，探索分类指导新方法，注重精准化培养。其次，构建交叉培养新模式，形成组合优势互补。一是通过导师学术与学生专业的交叉模式，达到优势互补。二是学术导师与行业导师的交叉模式，对双导师组合进行优化搭配，形成学术导师和行业导师的优势合力。最后，实施专业人才融通培养，“专才”和“通才”培养的结合。一方面要加强专业学习与行业研究的融通，破解理论学习与行业实践脱节的问题。另一方面是出版技能与行业知识的融通，鼓励学生跨专业、跨领域进行学习，提前储备专业知识，为日后快速进入出版行业奠定坚实的基础。

（四）做足特色化培养，实施出版教育的差异化发展

从培养方案的内容来看，当前出版硕士教育共性有余，差异不足。因时、因地、因校实施差异化发展，是形成出版硕士专业人才培养特色的必经路径，可从如下几个方面加以落实：一是针对新业态的新需求，确立人才培养方向。二是要坚持国家社会重大问题导向办学，对接国家工程，设立国际出版人才的培养方向。三是依托学校学科优势以及办学资源，形成独特的办学特色。四是依托地方独特文化资源，实现出版硕士教育特色发展，与地方出版形成良性联动。

（五）做实专业性实践，构建多元化动态实践教学模式

得益于数字平台的开放性和便利性，出版新业态为专业实践教学提供了新的契机，构建多元动态专业实践教学模式，可从如下几点切入：一是搭建多元专业实践教学平台。突破传统专业实践教学模式的认知局限，通过积极利用出版产业生态开放系统，鼓励学生自创专业实践渠道，搭建多元实践的出版专业实践平台。二是优化专业实践实训的内容安排。对接出版新业态的不同业务需求，综合校内导师和行业导师的指导意见，并结合学生的学习背景等，合理安排符合学生个性化的专业实践内容。三是创新专业实践教学模式与方法。结合出版新业态的新场景和新生态，充分利用专业实践创新教学模

式，进行专业实践教学方法改革。四是加强专业实践教学的过程管理。基于出版新业态的产业链，充分利用出版新生态的技术优势，加强专业实践教学效果的动态评价与管理。

四、结语

新业态背景下，出版硕士专业学位人才培养面临的挑战与机遇并存。如何积极应对挑战，发掘新的机遇，是当前我们亟待思考的重要议题。本文通过实证研究方法，系统考察了新业态下我国出版硕士教育发展与人才培养的基本现状及其存在的主要问题，在此基础上探索性地提出了人才培养提升策略，希冀为推动我国出版事业又好又快地发展提供人才支撑和保障能有所裨益。需要指出的是，为了弥补培养方案与实际人才培养情况可能存在的鸿沟，本文采用了访谈法作为辅助研究方法，访谈对象和范围仍有一定的局限性，未来研究可以从更大范围内开展系统的实地访谈等获取第一手材料，从而得以全面客观地分析我国出版硕士专业学位人才培养的实际状况。

产教融合：广告教育的综合实践教学模式探析①

丁俊杰　刘甜甜

2017 年国务院印发了《关于深化产教融合的若干意见》，对深化产教融合作出制度性的安排，强调构建教育和产业统筹融合发展格局。中国广告教育的兴起、发展皆深深根植于中国广告产业的实践沃土，带有天然的应用性学科基因。产教融合与中国广告教育的发展规律高度契合，其在推进过程中，以广告产业实践为依托，有效对接高校的人才供给与业界的市场需求。本文以如何通过产教融合积极推进中国广告教育发展为问题导向，选取全国大学生广告艺术大赛为案例进行全面分析，以探寻提升中国广告人才培养质量的优化路径。

实践性学科竞赛是广告教育产教融合的优质模式

从根本上看，与业界需求的对接是中国广告教育发展起步并取得巨大成就的重要动力。亨利·埃茨科维等学者于 20 世纪末提出了创新研究的三螺旋模型，用以解释高校、产业和政府三者间在知识经济时代的新关系。中国广告教育发展的动力机制与其基本吻合，政府、高校和企业三者共同建构了“产业导向”鲜明的知识生产场域，其中业界一直是重要推动者。中国广告教育围绕市场需求，将学界和业界进行积极对接、磨合以及共融、共创、共生，探索出一种适合中国广告教育的发展模式——产教融合。在政府的

① 文章来源：丁俊杰，刘甜甜. 产教融合：广告教育的综合实践教学模式探析[J]. 中国高等教育，2022，687(6)：44-46.

支持下，将广告产业和广告教育、企业和学校、实践和理论相融合，通过在实践中学习，在学习中实践的方式，培养既满足行业需求又懂广告专业规律的人才。其中，经过长时间、大量的实践探索和检验，发现实践性学科竞赛是广告教育产教融合的优质模式，可以积极赋能广告教育的发展。

中国广告教育的实践性学科竞赛，因比赛中在大学、产业、政府三者之间不同的地位、权力，而展现出不同的特点。目前，在全国范围内较有影响力的广告学科竞赛有金犊奖、中国大学生广告艺术节学院奖(以下简称：学院奖)和全国大学生广告艺术大赛(以下简称：大广赛)。其中，大广赛是全国规模最大、覆盖高等院校最广、参与师生人数最多、作品水准最高的一项国家级大学生赛事。从2005年首届举办至今，已举办了13届共14次赛事，全国共有1679所高校参与其中，超过百万学生提交作品，形成了具有稳定性、成熟性和规模性的大学生教学实践平台，其优秀的产教融合经验值得我们借鉴、学习。

广告教育产教融合中需要解决的问题

随着经济结构深化调整以及产业转型升级，我国高等教育的结构性矛盾逐步凸显，高校人才供给与产业人才需求的“脱节”问题也相对显现。因此，迫切要求大学推进教学改革、创新人才培养模式，引入更多社会力量，搭建综合性的实践性教学平台，提高人才培养的创新性和实践性。

学界与业界要更加有效对接。学界和业界合作是产教融合的重要内容和主要形式，但是目前校企合作多处于浅层次。因为拥有资源、代表利益的不同，政府、高校、企业在产教融合合作过程中，三者利益交错、权力交织，时常出现不能有效对接。政府往往忽视产教政策对高校、产业需要的回应性，一些政策较为教条、僵化；高校的人才供给大部分停留在为企业输送基础劳动力，缺少创新型、实践型人才的有效供给；企业因其经济特性，注重投资回报比，强调利益最大化，对一些前期投入大、后期回报未知的合作项目，缺少参与热情。但一些高水平企业，拥有的技术资源、信息资源等知识资源均优于高校，浅层的产教融合项目难以满足企业合作的初衷，无形中减弱了其参与意向。

要改变教学理念相对滞后的现象。在产教融合的推进过程中，高校传统的教学理念注重学科理论、概论的知识传授，忽视了教学实践、项目实施和专业实习等的实践教学。广告专业的教育理念需要密切关注广告业界的发展动态，同时又要适度超越行业发展，基于行业需求、学科特性进行独立发展。现有产教融合模式，培养目标多是为了契合市场需求，在教学的顶层设计上，缺少以服务教学为目的的实践类学科竞赛。

要优化师资队伍结构。师资队伍建设是提高人才培养质量的重中之重，但囿于高校的人事体制、考核机制、激励机制等限制，造成产教融合中业界师资力量长期不足的困境，师资队伍仍以高校专业老师为主，业界和学界之间缺少相关的人才流动。作为一个智力服务型行业，广告行业的快速变化，亟待广告专业教师与时俱进地更新、完善自身的知识结构，以契合社会需求的变化。

广告教育产教融合的优化路径

为推进高校教学改革，培养契合社会需求的人才，切实提高大学生的实践和创新能力，大广赛倡导政府、高校和企业协同育人，集合多方优势资源，逐步构建了以高校为主导的“高校—产业—政府”的“三螺旋”广告学术共同体。

搭建实践教学平台，构建学术共同体。实践教学平台是广告人才培养的重要载体，有助于更好地平衡学界和业界的人才供求关系。搭建实践教学平台，广泛动员企业、广告公司、媒体和政府等相关利益者参与实践活动，促进多方合作交流、协同育人，构建学术共同体，是推进产教融合的有效方式。

大广赛以学界为主要推动者、以业界为主要赞助者、以政府为重要保障者，将人力、财力、物力等资源进行优质整合，集中力量解决广告教育的最大痛点——广告业界和学界的人才需求和供给不配适的问题，从而促进学术共同体的“共生”。大广赛发布的命题关涉食品、饮料、医药和旅游等领域，围绕企业的真实营销项目制定策略单，以学生为主、老师为辅，进行“接单”，结合相关教学内容，真题真做。通过大广赛这一平台，高校、企业和行业得以共通、共融、共生，凭借线上、线下有效联动，既保证了稳定的市场需求来源，也促进了教育人才供给侧的结构性改革。此外，也使相关企业文化理念深入大学生群体，并与其产生互动、共鸣，强化了创新创业协同育人的理念。

制定科学顶层设计，精准服务教学。学科竞赛是超出课本范围的、锻炼人智力的一种特殊性考试和竞赛，是大学生创新能力提高的实践性平台，也是产教融合的重要方式。目前我国高等教育相对有影响力的广告专业赛事主要有大广赛、金犊奖和学院奖。大广赛汲取二者办赛的优秀经验，并另辟蹊径，以“服务教学”为出发点，开展由学界主导的学科竞赛，将学科竞赛作为大学教育的“第二课堂”，把“真题真做”的理念融入竞赛各个环节，使学校的教学实践活动从虚拟命题转为现实命题，从短期的速成活动变为全年度的培养活动。它以学期制的竞赛时间、三级制的竞赛评审为重要落脚点，精准对接企业需求，并使竞赛精准服务教学，从而促进教学改革，提升教学质量。

强化案例教学，制作精美作品集。案例教学是产教融合模式在教学中高度重视的教学方法之一，不仅有助于学生更加了解业界的真实需求、锻炼自身的实践能力，还可以强化师生之间的教学互动。作为应用型学科，广告学在推进自身发展的过程中，案例教学必不可少。大广赛与案例教学高度契合，一方面让学生真题真做，强化其实操能力，并增强师生互动；另一方面，历届获奖作品可以作为优质教学案例，推动案例教学的不断革新、发展。同时，教师可以用大广赛的获奖作品作为教学案例，以问题和目的为导向，在真实的命题场景中，师生共同品鉴案例，深度还原广告作业流程，增强相关理论知识的解释力度。

引入教学“外脑”，强化师资力量。打破学界、业界的人才流动壁垒，建立“双师型”师资队伍，是产教融合的重中之重。快速变革的广告行业倒逼广告教育师资力量的提升，原本较为固化、单一的广告教师力量无法满足迅速变迁的行业需求。引入教学“外脑”，为学界注入新鲜、多元的信息，更新、完善师资结构，是大势所趋。构建“双师型”师资队伍，让来自学界和业界的老师，共同融入学生的理论和实践学习活动，发挥各自优势，不仅可以夯实学生的基础理论知识、了解业界前沿动态，还可以激发学生的创新实践能力。

广告教育产教融合的数字化转向

推进产教融合向纵深发展，需要学界对业界的需求进行积极回应。广告行业的发展和需求一直是广告教育的基石。数字时代的到来引发了广告业的快速变迁，其行业格局、竞争主体、作业流程、服务形态等方面都进行了大换血，从而引发了广告教育的支撑土壤、内容需求的重要变化。

第一，创新教育平台：强化校企合作，增加数字化实践。搭建实践教学平台，建立高校、企业和政府等利益相关主体的互动沟通渠道，是推进产教融合发展的有效途径。广告学科的应用性较强，实践教学是广告教育的重中之重。广告业界对数字化人才的需求，使得广告教育的重点得以进一步聚焦——搭建数字化广告实践教学平台，增强学界和业界的交流合作。首先，可以通过举办学科竞赛，设置数字化命题，提高学生的实践能力。比如，大广赛以企业需求为基点，征集动画类、互动类的广告作品。学生真题真做，以品牌需求为导向，制作动画、短视频、H5 等形式的作品。在此过程中，学生的数字化实践能力得以检验、提升。此外，高校还可以与数字营销企业合作建立实习基地，鼓励学生积极参与相关项目，熟悉数字化广告运作流程，提高学生自身的数字营销传播能力。

第二，更新教学理念：增强文理交叉，培育复合型人才。相较于其他教育活动，在产教融合的教育活动中要更加重视“人”的价值，注重培养既有专业知识又懂行业实践的复合型人才。传统的广告教育大多是为广告公司、媒介公司和广告主培养专业的创意、策划、设计等方面的人才，其中又以为广告公司培养策划创意型人才为主。数字时代，广告教育的人才培养，既要立足于广告，又要超越广告，要培养兼具广告专业知识和相关专业技术知识的人才，强化学生的“数字化思维”，推动广告教育的数字化探索，加强跨学科人才培养。其中，要积极应对广告业的数字化转型，注重广告学科与计算机学科的交叉融合。

第三，完善课程体系：推进“内容技术”创新，提高学科的数字化。广告学应该在整体的课程体系设计层面进行改革，以“内容技术”为落脚点，推进广告教育数字化。现有的广告教材内容多以经典广告理论和案例为主，与快速变迁的广告行业相脱节。同时，课本平面化的文字、图片呈现方式，限制了相关信息展现的张力，无形中影响教学效果。其中，互动类、动画类、视频类的广告案例，仅凭课本的视觉刺激，难以让学生体悟到案例的精髓。为提高广告学科的数据力，一方面，教学内容要加入数据内容，比如数字营销、计算广告学、大数据分析与应用等课程，同时，还要及时关注业界前沿动态，积极与企业进行沟通、合作。例如，北京体育大学新闻与传播学院采用校企共创课程的方式，和央视频、快手签订合作协议，围绕短视频创意、策划、拍摄、运营等方面构建新媒体课程体系。因此，教学方式要多元化，善用先进技术，优化教学效果。另一方面，要提升学生的数字化实践能力，为他们提供实践性的体验式课程，让他们亲身参与到广告的数字化作业流程和服务模式，深度学习数据的挖掘、处理和分析技巧等，使相关知识更加直观、可感、易懂，从而优化学习效果。

第四，丰富师资力量：“走出去引进来”，打造数据精英智库。实现学界教师和业界专家的双向流动，对推进产教融合的深度发展至关重要，打造“双师型”师资团队势在必行。一方面，广告教育从业者需要积极发挥主体作用，大胆“走出去”，不断精进自身在数字化方面的“硬核实力”。教师可以主动到相关的数字营销公司以及技术服务公司进行业务实践，了解业界前沿资讯，明晰广告作业流程相关环节的数字化应用以及掌握实操性技术，进而拓展自身知识图谱并丰富实践经验。另一方面，高校需要向业界专家、跨学科专家借力，邀请他们走进校园，助力广告教育的产教融合。行业相关专家关于数字技术、数字营销、计算广告等方面的培训和研讨，不仅可以向高校师生介绍前沿理论、行业动态、技术应用、实战案例，同时还能通过与高校师生的现场互动、交流，实现双方知识“互哺”，从而推进整个广告教育生态的良好发展。

从陕北公学到华北大学：中国人民大学红色新闻教育的溯源①

周 勇 李兴博

1955 年 4 月，中国人民大学新闻系成立，这是中国共产党领导创立的新中国第一所新闻专业高等教育机构。回溯历史可以发现，中国人民大学的新闻教育可以追溯到革命年代。从 1937 年 7 月至新中国成立，中国人民大学的前身先后经历了陕北公学、华北联合大学、华北大学等阶段。陕北公学、华北联合大学、华北大学坚持开展新闻教育，培养了大批新闻宣传人才，有力地支持了中国共产党在抗日战争和解放战争时期开展新闻宣传工作，成为新中国新闻学科建设的重要经验来源，也是中国人民大学新闻教育的红色底蕴所在。

一、陕北公学时期红色新闻教育的起源

陕北公学是中共中央直接领导创办的第一所革命的大学，是在民族危机日益严重的形势下，为培养满足全民族抗日战争需要的“民众运动工作者和文化教育工作者”而创办。

(一)为培养抗日干部创办陕北公学

到达陕北时，红军总人数只剩 3 万余人，难以适应抗战救亡新形势发展的需要，迫切需要大批抗日干部。针对现状，中共中央提出了一系列决议、政策和指示，其中心含义为：一是迫切需要培养大量的新干部，二是新干部的培养和工作必须围绕着抗日救国而展开，三是党的伟业和抗日救国干部的培养是高度统一的。

为落实干部培养政策，中国共产党在陕甘宁边区陆续创办了陕北公学、安吴堡青年训练班、延安工人学校、延安鲁迅艺术学院、中国女子大学，将红军大学改为抗日军政大学，培养军事、政治、教育、文艺等领域的干部。在陕北公学的开学典礼演讲上，毛泽东为全体师生作了题为《目前的时局和方针》的讲话，分析了抗战形势，说明了陕北公学培养革命干部的重要意义。同时陕公根据学校性质、学员特点等制定了教育方针：第一，使学员获得革命的宇宙观、社会观与人生观，获得社会发展规律的知识与民族解放、社会解放的知识；第二，使学员获得当前革命运动发展规律的知识，获得坚定正确的政治方向；第三，使学员获得抗日民族战争的知识，首先是游击战的知识；第四，培养学员成为抗日战争中的民众运动工作者和文化教育工作者；第五，培养学员敢于斗争和艰苦奋斗的精神及理论联系实际与民主作风。整个陕北公学时期共计培养

---

① 文章来源：周勇，李兴博．从陕北公学到华北大学：中国人民大学红色新闻教育的溯源[J]．新闻春秋，2022(6)：31-43.

干部近万名。

(二)陕北公学开展红色新闻教育的多样探索

陕北公学通过墙报、时事课程等方式广泛开展新闻教育，指导学员运用新闻宣传手段从事民众运动工作，培养了一批富有实践经验的新闻宣传干部。

1. 墙报

在陕北公学，墙报是开展课余学习的重要途径，学生会和各队都创办自己的墙报。学生会的墙报由宣传股编写，每周出版一次，内容涵盖学习、生活领域。同时，墙报也是学员进行批评、考评，督促学习的重要渠道。墙报文章多采用集体写作的方式，以每次讨论会的题目作为写作题目，在每次小组讨论以后，如果认为题目有发表价值，便推举几位同学代表全班共同负责写作。

2. 时事课程

为“开阔学员的眼界，保持清醒的头脑和增强胜利信心”，陕北公学经常邀请毛泽东等党中央的领导到校作时事报告。同时在校内组织时事研究委员会，组织学员开展集体学习。陕北公学课堂教学之外组织全校性质的时事研究委员会，该委员会指导广布在各队和各部门的《新华日报》读者会与时事座谈会，开展国际国内时事政治的演讲，讨论持久战、武汉保卫战等问题。陕北公学还建立了时事报告员制度，“必须把那些消息综合起来作一个系统的分析与叙述。因为这样他不但自己可以联系作时事报告，同时使听的人得到一个有系统的概念”。

3. 开展宣传工作实践

为贯彻全民族抗战路线，将学员培养成为“抗日战争中的民众运动工作者”，陕北公学在普通班开设民众运动课程，讲解民众运动的理论和经验，教育学员了解民众运动在中国革命和抗日战争中的意义和作用，如何动员、组织、训练、领导广大群众参加抗日战争，掌握党在民众运动中对各阶层的政策等。

陕北公学的课程遵循理论联系实际的方针，课堂教学与社会实践密切联系。学校规定每周三为救亡日，有计划地开展救亡活动。学员通过多种方法动员群众，一种方法是动员群众参加各种抗战社会运动，激发广大群众的爱国热忱，自觉地投身于各种抗日活动。另一种动员群众的方法是提出适当的口号，并采取实现口号的正确方法，通过“舆论宣传、说服解释和竞赛鼓励”等方法使民众接受口号的内容。此外，陕公通过集体创作、实习通讯等方式考察学员的学习成绩。

陕北公学培养了温济泽、丁一岚、蒋齐生、石少华、罗光达等一大批新闻工作者，他们逐渐成长为抗日新闻战线的中坚力量。此外，在抗日战场上以宣传为切入点，开展游击战的宣传工作。

二、华北联合大学时期红色新闻教育的深入实践

从1939年7月至1948年8月，华北联合大学坚持在晋察冀边区办学，先后经历了合并办学初期、行军教育时期、逐步正规化和缩编时期、全面恢复时期、转移办学时期等阶段，为晋察冀、为华北乃至全国培养了数以万计的各方面专业干部，成为培养各类专业干部的基地和摇篮。

（一）插入敌人心脏的华北联合大学

在战火逼近陕甘宁边区时，中共中央决定疏散学校，减少非战斗人员，确定了后方和前方、陕甘宁边区和华北敌后抗日根据地同时办学的方针，决定陕甘宁边区几所主要学校向华北前线挺进。陕北公学、鲁迅艺术学院、安吴堡战时青年训练班、延安工人学校四校联合，成立华北联合大学，和抗日军政大学一起开赴华北敌后抗日前线，开展国防教育，坚持在华北地区进行抗战。

到达晋察冀边区后，彭真、聂荣臻等人请求中共中央将华北联合大学留在晋察冀边区。中共中央复电表示同意，并决定由成仿吾任中共中央北方分局委员。抗日军政大学继续南下到晋东南办学。抗日战争胜利后，华北联合大学进入张家口办学，至1948年8月与北方大学合并为华北大学。

（二）华北联合大学新闻学系的创办

在“党的宣传鼓动工作达到异常广大范围的情形下”，设立专门机构，有组织地培养新闻宣传干部，开展新闻教育，开始进入党的政策考虑视野。1941年6月20日，中共中央宣传部发布的《关于党的宣传鼓动工作提纲》，这是中共的文件中，首次明确提出设立专门新闻学科系培养新闻宣传人才。从1938年开始，各抗日根据地不断出现各类新闻培训机构，部分学校开设新闻学课程。到了解放战争时期，由于“业务一日千里的发展”，中共对新闻干部的培养更加重视。开办各类新闻教育机构，大规模培养新闻宣传人才成为当务之急。

华北联合大学作为晋察冀边区的最高学府，承担了为边区培养新闻宣传人才的重要任务。华北联大进入张家口办学，随即筹办新闻学系。新闻学系在晋察冀日报社所办的训练班基础上成立。新闻学系的课程包括校级公共课、院级公共课和专业课。系中注重组织学生参加学习实践，提出“实践学习相结合”的口号，除了跟随《晋察冀日报》的记者采访外，学生还到晋察冀边区各报和前线军事记者团实习。华北联合大学新闻学系为边区培养了一批优秀的新闻工作者，毕业生大多走上新闻工作岗位，成为边区各报社的中坚力量。

（三）华北联合大学广泛开展新闻宣传教育

华北联合大学秉承“为革命实际斗争需要而培养革命干部”的教育方针，在全校广

泛开展新闻宣传教育，学校承袭陕北公学的教育传统，通过时事问题报告、集体读报、时事讨论等方式培养学员的新闻素养。同时积极组织学员参加新闻宣传实践。除创办新闻学系外，华北联大其他系科普遍开设新闻宣传相关课程，或开展新闻宣传实践活动，规定要帮助周围的村子出版街头画报。外语学院英文系在每天早饭时间利用喇叭筒进行英文广播，报告时事或全校全院以及学生会的号召通知，同时全系出版一份以新闻为主的英文黑板报。

华北联大从“革命实际斗争需要”出发培养干部，毕业生服务于根据地的军事、政治、经济、文化、教育等领域的各个工作岗位，从团队政治委员、中学校长、县长、法院院长到报社总编辑、记者、翻译、演员、音乐家、美术工作者等岗位都有联大学员的身影。联大的毕业生受到根据地、边区各部门的欢迎，晋察冀边区经常到华北联大选调干部。文学系、美术系、戏剧系的一大批学员走上了新闻工作岗位。华北联大也为中国共产党的国际传播事业贡献了力量。新华社国际部也从华北联大调入一批懂外文的干部。

三、华北大学时期红色新闻教育的延续

到了解放战争后期，战争形势的变化与革命事业的快速发展使干部需求问题日渐凸显。1948 年 5 月，华北局成立后，中共中央委托华北局办理大党校、大军校、大党报及华北大学。按中共中央的部署，由华北联合大学和北方大学合并成立华北大学，明确华北大学的主要任务是“集中力量，扩大办学规模，为全国解放培养大批干部”。华北大学持续开展新闻宣传教育，为全国输送了大批新闻宣传人才。

(一)培养建设人才的摇篮

为集中力量支持解放战争，加强解放区建设，1948 年 2 月 16 日刘少奇向中共中央建议合并晋察冀和晋冀鲁豫解放区，“即成为关内的基本解放区，发动五千万人民统一的力量，去支援西北、中原与华东”。晋察冀和晋冀鲁豫解放区合并为华北解放区，成立华北中央局，由华北中央局办理华北大学。根据中央部署，华北联合大学与北方大学合并成立华北大学，以河北正定的华北联合大学校址作为新校校址，明确华北大学的主要任务是“集中力量，扩大办学规模，为全国解放培养大批干部”。两校合并后，华北大学共有师生员工 2000 多人。

中共中央对华北大学寄予了厚望，将全国培养干部任务的 13%以上、华北地区培养干部的三分之一以上交给华北大学。华北大学不仅为全国输送了大批干部，并且开创了一条培养人才的崭新道路，成为培养建设人才的摇篮，为全国的干部培养工作提供帮助支持。

华北大学的创建是中共中央为争取全国革命的胜利，培养干部满足革命需要的重要举措。1949 年 12 月初，华北大学总结工作结束后，全体人员立即投入到筹建中国人民大学的工作中。1950 年 10 月 3 日，以华北大学为基础合并组建的中国人民大学举行第一次开学典礼，成为新中国创办的第一所新型正规大学。

(二)华北大学为全国输送大批新闻宣传人才

1948 年以后战场敌我形势转变，党的工作重心从农村向城市转移，新闻宣传工作的重点也随之改变，从“农村办报”转向“城市办报”。随着解放区的规模不断扩大，需要针对性地开展宣传鼓动工作，同时还需大批新闻宣传干部接管国民党的电台、报社等新闻机构，对新闻宣传人才干部的需求大幅增加。既有新闻宣传工作经验，又懂马列主义理论和党的城市政策的新闻干部一时成为党的重要干部资源，中央将各省、区党委、中央局、直属市及兵团一级以上的报社、通讯社、广播台的社长、台长、总编辑及其他有成绩的主要编辑采访人员的人事权收归中央。

为支持全国的新闻宣传工作，华北大学持续开展新闻宣传教育，指导学生开展新闻宣传工作实践。各级单位办墙报、壁报，团组织创办团刊，这些刊物成为学生开展新闻宣传实践、培养工作经验兴趣的重要途径。各部系普遍开设时事政策、时事报告等课程；各班通过时事讨论、游戏测验的形式开展时事学习。

华北大学为全国输送了大量新闻宣传人才，在分配到文教部门的 3119 名毕业生中，一大批进入全国各地的报刊、广播电台、通讯社工作。1949 年 5 月，新华社为加强西北地区的新闻报道工作，派西北总分社社长林郎到华北大学选调十余名学员。这些人一部分留在西安工作，一部分随解放军西进，另一部分奔赴西南。

四、余论

1955 年 4 月 29 日，中国人民大学新闻系成立。人大新闻系承袭了陕北公学、华北联合大学、华北大学新闻教育的红色基因和先进经验，创办之初便确立了“既懂马列主义和人类知识的精华，又懂中国革命的实践，特别是掌握毛泽东思想和党的路线方针政策；既要学习大学所需要的各种课程，又要突出新闻的重点的新闻多面手”的新闻教育目标。自创办以来，新闻学院(系)培养了一万多名毕业生，成为新中国记者摇篮、新闻传播领域学术重镇和新闻教育改革引领者。

陕北公学、华北联合大学和华北大学的新闻教育与中国共产党领导创办的其他新闻教育机构，坚持在革命实践中开创新闻教育事业，真正适应了中国国情和社会需要，实现了革命理论与新闻宣传工作实践的贯通，培养了大批合乎时代潮流的新闻工作者。它们的红色底蕴在新中国得以传承发扬，并在今天的新闻传播教育界赋予了新的时代特征：

第一，专业学习与思想政治教育相结合。大量青年知识分子虽然倾向于共产党，但对中国革命斗争的发展，特别是我党的历史和政策缺乏足够认识，因此通过思想政治教育，改造学员思想成为开展工作的首要任务。除开设思想政治课程外，各学校都重视时事政治教育，帮助学员正确认识中国革命形势，增强革命必胜信心。中国共产党在革命时期通过思想政治教育培养了大批具有坚定政治立场和高尚革命品质的新闻宣传干部，这种优良传统传承至今，如今中国的新闻传播教育界坚持以中国特色新闻学教书育人，将马克思主义贯穿到教学中，实现马克思主义新闻观进教材进课堂进头脑，为新闻传播人才打牢了思想基础。

第二，坚持理论联系实际，教学联系实践。从陕北公学到华北大学对新闻宣传人才的培养始终坚持从革命工作的实际需要出发，密切联系课堂教学与社会实践，积极组织学生参与实习活动，或深入群众中开展宣传工作实践，实现了“教学做三位一体”。如今在媒体融合深度发展和新技术层出不穷的背景下，“卓越新闻传播人才教育培养计划2.0”和《普通高等学校本科专业类教学质量国家标准》都将培养复合型、全媒化的新闻传播人才作为培养目标。中国人民大学为达成培养目标，各院系普遍采取改革措施，完善课程设置，增加多学科背景的师资，加强科研投入，更新教学设备，紧跟技术发展步伐，教学中注重吸收新技术成果，改进教学内容。

第三，学界与业界联通互动。新闻业界的深入参与是革命时期中国共产党新闻教育事业的重要特点，新闻单位通过合作办学、派出师资、接收实习生等方式参与新闻教育活动，同时新闻单位自办的新闻教育机构也是新闻教育事业的重要组成部分。学界与业界的联通互动培养了大批革命实际斗争需要的新闻宣传人才，为当下新闻传播教育解决人才培养的供需矛盾，打通育人与用人上下游联系提供了宝贵经验。2014“部校共建”模式在全国推广，省市级党委宣传部门与有关高校开展共建新闻传播学院、专业、人才培养基地等举措，各级媒体也参与其中；教育部、中宣部开展高校和新闻单位互聘交流的“双千计划”，构建学界业界优势互补、理论实践深度融合的长效机制。多种制度和措施实现了育人用人上下游的联通，有效解决了人才培养供需两端的梗阻问题。

“实践赋能”视野下中国新闻传播教育的理念与模式创新①

高晓虹　涂凌波

面对全球化格局的深刻变化、信息技术革命的深入影响以及社会对人才需求的重大变化，我国高等教育正在加快转型升级，于变局中开新局，全面实施新时代高等教育育

① 文章来源：高晓虹，涂凌波．“实践赋能”视野下中国新闻传播教育的理念与模式创新[J]．中国高等教育，2022(8)：24-27.

人质量工程，提升人才培养的质量。作为高等教育体系的重要组成部分，新闻传播教育在新形势下面临着新的机遇与挑战。新闻传播教育模式和人才培养体系如何更好地适应媒介技术的变革，如何培养适应新传播环境、能够胜任互联网舆论工作、掌握融合传播技能的卓越新闻传播人才，是摆在我们面前的重要议题。

时代需求：我国新闻传播教育肩负的职责与使命

在新时代，我国新闻传播教育进入一个新的发展时期。培养什么人、怎样培养人、为谁培养人是教育的根本问题，也是新闻传播教育必须牢牢把握的基准点。站在第二个百年奋斗目标的新征程上，面对新形势、新挑战、新需求，我国新闻传播教育肩负着三方面的重要职责与使命。

首先，新闻传播教育要更好地为党和人民服务，主动服务国家战略，为社会主义现代化强国建设提供人才储备、人才支撑。新闻传播学是一门具有人文底色的社会科学，新闻传播教育则主要培养复合型、应用型、全媒型新闻传播后备人才。当前，加强我国国际传播能力建设同样需要适应新时代国际传播要求的专门人才队伍。无论是从民族复兴大业还是从国际格局变化、数字信息技术发展等方面来看，新闻传播教育和人才培养都十分重要。

其次，新闻传播教育要更好地符合人才成长规律，坚持以立德树人为根本任务，培养知中国、爱中国、懂中国同时又具有实践能力的卓越新闻传播人才。当前，我国的新闻传播教育取得了长足的进步，但仍然存在着一定的不足，比如基于本土经验的创新性教育模式相对较少，针对全新的媒介环境尤其是互联网生态变化的教育模式还有待进一步完善等。探索更加符合当前人才培养规律的新闻传播教育模式，这是一项重要的时代课题。

最后，新闻传播教育需要在理念和模式上大胆创新，回应媒介技术迭代和媒介化社会的现实需求，致力于解决传统的教育模式所存在的问题，将“知行合一”作为教育改革与人才培养的目标。如果以问题为导向来讨论新闻传播教育现状的话，那么还需要着力解决如下问题：新闻传播教育与新闻业界需求之间存在距离，新闻传播后备人才的实践能力偏弱；学生的知识、技能相较新闻工作者的能力要求还有一定的差距；教育模式中对“实践教育”的重视程度不够高，对学生的实践能力培养还需增强等。上述这些问题，制约着新闻传播教育本应发挥的作用、功能与成效。在新的传播技术快速发展的背景下，新闻传播教育既要坚守传统，也要适应时代的变化不断创新。

理念创新：以“实践赋能”作为新闻传播教育改革突破口

新闻传播教育理念与模式的守正创新，离不开对时代需求的回应，对现实问题的准确研判，以及在经验摸索基础上的总结与思考。中国的教育必须按照中国的特点和中国的实际办，要扎根中国大地办教育。在建设中国特色、世界一流的新闻传播教育的道路上，中国传媒大学的经验探索可以作为典型案例加以分析，以此透视如何通过扎根中国大地办新闻传播教育，抓住“实践赋能”这一关键突破口，推动新闻传播教育理念与模式创新。

“新闻教育实践观”主张实践是新闻传播教育的根基，将实践视为新闻传播人才培养的内生性动力、贯穿性线索和引领性力量。实践是新闻传播教育的起点，是新闻传播教育各环节的贯穿线，也是新闻传播教育的落脚点。总的来说，这一理念将过去狭义的“实践教育”进行整体升维，变成“全面实践”或“大实践”。

从教育理念的发展来看，“新闻教育实践观”符合辩证唯物主义的认识论和方法论，是在扎根中国大地办教育的基础上形成的教育理念。在新的时代条件下，卓越新闻传播人才应当具备正确的思想理念、深厚的家国情怀、完备的知识结构、高超的专业水平以及突出的实践能力。简言之，培养知行合一的卓越新闻传播人才，正是“新闻教育实践观”的重要任务，这回答了新时代新闻传播人才应该“如何培养”、新闻传播教育应该“怎么办好”这一基本问题。

从对“实践教育”的认识来看，是将实践作为教学活动的起点和教学活动的目的，将教学过程与认识过程统一起来，突出实践对于整个教育过程的驱动力。具体来说，实践赋能新闻传播教育，主要体现在以下三个方面。

第一，以实践为导向，引导学生正确认识理论与实践之间的关系。在传统的新闻传播教育中，学生对于业界实践的理解往往是存在隔阂的，对最新的案例也不甚了解，甚至十分陌生。正是基于案例教学在新闻传播教育中的重要性，我们连续十年建设“中国新闻传播案例库”，将每年涌现出的“好记者”“好新闻”“好作品”打造为具有思想性、前瞻性、示范性的教学案例库，引导学生向好记者学习、向好作品学习，将理论学习与实践案例分析很好地结合起来。

第二，以教师、学生为共同主体，在教师的指导下共同开展实践。如果仅仅是对优秀案例进行学习，还不足以说明实践赋能的意义。在“中国新闻传播案例库”的建设中，师生团队以“文字+二维码”的形态对案例进行分析和呈现，学生动手实践，既提升了思想水平和理论素养，又提高了融合制作与传播的能力。案例成果还服务了中国新闻传播教育事业，尤其是为西部地区新闻传播院校的教育教学提供了丰富资料。

第三，通过实践赋能应用型、复合型、全媒型新闻传播人才培养，推动新文科建设模式创新。与以往的实践教育课程或者课后实践不同，“新闻教育实践观”理念下的实践教育，是一种高水平的实践。在中宣部、教育部和中国记协的指导下，连续两年建设“中国新闻传播大讲堂”并形成长效机制，即是一种高水平实践的教育路径。有力引导新闻学子认识中国国情、增强道路自信、树立新闻理想、提升专业能力。

模式探索：构建“实践赋能 · 知行合一”的新闻传播教育模式

“新闻教育实践观”这一理念既突出实践的赋能作用、实践在新闻传播教育中的关键角色，也立足我国新闻传播教育的实际，致力于围绕“实践”打造、构建一套新闻传播教育模式，争取将已有的经验探索固定下来，为新闻传播教育同行提供一定的参考和借鉴。前文已论述新时代我国新闻传播教育的职责与使命，接下来将从三个方面探讨这一模式的可行性，其鲜明特点可以概括为：立德树人是根本、实践赋能是动力、知行合一是目标。

1. “双向循环”：实现理论发展与实践创新的“螺旋式上升”

所谓理论与实践的“螺旋式上升”是指不仅要用理论指导实践，而且要在实践中检验理论、发展理论，用新的理论指导新的实践、推动新一轮的创新，形成理论与实践的双向循环、良性互动。在媒介技术快速迭代的背景下，新闻教育更不能脱离新闻实践，理论教学应与实践保持同频共振。

2. “三位一体”：在实践中将价值塑造、知识传授、能力培养有机整合

该模式可以将价值塑造、知识传授、能力培养有机整合起来。“价值塑造”处于首位，是指在新闻教育实践及其教育模式中，要将马克思主义新闻观贯穿始终，厚植家国情怀，培养学生的社会责任与担当。新闻教育不只是“术”的教育，更要培养心怀“国之大者”的人才。

知识的传授与能力的培养也是同步展开的。在“实践赋能 · 知行合一”的新闻传播教育模式中，这两者之间并不是分割的，而是通过教师指导学生开展实践，将传统的课堂知识传授与课后的动手实践拓展开来，把整个实践项目变成了一堂大课。通过这一实践过程，既将新理念、新观点融入了教学，又提升了学生们的实践力、创新力以及职业胜任力。

3. “四创融合”：以实践带动创意、创作、创新、创业全流程贯通

实践赋能下的新闻传播教育模式，一大突破就在于打通学界与业界、人才培养与业界需求之间的隔阂。师生指导下的高水平实践作品，不再是“演练”“练习”“作业”，而是直接可以成为业界发表、刊播、推送的高水平作品。换言之，学生在学校的高水平实践，可以直接服务社会与行业的需求，使得过去狭义的实践教育能够走出课堂、走向社会，这是对传统新闻传播教育模式的一大创新。

学生们在公益实践中，实现了“创意→创作→创新→创业(公益服务)”的全流程贯通，即通过实践教育，将学生的创意变成作品，在创作中形成创新，进而孵化成社会认可的创意产品或公益作品。学生的作品直接服务视障人群，不仅使学生的价值信

念、专业知识和实践能力得到了全方位提升；更为重要的是，这一实践正好彰显了我国高等教育的根本任务，即立德树人，促进人的全面成长，培养担当民族复兴大任的时代新人。

“实践赋能”新闻传播教育改革的意义与展望

在国家需求、时代使命与媒介技术变革的多重背景下，通过实践赋能新闻传播教育改革创新，重塑实践在新闻传播教育模式中的角色、定位和功能，可以推动新闻传播教育实现高质量发展。注重系统性、整体性、协同性，是深化教育改革创新的内在要求，也是推进教育改革的重要方法。本文提出的“新闻教育实践观”即是一种理念和模式上的整体转型，是对传统狭义的、单一的实践教育的“升维”，强调新闻传播教育要扎根中国大地，通过实践成果直接服务国家和社会，以培养知行合一的卓越新闻传播人才。

在“实践赋能”下，新闻传播人才培养能够更好地对接国家建设、经济社会发展和行业发展需求，有助于全面提升新闻传播人才的综合能力(包括专业能力、职业胜任力、创新力等)。在数字时代，新闻传播学科、新闻传播教育中既有的知识、经验、技能与方法，已经并正在发生快速的迭代，不少知识与经验亟待更新，以适应快速变化的媒介技术和传媒生态。因此，我们不能因循守旧、被固定的框架所束缚，应该向实践学习，在实践中拓展新闻传播教育的知识体系，更好地培养人、塑造人。

“实践赋能·知行合一”新闻传播教育模式的探索已经积累了较为丰富的经验，除了本文所列举的实践案例外，相关的实践案例还有许多。此外，国内新闻传播教育同行的相关经验探索也十分可贵，这为我们进一步讨论实践赋能新闻传播教育改革创新提供了参照。当前，以培养应用型、复合型、全媒型人才为目标，已成为我国新闻传播教育工作者的共识，这自然离不开对“实践”问题的重视和强调。坚持实事求是的方法论原则，扎根中国大地办新闻传播教育，弘扬经世致用的传统教育思想，突出实践赋能、学以致用、知行合一，我们可以走出一条中国特色、世界一流的新闻传播教育发展之路。

新闻传播教育的中国方案——读张昆教授《新闻传播教育导论》①

刘义昆

互联网技术导致的传播革命，使得新闻传播业以及新闻传播教育充满了“不确定性”。全球的新闻传播学者都在试图为两者的未来寻求答案。在中国，新闻传播学院的招生规模不断扩大，新闻传播教育的边界不断扩展，呈现出一派欣欣向荣的景象。与此

① 文章来源：刘义昆．新闻传播教育的中国方案——读张昆教授《新闻传播教育导论》[J]．新闻爱好者，2022(8)：71-72.

同时，传统新闻业对青年学子却不再具有感召力和吸引力，培养什么样的人才成为新闻传播学院的普遍焦虑。在每一年的学术会议中，“新闻传播教育何去何从”都会成为重要议题。新闻传播教育研究在中国新闻传播学界渐成显学。然而新闻传播教育研究在繁荣的同时，呈现出碎片化的趋势，众声喧哗又似乎缺少共识。相较而言，张昆教授从自身新闻传播教育 30 多年的实践出发，推出了《新闻传播教育导论》一书，尝试对新闻传播教育进行深入而系统的论述，在众多的新闻教育研究成果中确实可以说是让人“耳目一新”。该书不仅是张昆教授对中国新闻传播教育的一家之言，也是他尝试为新闻传播教育提出的中国方案。

一、新闻传播教育的一家之言

文章合为时而著，歌诗合为事而作。一切有价值、有意义的学术研究，都应该反映现实、观照现实，都应该有利于解决现实问题、回答现实课题。张昆教授对新闻传播教育的研究既深入又系统，这不仅在于他 30 多年的新闻传播教育实践，更在于他在新闻传播教育中扮演的多重角色。张昆教授先是武汉大学历史系的本科生，后又北上中国人民大学攻读研究生，最后在武汉大学获得政治学的博士学位。多元的学科背景使得张昆教授既能够聚焦于新闻传播教育本身，又往往能超越新闻传播教育的视野限制。在武汉大学期间，他从普通的助教做起，跟随吴高福、樊凡和罗以澄教授，“学习怎么讲课、怎么研究、怎么做教研室主任、怎么抓教学、怎么建设学科”，这为他提出和回答新闻传播教育的现实问题打下了实践基础。

而近二十年的院长经历与历练，则为张昆教授提供了多种视角与多重思维。2006 年至 2018 年，张昆教授担任华中科技大学新闻与信息传播学院院长。2020 年年底，他又获聘中央民族大学新闻与传播学院特聘院长。同时，他还担任教育部教指委副主任委员、国务院学科评议组成员、中国新闻史会副会长等职务，这些经历既为张昆教授提供了问题来源，也为他解答问题提供了经验支持。

“应用导向”一直是张昆教授做科研的一个主要原则。长年的院长生涯，使得“他无时无刻不在思考新闻教育中的问题”。与此同时，张昆教授也善于将思考变成文章，每年都有不少新闻传播教育方面的论文发表。这些文章结集之后，已出版《新闻教育改革论》《三思新闻教育》等多本著作。作为中国新闻史学会新闻传播教育史研究委员会的会长，张昆教授还担任《中国新闻传播教育年鉴》的主编。《中国新闻传播教育年鉴》至今已出版五卷，既没有项目经费支持，又没有专职的人员安排，全靠新闻传播院系的主动捐赠，以及全国近百位教师的自愿参与。年复一年的年鉴编撰任务繁重，但张昆教授却乐此不疲。他常说，“其他的事情我可以不做，但这个事情我要做好，为全国新闻院系的教师、学生和学科建设服务”。

长期的实践经历与理论关怀，使得《新闻传播教育导论》的出版水到渠成。以此为题，张昆教授不仅将前期成果串联起来，更是通过再思考使得现有成果系统且深入。

院长经历与教育实践为张昆教授提供了研究的视野，而责任感和使命感则是他进行新闻传播教育研究的内在驱动力。在《新闻传播教育导论》一书的后记中，张昆教授用司马迁的“小子何敢让焉”来表达这份责任感和使命感。如果说《太史公自序》是“史家精神的自我责任告白”，那么在这篇后记中我们同样能看到张昆教授的这份情怀，看到他为中国新闻传播教育“成一家之言”的努力。

二、新闻传播教育的使命及其实现

《新闻传播教育导论》既是张昆教授“30多年新闻教育生涯的结晶”，又是对“中国新闻传播教育的伟大实践进行梳理与总结”。与同类著作相比，《新闻传播教育导论》主要有三个特点：一是提出了新闻传播教育的核心概念、基本范畴、基本原理和重要规律，比较完整地建构了新闻传播教育的理论框架；二是提出了“新闻传播教育是服务于人的全面发展和社会进步的社会交往实践”等一些新的见解；三是对新闻传播教育改革提出了一系列对策和建议，“这些对策建议上承中央精神，下联院系教学工作实际，别出心裁，容易操作，从而在一定程度上彰显了在新闻教育实践中的应用价值”。

教育的复杂首先在于教育的使命。因其复杂，学界对新闻传播教育使命探讨的并不多。学界一般认为，新闻传播教育包括专业新闻传播教育、政策新闻传播教育、公共传播教育和批判新闻传播教育四种范式。在张昆教授看来，教育的本质与人的本性直接相关，从而提出“新闻传播教育是服务于人的全面发展和社会进步的社会交往实践”。新闻传播教育要适应当下的需求，必须拓宽视野，将单一的培养目标裂变为多种目标，积极地应对时代的挑战，主动服务于国家和社会发展进步的需要。这一观点的提出，既是对新闻传播教育的使命进行提炼的一种努力，也是对新闻传播教育不同范式进行融合的一种尝试。

在张昆教授看来，新闻传播教育应该是一个复杂的系统工作。从这样的复杂系统思维出发，以新闻传播教育的使命为立足点，张昆教授对新闻传播教育的各子系统、各要素进行了系统分析。正是坚持这样的复杂系统思维，使得他在担任新闻传播学院院长时能够因地制宜、灵活多变，也让他对新闻传播教育的研究与思考保有一种敞开的视野。

张昆教授不仅善于提出关键问题，更善于根据现实解决问题。他对新闻传播教育进行目标画像，认为一个卓越的新闻传播人才，应该具有卓越的职业素养、跨文化沟通能力、渊博的学识、敏锐的洞察力、质疑精神与批判精神、博爱情怀、高尚的道德、坚定的政治原则。在履行新闻传播教育使命的路径方面，应该在维护学校、院系的办学主体地位；扎根中国，融通中外；建设强大的师资队伍；推进专业融合，改革课程体系；产学结合，部校共建等多方面进行努力。从新闻传播教育的使命到具体的实践路径，再以新闻传播教育改革作为结束，全书呈现出总—分—总的思路，既有对经验的总结，又有批判性思考。以新闻传播教育改革为结束，则强调了新闻传播教育的关键在于“改革”二字。

张昆教授所提出的新闻传播教育的使命及其实现路径，不仅是他个人经验的梳理与总结，更是中国新闻传播教育的历史经验与现实回应。他对新闻传播教育使命的见解，与杜威等哲学家提出的“教育本身并无目标”“教育的目的是要使个人能继续他们的教育”异曲同工，也回应了新时代中国新闻传播教育所面临的现实问题。而他提出的实践路径，既回应了专业新闻传播教育和公共传播教育的现实需求，也回应了政策新闻传播教育所要求的“为治国理政服务”的国家战略。

三、新闻传播教育及其研究反思

近年来，现实环境的复杂多变，让新闻传播学院进退失据。各种传播技术的出现，当然对新闻传播教育产生了巨大影响，需要新闻传播教育与研究者积极应对，但在相关实践与研究中却要避免“创新迷恋偏见”。新闻传播教育要获得自身的主体性，既要拥抱互联网时代，也要延续既有的传统。须知，所有的教育都应该是以人为中心，新闻传播教育也概莫能外。基于此，新闻传播教育的“变革”当然是大前提、大方向，但“培养核心价值观”和“强调实践技能”却是仍需坚守的内容。

在《新闻传播教育导论》一书中，张昆教授提出“服务于人的全面发展是新闻传播教育的首要目标”，并以此为出发点，对新闻传播学院的教学团队、课程建设、实践教育、院系文化建设、学科建设等进行了全面探讨。他认为，新闻传播院系院长有四大要务，而学生培养是中心；面对支点错位，新闻传播教育应该落实以学生为中心的教育理念。这些观点启示我们：超越技术决定论的狭窄视野，以人为中心、回归学生本位，是新闻传播教育及其研究首先要重视的问题。

在《新闻传播教育导论》的最后一章，张昆教授对新闻传播教育研究本身进行了思考。他认为在中外新闻传播教育史、教育者、学生事务、教学组织、课程教材及教学手段、教育制度与政策、教育环境七个方面，新闻传播教育研究大有可为。在张昆教授看来，这七大要素有一个历史发展的问题，都有一个从无到有、从简单到复杂的演变过程。他还专门就中国新闻传播教育年鉴的编撰、建设新闻传播教育研究的学术共同体这些话题进行了讨论。这些思考不仅是全书研究思路的总结，也为新闻传播教育研究提供了方向与视野。关注张昆教授的历史思维与多元视野，或许可以让我们获得更多的启示。

技术知识如何融合：基于媒介实验室的考察①

韩立新　袁婷婷

新媒体技术从新闻传播学科和新闻传播实践的外部进入其知识领域和实践领域，给传媒业界和学界提出了新闻传播学科知识与新传播技术知识融合的新课题。这种知识融合是人文学科知识与自然科学知识的融合，是文理融合，是继与印刷术、广播技术、电视技术的融合之后新闻传播学科发展史上与自然科学技术的第四次融合。中国新闻传播学科是如何进行这次知识融合的呢？

一、问题的提出

通过对24所新闻传播学院考察发现，在2017—2021年这5年的时间中，24所新闻传播学院新增了38所未来实验室，开设了181门技术型和数据型课程，媒介实验室的建设出现智媒化、技术性和数据性的倾向。媒介实验室成为学科知识体系创新的重要载体和平台，成为技术知识与新闻传播学理论知识融合的重要手段和方式。

考察高校新闻传播学院实验室建设的历程，其中存在三个阶段。第一阶段是为新闻学课程实验教学配备的实验室，主要目标是辅助教学且以新闻实务类的实验室为主。这一阶段代表性的实验室主要有摄影实验室、音频实验室、广播编辑室、录音室等，在此阶段主要为单一技术的应用。此后在教育部"985"和"211"工程的推动下和国家专项资金的支持下，一些新闻传播学院把实验中心的建设作为新闻传播学科建设的支柱之一，将实验教学的改革作为整个学院教学改革的基础，通过内部信息环境建设和管理制度建设，加速互联共通，强化资源共享，逐步建立起新闻实验教学中心。2000年武汉大学、2001年复旦大学和安徽大学新闻传播实验教学中心成立以及2005年教育部发布的《教育部关于开展高等学校实验教学示范中心建设和评审工作的通知》极大地推进了国家级、省级两级实验教学示范体系建设。国家级和省级传媒实验中心得以发展，与此同时新闻传播实验教学中心的发展也实现了重大飞跃。其设立与发展适应了网络、数字化建设蓬勃发展的形势，为融媒体实验室的发展整合了资源，搭建了平台。传播技术的革新驱动着"融合技能"不断迭代，复合型技术的发展和国家政策的支持推动媒介实验室进入到第二阶段——新闻传播实验教学中心。

---

① 文章来源：韩立新，袁婷婷．技术知识如何融合：基于媒介实验室的考察[J]．中国出版，2022(18)：27-32.

此后随着新兴技术的不断发展，媒体融合也逐步朝着智媒方向发展。2017 年国务院发布《新一代人工智能发展规划》，正式将“人工智能”提升至国家战略，在政策层面为设立人工智能实验室提供了契机。教育部推动媒体融合向纵深发展，强化科技支撑，批准建设“媒体融合与传播国家重点实验室”“传播内容认知国家重点实验室”“媒体融合生产技术与系统国家重点实验室”“超高清视音频制播呈现国家重点实验室”4 个实验室，从而有力地推动了媒体实验室的进一步发展与建设。

结合时间维度来看，从当前技术类、智媒类和数据类实验室共 42 个实验室的开设时间可知，2017 年、2018 年和 2019 年这三年中实验室建设的增长速度较快，数据实验室和智媒实验室在 2018 年、2019 年形成建设峰值，出现了爆发式的增长。与此同时新兴技术和政策的推动也促使媒介实验室的建设发展到了第三个阶段——未来实验室。中国高等院校新闻传播教育媒介实验室的布局已经逐渐形成，主要特征为“多媒体、跨学科、可扩展”，媒介实验室的发展也大大地促进了中国新闻传播知识和技术类跨学科知识的有机结合。

媒介实验室在种类、发展阶段及趋势上存在共性，但是由于新闻教育风格、媒介发展水平和国家政策等原因，各国媒介实验室在建设目标和发展情况等方面存在差异。美国新闻传播教育一贯注重对媒介科学技术和其他学科前沿的关注。早在 20 世纪 80 年代，世界上第一所媒体实验室——麻省理工学院媒体实验室创办，世界上最早的融媒体实验室也诞生在美国密苏里大学新闻学院。美国媒介实验室交叉学科特点明显，类型上也不局限于大数据，计算传播学和人工智能等技术型实验室，还注重脑科学实验室、心理学、行为科学等跨学科实验室的发展。麻省理工媒体实验室的研究领域跨越计算机科学、人工智能等，研究重点和项目遍及神经生物学、社交机器人、情感计算、仿生学等。英国媒介实验室在数据领域的发展比较成熟，卡迪夫大学的数据正义实验室主要研究数据隐私、数据治理、数据歧视、数据主权等议题，而且还主办主题为“大数据与社会公正”的国际学术研讨会。总的来看，各国高校都设有不同比例的大数据、人工智能实验室，技术知识与新闻传播学科知识的融合是全球范围内的学科建设行为。

二、对媒介实验室技术知识的考察

本文以全国第四轮学科评估结果为 B 及以上的 24 所新闻传播学院开设的媒介实验室为考察对象。广义上的媒介实验室包含高校设立的媒介实验室，以及企业设立、高校与企业合作建设的媒介实验室。狭义上的媒介实验室指高校新闻院系下设的媒介实验室。本文考察的媒介实验室，包括高校新闻院系开设或新闻院系与外界合作建设的媒介实验室。在选择研究对象时未把开设在其他院系的媒介实验室和企业独立开设的媒介实验室纳入考察范围。由于各校实验室处于不断建设之中，且信息公开程度不一，有些实验室建设历史等相关资料没有完整上网等原因，本统计信息有所疏漏。

在考察结果呈现上，本文采用数据统计和比较的方法，以饼状图、柱状图和交叉图表等为辅助，对媒介实验室开设现状、课程设置等进行数据统计分析和可视化呈现。

1. 媒介实验室与实验课程的开设情况

对 24 所新闻传播学院进行考察发现，共有实验室 238 个，去掉传统媒体类的实验室和不涉及技术应用的跨学科实验室，筛选出 88 个技术类实验室，占总量的 37%，作为本文的研究对象。这 88 个技术类实验室按照开设的实验室名称和技术类型划分如下：数据实验室 13 个，媒体融合类(融媒体新闻实验室、数字媒体实验室)实验室 21 个，舆情类实验室 11 个，虚拟仿真类实验室 8 个，智媒类实验室 20 个，纯技术类实验室 15 个。88 个实验室的研究方向主要集中在舆情分析、数据可视化、用户体验、新闻生产等方面。

这些实验室带动了技术类和数据类课程的开设。24 所新闻传播学院当前共开设技术类课程 470 门。在这些课程中，按照类别划分，其中传统媒体类技术类课程 90 门，数字媒介技术类课程 59 门，多媒体技术类课程 52 门，媒体融合类技术类课程 156 门，数据类课程 70 门，纯技术类课程 43 门(新兴多媒体技术课程 18 门，新兴技术类课程 25 门)。

考察 24 所新闻传播学院人才培养方案发现，为适应媒体融合发展趋势，近年来相继在最新的人才培养方案中增设了数据类课程、纯技术类课程及计算机编程和计算机科学技能等新兴多媒体技术课程。在新增的这些课程中，数据类课程主要集中在数据库、数据新闻、数据挖掘与处理技术、大数据舆情分析等方面；纯技术类的课程、新兴多媒体技术类的课程主要有 Web 软件开发技术、Python 语言、媒介编程以及网页前端交互设计等。新兴技术类课程的开设则呈现出多样化和差异化的趋势，如华中科技大学的人工智能与数据科学和机器学习与新闻推荐系统、华东师范大学应用统计与机器学习等，表现出不同的技术方向。

将这些课程涉及的技术与媒介实验室中的开设内容和研究类型进行比较可知，媒介实验室中的技术应用与课程体系中的技术课程是相辅相成的。媒介实验室带动了新技术课程的开设。总的来看，目前的实验室建设将数据应用技术和多媒体技术知识作为新闻传播学科和技术知识的结合点，并在这个点上进行知识融合。

2. 媒介实验室中的技术知识

考察发现，数据实验室和舆情实验室都是依托数据应用技术而展开的，包括垂直搜索引擎技术、全文检索技术、大数据索引技术和 Python 等有关数据抓取技术，以及语义分析技术之类的数据分析技术等。

智能媒体为新闻传播学带来全新的研究问题，相关的认知科学、神经科学，人工智能等开始通过实验室与新闻传播学科交叉。近年来，新闻传播学院新建的主要是新兴技术类和智媒类实验室，5G 实验室和虚拟仿真实验室的数量最多。考察发现，智能媒体实验室的研究内容主要表现在以下几方面，一是新闻线索发现、新闻分类标准和新闻智能推送等方面的研究，主要表现在数字媒体处理与检索、视频情感计算、大数据处理等方面。二是运用人工智能、人机交互、机器人、物联网、5G+、情感计算、云计算、大数据等前沿技术，开展基于情感计算的交互设计、沉浸式触觉交互等“人、机、物”的研究。

考察发现，无论是智媒实验室、虚拟仿真实验室还是新兴技术实验室，其所运用的技术知识，不仅仅是其名称中所表明的单一技术，在实际运行中会有所拓展，对这些技术知识使用情况进行统计。

三、技术知识融合下的实践与挑战

面对技术知识的冲击，各个新闻传播学院是如何将技术知识融入新闻传播学科之中？技术知识与新闻传播学知识的融合实践是怎样开展的？与此同时融入进来的技术知识又给新闻传播学科带来了哪些挑战？这些问题值得思考与研究。

1. 发生在实验室、工作坊中的知识融合

考察发现，新闻传播学院主要是通过实验室建设，引进具有多学科背景的人才来实现技术知识与新闻传播学科知识融合的。同时也存在着校企合作等多种形式进行知识融合的方式。如中国人民大学实验中心成立了全球新闻大数据实验室和区块链媒体实验室。

从 24 所新闻传播学院通过其他方式进行技术知识与新闻传播学知识融合的实践来看，工作坊是最常见的方式。目前工作坊主要有三种形式：第一，校内实践工作坊，既可将其作为选修课，又可将其内嵌到相关的理论课程中作为该课程的一个实践环节，还可以将工作坊作为短期培训随时进行开展。例如中国人民大学新闻实验中心为培养学生跨媒体实际应用能力，将开设的 11 个工作坊(课程总名称为“跨媒体传播实验”)纳入课程体系，开发与研制出一系列创新性实验，推动技术知识与新闻传播知识的融合。第二，校际实践工作坊。此类工作坊一般是由合作院校共同举办，通常以夏令营或小学期的形式灵活进行。第三是产教融合类工作坊，此类工作坊的教师多来自业界，这类工作坊一般都有明确的主题，工作坊的教授内容和授课方式与合作企业的业务范畴密切相关。

此外还有修改培养方案、实行双学位制、增设技术类课程等促进技术知识融入的方式。华中科技大学新闻与信息传播学院传播学专业实行“信息传播”和“信息技术”双学位制，中国传媒大学建设数据新闻本科专业、计算广告学等都属于这一类。还有一些院校引进国外数据新闻专业设置模式，通过中外联合培养等方式推动技术知识融入，如“数据传播国际合作培养”项目即属于此类。

2. 技术知识的融入：课程建设与学科边界的模糊

技术知识的融入，一方面给新闻传播学科的课程体系设置、人才培养，实验教学等方面都带来了革新，另一方面也有模糊新闻学、传播学学科边界之忧。

学科交叉、知识融合扩大了新闻传播学科课程体系的内涵与外延。一方面，要对延伸到本领域的社会学、管理学、法学、经济学等问题给予回应，以增强对社会现象的解释；另一方面，也要面对计算机科学、通信技术、人工智能等理工学科的交叉融合，将数据分析、深度学习、仿真实验等技术知识融入新闻传播学的课程体系之中，提升对传播技术的掌握。这使新闻传播学科的知识体系出现了多点融合的复杂局面，学科边界更加模糊。

从人才培养的角度而言，培养复合型人才与培养专门人才的矛盾有所显现。既要求培养对象掌握多种技术的手段，又要有很强的新闻解释力和传播思想，结果在实际的教学中，要么安排过重的教学任务，要么造成用技术手段代替思想的倾向，陷入所谓的“全才困境”，培养的人才专业性反而降低了。厘清其与技术知识之间的关系，成为一个重要的问题，新闻教育需要“整体性学科反思”。

四、传播技术不是全部：社会现象的解释需要什么知识结构？

人类的传播活动是人与人以及人的群体、组织之间的传播活动，它既受技术的影响，也受社会实践的社会历史性影响。从人类传播活动的内容来看，它是人类社会实践的反映，是对社会现象的反映。认识所反映的实践对传播有着更深刻的影响。从这个意义上讲，对实践及其中的社会现象的认识，即将其转化为传播内容的行为、过程和结果，是一切传播活动的基础。如果将传播技术理解为传播效率的来源，实践及其中的社会现象则是传播内容的来源。那么，传播内容与传播效率哪一个更重要呢？还是两者同样重要？我们来做一个假设：如果高效率的传播所携带的内容不是创造美好生活所需要的，那这种高效率还有意义吗？

由是观之，在今天高度重视传播技术带来变化的同时，同样应该引起重视的是新闻的来源(即实践和社会现象)及解释问题。对实践及其社会现象的认识和解释，既来源于自然科学的知识，也来源于社会科学和人文科学的知识。对于新闻传播学科而言，如何为新闻提供一个基于社会科学和人文科学知识的解释仍然是一个根本性的问题，反映着人类对传播活动的基本需要。从这个意义上讲，新闻传播学科知识建设有两个维度：即解释维度和技术维度。

卡西尔文化哲学从研究对象、研究方法、研究主体与研究目的四个方面解析了人文科学的研究旨趣与逻辑进路。新闻传播学的研究对象表现为作为一种意义而存在着的新闻传播，对这一对象的研究需要遵循解释性的研究方法。从新闻传播人文科学研究方法的角度来看，这种解释意味着对新闻传播学的研究不应当局限于对“新闻传播的意义是什么”的界定，而应当转向对“新闻传播的意义为什么会是这样，又是如何形成、如何发展的”之类的探索性问题的解释。

无论是从新闻传播学科的功能上来释义，还是从新闻传播学科的本质内核上来分析，新闻传播学科知识结构的核心要义都是探究人和社会的关系，其起点和落点都需要建立在对社会现象的分析之上，建立在对社会事实的探究以及对社会中的人进行分析的基础之上。新闻传播学科知识结构的建设和发展要尊重新闻传播学科自身的逻辑，始终问询自身之目的及其在科学发展中的位置、作用，否则就会根基不稳，迷失方向。

从技术维度而言，技术可以为新闻传播呈现方式、解释范式的多样化以及传播速率带来变化，但从技术出发来解释新闻现象、传播现象，则是一个具有争议的问题。技术知识属于自然科学，新闻传播学属于社会科学或者人文科学，这种学科划分是我们思考的桎梏吗？也许，新闻传播学科今天正处于一个可以超越学科视野的问题上，我们需要从问题出发，而不是从概念出发，重新思考新闻学和传播学的知识体系建设。新闻传播现象作为人类生活的一部分，在本质上是实践的，我们需要重新观察人类实践活动中的传播，从中寻找答案，而不是把眼光仅仅盯在走马灯式的媒体形态的演变上。

论引领新闻传播教育的三重逻辑①

张　昆　王孟晴

21 世纪以来，随着媒介技术飞速发展，世界传播局势复杂多变，新闻传播业态融合转型，新闻人才需求也发生重大转变，亟待教育界在人才培养上做出实质性改革。高校新闻院系基于对教育政策、本校传统和特色的理解，不约而同地启动了新闻教育改革。虽然成就斐然，但是从整体上看，似乎缺少顶层设计，中心思想不明，行动路径不清。因此，新闻传播教育(以下简称新闻教育)改革需要调整的空间还比较大。教育目的与使命何在？教育改革的基本路径在哪里？从根本上说，上述问题是由新闻教育的三重逻辑决定的。

一、新闻教育的政治逻辑

① 文章来源：张昆，王孟晴．论引领新闻传播教育的三重逻辑[J]．新闻大学，2022(1)：8-19，119-120.

教育是主体的一种交往实践，其目的是培养和塑造“既有广泛的文化修养又有专业知识的人”。新闻教育是现代大学的重要组成部分。由于新闻院系是职业传媒人的摇篮，而职业传媒人被认为是社会的守望者。新闻教育则为新闻传播发展提供人力资源保证。在这个意义上，新闻院系承载着国家和民族的期待，因而具有不同于一般院系的政治地位。解读新闻教育的政治逻辑，对于理解党政权力系统与新闻教育的互动关系具有重要意义。现代逻辑在不同的学科领域被广泛使用，但归纳起来有四种含义：以推理形式为主要研究对象的科学；研究思维形式的一种哲学理论；可理解的规律，如中国历史的逻辑；一般的事理等。本文采用的是第三个意义，指新闻教育过程中的内在规律。

在知识社会，教育作为培养人的子系统，已成为社会进步的动力源，因而被纳入国家战略考量的范围。教育发展水平是“一个国家发展水平和发展潜力的重要标志”。要实现中华民族伟大复兴，教育的地位和作用不可忽视。习近平指出：“坚定实施科教兴国战略，始终把教育摆在优先发展的战略位置。”在教育系统中，大学乃是“国家实力的象征”，所以“党中央做出加快建设世界一流大学和一流学科的战略决策，就是要提高我国高等教育发展水平，增强国家核心竞争力”。

教育与人类社会相伴而行。在制度设计上，欧美各国政府似乎少有直接管理教育的权限，其影响却无孔不入。教育机构与政府权力有千丝万缕的联系。教育的使命之一是培养未来的有用人。不同的社会、统治集团对于未来的传人有不同的期待。新闻人才的培养，是高校一个重要的方面军，其政治敏感性、重要性更是超过其他专业。新闻院系作为新闻教育的承担者，应该掌握在值得信任的专家手中。21 世纪以来，由教育部和中共中央宣传部共同推动的“部校共建”制度，这种模式在世界上独树一帜，对于保证新闻教育的政治方向，具有重要意义。

在人才培养过程中，坚持什么样的教育方针？教授什么内容？也受到政治逻辑的支配。毛泽东在论述苏维埃教育方针时主张以“共产主义的精神来教育广大的劳苦民众”，使文化教育为阶级斗争服务，使教育与劳动相结合。21 世纪以来，习近平又提出了教育的“四为”方针，致力于办好人民满意的教育，努力培养担当民族复兴大任的建设者和接班人。

随着工业化进程，高等教育趋向普及。财政拨款以及政府工程成了政治逻辑影响教育的新途径。大学由于规模扩张，资源需求随之增长，政府的拨款或补助，是大学经费的重要来源。在一个较长时间内，我国的教育支出水平低于世界平均水平。鉴于新闻传播在国家战略中的地位，教育部和中共中央宣传部联合发起“部校共建”工程。“共建”意味着“共管”，“共建”工程的推广，新闻院系获得了很多教学资源，同时地方党委宣传部亦由过去的间接领导变成了直接领导，政治逻辑的影响在新闻教育领域得到了进一步强化。

二、新闻教育的市场逻辑

政治逻辑的影响无处不在，成为大学发展的“原始驱动力”，却无法完全主宰教育的历史进程。随着工业革命的发展，大学的知识传承与创新及服务国家的职能，得以充分发挥，大学本身亦由“象牙之塔”演变成为现代社会进步的动力源。但大学规模扩张，又使办学经费短缺。如何开放教育市场，促进资金由市场流向大学，是大学和政府必须考虑的问题。由于大学不同于一般企业，其产品具有公共产品属性，所以大学教育也不能任由资本的控制。资本只有在服从政治逻辑的前提下，遵循教育规律，才能成为推动大学发展的建设性力量。

所谓市场逻辑，指的是“市场在资源配置中起基础性作用。以平等性、竞争性、法制性、开放性为基本特征，以提高生产效率、经营效率、营销效率、管理效率为目标，实现市场主体效益的最大化”。当大学无法满足经费需求时，只能走出“象牙之塔”，以服务的姿态面向市场。

大学面临着财务困境，不得不借助于市场逻辑。除了弥补经费不足，市场逻辑还可在一定程度上修正政治逻辑主导下的两大弊端。其一，在计划经济时代，大学作为事业单位也实行类似于政府机关的行政管理，大学之间是伙伴关系，没有竞争。其二，与行政机关相似，随着时间的积累，大学机构越来越庞大，人浮于事，缺乏效率。其三，大学作为知识创新的殿堂，积累了丰富的科研成果，由于没有合适的路径，这些成果束之高阁。要改变窘境，引入市场逻辑是必然的选择。

市场逻辑对大学的要求体现在三个方面。首先是强调交换价值，提高成本收益比率。大学的产品，一是人才，二是科研成果。稀缺的杰出人才比一般的人才会更受市场欢迎。一流的高校容易汇集一流的人才，形成优势学科，产生高精尖的科研成果。当成果顺利地得以转化，生产出一流产品，就能够得到资本的支持。其次是以学生为本，特色化办学。由于学校之间的差异，各大学在专业建设、人才培养方面走上了差异化竞争的道路。其三是注重品牌，追求最佳排行榜。排名靠前的学校、学科将逐步累积其品牌优势，在与同行的人才竞争、生源竞争、资源竞争之中，处于更加有利的地位。

高等教育对社会和资本市场的开放，有利于运用市场化的竞争手段调节、优化资源的配置，使得大学更加贴合社会的需求，紧密地联系社会实践，强化大学的社会服务功能。这一方面可以减轻政府财政压力，提高公共资源的使用效率，另一方面也能将竞争引入高等教育领域，促使大学在人才培养、科学研究方面锐意创新。

但是，当市场影响与日俱增时，资本的逐利本能可能会使大学迷失自我，乃至以生意经来替代“大学精神”。具体而言，其负面影响表现在如下方面：第一，马太效应影响到大学的均衡发展。能给资本超额回报的，往往是一流的研究型大学或者是领先学科，这里人才济济，累积了丰厚的学术成果。第二，教学科研的失衡。每类大学都有自己存在的价值，但是在市场逻辑指导下，“研究型大学更容易得到投资方的青睐”，科研人才也容易得到社会的承认。第三，学科之间的失衡。大学不同学科吸收资源能力的差异有着天壤之别，以致优势学科越来越强；而弱势学科，则难以得到资本的关爱。第四，在市场逻辑下，人力资源也被视为可以交易的资本，人的主体性因而遭到遮蔽，有生命有主体意识的人受到忽略。教育市场对回报率、收益率的追求，应用型人才和满足市场需求的科研项目会得到资本市场更大的关注，投入回报率较低的基础学科等很难得到大学的重视。大学越来越工具化。工具理性的张扬，抑制了大学的想象力。

以上原因带来了始料不及的后果。首先是高等教育的大众化。随着资本市场对大学的渗透，社会对人才需求的提升，大学的人才培养也走上了大规模工业生产的道路。这一方面意味着大学人才培养能力的提升，另一方面又为大学的发展埋下质量隐患。其次是大学管理的企业化。企业化管理虽然在一定程度上提高了大学的效率，却忽略了作为大学主体的人，包括教师和学生的主体意识和独特个性。最后是大学之间在师资、生源、资源、项目课题、人才市场上的激烈竞争。

市场逻辑给大学带来的机会与弊端，同样影响到新闻教育。新闻教育属于应用文科，其所属各专业都面对着一个个具体行业，因此新闻学科在市场上的活跃度，受社会、行业、资本欢迎的程度，远非传统的人文学科所能比。大学作为追求、传播高深知识，成就卓越人才的社会组织，应该在利用市场逻辑时实现对它的超越，并且以公益作为自己追求的目标，绝对不能把利润作为考核的数量标准。

三、新闻教育的学术逻辑

在引领大学发展的三大逻辑中，学术逻辑的历史最为久远。它与政治逻辑、市场逻辑相互渗透，决定了大学教育的性质和方向。学术逻辑有三大支点：教授治学、学术自由和育人为本。中国大学的治理框架是：“党委领导、校长负责、教授治学、民主管理”。党委领导、校长负责自然是政治逻辑的延伸，教授治学则是学术逻辑的要求。

大学何以要教授治学？吸收教授学者参与学校事务的管理协商，将纯粹的学术事务交给专家处理，是必要的选择。越是好的大学，教授参与学校治理的程度就越高。要实现教授治学，须妥善处理好学校学术权力与行政权力的关系。大学的有序运行依赖于学术权力与行政权力的彼此制衡。学术权力是大学具有合法身份的学者或学术组织依法依规管理学术事务的权力。行政权力则是基于法律法规及上级教育行政管理部门的授权，由大学校长及所属部处室行使的学校行政管理权。就目前情况看，中国大学普遍存在着学术权力形式化趋向。要保障学术权力的有效性，需建构起独立、完整的学术组织体系。当务之急，是加强大学的学术组织建设，正常地发挥其管理学术事务的职能。

在许多国家，学术自由已成为一项宪法权利。中国也有类似的制度安排，只不过没有使用“学术自由”，而是“科学研究自由”。从现实语境看，科学研究自由这一中国式的表达，似乎更加合乎实际。但自由是有限度的。从权利主体与外界的关系而言，它不能损害“公共利益”和“他人权利”；在共同体内部，则要求学者遵循共同的学术伦理。坚持这一限度，才能维持自由与秩序的平衡。

大学诸多功能中，最重要的还是人才培养，其他功能都是围绕人才培养展开的。培养卓越的人才，前提是一流的师资。教师是学生的榜样，教师怎么做，学生就怎么学。教学中师生互动，能够促进师生共同进步。人才培养过程中，虽然师生两个主体同样重要，但由于教师处于主导的地位，学生的能动性往往受到忽略。学生喜欢什么？对什么感兴趣？教师必须有基本的了解。

当然，育人过程还涉及政策、环境、条件等要素。尤其新闻传播人才的培养，有鲜明的意识形态色彩和强烈的政治性。培养什么样的人？谁来培养？使用何种教材？怎样培养等，都受到政治逻辑的支配。至于环境和条件，则在一定程度上与市场逻辑相关。学校为谁培养学生？学生的未来在哪里？学院经费缺口该怎样弥补？该面向何方寻求资助赞助？教学过程的实践环节如何加强？如何联合媒体共建专业实践基地？如何才能与业界建立起互动双赢的建设性关系？这些问题的解决，一方面取决于大学能够给市场、行业、资本提供什么样的交换价值；另一方面，新闻院系还需考虑，面向市场的付出，会否与大学精神和职业理想发生冲撞。市场固然能够给大学很多亟待的东西，问题在于付出的代价是否值得。

四、三重逻辑的关系解读

现代大学是一个教学科研机构，属于上层建筑，其运行维持需要有一个庞大的产业与资本支持系统。要发挥大学育人、学术、传承及社会服务的功能，必须在顶层的高度，关注大学教育的政治逻辑、市场逻辑和学术逻辑。这三大逻辑既彼此独立，又相互渗透。

其一，政治逻辑表现出较大的强势，渗透到市场逻辑、学术逻辑的空间。举凡学校与行业的共建、招生收费、社会捐资赞助等，均被纳入政府监管的轨道；而人才培养的目标定位、课程设置、教材编撰、政治教化、学科专业评估，也受到政治逻辑的支配。

其二，市场逻辑的出现比政治逻辑晚得多。但随着市场经济的发展，市场逻辑对大学产生越来越大的影响。市场竞争、效率至上、优胜劣汰的法则，为大学与产业行业及资本的合作提供了更多的机遇，学校得以开辟更多的资源筹措渠道。同时，市场逻辑也渗透到学术逻辑之中，大学的合作办学伙伴，包括媒体、企业、公益组织，不限于为学校提供资源、共建实践平台，且更多地介入大学办学理念、运作模式，一些典型的市场营销手段也应用于教育过程，如绩效评估、各种排行榜的推出等。

其三，就学术逻辑本质而言，它应是大学教育的主导性力量。但在工业时代以来，尤其是变革的过程中，学术逻辑在一定程度上丧失了主体意识，放弃了对大学精神的坚守。在市场经济推动下，学术逻辑也显出颓势，越来越大的程度上靠拢市场逻辑。大学呈现出企业化的发展趋势，越来越不像大学。

其四，在不同时期，政治、市场、学术三大逻辑的关系不尽相同。变革时期政治逻辑的主体性会得到进一步的彰显，它对市场逻辑、学术逻辑的支配得到强化。但是在常态的历史情景下，市场逻辑、学术逻辑的影响力会有所增强。尤其是经济高速发展时期，市场逻辑对于大学教育甚至会起到引领作用。当社会处于长期稳定状态，学术逻辑的影响力则会在一定程度上提升。

其五，当前阶段，中国大学处于超常规发展状态。其规模与学术水平，均在持续上升。但是相对于理想境界，还存在着一些不足。由于政治逻辑主导性强，市场逻辑的分量过重，大学看上去有些机关、企业的影子。这必然会影响到大学职能和教育使命的实现。这种情形在新闻教育领域也有表现。

正常状态下，引领教育及新闻教育的三大逻辑应该是这样的：学术逻辑是基础逻辑，大学首先是一个学校。大学应该以探索和传承高深知识、培育卓越人才为基本使命，为此必须实行教授治学、维护学术自由、坚持育人为本。政治逻辑是主导逻辑，大学作为上层建筑，作为意识形态的重要领地，教育系统不可能完全独立于政治，政治逻辑一定会决定或引领教育的发展方向。新闻教育对应着庞大的传媒产业，其政治影响远超其他学科专业，对新闻院系的政治领导当然是题中应有之义。市场逻辑是高等教育的辅助性物质力量，属于支持逻辑。适当地运用市场的力量，可以弥补大学教育资源的缺失，可以完善大学的运行机制，支持大学健康有序的运作。

能力与价值：新时代国际传播人才队伍培养的关键①

胡正荣　王天瑞

当下我们正处在一个力量转移与价值转移同时发生的时代，包括社会、政治、经济与文化在内的底层逻辑都在发生剧变，其中的各种关系、秩序和格局都在不断地重构与重组，并逐渐重塑着上层建筑。什么样的价值需要坚守，什么样的价值又需要警惕？这

① 文章来源：胡正荣，王天瑞．能力与价值：新时代国际传播人才队伍培养的关键[J]．中国编辑，2022(8)：45-51.

不仅是我国国际传播人才培养的关键，更是中国面向世界与未来的指南。习近平总书记在中共中央政治局第三十次集体学习时强调："要全面提升国际传播效能，建强适应新时代国际传播需要的专门人才队伍。"新时代的国际传播能力建设是一项系统工程，"全面提升国际传播效能"的具体目标就是要更好、更快地实现"讲好中国故事，传播好中国声音，展示真实、立体、全面的中国"，而"建强适应新时代国际传播需要的专门人才队伍"则是重要保障和根本途径。本文认为建强新时代国际传播人才队伍，关键是要顺应底层逻辑和时代逻辑，重回历史现场，立足全球实践，面向共同价值，在守正基础上聚焦对能力与价值的培养。

一、新时代国际传播人才定义

在新时代，国情、世情与全球传播生态结构都在加速更新与重塑，现实要求我们要用动态的眼光对国际传播这一概念进行反复审视。作为一种阐释性的概念，只有与时俱进才能保持对国际传播实践活动解释与指导的活力，新时代国际传播概念内涵与外延的变化直接影响着国际传播人才队伍培养的思路与方向。我国学界对国际传播这一概念的探究经历了从强调特指通过大众传播媒介进行的、传播主体被限制于国家或政府范围内的国际传播，到作为公共外交核心的国际传播这一过程。国际传播主体从单一国家转向个人、企业组织、政府和媒体等多元主体已基本成为共识。新时代的国际传播主体多元化、渠道平台化、内容丰富化，从现实来看，并非只有进入传统媒体国际传播"对口岗位"工作的人才叫"专门的国际传播人才"，这种固化的工业时代分工思维不免显得有些狭隘与落伍。

结合全球传播生态的现实格局与国际传播概念内涵，与外延的流变，本文认为，"适应新时代"强调视角动态化，"专门"强调人才专业化和职业化，因此应当从动态化、专业化和职业化的视角去对国际传播人才队伍进行界定升级。具体来说，就是包括传统媒体、政府部门、企业公司、社会组织甚至个人自媒体在内的各领域中从事国际传播工作的专门岗位或职业的人都应当是被培养的对象，这是"四全媒体"理念之下适应平台社会时代特征的国际传播人才队伍的动态定义。只有在不同的领域、维度与层面从事着各自"专门"的国际传播工作，多层次、多规格和多类型的人才系统协同才能称得上是"队伍"，比起单一国家主体产生的国际传播效果更加立体和全面。无论从国际局势、全球传播生态的变迁还是国家战略目标等维度分析，适应新时代国际传播的人才队伍应当是多元主体、多个层次、多种能力的复合型人才构建而成的既立体又全面的系统化队伍。

二、层次、规格与类型：新时代国际传播人才培养体系

社会与文化的分层、分类和分群的表现是由文化资源、劳动分工和地理空间的差异

所造成的，反之国际社会中不同的层、类和群对文化资源的需求不尽相同。在实践中，文化的层次差异、各行业领域的专业差异、国别区域的多维差异在现实中并没有被系统考虑，因此才会出现追求规范正确和“拿来就用”的现象。问题就在于传统的国际传播人才队伍培养体系并没有做到系统化和精细化设计。只有系统化培养出多层次、多规格和多类型的国际传播人才队伍，才能切实采用“贴近不同区域、不同国家、不同群体受众的精准传播方式”进行实践，才能真正切合传播规律，真正提高传播艺术。

本文认为，培养多层次、多规格和多类型的新时代国际传播人才队伍，应以国家战略与目标为前提，针对国际社会中的“大众层”“专业层”“精英层”等不同层次对象，在新闻传播相关专业的本科、硕士研究生、博士研究生高等教育基础上，面向更多专业领域学子及相关在职工作人员开展的多规格、多类型的复合型国际传播人才队伍的教育、培训与培养。

(一)本科阶段：普及国情世情与媒介素养

在业已日常且频繁的新时代公共外交与跨文化交流过程中，能够创作出与时俱进、共情共鸣的内容作品是国际传播人才面向世界大众“讲好中国故事”的首要目标与任务，但现实中具有高传播效能的创作型国际传播人才十分紧俏。此外，全球化日益深入，各专业、行业及职业的发展同世界的连接愈发紧密，多专业、多领域的国际交流才能真正向世界展示一个真实、立体、全面的中国。总体而言，本科阶段所培养的国际传播人才队伍应当以面向世界“大众层”的、有能力进行高效能公共外交和跨文化交流活动的“创作型”国际传播人才为主，同时应跳出“专业对口”的传统思维，通过普及媒介素养教育的方式将新时代国际传播人才队伍的培养范围扩大至多专业领域。

(二)硕士研究生阶段：跨专业与跨文化培养

在全球化时代，多维度跨国商业往来日趋平常，事业单位、企业组织及国际组织已经成为重要的国际传播主体。“走出去”的企业是立体展示我国国家形象的重要载体，世界需要通过它们了解中国的发展，因此，鼓励和开展硕士研究生阶段跨专业教育尤为重要。在将国情世情和媒介素养教育纳入本科阶段素质教育基础上，我们可以尝试设计跨专业通道，鼓励包括新闻传播专业在内的各类专业学子，在硕士研究生阶段进行跨专业、跨国界交流与学习，在守正创新基础上拓宽学子的知识边界，打开学子的国际视野，打造复合型国际传播人才培养体系与格局。同时，应给予国别与区域的跨文化精准传播更多的关注，“一国一策”分群培养精通语言、融通中外文化的同时又兼具技术素养的跨文化传播人才。应当以培养面向世界各行业领域“专业层”对象，具备复合能力的“专业型”国际传播人才队伍为主。

(三)博士研究生阶段：中国知识体系与全球实践逻辑

全球实践已经成为超越中西实践二元对立的全球现实，在全球实践中生产出具有全球价值的理论概念则是提升国际话语权的关键环节。博士研究生阶段的人才更应具备全球视野，在更高维度进行全球实践。专家型国际传播人才主要发挥的作用就是要围绕概念和理论的定义权与解释权，在国际学术领域同世界“精英层”进行交流、论辩与竞争。因此，博士研究生阶段的国际传播人才培养应当在坚定政治立场和厚植家国情怀教育的基础上，强化其理论逻辑、思辨逻辑和斗争逻辑，在强调全球实践与融通中外的基础上，培养有能力建构具有全球价值的中国知识、话语和故事体系的“专家型”国际传播人才队伍。

(四)职业阶段：问题、实践与效果导向

在社会加速发展的当下，国际局势更新频繁，高校教育模式具有稳定性，但灵活性与时新性不足，培养出来的学子普遍存在理论与实践脱节的现象。国际传播是一项关乎国家形象、时变时新的事业，面对变化，国际传播一线工作者需要具备在实践中不断更新知识、技能的终身学习观念。国家公职人员的形象与行为本身就同国家形象挂钩，在“四全媒体”理念提出后，他们参与到中国国际传播实践中更应义不容辞。因此，职业阶段，可以通过顶层设计将资源配置优化，形成政府、高校、行业组织以及具有国际传播需求的机构单位协同联动的制度体系，在具体实践中，针对多层次、多规格和多类型的在职国际传播人才开展以解决具体问题为目标、以体现实际效果为导向的国际传播能力提升培训教育，以职业、行业和终身教育的形式培养与时俱进的、成熟的、具有可持续发展能力的国际传播人才队伍。

三、新时代国际传播人才能力的关键构成要项

新时代国际传播人才要有坚定的政治立场和厚植的家国情怀，在坚持把马克思主义基本原理同中国具体实际相结合、同中华优秀传统文化相结合的基础上守正创新，掌握并平衡好业务技能与基础素养、技术技巧与人文追求、专业水平与复合能力等能力的关键构成要项。

(一)业务技能与基础素养

首先，业务技能是国际传播人才的标配能力，这些技能是新闻传播专业学子传统的“面子”能力，达到精通与优秀的程度理所应当。其次，还需基础素养作为“里子”予以支撑。具体包括：一是语言文化素养，厚植中国语言与文化，了解世界文明历程，掌握一门或多门外语并了解其文化；二是理论融合素养，具备夯实的马克思主义理论和融通中外、融通学科的理论素养；三是思维逻辑素养，熟悉中国国情，拥有国际视野，具备思辨逻辑、时代逻辑、技术逻辑和价值逻辑。业务技能与基础素养是新时代国际传播人才向世界“讲好中国故事”的支撑点。

(二)技术技巧与人文追求

技术技巧强调对传播的渠道和操作的掌握，人文追求强调对传播的内容与意义的把握，能同时很好平衡技术技巧与人文追求的国际传播人才并不多。新时代国际传播人才应当同时具备跨文化交流所需的技术素养与人文素养，在不断提升技术技巧基础上厚植人文情怀，既要充分把握技术和硬件基础设施全球化发展带来的机遇，也要充分意识到过于强调硬件功能则会陷入对工具理性片面追求的局限性之中，缺失或偏科都会带来“故事讲不好”“有理说不出”的尴尬局面。只有懂得用价值理性驾驭工具理性，懂得共情共鸣的新时代国际传播人才，才有可能向世界展示出一个既有底蕴又有温度的中国。

(三)专业水平与复合能力

如今的国际传播早已不再是新闻传播专业或外语专业独自可以完成的任务，而是一项趋向多元化、复杂化的国家战略层面的宏大事业，仅强调新闻传播或外语的专业水平已无法满足时代需求，只有具备复合能力的人才队伍才有可能完成提升新时代国际传播效能的任务。而实现复合能力的培养，则需要有一套打通学科、院系、校内外与国内外系统协同的观念体系、培养体系和师资体系给予支持。以效果为导向的学科与课程设计应分为两类模式：第一类是专业课程(新闻传播)+复合课程(国情世情+外语+通识教育)，第二类是专业课程(以人文社科为主的各学科专业)+复合课程(国情世情+外语+新闻传播+通识教育)。其中，有四个问题需要注意：首先，国情与世情教育应当以东西文明“异中求同”为导向，开展动态比较式教学。其次，重视外语教育的同时不可忽视中文教育，尤其要关注翻译过程中因文化差异可能造成的误解问题；同时，小语种教育也应给予足够重视，针对国别与区域的语言文化教育与研究是国际传播去西方中心主义的重要实践。再次，各类专业在根基上本就彼此关联，应当通过开展通识教育予以融通。最后，实践教学不可或缺，将课程设置连通业界需求，将人才培养与学术生产同前沿媒介技术与各领域国际传播一线关联。

四、新时代国际传播人才能力的基础与核心

青年是中国国际传播的生力军，是国际传播人才培养的重点对象。在这一时代背景下成长的青年一代，身上带着来自现代性的深刻烙印，致使他们在新媒体时代看待国际关系之时难以跳出二元对立的视角和工具理性的价值判断。

(一)国家与个人：认同、情怀与使命

人类命运是一体的，但国家和地区之间在历史、文化、资源与制度等方面存在差异与差距，我们应认清这一现实。在国际传播场域中，跨文化交流增多，国际传播信息垄断与秩序重塑并存，一场技术主导、资本支撑的“全民意识形态”斗争正在悄然发生。能否在民族主义与世界主义杂糅的时代中锚定认同、情怀与使命，是国际传播人才培养过程中是否能够真正遵循人类命运共同体理念的关键。因此，警惕、规避与跨越西方现代性危机，是坚持中国特色社会主义道路自信、理论自信、制度自信、文化自信，实现社会主义现代化的必由之路，也是中国国际传播能力建设过程中必须直面的问题，而具体方案都应当落实在新时代国际传播人才的培养过程之中。“具有鲜明中国特色的战略传播体系”只能由新时代中国国际传播人才队伍来实现，这不仅是新时代对国际传播提出的新要求，更是新时代对国际传播人才队伍培养提出的新要求。

(二)中国与世界：中国理论与全球实践

信息传播技术在重置了全球传播生态的同时也影响着人们对于时空的感受，空间的流动感与时间的穿越感冲击着人们对于边界的日常感受。从全球化与本土化的简单二元对立，到“脱域”和“内爆”，再到节点式的“网络社会”、今天虚拟真实交织的“元宇宙”，与国际传播相关的概念随着现实传播主体、渠道、内容和形式不断泛化而变得模糊，并伴随着现代性思潮不断出圈，人们对于民族国家的认同与边界感也逐渐被技术与资本遮蔽，甚至在这种对工具理性的“狂欢”氛围中还弥漫着一种期待，边界感的式微将“个人”凸显，致使人们将现实世界中的民族国家与全球世界杂糅在一起，各种认同危机随之而来，青年学子更是面临现代性思潮多重巨浪的考验。国际舆论斗争的本质是硬件与软件的综合博弈，理论概念作为话语软件是抢占国际舆论制高点的关键，在对理论概念话语没有深入了解与思辨的前提下就贸然借用，具有很大风险。同时，我们也必须清醒地认识到，构建中国知识、话语和叙事体系的正确姿态应当是“立足中国、借鉴国外，挖掘历史、把握当代，关怀人类、面向未来”，以明确全球与中国的现实为前提，立足全球实践，面向人类共同价值。因此，只有向青年学子们解释好国家与个人、中国与世界之间的关系，才能培养出“自觉以回答中国之问、世界之问、人民之问、时代之问”为己任的适应新时代国际传播需要的专门人才队伍。

新文科背景下新闻传播学本科专业人才培养研究①

周茂君　柏茹慧

进入新世纪以来，科学技术进步对新闻传播行业形成全方位冲击，带来媒体格局的颠覆性变革，促使我国高校新闻传播教育走上改革与创新之路。一方面，新闻传播人才培养被纳入国家战略。另一方面，新文科概念的提出打破了原有学科模块化人才培养的藩篱，为我国新闻传播学本科教育的改革指明了方向，也打开了想象的空间。人才培养

① 文章来源：周茂君，柏茹慧．新文科背景下新闻传播学本科专业人才培养研究[J]．国际新闻界，2022，44(2)：133-156.

方案是高等学校本科人才培养的核心组成部分，是学科教育理念的最直观呈现，是对人才培养目标与课程设置的详细阐释。有鉴于此，本文收集了前四次学科评估排名靠前的59家新闻传播院校的本科培养方案，并以之为样本进行内容分析，以期弄清我国高校新闻传播人才培养现状、找到存在问题并提出相应的对策。

一、文献回顾与问题的提出

新闻传播学本科人才培养问题一直是学界关注的重点，对相关文献的回顾有利于把握学界在此领域取得的研究进展，发现研究不足，以利于后续相关研究的开展。

(一)文献回顾

其一，对新文科背景下新闻传播专业建设的研究。新文科概念突破传统文科的思维模式，以继承与创新、交叉与融合、协同与共享为主要发展建设途径，对新闻传播教育具有重要的指导意义。

其二，对学科、专业、课程与人才培养模式的边界与关系的界定。人才培养与人才培养模式不可混谈，人才培养模式是“人才培养”系统中最重要的要素系统，是关于人才培养过程质态的总体性表述。

其三，对传统文科下新闻传播本科教育困境的反思。新闻传播教育面临的最大困境是，现有人才培养模式以传统文科建构方式为主，难以适应数字媒体时代传媒产业发展的需求。

其四，对现有新闻传播人才培养模式的梳理。针对以上问题，各新闻传播院校结合自身优势、特色在人才培养模式上进行了优化与创新。2018年后，学界则广泛地加入了“专家型”人才培养的讨论。虽然学者们对于专家型人才的理解各异，但是均强调新闻传播人才应当具备深刻认识社会、分析事物、深度挖掘整合的能力。

课程设置是教育理念和人才培养目标的直接呈现，是人才培养模式中要素之一。当前，打破学科限制成为课程设置改革中被普遍认可的趋势，既有研究主张两种模式：一是学科交叉的课程设置模式；二是专业课程群的模式。

(二)问题的提出

学界对于新闻传播教育的探索成果颇丰，综合多方学者的观点，学科与专业融合、人文与技术的平衡、理论与实践的结合，是学界公认的新闻传播教育发展之进路。针对既有研究阶段性、战略性、系统性、代表性的不足，本文以本科培养方案的内容数据为基础，直面国内新闻传播教育的痛点、难点，提出本选题并展开研究。

二、研究设计

本文收集了国内59家具有代表性新闻传播院校的最新本科培养方案，样本院校的选取综合了前四次学科评估情况，充分考虑地域分布以及平衡院校性质的多样性。

本文采用了人工编码与 Python 程序语言关键词提取两种形式进行分析，重点对培养目标定位、培养要求和课程体系三类内容展开内容分析。根据内容分析的相关结果，本文邀请 10 位新闻传播学界专家与 6 位业界专家进行半结构式访谈。

（一）培养目标定位

对于培养定位的分析采用人工与 Python 程序语言混合编码方法：①通过 Python 程序语言对 59 家院校所有专业培养方案中的培养目标进行分词；②进一步提取培养目标定位关键词并进行词频统计；③对培养目标定位关键词的具体含义进行人工编码。

（二）培养要求

对于培养要求的分析采用人工编码方法，汇总 59 家院校中所有专业培养方案中培养要求的文本，逐句进行编码，并在尊重各院校原有培养要求框架的基础上，适当进行归纳总结，共获得三级编码。

（三）课程体系

对于课程体系的分析采用人工与 Python 程序语言混合编码方法：①对各个院校总体课程进行分类汇总，并将整理后的数据以数据库形式进行存储；②构建课程停用词词库，基于 Python 程序语言对课程进行分词、去停用词等处理，并构建编码分类标准；③通过人工编码进行二次校对；④在对相关课程比重的分析中主要基于学分进行统计。

三、数据呈现与研究发现

（一）新闻传播学科人才培养目标

人才培养目标是人才培养素质的规定性要素，是培养模式中的决定性要素，具有专业教育和通识教育两种基本模式。其中人才培养定位是人才培养目标的高度浓缩，人才培养能力是人才培养目标的具体体现。

1. 人才培养定位

新闻传播院校人才培养定位整体呈现多元化特点。通过词频分析表明，我国新闻传播院校更倾向培养立足于专业应用的、具有复合能力与创新能力的高级人才。

为更好地对各专业人才培养目标相似性进行分析，本文通过对培养方案文本编码，提取 27 个人才培养目标定位特征，并基于各专业相关特征出现的频次进行赋值。新闻学与其他专业在人才培养目标定位上的相似性较低。整体上，新闻学与广播电视学专业的相似度最低，广告学与广播电视学的人才培养目标定位相似性最高。

2. 人才培养要求

对各院校培养目标中培养要求进行编码表明，我国新闻传播院校的人才培养要求按照从高到低、从抽象到具体的排列，可分为三个层级：一级要求维度，即道德维度、能力指向、就业指向；二级能力指向分为思想道德品质、职业道德等 12 大类；三级具体要求较为多样，但是整体上均涵盖了以上三大维度、12类能力指向。

(二)课程体系研究

课程体系是高等学校人才培养的主要载体，我国普遍使用的是“通识课+学院平台课+专业课”课程体系。

1. 通识课程以公共基础课程为主，重视人文素养类课程

2. 学院平台课中概论课占比最大，新闻传播学相关课程以史论课为主

(1)学院平台课以学科基础概论为主

新闻传播学专业概论课占比最高，五大新闻传播专业概论课程学分总占比高达71.41%。反映整体上新闻与传播学院平台课呈现了以专业基础课为主，学科发展方向课程为辅的特点。

(2)新闻传播学相关课程中史论类课程与基础业务类课程占比较高

学院平台课中新闻传播学相关课程类别开设课程类目最多、最庞杂。整体上，学院平台课中的新闻传播学相关课程类别较多，从侧面体现了新闻传播学科对人才培养中专业能力的综合要求。

3. 专业课程体系以史论类与业务技术类课程为主

四、讨论

基于对59家新闻传播院校培养方案的内容分析所呈现的课程设置与人才培养现状，本文结合对10位学界专家与6位业界专家的半结构式访谈，对我国新闻传播学专业本科人才培养存在的问题及未来发展趋势进行讨论。

(一)各专业间区分度不显著

数据分析显示，新闻学、广播电视学、广告学、网络与新媒体本科四大专业的人才培养定位与课程设置均没有呈现出显著的区隔。

针对学生专业背景的关注程度并不高这一问题，学界受访专家认为专业逐渐融合的趋势显著，以往由媒介形态作为专业设置依据的划分方式势必面临冲击。

在如何进行专业的改革方面，受访专家均认为专业的更新不能一蹴而就。这个复杂的过程一方面需要理论与知识体系的更新、建构；另一方面需要梳理专业间的重叠部分、厘清各专业的层次与逻辑。

具体的专业改革思路，受访专家有两种主要观点。一类观点认为，我国新闻传播专业从长期来看势必会颠覆现有的专业划分方式。另一类观点则认为现有的专业划分方式虽然略滞后于行业发展，但具有稳定性，各新闻传播院校应基于自身的情况在现有专业划分的基础下进行融合与改革。

（二）业务课设置以传统的新闻传播类业务课程为主，实践教学环节存在诸多不足

技术对新闻传播业界的冲击导致新闻传播学科一直在寻求专业课程设置中“术”与“道”的平衡点。对比各院校专业设置情况，不同院校之间存在较为显著的理念分歧，形成了三种不同的专业业务课程设置风格。第一类院校在整体课程设置中传统的采、写、编、评、摄等的业务课程占总学分比例较高；第二类院校在专业设置中较为显著地区分了各专业特点；第三类院校聚焦行业发展，将传统的新闻实务课程与史论课程进行整合。通过对59家新闻传播院校的整体分析，我国业务课设置以传统业务课程为主。新业务的课程开设较少且大多以选修课方式开设。

传统的业务课程设置在教学实践中主要存在两方面的困境。首先，这种业务课程设置方式可能造成了课堂资源的浪费；其次是不符合行业发展需要。业界受访专家普遍认为新闻传播学专业的学生虽然初步具备了基础的采、写、摄等能力，但是在内容生产、产品策划能力及结构化思维能力上有所欠缺。这就需要各院校基于自身的教学设计对相关课程进行改革，整合传统的业务类课程，加强如运营类课程的投入。

分析现有的本科培养方案，有部分院校已经开始着手整合课程内容。同时也有受访专家建议以新闻生产流程作为业务课程设置的依据。除了对课程内容进行整合之外，另一种业务课程优化的方式是加入以任务为导向，第一课堂、第二课堂相结合的课程形式，在具体实践中加强学生业务能力。

不论是较为主流的“学理+实验”的课程形式还是工作坊的课程形式，其本质均是为了更好地将理论与实践相结合，坚守新闻传播学的核心价值，培养学生的核心能力。

也有业界受访专家指出，必须关注最基本的理论，培养学生对行业发展和社会变迁的洞察力，并且与实践进行深度结合。要充分利用媒介手段的多样化挖掘学生潜能。还有部分业界专家指出新闻传播学专业的学生实践实习需要更加深入。

面对以上行业的实际诉求，新文科所倡导的协同育人的培养模式给新闻传播实践教学提出了更高要求，也为实践教学提供了新的思路。部分学界受访专家指出应当在课堂学习时就与媒体、企业进行深度的协同，让学生深度参与到媒体的新闻项目中。

（三）课程设置不够合理，知识杂糅重复

造成这种现象的原因在于，新闻传播学相关专业在理论知识上存在一定交叉重叠，如果一味地进行课程堆砌，而不加以整合，难免出现知识和内容的重复。针对这一问题，样本院校中部分院校在课程设置中开设新课程，合并旧课程。这一变化从某种程度上，反映了相关院校逐渐由传统新闻教育走向融合媒体新闻教育的趋势。

受访专家均认为史论的优化甚至是整合颇为必要，然而仅对单一课程进行整合只是

基于短期或中期的教育实践的对策性措施。针对以上问题，从宏观学科整体发展来看，新闻传播学迫切地需要加强新理论体系建设，从而指导知识体系及课程体系的优化；从中观教学设计的层面，需要在顶层教学设计中对不同课程的边界进行划分，进一步明确对核心概念的一致性；从微观教学实践层面，教师教学中需要尽可能把握知识的精炼与全覆盖。

(四)数理统计与技术类课程需适应新闻传播学科的实际需要

信息时代改变了新闻传播人才的技能需求，数据分析与挖掘能力日益重要。然而目前新闻传播学本科教学难以满足行业发展需要。业内6位受访专家中4位认为数据思维与技术思维至关重要。也有业内受访专家认为，不论技术与行业如何变革，新闻传播人才需求的本质没有改变。

从整体课程比例上看，数理基础相关课程此类课程学分、学时占比较小。针对这一现象，学界10位受访专家中7位认为未来应当进一步加强数理统计与技术类课程的投入。另3位专家则认为是否加强此类课程需要依据院校自身的实际人才培养定位来考量。

五、结论与建议

新文科建设，并非将原有的学科、课程体系全部推倒重来，而是既要“守正”又要“创新”，只有将二者很好地结合，才是新文科建设的精髓所在。本文结合对59家新闻传播院校培养方案的内容分析结果与专家访谈，提出了以下四点建议：

(一)变更专业划分方式，更新知识框架和知识体系

在传统媒体时代，受媒体样式影响专业划分方式具有一定的现实依据。然而，时代变了，媒体格局变了，对于从业者的能力要求更多地加入创意生产、运营、大数据统计等，与之联系紧密的新闻传播学专业划分标准和设置依据也应该随之改变。与此问题相关，我国还有相当一部分院校知识体系陈旧问题亟待解决，对数字时代新的媒体格局和新理论、新知识、新业态的把握还有待深入。

部分学校通过大类培养方式应对新闻传播、营销泛化的变化，但是在实际操作中依旧困难重重。突破文科思维的局限，加大新媒体技术、数理基础、数据分析等课程在知识框架和知识体系中的比重，使学生能拥有更加完善的知识结构，是新闻传播学专业核心课程体系改革在新文科建设中的首要任务。

(二)新闻传播学专业核心课程优化的构想

在新文科背景之下，新闻传播学本科专业核心课程体系改革的重点在加大学科间——人文学科、社会科学和自然科学交叉融合力度的同时，对原有课程体系的改革和

优化，真正将“宽口径、重基础”的教育理念落到实处。

在专业课程优化中，整合知识点重复的课程，能够提高课堂效率的同时，为改革节省出一定的学分与学时。在保证学理基础的情况下，能解决史论课程内容交叉过多、概论课泛滥的问题。新闻传播业务课程方面，尤其需要更新这类业务课程的方法、技术手段和案例。

(三)对多学科课程进行“新闻传播化”改造

新闻传播学作为应用型学科，行业需求是专业发展重要的导向。现有的课程中，尚未真正做到融合教学，学生在多学科间游离，存在学科面广了但是基础却不扎实的问题。

要敢于突破现有教育思路，实现多学科知识的交叉融合。对新的社会科学类课程、自然科学(或理工科)类课程的设置，要将这类课程的知识的实际应用放在首位，使之更适合新闻传播学本科专业学生的学习。

从课程设置上，加强数理及前沿技术类课程的设置，为日后进行新闻传播数据类工作打下基础。同时，要避免简单的“拿来主义”，要从新闻传播实践应用的角度出发，适当调整课程内容、知识体系与学习难度，让学生对数据有感觉、对技术有感情。

在实际的教学中，要避免出现新闻传播知识体系与其他学科知识体系不兼容的分离情况。课程设计者要将二者很好地结合起来，避免出现脱节。

(四)增强专业底色，把握业界人才需求变化，注重能力型人才的培养

在吸纳与融通的同时，新闻传播学本科教育仍应增强专业底色，明确立身之本，并根据业界人才需求变化，注重培养能力型人才。

所谓的新闻传播学专业核心能力表现在两个方面：专业核心业务能力与扎实理论基础所形成的学科思维。扎实的书面语言表达、口语表达、视听语言运用、新闻与信息传播的敏感度等“退无可退”的核心业务能力则是新闻传播的专业底色；厚实的理论基础和学科思维才是传播创新的基石，是业界对于新闻传播人才的终极诉求，也是新闻传播学教育与人才培养的制高点。

然而，业界实践环节需要也不可忽视。“专”与“博”的博弈是新闻传播教育改革的重要议题，但是本文认为找到“专”与“新”的平衡点更为重要。在课程改革中，不能停滞不前，也不是一味求新，而是要找到业界人才诉求的主要矛盾，把握行业人才需求变化。

综合6位来自业界专家的意见，新闻传播学本科毕业生仅具有较好的专业基础，仅有基本的专业理论知识及操作技能，仍难以满足业界对人才的实际需要。产品策划及平

台运营能力、独立思考能力、社会及行业洞察力和实践动手能力是业内急需但新闻传播学专业毕业生尚未完全具备的四大能力。所以，新闻传播学的本科人才培养应该在坚持专业壁垒与核心能力的基础上，将人才培养的重点由知识型向能力型转变，从根本上做好新文科背景下新闻传播学本科专业人才培养这篇大文章。

新时代卓越新闻传播本科人才培养：现状、问题及优化路径①

李　彪　高琳轩

党的十八大以来，党中央高度重视新闻舆论工作，对新时代新闻传播教育赋予了新使命，提出了新要求。新闻传播教育是党和国家新闻舆论人才培养的主阵地和工作母机，培养人才，根本要依靠教育。当前，大数据等新技术深深地变革着媒体行业，不可避免地将媒体竞争的核心——对新闻传播人才的竞争压力导向新闻传播院系，新闻传播教育面临新闻业传统价值规范被消解、主流价值观与技术工具的价值冲突、新闻职业的吸引力下降等现实挑战。而本科教育居于高校人才培养的核心地位，不仅需要操作层面的创新，更需要推动改革向纵深发展，进行中国特色新闻传播人才培养体系的全面再造。

一、宽口径、厚基础、重交叉、融合型的本科人才培养模式成主流

新闻传播教育和人才培养如何适应和满足时代、国家和社会之需成为新闻传播教育领域讨论的重中之重。在制度性政策的指导下，各院校对新闻传播教育的改革与探索主要体现在以下方面。

(一)基础知识体系的系统性拓展：新文科建设背景下融合型通识教育成为“主色调”

各新闻传播院校在本科教育中不断加强通识教育，坚持以通识教育为基础的宽口径专业人才培养模式并逐步完成向“本科通识教育、研究生专业教育”的结构性转变。通识教育主要包括两个特点：一是重视知识面的拓展，二是注重综合能力的培养。通识教育一般被分为三个层次：第一个层次是以夯实知识根基和促进全面发展的通识教育课程和大类基础课程为主的大通识教育。第二个层次是在巩固并加强传统的专业教学的前提下，施以多样化、多方向的专业教育。第三个层次是适应新闻业、传媒业快速发展变化的实践环节。在以三个层次为框架的通识教育的作用下，学生能够综合、全面地了解主要知识领域，形成较为宽厚、扎实的专业基础以及合理的知识和能力结构，同时认识和

① 文章来源：李彪，高琳轩．新时代卓越新闻传播本科人才培养：现状、问题及优化路径[J].中国编辑，2022，145(1)：41-46.

了解当代社会的重要课题。

（二）思政培养、职业精神、专业知识和实践技能是新闻传播教育培养的“四原色”

马克思主义新闻观作为新闻传播教育的基础和前提，相关课程在国内主要新闻传播院校中已基本覆盖。在这一过程中，一方面，马克思主义新闻观课程与新闻传播学其他课程的关系进一步清晰化和区隔化；另一方面，在进行马克思主义新闻观课程教学时，不仅有对宏观理论、原则的讲述，也有对具体方法的传授，使马克思主义新闻观课程日益凸显，并在实际教学过程中起到价值观形塑作用。

进入数字时代，数据成为新闻传播业重要的技术工具，对学生数据伦理的培养成为职业精神和道德素养教育的重要改革方向。多所新闻传播院校开设相关课程，基于可能产生的社会问题，引导学生思考大数据背景下职业伦理与个人道德伦理问题，帮助学生树立数据技术工作的社会责任和伦理义务观念。

专业知识作为开展新闻传播教育的基础，是各新闻传播院校本科教育的核心环节。当前的专业知识教育，一方面体现出较高的稳定性。作为中国新闻传播学科知识体系的基础，概论及史论仍为各院校专业知识培养的重点。另一方面体现出较强的融合性。专业知识培养的学科壁垒被打破，跨学科知识融合趋势明显，构建起多学科间彼此增益的知识体系。

新闻传播学科具有较强的应用属性，故学科的专业技能培养一直是各院校人才培养的重中之重。新媒体时代，一方面，在传统的“采写编评摄”技能培养基础上，开始着力于大数据分析、移动新媒体软件开发、全媒体整合传播等新兴媒体技能的培养；另一方面，一些院校将细分性的专业教育与整体性的新闻传播学教育相结合，开设了细分领域的新闻人才培养方向，以便学生能够更好地实现与业界的融合对接，回应和满足现实需求。

整体来看，思政培养、职业精神、专业知识和实践技能四者构成了目前中国新闻传播教育的“四原色”，也为新闻传播本科人才培养体系的建设提供了关键的框架要素。

（三）加大新闻传播教育供给侧改革：无形学堂与有形实验班成为新趋势

如果从人才生产的流程对新闻传播本科人才培养进行分析，应做好新闻传播人才培养与社会系统两个端口的衔接。承担培养职责的高校为“供给侧”，对培养有需求的学生及接收培养人才的新闻传播业界为“需求侧”。过去几十年间，我国新闻传播教育快速发展，但在供需层面始终面临着一定程度上的对接错位问题，因此，各新闻传播院校为进一步适应“需求侧”结构，开始了对教学培养供给侧的改革。

针对学生需求一方，为更好地满足学生学习成长个性化、多样性的需求，一方面，从宏观人才培养模式来看，国内部分新闻传播学院根据自身学校及学院特色和优势，通过不同模块组合形成独属的人才培养优势学科和专业。另一方面，在日常的课程教学体系中，各院校通常为学生提供了个性化选课模式，体现了各主要院校更为细化、灵活的新闻传播教育方向选择，在调动学生学习兴趣、促进学生素养提高的同时，改变了原来课程类型单一、选择固化的模式，能够及时根据社会变化推陈出新。

针对新闻传播业界需求一方，各新闻传播院校强化了“大实践”意识，在加强学生专业技能培养的同时，进一步了解业界动态及需求，为将来就业和步入社会打下坚实基础。构建了新闻传播学界与业界之间的良好互动沟通机制，为解决教育与实际需求脱节问题提供了新的路径和手段。

二、存在的问题：“姿态性融合”不等于“灵魂性融合”

总体来看，国内新闻传播院校在培养方案上致力于课程知识图谱的融合建设，在学生的知识版图上不断拼接、嫁接和完善，形成了具有一定层次感的融合型知识图谱。但在新闻传播教育的理念方面，各院校依然处于融合的1.0时代，由此导致在学科主体性建设、核心知识体系把握、课程体系设置等方面仍存在需要进一步完善和改革的问题。

(一)新文科建设背景下新闻传播专业边界定位模糊：“固本优先”还是“拓展优先”成为矛盾命题

随着新闻传播现象的多元交融，新闻传播学科主体性开始出现进入多元学科生态、学科融合的可行路径。专业定位是新闻传播学科主体性的重要体现，而目前新闻传播学科的专业边界还较为模糊。一方面，学科在人才培养模式中仍主要依照传统媒介和传播形态划分专业领域，但这种壁垒分明的专业分工，造成了各专业领域人才培养创新相互支撑、彼此融通的巨大障碍，需要进行专业领域的拓展。另一方面，近几年西方新闻传播学研究视野和领域的大规模传入，在促进中国与世界进行新闻传播学学术对话的同时，也对“中国语境”产生了一定的冲击，新闻传播教育需要“固本”。

可见，强调面向业界前沿和就业市场培养学生，突出开展与业界同步共趋的前沿实践研究，强调跨学科的知识融合与联合人才培养，皆为合理的选择。同时，还应在多学科融合共同创新的浪潮中，在“固本优先”的基础上，对新闻传播专业的边界进行梳理和调整。

(二)人才培养目标及培养层次高度相似：人才培养资源的浪费与错位

人才培养目标由学校定位与社会发展需求相结合而产生，是各院校培养人才的主要依据和方向。目前，国内新闻传播人才培养目标存在统一的结构性通病：一方面，从各院校目标设置的整体情况来看，目标设置通常较为笼统，个体针对性不足，也容易在进一步细化及执行环节出现误差。另一方面，从各院校目标设置的具体情况来看，虽然部分院校设置了优势学科及专业，但专业内部及学校间的培养目标及培养层次设置仍高度相似，缺乏个性。在学科内部，大量专业人才培养目标仅在就业方向上存在一定区分度，并未根据专业发展的特点、规律；在不同院校间，虽然专业设置等因素使人才培养目标存在细微差异，但并未充分利用院校的有利资源进行创新，拉平了不同院校的培养方向和培养机制，造成了人才培养资源的浪费与人才培养目标的错位。

虽然人才培养目标背后的理念为“一专多能”，“多能”打造了学生宽口径的专业基础与素养，“一专”使学生具备高识别度和核心竞争力，但当前各院校通用式的人才培养目标设置在模糊培养重点方向的同时，降低了学生的核心竞争力。因此，在人才培养目标设置时，各院校应在坚持学科教育共识目标，在特色人才培养目标的指导下，实行差异化人才培养。

(三)课程设置重技能轻素养：传统素养课程与新兴技能课程设置的逻辑割裂

在当前互联网生态下，数字媒介技术对新闻传播人才培养产生重要影响。一方面，其课程内容及关联课程体系构建的内在逻辑并未进行适应数字时代发展规律的重构，可能造成学生失去对基本问题、重要问题的整体理解力和判断力。另一方面，各新闻院校在原有传统新闻传播业务课程的基础上增加了大量新媒体技能课程，但这些课程与传统技能课程的融合多为“姿态性融合”，其逻辑关系并未梳理清楚。新课程资源的配置也通常采用跨学科方式，院校对课程质量的把握和控制存在一定困难，这导致了本学科课程与新课程体系间出现割裂。同时在学分方面新增加课程的占比较大，在一定程度上挤占了核心课程的空间。

三、未来发展路径：构建以“人”为原点的生态型人才培养体系

新闻传播人才培养的核心任务在于“培养什么人、怎样培养人、为谁培养人”，以人为本，因材施教是人才培养的重点。因此，新闻传播人才培养体系建构一方面要根据社会现实发展注重学生的专业技能，一方面也要兼顾人文学科的现实关怀。

(一)构建中国特色新闻传播学体系，带动生态型卓越新闻传播人才培养

作为新闻传播人才培养的基础与核心框架，中国的新闻传播学体系虽然不断发展和完善，但一直伴随着“身份”焦虑，并时常在人才培养的政策制定、资源分配、跨学科融合等方面显现。这种“身份”焦虑主要分为三类：一是主体性焦虑。学科主体性通常以核心价值观念和清晰的外部边界为基础。以此为原则，新闻传播学相较于其他社会学科确实存在核心概念与经典理论不足、专业知识和技能门槛较低等问题。二是实用性焦虑。新闻传播学作为应用型学科，与新闻传播业界实践需求始终存在一定差距。三是精神价值焦虑。一方面，近年来学生即使身处新闻传播教育的大平台也缺乏对学科的归属感和对专业的激情；另一方面，新闻传播在实践中由于部分从业者职业素养不高、伦理失范等问题，学科在职业素养、主流价值、公共伦理等方面的教育也受到公众质疑。

因此，将新闻传播学发展置于中国情境下进行改革、创新，构建具有中国特色的新

闻传播学体系是解决上述问题的重要路径。中国特色新闻传播学体系的学科正当性来源于以中国特色社会主义意识形态为基础确立的马克思主义新闻观。在学科体系建设方面，要在坚守新闻传播学“本位”的同时，以开放的理念，建设系统性学科协同体系，既要在学科内部树立融通观念，适应全媒体时代趋势；也要优化学科生态，主动加强与关联学科系统性的合作交流，达成创新发展共识。

中国特色新闻传播学体系的构建既是学科未来发展问题，也是人才培养问题，这一体系的发展与完善成为新闻传播人才培养新的学科发展背景与生态发展系统，也为生态型卓越新闻传播人才培养体系的构建提供了前进动力与重要着力点。

(二)凝聚共识，构建中国特色的卓越新闻传播人才质量评价体系

在各新闻院校人才培养模式中，人才质量评价体系作为培养目标的细化环节，对各院校人才培养体制的形成、资源的分配以及学生的自我发展规划起到了重要的作用。首先，在评价原则方面，卓越新闻传播人才质量评价体系应积极克服“唯分数论”“唯成果论”的人才培养观念，而是应该把基于现实需求的综合能力作为评价的原则标准。一方面为培养人才的多元化模式提供标准指导；另一方面保证人才质量评价体系的现实性与灵活性。其次，在评价体系标准制定方面，可侧重定性与定量标准相结合的方式，两种标准的有机结合在保证新闻传播人才培养不抛弃传统、保持专业性的同时，也为个性化人才培养模式提供了进一步发展的空间。最后，在评价体系评定实践方面，评定主体应在包含本领域专家学者的基础上，广泛吸纳跨多方面意见，设立相关的反馈渠道，使得人才评价体系能够在最大限度上满足供需双方需要并保持公平、公正、客观。

(三)重视公共伦理价值、人文精神与专业理想，树立正确的价值体系

在后真相时代，传统新闻职业道德发生变化。一方面社会对新闻职业道德要求公共化、大众化，另一方面新闻职业道德本身则日益窄化、专业化。在这一矛盾情况下，新闻传播人才培养应该在专业理想与职业伦理教育中加入公共价值追求，培养具有家国情怀和国际视野，注重社会责任和批判精神，追求真相、独立思考的专业人才。具体来看，第一，要加强马克思主义新闻观教育，增强学生在马克思主义新闻观方面的自觉性和坚定性。第二，中国的新闻传播教育要立足中国国情，反映中国的主流价值。第三，要进一步加强新闻职业道德与伦理教育，增强学生对新闻传播学科和专业的身份认同感，培养有利于社会公正和社会发展的新闻传播人才。第四，要改变由刻板的教育方式导致的学生认同感缺失、价值观游移等问题，避免刻意灌输。

(四)打破学科及业界壁垒，构建系统性新闻传播人才培养知识体系

新闻传播学科内部壁垒分明的专业分工限制了培养复合型新闻传播人才的想象力和现实选择。做好新闻传播人才培养的知识体系建设，一方面应打破学科内部壁垒，根据

业界实际需求和学科发展方向强化学生素质培养。另一方面应回归以"人"为中心的人才培养理念，将人才培养机制由传统的"专业—方向"模式转向"项目—任务"或"兴趣—专长"模式。

现代新闻传播教育是一种协同化的、优势互补的培养体系。在此情况下，各院校可加强与其他学院的沟通与合作，形成互惠互利的学术共同体，共同应对危机与挑战。而在跨学科的协同合作中，不仅要做到资源间的"姿态融合"，而且要利用政策上的倾斜鼓励不同学科教师间的深度合作，以此促进形成学科间的生态关系网络，引导学生能够从新闻传播知识背景和视角出发，学以致用。

同时，互联网革命引发的剧烈变迁使得传统的学界与业界之间普遍存在的"非此即彼"的二元关系壁垒逐渐消弭。一方面，双方合作建立在尊重各自主体性的基础上，应保证在双方主体性不受影响的同时，谋求对话与共生的可能性。另一方面，双方应坚持以问题为导向，共同探索以创新意识为驱动的知识生产和人才培养体系。因此学界与业界应在传统实践、实习合作的基础上，拓展更为多元、多维度的合作关系网络，并可根据具体合作场景的动态变化及时调整合作模式，从而保障双方合作的灵活度。

四、结语

党的十八大以来，习近平总书记在多次重要讲话中明确新闻舆论工作对新时代中国特色社会主义建设的重要意义，这些重要论述为新闻传播教育发展的价值定位提供了根本遵循。作为实现新时代新闻舆论工作责任和使命的底层架构，新闻传播本科人才的培养既要从学科和专业的实践出发，遵循学术规律，通过坚定维护学科核心知识与价值观念体系，保持学科合法性和专业正当性；又要立足于中国实际，顺应新时代对新闻传播人才的新要求，调整人才培养框架，从人才评价标准、价值观念培养、知识体系建构等多方面入手，在推动产学研资源互动流通的基础上，形成以"人"为原点的生态型人才培养体系，以此培养有责任、有知识、有能力、有技术、有国际视野的新时代复合型新闻传播人才。

论融媒体时代新闻传播复合型人才培养的"金字塔"体系①

李良荣　魏新警

一、引言

随着网络技术的发展和普及，互联网已成为当代中国社会运行的重要基础设施。曼

① 文章来源：李良荣，魏新警．论融媒体时代新闻传播复合型人才培养的"金字塔"体系[J]．新闻大学，2022，189(1)：1-7，119.

纽尔·卡斯特所言的“网络社会”在中国逐渐成为现实。同时，5G、物联网、大数据、云计算、人工智能、区块链、AR和VR等高新技术的迭代升级，让互联网的革命性能量外溢至社会的每个角落。

在这一全新的社会系统下，以信息传播为使命的新闻传播业逐渐演化出了新的生态和新的业态，单一介质的内容生产体系和信息传播方式已无法适应如今网络社会的需求。自2014年中央审议通过《关于推动传统媒体和新兴媒体融合发展的指导意见》后，以报纸、广播、电视为代表的传统媒体大刀阔斧地走向融合，“媒体融合”成为引领中国媒体生态变革的国家战略，建设“四全媒体”、构建全媒体传播体系，是我国当前媒体深度融合发展的总体目标。

在融媒体变革面前，新闻传播教育面临重大挑战。伴随传媒产业的飞速发展，我国新闻传播教育自诞生以来一直处于快车道上。我国的新闻传播教育堪称繁荣，也出现了网络与新媒体等面向未来的细分专业，但近几年持续低迷的就业率和居高不下的转行率，仍暴露出现有新闻传播教育功底不深厚、能力不稳固、技能不适配等结构性问题。在融合时代，如何及时切换赛道、革新体系，将决定高校是否能培养出融媒体时代所需要的专业人才。

本文认为，只有复合型的新闻传播人才方能适应目前媒体融合的需求。具体来讲，复合型的新闻传播人才并不是单纯的“专业技能复合”，而是在“技术—表达—思想”三个由表及里的层面实现能力的多维复合。未来的高校新闻传播教育可依照该思路分层构建“金字塔”式的融媒体时代新闻传播复合型人才培养体系。

二、技术为基：新文科思维下迭代的新闻传播技能包

新闻传播学是一门非常强调应用能力的学科，培养优秀的记者、编辑和其他新闻传播从业人员是这一学科的社会意义所在。传统的新闻专业“技能包”，无论是黄远生的“四能”(即“脑筋能想”“腿脚能奔走”“耳能听”“手能写”)，还是作为新闻专业基本功底的“采写编评”，皆是围绕“新闻纸”这一传统的媒介形态展开。而如今，媒介形态的融合，以及在此条件下受众养成的新需求和新习惯，彻底重构了新闻信息的整个生产和传播流程。

首先，在新闻内容的采集方面，传统记者需要身体力行地“跑新闻”和“抢新闻”，即黄远生所讲的“腿脚能奔走”，但这样的信息日常采集效率已不能满足如今“7×24”的信息推送速度。除了一些重大报道和深度报道，大多数普通稿件都可以通过网络完成采访和数据采集的工作，而利用各种软件进行网络信息挖掘的本领，将成为融媒体时代“采访技能”的新衡量标准。

其次，在新闻内容的呈现方面，电脑屏幕、平板屏幕和手机屏幕构成的“三屏”成

为大众接触信息的主要媒介界面。新的媒介界面，需要新的信息呈现方式，也要求内容生产者具备适合“三屏”的内容制作技能包。文字、图片、音频、2D和3D视频，以及AR和VR互动视频，都需要根据内容的不同属性而进行创新设计和组合。这种内容呈现，不仅要求图文视频等技术过硬，更要求制作者对内容有准确的把握，能够设计出适合的呈现方式。

从更宏观的视角来看，新闻传播学子的必备技能应跨越学科的边界。如今，新闻传播学毕业生的就业流向更加宽广，除了新闻机构之外，企业的传播和公关部门、机关事业单位的政府传播部门、互联网企业、自媒体等都吸纳着数量可观的新闻传播学子。以往“记者”的职业愿景，也逐渐被“媒体从业者”的泛称所取代，而身处不同的机构从事传播工作，本身就意味着业务层面的交叉跨界。

2018年，我国提出了建设“新文科”的教育高质量发展目标，而新文科的“专业优化”路径之一，就是要推动理工医农等学科和文科专业交叉融合。在这一学科融合的背景下，新闻传播技能包也在不断迭代，目前融媒体式的信息采集和内容制作，实质便是互联网信息技术和新闻传播学的交叉融合。除此之外，在政府传播、企业传播、健康传播、科学传播等交叉领域，也需要形成有针对性的新闻传播技能包。这些具有实践适配性的复合型技能包，将取代“采写编评”，成为新闻传播学子走向更加广阔职业天地的敲门砖、开山石。

三、表达为锋：锻造融媒体环境下的综合表达能力

拥有融合跨界的“技能包”可以让新闻传播学子在实践中快速上手，但如果不能用逻辑清晰、简洁明了的话语表达出来，再丰富的技巧、再精美的呈现，也不能称为优秀内容，因为它没有实现“传播信息”的基本功能。只有在表达上清晰严谨，新闻作品才能如“利刃出鞘”一般一击即中，而不会变成空有形式的“花拳绣腿”。

新闻传播学子从事的媒体工作无论涉及何种领域，基本功能就是传递信息，梁启超所谓的“去塞求通”便是这一职业的本分。如何有效传达信息、促进交流，如何消除误解和避免对空言说，都需要优秀的综合表达能力来实现。

表达能力，是传统新闻教育的重点。但在纸媒和广电媒体分而治之的时代，表达能力的培养体系也被对应地切割，报社记者和评论员要求“妙手著文章”，电台和电视台记者和主持人要舌绽莲花。而在媒介融合时代，所有媒体从业人员都将转型为“全媒体记者”。除了要掌握多元的新闻制作技能包，全媒体记者还需练就“口头+文字+视频”的综合表达能力。

在新技术快速迭代的当下，新闻内容的呈现形式花样翻新。自媒体创业的门槛日益变低，我国目前仅微信公众账号就超过2000万个，再加上内容产出能力较强的传统媒

体和通讯社，每天都有千万甚至数亿量级的媒介内容出现在互联网上。在信息爆炸的环境中，哪些内容可以脱颖而出？在“标题党”式的吸引手段日益被受众唾弃的情况下，以新闻报道为代表的媒介产品将日益回归内容本身，优秀的文字报道、评论、音视频表达以及背后的台本编撰，都需要媒体从业人员具备相应的综合表达能力。这一能力在互联网阅听习惯日益碎片化、浅薄化的大趋势下，会显露出更强大的竞争力。

综合表达能力的下滑，也是当前中国大学生的普遍问题。由于中学语文的应试化特性，学生的语言功底普遍不足，尤其缺乏口头表达能力。进入大学之后，大学生长期浸淫在互联网中，阅读的碎片化倾向明显，早年140字的微博字数限制、如今抖音等短视频强大的配音系统，都一定程度上弱化了大学生的语言文字组织与表达能力、逻辑思维能力。来去匆匆的网络热词也对传统语言符号构成入侵，大学生表达自我的方式变得简单粗暴，YYDS(永远的神)、XSWL(笑死我了)等拼音缩写更是极大消解了汉字表达的韵味和深度。新华社所发布的《新华社新闻信息报道中的禁用词和慎用词》就曾将一些浅薄不雅的网络用语列入禁用、慎用范围。

因此，在融媒体时代，如果新闻传播教育片面地强调多媒体等技能，忽视了“交流”的职业使命，那么培养出来的可能不是优秀的记者，而是擅于炫技而表达混乱的“技者”，所产出的媒介作品可能会吸引受众一时的感官注意，但却很难实现预期的传播效果。

四、思想为核：坚守新闻专业的稀缺人文价值

习近平总书记在党的新闻舆论工作座谈会上要求，要“努力推出有思想、有温度、有品质的作品”。“思想性”是新闻作品的首要品质，是新闻作品的灵魂所在。一篇优秀的新闻作品，不但要传递有价值的信息，更要传递价值本身。新闻作品要具备鲜明而有深度的思想，担当起“载道”和“弘道”的使命。有“思想”支撑的“表达”才能言之有物，有“思想”浸润的“形式”才能永恒传续。

在我国，构成新闻作品思想性的核心是马克思主义“活的灵魂”——具体问题具体分析。具体来说，就是在新闻采集和生产过程中坚持唯物辩证法，深入实际进行调查，避免新闻的主观性、片面性和表面性，以实事求是的态度，准确、真实、完整地采集和呈现新闻，深入、全面地解读新闻。

在5G时代，信息传播的速度将是4G时代的近百倍。新闻已经基本告别了当年“抢首发”的价值诉求，一遇到突发事件，各大新闻App在通知栏集体刷屏，相互之间仅差毫秒，“抢第一落点”非但失去意义，还有可能“因快酿错”。2019年5月，一则看似源自“新华社”、名为《中美贸易战停火！止战!》的新闻被今日头条、凤凰新闻等资讯App推送刷屏，国内一些传统媒体旗下的新媒体App也争相推送该新闻。令人意想不到的

是，仅仅 3 小时后，新华社就发布声明称该新闻为 2018 年的“旧闻”，对盗用新华社名义发布虚假新闻的行为予以谴责，并保留依法追究其责任的权利。让这些“抢第一落点”的媒体颜面扫地，公信力遭遇危机。

因此，在这个“快”已经不是稀缺价值的融媒体时代，真正有价值的往往是随后而来的深度解读。当技术已经抹平了媒体信息采集和发布的效率差异，谁能提供有思想性的更深刻、更权威的分析，谁就能在“第二落点”中获得身位优势。回顾新闻的历史，简讯仅因事件本身而知名，但优秀的深度报道、新闻评论等具备思想性的新闻作品则会被历史永远铭记。例如，“三鹿奶粉”系列报道体现出的人文关怀，《人民日报》任仲平系列文章饱含的主流价值，以及《实践是检验真理的唯一标准》所彰显的反思精神，都是新闻作品思想性的杰出代表。

当然，思想性并不能靠天赋、靠空想，而需要在人文社科思想体系中长期浸润而逐渐习得。有的高校也尝试过在本科前两年让新闻传播学生选修中文、历史、哲学、艺术学等课程，但这些课程和后两年的专业学习大多数是脱节的，缺少衔接，呈现“两张皮”的状态。有相关高校的学生，甚至由于前面接触了人文社科“形而上”的内容，再落实到新闻专业时缺乏理论过渡和实践对接，反而在专业的对比中加深了对新闻传播专业的轻视，“新闻无学”的印象不少就是由此而来。这种通识和专业脱节的问题，反过来又会成为教学效果不佳的证据，促使课程设计者更加轻视人文社科基础类课程。一些高校在课程结构和课程体系调整时，就剔除了大量文史类、管理类、艺术类课程。

要解决这个问题，首先，要加强通识课和专业课的衔接性，从专业出发来设计人文社科的通识课程。例如，在讲授新闻学、传播学、新闻评论、传媒经济等课程时，由新闻专业教师引导学生从哲学、文学、社会学、经济学中追溯理论源头、展示差异与变迁，最终形成通识课和专业课的有效衔接。其次，纸上得来终觉浅，思想性的锻造需要在实践中磨炼，新闻传播学的实践环节，应多让学生参与深度报道、长篇通讯等“大稿”的写作，强化各类题材新闻评论的写作，这些新闻体裁比简单的消息写作更能锻炼学生的深度思维和严密逻辑。

五、构建真正的“互联网+”新闻教育体系

本文认为，传统的新闻传播教育模式已经无法适配融媒体时代的产业和社会需求。而针对目前教育体系的短板，“技术—表达—思想”逐级递进的金字塔式新闻教育体系可能是未来我国新闻传播教育改革的努力方向。

在搭建这一金字塔之前，首先需要以“互联网”为锚点，对新闻传播教学实践模块的定位进行整体更新。

回顾以往各院校的教学改革，基本都是在做“增量改革”，即通过新招教师、新开专业、新开课程来对媒体融合时代进行回应。多数新闻传播教育机构还是在强大的传统惯性轨道上滑行，变革意识不强。于是在开设“新闻学概论”的同时，还开设“网络新闻学概论”，在“新闻采访写作”课程外，还有“网络新闻采访写作”，这种通过加网络前缀的方式增开课程的做法非常普遍。新开设的“网络与新媒体”专业，不少高校在课程设置方面仍然保留了很多传统媒体时代的课程。另外一些高校还会招聘来自计算机等理工科专业的教师，来从事数据新闻、网络数据挖掘分析、新媒体软件设计等课程的讲授。但以上这些“增量改革”的方式，可能的结果或是“新课老课内容重复率高”，或是“老课没人听，新课听不懂”，教学思路缺乏贯通性，效果难以保证。

导致这些现象的原因，归根结底是多数高校的教学改革是在做“+互联网”，而非“互联网+”。在融媒体时代，互联网是社会的基本运行逻辑，也是媒体行业的最根本现实。如果新闻传播学的课程仍以大量的传统媒体知识为主体，不但会局限学生对当下新环境的认识，更容易引致学生对专业教育实践有效性的质疑。现在，2000 年以后出生的年轻人已经成为大学在校学生的主体，这些“互联网的原住民”的生活经历中已经很少有报纸的影子，广播和电视的接触也寥寥无几。这种情况下，要实现专业教育和学生的生命历程同步，就必须坚持“互联网优先”的原则。具体来说，就是用“互联网+”思维来取代“+互联网”思维，以互联网来引领课程模块的设置、专业知识的设置，确保每一个课程和每一项技能都能落在互联网的脉搏上；在“增量改革”的同时也要加强“存量改革”，果断革新传统的教学模块，舍弃濒临淘汰的传统专业方向，“创新”必然意味着对旧体系的“破坏”。

在“互联网+”的定位基础之上，各高校可依照“技术—表达—思想”的金字塔培养体系，重新设计新闻传播学教学模块。

首先，在技术培养方面，除了要围绕融媒体培养学生综合的多媒体技术、数据挖掘分析与可视化技术之外，各高校还应以新文科建设为契机，打通文理科，培养学生的跨学科技能。每个高校都可以根据自己的专业特色来设计不同的跨学科专业技能包，例如财经、法律、政治、体育等专业知识技能都可成为特色新闻专业的技能包组成部分，这也是毕业生日后在该行业从事媒体工作脱颖而出的“绝技”。其次，要在互联网的新语态下加强学生的综合表达能力培养，在课程考核、毕业设计的标准制定时要杜绝“唯技术论”思维，要格外看重学生在作品形式之外的语言组织能力、文本撰写能力、逻辑思维能力。最后，要重视人文社会学科的理论基础课程，用“大文科思维”来贯通学生的文史哲功底培养。如前所述，在实践环节锻炼学生深度思考的能力，让学生的人文关怀、社会责任感、批判思维和创新思维成为他们所制作的新闻作品的思想支撑。

凯文·凯利曾在《必然》中提及，在信息丰富的世界里，唯一稀缺的资源就是人类的注意力。作为未来的媒体从业人员，新闻传播学子的使命就是用优质的内容来提高注意力的使用效率，为人类更高效地提供更有社会价值、更有思想深度的信息。如何从繁复芜杂的网络信息浪潮中脱颖而出？复合型能力中的技术、表达和思想的三要素，缺一不可。

从这个意义上讲，新闻教育的变革不仅是事关行业兴衰的关键因素，更是关乎网络社会运行效率的基础工程。

影像思维：当代新闻传播教育亟待提升的媒介素养①

蔡　斐　王啸洋

从纯粹的文字到静态的图片，再到动态的视频，传播媒介的更迭推动着影像越来越成为媒体叙事的主流形态。这些无所不在的影像，广泛记录了历史和时代的剧变图景，深刻改变着传播内容的外在形态，也迅速重构了广大受众的阅听习惯。身处这样一个影像时代，如何在媒介素养层面养成良好的影像思维，自然就成为当下新闻传播教育亟待解决的问题。

一、作为媒介素养重要内容的影像思维

影像思维，是指人们对影像产品的观察力、感受力和批判力，以及对影像生产的认识、想象、批判、重构等心理认知活动。对于“影像”和“图像”两者的区别，一种宽泛的解释是：图像以图片为主，影像则以视频为主。进一步来说，图像是影像的起点，影像是图像的进阶。图像是静态的影像，比如绘画、图片、照片等；影像是动态的图像，主要指由摄影、电影、电视、网络视频与数字技术等所形成的影像世界。

从图像到影像，是媒介变革的结果，两者虽然同样需要观看或凝视，但动态视频影像显然打破了受众的古典观看方式，直接带来信息获取形式从“读图”到“读屏”的转向。于是，当媒介变革、受众转向和观看要求三个要素聚集在一起时，就自然延伸出影像思维这样一个媒介素养的必然性内容。

(一)媒介变革：从莎草纸到互联网

在从莎草纸到互联网的媒介变革史中，电视的出现是一个里程碑，它直接推动人类进入文字、图片、音频、视频糅合的影像时代。相比文字、声音和静态的图片，电视更能满足人类的视觉欲望。同时，电视也形成了对其他媒介的一种暴力和压制，“导致对文字记者的地位和角色的深刻怀疑”。

---

① 文章来源：蔡斐，王啸洋．影像思维：当代新闻传播教育亟待提升的媒介素养[J]．中国编辑，2022，154(10)：70-74.

随着互联网时代的来临，媒介技术带来的影像景观进一步冲击着人们的眼球，也改变着传统的媒介形式和阅听习惯，以视觉化传播为主的信息呈现方式成为网络传播中的核心表达，文字阅读尤其是大篇幅内容阅读日趋边缘化。同时，影像获取、观看、分享、评论、存储、剪辑的便利，以及数字播放暂停、续播、倍速、快进等功能，彻底打破了传统观看的仪式感，推动着人们生活在影像构建的世界中，并日益深陷于影像的世界进行体验、认识、评价和行动。

(二)受众转向：从“读图”到“读屏”

随着“图像理论三部曲”——《图像学》《图像理论》《图像何求》的问世，“图像转向”作为一种与受众媒介使用习惯的同频共振，已然成为人文社科领域重要的研究命题。尽管“读图时代”曾被批评缺少情感品味和思想领悟，但图片这一“电影式的元素”却因契合了时代发展所营造的随意性、碎片化、快餐式阅读趋势，得到了新生代受众的观看偏好。

当前，屏幕已经融入我们日常的观看实践，家庭电视和网络视频成为“读屏时代”影像输出的最常见形式，实现了“以电影式的方法观看世界、构建时间、讲述故事和连接人生体验，成为计算机用户获取文化数据并与之互动的基本方法”。相比观看电视，网络视频赋予受众更强烈的工具性导向和选择性自由，极大地解放了屏幕对受众的身体禁锢，也越来越显现出“媒介是人的延伸”这一论断的先知意义。

(三)观看要求：影像思维成为核心素养

你的影像，就是权力。影像作为现实的模拟形态，是对被反映对象的形象选择性再现与重组，并不是现实完整性的重现和全现。那么，作为权力的影像自然很容易与新闻生产所追求的真实性原则存在矛盾。在这个意义上，影像思维就成为影像观看、批判和生产过程中不可或缺的核心素养。

遗憾的是，目前的新闻传播学其核心概念与基本问题“也是为了满足大工业时代以大规模印刷为基础技术的媒体新闻生产的需要”，这显然是与互联网时代信息化传播方式不相适应的学科现状。虽然新闻传播学科早已关注到影像的发展，设置有广播电视新闻学专业，开设相关课程，但影像新闻大多只是作为一门技术被对待，影像思维更没有成为批判性媒介素养被珍视，整个新闻传播学科还有着强烈的“大工业时代的思维惯性”。因此，在世界越来越被影像占据和填充的趋势下，影像思维作为媒介素养的重要内容顺应了从工业文明向信息文明的阅听转型需求，应当尽快列入新闻传播教育的议程。

二、媒介素养框架下影像思维的培养层次

影像思维的核心，是影像观看者与影像本身的互动。在媒介素养的框架下，可以借鉴大卫·波德维尔提出的感知、理解及借用的“三级框架”行为来解释影像观看过程中的互动关系与层级架构，“感官输入带动感知过程，感知过程注入理解和借用。借用在一定程度上带动理解，在更少的程度上带动感知。还存在着次要的反馈效果，借用的方式能够再造感知或者理解”。由此，将影像思维划分为感知层、理解层、借用层，从不同层级的架构意义来理解影像思维的培养层次。

(一)感知层：影像思维的基础层

与文字思维不同，影像思维是一种直觉式的思维。影像的表达更具形象化、具体化，传播与接受也更容易摆脱传者与受者语言体系、知识结构的隔阂，而较多依赖于受者的直观感受。因此，感与知成为影像思维培养的起点。眼睛、耳朵等人体感官受到影像带来的直接刺激触发“感”，并沿着中枢神经传输至大脑，转为“知”；感与知往往迅速联结在一起，形成感知。这种感知是短暂的、下意识的，也是需要被重视的。在感知维度进行影像思维的培养，一个很重要的目标就是提升感知的敏锐度，将对影像的感知力转化为一种更为“本能”的反应。

根据首因效应，第一感知一旦形成，就会在人体意识中占据主要地位，强烈且鲜明，对后续理解影像、借用影像起到“定向”作用。因此，感知不仅需要敏锐，还应当尽可能准确。人们在感知影像时，会根据自身兴趣与需求对影像进行拣选，无法准确感知影像的全部，可以说，人们对影像的感知总是不完整的。影像思维的塑造需要尽可能打破这种束缚，突破一般的“感知域”，甚至将“感知域”扩展至影像“边框”之外。

(二)理解层：影像思维的枢纽层

影像表达是多层、多元、多变的，单纯依靠感知不足以完全认识影像。理解层介入过程中，人体对影像信息的处理也由感知阶段的简单感官输入变成了复杂大脑调动——调动人脑中原本存在的价值观念、记忆、知识、想象等，并与现有影像相连接，产生对影像生产、叙事机制、主题表达、内外逻辑等全方位的深层次理解。人们理解的“影像”不再是直接感知到的客体，而转译为被赋予了个人经验，甚至超越表象的“有机体”。因此，增强大脑调动信息的整合力和积极性就自然成为理解层培养的重要工作。

不容忽视的是，影像不是机械的产物，而是由摄影、录音、剪辑等诸多创作者带来的复合人为呈现，具有强烈主观性，甚至欺骗性。即使在新闻影像、纪实影片等被打上“真实”标签的影像中，画面呈现依然不同于现实观看，相反地，一旦经由新闻的“投锚”，影像的意义就会从模糊走向“锚定”，实现对信息的控制及现实的固化。正因如此，使用者在理解影像时，会不自觉地对影像产生信任，甚至将影像与现实混为一谈，出现理解偏差。这也是影像思维的理解层需要着重解决的问题，即弥补感知层对影像片面或表面的认识，达成对影像主题、外延、内涵和意识形态等多层次的冷静判断与深层解构。

（三）借用层：影像思维的拓展层

借用层是影像思维的拓展层，它建立在感知层和理解层的基础上，强调在充分感知和理解影像的状态下，能够运用影像的元素来生产新的影像，或者说是“再影像化”。简单来说，借用层追求影像的“书写”价值——延伸已有影像、生产新影像、创造非常规影像等。今天，影像“书写”已不再是电影人的专利，而逐渐成为普通人表达思想、情感的“写作”工具，也成为新闻传播专业学生必须具备的思维方式。

借用层的影像思维，不能简单等同于影像制作能力。对于绝大多数学生而言，更重要的是培养一种创造性的影像思维。比如在传统的影像中，符号表达存在固化现象：渲染恐怖、紧张、低沉的氛围常使用心跳鼓点，表达老人、生活、社区的场景多使用广场舞画面……这就需要借用层充分发挥作用，完成符号表达以及影像编排、影像剪辑等方面的创造性再塑。同时，借用影像的过程也是一个反哺的过程。在影像借用中，使用者会对已有影像再感知、再理解，发现未发现的能指、思考未思考的所指，从凝视走向反凝视，发挥主体对影像借用的主观能动性，达成主体与影像的交流互通。

（四）层级关系：多线条互动

感知层、理解层、借用层的多线条互动构成了媒介素养框架下影像思维培养的动态层次。理解层作为枢纽层，承接感知层与借用层，并互相影响，形成了影像思维的短线条培养。感知层与理解层的反复调动，不断深化人们对影像产品与影像生产的认知，寻求解构现实影像的逻辑，构建影像借用的逻辑。同样，理解层和借用层也在互为给养的层级关系中，着力培养影像的制作能力，以及大卫·波德维尔强调的“借用的反馈效果”——“再造感知或者理解”。这种影像思维的短线条培养已经渗透在“广播电视新闻学”等课程内容中，是一种潜移默化的日常培养。但是，短线条的培养是不全面的，很难真正引起实务教育对影像思维的重视，这就需要长线条培养的介入。影像思维的长线条培养与短线条培养共同构成了影像思维培养的完整框架，二者互相补充，缺一不可。其中，长线条培养分为“感知层→理解层→借用层”自下而上的长线条与“借用层→理解层→感知层”自上而下的长线条。自下而上的长线条聚焦对影像产品观察力、感受力、批判力的培养，由感知影像出发，层层递进、逐渐深化，直到完成对影像的借用。自上而下的长线条则关注对影像生产的认识、想象、批判、重构的培养。此时，从借用层出发可以直接抵达影像生产，从起源探究影像的生产逻辑。同时，自下而上的长线条与自上而下的长线条并不是完全平行的，有时候也会交叉，甚至重叠，既能够在自下而上的过程中不断感受、审视、分析，也能够在自上而下的过程中“遵循一种发生过程而产生的事物的真理”，“通过自己的运作来复制在构成运动中造就的事物”。

三、新闻传播教育的影像转向与思维训练

需要声明的是，强调影像思维作为媒介素养的重要内容嵌入新闻传播教育体系，并不意味着影像思维是新闻传播学的学科专利。从多屏到跨屏再到融屏，每一个人都是不折不扣的“屏幕之民”，也就是说，影像思维是一种大众媒介素养。之所以从新闻传播学的学科切入，一个重要的原因是无论在理论研讨层面，还是在生产实践领域，影像思维都是未来新闻传播学科亟待“补课”的对象。

（一）推动影像新闻的学科兴起

从报纸新闻开启的以语言逻辑为核心的理性主义话语方式，逐渐转向以影像形象为核心的感性主义话语方式，意味着新的社会话语的形成，以及人类新的思维方式和表达模式的出现——这是新闻传播学科不能不正视的现实。由此看来，对影像思维的培养可以从学科更新开始，推动影像新闻的学科兴起。影像新闻是对影像的切割和具体化，可以更加直接地回答影像真实、新闻真实和现实真实的关系，以及影像背后的权力转换、生产策略、意识形态等核心问题，对影像思维的培养具有事半功倍的效果。推动影像新闻的学科兴起也是媒介发展的必然——一部新闻传播学的学科史，就是一部与媒介交替变革相起伏的知识生产实践史。影像在媒介技术史上，横跨电子传播时代和网络传播时代，与此前的印刷传播时代相连接，甚至推动着未来 VR、AR 等沉浸式传播的广泛应用，这是新闻传播学科观照媒介技术变迁不能忽视的重要节点。

在新文科建设的征途上，新闻传播学一个重要的学科增长路径就是从“分科治学”走向“学科交叉”和“学科融合”。影像作为现代信息文明的产物，已经广泛参与到社会进程中，而社会进程中每一个领域都会产生新闻，再加上影像新闻涵盖了图片新闻、电视新闻、互联网视频新闻等众多门类，这就使得影像新闻学天然具备了强大的跨学科整合能力。因此，影像新闻的学科构建宜以“推进学科交叉、推动课程相融”为出发点，吸纳包括影视学、计算机学、政治学、历史学等学科的有益成分，建立新的影像新闻学。

在学科的具体构建路径上，可以从课程着手，整合现有课程中涉及影像新闻的内容，设立单独的“影像新闻学”课程。课程的整合要认识到“影像新闻”课程对于影像思维培养的关键性作用，打破此前相对封闭的专业界限，打造与影像新闻感知、理解、借用全流程“相融”的课程体系。因此，该门课程可以从影像新闻的定义、价值、特质、功能等基本问题入手，探讨影像新闻的叙事与表征、影像新闻的技术与文化等关键话题，并培养学生的实操能力。

（二）强化影像思维的素养训练

媒介素养并不是人们与生俱来的生理本能，而是需要通过后天的媒介接触和学习才得以形成的。对于新闻传播专业学生来说，他们不仅是媒介的使用者，还即将成为信息的发布者和媒介的控制者。因此，对新闻传播专业学生应该提出高于一般大众的影像思维要求——兼具认知能力和生产能力，相应地，对他们的影像思维训练也应建立在这两种社会角色之上。

一方面，强化对学生认知能力的训练。媒介素养教育发展到今天，更为强调对媒介的批判性认知和利用。强调对影像的批判性认知能力是受众主体地位提升的体现，包含受众对影像的搜寻能力、识别影像真伪的能力、判断影像价值的能力、对影像的审美能力等多方面内容。同时，认知能力的培养不应拘泥于提升学生对影像本身的认知，还应包含对影像思维认知的提高。需要看到，媒介素养教育是一种发展的实践，伴随着媒介的变迁、传播情境的更新不断变化。在影像已成为信息传播、新闻记录、科学研究、知识普及、故事描绘的表现形式和承载媒体的情况下，影像思维被视为新闻传播专业学生的基本媒介素养是应有之义。

另一方面，强化对学生影像生产能力的训练。影像生产可以被看作抵抗影像压迫的一个巧妙手段。对于新闻传播专业的学生而言，提升影像生产能力应侧重于“道”的培养，而非“技”的传授。在影像思维训练中，应培养学生“影像对抗影像”的意识，敢于且善于对虚假、片面、误导性的影像予以回击；在主动创造新影像时，保持对重大时代主题、人民群众需求、媒体发展趋势、媒介话语应用等多方面的敏感度和判断力，提升影像叙事的创新性与技术表达的多样化，产生更多有价值的优质影像作品。

四、结语

限于学力，本文难以就影像思维的培养在短时间内给出翔实、系统且适用面广的学科模板和训练路径，本文的逻辑起点在于在互联网的时代背景下正确认识影像思维作为媒介素养的重要内容嵌入新闻传播教育的必然性，继而在影像新闻学学科化的过程中，经由感知层、理解层、借用层等不同层级来不断发掘、不断读解、不断组织影像因素，以提升广大新闻传播专业学生对影像的认知能力与生产能力。至于未来具体的实践模式，需要探索力，更需要想象力。

7.6.3 内容摘要(40 篇)

1. 陈羽峰，胡翼青．新文科背景下新闻传播学科数字化转型[J]．中国出版，2022，544(23)：27-33

我们正迎来“新文科”建设的时代。新文科建设可能是新闻传播学科的唯一出路，因为数字媒体的发展摧毁了新闻传播学科原有的知识体系，迫使新闻传播学科与新媒体革命交叉融合。如果未来新闻传播学的知识体系不能与数字媒体相对接，那么这一学科的知识体系将变成与新闻传播实践无关的“幽灵”，而新闻传播学科的人才培养则不可避免地与社会脱节。二进制在计算机科学和系统论中的应用为文科带来了新场景、新方法、新视野和新工具，而数字媒介的兴起则直接推动了新闻传播学科的数字化转型。在新闻传播学科的新文科建设中，媒介入射角成为知识体系范式转型的重要方向，而如何在人才培养中体现“媒介性”则意味着教育理念的重要转型，新闻传播教育应注重发掘人作为媒介的可供性。新闻传播学科的数字化转型势在必行，这种转型既是对新文科的回应，也是学科本身发展自新的必由之路。

2. 林溪声．以马克思主义新闻观教学改革推进新闻人才培养[J]．当代传播，2022，227(6)：65-67

新闻舆论工作队伍建设不仅要抓好新闻从业者的教育与引导，更要不断强化新闻传播后备人才的培养。关于怎样建设新闻舆论人才队伍，习近平在关于新闻舆论工作的若干重要论述中提出，要加强马克思主义新闻观教育，把加强马克思主义新闻观教育作为队伍建设的基础性工作。马克思主义新闻观是新闻舆论工作的灵魂，马克思主义新闻思想课程是新闻传播教育铸魂育人的基本。高校的马克思主义新闻观教学改革，要在史论学习中教育学生坚持辩证唯物主义和历史唯物主义，深刻领会马克思主义新闻观；要在中西新闻观源流比较中引导学生形成对中国新闻事业性质的认同，坚持守正创新；要在理论与实践的结合中培养学生社会责任感，引导学生从国家发展、民族复兴的大局思考专业问题。

3. 王婧雯，邹佳丽．全媒体人才的结构转型与培养框架研究——基于 31 家媒体机构的人才需求分析[J]．当代传播，2022，226(5)：59-66

信息技术变革形塑着新闻传播的新业态，也催生着新闻传播人才培养的新需求。在媒体融合走向纵深的今天，面对媒体生产、传播、运营、管理的现实需求，“全媒体”已成为衡量人才结构的重要标尺。要厘清这把标尺的关键刻度，单一的视角与维度已不能回应全媒体人才的系统实践，需要在时代要求与整体格局、业务需求以及教育规律之间寻找平衡与共识，积极识变、求变、应变，形成人才建设合力。本研究基于 2019 至 2021 年国内 31 家不同层级媒体的招聘需求信息，总结媒体融合国家战略对全媒体人才的要求与布局，分析研判当前传媒业对人才需求的特征与趋势，探索新闻传播实践中的人才结构转型。在此基础上，本研究构建起全媒体时代新闻传播人才培养的四维框架，提出以核心价值为导向、以交叉融合为理念、以专业能力为基础、以媒介技术为引领的育人模式，以期为未来的全媒体人才培养提供借鉴。

4. 高金萍，李庆豪．新时代马克思主义新闻观教育的三重逻辑[J]．中国高等教育，2022，697(18)：39-41

马克思主义新闻观，指新闻传播领域中以马克思主义为宗旨的基本理论与思想的观念体系。马克思主义新闻观运用马克思主义基本原理阐释新闻传播的客观规律，是无产阶级政党新闻传播实践的指导方针。回顾马克思主义新闻观的发展历程，不难发现其理论发展是一个与时俱进、不断创新与完善的过程。当前，要将马克思主义新闻观教育推向深入，为新闻传播专业学生和新闻传播从业者提供指南针和定盘星，应当明晰马克思主义新闻观教育的逻辑理路。马克思主义新闻观教育的历史逻辑在于从实践出发，坚持理论与实践、历史与现实、继承与创新相融合；其理论逻辑在于回应新闻传播人才培养的关键问题，具体体现为“教什么、如何教、为什么教”；其实践逻辑在于发挥守正创新功能，将马克思主义新闻观的价值导向作用落实在新闻实践中。

5. 范明献，谭慧媚．新文科背景下新闻与传播专硕跨学科培养模式探索[J]．中国出版，2022，537(16)：24-27

新文科建设背景下，跨学科培养成为高校哲学社会科学人才培养探索新方向，成为响应新闻与传播专硕培养中面临问题和挑战的指导理念。新闻与传播专硕教育可进一步进行跨学科培养探索，坚持学科交叉融合的途径和联合协同的方法。在新闻传播业态急剧变化和媒介化社会新的人才需求背景下，我国新闻与传播硕士专业学位培养面临着一系列关键问题和现实挑战。本文围绕这些问题进行系统梳理和分析，探讨新传专硕培养的新趋势与新模式：通过设立对接国家行业需求的特色研究方向、构建交叉融合课程体系，来解决专硕培养定位与国家社会行业需求不适应的问题；针对专硕培养中学术型模式迁移的弊端，应当建设跨界跨学科师资队伍和导师团队，创新案例教学模式，建构有效的校企校媒协同的产教融合培养机制。

6. 郑素侠，马玉莹．象牙塔里的新闻理想——新闻学子的角色期待与新闻教育的本质回归[J]．新闻爱好者，2022，540(12)：54-57

在信息传播技术深刻改变传统新闻业、新闻教育处于转型“十字路口”的今天，专业素养教育与技术技能教育孰轻孰重，令当下的新闻传播教育陷入迷思。本文认为，传媒行业处于深刻转型的当下，新闻学的“专业之魂”仍是新闻理想，新闻教育不能满足于职业技能的培训而忽略“专业之魂”的铸造，这是新闻教育区别于其他职业教育、确保专业权威性和公信力的根基。运用扎根理论方法考察郑州大学“穆青新闻实验班”新闻学子的新闻理想与角色期待，研究发现，新闻学子的专业选择并非技术驱动，而是理想驱动；媒体人与名人、学校教育、成长经历、新闻名篇是启蒙新闻理想的动力来源；传播公平与正义、服务公众、服务国家新闻宣传事业、推动社会进步、为弱势者发声，是新闻理想的价值指向和角色期待，并激励新闻学子采取一系列的自我激励策略。在技术急剧变革的时代，新闻教育应回归初心，呵护新闻理想，守护好“专业之魂”。

7. 尤红，丁柏铨．跨界共建、学科交叉与开放趋向——媒介融合背景下新闻传播类人才培养的趋势[J]．新闻爱好者，2022，539(11)：10-13

媒介技术的发展带来媒介生态的深刻变革，同时不断推动媒介融合的深化，进而给新闻传播教育带来冲击与挑战，对于新闻传播类人才培养也提出了更高层次的要求。媒介技术的广泛推进与社会的高度媒介化，使得新闻传播学科面临学科背景的深度变革。面对数字化转型的媒介融合环境，国内外新闻传播院校在适应传媒环境变化的同时，积极探索新的人才培养模式。本文从学界与业界的合作、不同学科之间的交叉以及媒介技术与传播生态新趋势带来的开放性等方面，对新闻传播类人才培养的现状进行研究，旨在把握新形势下新闻传播教育的理念与实践变化。以学界业界融合为导向的跨界共建、以交叉相融为导向的学科边界突破、以面向媒介技术与传播生态新趋势为导向的开放趋向已成为媒介融合背景下新闻传播类人才培养的大势，正在走深走实。

8. 黄葵．全媒体时代新闻传播人才培养的基石路径[J]．编辑学刊，2022，206(6)：96-101

新一轮科技革命带来传播格局的深刻变革，专业媒体、机构媒体、网络平台、社交媒体、自媒体公众号等多形态传播渠道以跨时空、大容量、开放性、交互性、移动化传播特点推动着思想、文化、信息的传播与共享，以传统媒体为传播主体的传统格局面临巨大冲击，媒体格局和舆论生态正在重塑，全媒体传播格局逐渐形成。全媒体时代新闻传播人才在把握公共传播特征的基础上应具备适应传播生态的公共传播能力、舆论引导能力、国际传播能力和新技术适应能力。加强和改进高校新闻传播专业建设和人才培养模式，探索符合时代发展需要的人才培养路径，建构适应全媒体新闻传播人才培养体系，培养造就一大批适应媒体深度融合和行业创新发展，能够讲好中国故事、传播中国声音的优秀新闻传播后备人才，成为当下高校新闻传播教育的重要任务。

9. 周芳，朱泽，王虹．转思维强技能拓阵地——极目新闻全媒体人才培养的探索与实践[J]．新闻战线，2022(17)：17-19

极目新闻脱胎于《楚天都市报》，定位为面向全国的新媒体品牌。上线以来，极目新闻秉承求是之心，保持探索之姿，坚持内容为王，生产了一批刷屏热转的现象级产品，在全国影响力不断攀升。极目新闻将全媒体人才培养作为重要驱动力，转思维，创新机制激发活力，打造“善谋善作善成”的团队，形成“唯干唯实唯先”的团队文化；强技能，提高全媒职业素养，推动全员成长为善用现代传播手段的全媒型、专家型新闻舆论工作者；拓阵地，打造个人 IP，丰富全媒体报道形态，为人才成长提供新通道、新平台，实现人才培养与深度融合的良性互动。在加快培养全媒体人才进程中，极目新闻将进一步解放思想、创新机制，提供成长空间，搭建事业平台，在一次次实战中磨炼人才，为推动媒体深度融合向纵深发展不懈奋斗。

10. 王庆，李楠．全媒体时代地方传媒院校人才培养的“在地化”思考[J]．传媒，2022，384(19)：81-83

信息传播技术的快速迭代与传媒格局的迅猛变革，凸显了我国传媒业传统型人才过剩而“全媒体复合型”人才严重短缺的困境。在“全员、全程、全息、全效”的崭新媒体生态下，高校面向“全媒体人才”培养的教育教学改革迫在眉睫。地方传媒院校应重返和深掘其“在地性”，以“在地化培养”的思维和方法论统领自身教学实践。建构以“地方共同体”为动力机制的传媒教学和实践体系，通过“项目合作”机制建立地方“协同育人”网络，以项目的系统化运作和实际产出来强化“在地连结”，使实践教学直接参与和服务于地方建设。同时，围绕“在地”市场需求优化新闻传播专业课程体系和教学模式，真正使学生成长为具有“复合型”知识技能和“综合应用”能力的“在地化”新媒体传播人才，从而开拓出自身可持续发展的蓝海。

11. 陆地．中国新闻传播学科发展的危机和创新[J]．中国广播电视学刊，2022，378(9)：13-16

新闻传播学科是一门新兴学科，发展很快，问题也很多。本文简要梳理和分析了新闻传播学科的由来和发展的现状以及同构的危机，提出了特色化生存和创新发展的对策与建议。中国新闻传播学科发展的问题和危机可谓与生俱来，学科建设的同构现象十分严重，不但阻碍了中国新闻传播学理论的创新和创造性人才的脱颖而出，而且大大加剧了新闻传播学科师生上岗、就业和转行的难度与内卷程度。中国新闻传播学先天缺陷和后天缺点虽然很多，并不意味着会很快消失，新闻传播学人必须从现在起，强化两个意识：危机意识和创新意识。危机意识能令新闻传播学人警醒，创新意识可以延长新闻传播学科的“青春”。差异决定价值，特色决定生存，创新决定未来。中国的新闻传播学科和众多的“新闻传播学院”可以从地域特色、行业特色、专业特色、课程特色、师生特色、交叉特色 6 个方面寻找和确立自己的差异和特色。

12. 郭小平，史雨．固本强基多元交叉知识融合融入主流——新文科背景下新闻传播学科建设的思考[J]．中国广播电视学刊，2022，378(9)：21-24

全球化与信息化使高等教育改革面临新的机遇和挑战。学科交叉与知识融合加速，社会交往与信息沟通加快，文化冲突与文化融合并存，成为新文科建设的时代背景。“新文科”建设离不开“超学科”视野与“共同体”思维。它需要综合跨学科理论和方法，创造一个共同解释的基础，达成学科共识，从而实现知识的跨领域融通。新闻传播学是新文科建设的有机组成部分。新闻传播学科建设必须坚持质量为王、固本强基、多元交叉、知识融合、融入主流的原则，塑造根植新闻传播学的知识体系。重交叉、深融合、铸特色、入主流是新闻传播学科的未来，而故步自封、盲目交叉、唱衰学科是新闻传播学科建设必须警惕的误区。建构“大学科”与“大融合”的思维方式，创新学科交叉、知识融合的新闻传播教育模式，才能形成多元、交叉、创新的卓越新闻传播人才培养格局。

13. 李天福．课程思政视域下新闻传播人才培养目标优化探析[J]. 中国广播电视学刊，2022，376(7)：46-49

思政教育与新闻教育之间的特殊关联，使新闻传播人才培养中的课程思政建设尤为重要，也为思政元素全面融入新闻传播人才培养提供了合理性、必然性与可行性。本文以人才培养目标建设为切入口，探索课程思政在新闻传播人才培养中加以运用的现实。课程思政并非专业教育与思政教育的简单结合，而是具有深刻内涵与全局理念的教育思想。其遵循着教育的规律性、权威性、有效性、全面性等内涵诉求，将此纳入新闻传播人才培养目标建设，在观念、知识、能力、素养四个层面探索更丰富优化的体系，为新文科背景下新闻传播人才培养的科学合理性提供新的思考。课程思政为新闻教育创新提供了一种方向，将人才培养体系构建作为课程思政融入新闻传播教育的探索入口，可以促使新闻传播人才培养更加全面科学、更有社会服务价值，也更加符合新闻传播人才发展的本质诉求。

14. 张昆．学术权力视域下新闻学院院长的职业养成研究[J]. 未来传播，2022，29(3)：115-123

高校新闻学院院长是新闻传播教育的实际承担者。在高校系统，它既是二级学院的一院之长，全权负责学院的教学科研与社会服务，同时也是大学行政链条的中层管理正职，是承上启下的枢纽。在主持学院工作时，须对校长负责。院长的权力与责任要求具备常人不备的综合素养与管理能力。既要有必要的权力，又要有道义权威。但同时具备权力权威不是一件容易的事情，院长还须有包容的心胸、民主意识、平等精神和大爱情怀，同时还要具备突出的创新能力、协调能力、规划能力与执行力。在任职之前，并不是每个院长都完全具备这些素养和能力。大多数院长都是在体悟、交流和实践中，逐步地获得相应的素养与能力的。作为教育者，作为一院之长，新闻学院院长需要先接受教育，并且主要是在工作中学习提升，完善自身。即便是管理能力有了提高，综合素养得到加强，院长还要以新闻教育为志业，全身心投入。

15. 周晓萌，秦瑜明．新闻传播教育课程思政建设的创新探索[J]. 中国高等教育，2022，692(11)：35-37

当今世界，信息传播技术快速更新迭代，传播媒介与传播方式日趋多元，媒介环境的变化使新闻传播教育面临新挑战、肩负新使命。把思政工作贯穿教育教学全过程，提升学生的政治素质与专业能力，是新时代新闻传播教育承担的历史使命。为此，高校新闻传播教育必须加强课程思政建设，落实立德树人根本任务，才能培养造就政治坚定、业务精湛、让党和人民放心的新闻舆论工作预备队伍。近年来，中国传媒大学积极完善新闻传播教育课程思政体系，以马克思主义新闻观为统领，以红色文化培根铸魂，通过专业教学与课程思政紧密结合的创新思维，培养卓越新闻传播人才取得实效。本文结合中国传媒大学电视学院新闻传播教育的创新实践，初步探讨全媒体环境下我国新闻传播教育如何推进课程思政建设，以实现卓越新闻传播人才的培养目标。

16. 冯强，宋爽，孙璐璐．“孔雀东南飞”：中国新闻传播学者的空间流动与经验证据(2016—2020年)[J]. 新闻记者，2022，470(4)：33-45

本研究探讨2016年至2020年间我国新闻传播学者的学术流动及其影响因素，通过对104名发生空间流动的新闻传播学者的人口学特征、学缘情况、职称变化、空间流动网络等展开定量分析，并结合对8名发生流动的新闻传播学者的质性访谈了解影响因素。研究主要发现：首先，104名学者的平均年龄为41.6岁，男性占比六成。学缘背景上，在武大、复旦、人大、中传获得博士学位者最多，研究领域为新媒体者最多。其次，在职业变动方面，呈现“三重向上流动”的特征。约五成学者的职称向上流动，新学校的综合排名和学科排名均有上升。再次，从空间流动来看，广州、上海和南京是吸引新传学者流入的最重要城市，暨南大学、上海大学、广州大学等高校吸引了最多的新传学者流入，体现出人才“孔雀东南飞”的特征。访谈发现，新闻传播学者对学术流动更看重职业发展和学术成长的可能。

17. 廖声武．中国早期新闻教育的理念及其实践[J]. 湖北社会科学，2022，424(4)：154-159

中国新闻教育走过了一个世纪。新闻教育从兴办之初就提出了自己的教育理念，具有高标准的期许。早期中国新闻教育是新闻教育家们在讨论新闻教育的目的、新闻教育的人才培养、新闻教育的课程设置、新闻传播与社会的关系等问题时对新闻教育理念进行阐述的。新闻教育在人才培养方面提出，要让接受新闻教育的学生在未来能把新闻事业树立成最具潜力的事业，要让他们成为促进公益及国际友好关系的砥柱，成为有远见、有魄力、有主张，能负重大责任、有创见及改革能力的领袖人才。同时，要让他们具有新闻家应具之操守。为实现这些理念，新闻教育就不应该简单地作为职业教育来对待，而应该让学生学习多方面的知识。在强调学习新闻理论的同时，重视讲授与研究讨论相结合，重视结合中国报界实际，并吸收优秀报人的经验。这些理念和实践对当今媒体融合时代创新理念，培养适应新时代发展需要的新闻传播人才具有借鉴意义。

18. 王江蓬．新文科视野下国际新闻传播人才的培养[J]. 新闻论坛，2022，36

(1)：112-114

在新文科背景下，国际新闻传播人才培养改革成为必然，这既是对新闻传播教育变革的积极回应，也是对新时代加强国际传播能力建设的有效响应，更是对世界百年未有之大变局的准确适应。以交叉融合与协同创新作为核心要旨的新文科建设，为国际新闻传播人才培养提供了新的路向，基于国际新闻传播人才培养面临的发展困惑，探究新文科视野下国际新闻传播人才培养的路径成为不可忽视的命题。新文科的提出，对国际新闻传播人才培养而言，机遇与挑战并存。新文科建设中的国际新闻传播人才培养，面临着高速迭代的新闻业与落后的人才培养范型、专业知识与语言技能脱钩、人才供给与需求的失衡等困局，基于此，新文科视野下的国际新闻传播人才培养可从探求技术逻辑与人文逻辑的平衡、注重专业学科的交叉融合、立足全球视野与服务国家战略层面展开创新性探索。

19. 常志刚，邓建国．国际新闻传播人才培养的复旦模式[J]．青年记者，2022，735(19)：80-82

探索国际新闻传播人才培养格局，形成较为完善的体系化培养模式，体现人才培养的特色与风格，是高校人才培养的重要任务。国际新闻传播硕士项目定位于培养“讲好中国故事，传播好中国声音，展示真实、立体、全面的中国”的高端国际新闻传播人才。本文围绕复旦大学国际新闻传播人才培养的具体经验展开讨论。就总体思路而言，复旦大学重视多语种语言能力的提升，关注新媒体技术的赋能，强调逻辑分析能力的训练。从实践经验来看，复旦大学适时调整培养模式，持续开展前沿讲座，重视国情调研实践。总之，复旦大学利用文理兼容的综合性大学深厚的学术积淀和新闻学院的一流新闻传播教育师资，培养内知国情、外知国际，具有较高的外语能力、扎实的新闻传播理论水平与业务技能，以及跨文化、跨语言和跨媒介沟通能力的高层次、复合型、应用型国际新闻传播人才。

20. 陈昌凤，吕宇翔．新闻教育如何在技术主导下的颠覆性变革中创新？[J]．新闻大学，2022，189(1)：20-33，120

新技术正在变革传播的属性和结构，对新闻传播业产生颠覆性影响，因而新闻传播教育的生态已经发生了急剧变化。本文从技术生态的视角，在全球视野下研究一流新闻传播学科人才培养中理论、方法与技术技能教育之间的张力，探讨新技术背景下我国新闻传播教育的变革方向。文章反思了新闻教育界“二元不容”的观念，提出如下观点：新闻教育界尚未足够重视技术的深层影响，对技术的不了解和轻视的态度已经成为新闻教育创新的障碍；新闻学院的技术教育不同于技校教育，重要的是要有与时俱进的理论基础，重视明辨性思维的培养；新闻教育不仅要为未来的新闻从业者提供新的技术能力，而且要帮助学生做好准备以适应快速变化的世界和终身发展的能力。文章从价值观、跨学科思维、课程设置等方面探讨了21世纪新闻教育的变革方向和应承担的社会责任。

21. 崔汝源．叙事教育法在国际新闻实务课程中的应用[J]．青年记者，2022，738(22)：120-122

叙事能力是国际新闻人才的核心能力。叙事教育作为一种教学方法应用于国际新闻实务课程，是新时代国际传播人才培养的一次有益探索。叙事教育关注并发展学生的叙事思维能力，国际新闻实务课程教学与叙事教育有着“天然适配性”，当今国际新闻实务课程应以培养学生的叙事能力为核心，叙事教育作为一种教学方法引入课程改革具有适宜性与必要性。当前国际新闻实务课程应从我国国际传播现状与困境出发，以合理的方式将叙事教学的教学—工具取向与经验—探究取向融合，达到理想的教学效果。本文从课程资源开发、教学环节设计、教学效果评价三个方面系统阐释叙事教育法在国际新闻实务课程教学改革中的应用现状、对教学效果的影响及存在的问题，旨在提高国际传播专业人才的新闻叙事能力和人文素养。

22. 邓海林．从线性传输到复合驱动：5G时代新闻出版人才培养的发展逻辑与范式转变[J]．传媒观察，2022，459(3)：84-90

5G场景下的新闻出版人才培养模式，呈现出典型的复合性特征。在5G时代背景下，全面把握5G技术发展给新闻出版业带来的深刻影响，加强现代新闻出版人才培养，成为我们不得不面对的时代课题。文章通过对5G时代新闻出版业态变迁历程的系统考察，尝试分析在这一变迁历程中，新闻出版人才培养模式的发展逻辑与范式转变。研究发现，5G时代出版业态转型对新闻出版人才提出的全新要求，推动了新闻出版人才的培养范式从线性传输转向复合驱动。新闻出版人才与5G时代环境复杂互动，只有全方位、多角度深入分析5G技术对出版业带来的影响，才能科学建构新闻出版人才培养范式。为此，推进出版业的转型发展，加强新闻出版人才的培养，需要立足培养目标、培养定位、培养机理等多个层面为复合驱动的理论建构拓展讨论空间。

23. 丁汉青．守正与创新：新文科背景下的新闻传播专业人才培养[J]．传媒，2022，370(5)：9-12

新闻传播学作为应用型文科范畴，应将改造与提升新闻传播专业人才培养的新思考置于新文科的历史大背景中，遵循守正创新的新文科发展原则。本文将着重讨论在新闻传播专业人才培养上，何为应守之“正”及如何创新两个问题。一方面，新闻传播学应守之“正”为马克思主义新闻观，党与国家领导人一再强调的党性原则、政治家办报(办台/办网站)、实事求是等均是马克思主义新闻观的题中之义。对新文科背景下的新闻传播专业人才培养来说，“党性”是应信守的原则，“政治家办报”是应坚持的视野，“实事求是”则是守正创新的思想路线；另一方面，新闻传播学还应以当前国家发展战略与社会现实需要为出发点，以社会化媒介为业态环境，以融通专业为契机，以课程体系重构为焦点，以教育范式创新为抓手，以教师考评体系为关键，构建世界水平、中国特色的新闻传播学人才培养体系，实现创新发展。

24. 段鹏，王一淳．国际传播人才培育路径探析[J]．出版发行研究，2022，363(2)：23-28

在国际传播工作中，人才作为有效提升国际传播效能的最为基础且灵活的单位，是成就我国国际传播事业的关键因素，人才培养问题更是摆在一切建设性工作面前的基础性结构问题。培养全局在胸、略从局出，并且能够在新传播技术语境下具备过硬政治素养、掌握新知识新方法的国际传播人才，是全体中国新闻传播学界的长久共识与未来任务。当下在我国国际传播战略思想引领下，我国正亟待形成以高等院校提供内核教育、传播机构支撑实践培育的相辅相成、互为表里的国际传播人才培养模式。随着国际局势发展变化与我国国际传播工作任务与面向的不断调整，新闻传播高等教育也应适时适当调整国际传播人才教育体系的建设思路。本文对国际传播人才教育认识论与方法论进行探讨，提出在日趋复杂的国际传播环境中，我国新闻传播教育与国际传播人才培育应有的路径转向。

25. 胡沈明．新时代新闻传播人才使命观的培育路径[J]．青年记者，2022，735(19)：83-85

新闻使命即新闻从业者接受社会所赋予的任务或其应尽的责任。探讨新时代新闻传播人才尤其是大学生新闻使命观的培育问题既是新闻传播的专业问题，又是媒介化社会迫切需要解决的现实问题。新闻使命观源于社会发展实践，其形成不仅需要社会的倡导，更需要高校的专业培育。就内容而言，新闻使命观要求新闻人才具备坚定政策方向、关注政策目标、理解政治大局的政治意识，具有团结人民、凝聚精神、共谋发展的凝聚共识意识，具备明辨真假、是非，进行协商的沟通意识。培育新闻传播人才的新闻使命观需从建构学生的宏观和沟通思维、让学生理解国内外格局和发展现实，使学生参与科研和业务实践等方面入手。新闻使命观的培育并非简单的新闻理念培养，其核心在于理解使命形成的源泉与机制，关注丰富的社会实践，形成相对稳定的思维框架和极强的专业判断力。

26. 姜圣瑜．如何让马克思主义新闻观润物无声——新闻教学中坚持思政全浸润的实践与思考[J]．海河传媒，2022，014(2)：33-36

习近平总书记在视察中国人民大学时指出，“‘为谁培养人、培养什么人、怎样培养人'始终是教育的根本问题"。在新闻教学中要解决好这个根本问题，就要让思政浸润课堂。本文结合自己的新闻教学实践提出一个全新的观点：让课堂连接媒体，引导学生关注主流媒体，养成读党报、看党台(电视)的好习惯。

围绕重大新闻事件传授知识，让学生在"授业解惑"中感受思政。针对年轻人脱离传统媒体环境的实际，将具有正能量、具有时效性的重要时政新闻导入课堂，引导学生关注主流媒体。用马克思主义新闻观统领新闻学教学全过程，坚持正确舆论导向，让思政始终充盈课堂。课堂连接媒体，思政就会像雨露一样浸润在课堂中，覆盖在教学全过程。

27. 张志强．中国特色出版教育与国际借鉴[J]．中国出版，2022，538(17)：13-16

出版教育直接服务于我国出版强国建设，在我国文化强国建设中发挥着重要作用。中国特色出版学科建设既要立足本土也要放眼国际，关注和研究国外出版学科建设中的经验，有助于我国出版教育的高质量发展。国外出版教育在长年的发展过程中，已形成了完整的本、硕、博教育体系，说明出版学科在具有职业性的同时也具有学术性，其出版学的独特地位，为出版教育的顺利发展提供了制度保证。此外，国外出版教育办学过程中的一个明显特色就是与出版行业联系紧密。国外出版教育的探索和经验为中国特色出版教育提供了借鉴。首先，要加快提升出版学学科地位，保障出版学科高质量发展；其次，要加强出版学基础理论的研究，进一步提升出版学学科内涵，为出版学科发展打下扎实基础；再次，要继续加强与出版行业的联系，稳步提升出版教育质量，以更好发挥出版教育的积极作用。

28. 马凌．在概念辨析中开展马克思主义新闻观教学[J]．当代传播，2022，227(6)：62-64

马克思主义新闻观的要义在于马克思主义，马克思主义是伟大的认识工具，是人们观察世界、分析问题的有力思想武器。要讲好马克思主义新闻观，就要应用马克思主义辩证唯物主义和历史唯物主义的世界观，应用马克思主义政治经济学的分析框架，对当今西方自由主义新闻观进行分析和批判，既要针锋相对，又要以理服人。通过拆解"观点的自由市场""宣传"与"新闻专业主义"三个核心概念，讲清西方自由主义新闻观的虚伪性，讲清马克思主义新闻观的优越性。首先，要讲清楚反对"观点的自由市场"，反对的要点不是"观点"也不是"市场"，而是被资本操控、没有正义可言、又深具欺骗性的"自由市场"。其次，要通过具体事例来分析西方媒体抹黑式宣传的常见手法，提高学生的觉察能力和政治敏锐度。再者，也要对于"新闻专业主义"进行分析和批判，意识到这是一个似是而非的概念，甚至是一个意识形态陷阱。

29. 孙清凤．中美新闻传播学博士研究生教育的比较与启示——以密苏里大学和中

国人民大学为例[J]. 高教论坛，2022，268(2)：117-120，124

新闻传播学较强的应用性特征要求其博士研究生兼具理论研究与实践应用能力。当前我国新闻传播学博士教育正面临向何处去的历史抉择，这关系到新闻传播学科发展乃至整个行业的质量提升，更关涉本学科的可持续发展。中美两国具有代表性的新闻学院在博士生教育的多元化培养目标和方向、严谨的考核制度方面具有内在一致性，二者主要区别在于以应用为导向和以学术为导向的价值取向。本文主要以现代新闻学博士教育发源地美国密苏里大学、我国首个新闻学博士学位授权单位中国人民大学作为案例，比较二者的新闻学院在培养目标、价值理念、师资背景、课程设置、实践环节、考核方式等方面的具体表现。可知，密苏里大学新闻学院以应用为导向的培养理念与实践对于我国新闻传播学博士生培养在价值取向、课程设置与支撑体系建设方面具有积极借鉴意义。

30. 田学军. 走好高质量国际传播人才自主培养之路[J]. 中国党政干部论坛，2022，409(12)：48-50

新时代国际传播工作中，人才是关键，是第一资源。高校作为人才培养的主阵地，要全面提高国际传播人才自主培养质量，为构建具有中国特色的战略传播体系、提升我国的国际影响力和话语权提供人才支撑。首先，要深刻认识新形势下加强和改进国际传播工作的重要性和必要性，下大气力加强国际传播能力建设，切实提高我国国际传播影响力、中华文化感召力、中国形象亲和力、中国话语说服力、国际舆论引导力。其次，要准确把握国际传播人才培养工作的发展现状，即学科专业布局不断优化、教学改革不断深化、协同育人机制不断健全理论研究不断深入、国际交流合作不断扩大。再次，高校国际传播教育战线要深入学习贯彻党的二十大精神，全面落实立德树人根本任务，全面提升人才自主培养能力，培养更多讲好中国故事、传播中国声音的高素质国际传播后备人才。

31. 田园子，王雅馨. 智媒时代新闻实务类课程教学改革的创新路径——以“新闻编辑”①课程为例[J]. 新闻前哨，2022，350(19)：79-80

在技术变革和传播方式发生颠覆性变化的背景下，传媒业生态重塑给新闻实务教学带来巨大挑战。新闻实务类课程作为新闻专业课程中理论性、实践性和应用性较强的课程，其改革创新尤为紧迫。新闻实务类课程的重构必须以市场为导向、与全新的职业标准对接。以培养学生融合新闻思维为目标，将训练学生的融合新闻制作能力作为任务驱动。本文以“新闻编辑”课程教学改革为例，认为《新闻编辑》课程整体的改革思路为：

① 原文为《新闻编辑》。

以培养兼具新媒体思维和新媒体编辑能力的新闻人才为目标，围绕思想站位、专业知识结构、专业实践技能、思考能力和创新意识等角度，进行教学体系设计，体现融合新闻人才在新闻编辑业务方面综合素质的培养。从课程的思想站位、教学内容、任务设置、教学方法以及考核评价等层面展开论述，以期对全面推进新闻实务类课程改革提供新的思路。

32. 王嘉，王利．新文科视野下地方本科院校新闻学人才培养的路径[J]．教育理论与实践，2022，42(30)：23-26

当前，做好新闻学专业的“新文科”赋能，是实现高等学校文科专业学科建设工作的有利抓手。综合类院校的学科门类齐全、新闻学专业自身具有创新改革的内在动力、校内实践平台能够有效辅助专业办学为新文科视野下地方本科院校新闻学专业的改革带来了新的机遇。在新文科建设的视野下，以自身培养实际为出发点，探讨新闻学人才培养的创新路径，是地方本科院校对新文科改革要求的积极回应。地方本科院校新闻学专业的创新改革要创新顶层设计，使办学理念与时俱进；创新培养模式，进行知识融合探索；创新评价体系，提高综合应用能力的评价权重；创新产出导向，服务地方社会经济发展，加强创新创业能力培养。在新文科视野下，地方本科院校新闻学专业正在发挥专业优势，服务地方发展，共同规划着地方新闻信息生产与传播的新型媒介生态格局。

33. 伍顺比．基于实验班的卓越新闻传播人才培养模式的创新与实践——以“谢六逸新闻实验班”为例[J]．传媒论坛，2022，5(7)：113-115

在部校共建和新文科背景下，培养适应媒体融合与服务乡村振兴发展的创新人才至关重要。基于贵州民族大学传媒学院“谢六逸新闻实验班”创新人才培养模式的探索与实践，提出了“开放·融合·实践·协同”四位一体的卓越新闻传播人才培养模式，本文对基于新闻实验班的人才培养创新与实践进行了介绍。“谢六逸新闻实验班”创新人才培养模式的具体措施主要包括：优化人才培养方案、探索新型的教学方式、优化大类招生及专业分流具体方案、深入开展马克思主义新闻观教育、强化实践创新能力培养、信息技术与新闻传播教育融合、建立健全教学管理与保障机制。通过这些措施，新闻实验班在教学体系创新、培养模式创新以及管理机制创新方面取得成效，使得新闻实验班受益学生及覆盖专业范围广、示范辐射作用强、社会影响范围广。

34. 夏秋阳．中国共产党新闻人才思想的历时性演变[J]．新闻知识，2022，460(10)：75-83

纵观中国共产党的百年发展史，其始终高度重视新闻人才培养和队伍建设。新民主主义革命时期和社会主义革命与建设时期，以毛泽东为核心的党中央提出的新闻工作者要坚持党性、坚持群众路线等要求，奠定了党的新闻人才观基础；改革开放与社会主义现代化建设时期，邓小平、江泽民、胡锦涛三代领导人根据时代发展需求，深化了新闻人才培养的理论体系；进入新时代，习近平在结合过往经验及时代特色的基础上，对新闻人才提出了诸多新要求，进一步完善了党的新闻人才观念。通过历时性的分析可以发现，党的新闻人才思想有着印记鲜明的时代性、一脉相承的延续性、与时俱进的开放性等共同特征。梳理回顾党在不同历史阶段对新闻工作者提出的不同要求，不仅是对党的新闻人才思想的探源溯流，也有益于新闻工作者不断激励并提升自我，确保党的新闻事业朝着正确的方向前行，助力实现中华民族的伟大复兴。

35. 肖璐，曾爽．大数据时代新闻传播人才数据分析能力培养研究[J]．青年记者，2022，732(16)：115-117

大数据时代高校人才培养面临新挑战，受技术发展影响深刻的新闻传播专业更是如此。新闻传播教育融入大数据内容迫在眉睫，然而现实培养效果不尽如人意。分析其原因是当前培养方式主要停留在课程层面，通过直接在传统课程体系中加入一门或几门数据类课程实现，课程设置缺乏理论依据，课程之间缺乏逻辑关联。本文基于新闻传播人才数据分析能力培养实践，系统化设计培养路径、构建培养体系。培养路径设计综合了新闻传播整体人才培养目标、专业知识结构等多方因素，在确保不影响整体人才培养目标实现前提下凸显新闻传播专业优势。围绕培养路径构建的培养体系全面涵盖了课程、实训、师资三个子体系，可操作性强。另外，鉴于数据分析能力培养是近年来对新闻传播教育提出的新要求，相关教学实践还在探索阶段，相关理论还需在实践中检验并不断改进与完善。

36. 邢江．新闻传播类虚拟仿真实验教学课程分析与思考——基于国家虚拟仿真实验教学项目共享服务平台数据分析[J]．湖北师范大学学报(自然科学版)，2022，42(3)：87-94

近年来，在国家大力发展新文科政策的背景下，虚拟仿真技术不仅深受理工科专业欢迎，而且在文科专业也得到了广泛重视。新闻传播类具有专业实践性强、设备要求高和实践场景复杂等特点，虚拟仿真技术的引入，弥补了新闻传播实践教学的不足，为新闻传播学教学带来新的机遇。首先，它以学习参与者为中心，构建虚拟仿真环境。无论是学习体验，还是知识传播方式，都是前所未有的。其次，它突破了传统的学科限制，为新闻传播学教育提供了有力的技术支持。本文基于国家虚拟仿真实验教学项目共享服务平台的数据，围绕新闻传播类虚拟仿真课程的负责人、地域和学校进行整体分析，从课程所属专业、实验类型、共享和互动等角度深入剖析课程的建设路径，试图厘清课程建设思路，进而找出切实存在的问题和不足，为新闻传播类虚拟仿真实验教学课程申报和建设提供参考。

37. 熊茵. 新闻传播类研究生“数据能力”培养的教学实践与探索[J]. 传媒论坛, 2022, 5(13): 75-77

通信网络技术使“大数据”成为信息传播的底层架构和基础思维，新闻传播行业也因此发生显著的“数据”转向，“无数据、不新闻”成为新技术背景下新闻传播业界的普遍共识。在此基础上，“数据能力”成为新闻传播从业者的核心竞争力，“数据能力”培养成为高等院校高层次新闻传播人才培养的紧迫任务。新闻传播类研究生能力培养多在传统的人文范式下进行，因此新闻传播类研究生普遍缺乏数据知识和数据意识，更遑论数据应用实践能力。因此，应以建构“学做融创”的数据能力培养模式，从知识-意识-能力逐级开展培养。同时，在开放理念下重构课程体系、实施分类培养、推进多元融合、完善创新激励制度、探索数据课程思政等，锻造新传类研究生的“数据能力”，培养德才兼备的高层次新闻传播人才。

38. 徐健, 吴涵. 我国新闻传播教育研究20年回顾与展望——基于CiteSpace的文献计量分析[J]. 传媒, 2022, 369(4): 85-87

随着新闻传播教育研究的横纵向不断拓展，越来越多的细分研究方向被发掘出来。为了能够更好地把握我国新闻传播教育研究的发展脉络以及最新学术动态，本文运用文献计量学软件CiteSpace，对中国知网数据库中的中文期刊收录的2001—2020年有关新闻传播教育研究的1485篇文献进行可视化处理，通过聚类、关联和图谱等形式展现出近20年来我国新闻传播教育研究的脉络以及其演进规律，透视新闻传播教育研究的现状与发展趋势，尝试描摹出我国新闻传播教育研究的图景。研究发现，新闻传播教育领域的研究发展进程与媒介环境以及我国政治任务的变化同频共振。这也揭示了该研究领域的发展趋势：一是业务性强，教育的目的是培养传媒人才；二是时政性强，政治宣传需求的改变以及媒介环境的变化将对新闻传播教育带来直接影响；三是培养模式逐渐由“专才”培养转向“全才培养”。

39. 杨晓军. 基于“认知—创新—创业”理念的新闻传播人才培养模式的构建与实践——以乐山师范学院为例[J]. 大学教育, 2022, 149(11): 214-216

在实施“国家级一流专业建设”“省级一流专业建设”“省级应用型示范专业建设”等项目的过程中，乐山师范学院提出了“认知—创新—创业”的人才培养思路，即先让学生学习基础知识和技能；然后通过参加学科竞赛等形式进行实践“创新”——创作作品，参加学科竞赛或公开发表作品；最后鼓励学生开办工作室或做毕业前的“创业”孵化，为学生毕业后创业打下基础。此外，乐山师范学院力图通过“课程群建设”“翻转+实训”

的混合式教学模式、“行业专家进课堂”“以赛促学”“校企协同育人”“工作室育人”等教改举措推动学生创新能力培养，孵化学生创业平台，以期培养出“知行合一”且具有“双重解释”能力的全媒型新闻传播人才。本文通过总结乐山师范学院教学改革的实践路径及具体举措，以期能对同类院校的新闻传播人才培养产生有益的启示。

40. 冶进海．创新与拓维：新文科建设中新闻传播教育发展路径探究[J]．宁夏大学学报(人文社会科学版)，2022，44(1)：186-189

新文科是在新的时代、新的发展格局、新一轮的技术迭代升级和产业巨大变革中提出来的，新闻传播教育作为其重要的组成部分，需要通过理论教学与实践教学的有机融合和优质的课程体系建设，不断提升教学质量，强化学生的动手与协作能力、跨学科研究分析与解决问题的能力、对未来发展的综合判断能力与有效应对能力等。同时，从时间、空间以及内部、外部进行拓维，不限于过去认知、不满足于现有格局、不囿于内部体系、不止于外部资源，由此推动新文科建设中的新专业、新模式、新课程的发展和壮大。此外，新闻传播教育要进一步增强学生的人文素养，强化技术实践、提升创新能力，将所学理论知识、思政知识、历史知识融入新闻作品创作中，做到“以文化人，实现专业教育与底蕴教育的深度融合”，以培养出立足新时代、面向新未来的新闻传播人才。

7.6.4　新闻传播教育研究专著(2022)

7.6.4.1　新闻传播史论课程群教学改革研究

作者信息：张昆主编；李华君、陈薇副主编

定价：63.00 元

出版社：武汉大学出版社

出版日期：2022 年 7 月

页数：288

ISBN：9787307229556

内容简介：该书是一本论文集，主要内容是全国各大高校新闻学领域新闻传播史论课程教学的教师、专家，针对新闻传播史论课程教学改革的一些研究与探索。全书共分为六个部分，分别是马克思主义新闻观课程研讨，中外新闻传播史课程研讨，新闻学理论课程研讨，传播学原理课程研讨，品牌传播概论课程研讨等，从不同侧面介绍了新闻传播教育目前的状况和存在的问题，并提出了具体的可供借鉴的理论和实践案例。全书对于当下新闻传播史论课程教学、改革具有一定的指导意义。具有一定的学术价值和研究意义(见图 7-4)。

图 7-4 《新闻传播史论课程群教学改革研究》封面

7.6.4.2 全媒体报道实践：思政教育导向下的卓越新闻传播人才培养

图 7-5 《全媒体报道实践》封面

作者信息：王凯山主编

定价：98.00 元

出版社：中国国际广播出版社

出版日期：2022 年 6 月

页数：469

ISBN：9787507850550

内容简介：在新媒体时代背景下，对于新闻传播学子的培养既要注重思想政治教育，也要重视全媒体实践技能的训练。这不仅能够提高受教育者的思想政治修养，提升他们的新闻实践能力，也是学生适应媒介生态发展，推动我国新闻事业进步的必经之路。该书是基于中国社会科学院大学新闻传播学院的社会实践教学，依托于卓越新闻传播人才见习营的品牌。主编团队注重在社会实践过程中，一方面通过典型的社会场景以及经典案例在潜移默化中培养学生、塑造学生；另一方面也努力提升学生的全媒体新闻实践能力，为我国的新闻传播事业培养能够担当时代重任的接班人。为此，该书从内容上主要分为“2018 年赴四川融媒体采访团文字报道汇编”“2020 年首届‘卓越新闻传播人才培养见习营’文字报道汇编”“全国抗击新冠疫情期间文字报道汇编”及“全媒体报道的理论总结”四个部分，以案例分析、实践总结、理论创新、思路研讨相结合的方式展现新闻传播全媒体报道的社会实践与教学实践。

7.6.4.3 中国新闻传播研究新闻传播实践教育体系(2022)

作者信息：高晓虹主编

定价：75.00 元

出版社：中国传媒大学出版社

出版日期：2022 年 9 月

页数：226

ISBN：9787565732478

内容简介：在教育教学和人才培养的视角上，面向实践的人才培养一直是高等院校需要面对的重要问题和重要话题之一。该书以“新闻传播实践教育体系”为主题，探讨新闻传播实践教学和教育如何体系化，如何体现理论联系实际，如何在互联网时代通过新闻传播实践教育培养出又红又专的新闻传播人才，具体内容包括智能媒体、媒体融合、传播学研究和青年视点等，收集了国内高校新闻教育一线教师的最新科研成果。该书紧密结合新闻教育实践，对我国培养有中国特色的新闻传播人才培养理论进行了重要的探索(见图 7-6)。

图 7-6 《中国新闻传播研究：新闻传播实践教育体系》封面

7.6.5 传媒冲击波——智媒时代美国传媒产业和传媒教育巨变与中国方略

作者信息：董庆文、张金尧、罗自文主编

定价：98.00 元

出版社：中国社会科学出版社

出版日期：2022 年 3 月

页数：315

ISBN：9787520397056

内容简介：该书基于传播技术、传媒产业和传媒教育三者之间的动态关系，系统地分析了传播技术的发展对中美传媒产业和传媒教育的影响，创造性提出了中国传媒产业和传媒教育的未来发展趋势和革新对策。全书分为“美国的传媒产业篇”“美国的传媒教育篇”“中国传媒产业和传媒教育篇”三个部分，以美国报业、广播电视业、网络媒体及新闻传播教育与中国的传媒产业发展、传媒教育形成两相对比，从中思考中美传媒产业与新闻传播教育的差异，进而探索中国传媒产业发展与新闻传播教育的未来之路(见图7-7)。

图 7-7 《传媒冲击波——智媒时代美国传媒产业和传媒教育巨变与中国方略》封面

（中南民族大学文学与新闻　陶喜红）

8. 他山之石篇

8.1 QS 全球新闻传播学科排行榜

8.1.1 QS 大学排名简介及体系概况

8.1.1.1 QS 大学及学科排名简介

夸夸雷利·西蒙兹(Quacquarelli Symonds，简称 QS)公司是英国的一家盈利性咨询机构。2004 年起该机构与《泰晤士报高等教育增刊》联合发布"THE-QS 世界大学排名"(THE-QS World University Rankings)。2010 年 QS 机构开始与《美国新闻与世界报道》、英国《周日时报》和韩国《朝鲜日报》合作，推出"QS 世界大学排名"(QS World Universities Rankings)，至今已发展成为包括世界大学综合排名、学科排名、领域排名和地区排名等在内的综合性跨国排名评价系统①，在全球范围内具备较强传播力、影响力、公信力及院校报考与申请等参考价值。

2023 年 3 月 22 日，2023 年 QS 世界大学及学科排名发布。在大学排名方面，麻省理工学院连续 11 年排名首位。中国大陆共有 6 所大学进入前 100 名，且排名较去年均有所提升。北京大学(第 12 名)、清华大学(第 14 名)和复旦大学(并列第 34 名)位列前三甲。浙江大学(并列第 42 名)、上海交通大学(并列第 46 名)和中国科学技术大学(第 94 名)紧随其后。港澳台地区共 6 所大学进入前 100。其中，排名最高的为香港大学(第 21 名)。

QS 大学学科排名开始于 2012 年。每年发布包括"艺术与人文""工程与技术""生命科学与医学""自然科学"及"社会科学与管理"五个领域的学科排名，其内含的细分学科

---

① 刘强，丁瑞常 . QS 大学排名体系剖析[J]. 比较教育研究，2013，35(3)：44-50，91.

领域不断增加。2023 年排名新增了数据科学、市场营销和艺术史，总涵盖学科数达到 54 个。传播与媒介研究(communication & mediastudies)被纳入社会科学与管理领域。2023 的最新大学排名榜单涵盖了来自全球 93 个国家和地区的 1594 所高校与科研机构，评估覆盖面较去年大幅拓展。自 2016 年以来，列入“传播与媒介研究”学科排名的全球高校与科研机构数量亦在逐年增加。2022 年，“传播与媒介研究”学科排名包括了来自 38 个国家和地区的 252 所高校与科研机构。

8.1.1.2 QS 大学学科排名指标体系概况

QS 大学学科排名主要依据学术声誉、雇主评价声誉、论文篇均引用率、H 指数以及国际研究网络(IRN)指数(2022 年新引入的第五指标)作为评价指标。其中前两项是主观指标，后三项为客观指标。由于各学科在发文率和文化层面存在差异，因此 QS 在对不同学科进行评估时采用较为灵活的权重安排(见图 8-1)。

第一项学术声誉是 QS 世界大学学科排名的核心指标。指标得分依据全球范围内相关领域学者的反馈意见。受访者在提供其主要的学术背景和所在地区后，被要求列出他们认为在各自的研究领域内，除自己所处的院校机构外，较为优秀的至多 10 个国内研究机构和至多 30 个国际研究机构。第二项雇主评价声誉是 QS 学科排名的独创性评估指标，考量各院校机构毕业生的就业潜力与职业水准。指标得分以全球范围内相关领域毕业生的雇主企业机构的问卷回复为依据。雇主们在问卷中被要求确定其认为可以招聘其毕业生的至多 10 个国内机构和至多 30 个国际机构，以及他们更倾向于招聘哪个学科的毕业生。

第三、第四项分别为论文篇均引用率和 H 指数，二者参照爱思唯尔 Scopus 数据库，聚焦参评院校机构的研究国际影响。论文篇均引用率为每个学科设定了最低发表门槛，分析参评院校近 5 年内每篇论文的引用量，以评估该院校机构的学术影响力。H 指数自 2013 年成为学科排名指标，基于对学者发表工作的生产率和影响力的考量，评估特定院校机构的总体研究水平。2022 年，IRN 指数被引入学科排名指标体系，以考察各院校机构通过与其他机构建立可持续的研究伙伴关系，推动其国际研究网络地理覆盖多样化的能力水平。

结合 2023 年的评分情况来看，IRN 主要用于评估大类领域的国际化水准，三个理工大类领域下属的部分细分学科已将其作为评估指标。“艺术与人文”和“社会科学与管理”两个人文社会科学领域则尚未有细分学科将其纳入评分，仍以前四项为依据。具体到传播与媒介研究领域，各指标的权重占比相对较为稳定。近三年来的比率均为：学术声誉 50%、雇主评价声誉 10%、论文篇均引用率 20%、H 指数 20%。新引入的 IRN 指

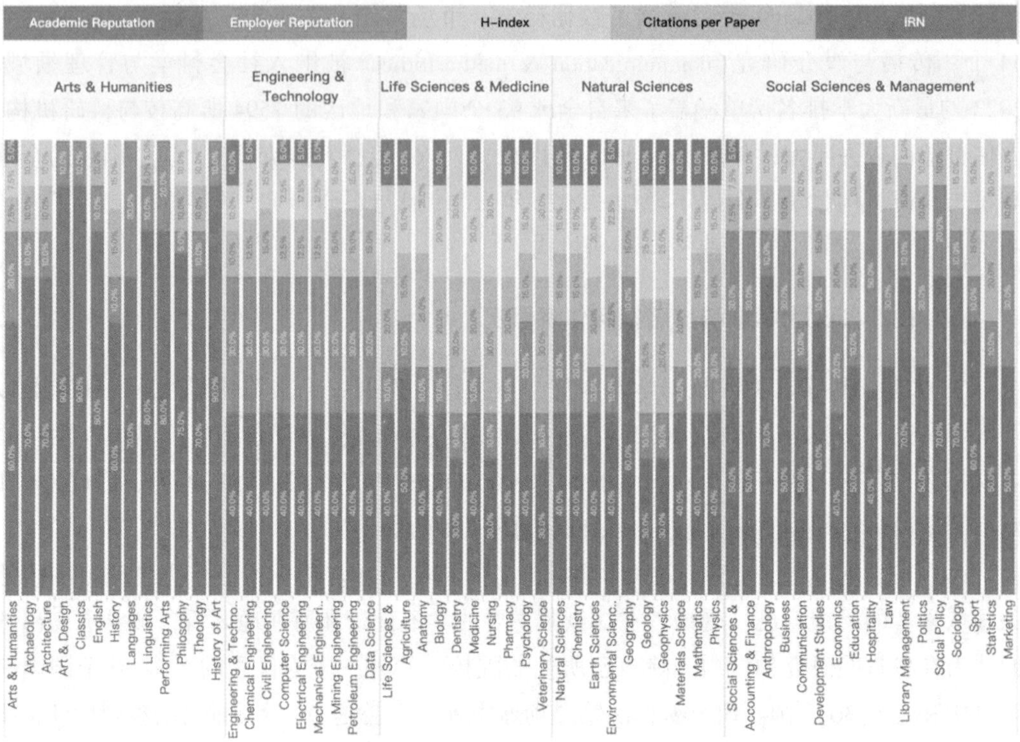

图 8-1　QS 学科排名各项指标权重分布

数据来源：https：//analytics-l. qs. com/t/IntelligenceUnitWebsite/views/QSWURbySubject-Methodology_16494240828770/QSSubjectRankings-Methodology?：isGuestRedirectFromVizportal=y&：embed=y.

标暂未加入权重计算。通过上述四项加权计算，QS 得出传播与媒介研究领域不同机构的综合评分，为居于 2022 年度前 250 位的院校研究机构排序(不含并列)。前 50 名有具体排名；“51～100”“101～150”“151～200”以及“201～250”各为一组，不区分排名。

2023 年 QS“传播与媒介研究”高校学科排名中，阿姆斯特丹大学连续五年位居首位，南加州大学和伦敦政治经济学院仍稳居第 2、3 名。斯坦福大学升至第 4(2022 年第 6)，5～10 位分别是德州大学奥斯汀分校、南洋理工大学、宾夕法尼亚大学、威斯康星大学麦迪逊分校、密歇根州立大学和纽约大学。

2023 年，中国大陆新闻传播院校排名实现突破，清华大学、北京大学首次进入前 50，其他院校也稳中有进，整体分布于第二至第四方阵(方阵内部排名不分先后，按英文名字母顺序排列)。第二方阵(51～100)包括复旦大学、武汉大学和浙江大学。第三方阵(101～150)包括中国人民大学和上海交通大学。北京师范大学、中国传媒大学、南京大学和中山大学则处于第四方阵(151~200)。①

中国香港上榜的4所高校整体排名相较2022年有所下滑，香港中文大学排名第20位(2022年为第13位)。香港城市大学、香港浸会大学与香港大学排名51至100位。中国台湾的入围院校数量与去年保持一致(2所)，台湾大学排名升至101~150位，台湾政治大学仍处于151~200位。

8.1.2　2022年QS传播与媒介研究排名趋势分析

8.1.2.1　总体趋势

对入围排名院校机构的国家/地区总体分布情况进行统计(结果见表8-1)，2019—2023五年间，美、英、澳三国每年合计都有约百所学校入围，始终占据整个排名榜单的“半壁江山”。2023年，三国合计入围的院校机构数量为120所，数量保持稳定。此外，加拿大和德国入围院校数量有所上升，升至“第二梯队”前列。西班牙、荷兰、新西兰继续稳坐第二梯队中段，韩国异军突起，成功冲入“第二梯队”。与此同时，希腊高校近五年首次进入榜单，爱沙尼亚重回榜单，波兰则五年来首次落选。中国大陆高校表现优异，共有11所入围，入围数量排名第5，加上中国香港与中国台湾地区的高校，合计共有17所，与澳大利亚并列第3。

表8-1　**2019—2023年QS传播与媒介研究排名入围院校机构数量(国家/地区)**

排序		1	2	3	4	5	6	7	8	9	10	11	12	13	14	15	15	17	18	19
年份	国家/地区数量	美国	英国	澳大利亚	加拿大	中国②	德国	西班牙	荷兰	新西兰	韩国	比利时	丹麦	马来西亚	瑞典	中国香港	意大利	法国	墨西哥	芬兰
2023	38	71	32	17	14	11	10	8	7	7	7	5	5	5	4	4	4	4	4	3
2022	37	73	31	18	12	9	9	8	7	7	5	5	5	3	5	4	4	3	3	3
2021	36	71	28	17	9	9	7	7	7	6	5	5	4	3	4	4	4	3	2	3
2020	36	60	23	16	7	8	7	5	7	6	5	6	4	3	4	4	4	3	1	3
2019	35	61	23	17	7	8	8	5	7	6	5	5	4	3	4	4	4	2	1	3

① 清华全球传播.2023年QS传播和媒介研究高校学科排名出炉[EB/OL].[2023-01-21].https：//mp. weixin. qq. com/s/J3jvqGuI4-wURLKKP4IG9Q.

② 此处中国与“中国香港”“中国台湾”单独列出，指中国内地，后同。

续表

排序		19	21	22	23	23	25	26	27	27	29	29	29	29	29	29	35	35	37	38	39
年份	国家/地区数量	日本	俄罗斯	中国台湾	挪威	新加坡	智利	哥伦比亚	瑞士	巴西	以色列	阿根廷	南非	捷克	爱尔兰	奥地利	印度尼西亚	葡萄牙	爱沙尼亚	希腊	波兰
2023	38	3	3	2	2	2	2	2	2	2	1	1	1	1	1	1	1	1	1	1	
2022	37	3	3	2	2	2	2	2	1	1	1	1	1	1	1	1	1	1			1
2021	36	3	2	2	2	2	1	1	1	1	1	1	1	1	1	1			1		1
2020	36	3	2	3	2	2	1	1	1	1	1	1	1	1	1	1			1		1
2019	35	3	2	3	2	2	1		1	1	1	1	1	1	1	1			1		1

图表说明：

表空格部分代表该年份该国家/地区未入选；

表排序原则为数据从大到小，如同一年份数量相同则比较前一年数据，以此类推，若四个年份数据均相同则排序相同；

表数据来源于 QS 官网，详见：https：//www.topuniversities.com/university-rankings/university-subject-rankings/2023/communication-media-studies.

结合排名前 100 名的院校机构的地域分布表(结果见表 8-2)，可进一步分析各国家和地区在传播与媒介研究领域的影响力。2023 年传播与媒介研究“世界百强”集中于 21 个国家和地区。相比完整榜单，百强的覆盖范围持续缩小，顶尖高校在地域上呈现出集中化趋势。美国依然占据首位，其入围前 100 名的院校机构数量为 36 所，在全球传播与媒介研究领域中仍占主导地位。英国(15 所)、澳大利亚(8 所)分列 2、3 位。荷兰(5 所)、中国(内地 5 所)紧随其后。中国香港(4 所)继续保持稳定。加拿大虽整体入围数量继续上升，但前 100 名院校数量却保持不变(3 所)。值得注意的是，2023 年中国共有 5 所高校进入前 100，两所进入前 50，成功进升至“第二梯队”。综合中国大陆(内地)、中国香港和中国台湾地区，进入前 100 名的中国院校机构共 9 所，超越澳大利亚，仅次于英美。

表 8-2　**2019—2023 年 QS 传播与媒介研究排名(前 100 名)入围院校机构数量(国家/地区)**

排序		1	2	3	4	5	6	7	8	9	10	11	12	13	13	13	16	16	16	16
年份	国家/地区数量	美国	英国	澳大利亚	荷兰	中国	中国香港	比利时	韩国	加拿大	瑞典	德国	西班牙	芬兰	丹麦	新加坡	挪威	智利	瑞士	奥地利
2023	21	36	15	8	5	5	4	3	3	3	2	2	2	2	2	2	1	1	1	1

续表

排序		1	2	3	4	5	6	7	8	9	10	11	12	13	13	13	16	16	16	16
年份	国家/地区数量	美国	英国	澳大利亚	荷兰	中国	中国香港	比利时	韩国	加拿大	瑞典	德国	西班牙	芬兰	丹麦	新加坡	挪威	智利	瑞士	奥地利
2022	20	38	14	8	5	3	4	4	3	3	3	2	2	2	2	2	1	1	1	1
2021	22	34	14	8	5	4	4	3	4	3	3	3	2	2	2	2	1	1	1	1
2020	25	32	14	9	4	3	4	3	4	3	3	3	2	2	2	2	1	1	1	1
2019	24	32	16	9	3	4	4	0	4	2	3	3	3	2	2	2	1	1	1	1

排序		20	21	22	23	24	24	26	27	28	28	28	28	28	28	34	35	36	37	38	39
年份	国家/地区数量	新西兰	墨西哥	日本	意大利	以色列	中国台湾	巴西	马来西亚	俄罗斯	阿根廷	法国	南非	捷克	爱尔兰	哥伦比亚	印度尼西亚	葡萄牙	爱沙尼亚	希腊	波兰
2023	21	1	1	0	0	0	0	0	0	0	0	0	0	0	0	0	0	0	0	0	
2022	20	1	0	0	0	0	0	0	0	0	0	0	0	0	0	0	0	0			0
2021	22	0	1	1	1	0	0	0	0	0	0	0	0	0	0	0			0		0
2020	25	1	1	1	0	1	1	1	0	0	0	0	0	0	0	0			0		0
2019	24	2	1	1	0	1	1	0	1	0	0	0	0	0	0				0		0

图表说明：

表排序原则为数据从大到小，如同一年份数量相同则比较前一年数据，以此类推，若四个年份数据均相同则排序相同；

表数据来源于 QS 官网，详见：https：//www. topuniversities. com/university-rankings/university-subject-rankings/2023/communication-media-studies.

从洲际来看，2023 年全球新闻传播研究百强“美英引领、西强东弱”格局仍未根本改变。美洲是入围前 100 名院校机构数量最多的大洲，共有 41 所。欧洲紧随其后，有 36 所。其中，西欧和北美是媒介与传播研究的重点集中区域(美洲 41 所，北美有 39 所；欧洲 36 所，全部为西欧高校)。亚洲有 14 所入选，相较去年(12 所)有所回升。大洋洲 9 所，保持稳定。

结合 2022 年排名第 101～250 位的院校洲际分布数据可知，欧洲占比最多，为 39%，美洲占比 36%，(北美 35%)，亚洲占比 14%，大洋洲占比 10%，非洲占比 1%(均四舍五入)。可见欧洲与北美地区仍势头较好，亚洲和大洋洲仍有提升空间。但若以入围世界"101~250"院校机构数量多于百强，并且已有至少1所院校入围百强为标准，来确定"较有发展后劲的国家和地区"①，2023年的数据继续表明，亚洲传播与媒介研究与教育的发展潜力较大。

8.1.2.2 中国院校排名总体态势

2023年，中国共有11所高校上榜再创新高。清华大学、北京大学、复旦大学、武汉大学、浙江大学、中国人民大学、上海交通大学和南京大学共8所高校连续五年上榜。此次排名中，中国内地首次有院校机构入围榜单前50。清华大学排名第38位，跃居排名最高的大陆新闻传播学院。北京大学排名第49位。第二梯队(51~100位)内，复旦大学保持稳定，武汉大学与浙江大学新晋入围这一梯队。中国人民大学有所上升，与上海交通大学同居第三梯队(101~150位)。在第四梯队(151~200位)中，北京师范大学重回榜单，中国传媒大学与南京大学稳中有进，中山大学近年来首次上榜。

在具备高度不确定性的"乌卡"时代，我国新闻传播学界以助力创造人类文明新形态和建构自主知识体系为双重抓手，在强化主体性和在地问题意识的基础上，继续坚持高度的全球关怀，紧密追踪全球新闻传媒业发展前沿发展趋势，扩大开放合作，与全球学界同仁持续协作对话，始终致力于推动全球新闻传播研究与教育的良性发展。在此背景下，我国院校机构在综合排名和学科排名上均有所提升，相互正向辐射作用明显。历经五年的持续深耕与积累，我国新闻传播学的几大传统强校的排名日渐稳定，这在一定程度上弥合了既往排名中因外国学者评审对我国新闻传播学科的发展状况了解有限，以及我国新闻传播学科自身发展不平衡，所导致的国内外新闻传播学科排名的"脱钩"张力。

2023年，中国上榜院校总数为17所，创2020年以来新高。9所高校的新闻传播院系入选前100名，超越澳大利亚，仅次于美英排名第三，这表明我国新闻传播学科的国际认可度持续提升。与此同时，中国内地有5所入围前100，入围数近年首次超越中国香港地区，结合2022年排名中香港新闻传播院校普遍的排名下滑趋势，可发现中国内地院校机构已成为带动我国新闻传播学科全球发展的主力。

8.1.2.3 世界顶尖新闻传播院校排名分析

综合2019—2023年的QS"传播与媒介研究"学科排名前10位的院校名单可发现，

---

① 张国良，龚晓颖．中国新闻传播学科的国际影响力再考——基于QS"传播与媒介研究"领域排名的分析[J]．现代传播(中国传媒大学学报)，2017，39(11)：137-141.

美国的主导地位明显，其他地区(荷兰、英国和新加坡等)院校各占一席。具体而言，2023年QS“传播与媒介研究”高校学科排名中，荷兰阿姆斯特丹大学继续保持第1，美国南加州大学和英国伦敦政治经济学院仍分列第2、3名。4至10名的院校名单与去年保持一致，但具体排名有所变化。斯坦福大学超越德州大学奥斯汀分校排名第4。新加坡南洋理工大学回到第6，仍是亚洲排名最高的院校。7~10位变化不大，分别为宾夕法尼亚大学、威斯康星大学麦迪逊分校、密歇根州立大学、纽约大学。

总体而言，综合分析近五年的数据可发现，尽管以疫情为代表的全球性风险，为全球新闻传播领域带来颠覆性变革，但全球新闻传播院校的头部格局基本稳定。美国高校在国际学术影响力及话语权方面仍牢牢占据领先地位，英国、荷兰紧随其后。阿姆斯特丹大学、南加州大学和伦敦政治经济学院常年占据排名前三位即是这一趋势的典型例证。新加坡则持续坚守亚洲新闻传播的前沿阵地，为非西方新闻传播学术研究话语权提升与教育事业发展作出独特贡献，这在当前西方国家持续鼓吹“新冷战”话语陷阱的当下十分必要。

8.1.3 从QS学科排名展望新时代新闻传播教育新议程

8.1.3.1 以“作为方法的全球南方”带动非西方国家新闻传播研究与教育互鉴

疫病蔓延、气候变化、经济下行冲突等全球性危机交缠形成的“抗解复杂性”(Wickedcomplex)将人类社会带入以“Permacrisis”(持久危机)为特征的新时期。全球化的裂解与动荡使国际地缘政治格局面临巨大的不确定性。持续至今的俄乌冲突，促使西方主导的现行国际体系陷入困局。与此同时，“全球南方”(GlobalSouth)的国际影响力持续提升，众多亚非拉国家和地区在国际舞台上的行动空间和影响力明显扩大，相互之间合作的动力和意愿也在增强，世界体系的“全球南方”转向呼之欲出。① 对抗西方价值观霸权的“反西方团结”(Anti-Westernsolidarity)和探索“替代性现代性”(Alternativemodernity)发展道路是全球南方国家和地区的新共识。与之相应，超越“西方中心主义”和“方法论民族主义”的视野偏狭，糅合在地经验与世界关怀，为全球新闻传播知识体系提供来自非西方国家的全新智识贡献，助力以平等和社会正义为基础的全球新闻、信息、知识和传播新秩序构建，就成为广大非西方国家和地区新闻传播研究与教育的新任务。

尽管需辩证看待QS排名的客观性与稳定性，但2022年度QS传播与媒介学科排名

① 编者按：世界体系巨变中的全球南方[J]. 文化纵横，2023，88(2)：16-17.

却依然可在一定程度上反映出上述趋势的深化发展。在2023年排名中，中国、马来西亚、墨西哥、巴西等全球南方国家增势明显，尽管在绝对数量上仍未根本上撬动全球新闻传播场域“西方主导、美英垄断”的格局，但仍体现出全球南方国家新闻传播研究与教育事业的国际影响力和话语权的持续提升。在此浪潮中，中国的角色与担当无疑吸引全球关注。

2023年3月15日，习近平总书记在中国共产党与世界政党高层对话会上的主旨讲话中提出全球闻名倡议，并指出：“要坚持文明平等、互鉴、对话、包容，以文明交流超越文明隔阂、文明互鉴超越文明冲突、文明包容超越文明优越。”从此出发，在坚持中国式现代化道路，创造人类文明新形态新的历史起点上，我国新闻与传播学界应充分利用当前的上升势头与发展机遇，重新定位自身在全球南方中的新角色，引领构建全球南方新闻传播研究与教育的新型合作关系，将当前各自发展的“星星之火”凝聚成一股可持续、相关联的革新动能。具体而言，我国可在稳固自身学术与人才培养体系发展的同时，依托“一带一路”倡议、“金砖国家”峰会、博鳌论坛等全球南方区域合作机制，建设包括学术会议、互访交流和专题工作坊在内的全球南方新闻传播学术研究与教育经验交流互鉴机制与平台，带动各国从“作为方法的全球南方”的整体视野入手，充分认识到南方国家发展的新特征，并以转文化传播的糅合包容视角分享彼此的经验教训，探索彼此学习，共同发展的潜力可能。

8.1.3.2　多维度提升我国新闻传播研究与教育全球声誉

在“乌卡”(VUCA，即不稳定性、不确定性、复杂性和模糊性)时代，更加务实的“解决问题”和“保持全球相关”已取代传统的“洗脑赢心”，成为软实力和国家影响力建设的核心机制。与此相关，“声誉”(Reputation)的理念再度引发关注，并被视为超越既往“身份”和“形象”路径的国家品牌建构新方向。基于此，深度透视我国新闻传播院校排名取得突破的原因，并思考如何在既有进步的基础上更上一层楼，全面提升我国新闻传播学术研究与教育事业的全球声誉，理应成为当前我国新闻传播学界的关注重点。结合当前软实力提升的核心关切和QS排名的具体指标，相关理念与实践探讨可从两个方面展开。

(1)借助国际性学术会议建设“连接声誉”

首先，作为QS媒介与传播排名中权重占比最大的指标，学术声誉对院校机构的排名有决定性影响。分析发现，近年来学术声誉的持续提升是2023年清华、北大排名进入前五十。以清华大学为例，其学术声誉得分从2022年的75.7上升至2023年的80.7，指标得分并列全球第31位，帮助其跃居大陆新闻传播院校最高排名。声誉被界定为“对一个组织的可信度和可靠性的主观集体评估”，是一个典型的关系性概念。从声誉和指标自身的定义出发，学术声誉的提升实质上是建设一种持续在场并与国际学界建构长效关联的“连接声誉”，仰赖院校及其研究人员的国际参与和关系维系。举办国际性学术会议是实现这一“保持全球相关”目标的理想路径。2022 年 7 月，清华大学新闻与传播学院牵头主办了国际媒介与传播研究学会（the International Association for Media and Communication Research，简称 IAMCR）2022 年会，这是首次在中国大陆举办的国际性传播学会年会。线上线下混合的灵活参会模式吸引了来自 100 多个国家和地区的近 2000 位学者参与。IAMCR2022 年会不仅显著提升了清华大学新闻与传播学院的国际知名度，更成为促进清华大学新闻与传播学院及其师生与全球其他院校机构和学者建立联系，交流互鉴的平台，成为 2022 年排名中清华大学学术声誉评分跃进的重要驱力。

面向未来，我国新闻与传播院校应当保持开放心态，一方面继续以单独或联合的模式扩大与以 ICA、IAMCR、AEJMC、NCA“四大会”为代表的国际性/区域性新闻传播学术会议建构可持续的有机连接，争取年会与前/后会的主办权并注重其影响扩散，借助品牌效应提升我国新闻传播院校在全球学术场域内的可见度与知名度。与此同时，还应鼓励支持师生广泛参与国际性学术会议，以“个人—个人”的人际关系建构带动声望提升。在这方面，美国南加州大学安娜堡传播与新闻学院在每年“会议季”到来时，都会举办面向全院的国际会议参与工作坊，由学院老师主持，邀请既往参与过相关会议的老师同学与新中会的同学交流会议体验、论文展示、资助申请、个人学术网络建构等参会经验，帮助学生更从容的应对国际性会议。这一模式经验值得借鉴。

（2）建构自主知识与话语叙事体系以提升“表现声誉”

其次，院校机构的学术研究的生产力与国际影响力，即“表现声誉”的建设也不容忽视。近年来相关的两个客观指标的绩效提升，有效推动了大陆新闻传播院校排名整体进步。在这方面，武汉大学的表现最为突出。2023 年武汉大学新闻与传播学院的 H 指数得分从去年的 66.4 提升至 74.4，为大陆新闻传播院校最高，篇均引用率得分从 79.7 提升至 83.8，在大陆新闻传播院校中仅次于清华大学。这两项指标也拉动武汉大学的排名位置从第三梯队成功晋入第二梯队。

这一积极动态不仅凸显大陆新闻传播学院学术研究的国际视野和全球性问题关怀日渐提升，更在宏观层面勾联助力建构我国自主知识和叙事体系，突破“中心—边缘”的旧有传播秩序和西方中心的所谓“主流”传播学研究的高度“内眷化”状态的整体进程。在“乌卡”时代，美西方主导的传播研究范式的适用局限性尽显，以高质量的学术生产表现，推动探索构建自主性、系统性、原创性、时代性的中国新闻传播学知识话语体系，在更好服务于国家发展和民族复兴的同时，切实助力解决世界日益紧迫的意识形态危机，是新征程路上我国新闻传播领域的核心目标。

具体而言，聚焦“解决问题”目标的“表现声誉”提升可从两个角度深入。首先，应以马克思主义中国化最新成果为指导，以中国当代实际和丰厚历史文化精髓为结合语境，面向全世界建设新闻传播学“中国场景”，回应全球传播的“中国问题”，为全球性问题的信息传播向度提供具有指导价值的“中国方案”。① 其次，自主叙事话语体系与学术知识体系密不可分，相互助益。中国制造与中国创造逐渐在互联网、短视频、直播、社交媒体、大数据、算法、人工智能、物联网、无人机、电商物流以及智能车联网等众多新传播与交通技术领域进入世界前列，今天中国本土的传播实践创新与传播生态繁荣在全球独一无二。② 与之相应，我国新闻传播学界应充分利用这一传播技术先发优势，打造自主可控的跨国信息基础设施以保障叙事的自主性，为 AIGC、“人机共生”等全人类共同关注的前沿热点议题提供中国阐释与中国智慧，形塑具有中国特色的“科技向善”和“数字未来”叙事体系。

总结而言，在“持久危机”语境下，我国新闻传播研究与教育领域被赋予了全新的使命担当。以 QS 学科排名为参考，我国新闻传播领域应顺应“去西方中心化”的全球大势，担当引领全球南方新闻传播学术共同体构建的组织协调角色。而要实现这一目标，则需深入分析相关评分排名的具体机制，有针对性地提升我国新闻传播学术研究和人才培养制度体系的全球声誉，实现从“照着讲”“顺着讲”过渡到“接着讲”而最终实现“领着讲”的知识贡献和话语叙事地位转变，积极推动以建设中国式现代化构建人类文明新形态。

（清华大学新闻传播学院　史安斌、刘长宇）

8.2 知名院系巡礼

8.2.1 斯坦福大学的新闻传播教育

斯坦福大学的新闻传播教育可以追溯至它 1891 年办学之日，当时兴办并发行了月

---

① 王凤翔．服务中国式现代化：中国自主新闻传播学知识体系建设的历史使命[J]．新闻与传播研究，2022，29(12)：5-13，126.

② 胡正荣，王天瑞．学术性、思想性与开放性：中国新闻传播学自主知识体系建构中的三重关系[J]．新闻与写作，2023，465(3)：14-23.

刊 *PaloAlto*，1893 年新闻教育开始进入斯坦福的课程计划，标志着斯坦福大学新闻传播教育的真正开始。最初十年重视新闻学与语言学之间的关系，以培养学生的新闻叙事能力为主。进入 20 世纪 20 年代，受实用主义的影响，斯坦福新闻传播教育从原本的英语方向转向社会科学领域，并在改革过程中形成跨学科发展理念，此后也不断强化与理工科专业的互动。1950 年代，奇尔顿 · 布什(Chilton Bush)与威尔伯 · 施拉姆(Wilbur Schramm)加盟斯坦福，在新闻学教育的基础上创建了传播学系(Department of Communication)。20 世纪 90 年代以来，借力硅谷崛起和互联网信息技术的赋权，斯坦福大学逐步确立以计算新闻与智能传播为主的发展方向，纳入以前沿的技术成果，致力于推动数字叙事与前沿科技赋能新闻传播实践的数字化转型。

2015 年以来，斯坦福大学 QS 世界排名稳居前三。2018 年大学创造性地提出以“开环大学”代替“闭环大学”的《斯坦福 2025 计划》。“开环大学”一方面从学生选择、学制和学习方式上进行重新规划，解除入学学生的年龄限制，旨在营造各年龄阶段且具有不同社会阅历的学生共同学习、相互影响的新型校园。另一方面强调学生个性发展的“自定节奏的教育”，体现能力优先教育理念的“轴翻转”，以及旨在对人类社会负责的“有使命的学习”，认为课堂教学和学习活动均为知识获得的途径，学生可以依据自己的习惯选择学习方式。《斯坦福 2025 计划》可以说是一项对大学人才培养模式具有颠覆性的革命，对于全球的大学都具有启示价值。①

坐拥硅谷的高新技术支撑，斯坦福大学的理工科教育一直保持世界一流水平，其文科教育充分利用技术便利，坚持“文工交叉”的学科发展模式，促进跨学科之间的互动交流，提升文科教育的实用性和科学性，在美国甚至世界众多新闻传播院校脱颖而出，成为工科大学持续开展新闻传播教育的典范。QS“传播与媒介研究”高校学科排名中，斯坦福大学 2021 年位居世界第五，2022 年世界第六，2023 年升至世界第四。

为了更好地理解斯坦福大学的新闻传播教育历史与特色，以下将从师资力量、专业与课程、实践教学、保障机制、人才培养理念等层面进行介绍。

8.2.1.1 师资力量

斯坦福传播学系现有教师 25 人(含退休教授 3 人)，分教学、教研两个系列。教学系列的 10 位教师均有丰富的媒体从业经验，就职过的媒体包括华盛顿邮报、路透社、西雅图时报、今日美国、圣何塞水星报、彭博新闻社、美联社等知名媒体。其中客座教

---

① 项璐，眭依凡．培养目标：人才培养模式改革的价值引领——基于斯坦福大学“开环大学”计划的启示．现代大学教育，2018(4)：103-111.

授 Cheryl Phillips 两次获得普利策新闻奖，荣誉教授 Geri Migielicz、院长 R. B. Brenner 也获得过普利策新闻奖。教师中还有艾美奖、职业记者协会颁发的职业成就奖、大卫·克肖奖、金史密斯图书奖、凯瑟琳·辛格·科瓦奇图书奖、加州年度律师等奖项和荣誉的获得者(见表 8-1)。

表 8-1　　斯坦福大学新闻传播学院教师团队介绍

教学团队(10 人)	教授：Cheryl Phillips、Fred Turner、Geri Migielicz、James T. Hamilton、Serdar Tumgoren、Thomas Hayden 讲师：GaryM. Pomerantz、R. B. Brenner、James Wheaton、Janine Zacharia
教研团队(15 人)	Jeremy Bailenson、Angele Christin、James Fishkin、Theodore L. Glasser、Jeff Hancock、Gabriella Harari、ShantoIyengar、Jon A. Krosnick、Xiaochang Li、Jennifer Pan、Nathaniel Persily、Nilam Ram、Byron Reeves、James V. Risser、Donald F. Roberts

除了专职教学系列的教师，斯坦福传播学系也通过奈特新闻奖学金计划(John S. Knight Journalism Fellowship)每年引进 20 位来自全美甚至全球的记者和新闻创新者，为斯坦福新闻传播教育提供高度专业化、实战化的业务训练。教学系列强调突出统计分析和数字叙事能力的训练，不少师资力量都具备从事计算新闻学、法律事务等的研究与教学资质。

教研系列的 15 位教师来自政治科学、心理学、社会学、经济学、法学、传播学等学科背景，并与其他学院、与硅谷以及世界其他地方高校保持密切合作与联系。在科研方向上重点聚焦政治传播、传播心理、媒介技术与算法等领域，出版诸多相关书籍，如 *Explorationsin Political Psychology*、*The Media Equation*、*Infinite Realit*、*Custodians of Conscience: Investigative Journalism and Public Virtue* 等。此外，不少教师同时在斯坦福其他学院担任双聘教授，跨学科的师资特色为跨学科人才培养提供了重要保障。

8.2.1.2　专业与课程

斯坦福大学传播学系在本科阶段仅开设传播学主修专业，同时为了更好地连接本科和硕士训练，也开设了本硕连读项目(Coterminal M. A.)。从本科时期开始，传播学系就通过日常课程与专业研讨会结合的模式训练学生的学术思维，提升学生的学术研究能力。研究生培养阶段按传播学和新闻学两个方向进行培养，传播学相对本科阶段更加注重学术能力的培养，新闻学则注重高层次记者和新闻人才的训练，新闻学开设的课程更多关注学生实践能力，期末考核一般要求提交新闻作品。博士研究生可在媒介心理、政治传播和新闻、媒体与文化三个主方向中选择一个进行深入研究。相较于密苏里新闻学院提供的广播、跨平台编辑与制作、纪实摄影与纪录片、报告与写作、战略沟通、社交与受众策略等非常细分的培养方向①，斯坦福大学在专业分化方面虽不够细致，但体现了较为鲜明的差异化发展思路。

传播学系遵循斯坦福大学通行做法，采用“必修课程+选修课程”“基础课程+高级课程”的课程设置，充分体现课程进阶、技术驱动和跨学科特色。在课程进阶上，修读相关基础课程是申请主修或辅修学位的基本条件。如申请学习传播学专业的本科生必须完成或者已经注册 COMM1、COMM1B、COMM106 和 COMM108 四门课程中的任意一门，否则不具备申请资格。② 新生除专业基础课程学习之外，还必须进行统计学课程、英语语言课程和写作课程的学习，期末成绩须达到 C 及以上，否则不能进入下一阶段的学习。另外，一些高级课程明确规定选择该门课程的学生必须在课堂教学开始之前就具备课程所要求的基础技能(也就是必须已经修读过某些基础课程)。

在技术驱动特色方面，强调数据分析能力、开发新闻 App、多媒体叙事等九种能力的建设，开设诸如“纵向设计与数据分析”“语言和技术”“用数据解决社会问题”等课程。例如 COMM177T：Building News Applications，课程大纲明确提出课堂作业侧重于制作能通过故事叙事吸引公众参与的应用程序，要求学生必须精通 Python、SQL 和 Unixshell。

在跨学科特色方面，传播学系注重专业课程与跨学科课程相结合的设置。本科阶段开设的 67 门课程中，有 24 门是跨学科课程，超过总课程的三分之一(见表 8-2)。在培养计划设定上，学院要求本科生和研究生在完成必修课程之外，还必须修满至少 10 个学分的跨专业选修课程。而且跨学科特色也得到学分互认制度的支持，学生可依据自身兴趣修读其他院系的课程，修得的学分可以互认作本专业学分，这种灵活的学分互认制度一方面体现了个性化培养方案的达成，另一方面也能够大大鼓励学生进行跨学科探索和能力训练，有利于增强学科特色，形成独特的竞争优势。上述课程设置确保学生能够制作融合数据和叙事技巧的全媒体、创新型作品。

表 8-2　**斯坦福大学新闻传播专业本科阶段课程(部分)**

新闻传播专业课程(共计 43 门)	Introduction to Communication、Reporting，Writing，and Understanding the News、Specialized Writing and Reporting：Narrative Journalism、Communication Research Methods、Media Processes and Effects、Journalism Law、Media Psychology、Environmental Journalism 等

① https：//journalism. missouri. edu/degrees-programs/undergraduate-degrees/curriculum/.

② https：//comm. stanford. edu/major.

续表

跨学科培养课程 (共计 24 门)	History of You Tube、Digital Civil Society、The Rise of Digital Culture、Truth, Trust, and Tech、The Politics of Algorithms、Advanced Studiesin Behavior and Social Media、Virtual People、Digital Repression、Building News Applications、Exploring Computational Journalism、Language and Technology、Immersive(VR/AR)Journalism in the Public Sphere、Programming in Journalism 等

传播学系在课程安排和学位授予上执行严格的学分规定，每位本科生必须修满 180 个单元学分的学习、11 门跨专业课程和一年的外语学习。除此之外，学业成绩未达到 C 的学生也不能授予学位。相较于本科生，硕士和博士的毕业要求更加严格，如硕士要求至少修读 45 个不重复的学分。在论文答辩上，要求必须使用全英文答辩(无论来自哪个国家)，论文的评分上主要考察论文的创新性、整合性与规范性，要求论文内容要达到出版的标准。

8.2.1.3 实践教学

斯坦福大学地处美国西海岸，与加州大学伯克利分校共同构成美国西部的学术中心，受硅谷创业文化的熏陶同时依托硅谷腹地的地缘优势，斯坦福大学提倡理论与实践结合，以创新能力助力人才培养。硅谷自身的发展状况和风土人情、世界著名产业园区的企业风貌，常成为传播学系师生实地调查与访谈的对象。比较出色的研究成果是 2021 年斯坦福大学传播学教授弗雷德·特纳与著名摄影师玛丽·贝丝·米汉合作的出版的《看硅谷：衰败的美国的生活》，详细介绍繁华之下的另一个硅谷：一个充满了工人和他们的家庭勉强维持生计的硅谷①。传播学系与诸多高新科技公司、知名报社进行合作交流，为新闻传播专业的学生创造现代化、多元化的实习机会和实践平台。知名度较高的暑期新闻项目(The Stanford Journalism Program)给予了学生自由选择喜欢领域进行深入调研的机会。

同时在校园内部，斯坦福大学还开设自己的新闻媒体机构——《帕洛阿尔托日报》(Palo Alto)，形成供学生学习与实践的完整链条，在校生可以加入报刊的日常编辑工作当中，了解业界最新消息，提升知识转化能力。斯坦福大学设立的 17 个交叉学科研究平台、20 个图书馆以及多个新闻研究实验室，也是传播学系开展跨学科交流、开阔学生视野、进行实践应用训练的重要平台。如克拉克中心作为斯坦福最早的、专门方便跨

① https://news.stanford.edu/2021/05/04/revealing-complexities-life-silicon-valley/.

学科研究的中心，其所在建筑处于校园枢纽位置，方便校内不同学科的人员到达此处，中心内部也留有丰富的学术讨论和共享空间，促进思想交流、学术分享与研究合作。① 在跨学科交流方面，斯坦福大学素以理工科优势带动文科发展，克拉克中心为文科、理工科之间的优势互补提供机会，传播学系的跨学科研究也受益于该中心、受益于其空间布局和交流机会。

传播学系的许多教员都创办了本系研究实验室和中心②，例如政治传播实验室(Political Communication Lab)、虚拟人体交互实验室(Virtual HumanInteraction Lab)、改革实验室(The Change Lab)等。其中计算传播实验室成立于2014年，作为新闻创新跨学科生态系统的一部分，该实验室汇集了记者、新闻学者和计算机科学家，致力通过数据和算法等计算方法来降低新闻发现的成本，将新闻故事中的一些非结构化要素进行数据转化，发现和讲述被忽视的新闻故事。计算传播实验室不仅开创以数据为中心的课程、发布数据库使用教程，还建立数据新闻社区，举办研讨会。如2016年举办计算+新闻研讨会，邀请数据专家分享相关研究和写作经验，推动公共新闻事业向计算传播方向发展。而布朗媒体创新研究所(Brown Institute for Media Innovation)则成立于2012年。该研究所由布朗先生出资建立，为新闻、媒体和技术领域的原创作品提供资助和发展支持，每年颁发超过100万美元的奖学金来帮助团队“追随他们的激情，尝试讲故事的新方法”。该研究所搭建了斯坦福大学与哥伦比亚大学在新闻传播领域交流的学术桥梁，推动双方优势互补、共同进步。这些不同研究方向的实验室与研究中心为传播学系学生提供了丰富的实践机会和实习选择，有助于切实锻炼学生的理论应用能力。

8.2.1.4 保障机制

为减少经济情况对学生学业的影响，斯坦福大学针对本校的学生设置了不同的资金补助计划，以保障每一位学生能够无顾虑地进行研究学习。其补助计划主要分为学校基础奖学金、其他奖学金、政府学习援助三个部分。传播学系符合条件的学生也可申请并享有上述补助。

学校基础奖学金分为基本奖学金与针对研究生的斯坦福支持计划。本科学生可以在入学前提交奖学金申请表，学校会根据每个学生的家庭收入等情况衡量每个学生获得基本奖学金的数额。斯坦福2025年本科新生班中，受助人获得的奖学金和助学金的平均

---

① 陈瑾羲，兰焕棋，马晓文．大学跨学科建筑设计特征简析——以麻省理工、斯坦福、牛津的5个校园建筑为例[J]．装饰，2022(7)：29-34.

② https：//comm. stanford. edu/undergraduate-research-opportunities.

金额为63557美元。而斯坦福支持计划①则会依据研究生的经济需求、学习成绩、课程学习情况等方面提供多样化的资助选择，基本能够覆盖健康、住房、日常开销等生活支出，减轻学生的经济负担。

除学校奖学金外，传播学系学生还有机会获得国家机构，地方组织和一些研究所提供的项目奖学金来支持他们开展学术和实践研究。例如布朗媒体创新研究所每年都会评选出优质的学生新闻作品，授予魅力奖金(magicgrants)和影响力奖金(impactgrants)，旨在支持学生的原创作品，激发新闻学生的创新热情。

联邦政府也会在本科生入学时，依据他们提交的申请表自动匹配所相应的财政补助金额，主要分为联邦佩尔补助金(Federal Pell Grant)和联邦补充教育机会补助金(Federal Supplemental Education Opportunity Grant)两种。除此之外，斯坦福所在的加州政府还施行加州补助计划(Cal Grantprogram)，补贴学生的学费和日常开销。

上述丰富多元的奖助学金和补贴制度，极大地减轻学生的经济负担，为心无旁骛地进行学术研究与创作提供经济支持。

8.2.1.5 人才培养理念

传统新闻传播教育中常将媒介技术及实践的课程与传播理论及方法的课程做区分处理，这导致理论类课程往往脱离于日新月异的新闻传播实践，不少理论教育研究者忽视技术对观念和结构层面的深层影响，课程教学过程也缺乏对技术的明辨性思维。② 斯坦福大学虽是工科为主的研究导向型院校，但其新闻传播教育事业并未因此陷入片面强调技术理性与工具理性的教育迷思中，而是寻求技术教育与价值观教育之间的平衡点，利用地域优势打造差异化的应用型新闻教育事业。

《斯坦福2025计划》中提到要引导学生带着目的性与使命感进行知识的学习。一方面，学生有目的地去学习能够明晰职业生涯规划，帮助学生在校学习期间选择有意义的课程；另一方面，要求教师在教学中要引领学生了解自己专业的使命与责任，③ 转变功利性的学习思维，而更多追求教育的人文价值。斯坦福大学的新闻传播教育同样注重兼顾专业教育和人文价值、使命感熏陶，“开环大学”的理念为终身学习理念提供了支撑。

在美国众多新闻院校中，斯坦福大学新闻传播人才培养始终围绕高水平、跨学科、

---

① https://financialaid.stanford.edu/grad/funding/index.html.

② 陈昌凤，吕宇翔.(2022). 新闻教育如何在技术主导下的颠覆性变革中创新？[J]. 新闻大学，(1)：20-33，120.

③ 孟艳.《斯坦福大学2025》计划：高等教育人才培养模式的革命式变革[J]. 现代教育管理，2019(11)：124-128.

应用型的办学理念，无论是培养目标、课程设置还是学位安排都是立足硅谷区位优势、学校工科见长特点和差异化办学思路进行的精心选择。不断将科技与创新精神融入新闻传播教育改革过程，开辟独具特色的计算和科技赋能的、跨学科色彩凸显的新闻传播教育。这种办学模式让斯坦福大学的新闻传播教育能够不断适应时代变革要求，并成长为工科院校中发展有特色的新闻传播教育的代表。

因地制宜、因校制宜，深入挖掘科学技术、工程逻辑与新闻传播教育之间的契合点，探索适合本校发展的文工交叉路径，形成自身办学特色。斯坦福大学传播学系在师资力量、专业与课程、实践教学、保障机制、人才培养等方面的上述办学理念，值得许多处于转型期尤其是依托理工科大学办学的新闻院校参考。

（华南理工大学新闻与传播学院　曹小杰、杜欣然）

8.2.2　美国加利福尼亚大学洛杉矶分校传播系

作为居于领先地位的传媒学术和教育机构，美国加利福尼亚大学洛杉矶分校(UCLA)传播系创建了一个以学术促进知识传播的社区，通过多层次的内容分享和跨学科的内容教学为学生提供关于人类传播本质的全面知识，其中包括自然科学、社会科学以及人文科学等全方位的课程内容。该系致力于通过创新研究、教学和公众参与推进传播学教育和研究，探索传播在塑造社会、文化和政治进程中的作用，培养具有全球视野和创新能力的传媒专业人才。

8.2.2.1　师资建设

UCLA 传播系现拥有 16 名教授和 9 名专兼职讲师。其师资队伍来自世界各地，包括不同国籍、种族和文化背景的专家。该系通过建构多样化的教师群体，应对不断变化的人口和教育需求，为学生提供多元视角并打下全球视野的基础。

UCLA 传播系的教师采用具有创新性的课堂教学方法、教学方案，保证课程的规模、数量和多样性，并带领学生参与传媒类项目和任务，进而获得教学评价。该系还经常举办一系列教研活动，包括讲座和研讨会等，为师生提供与重要学者和从业者接触的机会。

UCLA 传播系教师通过竞争学校的“杰出教学奖”来彰显教研业绩。该奖项向家长、捐助者和学生们强调是什么使加州大学洛杉矶分校成为“高等教育的卓越灯塔”。这些奖项为师生提供榜样，是提高校园士气的有效方法。杰出教学奖的目标是通过表彰那些为教学和学术带来尊严和地位的个人，提高人们对加州大学洛杉矶分校在教学和公共服务方面的领导地位的认识。该奖项的竞争因素主要涉及考核传播系教授对学生的影响指数，具体包括学生在专业、职业规划或生活方面的转变、进步和学生的最终成功等。

8.2.2.2 学术研究传统

UCLA 传播系在传媒研究方面有着强大的实力，致力于推动传媒研究的前沿发展。该系专家们的学术研究涵盖广泛的领域，包括传媒与社会、数字媒体、跨文化传播和政治传播等。传媒与社会方向关注传媒对社会和文化的影响，包括媒介理论、受众研究、新闻伦理等方面的内容。数字媒体方向致力于探索数字媒体对人类行为和社会变革的影响，以及如何利用数字媒体来解决社会问题。跨文化传播方向主要关注不同文化之间的传播沟通和冲突，包括跨文化传播中心理、社会和政治等方面的问题，以及如何在不同文化之间进行有效交流并在全球范围内建立更加稳定的国际关系等。政治传播方向关注政治营销、选举宣传和公共舆论等，包括探讨媒体如何影响政治决策和政策制定，以及政府和媒体之间的相互作用。

8.2.2.3 分层教育

首先是本科生教育。UCLA 传播系的本科生可以选择的专业包括大众传播和媒体机构、人际传播、政治和法律传播、通信技术和数字系统等。此外，他们还可以攻读计算机专业的辅修或双学位。为了获得传播学学士学位，该系学生需要从传播学系以及生命科学、人文科学和自然科学等专业选修课程，完成培养方案规定的 7 个低级别课程和 10 至 11 个高级别课程。大约 12 个不同系的课程涵盖了这个专业的培养要求。培养方案中包含的具体课程会不时进行更改。传播系提供的课程主题涵盖了许多当代问题，如媒体分析中的计算方法、社会网络、政治传播、社会视野和人际传播的进化方法。教授们的研究成果丰富了传播学课程所涵盖的材料，并有助于传播系向学生提供具有智力挑战性的教育内容。传播系课程的课容量规模从 250 人左右的典型班级到限制 25 人左右的小型研讨会不等。学科的独特广度和深度为学生的进步提供了雄厚背景，为他们的各种职业生涯进行了知识储备。传播学专业的学生在大一和大二获得广泛的社会科学的理论基础，为他们选择的学术领域和专业学习进行了充分的准备。许多学生也关心其他职业的情况，该系通过相应课程帮助学生们建立了这种重要联系。学生们在大三和大四阶段会参加田野调研课程，学习如何将理论应用于实践。这些经验使得传播学专业的毕业生们在职业发展中处于优势地位。

其次是研究生教育。UCLA 传播系的研究生项目是为希望在该领域从事高级研究和教学的学生设计的。该项目提供一系列传播理论、研究方法等专业研究领域的课程，如健康传播、数字媒体和文化研究等。该系的传播学博士研究生项目包括三个广泛的研究方向：传播与认知、政治传播与计算机传播。所有进入 UCLA 传播系的研究生都需要完成博士学位。该系提供传播学博士学位，但并不单独提供传播学专业的硕士学位。学生可以在完成博士学位要求的同时获得硕士学位。在该系，硕士学位不是一个独立的、终端化的学位。进入博士学位项目的学生如果没有完成博士学位并要求并退出该项目，最终可能被授予硕士学位，前提是必须完成博士学位的所有必修课程并完成第二年的研究论文，并得到导师和传播系另外两名教授的批准。学生如果继续攻读博士学位，硕士学位则是可选的。每年春学期，研究生需要向他们的导师提供他们的专业进展报告。这份进度报告将由所有教授进行集体评估，以评价研究的学位进展情况和需要改进的具体领域。该系研究生的学术指导主要由导师根据个人情况进行，因为除了基本要求外，每个学生的学习项目都是独一无二的。导师主要负责就研究生学习要求、政策和大学规章等向学生提供咨询，帮助学生解决各种学术、行政和财务问题，具体包括帮助学生制定学习计划，申请资助机会，监督学生在攻读博士学位期间的学习进展，并监督学生的研究活动，最终完成毕业论文。

8.2.2.4 注重实践教育和创新能力培养

UCLA 传播系鼓励学生积极探索新领域、新技术和新思想，关注传播行业的前沿趋势和发展方向，尊重、理解并接纳不同文化和社会环境，为学生成为具有全球视野的传媒人才打下了坚实基础。

为了培养学生的创新能力和开放思维，UCLA 传播系与其他学科建立了紧密的联系，例如与生命科学部和自然科学部等专业合作开展课程设置，探索新的教学内容和人才培养方式。

UCLA 传播系的办学传统注重实践教育，强调理论与实践的结合，在课程设计上采用了项目式学习的方式，鼓励学生通过实践项目来深入理解传媒行业。学生们在学习传播学理论知识的基础上，通过参与实践项目的策划制定、计划执行和效果评估，深入了解传播行业的各种工作岗位，在真实的项目中锻炼自己的技能，培养自身的实践能力和解决问题的能力。

该系为学生提供广泛的实习机会，使他们可以亲身体验传媒行业的各种职业，包括电视台、广告公司和非营利组织等。通过实习，学生可以将所学知识应用到实际工作中，并获取实际工作经验和行业关系。

该系还为学生提供创业支持，鼓励学生寻找创新机会和创业项目，提供有关创业计划和商业模式的指导和培训，在校内或当地孵化器中提供资源和支持，鼓励学生在传媒领域寻找自己的创新之路。

UCLA 传播系拥有优秀的教师团队和丰富的办学经验，采取多种措施促进多元化发展，培养学生的全球视野、创新思维、理论素养和实践能力，使他们成为具有国际竞争力的传媒专业人才。因此，UCLA 传播系成为培养优秀传媒人才的重要基地，并在全美乃至全球传媒教育界享有卓越声誉。

(河北大学新闻传播学院　赵树旺)

8.2.3　新加坡国立大学传播和新媒体系

8.2.3.1　专业概况

新加坡国立大学(简称国大)是新加坡首屈一指的世界级顶尖大学，为 AACSB 和 EQUIS 认证成员，亚洲大学联盟、亚太国际教育协会、国际研究型大学联盟、Universitas21 大学联盟、环太平洋大学协会成员。国大共有 17 所学院，分布在新加坡肯特岗、武吉知马和欧南三大校区，提供丰富广泛的跨学科、跨院系课程，在全球超过 15 个城市设有海外学院。国大在科研方面也采取跨领域整合式方针，与业界、政府和学界均建立起合作伙伴关系，积极参与国际学术研究网络的活动，在国际框架下推展高深优质的教育与科研之际，突出展现亚洲视角和优势。

新加坡国立大学以英语为教学语言，并采用英美式的通才教育。学生在本科阶段的第一年，会被分到各个所属学院接受公共课基础教育；第二年，才能依据自身爱好和特长选择专业。学校实行投标选课制和学分制，前者是指根据学生的兴趣提供选课搭配的指导；后者则是指采用英式的 5 分制和荣誉学位制，根据学生的综合累积分(CAP)授予不同等级的本科学位。除了工科、医科等少数专业外，本科阶段学制一般为三年，成绩优秀的可以加读一年以获得荣誉学位，本科学位分为一等荣誉、二等甲级荣誉、二等乙级荣誉、三等荣誉和及格等。学校鼓励学生在本科三年级参加实习或交换生计划，为以后就业或深造打下基础；同时鼓励学生参加各种课外活动，例如社团、义工、兴趣小组等。在新加坡，优秀的荣誉学位通常意味着更高的就业起薪，但课外活动积分(CCAPoint)的高低和课业表现的优良同样是雇主招聘时的参考标准。

新加坡国立大学同样为硕博研究生创造优质的学习环境。学校重视研究生的转型教育，培养他们的领导力、专业技能和全球视野。开设多元化课程，包括与世界知名大学合作的双学位、联合学位和交叉学科课程；给予丰富的海外学习机会，研究生有机会同世界级的教研团队互动交流，参与高水平的研究项目；同时提供多种奖学金和财政援助。为强化学术研究与专业实践之间的联系，研究生通常有两位导师，一位来自所属院系，另一位则来自相关的研究所甚至私人企业。

新加坡国立大学传播和新媒体系(CNM)致力于通过综合性、多学科的教育方式，开展对当下融合媒体的研究与专业教学。该系成立于2004年，隶属于文学暨社会科学院，是东南亚唯一一个以新媒体为重点，提供媒体研究、互动媒体设计、文化研究和传播管理的学系。CNM专业的学生可以在同一个院系内学习新闻和公共关系(通常属于传播课程)、视觉设计(通常属于艺术课程)、游戏设计和人机交互(通常属于计算机科学课程)等课程；还可以学习新媒体监管与政策、社会心理学、文化产业以及社会学、政治学、历史学、哲学、计算机科学和商业等领域的课程。2020年，CNM增设了传播学社会科学硕士专业(MSocSciin Communication)，包含战略传播、数据与传播、全球媒介传播三个方向，是亚洲所有高等院校中首个将数字传媒和领导力相结合设立硕士专业的传媒学系。

CNM着力为学生提供宝贵的学习机会。鼓励学生通过参与国际和国内比赛、展览，与外部客户合作项目，与行业从业者互动，实习和交流等方式开展体验式学习。为了保证CNM学科质量，学院还设立了专门的CNM行业顾问委员会(IAB)。该委员会由顶尖的传播和新媒体高管组成，他们慷慨地奉献自己的时间和专业知识，以确保CNM的课程设置符合行业的需求。IAB成员每年会面两次(通常在3月至9月之间)。一些IAB成员全年参与CNM的活动，包括“行业领袖峰会”和可能作为CNM课程的客座讲师，其他IAB成员则可能为CNM学生提供实习机会。通过对新媒体和传播的多方面学习，CNM毕业生将能在私营企业、公共机构、非营利组织和媒体等领域，承担起政策制定、公共关系、企业传播、媒体关系、媒体设计、游戏设计、新闻传播等研究和信息管理工作。

CNM有30多名教师，均来自世界各地顶尖新闻传播院校，他们的研究兴趣和专长涵盖了传播学的各个方面，如媒体心理学、计算传播、文化研究、健康传播、政治传播等；并带来了创新的教学方法，带领学生深入了解、研究新媒体行业发展及未来趋势。他们中有些是国际知名的学者，如张维玉教授、Jack Qiu教授和Maria Kozhevnikov教授。他们也经常与其他院系和机构合作，开展跨学科的研究项目。岳丽萍教授是传播与新媒体系主任。她曾任墨尔本大学公共文化研究室主任，目前担任岭南大学(香港)文化研究系的外部学术顾问。为深入研究、深化实践，她在移民青年、多元文化艺术和文化发展等领域同政府和非政府组织建立了超过16个行业伙伴关系。2010—2012年，岳教授还被任命为澳大利亚维多利亚州政府多元文化艺术政策咨询委员会的部长。她的知名作品包括《促进可持续生活》《跨国澳大利亚电影》和《平等的新加坡》等。

8.2.3.2 学院设施

新加坡国立大学秉承“以创新、卓越和服务为导向，培养具有全球视野、多元文化和跨学科的人才”的办学理念，以“尊重、诚信、创新、协作和卓越”为价值观，力图通过教育、研究和社会服务，为社会的进步和发展作出贡献。在这一理念的指导下，传播与新媒体系(CNM)以跨学科和多学科理论、研究和实践为原则，通过“交流促转型”，立志通过教学创新、卓越研究和知识转化来改变学生、学科和社会。

CNM 的目标是成为传播和新媒体领域跨学科教育和研究的全球领导者，整合文化研究、媒体研究、传播管理和媒体设计。CNM 为老师和学生打造了多个实验工作室，不仅有先进的硬件设备，还有丰富的软件资源，为学生们提供了一个创意无限、探索自由、交流互动的学习空间，让学生们能在实践中学习和掌握多媒体制作的各种技能和工具，充分发挥想象力，创造出优秀的新闻传播作品。

(1)CNM 可用性实验室

CNM 可用性实验室提供了一个专用的空间，供教师和学生进行可用性测试和游戏测试，且免受外部干扰。实验室包含两个空间，由一面单向镜分隔开来，有两台电脑，还包含了一些游戏机和外设，用于游戏测试。使用时，测试参与者和引导者在其中一个房间工作，观察者则在另一个房间监控。

目前，实验室用于互动媒体设计和游戏设计课程的教学，以及研究生和教师的研究项目。参与可用性测试和游戏测试的课程的学生可以通过他们的课程协调员预订这个空间。使用过这个空间的课程包括 NM2213 用户体验设计导论、NM3216 游戏设计、NM3221 移动交互设计、NM3222 交互式叙事、NM4210 高级用户体验设计、NM4227 游戏研究和 NM5219 批判性设计。

(2) CNM 媒体工作室

“CNM 工作室：多媒体制作创客空间”于 2019 年 8 月启用，旨在支持和促进学生多媒体作品创建的相关活动和学习。CNM 工作室通过支持与可用性测试、物理和数字原型、视频制作和后期制作、用户体验设计、游戏设计和危机沟通模拟等相关活动，使学生在多媒体制作的过程中能够进行批判性、创造性和迭代性的思考。目前，该工作室被用于 CNM 互动媒体设计和制作课程的教学。这些课程包括：NM2213 用户体验设计导论、NM3216 游戏设计、NM3230 数字叙事、NM3221 移动交互设计、NM4210 高级用户体验设计、NM4219 健康传播中的新媒体、NM4231 高级数字叙事、NM5219/NM2159R 批判性设计等。借助 CNM 工作室参与课程，学生们将逐步学会如何解决复杂的问题、广泛地思考问题，并将这些批判性的思想、观点和解决方案融入他们的多媒体产品中。

CNM 媒体工作室是一个动态的、不断变化的、富有创意的多媒体制作空间，供学生们进行实践操作，充分应用他们从各种跨学科课程中学到的关于多媒体制作的知识。无论是一个物理原型、数字视频，还是一个涉及物理和数字组件的游戏，CNM 工作室都可以适应并支持这些产品的创建，并为此配备了各种摄像机、影视灯光设备、投影仪、电视和动态讨论区。此外，空间还有一台 DaVinci Pro 3D 打印机、缝纫机和几个焊接站。学生们经过课程协调员的必要培训后，可以在监督下使用这些设备。

(3) CNM 教学实验室

CNM 教学实验室配备了 26 个工作站，安装了 Microsoft Office 和整套 Adobe Creative Suite，其中包括：Photoshop、Illustrator、In Design、Adobe Premiere、After Effects 等程序。学生们可以利用这些程序制作短片和视频，制作动态图形，编辑照片，以及参与其他涉及互动媒体设计和 UX/UI 设计的活动。

8.2.3.3 学术研究

CNM 致力于以学术研究创造知识，并开展新媒体技术和传播的前沿研究。本系遵循社会科学、艺术和人文等学科的传统，积极与行业和公共部门合作，推进政策和教学，以促进地方、跨文化、亚洲和全球层面的社会福祉。CNM 充分利用其战略位置，将亚洲视角引入传播学和新媒体研究，重点是与传播学和新媒体从业者开展多学科对话，并作为开启理论与实践之间、主流传播视角和亚洲视角之间、各类学科分支之间对话的跳板，以共同定义传播与新媒体。

CNM 的专业领域涵盖传播学、文化学、计算社会科学和互动设计，重点关注新兴媒体，强调将新媒体和数字媒体与传统传播形式相结合，跨多层次、多方法和多范式的跨学科合作，以及通过理论与实践之间的持续对话实现知识转化。CNM 的研究集中在：批判性文化和媒体研究，计算、媒体和创造力，健康和风险，政治和公众，以及教育学和学科研究。

(1) 批判性文化和媒体研究

批判媒体与文化研究通过借鉴权力、技术、情感、创造力、交叉认同、性别、历史和文化遗产等领域的研究理论，探索不同的文化群体和媒体文本、实践和行业。以渐进式变革为导向，研究人员帮助政府和非政府合作伙伴解决政治和生态问题，同时运用批判性教学法，帮助学生成长为活跃的、有创造力和独立的世界公民。

(2) 计算、媒体和创造力

计算、媒体和创造力是关于人机交互和协作通信跨学科领域的研究。它的重点是技术的设计和使用：开发工具用以理解和模拟用户行为，以及理解动态/自适应计算系统中的用户体验。主要通过以下四种途径实现：通过媒体的生产进行调查研究；为用户提供新的表达模式；借助生成性建模对人工智能和数据驱动的内容进行分析；探索、理解和应用用户体验以促进社会进步。

(3)健康和风险

健康与风险是对具有社会影响的健康和风险问题进行研究，其中包括：设计活动信息和干预措施，以影响健康行为和卫生技术使用；研究与健康结果和风险认知有关的心理和社会文化过程；了解居民健康对边缘化社区的意义；研究 COVID-19 期间的沟通和错误信息。

(4)政治和公众

政界和公众的研究者关注以新媒体和新兴技术为核心的公民政治参与。他们致力于推进数字公民和治理方面的研究，同时关注与数字公平有关的问题，以提供政策见解、创造积极的社会影响。

(5)教育学和学科研究

教学与学科的关系强调理论与实践的联系，同时解决我们这个时代的紧迫问题，因为在认知、文化、社会、政治和经济互动的各个层面上，交际过程都在迅速发展和多样化。相关研究人员将同行业或公共部门等合作伙伴一道，参与政策研究。

8.2.3.4 专业设置与人才培养

(1)课程设置

CNM 的核心是新媒体研究，其重点是新技术对我们的社会、文化、政治和经济格局的社会影响。课程设置综合了媒体研究、大众传播、计算传播、传播管理、互动媒体设计和文化研究等研究领域，跨越了社会科学、人文科学、艺术和计算机等学科。CNM 的横向培训将使学生掌握基本的、可转化的和用于工作的技能，指导学生掌握批判性、创造性、定性、定量和计算性研究思维与方法，促使学生成为未来媒体融合方面的专业人士。

具体的课程选择 10 门介绍如下：

①传播、新媒体与社会(Communications, New Media and Society)。

本课程介绍了传播和新媒体研究的基础知识，探究人们如何创造、使用各种新兴网络、移动社交媒体等，并与世界沟通；探索游戏、健康、政治、商业、公共关系、设计和行动主义等领域的组织和社会背景，并注意创建具有社会影响力的应用程序。现象，如在网络空间的关系和社会生活，社会变革的行动主义，行为艺术，在线越轨行为，通信和社区，新的商业模式和经济模式的组织和人机交互的问题进行了深入探讨。

②传播与新媒体理论(Theories of Communications and New Media)。

该课程旨在培养学生对传播学和新媒体研究的深入理解和应用；培养学生理论性实践能力，做到理论与实践相结合，通过行业沉浸式学习和工作整合学习使学生专业化；培养学生成为批判性参与的全球公民，通过培育媒体和文化素养深入了解传播在更广泛的背景下的作用；培养学生的伦理意识和对权力、差异、多样性和包容性的理解；培养学生对社会参与的好奇心；构建新媒体传播实践学习共同体。

③定量研究方法(Quantitative Research Methods)。

课程旨在帮助学生了解什么是定量研究(更具体地说，他们如何开发可测试的研究问题和假设)，如何进行研究以及如何解释结果。它涵盖研究设计、仪器、数据收集和数据分析等基本概念。课程亦介绍统计学的基本概念，如描述统计、抽样分布、假设检验等。

④定性沟通研究方法(Qualitative Communication Research Methods)

课程旨在帮助学生了解什么是定性传播研究，在传播理论和应用的发展中所起的作用，以及开展定性研究项目的步骤。它涵盖了定性研究设计、抽样策略和方案制定、数据收集、数据分析和评估的基本概念。课程还介绍了定性方法的基本概念，如解释、意义制造、共同建设和性能。基于实际课题的研究设计让学生有机会熟悉定性数据收集的具体形式，如深入访谈、焦点小组和民族志。

⑤计算媒体素养(Computational Media Literacy)。

通信(以及当今大多数科学和企业的努力)与计算世界深深交织在一起。从社交媒体到公关活动，从游戏设计到网站布局，从商业决策到新闻，从民主参与到互动艺术……无不证明拥有理解和创造性地使用计算媒体的能力至关重要。课程是对计算媒体中基本概念的操作介绍，包括互联网架构、介导通信、交互系统、动画、可视化、大数据和创意设计，通过引入 JavaScript 和其他支持 Web 的常见技术，使非程序员能够独立探索这些概念。

⑥新媒体社会心理学(Social Psychology of New Media)。

社会心理学的理论可以应用于对新媒体如何生产、营销、抵制、采用和消费的理解。本课程聚焦于新媒体发展轨迹中的这些关键阶段，并介绍了相关理论，同时试图解决一些现实问题，例如：为什么有些技术在其他技术失败的地方成功，营销人员应该如何推广新技术，哪些服务可能成为明天的杀手级应用程序以及新媒体采用者的想法。

⑦传播管理原则(Principles of Communication Management)。

课程是学生从事传播管理职业的基础课程，旨在向学生介绍沟通管理领域以及该专业所处于的组织、社会和法律的背景。重点研究：道德、社会责任以及大众传播在形成公众舆论时的作用，组织传播在民主中的作用，传播管理的全球做法和影响组织行为的主要因素。

⑧媒体写作入门(Introduction to Media Writing)。

作为入门类课程，媒体写作入门针对大众媒体(包括互联网)特点为学生提供写作指导和实践机会。它探讨了所有大众媒体和新闻、公共事务、公共关系、广告和电信专业的写作风格的异同，强调各种大众传播渠道上信息的准确性、责任感、清晰度和叙事风格。调查探究各类职业在借助大众媒体沟通时的传播理念，为写作和沟通的高级研究奠定了基础，以帮助学生获得在沟通管理职业生涯中所需的写作技能。

⑨媒体法律和政策(Media Law and Policy)。

课程将为学生提供新加坡媒体法律和政策的基本知识，以及社会法律和社会经济分析，这对于良好的媒体实践至关重要。学生将学习巩固传统和新媒体领域(如广播、印刷、广告、电影和艺术等)的媒体法律的框架，以及社交媒体、平台媒体、数字少数群体等新的关注领域。学生将通过研究和对比其他民族国家不同的媒体政策法规，了解媒体法律和政策的实施与功能的历史、文化和特定背景。

⑩数字媒体文化(Digital Media Cultures)。

数字媒体正在主导和改变21世纪的文化和社会。本课程将向学生介绍这些变化的起源和影响，并探讨数字时代的媒体、文化和社会之间的联系。它考察了数字化转型的发展及其对日常生活的影响，重点研究媒体/文化产业、连接媒体、新媒体艺术和设计、公民社会和公共文化，旨在让学生了解数字媒体和文化如何通过网络、融合和算法进行转变，训练学生如何以批判性、创造性和富有成效的方式处理和利用数字媒体。

(2)实习实践

秉持着实践与理论相结合的教学理念，CNM将工作整合学习纳入其课程体系。2018年，推出强制实习计划(CIP)，这是一门为期20周、12个MC的课程。CNM是FASS第一个实施CIP的学系，旨在将体验式工作融入学生的本科学习过程。学生们可以将课堂上学到的理论知识和技能运用到实际工作中，提高自己的专业水平和竞争力，为将来的就业或创业打下坚实的基础。

CIP是传播与新媒体系教学实践的一个重要组成部分。所有主修CNM的学生都将在三年级时进行一段时间的行业实习，目前，预CHS学生将进行总共20周的实习。CHS学生将进行16周的实习。需要更多信息的学生可以与他们的CFG职业顾问或CNMCIP团队联系，在CNMCIP团队的支持和指导下，学生能尽快适应和熟悉自己未来的职业生涯。他们有机会观察行业从业者的行动，获得相关的行业知识，并在与同事交流和建立关系时培养专业素养，如软技能、自我呈现和职业规划等。除了强制性实习外，CNM 还建议学生在假期期间进行其他实习，以便更深入了解自身职业发展方向，测试职业兴趣，并增强沉浸式学习体验。

CIP 自实施以来，已有超过 340 名学生在 240 个合作机构(POs)完成了实习，实习岗位涵盖了公共关系、数字营销、企业传播、视频制作和 UI/UX 设计等多个领域。学生曾经实习过的主要机构包括 NBC 环球、我们祖父的故事、汉高新加坡、威海姆森船舶服务和总理办公室。

(3)硕士培养

新加坡国立大学传播学社会科学硕士，以下简称 MSocSci(传播学)，归属于新加坡国立大学艺术与社会科学学院的传播与新媒体系。在技术进步和海量内容形成的媒体格局中，媒体专业人士必须保持专业敏感度，以跟上行业不断发展变化的步伐。

如今，“内容为王”在每天数百万流量的数字平台上占据了上风。在这个时代，媒体面临的挑战是如何利用内容的力量，并战略性地运用它与利益相关者进行有效沟通。

MSocSci(传播学)认识到市场上的能力差距，并开创了第一个填补这一空白的研究生课程。MSocSci(传播学)提供导师培训，并为毕业生提供尖端专业知识，以便在他们的沟通计划中牢牢把握数据的本质，着力将学生培养成数字领域的领导者。

①战略通信专业(Strategic Communication Specialization)。

准确的信息传递不仅能吸引人的注意力，而且能让人产生共鸣。说起来容易做起来难，正如许多困扰全球企业的公关危机，尽管它们表达的意图是单纯的，却常难以达到预期效果。

作为 MSocSci(传播学)重要研究方向之一，战略传播学专业课程将研究传播本身的概念，以及通过数字营销渠道传递危机沟通管理、改善关系和声誉的先进方法和理念。这一专业方向适用于企业传播、公共关系和各行业从业者的领导者和高管。

②数据和通信专业(Dataand Communication Specialisation)。

互联网、大数据及其收集和分析的出现使我们进入了一个不仅仅是二进制数字的网络世界。这些分析结果可以帮助企业或组织更好地与目标用户建立联系，并从战略上影响决策过程，以获得更理想的业务结果。

数据和通信专业课程包括学习数据可视化、社交媒体和分析，以帮助通信专业人士在不断变化的时代紧跟行业发展脚步，研究这些数据并理解它，并建立积极的叙述。这一专业方向将适用于企业传播、公共关系、新闻和艺术领域的领导者和高管。

③全球媒体传播专业(Global Media Communication Specialisation)。

由于文化和法律的不同，跨越国家、社会和政治边界的交流可能具有挑战性。当信息必须被推向不同地理位置的市场时，同一种模式无法适用于所有人。

全球媒体传播专业课程将深入研究新加坡、亚洲及其他地区的媒体和数字空间背后的社会和政治敏感性。学生们将从亚洲视角，了解不同地区的历史交流背景，同时保持与时俱进的全球观，为进入世界舞台做好准备。他们将研究可用于促进这种交流的先进理念和方法，特别是在全球媒体和通信产业框架内。这一专业方向将适用于与亚洲市场相关的全球媒体企业和行业的领导者和高管。

（江西财经大学新闻与传播学院　雷文宇、刘亚轩、罗书俊）

8.3　经典教材举隅

8.3.1 《美国新闻史——大众传播媒介解释史(第九版)》，中国人民大学出版社 2009 年版

《美国新闻史：大众传播媒介解释史(第九版)》，作者为美国迈克尔·埃默里、埃德温·埃默里父子以及南希·L. 罗伯茨，展江主译，系国内译本系《新闻与传播学译丛·国外经典教材系列》中的一种。该教材列举了大量案例、图片和史实，全面展现了美国新闻业的演进历史。

全书共 20 章，逻辑结构上大致可分为五个部分。

现代新闻体系并不是某个国家的馈赠，而是不同阶段演变的产物，在此条件下，该书的第一部分(第 1~3 章)，首先将视野追溯至欧洲，探讨其对美洲新闻事业的影响。殖民地时期，欧洲殖民者到达美洲，不断开拓着土地与人口势力，然而开发荒野已然耗尽了殖民者的精力，因此英国船上的报纸便成为满足殖民者获得新闻的需求，报纸便开始萌芽。但在殖民地时代，报纸出版仍要由政府审批，从而证实新闻的可靠性，这一时期出现了众多报纸，例如 1609 年哈里斯创办的《国内外公共事件》，但只出版了一期便被查封。1704 年约翰·坎贝尔的《新闻信》，是第一份真正连续出版的美国报纸。产生巨大影响的是詹姆斯·富兰克林《新英格兰新闻报》，这是美国第一张为读者提供喜闻乐见和迫切需要的新闻的报纸，不刊登官僚利益的消息；同时又填补文学空白，提供大众阅读的高质量文学作品。

由于英国殖民政策的剥削，殖民地区人民对政策深感不满，而后《印花税法》的推出，更是受到当地殖民地的暴力反抗，受到当地报刊编辑的批评。由此，新的思想不断激励着人民，具备声望的各党派开始利用报刊革命进程中出现的各种思想进行探讨与辩

驳。其中，托利党发言人詹姆斯·理文顿，辉格党发言人约翰·迪金森，激进派宣传家塞缪尔·亚当斯便是这一时期的主要发言人物。另外值得一提的是激进派作家汤姆·潘恩，他所撰写的一本小册子《常识》受到许多家报纸的转载，促使徘徊观望的爱股派加入了革命运动。1776年发表在《宾夕法尼亚邮报》上的《危机》一文，更是引起了各殖民地爱国派报纸的反响。总体来看，这一时期的新闻事业以革命为中心，人民借报刊的力量发表言论成为当时反对力量的主要手段。

第二部分(第4~7章)，美国革命结束，继而"联邦党人"与"反联邦党人"争夺对政府的控制，两大党派通过报刊发表言论展开斗争，其间报刊谩骂成风，被称为"新闻事业的黑暗时代"。美国第一家日报由本杰明·汤于1783年在费城创办，到1800年，美国大多数港口城市和商业中心都有了自己的日报。而后，报业逐渐向西部扩张，到19世纪第一个10年结束时，西部报业兴旺发达起来，特别是周报，这些报纸经由手工排版，质量低劣，除通告和广告外，大多数是读者的投稿，文风尖锐、刺耳，即使如此，这类报纸对于形成公众舆论却发挥了重要作用。法国观察家亚力克西·德·托克维尔也曾震惊于西部的粗野，但也对这种民主实验的成功感到惊喜。在他看来，公众是尊敬第四等级的，这从新闻界享有的巨大自由中表现得一清二楚。与之相对，报道政府活动的代表性报纸是《国民通讯员报》，负责报道政府活动，是政府的半官方喉舌。

19世纪20年代，工业革命新崛起的阶级——工人阶级出现，随着人民在联邦政府中霸占着支配权，工人们要求享有更大的发言权。正是这一时期，工人报刊出现，这正是工业革命以及工人阶级日益迫切地需要得到承认的直接结果。部分报刊逐渐支持起劳工事业，例如1827年，第一份劳工报纸《熟练机工鼓动报》问世，1828年《机工自由新闻报》创刊，但总体来说，新闻界对劳工运动秉持悲观的看法。

另外，工业革命使得印刷技术迅速更新，带来的另一种结果是使得商品的售价更为低廉，报纸价钱随之降低，随之大众报刊时代到来。1833年，由本杰明·H. 戴创办的《纽约太阳报》开创了新闻事业的新纪元。这张小报售价低廉，报道内容主要围绕当地所发生的事件及暴力新闻，取材虽无足轻重，但读起来却饶有趣味，短短6个月，该报纸的发行量便达到8000份。1835年，贝内特创办《纽约先驱报》，这份报纸办报方式丰富独特，除新闻报道外，还开设了金融版面以吸引商人阶层。另外，他开设的"读者来信"栏中，读者可以对报纸以及新闻事件发表意见。至此，关于便士报这项新闻事业传到了其他城市，激励了其他发行人纷纷效仿，19世纪30年代，有35家便士报在纽约创办。19世纪40年代，《纽约论坛报》的出现标志着大众化报刊的成熟。可以见得，这一时期的报刊将着眼点置于普通百姓，正如社会学家迈克尔·舒德森所说：大众民主、市场观念及城市社会的发展造就了他所谓的"民主的市场社会"，为了适应这样一种社会的需求，便士报应运而生。需要特别提及的是，美国南部与北部的政策上的对立导致社会冲突不断，报刊成为当时南部与北部就废奴问题相互声讨的重要手段。可以说报刊在推行该政策方面起到了一定的推动作用。

第三部分(第8~12章)，美国历史自南北战争结束以后重新开始，其经济、政治、技术等领域翻天覆地的变化深刻影响了国家生活的各个方面。通信网络的普及、教育的进步为文化进步创造了条件，反过来增加了人们对报纸的兴趣，新的社会经济哲学思潮兴起，出现在杂志中的文章偏向于开导读者对社会文化取向加以思考，种种变革推动了19世纪末“新式新闻事业”的兴起。杂志偏向社会文化、编辑部出现、广告持续发展，掀起了新闻事业的新变革。同时，摄影技术出现在报刊中，注重视觉的时代随之拉开序幕。20世纪初，美国处于一个经济、政治和社会趋于成型的时代，由于社会思潮的涌现，人民的思想和行动存在巨大分歧，国内冲突不断，大众传播媒介在这一时期起着关键作用，例如普利策在《世界报》中的讨伐，生成反对兼并菲律宾，反对美国帝国主义策略；报纸在女性平权运动中的突出作用。但是，在这一时期“黄色新闻潮”出现，源自普利策的《世界报》与赫斯特创办的《纽约新闻报》之间的报刊竞争，利用“煽情主义”争夺受众。这种报道方式带来的利润引起了全国报纸的效仿，由赫斯特制造出的有史以来的最坏的新闻，将美国新闻事业的水准降到了最低。

不同于黄色新闻时期大部分的报刊，阿道夫·S. 奥克斯创办《纽约时报》，他极力反对煽情报道，拒绝刊登玩弄噱头的消息和连环漫画。同时期的《先驱报》《太阳报》《洋际报》作为其竞争对手，同样也在为新闻事业的正向发展做着不懈努力。芝加哥明报《洋际报》以训练大量新闻工作者的学校而闻名，帮助了许多“流浪记者”。《纽约先驱报》坚持采用最快的传播工具，在新闻界中取得了新闻领袖的地位，与《世界报》《纽约新闻报》相互竞争。

第四部分(第13章~第17章)，20世纪20年代，与此同时，由于美国经济大萧条时代的到来，商业环境极度低迷，此时新闻界热衷于性、犯罪与娱乐等焦点信息，大多数报纸都不能避免，这也反映了当时的时代特征。20世纪30年代，“新政”政策提出，受到政治、经济、社会改革的冲击，传统的新闻报道方式无法满足大众的需求，交代“为什么”变得重要起来，“解释性报道”报道形式出现，20世纪60年代调查性报道诞生。政治专栏作家、社论性漫画家等角色同样也为报刊报道带来了一丝趣味性。广播、电台、电影发展如火如荼，美国广播公司、哥伦比亚广播公司等无线电广播公司纷纷崛起，播报新闻、娱乐等节目成为大众休闲娱乐、获知新闻信息的主要渠道。

第二次世界大战时期，国家实行战时体制，恢复了新闻检查制度，《美国报刊战时行为规约》中就严格规定，所有印刷品不得刊印有关军事的信息。同时，还设立了战时新闻局，用来审核与战争相关的消息。除去检查制度恢复之外，还出现了士兵新闻事业《星条旗报》，是美国大兵的主要报纸。

第二次世界大战后，美国经济恢复，社会、经济改革换新，新闻事业正以一种前所未有的方式打动着观众与读者。1952 年总统竞选，电视在这一时期占据着中心舞台。总统选举过程中，电视向公众提供了竞选者表达观点的机会，同时，也成为总统相互声讨的重要手段，例如“小花演说”。1960 年，8500 多万美国人通过电视观看尼克松与肯尼迪的竞选辩论；肯尼迪还开创了电视与广播现场直播总统记者招待会的先河。这些事件都表明，当时的政治领域的活动与大众传播媒介之间的关系正逐步加深。随之电视网络大幅延伸，第一批节目之一是爱德华·莫罗的《现在请看》电台新闻节目，他将正直感与准确融入了该节目，其感染力使得此后 7 年该节目都受到美国观众的广泛追捧。但是在 1970 年之后，总统与人民、总统与新闻界、新闻界与人民之间出现了信用差距。

第五部分(第 18~20 章)，首先围绕总统与新闻界的关系展开叙述，可以发现，在总统选举时期，电视业与新闻业对总统选举的结果起着相当大的作用。电视节目通过广告包装总统人物形象，为其赢得选票。值得一提的是，20 世纪 60 年代至 80 年代，对电视新闻的批评居高不下。例如南方人指责电视网的摄制组歪曲种族问题，批评新闻带有倾向性等问题，严重降低了电视新闻的报道质量。80 年代之后，电视新闻才进行了转变，全国广播公司、美国广播公司、有线广播公司等公司均不遗余力地在新闻节目方面下功夫，公共广播电视事业得到快速发展。

同样是在 20 世纪 80 年代，新闻界试图改进媒介以回应之前外界对其造成的压力，例如成立媒介协会、发展新闻学教育、深度进行报业研究，等等，大大促进了新闻事业的融合发展和专业发展。在改进的过程中，新闻工作者们也越来越重视美国社会的各个群体的需求，例如提高女性在新闻业中的占比，关注人民的声音，例如试图与人民建立密切的联系，等等。

20 世纪 90 年代，印刷技术、计算机技术的革新带来了报纸、杂志等刊物的革命，数字化技术实现了成功的视觉呈现，互联网的崛起实现了信息资源的开放共享。但是，新闻产业的集中趋势更加明显，大约 25 家大企业联盟控制了美国大部分报纸，新闻通讯社也频繁并购，这不禁让人忧虑美国新闻业的未来趋势。然而，在该教材的结尾，作者指出：现在仍有理由保持乐观，公民的权力意识和他们捍卫这些权力的意志仍然是强有力的。

整本教材重点叙述了在美国新闻史上那些探求事实和真相的故事，这些真相的探求者可能在一家新闻机构工作，又或许是一位评论家，他们都为事实的真相而战斗。即使在当下，这些故事对新闻从业者和新闻学的师生仍有很大的教益。

（中南民族大学文学与新闻传播学院　郝永华、陈福园）

8.3.2　《传播学史：一种传记式的方法》，上海译文出版社 2005 年版

《传播学史：一种传记式的方法》，由著名传播学者 E. M. 罗杰斯(Rogers)著，复旦大学新闻学院殷晓蓉教授翻译。

8.3.2.1　传播学的脉络

《传播学史：一种传记式的方法》从宏观、中观和微观三个层面梳理了传播学的脉络。

(1)从空间的宏观层面来看

讨论传播学起源和发展时，《传播学史：一种传记式的方法》从空间上聚焦欧洲和美国两地。

其中，用 3 章的篇幅论述了传播学的欧洲起源。分别是《查尔斯·达尔文和进化论》(第 2 章)、《西格蒙德·弗洛伊德和精神分析理论》(第 3 章)，以及《卡尔·马克思和批判学派》(第 4 章)。

该书用 7 章的内容详述传播学在美国的发展。包括《芝加哥学派》(第 5 章)、《哈罗德·拉斯韦尔和宣传分析》(第 6 章)、《保罗·F. 拉扎斯菲尔德和大众传播效果》(第 7 章)、《库尔特·勒温和群体动力学》(第 8 章)、《卡尔·霍夫兰和说服研究》(第 9 章)、《诺伯特·维纳和控制论》(第 10 章)和《克劳德·香农的信息论》(第 11 章)。

(2)从学派的中观层面来看

《传播学史：一种传记式的方法》既梳理了欧洲批判学派的脉络，也介绍了美国芝加哥学派的学术谱系，此外还涉及帕洛阿尔托学派。

以法兰克福学派和社会研究所著称的批判学派是马克思主义和弗洛伊德理论的理智结合。① 该书介绍了法兰克福学派的主要人物霍克海默、阿多诺、洛文塔尔、弗洛姆、本雅明、哈贝马斯和马特拉等著名学者。

对于芝加哥学派，该书围绕学派的四大核心人物库利、杜威、米德和帕克，图绘了这一学派的思想先驱(包括达尔文、斯宾塞、冯特、西梅尔)和继承者(例如伯吉斯、布

---

① ［美］E. M. 罗杰斯．传播学史：一种传记式的方法［M］．殷晓蓉，译．上海：上海译文出版社，2005：95.

鲁默和库恩等人)。

(3)从学者的微观层面来看

《传播学史：一种传记式的方法》还从个体学者的角度，分析了维纳的“控制论”和香农的“信息论”的思想先驱和继承者，以及维纳和香农的相互影响。

8.3.2.2 施拉姆的身影

《传播学史：一种传记式的方法》用两章的篇幅(第1~12章)，浓墨重彩地介绍威尔伯·施拉姆对于传播学成为一门学科和一个研究领域的影响。

(1)施拉姆和传播学的创立

《传播学史：一种传记式的方法》第一章，聚焦的是40岁以前的施拉姆。论述施拉姆在“传播学史中发挥着关键的作用”——他是第一个将自己认作是一个传播学学者的人①，并于1943年，在爱荷华大学大学创办了世界上第一个大众传播的博士课程。

(2)施拉姆和传播学的建立

该书第12章，在时间上从1947年施拉姆离开爱荷华大学，到伊利诺伊大学执教开始，分别讨论施拉姆在伊利诺伊大学、斯坦福大学期间对于建立传播学研究领域的贡献。除了培养传播学博士，使传播学在美国多所大学和全世界扩散之外，施拉姆还“开创了新的研究专业，诸如国际传播学、发展传播学以及研究电视对于儿童的效果”。②

8.3.3.3 罗杰斯的眼光

《传播学史：一种传记式的方法》当然只是罗杰斯所理解的“传播学史”，他“循着传播学发展的现实轨迹和思想脉络，开创了一种将理论、历史和个人传记结合起来的”③的学科史写作方式。罗杰斯在“序言”中交代了自己写作本书的若干原则，主要包括：

(1)选择名人和大的机构

罗杰斯在该书中介绍了66位传播学史中的主要人物。除了各章标题里出现的名人之外，涂尔干、塔尔德、李普曼、米尔斯、英尼斯、麦克卢汉和马尔库塞等著名学者均有专门介绍。

---

① [美]E. M. 罗杰斯. 传播学史：一种传记式的方法[M]. 殷晓蓉，译. 上海：上海译文出版社，2005：26.

② [美]E. M. 罗杰斯. 传播学史：一种传记式的方法[M]. 殷晓蓉，译. 上海：上海译文出版社，2005：420-421.

③ [美]E. M. 罗杰斯. 传播学史：一种传记式的方法[M]. 殷晓蓉，译. 上海：上海译文出版社，2005：(译者的话)4.

大的机构，例如爱荷华大学新闻学院、伊利诺伊大学传播研究所、斯坦福大学传播研究所、维也纳研究所、哥伦比亚大学的“应用社会研究局”，夏威夷东西方传播所，等等。

(2)用人物传记解读历史

罗杰斯收集了各种出版物和档案资料，并进行口述史访谈，对于推动传播学发展的著名学者们的一生了然于心。他既用“生平大事”简要勾勒著名传播学者们的人生轨迹，也按时间顺序来详细书写这些学者的成长过程及其与传播学的关联。并分章总结著名传播学者对传播学的贡献——例如对拉扎斯菲尔德所做的三大贡献的总结：

其一，开创了媒体效果研究的传统，使之成为美国大众传播研究的占有统治地位的范式；其二，通过收集资料的方法提出了调查方法论；其三，创造了以大学为基础的研究机构的原型。①

(3)侧重点在于大众传播

罗杰斯的《传播学史：一种传记式的方法》讲述的学科历史于1960年截止，该书重点讨论了大众传播的各种理论和研究方法。

今天我们耳熟能详的各种大众传播理论的知识之树皆种植在此书的知识之森中，例如拉斯韦尔的“5W”理论、李普曼的舆论学、议程设置理论……

除此之外，该书还介绍了传播学的多种研究方法，如内容分析法、焦点小组访谈法、参与式观察法，等等。

整体上看，《传播学史：一种传记式的方法》脉络清晰，重点突出，译文畅达，值得精读。

(南京财经大学新闻学院　刘泱育)

8.3.3.4　《大众传播动力学》，中国人民大学出版社2004版

《大众传播动力学——数字时代的媒介(第七版)》为美国学者约瑟夫·R. 多米尼克(Joseph R. Dominick)著，蔡骐译，中国人民大学出版社2004年翻译出版。此书是《新闻与传播学译丛·国外经典教材系列》的组成部分，展示了大众传播媒介发展的历史脉络和产业图景，通过丰富而有趣的案例展现了媒介对社会的影响，理性地分析了媒介各领域的现状并提出了一些很有价值的建议。

---

①　[美]E. M. 罗杰斯．传播学史：一种传记式的方法[M]．殷晓蓉，译．上海：上海译文出版社，2005：271-272.

全书分为大众传播的本质与历史、印刷媒介、电子媒介、特定媒介职业、大众媒介的控制、影响六个部分，共 18 章，论述了其历史、现状，彼此的合并、竞争、融合，着重强调了媒介的经营和对社会的影响；分析了各媒介领域的求职、升职、职业展望等内容，章后附有要点、关键术语、思考题、参考书目和相关网络资源，方便读者学习和进一步研究。内容详尽，图文并茂，案例丰富而有时代感，逻辑联系紧密，思路清晰，是一本备受好评的大众传播学教材。

第一部分“大众传播的本质与历史”（第 1～3 章），主要探讨了传播过程中的要素、本质和研究大众传播的模式，探究了大众传播的社会功能以及如何使用大众媒介，梳理了媒介发展的历史与文化背景，概括了从语言、文字、印刷术到电报、电话、摄影术、电影、广播与电视的媒介发展历程。

第二部分“印刷媒介”（第 4～6 章），主要围绕印刷媒介的三种媒介即报纸、杂志和图书出版进行了介绍，在三个具体的章节中，分别对其具体的历史、特征、产业结构和职业展望等层面进行了概括。在这一部分作者依照印刷媒介的时代背景来对其发展进行了梳理，界定了不同印刷媒介的特征，阐明其产业结构，并指出其职业展望。

第三部分“电子媒介”（第 7～11 章），围绕广播、录音、电影、电视、因特网与万维网等电子媒介展开了介绍，在该部分作者按照时间顺序梳理了上述电子媒介的发展历史，从“二战”后到数字时代，电子媒介的模式和产业结构都具有了新的特征，并对电子媒介的发展做出了产业展望。

第四部分“特定媒介职业”（第 12～14 章），主要包含新闻采集与报道、公共关系、广告三个部分，区分了新闻与报道的种类，阐述了不同媒介的新闻流程，强调了新闻报道中的媒介差别，定义了公共关系，简述了公共关系的历史，分析了公共关系产业的结构，对广告进行了定义，区分了其类型，对广告产业的结构做了介绍，总结了广告的几种新类型。

第五部分“大众媒介的控制”（第 15～16 章），主要探讨了对大众媒介的控制，一方面是从他律层面体现在法律、法规与条例上常规控制，记者在进行新闻报道时享有一种特权，概述了在进行新闻采集的过程中，新闻界会与政府发生摩擦，并指出了在新闻报道过程中会出现诽谤、侵犯隐私、版权等问题。政府也出台了一系列法案来对大众媒介进行控制。另一方面是从自律层面体现的道德规范与其他非正式的控制。印刷媒介、广播电视、电影等都具有特定的行为准则，行业的内部控制影响着组织方针的制定，经济压力、压力集团等外界因素也在一定程度上影响着大众媒介。

第六部分“影响”（第 17～18 章），主要探讨了媒介系统在国际社会中的影响与大众传播的社会影响，深刻剖析了对于媒介系统的比较分析，揭示了建构大众媒介的不同方式，以日本、墨西哥、中国的媒介系统为例表明了上述因素是如何在其他国家中发挥作用的。考察了大众传播效果和对认知与态度的影响，分析了关于因特网的社会影响。

(南昌大学新闻与传播学院　陈世华)

8.4　学术流派梳理

8.4.1　调查新闻学

所谓调查新闻学就是研究和写作调查性报道的一个流派。调查性报道又被称作揭丑报道、扒粪报道，等等。调查性报道(Investigative Reporting)一词最早出现在20世纪40年代美国新闻专业杂志《羽毛笔》(*Quill*)上。这本杂志在为《亚特兰大日报》记者乔治·古德温(George Goodwin)撰写的颁奖词中有这样的文字："乔治·古德温报道了乔治亚州立法机构的选举欺诈，这是众多调查性报道中杰出的一篇作品。"①

8.4.1.1　国外调查新闻学发展概况

国外关于调查性报道的研究开始于20世纪六七十年代。1961年，劳里·科利尔·希尔思特姆的《扒粪者与进步时代》对进步运动时期调查记者的新闻实践活动进行了回溯和总结。1975年，大卫·安德生和皮特·本杰明所著的《调查性报道》是世界较早关于调查性报道的专著。专著第一次尝试对调查性报道的概念进行界定，认为："调查性报道是报道那些被掩盖的信息……是一种对国家官员行为的调查，调查对象有腐败的政治家、政治组织、企业、慈善机构、外交机构和经济领域的欺诈活动。"②

20世纪80年代后，调查新闻学的研究成果越来越多。1980年，美国、日本、加拿大、澳大利亚等国纷纷建立新闻中心，不但对调查性报道的理论开展研究，还对新闻工作者的新闻实践提供指导和借鉴。

一些调查记者也根据自己的采写经验编写了调查新闻实务方面的著作。已经翻译成

---

① Gerry Lanosga. The Press, Prizes Power: Investigative Reporting In The United States, 1917-1960[D]. Indiana University, December 2010: 10(Citefrom"Top Journalists: SDX Names Eleven for 47 Awards", Quill, July 1948).

② David Anderson and Peter Ben jiaminson. Investigative Reporting [M]. Bloomington: Indianan University Press, 1975, p5.

中文的有威廉·C. 盖恩斯(William C. Gaines)的《调查性报道》和布兰特·休斯敦(Brant Houston)等所著的《调查记者手册》。《调查性报道》由资深调查记者盖恩斯所著，他运用平实、通俗、简单的语言，通过大量真实案例，凸显情景写作和提供调查"模式"，使《调查性报道》成为一本具有高度实用性、指导性和操作性的著作。①《调查记者手册》是IRE编写的一本调查性报道的百科全书，它既有调查性报道的一般技巧，又根据调查报道领域细分为16个部分，在每个部分再列出相应调查的特点、技巧、对象，既有理论思考，又有实用技巧，还在第四版增加了记者使用信息技术的内容，对记者的调查实务和相关研究都有较大帮助。②《调查性报道指南》探讨了如何寻找调查性报道线索以及设定主题，调查性报道的障碍和相关法律，列举了调查性报道常用的网站和数据库，德里克·福布斯(DerekForbes)认为："调查记者遇到的障碍主要有报道对象的保密和拖延战术、繁文缛节、不配合的新闻线人、调查中的危险关系、出版压力、调查技能缺失等等。"③为了培养调查记者的采访技能，联合国教科文组织在新闻教育丛书中还专门编印了一本《全球调查性新闻事业个案调查》，搜集了关于社会现象、环境、政府危机、全球一体化、体育、经济等方面的20余个案例展开剖析，通过个案研究的方法使调查记者掌握采访和调查技巧。④《不要对我撒谎：调查性新闻事业的胜利》撷取了1945年以后世界闻名的20余篇调查性报道，通过这些报道说明："调查性新闻为什么如此重要？因为没有了它，当我们面对不公时就会失去话语，就会失去和它斗争的信息武器"。⑤《全球扒粪报道：世界百年调查性新闻事业》从劳动力滥用、反殖民主义、腐败、石油和矿业、环境和自然灾害、食品短缺和饥荒、军队和警察、乡村生活、妇女问题9个方面选取了47则相关报道，通过这些报道使人们更好地理解新闻渊源，了解新闻记者的揭丑行为已经进行了100多年。⑥ 詹姆斯·L. 奥库安研究了20世纪美国调查

① 威廉.C. 盖恩斯. 调查性报道(第二版)[M]. 刘波，翁昌寿，译. 北京：中国人民大学出版社，2005.

② 布兰特. 休斯顿、莱恩. 布卢兹斯、史蒂夫. 温伯格：《调查记者手册》(第四版)[M]. 张威、许海滨，主译. 广州：南方日报出版社，2005.

③ Derek Forbes：A Watchdog's Guideto Investigative Reporting-A Simple Introduction to Principles and Practicein Investigative Reporting[M]. Dunkeld：Published by Konrad Adenauer Stiftung Media Programme，2005：47-53.

④ Editedby Mark Lee Hunter：The Global Investigative Journalism Casebook[M]. United Nations Educational，Scientificand Cultural Organization，2012.

⑤ John Pilger：Tell Meno Lies，Investigative Journalism and Its Triumphs[M]. London：Vintage，2005：14.

⑥ Edited by Anya Schiffrin：Global Muckraking 100 Year sofInvestigative Journalism from Around the World[M]. New York：The New Press，2014.

性报道的叙事策略，认为20世纪中期美国调查记者在左翼杂志刊登了一些文章，这些文章通过使用各种叙事技巧，包括直的倡导来扩大事实真相，这种策略可以为后来的调查记者提供一种可以替代的模式。①《通往老根里的桥：调查性报道，隐藏的历史和普利策新闻奖》通过对美联社获得普利策新闻奖的关于揭露朝鲜战争期间美军士兵屠杀朝鲜平民的调查性报道展开个案分析，详细展示美国新闻记者的调查过程。②

另外，《扒粪新闻之死》和《看门狗不再叫了》论述在新媒体的冲击和商业压力扩大的背景下，美国的高质量、负责任的新闻报道数量在减少，威胁着调查性新闻事业的发展。③《在线调查性新闻事业》《政治调查性报道中的数据新闻项目》等论文阐述了在新媒体环境下调查性报道如何应对。艾伦·奈特(Alan Knight)认为：Internet为调查记者们提供了新的获取信息的工具，使他们可以迅速进入全球数字社区，从而代替过去政府提供的信息源，这对记者来说既是机遇又是挑战。它会对传统媒体造成巨大影响，会出现一个全新的网络调查新闻业，它拥有运行更快的电脑、更新的课题、更宽的频率、更复杂的能够和传统媒体互动的网络出版物。④《调查记者》则检视了网络时代美国调查记者的职业态度、认知和体验，发现在互联网时代调查记者中有严重的矛盾情绪，有经验的新闻记者对互联网影响表示担心，对非营利组织和记者在未来调查性新闻事业中扮演的角色存在相当大的怀疑。⑤

8.4.1.2 国内调查新闻学发展概况

国内最早关于调查新闻的两篇文献分别是明安香1982年在《社会科学战线》上发表的《美国的调查性报道评介》和周致1983年在《现代传播》上发表的《客观报道·解释性报道·调查性报道——谈西方资产阶级新闻报道手法与原则》。

20世纪90年代直到2003年以前是中国调查新闻学的早期发展时期。这一时期除了介绍西方国家调查性报道以外，开始对中国调查性报道展开研究。孙世恺从中国传统的新闻观念来诠释调查性报道的概念和特点，从目的、内容和方法三个维度探讨中西调查

---

① James L. Aucoin：Journalistic Moral Engagement：Narrative Strategiesin American Muckraking[J]. Journalism, August 2007.

② Charles J. Hanley and Martha Mendoza：The Bridgeat No Gun Ri：Investigative Reporting, Hidden History and Pulitzer Prize[J]. Harvard International Journal of Press/Politics, 2000.

③ Dean Starkman：The Watch dog That Didn't Bark：The Financial Crisis and the Disappearance of Investigative Journalism[M]. New York：Columbia University Press, 2014.

④ Alan Knight：Online InvestigativeJournalism[J]. http：//www. Ejournalism. au. com.

⑤ Andrew D. Kaplan：Investigating The Investigators：Examining The Attitudes, Perceptions, and Experiences of Investigative Journalists in the Internet Age[D]. University of Maryland, 2008：3.

性报道之间的差异。不过，孙世恺却认为调查性报道更多是正面报道，记者可以采用其他单位、部门现成的调查结果作为调查性报道的全部和主体等。① 张威在 1999 年发表的《调查性报道：对西方和中国的透视》对西方调查性报道的概念进行辨析，对调查性报道的概念创造性地提出了广义和狭义之分。② 另外，这篇文章还是我国最早比较研究中西调查性报道的专论。

进入 21 世纪后，调查性报道研究出现新特点：一是针对一些典型案例开展个案研究，比如《小记者扳倒了大总统——调查性报道典型一例》《事件新闻异化：调查性报道的傲慢与偏见——以"黑哨"的新闻调查为例》等；二是这一时期一些学者开始利用新闻传播学理论对这一报道展开分析，例如运用叙事理论对《新闻调查》播出的调查性报道进行较深入的研究。

一些专著和教材中也散见关于调查性报道的研究。如王蕾的《外国优秀新闻作品评析》，杜俊飞、胡翼青的《深度报道原理》，刘明华的《西方新闻采访与写作》，李良荣的《西方新闻事业概论》，展江的《中国社会转型的守望者：新世纪新闻舆论监督的语境和实践》等。

2004 年以后，中国的调查新闻学渐趋成熟，这主要体现在以下几个方面：

一是论文数量大量增加。从过去的每年不足 10 篇，增加到了每年 20 多篇甚至 30 多篇。13 年中，共发表论文 296 篇。

二是开始有硕士和博士将调查性报道作为自己的研究方向。在知网中共查阅到 1 篇博士论文和 49 篇硕士论文，特别是白红义的博士论文《当代中国调查记者的职业意识研究(1995—2010)》说明调查性报道研究的系统性增强，学者已经不满足于针对调查性报道某个环节、问题展开研究，而从较为宏观的视野考察这一重要的报道方式。

三是调查性报道的著作数量增加。例如《调查性报道采访与写作》《调查性报道概论》《揭秘新闻调查：电视调查性报道的策划与运作》《解构深度：中外电视调查性报道研究》《新闻内幕与调查性报道》《调查性报道》《中国式调查报道》《国外媒体记者谈新闻调查性报道》等。

四是研究方向呈现多样化趋势。在个案研究方面，一些学者把中央电视台《新闻调查》作为研究样本，例如《试析调查性报道的话语纬度与观察责任——以中央电视台〈新闻调查〉为例》《从调查节目到调查性报道》《目标：做真正的调查性报道——访中央电视台〈新闻调查〉制片人张洁》《中国电视调查性报道的本土特色——以〈新闻调查〉为例》

---

① 孙世恺在《新闻与写作》1996 年 5—9 月连续发表了《谈调查性报道》等 5 篇文章。

② 张威. 调查性报道：对西方和中国的透视[J]. 北京：国际新闻界，1999(4).

《〈新闻调查〉应加强调查性报道》《非揭露性题材的电视调查性报道策略——以央视〈新闻调查〉为例》等。除此之外，普利策获奖作品、国内和国外一些经典调查性栏目，一些有影响的调查性报道作品都成为学者们分析和研究的对象，尤其以美国 CBS 开办的《60 分钟》节目为最。像《〈60 分钟〉节目主持人的素养》《美国电视栏目〈60 分钟〉与〈20/20〉的差异化竞争》《美国〈60 分钟〉节目发展对中国调查新闻节目的启示》等。这些文章本着"解剖麻雀"的态度研究一个作品或者栏目，有的还通过量化研究的方法意图通过分析个案变化来推测和揭示调查性报道的一般规律，研究具有典型性和具体性，但是有些研究在方法论上缺少推断一般性质结论的科学依据。

也有专注介绍西方国家调查性报道的，像程道才的《西方调查性报道的特点与采写要求》，傅海的《国外新闻理论中的"调查性报道"》，张征、冯静的《〈明镜周刊〉与调查性报道》，姜江的《无形之网：美国调查性报道的制约性因素简析》，郜书锴的《探析西方报纸调查性报道复兴的原因》，展江的《俄罗斯调查性报道管窥》，等等，这一时期的此类文章已经和 20 世纪 80 年代有了很大变化，学者们能够脱离政治语境更加客观地分析国外调查性报道现状、优势以及困境。张征、冯静介绍说："调查性报道成为《明镜》周刊的标志性内容是因为从开始周刊就定位在'民主的冲锋炮'和'和平时代的社会守望者'的角色……在民主社会中新闻周刊特殊的意义在于：不仅应该帮助建立一个批判和监督的社会环境，而且要让政治和经济的统治者直接接受公开的批评和监督。"①

也有一批学者针对调查记者的职业状态展开分析，诸如《当代中国调查记者的职业意识研究》《中国调查记者行业生态报告》《调查记者的职业满意度及影响因素研究》《媒介环境与组织控制：调查记者的媒介角色认识及影响因素》等，张志安、沈菲运用普查的方法对中国调查记者的总体特征、职业意识、职业状态进行了分析研究，绘制了中国调查记者的一副生态图谱。② 白红义则通过"理解"行动者的质化研究方法，探讨中国调查记者如何建构职业意识，以及这种职业意识是如何形塑的。③

近年来，随着传统媒体的没落、新闻娱乐化的冲击以及调查新闻本身的高投入和回报的不确定性，调查新闻事业逐渐式微，从事调查性报道的记者越来越少，这类有分量的作品日益鲜见，调查新闻学也不再成为学界热点。

（河南师范大学文学院　段勃）

① 张征，冯静.《明镜》周刊与调查性报道[J]. 国际新闻界，2005(3)：24-26，48.
② 张志安，沈菲. 中国调查记者行业生态报告[J]. 现代传播，2011(10)：51-55，73.
③ 白红义. 当代中国调查记者的职业意识研究(1995—2010)[D]. 上海：复旦大学，2011(4).

8.4.2 发展传播学

8.4.2.1 发展传播学溯源

第二次世界大战后，民族解放和民族独立的浪潮席卷亚洲、非洲和拉丁美洲，出现了大批新兴的独立的民族国家，它们在摆脱殖民统治取得国家主权之后，面临的最紧迫的历史任务就是如何加速经济建设，尽快缩短与发达国家之间的差距，实现本国的社会现代化。但在这一重大任务面前，由于人口压力、资金短缺、资源贫乏、科技文化落后等主客观原因，许多第三世界国家遇到巨大困难，发展道路很不平坦。与此同时，信息处理和传播技术在世界范围内有了突飞猛进的发展，尤其是广播、电视以及卫星通信等不断更新的新技术，使大众传播事业面貌一新，形成高度灵敏迅捷的全球信息网络，把地球的各个角落紧紧地联结在一起。新的传播技术对人类的社会生活产生了十分广泛深刻的影响。信息技术革命也为第三世界国家加速现代化建设的努力带来了新的机遇和希望。人们希望发挥大众传播以及其他信息技术的巨大潜力，使之成为国家发展的催化剂和推进器，凝聚和激发全社会的积极力量，促进政治、经济、文化、社会生活以及思想观念的全面变革，在最短的时间内，完成现代化的历史目标。基于国家发展与现代化的需要，大众传播与国家发展这个课题成为传播学应用研究中的一个十分重要的新领域。① “和平”与“发展”也成为世界的两大主题。“发展”一词逐渐受到重视，美国总统杜鲁门在 1949 年的演说中第一次提出“不发达的”(underdeveloped)概念。美国政府也在同年开展“第四点计划”(Point Four Program)，提出美国将对外进行技术援助和开发落后地区。② 学术界社会科学领域就“发展”主题，延伸出“发展社会学”“发展经济学”“发展文化学”“发展政治学”等各领域研究分支，并在借鉴中互补、批判中提升，形成了现代化理论。“发展研究”(Development Studies)如今仍然是国际社会科学领域的热点。传播学很早就介入其中，并因此形成了一个蓬勃的理论分支——发展传播学。

发展传播学可以将其拆分为发展和传播两个词，这两个词恰好也对应了发展传播学的研究重点。但是在英文表达中，却有多种表达：Communication for Development，Development Communication，Communication for Social Change。这些不同的词语组合也就折射了概念和内涵的变化，也反映了发展传播自身的理论和实践的发展。扬·瑟韦斯

---

① 范东生．发展传播学——传播学研究的新领域[J]．国际新闻界，1990(3)：1-14，52.

② 时盛杰．徘徊与突破：近年亚洲发展传播研究的动态与评价[J]．东南传播，2022(8)：79-84.

(Jan Servaes)在其不同时期出版的专著中分别阐释了以上概念。张凌完成对瑟韦斯教授的专著《发展传播学》翻译后，在一篇短文《瑟韦斯的发展传播学学术思想述要》中对上述几个概念作了清晰的区分。他认为：Development Communication 是“发展传播”的概括性术语。早在 1971 年 Nora Quebral 就已经使用这一术语。Nora Quebral 将“发展传播”(Development Communication)界定为：传递和沟通与农村相关的新知识的过程，这一领域的知识延伸有助于改善穷苦民众的生活之后这一使用最广的术语不断被修正门。这一概念内涵后来得到了罗杰斯和世界银行组织的丰富；Communication for Development 可以翻译为“为了发展的传播”。1984 年联合国粮农组织将“为了发展的传播”定义为一个社会过程，传播是为了寻求发展发起阶段的所有参与者之间的普遍理解，创造一个和谐行为的基础。这个概念集中反映了 20 世纪 70 年代以后发展传播的新趋向，也即参与。此后，以瑟韦斯为首的发展传播参与范式研究者大力倡导 Communication for Social Change (为了社会变迁的传播)，他主编的著作《为了发展和社会变迁的传播》便是印证。

当下学界普遍流行的发展传播学研究，起源于 20 世纪 50 年代战后的美国，美国学者戈德温曾考证“发展传播学”是由丹尼尔、勒纳、韦尔伯·施拉姆埃弗雷特·罗杰斯和其他学者促成建立的。① 发展传播学作为学科的概念被明确提出是以美国学者勒纳在 1958 年出版的《传统社会的消失：中东的现代化》为标志的。发展传播学一般被解释为运用现代的和传统的传播技术，以促进和加强社会经济、政治和文化变革的过程。发展传播研究的目的主要在于研究发展中国家如何利用传播手段，有效地帮助改变贫穷落后的现状，促进社会发展。② 此外，学界在不同的历史阶段对发展传播学还从不同的角度作出了纷繁的表述，但是所有的界定都内含一个共知前提，即赞同在社会和发展经济进程中，传播可以起到重要作用，传播能够促进发展。因此本质上来说发展传播学即研究如何让传媒(媒介)最大限度地发挥其功能。戴朝利认为发展传播(学)具有三重意涵：一是作为传播学的一个学科分支，二是也作为发展研究的重要组成部分，三是一种传播服务于发展的实践方式。发展传播学在 20 世纪七八十年代经过国内学者袁路阳与潘玉鹏分别撰写的两篇学术论文传入中国。③

8.4.2.2 发展传播学范式的变革

关于发展传播学的范式分类很多，如科林·斯巴克斯认为西方发展传播学研究近年

① 胡芳，刘雯．从信息无障碍看发展传播学的新拓展[J]．中国新闻传播研究，2020(1)：38-48.

② 程曼丽，乔云霞．新闻传播学辞典[Z]．北京：新华出版社，2013：2.

③ 刘宁．发展传播学视域下平民电影社会治愈功能研究[D]．成都理工大学，2016.

来经历了主导范式、参与范式、帝国主义范式、全球化范式四个阶段的变革。① Silvio Waisbord 将其分为经典范式和新范式，并利用理论树形象地介绍了不同范式下延伸出的理论。② 国内学者韩鸿分为现代化范式、依附范式和多元范式，并指出其背后各自的代表理论和传播学理论、推广方式、变革动力等。综合诸多代表性的分类方式，汇总其背后的理论支撑、变革动力、社会背景后总结出：发展研究理论从 20 世纪 50 年代开始到 80 年代大致经历了从现代化理论、拉美学派的依附理论、世界体系理论和新发展主义思想四个变迁。③ 发展传播学的范式也就基此发生了多次更替，目前学界普遍认同发展传播学范式变革主要经历了如下三次。

(1)经典范式

从发生学的角度来看，发展传播学滥觞于 20 世纪五六十年代。在当时主导的现代化理论及其实践影响下，"发展传播"的经典范式顺势而成。经典范式也被称为"主导范式""现代化范式"，作为发展传播学的第一个重要研究范式。其形成的突出标志是三位学者的成果出版，即丹尼尔·勒纳的《传统社会的消逝》(1958)、罗杰斯的《创新的扩散》(1962)、施拉姆的《大众媒介与国家发展》(1964)，而这三本书正是发展传播学的奠基性著作。④ 勒纳和施拉姆等人认为，发展中国家想要得到发展、摆脱贫困，对发达国家成功模式的移植是必然的。这一范式下的发展传播研究在结构功能主义的时代背景下，关注的焦点是经济增长。"其传播特色是一套精英主义的，垂直、自上而下、单向，线性的大众传播模式。大众传播和大众媒体的信息扩散被认为是现代化的主要手段。然而在实践中效果却差强人意。从方法学的观点来说，它扎根于进化论的传统，在价值观上坚持西方中心主义，在认识论上固守现代性与传统之间的二元对立偏见，漠视与西方国家不同的价值和路径，这一路径引发了第三世界国家的严重社会经济问题。"⑤并且这种现代化范式背后夹杂着"二战"后美国复杂的情绪，美国"二战"后经济欣欣向上，繁荣的美国社会和物质景观让人们对国家和未来有着前所未有的自信和乐观。但同时冷

---

① [英]科林·斯巴克斯. 全球化、社会发展与大众媒体[M]. 刘舸，常怡如，译. 北京：社会科学文献出版社，2009.

② Waisbord S. Familytree of the ories, methodologies, and strategiesin development communication[J]. Handbook of communication for development and social change, 2020: 93-132.

③ 张瑞静. 浅析发展研究与发展传播学的理论历程[J]. 贵州师范大学学报(社会科学版)，2012(2)：149-154.

④ 戴利朝. 罗杰斯与发展传播学的范式转换[J]. 江西师范大学学报(哲学社会科学版)，2019，52(3)：108-114.

⑤ 韩鸿. 参与式传播：发展传播学的范式转换及其中国价值——一种基于媒介传播偏向的研究[J]. 新闻与传播研究，2010，17(1)：40-49，110.

战、反叛的青年文化、种族、贫困等问题作为挥之不去的阴影在人们心中埋下了焦虑的种子，问题随着时间流逝而发酵，崩塌似乎成为必然。终于在 1968 年，爆发了一系列的冲突，法国、意大利、英国等大范围的学生运动甚至是全民运动、马丁·路德·金和肯尼迪遇刺，美国国内反战情绪高涨、墨西哥和美国黑人贫民窟的社会运动等反对和抵制现行社会秩序的声音遍及整个世界。现代化范式也受到了质疑，人们认为它和历史经验不符，因而理论并未带来承诺的消除贫困和和平民主。在此背景下，依附范式应运而生。

(2)依附—参与—帝国主义范式

当研究者们发现，照搬西方的发展模式带来的不是实质性的、全面的发展，而是一种依附性发展，社会变革的表象下还隐藏着贫富差距拉大、社会失序、政治腐败、经济发展与精神发展相背离等一系列问题，他们开始对不合理的国际经济和传播秩序作出尖锐的批评。研究者们开始关注“文化侵略”“传播帝国主义”“文化主权”等问题，由此产生了以“依附理论”和“参与理论”为理论支撑的发展传播学新范式依附—参与—帝国主义范式。①

依附论者反对现代化理论，认为不发达问题不是第三世界国家内部的问题，而是由外部因素和前殖民地融入世界经济的方式决定的。它有力地指出，不发达国家的问题并非是信息匮乏导致的，而是政治性的。② 也就是说真正使第三世界国家不发达的是社会和经济因素，即这些国家在全球秩序中的主导地位。对于依附理论家来说，现代化理论是由行为主义、实证主义和经验主义的方法驱动的。这些特殊的偏见解释了为什么结构性因素被忽视，以及为什么干预措施侧重于个人一级的行为改变，而不是贫穷和边缘化的社会原因。但是依附理论着眼于世界体系的依附范式虽旨在摆脱对西方的依附，促进发展中国家间的贸易、传播和信息流动，却在结果上导致了第三世界国家在金融和政治上对发达国家更深的依附。③

参与式范式认为各国之间存在差别，没有普世的发展路径，每个国家都必须找到自己的发展策略。以 Beltran 为代表的拉美学者在横向的、草根的、参与的、民主的和另

---

① Waisbord S. Family tree of the ories, methodologies, and strategiesin development communication[J]. Hand book of communication for development and social change, 2020: 93-132.

② Hornik, R. C. (1989) Channel effectiveness in development communication programs. In Rice, R. E. & Atkin, C. K. (Eds.) Public in for mation campaigns, 2ndedition, (pp. 309-330). New bury Park: Sage.

③ Servaes, J.. Toward a new perspective for communication and development. InF. Casmir, Communicationin Development. Norwood, NJ: Ablex Publishing Corporation, 1991.

类的传播上促进了参与式传播理论的发展。在其《告别亚里士多德》的著名论文中，Beltran 发展出一种基于近用、对话和参与的“横向传播”模式。“参与范式在 80 年代到 90 年代之间繁荣发展，但这一模式的实际效果却出奇地差。”①因为有太多悬而未决的问题，如：民众和专家的知识冲突时，以谁为准？参与的主体是什么？参与的本质(民主)和统治阶级利益冲突时怎么办？通过什么发展？为谁发展？这些问题推进了帝国主义范式的产生。

帝国主义范式集中体现为“媒介帝国主义”与“文化帝国主义”，它强调第三世界国家与发达国家之间的结构性不平等构成了其发展过程中的主要障碍。不同于参与范式强调国家内部底层民众的广泛参与，帝国主义范式更关注发展中国家的外部的结构性限制因素，换言之，也即将视角明确转向了对发展中国家与发达国家之间关系的分析。因而，这一范式在实际操作中强调国与国之间的不平等关系，关心在诸如联合国教科文组织等机构中通寸行使投票权与殖民者展开斗争。随着国际关系的变化，帝国主义范式日渐衰落。该范式由于和政治问题联系过于紧密，并为政治斗争做出明显攻变，因此当政治力量转换后它无药可救地陷入学术废墟之中。② 美国、英国、新加坡先后退出联合因此，如何超越两种范式的理论和实践缺陷，探寻传播促进发展的路径，就成为 20 世纪 70 年代发展传播学面对的最大问题。③

(3)多元范式(全球主义范式)

1973 年在哥斯达黎加会议上，拉美传播学者集体呼吁采用扎根本土的理论和方法来回应当地的问题，由此设定了之后几十年发展传播学的另一条发展路径，这一范式认为各国之间存在差别没有普世的发展路径每个国家都必须找到自己的发展策略。④ 研究者进一步肯定大众传播对于推动社会发展能起到的重要作用，普遍以多元的立场对待不同的观点和研究方法，认为各发展中国家应选择符合本国实际情况的发展目标和道路，形成与之相适应的发展传播模式。在批判学派的影响下，发展传播学者更重视政治和经济环境对传播的影响，进一步意识到传播无法独立产生效果，从而把传播视为整个社会发展系统的一个组成部分，认为第三世界国家传播事业的发展，必须以其整体发展政

---

① 张瑞静．浅析发展研究与发展传播学的理论历程[J]．贵州师范大学学报(社会科学版)，2012(2)：149-154.

② 张瑞静．浅析发展研究与发展传播学的理论历程[J]．贵州师范大学学报(社会科学版)，2012(2)：149-154.

③ 韩鸿．发展传播学近三十年的学术流变与理论转型[J]．国际新闻界，2014，36(7)：99-112.

④ 韩鸿．参与式传播：发展传播学的范式转换及其中国价值——一种基于媒介传播偏向的研究[J]．新闻与传播研究，2010，17(1)：40-49，110.

策、战略为前提。

8.4.2.3　代表性学者的代表观点

(1)经典人物的代表性观点

施拉姆在《大众传播媒介与社会发展：信息对发展中国家的作用》一书中讨论了信息传播对发展中国家的作用。施拉姆提出了大众传媒传播信息能有效促进国家发展的观点，有效的信息传播可以对经济社会发展作出贡献，可以加速社会变革的进程，也可以减缓变革中的困难和痛苦；同时从现实来看，发展中国家在信息传播方面也远远落后于发达国家，严重阻碍了发展中国家的经济、政治、文化等社会各个方面的发展，消除这种信息不平衡的现象是发展中国家面临的一项艰巨任务。而信息传播在国家发展中有守望环境、参与决策和提供教育的功能。因此，要想完整这项艰巨的任务势必要借助传媒的力量。① 施拉姆的观点看到了大众传媒的积极作用，但从后来的结果来看施拉姆对大众传媒在国家发展中的功能持完全乐观的态度，有强烈的理想主义色彩，显然过高地估计了大众传媒的作用。丹尼斯·勒纳在其1958年出版的《传统社会的消失：中东的现代化》一书中，通过对中东地区7个国家的调查数据描述和结果分析，详细探讨了中东地区向现代社会转变的过程，特别是着重分析了在这一过程中价值观念与行为模式的变化。勒纳指出大众传媒作为高度组织化和专业化的社会机构，具有强大的经济实力，它在社会生活中的作用有传媒信息、普及教育、参与政治、舆论监督四大作用。勒纳特别强调人的现代化，它将现代性人格定义为“移情性格”，即在考察世事时能够换位思考，不囿于个人狭隘经验，能设身处地从他人的角度出发。在工业化的影响下，人们敢于接受与既往个人经验截然不同的新思想、新事物。关注个人经验范围以外的事情，敢于尝试社会赋予自身的新角色。最重要的是大众传媒不仅能刺激“移情性格”的产生，还能将这种人格传播至全社会，即在国民中普及此种人格，故称为现代人格的“奇妙的放大器”②。罗杰斯在《创新的扩散》一书中，提出了曾经是发展传播学研究主导范式的创新——扩散模式。与上两位先驱一样，罗杰斯也将传播视为社会变革的基本要素。关于个人层次的现代化，他将大众传媒视为中心环节，五个投入环节(原因)：读写能力、教育程度、社会地区、年龄和世界主义精神，经由大众媒介这个转换器的作用，即可产生五个产出环节(结果)：移情性格、务实和治家的创造性、政治知识、成就冲动和进

---

① ［美］施拉姆．大众传播媒介与社会发展［M］．金燕宁，等译．北京：华夏出版社，1990.

② Daniel Lerner. The Passing of Traditional Society：Modernizing the Middle East［M］. 1958-09.

取心。①

(2)当代人物的代表性观点

进入21世纪后 Srinivas R. Melkote，H. Leslie Steeves 在《第三世界的发展传播：赋权的理论及实践》一书以概念(conceptual)为线索，从现代化、批判、解放的视角追溯了发展传播研究的历史，论证了赋权(empowerment)的传播策略。重点对参与式范式中的核心且有争议的概念——“赋权”进行多层面的分析。本书中将赋权被定义为通过个体、组织及社群获得对社会和经济状况，社区中的民主参与，以及对民众自己生活的控制和掌握的合法性的过程。② Paolo Mefalopulos 在《发展传播资料读物：拓宽传播的边界》一书中，作者认为发展传播研究可分成：现代化范式、依附范式、参与式范式。目前，现代化范式已被学界部分放弃，而新的范式还没完全被大家接受。因为，上述三种范式中包含重叠观点，作者认为更好的分类方法是将整个发展传播研究分成两类基础模式(mode)：独白模式(monologic mode)、对话模式(dialogicmode)。所谓“独白”模式，是指为改变行为的单向传播模式，这种模式可与“扩散”的发展传播视角相联系，其主要应用为：告知与说服；而所谓的“对话模式”则是为参与和发现的双向传播：这种模式与新出现的参与范式相联系，是平行、双向的传播模式。对话模式有助于制造一种有建设性的社会环境，而这种环境给发展利益相关者提供了在确定问题与解决问题的过程中的参与机会，其主要应用为评估和赋权。③ Manyozo 回溯了发展传播学的过往研究，将发展传播学划分为六个学派：布林顿森林学派、拉美学派、印度学派、菲律宾 LosBaños 学派、非洲学派和参与式学派。communication for social change consortium 的专家团队 Dagron，A. T. Tufte 等人合撰了一部《发展传播文集：历史及当代文物》论文集对近千篇指涉发展传播研究的文本进行了分析，挑选了97篇经典文献，89篇现当代文献。④ 在实证研究方面 J. E. Fair 分别在1989年和1997年对过去30年的200余项发展传播项目和过去10年的140篇期刊、论文集和专著进行了量化研究，指出了范式更迭实践要滞后于理论，同时指出当下参与式模式开始与创新扩散理论一起成为

① [美]埃弗雷特·M. 罗杰斯. 创新的扩散[M]. 辛欣，译. 北京：中央编译出版社，2022.

② Srinivas R. Melkote，H. Leslie Steeves，Communication for Development in the Third World：Theory and Practice for Empowerment，New Delhi，Sage，2004

③ 李萌. 美国发展传播研究的历史考察：发展传播现代化范式的生成、危机与重构[D]. 武汉：华中科技大学，2012.

④ Dagron，A.，T. Tufte. Communication for social change anthology：Historical and contemporary readings，CFSC Consortium，Inc.，2006.

重要的理论支点。①

(3)中国发展传播学代表人物的主要观点

自20世纪80年代以来，中国的传播学界引入了发展传播研究，学者们开始介绍其基本观点和背景。潘玉鹏的《发展传播学简介》②，刘燕南等人翻译、撰写的《传播事业与国家发展研究现状》③《青年传播学小组举行“大众传播与国家发展问题”学术讨论会》④等文章开始介绍发展传播研究的一些基本观点，及该研究兴起的背景、研究现状。奠定了中国发展传播学研究的基础。

进入90年代，学者们对发展传播理论进行了反思和修正，并将其与中国的实际情况相结合，出现了两个主要研究方向：对西方理论进行反思和分析，以及与中国实际相结合的创新研究。这些研究走向反映了学界对发展传播学的追求和探索，对于理解传播与社会发展之间的关系以及媒介在促进社会发展中的作用具有重要意义。

学者韩鸿在《参与式传播：发展传播学的范式转换及其中国价值》⑤中提出了“参与式传播”的概念，较为系统地介绍了发展传播研究的三种不同范式(现代化范式、依附范式和多元范式)，重点梳理了参与式传播的基本特征、基本模式和理论基础，以及对参与式传播理论的争议与反思。韩鸿认为，参与式传播是一种创新的传播模式，强调集体行动和对话，促进思考和共识的民主化过程。在《发展传播学近三十年的学术流变与理论转型》指出其研究基本走向呈现出逐渐从个体变革转向社会变革，从信息扩散转向公民参与，从国家、国际转到社区，权力问题突显并日益中心化的态势。⑥

其中，韩鸿认为相较于传达信息，参与式影像的生产与传播更重要，它通过发声来创造对话，达成共识。在中国广大农村，参与式传播具有良好的传播效果，因为草根传

① Fair, J. E.. 29 years of the ory and researchon media and development: the dominant paradigmimpact. Gazette, 1989(44): 129-150.

Fair, J. E. &Shah, H. Continuities and discontinuities incommunication and development research since 1958. Journal of Inter national Communication, 1997, 4(2): 3-23.

② 潘玉鹏. 发展传播学简介[J]. 新闻大学, 1989(4): 47-49, 46.

③ [美]埃弗雷特·M. 罗杰斯, 刘燕南. 传播事业与国家发展研究现状[J]. 国际新闻界, 1988(4): 22-25, 14.

④ 刘燕喃, 袁方, 朱国圣, 等. 青年传播学小组举行“大众传播与国家发展问题”学术讨论会[J]. 国际新闻界, 1989(1): 29-33, 7.

⑤ 韩鸿. 参与式传播: 发展传播学的范式转换及其中国价值——一种基于媒介传播偏向的研究[J]. 新闻与传播研究, 2010, 17(1): 40-49, 110.

⑥ 韩鸿. 发展传播学近三十余年的学术流变与理论转型[J]. 国际新闻界, 2014, 36(7): 99-112.

播模式为新农村建设提供了良好的媒介基础。① 此外，参与和赋权是中国参与式影像发展的两大指标，这种影像实践在个人和集体层面上有助于公民表达权、知情权、参与权、决策权和监督权的实现，但是推动参与式传播仍然面临权力问题。②

此外，韩鸿还介绍了根植于参与式发展理论的正态偏差方法，认为其改变了创新扩散理论的根本原则，其创新思想来自社区、普通使用者和日常经验，对于研究中国西部地区的乡村发展和社会变迁具有潜在的效果，然而目前尚未有明确的示范。③

胡翼青从发展传播学的角度出发，探讨传媒与我国小康社会建设的关系问题，提出传媒对我国小康社会建设的推动作用有限，可能因社会环境及方式方法等因素而产生阻碍作用。其从物质文明、精神文明以及政治文明等方面进行了详细分析，并通过实证研究指出，大众传媒在借助人际传播时才能产生更好的传播效果，在培养人的现代性方面的效果也有限。④

胡翼青还探讨了传媒本土化的问题。胡翼青、柴菊指出，以勒纳为代表的美国发展传播学属于后殖民理论，带有强烈的美国主流意识形态；其认为中国学者现阶段对于发展传播学的研究过于功利主义，消解了中国传播研究者的主体性。⑤

史安斌和朱泓宇主要关注发展传播学的理论适用与创新问题。首先，从"全球南方"视角指出新冠疫情加速了信息与传播技术对社会关系的渗透，但这影响不均衡，尤其加深了发展中国家的数字鸿沟；其次，提出在后疫情时代，发展传播学在信息传递、教育培训、组织网络和社交媒体赋能方面充满机遇和挑战。⑥

史安斌、朱泓宇又指出"基础设施"是发展传播学重新理解的关键概念。当前，发展传播学已超越现代化范式，转向强调自主性和能动性的新兴范式，但是现有范式缺乏具有影响力的学术体系和认识论、方法论支持。学者通过文本扫描和比较研究探索"传

---

① 韩鸿．参与式影像与参与式传播——发展传播视野中的中国参与式影像研究［J］．新闻大学，2007，94(4)：74-80.

② 韩鸿．参与和赋权：中国乡村社区建设中的参与式影像研究［J］．国际新闻界，2011，33(6)：19-27.

③ 韩鸿，阿尔文·辛文德．超越创新扩散？——论发展传播学中的正态偏差研究［J］．国际新闻界，2012，34(2)：6-12.

④ 胡翼青．我国传媒与建设小康社会——基于发展传播学的思考［J］．扬州大学学报(人文社会科学版)，2005(6)：63-67.

⑤ 胡翼青，柴菊．发展传播学批判：传播学本土化的再思考［J］．当代传播，2013，168(1)：12-15.

⑥ 史安斌，朱泓宇．重构后疫情时代的发展传播学："全球南方"的视角［J］．青年记者，2021(11)：91-94.

播、社会发展与基础设施"的关系。提出未来发展传播学的发展需要重视传播政治经济学取向，并回归经典研究文本，避免认识论僵化和方法论"内卷化"；以中国本土和更广范围的时空环境为研究基础，重新思考基础设施的内涵和外延，推动发展传播学的叙事更新和逻辑转化，促进发展传播学的学术取向、历史沿袭和未来演进。①

除理论研究外，很多学者在发展传播学的视域下开展实证研究，例如乡村传播、少数民族传播等。李苓、臧肖基于中国西部汉藏羌民族混居区域的研究提出了"拐点"的概念，即由于传媒的缺位导致的当地呈现出社会发展与个体行为的差异，以及传媒的辐射在一些项目上产生的偏差，具体表现在半山农牧区手机、电视的信号接收问题，媒体宣传的盲点，等等，这些都需要被完善和提升。②

李苓、袁桐继续对中国西部民族聚居区传媒实践展开研究，试图创建中国本土的传媒影响力类型化分析理论。强调了大众传播在中国西部地区对于形塑人们的现实观和社会观的重要性，进而提出了三种传播效果模式，探讨如何实现民族聚居区文化融合和大众传播效果最大化，认为应该通过构建适应的价值体系来培养和强化"共意性"。最终，文章提出了融合传播学的概念和意义框架，强调它对于解决不同地区、不同文化之间的相处法则以及发展传播学的研究具有重要意义。③

8.4.3 学派对比

发展传播学作为传播学学科的分支之一，在研究中视角较为周全。既有从行为主义角度出发，运用经验方法和实证主义分析的研究；亦有从传播政治经济学派、文化研究学派、后现代主义研究流派等汲取经验的思辨性研究。发展传播研究是关于大众传播与国家发展的关系是一项应用性、对策性很强的重大研究课题，这项研究是第二次世界大战以后在西方和第三世界国家开展起来的，目的在于探讨如何开发利用现代化的传播技术、信息系统与资源，促进发展中国家的社会现代化过程。研究的重点是国家与国家之间的关系、国家发展等命题，因此在传播学领域与传播政治经济学派契合度较高。此外研究的课题还不可避免地和社会学、人类学、经济学等领域产生跨学科交集。

---

① 史安斌，朱泓宇．发展传播学的叙事更新与逻辑转化："传播基础设施"的概念与取向之辩[J]．南昌大学学报(人文社会科学版)，2022，53(5)：77-86.

② 李苓，臧肖．传媒辐射与区位中的拐点研究——关于中国西部汉藏羌民族混居区域的传媒调查[J]．西南民族大学学报(人文社会科学版)，2011，32(11)：156-159.

③ 李苓，袁桐．融合模式：关于西部民族地区传媒使用的共意性需求研究[J]．中国编辑，2017，86(2)：25-32，44.

8.4.4 发展传播学对中国传播学发展的影响

发展传播学最早的学者开创了“主导范式”，探讨大众传播如何促进落后国家实现现代化。早期的发展传播学确实带来了一些积极的影响，尤其是为发达国家的经济发展与现代化带来了理论指导和借鉴作用。然而，经过十多年的发展，该范式的推广与发展遇到了瓶颈。第三世界国家对媒介主权的挑战表明大众媒体在社会发展中的作用被质疑，第三世界国家在主导范式的影响下，对西方发达国家制度的照搬、效仿反而造成本国经济发展受阻，在某种程度上加深了对发达国家的依附。另外，影响发展的因素众多，大众媒体的作用并非如主导范式所认为的那样重要。1975 年 8 月 1 日，印度启动了名为“星视实验”的项目，利用美国提供的免费卫星技术进行大众教育，学界将这一事件视为信息技术在第三世界国家的重要试验。① 然而，研究发现印度村庄的种姓制度、城乡差距和语言文化等因素影响了传播效果，结果并不理想。② 主导范式多把发展问题归因为不发达国家或地区的内因，而忽视了外在的制约因素，对现代化理论的批判让学者重新思考发展传播学的走向。在这种境况下，形成了发展传播学新路径，关注社会变革、传播权以及“权力问题的中心化”，提倡自下而上的参与模式，把视域由国家转向国际，最终转向社区。③

发展传播学自 20 世纪 80 年代引入中国，经历了从发展传播的主导范式到批判与反思的转变，最终走上探索适应中国实践的本土化理论的道路。改革开放后，中国取得重大发展成就，已经全面建成小康社会，正在全面建成社会主义现代化强国的道路上前进。中国拥有着独特的政治体系和经济社会制度，中国媒体具有“社会效应”和“经济效应”的双重属性，形成了独特的“传播-发展”中国式机制，为发展传播学的理论发展提供了丰富的实践基础。当前，发展传播学对中国传播学研究的影响主要包括以下几个方面：

引入新的研究领域和议题：中国传播学研究在发展传播学主导范式的影响下，开始关注农业农村、教育等问题与社会、经济和文化发展相关的议题；伴随参与式传播范式的发展，越来越多的议题被纳入发展传播学的范畴，如健康传播、环境传播、媒介赋权

---

① 方晓恬，王洪喆．寻访“缺失的一环”：冷战、现代化与香港传播研究的起源（1965—1982）［J］．新闻与传播研究，2022，29（10）：94-109，128.

② K. E. Eapen. Social Implications of Satellite Instructional Television［J］. The Asian Messenger, 1976，1（3）：24-28.

③ 韩鸿．发展传播学近三十余年的学术流变与理论转型［J］．国际新闻界，2014，36（7）：99-112.

与全球性的社会运动等①，拓宽了中国传播学的研究领域。段鹏以“参与式传播-发展”模式作为理论假设，探讨了农民参与短视频传播的过程和特点，并总结了这种三农短视频对农民和社会带来的发展和变革，认为农民在媒介的加持下拥有了更为广阔的叙事权利，出现了“鸿沟的渐隐”，但仍需关注农民在网络参与中的权利和资源分配问题。② 郭建斌、姚静通过对中国西南少数民族地区的研究案例分析，考察媒介使用与社会发展现状，发现发展传播理论与中国特定的传媒体制和发展模式之间存在张力，旨在讨论这种张力以及为未来中国发展传播研究提供新的可能性。③

提供新的理论框架和视角：发展传播学注重本土化和跨文化的研究视角，为中国传播学研究提供了新的理论模型和框架，使得研究者能够更好地解释中国社会的特点和发展现象。史安斌和朱泓宇从“全球南方”视角探讨后疫情时代的媒介赋能与传播社会发展的互动关系，指出新冠疫情加速了信息与传播技术对社会关系的渗透，但这影响不均衡，尤其加深了发展中国家的数字鸿沟；同时指出在后疫情时代，发展传播学在信息传递、教育培训、组织网络和社交媒体赋能方面充满机遇和挑战④。

促进本土化理论的诞生：中国的发展模式和成功经验为中国传播学研究提供了实践土壤，研究者在反思既有的发展传播学理论的基础上，提出具有中国特色的本土化理论范式，为中国传播学研究贡献了具有中国智慧的发展方案。发展传播学一直与现代化研究密切相关。在“中国式现代化”的概念提出之后，许多中国学者力图摆脱认知与具体实践之间的悬浮状态，为推动中国式现代化作出了贡献。涂凌波、王子薇认为传统的发展传播学范式受限于线性历史观、单一发展观和技术中心主义，无法有效解释中国的媒介与社会发展历史。因此，发展传播学对当下研究的影响及意义在于提醒学者超越传统框架，关注中国式现代化及其中的媒介实践，构建新的媒介与发展传播类型学，从而推动学科的发展和为中国式现代化进程提供有针对性的研究支持。⑤ 赵月枝在与沙垚的对话中指出，发展传播学对第三世界乡村问题的关注带有冷战地缘政治色彩。该学派研究

① 郭建斌，姚静．发展传播理论与“中国式”发展之间的张力及新的可能——基于中国西南少数民族地区三个案例的讨论[J]．新闻大学，2021，177(1)：11-35，118.

② 段鹏．鸿沟的渐隐：发展传播学视野下的农民参与和乡村振兴——作为“新农具”的三农短视频[J]．当代电影，2021，304(7)：134-139.

③ 郭建斌，姚静．发展传播理论与“中国式”发展之间的张力及新的可能——基于中国西南少数民族地区三个案例的讨论[J]．新闻大学，2021，177(1)：11-35，118.

④ 史安斌，朱泓宇．重构后疫情时代的发展传播学：“全球南方”的视角[J]．青年记者，2021，703(11)：91-94.

⑤ 涂凌波，王子薇．中国式现代化与媒介发展：建构新闻传播学自主知识体系的实践基础[J]．新闻与写作，2023，465(3)：24-33.

将第三世界乡村置于西方中心主义视角，并将其纳入资本主义现代化和发展主义的范畴。提出了“超越发展传播学的乡村传播”的观点。①

总体而言，发展传播学的引入为中国传播学研究带来了新的议题、理论框架，并为中国的传播实践提供了更具本土化和适应性的参考方向，推动了中国传播学本土化研究的发展。

（山东师范大学新闻与传播学院　张冠文）

① 沙垚．重构中国传播学——传播政治经济学者赵月枝教授专访［J］．新闻记者，2015，383（1）：5-14.

9. 我与年鉴

9.1 编辑札记

9.1.1 亲历与见证《中国新闻传播教育年鉴》成长的全过程

《中国新闻传播教育年鉴》从2016年开始至今，出版7年了。2022年12月的最后一天，编辑部为《中国新闻传播教育年鉴(2022)》的出版发行，在湖北大学举办首发式并召开首届年鉴编撰理论与实践研讨会，来自国内知名高校的有影响的专家学者济济一堂，就年鉴的编辑出版发表真知灼见；2023年5月中旬，众多专家教授又相聚南京大学，为进一步办好年鉴建言献策。

7年时间，可谓弹指一挥间。为了编好年鉴，年鉴编委会和年鉴编辑部同仁付出了许多心血，本人有幸参与其中，也见证了年鉴成长的全过程。

每年的年鉴编辑分工会议，实际上是一次新闻传播教育的学术研讨会。每到这个时候，各位承担年鉴写作任务的老师们从全国各地会集到一起，就年鉴的内容、体例、结构等进行研讨、磋商，出谋划策。大家知无不言、言无不尽，都有一个共同的愿望，希望年鉴一年比一年完善，为中国新闻传播教育留下一个靓丽的侧影；一年比一年质量提高，成为中国新闻教育界足可珍贵的信史。对这个例会，我是尽量参加，基本上没有落下过，因为它的学术研讨性质，也因为它是新老朋友们的见面会。

年鉴为保证编辑出版顺利，在武汉设立了编辑部。这是一个名副其实的同仁团体。由武汉大学、华中科技大学、华中师范大学、中南财经政法大学、中南民族大学、湖北大学、武汉体育学院、华中农业大学、中国地质大学(武汉)等高校的老师们和武汉大学出版社编辑组成。在中国的定期出版物中，它应该是独树一帜的组织。这是一个无财政经费支持、无固定的办公地点、无实体形态的组织，可以戏称为“三无”组织。同时，它又是精干、和谐、团结、高效率开展工作的组织。在这里，成员各司其职、不计名利，大家都是自愿、义务地为年鉴工作。可以说，年鉴里的每一篇文稿，都经过了编辑部成员的精心编辑。每年按期出版的精美的年鉴，凝聚了编辑成员们的心血和智慧。

我有幸参与年鉴的工作，在年鉴编纂中负责教授名录板块的校对，这是一个人物小传的栏目，按照编例，每位教授必须在600字以内将自己的各种信息介绍清楚，包括职称、职务、学术经历、教学状况、研究领域、学术成果，主持项目、获得的荣誉等。这个板块看似简单，实际上编校起来不容易：有的教授写得较多，多到1000字甚至1500字，这得删减至600字以内。由于时间关系，来不及退回传主本人修改，只好我为之代劳，既要删减，又不能将教授们的“卓著功绩”遮蔽，有时为删除哪些或留下哪些内容颇费周章；有的教授比较惜墨，对自己的介绍，仅仅100字左右，这种情况只好联系编辑部负责联络的老师，退回让传主重写；还有的教授在小传中，不吝将许多华丽的“桂冠”送给自己，这时我又不得不夺人之美，将这些词语尽行删除，使之成为一篇立场中庸的传记。

这个板块，由于它是本学科国内顶尖级的人才及其高端的成果的展示，内容又丰富多元，所以，编校过程也是向全国的教授们学习的过程。在这个板块里，我邂逅了许多熟悉的前辈先进老朋友，也结识了许多陌生的新朋友，有的甚至从纸面的铅字成为现实生活中的熟人好友。我和云南的张名章教授就是这样熟悉的。起初从个人小传中知道他，后来我到云南出差和他相识，承蒙他的关照，我们在云南办事一切顺利，还承蒙他亲自驾车带我们游览云南著名的旅游胜地抚仙湖，一起在风景秀丽的滇池边品尝美食，参观在中国高等教育史上具有历史意义的西南联大旧址。我们成为推心置腹交流的朋友。这份友谊是拜年鉴所赐。

年鉴同时也是培育孵化研究项目的基地。2016年在全国高校开展的学科评估中，学术期刊A类期刊受到关注，年鉴编辑会议提出要对各高校A刊发稿情况进行统计。正好我们学院的曹鹏老师在攻读博士期间做过相关研究，熟稔情报信息理论和统计方法，我们便承接了这项工作。2017年在海南师范大学召开年鉴编辑会议的时候，我们推出了2016年各高校研究机构在A刊发表论文的排行榜，该排行榜选取新闻传播学4种重要国内期刊(《新闻与传播研究》《国际新闻界》《现代传播》和《新闻大学》)作为数据来源，对新闻传播学核心研究机构、核心研究队伍、高产作者、主要研究内容、高被引论文、热点论文等进行分析统计，排行榜立刻受到各高校老师们的广泛关注，当天晚上点击量达到3000，第三天就突破7000，这表明学界非常重视这个研究。接下来，我们又分别在山东大学、兰州大学、四川大学等地召开的会议上发布了六个排行榜，同样受到高度关注。实际上，许多学者特别是学院负责人在我们刚刚完成分析后就打听当年的排行情况，说明这项工作受到同行和管理者的期待和欢迎，这个排行榜已成为年鉴的一个品牌项目。当然，这和学会张昆会长的敏锐的学术眼光分不开。在这个排行榜之后，年鉴又推出了由陶喜红教授主创的各高校获得国家社科基金项目的排行榜。史安斌教授主创的新闻传播国际高校排行榜，也成了备受关注的研究报告。

各省的新闻传播教育事业发展状况是年鉴的开篇部分，撰写之前要花大量时间搜集资料。湖北省的部分原由武汉大学周茂君教授负责撰写，最近两年，周茂君教授负责的这一块转到我的名下。为了写好湖北省新闻传播教育的发展过程，需要对全省新闻传播教育工作点上的情况和面上的情况有充分的把握。我带领研究生在网上查资料，去图书馆找资料，在教育厅网站寻觅，在各高校院系的官网核对，力图对全省的教育发展概貌有一个准确的描摹。这项工作看似平常，实则是耗时、费神又细致的活儿。

他山之石，可以攻玉。年鉴开辟有介绍国外高校传播教育情况的板块。我承担过为该板块撰稿、组稿的任务，将自己国外访学、同事留学国外高校所了解的情况与年鉴读者分享，这个过程其实是非常愉快的。

2016年出版的年鉴内容分为三大板块："总论篇"，主要是对中国新闻传播教育历史进行回溯与梳理；"平台与人物篇"，旨在彰显中国新闻传播教育的主体；"成果与政策篇"，主要是对该领域的专业与学科评估、教学成果、教育政策等进行综述与解读。三大板块共包含11个章节：中国新闻传播教育简史、不同类别院校新闻传播教育发展综述、新闻传播教育界行业组织、新闻院系巡礼、研究生教育与博士后流动站、教育家研究系列、新闻传播学教授名录、专业及课程等建设、学生竞赛、专业与学科评估、科学研究与交流。

经过多年的积累，年鉴已形成基本成熟的编纂体例，2022年版的内容包括：总论篇、教育组织篇、教育者篇、学生事务篇、人才培养篇、评估、评奖和排行榜篇、新闻传播教育研究篇、他山之石篇、我与年鉴和附录与年表。这些部分囊括了中国新闻传播教育界的方方面面，有继承、有创新。一本年鉴已然成为中国新闻传播教育的百科全书。

梁启超在《中国历史研究法》开篇中写道："史者何？记述人类社会赓续活动之体相，校其总成绩，求得其因果关系，以为现代一般人活动之资鉴者也。"七年的年鉴作为一个连续出版物，具有了梁启超所描述的对象的特质。如果要对这本年鉴做一个描画，我想用这样四句话来表述：《中国新闻传播教育年鉴》是一本由一群有强烈使命感和赤诚情怀的人们编撰的连续出版物，一本中国新闻传播教育的百科全书，一本当代中国新闻传播教育的史料集，一本新时期以来中国新闻传播教育改革发展史。

（湖北大学新闻传播学院　廖声武）

9.1.2 "我们的"和"大家的"——《中国新闻传播教育年鉴》编撰札记

1918年3月27日，胡适在致母亲的书信中写道："昨天忙了一天，替《新青年》做了一篇一万字的文章。这文是不卖钱的。不过因为这是我们自己办的报，不能不做文。

昨天一直做到半夜后三点半钟才做好。这篇文字将来一定很有势力，所以我虽吃点小辛苦，也是情愿的。”①这是同人办报时期《新青年》编辑们的真实心境：一方面，为了共同的志业不计报酬、不辞辛劳；另一方面，也打心眼里觉得自己干了一件特别有意义的事情。这样的心境，正是我参与编撰《中国新闻传播教育年鉴》(以下简称《年鉴》)的最大动力。记得当年张昆老师告诉我编撰《年鉴》的设想时，我激动得手足无措。因为我深知，在百余年的发展历程中，中国的新闻传播教育历经坎坷，连鼎鼎大名的燕京大学新闻系都曾一度停办。中华人民共和国成立后，先是将过去的经验推倒重来，一边倒地学习苏联，后在相当长的时间内基本陷于停滞。在此历史背景下，如果我们能够一年出版一卷《年鉴》，至少对新闻传播教育起到三方面的推动作用。其一，很显然地，为当下及未来的新闻传播教育提供参考，这是年鉴的本义。其二，以《年鉴》编撰为纽带，形成了规模庞大的年鉴编委会，每年一次的编委会几乎囊括了所有主流新闻传播院系。利用编委会这个平台，各主流新闻传播院系可以作会上、会下的充分交流，既可各取所需，亦可取长补短。于是，这个平台成为新闻传播教育界继教指委、高教委之后又一交流平台，不少好的教学、教育经验通过这个平台传之四方。其三，《年鉴》长期不间断的出版，将起到为新闻传播学科铸魂的作用。如果《年鉴》一直不间断地出版下去，若干年后就能成为中国新闻传播教育的文化坐标，由此形成一代又一代的集体记忆，收到传承中国特色的新闻传播教育精神之效果。

多年的编撰实践证明，“我们的”已成为《年鉴》编委会的共同心理。这突出的表现在编委们领受任务时的积极主动和完成任务时的保质保量。按照《年鉴》的编撰惯例，在每一年的编委会上先由张昆老师代表编辑部提出编撰任务，然后由各位编委自愿领取。一般来说，编辑任务保持大体不变，各位编委的任务也相对固定，因此，绝大多数的时候各位编委实际只作确认。据笔者多年的观察，编委们对自己的“固有任务”从不推却，往往在现场洪亮地应答：“没问题!”颇为壮观的是，连绵不断的“没问题”应答声响彻整个会堂。即使有个别编委因客观原因不能到场，也通常派出代表，以示重视。而对于新增的或变动的编撰任务，常常出现两个或两个以上的编委争领一个任务的情景。来年，编辑部都能在截稿期限前收到所有编委或编委代表的来稿。疫情三年，皆是如此。令编辑部和出版社“头疼”的是，几乎每年的到稿总篇幅均超出预期，有时甚至超出几十万字。这也从一个侧面表明，各位编委在完成任务时的尽心尽力和保质保量。

然而，在《年鉴》的文章中却不能带有一星半点“我们的”痕迹，而应时时处处秉持

---

① 胡适．致母亲[M]．耿云志，欧阳哲生．胡适书信集(上)．北京：北京大学出版社，1996：140.

"大家的"立场，因为《年鉴》是公器不是私物。客观而言，作者不可避免地带有其自身的立场、观点，而这种立场、观点有时是纯私人的，因此，在《年鉴》的审稿过程中，编辑们要提高警惕，有些栏目应特别警惕，比如"口述史"栏目。"口述中包含各种不真实成分，几乎是难以避免的。因为时间久远，受访者记忆出现偏差，如记错了时间，人物张冠李戴、事件因果关系错乱等。而受访者站在今天的立场回溯历史，犹如戴有一副变色眼镜去眺望远处的山景。"①在笔者审稿的过程中就发现，因年代久远，口述史的受访者极易发生诸如时间、地点、人物、历史方位等细节性错误，也不同程度地存在掩恶溢美的现象。这就需要审稿人对相关历史细节熟稔。唯其如此，才能及时、准确地纠正错讹，不致发生张冠李戴的现象。当然，作为审稿人，充分尊重受访人意愿，是相当必要的。即是说，不能因为口述史实与主流记载存在抵牾就全盘否定口述史实的价值。这样，就泯灭了口述史的价值。美国著名的口述历史学家唐纳德·里奇曾语重心长地写道："大多数情况下，我们接触到的口述历史都倾向于混淆而非肯定我们的推测，将矛盾的观点摆在我们面前，鼓励我们，从多个视角审视历史事件。口述历史的价值不是来自去否定那些意想不到，而是要享受。通过加入更多广泛的声音，口述历史并不会简化历史叙事，而是使之更加复杂——也更加有趣。"②那么，究竟如何对待与主流记载有出入的口述史实呢？笔者的做法是，与受访人沟通，纠正其不确定之处，保留其言之凿凿的地方，尤其在关键史实、价值判断等方面慎之又慎，能不改则不改。

千言万语凝练成一句话，用"我们"的热情为"大家"服务。

（华中师范大学新闻传播学院　张继木）

9.2 编读往来

9.2.1 精益求精，臻于至善

谢谢何主任，各位领导、各位学界同仁上午好！首先感谢张昆院长和聂院长的邀请，祝贺《中国新闻传播教育年鉴(2022)》正式发布，也向主持年鉴编辑工作的张昆主编、编委会成员以及参与撰写的各位专家学者表达我的敬意！

① 刘小萌．中国知青口述史[M]．北京：中国社会科学出版社，2004：13.

② [美]唐纳德·里奇．大家来做口述历史[M]．邱霞，译．北京：当代中国出版社，2019：Ⅳ.

2016 年至今，《中国新闻传播教育年鉴》已经出版七部。它记录了中国新闻传播教育的历史脉络和发展现状，为我们提供了多角度、多方面的参考和启示。从第一部到第七部，年鉴的编辑工作稳中求进，成果丰硕。令我印象深刻的有三点。

一是编写体例新益求新，不断完善。2016 年的首部年鉴开辟了院系巡礼、教育家研究、口述史等延续至今的主要栏目。在此基础上，2017 年的年鉴有所创新，增加了一批特色栏目，如中国新闻传播教育年度综述、新闻传播教育地图、新任院长施政方略、新闻传播教育史钩沉、他山之石，等等。在前两部年鉴的基础上，2018 年有所创新，进一步优化了结构、充实了内容。此外，2018 年适逢中国新闻传播教育创办 100 周年，也是改革开放后新闻传播教育恢复发展的 40 周年，年鉴特别记录了“纪念中国新闻教育暨北京大学新闻学研究会成立 100 周年”学术研讨会活动，回顾、总结了改革开放 40 年来新闻传播教育的成就。2021 年的年鉴又推出了新的版本、新的体系，增加编辑札记、读者评价、年鉴记忆、勘误表等栏目，体现了编委会严谨求实的工作作风。总之，年鉴在弘扬传统的同时不断开拓创新，使内容更加丰富多彩，也更有参考价值。

二是编写态度细致严谨，求真务实。年鉴是一部资料性的工具书，并且是信息密集型的工具书，编写不易。从创意策划到组稿、编辑，再到整合、编纂成一体，直至出版、印刷，就像一个庞大的系统工程，如果没有强有力的组织工作来维系和支撑，是很难实施的。正因为如此，主编、编辑团队的责任感、专业努力和奉献精神尤其值得赞许。我们每年看到的是一部完整的年鉴，但是我们并不十分了解的是，在张昆主编的主持下，年鉴编委会每年多次召开编辑会议，总结经验，规划未来发展，并就编写框架、改进思路展开探讨，使得年鉴的编辑工作能够与时俱进，不断开创新局面。

三是学术追求令人尊敬和感佩。作为年鉴主编，张昆院长于 2015 年开始启动年鉴编写组织工作，当时的考虑是：中国新闻传播教育已有近百年的历史，国内有 681 所大学开设了新闻与传播类专业，中国新闻传播教育界亟待一本体系完备的教育年鉴。之后部委会用一年多的时间进行筹划和编写，于 2016 年推出首部年鉴，并且连续推出七部，疫情期间也没有中断。张昆教授在首部年鉴发布仪式上曾经说到，年鉴并不只是记录当年的新闻教育活动，还要“还历史欠账”。在这方面，年鉴的确做了许多补救性的工作，包括梳理了中国新闻传播教育的历史，对燕京大学新闻系、复旦大学新闻系、中国人民大学新闻系的创办过程和意义进行了充分的阐释。年鉴还对已故和在世的新闻教育家的生平业绩和教育思想进行阐述和追述，并且对何梓华、赵玉明、刘树田、吴文虎等著名新闻院系老院长、老主任的新闻教育思想及实践活动进行了口述史研究，这些抢救出来的资料在这些前辈教授去世后尤显珍贵，也体现了编辑部“秉持史家精神、打造教育信史”的学术追求。张昆院长曾经表达了一个愿望：希望几十年后，几十本年鉴并列排放在一起，一部完整的中国新闻传播教育史就展现在我们面前。我觉得这个愿望不仅值得期待，也一定能够实现，而且随着时间的推移，年鉴的价值将会愈益凸显。

关于年鉴编写，提出两点建议供参考：

第一，希望年鉴能够密切结合国内外形势发展的变化，把新闻传播学界的“大事”“新事”“特事”更好地彰显出来，使年鉴内容不仅能够体现新闻传播教育的发展方向，也能体现它的阶段性特征，也便于比较。

第二，着手数字库建设。随着数字出版的迅猛发展，年鉴出版也面临着数字化的挑战。因此，借助多媒体平台提前做好数字库设计，将是年鉴发展面临的新机遇。

此外，一些专家建议进一步提升年鉴的长尾效应和附加值，我完全赞同。

最后，再次祝贺《中国新闻传播教育年鉴(2022)》隆重发布，向主编、编委会成员和所有编写者表达敬意！感谢你们为中国新闻传播教育事业作出的贡献！

（程曼丽，中国新闻史学会名誉会长、北京大学国家战略传播研究院院长）

9.2.2 把握时代的主题，既呈现教育，也表达思想

岁月不居，逝者如斯，今天又到了一年的最后一天。张昆老师的大功德已经延展到了第七个年头。刚才如鹏书记，正荣所长还有隋岩老师，他们已经从要素、框架、结构、功能、价值、数据、史料各个方面，对《中国新闻传播教育年鉴》已经取得的了不起的伟绩，作了全面的肯定。我相信大家是真诚地拥抱，并且表达了深沉的敬意。为什么这样讲？一部年鉴，说实话是费力不讨好，能够坚持六七年，为我们呈现了剧烈变动年代中中国新闻教育史的一段整体的画卷。可以想见在背后张昆老师带领的学术团队，还有所有合作方、参与方，大家的智慧、勇气、兴趣，及点滴持续的努力。

我们这个时代信息太多了，一个院系，经常回忆自己上半年、去年，在人才培养、立德树人、学术研究、社会服务、国际交往哪个领域做了哪些大事，一个学院经常自己都想不起来。张昆老师给了我们一部动态的历史书，一年一部，每到新一年再接着写，精细梳理，少有遗漏。我觉得这是大家真诚的感谢。我们新闻教育领域需要这样一本动态的历史书，写我们自己的历史书。新闻教育和我们所对应的新闻行业，更习惯记录别人、记录大时代，大时代当中的大事件，大时代当中具体人的命运，大时代具体而微的社会历史进展。我们在这方面做了很多努力，但是事实上我们对自己的关怀，对自己的记录，特别是以史家的眼光来描述历史记录当中的我们自己的路径，在这方面确实做得不多。教授们还有一些学科同行，也包括我在内，都有深切的体会。

我写过一篇燕京大学新闻系历史的文章，基于燕京大学新闻学院存留的一百多篇当

年的毕业论文。当我清理燕京大学新闻学院 1931—1932 年的史料时，发现燕大新闻系的课程体系当中，突然出现了若干门宣传类的课程。李普曼 1922 年版的《公众舆论》，伯纳斯 1923 年出版的《舆论的结晶》、1928 年版的《宣传》，有证据表明都已经进入当时燕京大学新闻系的课程教材用书和课程参考文献。为什么会出现这样的情况，历史本身没有给出答案。直到后来我们找到更多的资料，才意识到这和 1931 年日本侵华历史有着紧密关联。今天我们有张昆老师主编的《中国新闻传播教育年鉴》，记录当今新闻教育历史的思考和行动，相信在将来我们回过头来研究这个剧烈变革年代新闻教育的时候，张昆老师已经给将来的历史访问者预留了答案的线索，甚至有些完整答案就在那里，让后人看到我们这一代人针对有些新闻教育重大和基本问题，我们是怎样发问、怎样思考的，我们是怎样行动的，也让后人看到我们取得的相关的成绩和相关的局限。

我想提个建议，就是年鉴的主题化问题。我最近几年做历史研究多一点，主要是做一点概念式研究。概念式研究领域德国人做得比较早，如八卷本的《历史的基本概念》，这是克萨雷克和他的团队两三代人干的。他们通过概念式的清理来进入社会思想领域，来记录诠释德国社会历史思想演进过程当中存留于人的心灵世界、意识形态领域，存留于公共精神和公共价值领域的那些最重要最基本的概念。当然这个八卷本著作和我们的年鉴不是一回事，但是有重要的参照意义。如果我们的年鉴能够进一步在目前资料审核的基础上，能够进行主题思考，将会更加凸显年鉴本身的思想厚度，当后来者向历史发问的时候，年鉴所展现的问题，年鉴可能提供的这个答案的纵深也会更鲜明更强烈一些。

近年来，交往革命成为整个新闻传播教育界在课程设计和学术研究、知识生产各个领域面临的最基本的问题。大家知道在《哲学的贫困》和《德意志意识形态》当中，马克思实际上是把交往的革命和生产力的革命并列来谈的。在两者的关系上，马克思甚至将交往的革命视为前提。在他看来，世界历史的形成其实就是得益于人与人之间，国家与国家之间，社会与社会之间交往的形成。世界的历史是因为交往而形成的。那么如果将交往的革命确定了某一年年鉴的主题，那么年鉴的整个架构、宽度、厚度将会大有改观。最近中共二十大又提出中国式现代化这个中心任务，即以中国式现代化推进中华民族伟大复兴。那么中国式现代化与共识和秩序的建构是不是也可以成为主题？人和物的关系、人与人的关系，等等，也可以成为我们进一步主题化的内容。实际上我怀有一个特别强烈而殷切的期待，就是希望《中国新闻传播教育年鉴》既呈现我们的新闻教育，同时也表达新闻教育的思想，用教育本身的主题来统摄凝结我们新闻传播教育在每年的思想和行动上的进展。这个建议不一定是正确，供各位来批评，谢谢大家！

再次祝贺《中国新闻传播教育年鉴(2022)》的出版，每年期待他就像期待一年当中最珍贵的礼物一样，谢谢!

（胡百精，中国人民大学副校长、国务院学位委员会新闻传播学科评议组成员）

9.2.3 鉴往知来，延续学脉:《中国新闻传播教育年鉴》的编撰价值

很荣幸出席《中国新闻传播教育年鉴(2022)》首发式暨首届年鉴编撰理论与实践研讨会，很开心看到《中国新闻传播教育年鉴》克服疫情带来的种种困难，如期顺利出版!自2016年以来，《中国新闻传播教育年鉴》每年一卷，洋洋洒洒100多万字，已经成为新闻传播教育界一道靓丽的风景，拥有无可取代的时代价值。每年收到《中国新闻传播教育年鉴》，我都爱不释手，把它放在案头，时常翻阅、参考，《中国新闻传播教育年鉴》已经成为我们教学科研重要的工具书。拜读《中国新闻传播教育年鉴》，有如下四个方面的感受:

第一，《中国新闻传播教育年鉴》兼顾指导性、学术性和权威性，是一项富有开创性的工程，有助于推进中国新闻业发展，也必将推动中国新闻传播教育事业的进步。“媒介决定人的生存境遇”，一个没有新闻业的社会是无法想象的。同样，我们无法想象一个没有新闻传播教育的新闻业。新闻业发展离不开政治、社会和技术的驱动，但更离不开新闻传播教育和新闻工作者，因为新闻教育是新闻业的孵化器和重要动因。人是历史的主体，也是传播的主体，一旦离开新闻教育，新闻业将陷入主体缺失的困境。而《中国新闻传播教育年鉴》充分聚焦于新闻传播教育领域，对教育机构、行业组织、学科建设、教师队伍、学生事务等尤为关注，展现中国新闻传播教育各项要素的动态发展，完整记录新闻传播教育事业的方方面面，这不仅有助于探索新闻教育规律，也有助于变革新闻人才培养模式，革新传播主体，从而改变新闻业的面貌，以更好顺应媒介融合发展的时代趋势。

第二，《中国新闻传播教育年鉴》是一座记录新闻传播教育发展历史和现状的丰碑，体现了新闻人对“史家精神”的坚持。美国著名的传播学者迈克尔·舒德森，早些年说过传播学研究缺少历史观，大家追逐时髦的题目的时候，就没有工夫深究历史。《中国新闻传播教育年鉴》的编纂，表明中国新闻传播学界在努力避免这一弊端。《中国新闻传播教育年鉴》不仅传承中国史学的优良传统，而且记录当代中国新闻传播教育的发展历程，将为学术研究奠定良好基础，极大丰富新闻传播学术研究的历史意识。比如，《中国新闻传播教育年鉴》收集的区域性史料，将为地方新闻史研究提供大量可资利用的文献材料;新闻教育组织是新闻传播教育活动重要的参与者，相关研究领域是一块待垦的荒地，《中国新闻传播教育年鉴》收集了大量新闻传播教育管理组织和学会活动的

资料，能够为研究者提供重要参考。有学者评论《中国新闻传播教育年鉴》“记史、立言、树人”，我认为这比较精到的总结了《中国新闻传播教育年鉴》的编撰价值。

第三，《中国新闻传播教育年鉴》不断创新呈现手段，展示精益求精的学术追求，是对新闻传播学学脉的延续与创新。张昆主任在2020版《中国新闻传播教育年鉴》的“序言”用的标题是“精益求精，臻于至善”，这体现了编辑部的不懈追求。2022版《中国新闻传播教育年鉴》注重点线面结合与人事兼顾，融合资料收集和学术研究，并综合运用比较、数据统计、口述史等研究方法。因此，《中国新闻传播教育年鉴》能多角度、多方位展现2021年中国新闻传播教育事业，凸显专业性和学理性，在担当记录者和见证者的同时，成为新闻传播教育研究的重要平台。就点线面结合而言，《中国新闻传播教育年鉴》除了有概括性、全面系统的记述部分，来说明事物的整体状况外，还用典型的、代表性的事例加以补充，使整体分析更具说服力。比如，在最新版《中国新闻传播教育年鉴》中，第一部分“2021年中国新闻传播教育发展总论”是“面”，是对全国新闻传播教育事业整体性总结概括，之后的诸多篇章则以“各省新闻传播教育发展综述”和“新闻传播教育地图”为“线”，同时以“教育组织”“教育者”等典型案例为“点”，展开相当细致的铺陈和详述，与“总论”遥相呼应。

兼顾人与事，也是《中国新闻传播教育年鉴》的突出特点。《中国新闻传播教育年鉴》在记录新闻传播教育界发展状况的同时，十分注重对新闻传播教育人物的讲述。从2016年的第一本开始，人物要素就占据相当分量，很多篇章以“人”为中心。在此基础上，2022版的“院长论衡”“卸任感言”“院长研修班”“名师风采”“教授名录”“人才计划”等篇目，更加彰显人物在年鉴中的重要程度。一本以新闻传播教育为主要内容的年鉴，注重讲述人物，是对教师主体地位的尊重，也是对新闻传播教育规律的遵循，体现新闻传播学的“人文学”特征。

第四，《中国新闻传播教育年鉴》为新闻传播学界搭建了一座学术共同体的桥梁，有助于建构我们的历史记忆和集体记忆，这样的实践价值主要来自张昆会长及其编撰团队的共同努力，也是中国新闻传播学界集体智慧的结晶。特别值得一提的是，张昆会长为《中国新闻传播教育年鉴》编撰亲力亲为，亲自组织访谈，亲自组稿、约稿，孜孜不倦，这份恒心与坚守，令人感佩！每年参与《中国新闻传播教育年鉴》编撰的作者大约有200多人，当然《中国新闻传播教育年鉴》武汉编辑部工作人员和《中国新闻传播教育年鉴》编委会的作用尤其凸显。《中国新闻传播教育年鉴》设置的“院系巡礼”“教育家研究”“口述史”“院长论衡”等栏目则仰仗全国各院系的支持，赵玉明、李良荣、邱沛篁、刘家林、胡百精、陈昌凤等知名教授的作品也为《中国新闻传播教育年鉴》增色不少。此外，《中国新闻传播教育年鉴》出版经费得到全国各地新闻教育界资助。据张昆会长的不完全统计，为《中国新闻传播教育年鉴》提供过资助的单位有华中科技大学、武汉体育学院、中南民族大学、暨南大学、广东外语外贸大学、河北大学、广西大学、山东大学、青海师范大学、南京大学、南京师范大学、深圳大学等。在相当程度上，《中国新闻传播教育年鉴》是一部由全国新闻教育界凝心聚力的精品大作。这种齐心团结，有助于繁荣新闻学术共同体，夯实新闻传播教育大厦的根基。

百年中国新闻传播教育留存大量资料，是开展新闻传播教育史研究的重要凭借，也是可供学习的宝贵经验。但多种原因导致各类资料保存并不完整，比如民国时期圣约翰大学新闻系的早期情况已无资料可寻，多数新闻院系只能找到教师名单及其所授课程，为研究和学习带来各种困难。有感于史料和经验材料的基础性地位，以张昆教授为代表的中国新闻传播教育史研究委员会，利用学会成员多、分布广、协作共赢的优势，编纂《中国新闻传播教育年鉴》，势必为研究者保留一份极其珍贵的资料。7 年来，《中国新闻传播教育年鉴》编纂团队守正创新，不断总结经验，在保持总体结构框架不变的情况下，对具体章节进行调整增删，使《中国新闻传播教育年鉴》既符合一般的编纂规则，又突出新闻传播教育的专业特色，为新闻传播教育作出巨大贡献。

《中国新闻传播教育年鉴》的编撰是一件功德无量的大事，我个人有两点建议：一是这样一个浩大的工程，为了它更具权威性和全面性，还可以发动更多的新闻院系参与，在基础层面上做更大的发动；二是可以考虑成为一个出版基金，发动社会上有责任感的企业和个人，一起来添砖加瓦，共同来支持我们这个学术共同体的成长，支持《中国新闻传播教育年鉴》的可持续发展。

最后，让我们再次热烈祝贺 2022 年《中国新闻传播教育年鉴》的出版，祝贺中国新闻传播教育史研究委员会，期待中国新闻传播学界在《中国新闻传播教育年鉴》的基础上，鉴往知来，延续学脉，拥抱后疫情时代的美好前景！

（林如鹏，教育部新闻传播学类专业教学指导委员会副主任委员、暨南大学党委书记）

9.2.4 为中国新闻教育立心、立命、立传、开未来

尊敬的钱校长，尊敬的张昆教授，各位专家、各位同仁，大家上午好！

首先我要向《中国新闻传播教育年鉴》的首发致以最热烈和诚挚的祝贺！同时也要向张昆教授的团队表示崇高的敬意！

中国古代圣贤所追求的最高境界莫过于张载所言：“为天地立心，为生民立命，为往圣继绝学，为万世开太平。”仿照这个句式，我们可以说，《中国新闻传播教育年鉴》为新闻传播教育立心，为新闻传播教育立命，为新闻传播教育立传，为新闻传播教育开

未来。

所谓“立心”，就是《中国新闻传播教育年鉴》要有自己的价值判断，有选择地记录有意义的事件，以促进学科建设和专业发展为己任，成为我国新闻传播教育事业的良心。

所谓“立命”，就是《中国新闻传播教育年鉴》要忠实记录我国新闻传播教育走过的生命历程。岁月流逝，我们都会成为过客，我们说过的话做过的事都会灰飞烟灭。《中国新闻传播教育年鉴》年复一年把全国高校新闻传播院系的创新发展事迹生动记录下来，让未来的学界同仁据此书写我们时代的历史，讲述我们时代的故事。

所谓“立传”，就是《中国新闻传播教育年鉴》要彰显我国新闻传播教育事业取得的成就。在这个意义上，《中国新闻传播教育年鉴》应准确记录一年来新闻传播学科学术研究的重要成果，人才培养的创新举措，服务经济社会发展的突出贡献，让那些在我国新闻传播教育事业发展史上具有里程碑意义的好人好事传诸后世。

所谓“开未来”，就是《中国新闻传播教育年鉴》在总结我国新闻传播教育取得成就的基础上，要面向未来，对学科发展和专业建设做出预判，提供方向引领。

这就是我所理解的《中国新闻传播教育年鉴》的意义和功能：为中国新闻传播教育事业立心、立命、立传、开未来。

我很赞同刚才百精教授所说的，《中国新闻传播教育年鉴》相当于我们新闻传播教育事业的现代版《史记》。如果没有《史记》，从三皇五帝到汉武帝这段辉煌的中国历史将是多么苍白。在这个意义上，张昆教授团队不忘初心地坚守《中国新闻传播教育年鉴》工作是一件功在千秋的大事。当前，我国高等教育正全面推进新文科建设，主要就是知识体系创新和教学体系创新两件大事。那么，我理解《中国新闻传播教育年鉴》实际上就是在促进这两个领域的创新，为构建中国特色的新闻传播学贡献力量。为此，让我们对《中国新闻传播教育年鉴》的未来发展致以最美好的祝愿！

（孙有中，北京外国语大学副校长）

9.2.5 年鉴，坚持不易，做好更难！

非常高兴在2022年最后一天，参加《中国新闻传播教育年鉴(2022)》的首发仪式。对张昆教授及其团队在2022年的最后一天，把2022年的年鉴首发仪式完成了，表示热烈祝贺。这也体现了张昆教授及其团队“今年事，今年毕”的一种尽心尽责的工作态度。深表敬佩。

作为做过年鉴的同道人，对于如何做好一本年鉴我有自己的几点体会，愿意在这儿与诸位分享。一共有四点。

第一点，顺应一种趋势。我觉得《中国新闻传播教育年鉴》之所以能够取得成功，是顺应了一种趋势，即中国新闻传播教育事业蓬勃发展的大趋势。大家知道，在新闻传播领域，最早的年鉴是《中国新闻年鉴》，是由我们所于1982年开始编撰的，迄今已经40年了。这40年间新闻传播领域细分出了其他很多年鉴，比如《中国广播电视年鉴》《中国互联网产业发展年鉴》《中国移动互联网发展年鉴》《中国新媒体年鉴》等。这是因为新闻传播的格局在变化，作为现实记录者的年鉴也必须跟着有所变化。2015年，我们所在《中国新闻年鉴》的基础上又做了第二本年鉴，叫《中国新闻传播学年鉴》。做这本年鉴是考虑到，中国新闻传播学就一个学科来说，已经由小变大，由弱变强，由边缘走向了前台，是时候可以为我们这个学科树碑立传了。第二年，2016年，张昆教授主持的《中国新闻传播教育年鉴》也应运而生。学术的发展与教育的发展是相辅相成的。这说明，我们都看到了新闻传播学科发展的这种大趋势。年鉴是一个学科成长发展的记录。一个学科如果没有一定的积累，没有一定的影响力，不到一定的时候，是没有条件做出一本内容扎实的年鉴的。就此而言，可以说，《中国新闻传播教育年鉴》的出版是我们整个学科发展的一个缩影，是我们中国新闻传播教育蓬勃发展的一个体现。

年鉴为什么那么重要？我有一个非常个人的观点，“三大体系”(学科体系、学术体系、话语体系)的建设，核心是期刊，但因为期刊是分散的，就需要有一个载体来整合期刊所反映出来的一个学科“三大体系”建设的年度成果，这个载体就是年鉴。学科年鉴顺应了时代的要求，整合了学科的年度成果，这是一项功德无量的基础性工作，怎么赞美都不为过。

第二点，需要一面旗帜。一本年鉴要做好，需要有一面旗帜。《中国新闻传播教育年鉴》能够坚持下来，我觉得这面旗帜就是张昆教授。对于我们新闻所来说，做年鉴的旗帜是国家级的研究机构，这个号召力足够强。但张昆教授不行，他没有国家级的研究机构可以“号令天下”，所依托的中国新闻史学会新闻传播教育专业委员会也只是个社团组织，别人可以听你的也可以不听你。不得已，张昆教授只能自己担当这面旗帜了。无论就其资历、能力、学识、人品和影响力来说，在中国的新闻传播教育领域张昆教授无疑具有担当这面旗帜的潜质。中国这么大，新闻传播院校那么多，要把大家的各种资料聚集起来，没有一个说话管用、有号召力的人，还真不行。说句大实话，如果不是张昆教授每年年初就开始一个一个地给各位院长发邮件、发信息、发微信，各种催促的话，年鉴的资料是很难收集起来的。你又不是教育部，没有行政隶属关系，别人为什么一定要听你的，给自己增加额外的工作？这一点我是深有体会的。可以这么说，正是因为有了张昆教授充当了这面旗帜，《中国新闻传播教育年鉴》才能够一年一年办下来。

第三点，依靠一支团队。编撰一本年鉴是一项系统工程，没有旗帜不行，但光有旗帜也不行；没有想法不行，但光有想法也不行；还得要有一支团队在这面旗帜下把想法落实成行动。我们所编年鉴有一个成建制的编辑室，有几个专门的编辑人员，但张昆教授没有。他只是凭借他的学术能力，凭借他的人格魅力，凭借他的组织才能，吸引和聚集了一批来自不同院校的青年教师。刚才胡百精教授说了一句，编年鉴是一件费力不讨好的事情，确实是这样，我深有体会。尽管你自己觉得年鉴是期刊的集大成者，很重要，但是在我们现在的学术评价体系中，年鉴甚至都算不上一个期刊，在上面发表的文章在很多学校恐怕也算不到科研成果里头去。这就很尴尬。年鉴需要有人为之付出，这些人还得不为名、不为利，以自己的智慧和才能为我们这个学科作贡献、打基础。所以我对张昆教授手下的这个年鉴编撰团队心存敬意。一本年鉴的年度性报告，尤其像综述这类文章，要费很大的劲、收集很多资料、作深入的分析才能把它写出来，没有一点学术能力你是写不出来的。但是它又不能够算作自己的科研成果，这就需要有一种奉献精神。

第四点，秉持一种精神。这种精神就是上面我所说的奉献精神，甘坐冷板凳的精神。年鉴要编出来确实不容易，但要编好更难，简直就是一个无底洞，多少精力投下去都不会嫌多的。而且，年鉴的价值就体现在长时间段，体现在连续性，编得时间越长久越有价值。我们的《中国新闻年鉴》忠实记录了过去 40 年中国新闻事业发展的历程，现在很多新闻机构搞几十年周年庆都要从这本年鉴中查找资料了，由此突显了年鉴记录者的价值。《中国新闻传播教育年鉴》2022 年已经出版第七部了，为我们这个学科的教育事业发展踏踏实实地做了七年的记录者，但是这还不够，要争取一直做下去，两个七年，三个七年，以至百年。张昆教授带领的这个团队，我觉得在很多方面比我做得好。他们不只是编这么一本年鉴，同时还依托这本年鉴，衍生出了很多其他的工作。比如，微信公众号“镜鉴工作室”，就很好地利用了现在新媒体的形式，推介年鉴、传播年鉴的文章和报告。比如，依托于年鉴搞了“院长研修班”，效果也非常好。我觉得这是中国新闻教育年鉴为我们这个学科的发展做的扎扎实实的非常有益的工作。

综上所述，要做好一本年鉴，需要顺应一种趋势，需要拥有一面旗帜，需要凝聚一个团队，这个团队还要能够秉持一种奉献精神，中国新闻教育年鉴都有了，所以我们期待它越做越好。

怎么能够把年鉴做得更好？前面一些专家学者提出了一些很好的建议，比如成立基金会，为年鉴的可持续发展提供资金上的保障，我是乐观其成的。但是，这可能有一些制度上的障碍需要克服。我仅从编撰技术上提一个建议，就是最好能够给这本年鉴增加一个索引。年鉴的作用就是备查，每一本 100 多万字，没有哪一个人会从头到尾读一遍，只是在需要的时候能够很快地查找到所需要的内容。因此，能够方便读者查找就是一本好鉴书。现在的《中国新闻传播教育年鉴》还缺一个索引。这项工作说起来很重要，但是做起来非常困难，我自己经历过，知道这中间的各种难度。但是，好在新的信息技术为我们提供了做好这件事的可能性。今天的发布仪式不同于以往，采用了虚拟的元宇宙技术。我不在现场，但是我发现我也站在台上为年鉴揭了幕。那么，以后可不可以通过人工智能的方式，帮助年鉴做一个比较完备的索引呢？如果索引做得好，相信会使这本年鉴发挥更大作用。

希望《中国新闻传播教育年鉴》越办越好。

（唐绪军，中国社会科学院大学特聘教授、《中国新闻传播学年鉴》原主编）

9.2.6 功德无量：新闻教育界的“史记”

张昆院长的大脑是一台永动机，一直不断地有新的创意、新策划，真的是非常地敬佩。我还记得，第一部年鉴首发式是在辽宁大学，一晃六七年了，过得非常快。当时，有新闻传播学界“八老”现场见证，仪式感特别隆重。我认为，张昆教授做中国新闻教育传播年鉴，这是一件功德无量的事情。既期待，但也有点担心。干一年都是不容易，能够年年继续下去，着实不易，现在这年鉴变成了我们每一年的期待，而且越做越好，也就没有什么可担心了。

每年出一百多万字的年鉴，汇聚新闻传播学教育界两百多学界同仁的心力和精力，如此大的工程，如果不是张昆教授，换另外一个人去做，否能做成？真的很难说。前面唐绪军教授也讲了，中国社科院新闻所坚持数十年做中国新闻年鉴，背靠的是国家级平台，有成熟的机制和平台支撑，而张昆教授几乎是靠一已之力，凭借他个人的超强影响力和学术组织能力来去做张罗这件近乎不可能完成的事情，他不仅能够坚持下来，而且做得越来越好，这个我真的非常敬佩。我们都知道，张昆教授是史学出身，后来从事新闻史研究，颇有建树，学术成就为新闻传播学界所公认，是新闻传播史研究领域的大家。

能够把个人的专业志趣化作一项事业来做，变成为中国新闻传播教育写史立传的功业，这个是非常了不起的事业，而且能做得这么好，真的值得致敬。现在提倡组织化科研，我觉得这是真正的组织化科研，而且是在化吃力不讨好的笨功夫。我们都知道，新闻传播学一直往前看、往前赶，哪个地方水草丰美，我们就喜欢把我们的羊群赶到哪里。于是，我们忙于赶路，但对我们自己行走的足迹、我们智慧的结晶，尤其是新闻传播教育所留下的知识痕迹、经验是鲜有关注的、记录不足的。在这个方面，张昆教授能够坐冷板凳，不被时下学界热点、蜂拥的热闹所诱惑，这是非常了不起的工作。这项工作会随着时间的前移，愈加显示其功德之无量。

前面大家有共识的一个点：我们的新闻传播的教育，无论是从历史的角度，还是时代的角度，需要学科主体性的自觉。而一个学科主体性自觉一个重要的表现，对自己的历史有清晰、明确的意识。需要我们对自己所走的每一步积累，进行记录，然后立传，这个立传不是从微观的层面展开的，而是从整体的视角书写的，从而反映我们新闻传播学科的责任与担当。张昆教授带领团队为中国新闻传播教育做编年史，这是一个成熟学科应该做的。如今，我们的新闻传播学界，做了不少该做的事情，也做了不少不该做甚至意义不大的事，其实，还有一些应该做但还没做的事，张昆教授就是在做我们应该做但还没做的事，这个需要非常强大的担当，除了学科担当之外，还要有能力付诸实践，并且做得好，这对整个学科是功能无量的。为新闻传播教育立传，为新闻传播教育做“史记”，是非常了不起的，我们的学科现在不断地扩张，甚至扩张到其他学科地盘了，我们这个学科在一路向前的时候，需要把我们的知识轨迹和教育轨迹记录下来，为新闻传播学界贡献不可或缺的公共产品。

如果讲建议，我认为目前这个年鉴做得非常好。补充点建议如下：

其一，可做好数据库建设。目前的成果形式主要还是以印刷品的形式，一年一本巨著问世。这种形式已经做得很好、很成熟了。在数字化时代，可否以数据库的形式，把中国新闻传播教育方面的数据以众筹方式汇聚起来，以便成为公共数据库，可编辑、查询、更新、勘误。

其二，可与中国新闻传播学界的相关新闻传播教育或研究机构合作，针对中国新闻传播教育的相关议题开展合作、研究，把新闻传播教育研究做大。

其三，通过外译，转化为英文或其他外语形式，推介给国际同行，增加国际对话机会，让国际同行了解中国新闻传播教育。

（张涛甫，国务院学位委员会第八届新闻传播学科评议组成员、复旦大学新闻学院院长）

9.3 年鉴记忆

9.3.1 鼓舞、鞭策与力量

《中国新闻传播教育年鉴》编辑出版五周年了，可喜可贺！

我最早知道要编辑出版《中国新闻传播教育年鉴》这部学术宝典，是在2015年6月27日在重庆工商大学出席中国新闻史学会新闻传播教育史研究委员会的年会上。这次年会讨论的主题是“中国新闻教育的历史与未来”，在上午蔡敏院长主持的“主题报告”中，罗以澄、吴廷俊、丁柏铨、李建新等教授作了精彩发言，我也以“发扬团结协作敬业创新精神、共创我国新闻教育新辉煌”为题发了言，蒋晓丽教授作了点评。在下午的“分组讨论”中，我参加了“新老院长对话会”，老中青新闻教育工作者进行了亲切、深入的交流。张昆会长在这次年会上，明确提出了编辑出版《中国新闻传播教育年鉴》的设想和计划，受到与会者热烈响应与支持。

2015年12月22日，我们学院副院长吴建教授作为《中国新闻传播教育年鉴》编委会编委，刚从广州开了编委会回校，就来到我家说，经张昆主编等大家研究决定，《中国新闻传播教育年鉴》的第一辑，也就是2016年版，要专访全国十余位老院长，包括何梓华、赵玉明、曹璐、刘树田、吴文虎、吴高福、童兵、李良荣、罗以澄和我等，以“院长自述或口述研究”为题组成专栏发表，每人10000字左右，2016年2月前交稿。我认为这是一件极有意义的事情，不仅是对自己新闻教育实践的回顾与总结，也是对四川大学新闻教育兴起与发展的鼓励和肯定，便立即着手进行口述实录的准备工作。

2016年1月2日，我约请学院新闻学专业硕士生骆世查来到家中，开始进行专访。骆世查同学的指导老师是蔡尚伟教授，之前他曾经参加过我们学院和学校老干部处共同主编的《濯锦录——名宿与旧事中的百年川大》一书的采访工作，对我进行过专访。这次，我们商定以《邱沛篁与四川大学新闻教育》为主题，展开口述实录，并商议了一个采写大纲。之后，他又多次到我家里来，认真进行采访，每次都是三四个小时，既做笔记又录音记载，并根据这些采访记录和原有的资料先写出一个初稿。骆世查同学住的研究生宿舍，离我家很近，可以说是邻居。经过我们认真讨论和反复几次修改，形成最后包括“参与筹建四川大学新闻专业”“首批新闻专业学生进四川大学”“担任四川大学新闻系副主任和主任”“任四川大学新闻学院首任院长”“招收并指导文化与传媒方向博士生”“新闻教育永无止境”“新闻传播教育发展五要素”共7个部分13000多字的《邱沛篁与四川大学新闻教育》专访稿。

2016年1月18日，我将骆世查同学执笔写的初稿，交给吴建编委，请他提出意见。1月21日，吴建作了几处修正交我再阅后，发给了张昆主编。骆世查同学参加这次采写活动，也觉得对自己颇有帮助与提高，2016年他考入复旦大学新闻学院传播学专业读博士，导师是黄旦教授，今后将成为高校新闻师资队伍的新生力量。

张昆会长收到专访稿后，非常高兴，并来电话让我再提供一些自己保存的有关全国新闻教育会议及活动的照片。我很快将珍藏的《1984年中国新闻教育学会成立大会合影》《2004年教育部新闻学科教学指导委员会会议合影》《2009年中国高等教育学会新闻与传播学专业委员会年呼和浩特会上何梓华、刘树田、吴文虎、吴高福和我的合影》等几张照片发给了张主编，后来这些照片和专访稿均刊登在《中国新闻传播教育年鉴(2006)》上了。

2016年11月4—5日，由中国新闻史学会新闻传播教育史研究委员会与辽宁大学新闻与传播学院等共同主办的学术年会暨马克思主义新闻理论研讨会在沈阳举行。我应邀出席这次会议，在11月5日的开幕式上举行了《中国新闻传播教育年鉴(2016)》首发仪式。张昆主编盛情邀请何梓华、赵玉明、吴高福、刘建明、童兵、罗以澄、郑保卫和我8位教授为年鉴首发剪彩。这是我第一次到东北重镇沈阳市，在辽宁大学新校区看到了这所高校的蓬勃发展和学校领导对新闻传播教育的高度重视，也看到了与会100多位新闻教育工作者对《中国新闻传播教育年鉴》出版的兴奋喜悦之情，感到无比高兴和鼓舞。

2018年3月15—16日，张昆会长应邀到成都出席我们学院和中国新闻史学会共同主办的"改革开放40年与新闻教育发展研讨会暨《邱沛篁新闻传播教育论集》首发式"，并在会上发表了热情洋溢的讲话。会议休息期间他又向我约稿，希望写一篇回忆当年我参加中宣部和教育部联合召开的首次新闻教育工作座谈会和中国新闻教育学会成立大会情况的文章，并说就在年内即将出版的《中国新闻传播教育年鉴(2018)》上刊用。3月30日，我将写好的初稿电传给张昆主编；4月1日他回电，并提出了修改建议。4月9日，我将修改稿再发给了张主编，由原来的3000字增至4500字，名为《二进中南海——忆两次永远难忘的新闻教育工作会议》，2018年10月正式出版时发表了，刊登在"新闻传播教育史钩沉"专栏的首篇上。

2020年春季全国抗击新冠疫情期间，张昆主编住在北京，仍时刻不忘《中国新闻传播教育年鉴》编辑工作。他和我多次通电话，除相互问候外，谈得最多的还是有关《中国新闻传播教育年鉴》的事。在3月5日的电话中，他希望我把参加1994年在呼和浩特由中宣部和教育部联合召开的第二次新闻教育工作座谈会的情况写一篇文章，拟刊登在2022年出版的《中国新闻传播教育年鉴》"新闻传播教育史钩沉"专栏上。我立即动手查阅相关资料和采访日记，于3月11日完成初稿，3月12日电传给他，按时完成了任务。

知识就是力量。对于《中国新闻传播教育年鉴》来讲，我不仅是它的一名积极的作者，也是一员忠实的读者。每一年，当我拿到刚出版的《中国新闻传播教育年鉴》时，都有一种无比兴奋和喜悦的感觉，真正是喜若至宝、爱不释手。而每次当我粗略阅读完一遍后，又总是受到极大的教育、鼓舞和感染，汲取到许多有益的知识。像《中国新闻传播教育年鉴》中的"中国新闻传播教育综述""海外新闻传播教育扫描"，使自己眼界大开，了解到当前国内外新闻传播教育的基本情况；而《中国新闻传播教育年鉴》中介绍的各省、市、自治区和各高校新闻传播教育发展的情况和教学、科研、师资培养、实验室等工作的宝贵经验，又给了我们很多有益的启迪和实践指南。我深切地感受到，《中国新闻传播教育年鉴》的确是新闻传播领域的一部百科全书，是广大新闻及新闻教育工作者的良师益友。我在日常与博士生的交流中，在川渝高校新闻院系的讲学中，以及在参加四川省新闻教育学会的会议中，都时常宣传这部年鉴，并建议大家像对待《中国新闻年鉴》和《中国新闻传播学年鉴》一样，经常使用它、研究它、学习它，从而推动我们自己的新闻教学和研究工作。

"榜样的力量是无穷的"。《中国新闻传播教育年鉴》的极其可贵之处，还在于它不仅记事，而且写人，做到了见人见事、人事结合，人事相融，有理论、有实践、有思想、有故事，像《中国新闻传播教育年鉴》中的"教育家研究系列""名师风采""教授名录""院长论衡和自述"等栏目，都闪耀着一个个忠诚于党的教育事业的新闻教育战士的赤子之心，展示出老中青一代代新闻教育工作者的智慧和力量，体现着当今新闻教师队伍可贵的坚守、拼搏、创新和奉献精神。所有这些，都会给读者以巨大的感动和深远的影响。同时，这种"榜样"的影响力，也包括《中国新闻传播教育年鉴》编辑出版工作背后的编委会、编辑部的全体老师和各新闻院系为"年鉴"提供素材的许多无名英雄所付出的无数辛劳和表现出来的敬业精神，有了这种团结协作精神和艰苦卓绝的辛勤劳动，才使得我们的《中国新闻传播教育年鉴》编辑出版工作不断进步。我们深信，在编者、作者、读者的共同努力下，《中国新闻传播教育年鉴》会越办越好！我国的新闻传播教育事业的明天会更加辉煌！

（四川大学文学与新闻学院　邱沛篁）

9.3.2 《中国新闻传播教育年鉴》的价值无可取代

《中国新闻传播教育年鉴(2020)》出版发行了，这是中国新闻传播教育界的一件大事，可喜可贺。

学会五年来，在张昆会长的领导下，在各位同仁的共同努力下，取得了辉煌的成绩，成为学界同仁们的"娘家"。大家共享信息、共聚友情、探讨学术、合作科研、启迪思维、开阔眼界。每年的年会，成为学界同仁们期盼和丰收的"精神大餐"，成为业内的"学术节日"。

学会与《中国新闻传播教育年鉴》有三方面无可取代的价值。

第一，记录历史轨迹。

中国新闻传播教育，从无到有，由弱变强，是世界新闻传播教育的重要组成部分，从学习引进，到创新发展。近年来，已为世界新闻传播教育的发展贡献了富有标本意义的“中国模式”。《中国新闻传播教育年鉴》的出版，将这一轨迹清晰、精准地描述出来、记录下来，既是对以往工作的总结，更是为未来的进一步发展提供了素材与基础。只有具有历史感的学科，才具有历史上的价值。人类社会是在记载、总结中长大、成熟的。这便是《中国新闻传播教育年鉴》的价值所在。

第二，促成学术共享。

学会把不同学校、不同背景的同仁整合在一起进行交流、分享与碰撞，产生了大量的思维火花，这符合当今社会广泛分享、协同科研的大趋势，在学会各届年会中，我们听到了最新的理论、奇特的思路、广泛的信息、有趣的创意，不光开阔眼界，启发思考，而且找到了许多志同道合的学术合作者，对于重大课题研究与前沿学术攻关非常有益。而《中国新闻传播教育年鉴》又将这些成果系统化地巩固下来，形成更大范围的学术共享。

第三，共同应对挑战。

中国新闻传播教育，面临着一系列新的挑战，无论是互联网带来的新媒体主流化，还是新生代受众理念、视界、价值观的差异性；无论是新国际环境导致传播背景的复杂化，还是舆情环境与治理手段的创新性，都给中国新闻传播教育者提出了全新的挑战。唯有交流与探索，才能适应和驾驭。学会让我们抱团面对挑战，《中国新闻传播教育年鉴》让我们将思维得以沉淀。

历史的长河生生不息，站在新的起点上，我们将继续前行。《中国新闻传播教育年鉴》是一座里程碑，记录着走过的道路，更预示着未来的方向。

（上海交通大学媒体与传播学院　薛可）

9.3.3　记录的使命坚定前行的步伐

2020 年即将迎来《中国新闻传播教育年鉴》出版 5 周年。对《我与〈年鉴〉》这个题目我有点惶恐，不知道能够写点什么。由于自身的局限，没有能力全景描绘中国新闻传播教育的宏图画卷，也不能站位学术前沿展示新闻传播教育最新的研究成果。作为普通的新闻教育工作者，无论是对新闻传播教育的学术研究还是编委会的具体工作，都少有贡献。名家宿儒的宏文大作珠玉在前，自己与年鉴的思绪碎片更是微不足道。

《中国新闻传播教育年鉴》以记录当代历史、反映新闻传播教育实态为使命，构成了全面呈现中国新闻传播教育改革与发展的集体记忆。虽然我与之相关的零散记忆片段、个人化的体验、感悟最多只能算作是多元化的记忆主体在集体记忆拼图中的微末枝节，但年鉴于我而言则是非同寻常的重要，是年鉴赋予我大事件参与者的身份，给自己的教学、研究打上了深刻的印记。

非常有幸我有机会见证了《中国新闻传播教育年鉴》首发的高光时刻。如果从1918年10月14日北京大学开设新闻学讲座算起，中国的新闻传播教育在2016年走到了第99个年头。这一年的11月5日，在辽宁大学举办了《中国新闻传播教育年鉴(2016)》的首发式。第一部梳理和记录中国新闻传播教育近百年历史与现实画卷的力作——《中国新闻传播教育年鉴(2016)》出版。新开河畔嘉宾云集，专家学者济济一堂，共襄盛举。当中国新闻史学会会长陈昌凤、中国新闻教育史研究会会长张昆和新闻教育界的“八老”(何梓华、赵玉明、童兵、罗以澄、吴高福、邱沛篁、郑保卫、刘建明)徐徐拉开年鉴上的“红盖头”时，全场200多位与会者掌声雷动，气氛达到了高潮。我沉浸在这样氛围中，也依稀忆起30年前几位先生在人大校园里执鞭教诲的情景。再翻开这部120多万字的皇皇巨著，“开卷即引人入胜”，扑面而来的信息洪流立即让我感受到年鉴背后中国新闻传播教育史学会的研究力量，学会的团队力量，学术平台的凝聚力量。这就是我们一直向往的精神家园和学术共同体啊！经向院领导请示同意，会后我向中国新闻传播教育史研究会和年鉴编委会表达了我们入会的强烈愿望。张昆会长向我们学院赠送了刚刚问世的《中国新闻教育年鉴》，而且和其他专家一起对学院的学科建设进行了指导，在肯定成绩的同时，提出了切中肯綮的建议：形成专业合力，突出特色研究。在此后几年中学院切实强化了特色研究，加强东北地域历史文化，特别是其中的伪满洲国媒介传播研究，以长春(伪满洲国首都新京)历史为研究资源，形成了独具特色的成果，初步建立了吉林大学新闻传播史的研究品牌。

我在2017年成为年鉴编写队伍的一员，负责编写吉林省的新闻传播教育发展综述。作为国内最早开设新闻学专业的教学机构之一，1959年，吉林大学中文系就首次招收新闻学专业本科生，这也是新闻学在吉林省高校教育中的第一次亮相，随后历经停招、复招、建系、建院，却从未认真回溯整理本校新闻教育的发展历程、办学理念、人才培养和教学实践，更不用说从全省层面梳理吉林省的新闻教育历史与发展脉络、总体概况、主要特征、各校特色等等。在年鉴编委会的统一部署下，我和其他省份的老师一样，各自承担了本省的新闻教育发展综述的任务。会长说：“历史是新闻教育的起点。”我们这个工作是从头开始对本省新闻教育历史资源的开发和累积，从头开始关注、记录自身的历史，编写过程中自豪感和成就感始终相伴相随。

《中国新闻出版教育年鉴》的这个板块是首度以学术地图的形式，白描各省以及大区(包括以各省、直辖市、自治区为基本单位组成的大区域，如华北、华中等区等)新闻传播教育的总体概况。几年下来，年鉴“还历史欠账”后，还记录了各省、大区新闻传播教育的当下发展。一是在保持框架结构相对稳定的前提下，每年都有新思想、新变化。通过不断调整、不断改进、不断完善，使框架更显科学性、合理性，更具时代感。二是增强年度特色和区位特色。2018 年是改革开放 40 周年，同时也是新闻传播教育引入 40 周年，这一年新闻传播教育领域取得的新成果、新变化，国际新闻传播教育交流，新闻教育的开拓创新协同发展明显增强。各省新闻传播教育特色鲜明，京沪粤、华北、华中地区的新闻教育区块也硕果累累。三是内容更充实丰富。在鲜明的主题表达的同时，还注重了资料的全面性，加强了典型资料的记述。编写年鉴综述的过程也是我学习、研究、提高的过程。

非常有幸因年鉴的编纂机缘而结识了众多师友。渭水河畔，海河与黄河之滨，编委会坚守编制中国新闻传播教育年鉴的初心愿景，凝心聚力打造这个献给新闻传播大时代的用心之作。所见师友彼此信任，坦诚交流，编写互动，有学术探究的深度，更有情感交流的温度。

感谢年鉴，温暖的记忆化作前行的力量，记录的使命坚定前行的步伐。唯愿《中国新闻传播教育年鉴》永远风华正茂，永远砥砺奋进！

（吉林大学新闻与传播学院　田茫茫）

10. 附录与年表

10.1 最新政策文件

10.1.1 《新时代马克思主义理论研究和建设工程教育部重点教材建设推进方案》

教育部关于印发《新时代马克思主义理论研究和建设工程教育部重点教材建设推进方案》的通知

教材〔2022〕1 号

各省、自治区、直辖市教育厅(教委)，新疆生产建设兵团教育局，部属各高等学校、部省合建各高等学校：

现将《新时代马克思主义理论研究和建设工程教育部重点教材建设推进方案》印发给你们，请认真贯彻执行。有关落实情况请及时报我部。

教育部

2022 年 2 月 19 日

新时代马克思主义理论研究和建设工程教育部重点教材建设推进方案

为深入贯彻落实习近平新时代中国特色社会主义思想，巩固马克思主义在高校意识形态领域的指导地位，推动马克思主义理论研究和建设工程(以下简称马工程)教育部重点教材建设在已有成就基础上取得更大进展，打造培根铸魂、启智增慧的精品教材，整体提升高校哲学社会科学教材质量，培养担当民族复兴大任的时代新人，根据《全国大中小学教材建设规划(2019—2022 年)》，制定本方案。

一、重大意义

马工程重点教材是党的思想理论建设的基础工程，是为党育人、为国育才的铸魂工程，是高校哲学社会科学教材建设的示范工程。大力加强马工程重点教材建设，编写充分反映马克思主义中国化最新理论成果的哲学社会科学系列教材，对于坚持党对教材工作的全面领导、落实教材建设国家事权，对于坚持以马克思主义为指导、加快构建中国特色哲学社会科学教材体系，对于坚持立德树人、培养德智体美劳全面发展的社会主义建设者和接班人，具有重要的战略意义和深远的历史意义。

党中央高度重视马工程重点教材建设。自实施以来，教育部马工程重点教材建设始终高扬中国特色社会主义伟大旗帜，贯穿马克思主义立场观点方法，坚持和发展中国特色社会主义理论自信；已规划教材编写工作基本完成，出版近八十种质量上乘的教材在高校广泛使用，引领和带动高校哲学社会科学教材建设，推动哲学社会科学学科体系、话语体系、评价体系建设不断创新；团结和凝聚广大哲学社会科学专家学者，培养了一大批领军人物和中青年优秀人才，进一步壮大了高校马克思主义理论教学研究队伍，有力地推动了党的理论创新最新成果进教材进课堂进头脑，开创了高校马克思主义理论教育新局面。

新时代对教育部马工程重点教材建设提出了新使命新要求。当前，中国已站在新的历史起点、进入新发展阶段，处于开启全面建设社会主义现代化国家新征程、向第二个百年奋斗目标进军的历史阶段。同时，我国经济社会形势正在发生新的重大变化，教育迈向新的高质量发展阶段，世界大变局加速演变的特征更趋明显，意识形态领域的斗争更加激烈。如何加快构建以马克思主义为指导的中国特色高校哲学社会科学教材体系，更好地坚持和发展马克思主义在意识形态领域指导地位的根本制度，更好地坚持和发展中国特色社会主义；如何推动教材与课程同向同行，充分发挥教材的铸魂育人功能，是必须认真研究解决的重大而紧迫的课题。

面对前所未有的大好机遇和前所未有的严峻挑战，教育部马工程重点教材建设还存在一些薄弱环节。一些地方和高校对教材工作重视不够，教材建设管理要求有待进一步落地落实；整体推进不够，教材体系建设滞后，教材覆盖的学科专业课程面较窄，辐射带动作用有待进一步释放；教材的针对性适宜性不强，还不能充分满足不同学段、不同类型人才培养要求；工作方式单一，体制机制创新不够，还没有充分调动学者、学校和出版机构的积极性主动性。当前，迫切需要结合新的时代特征，适应新时代人才培养要求，总结经验，进一步加强和改进教育部马工程重点教材建设工作。

二、基本要求

(一)建设原则。坚持正确方向，坚持以习近平新时代中国特色社会主义思想为指导，坚定中国特色社会主义道路自信、理论自信、制度自信、文化自信，充分体现中国共产党为什么能、中国特色社会主义为什么好、马克思主义为什么行。体现中国特色，扎根中国大地，推进党的理论创新最新成果进教材，吸收借鉴人类优秀文明成果，反映学科研究最新进展，充分体现中国立场、中国智慧、中国价值。增强针对性，遵循教育教学规律、人才培养规律和教材建设规律，注重理论联系实际，编写适应不同学段、不同类型学生的教材，丰富呈现形式，增强教材适宜性实效性。注重创新性，在坚持国家统编统审基础上，推进工作理念和方式方法变革，创新教材编写审核出版机制，推动学者、学校、出版机构等联合行动，形成教材建设合力。强化统筹性，注重整体设计，明确责任主体，强化国家层面统筹指导、审核把关，把好领导权和主导权，落实地方、高校管理职责，对不同学段、不同类型、不同学科专业课程教材实施分类管理。

(二)建设目标。在原有基础上，补充、拓展建设现有教育部马工程重点教材课程覆盖面不足、亟需加强的学科专业课程教材，整体推进不同学段、不同类型高校哲学社会科学相关学科专业课程教材建设。用 5 年时间，重点建设 200 种左右意识形态属性强、价值引领作用明显、文化传承意义大的精品教材，形成以马克思主义为指导、体现中国学科发展要求的高校哲学社会科学教材系列。

——体系结构合理。建立健全覆盖专科本科研究生各学段、普通高等教育和高等职业教育协同推进的高校哲学社会科学教材体系，进一步涵盖相关学科专业基础课程和核心课程，兼顾公共课程教材，品种齐全、结构合理。

——质量全面提升。编写导向正确、质量一流、适宜性强的精品教材，彰显中国特色，体现原创性示范性。马工程重点教材的引领辐射带动作用进一步凸显，高校哲学社会科学教材整体水平大幅提升，教材育人效果更加显著。

——机制健全完备。国家、地方、高校分级管理体制基本定型，高校内部工作机制完备，学者、学校和科研出版机构等有序参与，教材建设、研究、使用、监测等专业化支撑体系基本健全，各方职责分明形成合力，工作体系运转高效。

——队伍齐整精良。教材编写、审核、使用、管理、研究和编辑出版等工作队伍人员精干、结构合理、配合有力。一支由教材编审专家、中青年骨干和一线教师构成的高素质、专业化教材建设队伍基本形成。高校教材建设和管理人才培养培训体系健全，后备力量不断充实，队伍不断壮大。

三、重点任务

(一)深入推进习近平新时代中国特色社会主义思想进教材。配合推进高校思政课教材建设，及时修订已出版教育部马工程重点教材，充分体现习近平新时代中国特色社会主义思想。深入实施《习近平新时代中国特色社会主义思想进课程教材指南》，有机融入哲学社会科学各学科专业课程教材，进一步推进理论体系向教材体系转化。编写马克思主义经典作家关于哲学社会科学的重要论述摘编，研制哲学社会科学相关教材编写指南，指导教材建设。

（二）系统推进马克思主义理论学科专业课程教材建设。适应新时代马克思主义理论学科建设需要，完善优化马克思主义理论学科专业课程教材结构，健全教材体系。本科阶段围绕马克思主义理论、科学社会主义、中国共产党历史、思想政治教育等专业，系统建设各专业基础课程、核心课程教材。研究生阶段围绕马克思主义基本原理、马克思主义发展史、马克思主义中国化、思想政治教育、中国近现代史、党的建设等学科，推进系列专题研究教材建设。

（三）着力建设适应新时代新要求、体现中国特色的高水平原创性教材。立足新时代，适应人才培养新要求和高等教育发展新趋势，围绕经济、法治、政治等领域，开展重大理论和实践问题集中攻关，修订、新编中国经济学、中国法学、中国新闻学等系列教材，更好地用中国理论解读中国实践，用中国实践丰富中国理论，用中国话语阐述中国发展。

（四）启动建设一批意识形态属性强的高等职业学校专科教材。依据《高等职业学校专业教学标准》，立足于加快构建中国特色高等职业学校专科教材体系，着力推进语文、职业素养等公共基础课程教材建设，重点推进财经商贸、文化艺术、新闻传播、教育、公安与司法等专业大类的基础史论教材建设，体现职业教育特色，增强教材的针对性、适宜性。

（五）加快完善对哲学社会科学具有支撑作用的本科相关学科专业课程教材。依据《普通高等学校本科专业类教学质量国家标准》，适应课程建设需要，重点围绕哲学、历史学、经济学、政治学、法学、新闻学、社会学、文学、艺术学、教育学等学科，及时修订已出版教材，补充完善一批意识形态属性较强的学科专业课程教材。充分发挥马工程重点教材引领作用，整体提升高校哲学社会科学教材质量。

（六）探索建设一批指导性、示范性强的研究生核心课程教材。依据《研究生核心课程指南》，结合研究生教育特点，立足国际学术前沿，编写、遴选一批哲学社会科学学科专业基础理论类、专题研究类、研究方法类、经典研读类、学科发展史类课程教材，突出思想性、学术性、探究性，示范带动研究生哲学社会科学教材建设。

（七）重点建设一批体现价值引领作用的公共课程教材。适应通识教育需要，重点推进国情教育、历史文化教育、国家安全教育等公共课程教材建设，加强党史、新中国史、改革开放史、社会主义发展史教材建设，加强中华优秀传统文化、革命文化、社会主义先进文化教材建设，加强心理健康教育、职业素养教育类教材建设。

四、建设方式

(一)教材编写审核。坚持国家统编统审，具体采取直接编写、申报编写与组织修订相结合的方式。直接编写，由国务院教育行政部门直接组建团队编写。申报编写，由高校等有关单位组建团队申报编写。组织修订，对已有多个版本的教材组织遴选、修订。严把审核政治关、学术关，凡纳入教育部马工程重点教材建设的，须经国家教材委员会审核认定。

(二)教材出版。直接编写的教材，由国务院教育行政部门选定出版机构。申报编写的教材，原则上由编写单位遴选确定出版机构。组织修订的教材，原则上由原出版机构承担。出版机构主要负责教材编辑出版发行等工作。制定教育部马工程重点教材出版准入标准，实行出版机构备案制，凡是出版教育部马工程重点教材的出版机构须在国务院教育行政部门备案。国务院教育行政部门定期组织评估，对不符合出版条件和要求的出版机构将责成相关高校或单位，按有关规定作出处理，及时中止出版资格。

(三)教材使用。坚持统一使用，马工程重点教材对应课程必须使用马工程重点教材。健全马工程重点教材使用目录，对不同编写组编写的同一种教育部马工程重点教材，各高校可结合本校特色和人才培养目标从中选用。切实推进教材内容进人才培养方案、进教学大纲和教案、进考试内容。健全任课教师三级培训体系，定期举办国家级示范培训，做实省级全员培训和高校集体备课。完善教材使用情况年报制度，开展教材使用情况调研，加强跟踪分析。

五、实施安排

整体规划、分类推进、分批实施，统筹专科、本科、研究生不同学段、不同专业类教材，兼顾直接编写、申报编写、组织修订三种编写方式，总体按照学科类别纵向分两批实施，共200种左右，用5年时间完成。分批发布教材建设目录。

第一批重点建设现有教育部马工程重点教材课程覆盖面不足、亟需加强的学科专业课程教材，共110种左右。计划于2022年启动。

第二批重点建设现有教育部马工程重点教材已有一定数量、根据课程调整需要进一步加强的学科专业课程教材，共90种左右。计划于2023年启动。

六、保障措施

(一)加强队伍建设。全面加强教材队伍政治建设，不断提高马克思主义理论素养，把师德师风作为教材编审人员基本要求。健全教育部马工程重点教材专家库，在国家教材委员会高校哲学社会科学(马工程)专家委员会下，设立学科专家组，加强对各学科专业课程教材建设的具体指导，强化对高校哲学社会科学(马工程)专家委员会的工作支撑。建立通报表扬制度，对作出突出贡献的编审专家予以表扬。建立健全教材建设和管理工作队伍培训制度，重点对省级教育部门和高校分管负责同志及相关职能部门负责人，对编审人员、任课教师、相关出版机构负责人和编辑分类定期开展培训。

（二）推进教材研究。加强国家教材建设重点研究基地建设，设立教育部马工程重点教材研究项目，开展教材内容和建设规律基础研究、重大理论和实践问题研究，服务教材建设重大战略、重要任务、重点工作。推进教材研究专业性期刊建设，鼓励支持现有期刊开设专栏，刊发高水平教材研究成果。组织教材建设情况调研和国情调研。分学科召开教材建设研讨会，适时开展教育部马工程重点教材“精彩一课”展示交流活动，推进教材体系向教学体系转化。

（三）促进资源建设。研究梳理马克思主义经典作家相关重要论述，建立文献数据库。鼓励支持高校组织研制优秀教案、课件、案例、慕课等教学资源，促进优质资源共享共用。创新教材呈现形式，充分运用数字化技术，增强互动性可读性，逐步建设教育部马工程重点教材试题库、资源库、案例库，构建新形态教材体系。

（四）完善投入机制。中央财政继续通过现有资金渠道支持教育部马工程重点教材建设。各地按规定将教材建设相关经费纳入预算。高校等有关单位应加大经费投入，保障教材管理、编写、审核、研究和队伍建设等工作，开展教材使用培训、研讨、交流等活动。出版机构要加大对教材编写研究、使用培训等方面的经费投入。

七、组织领导

（一）加强组织领导。在国家教材委员会领导下，国务院教育行政部门组织实施，负责统筹协调和指导，组织开展相关工作。省级教育部门和高校要进一步夯实领导责任和主体责任，具体落实相关工作。

（二）强化政策落实。省级教育部门和高校要把教育部马工程重点教材建设纳入事业发展整体规划重点推进，切实落实高校教材管理有关规定，健全领导体制和工作机制，完善工作体系。要落实相关激励保障措施，把编写教材计入工作量考核，享受相应政策待遇。牵头建设的高校等有关单位要签署任务书，夯实主体责任，严格落实各项要求，确保教材建设和管理各项工作有效开展。

（三）严格督导考核。强化综合考评，国务院教育行政部门把马工程重点教材建设情况作为高校“双一流”建设、学位授权点合格评估、本科教学评估、高职学校“双高”建设的重要内容。省级教育部门和高校，要把参与马工程重点教材建设、教材使用情况作为衡量和评价高校加强党的思想理论建设、落实意识形态工作责任制的重要内容，定期督促检查，对主体责任不落实、未能按期高质量完成教材编写任务、未做好教材统一使用等有关单位，及时问责追责，切实把马工程重点教材建优用好。

10.1.2 《全面推进“大思政课”建设的工作方案》

教育部等十部门关于印发《全面推进“大思政课”建设的工作方案》的通知

教社科〔2022〕3号

现将《全面推进“大思政课”建设的工作方案》印发给你们，请认真贯彻执行。

教育部 中共中央宣传部 中共中央网络安全和信息化委员会办公室
科学技术部 工业和信息化部 生态环境部
国家卫生健康委 国家文物局
国家乡村振兴局 中国关心下一代工作委员会
2022年7月25日

全面推进“大思政课”建设的工作方案

为深入贯彻落实习近平总书记关于“大思政课”的重要指示批示和在中国人民大学考察时的重要讲话精神，贯彻落实中共中央、国务院《关于新时代加强和改进思想政治工作的意见》，中共中央办公厅、国务院办公厅印发的《关于深化新时代学校思想政治理论课改革创新的若干意见》和中共中央办公厅《关于加强新时代马克思主义学院建设的意见》精神，坚持不懈用习近平新时代中国特色社会主义思想铸魂育人，制定本工作方案。

一、总体要求

党的十八大以来，特别是习近平总书记亲自主持召开学校思想政治理论课教师座谈会以来，思政课在党中央治国理政战略全局中的地位日益凸显，发展环境和整体生态发生根本性转变，习近平新时代中国特色社会主义思想铸魂育人成效明显，思政课建设、日常思想政治工作、课程思政全面推进。同时，一些地方和学校对“大思政课”建设的重视程度不够，开门办思政课、调动各种社会资源的意识和能力还不够强，课程教材体系还需要进一步完善，有的学校教师数量不足、质量不高，对实践教学重视不够，有的课堂教学与现实结合不紧密，大中小学思政课一体化建设亟需深化，有的学校第二课堂重活动轻引领，课程思政存在“硬融入”“表面化”等现象。

全面推进“大思政课”建设，要坚持以习近平新时代中国特色社会主义思想为指导，聚焦立德树人根本任务，推动用党的创新理论铸魂育人，不断增强针对性、提高有效性，实现入脑入心。坚持开门办思政课，强化问题意识、突出实践导向，充分调动全社会力量和资源，建设“大课堂”、搭建“大平台”、建好“大师资”，建设全国高校思政课教研系统，设立一批实践教学基地，推出一批优质教学资源，做优一批品牌示范活动，支持建设综合改革试验区，推动思政小课堂与社会大课堂相结合，推动各类课程与思政课同向同行，教育引导学生坚定“四个自信”，成为堪当民族复兴重任的时代新人。

二、改革创新主渠道教学

1. 建构党的创新理论研究阐释和教育教学的自主知识体系。各高校全面开设“习近平新时代中国特色社会主义思想概论”课。中央宣传部、教育部编写习近平新时代中国特色社会主义思想概论课教材。教育部实施习近平新时代中国特色社会主义思想研究重大专项，加强习近平新时代中国特色社会主义思想系统化学理化和分领域分专题研究，将习近平新时代中国特色社会主义思想有机融入全面贯穿哲学社会科学各学科知识体系。

2. 建强思政课课程群。各地各校加强以习近平新时代中国特色社会主义思想为核心内容的课程群建设，形成必修课加选修课的课程体系。高校要统筹全校力量，结合自身实际，重点围绕习近平经济思想、习近平法治思想、习近平生态文明思想、习近平强军思想、习近平外交思想以及“四史”、宪法法律、中华优秀传统文化等设定课程模块，开设选择性必修课程。

3. 优化思政课教材体系。落实系列重大主题教育指南和纲要，深入推进习近平总书记在地方工作期间的重大实践、视察地方和学校重要论述进课程教材。及时修订思政课统编教材，将党的创新理论最新成果有机融入各门思政课。编写马克思、恩格斯、列宁关于哲学社会科学及各学科重要论述摘编。持续推进新时代马克思主义理论研究和建设工程重点教材建设。

4. 拓展课堂教学内容。教育部组织制作“思政课导学”课件、讲义、专题片等，帮助教师讲深讲透讲活学好思政课的重要意义。各地各校围绕新时代的伟大实践，充分挖掘地方红色文化、校史资源，将伟大建党精神和抗疫精神、科学家精神、载人航天精神等伟大精神，生动鲜活的实践成就，以及英雄模范的先进事迹等引入课堂，推动党的创新理论和历史融入各学段各门思政课。

5. 创新课堂教学方法。各校加强对学生思想、心理及关心的热点难点问题研究，制定针对性的教学方案。善于采用多样化的教学方法，注重发挥学生主体性作用，积极运用小组研学、情景展示、课题研讨、课堂辩论等方式组织课堂实践。有条件的高校要为思政课配备助教，协助开展教学组织、课后答疑等工作。

6. 优化教学评价体系。高校要建立校领导、教学督导、马克思主义学院班子成员、思政课教师和学生参加的多维度综合教学评价工作体系，重视教学过程评价，增加教学研究和教学成果在评价体系中的权重。用好思政课教学评价结果，作为马克思主义学院和班子成员考核的重要指标，作为思政课教师绩效考核、职称晋升、评奖评优等的基本依据。充分发挥教学指导委员会等专家组织作用，开展教学调研指导。鼓励有条件的高校聘请思政课退休教师担任教学督导员、青年教师的成长导师。

三、善用社会大课堂

7. 构建实践教学工作体系。高校要普遍建立党委统一领导，马克思主义学院积极协调，教务处、宣传部、学工部、团委等职能部门密切配合的思政课实践教学工作体系，在马克思主义学院指定专人负责，建立健全安全保障机制，积极整合思政课教师和辅导员队伍，共同参与组织指导思政课实践教学。将思政课教师、辅导员指导学生开展实践活动、指导学生理论社团等纳入教学工作量。参照学生专业实训（实习）标准设立思政课实践教学专项经费。

8. 落实思政课实践教学学时学分。高校要严格落实本科 2 个学分、专科 1 个学分用于思政课实践教学的要求，中小学校要安排一定比例的课时用于学生社会实践体验活动。精心设计实践教学大纲，坚决避免实践教学娱乐化、形式化、表面化。鼓励有条件的高校开设专门的实践教学课。

9. 组织开展多样化的实践教学。教育部持续组织开展中国国际“互联网+”大学生创新创业大赛青年红色筑梦之旅、习近平新时代中国特色社会主义思想大学习领航计划、“小我融入大我，青春献给祖国”主题社会实践、“技能成才，强国有我”主题教育等活动。高校要紧扣思政课实践教学目标和要求，利用志愿服务、理论宣讲、社会调研等实践活动，开展实践教学。注重总结实践教学成果，把优秀成果作为课堂教学的有效补充，支持出版高校思政课实践教学成果，推动实践教学规范化。

10. 建好用好实践教学基地。教育部会同有关部门，利用现有基地（场馆），分专题设立一批“大思政课”实践教学基地。发挥好教育部高校思政课教师研学基地的实践教学功能。各地教育部门要结合实际，积极建设“大思政课”实践教学基地。大中小学要主动对接各级各类实践教学基地，开发现场教学专题，开展实践教学。有条件的学校可与有关基地建立长效合作机制，加强研究和资源开发。各基地要积极创造条件，与各地教育部门、学校建立有效工作机制，协同完成好实践教学任务。

专栏　建好用好“大思政课”实践教学基地

1. 教育部、科技部联合设立科学精神专题实践教学基地。
2. 教育部、工业和信息化部联合设立工业文化专题实践教学基地。

3. 教育部、生态环境部联合设立美丽中国专题实践教学基地。

4. 教育部、国家卫生健康委联合设立抗击疫情专题实践教学基地。

5. 教育部、国家文物局联合设立中华优秀传统文化、革命文化、社会主义先进文化专题实践教学基地。

6. 教育部、国家乡村振兴局联合设立脱贫攻坚、乡村振兴专题实践教学基地。

7. 教育部、中国关心下一代工作委员会联合设立党史新中国史教育专题实践教学基地。

四、搭建大资源平台

11. 建设全国高校思政课教研系统。教育部建设“全国高校思政课教师网络集体备课平台”网络支持系统、“青梨派”大学生自主学习系统、高校思政课教学创新中心资源开发系统、高校思政课教学指导委员会指导审核评估系统、高校思政课教师基础数据系统、高校思政课教师研修培训系统等为一体，共建共享、系统集成、全面覆盖的全国高校思政课教研系统。

12. 推进国家智慧教育平台建设使用。教育部把“大思政课”摆在教育信息化的突出位置，加强国家智慧教育平台思政教育资源建设。通过项目支持的方式，推动教学资源建设常态化机制化。组织开发和推荐一批科学权威实用的课件、讲义，推动一线教师统一使用。加强思政课教学资源库建设，实施中小学思政课精品课程建设计划，推出一批思政“金课”。加大优质资源推广使用力度，指导各地各校用好国家智慧教育平台。

专栏　思政课教学资源库

1. 建设教学案例库。组织征集和开发高质量、多形式的教学案例，特别是聚焦习近平新时代中国特色社会主义思想在中华大地的生动实践，开发一批党的创新理论主题案例。

2. 打造教学重难点问题库。建立思政课教学重难点问题征集机制，动态收集学生关注的问题和思想理论困惑，统一组织研究回答，形成教学问题库。

3. 建设教学素材库。建立完善采集、审核、共享机制，充分调动一线思政课教师积极性创造性，持续推出一大批优秀思政课课件、讲义、重难点解析、重要参考文献、教学配图、微视频、融媒体公开课等优质教学素材。

4. 开发在线示范课程库。以国家统编教材为基本遵循，整合全国优秀思政课教师和哲学社会科学专家力量，组织开发高水平在线示范课程。

13. 打造网络教育宣传云平台。教育部会同中央网信办等，组织开展“大思政课”网络主题宣传活动，鼓励师生围绕思政课教学内容创作微电影、动漫、音乐、短视频等，建设资源共享、在线互动、网络宣传等为一体的“云上大思政课”平台。加强高校思想政治工作网、大学生在线、易班等网络平台建设。积极研发成本适宜的虚拟仿真教学资源。组织开展“同上一堂思政大课”活动。各地各校用好“学习强国”等平台，鼓励思政课教师积极参加中央和地方主流媒体的政论、时政节目，广泛传播党的创新理论。

五、构建大师资体系

14. 建设专兼结合的师资队伍。各地各校严格按照要求配备建强高校专职思政课教师、辅导员队伍，提高中小学专职思政课教师比例，实行思政课特聘教授、兼职教师制度，积极聘请党政领导、科学家、老同志、先进模范等担任思政课兼职教师。深入实施马克思主义学院院长(书记)培养工程，通过集中培养培训、委托重大项目、加强实践锻炼、开展国际国内访学等方式，培养一批青年马克思主义理论家。

专栏　建立思政课特聘教授、兼职教师制度

高校要通过建立健全思政课特聘教授制度，选聘优秀地方党政领导干部、企事业单位管理专家、社科理论界专家、各行业先进模范以及高校党委书记校长、院(系)党政负责人、名师大家和专业课骨干教师、日常思想政治教育骨干等加入思政课教师队伍，讲授思政课；通过建立健全兼职教师制度，形成英雄人物、劳动模范、大国工匠等先进代表，以及革命博物馆、纪念馆、党史馆、烈士陵园等红色基地讲解员、志愿者经常性进高校参与思政课教学的长效机制。

15. 搭建队伍研究平台。充分发挥国家社科基金规划项目、教育部人文社科研究项目思政课教师研究专项作用，设立马克思主义理论研究和建设工程后期资助项目，组织教师加强马克思主义理论和思政课教学研究。重点支持开展“大思政课”建设规律、思政课教学难点及对策、大中小学思政课一体化、课程思政等研究。举办习近平新时代中国特色社会主义思想进教材进课堂进头脑系列研讨会。建设辅导员工作室、资助开展课题研究、推广优秀工作案例。

16. 提升队伍综合能力。完善国家、地方、学校三级培训体系，实现思政课教师培训全覆盖。教育部完善“手拉手”集体备课机制，定期组织开展教学研讨活动。开展中小学思政课教师示范培训、教学基本功展示交流活动。建设辅导员网上资源库、开发虚拟仿真实训平台，组织支持开展国情考察。各地教育部门要建立中小学思政课教师轮训制度，依托各级党校和高校马克思主义学院每3年对中小学思政课教师至少进行一次不

少于5日的集中脱产培训。中小学校新进专职思政课教师须取得思政课教师资格。小学兼职思政课教师在上岗前应完成一定学时的专业培训，并考核合格。各地各高校建立专门制度，常态化支持思政课骨干教师到各级宣传、教育等党政机关或基层挂职锻炼、蹲点调研，相关经历纳入评奖评优、干部选聘体系，相关成果作为职称评聘参考。严格落实生均经费用于思政课教师的学术交流、实践研修等，并逐步加大支持力度。

专栏　加强思政课教师培养培训

1. 加强"高校思政课教师信息库"建设。

2. 打造"全国高校思政课教师网络集体备课平台"升级版。

3. 实施"高校思政课教师队伍后备人才培养专项支持计划"。

4. 实施"高校思政课教师在职攻读马克思主义理论博士学位专项支持计划"。

5. 举办"高校思政课骨干教师研修班"和"高校哲学社会科学骨干研修班"。

6. 举办"周末理论大讲堂"。

7. 依托全国高校思政课教师研修(学)基地，组织思政课教师开展分课程、分专题研修活动。

8. "高校思想政治理论课'手拉手'集体备课中心"和"高校思想政治理论课名师工作室"，举办跨地区、跨学段、跨学校等多形式的集体备课、教学研讨活动。

9. 举办"全国高校思政课教学展示活动"。

10. 开展"高校优秀思政课教师和马克思主义理论学科学生奖励基金"遴选。

11. 开展中小学思政课教师示范培训。

12. 开展中小学思政课教师基本功展示交流活动。

六、拓展工作格局

17. 分层分类开展"大思政课"综合改革试点。教育部围绕实践教学、教师队伍建设、大中小学思政课一体化、问题式专题化团队教学和均衡发展等思政课改革创新重大问题，在北京、天津、上海、江西、陕西等地设立综合改革试验区。地方党政负责同志坚持联系高校并讲思政课。坚持教材编写、师资培养、理论阐释、教学研究相结合，统筹推进习近平新时代中国特色社会主义思想研究中心(院)、国家教材建设重点研究基地、人文社科重点研究基地、师资培训中心、马克思主义学院等建设，开展"联学联讲联研"综合改革试点。深入推进"三全育人"综合改革，持续扩大高校"一站式"学生社区综合管理模式建设试点。

18. 深入推进大中小学思政课一体化建设。教育部加强大中小学思政课一体化建设指导委员会建设，支持各地建设一批一体化基地，鼓励高校积极开展与中小学思政课共建。各地教育部门加强引导和协调，建立大中小学师资培育、听课评课、教研交流、集体备课等常态化工作机制。

19. 全面推进课程思政高质量建设。教育部组建高等学校课程思政教学指导委员会，研制普通本科专业类课程思政教学指南，组织开展高校教师课程思政教学能力培训，建设一批课程思政系列共享资源库。建成一批课程思政示范高校，推出一批课程思政示范课程，选树一批课程思政教学名师和团队，建设一批高校课程思政教学研究示范中心。加强中小学学科德育建设。

20. 扎实开展日常思政教育活动。学校党委书记、校长要在开学、毕业典礼等重要场合，讲授“思政大课”。学校要以重大纪念日、重大历史事件为契机，通过“学习新思想，做好接班人”主题教育、职教学生读党报、新时代先进人物进校园、论坛讲坛、讲座报告会等，组织专题“思政大课”。教育部打造并集中展示一批校园文化原创精品，建设一批文化传承基地。办好“全国大学生网络文化节”和“全国高校网络教育优秀作品推选展示活动”。

七、加强组织领导

21. 强化统筹协调。教育部、中央宣传部做好“大思政课”建设的总体谋划。中央网信办指导做好“大思政课”全媒体宣传。科技部、工业和信息化部、生态环境部、国家卫生健康委、国家文物局、国家乡村振兴局、中国关心下一代工作委员会等部门，加强对基地的指导和建设，切实发挥好基地的育人功能。

22. 积极推进落实。各地要把“大思政课”建设作为“十四五”时期推动思政课高质量发展的重要抓手，在基地资源、经费投入、队伍建设、条件保障等方面采取有效措施。将中外合作办学院校纳入“大思政课”建设整体布局。各地各校要及时总结宣传“大思政课”建设的好经验好做法，营造良好舆论氛围。

10.2 新闻教育大事记

2022 年新闻教育大事记

1 月

1 月 5 日，中国传媒大学新闻学院党委联合中国邮政邮票博物馆，推出“邮票中的党史”融媒体新闻产品。

1月5日,《2021新青年时尚消费趋势发展报告》暨“新青年新消费”系列报告研讨会在北京师范大学新闻传播学院举办。研讨会围绕新青年群体时尚消费习惯,以及线上时尚消费趋势发展等展开讨论。

1月5日,第四届西部传媒发展暨马克思主义新闻观教育论坛在西北师范大学举行,论坛由西北师范大学党委宣传部、西北师范大学传媒学院(新闻学院)主办。

1月7日,华中科技大学召开“大数据与国家传播战略教育部哲学社会科学实验室”启动建设办公会。会议就实验室的建设工作、存在问题以及解决方案等议题进行讨论。

1月7日,重庆外语外事学院与重庆国际传播中心共建“国际传播人才培养基地”签约暨揭牌仪式举行。

1月8日,由上海交通大学与福建省联合文物数字传播基地、平潭旅游与文化服务中心主办,国家哲社重大项目“网络与数字时代增强中华文化全球影响力的实现途径研究”课题组、科技部国家重点研发计划项目课题组与平潭国际南岛语族研究院承办的“中华文化数字精准传播(2022)”暨“南岛语族文化遗产环太平洋传播”专题研讨会在福建平潭国际南岛语族考古研究基地召开。

1月8日,中山大学首届新闻宣传优秀案例研讨会在广州南校园举办。中山大学党委书记陈春声教授、中山大学校长高松院士、广东省委宣传部副部长梅志清、中央驻粤媒体和广东省主流媒体的主要领导出席研讨会。

1月8日,中南大学召开新文科背景下文科学院融合发展研讨会暨人才工作会。

1月9日,由浙江传媒学院教务处、新闻与传播学院和浙江大学传媒与国际文化学院联合承办的2021—2025年浙江省高等学校新闻传播学类专业教学指导委员会第一次全体会议在杭州召开。会议主题为“新理念·新思想·新格局新文科视域下新闻传播教育创新发展”。

1月9日,《民族新闻传播教育蓝皮书》2022年第一次编委会于线上召开。来自近30所民族院校、西部高校的新闻传播院系的编委和作者齐聚云端,共商蓝皮书编撰工作。

1月10日,由重庆市应用写作学会主办、重庆城市管理职业学院承办的“首届中国应用写作与传播高端学术论坛暨重庆市应用写作学会会员代表大会”在线上举行。

1月16日,由中国科技新闻学会主办,中国电工技术学会、中国金属学会、中国知识产权研究会、中国测绘学会和中国卫星导航定位协会支持,大数据与科技传播专业委员会承办的“2022中国产业数字化研讨会”通过网络视频会议方式召开。

1月16日,中国人民大学新闻学院、中国人民大学新闻与社会发展研究中心和中国高等教育学会新闻学与传播学专业委员会共同举办了以“探索广告算法的‘黑箱’”为主题的第 46 期新闻传播学术话语体系创新深研会。

1 月 16 日，由教育部高等学校戏剧与影视学类专业教学指导委员会主办，华东师范大学传播学院承办的“卓越育人与课程思政—播音与主持艺术国家一流专业建设经验分享会暨课程思政建设研讨会”于线上召开。

1 月 18 日，中国人民大学新闻学院与湖南师范大学新闻与传播学院举行共建签约仪式。

1 月 20 日，“强监管时代，数字新传媒的安全与合规之路”研讨会在北京召开。会议由中国政法大学内容安全研究中心、中国企业评价协会合规专业委员会主办，中国律师博物馆、瀛和律师事务所共同协办，北京中企合规科技有限公司、规格科技承办。

1 月 25 日，中共中央党校（国家行政学院）国际战略研究院主办的“国际传播能力建设”学术研讨会在该校召开。

1 月 28 日，中国外文局中东欧与中南亚传播中心（人民画报社）举行揭牌仪式。

2 月

2 月 9 日，北京大学新闻与传播学院举行学科建设改革发展研讨会，邀请校内外专家就北大新闻传播学科建设进行深入交流研讨。

2 月 10 日，《文艺理论研究》编辑部、《华东师范大学学报（哲学社会科学版）》编辑部、《探索与争鸣》编辑部共同主办的“认识元宇宙：文化、社会与人类的未来”学术论坛在上海开幕。

2 月 21 日，第四届“你好，新时代——心中的旗帜”青年融媒体作品大赛颁奖典礼在京举行。经专家评审，60 部优秀作品从 5020 部参赛作品中脱颖而出，斩获六大奖项。

2 月 22 日，广西大学新闻与传播学院学科发展论坛在南宁举行，多名与会教授围绕“如何促进新闻传播学科更好发展”作主题发言。

2 月 22 日，中国社会科学院新闻与传播研究所与中国人民大学新闻学院召开学科建设交流座谈会。

2 月 26 日，中国网络媒体论坛在广州举行，论坛由中央网信办、中央广播电视总台、广东省委网信委联合主办，以“发展与秩序 · 让大流量澎湃正能量”为主题。

3 月

3 月 4 日，由中国社会科学院新闻与传播研究所举办的“燃情数字化，一起健康向未来”专题研讨会在京举行。会议特别邀请来自不同领域的专家学者，分享关于创建健康城市、健康社区，推进基层健康服务的实践与思考，针对如何通过数字化健康技术手段，推进社会健康服务的高质量转化落地，进行了深度交流。

3 月 9 日，中国人民大学新闻学院、新闻与社会发展研究中心、国家治理与舆论生态研究院、数字政府与国家治理实验室、中国高等教育学会新闻学与传播学专业委员会共同举办了以“元宇宙与未来传播：现状、路径与反思”为主题的第 47 期新闻传播学术话语体系创新深研会。

3 月 11 日，暨南大学新闻与传播学院网络与新媒体系师生与业界导师举行了第一次线下见面会，这标志着暨南大学网络与新媒体系数字产品工作坊校内实践课程正式开启。

3 月 12 日，上海外国语大学举办“假消息与全球传播”线上线下结合国际研讨会。

3 月 12 日，厦门大学新闻传播学院举办学科新百年发展座谈会。

3 月 15 日，中国新闻史学会正式启动“中国新闻传播学公益讲座”计划。第 1 期讲座主讲人为学会会长、中国人民大学教授王润泽，题目为《马新观：实践转向与新闻学知识体系创新》。

3 月 23 日，重庆工商大学文学与新闻学院和重庆市长寿区融媒体中心举办了校企合作线上签约仪式。

3 月 26 日，新时代中国传播学研讨会以线下线上相结合的方式在清华大学新闻与传播学院召开。会议由清华大学马克思主义新闻学与新闻教育改革研究中心、中国社会科学院新闻与传播研究所共同主办。

3 月 28 日，北京大学新闻与传播学院“数字、人文与传播”年度系列学术讲座首场开讲。

4 月

4 月 1 日，网络传播与社会治理研究中心揭牌仪式在武汉大学新闻与传播学院举行。

4 月 8 日，由中国传媒大学英文 ESCI 期刊 Global Media and China 编辑部与中国传媒大学移动互联与社会化媒体研究中心共同承办的“后疫情时代下国际传播发展路径”国际高端英文学术论坛以线上线下混合的方式举办。

4 月 8 日，北京外国语大学党委副书记苏大鹏带队前往新华社，与新华社人事局就北外多语种国际传播实验班建设进行座谈交流。

4 月 16 日，“清华大学新闻与传播学院元宇宙文化实验室”正式成立。揭牌仪式采用机器人和虚拟主播主持的方式，增加了现场“元宇宙属性”。

4 月 16 日，清华大学新闻与传播学院成立 20 周年大会，在清华大学大礼堂举行。

4 月 18 日至 4 月 22 日，由中国图象图形学学会（CSIG）主办，CSIG 数字媒体取证与安全专委会、复旦大学数字文化保护与旅游数据智能文化和旅游部重点实验室共同承办，由复旦大学、上海交通大学、中国科学技术大学、上海大学、南京信息工程大学、中山大学、北京交通大学、上海理工大学、深圳大学、解放军信息工程大学、中国科学院大学自发组织，由隐者联盟具体安排的“十一校联合学术交流论坛·多媒体安全系列研讨会”在线上顺利召开。

4月20日，浙江大学传媒与国际文化学院智能融媒体实验室启用仪式暨智能媒体时代的文科实验室建设研讨会在浙江大学举行。

4月23日，由北京外国语大学主办，北外国际新闻与传播学院、国际体育传播与外交研究中心承办的“转折、转变与超越：东亚奥运会(2018—2022年)传播与媒体运行”国际论坛以线上线下相结合的方式举行。

4月23日，南京大学“艺术的跨媒介研究”高端论坛于线上召开。论坛由南京大学艺术学院主办，艺术学重大项目“艺术学理论的跨媒介建构及其知识学研究”课题组承办。

4月28日，上海交通大学邀请中国社会科学院新闻与传播研究所所长、中国社会科学院大学新闻传播学院院长胡正荣教授开展题为“全球化、全媒体时代的国际传播能力建设”的学术讲座。

5月

5月8日，由中国人民大学等主办，国内13所新闻院校协办的“历史传承与当代发展：马克思主义中国化新闻舆论思想学术论坛”成功召开。

5月9日，由中国新闻史学会网络传播史研究委员会主办，兰州大学新闻与传播学院承办的网络传播三人会第9期——“媒体数字化转型与可供性”学术微论坛于线上召开。

5月10日，唐珍名出任湖南大学新闻与传播学院院长(兼)，杨永锋出任湖南大学新闻与传播学院党委书记。

5月11日，中国劳动关系学院文化传播学院主办的“新闻传播理论前沿与实践创新论坛”第八期讲座正式开始，该次讲座以《数智时代的受众分析》为题，主讲人为刘燕南教授。

5月14日，第六届广东省新闻与传播研究生学术论坛将正式举行，该论坛以“数字媒介时代的传播技术与社会变革”为主题。

5月14—15日，中国故事国际传播高峰论坛在华中科技大学召开。论坛发布了《中国故事国际传播指数报告》(2021)。

5月19日，湖南工商大学“数字媒体与信息工程”学术论坛讲座活动第三讲顺利开展，该讲座主讲人为武汉大学何国良副教授，讲座主题为“基于时序数据的弱监督聚类方法”。

5 月 21 日，华东政法大学传播学院联合中国新闻史学会传媒经济与管理专委会、上海市科学与艺术学会主办的首届数字传媒与文化产业前沿论坛通过网络会议召开。

5 月 22 日，陕西师范大学主办的“纪念《在延安文艺座谈会上的讲话》发表和《解放日报》改版 80 周年暨第三届马克思主义新闻观中国化学术年会”在线上召开，会议以“重返历史现场：1942 与中国共产党的文化宣传工作”为主题。

5 月 25 日，中国传媒大学广告学院举办 20 周年院庆系列活动之“中国品牌国际传播圆桌论坛”。

5 月 25 日，北师大新闻传播学院与腾讯微信共同主办“青少年网络素养和数字能力提升新路径”主题研讨会。

5 月 26 日，兰州文理学院数字媒体学院举办了“元宇宙与数字产业变革”学术讲座。讲座邀请中国电子视像行业协会空间显示分会秘书长谢清风教授主讲。

5 月 27 日上午，云南大学与国内多所高等院校共同发起的南亚东南亚大学联盟新闻与传播学分委员会正式宣告成立。随后举行了首届人类命运共同体与南亚东南亚国际传播高端论坛。

5 月 27 日，安徽省广告创新发展研究院揭牌仪式在安徽师范大学举办。

5 月 27 日，由北京大学新媒体研究院、中国人民大学新闻学院、北京大学社会化媒体研究中心、中国人民大学未来传播研究所、国际传播协会（International Communication Association，ICA）联合举办的第 1 届未来媒体研究论坛暨国际传播协会第 72 届学术年会北京区域中心（Regional Hub）分会闭幕。此次会议的主题为“技术、社会与想象”。

5 月 28 日，由北京外国语大学国际新闻与传播学院主办、中国新闻史学会外国新闻传播史研究委员会提供学术支持的第八届中国跨文化传播论坛暨第三届 2050 学子论坛成功举行。

5 月 28 日，北京外国语大学在云端举办国际传播能力指数方阵 2022 发布会。

5 月 28 日，由中国高等院校影视学会媒介文化专业委员会主办、南京师范大学新闻与传播学院承办的中国高校影视学会媒介文化专业委员会第五届学术年会暨“2021—2022 年媒介文化论坛”在云端拉开帷幕。

5 月 28 日，南京财经大学新闻学院举办深度媒介背景下新闻与传播人才培养高层论坛。来自复旦大学、中国传媒大学、苏州大学、南京师范大学、河海大学、陕西师范大学、南京林业大学等高校的众多专家学者参加。

5 月 29 日，大连外国语大学召开 2022 第六届中华文化海外传播大连论坛。来自海内外从事中华文化研究的300余位专家、学者和3000多名社会各界人士集聚云端，围绕“数字媒介与国际传播：新特征新理念新方略”这一课题进行了交流和探讨。

5月28—29日，国际传播学会(ICA)年会上海分会场在线上举行。上海分会场为国际传播学会2022年年会的组成部分，会议主题为“One World，OneNetwork?”(同一个世界，同一个网络?)。

5月30日，河北大学“新闻学专业(中国共产党新闻史教学)虚拟教研室”入选第二批虚拟教研室建设试点名单。

5月31日，由中国外文局(中国国际传播集团)下属中国互联网新闻中心(中国网)和当代中国与世界研究院共同发起的“元宇宙国际传播实验室”宣布成立。

6月

6月1日，由中国网络空间安全协会、光明网、北京网络空间安全协会、天津市网络空间安全协会、北京师范大学新闻传播学院未成年人网络素养研究中心共同主办的未成年人网络保护研讨会在线上举办。

6月5日，中国人民大学新闻学院、中国人民大学新闻与社会发展研究中心和中国高等教育学会新闻学与传播学专业委员会联合举办了以“中医国际传播及医学人类学”为主题的第49期新闻传播学术话语体系创新深研会。

6月9日到10日，由北京航空航天大学法学院、北京师范大学新闻传播学院、北京航空航天大学网络空间国际治理研究基地共同主办的“第二届网络空间国际治理论坛—数字经济规则”成功举行。此次论坛旨在以网络空间命运共同体的理念为指引，通过深化国际交流与合作，凝聚共识，积极推动数字经济国际规则的制定。

6月10日，国家新闻出版署公布2022年度出版智库遴选培育机构名单，安徽大学新闻传播学院编辑出版学系入选。

6月11日，由江苏省重点高端智库紫金文创研究院、南京师范大学主办，南京师范大学新闻与传播学院、紫金非遗管理与品牌传播研究中心承办的“紫金非遗传播论坛”在南京师范大学新闻与传播学院融媒传播与舆情治理研究中心举行。专家学者及行业专家聚焦“非遗传播与乡村振兴”论坛主题，共话非遗传播与乡村振兴的研究前景与问题，旨在为推进非遗传播、乡村振兴研究提供智力支持。

6月11日，中国新闻文化促进会传播学分会第四届理事会在线上召开。胡正荣教授当选学会会长。

6月17日，中国新闻史学会博物馆与史志传播专业委员会常务理事会议暨会员大会召开。次日上午，“百年百城·民族品牌”高峰论坛暨中国新闻史学会博物馆与史志传播专业委员会2022年年会于线上隆重召开。

6 月 18 日，由暨南大学和广州华商学院共同主办、暨南大学新闻与传播学院和广州华商学院传播与传媒学院共同承办的第七届数字营销传播研究与应用研讨会在广州增城开幕，协办单位为广东省广告协会和广州市广告行业协会。此次研讨会的主题是“元宇宙背景下的数字营销传播”，整个研讨会采用线上线下结合的方式举行。

6 月 18 日，经高校毕业生就业协会批准，高校毕业生就业协会宣传与全媒体人才培养工作委员会成立，大会以线上、线下结合形式在京召开。中央民族大学党委副书记邹吉忠教授当选为理事长。

6 月 22—25 日，广东外语外贸大学新闻与传播学院举办了“融媒体内容制作与运营实务”工作坊，参加第六届“讲好广东故事”新闻调查大赛暨县级融媒体新闻实践的 10 支队伍、43 名同学以及 14 名参与实践周活动的同学参与了此次工作坊的学习。

6 月 23 日，重庆大学新闻学院与深圳市腾讯计算机系统有限公司联合申报的“教育部供需对接就业育人项目”暨“重庆大学新闻学院与腾讯营销学堂合作”启动仪式在重庆大学新闻学院举行，宣布重庆大学新闻学院与腾讯营销学堂共建腾讯广告营销实验室。

6 月 25 日，由西安交通大学新闻与新媒体学院，陕西高校新型智库“新媒体与社会治理研究中心”主办的“中国传播学学术理论成果走出去的现状、机遇与挑战：第三届传播学国际发表高端论坛”成功举行。会议期间发布了《中国传播学国际论文发表年度报告》与“第三届中国新闻传播学国际发表优秀论文奖”名单。

6 月 25 日，由中国新闻史学会新闻传播教育史研究委员会主办，广州体育学院体育传媒学院承办的“2022 新文科建设背景下新闻传播学学科建设暨一流新闻学专业建设”学术研讨会在广州体育学院召开。此次研讨会采取线下与线上相结合的方式举行，来自全国高校的领导、学者和研究生共 400 余人参加了此次会议。

6 月 28 日下午，西南民族大学新闻传播学院主办的“新闻传播学科建设与专业发展研讨会”在航空港校区博知堂会议厅举行。相关负责人汇报了西南民族大学新闻传播学院学科建设、专业发展、人才培养等工作情况及所存在的困难和问题。

7 月

7 月 1 日，“重访数字化转型的媒介政治与社会想象”（Revisiting Politics & Poetics of Digital Trans for mation）国际学术研讨会由浙江大学、威斯康星大学、宾夕法尼亚大学、中国新闻史学会全球传播与公共外交委员会和中国新闻史学会网络传播史委员会于线上联合主办。

7 月 2 日，湖南师范大学新闻与传播学院举办“以一流专业建设促进一流学科发展”研讨会。会议设专业教育与学科建设的互动互促、卓越新闻传播人才培养的实现路径、新文科背景下新闻传播专业教育模式的变革分论坛，以一流专业建设促进一流学科发展。

7月4日，由北京师范大学新闻传播学院举办的2022“未来传播的新范式·新方法”暑期工作坊于线上正式开幕。

7月6日，第七届中国VR/AR创作精品征集推荐展播活动开幕式在新华社新媒体中心新立方智媒演播室成功举办。此次活动由北京师范大学新闻传播学院、新华社新媒体中心、中国网络视听节目服务协会联合主办，光明网协办，VeeRVR、快手、看到科技、爱奇艺、HTC、汽车之家等单位战略支持。

7月6日，河南大学新闻与传播学院与焦裕禄干部学院合作签约暨揭牌仪式成功举行。

7月7—9日，由中国传媒大学传播研究院主办的“2022传播学 & 编辑出版学师资班”以线上线下相结合的方式成功举办，来自全国各地60余所院校的90余名学员参加了此届师资班。

7月8日，由上海交通大学媒体与传播学院主办，上海交通大学出版社协办的“智问天机，慧人成器——智能传播人才培养与教学实践研讨会”在线上举行，会议就智能传播人才的教学和培养等话题展开讨论。

7月8—10日，由苏州大学传媒学院承办的IAMCR(国际媒体与传播研究协会)2022年会前会通过“瞩目”会议平台成功举办。会议主题为：传播科学，共创美好疫后生活。

7月9日，由复旦大学全球传播全媒体研究院、复旦大学新闻学院和复旦大学国家发展与智能治理综合实验室联合主办的“全球化转型与国际传播：全媒体全球传播·复旦论坛(2022)”在线上举行。专家学者探讨全球化转型时代我国国际传播的经验与问题，共谋推进国际传播研究与实践的创新路径。

7月9日，北京师范大学成功召开“迈向数字文明新时代”首届青少年互联网大会。大会由北京师范大学主办，中国科学报社、半月谈杂志社、中国科协科学技术传播中心联合主办，北京师范大学新闻传播学院、北京师范大学互联网发展研究院、北京师范大学联合国教科文组织国际农村教育研究与培训中心和北京师范大学未成年人检察研究中心共同承办，腾讯公司提供战略支持。

7月9日，首届中国新闻传播教育年鉴奖颁奖典礼在湖南吉首隆重举行。中国传媒大学广告学院原院长黄昇民教授获得首个杰出院长奖，华中科技大学新闻与信息传播学院获得首个创新发展奖。中国新闻传播教育年鉴奖由中国新闻传播教育年鉴编委会组织发起，传媒茶话会全额赞助，评选委员会由中国新闻传播教育年鉴编委会、中国高等教育学会新闻与传播专业委员会、中国高等教育学会广告专业委员会专家组成。

7月8—11日，在湖南吉首市召开了中国新闻史学会新闻传播教育史研究委员会第三届第五次常务理事会暨中国新闻传播教育年鉴编委会十一次会议。此次会议的核心议题是《中国新闻传播教育年鉴(2022)》的编撰工作安排。

7月11—15日，国际媒介与传播研究学会(IAMCR)2022年会于清华大学线上举行。此届年会主题为“新全球化时代的传播研究：再定位、挑战与变化的语境”。来自近100个国家和地区的近2000位学者在线参加了会议。这是中国大陆首次主办国际的传播学会学术年会。重点讨论亚太地区的传播学者如何继续促进学术合作，提高亚太地区媒体和学术的全球影响力。

7月12日，国务院学位委员会下发了《国务院学位委员会关于下达2021年学位授权自主审核单位撤销和增列的学位授权点名单的通知》(学位〔2022〕12号)，华南理工大学新闻与传播学院获批新闻传播学一级学科博士学位授权点。

7月12—15日，由香港浸会大学传理学院、IAMCR传播政策与技术分会、IAMCR国际传播分会暨德国波鸿高等互联网研究中心(CAIS)主办的互联网规制国际学术工作坊于德国波鸿及线上举行。主题为“权力、控制与网络治理：来自东方和西方的话语”和“互联网规制研究”。

7月13日，由首都文明工程基金会、中国传媒大学、《文明》杂志社联合主办，中国传媒大学人类命运共同体研究院承办的“奥林匹克文化与全球文明传播”专题研讨会召开。来自中国传媒大学、首都文明工程基金会、《文明》杂志社、中国人民大学、中国外文局、中国社会科学院、中央广播电视总台、北京第二外国语学院的十余位专家学者围绕人类命运共同体理念与奥林匹克精神的国际传播展开研讨。

7月13—15日，浙江大学传媒与国际文化学院、浙大城市学院、浙大宁波理工学院、云南师范大学传媒学院联合举办“第四届公共传播学术论坛”。会议主题为“公共传播：全球愿景与共识再造”。会议地点为云南师范大学传媒学院。

7月14日，由中央党史和文献研究院对外合作交流局、中央编译出版社、中国传媒大学联合主办，中国传媒大学人类命运共同体研究院承办的“人类命运共同体理念的国际传播”专题研讨会在中国传媒大学召开。会议重点围绕习近平《论坚持推动构建人类命运共同体》多语种版本编辑翻译和对外宣介工作情况进行总结，并就如何更好地传播人类命运共同体理念进行深入研讨。

7月15日，江苏省新闻传播学学会第一次会员代表大会暨第一届理事会第一次会议在南京大学新闻传播学院召开，南京大学新闻传播学院执行院长张红军教授当选会长。

7月15—16日，由江苏紫金传媒智库、南京大学新闻传播学院联合举办的第二届紫金传媒论坛暨第五届传媒产业发展论坛、马克思主义新闻观论坛在南京大学举行。此届紫金传媒论坛以“构建中国特色传播体系：东中西部的对话”为主题。马克思主义新闻观论坛针对学术研究与人才培养两大主题展开研讨。

7月15日，2022年安徽省首届大学生数据新闻大赛正式启动。此次大赛由安徽大学新闻传播学院、安徽师范大学新闻与传播学院等省内14家新闻教育单位联合发起，安徽大学国家级新闻传播实验教学示范中心具体承办。

7月22日，中国传媒大学召开“计算广告专业建设研讨会”，来自国内以及广告业界代表机构的专家相聚云端，对如何认识数字技术带来的广告产业结构及运作模式变化、人才培养的新要求、广告专业如何推进新型人才培养模式等关键问题进行了深入研讨。

7月22日，由中国新闻传播教育年鉴编撰委员会主办、江西师范大学承办的第二届全国新闻传播学院院长研修班在江西井冈山举行。江西师范大学副校长项国雄教授、中国新闻传播教育年鉴编委会张昆主任、华中科技大学新闻与信息传播学院院长张明新教授等出席了开学典礼，来自全国66所高校的新闻传播学院院长、书记和系主任100余人参加了为期7天的研修培训活动。此次研修班采取线上线下混合授课形式，在B站等多个直播平台上进行了全程直播，线上关注者峰值达到1.4万余人。

7月23日，以“创新驱动新变革数字引领新格局”为主题的第五届数字中国建设峰会盛大开幕。由同济大学、世界规划教育组织WUPEN等单位共同组织的数字中国创新大赛·数字城市设计赛道当日举行总决赛现场答辩及颁奖典礼。

7月24日下午，在中宣部指导和教育部支持下，由国家新闻出版署主办、北京大学承办的以“共创一流新学科，同圆出版强国梦”为主题的首届全国出版学科共建工作会在北京大学主会场和华东师范大学、四川大学、广东省委宣传部3个分会场同步举行。包括由中共上海市委宣传部与华东师范大学共建的出版学院在内的全国首批五家部校共建出版学院/研究院与全国出版学科共建工作联络处共同揭牌成立，并完成共建签约。

7月26日，中国新闻传播大讲堂课程群虚拟教研室启动仪式暨教研交流活动隆重举行，300多所新闻传播院校的400余位教师上线参加了启动仪式和教研交流活动。此次会议由新闻传播学类专业教学指导委员会和中国传媒大学共同主办，教育部高等教育司人文社科教育处处长张庆国致辞，新闻传播学类专业教学指导委员会秘书长、中国新闻传播大讲堂课程群虚拟教研室负责人王晓红教授主持会议。7月29日上午，教育部新闻学专业(中国共产党新闻史教学)虚拟教研室启动会暨第一次教研工作论坛会在河北大学以线上形式顺利举行。

7月30日上午，第四届中国编辑出版青年学者论坛在云端开幕，百余名高校专家学者、青年学人和业界嘉宾等齐聚线上会议室，共话编辑出版专业建设和出版产业发展。

8月

8月1—5日，中国人民大学新闻学院与河北大学新闻传播学院联合举办研究阐释习近平总书记关于新闻舆论工作重要论述高级研修班。

8月1日，暨南大学公益数字人才培训第一期在暨南大学石牌校区正式开班，暨南大学党委书记林如鹏出席并致辞。此次公益数字人才培训课程共五期，面向全国招募学员。首期主要针对公益机构相关负责人，报名人数逾200人。经过筛选，共有来自全国12个省份、66位学员入选。

8月3日，在哈尔滨举行的第十八届中国广告论坛上，中国传媒大学广告学院广告主研究课题组与央视市场研究(CTR)联合发布《2022中国广告主营销趋势调查报告》。

8月5日，中国人民大学新闻学院传播系、中国人民大学新闻与社会发展研究中心新闻与传播研究所、中国高等教育学会新闻学与传播学专业委员会和《国际新闻界》联合举办了以"平台、劳动与社会福祉"为主题的第50期新闻传播学术话语体系创新深研会，此次深研会通过鲜活丰富的本地化个案，聚焦互联网平台劳动的中国实践，以跨学科研讨的方式将理论与实际相结合，为中国平台经济的发展与完善贡献扎实的经验知识与学理支撑。

8月6日，甘肃省新闻传播学类专业教学指导、专业认证与教材建设委员会以线上方式召开2022年年会暨一流专业建设交流会。

8月10日，由中国外文局、清华大学指导，当代中国与世界研究院联合清华大学新闻与传播学院共同主办的"从国际主义到人类命运共同体：文化与传播高峰论"，以线上线下相结合的方式举行。

8月13日，由云南大学新闻学院(南亚东南亚国际传播学院)、中国传媒大学新闻传播学部和南亚东南亚大学联盟新闻与传播学分委员会联合主办的"(南亚东南亚)国际传播理论前沿与研究方法研究生暑期学校"开学典礼顺利举行。暑期学校主要由"名家教授前沿分享""学术期刊编辑交流会"两大板块组成，将围绕国际传播的前沿理论、实践议题和主流及前沿方法进行讲授、交流与培训。

8月20—21日，四川大学文学与新闻学院(出版学院)举办了第二届全国出版学博士生学术论坛。论坛以"思维·问题·方法·路径"为主题，设置了主旨报告、专题汇报等学术交流议题，共有9家出版类学术期刊的主编、编辑，15所高校的近30位嘉宾代表，以及逾50名出版学相关专业研究生代表通过线下线上的方式参加了会议。

8月24日，第九届国家传播战略高峰论坛在北京举办，此次论坛由大数据与国家传播战略教育部哲学社会科学实验室、中央民族大学新闻与传播学院、华中科技大学国家传播战略研究院、华中科技大学新闻与信息传播学院共同主办。会议围绕“智能新媒体与国际传播能力建设”“寰球民意与国际政治”“新型国际关系与国家形象传播”三个议题展开。大数据与国家传播战略教育部哲学社会科学实验室、华中科技大学国家传播战略研究院出品的“寰球民意指数（2020）”调查报告《寰球民意指数（2020）数据可视化报告》正式发布。

8月24日，中宣部出版局举办2022年度出版智库高质量建设计划入选机构授牌仪式，并进行专题座谈。安徽大学编辑出版学系是首批入选机构之一。安徽大学出版智库聚焦主题出版、区域出版、融合出版、出版史论四大研究方向，产出了一批标志性研究成果。

8月25—26日，第八届中国新闻史青年学者论坛在北京召开。此届论坛主题为“把论文写在祖国大地上——新闻史研究的实践视野与价值建构”。论坛由中国新闻史学会、中国社会科学院新闻与传播研究所、中央民族大学主办，中央民族大学新闻与传播学院、中国人民大学马克思主义新闻观与新闻实践研究中心、中央民族大学马克思主义新闻观与新闻实践研究中心承办。

9月

9月2日，重庆市教委印发《重庆市教育委员会关于公布第二轮重庆市人工智能+学科群立项建设及培育建设名单的通知》，公布了第二轮重庆市人工智能+学科群立项建设及培育建设名单。新闻学院“智能传播”学科群入选第二轮重庆市人工智能+学科群培育建设项目。

9月8日，由西安交通大学新闻与新媒体学院联合国内多家新闻学院主办，“科创西安”等机构协办的第七届数据新闻工作坊成功举办。工作坊通过线上直播培训的形式进行，吸引了1000余只参赛队伍及数据新闻爱好者参与互动。

9月8日，在南京举行的2022江苏网络文明社会共建论坛上，江苏省网络文明研究中心正式揭牌。中心由省委网信办与南京师范大学共同建设，委托新闻与传播学院负责日常管理，下设综合办公室及学术委员会。

9月16日，北京印刷学院出版学院挂牌仪式在校举行。中国出版协会理事长邬书林、中宣部出版局副局长李一昕、北京市委教育工委分管日常工作的副书记张革、北京印刷学院党委书记高锦宏共同为出版学院挂牌。

9月16日，北京印刷学院举办了“高层次出版人才培养”论坛，来自高等院校、出版单位、出版行业协会学会的14位专家发表了精彩演讲。

9月17日，由上海师范大学旅游学院、上海师范大学休闲与旅游研究中心、上海师范大学都市文化研究中心共同主办的“文学、媒介与社会：社会科学研究前沿议题研讨会”在线举行。

9 月 23 日，由浙江省社会科学界联合会主办，浙江大学社会科学研究院、传媒与国际文化学院承办的浙江省社科联跨学科论坛之“可编程社会与数字文明”主题研讨会在浙江大学举行。会上，来自省内外 40 余位计算机科学与技术、新闻传播、法学、逻辑学等领域的专家学者围绕主题进行了深入研讨交流。线上直播受众达 476 万人次。

9 月 24 日，中共上海市委宣传部与华东师范大学共同主办以“共建一流出版学科，培育卓越创新人才”为主题的上海出版论坛暨华东师范大学出版学院首届开学典礼。近百位出版学界、业界精英通过线上线下结合的方式共话学科建设与人才培养。华东师范大学出版学院迎来自成立以来的首届学生。

9 月 24 日，由西安交通大学新闻与新媒体学院主办、新闻与传播研究所等协办的“第三届媒介与社会思潮传播论坛暨 2021 年中国社会思潮新媒体传播与影响报告发布会”在陕西召开。

9 月 24 日，第四届中国体育传播青年学者论坛在成都体育学院举行，论坛由中国体育科学学会体育新闻传播分会和四川省新闻传播教学指导委员会主办，成都体育学院新闻与传播学院承办。此次论坛的主题为“传播新技术背景下的体育传播”。

9 月 24—25 日，“数字记忆：共同体想象与再造”工作坊于杭州举办。此次工作坊由浙江大学数字沟通研究中心、浙江大学传媒与国际文化学院主办，浙江大学国际文化与社会思想研究所承办，《国际新闻界》和《新闻记者》期刊支持。工作坊围绕“平台化记忆共同体与共同体记忆”“技术记忆与个体/公共危机”“空间、地方与记忆装置”三个子主题展开，意在探讨数字技术与文化如何重塑公共记忆，重构社会与文化共同体的面貌。

9 月 28 日，中国人民大学新闻学院举办“赓续红色血脉培养时代新人：中国共产党创办新型正规高等教育的历史经验”高端论坛——红色新闻人才培养研讨会。会议邀请马克思主义新闻观教学联盟十三所新闻传播学院负责人，聚焦红色新闻人才培养的多维度、全体系建设，围绕红色新闻人才培养的发展与创新开展交流。

10 月

10 月 3 日下午，中国人民大学 85 周年校庆学术论坛“建构中国特色新闻传播学自主知识体系”分论坛举行。来自北京大学、清华大学、中国社会科学院、复旦大学等十余所新闻院校的专家学者以线上线下结合的方式齐聚一堂，共话中国特色新闻传播学自主知识体系的建构之路。

10 月 4 日，浙江大学传媒与国际文化学院—杜伦大学现代语言与文化学院比较现代性研究中心启动仪式暨“求是博雅”论坛在杭州举行。浙江大学传媒与国际文化学院—杜伦大学现代语言与文化学院比较现代性研究中心旨在开展“专通一体”的学术对话、文化交流与人才培养，通过中西比较的哲学、文学与美学的学术研究与文化传播，探讨建设人类命运共同体的学理问题，引领文化自信之风尚与文化现代化之自觉。

10月5日，中国人民大学新闻学院举办方汉奇先生向学院捐赠图书仪式暨学科史讲座。著名新闻史学家、中国人民大学荣誉一级教授方汉奇将所藏3045本新闻传播学科相关图书捐赠给中国人民大学新闻学院，以支持新闻史学研究，推动新闻传播学科发展。

10月15—16日，2022中国应用新闻传播论坛暨应用新闻传播十大创新案例发布大会在上海召开。会议由中国新闻史学会应用新闻传播专业委员会和同济大学主办，同济大学艺术与传媒学院承办。

10月21日，湖南师范大学——中南出版传媒集团战略合作协议签约仪式暨共建一流出版学科，培养卓越拔尖人才高峰论坛在新闻与传播学院书山论坛举行。

10月22日，由上海交通大学与国际传播学会(ICA)共同主办的“2022年新媒体国际论坛”于线上开幕。此次会议的主题为“智能传播与真实世界(Intelligent Communication and Real World)”。

10月22日，由中国认知传播学会主办、四川大学文学与新闻学院承办的主题论坛“探源与创新：中国认知传播学研究对话”在线上举行。来自北京大学、中国人民大学、中国社会科学院大学、西安交通大学、中国传媒大学、四川大学、暨南大学、上海大学、四川外国语大学、成都大学等高校的专家学者作了专题发言与对话交流。

10月22日，郑州大学新闻与传播学院、郑州大学传媒发展研究中心联合举办“算法向善与数字文明工作坊暨国家一流本科专业建设特邀报告会”。来自中国人民大学、复旦大学、北京大学、中国传媒大学、武汉大学、浙江大学、华中科技大学、厦门大学等多所高校的专家学者，以及《新闻大学》《现代传播》等学术期刊主编相聚“云端”，共同探讨算法治理与数字文明议题，共商新闻传播学类国家一流本科专业建设与卓越新闻传播人才培养大计。

10月29—30日，中国新闻史学会第六届常务理事会第五次会议暨第四届岳麓传媒与文化发展论坛，通过线上线下结合的形式在湖南大学举行。来自北京大学、清华大学、中国社会科学院等全国50余所高校和研究院所的新闻传播学者围绕“中国共产党新闻舆论思想与实践”的论坛主题，就“中国共产党新闻舆论工作历史经验”“中国共产党新闻舆论思想”“突发事件舆论引导”“新时代的国际传播”“新媒体新发展”“新文科建设背景下的新闻传播教育改革与一流专业建设”等议题开展学术研讨。

10月31日，中国人民大学新闻学院和中国国际新闻交流中心共同举办2022“中国发展与媒体交流”外国记者培训项目结业仪式，40名来自中非新闻交流中心、亚太新闻交流中心的外国记者参加仪式。

11月

11月4日，中央民族大学新闻与传播学院举行首届广播电视艺术专业硕士开班仪式。在新文科建设和智能化的时代双背景下，中央民族大学新闻与传播学院一方面坚守影视艺术教育与人才培养的本体和本位，另一方面在艺术学科专业目录调整的新机遇与新挑战下，积极探索专业办学的新拓展与新转向。

11月5日，由复旦大学新闻学院和中国新闻史学会外国新闻传播史专业委员会主办的“理论旅行与体系再造：外国新闻传播史学术研讨会”在复旦大学举行。来自国内17所高校的52位学者嘉宾，通过线下线上融合的方式参与大会。

11月5日，广州体育学院举办第一届体育传播广州论坛。该论坛由中国新闻史学会新闻传播教育史研究委员会、广州体育学院主办，广州体育学院体育传媒学院承办。全国各高等院校和广州体育学院近500名师生通过线下线上渠道参与此次论坛学习。

11月5日，中国传播学会理事会第一次全体会议暨第五届中国智能媒体传播高峰论坛在上海大学举行。此次论坛由中国社会科学院新闻与传播研究所、中国传播学会与上海大学联合主办，上海大学新闻传播学院、上海大学全球人工智能媒体研究院承办。来自中国传播学会的99位会长、副会长和理事，以及来自上海和国内主要高校、媒体和企业界的200多位特邀嘉宾通过线上线下方式出席会议。

11月5日，由北京大学新闻与传播学院主办、新加坡国立大学传播与新媒体系协办的第五届“医疗、人文与媒介”健康传播国际学术研讨会（The FifthInter national Conference of“Medicine，Humanity and Media”，MHM2022）在云端顺利召开。此届研讨会的主题为“重新思考全球健康与传播”。

11月5日，由内蒙古师范大学、中国高校影视学会民族影视专业委员会主办，内蒙古师范大学新闻传播学院承办，中国高校影视学会民族影视创研中心、中央民族大学新闻与传播学院协办的中国高校影视学会民族影视专业委员会2022年年会暨第八届中国民族影视高层论坛开幕。

11月5—6日，“返本开新：华夏文明的历史传承与国际传播”第十二届世界华文传媒与华夏文明国际学术研讨会在南京大学新闻传播学院举行。此届研讨会由中国新闻史学会、华中科技大学、南京大学主办，南京大学新闻传播学院承办。

11月6日，“计算赋能，融合创新”2022年第二届智慧传播与计算广告发展论坛以线上形式顺利举行。此次论坛由华南理工大学社会科学处、华南理工大学教务处、华南理工大学新闻与传播学院、广东省新媒体与品牌传播创新应用重点实验室、广东省大数据与计算广告工程技术研究中心共同主办，华中科技大学出版社与《新闻大学》《现代出版》《新闻与传播评论》《现代广告》《中国广告》等期刊联合支持。

11月6日，由上海理工大学版艺学院举办的“人工智能视角下的新媒体技术发展高端论坛”在线上成功举办。

11月7日，由中国社会科学院大学新闻传播学院主办的“新时期国际传播人才培养创新论坛”在线上召开。

11月8日，2022年“中国新闻传播大讲堂”在京启动。2022年度“大讲堂”以“新时代新征程：记者的使命与担当”为主题，邀请了23家媒体单位的32名优秀新闻工作者担任主讲人，录制了32集课程视频。

11月9日，天津师范大学新闻传播学院广告学专业创立30周年庆首场高端学术讲座举行。

11月12日，由中国新闻史学会新闻传播教育史专业委员会、中国新闻传播教育年鉴编委会主办，四川大学文学与新闻学院承办的中国新闻史学会新闻传播教育史专业委员会、中国新闻传播教育年鉴编委会2022年学术年会成功举办，全国60多所新闻院校的100多位学者在云端参会。与会学者聚焦会议主题，深入探讨新闻传播教育改革发展的新趋势、新面向，在分享学术观点的同时增进学术互动，共建新闻传播教育学术共同体。

11月12日，第十届范敬宜新闻教育奖颁奖典礼在清华大学举办。此届范敬宜新闻教育奖良师奖授予清华大学刘建明教授和中国人民大学张征教授；良友奖授予人民日报社原副总编辑谢国明；学子奖授予武汉大学陈之琪等10位学子。范敬宜新闻教育奖已累计评选出19名新闻教育良师，15名新闻教育良友和90名新闻教育学子奖获得者。

11月12日，以“建功新时代：十八大以来党媒的融合·创新·引领”为主题的“人民共和国党报论坛”第十九届(2022)年会在线上举办。此届年会由中国传媒大学党报党刊研究中心、中国传媒大学新闻学院、河北大学新闻传播学院、传媒杂志社联合主办。

11月12日，厦门大学中国式现代化研究院与新闻传播学院联合主办的“中国式现代化与国际传播能力建设”论坛通过线上线下相结合的方式举办。

11月12—13日，“施拉姆与中国传播学的相遇、碰撞和对话：回溯与前瞻”专题学术研讨会在华南师范大学举办。

11月13日，中山大学新闻传播学院第一届“智能媒体与公共传播”学术论坛在线上举办。

11月17日，北京印刷学院出版学院学术指导、经济管理学院新媒体运营、设计艺术学院版式设计的《数字出版研究》创刊号首发式在线上线下同步举行。《数字出版研究》是目前国内唯一一本精准面向数字出版领域的学术期刊，于2022年10月正式创刊。

11月18日，云南大学“理解中国”学术新人铸魂论坛——“新时代新主体新路径：面向南亚东南亚对外传播论坛”在新闻学院成功举办。此次论坛共设八场分论坛，采取线上线下结合的方式进行。

11月18—20日，以“中国影视学科知识体系与人才培养：新路径与新模式”为主题的中国高等院校影视学会第二十二届年会暨第十五届中国影视高层论坛在北京、南京两地，以线上线下结合的形式召开，此届年会由中国高等院校影视学会与南京大学联合主办。

11月18—20日，由中国新闻史学会台湾与海外华文传媒专业委员会、重庆工商大学传媒发展中心、重庆市研究生联合培养基地、重庆艺术工程职业学院等共同举办的“百年未有大变局下的国际传播能力建设”国际高峰论坛暨中国新闻史学会台湾与海外华文传媒专业委员会2022学术年会召开。

11月19日，中国人民大学新闻学院举办“中国特色、世界一流”新闻传播拔尖创新人才培养高端论坛，邀请学界同仁共聚云端，探讨新闻传播拔尖创新人才的培养规律、创新模式、教育共同体建设、评价体系建构等话题。

11月19日，2022年中国传媒法治建设高峰论坛暨第六届“何微新闻奖”学术论坛开幕式在西北政法大学长安校区举行。论坛由西北政法大学新闻传播学院（艺术学院）与中华全国法制新闻协会法制新闻研究专业委员会、中国新闻史学会新闻传播教育史专业委员会、中国新闻史学会传播学专业委员会、中国新闻史学会媒介法规与伦理专业委员会、中国新闻史学会舆论学专业委员会共同举办，分为“何微新闻奖”学术论坛、“何微法治新闻奖”法治新闻作品评选和产教融合协同育人新闻传播学院院长论坛等多个板块。

11月19日，由大连外国语大学、多语种国际传播教育联盟主办，大连外国语大学新闻与传播学院、北京外国语大学国际新闻与传播学院承办的第四届国际新闻与传播教育论坛在大连云端召开，会议主旨为“建构新闻传播学自主知识体系：反思与探索”。

11月19日，辽宁大学新闻传播学院在线上成功举办了“融通与互鉴：全球视野与面向东北亚区域的国际传播学术研讨会”。此次探讨会由辽宁大学新闻与传播学院和辽宁大学省级国家通用语言文字推广基地联合主办。

11月19日，郑州大学第六届“新媒体公共传播”学术年会以线上方式召开。来自中国社会科学院新闻与传播研究所、中国人民大学等单位的14位专家，以及来自全国60多所高校的90多位师生参会。

11月19日，由华东师范大学传播学院与上海广播电视台融媒体中心联合主办的第七届口语传播学术论坛在华东师范大学闵行校区召开。论坛聚焦“有声的中国：口语传播与国家叙事”这一主题，开设“中国故事与国际视野”“理念演进与人才培养”“数字构建与传播经验”“口语叙事与传播实践”“校外教育口语传播矩阵构建”五个分论坛。论坛以线上线下相结合的方式举办，来自全国各高校的200多位专家学者、博士、硕士研究生参会。

11月19—20日，广西艺术学院首届艺术与传播学术论坛在该校南湖校区举办。

11月20日，由苏州大学主办、苏州大学传媒学院承办的第六届国际大学生新媒体节暨新媒体原创作品大赛颁奖典礼在苏州开幕。此届大赛以“同筑创意梦青春向未来”为主题，共收到来自全国70余所高校的408份新媒体作品参赛。

11月20日，由教育部中华优秀传统文化(顾绣)传承基地、上海师范大学影视传媒学院及四行天地·文创新岸共同主办的“2022非遗国潮国际学术研讨会”召开。会议围绕非遗国潮的生产、传播和消费进行了探讨交流。

11月22日，由北京师范大学新闻传播学院主办的“第36期京师中国传媒智库发布”会议在线上举行。北京师范大学传播创新与未来媒体实验平台发布了《电商行业内容生态健康指数(ECHI)报告》。

11月25日，四川大学出版学院挂牌仪式暨中国出版创新发展·首届全国出版学院论坛举行。

11月26日，第十一届“新闻学与传播学博士生国际学术研讨会”在北京和苏州线上线下同步举行，共有来自42所高校的70名师生参加。此次研讨会由中国传媒大学和苏州大学联合举办，中国传媒大学传播研究院和苏州大学传媒学院联合承办。

11月26日，北京师范大学“游戏化学习融合创新工作坊”主题论坛召开。

11月26日，中国新闻史学会地方新闻史专业委员会第四届年会暨“本体之思：新闻传播史研究的视域、问题与范式”学术研讨会在线上召开。会议由中国新闻史学会地方新闻史专业委员会主办，重庆大学新闻学院承办，重庆史研究会协办。来自全国各地的120余位专家、学者齐聚云端，围绕新闻传播史研究的视域、问题与范式进行交流、探讨。

11月26日，由西北大学新闻传播学院举办的“学缘—学派—学人：区域传播与社会治理”校友论坛在线上举办。

11月26日，由中国新闻史学会视听传播专业委员会主办，暨南大学新闻与传播学院承办的2022年中国新闻史学会视听传播研究年会暨“视觉传播研究：新媒介·新语法·新理论”学术论坛于线上举行。

11月26日，由北京大学新闻与传播学院主办的“数字文明与全球传播新秩序”国际研讨会在线上举行。

11 月 26 日，第七届中国数据新闻大赛决赛暨“智能时代的全媒体传播”学术论坛在线上举办，论坛由西安交通大学新闻与新媒体学院主办。大赛报名人数达 5000 余人。“智能时代的全媒体传播”学术论坛与第七届中国数据新闻大赛同期举办。

11 月 26 日，华东师范大学出版学院以“共建一流出版学科，培育卓越创新人才”为主题，召开首届上海出版论坛 · 青年论坛。

11 月 26—27 日，由中国人民大学新闻学院、中山大学逻辑与认知研究所共同发起和主办的第三届“论证、新闻与传播”跨学科学术研讨会在线上举行，来自中国人民大学、浙江大学等高校的 40 多名专家学者参加了此次会议。

11 月 26 日，“智媒赋能与数字治理：2022 年计算传播学年会”在云端开幕。会议由中国新闻史学会计算传播学专业委员会主办，南京师范大学新闻与传播学院承办，蜜度、萌泰数据和知微数据支持，来自全国各地以及海外的 300 余名专家、学者和硕博士研究生参会。

11 月 26 日，2022 中国认知传播学年会暨第九届认知传播高端论坛于线上召开。此次论坛由中国认知传播学会、重庆交通大学以及四川外国语大学共同主办，重庆交通大学旅游与传媒学院、四川外国语大学新闻传播学院共同承办。

11 月 26 日，由中国人民大学新闻学院、河北经贸大学、河北省社会科学院主办，河北经贸大学文化与传播学院、河北省社会科学院新闻与传播学研究所承办的“县级融媒体建设与基层治理现代化”学术研讨会在线上举行，来自全国各地新闻传播学界的领军人物、专家学者和研究生 500 余人参会。

11 月 26 日，由中国新闻史学会网络传播史研究委员会主办、浙江工商大学人文与传播学院承办、浙江省文化产业创新发展研究院协办的“数字化时代传媒发展前沿”高峰论坛举行。此次大会在总议题之下共设了“数字媒体与媒介文化”“媒介融合与县级融媒体发展”“元宇宙与社会化媒体”“数字经济与品牌营销”四个分论坛。来自海内外 50 多所高校、研究机构的 80 余位专家学者等以线上线下结合的方式参会。

11 月 27 日，第二届华夏文明与传播学中国化高峰论坛在厦门大学新闻传播学院隆重举行。此届高峰论坛由厦门大学新闻传播学院主办，福建省高校人文社科研究基地中华文化传播研究中心承办，厦门大学马克思主义新闻观研究与教育中心、厦门大学传播研究所、华夏传播研究会协办。

11 月 27 日，由南京师范大学研究生院、南京师范大学新闻与传播学院主办的江苏省第九届传媒学科研究生论坛以“数字时代中国新闻传播研究的挑战与创新”为主题在云端召开。

11 月 27 日，第二届粤港澳大湾区中国文化传播论坛在线上召开，此次论坛以“文化传播与数字交往”为主题。

12 月

12 月 2 日，复旦大学新闻学院与英国伦敦政经学院媒介与传播系合作举办首届“变局中的全球媒介与传播：在教学和科研中寻求合作——国际双学位合作与全球新闻传播人才培养八校论坛”。来自中国复旦大学、英国伦敦政经学院、法国巴黎政治大学、澳大利亚墨尔本大学、美国南加州大学、美国密苏里大学、南非开普敦大学、日本早稻田大学等校的学者，围绕论坛主题分享其最新研究项目并寻求进一步合作。

12 月 3 日，以“数字中国与传播创新”为主题的第七届传播与国家治理论坛于在复旦大学举行。复旦发展研究院传播与国家治理研究中心、复旦大学新闻学院、复旦大学全球传播全媒体研究院联合举办了此次论坛，新闻传播学界多位资深学者发表主旨演讲。

12 月 3 日，由安徽师范大学新闻与传播学院、华中科技大学新闻与信息传播学院、安徽师范大学社科联、安徽省广告创新发展研究院共同主办的“第三届国家品牌传播论坛暨第八届品牌传播论坛”召开。

12 月 3 日，智能媒体与智能营销传播发展高端论坛暨第四届智能营销传播学术工作坊线上会议成功举办。论坛由武汉大学新闻与传播学院、武汉大学媒体发展研究中心、《新闻与传播评论》编辑部、武汉大学城市传播与企业品牌研究中心、武汉大学智能营销传播研究学术团队主办。会议聚焦人工智能背景下媒体和营销传播领域的变革、机遇和挑战。

12 月 4 日，2022 中华文化国际传播论坛在“云”端举行。论坛聚焦“沟通与连接：中国文化国际传播”这一主题，围绕新时代中华文化国际传播理论与实践、中华优秀传统文化传承与发展、中国发展经验国际阐释、中国话语体系国际传播创新、粤港澳大湾区国际传播能力建设等相关议题，探讨加强国际传播能力建设、提升国际话语权、增强中华文明传播力影响力的战略布局与创新策略。在论坛开幕式上，由广东外语外贸大学新闻与传播学院联合广东省内新闻传播院校、主流媒体对外传播机构和智库发起的湾区国际传播研究中心正式成立。

12 月 7 日，陕西省广告协会与西北大学新闻传播学院共同创立的陕西广告产业研究院揭牌仪式在第十届中国西部传媒与社会发展高层论坛上举办。

12 月 7 日，浙江省区域国别学建设与共建“一带一路”研讨会暨浙江师范大学非洲区域国别学院揭牌仪式举行。会议由浙江省社会科学界联合会指导，浙江省区域国别与国际传播研究智库联盟、浙江师范大学主办，浙江师范大学非洲研究院承办。

12月7日，由武汉大学媒体发展研究中心、西北大学新闻传播学院、西安翻译学院文学与传媒学院主办，中国西部传媒与社会发展研究院承办的“第十届中国西部传媒与社会发展”高层论坛在西北大学校召开。此次论坛的主题为“中国西部地区社会传播与乡村振兴”。采用线上会议的方式进行。

12月9日，重庆大学新闻学院的“新闻传播学科建设与卓越人才培养研讨会”在线上召开。来自国内高校的部分知名专家学者，主流新闻传播学专业学术期刊的主编，就学科体系建设与卓越人才培养、学术期刊与知识创新两个主题展开了深入研讨。

12月9日，由武汉大学媒体发展研究中心(教育部人文社会科学重点研究基地)、武汉大学新闻与传播学院、宁夏大学新闻传播学院共同主办的“第六届中国传播创新论坛(2022)暨宁夏大学新闻传播学科发展与新闻教育研讨会”召开。

12月10日，中国传媒大学外国语言文化学院主办的“译作品懂中国”视听译制与国际传播青年论坛在线上举办。论坛由国家广播电视总局国际司指导，由中国传媒大学金砖国家研究中心、中国传媒大学巴基斯坦研究中心、中国传媒大学坦桑尼亚研究中心联合主办。

12月10日，由复旦大学新闻学院、复旦大学义乌研究院、复旦大学望道研究院等单位联合主办的“追望大道勇毅前行——第三届全国马克思主义新闻观论坛”以线上线下相结合的形式在复旦大学和浙江义乌同步举办。论坛还发布了《马克思主义新闻观研究发展报告(2022)》《马克思主义新闻观核心概念》丛书，复旦大学新闻学院义乌实践教学基地在论坛上揭牌。

12月10日，由中央党史和文献研究院马克思主义传播研究基地、北京市习近平新时代中国特色社会主义思想研究中心中国传媒大学研究基地、中国传媒大学马克思主义学院共同主办的“党的二十大精神与马克思主义传播”研讨会以线上方式举办。

12月10日，由广州体育学院主办、广州体育学院体育传媒学院承办的“全媒体时代播音与主持艺术专业建设暨体育解说人才培养研讨会”召开。会议采取“线上+线下”相结合的模式，邀请学界业界专家近20位，线上线下参与会议的校内外师生近500人。

12月10日，由厦门大学新闻传播学院与西安交通大学新闻与新媒体学院共同主办的第二届“一带一路”国际传播能力建设论坛在厦门大学新闻传播学院举行。

12月11日，由复旦大学全球传播全媒体研究院和复旦大学新闻学院主办，复旦大学传播与国家治理研究中心协办的“数字中国·全球沟通”复旦论坛(2022)在沪举行。与会专家学者围绕数字中国与中国新闻传播学自主知识体系建构开展交流。

12月12日，由中国传媒大学主办、人类命运共同体研究院承办的“人类命运共同体·国际智库论坛(2022)”召开。

12 月 13 日，由重庆大学新闻学院联合中国新闻史学会网络传播史专业委员会主办的第八期“网络与新媒体讲习班”在云端开幕。该期“网络与新媒体讲习班”安排了七次全球前沿讲座，主讲教师来自密苏里大学、密歇根州立大学、纽约州立大学、新加坡国立大学、香港城市大学、香港浸会大学等。

12 月 17 日，中国人民大学新闻学院、中国高等教育学会新闻学与传播学专业委员会和中国人民大学新闻与社会发展研究中心举办 2022 年“中外新闻传播学院院长论坛”。此届论坛主题为“坚守与共创：文明多样性背景下的国际新闻传播”。

12 月 17 日，第十届长三角青年传播学者论坛通过线上线下结合的方式举行。此次论坛由华东师范大学传播学院主办，主题为“探寻传播研究的想象力：新生态与新问题”，来自复旦大学、上海交通大学、南京大学等高校的青年学者参会。

12 月 17 日，第二届“当代传媒法治高峰论坛”在西安外国语大学举办。此次论坛以“国际视野与本土特色”为主题，来自全国 50 多所高校近 300 名传媒法学界、业界的专家学者线上参会。

12 月 18 日，由北京师范大学新闻传播学院发起的首届“京师传播”研究生论坛举办。来自全国各大高校的 14 位专家学者和 40 位硕博研究生线上参会。此届论坛共有 6 场主题分论坛，论坛主题涵盖了“国际传播与公共外交”“马克思主义新闻观与全媒体发展”“认知神经与智能传播”“风险传播与数字治理”“数字出版与数字影像”“数字传媒经济”共 6 大主题。

12 月 18 日，由西安交通大学主办的“学习党的二十大精神，推进全媒体传播体系建设高端论坛”成功举行。

12 月 23 日，中国广播电视年鉴第 38 届年会在线上举行。此届年会由中国广播电视年鉴编委会委托中国传媒大学主办，中国广播电视年鉴编辑部承办。年会以视频会议的形式举行，全国各编委单位对 2022 年版《中国广播电视年鉴》、2023 年版年鉴编纂大纲进行研讨。

12 月 24 日，由中国传媒大学研究生院与共青团中国传媒大学委员会联合发起，中国传媒大学新闻学院、艺术研究院、信息与通信工程学院、动画与数字艺术学院和戏剧影视学院承办的媒体融合与信息传播 · 中国传媒大学第三届“金蔷薇”学术季博士生创新论坛主论坛于线上召开。

12 月 24 日，由安徽大学新闻传播学院主办的第二届数字传播与社会治理创新暨第十四届安徽省新闻传播学科研究生论坛在云端召开。此届论坛的主题为“深度媒介化时代新闻传播学研究的新动向、新视野、新格局”。

12 月 26 日，中国传媒大学首届“金核桃”国际青年学者论坛举办，并面向全球进行线上直播。来自全球近20个多个国家和地区的600余位海内外青年学者线上参会。

12月29日，“新时代新征程记者的使命与担当·2022中国新闻传播大讲堂”湖北高校新闻传播学院集体学习会举行。武汉大学、华中科技大学、湖北第二师范学院等湖北22所高校新闻传播学院2000余名师生共同在线参加了学习会。该学习会由教育部高等学校新闻传播学类专业教学指导委员会秘书处和湖北新闻传播教育学会共同主办。

12月31日，《中国新闻传播教育年鉴(2022)》首发式在湖北大学举行。该年鉴由中国新闻传播教育年鉴编撰委员会和中国新闻史学会新闻传播教育史专业委员会主持编撰。年鉴编委会主任张昆教授在会上致辞。

12月31日，湖北大学新闻教育创办35周年纪念活动暨学科建设研讨会举行。

12月31日，由河北师范大学新闻传播学院、中国共产党革命精神和文化资源研究中心联合承办的“中国现代文化海外传播”学术研讨会以线上会议的形式召开。此次学术研讨会邀请了60余位来自全国各高校、研究中心及企业的专家学者就会议主题展开理论探讨和实践研究指导。

（辽宁大学新闻与传播学院　吴优、于欣然）

本年鉴的出版，受到了陕西师范大学新闻与传播学院、西南政法大学新闻传播学院、四川外国语大学新闻传播学院、郑州大学新闻与传播学院、湖北大学新闻与传播学院的资助，谨在此表示衷心的感谢！

《中国新闻传播教育年鉴》编辑部

2023 年 10 月